I0178412

English Pronunciation Dictionary for Hindi Speakers

अंग्रेजी उच्चारण शब्दकोश

Amin Rahman

अमीन रहमान

Setu Publications

Pittsburgh, USA

English Pronunciation Dictionary for Hindi Speakers

AMIN RAHMAN

Editor in Chief

Gadepally Kameswara Subbarayudu

Editors

Mushfiqur Rahman

Raqib Chowdhury

Husne Jahan Alam

Chief Advisor

Gadepally Kameswara Subbarayudu

Advisors

Mushfiqur Rahman

Raqib Chowdhury

Raju Chitraker

Software Engineer

Aniruddha Bhattacharya

English Pronunciation Dictionary for Hindi Speakers

By

Amin Rahman

Setu Publications
* Pittsburgh, PA (USA) *

© 2020 by Amin Rahman

All rights reserved. No part of this work may be reproduced, translated, recorded, stored, transmitted, or displayed in any form, or by any means electronic, mechanical, or otherwise without the prior written permission of the author, the copyright owner except for brief quotations in book reviews, and as otherwise permitted by applicable law. Any such quotations must acknowledge the source.

We would be pleased to receive email correspondence regarding this publication or related topics at setuedit@gmail.com.

ISBN-13 (paperback): 978-1-947403-09-3
Designed in the United States of America.
Distributed to the book trade worldwide by Setu Publications, Pittsburgh (USA)

Although every precaution has been taken in the preparation of this work, neither the author nor the publisher shall have any liability to any person or entity with respect to any loss or damage caused or alleged to be caused directly or indirectly by the information contained in this work.

Setu Literary Publications, Pittsburgh, USA

English Pronunciation Dictionary for Hindi Speakers

By

Amin Rahman

Dedication

I dedicate this book to my dear wife and best friend, Zobeda Rahman, mother of our two children, Lima and Littu, who has been my constant companion for the past 52 years.

ENGLISH PRONUNCIATION DICTIONARY FOR HINDI SPEAKERS

Table of Contents

Preface	i
Foreword (Dr. G K Subbarayudu)	v
Foreword (Dr. Raqib Chowdhury)	vii
Foreword (Dr. Raju Chitrakar)	ix
A Quick Guide to the English Pronunciation Dictionary for Hindi Speakers	xi
A	1
B	23
C	41
D	75
E	96
F	112
G	130
H	142
I	157
J	174
K	177
L	180
M	192
N	213
O	222
P	234
Q	269
R	271

S 291
T 333
U 353
V 374
W 379
X 391
Y 392
Z 394

Preface

Goal

This is a dictionary with a goal similar to that of two other dictionaries –(a) the Cambridge English Pronouncing Dictionary (CEPD) by Daniel Jones (2011), and (b) the Longman Pronunciation Dictionary (LPD) by J C Wells (2008). The common goal of these three dictionaries is to teach English Pronunciation to English learners that will be understood by one and all who speak English, regardless of their first language status. Like the CEPD and LPD, this dictionary does not contain meanings of English words. But it has one major difference from the two international pronunciation dictionaries. While the CEPD and LPD give the pronunciations of English words using the International Phonetic Association's IPA alphabet, this dictionary uses a different phonetic alphabet, named the Hindi Phonetic Alphabet (HPA) that was specifically designed for speakers of Hindi, which can be easily used by anyone who reads the Devanagari script used in Hindi, Sanskrit and a few other Indian languages.

Why is a pronunciation dictionary needed?

Those who have never used a dictionary of this type, may ask why it is necessary to have a separate dictionary for pronunciation only. There are several reasons to justify such a dictionary some of which are discussed below. First, teaching of pronunciation is often a neglected part of English language teaching. Secondly, as there is no direct correspondence between the English sounds and the English alphabet because of which spellings of English words do not always match their pronunciations; quite often one cannot get the correct pronunciation of a word just from its spelling. For example, the letter "c" can have four different sounds – e.g. (a) /k/ in "cat", (b) /s/ in "cell", (c) /sh/ in "magician", and (d) /ch/ in "cello". Two different English letters can also have the same sound as "j" in "jet" and "g" in "gentle". This suggests that there is no fixed and unambiguous relationship between the letters of the English alphabet and their representative sounds. Also, words having similar spelling may have different pronunciations - like "rough", "dough", "through", "thorough", "hiccough" etc., which all have "ough" in them. Finally, some words in English are spelled very strangely leading to strange pronunciations – e.g. "chaos", "gnat", "heist", "knife", "psychology", "tzar", "mnemonic", etc. With such anomalies between the spelling and pronunciation of English words, even experts refer to pronunciation dictionaries to obtain or confirm the correct pronunciation of a word.

Design of the HPA and its benefits

While designing the HPA phonetic alphabet it was found that two English consonant sounds, /ʒ,w/, and five English vowel sounds, /ə,ʌ,ɒ,æ,ɜː/, are not present in the Hindi alphabet. Therefore, in addition to using those Hindi letters which can denote English sounds, seven additional symbols /ज़,व़/ for the two missing consonant sounds, and /ə,ʌ,ɒ,æ,ɜː/, for the vowel sounds, were added to HPA, to represent all the English sounds. These have been described in greater detail in the Guide section of this dictionary.

This dictionary is not meant to serve as a textbook on phonetics and phonology of English speech. It has been kept as simple as possible and only the 44 basic English sounds have been introduced. Many languages are spoken in different regions of India. In different regions of India, as well as in some specific English words, some consonant sounds may take different forms, which are discussed in books on Phonetics and Phonology.

Basic phonological terms have been discussed in the *Guide* section preceding the main dictionary. The textual descriptions of such technical terms have been provided for the benefit of those who are new to Phonetics and Phonology and wish to understand the concepts. It is also quite possible and natural that in course of time some users may get interested in the technical terms they encounter in this dictionary and would like to learn more. For them the book *English phonetics and phonology: A practical course* (Roach, 1998), and the video *Introduction to teaching Pronunciation (*Underhill, 2011) are recommended. The provision of IPA transcriptions alongside the HPA transcriptions should also make readers gradually get familiar with IPA, particularly the symbols used for transcribing the pronunciations of English words. Using this book will assist those readers who may want to do further studies specialising in phonetics and phonology.

In the present edition of this dictionary, the Received Pronunciation (RP), which is the British standard for English pronunciation, has been employed. Also, although there may be multiple accepted pronunciations for a word, only one pronunciation, that is considered to be the most familiar to Indians, has been given. Furthermore, a polysyllabic word may sometimes have stress markers on different syllables, in different dictionaries, which always do not match. In this dictionary, the stress(es) that come naturally to Indians have been marked.

Who is the target audience for this dictionary?

This dictionary is meant for students (in schools, colleges and universities), professionals, travellers, international businessmen, and others who need to communicate in English and can read the full Devanagari script. As the Devanagari script in its original form is used in

Hindi and Nepalese, the speakers of these two languages can benefit by using this dictionary. In addition, speakers of other Indian languages like Marathi, which employs a subset of the Devanagari script, would be able to learn the full Hindi script quickly and benefit from this dictionary. As mentioned earlier, the dictionary is meant to help in improving the pronunciation of English speech of its users. Through regular use of the dictionary its users are expected to develop a "comfortably intelligible pronunciation" (Kenworthy, 1987) which all Indians, and Native English Speakers (NS) and Non-Native English speakers (NNS) from other countries will easily understand. However, it may be pointed out that learning a new language and its pronunciation is a practical subject (Roach, 1998; A. Rahman, 2016). It is like learning to ride a bicycle, drive a car, or fly an aeroplane (A. Rahman, 2016). One needs to practise with the new tool/device on a regular basis until they have learned to use all its parts effectively and effortlessly, as a reflex. To help towards that goal, a set of English limericks written by Mushfiqur Rahman (M. Rahman, 2016) is recommended. Reciting these poems regularly is expected to help Hindi speakers conceptualise some new English sounds. This simple exercise can also train people's ears so that they can distinguish these newly conceptualised English sounds, as two or more distinct sounds. These sounds will not be used interchangeably as may be done by some people.

English words of Indian origin

The British stayed in the Indian subcontinent for about 200 (1757-1947) years and, while residing and working in India, although they spoke English, they adopted many words from different Indian regional languages which are now accepted as part of the English language. Some words like "pyjamas" and "shampoo" are regularly used by all English speakers. Many such words originated from the Persian language and other Middle Eastern countries and entered the Indian subcontinent. In this dictionary, all such words, which the English took from India, have been marked by the abbreviation IO, standing for Indian Origin.

Major proponents of HPA and contributors to this dictionary

First, Professor Gadepally Kameswara Subbarayudu of Amity University of Noida, India, needs to be thanked for giving his "stamp of approval" to the use of HPA transcriptions to represent the pronunciations of English words and suggesting that the dictionary should be published in India, when the author first discussed the matter with him at Noida. Thanks are also due to Dr. Raqib Chowdhury, a faculty at the Education Faculty of Monash University, first for agreeing to be a co-author of the paper related to this topic that was presented at the Golden Jubilee conference of ELT@I held at Noida during October 2019, and providing editorial assistance for this dictionary. Engineer Aniruddha Bhattacharya, who jointly presented the paper at Noida, was instrumental in the quick preparation of the dictionary with the help of his IPA to L1PA conversion software, which was employed to convert the 29,500 IPA transcriptions to their corresponding HPA transcriptions, and transcribe into HPA all the poems by Dr. Mushfiqur Rahman. Dr. Mushfiqur Rahman, an Electrical engineer of international repute and a brilliant public speaker and writer on many topics and subjects, currently retired, who happens to be a neighbour of the author, is to be thanked for always lending his ears to the author and discussing with him HPA and other technical matters included in this book.

The author would like to thank his eldest sister, Mrs. Husne Jahan Alam, a former Professor of English at different universities in Pakistan and Bangladesh, currently based in San Jose in California, for providing editorial input. The author would also like to thank Dr. Raju Chitraker of Nepal for showing great interest in this project an writing a foreword, and Engineer Kazi Mahbubul Huque for going through the Preface and the Guide section of the dictionary as a user and commenting on them, and Mr. Chandra Shekhar Bhattacharya, former Head Master of Dinajpur Government Girls' High School and currently the Principal of Dinajpur Sanskrit College, for proofreading the HPA transcriptions. .

References

Jones, D. (2011). *Cambridge English pronunciation dictionary.* Cambridge, UK: Cambridge University Press.
Kenworthy, J. (1987). *Teaching English Pronunciation* (First ed.). Essex, England: Longman Group UK.
Rahman, A. (2016). *English pronunciation guidebook for native Bengali speakers.* Dhaka: ZAMOSC.
Rahman, M. (2016). *English Pronunciation Practice Poems*. Dhaka: ZAMOSC.
Roach, P. (1998). *English phonetics and phonology: A practical course.* Cambridge: Cambridge University Press.
Underhill, A, (2011, March, 4). *Introduction to teaching Pronunciation* [Video File]. Retrieved from http://www.youtube.com/watch?v=1kAPHyHd7Lo
Wells, J. C. (2008). *Collins English pronunciation dictionary.* Essex, England: Pearson Education Limited.

Amin Rahman
Wheelers Hill, Australia 3150
Email: aminrahman43@gmail.com

Foreword

Language, like life, unveils surprises at every chance encounter.

When I accosted Mr. Amin Rahman at the ELTAI Conference in October 2019, little did I know what a stupendous linguistic phenomenon and energy I had stumbled upon.

A retired Bangladeshi Engineer, Rahman had taken a fancy for English and its accessibility to Bangla clientele. He engineered techniques using and creating software to make an *English Pronunciation Dictionary* for speakers of the Bengali language. The IPA, and the Bangla phonetics were used to spell equivalents or nearest possibilities to enable Received Pronunciation (RP), generally accepted as the standard, of the English, which is in common use, indeed professional use. The purpose was not so much accent neutralization as communicability despite traces of accent. And that would help in furthering practical goals such as finding jobs and doing them satisfactorily in a globalized economy which needed a common language (Sontag, 2003). Who can understand this better than Amin Rahman who has now lived in Australia for nearly four decades.

A little probing revealed that Rahman was earnest in his approach and fully honest and committed to his 'mission'. That is when I suggested tentatively, indeed hopefully, that he take up a similar project for the Hindi language. A packet of energy that Amin Rahman is, he recognized another path opening up and promptly took the suggestion. That's how the present work of the pronunciation of thirty thousand English words in Hindi took shape as *The English Pronunciation Dictionary for Speakers of Hindi*, keeping as close as possible to the technical requirements of the IPA for English. English words in Hindi phonetic form (Hindi Phonetic Alphabet), i.e., in Devanagari script, is a dream come true for innumerable Hindi speakers who hope to be part of an International work force. It's a lifeline for people all over India and the world who look to entering the globalized socio-economic universe. It shows the way for Marathi, Gujarati, Assamiya, Telugu, Kannada, Urdu, Oriya and other languages. Well into his late seventies, Amin Rahman, like Tennyson's Ulysses, might yet take up some of these projects and surprise us pleasantly. He works with tremendous zeal and would not wait for a moment before commencing the next project.

Words, words words... what are words worth if the supra-segmental features of one language superimpose on another language and both suffer phonetic interference? For instance, Bengali makes a technical distinction, between /s/, /sho/ and /shæ/ as *dantya* (labio-dental), *moordhanyo* (alveolar, palate-- palatal) and *taalavya* (from the *taalu*, actually a locus very close to the velum).It is technically realized in its graphology but unrealized in phonetic praxis. The closeness of the three phonemes is such in praxis that they sound more or less the same in utterance, making the distinction a 'supra segmental' feature and a potential superimposition; I use the term supra-segmental to mean a change in the quality and effect of sound production which is similar to changes occurring because of intonation, stress and immanent sound and semantic difference in Eastern/Far Eastern and South East Asian languages. In Vedic recitation/chanting, too, change of pitch and tonal difference carries a semantic and psycho-somatic effect.

In all Indian languages, at least most of them, the **/v/, /w/** sounds are not distinguished: a nearly unvoiced labio-dental and the voiced labio-velar approximant yield place to just one **/v/** sound that approximates a well voiced semi-vowel. The transposed utterance of **/v/** and **/b/** such that /vər ʃɜː/ becomes **/bər ʃɜː/**, sometimes even **/bər sɜːi/** in Eastern, South Eastern and some Central Indian languages, and dialects which are yet to gain recognition as languages under Articles 344(1) & 351 of the Indian Constitution, is one example of potential superimposition; the transposition of **/dʒ/** and **/z/** in some languages and dialects including the South Indian language Telugu (Raju **/raː dʒu/** becomes /raːzu/ and Rosie/**rəʊ zɪː/** becomes **/rəʊ dʒɪː/**) is another instance of potential superimposition and loss of clarity of sound.

When these variations of mother tongues/L1 are superimposed on English sounds, the effect is rather pronounced! Structured words would be reduced to noise. Meaningful communication would cease, at least suffer. A Guide to pronunciation in mother tongue is therefore a very valuable resource. Rahman's Dictionaries, like Daniel Jones' famous one, will go a long way in restoring to language, communication and coherence. May all Hindi speakers, learning to use English have a copy of Rahman's Dictionary/Guidebook. It will boost their confidence in a world that thrives on competition.

Reference:

Sontag, S. (2003). The World as India. *Times Literary Supplement,* 13 June, 2003.
http://www.the-tls.co.uk 2003.

Dr. G K Subbarayudu
(Former Professor of English, Osmania University, Hyderabad, India)
Professor of English, AIESR, AMITY University, AUUP NOIDA, UP, India
email: subbarayudu@gmail.com

Foreword

Within the typical foreign language teaching and learning scenario in schools, speaking and pronunciation frustratingly remain a much-neglected part. Where assessment is mostly formal, and examinations are standardised, there's little scope for a skill to flourish when it is often thought to have little relevance outside the classroom. Yet the global realities we live within today make English much more important than it has ever been. This book is a useful contribution that fills in a niche in bilingual dictionaries that barely succeed in their attempts to adequately cover the full range of phonological features across two languages as phonetically diverse as Hindi and English.

Languages and dialects are all unique, as are the physical limitations of our tongue in producing sounds and phonemes. The Indian languages have a spectrum of pronounceable sounds that do not allow intelligible pronunciation of English. It is this realisation that inspired the idea behind this dictionary. English has long been appropriated by nations that were once colonised by the British. We now teach and use English as an International Language, and there is greater awareness of the futility of sounding like a native speaker, and intelligibility becomes the true and only benchmark of 'good' pronunciation, whatever regional accent affects its production. Keeping this simple principle in mind, Amin Rahman has devised this pronunciation dictionary for speakers of Hindi and readers of the Devanagari script concentrated in the Indian Subcontinent but spread across the globe.

A freelance linguist who abruptly gave up doctoral studies when he saw little value in yet another institutional degree, Amin Rahman's engineering background has no doubt given him the meticulous attention to detail in working out the mechanics of English pronunciation in the form of the software which can now be used to produce phonetics for any language in minutes. Amin's style of explaining is accessible, unpretentious and straightforward, which makes the book a pleasant one to engage in, for scholars, students and teachers.

Amin Rahman's dedication in this field is extraordinary and the persistence with which he pursues his interests in researching English phonetics and phonology is equally remarkable. I have had the pleasure of working with him for the last few years, a collaboration that has produced a number of published research papers and conference presentations. His in-depth knowledge of subcontinental and South East Asian languages, their etymologies and histories and mechanics, makes him a scholarly authority in the field and the right person to produce a pronunciation dictionary of this kind.

Readers seeking studies in advanced phonetics, or those interested in transnational migration, employment, tourism and of course, interpersonal communication skills development will find this dictionary meaningful and useful.

Dr. Raqib Chowdhury, PhD
Faculty of Education, Monash University,
Clayton Campus, Australia 3168
Email: raqib.chowdhury@monash.edu
February 28 2020

Foreword

A person once told me, "I have practiced English language for over forty years. I still commit mistakes here and there in listening, pronouncing, and using correct functional words and grammar." This is the case with most Nepalese, Indians, and other people of the Indian subcontinent who use Devanagari script, or its variations, in the spoken or written forms. Correcting English pronunciation mistakes may be possible from rigorous practice, but making correct pronunciation is really a tough job until one gets involved in the real-life situation, which is not possible for most people. Mr. Amin Rahman, a Bangladeshi scholar residing in Australia, has produced substantial work, अंग्रेजी उच्चारण शब्दकोश, which can well help develop English pronunciation of the users of Devanagari script.

Devanagari script has distinct letters for different vowel and consonant sounds, which English does not. As English has just 26 letters, to represent the 44 English speech sounds: 24 consonant and 20 vowel sounds, by combining the letters, it mixes different symbols and letters of the English alphabet for graphologial representation of different sounds. A single letter of the English alphabet may represent as many as three vowel sounds. For example, it has three variations of the vowel phoneme /a/, i.e., [ɔː] as in "all" [ɔːl], [ə] as in "about" [əbaut], and [æ] as in "cat" [kæt]. Further, one English word has different pronunciations in different situations. For instance, 'read' is pronounced as /rid/ in the present form, whereas in the past and past participle forms it is pronounced as /red/. There are many other variations in English pronunciation. This makes the users of Devanagari script struggle to understand and use English pronunciation correctly and develop it to the level of an international standard like the Received Pronunciation (RP).

I am amazed to see how easily Mr. Rahman has solved this problem of Nepali, Hindi and other speakers who use Devanagari script or its variation. He has used corresponding Devanagari characters for those English sounds which are representable in the Devanagari *script*. And where there is no equivalent Devanagari sound for an English sound, he has modified Devanagari characters to represent the English /ʒ/ phoneme as /ज़/ and /v/ phoneme as /व़/. He has also used characters from the International Phonetic Alphabet (IPA) - /ə, ʌ, ɒ, æ, ɜː/. As Hindi speakers are a considerable majority in the Indian subcontinent, Mr. Rahman has named this transcription system the Hindi Phonetic Alphabet or HPA in short. Thus, the users of Devanagari script can distinctly and correctly know the pronunciations of English words written in HPA. And from their regular use of Mr. Rahman's dictionary, they can improve their English pronunciation to a level where all speakers in English will understand them. This system of transcribing the pronunciations of English words may be applied to most languages of the world.

I had attended Mr. Rahman's presentation on a similar topic at the International Conference of Nepal English Language Teachers' Association (NELTA) three years ago. I was pleasantly surprised then to learn the simple tool he had devised to improve English pronunciation of those who used the Devanagari script. We started correspondence then, and he proposed to me to write one guidebook for Nepalese for improving their English pronunciation. But the project could not materialize due to my workload at my university. I am happy now that he has done this for a larger Indian audience. I am sure that Indian users of the Devanagari script will get immense help in correcting their English pronunciation from his dictionary. Along with them, Nepalese users of English, who also use the Devanagari script, can also use this dictionary for getting the correct English pronunciations of English words and phrases contained in it.

I thank Mr. Rahman for giving me opportunity to write this foreword for his book. And I congratulate him for doing such a praiseworthy work, even when retired, which can be classified as Aristotelian PRAXIS, as this invaluable work will benefit many individuals, communities, regions, and countries.

Raju Chitrakar Ph. D.
Coordinator, M. A. Program in English,
Tribhuvan University, Padmakanya Multiple Campus
Bagbazar, Kathmandu, Nepal
Email address: pkengdepartment@gmail.com and rajuchitrakar@gmail.com

A Quick Guide to the English Pronunciation Dictionary for Hindi Speakers

This pronunciation dictionary uses Hindi Phonetic Alphabet (HPA) which has been described below.

1. **Codes, abbreviations, signs, and pronunciation standard used**

    "x"   stands for a character or word
    /y/   stands for a symbol used for representing a phonemic sound
    [z]   signifies that the sound specified by the symbol "z" is a surface sound (allophonic sound), i.e., the way /z/ is actually pronounced
    RP   stands for Received Pronunciation which is the British English standard pronunciation that has been used in this dictionary

1.1 **Symbols used for representing the 24 English consonant sounds**

Although there are 21 consonant letters in the English alphabet used for writing English, they cannot be used to represent the 24 distinct English consonant sounds (phonemes) required in English speech. In most dictionaries, the International Phonetic Alphabet (IPA) is employed to represent the English sounds and to transcribe the pronunciations of English words. As IPA is large, complex and difficult to learn and master, a Hindi Phonetic Alphabet (HPA), which is very similar to Hindi script, has been designed to perform the same functions as IPA which can help English learners who can read Hindi or other languages which employ the Devanagari script to get the pronunciations of English words. Table 1.1 and Table 1.2 show the HPA symbols used for representing the different English consonant and vowel phonemes respectively.

Table 1.1 - Table showing consonant phonemes in IPA and their correspondence in HPA

English sound (IPA)	As in the word	HPA	English sound (IPA)	As in the word	HPA
/b/	"boy"	/ब/	/s/	"sit"	/स/
/k/	"cat"	/क/	/t/	"toy"	/ट/
/d/	"dog"	/ड/	/tʃ/	"chair"	/च/
/f/	"fat"	/फ़/	/ʃ/	"shut"	/श/
/dʒ/	"joy"	/ज/	/θ/	"think"	/थ/
/g/	"go"	/ग/	/ð/	"this"	/द/
/h/	"hot"	/ह/	/j/	"yet"	/ग़/
/l/	"let"	/ल/	/ŋ/	"sing"	/ड़/
/m/	"man:"	/म/	/v/	"vat"	/व/
/n/	"not"	/न/	/z/	"zoo"	/ज़/
/p/	"pen"	/प/	/ʒ/	"Asia"	/ज़़/
/r/	"rat"	/र/	/w/	"wet"	/व़/

Note: the symbols marked in **bold** do not belong to the existing Hindi Alphabet.

1.2 Symbols used for representing the different English vowel sounds

Table 1.2 - Table showing English vowel phonemes and their correspondence in HPA

English sound	Stand alone			Used with a consonant		
IPA	HPA	Word	Transcription	HPA	Word	HPA Transcription
/ə/	/ə/	"again"	/ə गेइन /	/ə/	"contain"	/कəन टेइन/
/ʌ/	-	-	-	/ʌ/	"but"	/बʌट/
/æ/	-	-	-	/æ/	"cat"	/कæट/
/ɜ/	-	-	-	/ɜ/	"girl"	/गɜ:ल/
/ɒ/	-	-	=	/ɒ/	"lot"	/लɒट/
/e/	/ए/	"egg"	/एग/	◌े	"bed"	/बेड/
/I/	/इ/	"in"	/इन/	ि◌	"hit"	/हिट/
/i/	/ई/	"east"	/ई:स्ट/	◌ी	"sheep"	/शी:प/
/ʊ/	/उ/	"about"	/ə बाउट/	◌ु	"put"	/पुट/
/u/	/ऊ/	"situate"	/सिच ऊ एइट/	◌ू	"root"	/रू:ट/
/ɔ/	/ओ/	"oar"	/ओ:/	◌ो	"board"	/बो:ड
/a/	/आ/	"out"	/आउट/	◌ा	"gout"	/गाउट/
/eI/	/एइ/	"eight"	/एइट/	◌ेइ	"main"	/मेइन/
/aʊ/	/आउ/	"hour"	/आउ əर/	◌ाउ	"cow"	/काउ/
/ɔI/	/ओइ/	"oil"	/ओइल/	◌ोइ	"boy"	/बोइ/
/eə/	/एə/	"air"	/एə/	◌ेə	"care"	/केə/
/aI/	/आइ/	"eye"	/आइ/	◌ाइ	"high"	/हाइ/
/ʊə/	/उə/	"Úrdu"	/उə डू/	◌ुə	"lure"	/लुə/
/Iə/	/इə/	"ear"	/इə/	ि◌ə	"near"	/निə/

Note: The symbols marked in **bold** are not present in the Devanagari script. These symbols are used to denote new English vowel sounds which are not present in Hindi and other Indian languages. The : sign is used to lengthen a long vowel sound further.

2. Basic English Phonetics

Speech sounds are made with the help of speech articulators of the Human Vocal System (see Fig. 2.1 and section 2.2). English consonant sounds can be broadly categorised as shown in Table 2.3, depending on the way they are articulated.

2.1 Human Vocal Instrument

Humans use their vocal instrument to make speech sounds. Fig. 2.1 gives a schematic diagram of this universal instrument which all humans have.

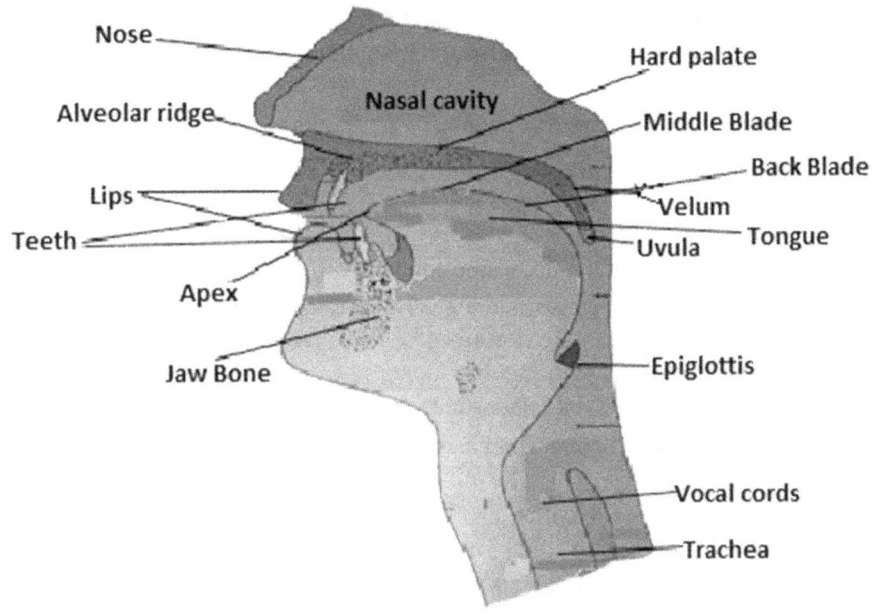

Fig. 2.1 The Human Vocal Instrument

2.2   **Speech articulators**

The following articulators are used for pronouncing different English consonant sounds:

a)   Bilabial - lower and upper lips
b)   Labiodental - lower lip and upper teeth
c)   Dental - tip of tongue or blade and upper teeth
d)   Alveolar - tip of tongue or blade and alveolar ridge (gum ridge)
e)   Palato-alveolar - blade of tongue and area behind alveolar ridge
f)   Palatal - front of tongue and hard palate
g)   Velar - back of tongue and velum (soft palate)
h)   Uvular - back of tongue and pharynx wall
i)   Pharyngeal - vocal cords

2.3   **Sound categories**

English speech sounds are categorised under seven broad categories described with examples in Table 2.3

Table 2.3 Sound categories in English speech

Category	How articulated
Stops	Initially, two articulators in the oral tract are pressed together to cause a closure and prevent the airflow from exiting through the mouth, thus building up an air pressure behind the articulators and then removing the closure which creates the sound. **Example:** To make the stop sound /प/ (/p/), the two lips (bilabial) which are the articulators are first closed and then suddenly opened.
Nasals	Are stops for which first the velum is lowered so that air can flow up the nasal cavity and then exit out from the nasal cavity through the nostrils. **Example:** To make the nasal stop sound /म/ (/m/), the upper and lower lips (bilabials) are to be closed and the velum raised to send the air up into the nasal cavity and then when the closure in the mouth is removed, the air is expelled through the nostrils to create the sound.
Trills	When the blade of the tongue vibrates continuously it creates the trilling sound. **Example:** Trilling is done when making the /र/ (/r/) sound.
Fricatives	To make fricative sounds, first the two articulators are brought very close together without touching each other and then air is forced out through this gap between the articulators, which creates an air turbulence and creates the sound. **Example:** to make the /फ़/ (/f/) sound, the two articulators, the upper teeth and lower lip, are brought close to each other with a gap between them. Next, the air inside the mouth space is forced out through the gap to create the fricative sound /फ़/ sound.
Affricates	Affricates, like stops, have a closure state and a release state. The only difference is that at the release state the two articulators do not separate completely as in stops, but remain close to each other through which air is forced out. And, as in fricatives, the air turbulence that is generated creates the sound. **Example:** to make the affricate sound, /च/ (/ch/ as in chair), first the upper triangular part of the tongue must touch the upper gum ridge and then the tongue is suddenly separated from the gum ridge but keeping it close to the tongue, and then air should be forced out through this gap, which will create the sound.
Glides/ semi-vowels	Glides are like vowels and are also termed as semi-vowels. This is because like vowels, to make a glide, articulators do not come in contact with each other. The two glides in English are the palatal /य़/ (/j/) (as in "yet") and the labia velar /व़/ (/w/). **Example:** for the /व़/ sound, first the lips (labia) are to be rounded as if pronouncing the vowel /ʒ/ (/o/) and the back of the tongue is to be raised towards the velum and then suddenly and simultaneously the lips are to be opened wide to send out air through the opening in the mouth to create this sound.
Laterals	There is one lateral in English, that is /ल/ (/l/), which can be made as follows – first the central part of the tongue makes contact with the alveolar ridge but there is no contact with the sides (lateral parts) of the tongue through which air can exit

	freely to create this sound.

2.4 Table 2.4 shows the English consonant sounds by sound category and articulators used

Table 2.4 English consonant sounds by sound category and articulators

Articulators --. Sound category	Bilabial	Labio-dental	Dental	Alveolar	Palato alveolar	Palatal	Velar	Uvular	Pharyn-geal	Glottal
Stop	प ब		थ द	ट ड			क ग			
Nasal	म			न			ङ			
Trill				र						
Fricative		फ़ व		स ज़	श ज़					ह
Affricate					च ज					
Approximant/ Glide						ग़		व़		
Liquid				ल						

3. HPA transcriptions in the dictionary

3.1 Abbreviations used

abb	abbreviation
adj	adjective
adv	adverb
IO	word of Indian origin
n	noun
v	verb

3.2 Transcription of monosyllabic words

The transcriptions of monosyllabic words in English are written with all the phonemes in the word one after another as done in the Hindi script.

Examples: see table 2 - /एग/ “egg”, /इन/ “in”, /ई:स्ट/ “east”, /बʌट/ “but”, /आउट/ “out”, /एइट/ “eight”, /कæट/ “cat”, /गɜːल/ “girl”, /लɒट/ “lot”, /बेड/ “bed”, /शीःप/ “sheep” etc.

3.3 Transcription of polysyllabic words

In HPA transcription, the syllables of a polysyllabic word are separated from each other with a space in between. Also, the stressed syllables are highlighted in **bold**.

Examples: **ॳब** सेस "abscess", **चिम** नी "chimney", **जेट** ई "jetty", फ़ॳन **टॳस** टिक "fantastic", **व़ᴧन** डᶱ फ़॰ल "wonderful",

The steps below may be followed in order to pronounce a polysyllabic word correctly and intelligibly:

- First, learn the meaning of the word
- Next, pronounce each syllable separately ensuring that all sounds are right
- Then pronounce all the syllables one after another in quick succession
- Finally, pronounce the syllables again in quick succession as before, but this time stressing on the syllable(s) marked in red.

If one knows the meaning of the word "fantastic", while pronouncing it, one may think of its meaning and say it in an acting style, stressing on the syllable **टॳस** and moving their arm as if to give the word its meaning. Similarly, while pronouncing the word "wonderful", stress heavily on the syllable **व़ᴧन** and then say the other two syllables in quick succession.

4. New symbols used in HPA

4.1 Symbols for new consonant sounds

4.1.1 /ज़/

This symbol is used in HPA to represent the English palato-alveolar voiced fricative sound which is represented by /ʒ/ in IPA and encountered in words like /एइ ज़ᶱ/ "Asia", /विज़ ॰न) "vision" etc.

To make this sound, the middle part of the tongue blade is to be pushed far back into the mouth and placed just below the upper palatial ridge. The tongue blade should not touch the hard palate leaving a slight gap between them through which air has to be forced out to make this sound.

4.1.2 /व़/

This symbol is used in HPA to represent the English labial velar glide /w/. To make this sound one should proceed as follows:

First, make the shape of your lips round as if you are going to pronounce the vowel sound "u". Push your tongue far back towards your velum or the soft palate. Then suddenly open your mouth sending some air out through the opening of your mouth to make the sound. Two easy words with which you may practise making this sound are /व़ाउ/ "wow" and /व़ᴧन डᶱ फ़॰ल/ "wonderful".

4.1.3 /क्व़/

When the vowel "u" appears after the letter "q" in an English word, there is a single cluster sound, in its pronunciation, consisting of the two separate sounds /क/ and /व़/. This is denoted in HPA as a conjunct symbol /क्व़/.

Examples: /क्विक/ "quick", /क्व़əउट/ "quote", /क्विज़/ "quiz" etc.

4.2 Symbols for new vowel sounds

Each English vowel sound is said to have a vowel length, which is also known as vowel quantity, meaning the duration for which a vowel has to be sounded.

4.2.1 /ə/ - known as schwa

This is the smallest duration vowel sound. It is the first vowel sound in many words like "abate" and is the last vowel sound in words like "puma". It can be a short form of all English vowels like /e/, /I/. /a/, /o/, /u/.

Examples: /प्यू: मə/ "puma", "kinless" /**किन** लəस/, "ability" /ə **बिल** ə टी/, "abate" /ə **बेइट/**,"seldom" /**सेल** डəम/, "deputy". /**डेप** गृə टी/,

4.2.2 /ᵊ/ superscripted schwa

Sometimes when the vowel sound in a word is of a smaller duration than the normal schwa sound, it is written as a superscript. It means that the two consonant sounds, on two sides of the extremely small vowel sound, can be pronounced almost as if there was no vowel sound between them. However, it is not to be pronounced as a cluster sound.

Examples: /ə **टेन** शᵊन/ "attention", /**प्रिन** सə पᵊल/ "principle".

In the case of "attention", the /श/ and /न/ are to be pronounced in quick succession and similarly for "principle", /प/ and /ल/ are to be pronounced one after the other as if there was no vowel in between the two consonant sounds.

4.2.3 /ʌ/

This is a short vowel sound. It is longer than schwa but shorter than /आ/.

Examples: /हʌट / "hut", /कʌट/ "cut", /शʌट/ "shut" etc.

Its duration is similar to the vowels in /हिट/ "hit", /हेड/ "head", शुड "should", /गेट/ "get" etc. The words like "hut" should not be pronounced with a long vowel sound as /हाट/.

4.2.4 /ɒ/

This is a new vowel sound in Hindi. It is a long duration vowel sound which is of the same length as the vowel sounds /आ,ऊ,ई/. While pronouncing this vowel sound, the mouth is to be fully open with the lips in a square-shaped form.

Examples: /गɒड /, "God", /लɒट / "lot", /बɒट ɘम/, "bottom", /रɒड/ "wrong".

4.2.5 /3:/

This is a very long duration vowel sound and may be difficult to conceptualise and master by some. While pronouncing a word with this vowel sound try putting forward the lower lip when making the /3:/ sound.

Examples: /ग3:ल /,"girl", /श3:ट / "shirt", ./न3:स/ "nurse" , /स3:/ "sir", /स3:च/, "search".

4.2.6 /æ/

This is a monophthong (single vowel sound), which Indians from some regions may pronounce as a diphthong (two vowel sounds). They have to learn to reconceptualise this as a single vowel sound and pronounce it correctly. When the consonant sound after this vowel sound is "unvoiced" (starts from above the vocal cord) as in /न/, the vowel length is to be "small", and when the consonant sound is "voiced" (starts from below the vocal cords" as in /ड/, the vowel length should be of length "long" (see Tables 3 and 4 below).

Examples: (a) length = small - /मæन/ "man", /सæट/ "sat", /कæप/ "cap" (b) length = long -/सæड/ "sad", /कæब/ "cab", /गæग/ "gag".

5 Aspirations

English pronunciation becomes confusing for learners as one has to aspirate in pronouncing words where there is no "h" and the reverse – i.e., not pronouncing the /ह/ sound in words containing "h". Examples follow.

5.1 Aspirating

Words in which "p", "t" and "k" are followed by a vowel, they should be aspirated.

Examples: [प॔ɒट] "pot", [ट॔ɒप], "top", [क॔ɒट] "cot"

In this dictionary the aspirations have not been shown as they are surface sounds and different people will pronounce such words requiring aspirations differently. By showing the aspirations, speakers who speak Hindi may start using the breathy versions of these three sounds. i.e., /फ,ठ,ख/ in place of /प,ट,क/ which will make the words sound completely different and people may not understand them.

5.2 Non aspirating on "wh", "dh" , "kh" and "gh"

Counterintuitively, words which contain "wh", "dh","kh" and "gh" are to be pronounced without the /ह/ sound.

Examples: [व़ɒट]. "what", [ड३उ टी], "dhoti", [ग३: किन] "gherkin"

6 Pronouncing English words with duplicate letters

In many English words, the same consonant letter appears twice in succession. These duplicated consonants do not form a cluster sound. In most cases, after the first consonant letter is pronounced, the current syllable ends and the next syllable starts with a vowel sound. For example, the word "rabbit" is to be pronounced as /रæब इट/. In words which start with a vowel, the syllable ends after the vowel sound and then the two successive duplicate consonant letters are pronounced once only as in / ə काउन्ट/ "account".

Examples: /सɒग ई/ "soggy", /स्पेल इङ/ "spelling, / सʌन ई/ "sunny", /हæप ई/ "happy", /हʌम इङ/ "humming"

7 Vowel quality and quantity

In English, vowel sounds have two characteristics – vowel quality and vowel quantity.

7.1 Vowel quality

This specifies how a particular vowel sound is to be pronounced so that it can be distinguished from other vowel sounds. In Table 2, we have seen the vowel quality of different English vowel sounds in RP.

7.2 Vowel quantity

This tells us about the length of different vowel sounds with relation to each other. The scale below shows the length of the different monophthong vowel sounds in a five-point scale starting from "Extremely small" to "Very long".

Vowel Quantity scale

1. Extremely small
2. Very small
3. Small
4. Long
5. Very long

Table 7.2– Table showing the vowel quantity of different English vowel sounds

IPA	HPA symbol	Length	Word	Transcription
/ᵊ/		Extremely small	"action"	/æक शᵊन/
/ə/	/ə/	very Small	"again"	/ə गेइन/
/ʌ/	/ʌ/	small	-"but"	/बʌट/
/æ/	/æ/	small & long	"sat"- "sad"	/सæट/

				/सæड/
/ɜː/	/ɜː/	very long	"nerd"-	/नɜːड/
/ɒ/	/ɒ/	small & long	"hot" "God"	/हɒट/ /गɒड/
/e/	/ए/	small	"egg"	/एग/
/ɪ/	/इ/	small	"hit"	/हिट/
/i/	/ई/	very long	"east"	/ई:स्ट/
/ʊ/	/उ/	small	"hood"	/ə बाउट/
/u/	/ ऊ/	long	"situate"	/सिच ऊ **एइट/**
/u:/	/ऊ:/	very long"	"shoot"	/शू:ट/
/ɔ/	/ओ	small	"oil"	/ओइल/
/ɔː/	/ओ/	very long	"ball"	/बो:ल/
/a/	/आ/	long	"out"	/आउट/
/a:/	/आ:/	very long	"arm"	/आ:म/

If a word which is to be pronounced with a vowel of length say, "extremely small", i.e., **/æक** शᵊन/ "action", and is pronounced with a vowel of "very small" length, (a neighbour in the vowel quantity scale), i.e., **/æक** शəन/, it will not matter as the word will still be intelligible. Similarly, if a word with a "very long" vowel sound, i.e., /आ:म/ "arm" is pronounced with a vowel of "long" length, it will be all right. However, a word cannot be pronounced with a vowel length which is two or more steps away than its designated vowel length. The word /शिप/ "ship" cannot be pronounced as /शी:प/ "sheep", and vice versa.

A	eɪ	एइ
A	eɪ	एइ
a (article)	ə	ə
a cappella	ˈæ.kə.ˈpel.ə	æ कə पेल ə
a few	ə.ˈfjuː	ə फ़्यू:
à la carte	ˈæl.ə.ˈkɑːt	æल ə का:ट
à la mode	ˈæl.ə.ˈməʊd	æल ə मəउड
a priori	ˈeɪ.praɪ.ˈɔː.raɪ	एइ प्राइ ओ: राइ
a tempo	ə.ˈtem.pəʊ	ə टेम पəउ
A.D.	ˈeɪ.ˈdiː	एइ डी:
a.m.	ˈeɪ.ˈem	एइ एम
aardvark	ˈɑːd.vɑːk	आ:ड वा:क
Aback	ə.ˈbæk	ə बæक
Abacus	ˈæb.ə.kəs	æब ə कəस
abandon	ə.ˈbæn.dən	ə बæन डəन
abandoned	ə.ˈbæn.dənd	ə बæन डəन्ड
Abase	ə.ˈbeɪs	ə बेइस
abashed	ə.ˈbæʃt	ə बæश्ट
abate	ə.ˈbeɪt	ə बेइट
abattoir	ˈæb.ə.twɑː	æब ə ट्वा:
abbey	ˈæb.eɪ	æब एइ
abbreviate	ə.ˈbriː.vi.eɪt	ə ब्री: वी एइट
abbreviation	ə.ˈbriː.vi.ˈeɪ.ʃᵊn	ə ब्री: वी एइ शᵊन
abdicate	ˈæb.dɪ.keɪt	æब डि केइट
abdication	ˈæb.dɪ.ˈkeɪ.ʃᵊn	æब डि केइ शᵊन
abdomen	ˈæb.də.mən	æब डə मəन
abdominal	æb.ˈdɒm.ɪn.ᵊl	æब डɒम इन ᵊल
abduct	æb.ˈdʌkt	æब डʌक्ट
abduction	æb.ˈdʌk.ʃᵊn	æब डʌक शᵊन
aberration	ˈæb.ə.ˈreɪ.ʃᵊn	æब ə रेइ शᵊन
abet	ə.ˈbet	ə बेट
abeyance	ə.ˈbeɪ.ᵊns	ə बेइ ᵊन्स
abhor	əb.ˈhɔː	əब हो:
abhorrence	ə.ˈbɒr.ᵊns	ə बɒर ᵊन्स
abhorrent	ə.ˈbɒr.ᵊnt	ə बɒर ᵊन्ट
abide	ə.ˈbaɪd	ə बाइड
abiding	ə.ˈbaɪ.dɪŋ	ə बाइ डिङ
ability	ə.ˈbɪl.ə.ti	ə बिल ə टी
abject	ˈæb.dʒekt	æब जेक्ट
abjure	əb.ˈdʒʊə	əब जुə
ablaze	ə.ˈbleɪz	ə ब्लेइज़

A

able	ˈeɪ.bᵊl	एइ बᵊल
able-bodied	ˈeɪ.bᵊl.ˈbɒd.id	एइ बᵊल बɒड ईड
ablution	ə.ˈbluː.ʃᵊn	ə ब्लू: शᵊन
ably	ˈeɪ.bli	एइ ब्ली
abnormal	æb.ˈnɔː.mᵊl	æब नो: मᵊल
abnormally	æb.ˈnɔː.mᵊl.i	æब नो: मᵊल ई
aboard	ə.ˈbɔːd	ə बो:ड
abode	ə.ˈbəʊd	ə बəउड
abolish	ə.ˈbɒl.ɪʃ	ə बɒल इश
abolition	ˈæb.ə.ˈlɪʃ.ᵊn	æब ə लिश ᵊन
abolitionist	ˈæb.ə.ˈlɪʃ.ə.nɪst	æब ə लिश ə निस्ट
A-bomb	ˈeɪ.bɒm	एइ बɒम
abominable	ə.ˈbɒm.ɪ.nə.bəl	ə बɒम इ नə बəल
aboriginal	ˈæb.ə.ˈrɪdʒ.ᵊn.ᵊl	æब ə रिज ᵊन ᵊल
abort	ə.ˈbɔːt	ə बो:ट
abortion	ə.ˈbɔː.ʃᵊn	ə बो: शᵊन
abortive	ə.ˈbɔː.tɪv	ə बो: टिव
abound	ə.ˈbaʊnd	ə बाउन्ड
about	ə.ˈbaʊt	ə बाउट
about-face	ə.ˈbaʊt.ˈfeɪs	ə बाउट फ़ेइस
about-turn	ə.ˈbaʊt.ˈtɜːn	ə बाउट टɜ:न
above	ə.ˈbʌv	ə बʌव
aboveboard	ə.ˈbʌv.ˈbɔːd	ə बʌव बो:ड
aboveground	ə.ˈbʌv.ˈgraʊnd	ə बʌव ग्राउन्ड
above-mentioned	ə.ˈbʌv.ˈmen.ʃᵊnd	ə बʌव मेन शᵊन्ड
abracadabra	ˈæb.rə.kə.ˈdæb.rə	æब रə कə डæब रə
abrasive	ə.ˈbreɪ.sɪv	ə ब्रेइ सिव
abrasively	ə.ˈbreɪ.sɪv.li	ə ब्रेइ सिव ली
abreast	ə.ˈbrest	ə ब्रेस्ट
abridge	ə.ˈbrɪdʒ	ə ब्रिज
abridgment	ə.ˈbrɪdʒ.mᵊnt	ə ब्रिज मᵊन्ट
abroad	ə.ˈbrɔːd	ə ब्रो:ड
abrogate	ˈæb.rə.geɪt	æब रə गेइट
abrupt	ə.ˈbrʌpt	ə ब्रʌप्ट
abruptly	ə.ˈbrʌpt.li	ə ब्रʌप्ट ली
abruptness	ə.ˈbrʌpt.nəs	ə ब्रʌप्ट नəस
abscess	ˈæb.ses	æब सेस
abscond	əb.ˈskɒnd	əब स्कɒन्ड
absence	ˈæb.sᵊns	æब सᵊन्स
absent	ˈæb.sᵊnt	æब सᵊन्ट
absentee	ˈæb.sən.ˈtiː	æब सəन टी:

absenteeism	ˈæb.sən.ˈtiː.ɪ.zᵊm	**æब** सən **टी**: इ ज़ᵊम
absentia	æb.ˈsen.ʃə	æब **सेन** शə
absent-minded	ˈæb.sᵊnt.ˈmaɪn.dɪd	**æब** सᵊन्ट **माइन** डिड
absent-mindedly	ˈæb.sᵊnt.ˈmaɪn.dɪd.li	**æब** सᵊन्ट **माइन** डिड ली
absent-mindedness	ˈæb.sᵊnt.ˈmaɪn.dɪd.nəs	**æब** सᵊन्ट **माइन** डिड नəस
absolute	ˈæb.sə.luːt	**æब** सə लूːट
absolutely	ˈæb.sə.luːt.li	**æब** सə लूːट ली
absorb	əb.ˈzɔːb	əब **ज़ोːब**
absorbed	əb.ˈzɔːbd	əब **ज़ोːब्ड**
absorbent	əb.ˈzɔː.bᵊnt	əब **ज़ो**ː बᵊन्ट
absorbing	əb.ˈzɔː.bɪŋ	əब **ज़ो**ː बिङ
abstain	əb.ˈsteɪn	əब **स्टेइन**
abstention	əb.ˈsten.ʃᵊn	əब **स्टेन** शᵊन
abstinence	ˈæb.stɪ.nᵊns	**æब** स्टि नᵊन्स
abstract (n)	ˈæb.strækt	**æब** स्ट्रæक्ट
abstract (v)	ˈæb.strækt	**æब** स्ट्रæक्ट
abstraction	æb.ˈstræk.ʃᵊn	æब **स्ट्रæक** शᵊन
absurd	əb.ˈsɜːd	əब **सɜːड**
absurdity	əb.ˈsɜː.də.ti	əब **सɜ**ː डə टी
abundance	ə.ˈbʌn.dᵊns	ə **बʌन** डᵊन्स
abundant	ə.ˈbʌn.dᵊnt	ə **बʌन** डᵊन्ट
abundantly	ə.ˈbʌn.dᵊnt.li	ə **बʌन** डᵊन्ट ली
abuse (n)	ə.ˈbjuːs	ə **ब्यूːस**
abuse (v)	ə.ˈbjuːz	ə **ब्यूːज़**
abusive	ə.ˈbjuː.sɪv	ə **ब्यू**ː सिव
abysmal	ə.ˈbɪz.məl	ə **बिज़** मəल
abyss	ə.ˈbɪs	ə **बिस**
AC	ˈeɪ.ˈsiː	**एइ सी**ː
acacia	ə.ˈkeɪ.ʃə	ə **केइ** शə
academic	ˈæk.ə.ˈdem.ɪk	**æक** ə **डेम** इक
academically	ˈæk.ə.ˈdem.ɪ.kᵊl.i	**æक** ə **डेम** इ कᵊल ई
academician	ə.ˈkæd.ə.ˈmɪʃ.ᵊn	ə **कæड** ə **मिश** ᵊन
academy	ə.ˈkæd.ə.mi	ə **कæड** ə मी
accede	ək.ˈsiːd	əक **सीːड**
accelerate	ək.ˈsel.ə.reɪt	əक **सेल** ə रेइट
acceleration	ək.ˈsel.ə.ˈreɪ.ʃᵊn	əक **सेल** ə **रेइ** शᵊन
accelerator	ək.ˈsel.ə.reɪ.tə	əक **सेल** ə रेइ टə
accent	ˈæk.sᵊnt	**æक** सᵊन्ट
accented	ˈək.sen.tɪd	**əक** सेन टिड
accentuate	ək.ˈsen.tʃu.eɪt	əक **सेन** चू एइट
accept	ək.ˈsept	əक **सेप्ट**
acceptability	ək.ˈsep.tə.ˈbɪl.ə.ti	əक **सेप** टə **बिल** ə टी
acceptable	ək.ˈsept.ə.bᵊl	əक **सेप्ट** ə बᵊल
acceptance	ək.ˈsep.tᵊns	əक **सेप** टᵊन्स
accepted	ək.ˈsep.tɪd	əक **सेप** टिड
access	ˈæk.ses	**æक** सेस
accessibility	ək.ˈses.ə.ˈbɪl.ə.ti	əक **सेस** ə **बिल** ə टी
accessible	ək.ˈses.ə.bᵊl	əक **सेस** ə बᵊल
accession	ək.ˈseʃ.ᵊn	əक **सेश** ᵊन
accessory	ək.ˈses.əʳ.i	əक **सेस** əर ई
accident	ˈæk.sɪ.dᵊnt	**æक** सि डᵊन्ट
accidental	ˈæk.sɪ.ˈden.tᵊl	**æक** सि **डेन** टᵊल
accidentally	ˈæk.sɪ.ˈden.tᵊl.i	**æक** सि **डेन** टᵊल ई
accident-prone	ˈæk.sɪ.dᵊnt.ˈprəʊn	**æक** सि डᵊन्ट **प्रəउन**
acclaim	ə.ˈkleɪm	ə **क्लेइम**
acclaimed	ə.ˈkleɪmd	ə **क्लेइम्ड**
acclamation	ˈæk.lə.ˈmeɪ.ʃᵊn	**æक** लə **मेइ** शᵊन
acclimate	ˈæk.lɪ.meɪt	**æक** लि मेइट
acclimation	ə.ˈklaɪ.mə.taɪz	ə **क्लाइ** मə टाइज़
acclimatization	ə.ˈklaɪ.mə.taɪ.ˈzeɪ.ʃᵊn	ə **क्लाइ** मə टाइ **ज़ेइ** शᵊन
accolade	ˈæk.ə.leɪd	**æक** ə लेइड
accommodate	ə.ˈkɒm.ə.deɪt	ə **कɒम** ə डेइट
accommodating	ə.ˈkɒm.ə.deɪ.tɪŋ	ə **कɒम** ə डेइ टिङ
accommodation	ə.ˈkɒm.ə.ˈdeɪ.ʃᵊn	ə **कɒम** ə **डेइ** शᵊन
accompaniment	ə.ˈkʌm.pə.ni.mᵊnt	ə **कʌम** पə नी मᵊन्ट
accompanist	ə.ˈkʌm.pə.nɪst	ə **कʌम** पə निस्ट
accompany	ə.ˈkʌm.pə.ni	ə **कʌम** पə नी
accomplice	ə.ˈkʌm.plɪs	ə **कʌम** प्लिस
accomplish	ə.ˈkʌm.plɪʃ	ə **कʌम** प्लिश
accomplished	ə.ˈkʌm.plɪʃt	ə **कʌम** प्लिश्ट
accomplishment	ə.ˈkʌm.plɪʃ.mᵊnt	ə **कʌम** प्लिश मᵊन्ट
accord	ə.ˈkɔːd	ə **कोːड**
accordance	ə.ˈkɔː.dəns	ə **को**ː डəन्स
according	ə.ˈkɔː.dɪŋ	ə **को**ː डिङ
accordingly	ə.ˈkɔː.dɪŋ.li	ə **को**ː डिङ ली
accordion	ə.ˈkɔː.di.ən	ə **को**ː डी əन
accost	ə.ˈkɒst	ə **कɒस्ट**
account	ə.ˈkaʊnt	ə **काउन्ट**
accountability	ə.ˈkaʊn.tə.ˈbɪl.ə.ti	ə **काउन** टə **बिल** ə टी
accountable	ə.ˈkaʊn.tə.bᵊl	ə **काउन** टə बᵊल
accountant	ə.ˈkaʊn.tᵊnt	ə **काउन** टᵊन्ट

accounting	ə.ˈkaʊn.tɪŋ	ə **काउन** टिङ
accredit	ə.ˈkred.ɪt	ə **क्रेड** इट
accreditation	ə.ˈkred.ɪ.ˈteɪ.ʃᵊn	ə **क्रेड** इ **टेइ** शᵊन
accredited	ə.ˈkred.ɪ.tɪd	ə **क्रेड** इ टिड
accrue	ə.ˈkruː	ə **क्रू:**
accumulate	ə.ˈkjuː.mjə.leɪt	ə **क्यू:** म्यə लेइट
accumulation	ə.ˈkjuː.mjə.ˈleɪ.ʃᵊn	ə **क्यू:** म्यə **लेइ** शᵊन
accumulator	ə.ˈkjuː.mjə.leɪ.tə	ə **क्यू:** म्यə लेइ टə
accuracy	ˈæk.jə.rə.si	**æक** यə रə सी
accurate	ˈæk.jə.rət	**æक** यə रəट
accurately	ˈæk.jə.rət.li	**æक** यə रəट ली
accusation	ˈæk.ju.ˈzeɪ.ʃᵊn	**æक** यू **ज़ेइ** शᵊन
accusative	ə.ˈkjuː.zə.tɪv	ə **क्यू:** ज़ə टिव
accusatory	ə.ˈkjuː.zə.tᵊr.i	ə **क्यू:** ज़ə टᵊर ई
accuse	ə.ˈkjuːz	ə **क्यू:ज़**
accused	ə.ˈkjuːzd	ə **क्यू:ज़्ड**
accuser	ə.ˈkjuː.zə	ə **क्यू:** ज़ə
accusing	ə.ˈkjuː.zɪŋ	ə **क्यू:** ज़िङ
accusingly	ə.ˈkjuː.zɪŋ.li	ə **क्यू:** ज़िङ ली
accustom	ə.ˈkʌs.təm	ə **कʌस** टəम
accustomed	ə.ˈkʌs.təmd	ə **कʌस** टəम्ड
ace	eɪs	एइस
acerbic	ə.ˈsɜː.bɪk	ə **सɜ:** बिक
acetate	ˈæs.ə.teɪt	**æस** ə टेइट
acetic acid	ə.ˈsiː.tɪk.ˈæs.ɪd	ə **सी:** टिक **æस** इड
acetone	ˈæs.ə.təʊn	**æस** ə टəउन
ache	eɪk	एइक
aches	eɪks	एइक्स
achieve	ə.ˈtʃiːv	ə **ची:व**
achievement	ə.ˈtʃiːv.mᵊnt	ə **ची:व** मᵊन्ट
achiever	ə.ˈtʃiː.və	ə **ची:** वə
Achilles' heel	ə.ˈkɪl.iːz.hiːl	ə **किल** ई:ज़ ही:ल
achy	ˈeɪk.i	**एइक** ई
acid	ˈæs.ɪd	**æस** इड
acid rain	ˈæs.ɪd.ˈreɪn	**æस** इड **रेइन**
acid test	ˈæs.ɪd.ˈtest	**æस** इड **टेस्ट**
acidic	ə.ˈsɪd.ɪk	ə **सिड** इक
acidify	ə.ˈsɪd.ɪ.faɪ	ə **सिड** इ फ़ाइ
acidity	ə.ˈsɪd.ə.ti	ə **सिड** ə टी
acknowledge	ək.ˈnɒl.ɪdʒ	əक **नɒल** इज
acknowledged	ək.ˈnɒl.ɪdʒd	əक **नɒल** इज्ड
acknowledgement	ək.ˈnɒl.ɪdʒ.mᵊnt	əक **नɒल** इज मᵊन्ट

acne	ˈæk.ni	**æक** नी
acorn	ˈeɪ.kɔːn	**एइ** को:न
acoustic	ə.ˈkuː.stɪk	ə **कू:** स्टिक
acquaint	ə.ˈkweɪnt	ə **क्वेइन्ट**
acquaintance	ə.ˈkweɪn.tᵊns	ə **क्वेइन** टᵊन्स
acquire	ə.ˈkwaɪ.ə	ə **क्वाइ** ə
acquiring	ə.ˈkwaɪ.ə.rɪŋ	ə **क्वाइ** ə रिङ
acquisition	ˈæk.wɪ.ˈzɪʃ.ᵊn	**æक** वि **ज़िश** ᵊन
acquit	ə.ˈkwɪt	ə **क्विट**
acquittal	ə.ˈkwɪt.ᵊl	ə **क्विट** ᵊल
acre	ˈeɪ.kəʳ	**एइ** कəर
acres	ˈeɪ.kəz	**एइ** कəज़
acrimonious	ˈæk.rɪ.ˈməʊ.ni.əs	**æक** रि **मəउ** नी əस
acrimony	ˈæk.rɪ.mə.ni	**æक** रि मə नी
acrobat	ˈæk.rə.bæt	**æक** रə बæट
acrobatic	ˈæk.rə.ˈbæt.ɪk	**æक** रə **बæट** इक
acronym	ˈæk.rə.nɪm	**æक** रə निम
across	ə.ˈkrɒs	ə **क्रɒस**
across-the-board	ə.ˈkrɒs.ðə.ˈbɔːd	ə **क्रɒस** दə **बो:ड**
acrylic	ə.ˈkrɪl.ɪk	ə **क्रिल** इक
act	ækt	æक्ट
act of God	ˈækt.əv.ˈgɒd	**æक्ट** əव **गɒड**
acting	ˈæk.tɪŋ	**æक** टिङ
action	ˈæk.ʃᵊn	**æक** शᵊन
actionable	ˈæk.ʃən.ə.bᵊl	**æक** शəन ə बᵊल
action-packed	ˈæk.ʃᵊn.ˈpækt	**æक** शᵊन **पæक्ट**
activate	ˈæk.tɪ.veɪt	**æक** टि वेइट
activation	ˈæk.tɪ.ˈveɪ.ʃᵊn	**æक** टि **वेइ** शᵊन
active	ˈæk.tɪv	**æक** टिव
activism	ˈæk.tɪ.vɪ.zᵊm	**æक** टि वि ज़ᵊम
activist	ˈæk.tɪ.vɪst	**æक** टि विस्ट
activity	æk.ˈtɪ.və.ti	æक **टि** वə टी
actor	ˈæk.tə	**æक** टə
actress	ˈæk.trəs	**æक** ट्रəस
actual	ˈæk.tʃu.əl	**æक** चू əल
actualisation	ˈæk.tʃu.ə.laɪ.ˈzeɪ.ʃᵊn	**æक** चू ə लाइ **ज़ेइ** शᵊन
actualise	ˈæk.tʃu.ə.laɪz	**æक** चू ə लाइज़
actuality	ˈæk.tʃu.ˈæl.ə.ti	**æक** चू **æल** ə टी
actually	ˈæk.tʃu.ə.li	**æक** चू ə ली
actuarial	ˈæk.tʃu.ˈeə.ri.əl	**æक** चू **एə** री əल
actuary	ˈæk.tʃu.ə.ri	**æक** चू ə री

actuate	ˈæk.tʃu.eɪt	**æक** चू एइट
actuation	ˈæk.tʃu.ˈeɪ.ʃᵊn	**æक** चू **एइ** शᵊन
acumen	ˈæk.jʊ.mən	**æक** गु मəन
acupuncture	ˈæk.ju.ˈpʌŋk.tʃə	**æक** गू **पʌङ्क** चə
acute	ə.ˈkjuːt	ə **क्यूːट**
acutely	ə.ˈkjuːt.li	ə **क्यूːट** ली
AD	ˈeɪ.ˈdiː	**एइ डीː**
ad hoc	æd.ˈhɒk	æड **हɒक**
ad infinitum	ˈæd.ɪn.fɪ.ˈnaɪ.təm	**æड** इन फ़ि **नाइ** टəम
ad nauseam	ˈæd.ˈnɔː.zi.æm	**æड नोː** ज़ी æम
adage	ˈæd.ɪdʒ	**æड** इज
adagio	ə.ˈdɑː.dʒi.əʊ	ə **डाː** जी əउ
adamant	ˈæd.ə.mᵊnt	**æड** ə मᵊन्ट
adamantly	ˈæd.ə.mᵊnt.li	**æड** ə मᵊन्ट ली
Adam's apple	ˈæd.əmz.ˈæp.ᵊl	**æड** əम्ज़ **æप** ᵊल
adapt	ə.ˈdæpt	ə **डæप्ट**
adaptability	ə.ˈdæp.tə.ˈbɪl.ə.ti	ə **डæप** टə **बिल** ə टी
adaptable	ə.ˈdæp.tə.bᵊl	ə **डæप** टə बᵊल
adaptation	ˈæd.əp.ˈteɪ.ʃᵊn	**æड** əप **टेइ** शᵊन
adapted	ə.ˈdæp.tɪd	ə **डæप** टिड
adapter	ə.ˈdæp.tə	ə **डæप** टə
adaptor	ə.ˈdæp.tə	ə **डæप** टə
add	æd	æड
adda (IO)	ˈʌd.ə	**ʌड** ə
addendum	ə.ˈden.dəm	ə **डेन** डəम
adder	ˈæd.ə	**æड** ə
addict	ˈæd.ɪkt	**æड** इक्ट
addicted	ə.ˈdɪk.tɪd	ə **डिक** टिड
addiction	ə.ˈdɪk.ʃᵊn	ə **डिक** शᵊन
addictive	ə.ˈdɪk.tɪv	ə **डिक** टिव
addition	ə.ˈdɪʃ.ᵊn	ə **डिश** ᵊन
additional	ə.ˈdɪʃ.ᵊn.ᵊl	ə **डिश** ᵊन ᵊल
additionally	ə.ˈdɪʃ.ᵊn.ᵊl.i	ə **डिश** ᵊन ᵊल ई
additive	ˈæd.ɪ.tɪv	**æड** इ टिव
add-on	ˈæd.ɒn	**æड** ɒन
address (n)	ə.ˈdres	ə **ड्रेस**
address (v)	ə.ˈdres	ə **ड्रेस**
addressing	ə.ˈdres.ɪŋ	ə **ड्रेस** इङ
adenoids	ˈæd.ən.ɔɪdz	**æड** əन ओइड्ज़
adept	ˈæd.ept	**æड** एप्ट
adequacy	ˈæd.ə.kwə.si	**æड** ə क्वə सी
adequate	ˈæd.ə.kwət	**æड** ə क्वəट
adhere	əd.ˈhɪə	əड **हिə**

adherence	əd.ˈhɪə.rᵊns	əड **हिə** रᵊन्स
adherent	əd.ˈhɪə.rᵊnt	əड **हिə** रᵊन्ट
adhesion	əd.ˈhiː.ʒᵊn	əड **हीː** ज़ᵊन
adhesive	əd.ˈhiː.sɪv	əड **हीː** सिव
adieu	ə.ˈdjuː	ə **ड्यूː**
adjacent	ə.ˈdʒeɪ.sᵊnt	ə **जेइ** सᵊन्ट
adjective	ˈædʒ.ek.tɪv	**æज** एक टिव
adjoin	ə.ˈdʒɔɪn	ə **जोइन**
adjoining	ə.ˈdʒɔɪn.ɪŋ	ə **जोइन** इङ
adjourn	ə.ˈdʒɜːn	ə **जɜːन**
adjournment	ə.ˈdʒɜːn.mᵊnt	ə **जɜːन** मᵊन्ट
adjudge	ə.ˈdʒʌdʒ	ə **जʌज**
adjudicate	ə.ˈdʒuː.dɪ.keɪt	ə **जूː** डि केइट
adjunct	ˈædʒ.ʌŋkt	**æज** ʌङ्क्ट
adjure	ə.ˈdʒʊə	ə **जुə**
adjust	ə.ˈdʒʌst	ə **जʌस्ट**
ad-lib	ˈæd.ˈlɪb	**æड लिब**
admin	ˈæd.mɪn	**æड** मिन
administer	əd.ˈmɪn.ɪ.stə	əड **मिन** इ स्टə
administrate	əd.ˈmɪn.ɪ.streɪt	əड **मिन** इ स्ट्रेइट
administration	əd.ˈmɪn.ɪ.ˈstreɪ.ʃᵊn	əड **मिन** इ **स्ट्रेइ** शᵊन
administrative	əd.ˈmɪn.ɪ.strə.tɪv	əड **मिन** इ स्ट्रə टिव
administrator	əd.ˈmɪn.ɪ.streɪ.tə	əड **मिन** इ स्ट्रेइ टə
admirable	ˈæd.mə.rəb.ᵊl	**æड** मə रəब ᵊल
admiral	ˈæd.mɪ.rə.bᵊl	**æड** मि रə बᵊल
admiration	ˈæd.mə.ˈreɪ.ʃᵊn	**æड** मə **रेइ** शᵊन
admire	əd.ˈmaɪ.ə	əड **माइ** ə
admirer	əd.ˈmaɪ.ə.rə	əड **माइ** ə रə
admiring	əd.ˈmaɪ.ə.rɪŋ	əड **माइ** ə रिङ
admiringly	əd.ˈmaɪ.ə.rɪŋ.li	əड **माइ** ə रिङ ली
admissibility	əd.ˈmɪs.ə.ˈbɪl.ə.ti	əड **मिस** ə **बिल** ə टी
admissible	əd.ˈmɪs.ə.bᵊl	əड **मिस** ə बᵊल
admission	əd.ˈmɪʃ.ᵊn	əड **मिश** ᵊन
admit	əd.ˈmɪt	əड **मिट**
admittance	əd.ˈmɪt.ᵊns	əड **मिट** ᵊन्स
admittedly	əd.ˈmɪt.ɪd.li	əड **मिट** इड ली
admonish	əd.ˈmɒn.ɪʃ	əड **मɒन** इश
admonition	ˈæd.mə.ˈnɪʃ.ᵊn	**æड** मə **निश** ᵊन
ado	ə.ˈduː	ə **डूː**
adobe	ə.ˈdəʊ.bi	ə **डəउ** बी
adolescence	ˈæd.ə.ˈles.ᵊns	**æड** ə **लेस** ᵊन्स
adolescent	ˈæd.ə.ˈles.ᵊnt	**æड** ə **लेस** ᵊन्ट

adopt	ə.ˈdɒpt	ə **डɒप्ट**
adopted	ə.ˈdɒp.tɪd	ə **डɒप** टिड
adoption	ə.ˈdɒp.ʃᵊn	ə **डɒप** शᵊन
adoptive	ə.ˈdɒp.tɪv	ə **डɒप** टिव
adorable	ə.ˈdɔː.rə.bᵊl	ə **डो:** रə बᵊल
adoration	ˈæd.ə.ˈreɪ.ʃᵊn	**æड** ə **रेइ** शᵊन
adore	ə.ˈdɔː	ə **डो:**
adorn	ə.ˈdɔːn	ə **डो:न**
adornment	ə.ˈdɔːn.mᵊnt	ə **डो:न** मᵊन्ट
adrenal gland	ə.ˈdriː.nᵊl.ˈglænd	ə **ड्री:** नᵊल **ग्लæन्ड**
adrenalin	ə.ˈdren.ᵊl.ɪn	ə **ड्रेन** ᵊल इन
adrift	ə.ˈdrɪft	ə **ड्रिफ़्ट**
adroit	ə.ˈdrɔɪt	ə **ड्रोइट**
adroitly	ə.ˈdrɔɪt.li	ə **ड्रोइट** ली
adroitness	ə.ˈdrɔɪt.nəs	ə **ड्रोइट** नəस
ads	ædz	æड्ज़
adulation	ˈæd.ju.ˈleɪ.ʃᵊn	**æड** यू **लेइ** शᵊन
adulatory	ˈæd.ju.ˈleɪ.tᵊr.i	**æड** यू **लेइ** टᵊर ई
adult	ˈæd.ʌlt	**æड** ʌल्ट
adulterate	ə.ˈdʌl.tə.reɪt	ə **डʌल** टə रेइट
adulteration	ə.ˈdʌl.tə.ˈreɪ.ʃᵊn	ə **डʌल** टə **रेइ** शᵊन
adultery	ə.ˈdʌl.tᵊr.i	ə **डʌल** टᵊर ई
adulthood	ˈæd.ʌlt.hʊd	**æड** ʌल्ट हुड
advance	əd.ˈvɑːns	əड **वा:न्स**
advancement	əd.ˈvɑːns.mᵊnt	əड **वा:न्स** मᵊन्ट
advantage	əd.ˈvɑːn.tɪdʒ	əड **वा:न** टिज
advantageous	ˈæd.vən.ˈteɪ.dʒəs	**æड** वəन **टेइ** जəस
advent	ˈæd.vent	**æड** वेन्ट
advent of winter	ˈæd.vent.əv.ˈwɪn.tə	**æड** वेन्ट əव **विन** टə
adventure	əd.ˈven.tʃə	əड **वेन** चə
adventure story	əd.ˈven.tʃə.ˈstɔː.ri	əड **वेन** चə **स्टो:** री
adventurous	əd.ˈven.tʃə.rəs	əड **वेन** चə रəस
adverb	ˈæd.vɜːb	**æड** वɜ:ब
adverbial	ˈæd.vɜː.bi.əl	**æड** वɜ: बी əल
adversary	ˈæd.və.sᵊr.i	**æड** वə सᵊर ई
adverse	ˈæd.vɜːs	**æड** वɜ:स
adversely	ˈæd.vɜːs.li	**æड** वɜ:स ली
adversity	əd.ˈvɜː.sə.ti	əड **वɜ:** सə टी
advert (n)	ˈæd.vɜːt	**æड** वɜ:ट
advert (v)	ˈæd.vɜːt	**æड** वɜ:ट
advertise	ˈæd.və.taɪz	**æड** वə टाइज़

advertisement	əd.ˈvɜː.tɪs.mᵊnt	əड **वɜ:** टिस मᵊन्ट
advertising	ˈæd.və.taɪ.zɪŋ	**æड** वə टाइ ज़िङ
advice	əd.ˈvaɪs	əड **वाइस**
advisability	əd.ˈvaɪ.zə.ˈbɪl.ə.ti	əड **वाइ** ज़ə **बिल** ə टी
advisable	əd.ˈvaɪ.zə.bᵊl	əड **वाइ** ज़ə बᵊल
advise	əd.ˈvaɪz	əड **वाइज़**
adviser	əd.ˈvaɪ.zə	əड **वाइ** ज़ə
advises	əd.ˈvaɪ.zɪz	əड **वाइ** ज़िज़
advisor	æd.ˈvaɪ.zə	æड **वाइ** ज़ə
advocacy	ˈæd.və.kə.si	**æड** वə कə सी
advocate (n)	ˈæd.və.kət	**æड** वə कəट
advocate (v)	ˈæd.və.keɪt	**æड** वə केइट
aerial	ˈeə.ri.əl	**एə** री əल
aerobic	eə.ˈrəʊ.bɪk	एə **रəउ** बिक
aerobics	eə.ˈrəʊ.bɪks	एə **रəउ** बिक्स
aerodrome	ˈeə.rə.drəʊm	**एə** रə ड्रəउम
aerodynamic	ˈeə.rəʊ.daɪ.ˈnæm.ɪk	**एə** रəउ डाइ **नæम** इक
aerodynamics	ˈeə.rəʊ.daɪ.ˈnæm.ɪks	**एə** रəउ डाइ **नæम** इक्स
aerofoil	ˈeə.rə.fɔɪl	**एə** रə फ़ोइल
aerogramme	ˈeə.rəʊ.græm	**एə** रəउ ग्रæम
aeronautical	ˈeə.rəʊ.ˈnɔː.tɪ.kᵊl	**एə** रəउ **नो:** टि कᵊल
aeronautics	ˈeə.rəʊ.ˈnɔː.tɪks	**एə** रəउ **नो:** टिक्स
aeroplane	ˈeə.rə.pleɪn	**एə** रə प्लेइन
aerosol	ˈeə.rəʊ.sɒl	**एə** रəउ सɒल
aesthetic	iːs.ˈθet.ɪk	ई:स **थेट** इक
aesthetically	iːs.ˈθet.ɪ.kᵊl.i	ई:स **थेट** इ कᵊल ई
afar	ə.ˈfɑː	ə **फ़ा:**
affable	ˈæf.ə.bᵊl	**æफ़** ə बᵊल
affably	ˈæf.ə.bli	**æफ़** ə ब्ली
affair	ə.ˈfeə	ə **फ़ेə**
affairs	ə.ˈfeəz	ə **फ़ेəज़**
affect (n)	ə.ˈfekt	ə **फ़ेक्ट**
affect (v)	ə.ˈfekt	ə **फ़ेक्ट**
affectation	ˈæf.ek.ˈteɪ.ʃᵊn	**æफ़** एक **टेइ** शᵊन
affected	ə.ˈfek.tɪd	ə **फ़ेक** टिड
affection	ə.ˈfek.ʃᵊn	ə **फ़ेक** शᵊन
affectionate	ə.ˈfek.ʃə.nət	ə **फ़ेक** शə नəट
affectionately	ə.ˈfek.ʃə.nət.li	ə **फ़ेक** शə नəट ली
affective	æf.ˈek.tɪv	æफ़ **एक** टिव
affidavit	ˈæf.ɪ.ˈdeɪ.vɪt	**æफ़** इ **डेइ** विट
affiliate	ə.ˈfɪl.i.eɪt	ə **फ़िल** ई एइट
affiliated	ə.ˈfɪl.i.eɪ.tɪd	ə **फ़िल** ई एइ टिड

affiliation	ə.ˈfɪl.i.ˈeɪ.ʃᵊn	ə फ़िल ई एइ श॰न
affinity	ə.ˈfɪn.ə.ti	ə फ़िन ə टी
affirm	ə.ˈfɜːm	ə फ़3:म
affirmation	ˈæf.ə.ˈmeɪ.ʃᵊn	æफ़ ə मेइ श॰न
affirmative	ə.ˈfɜː.mə.tɪv	ə फ़3: मə टिव
affirmative action	ə.ˈfɜː.mə.tɪv.ˈæk.ʃᵊn	ə फ़3: मə टिव æक श॰न
affirmatively	ə.ˈfɜː.mə.tɪv.li	ə फ़3: मə टिव ली
affix	ə.ˈfɪks	ə फ़िक्स
afflict	ə.ˈflɪkt	ə फ़्लिक्ट
affliction	ə.ˈflɪk.ʃᵊn	ə फ़्लिक श॰न
affluence	ˈæf.lu.ᵊns	æफ़ लू ॰न्स
affluent	ˈæf.lu.ᵊnt	æफ़ लू ॰न्ट
afford	ə.ˈfɔːd	ə फ़ो:ड
affordability	ə.ˈfɔː.də.ˈbɪl.ə.ti	ə फ़ो: डə बिल ə टी
affordable	ə.ˈfɔː.də.bᵊl	ə फ़ो: डə ब॰ल
affront	ə.ˈfrʌnt	ə फ़्रʌन्ट
afield	ə.ˈfiːld	ə फ़ी:ल्ड
afire	ə.ˈfaɪ.ə	ə फ़ाइ ə
aflame	ə.ˈfleɪm	ə फ़्लेइम
afloat	ə.ˈfləʊt	ə फ़्लəउट
afoot	ə.ˈfʊt	ə फ़ुट
aforementioned	ə.ˈfɔː.ˈmen.ʃᵊnd	ə फ़ो: मेन श॰न्ड
aforesaid	ə.ˈfɔː.sed	ə फ़ो: सेड
afraid	ə.ˈfreɪd	ə फ़्रेइड
afresh	ə.ˈfreʃ	ə फ़्रेश
African	ˈæf.rɪ.kən	æफ़ रि कəन
Afrikaans	ˈæf.rɪ.ˈkɑːns	æफ़ रि का:न्स
Afrikaner	ˈæf.rɪ.ˈkɑː.nə	æफ़ रि का: नə
aft	ɑːft	आ:फ़्ट
after	ˈɑːf.tə	आ:फ़ टə
afterbirth	ˈɑːf.tə.bɜːθ	आ:फ़ टə ब3:थ
aftercare	ˈɑːf.tə.keə	आ:फ़ टə केə
after-effect	ˈɑːf.tə.ɪ.ˈfekt	आ:फ़ टə इ फ़ेक्ट
afterglow	ˈɑːf.tə.gləʊ	आ:फ़ टə ग्लəउ
after-hours	ˈɑːf.tə.ˈaʊ.əz	आ:फ़ टə आउ əज़
afterlife	ˈɑːf.tə.laɪf	आ:फ़ टə लाइफ़
aftermath	ˈɑːf.tə.mæθ	आ:फ़ टə मæथ
afternoon	ˈɑːf.tə.ˈnuːn	आ:फ़ टə नू:न
aftershave	ˈɑːf.tə.ʃeɪv	आ:फ़ टə शेइव
afterthought	ˈɑːf.tə.θɔːt	आ:फ़ टə थो:ट
afterward	ˈɑːf.tə.wəd	आ:फ़ टə वəड
afterwards	ˈɑːf.tə.wədz	आ:फ़ टə वəड्ज़

again	ə.ˈgeɪn	ə गेइन
against	ə.ˈgeɪnst	ə गेइन्स्ट
agape (adj, adv)	ə.ˈgeɪp	ə गेइप
agape (n)	ə.ˈgeɪp	ə गेइप
age	eɪdʒ	एइज
aged	eɪdʒd	एइज्ड
agency	ˈeɪ.dʒən.si	एइ जəन सी
agenda	ə.ˈdʒen.də	ə जेन डə
agent	ˈeɪ.dʒᵊnt	एइ ज॰न्ट
aggravate	ˈæg.rə.veɪt	æग रə वेइट
aggravating	ˈæg.rə.veɪ.tɪŋ	æग रə वेइ टिङ
aggravation	ˈæg.rə.ˈveɪ.ʃᵊn	æग रə वेइ श॰न
aggregate (n)	ˈæg.rɪ.gət	æग रि गəट
aggregate (v)	ˈæg.rɪ.gət	æग रि गəट
aggression	ə.ˈgreʃ.ᵊn	ə ग्रेश ॰न
aggressive	ə.ˈgres.ɪv	ə ग्रेस इव
aggressively	ə.ˈgres.ɪv.li	ə ग्रेस इव ली
aggressor	ə.ˈgres.əʳ	ə ग्रेस əर
aggrieved	ə.ˈgriːvd	ə ग्री:व्ड
aghast	ə.ˈgɑːst	ə गा:स्ट
agile	ˈædʒ.aɪl	æज आइल
agility	ə.ˈdʒɪl.ə.ti	ə जिल ə टी
aging	ˈeɪdʒ.ɪŋ	एइज इङ
agitate	ˈædʒ.ɪ.teɪt	æज इ टेइट
agitated	ˈædʒ.ɪ.teɪ.tɪd	æज इ टेइ टिड
agitation	ˈædʒ.ɪ.ˈteɪ.ʃᵊn	æज इ टेइ श॰न
agitator	ˈædʒ.ɪ.teɪ.tə	æज इ टेइ टə
aglow	ə.ˈgləʊ	ə ग्लəउ
agnostic	æg.ˈnɒs.tɪk	æग नɒस टिक
agnosticism	æg.ˈnɒs.tɪ.ˈsɪ.zᵊm	æग नɒस टि सि ज़॰म
ago	ə.ˈgəʊ	ə गəउ
agog	ə.ˈgɒg	ə गɒग
agonise	ˈæg.ə.naɪz	æग ə नाइज़
agonised	ˈæg.ə.naɪzd	æग ə नाइज़्ड
agonising	ˈæg.ə.naɪ.zɪŋ	æग ə नाइ ज़िङ
agonisingly	ˈæg.ə.naɪ.zɪŋ.li	æग ə नाइ ज़िङ ली
agony	ˈæg.ə.ni	æग ə नी
agora	ˈæg.ə.rə	æग ə रə
agrarian	ə.ˈgreə.ri.ən	ə ग्रेə री əन
agree	ə.ˈgriː	ə ग्री:
agreeable	ə.ˈgriː.ə.bᵊl	ə ग्री: ə ब॰ल
agreeably	ə.ˈgriː.ə.bli	ə ग्री: ə ब्ली

agreement	ə.ˈgriː.mᵊnt	ə **ग्री:** मᵊन्ट
agricultural	ˈæ.grɪ.ˈkʌl.tʃᵊr.ᵊl	**æ** ग्रि **कʌल** चᵊर ᵊल
agriculture	ˈæ.grɪ.kʌl.tʃə	**æ** ग्रि कʌल चə
agro	ˈæg.rəʊ	**æग** रəउ
agronomist	ə.ˈgrɒn.ə.mɪst	ə **ग्रɒन** ə मिस्ट
agronomy	ə.ˈgrɒn.ə.mi	ə **ग्रɒन** ə मी
aground	ə.ˈgraʊnd	ə **ग्राउन्ड**
ah	ɑː	आ:
aha	ɑː.ˈhɑː	आ: **हा:**
ahead	ə.ˈhed	ə **हेड**
ahem	ə.ˈhem	ə **हेम**
ahoy	ə.ˈhɔɪ	ə **होइ**
aid	eɪd	एइड
aide	eɪd	एइड
AIDS	eɪdz	एइड्ज़
ail	eɪl	एइल
ailing	ˈeɪl.ɪŋ	**एइल** इङ
ailment	ˈeɪl.mᵊnt	**एइल** मᵊन्ट
aim	eɪm	एइम
aimless	ˈeɪm.ləs	**एइम** लəस
aimlessly	ˈeɪm.ləs.li	**एइम** लəस ली
aimlessness	ˈeɪm.ləs.nəs	**एइम** लəस नəस
ainˈt	eɪnt	एइन्ट
air	eə	एə
air - off the air	ˈɒf.ði.ˈeə	**ɒफ़** दी **एə**
air - on the air	ˈɒn.ði. eə	**ɒन** दी एə
air - put on airs	ˈpʊt.ɒn.ˈeəz	**पुट** ɒन **एəज़**
air - up in the air	ˈʌp.ɪn.ði.ˈeə	**ʌप** इन दी **एə**
air ambulance	eər.ˈæm.bjə.lᵊns	**एəर æम** ब्यə लᵊन्स
air bag	ˈeə.bæg	**एə** बæग
air base	ˈeə.beɪs	**एə** बेइस
air chief marshal	ˈeə.tʃiːf.ˈmɑː.ʃᵊl	**एə** ची:फ़ **मा:** शᵊल
air commodore	ˈeə.ˈkɒm.ə.dɔː	**एə कɒम** ə डो:
air conditioner	ˈeə.kən.ˈdɪʃ.ə.nə	**एə** कəन **डिश** ə नə
air conditioning	ˈeə.kən.ˈdɪʃ.ᵊn.ɪŋ	**एə** कəन **डिश** ᵊन इङ
air cooled	ˈeə.kuːld	**एə** कू:ल्ड
air cooler	ˈeə.ˈkuː.lə	**एə कू:** लə
air corridor	ˈeə.ˈkɒr.ɪ.dɔː	**एə कɒर** इ डो:
air force	ˈeə.ˈfɔːs	**एə फ़ो:स**
air hostess	ˈeə.ˈhəʊ.stes	**एə हəउ** स्टेस
air pollution	ˈeə.pə.ˈluː.ʃᵊn	**एə** पə **लू:** शᵊन
air pressure	ˈeə.ˈpreʃ.əʳ	**एə प्रेश** əर
air raid	ˈeə.reɪd	**एə** रेइड
air time	ˈeə.ˈtaɪm	**एə टाइम**
air traffic controller	ˈeə.ˈtræf.ɪk. kən.ˈtrəʊ.lə	**एə ट्रæफ़** इक कəन **ट्रəउ** लə
air vice-marshal	ˈeə.vaɪs.ˈmɑː.ʃəl	**एə** वाइस **मा:** शəल
airbed	ˈeə.bed	**एə** बेड
air-borne	ˈeə.bɔːn	**एə** बो:न
airbrake	ˈeə.breɪk	**एə** ब्रेइक
air-brush	ˈeə.brʌʃ	**एə** ब्रʌश
airbus	ˈeə.bʌs	**एə** बʌस
aircheck	ˈeə.tʃek	**एə** चेक
air-conditioned	ˈeə.kən.ˈdɪʃ.ᵊnd	**एə** कəन **डिश** ᵊन्ड
aircraft	ˈeə.krɑːft	**एə** क्रा:फ़्ट
aircraft carrier	ˈeə.krɑːft.ˈkær.i.ə	**एə** क्रा:फ़्ट **कær** ई ə
aircraftman	ˈeə.kræft.mən	**एə** क्रæफ़्ट मəन
aircrew	ˈeə.kruː	**एə** क्रू:
air-cushion	ˈeə.ˈkʊ.ʃᵊn	**एə कु** शᵊन
air-drop	ˈeə.ˈdrɒp	**एə ड्रɒप**
air-dry	ˈeə.draɪ	**एə** ड्राइ
aired	eəd	एəड
air-engine	ˈeər.ˈen.dʒɪn	**एəर एन** जिन
airer	ˈeə.rə	**एə** रə
airfare	ˈeə.feəʳ	**एə** फ़ेəर
airfield	ˈeə.fiːld	**एə** फ़ी:ल्ड
airfleet	ˈeə.fliːt	**एə** फ़्ली:ट
airflow	ˈeə.fləʊ	**एə** फ़्लəउ
airfreight	ˈeə.freɪt	**एə** फ़्रेइट
airgun	ˈeə.gʌn	**एə** गʌन
airily	ˈeə.rəl.i	**एə** रəल ई
airing	ˈeə.rɪŋ	**एə** रिङ
airless	ˈeə.ləs	**एə** लəस
airlift	ˈeə.lɪft	**एə** लिफ़्ट
airline	ˈeə.laɪn	**एə** लाइन
airlock	ˈeə.lɒk	**एə** लɒक
airmail	ˈeə.meɪl	**एə** मेइल
airman	ˈeə.mən	**एə** मəन
airmarshal	ˈeə.ˈmɑː.ʃəl	**एə मा:** शəल
airplane	ˈeə.pleɪn	**एə** प्लेइन

airplay	ˈeə.pleɪ	**एə** प्लेइ
air-pocket	ˈeə.ˈpɒk.ɪt	**एə पɒक** इट
airport	ˈeə.pɔːt	**एə** पोːट
airs	eəz	एəज़
air-sac	ˈeə.sæk	**एə** सæक
airship	ˈeə.ʃɪp	**एə** शिप
airshow	ˈeə.ʃəʊ	**एə** शəउ
airsick	ˈeə.sɪk	**एə** सिक
airspace	ˈeə.speɪs	**एə** स्पेइस
airspeed	ˈeə.spiːd	**एə** स्पीːड
airstream	ˈeə.striːm	**एə** स्ट्रीːम
airstrip	ˈeə.strɪp	**एə** स्ट्रिप
air-terminal	ˈeə.ˈtɜː.mɪ.nəl	**एə टɜː** मि नəल
airtight	ˈeə.taɪt	**एə** टाइट
airworthy	ˈeə.ˈwɜː.ði	**एə व़ɜː** दी
airy	ˈeə.ri	**एə** री
airy-fairy	ˈeə.ri.ˈfeə.ri	**एə** री **फ़ेə** री
aisle	aɪl	आइल
aisle seat	ˈaɪl.siːt	**आइल** सीːट
ajar	ə.ˈdʒɑː	ə **जाː**
akin	ə.ˈkɪn	ə **किन**
al dente	æl.ˈden.teɪ	æल **डेन** टेइ
alabaster	ˈæl.ə.bɑː.stə	**æल** ə बाː स्टə
alacrity	ə.ˈlæk.rə.ti	ə **लæक** रə टी
alarm	ə.ˈlɑːm	ə **लाːम**
alarm clock	ə.ˈlɑːm.ˈklɒk	ə **लाːम क्लɒक**
alarmed	ə.ˈlɑːmd	ə **लाːम्ड**
alarming	ə.ˈlɑː.mɪŋ	ə **लाː** मिङ
alarming news	ə.ˈlɑː.mɪŋ.njuːz	ə **लाː** मिङ न्यूːज़
alarmingly	ə.ˈlɑː.mɪŋ.li	ə **लाː** मिङ ली
alarmist	ə.ˈlɑː.mɪst	ə **ला** ːमिस्ट
alas	ə.ˈlæs	ə **लæस**
albatross	ˈæl.bə.trɒs	**æल** बə ट्रɒस
albeit	ˈɔːl.ˈbiː.ɪt	**ओːल बीː** इट
albino	æl.ˈbiː.nəʊ	æल **बीː** नəउ
album	ˈæl.bəm	**æल** बəम
albumen	ˈæl.bju.mɪn	**æल** ब्यू मिन
albumin	ˈæl.bju.mɪn	**æल** ब्यू मिन
alchemist	ˈæl.kə.mɪst	**æल** कə मिस्ट
alchemy	ˈæl.kə.mi	**æल** कə मी
alcohol	ˈæl.kə.hɒl	**æल** कə हɒल
alcoholic	ˈæl.kə.ˈhɒl.ɪk	**æल** कə **हɒल** इक

alcoholic anonymous	ˈæl.kə.ˈhɒl.ɪk.ə.ˈnɒn.ɪ.məs	**æल** कə **हɒल** इक ə **नɒन** इ मəस
alcoholism	ˈæl.kə.hɒl.ɪ.zᵊm	**æल** कə हɒल इ ज़ᵊम
alcove	ˈæl.kəʊv	**æल** कəउव
aldehyde	ˈæl.də.haɪd	**æल** डə हाइड
alderman	ˈɔːl.də.mən	**ओːल** डə मəन
ale	eɪl	एइल
alert	ə.ˈlɜːt	ə **लɜːट**
alfalfa	æl.ˈfæl.fə	æल **फ़æल** फ़ə
alfresco	ˈæl.ˈfres.kəʊ	**æल फ़्रेस** कəउ
algebra	ˈæl.dʒə.brə	**æल** जə ब्रə
algebraic	ˈæl.dʒə.ˈbreɪk	**æल** जə **ब्रेइक**
algorithm	ˈæl.gə.ˈrɪ.ðəm	**æल** गə **रि** दəम
alias	ˈeɪ.li.əs	**एइ** ली əस
alibi	ˈæl.ɪ.baɪ	**æल** इ बाइ
alien	ˈeɪ.li.ən	**एइ** ली əन
alienate	ˈeɪ.li.ə.neɪt	**एइ** ली ə नेइट
alienation	ˈeɪ.li.ə.ˈneɪ.ʃᵊn	**एइ** ली ə **नेइ** शᵊन
alight	ə.ˈlaɪt	ə **लाइट**
align	ə.ˈlaɪn	ə **लाइन**
alignment	ə.ˈlaɪn.mᵊnt	ə **लाइन** मᵊन्ट
aligns	ə.ˈlaɪnz	ə **लाइन्ज़**
alike	ə.ˈlaɪk	ə **लाइक**
alimony	ˈæl.ɪ.mə.ni	**æल** इ मə नी
alive	ə.ˈlaɪv	ə **लाइव**
alkali	ˈæl.kə.laɪ	**æल** कə लाइ
alkaline	ˈæl.kə.laɪn	**æल** कə लाइन
alkaloid	ˈæl.kə.lɔɪd	**æल** कə लोइड
all along	ˈɔːl.ə.ˈlɒŋ	**ओːल** ə **लɒङ**
all right	ˈɔːl.raɪt	**ओːल** राइट
all the eggs	ˈɔːl.ði.egz	**ओːल** दी एग्ज़
all-around	ˈɔːl.ə.ˈraʊnd	**ओːल** ə **राउन्ड**
allay	ə.ˈleɪ	ə **लेइ**
allay fears	ə.ˈleɪ.fɪəz	ə **लेइ** फ़िəज़
all-clear	ˈɔːl.ˈklɪə	**ओːल क्लिə**
all-day	ˈɔːl.ˈdeɪ	**ओːल डेइ**
allegation	ˈæl.ə.ˈgeɪ.ʃᵊn	**æल** ə **गेइ** शᵊन
allege	ə.ˈledʒ	ə **लेज**
alleged	ə.ˈledʒd	ə **लेज्ड**
allegedly	ə.ˈledʒ.ɪd.li	ə **लेज** इड ली
allegiance	ə.ˈliː.dʒᵊns	ə **लीː** जᵊन्स
allegorical	ˈæl.ə.ˈgɒr.ɪ.kᵊl	**æल** ə **गɒर** इ कᵊल
allegorise	ˈæl.ə.gər.aiz	**æल** ə गəर आईज़

allegory	ˈæl.ə.gə.ri	æल ə गə री
allegro	ə.ˈleg.rəʊ	ə लेग रəउ
all-embracing	ˈɔ:l.ɪm.ˈbreɪs.ɪŋ	ओ:ल इम ब्रेइस इङ
allergic	ə.ˈlɜ:.dʒɪk	ə लɜ: जिक
allergy	ˈæl.ə.dʒi	æल ə जी
alleviate	ə.ˈli:.vi.eɪt	ə ली: वी एइट
alleviation	ə.ˈli:.vi.ˈeɪ.ʃᵊn	ə ली: वी एइ शᵊन
alley	ˈæl.i	æल ई
alliance	ə.ˈlaɪ.ᵊns	ə लाइ ᵊन्स
allied	ˈæl.aɪd	æल आइड
alligator	ˈæl.ɪ.geɪ.tə	æल इ गेइ टə
all-important	ˈɔ:l.ɪm.ˈpɔ:.tᵊnt	ओ:ल इम पो: टᵊन्ट
all-in	ˈɔ:l.ˈɪn	ओ:ल इन
all-inclusive	ˈɔ:l.ɪn.ˈklu:.sɪv	ओ:ल इन क्लू: सिव
all-in-one	ˈɔ:l.ɪn.ˈwʌn	ओ:ल इन वʌन
alliterate	ə.ˈlɪt.ə.reɪt	ə लिट ə रेइट
alliteration	ə.ˈlɪt.ə.ˈreɪ.ʃᵊn	ə लिट ə रेइ शᵊन
all-nighter	ˈɔ:l.ˈnaɪ.tə	ओ:ल नाइ टə
allocate	ˈæl.ə.keɪt	æल ə केइट
allocation	ˈæl.ə.ˈkeɪ.ʃᵊn	æल ə केइ शᵊन
allopathic	ˈæl.ə.pæθ.ɪk	æल ə पæथ इक
allopathy	ə.ˈlɒp.ə.θɪ	ə लɒप ə थि
allophone	ˈæl.ə.fəʊn	æल ə फ़əउन
allophonic	ˈæl.ə.ˈfɒn.ɪk	æल ə फ़ɒन इक
allot	ə.ˈlɒt	ə लɒट
allotment	ə.ˈlɒt.mᵊnt	ə लɒट मᵊन्ट
allotrope	ˈæl.ə.trəʊp	æल ə ट्रəउप
allotropic	ˈæl.ə.ˈtrɒp.ɪk	æल ə ट्रɒप इक
all-out	ˈɔ:l.ˈaʊt	ओ:ल आउट
allow	ə.ˈlaʊ	ə लाउ
allowable	ə.ˈlaʊ.ə.bᵊl	ə लाउ ə बᵊल
allowance	ə.ˈlaʊ.ᵊns	ə लाउ ᵊन्स
allowed	ə.ˈlaʊd	ə लाउड
alloy	ˈæl.ɔɪ	æल ओइ
all-party	ˈɔ:l.ˈpɑ:.ti	ओ:ल पा: टी
all-powerful	ˈɔ:l.ˈpaʊ.ə.fʊl	ओ:ल पाउ ə फुल
all-purpose	ˈɔ:l.ˈpɜ:.pəs	ओ:ल पɜ: पəस
all-round	ˈɔ:l.raʊnd	ओ:ल राउन्ड
all-rounder	ˈɔ:l.ˈraʊn.də	ओ:ल राउन डə
allsorts	ˈɔ:l.sɔ:ts	ओ:ल सो:ट्स
allspice	ˈɔ:l.spaɪs	ओ:ल स्पाइस
all-star	ˈɔ:l.stɑ:	ओ:ल स्टा:

all-time	ˈɔ:l.taɪm	ओ:ल टाइम
allude	ə.ˈlu:d	ə लू:ड
allure	ə.ˈlʊə	ə लुə
allusion	ə.ˈlu:.ʒᵊn	ə लू: ज़ᵊन
alluvial	ə.ˈlu:.vi.əl	ə लू: वी əल
all-weather	ˈɔ:l.ˈweð.əʳ	ओ:ल वे़द əर
ally	ˈæl.aɪ	æल आइ
alm	ˈɑ:m	आ:म
alma mater	ˈæl.mə.ˈmɑ:.tə	æल मə मा: टə
almanac	ˈɔ:l.mə.næk	ओ:ल मə नæक
almighty	ɔ:l.ˈmaɪ.ti	ओ:ल माइ टी
almond	ˈɑ:.mənd	आ: मəन्ड
almost	ˈɔ:l.məʊst	ओ:ल मəउस्ट
alms	ɑ:mz	आ:म्ज़
almsgiver	ˈɑ:mz.ˈgɪv.ə	आ:म्ज़ गिव ə
aloe	ˈæl.əʊ	æल əउ
aloe vera	ˈæl.əʊ.ˈvɪə.rə	æल əउ विə रə
aloft	ə.ˈlɒft	ə लɒफ़्ट
aloha	ə.ˈləʊ.hə	ə लəउ हə
alone	ə.ˈləʊn	ə लəउन
along	ə.ˈlɒŋ	ə लɒङ
alongside	ə.ˈlɒŋ.ˈsaɪd	ə लɒङ साइड
aloof	ə.ˈlu:f	ə लू:फ़
aloud	ə.ˈlaʊd	ə लाउड
alp	ælp	æल्प
alpha	ˈæl.fə	æल फ़ə
alpha particle	ˈæl.fə.ˈpɑ:.tɪ.kᵊl	æल फ़ə पा: टि कᵊल
alphabet	ˈæl.fə.bet	æल फ़ə बेट
alphabetic	ˈæl.fə.ˈbet.ɪk	æल फ़ə बेट इक
alphabetical	ˈæl.fə.ˈbet.ɪ.kᵊl	æल फ़ə बेट इ कᵊल
alphabetically	ˈæl.fə.ˈbet.ɪ.kᵊl.i	æल फ़ə बेट इ कᵊल ई
alphanumeric	ˈæl.fə.nju:.ˈmer.ɪk	æल फ़ə न्यू: मेर इक
alpine	ˈæl.paɪn	æल पाइन
already	ɔ:l.ˈred.i	ओ:ल रेड ई
alright	ɔ:l.ˈraɪt	ओ:ल राइट
Alsatian	æl.ˈseɪ.ʃᵊn	æल सेइ शᵊन
also	ˈɔ:l.səʊ	ओ:ल सəउ
also-ran	ˈɔ:l.səʊ.ræn	ओ:ल सəउ रæन
altar	ˈɔ:l.tə	ओ:ल टə
altarpiece	ˈɔ:l.tə.pi:s	ओ:ल टə पी:स
alter	ˈɔ:l.tə	ओ:ल टə
alter ego	ˈɔ:l.tər.ˈi:.gəʊ	ओ:ल टəर ई: गəउ

alteration	ˈɔ:l.tə.ˈreɪ.ʃᵊn	**ओ:ल** टΘ **रेइ** श॰न
altercation	ˈɔ:l.tə.ˈkeɪ.ʃᵊn	**ओ:ल** टΘ **केइ** श॰न
alternate (adj)	ɔ:l.ˈtɜ:.nət	ओ:ल **टɜ:** नΘट
alternate (v)	ɔ:l.ˈtɜ:.neɪt	ओ:ल **टɜ:** नेइट
alternately	ɔ:l.ˈtɜ:.nət.li	ओ:ल **टɜ:** नΘट ली
alternating	ˈɔ:l.tɜ:.neɪ.tɪŋ	**ओ:ल** टɜ: नेइ टिङ
alternation	ˈɔ:l.tə.ˈneɪ.ʃᵊn	**ओ:ल** टΘ **नेइ** श॰न
alternative	ɔ:l.ˈtɜ:.nə.tɪv	ओ:ल **टɜ:** नΘ टिव
alternative medicine	ɔ:l.ˈtɜ:.nə.tɪv.ˈmed.ɪ.sən	ओ:ल **टɜ:** नΘ टिव **मेड** इ सΘन
alternatively	ɔ:l.ˈtɜ:.nə.tɪv.li	ओ:ल **टɜ:** नΘ टिव ली
alternator	ˈɔ:l.tə.neɪ.tə	**ओ:ल** टΘ नेइ टΘ
although	ɔ:l.ˈðəʊ	ओ:ल **दΘउ**
altimeter	ˈæl.tɪ.mi:.tə	**æल** टि मी: टΘ
altitude	ˈæl.tɪ.tju:d	**æल** टि ट्यू:ड
alto	ˈæl.təʊ	**æल** टΘउ
altogether	ˈɔ:l.tə.ˈgeð.ə	**ओ:ल** टΘ **गेद** Θ
altruism	ˈæl.tru.ɪ.zᵊm	**æल** ट्रू इ ज़॰म
altruist	ˈæl.tru.ɪst	**æल** ट्रू इस्ट
altruistic	ˈæl.tru.ˈɪs.tɪk	**æल** ट्रू **इस** टिक
alum	ˈæl.əm	**æल** Θम
aluminium	ˈæl.jə.ˈmɪn.i.əm	**æल** ग़Θ **मिन** ई Θम
alumna	ə.ˈlʌm.nə	Θ **लʌम** नΘ
alumnae	ə.ˈlʌm.ni:	Θ **लʌम** नी:
alumni	ə.ˈlʌm.naɪ	Θ **लʌम** नाइ
alumnus	ə.ˈlʌm.nəs	Θ **लʌम** नΘस
alveolar	ˈæl.vi.ˈəʊ.lə	**æल** वी **Θउ** लΘ
always	ˈɔ:l.weɪz	**ओ:ल** वेइज़
am	æm	æम
amah	ˈɑ:.mə	**आ:** मΘ
amalgam	ə.ˈmæl.gəm	Θ **मæल** गΘम
amalgamate	ə.ˈmæl.gə.meɪt	Θ **मæल** गΘ मेइट
amalgamated	ə.ˈmæl.gə.meɪ.tɪd	Θ **मæल** गΘ मेइ टिड
amalgamation	ə.ˈmæl.gə.ˈmeɪ.ʃᵊn	Θ **मæल** गΘ **मेइ** श॰न
amass	ə.ˈmæs	Θ **मæस**
amateur	ˈæm.ə.tə	**æम** Θ टΘ
amateurish	ˈæm.ə.tə.rɪʃ	**æम** Θ टΘ रिश
amateurishly	ˈæm.ə.tə.rɪʃ.li	**æम** Θ टΘ रिश ली
amateurism	ˈæm.ə.tᵊr.ɪ.zᵊm	**æम** Θ ट॰र इ ज़॰म
amaze	ə.ˈmeɪz	Θ **मेइज़**
amazed	ə.ˈmeɪzd	Θ **मेइज़्ड**
amazement	ə.ˈmeɪz.mᵊnt	Θ **मेइज़** म॰न्ट
amazing	ə.ˈmeɪ.zɪŋ	Θ **मेइ** ज़िङ
amazingly	ə.ˈmeɪ.zɪŋ.li	Θ **मेइ** ज़िङ ली
amazon	ˈæm.ə.zən	**æम** Θ ज़Θन
ambassador	æm.ˈbæs.ə.də	æम **बæस** Θ डΘ
amber	ˈæm.bə	**æम** बΘ
ambi	ˈæm.bɪ	**æम** बि
ambiance	ˈæm.bi.ᵊns	**æम** बी ॰न्स
ambidexterity	ˈæm.bi.dek.ˈster.ə.ti	**æम** बी डेक **स्टेर** Θ टी
ambidextrous	ˈæm.bi.ˈdek.strəs	**æम** बी **डेक** स्ट्रΘस
ambience	ˈæm.bi.ᵊns	**æम** बी ॰न्स
ambiguity	ˈæm.bɪ.ˈgju:ə.ti	**æम** बि **ग्यू:Θ** टी
ambiguous	æm.ˈbɪg.ju.əs	æम **बिग** यू Θस
ambiguously	æm.ˈbɪg.ju.əs.li	æम **बिग** यू Θस ली
ambit	ˈæm.bɪt	**æम** बिट
ambition	æm.ˈbɪʃ.ᵊn	æम **बिश** ॰न
ambitious	æm.ˈbɪʃ.əs	æम **बिश** Θस
ambitiously	æm.ˈbɪʃ.əs.li	æम **बिश** Θस ली
ambivalence	æm.ˈbɪv.ə.lᵊns	æम **बिव** Θ ल॰न्स
ambivalent	æm.ˈbɪv.ə.lᵊnt	æम **बिव** Θ ल॰न्ट
amble	ˈæm.bᵊl	**æम** ब॰ल
ambrosia	æm.ˈbrəʊ.ziə	æम **ब्रΘउ** ज़ीΘ
ambulance	ˈæm.bjə.lᵊns	**æम** ब्यΘ ल॰न्स
ambulant	ˈæm.bjə.lᵊnt	**æम** ब्यΘ ल॰न्ट
ambulatory	ˈæm.bju.ˈleɪ.tᵊr.i	**æम** ब्यू **लेइ** ट॰र ई
ambush	ˈæm.bʊʃ	**æम** बुश
ameliorate	ə.ˈmi:.li.ə.reɪt	Θ **मी:** ली Θ रेइट
amelioration	ə.ˈmi:.li.ə.ˈreɪ.ʃᵊn	Θ **मी:** ली Θ **रेइ** श॰न
amen	ˈɑ:.ˈmen	**आ: मेन**
amenable	ə.ˈmi:.nə.bᵊl	Θ **मी:** नΘ ब॰ल
amend	ə.ˈmend	Θ **मेन्ड**
amendment	ə.ˈmend.mᵊnt	Θ **मेन्ड** म॰न्ट
amends	ə.ˈmendz	Θ **मेन्ड्ज़**
amenity	ə.ˈmi:.nə.ti	Θ **मी:** नΘ टी
America	ə.ˈmer.ɪ.kə	Θ **मेर** इ कΘ
American	ə.ˈmer.ɪ.kən	Θ **मेर** इ कΘन
Americana	ə.ˈmer.ɪ.ˈkɑ:.nə	Θ **मेर** इ **का** :नΘ
Americanism	ə.ˈmer.ɪ.kə.nɪ.zəm	Θ **मेर** इ कΘ नि ज़Θम
amethyst	ˈæm.ə.θɪst	**æम** Θ थिस्ट
amiable	ˈeɪ.mi.ə.bᵊl	**एइ** मी Θ ब॰ल
amiably	ˈeɪ.mi.ə.bli	**एइ** मी Θ ब्ली
amicable	ˈæm.ɪ.kə.bᵊl	**æम** इ कΘ ब॰ल
amicably	ˈæm.ɪ.kə.bli	**æम** इ कΘ ब्ली
amid	ə.ˈmɪd	Θ **मिड**

amidst	ə.ˈmɪdst	ə **मिड्स्ट**
amigo	ə.ˈmiː.ɡəʊ	ə **मी:** गəउ
amino	ə.ˈmiː.nəʊ	ə **मी:** नəउ
amir	ə.ˈmɪə	ə **मिə**
amiss	ə.ˈmɪs	ə **मिस**
amity	ˈæm.ə.ti	**æम** ə टी
ammeter	ˈæm.iː.tə	**æम** ई: टə
ammo	ˈæm.əʊ	**æम** əउ
ammonia	ə.ˈməʊ.ni.ə	ə **मəउ** नी ə
ammunition	ˈæm.ju.ˈnɪʃ.ᵊn	**æम** यू **निश** ᵊन
amnesia	æm.ˈniː.zi.ə	æम **नी:** ज़ी ə
amnesiac	æm.ˈniː.zi.æk	æम **नी:** ज़ी æक
amnesty	ˈæm.nə.sti	**æम** नə स्टी
amoeba	ə.ˈmiː.bə	ə **मी:** बə
amok	ə.ˈmɒk	ə **मɒक**
among	ə.ˈmʌŋ	ə **मʌङ**
amongst	ə.ˈmʌŋst	ə **मʌङ्स्ट**
amoral	ˈeɪ.ˈmɒr.əl	**एइ मɒर** əल
amorous	ˈæm.ə.rəs	**æम** ə रəस
amorphous	ə.ˈmɔː.fəs	ə **मो:** फ़əस
amortise	ə.ˈmɔː.taɪz	ə **मो:** टाइज़
amount	ə.ˈmaʊnt	ə **माउन्ट**
amp	æmp	æम्प
amperage	ˈæm.pə.rɪdʒ	**æम** पə रिज
ampere	ˈæm.peə	**æम** पेə
ampersand	ˈæm.pə.sænd	**æम** पə सæन्ड
amphetamine	æm.ˈfet.ə.miːn	æम **फ़ेट** ə मी:न
amphibian	æm.ˈfɪb.i.ən	æम **फ़िब** ई əन
amphibious	æm.ˈfɪb.i.əs	æम **फ़िब** ई əस
amphitheatre	ˈæm.fi.ˈθɪə.tə	**æम** फ़ी **थिə** टə
ample	ˈæm.pᵊl	**æम** पᵊल
amplification	ˈæm.plɪ.fɪ.ˈkeɪ.ʃᵊn	**æम** प्लि फ़ि **केइ** शᵊन
amplifier	ˈæm.plɪ.faɪ.ə	**æम** प्लि फ़ाइ ə
amplify	ˈæm.plɪ.faɪ	**æम** प्लि फ़ाइ
amplitude	ˈæm.plɪ.tjuːd	**æम** प्लि ट्यू:ड
amply	ˈæm.pli	**æम** प्ली
ampule	ˈæm.pjuːl	**æम** प्यू:ल
amputate	ˈæm.pju.teɪt	**æम** प्यू टेइट
amputation	ˈæm.pju.ˈteɪ.ʃᵊn	**æम** प्यू **टेइ** शᵊन
amputee	ˈæm.pju.ˈtiː	**æम** प्यू **टी:**
amuck	ə.ˈmʌk	ə **मʌक**
amulet	ˈæm.jʊ.lət	**æम** यु लəट

amuse	ə.ˈmjuːz	ə **म्यू:ज़**
amused	ə.ˈmjuːzd	ə **म्यू:ज़्ड**
amusement	ə.ˈmjuːz.mᵊnt	ə **म्यू:ज़** मᵊन्ट
amusing	ə.ˈmjuː.zɪŋ	ə **म्यू:** ज़िङ
an	æn	æन
anabolic	ˈæn.ə.ˈbɒl.ɪk	**æन** ə **बɒल** इक
anachronism	ə.ˈnæk.rə.nɪ.zᵊm	ə **नæक** रə नि ज़ᵊम
anachronistic	ə.ˈnæk.rə.ˈnɪs.tɪk	ə **नæक** रə **निस** टिक
anaconda	ˈæn.ə.ˈkɒn.də	**æन** ə **कɒन** डə
anaemia	ə.ˈniː.mi.ə	ə **नी:** मी ə
anaesthesia	ˈæn.əs.ˈθiː.zi.ə	**æन** əस **थी:** ज़ी ə
anaesthetic	ˈæn.əs.ˈθet.ɪk	**æन** əस **थेट** इक
anaesthetise	ə.ˈniːs.θə.taɪz	ə **नी:स** थə टाइज़
anaesthetist	ə.ˈniːs.θə.tɪst	ə **नी:स** थə टिस्ट
anagram	ˈæn.ə.ɡræm	**æन** ə ग्रæम
analgesic	ˈæn.əl.ˈdʒiː.zɪk	**æन** əल **जी:** ज़िक
analogous	ə.ˈnæl.ə.ɡəs	ə **नæल** ə गəस
analogue	ˈæn.ə.lɒɡ	**æन** ə लɒग
analogy	ə.ˈnæl.ə.dʒi	ə **नæल** ə जी
analysable	ˈæn.ə.laɪ.zə.bᵊl	**æन** ə लाइ ज़ə बᵊल
analyse	ˈæn.ᵊl.aɪz	**æन** ᵊल आइज़
analysis	ə.ˈnæl.ə.sɪs	ə **नæल** ə सिस
analyst	ˈæn.ə.lɪst	**æन** ə लिस्ट
analytic	ˈæn.ə.ˈlɪt.ɪk	**æन** ə **लिट** इक
analytical	ˈæn.ə.ˈlɪt.ɪ.kᵊl	**æन** ə **लिट** इ कᵊल
anarch	ˈæn.aːk	**æन** आ:क
anarchic	ə.ˈnɑː.kik	ə **ना:** कीक
anarchist	ˈæn.ə.kɪst	**æन** ə किस्ट
anarchy	ˈæn.ə.ki	**æन** ə की
anatomical	ˈæn.ə.ˈtɒm.ɪ.kᵊl	**æन** ə **टɒम** इ कᵊल
anatomist	ə.ˈnæt.ə.mɪst	ə **नæट** ə मिस्ट
anatomy	ə.ˈnæt.ə.mi	ə **नæट** ə मी
ancestor	ˈæn.ses.tə	**æन** सेस टə
ancestral	æn.ˈses.trəl	æन **सेस** ट्रəल
ancestry	ˈæn.ses.tri	**æन** सेस ट्री
anchor	ˈæŋ.kə	**æङ** कə
anchorage	ˈæŋ.kə.rɪdʒ	**æङ** कə रिज
anchored	ˈæŋ.kəd	**æङ** कəड
anchorman	ˈæŋ.kə.mæn	**æङ** कə मæन
anchovy	ˈæn.tʃə.vi	**æन** चə वी
ancient	ˈeɪn.ʃᵊnt	**एइन** शᵊन्ट
ancillary	æn.ˈsɪl.ᵊr.i	æन **सिल** ᵊर ई

and	ænd	ænड
andante	æn.ˈdæn.ti	æन **डæन** टी
android	ˈæn.drɔɪd	**æन** ड्रोइड
anecdote	ˈæn.ɪk.dəʊt	**æन** इक डɵउट
angel	ˈeɪn.dʒəl	**एइन** जɵल
angelic	æn.ˈdʒel.ɪk	æन **जेल** इक
angelically	ən.ˈdʒel.ɪ.kᵊl.i	ɵन **जेल** इ क॰ल ई
anger	ˈæŋ.gə	**æङ** गɵ
angina	æn.ˈdʒaɪ.nə	æन **जाइ** नɵ
angiogram	ˈæn.dʒi.əʊ.græm	**æन** जी ɵउ ग्रæम
angiography	ˌæn.dʒi.ˈɒg.rə.fi	**æन** जी **ɒग** रɵ फ़ी
angioplasty	ˈæn.dʒi.əʊ.ˌplæs.ti	**æन** जी ɵउ **प्लæस** टी
angle	ˈæŋ.gᵊl	**æङ** ग॰ल
angler	ˈæŋ.glə	**æङ** ग्लɵ
Anglican	ˈæŋ.glɪ.kən	**æङ** ग्लि कɵन
anglicise	ˈæŋ.glɪ.saɪz	**æङ** ग्लि साइज़
anglicism	ˈæŋ.glɪ.sɪ.zᵊm	**æङ** ग्लि सि ज़॰म
angling	ˈæŋ.glɪŋ	**æङ** ग्लिङ
anglo	ˈæŋ.gləʊ	**æङ** ग्लɵउ
Anglo-Indian	ˈæŋ.gləʊ.ˈɪn.dɪ.ən	**æङ** ग्लɵउ **इन** डि ɵन
anglophile	ˈæŋ.gləʊ.faɪl	**æङ** ग्लɵउ फ़ाइल
anglophone	ˈæŋ.glə.fəʊn	**æङ** ग्लɵ फ़ɵउन
angora	æŋ.ˈgɔː.rə	æङ **गो**: रɵ
angry	ˈæŋ.gri	**æङ** ग्री
anguish	ˈæŋ.gwɪʃ	**æङ** ग्विश
anguished	ˈæŋ.gwɪʃt	**æङ** ग्विश्ट
angular	ˈæŋ.gjə.lə	**æङ** ग्गɵ लɵ
animal	ˈæn.ɪ.mᵊl	**æन** इ म॰ल
animate (adj)	ˈæn.ɪ.mət	**æन** इ मɵट
animate (v)	ˈæn.ɪ.meɪt	**æन** इ मेइट
animated	ˈæn.ɪ.meɪ.tɪd	**æन** इ मेइ टिड
animation	ˌæn.ɪ.ˈmeɪ.ʃᵊn	**æन** इ **मेइ** श॰न
animator	ˈæn.ɪ.meɪ.tə	**æन** इ मेइ टɵ
animosity	ˌæn.ɪ.ˈmɒs.ə.ti	**æन** इ **मɒस** ɵ टी
aniseed	ˈæn.ɪ.siːd	**æन** इ सी:ड
ankle	ˈæŋ.kᵊl	**æङ** क॰ल
anklet	ˈæŋ.klət	**æङ** क्लɵट
anna	ˈæn.ə	**æन** ɵ
annals	ˈæn.ᵊlz	**æन** ॰ल्ज़
annex (v)	ə.ˈneks	ɵ **नेक्स**
annexation	ˌæn.ek.ˈseɪ.ʃᵊn	**æन** एक **सेइ** श॰न
annexe (n)	ˈæn.ɪks	**æन** इक्स
annihilate	ə.ˈnaɪ.ə.leɪt	ɵ **नाइ** ɵ लेइट

annihilation	ə.ˌnaɪ.ə.ˈleɪ.ʃᵊn	ɵ **नाइ** ɵ **लेइ** श॰न
anniversary	ˌæn.ɪ.ˈvɜː.sᵊr.i	**æन** इ **वɜ**: स॰र ई
annotate	ˈæn.ə.teɪt	**æन** ɵ टेइट
annotated	ˈæn.ə.teɪ.tɪd	**æन** ɵ टेइ टिड
annotation	ˌæn.əʊ.ˈteɪ.ʃᵊn	**æन** ɵउ **टेइ** श॰न
annotator	ˈæn.əʊ.ˌteɪ.təʳ	**æन** ɵउ **टेइ** टɵर
announce	ə.ˈnaʊns	ɵ **नाउन्स**
announcer	ə.ˈnaʊn.sə	ɵ **नाउन** सɵ
annoy	ə.ˈnɔɪ	ɵ **नोइ**
annoyed	ə.ˈnɔɪd	ɵ **नोइड**
annoying	ə.ˈnɔɪ.ɪŋ	ɵ **नोइ** इङ
annoys	ə.ˈnɔɪz	ɵ **नोइज़**
annual	ˈæn.ju.əl	**æन** गू ɵल
annually	ˈæn.ju.ə.li	**æन** गू ɵ ली
annuity	ə.ˈnjuː.ə.ti	ɵ **न्गू**: ɵ टी
annul	ə.ˈnʌl	ɵ **नʌल**
annuled	ə.ˈnʌld	ɵ **नʌल्ड**
annulment	ə.ˈnʌl.mᵊnt	ɵ **नʌल** म॰न्ट
annum	ˈæn.əm	**æन** ɵम
anode	ˈæn.əʊd	**æन** ɵउड
anoint	ə.ˈnɔɪnt	ɵ **नोइन्ट**
anointed	ə.ˈnɔɪn.tɪd	ɵ **नोइन** टिड
anomalous	ə.ˈnɒm.ə.ləs	ɵ **नɒम** ɵ लɵस
anomaly	ə.ˈnɒm.ə.li	ɵ **नɒम** ɵ ली
anon	ə.ˈnɒn	ɵ **नɒन**
anonymity	ˌæn.ə.ˈnɪm.ə.ti	**æन** ɵ **निम** ɵ टी
anonymous	ə.ˈnɒn.ɪ.məs	ɵ **नɒन** इ मɵस
anonymously	ə.ˈnɒn.ɪ.məs.li	ɵ **नɒन** इ मɵस ली
anorak	ˈæn.ə.ræk	**æन** ɵ रæक
anorexia	ˌæn.ə.ˈrek.si.ə	**æन** ɵ **रेक** सी ɵ
anorexic	ˌæn.ə.ˈrek.sɪk	**æन** ɵ **रेक** सिक
another	ə.ˈnʌð.ə	ɵ **नʌद** ɵ
ANOVA	ˈæn.əʊ.vaː	**æन** ɵउ वा:
answer	ˈɑːn.sə	**आ:न** सɵ
answerable	ˈɑːn.sə.rə.bᵊl	**आ:न** सɵ रɵ ब॰ल
answered	ˈɑːn.səd	**आ:न** सɵड
answering	ˈɑːn.sə.rɪŋ	**आ:न** सɵ रिङ
answers	ˈɑːn.səz	**आ:न** सɵज़
ant	ænt	æन्ट
antacid	æn.ˈtæs.ɪd	æन **टæस** इड
antagonise	æn.ˈtæg.ə.naɪz	æन **टæग** ɵ नाइज़
antagonism	æn.ˈtæg.ə.ˌnɪ.zᵊm	æन **टæग** ɵ **नि** ज़॰म
antagonist	æn.ˈtæg.ə.nɪst	æन **टæग** ɵ निस्ट

English	IPA	Hindi
antagonistic	æn.ˈtæg.ə.ˈnɪs.tɪk	ऐन टैग ॲ निस टिक
antagonistically	æn.ˈtæg.ə.ˈnɪs.tɪ.kᵊl.i	ऐन टैग ॲ निस टि कᵊल ई
Antarctic	æn.ˈtɑːk.tɪk	ऐन टाःक टिक
Antarctica	æn.ˈtɑːk.tɪ.kə	ऐन टाःक टि कॲ
ante	ˈæn.ti	ऐन टी
anteater	ˈænt.ˈiː.tə	ऐन्ट ईः टॲ
antecedence	ˈæn.tɪ.ˈsiː.dᵊns	ऐन टि सीः डᵊन्स
antecedent	ˈæn.tɪ.ˈsiː.dᵊnt	ऐन टि सीः डᵊन्ट
antechamber	ˈæn.ti.ˈtʃeɪm.bə	ऐन टी चेइम बॲ
antedate	ˈæn.ti.ˈdeɪt	ऐन टी डेइट
antediluvian	ˈæn.ti.dɪˈluː.vi.ən	ऐन टी डि लूः वी ॲन
antelope	ˈæn.tɪ.ləʊp	ऐन टि लॲउप
antemeridian	ˈæn.tə.meˈrɪd.i.ən	ऐन टॲ मे रिड ई ॲन
antenatal	ˈæn.ti.ˈneɪ.tᵊl	ऐन टी नेइ टᵊल
antenna	æn.ˈten.ə	ऐन टेन ॲ
antepenultimate	ˈæn.tɪ.pə.ˈnʌl.tɪ.mət	ऐन टि पॲ नᴧल टि मॲट
anterior	æn.ˈtɪə.ri.əʳ	ऐन टिॲ री ॲर
anthem	ˈæn.θəm	ऐन थॲम
anthill	ˈænt.ˈhɪl	ऐन्ट हिल
anthologist	æn.ˈθɒl.ə.dʒɪst	ऐन थᴅल ॲ जिस्ट
anthology	æn.ˈθɒl.ə.dʒi	ऐन थᴅल ॲ जी
anthracite	ˈæn.θrə.saɪt	ऐन थ्रॲ साइट
anthrax	ˈæn.θræks	ऐन थ्रैक्स
anthropoid	ˈæn.θrə.pɔɪd	ऐन थ्रॲ पोइड
anthropological	ˈæn.θrə.pə.ˈlɒdʒ.ɪ.kᵊl	ऐन थ्रॲ पॲ लᴅज इ कᵊल
anthropologist	ˈæn.θrə.ˈpɒl.ə.dʒɪst	ऐन थ्रॲ पᴅल ॲ जिस्ट
anthropology	ˈæn.θrə.ˈpɒl.ə.dʒi	ऐन थ्रॲ पᴅल ॲ जी
anti	ˈæn.ti	ऐन टी
anti-abortion	ˈæn.ti.ə.ˈbɔː.ʃᵊn	ऐन टी ॲ बोः शᵊन
anti-aircraft	ˈæn.ti.ˈeə.krɑːft	ऐन टी एॲ क्राःफ्ट
antibiotic	ˈæn.ti.baɪ.ˈɒt.ɪk	ऐन टी बाइ ᴅट इक
antibody	ˈæn.ti.ˈbɒd.i	ऐन टी बᴅड ई
anticipate	æn.ˈtɪs.ɪ.peɪt	ऐन टिस इ पेइट
anticipation	æn.ˈtɪs.ɪ.ˈpeɪ.ʃᵊn	ऐन टिस इ पेइ शᵊन
anticipatory	æn.ˈtɪs.ɪ.pə.tᵊr.i	ऐन टिस इ पॲ टᵊर ई
anticlimactic	ˈæn.ti.klaɪ.ˈmæk.tɪk	ऐन टी क्लाइ मैक टिक
anticlimax	ˈæn.ti.ˈklaɪ.mæks	ऐन टी क्लाइ मैक्स
anticlockwise	ˈæn.ti.ˈklɒk.waɪz	ऐन टी क्लᴅक वाइज़
anticoagulant	ˈæn.ti.kəʊ.ˈæg.jə.lənt	ऐन टी कॲउ ऐग यॲ लेन्ट
antidepressant	ˈæn.ti.dɪ.ˈpres.ᵊnt	ऐन टी डि प्रेस ᵊन्ट
antidote	ˈæn.ti.dəʊt	ऐन टी डॲउट
antifreeze	ˈæn.ti.friːz	ऐन टी फ्रीःज़
anti-fungal	ˈæn.ti.ˈfʌŋ.gəl	ऐन टी फᴧङग गॲल
antihistamine	ˈæn.ti.ˈhɪs.tə.miːn	ऐन टी हिस टॲ मीःन
anti-inflammatory	ˈæn.ti.ɪn.ˈflæm.ə.t.ᵊr.i	ऐन टी इन फ्लैम ॲ टᵊर ई
antiknock	ˈæn.ti.ˈnɒk	ऐन टी नᴅक
anti-lock	ˈæn.ti.ˈlɒk	ऐन टी लᴅक
antilog	ˈæn.ti.lɒg	ऐन टी लᴅग
antilogarithm	ˈæn.ti.ˈlɒg.ə.rɪð.əm	ऐन टी लᴅग ॲ रिद ॲम
antimagnetic	ˈæn.ti.mæg.ˈnet.ɪk	ऐन टी मैग नेट इक
antimatter	ˈæn.ti.ˈmæt.ə	ऐन टी मैट ॲ
antimissile	ˈæn.ti.ˈmɪs.aɪl	ऐन टी मिस आइल
antimonarchical	ˈæn.ti.mə.ˈnɑː.kɪ.kᵊl	ऐन टी मॲ नाः कि कᵊल
antimonarchist	ˈæn.ti.ˈmɒn.ə.kɪst	ऐन टी मᴅन ॲ किस्ट
antinode	ˈæn.ti.nəʊd	ऐन टी नॲउड
antinuclear	ˈæn.ti.ˈnjuː.kli.ə	ऐन टी न्यूः क्ली ॲ
anti-oxidant	ˈæn.ti.ˈɒk.sɪ.dᵊnt	ऐन टी ᴅक सि डᵊन्ट
antiparticle	ˈæn.ti.ˈpɑː.tɪ.kᵊl	ऐन टी पाः टि कᵊल
antipathy	æn.ˈtɪp.ə.θi	ऐन टिप ॲ थी
antiperspirant	ˈæn.ti.ˈpɜː.spᵊr.ᵊnt	ऐन टी पɜː स्पᵊर ᵊन्ट
antiquated	ˈæn.tɪ.kweɪ.tɪd	ऐन टि क्वेइ टिड
antique	æn.ˈtiːk	ऐन टीःक
antiquity	æn.ˈtɪk.wə.ti	ऐन टिक वॲ टी
antiracist	ˈæn.ti.ˈreɪ.sɪst	ऐन टी रेइ सिस्ट
anti-Semitic	ˈæn.ti.sə.ˈmɪt.ɪk	ऐन टी सॲ मिट इक
anti-Semitism	ˈæn.tɪ.ˈsem.ɪ.tɪ.zᵊm	ऐन टि सेम इ टि ज़ᵊम
antiseptic	ˈæn.ti.ˈsep.tɪk	ऐन टी सेप टिक
antiserum	ˈæn.ti.ˈsɪə.rəm	ऐन टि सिए रॲम
antislavery	ˈæn.tɪ.ˈsleɪ.vᵊr.i	ऐन टि स्लेइ वᵊर ई
antisocial	ˈæn.ti.ˈsəʊ.ʃᵊl	ऐन टी सॲउ शᵊल
anti-spam	ˈæn.ti.ˈspæm	ऐन टी स्पैम
antistatic	ˈæn.ti.ˈstæt.ɪk	ऐन टी स्टैट इक
anti-terrorist	ˈæn.ti.ˈter.ə.rɪst	ऐन टी टेर ॲ रिस्ट
antithesis	æn.ˈtɪθ.ə.sɪs	ऐन टिथ ॲ सिस
antitoxic	ˈæn.tɪ.ˈtɒk.sɪk	ऐन टि टᴅक सिक
antitrust	ˈæn.ti.ˈtrʌst	ऐन टी ट्रᴧस्ट
anti-virus	ˈæn.ti.ˈvaɪ.ə.rəs	ऐन टी वाइ ॲ रॲस
antiwar	ˈæn.taɪ.ˈwɔː	ऐन टाइ वोः
antler	ˈænt.lə	ऐन्ट लॲ

English Pronunciation Dictionary

antonym	ˈæn.tə.nɪm	**æन** टϴ निम
anus	ˈeɪ.nəs	**एइ** नϴस
anvil	ˈæn.vɪl	**æन** विल
anxiety	æŋ.ˈzaɪ.ə.ti	æङ **ज़ाइ** ϴ टी
anxious	ˈæŋk.ʃəs	**æङ्क** शϴस
anxiously	ˈæŋk.ʃəs.li	**æङ्क** शϴस ली
any	ˈen.i	**एन** ई
anybody	ˈen.i.bɒd.i	**एन** ई बɒड ई
anyhow	ˈen.i.haʊ	**एन** ई हाउ
anymore	ˈen.i.ˈmɔː	**एन** ई **मो:**
anyone	ˈen.i.wʌn	**एन** ई व़ʌन
anyplace	ˈen.i.pleɪs	**एन** ई प्लेइस
anything	ˈen.i.θɪŋ	**एन** ई थिङ
anytime	ˈen.i.ˈtaɪm	**एन** ई **टाइम**
anyway	ˈen.i.weɪ	**एन** ई व़ेइ
anywhere	ˈen.i.weə	**एन** ई व़ेϴ
aorta	eɪ.ˈɔː.tə	एइ **ओ:** टϴ
apace	ə.ˈpeɪs	ϴ **पेइस**
apart	ə.ˈpɑːt	ϴ **पा:ट**
apartheid	ə.ˈpɑː.tait	ϴ **पा:** टाईट
apartment	ə.ˈpɑːt.mᵊnt	ϴ **पा:ट** मᵊन्ट
apathetic	ˈæp.ə.ˈθet.ɪk	**æप** ϴ **थेट** इक
apathy	ˈæp.ə.θi	**æप** ϴ थी
ape	eɪp	एइप
aperiodic	ˈeɪ.ˈpɪə.ri.ˈɒd.ɪk	**एइ पिϴ** री **ɒड** इक
aperitif	ə.ˈper.ə.ˈtiːf	ϴ **पेर** ϴ **टी:फ़**
aperture	ˈæp.ə.tʃə	**æप** ϴ चϴ
apex	ˈeɪ.peks	**एइ** पेक्स
aphasia	ə.ˈfeɪ.ʒə	ϴ **फ़ेइ** ज़ϴ
aphorism	ˈæf.ə.ˈrɪ.zᵊm	**æफ़** ϴ **रि** ज़ᵊम
aphrodisiac	ˈæf.rə.ˈdɪz.i.æk	**æफ़** रϴ **डिज़** ई æक
apiarist	ˈeɪ.piə.rɪst	**एइ** पीϴ रिस्ट
apiary	ˈeɪ.piə.ri	**एइ** पीϴ री
apiculture	ˈeɪ.pi.kʌl.tʃə	**एइ** पी कʌल चϴ
apiece	ə.ˈpiːs	ϴ **पी:स**
aplomb	ə.ˈplɒm	ϴ **प्लɒम**
apocalypse	ə.ˈpɒk.ə.lɪps	ϴ **पɒक** ϴ लिप्स
apocalyptic	ə.ˈpɒk.ə.ˈlɪp.tɪk	ϴ **पɒक** ϴ **लिप** टिक
apolitical	ˈeɪ.pə.ˈlɪt.ɪ.kᵊl	**एइ** पϴ **लिट** इ कᵊल
Apollo	ə.ˈpɒl.əʊ	ϴ **पɒल** ϴउ
apologetic	ə.ˈpɒl.ə.ˈdʒet.ɪk	ϴ **पɒल** ϴ **जेट** इक
apologetically	ə.ˈpɒl.ə.ˈdʒet.ɪ.kᵊl.i	ϴ **पɒल** ϴ **जेट** इ कᵊल ई
apologies	ə.ˈpɒl.ə.dʒiːz	ϴ **पɒल** ϴ जी:ज़
apologise	ə.ˈpɒl.ə.dʒaɪz	ϴ **पɒल** ϴ जाइज़
apologist	ə.ˈpɒl.ə.dʒɪst	ϴ **पɒल** ϴ जिस्ट
apology	ə.ˈpɒl.ə.dʒi	ϴ **पɒल** ϴ जी
apostle	ə.ˈpɒs.ᵊl	ϴ **पɒस** ᵊल
apostolic	ˈæp.ə.ˈstɒl.ɪk	**æप** ϴ **स्टɒल** इक
apostrophe	ə.ˈpɒs.trə.fi	ϴ **पɒस** ट्रϴ फ़ी
app	æp	æप
App Store	ˈæp.ˈstɔː	**æप स्टो:**
appal	ə.ˈpɔːl	ϴ **पो:ल**
appalled	ə.ˈpɔːld	ϴ **पो:ल्ड**
appalling	ə.ˈpɔː.lɪŋ	ϴ **पो:** लिङ
appallingly	ə.ˈpɔː.lɪŋ.li	ϴ **पो:** लिङ ली
apparatus	ˈæp.ə.ˈreɪ.təs	**æप** ϴ **रेइ** टϴस
apparel	ə.ˈpær.əl	ϴ **पæर** ϴल
apparent	ə.ˈpær.ᵊnt	ϴ **पæर** ᵊन्ट
apparently	ə.ˈpær.ᵊnt.li	ϴ **पæर** ᵊन्ट ली
apparition	ˈæp.ə.ˈrɪʃ.ᵊn	**æप** ϴ **रिश** ᵊन
appeal	ə.ˈpiːl	ϴ **पी:ल**
appealed	ə.ˈpiːld	ϴ **पी:ल्ड**
appealing	ə.ˈpiː.lɪŋ	ϴ **पी:** लिङ
appear	ə.ˈpɪə	ϴ **पिϴ**
appearance	ə.ˈpɪə.rᵊns	ϴ **पिϴ** रᵊन्स
appeared	ə.ˈpɪəd	ϴ **पिϴड**
appearing	ə.ˈpɪər.ɪŋ	ϴ **पिϴर** इङ
appease	ə.ˈpiːz	ϴ **पी:ज़**
appeasement	ə.ˈpiːz.mᵊnt	ϴ **पी:ज़** मᵊन्ट
appellation	ˈæp.ə.ˈleɪ.ʃᵊn	**æप** ϴ **लेइ** शᵊन
append	ə.ˈpend	ϴ **पेन्ड**
appendage	ə.ˈpen.dɪdʒ	ϴ **पेन** डिज
appendectomy	ˈæp.en.ˈdek.tə.mi	**æप** एन **डेक** टϴ मी
appendices	ə.ˈpen.dɪ.siːz	ϴ **पेन** डि सी:ज़
appendicitis	ə.ˈpen.də.ˈsaɪ.tɪs	ϴ **पेन** डϴ **साइ** टिस
appetiser	ˈæp.ə.taɪ.zə	**æप** ϴ टाइ ज़ϴ
appetite	ˈæp.ə.taɪt	**æप** ϴ टाइट
applaud	ə.ˈplɔːd	ϴ **प्लो:ड**
applause	ə.ˈplɔːz	ϴ **प्लो:ज़**
apple	ˈæp.ᵊl	**æप** ᵊल
apple sauce	ˈæp.ᵊl.ˈsɔːs	**æप** ᵊल **सो:स**
apple tree	ˈæp.ᵊl. triː	**æप** ᵊल ट्री:
apple-cart	ˈæp.ᵊl.kɑːt	**æप** ᵊल का:ट
apple-pie	ˈæp.ᵊl.ˈpaɪ	**æप** ᵊल **पाइ**
applet	ˈæp.lət	**æप** लϴट

appliance	ə.ˈplaɪ.ᵊns	Θ **प्लाइ** ᵊन्स
applicability	ə.ˈplɪ.kə.ˈbɪl.ə.ti	Θ **प्लि** कΘ **बिल** Θ टी
applicable	ə.ˈplɪ.kə.bᵊl	Θ **प्लि** कΘ बᵊल
applicant	ˈæp.lɪ.kᵊnt	**æप** लि कᵊन्ट
applied	ə.ˈplaɪd	Θ **प्लाइड**
apply	ə.ˈplaɪ	Θ **प्लाइ**
appoint	ə.ˈpɔɪnt	Θ **पोइन्ट**
appointed	ə.ˈpɔɪn.tɪd	Θ **पोइन** टिड
appointee	ə.ˈpɔɪn.ˈtiː	Θ **पोइन टी:**
appointing	ə.ˈpɔɪn.tɪŋ	Θ **पोइन** टिङ
appointment	ə.ˈpɔɪnt.mᵊnt	Θ **पोइन्ट** मᵊन्ट
appraisal	ə.ˈpreɪz.ᵊl	Θ **प्रेइज़** ᵊल
appraise	ə.ˈpreɪz	Θ **प्रेइज़**
appraised	ə.ˈpreɪzd	Θ **प्रेइज़्ड**
appraisee	ə.preɪ.ˈziː	Θ प्रेइ **ज़ी:**
appraisement	ə.ˈpreɪz.mᵊnt	Θ **प्रेइज़** मᵊन्ट
appraising	ə.ˈpreɪz.ɪŋ	Θ **प्रेइज़** इङ
appreciable	ə.ˈpriːʃ.ə.bᵊl	Θ **प्री:श** Θ बᵊल
appreciate	ə.ˈpriː.ʃi.eɪt	Θ **प्री:** शी एइट
appreciating	ə.ˈpriː.ʃi.eɪ.tɪŋ	Θ **प्री:** शी एइ टिङ
appreciation	ə.ˈpriː.ʃi.ˈeɪ.ʃᵊn	Θ **प्री:** शी **एइ** शᵊन
appreciative	ə.ˈpriː.ʃə.tɪv	Θ **प्री:** शΘ टिव
appreciatory	ə.ˈpriː.ʃi.ə.tᵊr.i	Θ **प्री:** शी Θ टᵊर ई
apprehend	ˈæp.rɪ.ˈhend	**æप** रि **हेन्ड**
apprehensibility	ˈæp.rɪ.ˈhen.sə.ˈbɪl.ə.ti	**æप** रि **हेन** सΘ **बिल** Θ टी
apprehensible	ˈæp.rɪ.ˈhen.sə.bᵊl	**æप** रि **हेन** सΘ बᵊल
apprehension	ˈæp.rɪ.ˈhen.ʃᵊn	**æप** रि **हेन** शᵊन
apprehensive	ˈæp.rɪ.ˈhen.sɪv	**æप** रि **हेन** सिव
apprentice	ə.ˈpren.tɪs	Θ **प्रेन** टिस
apprenticeship	ə.ˈpren.tɪs.ʃɪp	Θ **प्रेन** टिस शिप
approach	ə.ˈprəʊtʃ	Θ **प्रΘउच**
approached	ə.ˈprəʊtʃt	Θ **प्रΘउच्ट**
approaching	ə.ˈprəʊ.tʃɪŋ	Θ **प्रΘउ** चिङ
appropriate	ə.ˈprəʊ.pri.ət	Θ **प्रΘउ** प्री Θट
appropriation	ə.ˈprəʊ.pri.ˈeɪ.ʃᵊn	Θ **प्रΘउ** प्री **एइ** शᵊन
approval	ə.ˈpruː.vᵊl	Θ **प्रू:** वᵊल
approving	ə.ˈpruː.vɪŋ	Θ **प्रू:** विङ
approvingly	ə.ˈpruː.vɪŋ.li	Θ **प्रू:** विङ ली
approx. (abb)	ə.ˈprɒk.sɪ.mət	Θ **प्रɒक** सि मΘट
approximant	ə.ˈprɒk.sɪ.mᵊnt	Θ **प्रɒक** सि मᵊन्ट
approximate	ə.ˈprɒk.sɪ.mət	Θ **प्रɒक** सि मΘट

approximation	ə.ˈprɒk.sɪ.ˈmeɪ.ʃᵊn	Θ **प्रɒक** सि **मेइ** शᵊन
apricot	ˈeɪ.prɪ.kɒt	**एइ** प्रि कɒट
april	ˈeɪ.prəl	**एइ** प्रΘल
apron	ˈeɪ.prən	**एइ** प्रΘन
apropos	ˈæp.rə.ˈpəʊ	**æप** रΘ **पΘउ**
apt	æpt	æप्ट
aptitude	ˈæp.tɪ.tjuːd	**æप** टि ट्यू:ड
aptly	ˈæpt.li	**æप्ट** ली
aqua	ˈæk.wə	**æक** वΘ
aquaculture	ˈæk.wə.ˈkəl.tʃə	**æक** वΘ **कΘल** चΘ
aqualung	ˈæk.wə.lʌŋ	**æक** वΘ लʌङ
aquamarine	ˈæk.wə.mə.ˈriːn	**æक** वΘ मΘ **री:न**
aquarium	ə.ˈkweə.ri.əm	Θ **क्वेΘ** री Θम
aquarius	ə.ˈkweə.ri.əs	Θ **क्वेΘ** री Θस
aquatic	ə.ˈkwæt.ɪk	Θ **क्वæट** इक
aqueduct	ˈæk.wə.dʌkt	**æक** वΘ डʌक्ट
aqueous	ˈeɪ.kwi.əs	**एइ** क्वी Θस
Arab	ˈær.əb	**æर** Θब
Arabian	ə.ˈreɪ.bi.ən	Θ **रेइ** बी Θन
Arabian nights	ə.ˈreɪ.bi.ən.ˈnaɪts	Θ **रेइ** बी Θन **नाइट्स**
Arabic	ˈær.ə.bɪk	**æर** Θ बिक
Arabic numeral	ˈær.ə.bɪk.ˈnjuː.mə.rəl	**æर** Θ बिक **न्यू:** मΘ रΘल
arable	ˈær.ə.bəl	**æर** Θ बΘल
arbiter	ˈɑː.bɪt.ə	**आ:** बिट Θ
arbitrage	ˈɑː.bɪ.ˈtrɑːʒ	**आ:** बि **ट्रा:ज़**
arbitrarily	ˈɑː.bɪ.ˈtreə.rᵊl.i	**आ:** बि **ट्रेΘ** रᵊल ई
arbitrary	ˈɑː.bɪ.trᵊr.i	**आ:** बि ट्रᵊर ई
arbitrate	ˈɑː.bɪ.treɪt	**आ:** बि ट्रेइट
arbitration	ˈɑː.bɪ.ˈtreɪ.ʃən	**आ:** बि **ट्रेइ** शΘन
arbitrator	ˈɑː.bɪ.treɪ.tə	**आ:** बि ट्रेइ टΘ
arboreal	ɑː.ˈbɔː.ri.əl	आ: **बो:** री Θल
arbour	ˈɑː.bə	**आ:** बΘ
arc	ɑːk	आ:क
arc lamp	ˈɑːk.læmp	**आ:क** लæम्प
arc weld	ˈɑːk.weld	**आ:क** वेल्ड
arcade	ɑː.ˈkeɪd	आ: **केइड**
arcane	ɑː.ˈkeɪn	आ: **केइन**
arch	ɑːtʃ	आ:च
archaeological	ˈɑː.ki.ə.ˈlɒdʒ.ɪ.kᵊl	**आ:** की Θ **लɒज** इ कᵊल
archaeologist	ˈɑː.ki.ˈɒl.ə.dʒɪst	**आ:** की **ɒल** Θ जिस्ट

archaeology	ˌɑː.kiˈɒl.ə.dʒi	आ: की **ɒल** ə जी
archaic	ɑːˈkeɪk	आ: **केइक**
archangel	ˈɑːk.ˌeɪn.dʒəl	**आ:क एइन** जəल
archbishop	ˌɑːtʃˈbɪʃ.əp	**आ:च बिश** əप
archduke	ˌɑːtʃˈdjuːk	**आ:च ड्यू:क**
arched	ɑːtʃt	आ:च्ट
archer	ˈɑː.tʃəʳ	**आ:** चəर
archery	ˈɑː.tʃᵊr.i	**आ:** चᵊर ई
archipelago	ˌɑː.kɪˈpel.ə.gəʊ	आ: कि **पेल** ə गəउ
architect	ˈɑː.kɪ.tekt	**आ:** कि टेक्ट
architectural	ˌɑː.kɪˈtek.tʃᵊr.əl	आ: कि **टेक** चᵊर əल
architecture	ˈɑː.kɪ.tek.tʃəʳ	**आ:** कि टेक चəर
architrave	ˈɑː.kɪ.treɪv	**आ:** कि ट्रेइव
archival	ɑːˈkaɪ.vəl	आ: **काइ** वəल
archive	ˈɑː.kaɪv	**आ:** काइव
archway	ˈɑːtʃ.weɪ	**आ:च** वेइ
arcsin	ˈɑːk.sain	**आ:क** साईन
arctan	ˈɑːk.tæn	**आ:क** टæन
Arctic	ˈɑːk.tɪk	**आ:क** टिक
Arctic circle	ˈɑːk.tɪk.ˈsɜː.kᵊl	**आ:क** टिक **सɜ:** कᵊल
ardent	ˈɑː.dənt	**आ:** डəन्ट
arduous	ˈɑː.dju.əs	**आ:** ड्यू əस
are	ɑː	आ:
area	ˈeə.ri.ə	**एə** री ə
area code	ˈeə.ri.ə.kəʊd	**एə** री ə कəउड
areca (IO)	ə.ˈriː k.ə	ə **री:** क ə
arena	əˈriː.nə	ə **री:** नə
aren't	ɑːnt	आ:न्ट
areola	əˈriː.ᵊl.ə	ə **री:** ᵊल ə
arguable	ˈɑː.gju.ə.bᵊl	**आ:** ग्यू ə बᵊल
arguably	ˈɑː.gju.ə.bli	**आ:** ग्यू ə ब्ली
argue	ˈɑː.gjuː	**आ:** ग्यू:
argument	ˈɑː.gju.mᵊnt	**आ:** ग्यू मᵊन्ट
argumentation	ˌɑːg.jə.men.ˈteɪ.ʃᵊn	**आ:ग** गəə मेन **टेइ** शᵊन
argumentative	ˌɑː.gjəˈmen.tə.tɪv	आ: ग्यə **मेन** टə टिव
argy-bargy	ˌɑː.dʒi.ˈbɑː.dʒi	आ: जी **बा:** जी
aria	ˈɑː.riə	**आ:** रीə
arid	ˈær.ɪd	**æर** इड
Aries	ˈeə.riːz	**एə** री:ज़
arise	əˈraɪz	ə **राइज़**
arisen	əˈrɪz.ən	ə **रिज़** əन
aristocracy	ˌær.ɪsˈtɒk.rə.si	**æर** इस **टɒक** रə सी

aristocrat	ˈær.ɪs.tə.kræt	**æर** इस टə क्रæट
aristocratic	ˌær.ɪs.təˈkræt.ɪk	**æर** इस टə **क्रæट** इक
arithmetic	əˈrɪθ.mə.tɪk	ə **रिथ** मə टिक
arithmetic mean	əˈrɪθ.mə.tɪk.miːn	ə **रिथ** मə टिक मी:न
arithmetic progression	əˈrɪθ.mə.tɪk.prəˈgreʃ.ᵊn	ə **रिथ** मə टिक प्रə **ग्रेश** ᵊन
ark	ɑːk	आ:क
arm	ɑːm	आ:म
armada	ɑːˈmɑː.də	आ: **मा:** डə
armadillo	ˌɑː.məˈdɪ.ləʊ	**आ:** मə **डि** लəउ
armament	ˈɑː.mə.mᵊnt	**आ:** मə मᵊन्ट
armature	ˈɑː.mə.tjəʳ	**आ:** मə ट्यəर
armband	ˈɑːm.bænd	**आ:म** बæन्ड
armchair	ˈɑːm.tʃeə	**आ:म** चेə
armed	ɑːmd	आ:म्ड
armed forces	ˌɑːmd.ˈfɔː.sɪz	**आ:म्ड फ़ो:** सिज़
armed resistance	ˌɑːmd.rɪˈzɪs.tᵊns	**आ:म्ड** रि **ज़िस** टᵊन्स
armful	ˈɑːm.fʊl	**आ:म** फ़ुल
armhole	ˈɑːm.həʊl	**आ:म** हəउल
arm-in-arm	ˌɑː.mɪn.ˈɑːm	**आ:** मिन **आ:म**
armistice	ˈɑː.mɪs.tɪs	**आ:** मिस टिस
armless	ˈɑːm.ləs	**आ:म** लəस
armlet	ˈɑːm.lət	**आ:म** लəट
armload	ˈɑːm.ləʊd	**आ:म** लəउड
armour	ˈɑː.mə	**आ:** मə
armoured	ˈɑː.məd	**आ:** मəड
armoury	ˈɑː.mᵊr.i	**आ:** मᵊर ई
armpit	ˈɑːm.pɪt	**आ:म** पिट
armrest	ˈɑːm.rest	**आ:म** रेस्ट
arms	ɑːmz	आ:म्ज़
army	ˈɑː.mi	**आ:** मी
aroma	əˈrəʊ.mə	ə **रəउ** मə
aromatherapy	əˌrəʊ.məˈθer.ə.pi	ə **रəउ** मə **थेर** ə पी
aromatic	ˌær.əˈmæt.ɪk	**æर** ə **मæट** इक
arose	əˈrəʊz	ə **रəउज़**
around	əˈraʊnd	ə **राउन्ड**
around-the-clock	əˌraʊnd.ðəˈklɒk	ə **राउन्ड** दə **क्लɒक**
arousal	əˈraʊ.zəl	ə **राउ** ज़əल
arouse	əˈraʊz	ə **राउज़**
arpeggio	ɑːˈpedʒ.ɪ.əʊ	आ: **पेज** इ əउ
arraign	əˈreɪn	ə **रेइन**

arraignment	ə.ˈreɪn.mᵊnt	ə रेइन मᵊन्ट
arrange	ə.ˈreɪndʒ	ə रेइन्ज
arrangement	ə.ˈreɪndʒ.mᵊnt	ə रेइन्ज मᵊन्ट
arranger	ə.ˈreɪn.dʒə	ə रेइन जə
arranges	ə.ˈreɪn.dʒɪz	ə रेइन जिज़
arranging	ə.ˈreɪn.dʒɪŋ	ə रेइन जिङ
array	ə.ˈreɪ	ə रेइ
arrear	ə.ˈrɪə	ə रिə
arrears	ə.ˈrɪəz	ə रिəज़
arrest	ə.ˈrest	ə रेस्ट
arrested	ə.ˈres.tɪd	ə रेस टिड
arrester	ə.ˈres.tə	ə रेस टə
arresting	ə.ˈres.tɪŋ	ə रेस टिङ
arrival	ə.ˈraɪ.vəl	ə राइ वəल
arrival gate	ə.ˈraɪ.vəl.geɪt	ə राइ वəल गेइट
arrive	ə.ˈraɪv	ə राइव
arrived	ə.ˈraɪvd	ə राइव्ड
arrives	ə.ˈraɪvz	ə राइव्ज़
arriving	ə.ˈraɪ.vɪŋ	ə राइ विङ
arrogance	ˈær.ə.gᵊns	æर ə गᵊन्स
arrogant	ˈær.ə.gᵊnt	æर ə गᵊन्ट
arrogantly	ˈær.ə.gᵊnt.li	æर ə गᵊन्ट ली
arrogate	ˈær.ə.geɪt	æर ə गेइट
arrogation	ˈær.əʊ.ˈgeɪ.ʃᵊn	æर əउ गेइ शᵊन
arrow	ˈær.əʊ	æर əउ
arrowroot	ˈær.əʊ.ru:t	æर əउ रू:ट
arse	ɑ:s	आ:स
arsehole	ˈɑ:s.həʊl	आ:स हəउल
arsenal	ˈɑ:.sən.ᵊl	आ: सəन ᵊल
arsenic	ˈɑ:.sən.ɪk	आ: सəन इक
arson	ˈɑ:.sən	आ: सəन
arsonist	ˈɑ:.sən.ɪst	आ: सəन इस्ट
art	ɑ:t	आ:ट
artefact	ˈɑ:.tɪ.fækt	आ: टि फ़æक्ट
arterial	ɑ:.ˈtɪ.ə.ri.əl	आ: टि ə री əल
artery	ˈɑ:.tᵊr.i	आ: टᵊर ई
artful	ˈɑ:t.fᵊl	आ:ट फ़ᵊल
artfully	ˈɑ:t.fᵊl.i	आ:ट फ़ᵊल ई
arthouse	ˈɑ:t.haʊs	आ:ट हाउस
arthritic	ɑ:.ˈθrɪt.ɪk	आ: थ्रिट इक
arthritis	ɑ:.ˈθraɪ.tɪs	आ: थ्राइ टिस
artichoke	ˈɑ:.tɪ.tʃəʊk	आ: टि चəउक

article	ˈɑ:.tɪ.kᵊl	आ: टि कᵊल
article clerk	ˈɑ:.tɪ.kᵊl.ˈklɑ:k	आ: टि कᵊल क्ला:क
articulate (adj)	ɑ:.ˈtɪk.jə.lət	आ: टिक यə लəट
articulate (v)	ɑ:.ˈtɪk.jə.leɪt	आ: टिक यə लेइट
articulated	ɑ:.ˈtɪk.jə.leɪ.tɪd	आ: टिक यə लेइ टिड
articulately	ɑ:.ˈtɪk.jə.lət.li	आ: टिक यə लəट ली
articulating	ɑ:ˈtɪk.jə.leɪ.tɪŋ	आ: टिक यə लेइ टिङ
articulation	ɑ:ˈtɪk.jəˈleɪ.ʃᵊn	आ: टिक यə लेइ शᵊन
articulator	ɑ:ˈtɪk.jə.lə.təʳ	आ: टिक यə लə टəर
artifact	ˈɑ:.tɪ.fækt	आ: टि फ़æक्ट
artifice	ˈɑ:.tɪ.fɪs	आ: टि फ़िस
artificial	ˈɑ:.tɪ.ˈfɪʃ.ᵊl	आ: टि फ़िश ᵊल
artificial flower	ˈɑ:.tɪ.ˈfɪʃ.ᵊl.ˈflaʊ.ə	आ: टि फ़िश ᵊल फ़्लाउ ə
artificial insemination	ˈɑ:.tɪ.ˈfɪʃ.ᵊl.ɪn.ˈsem.ɪ.ˈneɪ.ʃᵊn	आ: टि फ़िश ᵊल इन सेम इ नेइ शᵊन
artificial intelligence	ˈɑ:.tɪ.ˈfɪʃ.ᵊl.ɪn.ˈtel.ɪ.dʒᵊns	आ: टि फ़िश ᵊल इन टेल इ जᵊन्स
artificial respiration	ˈɑ:.tɪ.ˈfɪʃ.ᵊl.ˈres.pɪ.ˈreɪ.ʃᵊn	आ: टि फ़िश ᵊल रेस पि रेइ शᵊन
artificially	ˈɑ:.tɪ.ˈfɪʃ.ᵊl.i	आ: टि फ़िश ᵊल ई
artillery	ɑ:.ˈtɪl.ᵊr.i	आ: टिल ᵊर ई
artisan	ˈɑ:.tɪ.ˈzæn	आ: टि ज़æन
artist	ˈɑ:.tɪst	आ: टिस्ट
artiste	ɑ:.ˈti:st	आ: टी:स्ट
artistic	ɑ:.ˈtɪs.tɪk	आ: टिस टिक
artistically	ɑ:.ˈtɪs.tɪk.ᵊl.i	आ: टिस टिक ᵊल ई
artistry	ˈɑ:.tɪs.tri	आ: टिस ट्री
artless	ˈɑ:t.ləs	आ:ट लəस
artsy	ˈɑ:t.si	आ:ट सी
artsy-craftsy	ˈɑ:t.si.ˈkrɑ:ft.si	आ:ट सी क्रा:फ़्ट सी
artwork	ˈɑ:t.wɜ:k	आ:ट व़3:क
arty-crafty	ˈɑ:.ti.ˈkrɑ:f.ti	आ: टी क्रा:फ़ टी
aryan	ˈeə.ri.ən	एə री əन
as	æz	æज़
ASAP	ˈeɪ.es.eɪ.ˈpi:	एइ एस एइ पी:
asbestos	æs.ˈbes.təs	æस बेस टəस
ascend	ə.ˈsend	ə सेन्ड
ascendance	ə.ˈsen.dᵊns	ə सेन डᵊन्स
ascendancy	ə.ˈsen.dən.si	ə सेन डəन सी
ascendant	ə.ˈsen.dᵊnt	ə सेन डᵊन्ट
ascended	ə.ˈsen.dɪd	ə सेन डिड

ascender	ə.ˈsen.də	ϴ **सेन** डϴ
ascending	ə.ˈsend.ɪŋ	ϴ **सेन्ड** इङ
ascension	ə.ˈsen.ʃᵊn	ϴ **सेन** शॅन
ascent	ə.ˈsent	ϴ **सेन्ट**
ascertain	ˈæs.ə.ˈteɪn	**æस** ϴ **टेइन**
ascetic	ə.ˈset.ɪk	ϴ **सेट** इक
asceticism	ə.ˈset.ɪ.sɪ.zᵊm	ϴ **सेट** इ सि ज़ॅम
ascorbic acid	ə.ˈskɔː.bɪk.ˈæs.ɪd	ϴ **स्को**: बिक **æस** इड
ascribe	ə.ˈskraɪb	ϴ **स्क्राइब**
ASEAN	ˈæs.i.æn	**æस** ई æन
aseptic	ˈeɪ.ˈsep.tɪk	**एइ सेप** टिक
ash	æʃ	æश
ashamed	ə.ˈʃeɪmd	ϴ **शेइम्ड**
ashore	ə.ˈʃɔː	ϴ **शो**:
ashtray	ˈæʃ.treɪ	**æश** ट्रेइ
Asia	ˈeɪ.ʒə	**एइ** ज़ϴ
Asian	ˈeɪ.ʒᵊn	**एइ** ज़ॅन
Asian-American	ˈeɪ.ʒᵊn.ə.ˈmer.ɪ.kən	**एइ** ज़ॅन ϴ **मेर** इ कϴन
Asiatic	ˈeɪ.zi.ˈæt.ɪk	**एइ** ज़ी **æट** इक
aside	ə.ˈsaɪd	ϴ **साइड**
ask	ɑːsk	आ:स्क
askance	ə.ˈskæns	ϴ **स्कæन्स**
asked	ɑːskt	आ:स्क्ट
askew	ə.ˈskjuː	ϴ **स्क्यू**:
asking	ˈɑːsk.ɪŋ	**आ:स्क** इङ
asks	ɑːsks	आ:स्क्स
asleep	ə.ˈsliːp	ϴ **स्ली:प**
asocial	eɪ.ˈsəʊ.ʃəl	एइ **सϴउ** शϴल
asparagus	ə.ˈspær.ə.gəs	ϴ **स्पær** ϴ गϴस
aspect	ˈæs.pekt	**æस** पेक्ट
aspersions	ə.ˈspɜː.ʃᵊnz	ϴ **स्पɜ**: शॅन्ज़
asphalt	ˈæs.fɔːlt	**æस** फ़ो:ल्ट
asphyxia	æs.ˈfɪk.si.ə	æस **फ़िक** सी ϴ
asphyxiate	əs.ˈfɪk.si.eɪt	ϴस **फ़िक** सी एइट
aspirant	ˈæs.pə.rᵊnt	**æस** पϴ रॅन्ट
aspirate (n)	ˈæs.pə.rət	**æस** पϴ रϴट
aspirate (v)	ˈæs.pə.reɪt	**æस** पϴ रेइट
aspiration	ˈæs.pə.ˈreɪ.ʃᵊn	**æस** पϴ **रेइ** शॅन
aspire	ə.ˈspaɪ.ə	ϴ **स्पाइ** ϴ
aspirin	ˈæs.prɪn	**æस** प्रिन
aspiring	ə.ˈspaɪ.ᵊr.ɪŋ	ϴ **स्पाइ** ॅर इङ
ass	æs	æस

assail	ə.ˈseɪl	ϴ **सेइल**
assassin	ə.ˈsæs.ɪn	ϴ **सæस** इन
assassinate	ə.ˈsæs.ɪ.neɪt	ϴ **सæस** इ नेइट
assassination	ə.ˈsæs.ɪ.ˈneɪ.ʃᵊn	ϴ **सæस** इ **नेइ** शॅन
assault	ə.ˈsɔːlt	ϴ **सो:ल्ट**
assay	ə.ˈseɪ	ϴ **सेइ**
assemblage	ə.ˈsem.blɪdʒ	ϴ **सेम** ब्लिज
assemble	ə.ˈsem.bᵊl	ϴ **सेम** बॅल
assembly	ə.ˈsem.bli	ϴ **सेम** ब्ली
assembly line	ə.ˈsem.bli.laɪn	ϴ **सेम** ब्ली लाइन
assemblyman	ə.ˈsem.bli.mən	ϴ **सेम** ब्ली मϴन
assent	ə.ˈsent	ϴ **सेन्ट**
assert	ə.ˈsɜːt	ϴ **सɜ:ट**
assertion	ə.ˈsɜː.ʃᵊn	ϴ **सɜ**: शॅन
assertive	ə.ˈsɜː.tɪv	ϴ **सɜ**: टिव
assertively	ə.ˈsɜː.tɪv.li	ϴ **सɜ**: टिव ली
assertiveness	ə.ˈsɜː.tɪv.nəs	ϴ **सɜ**: टिव नϴस
assess	ə.ˈses	ϴ **सेस**
assessment	ə.ˈses.mᵊnt	ϴ **सेस** मॅन्ट
assessor	ə.ˈses.ə	ϴ **सेस** ϴ
asset	ˈæs.et	**æस** एट
asshole	ˈɑːs.həʊl	**आ:स** हϴउल
assiduous	ə.ˈsɪ.dju.əs	ϴ **सि** ड्यू ϴस
assign	ə.ˈsaɪn	ϴ **साइन**
assignment	ə.ˈsaɪn.mᵊnt	ϴ **साइन** मॅन्ट
assimilate	ə.ˈsɪm.ə.leɪt	ϴ **सिम** ϴ लेइट
assist	ə.ˈsɪst	ϴ **सिस्ट**
assistance	ə.ˈsɪs.tᵊns	ϴ **सिस** टॅन्स
assisted	ə.ˈsɪs.tɪd	ϴ **सिस** टिड
assisting	ə.ˈsɪs.tɪŋ	ϴ **सिस** टिङ
associate (n)	ə.ˈsəʊ.ʃi.ət	ϴ **सϴउ** शी ϴट
associate (v)	ə.ˈsəʊ.ʃi.eɪt	ϴ **सϴउ** शी एइट
associated	ə.ˈsəʊ.ʃi.eɪ.tɪd	ϴ **सϴउ** शी एइ टिड
association	ə.ˈsəʊ.ʃi.ˈeɪ.ʃᵊn	ϴ **सϴउ** शी **एइ** शॅन
assort	ə.ˈsɔːt	ϴ **सो:ट**
assorted	ə.ˈsɔː.tɪd	ϴ **सो**: टिड
assortment	ə.ˈsɔːt.mᵊnt	ϴ **सो:ट** मॅन्ट
assuage	ə.ˈsweɪdʒ	ϴ **स्वेइज**
assume	ə.ˈsjuːm	ϴ **स्यू:म**
assumption	ə.ˈsʌmp.ʃᵊn	ϴ **सʌम्प** शॅन
assurance	ə.ˈʃɔː.rᵊns	ϴ **शो**: रॅन्स
assure	ə.ˈʃɔː	ϴ **शो**:
assured	ə.ˈʃɔːd	ϴ **शो:ड**

asterisk	ˈæs.tə.rɪsk	æस टə रिस्क
astern	ə.ˈstɜːn	ə स्टɜːन
asteroid	ˈæs.tə.rɔɪd	æस टə रोइड
asthma	ˈæs.mə	æस मə
asthmatic	æs.ˈmæt.ɪk	æस मæट इक
astigmatic	ˈæs.tɪg.ˈmæt.ɪk	æस टिग मæट इक
astigmatism	ə.ˈstɪg.mə.tɪ.zᵊm	ə स्टिग मə टि ज़ᵊम
astir	ə.ˈstɜː	ə स्टɜː
astonish	ə.ˈstɒn.ɪʃ	ə स्टɒन इश
astonished	ə.ˈstɒn.ɪʃt	ə स्टɒन इश्ट
astonishing	ə.ˈstɒn.ɪ.ʃɪŋ	ə स्टɒन इ शिङ
astonishingly	ə.ˈstɒn.ɪ.ʃɪŋ.li	ə स्टɒन इ शिङ ली
astonishment	ə.ˈstɒn.ɪʃ.mənt	ə स्टɒन इश मəन्ट
astound	ə.ˈstaʊnd	ə स्टाउन्ड
astounded	ə.ˈstaʊn.dɪd	ə स्टाउन डिड
astounding	ə.ˈstaʊn.dɪŋ	ə स्टाउन डिङ
astral	ˈæs.trəl	æस ट्रəल
astray	ə.ˈstreɪ	ə स्ट्रेइ
astride	ə.ˈstraɪd	ə स्ट्राइड
astringent	ə.ˈstrɪn.dʒᵊnt	ə स्ट्रिन जᵊन्ट
astro	ˈæs.trəʊ	æस ट्रəउ
astrologer	ə.ˈstrɒl.ə.dʒə	ə स्ट्रɒल ə जə
astrological	ˈæs.trə.ˈlɒdʒ.ɪ.kᵊl	æस ट्रə लɒज इ कᵊल
astrology	æs.ˈstrɒl.ə.dʒi	æस स्ट्रɒल ə जी
astronaut	ˈæs.trə.nɔːt	æस ट्रə नोːट
astronomer	ə.ˈstrɒn.ə.mə	ə स्ट्रɒन ə मə
astronomic	ˈæs.trə.ˈnɒm.ɪk	æस ट्रə नɒम इक
astronomical	ˈæs.trə.ˈnɒm.ɪ.kᵊl	æस ट्रə नɒम इ कᵊल
astronomy	ə.ˈstrɒn.ə.mi	ə स्ट्रɒन ə मी
astrophysicist	ˈæs.trəʊ.ˈfɪz.ɪ.sɪst	æस ट्रəउ फ़िज़ इ सिस्ट
astrophysics	ˈæs.trəʊ.ˈfɪz.ɪks	æस ट्रəउ फ़िज़ इक्स
astute	æs.ˈstjuːt	æस स्ट्यूːट
astutely	æs.ˈtjuːt.li	æस ट्यूːट ली
astuteness	æs.ˈtjuːt.nəs	æस ट्यूːट नəस
asunder	ə.ˈsʌn.də	ə सʌन डə
asylum	ə.ˈsaɪ.ləm	ə साइ लəम
asymmetric	ˈeɪ.sɪ.ˈmet.rɪk	एइ सि मेट रिक
asymmetrical	ˈeɪ.sɪ.ˈmet.rɪ.kəl	एइ सि मेट रि कəल
asymmetry	eɪ.ˈsɪm.ə.tri	एइ सिम ə ट्री
asymptote	ˈæs.ɪmp.təʊt	æस इम्प टəउट
asymptotic	ˈæs.ɪmp.ˈtɒt.ɪk	æस इम्प टɒट इक
at	æt	æट

at a time	æt.ə.ˈtaɪm	æट ə टाइम
at heart	æt.ˈhɑːt	æट हाːट
at home	æt.ˈhəʊm	æट हəउम
at large	æt.ˈlɑːdʒ	æट लाːज
at last	æt.ˈlɑːst	æट लाːस्ट
at last	æt.ˈlɑːst	æट लाːस्ट
at night	æt.ˈnaɪt	æट नाइट
ate	eɪt	एइट
atheism	ˈeɪ.θi.ɪ.zᵊm	एइ थी इ ज़ᵊम
atheist	ˈeɪ.θi.ɪst	एइ थी इस्ट
athlete	ˈæθ.liːt	æथ लीːट
athlete's foot	ˈæθ.liːts.ˈfʊt	æथ लीːट्स फ़ुट
athletic	æθ.ˈlet.ɪk	æथ लेट इक
athletics	æθ.ˈlet.ɪks	æथ लेट इक्स
atishoo	ə.ˈtɪʃ.uː	ə टिश ऊः
atlantic	æt.ˈlæn.tɪk	æट लæन टिक
atlas	ˈæt.ləs	æट लəस
ATM	ˈeɪ.tiː.ˈem	एइ टीː एम
atmosphere	ˈæt.məs.fɪə	æट मəस फ़िə
atmospheric	ˈæt.məs.ˈfer.ɪk	æट मəस फ़ेर इक
atoll	ˈæt.ɒl	æट ɒल
atom	ˈæt.əm	æट əम
atomic energy	ə.ˈtɒm.ɪk.ˈen.ə.dʒi	ə टɒम इक एन ə जी
atomic mass unit	ə.ˈtɒm.ɪk.mæs.ˈjuː.nɪt	ə टɒम इक मæस यूː निट
atomic number	ə.ˈtɒm.ɪk.ˈnʌm.bə	ə टɒम इक नʌम बə
atomiser	ˈæt.ə.maɪ.zə	æट ə माइ ज़ə
atone	ə.ˈtəʊn	ə टəउन
atonement	ə.ˈtəʊn.mᵊnt	ə टəउन मᵊन्ट
atop	ə.ˈtɒp	ə टɒप
atrium	ˈeɪ.tri.əm	एइ ट्री əम
atrocious	ə.ˈtrəʊ.ʃəs	ə ट्रəउ शəस
atrociously	ə.ˈtrəʊ.ʃəs.li	ə ट्रəउ शəस ली
atrocity	ə.ˈtrɒs.ə.ti	ə ट्रɒस ə टी
atrophy	ˈæt.rə.fi	æट रə फ़ी
atropine	ˈæt.rə.piːn	æट रə पीːन
attaboy	ˈæt.ə.bɔɪ	æट ə बोइ
attach	ə.ˈtætʃ	ə टæच
attaché	ə.ˈtæʃ.eɪ	ə टæश एइ
attache case	ə.ˈtæʃ.eɪ.ˈkeɪs	ə टæश एइ केइस
attached	ə.ˈtætʃt	ə टæच्ट
attaching	ə.ˈtætʃ.ɪŋ	ə टæच इङ

attachment	ə.ˈtætʃ.mᵊnt	ə **टæच** मᵊन्ट
attack	ə.ˈtæk	ə **टæक**
attacked	ə.ˈtækt	ə **टæक्ट**
attacker	ə.ˈtæk.ə	ə **टæक** ə
attain	ə.ˈteɪn	ə **टेइन**
attainable	ə.ˈteɪ.nə.bəl	ə **टेइ** नə बəल
attainment	ə.ˈteɪn.mᵊnt	ə **टेइन** मᵊन्ट
attains	ə.ˈteɪnz	ə **टेइन्ज़**
attar	ˈæt.ə	**æट** ə
attempt	ə.ˈtempt	ə **टेम्प्ट**
attend	ə.ˈtend	ə **टेन्ड**
attendance	ə.ˈten.dᵊns	ə **टेन** डᵊन्स
attendant	ə.ˈten.dᵊnt	ə **टेन** डᵊन्ट
attendee	ə.ˈten.ˈdiː	ə **टेन डी:**
attention	ə.ˈten.ʃᵊn	ə **टेन** शᵊन
attentive	ə.ˈten.tɪv	ə **टेन** टिव
attentively	ə.ˈten.tɪv.li	ə **टेन** टिव ली
attenuate	ə.ˈte.nju.ət	ə **टे** न्यू əट
attenuation	ə.ˈte.nju.ˈeɪ.ʃᵊn	ə **टे** न्यू **एइ** शᵊन
attest	ə.ˈtest	ə **टेस्ट**
attestation	ˈæt.es.ˈteɪ.ʃᵊn	**æट** एस **टेइ** शᵊन
attestor	ə.ˈtes.tə	ə **टेस** टə
attic	ˈæt.ɪk	**æट** इक
attire	ə.ˈtaɪ.ə	ə **टाइ** ə
attitude	ˈæt.ɪ.tjuːd	**æट** इ ट्यू:ड
attitudinal	ˈæt.ɪ.ˈtjuː.dɪ.nəl	**æट** इ **ट्यू:** डि नəल
attorney	ə.ˈtɜː.ni	ə **टɜ:** नी
attorney general	ə.ˈtɜː.ni.ˈdʒen.ᵊr.ᵊl	ə **टɜ:** नी **जेन** ᵊर ᵊल
attract	ə.ˈtrækt	ə **ट्रæक्ट**
attracted	ə.ˈtræk.tɪd	ə **ट्रæक** टिड
attraction	ə.ˈtræk.ʃᵊn	ə **ट्रæक** शᵊन
attractive	ə.ˈtræk.tɪv	ə **ट्रæक** टिव
attractor	ə.ˈtræk.tə	ə **ट्रæक** टə
attributable	ə.ˈtrɪ.bjʊ.tə.bᵊl	ə **ट्रि** ब्यु टə बᵊल
attribute	ˈæt.rɪ.bjuːt	**æट** रि ब्यू:ट
attribution	ˈæt.rɪ.ˈbjuː.ʃᵊn	**æट** रि **ब्यू:** शᵊन
attrition	ə.ˈtrɪ.ʃᵊn	ə **ट्रि** शᵊन
attune	ə.ˈtjuːn	ə **ट्यू:न**
attuned	ə.ˈtjuːnd	ə **ट्यू:न्ड**
atypical	ˈeɪ.ˈtɪp.ɪ.kᵊl	**एइ टिप** इ कᵊल
au contraire	ˈəʊ.kɒn.ˈtreaʳ	**əउ** कɒन **ट्रेआर**
au fait	ˈəʊ.ˈfeɪ	**əउ फ़ेइट**

au gratin	ˈəʊ.ˈgræt.æn	**əउ ग्रæट** æन
au naturel	ˈəʊ.nætʃ.ˈʊ.rel	**əउ** नæच **उ** रेल
au pair	ˈəʊ.peə	**əउ** पेə
au revoir	ˈəʊ.rəv.ˈwɑː	**əउ** रəव **वा:**
aubergine	ˈəʊ.bə.ʒiːn	**əउ** बə ज़ी:न
auburn	ˈɔː.bən	**ओ:** बəन
auction	ˈɔːk.ʃᵊn	**ओ:क** शᵊन
auctioneer	ˈɔːk.ʃə.ˈnɪə	**ओ:क** शə **निə**
audacious	ɔː.ˈdeɪ.ʃəs	ओ: **डेइ** शəस
audacity	ɔː.ˈdæs.ə.ti	ओ: **डæस** ə टी
audibility	ˈɔː.də.ˈbɪl.ə.ti	**ओ:** डə **बिल** ə टी
audible	ˈɔː.də.bᵊl	**ओ:** डə बᵊल
audience	ˈɔː.di.ᵊns	**ओ:** डी ᵊन्स
audio	ˈɔː.di.əʊ	**ओ:** डी əउ
audiocassette	ˈɔː.di.əʊ.kə.ˈset	**ओ:** डी əउ कə **सेट**
audiolingual	ˈɔː.di.əʊ.ˈlɪŋ.gwəl	**ओ:** डी əउ **लिङ** ग्वəल
audiological	ˈɔː.di.ə.ˈlɒdʒ.ɪ.kᵊl	**ओ:** डी ə **लɒज** इ कᵊल
audiologist	ˈɔː.di.ˈɒl.ə.dʒɪst	**ओ:** डी **ɒल** ə जिस्ट
audiology	ˈɔː.di.ˈɒl.ə.dʒi	**ओ:** डी **ɒल** ə जी
audiometer	ˈɔː.dɪ.ˈɒm.ɪ.tə	**ओ:** डि **ɒम** इ टə
audiotape	ˈɔː.di.əʊ.teɪp	**ओ:** डी əउ टेइप
audiotyping	ˈɔː.di.əʊ.ˈtaɪ.pɪŋ	**ओ:** डी əउ **टाइ** पिङ
audiovisual	ˈɔː.di.əʊ.ˈvɪʒ.u.əl	**ओ:** डी əउ **विज़** ऊ əल
audit	ˈɔː.dɪt	**ओ:** डिट
auditing	ˈɔː.dɪt.ɪŋ	**ओ:** डिट इङ
audition	ɔː.ˈdɪʃ.ᵊn	ओ: **डिश** ᵊन
auditor	ˈɔː.dɪt.ə	**ओ:** डिट ə
auditorium	ˈɔː.dɪ.ˈtɔː.ri.əm	**ओ:** डि **टो:** री əम
auditory	ˈɔː.dɪ.tᵊr.i	**ओ:** डि टᵊर ई
auger	ˈɔː.gə	**ओ:** गə
aught	ɔːt	ओ:ट
augment	ˈɔːg.ment	**ओ:ग** मेन्ट
augur	ˈɔː.gə	**ओ:** गə
august (adj)	ˈɔː.gəst	**ओ:** गəस्ट
august (n)	ˈɔː.gəst	**ओ:** गəस्ट
auld lang syne	ˈɔːld.læŋ.ˈsaɪn	**ओ:ल्ड** लæङ **साइन**
aunt	ɑːnt	आ:न्ट
aunty	ˈɑːn.ti	**आ:न** टी
aura	ˈɔː.rə	**ओ:** रə
aural	ˈɔː.rəl	**ओ:** रəल
auricle	ˈɔː.rɪ.kᵊl	**ओ:** रि कᵊल
aurora	ə.ˈrɔː.rə	ə **रो:** रə
auspices	ˈɔː.spɪs.ɪz	**ओ:** स्पिस इज़

auspicious	ɔ:ˈspɪʃ.əs	ओ: **स्पिश** ɵस
Aussie	ˈɒz.i	**ɒज़** ई
austere	ɔ:ˈstɪə	ओ: **स्टिɵ**
austerity	ɔ:ˈster.ə.ti	ओ: **स्टेर** ɵ टी
Australasia	ˈɒs.trə.ˈleɪ.ʒə	**ɒस** ट्रɵ **लेइ** ज़ɵ
Australasian	ˈɒs.trə.ˈleɪ.ʒən	**ɒस** ट्रɵ **लेइ** ज़ɵन
Australia	ɒs.ˈtreɪ.li.ə	ɒस **ट्रेइ** ली ɵ
Australian	ɒs.ˈtreɪ.li.ən	ɒस **ट्रेइ** ली ɵन
authentic	ɔ:.ˈθen.tɪk	ओ: **थेन** टिक
authenticate	ɔ:.ˈθen.tɪ.keɪt	ओ: **थेन** टि केइट
authentication	ɔ:ˈθen.tɪ.ˈkeɪ.ʃᵊn	ओ: **थेन** टि **केइ** शᵊन
authenticity	ˈɔ:.θen.ˈtɪs.ə.ti	**ओ:** थेन **टिस** ɵ टी
author	ˈɔ:.θə	**ओ:** थɵ
authorisation	ˈɔ:.θə.raɪ.ˈzeɪ.ʃᵊn	**ओ:** थɵ राइ **ज़ेइ** शᵊन
authorise	ˈɔ:.θə.raɪz	**ओ:** थɵ राइज़
authoritarian	ɔ:ˈθɒr.ɪ.ˈteə.ri.ən	ओ: **थɒर** इ **टेɵ** री ɵन
authoritative	ɔ:.ˈθɒr.ɪ.tə.tɪv	ओ: **थɒर** इ टɵ टिव
authoritatively	ɔ:.ˈθɒr.ɪ.tə.tɪv.li	ओ: **थɒर** इ टɵ टिव ली
authority	ɔ:.ˈθɒr.ə.ti	ओ: **थɒर** ɵ टी
authorship	ˈɔ:.θə.ʃɪp	**ओ:** थɵ शिप
autism	ˈɔ:.tɪ.zᵊm	**ओ:** टि ज़ᵊम
autistic	ɔ:.ˈtɪs.tɪk	ओ: **टिस** टिक
auto	ˈɔ:.təʊ	**ओ:** टɵउ
autobahn	ˈɔ:.təʊ.bɑ:n	**ओ:** टɵउ बा:न
autobiographer	ˈɔ:.tə.baɪ.ˈɒg.rə.fə	**ओ:** टɵ बाइ **ɒग** रɵ फ़ɵ
autobiographical	ɔ:.tə.baɪ.ə.ˈgræf.ɪ.kᵊl	ओ: टɵ बाइ ɵ **ग्रæफ़** इ कᵊल
autobiography	ˈɔ:.tə.baɪ.ˈɒg.rə.fi	**ओ:** टɵ बाइ **ɒग** रɵ फ़ी
autocar	ˈɔ:.təʊ.kɑ:	**ओ:** टɵउ का:
autochange	ˈɔ:.təʊ.ˈtʃeɪndʒ	**ओ:** टɵउ **चेइन्ज**
autocracy	ɔ:.ˈtɒk.rə.si	ओ: **टɒक** रɵ सी
autocrat	ˈɔ:.tə.kræt	**ओ:** टɵ क्रæट
autocratic	ˈɔ:.tə.ˈkræt.ɪk	**ओ:** टɵ **क्रæट** इक
autocycle	ˈɔ:.təʊ.ˈsaɪ.kᵊl	**ओ:** टɵउ **साइ** कᵊल
autodestruct	ˈɔ:.təʊ.dɪ.ˈstrʌkt	**ओ:** टɵउ डि **स्ट्रʌक्ट**
autograph	ˈɔ:.tə.grɑ:f	**ओ:** टɵ ग्रा:फ़
autoimmune	ˈɔ:.təʊ.ɪ.ˈmju:n	**ओ:** टɵउ इ **म्यू:न**
autolock	ˈɔ:.təʊ.ˈlɒk	**ओ:** टɵउ **लɒक**
automata	ɔ:.ˈtɒm.ə.tə	ओ: **टɒम** ɵ टɵ
automate	ˈɔ:.tə.meɪt	**ओ:** टɵ मेइट
automated	ˈɔ:.tə.meɪ.tɪd	**ओ:** टɵ मेइ टिड

automatic	ˈɔ:.tə.ˈmæt.ɪk	**ओ:** टɵ **मæट** इक
automatically	ˈɔ:.tə.ˈmæt.ɪ.kᵊl.i	**ओ:** टɵ **मæट** इ कᵊल ई
automation	ˈɔ:.tə.ˈmeɪ.ʃᵊn	**ओ:** टɵ **मेइ** शᵊन
automaton	ɔ:.ˈtɒm.ə.tən	ओ: **टɒम** ɵ टɵन
automobile	ˈɔ:.tə.mə.ˈbi:l	**ओ:** टɵ मɵ **बी:ल**
automotive	ˈɔ:.təʊ.ˈmə.tɪv	**ओ:** टɵउ **मɵ** टिव
autonomous	ɔ:.ˈtɒn.ə.məs	ओ: **टɒन** ɵ मɵस
autonomously	ɔ:.ˈtɒn.ə.məs.li	ओ: **टɒन** ɵ मɵस ली
autonomy	ɔ:.ˈtɒn.ə.mi	ओ: **टɒन** ɵ मी
auto-pilot	ˈɔ:.təʊ.ˈpaɪ.lət	**ओ:** टɵउ **पाइ** लɵट
autopsy	ˈɔ:.tɒp.si	**ओ:** टɒप सी
autosuggestion	ˈɔ:.təʊ.sə.ˈdʒes.tʃən	**ओ:** टɵउ सɵ **जेस** चɵन
autumn	ˈɔ:.təm	**ओ:** टɵम
auxiliary	ɔ:g.ˈzɪl.i.ə.ri	ओ:ग **ज़िल** ई ɵ री
avail	ə.ˈveɪl	ɵ **वेइल**
availability	ə.ˈveɪl.ə.ˈbɪl.ə.ti	ɵ **वेइल** ɵ **बिल** ɵ टी
available	ə.ˈveɪ.lə.bᵊl	ɵ **वेइ** लɵ बᵊल
avalanche	ˈæv.ə.lɑ:ntʃ	**æव** ɵ ला:न्च
avant-garde	ˈæv.ɒŋ.ˈgɑ:d	**æव** ɒङ **गा:ड**
avarice	ˈæv.ə.rɪs	**æव** ɵ रिस
avaricious	ˈæv.ə.ˈrɪʃ.əs	**æव** ɵ **रिश** ɵस
avast	ə.ˈvɑ:st	ɵ **वा:स्ट**
avatar (IO)	ˈæv.ə.ˈtɑ:	**æव** ɵ **टा:**
avenge	ə.ˈvendʒ	ɵ **वेन्ज**
avenger	ə.ˈven.dʒə	ɵ **वेन** जɵ
avenue	ˈæv.ə.nju:	**æव** ɵ न्यू:
average	ˈæv.ə.rɪdʒ	**æव** ɵ रिज
averse	ə.ˈvɜ:s	ɵ **वɜ:स**
aversion	ə.ˈvɜ:.ʃᵊn	ɵ **वɜ:** शᵊन
avert	ə.ˈvɜ:t	ɵ **वɜ:ट**
aviarist	ˈeɪ.vi.ə.rɪst	**एइ** वी ɵ रिस्ट
aviary	ˈeɪ.viə.ri	**एइ** वीɵ री
aviation	ˈeɪ.vi.ˈeɪ.ʃᵊn	**एइ** वी **एइ** शᵊन
aviator	ˈeɪ.vi.eɪ.tə	**एइ** वी एइ टɵ
avid	ˈæv.ɪd	**æव** इड
avidly	ˈæv.ɪd.li	**æव** इड ली
avocado	ˈæv.ə.ˈkɑ:.dəʊ	**æव** ɵ **का:** डɵउ
avoid	ə.ˈvɔɪd	ɵ **वोइड**
avoidable	ə.ˈvɔɪ.də.bᵊl	ɵ **वोइ** डɵ बᵊल
avoidance	ə.ˈvɔɪ.dᵊns	ɵ **वोइ** डᵊन्स
avowed	ə.ˈvaʊd	ɵ **वाउड**

await	ə.ˈweɪt	ɵ **व़ेइट**
awake	ə.ˈweɪk	ɵ **व़ेइक**
awaken	ə.ˈweɪ.kən	ɵ **व़ेइ** कॅन
awakening	ə.ˈweɪ.kən.ɪŋ	ɵ **व़ेइ** कॅन इङ
award	ə.ˈwɔːd	ɵ **व़ोःड**
award winning	ə.ˈwɔːd.ˈwɪn.ɪŋ	ɵ **व़ोःड व़िन** इङ
aware	ə.ˈweə	ɵ **व़ेɵ**
awareness	ə.ˈweə.nəs	ɵ **व़ेɵ** नɵस
awash	ə.ˈwɒʃ	ɵ **व़ɒश**
away	ə.ˈweɪ	ɵ **व़ेइ**
awe	ɔː	ओः
awed	ɔːd	ओःड
awe-inspiring	ˈɔː.ɪn.ˈspaɪ.ə.rɪŋ	**ओः** इन **स्पाइ** ɵ रिङ
awesome	ˈɔː.səm	**ओः** सɵम
awe-stricken	ˈɔː.strɪk.ən	**ओः** स्ट्रिक ॅन
awestruck	ˈɔː.strʌk	**ओः** स्ट्रʌक
awful	ˈɔː.fəl	**ओः** फ़ॅल
awfully	ˈɔː.fəl.i	**ओः** फ़ॅल ई
awhile	ə.ˈwaɪl	ɵ **व़ाइल**
awkward	ˈɔː.kwəd	**ओः** क्व़ɵड
awkwardly	ˈɔː.kwəd.li	**ओः** क्व़ɵड ली
awkwardness	ˈɔː.kwəd.nəs	**ओः** क्व़ɵड नɵस
awl	ɔːl	ओःल
awn	ɔːn	ओःन
awning	ˈɔː.nɪŋ	**ओः** निङ
awoke	ə.ˈwəʊk	ɵ **व़ɵउक**
awoken	ə.ˈwəʊ.kən	ɵ **व़ɵउ** कॅन
awry	ə.ˈraɪ	ɵ **राइ**
axe	æks	æक्स
axel	ˈæk.səl	**æक** सɵल
axes	ˈæk.sɪz	**æक** सिज़
axial	ˈæk.si.əl	**æक** सी ɵल
axiom	ˈæk.si.əm	**æक** सी ɵम
axiomatic	ˈæk.si.ə.ˈmæt.ɪk	**æक** सी ɵ **मæट** इक
axis	ˈæk.sɪs	**æक** सिस
axle	ˈæk.səl	**æक** सॅल
ay	aɪ	आइ
aye	aɪ	आइ
aye-aye	ˈaɪ.aɪ	**आइ** आइ
Azalea	ə.ˈzeɪ.li.ə	ɵ **ज़ेइ** ली ɵ
azimuth	ˈæz.ɪ.məθ	**æज़** इ मɵथ
azure	ˈæʒ.əʳ	**æज़** ɵर

b	bi:	बी:
B	bi:	बी:
B.C.	bi:.ˈsi:.	बी: सी:
B2B	ˈbi:.tə.bi:	बी: टə बी:
BA	ˈbi:.ˈeɪ	बी: एइ
baa	ba:	बा:
babble	ˈbæb.ᵊl	बæब ᵊल
babe	beɪb	बेइब
babies	ˈbeɪ.bi: z	बेइ बी: ज़
baboon	bə.ˈbu:n	बə बू:न
baby	ˈbeɪ.bi	बेइ बी
baby boom	ˈbeɪ.bi.ˈbu:m	बेइ बी बू:म
baby boomer	ˈbeɪ.bi.ˈbu:.mə	बेइ बी बू: मə
baby carriage	ˈbeɪ.bi.ˈkær.ɪdʒ	बेइ बी कæर इ
babyish	ˈbeɪ.bi.ɪʃ	बेइ बी इश
babyminder	ˈbeɪ.bi.ˈmaɪn.dəʳ	बेइ बी माइन डəर
babysat	ˈbeɪ.bɪ.sæt	बेइ बि सæट
babysit	ˈbeɪ.bi.sɪt	बेइ बी सिट
babysitter	ˈbeɪ.bi.ˈsɪt.ə	बेइ बी सिट ə
babysitting	ˈbeɪ.bi.ˈsɪt.ɪŋ	बेइ बी सिट इङ
babywalker	ˈbeɪ.bi.ˈwɔ:.kəʳ	बेइ बी व़ो: कəर
baccalaureate	ˈbæ.kə.ˈlɔ:.rɪ.ət	बæ कə लो: रि əट
bachelor	ˈbætʃ.ə.lə	बæच ə लə
back	bæk	बæक
back and forth	ˈbæk.ən.ˈfɔ:θ	बæक əन फ़ो:थ
back seat	bæk ˈsi:t	बæक सी:ट
back to basics	ˈbæk.tə.ˈbeɪ.sɪks	बæक टə बेइ सिक्स
backache	ˈbæk.eɪk	बæक एइक
backbencher	ˈbæk.ˈben.tʃə	बæक बेन चə
backbone	ˈbæk.bəʊn	बæक बəउन
backbreaking	ˈbæk.ˈbreɪ.kɪŋ	बæक ब्रेइ किङ
backdrop	ˈbæk.drɒp	बæक ड्रɒप
backer	ˈbæk.ə	बæक ə
backfire	ˈbæk.ˈfaɪ.əʳ	बæक फ़ाइ əर
backflip	ˈbæk.flɪp	बæक फ़्लिप
backgammon	ˈbæk.ˈgæm.ən	बæक गæम əन
background	ˈbæk.graʊnd	बæक ग्राउन्ड
backhand	ˈbæk.hænd	बæक हæन्ड
backhanded	ˈbæk.ˈhæn.dɪd	बæक हæन डिड
backing	ˈbæk.ɪŋ	बæक इङ
backlash	ˈbæk.læʃ	बæक लæश
backless	ˈbæk.ləs	बæक लəस
backlighting	ˈbæk.ˈlaɪt.ɪŋ	बæक लाइट इङ
backlog	ˈbæk.lɒg	बæक लɒग
backpack	ˈbæk.pæk	बæक पæक
backpacker	ˈbæk.ˈpæk.ə	बæक पæक ə
backroom	ˈbæk.ˈru:m	बæक रू:म
backscratch	ˈbæk.skrætʃ	बæक स्क्रæच
backscratcher	ˈbæk.ˈskrætʃ.ə	बæक स्क्रæच ə
backscratching	ˈbæk.ˈskrætʃ.ɪŋ	बæक स्क्रæच इङ
backside	ˈbæk.saɪd	बæक साइड
backspace	ˈbæk.speɪs	बæक स्पेइस
backspin	ˈbæk.ˈspɪn	बæक स्पिन
backstage	ˈbæk.ˈsteɪdʒ	बæक स्टेइज
backstitch	ˈbæk.stɪtʃ	बæक स्टिच
backstop	ˈbæk.stɒp	बæक स्टɒप
backstroke	ˈbæk.strəʊk	बæक स्ट्रəउक
back-to-back	ˈbæk.tə.ˈbæk	बæक टə बæक
backtrack	ˈbæk.træk	बæक ट्रæक
backup	ˈbæk.ʌp	बæक ʌप
backward	ˈbæk.wəd	बæक व़əड
backwards	ˈbæk.wədz	बæक व़əड्ज़
backwash	ˈbæk.wɒʃ	बæक व़ɒश
backwater	ˈbæk.ˈwɔ:.tə	बæक व़ो: टə
backwoods	ˈbæk.wʊdz	बæक वुड्ज़
backyard	ˈbæk.ˈja:d	बæक ग़ा:ड
bacon	ˈbeɪk.ᵊn	बेइक ᵊन
bacteria	bæk.ˈtɪə.ri.ə	बæक टिə री ə
bacterial	bæk.ˈtɪə.ri.əl	बæक टिə री əल
bacteriologist	bæk.ˈtɪə.ri.ˈɒl.ə.dʒɪst	बæक टिə री ɒल ə जिस्ट
bacteriology	bæk.ˈtɪə.ri.ˈɒl.ə.dʒi	बæक टिə री ɒल ə जी
bad	bæd	बæड
bad language	ˈbæd.ˈlæŋ.gwɪdʒ	बæड लæङ ग्विज
bade	beɪd	बेइड
badge	bædʒ	बæज
badger	ˈbædʒ.ə	बæज ə
badlands	ˈbæd.lændz	बæड लæन्ड्ज़

badly	ˈbæd.li	बæड ली
badminton	ˈbæd.mɪn.tən	बæड मिन टəन
badmouth	ˈbæd.maʊθ	बæड माउथ
badness	ˈbæd.nəs	बæड नəस
bad-tempered	ˈbæd.ˈtem.pəd	बæड टेम पəड
baffle	ˈbæf.ᵊl	बæफ़ ᵊल
baffled	ˈbæf.ᵊld	बæफ़ ᵊल्ड
baffling	ˈbæf.ᵊl.ɪŋ	बæफ़ ᵊल इङ
bag	bæg	बæग
bag lady	bæg.ˈleɪ.di	बæग लेइ डी
bagel	ˈbeɪ.gᵊl	बेइ गᵊल
bagful	ˈbæg.fʊl	बæग फुल
baggage	ˈbæg.ɪdʒ	बæग इज
baggy	ˈbæg.i	बæग ई
bagman	ˈbæg.mæn	बæग मæन
bagpipe	ˈbæg.paɪp	बæग पाइप
bagpiper	ˈbæg.ˈpaɪ.pə	बæग पाइ पə
baguette	bæg.ˈet	बæग एट
bail	beɪl	बेइल
bailiff	ˈbeɪ.lɪf	बेइ लिफ़
bait	beɪt	बेइट
bake	beɪk	बेइक
baker	ˈbeɪk.ə	बेइक ə
bakery	ˈbeɪ.kə.ri	बेइ कə री
balance	ˈbæl.ᵊns	बæल ᵊन्स
balance of power	ˈbæl.ᵊns.əv.ˈpaʊ.əʳ	बæल ᵊन्स əव पाउ əर
balance sheet	ˈbæl.ᵊns.ʃiːt	बæल ᵊन्स शीːट
balanced	ˈbæl.ᵊnst	बæल ᵊन्स्ट
balcony	ˈbæl.kə.ni	बæल कə नी
bald	bɔːld	बोːल्ड
bald headed	ˈbɔːld.ˈhed.ɪd	बोːल्ड हेड इड
balding	ˈbɔːld.ɪŋ	बोːल्ड इङ
baldish	ˈbɔːld.ɪʃ	बोːल्ड इश
bale	beɪl	बेइल
baleful	ˈbeɪl.fᵊl	बेइल फ़ᵊल
balk	ˈbɔːk	बोːक
ball	bɔːl	बोːल
ball game	ˈbɔːl.ˈgeɪm	बोːल गेइम
ballad	ˈbæl.əd	बæल əड
ballerina	ˈbæl.ə.ˈriː.nə	बæल ə रीː नə
ballet	ˈbæl.eɪ	बæल एइ
ballistic	bə.ˈlɪs.tɪk	बə लिस टिक

ballistics	bə.ˈlɪs.tɪks	बə लिस टिक्स
balloon	bə.ˈluːn	बə लूːन
ballot	ˈbæl.ət	बæल əट
ballpark	ˈbɔːl.ˈpaːk	बोːल पाːक
ballpoint pen	ˈbɔːl.pɔɪnt.ˈpen	बोːल पोइन्ट पेन
ballroom	ˈbɔːl.ruːm	बोːल रूːम
balm	baːm	बाːम
balmy	ˈbaːm.i	बाːम ई
baloney	bə.ˈləʊ.ni	बə लəउ नी
balsa wood	ˈbɒl.sə.ˈwʊd	बɒल सə वुड
bamboo (IO)	ˈbæm.ˈbuː	बæम बूː
bamboozle	bæm.ˈbuː.zᵊl	बæम बूː ज़ᵊल
ban	bæn	बæन
banal	bə.ˈnaːl	बə नाːल
banality	bə.ˈnæl.ə.ti	बə नæल ə टी
banana	bə.ˈnaː.nə	बə नाː नə
band	bænd	बæन्ड
bandage	ˈbæn.dɪdʒ	बæन डिज
band-aid	ˈbænd.eɪd	बæन्ड एइड
bandanna (IO)	bæn.ˈdæn.ə	बæन डæन ə
bandh (IO)	bʌnd	बʌन्ड
bandit	ˈbæn.dɪt	बæन डिट
bandmaster	ˈbænd.ˈmaː.stəʳ	बæन्ड माː स्टəर
bandstand	ˈbænd.stænd	बæन्ड स्टæन्ड
bandwagon	ˈbænd.ˈwæg.ən	बæन्ड वæग əन
bandy	ˈbæn.di	बæन डी
bane	beɪn	बेइन
bang	bæŋ	बæङ
banger	ˈbæŋ.əʳ	बæङ əर
bangle (IO)	ˈbæŋ.gᵊl	बæङ गᵊल
banish	ˈbæn.ɪʃ	बæन इश
banister	ˈbæn.ɪ.stə	बæन इ स्टə
banjo	ˈbæn.dʒəʊ	बæन जəउ
bank	bæŋk	बæङ्क
bankbill	ˈbæŋk.bɪl	बæङ्क बिल
bankbook	ˈbæŋk.bʊk	बæङ्क बुक
banker	ˈbæŋ.kə	बæङ कə
banking	ˈbæŋ.kɪŋ	बæङ किङ
banknote	ˈbæŋk.nəʊt	बæङ्क नəउट
bankrupt	ˈbæŋ.krʌpt	बæङ क्रʌप्ट
bankruptcy	ˈbæŋ.krʌpt.si	बæङ क्रʌप्ट सी
banned	bænd	बæन्ड
banner	ˈbæn.ə	बæन ə

banquet	ˈbæŋ.kwɪt	बæङ क्विट
banshee	ˈbæn.ʃiː	बæन शीː
banter	ˈbæn.tə	बæन टə
banyan	ˈbæn.jən	बæन ग़əन
baptise	bæp.ˈtaɪz	बæप टाइज़
baptism	ˈbæp.tɪ.zᵊm	बæप टि ज़ᵊम
baptismal	bæp.ˈtɪz.məl	बæप टिज़ मəल
baptist	ˈbæp.tɪst	बæप टिस्ट
bar	baː	बाː
bar mitzvah	baː.ˈmɪt.svə	बाː मिट स्वə
barb	baːb	बाːब
barbarian	baː.ˈbeə.ri.ən	बाː बेə री əन
barbaric	baː.ˈbær.ɪk	बाː बær इक
barbarism	ˈbaː.bᵊr.ɪ.zᵊm	बाː बᵊर इ ज़ᵊम
barbecue	ˈbaː.bɪ.kjuː	बाː बि क्यूː
barbed wire	ˈbaːbd.ˈwaɪ.ə	बाːब्ड व़ाइ ə
barbell	ˈbaː.bel	बाː बेल
barber	ˈbaː.bə	बाː बə
barber shop	ˈbaː.bə.ʃɒp	बाː बə शɒप
barbiturate	baː.ˈbɪtʃ.ᵊr.ət	बाː बिच ᵊर əट
bar-b-que	ˈbaː.bɪ.kjuː	बाː बि क्यूː
barcode	ˈbaː.kəʊd	बाː कəउड
bard	baːd	बाːड
bare	beə	बेə
bareback	ˈbeə.bæk	बेə बæक
bare-bones	ˈbeə.bəʊnz	बेə बəउन्ज़
barefaced	ˈbeə.feɪst	बेə फ़ेइस्ट
barefoot	ˈbeə.fʊt	बेə फ़ुट
bare-handed	beə.ˈhæn.dɪd	बेə हæन डिड
bareheaded	beə.ˈhed.ɪd	बेə हेड इड
barelegged	beə.legd	बेə लेग्ड
barely	ˈbeə.li	बेə ली
bargain	ˈbaː.gɪn	बाː गिन
bargaining	ˈbaː.gɪn.ɪŋ	बाː गिन इङ
barge	baːdʒ	बाːज
baring	ˈbeər.ɪŋ	बेəर इङ
baritone	ˈbær.ɪ.təʊn	बær इ टəउन
barium	ˈbeə.ri.əm	बेə री əम
bark	baːk	बाːक
barker	ˈbaː.kə	बाː कə
barking	ˈbaː.kɪŋ	बाː किङ
barley	ˈbaː.li	बाː ली

barmaid	ˈbaː.meɪd	बाː मेइड
barman	ˈbaː.mən	बाː मəन
barn	baːn	बाːन
barnacle	ˈbaː.nə.kᵊl	बाː नə कᵊल
barnyard	ˈbaːn.jaːd	बाːन ग़ाːड
barometer	bə.ˈrɒm.ɪ.tə	बə रɒम इ टə
barometric	ˈbær.ə.ˈmet.rɪk	बær ə मेट रिक
baron	ˈbær.ən	बær əन
baroness	ˈbær.ən.es	बær əन एस
baroque	bə.ˈrɒk	बə रɒक
barracks	ˈbær.əks	बær əक्स
barrage	ˈbær.aːʒ	बær आːज़
barrel	ˈbær.ᵊl	बær ᵊल
barren	ˈbær.ᵊn	बær ᵊन
barricade	ˈbær.ɪ.keɪd	बær इ केइड
barrier	ˈbær.i.ə	बær ई ə
barring	ˈbaː.rɪŋ	बाː रिङ
barroom	ˈbaː.ˈruːm	बाː रूːम
barrow	ˈbær.əʊ	बær əउ
bartender	ˈbaː.ˈten.də	बाː टेन डə
barter	ˈbaː.tə	बाː टə
base	beɪs	बेइस
baseball	ˈbeɪs.bɔːl	बेइस बोːल
basement	ˈbeɪs.mᵊnt	बेइस मᵊन्ट
bases	ˈbeɪ.siz	बेइ सीज़
bash	bæʃ	बæश
basher	ˈbæʃ.ə	बæश ə
bashful	ˈbæʃ.fᵊl	बæश फ़ᵊल
bashing	ˈbæʃ.ɪŋ	बæश इङ
basic	ˈbeɪ.sɪk	बेइ सिक
basically	ˈbeɪ.sɪ.kᵊl.i	बेइ सि कᵊल ई
basics	ˈbeɪ.sɪks	बेइ सिक्स
basil	ˈbæz.ᵊl	बæज़ ᵊल
basin	ˈbeɪs.ᵊn	बेइस ᵊन
basis	ˈbeɪ.sɪs	बेइ सिस
bask	baːsk	बाːस्क
basket	ˈbaː.skɪt	बाː स्किट
basket case	ˈbaː.skɪt.ˈkeɪs	बाː स्किट केइस
basketball	ˈbaː.skɪt.bɔːl	बाː स्किट बोːल
basketful	ˈbaː.skɪt.fʊl	बाː स्किट फ़ुल
basketry	ˈbaː.skɪt.ᵊr.i	बाː स्किट ᵊर ई
basketwork	ˈbaː.skɪt.wɜːk	बाː स्किट व़ɜːक

bass (fish)	bæs	बæस
bass (music)	beɪs	बेइस
bass guitar	ˈbeɪs.gɪ.ˈtaː	बेइस गि टाः
bassist	ˈbeɪ.sɪst	बेइ सिस्ट
bassoon	bə.ˈsuːn	बə सूःन
bastard	ˈbaː.stəd	बाः स्टəड
bat	bæt	बæट
batch	bætʃ	बæच
bated	ˈbeɪ.tɪd	बेइ टिड
bath	baːθ	बाःथ
bathe	beɪð	बेइद
bathing suit	ˈbeɪð.ɪŋ.ˈsuːt	बेइद इङ सूःट
bathrobe	ˈbaːθ.rəʊb	बाःथ रəउब
bathroom	ˈbaːθ.ruːm	बाःथ रूःम
bathtub	ˈbaːθ.tʌb	बाःथ टʌब
baton	ˈbæt.ɒn	बæट ɒन
battalion	bə.ˈtæl.jən	बə टæल यəन
batter	ˈbæt.əʳ	बæट əर
battered	ˈbæt.əd	बæट əड
battery	ˈbæt.ᵊr.i	बæट ᵊर ई
batting	ˈbæt.ɪŋ	बæट इङ
battle	ˈbæt.ᵊl	बæट ᵊल
battlefield	ˈbæt.ᵊl.fiːld	बæट ᵊल फ़ीःल्ड
battleground	ˈbæt.ᵊl.graʊnd	बæट ᵊल ग्राउन्ड
battleship	ˈbæt.ᵊl.ʃɪp	बæट ᵊल शिप
batty	ˈbæt.i	बæट ई
bawdy	ˈbɔː.di	बोः डी
bawl	bɔːl	बोःल
bay	beɪ	बेइ
Bay of Bengal	ˈbeɪ.əv.ˈben.ˈgɔːl	बेइ əव बेन गोःल
bay window	ˈbeɪ.ˈwɪn.dəʊ	बेइ विन डəउ
bayonet	ˈbeɪ.ə.nət	बेइ ə नəट
baywatch	ˈbeɪ.watʃ	बेइ वाच
bazaar (IO)	bə.ˈzaː	बə ज़ाः
BBQ (abb)	ˈbaː.bɪ.kjuː	बाः बि क्यूः
BC	ˈbiː.ˈsiː	बीः सीः
be	bi	बी
beach	biːtʃ	बीःच
beach ball	ˈbiːtʃ.ˈbɔːl	बीः बोःल
beach chair	ˈbiːtʃ.ˈtʃeə	बीःच चेə
beachcomber	ˈbiːtʃ.ˈkəʊ.mə	बीःच कəउ मə
beachfront	ˈbiːtʃ.frʌnt	बीःच फ़्रʌन्ट

beachwear	ˈbiːtʃ.weə	बीःच वेə
beacon	ˈbiː.kᵊn	बीः कᵊन
bead	biːd	बीःड
beady	ˈbiː.di	बीः डी
beagle	ˈbiː.gᵊl	बीः गᵊल
beak	biːk	बीःक
beaker	ˈbiː.kə	बीः कə
beam	biːm	बीःम
bean	biːn	बीःन
beanbag	ˈbiːn.bæg	बीःन बæग
beanie	ˈbiː.ni	बीः नी
beanpole	ˈbiːn.pəʊl	बीःन पəउल
beanshoot	ˈbiːn.ˈʃuːt	बीःन शूःट
beansprout	ˈbiːn.ˈspraʊt	बीःन स्प्राउट
beanstalk	ˈbiːn.stɔːk	बीःन स्टोःक
bear	beə	बेə
bear market	ˈbeə.ˈmaː.kɪt	बेə माः किट
bearable	ˈbeə.rə.bᵊl	बेə रə बᵊल
beard	bɪəd	बिəड
bearded	ˈbɪə.dɪd	बिə डिड
beardless	ˈbɪəd.ləs	बिəड लəस
bearer	ˈbeə.rə	बेə रə
bearing	ˈbeər.ɪŋ	बेəर इङ
beast	biːst	बीःस्ट
beastie	ˈbiː.sti	बीः स्टी
beastly	ˈbiːst.li	बीःस्ट ली
beat	biːt	बीःट
beaten	ˈbiː.tᵊn	बीः टᵊन
beater	ˈbiː.tə	बीः टə
beating	ˈbiː.tɪŋ	बीः टिङ
beau	bəʊ	बəउ
beautician	bjuː.ˈtɪʃ.ᵊn	ब्यूः टिश ᵊन
beauties	ˈbjuː.tiː z	ब्यूः टीः ज़
beautification	ˈbjuː.tɪ.fɪ.ˈkeɪ.ʃᵊn	ब्यूः टि फ़ि केइ शᵊन
beautiful	ˈbjuː.tə.fᵊl	ब्यूः टə फ़ᵊल
beautifully	ˈbjuː.tə.fᵊl.i	ब्यूः टə फ़ᵊल ई
beautify	ˈbjuː.tɪ.faɪ	ब्यूः टि फ़ाइ
beauty	ˈbjuː.ti	ब्यूः टी
beauty contest	ˈbjuː.ti.ˈkɒn.test	ब्यूः टी कɒन टेस्ट
beauty parlour	ˈbjuː.ti.ˈpaː.ləʳ	ब्यूः टी पाः लəर
beauty queen	ˈbjuː.ti.ˈkwiːn	ब्यूः टी क्वीःन
beauty salon	ˈbjuː.ti.ˈsæl.ɒn	ब्यूः टी सæल ɒन
beauty spot	ˈbjuː.ti.spɒt	ब्यूः टी स्पɒट

beaver	ˈbiː.və	**बी:** वə
became	bɪ.ˈkeɪm	बि **केइम**
because	bɪ.ˈkɒz	बि **कɒज़**
because of	bɪ.ˈkɒz.əv	बि **कɒज़** əव
beckon	ˈbek.ᵊn	**बेक** ᵊन
become	bɪ.ˈkʌm	बि **कʌम**
becoming	bɪ.ˈkʌm.ɪŋ	बि **कʌम** इङ
bed	bed	बेड
bed and breakfast	ˈbed.ən.ˈbrek.fəst	**बेड** əन **ब्रेक** फ़əस्ट
bed socks	ˈbed.sɒks	**बेड** सɒक्स
bed sore	ˈbed.sɔː	**बेड** सो:
bedbug	ˈbed.bʌg	**बेड** बʌग
bedchamber	ˈbed.ˈtʃeɪm.bə	**बेड चेइम** बə
bedclothes	ˈbed.kləʊðz	**बेड** क्लəउद्ज़
bedding	ˈbed.ɪŋ	**बेड** इङ
bedlam	ˈbed.ləm	**बेड** लəम
bedmaker	ˈbed.ˈmeɪ.kə	**बेड मेइ** कə
bedpan	ˈbed.pæn	**बेड** पæन
bedpost	ˈbed.pəʊst	**बेड** पəउस्ट
bedridden	ˈbed.ˈrɪd.ᵊn	**बेड रिड** ᵊन
bedroll	ˈbed.rəʊl	**बेड** रəउल
bedroom	ˈbed.ruːm	**बेड** रू:म
bedside	ˈbed.saɪd	**बेड** साइड
bed-sitter	ˈbed.ˈsɪt.ə	**बेड सिट** ə
bed-sitting room	ˈbed.ˈsɪt.ɪŋ.ruːm	**बेड सिट** इङ रू:म
bedspread	ˈbed.spred	**बेड** स्प्रेड
bedspring	ˈbed.ˈsprɪŋ	**बेड स्प्रिङ**
bedtime	ˈbed.taɪm	**बेड** टाइम
bed-wetting	ˈbed.ˈwet.ɪŋ	**बेड वॅट** ईङ
bee	biː	बी:
beech	biːtʃ	बी:च
beef	biːf	बी:फ़
beefburger	ˈbiːf.ˈbɜː.gə	**बी:फ़ बɜ:** गə
beefeater	ˈbiːf.ˈiː.tə	**बी:फ़ ई:** टə
beefed up	ˈbiːft.ʌp	**बी:फ़्ट** ʌप
beefsteak	ˈbiːf.steɪk	**बी:फ़** स्टेइक
beefy	ˈbiː.fi	**बी:** फ़ी
beehive	ˈbiː.haɪv	**बी:** हाइव
beeline	ˈbiː.laɪn	**बी:** लाइन
been	biːn	बी:न

beep	biːp	बी:प
beeper	ˈbiː.pə	**बी:** पə
beer	bɪə	बिə
bees	biːz	बी:ज़
beestings	ˈbiː.stɪŋz	**बी:** स्टिङ्ज़
beeswax	ˈbiːz.wæks	**बी:ज़** व़æक्स
beet	biːt	बी:ट
beetle	ˈbiː.tᵊl	**बी:** टᵊल
befall	bɪ.ˈfɔːl	बि **फ़ो:ल**
befallen	bɪ.ˈfɔːl.ᵊn	बि **फ़ो:ल** ᵊन
befit	bɪ.ˈfɪt	बि **फ़िट**
befitting	bɪ.ˈfɪt.ɪŋ	बि **फ़िट** इङ
before	bɪ.ˈfɔː	बि **फ़ो:**
beforehand	bɪ.ˈfɔː.hænd	बि **फ़ो:** हæन्ड
befriend	bɪ.ˈfrend	बि **फ़्रेन्ड**
beg	beg	बेग
began	bɪ.ˈgæn	बि **गæन**
begat	bɪ.ˈgæt	बि **गæट**
beget	bɪ.ˈget	बि **गेट**
beggar	ˈbeg.ə	**बेग** ə
begin	bɪ.ˈgɪn	बि **गिन**
beginner	bɪ.ˈgɪn.ə	बि **गिन** ə
beginning	bɪ.ˈgɪn.ɪŋ	बि **गिन** इङ
begrudge	bɪ.ˈgrʌdʒ	बि **ग्रʌज**
beguile	bɪ.ˈgaɪl	बि **गाइल**
begun	bɪ.ˈgʌn	बि **गʌन**
behalf	bɪ.ˈhaːf	बि **हा:फ़**
behave	bɪ.ˈheɪv	बि **हेइव**
behaviour	bɪ.ˈheɪv.jə	बि **हेइव** ग़ə
behead	bɪ.ˈhed	बि **हेड**
behest	bɪ.ˈhest	बि **हेस्ट**
behind	bɪ.ˈhaɪnd	बि **हाइन्ड**
behold	bɪ.ˈhəʊld	बि **हəउल्ड**
beholden	bɪ.ˈhəʊl.dᵊn	बि **हəउल** डᵊन
beholder	bɪ.ˈhəʊl.də	बि **हəउल** डə
beige	beɪʒ	बेइझ़
being	ˈbiː.ɪŋ	**बी:** इङ
bejewelled	bɪ.ˈdʒuː.əld	बि **जू:** əल्ड
belated	bɪ.ˈleɪ.tɪd	बि **लेइ** टिड
belatedly	bɪ.ˈleɪ.tɪd.li	बि **लेइ** टिड ली
belch	beltʃ	बेल्च
belie	bɪ.ˈlaɪ	बि **लाइ**

belief	bɪ.ˈliːf	बि **ली:फ़**
believable	bɪ.ˈliː.və.bᵊl	बि **ली:** वə बᵊल
believe	bɪ.ˈliːv	बि **ली:व**
believer	bɪ.ˈliː.və	बि **ली:** वə
belittle	bɪ.ˈlɪt.ᵊl	बि **लिट** ᵊल
bell	bel	बेल
bell pepper	bel.ˈpep.ə	बेल **पेप** ə
bell-bottoms	ˈbel.ˈbɒt.əmz	**बेल बɒट** əम्ज़
bellboy	ˈbel.bɔɪ	**बेल** बोइ
belle	bel	बेल
bellhop	ˈbel.hɒp	**बेल** हɒप
bellicose	ˈbel.ɪ.kəʊs	**बेल** इ कəउस
belligerence	bə.ˈlɪdʒ.ᵊr.ᵊns	बə **लिज** ᵊर ᵊन्स
belligerent	bə.ˈlɪdʒ.ᵊr.ᵊnt	बə **लिज** ᵊर ᵊन्ट
bellman	ˈbel.mən	**बेल** मəन
bellow	ˈbel.əʊ	**बेल** əउ
bellows	ˈbel.əʊz	**बेल** əउज़
belly	ˈbel.i	**बेल** ई
belly ache	ˈbel.i.eɪk	**बेल** ई एइक
belly dance	ˈbel.i.daːns	**बेल** ई डा:न्स
belly dancer	ˈbel.i.ˈdaːn.sə	**बेल** ई **डा:न** सə
Bellybutton	ˈbel.i.ˈbʌt.ᵊn	**बेल** ई **बʌट** ᵊन
belong	bɪ.ˈlɒŋ	बि **लɒङ**
belonging	bɪ.ˈlɒŋ.ɪŋ	बि **लɒङ** इङ
beloved	bɪ.ˈlʌvd	बि **लʌव्ड**
below	bɪ.ˈləʊ	बि **लəउ**
belt	belt	बेल्ट
beltway	ˈbelt.weɪ	**बेल्ट** वेइ
bemused	bɪ.ˈmjuːzd	बि **म्यू:ज़्ड**
bench	bentʃ	बेन्च
benchmark	ˈbentʃ.maːk	**बेन्च** मा:क
bend	bend	बेन्ड
beneath	bɪ.ˈniːθ	बि **नी:थ**
benediction	ˈben.ə.ˈdɪk.ʃᵊn	**बेन** ə **डिक** शᵊन
benefactor	ˈben.ɪ.fæk.tə	**बेन** इ फ़æक टə
beneficial	ˈben.ɪ.ˈfɪʃ.ᵊl	**बेन** इ **फ़िश** ᵊल
beneficiary	ˈben.ɪ.ˈfɪʃ.ᵊr.i	**बेन** इ **फ़िश** ᵊर ई
benefit	ˈben.ɪ.fɪt	**बेन** इ फ़िट
benevolence	bə.ˈnev.ə.lᵊns	बə **नेव** ə लᵊन्स
benevolent	bə.ˈnev.ə.lᵊnt	बə **नेव** ə लᵊन्ट
Bengal	ˈben.ˈgɔːl	**बेन गो:ल**
Bengali	ˈben.ˈgɔː.li	**बेन गो:** ली
benign	bɪ.ˈnaɪn	बि **नाइन**
bent	bent	बेन्ट
benumb	bɪ.ˈnʌm	बि **नʌम**
benzene	ˈben.ziːn	**बेन** ज़ी:न
bequeath	bɪ.ˈkwiːð	बि **क्वी:द**
bequest	bɪ.ˈkwest	बि **क्वेस्ट**
berate	bɪ.ˈreɪt	बि **रेइट**
bereaved	bɪ.ˈriːvd	बि **री:व्ड**
bereavement	bɪ.ˈriːv.mᵊnt	बि **री:व** मᵊन्ट
bereft	bɪ.ˈreft	बि **रेफ़्ट**
beret	ˈbe.reɪ	**बे** रेइ
berry	ˈber.i	**बेर** ई
berserk	bə.ˈsɜːk	बə **सɜ:क**
berth	bɜːθ	बɜ:थ
beset	bɪ.ˈset	बि **सेट**
beside	bɪ.ˈsaɪd	बि **साइड**
besides	bɪ.ˈsaɪdz	बि **साइड्ज़**
besiege	bɪ.ˈsiːdʒ	बि **सी:ज**
best	best	बेस्ट
best man	ˈbest.ˈmæn	**बेस्ट मæन**
bestial	ˈbes.ti.əl	**बेस** टी əल
foreshadow	ˈbes.ti.ˈæl.ə.ti	**बेस** टी **æल** ə टी
bestow	bɪ.ˈstəʊ	बि **स्टəउ**
bestride	bɪ.ˈstraɪd	बि **स्ट्राइड**
bestrode	bɪ.ˈstrəʊd	बि **स्ट्रəउड**
bestseller	ˈbest.ˈsel.ə	**बेस्ट सेल** ə
best-selling	ˈbest.ˈsel.ɪŋ	**बेस्ट सेल** इङ
bet	bet	बेट
betel	ˈbiː.təl	**बी:** टəल
betray	bɪ.ˈtreɪ	बि **ट्रेइ**
betrayal	bɪ.ˈtreɪ.əl	बि **ट्रेइ** əल
better	ˈbet.əʳ	**बेट** əर
better off	ˈbet.ər.ɒf	**बेट** əर ɒफ़
betterment	ˈbet.ə.mᵊnt	**बेट** ə मᵊन्ट
between	bɪt.ˈwiːn	बिट **वी:न**
bevel	ˈbev.ᵊl	**बेव** ᵊल
bevelled	ˈbev.ᵊld	**बेव** ᵊल्ड
beverage	ˈbev.ə.rɪdʒ	**बेव** ə रिज
beware	bɪ.ˈweə	बि **वेə**
bewildered	bɪ.ˈwɪl.dəd	बि **विल** डəड
bewildering	bɪ.ˈwɪl.dər.ɪŋ	बि **विल** डəर इङ
bewilderment	bɪ.ˈwɪl.də.mᵊnt	बि **विल** डə मᵊन्ट
bewitch	bɪ.ˈwɪtʃ	बि **विच**
bewitched	bɪ.ˈwɪtʃt	बि **विच्ट**

bewitching	bɪ.ˈwɪtʃ.ɪŋ	बि विच इङ
beyond	bɪ.ˈjɒnd	बि गɒन्ड
bias	ˈbaɪ.əs	बाइ ϴस
biased	ˈbaɪ.əst	बाइ ϴस्ट
bib	bɪb	बिब
bible	ˈbaɪ.bᵊl	बाइ बᵊल
biblical	ˈbɪb.lɪ.kᵊl	बिब लि कᵊल
bibliography	ˈbɪb.lɪ.ˈɒg.rə.fi	बिब लि ɒग रϴ फी
bicentenary	ˈbaɪ.sen.ˈtiː.nᵊr.i	बाइ सेन टी: नᵊर ई
bicentennial	ˈbaɪ.sen.ˈten.ɪ.əl	बाइ सेन टेन इ ϴल
biceps	ˈbaɪ.seps	बाइ सेप्स
bicker	ˈbɪk.ə	बिक ϴ
bicycle	ˈbaɪ.sɪ.kᵊl	बाइ सि कᵊल
bid	bɪd	बिड
bidden	ˈbɪd.ᵊn	बिड ᵊन
bidder	ˈbɪd.ə	बिड ϴ
bidding	ˈbɪd.ɪŋ	बिड इङ
bide	baɪd	बाइड
bidet	ˈbiː.deɪ	बी: डेइ
biennial	baɪ.ˈen.i.əl	बाइ एन ई ϴल
bifocals	ˈbaɪ.ˈfəʊ.kᵊlz	बाइ फ़ϴउ कᵊल्ज़
big	bɪg	बिग
big apple	ˈbɪg.ˈæp.ᵊl	बिग æप ᵊल
big band	ˈbɪg.ˈbænd	बिग बæन्ड
big bang theory	ˈbɪg.ˈbæŋ.ˈθɪ.ə.ri	बिग बæङ थि ϴ री
big brother	ˈbɪg.ˈbrʌð.ə	बिग ब्रʌद ϴ
big bucks	ˈbɪg.ˈbʌks	बिग बʌक्स
big cheese	ˈbɪg.ˈtʃiːz	बिग चीːज़
big deal	ˈbɪg.ˈdiːl	बिग डीːल
big fish	ˈbɪg.ˈfɪʃ	बिग फ़िश
big league	ˈbɪg.ˈliːg	बिग लीːग
big name	ˈbɪg.ˈneɪm	बिग नेइम
big shot	ˈbɪg.ˈʃɒt	बिग शɒट
bigamist	ˈbɪg.ə.mɪst	बिग ϴ मिस्ट
bigamous	ˈbɪg.ə.məs	बिग ϴ मϴस
bigamy	ˈbɪg.ə.mi	बिग ϴ मी
bigfoot	ˈbɪg.fʊt	बिग फ़ुट
biggie	ˈbɪg.i	बिग ई
biggish	ˈbɪg.ɪʃ	बिग इश
bighead	ˈbɪg.hed	बिग हेड

bigheaded	ˈbɪg.ˈhed.ɪd	बिग हेड इड
bighearted	ˈbɪg.ˈhar.təd	बिग हार टϴड
bighorn	ˈbɪg.ˈhɔːn	बिग होːन
bigmouth	ˈbɪg.ˈmaʊθ	बिग माउथ
bigot	ˈbɪg.ət	बिग ϴट
bigoted	ˈbɪg.ə.tɪd	बिग ϴ टिड
big-time	ˈbɪg.taɪm	बिग टाइम
bigwig	ˈbɪg.wɪg	बिग विग
bike	baɪk	बाइक
biker	ˈbaɪ.kə	बाइ कϴ
bikini	bɪ.ˈkiː.ni	बि कीː नी
bilabial	ˈbaɪ.ˈleɪ.bɪ.əl	बाइ लेइ बि ϴल
bilateral	ˈbaɪ.ˈlæt.ᵊr.ᵊl	बाइ लæट ᵊर ᵊल
bilaterally	ˈbaɪ.ˈlæt.ᵊr.ᵊl.i	बाइ लæट ᵊर ᵊल ई
bile	baɪl	बाइल
bilingual	baɪ.ˈlɪŋ.gwəl	बाइ लिङ ग्वϴल
bill	bɪl	बिल
billabong	ˈbɪl.ə.bɒŋ	बिल ϴ बɒङ
billboard	ˈbɪl.bɔːd	बिल बोːड
billet	ˈbɪl.ɪt	बिल इट
billfold	ˈbɪl.fəʊld	बिल फ़ϴउल्ड
billiards	ˈbɪl.i.ədz	बिल ई ϴड्ज़
billion	ˈbɪl.i.jən	बिल ई गϴन
billionaire	ˈbɪl.jə.ˈneə	बिल गϴ नेϴ
billionth	ˈbɪl.jənθ	बिल गϴन्थ
billow	ˈbɪl.əʊ	बिल ϴउ
billy goat	ˈbɪl.i.ˈgəʊt	बिल ई गϴउट
bimbo	ˈbɪm.bəʊ	बिम बϴउ
bimonthly	ˈbaɪ.ˈmʌnθ.li	बाइ मʌन्थ ली
bin	bɪn	बिन
binary	ˈbaɪ.nᵊr.i	बाइ नᵊर ई
bind	baɪnd	बाइन्ड
binder	ˈbaɪn.də	बाइन डϴ
binding	ˈbaɪn.dɪŋ	बाइन डिङ
binge	bɪndʒ	बिन्ज
bingo	ˈbɪŋ.gəʊ	बिङ गϴउ
binman	ˈbɪn.mæn	बिन मæन
binoculars	bɪ.ˈnɒk.jə.ləz	बि नɒक गϴ लϴज़
binomial	baɪ.ˈnəʊ.mi.əl	बाइ नϴउ मी ϴल
bio-	ˈbaɪ.əʊ	बाइ ϴउ
bio filter	ˈbaɪ.əʊ.ˈfɪl.tə	बाइ ϴउ फ़िल टϴ
biochemical	ˈbaɪ.əʊ.ˈkem.ɪ.k	बाइ ϴउ केम इ

	ᵊl	कᵊल
biochemist	ˈbaɪ.əʊ.ˈkem.ɪst	**बाइ** ʘउ **केम** इस्ट
biochemistry	ˈbaɪ.əʊ.ˈkem.ɪ.s tri	**बाइ** ʘउ **केम** इ स्ट्री
biodata	ˈbaɪ.əʊ.ˈdeɪ.tə	**बाइ** ʘउ **डेइ** टʘ
biodegradable	ˈbaɪ.əʊ.dɪ.ˈgreɪ. də.bᵊl	**बाइ** ʘउ डि **ग्रेइ** डʘ बᵊल
biodiversity	ˈbaɪ.əʊ.daɪ.ˈvɜː. sə.ti	**बाइ** ʘउ डाइ **वɜː** सʘ टी
bio-energy	ˈbaɪ.əʊ.ˈen.ə.dʒ i	**बाइ** ʘउ **एन** ʘ जी
bioengineering	ˈbaɪ.əʊ.ˈen.dʒɪ.ˈ nɪə.rɪŋ	**बाइ** ʘउ **एन** जि **निʘ** रिङ
biofeedback	ˈbaɪ.əʊ.ˈfiːd.bæ k	**बाइ** ʘउ **फ़ीːड** बæक
biogas	ˈbaɪ.əʊ.ˈgæs	**बाइ** ʘउ **गæस**
biographer	baɪ.ˈɒg.rə.fə	बाइ **ɒग** रʘ फ़ʘ
biographical	ˈbaɪ.ə.ˈgræf.ɪ.kᵊ l	**बाइ** ʘ **ग्रæफ़** इ कᵊल
biography	baɪ.ˈɒg.rə.fi	बाइ **ɒग** रʘ फ़ी
biohazard	ˈbaɪ.əʊ.ˈhæz.əd	**बाइ** ʘउ **हæज़** ʘड
biological	ˈbaɪ.ə.ˈlɒdʒ.ɪ.kᵊl	**बाइ** ʘ **लɒज** इ कᵊल
biologist	baɪ.ˈɒl.ə.dʒɪst	बाइ **ɒल** ʘ जिस्ट
biology	baɪ.ˈɒl.ə.dʒi	बाइ **ɒल** ʘ जी
biomass	ˈbaɪ.əʊ.mæs	**बाइ** ʘउ मæस
biometric	ˈbaɪ.əʊ.ˈmet.rɪk	**बाइ** ʘउ **मेट** रिक
bionic	baɪ.ˈɒn.ɪk	बाइ **ɒन** इक
bionic ear	baɪ.ˈɒn.ɪk.ˈɪə	बाइ **ɒन** इक **इʘ**
bionic man	baɪ.ˈɒn.ɪk.ˈmæn	बाइ **ɒन** इक **मæन**
biophysics	ˈbaɪ.əʊ.ˈfɪz.ɪks	**बाइ** ʘउ **फ़िज़** इक्स
biopsy	ˈbaɪ.ɒp.si	**बाइ** ɒप सी
biorhythm	ˈbaɪ.əʊ.ˈrɪð.əm	**बाइ** ʘउ **रिद** ʘम
bioscope	ˈbaɪ.ə.skəʊp	**बाइ** ʘ स्कʘउप
biosphere	ˈbaɪ.əʊ.sfɪəʳ	**बाइ** ʘउ स्फ़िʘर
biotechnology	ˈbaɪ.əʊ.tek.ˈnɒl. ə.dʒi	**बाइ** ʘउ टेक **नɒल** ʘ जी
bipartisan	ˈbaɪ.paː.tɪ.ˈzæn	**बाइ** पाː टि **ज़æन**
biped	ˈbaɪ.ped	**बाइ** पेड
biplane	ˈbaɪ.pleɪn	**बाइ** प्लेइन
bipod	ˈbaɪ.pɒd	**बाइ** पɒड
birch	bɜːtʃ	बɜːच
bird	bɜːd	बɜːड

bird brain	ˈbɜːd.ˈbreɪn	**बɜːड ब्रेइन**
bird brained	ˈbɜːd.ˈbreɪnd	**बɜːड ब्रेइन्ड**
birdcage	ˈbɜːd.keɪdʒ	**बɜːड** केइज
birdie	ˈbɜː.di	**बɜː** डी
birdlike	ˈbɜːd.laɪk	**बɜːड** लाइक
birdman	ˈbɜːd.mæn	**बɜːड** मæन
bird's eye	ˈbɜːdz.aɪ	**बɜːड्ज़** आइ
bird's nest	ˈbɜːdz.nest	**बɜːड्ज़** नेस्ट
birdseed	ˈbɜːd.siːd	**बɜːड** सीːड
birdsong	ˈbɜːd.sɒŋ	**बɜːड** सɒङ
bird-watching	ˈbɜːd.ˈwɒtʃ.ɪŋ	**बɜːड व़ɒच** इङ
birth	bɜːθ	बɜːथ
birth certificate	ˈbɜːθ.sə.ˈtɪf.ɪ.ke ɪt	**बɜːथ** सʘ **टिफ़** इ केइट
birth control	ˈbɜːθ.kən.ˈtrəʊl	**बɜːथ** कʘन **ट्रʘउल**
birth date	ˈbɜːθ.ˈdeɪt	**बɜːथ डेइट**
birth day	ˈbɜːθ.deɪ	**बɜːथ** डेइ
birth rate	ˈbɜːθ.reɪt	**बɜːथ** रेइट
birthmark	ˈbɜːθ.maːk	**बɜːथ** माːक
birthplace	ˈbɜːθ.pleɪs	**बɜːथ** प्लेइस
birthright	ˈbɜːθ.raɪt	**बɜːथ** राइट
birthstone	ˈbɜːθ.stəʊn	**बɜːथ** स्टʘउन
biscuit	ˈbɪs.kɪt	**बिस** किट
bisect	baɪ.ˈsekt	बाइ **सेक्ट**
bisection	baɪ.ˈsek.ʃᵊn	बाइ **सेक** शᵊन
bisexual	ˈbaɪ.ˈsek.ʃʊ.əl	**बाइ सेक** शु ʘल
bishop	ˈbɪʃ.əp	**बिश** ʘप
bison	ˈbaɪ.sᵊn	**बाइ** सᵊन
bit	bɪt	बिट
bitch	bɪtʃ	बिच
bitchy	ˈbɪtʃ.i	**बिच** ई
bite	baɪt	बाइट
biting	ˈbaɪt.ɪŋ	**बाइट** इङ
bitten	ˈbɪt.ᵊn	**बिट** ᵊन
bitter	ˈbɪt.ə	**बिट** ʘ
bitterly	ˈbɪt.ə.li	**बिट** ʘ ली
bitterness	ˈbɪt.ə.nəs	**बिट** ʘ नʘस
bittersweet	ˈbɪt.ə.ˈswiː t	**बिट** ʘ **स्वीː** ट
biweekly	baɪ.ˈwiːk.li	बाइ **व़ीːक** ली
bizarre	bɪ.ˈzaː	बि **ज़ाː**
blab	blæb	ब्लæब
blabber	ˈblæb.ə	**ब्लæब** ʘ
blabbermouth	ˈblæb.ə.maʊθ	**ब्लæब** ʘ माउथ

black	blæk	ब्लæक
black adder	ˈblæk.ˈæd.ə	ब्लæक æड ə
black and white	ˈblæk.ənd.ˈwaɪt	ब्लæक ənड वाइट
black belt	ˈblæk.ˈbelt	ब्लæक बेल्ट
black board	ˈblæk.ˈbɔːd	ब्लæक बोːड
black box	ˈblæk.ˈbɒks	ब्लæक बɒक्स
black eyed	ˈblæk.ˈaɪd	ब्लæक आइड
black hole	ˈblæk.ˈhəʊl	ब्लæक हəउल
black magic	ˈblæk.ˈmædʒ.ɪk	ब्लæक मæज इक
black market	ˈblæk.ˈmaː.kɪt	ब्लæक माː किट
black tie	ˈblæk.ˈtaɪ	ब्लæक टाइ
blackberry	ˈblæk.bᵊr.i	ब्लæक बᵊर ई
blackbirds	ˈblæk.bɜːdz	ब्लæक बɜːड्ज़
blackcurrant	ˈblæk.ˈkʌr.ᵊnt	ब्लæक कʌर ᵊन्ट
blacken	ˈblæk.ᵊn	ब्लæक ᵊन
blackhead	ˈblæk.hed	ब्लæक हेड
blackjack	ˈblæk.dʒæk	ब्लæक जæक
blacklist	ˈblæk.lɪst	ब्लæक लिस्ट
blackmail	ˈblæk.meɪl	ब्लæक मेइल
blackmailer	ˈblæk.ˈmeɪl.ə	ब्लæक मेइल ə
blackness	ˈblæk.nəs	ब्लæक नəस
blackout	ˈblæk.aʊt	ब्लæक आउट
blacksmith	ˈblæk.smɪθ	ब्लæक स्मिथ
blacktop	ˈblæk.tɒp	ब्लæक टɒप
bladder	ˈblæd.əʳ	ब्लæड əर
blade	bleɪd	ब्लेइड
blah	blaː	ब्लाː
blame	bleɪm	ब्लेइम
blameless	ˈbleɪm.ləs	ब्लेइम लəस
blanch	blaːntʃ	ब्लाːन्च
bland	blaːnd	ब्लाːन्ड
blandly	ˈblaːnd.li	ब्लाːन्ड ली
blank	blæŋk	ब्लæङ्क
blank check	ˈblæŋk.tʃek	ब्लæङ्क चेक
blanket	ˈblæŋk.ɪt	ब्लæङ्क इट
blankly	ˈblæŋk.li	ब्लæङ्क ली
blankness	blæŋk	ब्लæङ्क
blare	bleəʳ	ब्लेəर
blasé	ˈblaː.zeɪ	ब्लाː ज़ेइ
blaspheme	ˈblæs.ˈfiːm	ब्लæस फ़ीːम
blasphemous	ˈblæs.fə.məs	ब्लæस फ़ə मəस

blasphemy	ˈblæs.fə.mi	ब्लæस फ़ə मी
blast	blaːst	ब्लाːस्ट
blast furnace	ˈblaːst.ˈfɜː.nɪs	ब्लाःस्ट फ़ɜː निस
blastoff	ˈblæst.ˈɒf	ब्लæस्ट ɒफ़
blatant	ˈbleɪ.tənt	ब्लेइ टəन्ट
blatantly	ˈbleɪ.tənt.li	ब्लेइ टəन्ट ली
blaze	bleɪz	ब्लेइज़
blazer	ˈbleɪ.zəʳ	ब्लेइ ज़əर
bleach	bliːtʃ	ब्लीːच
bleached	bliːtʃt	ब्लीːच्ट
bleak	bliːk	ब्लीːक
bleakly	ˈbliːk.li	ब्लीːक ली
bleakness	bliːk	ब्लीːक
blearily	ˈblɪə.rəl.i	ब्लिə रəल ई
bleary	ˈblɪə.ri	ब्लिə री
bleat	bliːt	ब्लीːट
bled	bled	ब्लेड
bleed	bliːd	ब्लीːड
bleeder	ˈbliː.dəʳ	ब्लीː डəर
bleeding	ˈbliː.dɪŋ	ब्लीː डिङ
bleep	bliːp	ब्लीःप
bleeper	ˈbliː.pə	ब्लीː पə
blemish	ˈblem.ɪʃ	ब्लेम इश
blemished	ˈblem.ɪʃt	ब्लेम इश्ट
blend	blend	ब्लेन्ड
blender	ˈblen.də	ब्लेन डə
bless	bles	ब्लेस
blessed	blest	ब्लेस्ट
blessing	ˈbles.ɪŋ	ब्लेस इङ
blew	bluː	ब्लूː
blight	blaɪt	ब्लाइट
blimp	blɪmp	ब्लिम्प
blind	blaɪnd	ब्लाइन्ड
blind date	ˈblaɪnd.ˈdeɪt	ब्लाइन्ड डेइट
blind spot	ˈblaɪnd.spɒt	ब्लाइन्ड स्पɒट
blindfold	ˈblaɪnd.fəʊld	ब्लाइन्ड फ़əउल्ड
blindly	ˈblaɪnd.li	ब्लाइन्ड ली
blindness	ˈblaɪnd.nəs	ब्लाइन्ड नəस
blink	blɪŋk	ब्लिङ्क
blip	blɪp	ब्लिप
bliss	blɪs	ब्लिस
blissful	ˈblɪs.fᵊl	ब्लिस फ़ᵊल

blissfully	ˈblɪs.fᵊl.i	ब्लिस फ़ᵊल ई
blister	ˈblɪs.tə	ब्लिस टϴ
blistering	ˈblɪs.tər.ɪŋ	ब्लिस टϴर इङ
blithe	blaɪð	ब्लाइद
blithely	ˈblaɪð.li	ब्लाइद ली
blitz	blɪts	ब्लिट्स
blizzard	ˈblɪz.əd	ब्लिज़ ϴड
bloated	ˈbləʊ.tɪd	ब्लϴउ टिड
blob	blɒb	ब्लɒब
bloc	blɒk	ब्लɒक
block	blɒk	ब्लɒक
block letters	ˈblɒk.ˈlet.əz	ब्लɒक लेट ϴज़
blockade	blɒk.ˈeɪd	ब्लɒक एइड
blockage	ˈblɒk.ɪdʒ	ब्लɒक इज
blockbuster	ˈblɒk.bʌs.tə	ब्लɒक बʌस टϴ
blockhead	ˈblɒk.hed	ब्लɒक हेड
blog	blɒg	ब्लɒग
blogger	ˈblɒg.əʳ	ब्लɒग ϴर
blond	blɒnd	ब्लɒन्ड
blood	blʌd	ब्लʌड
blood bath	ˈblʌd.ba:θ	ब्लʌड बा:थ
blood cell	ˈblʌd.sel	ब्लʌड सेल
blood donor	ˈblʌd.ˈdəʊ.nə	ब्लʌड डϴउ नϴ
blood group	ˈblʌd.gru:p	ब्लʌड ग्रू:प
blood poisoning	ˈblʌd.ˈpɔɪ.zᵊn.ɪŋ	ब्लʌड पोइ ज़ᵊन इङ
blood pressure	ˈblʌd.ˈpreʃ.ə	ब्लʌड प्रेश ϴ
blood relation	ˈblʌd.rɪ.ˈleɪ.ʃᵊn	ब्लʌड रि लेइ शᵊन
blood transfusion	ˈblʌd.træns.ˈfju:.ʒᵊn	ब्लʌड ट्रæन्स फ़्यू: ज़ᵊन
blood type	ˈblʌd.ˈtaɪp	ब्लʌड टाइप
blood vessel	ˈblʌd.ˈves.ᵊl	ब्लʌड वेस ᵊल
bloodhound	ˈblʌd.haʊnd	ब्लʌड हाउन्ड
bloodless	ˈblʌd.ləs	ब्लʌड लϴस
bloodshed	ˈblʌd.ʃed	ब्लʌड शेड
bloodshot	ˈblʌd.ʃɒt	ब्लʌड शɒट
bloodstain	ˈblʌd.steɪn	ब्लʌड स्टेइन
bloodstained	ˈblʌd.steɪnd	ब्लʌड स्टेइन्ड
bloodstream	ˈblʌd.stri:m	ब्लʌड स्ट्री:म
Bloodtest	ˈblʌd.ˈtest	ब्लʌड टेस्ट
bloodthirsty	ˈblʊd.ˈθɜ:.sti	ब्लुड थɜ: स्टी
bloody	ˈblʌd.i	ब्लʌड ई
bloom	blu:m	ब्लू:म
blooper	ˈblu:.pəʳ	ब्लू: पϴर
blossom	ˈblɒs.əm	ब्लɒस ϴम
blot	blɒt	ब्लɒट
blotch	blɒtʃ	ब्लɒच
blotchy	ˈblɒtʃ.i	ब्लɒच ई
blotter	ˈblɒt.əʳ	ब्लɒट ϴर
blouse	blaʊz	ब्लाउज़
blow	bləʊ	ब्लϴउ
blow gun	ˈbləʊ.gʌn	ब्लϴउ गʌन
blow up	ˈbləʊ.ʌp	ब्लϴउ ʌप
blow-dry	ˈbləʊ.draɪ	ब्लϴउ ड्राइ
blowhole	ˈbləʊ.həʊl	ब्लϴउ हϴउल
blown	bləʊn	ब्लϴउन
blowout	ˈbləʊ.aʊt	ब्लϴउ आउट
blowpipe	ˈbləʊ.paɪp	ब्लϴउ पाइप
blowtorch	ˈbləʊ.tɔ:tʃ	ब्लϴउ टो:च
blubber	ˈblʌb.əʳ	ब्लʌब ϴर
bludgeon	ˈblʌdʒ.ən	ब्लʌज ϴन
blue	blu:	ब्लू:
blue blooded	ˈblu:.ˈblʌd.ɪd	ब्लू: ब्लʌड इड
blue cheese	ˈblu:.ˈtʃi:z	ब्लू: ची:ज़
blue chip	ˈblu:.ˈtʃɪp	ब्लू: चिप
blue collar	ˈblu:.ˈkɒl.əʳ	ब्लू: कɒल ϴर
blue jeans	ˈblu: ˈdʒi:nz	ब्लू: जी:न्ज़
blue ribbon	ˈblu:.ˈrɪb.ən	ब्लू: रिब ϴन
blue sky	ˈblu: skaɪ	ब्लू: स्काइ
bluebell	ˈblu:.bel	ब्लू: बेल
blueberry	ˈblu:.bᵊr.i	ब्लू: बᵊर ई
bluebird	ˈblu:.bɜ:d	ब्लू: बɜ:ड
bluegrass	ˈblu:.ˈgra: s	ब्लू: ग्रा: स
bluejay	ˈblu:.dʒeɪ	ब्लू: जेइ
blueprint	ˈblu:.prɪnt	ब्लू: प्रिन्ट
blues	blu:z	ब्लू:ज़
bluff	blʌf	ब्लʌफ़
bluish	ˈblu:.ɪʃ	ब्लू: इश
blunder	ˈblʌn.dəʳ	ब्लʌन डϴर
blunderer	ˈblʌn.də.rəʳ	ब्लʌन डϴ रϴर
blunt	blʌnt	ब्लʌन्ट
bluntly	ˈblʌnt.li	ब्लʌन्ट ली
bluntness	ˈblʌnt.nəs	ब्लʌन्ट नϴस
blur	blɜ:	ब्लɜ:
blurb	blɜ:b	ब्लɜ:ब

blurred	blɜːd	ब्लɜːड
blurry	ˈblɜː.ri	ब्लɜː री
blurt	blɜːt	ब्लɜːट
blush	blʌʃ	ब्लʌश
blusher	ˈblʌʃ.əʳ	ब्लʌश ƏR
bmx	ˈbiːˈem.ˈeks	बी: एम एक्स
boa	ˈbəʊ.ə	बƏउ Ə
boa constrictor	ˈbəʊ.ə.kən.ˈstrɪk.təʳ	बƏउ Ə कƏन स्ट्रिक टƏर
boar	bɔː	बो:
board	bɔːd	बो:ड
boarder	ˈbɔː.dəʳ	बो: डƏर
boarding house	ˈbɔː.dɪŋ.ˈhaʊs	बो: डिङ हाउस
boarding pass	ˈbɔː.dɪŋ.ˈpaːs	बो: डिङ पा:स
boarding school	ˈbɔː.dɪŋ.ˈskuːl	बो: डिङ स्कू:ल
boardroom	ˈbɔːd.ruːm	बो:ड रू:म
boardwalk	ˈbɔːd.wɔːk	बो:ड व़ो:क
boast	bəʊst	बƏउस्ट
boaster	ˈbəʊs.təʳ	बƏउस टƏर
boastful	ˈbəʊst.fəl	बƏउस्ट फ़ॅल
boat	bəʊt	बƏउट
boat people	bəʊt.ˈpiː.pəl	बƏउट पी: पॅल
boat race	bəʊt.ˈreɪs	बƏउट रेइस
boathouse	ˈbəʊt.haʊs	बƏउट हाउस
boating	ˈbəʊt.ɪŋ	बƏउट इङ
boatman	ˈbəʊt.mən	बƏउट मƏन
boatswain	ˈbəʊ.sən	बƏउ सॅन
bob	bɒb	बɒब
bobbin	ˈbɒb.ɪn	बɒब इन
bobcat	ˈbɒb.ˈkæt	बɒब कæट
bobsled	ˈbɒb.sled	बɒब स्लेड
bodice	ˈbɒd.ɪs	बɒड इस
bodily	ˈbɒd.əl.i	बɒड ॅल ई
body	ˈbɒd.i	बɒड ई
body language	ˈbɒd.i.ˈlæŋ.gwɪdʒ	बɒड ई लæङ ग्विज
body odour	ˈbɒd.i.ˈəʊ.dəʳ	बɒड ई Əउ डƏर
bodybuilder	ˈbɒd.i.ˈbɪl.dəʳ	बɒड ई बिल डƏर
bodybuilding	ˈbɒd.i.bɪl.dɪŋ	बɒड ई बिल डिङ
bodycheck	ˈbɒd.i.ˈtʃek	बɒड ई चेक
bodyguard	ˈbɒd.ɪ.gaːd	बɒड इ गा:ड

bodysuit	ˈbɒd.i.suːt	बɒड ई सू:ट
bodysurf	ˈbɒd.i.sɜːf	बɒड ई सɜːफ़
bodywarmer	ˈbɒd.i.ˈwɔː.məʳ	बɒड ई व़ो: मƏर
bodywork	ˈbɒd.ɪ.wɜːk	बɒड इ व़ɜːक
bog	bɒg	बɒग
bogey	ˈbəʊ.gi	बƏउ गी
bogeyman	ˈbəʊ.gɪ.mæn	बƏउ गि मæन
bogged down	ˈbɒgd.daʊn	बɒग्ड डाउन
boggle	ˈbɒg.əl	बɒग ॅल
bogus	ˈbəʊ.gəs	बƏउ गƏस
bohemian	bəʊ.ˈhiː.mi.ən	बƏउ ही: मी Əन
boil	bɔɪl	बोइल
boiler	ˈbɔɪl.əʳ	बोइल Əर
boiling	ˈbɔɪl.ɪŋ	बोइल इङ
boiling point	ˈbɔɪl.ɪŋ.pɔɪnt	बोइल इङ पोइन्ट
boisterous	ˈbɔɪs.tə.rəs	बोइस टƏ रƏस
bold	bəʊld	बƏउल्ड
bold-face	ˈbəʊld.feɪs	बƏउल्ड फ़ेइस
boldly	ˈbəʊld.li	बƏउल्ड ली
boldness	ˈbəʊld.nəs	बƏउल्ड नƏस
Bollywood	ˈbɒl.i.wʊd	बɒल ई वुड
bolster	ˈbəʊl.stə	बƏउल स्टƏ
bolt	bəʊlt	बƏउल्ट
bomb	bɒm	बɒम
bomb disposal	ˈbɒm.dɪ.ˈspəʊ.zəl	बɒम डि स्पƏउ ज़ॅल
bombard	bɒm.ˈbaːd	बɒम बा:ड
bombardment	ˈbɒm.ˈbaːd.mənt	बɒम बा:ड मॅन्ट
bombastic	ˈbɒm.ˈbæs.tɪk	बɒम बæस टिक
bombed	bɒmd	बɒम्ड
bomber	ˈbɒm.əʳ	बɒम Əर
bombshell	ˈbɒm.ʃel	बɒम शेल
bon appétit	ˈbɒn.æp.ə.ˈti	बɒन æप Ə टी
bona fide	ˈbəʊ.nə.ˈfaɪ.di	बƏउ नƏ फ़ाइ डी
bonanza	bə.ˈnæn.zə	बƏ नæन ज़Ə
bond	bɒnd	बɒन्ड
bondage	ˈbɒn.dɪdʒ	बɒन डिज
bone	bəʊn	बƏउन
bone marrow	ˈbəʊn.ˈmær.əʊ	बƏउन मæर Əउ
boneless	ˈbəʊn.ləs	बƏउन लƏस
bonfire	ˈbɒn.faɪ.əʳ	बɒन फ़ाइ Əर
bongo	ˈbɒŋ.gəʊ	बɒङ गƏउ

bonkers	ˈbɒŋ.kəz	**बɒङ** कəज़
bonnet	ˈbɒn.ɪt	**बɒन** इट
bonus	ˈbəʊ.nəs	**बəउ** नəस
bony	ˈbəʊ.ni	**बəउ** नी
boo	buː	बूː
boob	buːb	बूːब
boo-boo	ˈbuː.buː	**बूː** बूː
booby trap	ˈbuː.bi.ˈtræp	**बूː** बी **ट्रæप**
boogie	ˈbuː.gi	**बूː** गी
book	bʊk	बुक
bookable	ˈbʊk.ə.bᵊl	**बुक** ə बᵊल
bookbinder	ˈbʊk.ˈbaɪn.dəʳ	**बुक बाइन** डəर
bookcase	ˈbʊk.keɪs	**बुक** केइस
bookend	ˈbʊk.end	**बुक** एन्ड
bookie	ˈbʊk.i	**बुक** ई
booking	ˈbʊk.ɪŋ	**बुक** इङ
bookkeeper	ˈbʊk.ˈkiː.pəʳ	**बुक कीː** पəर
bookkeeping	ˈbʊk.ˈkiː.pɪŋ	**बुक कीː** पिङ
booklet	ˈbʊk.let	**बुक** लेट
bookmaker	ˈbʊk.ˈmeɪ.kəʳ	**बुक मेइ** कəर
bookmark	ˈbʊk.maːk	**बुक** माːक
books	bʊks	बुक्स
bookshelf	ˈbʊk.ʃelf	**बुक** शेल्फ़
bookstore	ˈbʊk.ˈstɔː	**बुक स्टोː**
bookworm	ˈbʊk.wɜːm	**बुक** व़ɜːम
boom	buːm	बूːम
boom gate	ˈbuːm.ˈgeɪt	**बूːम गेइट**
boomerang	ˈbuː.mə.ræŋ	**बूː** मə रæङ
boon	buːn	बूːन
boor	bʊəʳ	बुəर
boorish	ˈbʊər.ɪʃ	**बुəर** इश
boost	buːst	बूːस्ट
booster	ˈbuː.stəʳ	**बूː** स्टəर
boot	buːt	बूːट
boot camp	ˈbuːt.ˈkæmp	**बूːट कæम्प**
bootee	ˈbuː.tiː	**बूː** टीː
booth	buːð	बूːद
bootlace	ˈbuːt.leɪs	**बूːट** लेइस
bootleg	ˈbuːt.leg	**बूːट** लेग
bootlegger	ˈbuːt.ˈleg.əʳ	**बूːट लेग** əर
bootstraps	ˈbuːt.stræps	**बूːट** स्ट्रæप्स
booty	ˈbuː.ti	**बूː** टी
booze	buːz	बूːज़
boozer	ˈbuː.zə	**बूː** ज़ə
bop	bɒp	बɒप
bo-peep	ˈbəʊ.ˈpiːp	**बəउ पीːप**
border	ˈbɔː.də	**बोː** डə
border guard	ˈbɔː.də.gaːd	**बोː** डə गाːड
borderline	ˈbɔː.də.laɪn	**बोː** डə लाइन
bore	bɔː	बोː
bored	bɔːd	बोːड
boredom	ˈbɔː.dəm	**बोː** डəम
borehole	ˈbɔː.həʊl	**बोː** हəउल
borer	ˈbɔː.rəʳ	**बोː** रəर
Boric acid	ˈbɔː.rɪk.ˈæs.ɪd	**बोː** रिक **æस** इड
boring	ˈbɔː.rɪŋ	**बोː** रिङ
born	bɔːn	बोːन
born-again	ˈbɔːn.ə.ˈgen	**बोːन** ə **गेन**
borne	bɔːn	बोːन
borough	ˈbʌr.ə	**बʌर** ə
borrow	ˈbɒr.əʊ	**बɒर** əउ
borrower	ˈbɒr.əʊ.əʳ	**बɒर** əउ əर
bosom	ˈbʊz.ᵊm	**बुज़** ᵊम
boss	bɒs	बɒस
bossily	ˈbɒs.ᵊl.i	**बɒस** ᵊल ई
bossiness	ˈbɒs.i.nəs	**बɒस** ई नəस
bossing	ˈbɒs.ɪŋ	**बɒस** इङ
bossy	ˈbɒs.i	**बɒस** ई
botanical	bə.ˈtæn.ɪ.kᵊl	बə **टæन** इ कᵊल
botanist	ˈbɒt.ə.nɪst	**बɒट** ə निस्ट
botany	ˈbɒt.ə.ni	**बɒट** ə नी
botch	bɒtʃ	बɒच
both	bəʊθ	बəउथ
bother	ˈbɒð.əʳ	**बɒद** əर
bothersome	ˈbɒð.ə.səm	**बɒद** ə सəम
bottle	ˈbɒt.ᵊl	**बɒट** ᵊल
bottle green	ˈbɒt.ᵊl.ˈgriːn	**बɒट** ᵊल **ग्रीːन**
bottlebrush	ˈbɒt.ᵊl.brʌʃ	**बɒट** ᵊल ब्रʌश
bottled up	ˈbɒt.ᵊld.ʌp	**बɒट** ᵊल्ड ʌप
bottle-feed	ˈbɒt.ᵊl.fiːd	**बɒट** ᵊल फ़ीːड
bottleneck	ˈbɒt.ᵊl.nek	**बɒट** ᵊल नेक
bottom	ˈbɒt.əm	**बɒट** əम
bottom line	ˈbɒt.əm.ˈlaɪn	**बɒट** əम **लाइन**
bottomless	ˈbɒt.əm.ləs	**बɒट** əम लəस
bottomless pit	ˈbɒt.əm.ləs.ˈpɪt	**बɒट** əम लəस **पिट**
bottoms	ˈbɒt.əmz	**बɒट** əम्ज़

bottoms-up	ˈbɒt.əmz.ʌp	बɒट əम्ज़ ʌप
boudoir	ˈbuːd.waːr	बूːड वाːर
bough	baʊ	बाउ
bought	ˈbɔːt	बोːट
boulder	ˈbəʊl.dəʳ	बəउल डəर
boulevard	ˈbuː.lə.vaːd	बूː लə वाːड
bounce	baʊns	बाउन्स
bouncer	ˈbaʊn.səʳ	बाउन सəर
bouncy	ˈbaʊn.si	बाउन सी
bound	baʊnd	बाउन्ड
boundary	ˈbaʊn.dər.i	बाउन डəर ई
bounded	ˈbaʊn.dɪd	बाउन डिड
boundless	ˈbaʊnd.ləs	बाउन्ड लəस
bounds	baʊndz	बाउन्ड्ज़
bountiful	ˈbaʊn.tɪ.fəl	बाउन टि फ़əल
bounty	ˈbaʊn.ti	बाउन टी
bouquet	bʊˈkeɪ	बु केइ
bourbon	ˈbɜː.bən	बɜː बəन
bourgeois	ˈbɔː ʒ.waː	बोː ज़ वाː
bout	baʊt	बाउट
boutique	buːˈtiːk	बूː टीːक
bovine	ˈbəʊ.vaɪn	बəउ वाइन
bow	baʊ	बाउ
bow tie	ˈbəʊˈtaɪ	बəउ टाइ
bowel	ˈbaʊ.əl	बाउ əल
bowl	bəʊl	बəउल
bow-legged	ˈbəʊ.legd	बəउ लेग्ड
bowler	ˈbəʊ.ləʳ	बəउ लəर
bowling	ˈbəʊl.ɪŋ	बəउल इङ
box	bɒks	बɒक्स
box office	ˈbɒks.ˈɒf.ɪs	बɒक्स ɒफ़ इस
boxcar	ˈbɒks.kaːr	बɒक्स काːर
boxer	ˈbɒks.ə	बɒक्स ə
boxer shorts	ˈbɒks.ə.ˈʃɔːts	बɒक्स ə शोːट्स
boxful	ˈbɒks.fʊl	बɒक्स फुल
boxing	ˈbɒk.sɪŋ	बɒक सिङ
boxroom	ˈbɒks.ruːm	बɒक्स रूःम
boy	ˈbɔɪ	बोइ
boy scouts	ˈbɔɪ.skaʊts	बोइ स्काउट्स
boycott	ˈbɔɪ.kɒt	बोइ कɒट
boyfriend	ˈbɔɪ.frend	बोइ फ्रेन्ड
boyhood	ˈbɔɪ.hʊd	बोइ हुड

boyish	ˈbɔɪ.ɪʃ	बोइ इश
bozo	ˈbəʊ.zəʊ	बəउ ज़əउ
bra	braː	ब्राː
brace	breɪs	ब्रेइस
bracelet	ˈbreɪs.lɪt	ब्रेइस लिट
braces	ˈbreɪs.ɪz	ब्रेइस इज़
bracing	ˈbreɪs.ɪŋ	ब्रेइस इङ
bracket	ˈbræk.ɪt	ब्रæक इट
brackish	ˈbræk.ɪʃ	ब्रæक इश
brag	bræg	ब्रæग
braggart	ˈbræg.ət	ब्रæग əट
braid	breɪd	ब्रेइड
Braille	breɪl	ब्रेइल
brain	breɪn	ब्रेइन
brainchild	ˈbreɪn.tʃaɪld	ब्रेइन चाइल्ड
brainless	ˈbreɪn.ləs	ब्रेइन लəस
brainstorm	ˈbreɪn.stɔːm	ब्रेइन स्टोːम
brainwash	ˈbreɪn.wɒʃ	ब्रेइन वɒश
brainwashing	ˈbreɪn.wɒʃ.ɪŋ	ब्रेइन वɒश इङ
brainy	ˈbreɪ.ni	ब्रेइ नी
braise	breɪz	ब्रेइज़
brake	breɪk	ब्रेइक
bran	bræn	ब्रæन
branch	braːntʃ	ब्राːन्च
brand	brænd	ब्रæन्ड
brand name	ˈbrænd.ˈneɪm	ब्रæन्ड नेइम
brandish	ˈbræn.dɪʃ	ब्रæन डिश
brand-new	ˈbrænd.ˈnjuː	ब्रæन्ड न्यूː
brandy	ˈbræn.di	ब्रæन डी
brash	bræʃ	ब्रæश
brass	braːs	ब्राːस
brass knuckles	ˈbraːs.ˈnʌk.əlz	ब्राːस नʌक əल्ज़
brassiere	ˈbræz.i.eəʳ	ब्रæज़ ई एəर
brassy	ˈbraː.si	ब्राː सी
brat	bræt	ब्रæट
bravado	brəˈvaː.dəʊ	ब्रə वाː डəउ
brave	breɪv	ब्रेइव
bravely	ˈbreɪv.li	ब्रेइव ली
bravo	ˈbraːˈvəʊ	ब्राː वəउ
brawl	brɔːl	ब्रोːल
brawler	ˈbrɔː.ləʳ	ब्रोː लəर
brawn	brɔːn	ब्रोːन

English Pronunciation Dictionary 35

brawny	ˈbrɔː.ni	**ब्रॉ:** नी
bray	breɪ	ब्रेइ
brazen	ˈbreɪ.zən	**ब्रेइ** ज़ən
brazenly	ˈbreɪ.zən.li	**ब्रेइ** ज़ən ली
brazier	ˈbreɪ.zi.ər	**ब्रेइ** ज़ी əर
breach	briːtʃ	ब्री:च
bread	bred	ब्रेड
bread and butter	ˈbred.ən.ˈbʌt.ər	**ब्रेड** əन **बʌट** əर
breadbasket	ˈbred.ˈbaː.skɪt	**ब्रेड बा:** स्किट
breadbin	ˈbred.ˈbɪn	**ब्रेड बिन**
breadcrumbs	ˈbred.krʌmz	**ब्रेड** क्रʌम्ज़
breadfruit	ˈbred.fruːt	**ब्रेड** फ़्रू:ट
breadknife	ˈbred.ˈnaɪf	**ब्रेड नाइफ़**
breadth	bredθ	ब्रेड्थ
breadwinner	ˈbred.wɪn.ər	**ब्रेड** विन əर
break	breɪk	ब्रेइक
breakable	ˈbreɪk.ə.bəl	**ब्रेइक** ə बəल
breakaway	ˈbreɪk.ə.weɪ	**ब्रेइक** ə वेइ
breakdancing	ˈbreɪk.ˈdaːn.sɪŋ	**ब्रेइक डा:न** सिङ
breakdown	ˈbreɪk.daʊn	**ब्रेइक** डाउन
breakeven	ˈbreɪk.ˈiː.vən	**ब्रेइक ई:** वəन
breakfast	ˈbrek.fəst	**ब्रेक** फ़əस्ट
break-in	ˈbreɪk.ɪn	**ब्रेइक** इन
breaking	ˈbreɪk.ɪŋ	**ब्रेइक** इङ
breaking news	ˈbreɪk.ɪŋ.ˈnjuːz	**ब्रेइक** इङ **न्यू:ज़**
breaking point	ˈbreɪk.ɪŋ.ˈpɔɪnt	**ब्रेइक** इङ **पोइन्ट**
breakneck	ˈbreɪk.nek	**ब्रेइक** नेक
breakout	ˈbreɪk.aʊt	**ब्रेइक** आउट
breakthrough	ˈbreɪk.θruː	**ब्रेइक** थ्रू:
breakup	ˈbreɪk.ʌp	**ब्रेइक** ʌप
breakwater	ˈbreɪk.ˈwɔː.tər	**ब्रेइक वॉ:** टəर
breast	brest	ब्रेस्ट
breast-fed	ˈbrest.fed	**ब्रेस्ट** फ़ेड
breast-feed	ˈbrest.fiːd	**ब्रेस्ट** फ़ी:ड
breaststroke	ˈbrest.strəʊk	**ब्रेस्ट** स्ट्रəउक
breath	breθ	ब्रेथ
breathe	briːð	ब्री:द
breather	ˈbriː.ðər	**ब्री:** दəर
breathing	ˈbriː.ðɪŋ	**ब्री:** दिङ
breathless	ˈbreθ.ləs	**ब्रेथ** लəस
breathlessly	ˈbreθ.ləs.li	**ब्रेथ** लəस ली
breathtaking	ˈbreθ.teɪk.ɪŋ	**ब्रेथ** टेइक इङ
bred	bred	ब्रेड
breed	briːd	ब्री:ड
breeder	ˈbriː.dər	**ब्री:** डəर
breeding	ˈbriː.dɪŋ	**ब्री:** डिङ
breeding ground	ˈbriː.dɪŋ.ˈgraʊnd	**ब्री:** डिङ **ग्राउन्ड**
breeze	briːz	ब्री:ज़
breezy	ˈbriː.zi	**ब्री:** ज़ी
brethren	ˈbreð.rən	**ब्रेद** रəन
brevity	ˈbrev.ə.ti	**ब्रेव** ə टी
brew	bruː	ब्रू:
brewer	ˈbruː.ər	**ब्रू:** əर
brewery	ˈbrʊ.ər.i	**ब्रु** əर ई
bribable	ˈbraɪ.bə.bəl	**ब्राइ** बə बəल
bribe	braɪb	ब्राइब
bribery	ˈbraɪ.bər.i	**ब्राइ** बəर ई
bric-a-brac	ˈbrɪk.ə.bræk	**ब्रिक** ə ब्रæक
brick	brɪk	ब्रिक
brickfield	ˈbrɪk.fiːld	**ब्रिक** फ़ी:ल्ड
bricklayer	ˈbrɪk.ˈleɪ.ər	**ब्रिक लेइ** əर
bricklaying	ˈbrɪk.ˈleɪ.ɪŋ	**ब्रिक लेइ** इङ
brickwork	ˈbrɪk.wɜːk	**ब्रिक** वɜ:क
bridal	ˈbraɪ.dəl	**ब्राइ** डəल
bride	braɪd	ब्राइड
bridegroom	ˈbraɪd.grʊm	**ब्राइड** ग्रुम
bridesmaid	ˈbraɪdz.meɪd	**ब्राइड्ज़** मेइड
bridge	brɪdʒ	ब्रिज
bridle	ˈbraɪ.dəl	**ब्राइ** डəल
brief	briːf	ब्री:फ़
briefcase	ˈbriːf.keɪs	**ब्री:फ़** केइस
briefing	ˈbriːf.ɪŋ	**ब्री:फ़** इङ
briefly	ˈbriːf.li	**ब्री:फ़** ली
briefs	briːfs	ब्री:फ़्स
brigade	brɪ.ˈgeɪd	ब्रि **गेइड**
brigadier	ˈbrɪg.ə.ˈdɪər	**ब्रिग** ə **डिəर**
bright	braɪt	ब्राइट
brighten	ˈbraɪt.ən	**ब्राइट** əन
bright-eyed	ˈbrait.aid	**ब्राईट** आईड
brightly	ˈbraɪt.li	**ब्राइट** ली
brightness	ˈbraɪt.nəs	**ब्राइट** नəस
brilliance	ˈbrɪl.jəns	**ब्रिल** यəन्स
brilliant	ˈbrɪl.jənt	**ब्रिल** यəन्ट
brilliantly	ˈbrɪl.jənt.li	**ब्रिल** यəन्ट ली

brim	brɪm	ब्रिम
brine	braɪn	ब्राइन
bring	brɪŋ	ब्रिङ
brink	brɪŋk	ब्रिङ्क
briny	ˈbraɪ.ni	ब्राइ नी
brisk	brɪsk	ब्रिस्क
briskly	ˈbrɪsk.li	ब्रिस्क ली
bristle	ˈbrɪs.ᵊl	ब्रिस ᵊल
Britain	ˈbrɪt.ᵊn	ब्रिट ᵊन
britches	ˈbrɪtʃ.ɪz	ब्रिच इज़
British	ˈbrɪt.ɪʃ	ब्रिट इश
British colony	ˈbrɪt.ɪʃ.ˈkɒl.ə.ni	ब्रिट इश कɒल ə नी
brittle	ˈbrɪt.ᵊl	ब्रिट ᵊल
broach	brəʊtʃ	ब्रəउच
broad	brɔːd	ब्रोːड
broadband	ˈbrɔːd.bænd	ब्रोːड बæन्ड
broadcast	ˈbrɔːd.kaːst	ब्रोːड काːस्ट
broadcaster	ˈbrɔːd.ˈkaː.stə	ब्रोːड काː स्टə
broaden	ˈbrɔː.dᵊn	ब्रोː डᵊन
broadly	ˈbrɔːd.li	ब्रोːड ली
broad-minded	ˈbrɔːd.ˈmaɪn.dɪd	ब्रोːड माइन डिड
broadside	ˈbrɔːd.saɪd	ब्रोːड साइड
broccoli	ˈbrɒk.ə.li	ब्रɒक ə ली
brochure	ˈbrəʊ.ʃəʳ	ब्रəउ शəर
brogue	brəʊg	ब्रəउग
broil	brɔɪl	ब्रोइल
broiler	ˈbrɔɪl.əʳ	ब्रोइल əर
broke	brəʊk	ब्रəउक
broken	ˈbrəʊ.kᵊn	ब्रəउ कᵊन
broken-down	ˈbrəʊ.kᵊn.ˈdaʊn	ब्रəउ कᵊन डाउन
broken-hearted	ˈbrəʊ.kᵊn.ˈhaː.tɪd	ब्रəउ कᵊन हाː टिड
broker	ˈbrəʊ.kəʳ	ब्रəउ कəर
brokerage	ˈbrəʊ.kᵊr.ɪdʒ	ब्रəउ कᵊर इज
bromide	ˈbrəʊ.maɪd	ब्रəउ माइड
bronchitis	brɒŋˈkaɪ.tɪs	ब्रɒङ काइ टिस
bronco	ˈbrɒŋ.kəʊ	ब्रɒङ कəउ
bronze	brɒnz	ब्रɒन्ज़
bronze medal	ˈbrɒnz.ˈmed.ᵊl	ब्रɒन्ज़ मेड ᵊल
brooch	brəʊtʃ	ब्रəउच
brood	bruːd	ब्रूːड
brook	brʊk	ब्रुक

broom	bruːm	ब्रूːम
broomstick	ˈbruːm.stɪk	ब्रूːम स्टिक
broth	brɒθ	ब्रɒथ
brothel	ˈbrɒθ.ᵊl	ब्रɒथ ᵊल
brother	ˈbrʌð.əʳ	ब्रʌद əर
brotherhood	ˈbrʌð.ə.hʊd	ब्रʌद ə हुड
brother-in-law	ˈbrʌð.ə.rɪn.ˈlɔː	ब्रʌद ə रिन लोː
brotherly	ˈbrʌð.ə.li	ब्रʌद ə ली
brothers-in-law	ˈbrʌð.əz.ɪn.ˈlɔː	ब्रʌद əज़ इन लोː
brought	brɔːt	ब्रोːट
brow	braʊ	ब्राउ
browbeat	ˈbraʊ.biːt	ब्राउ बीːट
brown	braʊn	ब्राउन
brownie	ˈbraʊ.ni	ब्राउ नी
brownies	ˈbraʊ.niːz	ब्राउ नीːज़
brownish	ˈbraʊ.nɪʃ	ब्राउ निश
brownstone	ˈbraʊn.stəʊn	ब्राउन स्टəउन
browse	braʊz	ब्राउज़
browser	ˈbraʊ.zəʳ	ब्राउ ज़əर
bruise	bruːz	ब्रूːज़
brunch	brʌntʃ	ब्रʌन्च
brunette	bruː.ˈnet	ब्रूː नेट
brunt	brʌnt	ब्रʌन्ट
brush	brʌʃ	ब्रʌश
brush-off	ˈbrʌʃ.ɒf	ब्रʌश ɒफ़
brusque	bruːsk	ब्रूːस्क
Brussels sprout	ˈbrʌs.ᵊlz.ˈspraʊt	ब्रʌस ᵊल्ज़ स्प्राउट
brutal	ˈbruː.tᵊl	ब्रूː टᵊल
brutalise	ˈbruː.tᵊl.aɪz	ब्रूː टᵊल आइज़
brutality	bruː.ˈtæl.ə.ti	ब्रूː टæल ə टी
brutally	ˈbruː.tᵊl.i	ब्रूː टᵊल ई
brute	bruːt	ब्रूːट
brutish	ˈbruː.tɪʃ	ब्रूː टिश
bubble	ˈbʌb.ᵊl	बʌब ᵊल
bubble gum	ˈbʌb.ᵊl.gʌm	बʌब ᵊल गʌम
bubbly	ˈbʌb.li	बʌब ली
buck	bʌk	बʌक
bucket	ˈbʌk.ɪt	बʌक इट
buckle	ˈbʌk.ᵊl	बʌक ᵊल
buckled	ˈbʌk.ᵊld	बʌक ᵊल्ड
buckling	ˈbʌk.ᵊl.ɪŋ	बʌक ᵊल इङ

buck-passing	ˈbʌk.ˈpaː.sɪŋ	बʌक पाः सिङ
buckshot	ˈbʌk.ʃɒt	बʌक शɒट
buckskin	ˈbʌk.skɪn	बʌक स्किन
buckteeth	ˈbʌk.ˈtiːθ	बʌक टीःथ
buck-toothed	ˈbʌk.ˈtuːθt	बʌक टूःथ्ट
bud	bʌd	बʌड
Buddha	ˈbʊd.ə	बुड ə
Buddhism	ˈbʊd.ɪ.zᵊm	बुड इ ज़ᵊम
Buddhist	ˈbʊd.ɪst	बुड इस्ट
budding	ˈbʌd.ɪŋ	बʌड इङ
buddy	ˈbʌd.i	बʌड ई
budge	bʌdʒ	बʌज
budget	ˈbʌdʒ.ət	बʌज əट
buff	bʌf	बʌफ़
buffalo	ˈbʌf.ə.ləʊ	बʌफ़ ə लəउ
buffer	ˈbʌf.əʳ	बʌफ़ əर
buffet	ˈbʊf.eɪ	बुफ़ एइ
buffoon	bə.ˈfuːn	बə फ़ूःन
buffoonery	bə.ˈfuː.nᵊr.i	बə फ़ूः नᵊर ई
bug	bʌg	बʌग
bugger	ˈbʌg.ə	बʌग ə
buggy	ˈbʌg.i	बʌग ई
bugle	ˈbjuː.gᵊl	ब्यूः गᵊल
build	bɪld	बिल्ड
builder	ˈbɪl.dəʳ	बिल डəर
building	ˈbɪl.dɪŋ	बिल डिङ
buildup	ˈbɪld.ˈʌp	बिल्ड ʌप
built	bɪlt	बिल्ट
built-in	ˈbɪlt.ˈɪn	बिल्ट इन
bulb	bʌlb	बʌल्ब
bulbous	ˈbʌl.bəs	बʌल बəस
bulge	bʌldʒ	बʌल्ज
bulging	ˈbʌl.dʒɪŋ	बʌल जिङ
bulk	bʌlk	बʌल्क
bulky	ˈbʌl.ki	बʌल की
bull	bʊl	बुल
bulldog	ˈbʊl.dɒg	बुल डɒग
bulldoze	ˈbʊl.dəʊz	बुल डəउज़
bulldozer	ˈbʊl.ˈdəʊ.zəʳ	बुल डəउ ज़əर
bullet	ˈbʊl.ɪt	बुल इट
bulletin	ˈbʊl.ə.tɪn	बुल ə टिन
bulletin board	ˈbʊl.ə.tɪn.ˈbɔːd	बुल ə टिन बोःड
bulletproof	ˈbʊl.ɪt.pruːf	बुल इट प्रूःफ़

bullfight	ˈbʊl.faɪt	बुल फ़ाइट
bullfighter	ˈbʊl.faɪ.təʳ	बुल फ़ाइ टəर
bullfighting	ˈbʊl.faɪt.ɪŋ	बुल फ़ाइट इङ
bullion	ˈbʊl.i.ən	बुल ई əन
bullish	ˈbʊl.ɪʃ	बुल इश
bullock	ˈbʊl.ək	बुल əक
bull's-eye	ˈbʊlz.aɪ	बुल्ज़ आइ
bullshit	ˈbʊl.ʃɪt	बुल शिट
bullshitter	ˈbʊl.ˈʃɪt.əʳ	बुल शिट əर
bullshitting	ˈbʊl.ˈʃɪt.ɪŋ	बुल शिट इङ
bully	ˈbʊl.i	बुल ई
bum	bʌm	बʌम
bumble	ˈbʌm.bᵊl	बʌम बᵊल
bumblebee	ˈbʌm.bᵊl.biː	बʌम बᵊल बीː
bumbling	ˈbʌm.blɪŋ	बʌम ब्लिङ
bummer	ˈbʌm.əʳ	बʌम əर
bump	bʌmp	बʌम्प
bumper	ˈbʌm.pəʳ	बʌम पəर
bumper sticker	ˈbʌm.pə.ˈstɪk.əʳ	बʌम पə स्टिक əर
bumper to bumper	ˈbʌm.pə.tə.ˈbʌm.pəʳ	बʌम पə टə बʌम पəर
bumpy	ˈbʌm.pi	बʌम पी
bun	bʌn	बʌन
bunch	bʌntʃ	बʌन्च
bundle	ˈbʌn.dᵊl	बʌन डᵊल
bundle of joy	ˈbʌn.dᵊl.əv.ˈdʒɔɪ	बʌन डᵊल əव जोइ
bungalow (IO)	ˈbʌŋ.gə.ləʊ	बʌङ गə लəउ
bungee jumping	ˈbʌn.dʒi.ˈdʒʌmp.ɪŋ	बʌन जी जʌम्प इङ
bungle	ˈbʌŋ.gᵊl	बʌङ गᵊल
bungled	ˈbʌŋ.gᵊld	बʌङ गᵊल्ड
bungler	ˈbʌŋ.gləʳ	बʌङ ग्लəर
bungling	ˈbʌŋ.gᵊl.ɪŋ	बʌङ गᵊल इङ
bunion	ˈbʌn.jən	बʌन ग़əन
bunk	bʌŋk	बʌङ्क
bunk bed	ˈbʌŋk.bed	बʌङ्क बेड
bunker	ˈbʌŋ.kəʳ	बʌङ कəर
bunny	ˈbʌn.i	बʌन ई
bunny rabbit	ˈbʌn.i.ˈræb.ɪt	बʌन ई रæब इट
buns	bʌnz	बʌन्ज़
bunsen burner	ˈbʌn.sᵊn.ˈbɜː.nə	बʌन सᵊन बɜः नə
buoy	bɔɪ	बोइ
buoyancy	ˈbɔɪ.ən.si	बोइ əन सी

buoyant	ˈbɔɪ.ᵊnt	बोइ ᵊन्ट
buoyantly	ˈbɔɪ.ᵊnt.li	बोइ ᵊन्ट ली
burden	ˈbɜː.dᵊn	बɜː डᵊन
bureau	ˈbjʊə.rəʊ	ब्युə रəउ
bureaucracy	bjʊə.ˈrɒk.rə.si	ब्युə रɒक रə सी
bureaucrat	ˈbjʊə.rə.kræt	ब्युə रə क्रæट
bureaucratic	ˈbjʊə.rə.ˈkræt.ɪk	ब्युə रə क्रæट इक
burger	ˈbɜː.gə	बɜː गə
burgher	ˈbɜː.gə	बɜː गə
burglar	ˈbɜː.gləʳ	बɜː ग्लəर
burglar alarm	ˈbɜː.glər.ə.ˈlaːm	बɜː ग्लəर ə लाːम
burglarize	ˈbɜː.glə.ˈraɪz	बɜː ग्लə राइज़
burglary	ˈbɜː.glᵊr.i	बɜː ग्लᵊर ई
burgle	ˈbɜː.gᵊl	बɜː गᵊल
burial	ˈber.i.əl	बेर ई əल
burlap	ˈbɜː.læp	बɜː लæप
burly	ˈbɜː.li	बɜː ली
burn	bɜːn	बɜːन
burner	ˈbɜː.nəʳ	बɜː नəर
burning	ˈbɜː.nɪŋ	बɜː निङ
burnish	ˈbɜː.nɪʃ	बɜː निश
burns	bɜːnz	बɜːन्ज़
burnt	bɜːnt	बɜːन्ट
burp	bɜːp	बɜːप
burped	bɜːpt	बɜːप्ट
burrow	ˈbʌr.əʊ	बʌर əउ
bursar	ˈbɜː.sə	बɜː सə
burst	bɜːst	बɜːस्ट
bury	ˈber.i	बेर ई
bus	bʌs	बʌस
bus stand	ˈbʌs.ˈstænd	बʌस स्टæन्ड
bus station	ˈbʌs.ˈsteɪ.ʃᵊn	बʌस स्टेइ शᵊन
bus stop	ˈbʌs.ˈstɒp	बʌस स्टɒप
busboy	ˈbʌs.bɔɪ	बʌस बोइ
bush	bʊʃ	बुश
bushed	bʊʃt	बुश्ट
bushel	ˈbʊʃ.ᵊl	बुश ᵊल
Bushfire	ˈbʊʃ.ˈfaɪ.əʳ	बुश फ़ाइ əर
bushman	ˈbʊʃ.mən	बुश मəन
bushranger	ˈbʊʃ.ˈreɪn.dʒəʳ	बुश रेइन जəर
bushwalking	ˈbʊʃ.ˈwɔː.kɪŋ	बुश वोː किङ
bushy	ˈbʊʃ.i	बुश ई

busily	ˈbɪz.ɪ.li	बिज़ इ ली
business	ˈbɪz.nəs	बिज़ नəस
business card	ˈbɪz.nəs.ˈkaːd	बिज़ नəस काːड
business class	ˈbɪz.nəs.ˈklaːs	बिज़ नəस क्लाːस
businesslike	ˈbɪz.nəs.laɪk	बिज़ नəस लाइक
businessman	ˈbɪz.nəs.mæn	बिज़ नəस मæन
businesswoman	ˈbɪz.nəs.ˈwʊm.ən	बिज़ नəस वुम əन
busing	ˈbʌs.ɪŋ	बʌस इङ
bust	bʌst	बʌस्ट
buster	ˈbʌs.təʳ	बʌस टəर
bustle	ˈbʌs.ᵊl	बʌस ᵊल
busy	ˈbɪz.i	बिज़ ई
busybody	ˈbɪz.i.ˈbɒd.i	बिज़ ई बɒड ई
but	bʌt	बʌट
butcher	ˈbʊtʃ.əʳ	बुच əर
butchery	ˈbʊtʃ.ᵊr.i	बुच ᵊर ई
butler	ˈbʌt.ləʳ	बʌट लəर
butt	bʌt	बʌट
butter	ˈbʌt.əʳ	बʌट əर
buttercup	ˈbʌt.ə.kʌp	बʌट ə कʌप
butterfly	ˈbʌt.ə.flaɪ	बʌट ə फ़्लाइ
buttermilk	ˈbʌt.ə.mɪlk	बʌट ə मिल्क
butternut	ˈbʌt.ə.nʌt	बʌट ə नʌट
butterscotch	ˈbʌt.ə.skɒtʃ	बʌट ə स्कɒच
buttery	ˈbʌt.ᵊr.i	बʌट ᵊर ई
buttock	ˈbʌt.ək	बʌट əक
button	ˈbʌt.ᵊn	बʌट ᵊन
buttonhole	ˈbʌt.ᵊn.həʊl	बʌट ᵊन हəउल
buttonhook	ˈbʌt.ᵊn.hʊk	बʌट ᵊन हुक
buttress	ˈbʌt.rəs	बʌट रəस
buxom	ˈbʌk.səm	बʌक सəम
buy	baɪ	बाइ
buyer	ˈbaɪ.əʳ	बाइ əर
buyout	ˈbaɪ.aʊt	बाइ आउट
buzz	bʌz	बʌज़
buzzard	ˈbʌz.əd	बʌज़ əड
buzzer	ˈbʌz.əʳ	बʌज़ əर
buzzing	ˈbʌz.ɪŋ	बʌज़ इङ
buzzword	ˈbʌz.wɜːd	बʌज़ वɜːड
by	baɪ	बाइ
bye	baɪ	बाइ

English Pronunciation Dictionary 39

bye-bye	ˈbaɪ.ˈbaɪ	**बाइ बाइ**
by-election	ˈbaɪ.ɪ.ˈlek.ʃ^{ə}n	**बाइ** इ **लेक** श^{ə}न
bygone	ˈbaɪ.gɒn	**बाइ** गɒन
bylaw	ˈbaɪ.lɔː	**बाइ** लोː
BYO	ˈbiː.ˈwaɪ.ˈəʊ	**बीː व़ाइ ϴउ**
bypass	ˈbaɪ.paːs	**बाइ** पाːस
by-product	ˈbaɪ.ˈprɒd.ʌkt	**बाइ प्रɒड** ʌक्ट
bystander	ˈbaɪ.ˈstæn.də^{r}	**बाइ स्टæन** डϴर
byte	baɪt	बाइट
byway	ˈbaɪ.weɪ	**बाइ** व़ेइ

C

c	si:	सी:
C	si:	सी:
cab	kæb	कæब
cabaret	ˈkæb.ə.reɪ	**कæब** ə रेइ
cabbage	ˈkæb.ɪdʒ	**कæब** इज
cabby	ˈkæb.i	**कæब** ई
cabdriver	ˈkæb.ˈdraɪ.vəʳ	**कæब ड्राइ** वəर
cabin	ˈkæb.ɪn	**कæब** इन
cabinet	ˈkæb.ɪ.nət	**कæब** इ नəट
cable	ˈkeɪ.bᵊl	**केइ** बᵊल
cable car	ˈkeɪ.bᵊl.kɑ:r	**केइ** बᵊल का:र
cable stich	ˈkeɪ.bᵊl.ˈstɪtʃ	**केइ** बᵊल **स्टिच**
cable tv	ˈkeɪ.bᵊl.ˈti:.ˈvi:	**केइ** बᵊल **टी: वी:**
caboose	kə.ˈbu:s	कə **बू:स**
cache	kæʃ	कæश
cachet	ˈkæʃ.eɪ	**कæश** एइ
cackle	ˈkæk.ᵊl	**कæक** ᵊल
cacophony	kə.ˈkɒf.ə.ni	कə **कɒफ़** ə नी
cacti	ˈkæk.taɪ	**कæक** टाइ
cactus	ˈkæk.təs	**कæक** टəस
cad	kæd	कæड
cadaver	kə.ˈdæv.əʳ	कə **डæव** əर
caddy	ˈkæd.i	**कæड** ई
cadence	ˈkeɪ.dᵊns	**केइ** डᵊन्स
cadet	kə.ˈdet	कə **डेट**
cadetship	kə.ˈdet.ʃɪp	कə **डेट** शिप
cadre	ˈkɑ:.dəʳ	**का:** डəर
caesarean	ˈsɪ.seə.ri.ən	**सि** सेə री əन
caesarean section	ˈsɪ.seə.ˈri.ən.ˈsek.ʃᵊn	**सि** सेə **री** əन **सेक** शᵊन
café	ˈkæf.eɪ	**कæफ़** एइ
cafeteria	ˈkæf.ə.ˈtɪə.ri.ə	**कæफ़** ə **टिə** री ə
caffeine	ˈkæf.i:n	**कæफ़** ई:न
cage	keɪdʒ	केइज
caged	keɪdʒd	केइज्ड
cagey	ˈkeɪdʒ.i	**केइज** ई
cahoots	kə.ˈhu:ts	कə **हू:ट्स**
cajole	kə.ˈdʒəʊl	कə **जəउल**
cake	keɪk	केइक
cakewalk	ˈkeɪk.wɔ:k	**केइक** व़ो:क

calamari	ˈkæl.ə.ˈmɑ:.ri	**कæल** ə **मा:** री
calamity	kə.ˈlæm.ə.ti	कə **लæम** ə टी
calcify	ˈkæl.sɪ.faɪ	**कæल** सि फ़ाइ
calcium	ˈkæl.sɪ.əm	**कæल** सि əम
calculate	ˈkæl.kjə.leɪt	**कæल** क्यə लेइट
calculated	ˈkæl.kjə.leɪ.tɪd	**कæल** क्यə लेइ टिड
calculating	ˈkæl.kjə.leɪ.tɪŋ	**कæल** क्यə लेइ टिङ
calculation	ˈkæl.kjə.ˈleɪ.ʃᵊn	**कæल** क्यə **लेइ** शᵊन
calculator	ˈkæl.kjə.leɪ.təʳ	**कæल** क्यə लेइ टəर
calculus	ˈkæl.kjə.ləs	**कæल** क्यə लəस
caldron	ˈkɔ:l.drən	**को:ल** ड्रəन
calendar	ˈkæl.ən.dəʳ	**कæल** əन डəर
calendar year	ˈkæl.ən.də.ˈjiəʳ	**कæल** əन डə **यीəर**
calender	ˈkæl.ən.dəʳ	**कæल** əन डəर
calendula	kə.ˈlen.dʒə.lə	कə **लेन** जə लə
calf	kɑ:f	का:फ़
caliber	ˈkæl.ə.bəʳ	**कæल** ə बəर
calibrate	ˈkæl.ɪ.breɪt	**कæल** इ ब्रेइट
calibration	ˈkæl.ɪ.ˈbreɪ.ʃᵊn	**कæल** इ **ब्रेइ** शᵊन
calico (IO)	ˈkæl.ɪ.kəʊ	**कæल** इ कəउ
call	kɔ:l	को:ल
call girl	ˈkɔ:l.ˈgɜ:l	**को:ल गɜ:ल**
callback	ˈkɔ:l.bæk	**को:ल** बæक
caller	ˈkɔ:.lə	**को:** लə
calligraphy	kə.ˈlɪg.rə.fi	कə **लिग** रə फ़ी
calling	ˈkɔ:.lɪŋ	**को:** लिङ
callisthenics	ˈkæl.ɪs.ˈθen.ɪks	**कæल** इस **थेन** इक्स
callous	ˈkæl.əs	**कæल** əस
callously	ˈkæl.əs.li	**कæल** əस ली
callousness	ˈkæl.əs.nəs	**कæल** əस नəस
callus	ˈkæl.əs	**कæल** əस
calm	kɑ:m	का:म
calmer	ˈkɑ:.məʳ	**का:** मəर
calmly	ˈkɑ:m.li	**का:म** ली
calmness	ˈkɑ:m.nəs	**का:म** नəस

calorie	ˈkæl.ᵊr.i	**कæल** ॰र ई
calves	kɑːvz	काːव्ज़
camaraderie	ˈkæm.ə.ˈrɑː.dᵊr.i	**कæम** ə **राː** ड॰र ई
camcorder	ˈkæm.kɔː.dəʳ	**कæम** कोː डəर
came	keɪm	केइम
camel	ˈkæm.ᵊl	**कæम** ॰ल
camellia	kə.ˈmiː.li.ə	कə **मीː** ली ə
cameo	ˈkæm.i.əʊ	**कæम** ई əउ
camera	ˈkæm.rə	**कæम** रə
cameraman	ˈkæm.rə.mæn	**कæम** रə मæन
camera-ready	ˈkæm.rə.red.i	**कæम** रə रेड ई
camera-shy	ˈkæm.rə.ʃai	**कæम** रə शाई
camomile	ˈkæm.ə.maɪl	**कæम** ə माइल
camouflage	ˈkæm.ə.flɑːʒ	**कæम** ə फ़्लाːज़
camp	kæmp	कæम्प
campaign	kæm.ˈpeɪn	कæम **पेइन**
campaigner	kæm.ˈpeɪ.nəʳ	कæम **पेइ** नəर
camper	ˈkæm.pəʳ	**कæम** पəर
campfire	ˈkæmp.faɪ.əʳ	**कæम्प** फ़ाइ əर
campground	ˈkæmp.ˈgraʊnd	**कæम्प ग्राउन्ड**
camphor	ˈkæm.fəʳ	**कæम** फ़əर
camping	ˈkæmp.ɪŋ	**कæम्प** इङ
campsite	ˈkæmp.saɪt	**कæम्प** साइट
campus	ˈkæm.pəs	**कæम** पəस
can	kæn	कæन
Canadian	kə.ˈneɪ.di.ən	कə **नेइ** डी əन
canal	kə.ˈnæl	कə **नæल**
canapé	ˈkæn.ə.peɪ	**कæन** ə पेइ
canary	kə.ˈneə.ri	कə **नेə** री
cancel	ˈkæn.səl	**कæन** सəल
cancellation	ˈkæn.sə.ˈleɪ.ʃᵊn	**कæन** सə **लेइ** श॰न
cancer	ˈkæn.səʳ	**कæन** सəर
candid	ˈkæn.dɪd	**कæन** डिड
candidacy	ˈkæn.dɪ.də.si	**कæन** डि डə सी
candidate	ˈkæn.dɪ.dət	**कæन** डि डəट
candidature	ˈkæn.dɪ.də.tʃəʳ	**कæन** डि डə चəर
candidly	ˈkæn.dɪd.li	**कæन** डिड ली
candle	ˈkæn.dᵊl	**कæन** ड॰ल
candleholder	ˈkæn.dᵊl.həʊl.dəʳ	**कæन** ड॰ल हəउल डəर
candlelight	ˈkæn.dᵊl.laɪt	**कæन** ड॰ल लाइट
candlestick	ˈkæn.dᵊl.stɪk	**कæन** ड॰ल स्टिक

candor	ˈkæn.dəʳ	**कæन** डəर
candy (IO)	ˈkæn.di	**कæन** डी
candy bar	ˈkæn.di.ˈbɑːr	**कæन** डी **बाːर**
candyfloss	ˈkæn.di.flɒs	**कæन** डी फ़्लɒस
cane	keɪn	केइन
canine	ˈkeɪ.naɪn	**केइ** नाइन
caning	ˈkeɪn.ɪŋ	**केइन** इङ
canister	ˈkæn.ɪ.stəʳ	**कæन** इ स्टəर
canker	ˈkæŋk.əʳ	**कæङ्क** əर
canker sore	ˈkæŋk.ə.sɔː	**कæङ्क** ə सोː
cankerous	ˈkæŋk.ə.rəs	**कæङ्क** ə रəस
cannabis	ˈkæn.ə.bɪs	**कæन** ə बिस
canned	kænd	कæन्ड
cannery	ˈkæn.ᵊr.i	**कæन** ॰र ई
cannibal	ˈkæn.ɪ.bᵊl	**कæन** इ ब॰ल
cannibalism	ˈkæn.ɪ.bəl.ɪ.zᵊm	**कæन** इ बəल इ ज़॰म
canning	ˈkæn.ɪŋ	**कæन** इङ
cannon	ˈkæn.ən	**कæन** əन
cannonball	ˈkæn.ən.bɔːl	**कæन** əन बोːल
cannot	ˈkæn.ɒt	**कæन** ɒट
canny	ˈkæn.i	**कæन** ई
canoe	kə.ˈnuː	कə **नूː**
canopy	ˈkæn.ə.pi	**कæन** ə पी
can't	kɑːnt	काːन्ट
cantaloupe	ˈkæn.tə.luːp	**कæन** टə लूːप
cantankerous	kæn.ˈtæŋ.kᵊr.əs	कæन **टæङ** क॰र əस
canteen	kæn.ˈtiːn	कæन **टीːन**
canter	ˈkæn.təʳ	**कæन** टəर
cantonese	ˈkæn.tə.ˈniːz	**कæन** टə **नीːज़**
canvas	ˈkæn.vəs	**कæन** वəस
canvass	ˈkæn.vəs	**कæन** वəस
canyon	ˈkæn.jən	**कæन** यəन
cap	kæp	कæप
capability	ˈkeɪ.pə.ˈbɪl.ə.ti	**केइ** पə **बिल** ə टी
capable	ˈkeɪ.pə.bᵊl	**केइ** पə ब॰ल
capably	ˈkeɪ.pə.bli	**केइ** पə ब्ली
capacitor	kə.ˈpæs.ɪ.təʳ	कə **पæस** इ टəर
capacity	kə.ˈpæs.ə.ti	कə **पæस** ə टी
cape	keɪp	केइप
caper	ˈkeɪ.pəʳ	**केइ** पəर
capillary	kə.ˈpɪl.ᵊr.i	कə **पिल** ॰र ई

capital	ˈkæp.ɪ.tᵊl	**कæप** इ टᵊल
capital letter	ˈkæp.ɪ.tᵊl.ˈlet.əʳ	**कæप** इ टᵊल **लेट** ϴर
capitalisation	ˈkæp.ɪ.tᵊl.aɪ.ˈzeɪ.ʃᵊn	**कæप** इ टᵊल आइ **ज़ेइ** शᵊन
capitalise	ˈkæp.ɪ.tᵊl.aɪz	**कæप** इ टᵊल आइज़
capitalism	ˈkæp.ɪ.tᵊl.ɪ.zᵊm	**कæप** इ टᵊल इ ज़ᵊम
capitalist	ˈkæp.ɪ.tᵊl.ɪst	**कæप** इ टᵊल इस्ट
capitol	ˈkæp.ɪ.tᵊl	**कæप** इ टᵊल
capitulate	kə.ˈpɪtʃ.ə.leɪt	कϴ **पिच** ϴ लेइट
capitulation	kə.ˈpɪtʃ.ə.ˈleɪ.ʃᵊn	कϴ **पिच** ϴ **लेइ** शᵊन
cappuccino	ˈkæp.u.ˈtʃiː.nəʊ	**कæप** ऊ **ची:** नϴउ
caprice	kə.ˈpriːs	कϴ **प्री:स**
capricious	kə.ˈprɪ.ʃəs	कϴ **प्रि** शϴस
capriciously	kə.ˈprɪ.ʃəs.li	कϴ **प्रि** शϴस ली
capricorn	ˈkæp.rɪ.kɔːn	**कæप** रि को:न
capsicum	ˈkæp.sɪ.kəm	**कæप** सि कϴम
capsize	kæp.ˈsaɪz	कæप **साइज़**
capsule	ˈkæp.sjuːl	**कæप** स्यू:ल
captain	ˈkæp.tɪn	**कæप** टिन
caption	ˈkæp.ʃᵊn	**कæप** शᵊन
captivate	ˈkæp.tɪ.veɪt	**कæप** टि वेइट
captivating	ˈkæp.tɪ.veɪ.tɪŋ	**कæप** टि वेइ टिङ
captive	ˈkæp.tɪv	**कæप** टिव
captivity	kæp.ˈtɪv.ə.ti	कæप **टिव** ϴ टी
captor	ˈkæp.təʳ	**कæप** टϴर
capture	ˈkæp.tʃəʳ	**कæप** चϴर
captured	ˈkæp.tʃəd	**कæप** चϴड
car	kɑːr	का:र
car wash	ˈkɑː.wɒʃ	**का:** वɒश
caramel	ˈkær.ə.məl	**कær** ϴ मϴल
carat	ˈkær.ət	**कær** ϴट
caravan	ˈkær.ə.væn	**कær** ϴ वæन
carbohydrate	ˈkɑː.bəʊ.ˈhaɪ.dreɪt	**का:** बϴउ **हाइ** ड्रेइट
carbon	ˈkɑː.bᵊn	**का:** बᵊन
carbon copy	ˈkɑː.bᵊn.ˈkɒp.i	**का:** बᵊन **कɒप** ई
carbon dioxide	ˈkɑː.bᵊn.daɪ.ˈɒk.saɪd	**का:** बᵊन डाइ **ɒक** साइड
carbon monoxide	ˈkɑː.bᵊn.mə.ˈnɒk.saɪd	**का:** बᵊन मϴ **नɒक**

		साइड
carbon paper	ˈkɑː.bᵊn.ˈpeɪ.pəʳ	**का:** बᵊन **पेइ** पϴर
carbonade	ˈkɑː.bᵊn.eɪt	**का:** बᵊन एइट
carbonated	ˈkɑː.bᵊn.eɪ.tɪd	**का:** बᵊन एइ टिड
carburetor	ˈkɑː.bə.ˈret.əʳ	**का:** बϴ **रेट** ϴर
carcass	ˈkɑː.kəs	**का:** कϴस
carcinogenic	ˈkɑː.sɪ.nə.ˈdʒen.ɪk	**का:** सि नϴ **जेन** इक
card	kɑːd	का:ड
card catalog	ˈkɑːd.ˈkæt.ə.lɒg	**का:ड कæट** ϴ लɒग
card holder	ˈkɑːd.ˈhəʊl.dəʳ	**का:ड हϴउल** डϴर
cardamom	ˈkɑː.də.məm	**का:** डϴ मϴम
cardboard	ˈkɑːd.bɔːd	**का:ड** बो:ड
cardiac	ˈkɑː.dɪ.æk	**का:** डि æक
cardiac arrest	ˈkɑː.dɪ.æk.ə.ˈrest	**का:** डि æक ϴ **रेस्ट**
cardigan	ˈkɑː.dɪ.gən	**का:** डि गϴन
cardinal	ˈkɑː.dɪ.nᵊl	**का:** डि नᵊल
cardinal number	ˈkɑː.dɪ.nᵊl.ˈnʌm.bəʳ	**का:** डि नᵊल **नʌम** बϴर
cardiogram	ˈkɑː.di.ə.græm	**का:** डी ϴ ग्रæम
cardiograph	ˈkɑː.di.ə.græf	**का:** डी ϴ ग्रæफ़
cardiologist	ˈkɑː.di.ˈɒl.ə.dʒɪst	**का:** डी **ɒल** ϴ जिस्ट
cardiology	ˈkɑː.di.ˈɒl.ə.dʒi	**का:** डी **ɒल** ϴ जी
cards	kɑːdz	का:ड्ज़
care	keə	केϴ
cared for	ˈkeəd.fɔːʳ	**केϴड** फ़ो:र
career	kə.ˈrɪəʳ	कϴ **रिϴर**
carefree	ˈkeə.friː	**केϴ** फ़्री:
careful	ˈkeə.fəl	**केϴ** फ़ϴल
carefully	ˈkeə.fᵊl.i	**केϴ** फ़ᵊल ई
carefulness	ˈkeə.fᵊl.nəs	**केϴ** फ़ᵊल नϴस
careless	ˈkeə.ləs	**केϴ** लϴस
carelessly	ˈkeə.ləs.li	**केϴ** लϴस ली
carelessness	ˈkeə.ləs.nəs	**केϴ** लϴस नϴस
caress	kə.ˈres	कϴ **रेस**
caressed	kə.ˈrest	कϴ **रेस्ट**
caret	ˈkær.ət	**कær** ϴट
caretaker	ˈkeə.ˈteɪ.kəʳ	**केϴ टेइ** कϴर
cargo	ˈkɑː.gəʊ	**का:** गϴउ
caricature	ˈkær.ɪ.kə.tʃʊəʳ	**कær** इ कϴ चुϴर

caricaturist	ˈkær.ɪ.kə.ˈtʃʊə.rɪst	**कæर** इ कə **चुə** रिस्ट
caries	ˈkeə.riːz	**केə** रीːज़
caring	ˈkeə.rɪŋ	**केə** रिङ
carjacker	ˈkɑː.ˈdʒæk.ə	**काː** **जæक** ə
carjacking	ˈkɑː.ˈdʒæk.ɪŋ	**काː** **जæक** इङ
carnage	ˈkɑː.nɪdʒ	**काː** निज
carnal	ˈkɑː.nᵊl	**काː** नᵊल
carnation	kɑː.ˈneɪ.ʃᵊn	काː **नेइ** शᵊन
carnival	ˈkɑː.nɪ.vᵊl	**काː** नि वᵊल
carnivore	ˈkɑː.nɪ.vɔːʳ	**काː** नि वोːर
carnivorous	kɑː.ˈnɪv.ə.rəs	काː **निव** ə रəस
carob	ˈkær.əb	**कæर** əब
carol	ˈkær.əl	**कæर** əल
carom	ˈkær.əm	**कæर** əम
carotene	ˈkær.ə.tiːn	**कæर** ə टीːन
carousel	ˈkær.ə.ˈsel	**कæर** ə **सेल**
carp	kɑːp	काːप
carpenter	ˈkɑː.pɪn.təʳ	**काː** पिन टəर
carpentry	ˈkɑː.pɪn.tᵊr.i	**काː** पिन टᵊर ई
carpet	ˈkɑː.pɪt	**काː** पिट
carpeted	ˈkɑː.pɪt.ɪd	**काː** पिट इड
carpeting	ˈkɑː.pɪt.ɪŋ	**काː** पिट इङ
carphone	ˈkɑːˈfəʊn	**काː** **फ़əउन**
carpool	ˈkɑː.ˈpuːl	**काː** **पूːल**
carport	ˈkɑː.pɔːt	**काː** पोːट
carriage	ˈkær.ɪdʒ	**कæर** इज
carriageway	ˈkær.ɪdʒ.weɪ	**कæर** इज वेइ
carried	ˈkær.ɪd	**कæर** इड
carrier	ˈkær.i.əʳ	**कæर** ई əर
carrot	ˈkær.ət	**कæर** əट
carry	ˈkær.i	**कæर** ई
carrycot	ˈkær.i.kɒt	**कæर** ई कɒट
carryon	ˈkær.i.ɒn	**कæर** ई ɒन
carryout	ˈkær.i.aʊt	**कæर** ई आउट
carsick	ˈkɑː.sɪk	**काː** सिक
cart	kɑːt	काːट
carte blanche	ˈkɑːt.ˈblɑːntʃ	**काːट** **ब्लाːन्च**
cartel	kɑː.ˈtel	काː **टेल**
Cartesian	kɑː.ˈtiː.zi.ən	काː **टीː** ज़ी əन
cart-horse	ˈkɑːt.hɔːs	**काːट** होːस
cartilage	ˈkɑː.təl.ɪdʒ	**काː** टəल इज
cartload	ˈkɑːt.ləʊd	**काːट** लəउड
cartographer	kɑː.ˈtɒg.rə.fəʳ	काː **टɒग** रə फ़əर
cartography	kɑː.ˈtɒg.rə.fi	काː **टɒग** रə फ़ी
carton	ˈkɑː.tᵊn	**काː** टᵊन
cartoon	kɑː.ˈtuːn	काː **टूːन**
cartoonist	kɑː.ˈtuː.nɪst	काː **टूː** निस्ट
cartridge	ˈkɑː.trɪdʒ	**काː** ट्रिज
cartwheel	ˈkɑːt.wiːl	**काːट** वीːल
carve	kɑːv	काːव
carvery	ˈkɑː.və.ri	**काː** वə री
carving	ˈkɑː.vɪŋ	**काː** विङ
cascade	kæs.ˈkeɪd	कæस **केइड**
cascading	kæs.ˈkeɪd.ɪŋ	कæस **केइड** इङ
case	keɪs	केइस
case study	ˈkeɪs.ˈstʌd.i	**केइस** **स्टʌड** ई
casebook	ˈkeɪs.bʊk	**केइस** बुक
casework	ˈkeɪs.wɜːk	**केइस** वɜːक
caseworker	ˈkeɪs.ˈwɜː.kə	**केइस** **वɜː** कə
cash (IO)	kæʃ	कæश
cash cow	ˈkæʃ.kaʊ	**कæश** काउ
cash dispenser	ˈkæʃ.dɪs.ˈpen.səʳ	**कæश** डिस **पेन** सəर
cash register	ˈkæʃ.ˈredʒ.ɪ.stəʳ	**कæश** **रेज** इ स्टəर
cashable	ˈkæʃ.ə.bᵊl	**कæश** ə बᵊल
cash-and-carry	ˈkæʃ.ən.ˈkær.i	**कæश** əन **कæर** ई
cashback	ˈkæʃ.bæk	**कæश** बæक
cashew (IO)	ˈkæʃ.uː	**कæश** ऊː
cashflow	ˈkæʃ.ˈfləʊ	**कæश** **फ़्लəउ**
cashier	kæʃ.ˈɪəʳ	कæश **इəर**
cash-in-hand	ˈkæʃ.ɪn.hænd	**कæश** इन हæन्ड
cashless	ˈkæʃ.ləs	**कæश** लəस
cashmere	kæʃ.ˈmɪəʳ	कæश **मिəर**
cashpoint	ˈkæʃ.pɔɪnt	**कæश** पोइन्ट
cash-rich	ˈkæʃ.rɪtʃ	**कæश** रिच
cash-starved	ˈkæʃ.stɑːvd	**कæश** स्टाːव्ड
cash-strapped	ˈkæʃ.stræpt	**कæश** स्ट्रæप्ट
casing	ˈkeɪs.ɪŋ	**केइस** इङ
casino	kə.ˈsiː.nəʊ	कə **सीː** नəउ
cask	kɑːsk	काːस्क
casket	ˈkɑːs.kɪt	**काːस** किट
casserole	ˈkæs.ə.rəʊl	**कæस** ə रəउल
cassette	kə.ˈset	कə **सेट**
cast	kɑːst	काːस्ट
cast iron	kɑːst.ˈaɪ.ən	काःस्ट **आइ** əन

castaway	ˈkɑː.stə.weɪ	**का:** स्टə वेइ
caste	kɑːst	का:स्ट
caster	ˈkɑː.stə	**का:** स्टə
castigate	ˈkæs.tɪ.geɪt	**कæस** टि गेइट
castigated	ˈkæs.tɪ.geɪ.tɪd	**कæस** टि गेइ टिड
castigation	ˈkæs.tɪ.ˈgeɪ.ʃᵊn	**कæस** टि **गेइ** शᵊन
casting	ˈkɑːs.tɪŋ	**का:स** टिङ
castle	ˈkɑː.sᵊl	**का:** सᵊल
castoff	ˈkæst.ˈɒf	**कæस्ट ɒफ़**
castrate	kæs.ˈtreɪt	कæस **ट्रेइट**
castration	kæs.ˈtreɪ.ʃᵊn	कæस **ट्रेइ** शᵊन
casual	ˈkæʒ.ʊ.əl	**कæज़** उ əल
casually	ˈkæʒ.ʊ.ᵊl.i	**कæज़** उ ᵊल ई
casualness	ˈkæʒ.ʊ.ᵊl.nəs	**कæज़** उ ᵊल नəस
casualty	ˈkæʒ.ʊ.ᵊl.ti	**कæज़** उ ᵊल टी
cat	kæt	कæट
cataclysm	ˈkæt.ə.klɪ.zᵊm	**कæट** ə क्लि ज़ᵊम
cataclysmic	ˈkæt.ə.ˈklɪz.mɪk	**कæट** ə **क्लिज़** मिक
catacomb	ˈkæt.ə.ˈkuː m	**कæट** ə **कू:** म
catalogue	ˈkæt.ə.lɒg	**कæट** ə लɒग
catalyst	ˈkæt.ə.lɪst	**कæट** ə लिस्ट
catamaran (IO)	ˈkæt.ə.mə.ˈræn	**कæट** ə मə **रæन**
catapult	ˈkæt.ə.pʌlt	**कæट** ə पʌल्ट
cataract	ˈkæt.ə.rækt	**कæट** ə रæक्ट
catastrophe	kə.ˈtæs.trə.fi	कə **टæस** ट्रə फ़ी
catastrophic	ˈkæt.ə.ˈstrɒf.ɪk	**कæट** ə **स्ट्रɒफ़** इक
catch	kætʃ	कæच
catch phrase	ˈkætʃ.freɪz	**कæच** फ़्रेइज़
catch-22	ˈkætʃ.twen.ti.ˈtuː	**कæच** ट्वेन टी **टू:**
catching	ˈkætʃ.ɪŋ	**कæच** इङ
catchment	ˈkætʃ.mᵊnt	**कæच** मᵊन्ट
catchword	ˈkætʃ.wɜːd	**कæच** वɜ:ड
catchy	ˈkætʃ.i	**कæच** ई
catechism	ˈkæt.ə.kɪ.zᵊm	**कæट** ə कि ज़ᵊम
categorical	ˈkæt.ə.ˈgɒr.ɪ.kᵊl	**कæट** ə **गɒर** इ कᵊल
categorically	ˈkæt.ə.ˈgɒr.ɪ.kᵊl.i	**कæट** ə **गɒर** इ कᵊल ई
categorise	ˈkæt.ə.gə.raɪz	**कæट** ə गə राइज़
category	ˈkæt.ə.gᵊr.i	**कæट** ə गᵊर ई

catenate	ˈkæt.ə.neɪt	**कæट** ə नेइट
cater	ˈkeɪ.təʳ	**केइ** टəर
caterer	ˈkeɪ.tə.rəʳ	**केइ** टə रəर
catering	ˈkeɪ.tᵊr.ɪŋ	**केइ** टᵊर इङ
caterpillar	ˈkæt.ə.pɪl.əʳ	**कæट** ə पिल əर
catfish	ˈkæt.fɪʃ	**कæट** फ़िश
cathedral	kə.ˈθiː.drəl	कə **थी:** ड्रəल
catheter	ˈkæθ.ə.təʳ	**कæथ** ə टəर
catheterisation	ˈkæθ.ə.tᵊr.aɪˈzeɪ.ʃᵊn	**कæथ** ə टᵊर आइ **ज़ेइ** शᵊन
cathetorise	ˈkæθ.ə.tᵊr.aɪz	**कæथ** ə टᵊर आइज़
cathode	ˈkæθ.əʊd	**कæथ** əउड
cathode-ray tube	ˈkæθ.əʊd.ˈreɪ.tjuːb	**कæथ** əउड **रेइ** ट्यू:ब
catholic	ˈkæθ.əl.ɪk	**कæथ** əल इक
catholicism	kə.ˈθɒl.i.sɪ.zᵊm	कə **थɒल** ई सि ज़ᵊम
catnap	ˈkæt.næp	**कæट** नæप
catnip	ˈkæt.mɪnt	**कæट** मिन्ट
cat-o'-nine-tails	ˈkæt.ə.ˈnaɪn.teɪlz	**कæट** ə **नाइन** टेइल्ज़
cat's-eyes	ˈkæts.aɪz	**कæट्स** आइज़
cattle	ˈkæt.ᵊl	**कæट** ᵊल
catty	ˈkæt.i	**कæट** ई
catwalk	ˈkæt.wɔːk	**कæट** वो:क
Caucasian	kɔːˈkeɪ.ʒᵊn	को: **केइ** ज़ᵊन
caucus	ˈkɔː.kəs	**को:** कəस
caught	ˈkɔːt	**को:ट**
cauldron	ˈkɔːl.drᵊn	**को:ल** ड्रᵊन
cauliflower	ˈkɒl.ɪ.flaʊ.əʳ	**कɒल** इ फ़्लाउ əर
caulk	kɔːk	को:क
causal	ˈkɔː.zᵊl	**को:** ज़ᵊल
causality	kɔː.ˈzæl.ə.ti	को: **ज़æल** ə टी
causative	ˈkɔː.zə.tɪv	**को:** ज़ə टिव
cause	kɔːz	को:ज़
causeway	ˈkɔːz.weɪ	**को:ज़** वेइ
caustic	ˈkɔːs.tɪk	**को:स** टिक
cauterise	ˈkɔː.tᵊr.aɪz	**को:** टᵊर आइज़
caution	ˈkɔː.ʃᵊn	**को:** शᵊन
cautionary	ˈkɔː.ʃᵊn.ᵊr.i	**को:** शᵊन ᵊर ई
cautious	ˈkɔː.ʃəs	**को:** शəस

cautiously	ˈkɔː.ʃəs.li	**को:** शƏस ली
cavalcade	ˈkæv.ᵊl.ˈkeɪd	**कæव** ᵊल **केइड**
cavalier	ˈkæv.ᵊl.i.əʳ	**कæव** ᵊल ई Əर
cavalry	ˈkæv.ᵊl.ri	**कæव** ᵊल री
cave	keɪv	केइव
caveat	ˈkæv.i.æt	**कæव** ई æट
caveat emptor	ˈkæv.i.æt.ˈemp.tɔːʳ	**कæव** ई æट **एम्प** टो:र
cavein	ˈkeɪv.ˈɪn	**केइव इन**
caveman	ˈkeɪv.mæn	**केइव** मæन
cavern	ˈkæv.ᵊn	**कæव** ᵊन
cavernous	ˈkæv.ᵊn.əs	**कæव** ᵊन Əस
caviar	ˈkæv.i.ɑːr	**कæव** ई आ:र
cavity	ˈkæv.ə.ti	**कæव** Ə टी
cavy	ˈkeɪ.vi	**केइ** वी
caw	kɔː	को:
CBE	ˈsiː.biːˈiː	**सी:** बी: **ई:**
cc:	ˈsiː.ˈsiː:	**सी: सी::**
CCTV	ˈsiː.siː.tiːˈviː	**सी:** सी: टी: **वी:**
CD	ˈsiː.ˈdiː	**सी: डी:**
CD player	ˈsiː.ˈdiː.ˈpleɪ.əʳ	**सी: डी: प्लेइ** Əर
CD-ROM	ˈsi.ˈdi.ˈrɑːm	**सी डी रा:म**
CD-RW	ˈsiː.ˈdiː.ɑːr.ˈdʌb.ᵊl.juː	**सी: डी:** आ:र **डʌब** ᵊल यू:
cease	siːs	सी:स
cease-fire	ˈsiːs.faɪ.əʳ	**सी:स** फ़ाइ Əर
ceaseless	ˈsiːs.ləs	**सी:स** लƏस
ceaselessly	ˈsiːs.ləs.li	**सी:स** लƏस ली
cedar	ˈsiː.dəʳ	**सी:** डƏर
cede	siːd	सी:ड
ceiling	ˈsiː.lɪŋ	**सी:** लिङ
celeb	sə.ˈleb	सƏ **लेब**
celebrant	ˈsel.ə.brᵊnt	**सेल** Ə ब्रᵊन्ट
celebrate	ˈsel.ə.breɪt	**सेल** Ə ब्रेइट
celebrated	ˈsel.ə.breɪ.tɪd	**सेल** Ə ब्रेइ टिड
celebrating	ˈsel.ə.breɪ.tɪŋ	**सेल** Ə ब्रेइ टिङ
celebration	ˈsel.ə.ˈbreɪ.ʃᵊn	**सेल** Ə **ब्रेइ** शᵊन
celebrity	sə.ˈleb.rə.ti	सƏ **लेब** रƏ टी
celery	ˈsel.ᵊr.i	**सेल** ᵊर ई
celestial	sə.ˈles.ti.əl	सƏ **लेस** टी Əल
celibacy	ˈsel.ə.bə.si	**सेल** Ə बƏ सी
celibate	ˈsel.ə.bət	**सेल** Ə बƏट
cell	sel	सेल

cellar	ˈsel.əʳ	**सेल** Əर
cellist	ˈtʃel.ɪst	**चेल** इस्ट
cellmate	ˈsel.meɪt	**सेल** मेइट
cello	ˈtʃel.əʊ	**चेल** Əउ
cellophane	ˈsel.ə.feɪn	**सेल** Ə फ़ेइन
cellphone	ˈsel.fəʊn	**सेल** फ़Əउन
cellular	ˈsel.jə.lə	**सेल** ग़Ə लƏ
celluloid	ˈsel.jə.lɔɪd	**सेल** ग़Ə लोइड
cellulose	ˈsel.jə.ləʊs	**सेल** ग़Ə लƏउस
Celsius	ˈsel.sɪ.əs	**सेल** सि Əस
cement	sɪ.ˈment	सि **मेन्ट**
cemetery	ˈsem.ə.tri	**सेम** Ə ट्री
censor	ˈsen.səʳ	**सेन** सƏर
censorial	sen.ˈsɔː.ri.əl	सेन **सो:** री Əल
censorship	ˈsen.sə.ʃɪp	**सेन** सƏ शिप
censure	ˈsen.ʃəʳ	**सेन** शƏर
census	ˈsen.səs	**सेन** सƏस
cent	sent	सेन्ट
centenary	sen.ˈtiː.nᵊr.i	सेन **टी:** नᵊर ई
centennial	sen.ˈten.i.əl	सेन **टेन** ई Əल
centigrade	ˈsen.tɪ.greɪd	**सेन** टि ग्रेइड
centimetre	ˈsen.tɪ.ˈmiː.təʳ	**सेन** टि **मी:** टƏर
centipede	ˈsen.tɪ.piːd	**सेन** टि पी:ड
central	ˈsen.trəl	**सेन** ट्रƏल
central heating	ˈsen.trəl.ˈhiː.tɪŋ	**सेन** ट्रƏल **ही:** टिङ
centralise	ˈsen.trə.laɪz	**सेन** ट्रƏ लाइज़
centrally	ˈsen.trə.li	**सेन** ट्रƏ ली
centre	ˈsen.təʳ	**सेन** टƏर
centre of gravity	ˈsen.tər.əv.ˈgræv.ə.ti	**सेन** टƏर Əव **ग्रæव** Ə टी
centre-field	ˈsen.tə.fiːld	**सेन** टƏ फ़ी:ल्ड
centrefold	ˈsen.tə.fəʊld	**सेन** टƏ फ़Əउल्ड
centre-forward	ˈsen.tə.ˈfɔː.wəd	**सेन** टƏ **फ़ो:** व़Əड
centre-half	ˈsen.tə.ˈhɑːf	**सेन** टƏ **हा:फ़**
centrepiece	ˈsen.tə.piːs	**सेन** टƏ पी:स
centrifugal	sen.ˈtrɪ.fjʊ.gᵊl	सेन **ट्रि** फ़्गु गᵊल
centripetal	sen.ˈtrɪ.piː.tᵊl	सेन **ट्रि** पी: टᵊल
century	ˈsen.tʃᵊr.i	**सेन** चᵊर ई
CEO	ˈsiː.ˈiː.ˈəʊ	**सी: ई: Əउ**
ceramics	sə.ˈræm.ɪks	सƏ **रæम** इक्स
cereal	ˈsɪə.ri.əl	**सिƏ** री Əल
cerebral palsy	ˈser.ə.brəl.ˈpɔːl.zi	**सेर** Ə ब्रƏल **पो:ल** ज़ी

ceremonial	ˈser.ɪ.ˈməʊ.ni.əl	**सेर** इ **मΘउ** नी Θल
ceremony	ˈser.ɪ.mə.ni	**सेर** इ मΘ नी
certain	ˈsɜː.tᵊn	**स3ː** टᵊन
certainly	ˈsɜː.tᵊn.li	**स3ː** टᵊन ली
certainty	ˈsɜː.tᵊn.ti	**स3ː** टᵊन टी
certifiable	ˈsɜː.tɪ.ˈfaɪ.ə.bᵊl	**स3ː** टि **फ़ाइ** Θ बᵊल
certificate	sə.ˈtɪ.fɪ.keɪt	सΘ **टि** फ़ि केइट
certification	ˈsɜː.tɪ.fɪ.ˈkeɪ.ʃᵊn	**स3ː** टि फ़ि **केइ** शᵊन
certified check	ˈsɜː.tɪ.faɪd.ˈtʃek	**स3ː** टि फ़ाइड **चेक**
certified mail	ˈsɜː.tɪ.faɪd.ˈmeɪl	**स3ː** टि फ़ाइड **मेइल**
certify	ˈsɜː.tɪ.faɪ	**स3ː** टि फ़ाइ
cervical	sɜː.ˈvaɪ.kᵊl	स3ː **वाइ** कᵊल
cervix	ˈsɜː.vɪks	**स3ː** विक्स
cessation	ses.ˈeɪ.ʃᵊn	सेस **एइ** शᵊन
cesspit	ˈses.pɪt	**सेस** पिट
cesspool	ˈses.puːl	**सेस** पूːल
c'est la vie	ˈseɪ.lə.viː	**सेइ** लΘ वीː
cha cha cha	ˈtʃɑː.ˈtʃɑː.ˈtʃɑː	**चाː** **चाː** **चाː**
chafe	tʃeɪf	चेइफ़
chaff	tʃɑːf	चाːफ़
chagrin	ˈʃæg.rɪn	**शæग** रिन
chain	tʃeɪn	चेइन
chain letter	tʃeɪn.ˈlet.əʳ	चेइन **लेट** Θर
chain reaction	tʃeɪn.rɪ.ˈæk.ʃᵊn	चेइन रि **æक** शᵊन
chain smoke	tʃeɪn.ˈsməʊk	चेइन **स्मΘउक**
chainsaw	ˈtʃeɪn.sɔː	**चेइन** सोː
chair	tʃeəʳ	चेΘर
chairlift	ˈtʃeə.lɪft	**चेΘ** लिफ़्ट
chairman	ˈtʃeə.mən	**चेΘ** मΘन
chairmanship	ˈtʃeə.mən.ʃɪp	**चेΘ** मΘन शिप
chairperson	ˈtʃeə.ˈpɜː.sᵊn	**चेΘ** **प3ː** सᵊन
chairwoman	ˈtʃeə.ˈwʊm.ən	**चेΘ** **वुम** Θन
chaise	ʃeɪz	शेइज़
chalet	ˈʃæl.eɪ	**शæल** एइ
chalk	tʃɔːk	चोːक
chalkboard	ˈtʃɔːk.ˈbɔːd	**चोːक** **बोːड**
chalky	ˈtʃɔːk.i	**चोːक** ई
challenge	ˈtʃæl.ɪndʒ	**चæल** इन्ज
challenger	ˈtʃæl.ɪndʒ.əʳ	**चæल** इन्ज Θर
challenging	ˈtʃæl.ɪndʒ.ɪŋ	**चæल** इन्ज इङ
challis	ˈtʃæl.ɪs	**चæल** इस
chamber	ˈtʃeɪm.bə	**चेइम** बΘ
chamber music	ˈtʃeɪm.bə.ˈmjuː.zɪk	**चेइम** बΘ **म्यूː** ज़िक
chambermaid	ˈtʃeɪm.bə.meɪd	**चेइम** बΘ मेइड
chameleon	kə.ˈmiː.li.ən	कΘ **मीː** ली Θन
chamois	ˈʃæm.wɑː	**शæम** वाː
chamomile	ˈkæm.ə.maɪl	**कæम** Θ माइल
champ	tʃæmp	चæम्प
champagne	ʃæm.ˈpeɪn	शæम **पेइन**
champignon	tʃæm.ˈpi.njən	चæम **पी** न्गΘन
champion	ˈtʃæm.pi.ən	**चæम** पी Θन
championship	ˈtʃæm.pi.ən.ʃɪp	**चæम** पी Θन शिप
chance	tʃɑːns	चाːन्स
chancellor	ˈtʃɑːn.səl.əʳ	**चाːन** सΘल Θर
chandelier	ˈʃæn.də.ˈlɪəʳ	**शæन** डΘ **लिΘर**
change	tʃeɪndʒ	चेइन्ज
changeable	ˈtʃeɪndʒ.ə.bəl	**चेइन्ज** Θ बΘल
changeover	ˈtʃeɪndʒ.ˈəʊ.vəʳ	**चेइन्ज** **Θउ** वΘर
changer	ˈtʃeɪndʒ.əʳ	**चेइन्ज** Θर
changing	ˈtʃeɪndʒ.ɪŋ	**चेइन्ज** इङ
channel	ˈtʃæn.ᵊl	**चæन** ᵊल
chant	tʃɑːnt	चाːन्ट
chaos	ˈkeɪ.ɒs	**केइ** ɒस
chaotic	keɪ.ˈɒt.ɪk	केइ **ɒट** इक
chap	tʃæp	चæप
chapel	ˈtʃæp.ᵊl	**चæप** ᵊल
chaperone	ˈʃæp.ə.rəʊn	**शæप** Θ रΘउन
chaplain	ˈtʃæp.lɪn	**चæप** लिन
chapped	tʃæpt	चæप्ट
chaps	tʃæps	चæप्स
chapstick	ˈtʃæp.stɪk	**चæप** स्टिक
chapter	ˈtʃæp.təʳ	**चæप** टΘर
char	tʃɑː	चाː
character	ˈkær.ək.təʳ	**कæर** Θक टΘर
characterise	ˈkær.ək.tə.raɪz	**कæर** Θक टΘ राइज़
characteristic	ˈkær.ək.tə.ˈrɪs.tɪk	**कæर** Θक टΘ **रिस** टिक
characteristically	ˈkær.ək.tə.ˈrɪs.tɪk.ᵊl.i	**कæर** Θक टΘ **रिस** टिक ᵊल ई
charade	ʃə.ˈrɑːd	शΘ **राːड**
charcoal	ˈtʃɑː.kəʊl	**चाː** कΘउल

charge	tʃɑːdʒ	चा:ज
charger	ˈtʃɑː.dʒəʳ	**चा:ज** ϴर
chariot	ˈtʃær.i.ət	**चæर** ई ϴट
charisma	kə.ˈrɪz.mə	कϴ **रिज़** मϴ
charismatic	ˌkær.ɪz.ˈmæt.ɪk	**कæर** इज़ **मæट** इक
charitable	ˈtʃær.ə.tə.bᵊl	**चæर** ϴ टϴ बᵊल
charitably	ˈtʃær.ə.tə.bli	**चæर** ϴ टϴ ब्ली
charity	ˈtʃær.ə.ti	**चæर** ϴ टी
charlatan	ˈʃɑː.lə.tən	**शा:** लϴ टϴन
charm	tʃɑːm	चा:म
charmed	tʃɑːmd	चा:म्ड
charmer	ˈtʃɑː.mə	**चा:** मϴ
charming	ˈtʃɑː.mɪŋ	**चा:** मिङ
charpoi (IO)	ˈtʃɑː.pɔɪ	**चा:** पोइ
charred	tʃɑːd	चा:ड
chart	tʃɑːt	चा:ट
charter	ˈtʃɑː.təʳ	**चा:** टϴर
charter flight	ˈtʃɑː.tə.flaɪt	**चा:** टϴ फ़्लाइट
chase	tʃeɪs	चेइस
chaser	ˈtʃeɪs.əʳ	**चेइस** ϴर
chasm	ˈkæz.əm	**कæज़** ϴम
chassis	ˈʃæs.i	**शæस** ई
chaste	tʃeɪst	चेइस्ट
chasten	ˈtʃeɪs.ᵊn	**चेइस** ᵊन
chastise	tʃæs.ˈtaɪz	चæस **टाइज़**
chastisement	tʃæs.ˈtaɪz.mᵊnt	चæस **टाइज़** मᵊन्ट
chastity	ˈtʃæs.tə.ti	**चæस** टϴ टी
chat	tʃæt	चæट
chateau	ˈʃæt.əʊ	**शæट** ϴउ
chatroom	ˈtʃæt.ruːm	**चæट** रू:म
chattel	ˈtʃæt.ᵊl	**चæट** ᵊल
chatter	ˈtʃæt.əʳ	**चæट** ϴर
chatterbox	ˈtʃæt.ə.bɒks	**चæट** ϴ बɒक्स
chatting	ˈtʃæt.ɪŋ	**चæट** इङ
chatty	ˈtʃæt.i	**चæट** ई
chauffeur	ˈʃəʊ.fəʳ	**शϴउ** फ़ϴर
chauvinism	ˈʃəʊ.vɪ.nɪ.zᵊm	**शϴउ** वि नि ज़ᵊम
chauvinist	ˈʃəʊ.vɪ.nɪst	**शϴउ** वि निस्ट
chauvinistic	ˌʃəʊ.vɪ.ˈnɪs.tɪk	**शϴउ** वि **निस** टिक
cheap	tʃiːp	ची:प
cheapen	ˈtʃiː.pᵊn	**ची:** पᵊन
cheaper	ˈtʃiːp.əʳ	**ची:प** ϴर
cheapest	ˈtʃiː.pɪst	**ची:** पिस्ट
cheaply	ˈtʃiːp.li	**ची:प** ली
cheapness	ˈtʃiːp.nəs	**ची:प** नϴस
cheapo	ˈtʃiː.pəʊ	**ची:** पϴउ
cheapshot	ˈtʃiːp.ʃɒt	**ची:प** शɒट
cheapskate	ˈtʃiːp.skeɪt	**ची:प** स्केइट
cheat	tʃiːt	ची:ट
cheater	ˈtʃiː.təʳ	**ची:** टϴर
check	tʃek	चेक
check mark	ˈtʃek.mɑːk	**चेक** मा:क
checkbook	ˈtʃek.bʊk	**चेक** बुक
checked	tʃekt	चेक्ट
checker	ˈtʃek.əʳ	**चेक** ϴर
checkerboard	ˈtʃek.ə.bɔːd	**चेक** ϴ बो:ड
checkered	ˈtʃek.əd	**चेक** ϴड
checkers	ˈtʃek.əz	**चेक** ϴज़
check-in	ˈtʃek.ɪn	**चेक** इन
checking account	ˈtʃek.ɪŋ.ə.ˈkaʊnt	**चेक** इङ ϴ **काउन्ट**
checklist	ˈtʃek.lɪst	**चेक** लिस्ट
checkmate	ˈtʃek.meɪt	**चेक** मेइट
checkout	ˈtʃek.aʊt	**चेक** आउट
checkpoint	ˈtʃek.pɔɪnt	**चेक** पोइन्ट
checksum	ˈtʃek.səm	**चेक** सϴम
checkup	ˈtʃek.ʌp	**चेक** ʌप
cheddar	ˈtʃe.dəʳ	**चे** डϴर
cheek	tʃiːk	ची:क
cheekbone	ˈtʃiːk.bəʊn	**ची:क** बϴउन
cheeky	ˈtʃiː.ki	**ची:** की
cheer	tʃɪəʳ	चिϴर
cheerful	ˈtʃɪə.fᵊl	**चिϴ** फ़ᵊल
cheerfully	ˈtʃɪə.fᵊl.i	**चिϴ** फ़ᵊल ई
cheerfulness	ˈtʃɪə.fᵊl.nəs	**चिϴ** फ़ᵊल नϴस
cheering	ˈtʃɪə.rɪŋ	**चिϴ** रिङ
cheerleader	ˈtʃɪə.ˈliː.dəʳ	**चिϴ** **ली:** डϴर
cheers	tʃɪəz	चिϴज़
cheery	ˈtʃɪə.ri	**चिϴ** री
cheese	tʃiːz	ची:ज़
cheeseboard	ˈtʃiːz.bɔːd	**ची:ज़** बो:ड
cheeseburger	ˈtʃiːz.ˈbɜː.gə	**ची:ज़** **बɜ:** गϴ
cheesecake	ˈtʃiːz.keɪk	**ची:ज़** केइक
cheesecloth	ˈtʃiːz.klɒθ	**ची:ज़** क्लɒथ
cheesy	ˈtʃiː.zi	**ची:** ज़ी
cheetah (IO)	ˈtʃiː.tə	**ची:** टϴ

chef	ʃef	शेफ़
chemical	ˈkem.ɪ.kᵊl	**केम** इ क॰ल
chemically	ˈkem.ɪ.kᵊl.i	**केम** इ क॰ल ई
chemise	ʃə.ˈmiːz	शə **मी:ज़**
chemist	ˈkem.ɪst	**केम** इस्ट
chemistry	ˈkem.ɪ.stri	**केम** इ स्ट्री
chemo	ˈkiː.məʊ	**की:** मəउ
chemotherapy	ˈkiː.məʊ.ˈθer.ə.pi	**की:** मəउ **थेर** ə पी
cheque	tʃek	चेक
cherish	ˈtʃer.ɪʃ	**चेर** इश
cheroot (IO)	ʃə.ˈruːt	शə **रू:ट**
cherry	ˈtʃer.i	**चेर** ई
cherry-pick	ˈtʃer.i.pik	**चेर** ई पीक
cherub	ˈtʃer.əb	**चेर** əब
chess	tʃes	चेस
chessboard	ˈtʃes.bɔːd	**चेस** बो:ड
chest	tʃest	चेस्ट
chested	tʃes.tɪd	चेस टिड
chestnut	ˈtʃes.nʌt	**चेस** नʌट
chesty	ˈtʃes.ti	**चेस** टी
chew	tʃuː	चू:
chewing gum	ˈtʃuː.ɪŋ.gʌm	**चू:** इङ गʌम
chewy	ˈtʃuː.i	**चू:** ई
chhatri (IO)	ˈtʃət.ri	**चəट** री
chi	kaɪ	काइ
chic	ʃiːk	शी:क
chick	tʃɪk	चिक
chicken	ˈtʃɪk.ɪn	**चिक** इन
chicken feed	ˈtʃɪk.ɪn.fiːd	**चिक** इन फ़ी:ड
chicken pox	ˈtʃɪk.ɪn.pɒks	**चिक** इन पɒक्स
chickenfried	ˈtʃɪk.ɪn.fraɪd	**चिक** इन फ़्राइड
chickenhearted	ˈtʃɪk.ɪn.ˈhɑː.tɪd	**चिक** इन **हा:** टिड
chickpea	ˈtʃɪk.piː	**चिक** पी:
chicory	ˈtʃɪk.ᵊr.i	**चिक** ॰र ई
chide	tʃaɪd	चाइड
chief	tʃiːf	ची:फ़
Chief Executive	ˈtʃiː.f.ɪg.ˈzek.jə.tɪv	**ची:फ़** इग **ज़ेक** ग़ə टिव
Chief Executive Officer	ˈtʃiːf ɪg.ˈzek.jə.tɪv.ˈɒf.ɪs.əʳ	**ची:फ़** इग **ज़ेक** ग़ə टिव **ɒफ़** इस əर
chief inspector	ˈtʃiː.f.ɪn.ˈspek.təʳ	**ची:फ़** इन **स्पेक** टəर
chief justice	ˈtʃiː.f.ˈdʒʌs.tɪs	**ची:फ़ जʌस** टिस
chief of staff	ˈtʃiː.f.əv.ˈstɑːf	**ची:फ़** əव **स्टा:फ़**
chiefly	ˈtʃiː.f.li	**ची:फ़** ली
chieftain	ˈtʃiː.f.tən	**ची:फ़** टəन
chiffon	ˈʃɪf.ɒn	**शिफ़** ɒन
child	tʃaɪld	चाइल्ड
child abuse	ˈtʃaɪld.ə.ˈbjuːz	**चाइल्ड** ə **ब्यू:ज़**
child support	ˈtʃaɪld.sə.ˈpɔːt	**चाइल्ड** सə **पो:ट**
childbearing	ˈtʃaɪld.ˈbeə.rɪŋ	**चाइल्ड बेə** रिङ
childbirth	ˈtʃaɪld.bɜːθ	**चाइल्ड** बɜ:थ
childcare	ˈtʃaɪld.keə	**चाइल्ड** केə
childhood	ˈtʃaɪld.hʊd	**चाइल्ड** हुड
childish	ˈtʃaɪl.dɪʃ	**चाइल** डिश
childishly	ˈtʃaɪl.dɪʃ.li	**चाइल** डिश ली
childless	ˈtʃaɪld.ləs	**चाइल्ड** लəस
childlike	ˈtʃaɪld.laɪk	**चाइल्ड** लाइक
childminder	ˈtʃaɪld.ˈmaɪn.dəʳ	**चाइल्ड माइन** डəर
childproof	ˈtʃaɪld.pruːf	**चाइल्ड** प्रू:फ़
children	ˈtʃɪl.drən	**चिल** ड्रəन
children of God	ˈtʃɪl.drən.əv.ˈgɒd	**चिल** ड्रəन əव **गɒड**
chili con carne	ˈtʃɪl.i.kɒn.ˈkɑː.ni	**चिल** ई कɒन **का:** नी
chili pepper	ˈtʃɪl.i.ˈpep.əʳ	**चिल** ई **पेप** əर
chill	tʃɪl	चिल
chilled	tʃɪld	चिल्ड
chilli powder	ˈtʃɪl.i.ˈpaʊ.dəʳ	**चिल** ई **पाउ** डəर
chilling	ˈtʃɪl.ɪŋ	**चिल** इङ
chilly	ˈtʃɪl.i	**चिल** ई
chime	tʃaɪm	चाइम
chimer	ˈtʃaɪm.əʳ	**चाइम** əर
chimney	ˈtʃɪm.ni	**चिम** नी
chimp	tʃɪmp	चिम्प
chimpanzee	ˈtʃɪm.pæn.ˈziː	**चिम** पæन **ज़ी:**
chin	tʃɪn	चिन
china	ˈtʃaɪ.nə	**चाइ** नə
Chinaman	ˈtʃaɪ.nə.mən	**चाइ** नə मəन
Chinatown	ˈtʃaɪ.nə.ˈtaʊn	**चाइ** नə **टाउन**
chinaware	ˈtʃaɪ.nə.weə	**चाइ** नə वेə
Chinese	tʃaɪ.ˈniːz	चाइ **नी:ज़**
chink	tʃɪŋk	चिङ्क
chintz (IO)	tʃɪnz	चिन्ज़

chinup	ˈtʃɪn.ʌp	चिन ʌप
chip	tʃɪp	चिप
chip in	ˈtʃɪp.ɪn	चिप इन
chipboard	ˈtʃɪp.bɔːd	चिप बोːड
chipmunk	ˈtʃɪp.mʌŋk	चिप मʌङ्क
chipper	ˈtʃɪp.ə	चिप ϴ
chipping	ˈtʃɪp.ɪŋ	चिप इङ
chiropodist	kɪ.ˈrɒp.ə.dɪst	कि रɒप ϴ डिस्ट
chiropody	kɪ.ˈrɒp.ə.di	कि रɒप ϴ डी
chiropractic	ˈkaɪ.ə.rəʊ.ˈpræk.tɪk	काइ ϴ रϴउ प्रæक टिक
chiropractor	ˈkaɪ.ə.rəʊ.præk.tə	काइ ϴ रϴउ प्रæक टϴ
chirp	tʃɜːp	चɜːप
chirping	ˈtʃɜː.pɪŋ	चɜː पिङ
chirpy	ˈtʃɜː.pi	चɜː पी
chisel	ˈtʃɪz.ᵊl	चिज़ ᵊल
chi-square	ˈkaɪ.skweəʳ	काइ स्क्वे़ϴर
chit (IO)	tʃɪt	चिट
chitchat	ˈtʃɪt.ˈtʃæt	चिट चæट
chivalrous	ˈʃɪ.vəl.rəs	शि वϴल रϴस
chivalry	ˈʃɪv.ᵊl.ri	शिव ᵊल री
chives	tʃaɪvz	चाइव्ज़
chloride	ˈklɔː.raɪd	क्लोː राइड
chlorinate	ˈklɒ.rɪ.neɪt	क्लɒ रि नेइट
chlorine	ˈklɔː.riːn	क्लोː रीːन
chloroform	ˈklɒr.ə.fɔːm	क्लɒर ϴ फ़ोːम
chlorophyll	ˈklɒr.ə.fɪl	क्लɒर ϴ फ़िल
choc-a-block	ˈtʃɒk.ə.ˈblɒk	चɒक ϴ ब्लɒक
chocaholic	ˈtʃɒk.ə.ˈhɒl.ɪk	चɒक ϴ हɒल इक
choc-bar	ˈtʃɒk.baː	चɒक बाː
chocolate	ˈtʃɒk.lət	चɒक लϴट
choice	tʃɔɪs	चोइस
choir	ˈkwaɪ.ə	क्वाइ ϴ
choirboy	ˈkwaɪ.ə.bɔɪ	क्वाइ ϴ बोइ
choirmaster	ˈkwaɪ.ə.ˈmaːs.tə	क्वाइ ϴ माːस टϴ
choke	tʃəʊk	चϴउक
choked	tʃəʊkt	चϴउक्ट
choker	ˈtʃəʊk.ə	चϴउक ϴ
choking	ˈtʃəʊk.ɪŋ	चϴउक इङ
choler	ˈkɒl.ə	कɒल ϴ
cholera	ˈkɒl.ᵊr.ə	कɒल ᵊर ϴ
choleric	kɒl.ˈer.ɪk	कɒल एर इक
cholesterol	kə.ˈles.tə.rɒl	कϴ लेस टϴ रɒल
choo-choo train	ˈtʃuː.tʃuː.ˈtreɪn	चूː चूː ट्रेइन
choose	tʃuːz	चूːज़
choosy	ˈtʃuː.zi	चूː ज़ी
chop	tʃɒp	चɒप
chopper	ˈtʃɒp.ə	चɒप ϴ
choppy	ˈtʃɒp.i	चɒप ई
chopsticks	ˈtʃɒp.stɪks	चɒप स्टिक्स
chop-suey	ˈtʃɒp.ˈsuː.i	चɒप सूː ई
choral	ˈkɔː.rəl	कोː रϴल
chord	kɔːd	कोːड
chore	tʃɔː	चोː
choreograph	ˈkɒr.i.ə.graːf	कɒर ई ϴ ग्राːफ़
choreographer	ˈkɒr.ɪ.ˈɒg.rə.fə	कɒर इ ɒग रϴ फ़ϴ
choreography	ˈkɒr.ɪ.ˈɒg.rə.fi	कɒर इ ɒग रϴ फ़ी
chortle	ˈtʃɔː.tᵊl	चोː टᵊल
chorus	ˈkɔː.rəs	कोː रϴस
chose (n)	tʃəʊz	चϴउज़
chose (v)	tʃəʊz	चϴउज़
chosen	ˈtʃəʊ.zᵊn	चϴउ ज़ᵊन
chow	tʃaʊ	चाउ
chow-chow	ˈtʃaʊ.ˈtʃaʊ	चाउ चाउ
chowder (IO)	ˈtʃaʊ.də	चाउ डϴ
chowkat (IO)	ˈtʃəʊ.kaːt	चϴउ काːट
chowmein	ˈtʃaʊ.ˈmeɪn	चाउ मेइन
Christ	kraɪst	क्राइस्ट
christen	ˈkrɪs.ᵊn	क्रिस ᵊन
christening	ˈkrɪs.ᵊn.ɪŋ	क्रिस ᵊन इङ
Christian	ˈkrɪs.tʃən	क्रिस चϴन
Christianity	ˈkrɪs.tɪ.ˈæn.ə.ti	क्रिस टि æन ϴ टी
Christmas	ˈkrɪs.məs	क्रिस मϴस
Christmas cake	ˈkrɪs.məs.ˈkeɪk	क्रिस मϴस केइक
Christmas card	ˈkrɪs.məs.ˈkaːd	क्रिस मϴस काːड
Christmas carol	ˈkrɪs.məs.ˈkær.ᵊl	क्रिस मϴस कæर ᵊल
Christmas Day	ˈkrɪs.məs.ˈdeɪ	क्रिस मϴस डेइ
Christmas Eve	ˈkrɪs.məs.ˈiːv	क्रिस मϴस ईːव
Christmas pudding	ˈkrɪs.məs.ˈpʊd.ɪŋ	क्रिस मϴस पुड इङ
Christmas tree	ˈkrɪs.məs.ˈtriː	क्रिस मϴस ट्रीː
chromatic scale	krəʊ.ˈmæt.ɪk.ˈskeɪl	क्रϴउ मæट इक स्केइल

chrome	krəʊm	क्रɵउम
chromium	ˈkrəʊm.ɪ.əm	**क्रɵउम** इ ɵम
chromosome	ˈkrəʊm.ə.səʊm	**क्रɵउम** ɵ सɵउम
chronic	ˈkrɒn.ɪk	**क्रɒन** इक
chronicle	ˈkrɒn.ɪ.kᵊl	**क्रɒन** इ कᵊल
chronicler	ˈkrɒn.ɪ.klə	**क्रɒन** इ क्लɵ
chronograph	ˈkrɒn.ə.grɑːf	**क्रɒन** ɵ ग्राःफ़
chronological	ˈkrɒn.ə.ˈlɒdʒ.ɪ.kᵊl	**क्रɒन** ɵ **लɒज** इ कᵊल
chronologically	ˈkrɒn.ə.ˈlɒdʒ.ɪ.kᵊl.i	**क्रɒन** ɵ **लɒज** इ कᵊल ई
chronology	krə.ˈnɒl.ə.dʒi	क्रɵ **नɒल** ɵ जी
chrysanthemum	krɪ.ˈsænθ.ə.məm	क्रि **सæन्थ** ɵ मɵम
chubby	ˈtʃʌb.i	**चʌब** ई
chuck	tʃʌk	चʌक
chucker	tʃʌk.əʳ	चʌक ɵर
chuckle	ˈtʃʌk.ᵊl	**चʌक** ᵊल
chug	tʃʌg	चʌग
chugging	ˈtʃʌg.ɪŋ	**चʌग** इङ
chum	tʃʌm	चʌम
chummy	ˈtʃʌm.i	**चʌम** ई
chump	tʃʌmp	चʌम्प
chunk	tʃʌŋk	चʌङ्क
chunky	ˈtʃʌŋk.i	**चʌङ्क** ई
church	tʃɜːtʃ	चɜːच
churchgoer	ˈtʃɜːtʃ.ˈgəʊ.ə	**चɜːच गɵउ** ɵ
churlish	ˈtʃɜː.lɪʃ	**चɜː** लिश
churn	tʃɜːn	चɜːन
chute	ʃuːt	शूːट
chutney (IO)	ˈtʃʌt.ni	**चʌट** नी
CIA	ˈsɪ.ˈaɪ.ˈeɪ	**सि आइ एइ**
ciao	tʃaʊ	चाउ
CID	ˈsiː.ˈaɪ.ˈdiː	**सीː आइ डीː**
cider	ˈsaɪ.də	**साइ** डɵ
cigar	sɪ.ˈgɑː	सि **गाː**
cigarette	ˈsɪ.gə.ˈret	**सि** गɵ **रेट**
cinch	sɪntʃ	सिन्च
cinder	ˈsɪn.də	**सिन** डɵ
cinema	ˈsɪ.nə.mə	**सि** नɵ मɵ
cinemagoer	ˈsɪn.ə.mə.ˈgəʊ.əʳ	**सिन** ɵ मɵ **गɵउ** ɵर

cinemascope	ˈsɪn.ə.mə.skəʊp	**सिन** ɵ मɵ स्कɵउप
cinematic	ˈsɪn.ə.ˈmæt.ɪk	**सिन** ɵ **मæट** इक
cinematograph	ˈsɪ.nə.ˈmæt.ə.grɑːf	**सि** नɵ **मæट** ɵ ग्राːफ़
cinematography	ˈsɪn.ə.mə.ˈtɒg.rə.fi	**सिन** ɵ मɵ **टɒग** रɵ फ़ी
cinnamon	ˈsɪn.ə.mən	**सिन** ɵ मɵन
cipher	ˈsaɪ.fə	**साइ** फ़ɵ
circa	ˈsɜː.kə	**सɜː** कɵ
circle	ˈsɜː.kᵊl	**सɜː** कᵊल
circuit	ˈsɜː.kɪt	**सɜː** किट
circuit breaker	ˈsɜː.kɪt.ˈbreɪ.kə	**सɜː** किट **ब्रेइ** कɵ
circuit diagram	ˈsɜː.kɪt.ˈdaɪ.ə.græm	**सɜː** किट **डाइ** ɵ ग्रæम
circuitous	sɜː.ˈkjuː.ɪ.təs	सɜː **क्यूː** इ टɵस
circuitry	ˈsɜː.kɪt.ri	**सɜː** किट री
circular	ˈsɜː.kjə.lə	**सɜː** क्यɵ लɵ
circulate	ˈsɜː.kjə.leɪt	**सɜː** क्यɵ लेइट
circulation	ˈsɜː.kjə.ˈleɪ.ʃᵊn	**सɜː** क्यɵ **लेइ** शᵊन
circulatory	ˈsɜː.kjə.ˈleɪ.tᵊr.i	**सɜː** क्यɵ **लेइ** टᵊर ई
circumcise	ˈsɜː.kəm.saɪz	**सɜː** कɵम साइज़
circumcision	ˈsɜː.kəm.ˈsɪʒ.ᵊn	**सɜː** कɵम **सिज़** ᵊन
circumference	sɜː.ˈkʌm.fə.rᵊns	सɜː **कʌम** फ़ɵ रᵊन्स
circumflex	ˈsɜː.kəm.fleks	**सɜː** कɵम फ़्लेक्स
circumlocution	ˈsɜː.kəm.lə.ˈkjuː.ʃᵊn	**सɜː** कɵम लɵ **क्यूː** शᵊन
circumlocutory	ˈsɜː.kəm.lə.ˈkjuː.tᵊr.i	**सɜː** कɵम लɵ **क्यूː** टᵊर ई
circumnavigate	ˈsɜː.kəm.ˈnæv.ɪ.geɪt	**सɜː** कɵम **नæव** इ गेइट
circumnavigation	ˈsɜː.kəm.ˈnæv.ɪ.ˈgeɪ.ʃᵊn	**सɜː** कɵम **नæव** इ **गेइ** शᵊन
circumscribe	ˈsɜː.kəm.skraɪb	**सɜː** कɵम स्क्राइब
circumscription	ˈsɜː.kəm.ˈskrɪp.ʃᵊn	**सɜː** कɵम **स्क्रिप** शᵊन
circumspect	ˈsɜː.kəm.spekt	**सɜː** कɵम स्पेक्ट
circumspection	ˈsɜː.kəm.ˈspek.ʃᵊn	**सɜː** कɵम **स्पेक** शᵊन
circumstance	ˈsɜː.kəm.stᵊns	**सɜː** कɵम स्टᵊन्स
circumstantial	ˈsɜː.kəm.ˈstæn.ʃᵊl	**सɜː** कɵम **स्टæन**

		श॰ल
circumvent	ˈsɜː.kəm.ˈvent	**स३:** कϴम **वेन्ट**
circumvention	ˈsɜː.kəm.ˈven.ʃᵊn	**स३:** कϴम **वेन** श॰न
circus	ˈsɜː.kəs	**स३:** कϴस
cirrhosis	sɪ.ˈrəʊ.sɪs	सि **रϴउ** सिस
cistern	ˈsɪs.tən	**सिस** टϴन
citadel	ˈsɪt.ə.dəl	**सिट** ϴ डϴल
citation	saɪ.ˈteɪ.ʃᵊn	साइ **टेइ** श॰न
cite	saɪt	साइट
citizen	ˈsɪt.ɪ.zᵊn	**सिट** इ ज़॰न
citizenship	ˈsɪt.ɪ.zᵊn.ʃɪp	**सिट** इ ज़॰न शिप
citrate	ˈsɪt.rət	**सिट** रϴट
citrus	ˈsɪt.rəs	**सिट** रϴस
city	ˈsɪt.i	**सिट** ई
city dweller	ˈsɪt.i.ˈdwel.ə	**सिट** ई **ड्वेल** ϴ
city hall	ˈsɪt.i.ˈhɔːl	**सिट** ई **हो:ल**
city slicker	ˈsɪt.i.ˈslɪk.əʳ	**सिट** ई **स्लिक** ϴर
citywide	ˈsɪt.i.ˈwaɪd	**सिट** ई **वाइड**
civic	ˈsɪv.ɪk	**सिव** इक
civics	ˈsɪv.ɪks	**सिव** इक्स
civil	ˈsɪv.ᵊl	**सिव** ॰ल
civil defence	ˈsɪv.ᵊl.dɪ.ˈfens	**सिव** ॰ल डि **फ़ेन्स**
civil disobedience	ˈsɪv.ᵊl.ˈdɪs.ə.ˈbiː.dɪ.ᵊns	**सिव** ॰ल **डिस** ϴ **बी:** डि ॰न्स
civil engineer	ˈsɪv.ᵊl.ˈen.dʒɪ.ˈnɪ.ə	**सिव** ॰ल **एन** जि **नि** ϴ
civil liberty	ˈsɪv.ᵊl.ˈlɪb.ə.ti	**सिव** ॰ल **लिब** ϴ टी
civil rights movement	ˈsɪv.ᵊl.raɪts.ˈmuːv.mᵊnt	**सिव** ॰ल राइट्स **मू:व** म॰न्ट
civil servant	ˈsɪv.ᵊl.ˈsɜː.vᵊnt	**सिव** ॰ल **स३:** व॰न्ट
civil service	ˈsɪv.ᵊl.ˈsɜː.vɪs	**सिव** ॰ल **स३:** विस
civil war	ˈsɪv.ᵊl.ˈwɔː	**सिव** ॰ल **वो:**
civilian	sɪ.ˈvɪl.jən	सि **विल** ग़ϴन
civilisation	ˈsɪv.ᵊl.aɪ.ˈzeɪ.ʃᵊn	**सिव** ॰ल आइ **ज़ेइ** श॰न
civilise	ˈsɪv.ᵊl.aɪz	**सिव** ॰ल आइज़
civilly	ˈsɪv.ᵊl.i	**सिव** ॰ल ई
clack	klæk	क्लæक
clad	klæd	क्लæड
claim	kleɪm	क्लेइम
claimed	kleɪmd	क्लेइम्ड
clairvoyance	kleə.ˈvɔɪ.ᵊns	क्लेϴ **वि** ॰न्स

clairvoyant	kleə.ˈvɔɪ.ᵊnt	क्लेϴ **वि** ॰न्ट
clam	klæm	क्लæम
clamber	ˈklæm.bə	**क्लæम** बϴ
clammy	ˈklæm.i	**क्लæम** ई
clamor	ˈklæm.ə	**क्लæम** ϴ
clamp	klæmp	क्लæम्प
clampdown	ˈklæmp.daʊn	**क्लæम्प** डाउन
clan	klæn	क्लæन
clandestine	klæn.ˈdes.tɪn	क्लæन **डेस** टिन
clang	klæŋ	क्लæङ
clank	klæŋk	क्लæङ्क
clannish	ˈklæn.ɪʃ	**क्लæन** इश
clansman	ˈklænz.mən	**क्लæन्ज़** मϴन
clap	klæp	क्लæप
clapboard	ˈklæp.bɔːd	**क्लæप** बो:ड
clapometer	klæp.ˈɒm.ɪ.təʳ	क्लæप **ɒम** इ टϴर
clapper	ˈklæp.ə	**क्लæप** ϴ
clarification	ˈklær.ɪ.fɪ.ˈkeɪ.ʃᵊn	**क्लær** इ फ़ि **केइ** श॰न
clarify	ˈklær.ɪ.faɪ	**क्लær** इ फ़ाइ
clarinet	ˈklær.ɪ.ˈnet	**क्लær** इ **नेट**
clarion	ˈklær.ɪ.ən	**क्लær** इ ϴन
clarity	ˈklær.ə.ti	**क्लær** ϴ टी
clash	klæʃ	क्लæश
clasp	klɑːsp	क्ला:स्प
class	klɑːs	क्ला:स
class system	ˈklɑːs.ˈsɪs.təm	**क्ला:स** **सिस** टϴम
class war	ˈklɑːs.ˈwɔːʳ	**क्ला:स** **वो:**र
classic	ˈklæs.ɪk	**क्लæस** इक
classical	ˈklæs.ɪ.kᵊl	**क्लæस** इ क॰ल
classically	ˈklæs.ɪ.kᵊl.i	**क्लæस** इ क॰ल ई
classics	ˈklæs.ɪks	**क्लæस** इक्स
classification	ˈklæs.ɪ.fɪ.ˈkeɪ.ʃᵊn	**क्लæस** इ फ़ि **केइ** श॰न
classified	ˈklæs.ɪ.faɪd	**क्लæस** इ फ़ाइड
classified ad	ˈklæs.ɪ.faɪd.ˈæd	**क्लæस** इ फ़ाइड **æड**
classified information	ˈklæs.ɪ.faɪd.ˈɪn.fəˈmeɪ.ʃən	**क्लæस** इ फ़ाइड **इन** फ़ϴ **मेइ** शϴन
classifier	ˈklæs.ɪ.faɪ.ə	**क्लæस** इ फ़ाइ ϴ
classify	ˈklæs.ɪ.faɪ	**क्लæस** इ फ़ाइ
classless society	ˈklɑːs.ləs.sə.ˈsaɪ.ə.ti	**क्ला:स** लϴस सϴ **साइ** ϴ टी

classmate	ˈklɑ:s.meɪt	क्ला:स मेइट
classroom	ˈklæs.ru:m	क्लæस रू:म
classy	ˈklɑ:.si	क्ला: सी
clatter	ˈklæt.ə	क्लæट ə
clause	klɔ:z	क्लो:ज़
claustrophobia	ˈklɔ:s.trə.ˈfəʊ.bi.ə	क्लो:स ट्रə फ़əउ बी ə
claustrophobic	ˈklɔ:s.trə.ˈfəʊ.bɪk	क्लो:स ट्रə फ़əउ बिक
claw	klɔ:	क्लो:
clay	kleɪ	क्लेइ
clean	kli:n	क्ली:न
clean shaven	ˈkli:n.ˈʃeɪ.vᵊn	क्ली:न शेइ वᵊन
clean-cut	ˈkli:n.ˈkʌt	क्ली:न कʌट
cleaner	ˈkli:.nə	क्ली: नə
cleaners	ˈkli:.nəz	क्ली: नəज़
cleaning	ˈkli:.nɪŋ	क्ली: निङ
cleanliness	ˈklen.lɪ.nəs	क्लेन लि नəस
cleanly	ˈkli:n.li	क्ली:न ली
cleanness	ˈkli:n.nəs	क्ली:न नəस
cleanse	klenz	क्लेन्ज़
cleanser	ˈklenz.ə	क्लेन्ज़ ə
cleanup	ˈkli:n.ˈʌp	क्ली:न ʌप
clear	klɪə	क्लिə
clearance	ˈklɪə.rᵊns	क्लिə रᵊन्स
clear-cut	ˈklɪə.ˈkʌt	क्लिə कʌट
clearer	ˈklɪə.rə	क्लिə रə
clear-headed	ˈklɪə.ˈhed.ɪd	क्लिə हेड इड
clearing	ˈklɪə.rɪŋ	क्लिə रिङ
clearing house	ˈklɪə.rɪŋ.ˈhaʊs	क्लिə रिङ हाउस
clearly	ˈklɪə.li	क्लिə ली
clearout	ˈklɪə.aʊt	क्लिə आउट
clearway	ˈklɪə.weɪ	क्लिə वेइ
cleat	kli:t	क्ली:ट
cleavage	ˈkli:.vɪdʒ	क्ली: विज
cleaver	ˈkli:.və	क्ली: वə
clef	klef	क्लेफ़
cleft	kleft	क्लेफ़्ट
clemency	ˈklem.ən.si	क्लेम əन सी
clench	klentʃ	क्लेन्च
clergy	ˈklɜ:.dʒi	क्लɜ: जी
clergyman	ˈklɜ:.dʒɪ.mən	क्लɜ: जि मəन
clergywoman	ˈklɜ:.dʒi.ˈwʊm.ən	क्लɜ: जी वुम əन
cleric	ˈkler.ɪk	क्लेर इक
clerical	ˈkler.ɪ.kᵊl	क्लेर इ कᵊल
clerk	klɑ:k	क्ला:क
clever	ˈklev.ə	क्लेव ə
cleverly	ˈklev.ə.li	क्लेव ə ली
cleverness	ˈklev.ə.nəs	क्लेव ə नəस
cliché	ˈkli:.ʃeɪ	क्ली: शेइ
click	klɪk	क्लिक
client	ˈklaɪ.ᵊnt	क्लाइ ᵊन्ट
clientele	ˈkli:.ɒn.ˈtel	क्ली: ɒन टेल
cliff	klɪf	क्लिफ़
cliffhanger	ˈklɪf.ˈhæŋ.ə	क्लिफ़ हæङ ə
clifftop	ˈklɪf.tɒp	क्लिफ़ टɒप
climactic	klaɪ.ˈmæk.tɪk	क्लाइ मæक टिक
climate	ˈklaɪ.mət	क्लाइ मəट
climate change	ˈklaɪ.mət.ˈtʃeɪndʒ	क्लाइ मəट चेइन्ज
climatic	klaɪ.ˈmæt.ɪk	क्लाइ मæट इक
climax	ˈklaɪ.mæks	क्लाइ मæक्स
climb	klaɪm	क्लाइम
climb-down	ˈklaɪm.daʊn	क्लाइम डाउन
climber	ˈklaɪ.mə	क्लाइ मə
climbing	ˈklaɪm.ɪŋ	क्लाइम इङ
clinch	klɪntʃ	क्लिन्च
cling	klɪŋ	क्लिङ
clinging	ˈklɪŋ.ɪŋ	क्लिङ इङ
clinic	ˈklɪn.ɪk	क्लिन इक
clinical	ˈklɪn.ɪ.kᵊl	क्लिन इ कᵊल
clinically	ˈklɪn.ɪ.kᵊl.i	क्लिन इ कᵊल ई
clinician	klɪ.ˈnɪʃ.ᵊn	क्लि निश ᵊन
clink	klɪŋk	क्लिङ्क
clip	klɪp	क्लिप
clipboard	ˈklɪp.bɔ:d	क्लिप बो:ड
clipon	ˈklɪp.ɒn	क्लिप ɒन
clipped	klɪpt	क्लिप्ट
clippers	ˈklɪp.əz	क्लिप əज़
clipping	ˈklɪp.ɪŋ	क्लिप इङ
clique	kli:k	क्ली:क
cliquey	ˈkli:.ki	क्ली: की
cliquish	ˈkli:.kɪʃ	क्ली: किश
clitoris	ˈklɪ.tə.rɪs	क्लि टə रिस
cloak	kləʊk	क्लəउक

cloak and dagger	ˈkləʊk.ənd.ˈdæg.ə	**क्लƏउक** Əन्ड **डæग** Ə
cloakroom	ˈkləʊk.ruːm	**क्लƏउक** रूːम
clobber	ˈklɒb.ə	**क्लɒब** Ə
clock	ˈklɒk	**क्लɒक**
clockwatching	ˈklɒk.ˈwɒtʃ.ɪŋ	**क्लɒक** **व़ɒच** इङ
clockwise	ˈklɒk.waɪz	**क्लɒक** व़ाइज़
clockwork	ˈklɒk.wɜːk	**क्लɒक** व़ɜːक
clod	klɒd	क्लɒड
clog	klɒg	क्लɒग
cloister	ˈklɔɪs.tə	**क्लोइस** टƏ
clone	kləʊn	क्लƏउन
close	kləʊz	क्लƏउज़
close season	ˈkləʊz.ˈsiː.zᵊn	**क्लƏउज़** **सी:** ज़ᵊन
close-cropped	ˈkləʊs.ˈkrɒpt	**क्लƏउस** **क्रɒप्ट**
close-cut	ˈkləʊs.ˈkʌt	**क्लƏउस** **कʌट**
closed	kləʊzd	क्लƏउज़्ड
closed book	ˈkləʊzd.ˈbʊk	**क्लƏउज़्ड** **बुक**
closed circuit television	ˈkləʊzd.ˈsɜː.kɪt.ˈtel.ɪ.ˈvɪʒ.ᵊn	**क्लƏउज़्ड** **सɜː** किट **टेल** **इ** **विज़** ᵊन
closed shop	ˈkləʊzd.ʃɒp	**क्लƏउज़्ड** शɒप
closed-door	ˈkləʊzd.dɔːʳ	**क्लƏउज़्ड** डोːर
closedown	ˈkləʊs.ˈdaʊn	**क्लƏउस** **डाउन**
closefisted	ˈkləʊz.ˈfɪs.tɪd	**क्लƏउज़** **फ़िस** टिड
close-fitting	ˈkləʊs.ˈfɪt.ɪŋ	**क्लƏउस** **फ़िट** इङ
close-grained	ˈkləʊs.ˈgreɪnd	**क्लƏउस** **ग्रेइन्ड**
close-knit	ˈkləʊs.ˈnɪt	**क्लƏउस** **निट**
close-lipped	ˈkləʊs.ˈlɪpt	**क्लƏउस** **लिप्ट**
closely	ˈkləʊs.li	**क्लƏउस** ली
closeness	ˈkləʊs.nəs	**क्लƏउस** नƏस
closeout	ˈkləʊs.ˈaʊt	**क्लƏउस** **आउट**
closer	ˈkləʊs.ə	**क्लƏउस** Ə
close-set	ˈkləʊs.set	**क्लƏउस** सेट
closest	ˈkləʊs.ɪst	**क्लƏउस** इस्ट
closet	ˈklɒz.ɪt	**क्लɒज़** इट
close-up	ˈkləʊs.ʌp	**क्लƏउस** ʌप
closure	ˈkləʊ.ʒə	**क्लƏउ** ज़Ə
clot	klɒt	क्लɒट
cloth	klɒθ	क्लɒथ
clothe	kləʊð	क्लƏउद
clothed	kləʊðd	क्लƏउद्ड
clothes	kləʊðz	क्लƏउद्ज़
clothes basket	ˈkləʊðz.ˈbɑːs.kɪt	**क्लƏउद्ज़** **बा:स** किट
clothes brush	ˈkləʊðz.ˈbrʌʃ	**क्लƏउद्ज़** **ब्रʌश**
clothes hanger	ˈkləʊðz.ˈhæŋ.ə	**क्लƏउद्ज़** **हæङ** Ə
clothes peg	ˈkləʊðz.ˈpeg	**क्लƏउद्ज़** **पेग**
clothesline	ˈkləʊðz.laɪn	**क्लƏउद्ज़** लाइन
clothespin	ˈkləʊðz.pɪn	**क्लƏउद्ज़** पिन
clothing	ˈkləʊ.ðɪŋ	**क्लƏउ** दिङ
cloud	klaʊd	क्लाउड
cloudburst	ˈklaʊd.bɜːst	**क्लाउड** बɜːस्ट
cloudless	ˈklaʊd.ləs	**क्लाउड** लƏस
cloudy	ˈklaʊd.i	**क्लाउड** ई
clout	klaʊt	क्लाउट
clove	kləʊv	क्लƏउव
clover	ˈkləʊv.ə	**क्लƏउव** Ə
clown	klaʊn	क्लाउन
clowning	ˈklaʊn.ɪŋ	**क्लाउन** इङ
clownish	ˈklaʊn.ɪʃ	**क्लाउन** इश
cloze	kləʊz	क्लƏउज़
club	klʌb	क्लʌब
club sandwich	ˈklʌb.ˈsæn.wɪdʒ	**क्लʌब** **सæन** विज
club soda	ˈklʌb.ˈsəʊ.də	**क्लʌब** **सƏउ** डƏ
clubbing	ˈklʌb.ɪŋ	**क्लʌब** इङ
clubfooted	ˈklʌb.ˈfʊt.ɪd	**क्लʌब** **फ़ुट** इड
clubhouse	ˈklʌb.haʊs	**क्लʌब** हाउस
clubroom	ˈklʌb.ˈruːm	**क्लʌब** **रूːम**
cluck	klʌk	क्लʌक
clue	kluː	क्लूː
clueless	ˈkluː.ləs	**क्लूː** लƏस
clump	klʌmp	क्लʌम्प
clumsily	ˈklʌm.zɪ.li	**क्लʌम** ज़ि ली
clumsiness	ˈklʌm.zɪ.nəs	**क्लʌम** ज़ि नƏस
clumsy	ˈklʌm.zi	**क्लʌम** ज़ी
clung	klʌŋ	क्लʌङ
clunk	klʌŋk	क्लʌङ्क
cluster	ˈklʌs.tə	**क्लʌस** टƏ
clutch	klʌtʃ	क्लʌच
clutches	ˈklʌtʃ.ɪz	**क्लʌच** इज़
clutter	ˈklʌt.ə	**क्लʌट** Ə
cluttered	ˈklʌt.əd	**क्लʌट** Əड
co chair	ˈkəʊ.ˈtʃeə	**कƏउ** **चेƏ**
co. (abb)	ˈkʌm.pə.ni	**कʌम** पƏ नी
coach	kəʊtʃ	कƏउच
coach horse	ˈkəʊtʃ.ˈhɔːs	**कƏउच** **होːस**

coach station	ˈkəʊtʃ.ˈsteɪ.ʃᵊn	**कəउच स्टेइ** शᵊन
coaching	ˈkəʊtʃ.ɪŋ	**कəउच** इङ
coachman	ˈkəʊtʃ.mən	**कəउच** मəन
coagulant	kəʊ.ˈæg.jə.lᵊnt	कəउ **æग** ग्यə लᵊन्ट
coagulate	kəʊ.ˈæg.jə.leɪt	कəउ **æग** ग्यə लेइट
coagulation	kəʊ.ˈæg.jə.ˈleɪ.ʃᵊn	कəउ **æग** ग्यə **लेइ** शᵊन
coal	kəʊl	कəउल
coal mining	ˈkəʊl.ˈmaɪ.nɪŋ	**कəउल माइ** निङ
coal pit	ˈkəʊl.pɪt	**कəउल** पिट
coalesce	ˈkəʊ.ə.ˈles	**कəउ** ə **लेस**
coalescence	ˈkəʊ.ə.ˈles.ᵊns	**कəउ** ə **लेस** ᵊन्स
coalfield	ˈkəʊl.fiːld	**कəउल** फ़ीːल्ड
coal-fired	ˈkəʊl.faɪ.əd	**कəउल** फ़ाइ əड
coalition	ˈkəʊ.ə.lɪʃ.ᵊn	**कəउ** ə **लिश** ᵊन
coalmine	ˈkəʊl.maɪn	**कəउल** माइन
coarsen	ˈkɔː.sᵊn	**कोः** सᵊन
coast	kəʊst	कəउस्ट
coastal	ˈkəʊs.tᵊl	**कəउस** टᵊल
coaster	ˈkəʊs.tə	**कəउस** टə
coastguard	ˈkəʊst.gɑːd	**कəउस्ट** गाːड
coastline	ˈkəʊst.laɪn	**कəउस्ट** लाइन
coastward	ˈkəʊst.wɔːd	**कəउस्ट** वॊːड
coat	kəʊt	कəउट
coat hanger	ˈkəʊt.ˈhæŋ.ə	**कəउट हæङ** ə
coating	ˈkəʊ.tɪŋ	**कəउ** टिङ
coatstand	ˈkəʊt.stænd	**कəउट** स्टæन्ड
coat-tail	ˈkəʊt.teɪl	**कəउट** टेइल
co-author	ˈkəʊ.ˈɔː.θəʳ	**कəउ ओः** थəर
coax	kəʊks	कəउक्स
coaxial	ˈkəʊ.ˈæk.si.əl	**कəउ æक** सी əल
cob	kɒb	कɒब
cobalt	ˈkəʊ.bɒlt	**कəउ** बɒल्ट
cobble	ˈkɒb.ᵊl	**कɒब** ᵊल
cobbler	ˈkɒb.lə	**कɒब** लə
cobblestone	ˈkɒb.ᵊl.stəʊn	**कɒब** ᵊल स्टəउन
COBOL	ˈkəʊ.bɒl	**कəउ** बɒल
cobra	ˈkəʊ.brə	**कəउ** ब्रə
cobweb	ˈkɒb.web	**कɒब** वेब
coca	ˈkəʊk.ə	**कəउक** ə

Coca-Cola	ˈkəʊk.ə.ˈkəʊ.lə	**कəउक** ə **कəउ** लə
cocaine	kəʊ.ˈkeɪn	कəउ **केइन**
coccyx	ˈkɒk.sɪks	**कɒक** सिक्स
cock	kɒk	कɒक
cock-and-bull story	ˈkɒk.ən.ˈbʊl.ˈstɔː.ri	**कɒक** əन **बुल स्टोː** री
cockatoo	ˈkɒk.ə.ˈtuː	**कɒक** ə **टूः**
cockeyed	ˈkɒk.ˈaɪd	**कɒक आइड**
cockfight	ˈkɒk.ˈfaɪt	**कɒक फ़ाइट**
cockle	ˈkɒk.ᵊl	**कɒक** ᵊल
cockney	ˈkɒk.ni	**कɒक** नी
cockpit	ˈkɒk.pɪt	**कɒक** पिट
cockroach	ˈkɒk.rəʊtʃ	**कɒक** रəउच
cockscomb	ˈkɒks.kəʊm	**कɒक्स** कəउम
cocktail	ˈkɒk.teɪl	**कɒक** टेइल
cocktail lounge	ˈkɒk.teɪl.ˈlaʊndʒ	**कɒक** टेइल **लाउन्ज**
cocktail party	ˈkɒk.teɪl.ˈpɑː.ti	**कɒक** टेइल **पाः** टी
cocky	ˈkɒk.i	**कɒक** ई
cocoa	ˈkəʊ.kəʊ	**कəउ** कəउ
coconut	ˈkəʊ.kə.nʌt	**कəउ** कə नʌट
cocoon	kə.ˈkuːn	कə **कूःन**
cod	kɒd	कɒड
COD	ˈsiː.ˈəʊ.ˈdiː	**सीः əउ डीः**
coda	ˈkəʊ.də	**कəउ** डə
code	kəʊd	कəउड
codeine	ˈkəʊ.diːn	**कəउ** डीːन
coder	ˈkəʊd.ə	**कəउड** ə
code-share	ˈkəʊd.ʃeəʳ	**कəउड** शेəर
codeword	ˈkəʊd.ˈwɜːd	**कəउड वॖɜːड**
codex	ˈkəʊ.deks	**कəउ** डेक्स
codfish	ˈkɒd.fɪʃ	**कɒड** फ़िश
codification	ˈkəʊ.dɪ.fɪ.ˈkeɪ.ʃᵊn	**कəउ** डि फ़ि **केइ** शᵊन
codify	ˈkəʊ.dɪ.faɪ	**कəउ** डि फ़ाइ
coed	ˈkəʊ.ˈed	**कəउ एड**
coeducation	ˈkəʊ.ˈedʒ.ʊ.ˈkeɪ.ʃᵊn	**कəउ एज** उ **केइ** शᵊन
coeducational	ˈkəʊ.ˈedʒ.ʊ.ˈkeɪ.ʃᵊn.ᵊl	**कəउ एज** उ **केइ** शᵊन ᵊल
coefficient	ˈkəʊ.ɪ.ˈfɪʃ.ᵊnt	**कəउ** इ **फ़िश** ᵊन्ट
coerce	kəʊ.ˈɜːs	कəउ **ɜːस**

coercion	kəʊ.ˈɜː.ʃ^{ə}n	कΘउ ɜː श^{ə}न
coercive	kəʊ.ˈɜː.sɪv	कΘउ ɜː सिव
co-exist	ˈkəʊ.ɪg.ˈzɪst	कΘउ इग ज़िस्ट
coexistence	ˈkəʊ.ɪg.ˈzɪs.t^{ə}ns	कΘउ इग ज़िस ट^{ə}न्स
coffee	ˈkɒf.i	कɒफ़ ई
coffee shop	ˈkɒf.i.ʃɒp	कɒफ़ ई शɒप
coffee table	ˈkɒf.i.ˈteɪ.b^{ə}l	कɒफ़ ई टेइ ब^{ə}ल
coffeehouse	ˈkɒf.i.ˈhaʊs	कɒफ़ ई हाउस
coffeemaker	ˈkɒf.i.ˈmeɪ·kəʳ	कɒफ़ ई मेइ·कΘर
coffeemate	ˈkɒf.i.ˈmeɪt	कɒफ़ ई मेइट
coffeepot	ˈkɒf.ɪ.pɒt	कɒफ़ इ पɒट
coffer	ˈkɒf.ə	कɒफ़ Θ
coffin	ˈkɒf.ɪn	कɒफ़ इन
cog	ˈkɒg	कɒग
cogence	ˈkəʊ.dʒ^{ə}ns	कΘउ ज^{ə}न्स
cogent	ˈkəʊ.dʒ^{ə}nt	कΘउ ज^{ə}न्ट
cogently	ˈkəʊ.dʒ^{ə}nt.li	कΘउ ज^{ə}न्ट ली
cognac	ˈkɒn.jæk	कɒन ग़्æक
cognisant	ˈkɒg.nɪ.z^{ə}nt	कɒग नि ज़^{ə}न्ट
cognition	kɒg.ˈnɪʃ.^{ə}n	कɒग निश ^{ə}न
cognitive	ˈkɒg.nə.tɪv	कɒग नΘ टिव
cogwheel	ˈkɒg.wiːl	कɒग व़ीːल
cohabit	kəʊ.ˈhæb.ɪt	कΘउ हæब इट
cohabitant	kəʊ.ˈhæb.ɪ.t^{ə}nt	कΘउ हæब इ ट^{ə}न्ट
cohabitation	kəʊ.ˈhæb.ɪ.ˈteɪ.ʃ^{ə}n	कΘउ हæब इ टेइ श^{ə}न
co-heir	ˈkəʊ.ˈeə	कΘउ एΘ
coherence	kəʊ.ˈhɪə.r^{ə}ns	कΘउ हिΘ र^{ə}न्स
coherent	kə.ˈhɪə.r^{ə}nt	कΘ हिΘ र^{ə}न्ट
coherently	kə.ˈhɪə.r^{ə}nt.li	कΘ हिΘ र^{ə}न्ट ली
cohesion	kəʊ.ˈhiː.ʒ.^{ə}n	कΘउ हीː ज़ ^{ə}न
cohort	ˈkəʊ.hɔːt	कΘउ होːट
coiffeur	kwɑː.f.ˈɜː	क्वाːफ़ ɜː
coil	kɔɪl	कोइल
coin	kɔɪn	कोइन
coin-box	ˈkɔɪn.bɒks	कोइन बɒक्स
coincide	ˈkəʊ.ɪn.ˈsaɪd	कΘउ इन साइड
coincidence	kəʊ.ˈɪn.sɪ.d^{ə}ns	कΘउ इन सि ड^{ə}न्स
coincidental	kəʊ.ˈɪn.sɪ.ˈden.t^{ə}l	कΘउ इन सि डेन ट^{ə}ल
coincidentally	kəʊ.ˈɪn.sɪ.ˈden.t^{ə}l.i	कΘउ इन सि डेन ट^{ə}ल ई
co-inheritor	kəʊ.ɪn.ˈher.ɪ.təʳ	कΘउ इन हेर इ टΘर
coin-op	ˈkɔɪn.ɒp	कोइन ɒप
co-insure	ˈkəʊ.ɪn.ˈʃɔːʳ	कΘउ इन शोːर
coir	ˈkɔɪ.əʳ	कोइ Θर
coitus	ˈkəʊ.ɪ.təs	कΘउ इ टΘस
coke	kəʊk	कΘउक
COLA	ˈkəʊ.lə	कΘउ लΘ
colander	ˈkɒl.ən.dəʳ	कɒल Θन डΘर
cold	kəʊld	कΘउल्ड
cold comfort	ˈkəʊld.ˈkʌm.fət	कΘउल्ड कʌम फ़Θट
cold cream	ˈkəʊld.kriːm	कΘउल्ड क्रीːम
cold feet	ˈkəʊld.ˈfiːt	कΘउल्ड फ़ीːट
cold frame	ˈkəʊld.ˈfreɪm	कΘउल्ड फ़्रेइम
cold sore	ˈkəʊld.ˈsɔː	कΘउल्ड सोː
cold storage	ˈkəʊld.ˈstɔː.rɪdʒ	कΘउल्ड स्टोː रिज
cold sweat	ˈkəʊld.swet	कΘउल्ड स्व़ेट
cold turkey	ˈkəʊld.ˈtɜː.ki	कΘउल्ड टɜː की
cold war	ˈkəʊld.wɔː	कΘउल्ड व़ोː
cold water	ˈkəʊld.ˈwɔː.təʳ	कΘउल्ड व़ोː टΘर
cold-blooded	ˈkəʊld.ˈblʌd.ɪd	कΘउल्ड ब्लʌड इड
cold-call	ˈkəʊld.kɔːl	कΘउल्ड कोːल
cold-hearted	ˈkəʊld.ˈhɑː.tɪd	कΘउल्ड हाː टिड
coldly	ˈkəʊld.li	कΘउल्ड ली
coldness	ˈkəʊld.nəs	कΘउल्ड नΘस
cold-shoulder	ˈkəʊld.ˈʃəʊl.də	कΘउल्ड शΘउल डΘ
coleslaw	ˈkəʊl.slɔː	कΘउल स्लोː
colic	ˈkɒl.ɪk	कɒल इक
coliseum	ˈkɒl.ə.ˈsiː.əm	कɒल Θ सीː Θम
colitis	kə.ˈlaɪ.tɪs	कΘ लाइ टिस
collaborate	kə.ˈlæb.ə.reɪt	कΘ लæब Θ रेइट
collaboration	kə.ˈlæb.ə.ˈreɪ.ʃ^{ə}n	कΘ लæब Θ रेइ श^{ə}न
collaborative	kə.ˈlæb.ə.rə.tɪv	कΘ लæब Θ रΘ टिव
collaborator	kə.ˈlæb.ə.reɪ.tə	कΘ लæब Θ रेइ टΘ
collage	ˈkɒl.ɑːʒ	कɒल आːज़
collapse	kə.ˈlæps	कΘ लæप्स
collapsible	kə.ˈlæp.sə.b^{ə}l	कΘ लæप सΘ ब^{ə}ल
collar	ˈkɒl.ə	कɒल Θ

collarbone	ˈkɒl.ə.bəʊn	**कɒल** ə बəउन
collate	kəˈleɪt	कə **लेइट**
collated	kəˈleɪ.tɪd	कə **लेइ** टिड
collateral	kəˈlæt.ᵊr.ᵊl	कə **लæट** ᵊर ᵊल
collating	kəˈleɪ.tɪŋ	कə **लेइ** टिङ
collation	kəˈleɪ.ʃᵊn	कə **लेइ** शᵊन
colleague	ˈkɒl.iːg	**कɒल** ईːग
collect	kəˈlekt	कə **लेक्ट**
collected	kəˈlek.tɪd	कə **लेक** टिड
collectible	kəˈlek.tə.bᵊl	कə **लेक** टə बᵊल
collection	kəˈlek.ʃᵊn	कə **लेक** शᵊन
collective	kəˈlek.tɪv	कə **लेक** टिव
collectively	kəˈlek.tɪv.li	कə **लेक** टिव ली
collectivism	kəˈlek.tɪ.vɪ.zᵊm	कə **लेक** टि वि ज़ᵊम
collector	kəˈlek.tə	कə **लेक** टə
college	ˈkɒl.ɪdʒ	**कɒल** इज
collegiate	kəˈliː.dʒɪ.ət	कə **लीː** जि əट
collide	kəˈlaɪd	कə **लाइड**
collie	ˈkɒl.i	**कɒल** ई
colliery	ˈkɒl.jə.ri	**कɒल** गə री
collision	kəˈlɪʒ.ᵊn	कə **लिज़** ᵊन
collocate	ˈkɒl.ə.keɪt	**कɒल** ə केइट
collocation	ˈkɒl.əˈkeɪ.ʃᵊn	**कɒल** ə **केइ** शᵊन
colloquial	kəˈləʊ.kwɪ.əl	कə **लəउ** क्वि əल
colloquialism	kəˈləʊ.kwɪ.ə.lɪ.zᵊm	कə **लəउ** क्वि ə लि ज़ᵊम
colloquially	kəˈləʊ.kwɪ.ə.li	कə **लəउ** क्वि ə ली
colloquium	kəˈləʊ.kwi.əm	कə **लəउ** क्वी əम
collude	kəˈluːd	कə **लूːड**
collusion	kəˈluː.ʒᵊn	कə **लूː** ज़ᵊन
cologne	kəˈləʊn	कə **लəउन**
colon	ˈkəʊ.lən	**कəउ** लəन
colonel	ˈkɜː.nᵊl	**कɜː** नᵊल
colonial	kəˈləʊ.ni.əl	कə **लəउ** नी əल
colonialism	kəˈləʊ.ni.ə.lɪ.zᵊm	कə **लəउ** नी ə लि ज़ᵊम
colonialist	kəˈləʊ.ni.ə.lɪst	कə **लəउ** नी ə लिस्ट
colonisation	ˈkɒl.ə.naɪˈzeɪ.ʃᵊn	**कɒल** ə नाइ **ज़ेइ** शᵊन

colonise	ˈkɒl.ə.naiz	**कɒल** ə नाईज़
colonist	ˈkɒl.ə.nɪst	**कɒल** ə निस्ट
colonoscope	kəˈlɒn.ə.skəʊp	कə **लɒन** ə स्कəउप
colonoscopy	ˈkəʊ.ləˈnɒs.kə.pi	**कəउ** लə **नɒस** कə पी
colony	ˈkɒl.ə.ni	**कɒल** ə नी
colossal	kəˈlɒs.ᵊl	कə **लɒस** ᵊल
colosseum	ˈkɒl.əˈsiː.əm	**कɒल** ə **सीː** əम
colossus	kəˈlɒs.əs	कə **लɒस** əस
colour	ˈkʌl.ə	**कʌल** ə
colour bar	ˈkʌl.ə.bɑː	**कʌल** ə बाː
colour scheme	ˈkʌl.ə.skiːm	**कʌल** ə स्कीːम
colourblind	ˈkʌl.ə.blaɪnd	**कʌल** ə ब्लाइन्ड
coloured	ˈkʌl.əd	**कʌल** əड
colourful	ˈkʌl.ə.fᵊl	**कʌल** ə फ़ᵊल
colouring	ˈkʌl.ə.rɪŋ	**कʌल** ə रिङ
colourless	ˈkʌl.ə.ləs	**कʌल** ə लəस
colt	kəʊlt	कəउल्ट
column	ˈkɒl.əm	**कɒल** əम
columnist	ˈkɒl.əm.nɪst	**कɒल** əम निस्ट
coma	ˈkəʊ.mə	**कəउ** मə
comatose	ˈkəʊ.mə.təʊs	**कəउ** मə टəउस
comb	kəʊm	कəउम
combat	ˈkɒm.bæt	**कɒम** बæट
combatant	ˈkɒm.bə.tᵊnt	**कɒम** बə टᵊन्ट
combative	ˈkɒm.bə.tɪv	**कɒम** बə टिव
comber	ˈkəʊ.məʳ	**कəउ** मəर
combination	ˈkɒm.bɪˈneɪ.ʃᵊn	**कɒम** बि **नेइ** शᵊन
combinatorial	kəm.ˈbaɪ.nə.ˈtɔː.ri.əl	कəम **बाइ** नə **टोː** री əल
combine	kəm.ˈbaɪn	कəम **बाइन**
combined	kəm.ˈbaɪnd	कəम **बाइन्ड**
combustible	kəm.ˈbʌs.tə.bᵊl	कəम **बʌस** टə बᵊल
combustion	kəm.ˈbʌs.tʃən	कəम **बʌस** चəन
come	kʌm	कʌम
comeback	ˈkʌm.bæk	**कʌम** बæक
comedian	kəˈmiː.di.ən	कə **मीː** डी əन
comedown	ˈkʌm.daʊn	**कʌम** डाउन
comedy	ˈkɒm.ə.di	**कɒम** ə डी
come-hither	ˈkʌmˈhɪð.əʳ	**कʌम हिद** əर

comely	ˈkʌm.li	**कʌम** ली
come-on	ˈkʌm.ɒn	**कʌम** ɒन
comet	ˈkɒm.ɪt	**कɒम** इट
comfort	ˈkʌm.fət	**कʌम** फ़əट
comfortable	ˈkʌm.fə.tə.bᵊl	**कʌम** फ़ə टə बᵊल
comfortably	ˈkʌm.fə.tə.bli	**कʌम** फ़ə टə ब्ली
comforter	ˈkʌm.fə.tə	**कʌम** फ़ə टə
comforting	ˈkʌm.fə.tɪŋ	**कʌम** फ़ə टिङ
comfy	ˈkʌm.fi	**कʌम** फ़ी
comic	ˈkɒm.ɪk	**कɒम** इक
comic book	ˈkɒm.ɪk.ˈbʊk	**कɒम** इक **बुक**
comic strip	ˈkɒm.ɪk.ˈstrɪp	**कɒम** इक **स्ट्रिप**
comical	ˈkɒm.ɪ.kᵊl	**कɒम** इ कᵊल
comics	ˈkɒm.ɪks	**कɒम** इक्स
coming	ˈkʌm.ɪŋ	**कʌम** इङ
comma	ˈkɒm.ə	**कɒम** ə
command	kə.ˈmɑːnd	कə **मा:न्ड**
commandant	ˈkɒm.ən.ˈdænt	**कɒम** əन **डæन्ट**
commandeer	ˈkɒm.ən.ˈdɪ.ə	**कɒम** əन **डि** ə
commander	kə.ˈmɑːn.də	कə **मा:न** डə
Commander-in-chief	kə.ˈmɑːn.də.rɪn.ˈtʃiːf	कə **मा:न** डə रिन **ची:फ़**
commanding	kə.ˈmɑːn.dɪŋ	कə **मा:न** डिङ
commandment	kə.ˈmɑːnd.mᵊnt	कə **मा:न्ड** मᵊन्ट
commando	kə.ˈmɑːn.dəʊ	कə **मा:न** डəउ
commemorate	kə.ˈmem.ə.reɪt	कə **मेम** ə रेइट
commemoration	kə.ˈmem.ə.ˈreɪ.ʃᵊn	कə **मेम** ə **रेइ** शᵊन
commemorative	kə.ˈmem.ə.rə.tɪv	कə **मेम** ə रə टिव
commence	kə.ˈmens	कə **मेन्स**
commencement	kə.ˈmens.mᵊnt	कə **मेन्स** मᵊन्ट
commend	kə.ˈmend	कə **मेन्ड**
commendable	kə.ˈmen.də.bᵊl	कə **मेन** डə बᵊल
commendation	ˈkɒm.en.ˈdeɪ.ʃᵊn	**कɒम** एन **डेइ** शᵊन
commensurate	kə.ˈmen.ʃə.rət	कə **मेन** शə रəट
comment	ˈkɒm.ent	**कɒम** एन्ट
commentary	ˈkɒm.ən.tᵊr.i	**कɒम** əन टᵊर ई
commentate	ˈkɒm.ən.teɪt	**कɒम** əन टेइट
commentator	ˈkɒm.ən.teɪ.tə	**कɒम** əन टेइ टə
commerce	ˈkɒm.ɜːs	**कɒम** ɜ:स
commercial	kə.ˈmɜː.ʃᵊl	कə **मɜ:** शᵊल
commercial bank	kə.ˈmɜː.ʃᵊl.ˈbæŋk	कə **मɜ:** शᵊल
		बæङ्क
commercialise	kə.ˈmɜː.ʃᵊl.aɪz	कə **मɜ:** शᵊल आइज़
commercially	kə.ˈmɜː.ʃᵊl.i	कə **मɜ:** शᵊल ई
commie	ˈkɒm.i	**कɒम** ई
commiserate	kə.ˈmɪz.ə.reɪt	कə **मिज़** ə रेइट
commiseration	kə.ˈmɪz.ᵊr.ˈeɪ.ʃᵊn	कə **मिज़** ᵊर **एइ** शᵊन
commission	kə.ˈmɪʃ.ᵊn	कə **मिश** ᵊन
commissioner	kə.ˈmɪʃ.ə.nə	कə **मिश** ə नə
commit	kə.ˈmɪt	कə **मिट**
commitment	kə.ˈmɪt.mᵊnt	कə **मिट** मᵊन्ट
committal	kə.ˈmɪt.ᵊl	कə **मिट** ᵊल
committed	kə.ˈmɪt.ɪd	कə **मिट** इड
committee	kə.ˈmɪt.i	कə **मिट** ई
commode	kə.ˈməʊd	कə **मəउड**
commodity	kə.ˈmɒd.ɪ.ti	कə **मɒड** इ टी
commodore	ˈkɒm.ə.dɔː	**कɒम** ə डो:
common	ˈkɒm.ən	**कɒम** əन
common denominator	ˈkɒm.ən.dɪ.ˈnɒm.ɪ.neɪ.tə	**कɒम** əन डि **नɒम** इ नेइ टə
common ground	ˈkɒm.ən.graʊnd	**कɒम** əन ग्राउन्ड
Common Market	ˈkɒm.ən.ˈmɑː.kɪt	**कɒम** əन **मा:** किट
common noun	ˈkɒm.ən.ˈnaʊn	**कɒम** əन **नाउन**
common room	ˈkɒm.ən.ˈruːm	**कɒम** əन **रू:म**
common sense	ˈkɒm.ən.ˈsens	**कɒम** əन **सेन्स**
commonality	ˈkɒm.ən.ˈæl.ə.ti	**कɒम** əन **æल** ə टी
commoner	ˈkɒm.ə.nə	**कɒम** ə नə
common-law	ˈkɒm.ən.ˈlɔː	**कɒम** əन **लो:**
commonly	ˈkɒm.ən.li	**कɒम** əन ली
commonplace	ˈkɒm.ən.pleɪs	**कɒम** əन प्लेइस
Commonwealth	ˈkɒm.ən.welθ	**कɒम** əन व़ेल्थ
commotion	kə.ˈməʊ.ʃᵊn	कə **मəउ** शᵊन
communal	ˈkɒm.jʊ.nᵊl	**कɒम** यु नᵊल
commune (n)	ˈkɒm.juːn	**कɒम** यू:न
commune (v)	kə.ˈmjuːn	कə **म्यू:न**
communicable	kə.ˈmjuː.nɪk.ə.bᵊl	कə **म्यू:** निक ə बᵊल
communicate	kə.ˈmjuː.nɪ.keɪt	कə **म्यू:** नि केइट
communication	kə.ˈmjuː.nɪ.ˈkeɪ.ʃᵊn	कə **म्यू:** नि **केइ** शᵊन
communicative	kə.ˈmjuː.nɪ.kə.tɪv	कə **म्यू:** नि कə

		टिव
communion	kə.ˈmjuː.ni.ən	कə **म्यूː** नी ən
communiqué	kə.ˈmjuː.nɪ.keɪ	कə **म्यूː** नि केइ
communism	ˈkɒm.jʊ.nɪ.zᵊm	**कɒम** यु नि ज़ᵊम
communist	ˈkɒm.jʊ.nɪst	**कɒम** यु निस्ट
community	kə.ˈmjuː.nə.ti	कə **म्यूː** नə टी
commutable	kə.ˈmjuː.tə.bᵊl	कə **म्यूː** टə बᵊल
commute	kə.ˈmjuːt	कə **म्यूːट**
commuter	kə.ˈmjuː.tə	कə **म्यूː** टə
compact	kəm.ˈpækt	कəम **पæक्ट**
compact disc	kəm.ˈpækt.dɪsk	कəम **पæक्ट** डिस्क
compactor	kəm.ˈpæk.tə	कəम **पæक** टə
companion	kəm.ˈpæn.jən	कəम **पæन** ग़əन
companionable	kəm.ˈpæn.jen.ə.bᵊl	कəम **पæन** ग़ेन ə बᵊल
companionate	kəm.ˈpæn.jen.ə.neit	कəम **पæन** ग़ेन ə नेईट
companionship	kəm.ˈpæn.jen.ʃɪp	कəम **पæन** ग़ेन शिप
company	ˈkʌm.pə.ni	**कʌम** पə नी
comparable	ˈkɒm.pə.rə.bᵊl	**कɒम** पə रə बᵊल
comparative	kəm.ˈpær.ə.tɪv	कəम **पæर** ə टिव
comparatively	kəm.ˈpær.ə.tɪv.li	कəम **पæर** ə टिव ली
compare	kəm.ˈpeə	कəम **पेə**
compared	kəm.ˈpeəd	कəम **पेəड**
comparison	kəm.ˈpær.ɪ.sᵊn	कəम **पæर** इ सᵊन
compartment	kəm.ˈpɑːt.mᵊnt	कəम **पाːट** मᵊन्ट
compartmentalise	ˈkɒm.pɑːt.ˈmen.tᵊl.aɪz	**कɒम** पाːट **मेन** टᵊल आइज़
compass	ˈkʌm.pəs	**कʌम** पəस
compassion	kəm.ˈpæʃ.ᵊn	कəम **पæश** ᵊन
compassionate	kəm.ˈpæʃ.ə.nət	कəम **पæश** ə नəट
compatibility	kəm.ˈpæt.ə.ˈbɪl.ə.ti	कəम **पæट** ə **बिल** ə टी
compatible	kəm.ˈpæt.ə.bᵊl	कəम **पæट** ə बᵊल
compatriot	kəm.ˈpæt.ri.ət	कəम **पæट** री əट
compel	kəm.ˈpel	कəम **पेल**
compelling	kəm.ˈpel.ɪŋ	कəम **पेल** इङ
compensate	ˈkɒm.pən.seɪt	**कɒम** पəन सेइट
compensation	ˈkɒm.pen.ˈseɪ.ʃᵊn	**कɒम** पेन **सेइ** शᵊन

compensatory	ˈkəm.pen.ˈseɪ.tᵊr.i	**कəम** पेन **सेइ** टᵊर ई
compere	ˈkɒm.peə	**कɒम** पेə
compete	kəm.ˈpiːt	कəम **पीːट**
competence	ˈkɒm.pɪ.tᵊns	**कɒम** पि टᵊन्स
competent	ˈkɒm.pɪ.tᵊnt	**कɒम** पि टᵊन्ट
competently	ˈkɒm.pɪ.tᵊnt.li	**कɒम** पि टᵊन्ट ली
competition	ˈkɒm.pə.ˈtɪʃ.ᵊn	**कɒम** पə **टिश** ᵊन
competitive	kəm.ˈpet.ə.tɪv	कəम **पेट** ə टिव
competitively	kəm.ˈpet.ə.tɪv.li	कəम **पेट** ə टिव ली
competitiveness	kəm.ˈpet.ə.tɪv.nəs	कəम **पेट** ə टिव नəस
competitor	kəm.ˈpet.ɪ.tə	कəम **पेट** इ टə
compilation	ˈkɒm.pɪ.ˈleɪ.ʃᵊn	**कɒम** पि **लेइ** शᵊन
compile	kəm.ˈpaɪl	कəम **पाइल**
complacency	kəm.ˈpleɪ.sᵊn.si	कəम **प्लेइ** सᵊन सी
complacent	kəm.ˈpleɪ.sᵊnt	कəम **प्लेइ** सᵊन्ट
complain	kəm.ˈpleɪn	कəम **प्लेइन**
complainant	kəm.ˈpleɪ.nᵊnt	कəम **प्लेइ** नᵊन्ट
complaint	kəm.ˈpleɪnt	कəम **प्लेइन्ट**
complement	ˈkɒm.plɪ.mᵊnt	**कɒम** प्लि मᵊन्ट
complementary	ˈkɒm.plɪ.ˈmen.tᵊr.i	**कɒम** प्लि **मेन** टᵊर ई
complete	kəm.ˈpliːt	कəम **प्लीːट**
completely	kəm.ˈpliːt.li	कəम **प्लीːट** ली
completion	kəm.ˈpliː.ʃᵊn	कəम **प्लीː** शᵊन
complex	ˈkɒm.pleks	**कɒम** प्लेक्स
complexion	kəm.ˈplek.ʃᵊn	कəम **प्लेक** शᵊन
complexity	kəm.ˈplek.sə.ti	कəम **प्लेक** सə टी
compliance	kəm.ˈplaɪ.ᵊns	कəम **प्लाइ** ᵊन्स
compliant	kəm.ˈplaɪ.ᵊnt	कəम **प्लाइ** ᵊन्ट
complicate	ˈkɒm.plɪ.keɪt	**कɒम** प्लि केइट
complicated	ˈkɒm.plɪ.keɪ.tɪd	**कɒम** प्लि केइ टिड
complication	ˈkɒm.plɪ.ˈkeɪ.ʃᵊn	**कɒम** प्लि **केइ** शᵊन
complicit	kəm.ˈplɪs.ɪt	कəम **प्लिस** इट
complicity	kəm.ˈplɪs.ə.ti	कəम **प्लिस** ə टी
compliment	ˈkɒm.plɪ.ment	**कɒम** प्लि मेन्ट
complimentary	ˈkɒm.plɪ.ˈmen.tᵊr.i	**कɒम** प्लि **मेन** टᵊर ई
comply	kəm.ˈplaɪ	कəम **प्लाइ**
component	kəm.ˈpəʊ.nᵊnt	कəम **पəउ** नᵊन्ट

compose	kəm.ˈpəʊz	कəम **पəउज़**
composed	kəm.ˈpəʊzd	कəम **पəउज़्ड**
composer	kəm.ˈpəʊ.zə	कəम **पəउ** ज़ə
composite	ˈkɒm.pə.zɪt	**कɒम** पə ज़िट
composition	ˈkɒm.pə.ˈzɪʃ.ᵊn	**कɒम** पə **ज़िश** ॰न
compositor	kəm.ˈpɒz.ɪ.tə	कəम **पɒज़** इ टə
compost	ˈkɒm.pɒst	**कɒम** पɒस्ट
composure	kəm.ˈpəʊ.ʒə	कəम **पəउ** ज़ə
compound (n)	ˈkɒm.ˈpaʊnd	**कɒम पाउन्ड**
compound (v)	kəm.ˈpaʊnd	कəम **पाउन्ड**
comprehend	ˈkɒm.prɪ.ˈhend	**कɒम** प्रि **हेन्ड**
comprehensible	ˈkɒm.prɪ.ˈhen.sə.bᵊl	**कɒम** प्रि **हेन** सə ब॰ल
comprehension	ˈkɒm.prɪ.ˈhen.ʃᵊn	**कɒम** प्रि **हेन** श॰न
comprehensive	ˈkɒm.prɪ.ˈhen.sɪv	**कɒम** प्रि **हेन** सिव
compress (n)	ˈkɒm.ˈpres	**कɒम प्रेस**
compress (v)	kəm.ˈpres	कəम **प्रेस**
compressible	kəm.ˈpres.ə.bᵊl	कəम **प्रेस** ə ब॰ल
compression	kəm.ˈpreʃ.ᵊn	कəम **प्रेश** ॰न
comprise	kəm.ˈpraɪz	कəम **प्राइज़**
compromise	ˈkɒm.prə.maɪz	**कɒम** प्रə माइज़
comptroller	kən.ˈtrəʊ.lə	कəन **ट्रəउ** लə
compulsion	kəm.ˈpʌl.ʃᵊn	कəम **पʌल** श॰न
compulsive	kəm.ˈpʌl.sɪv	कəम **पʌल** सिव
compulsory	kəm.ˈpʌl.sᵊr.i	कəम **पʌल** स॰र ई
compunction	kəm.ˈpʌŋk.ʃᵊn	कəम **पʌङ्क** श॰न
computable	kəm.ˈpjuː.tə.bᵊl	कəम **प्यू:** टə ब॰ल
computation	ˈkɒm.pjʊ.ˈteɪ.ʃᵊn	**कɒम** प्यु **टेइ** श॰न
computational	ˈkɒm.pjʊ.ˈteɪ.ʃᵊn.ᵊl	**कɒम** प्यु **टेइ** श॰न ॰ल
compute	kəm.ˈpjuːt	कəम **प्यू:ट**
computer	kəm.ˈpjuː.tə	कəम **प्यू:** टə
computer aided design	kəm.ˈpjuː.tər.ˈeɪ.dɪd dɪ.ˈzaɪn	कəम **प्यू:** टəर **एइ** डिड डि **ज़ाइन**
computer animated	kəm.ˈpjuː.tər.ˈæ.nɪ.meɪ.tɪd	कəम **प्यू:** टəर **æ** नि मेइ टिड
computer animation	kəm.ˈpjuː.tər.ˈæn.ɪ.ˈmeɪ.ʃᵊn	कəम **प्यू:** टəर **æन** इ **मेइ** श॰न
computer assisted learning	kəm.ˈpjuː.tər.ə.ˈsɪs.tɪd.ˈlɜː.nɪŋ	कəम **प्यू:** टəर ə **सिस** टिड **लɜ:** निङ
computer based training	kəm.ˈpjuː.tə.beɪst.ˈtreɪ.nɪŋ	कəम **प्यू:** टə बेइस्ट **ट्रेइ** निङ
computerisation	kᵊm.ˈpjuː.tᵊr.aɪ.ˈzeɪ.ʃᵊn	क॰म **प्यू:** ट॰र आइ **ज़ेइ** श॰न
computerise	kᵊm.ˈpjuː.tᵊr.aɪz	क॰म **प्यू:** ट॰र आइज़
computing	kəm.ˈpjuː.tɪŋ	कəम **प्यू:** टिङ
comrade	ˈkɒm.reɪd	**कɒम** रेइड
comradeship	ˈkɒm.reɪd.ʃɪp	**कɒम** रेइड शिप
con	kɒn	कɒन
con artist	ˈkɒn.ˈɑː.tɪst	**कɒन आ:** टिस्ट
con man	ˈkɒn.ˈmæn	**कɒन मæन**
concatenate	kən.ˈkæt.ə.ˈnet	कəन **कæट** ə **नेट**
concatenation	kɒn.ˈkæt.ə.ˈneɪ.ʃᵊn	कɒन **कæट** ə **नेइ** श॰न
concave	ˈkɒŋ.keɪv	**कɒङ** केइव
conceal	kən.ˈsiːl	कəन **सी:ल**
concealment	kən.ˈsiːl.mᵊnt	कəन **सी:ल** म॰न्ट
concede	kən.ˈsiːd	कəन **सी:ड**
conceit	kən.ˈsiːt	कəन **सी:ट**
conceited	kən.ˈsiː.tɪd	कəन **सी:** टिड
conceivable	kən.ˈsiː.və.bᵊl	कəन **सी:** वə ब॰ल
conceivably	kən.ˈsiː.və.bli	कəन **सी:** वə ब्ली
conceive	kən.ˈsiːv	कəन **सी:व**
concentrate	ˈkɒn.sᵊn.treɪt	**कɒन** स॰न ट्रेइट
concentrated	ˈkɒn.sᵊn.treɪ.tɪd	**कɒन** स॰न ट्रेइ टिड
concentration	ˈkɒn.sᵊn.ˈtreɪ.ʃᵊn	**कɒन** स॰न **ट्रेइ** श॰न
concentration camp	ˈkɒn.sᵊn.ˈtreɪ.ʃᵊn.ˈkæmp	**कɒन** स॰न **ट्रेइ** श॰न **कæम्प**
concentric	kən.ˈsen.trɪk	कəन **सेन** ट्रिक
concept	ˈkɒn.sept	**कɒन** सेप्ट
conception	kən.ˈsep.ʃᵊn	कəन **सेप** श॰न
conceptual	kən.ˈsep.tjʊ.əl	कəन **सेप** ट्यु əल
conceptualisation	kən.ˈsep.tjʊ.ə.laɪ.ˈzeɪ.ʃᵊn	कəन **सेप** ट्यु ə लाइ **ज़ेइ** श॰न
conceptualise	kən.ˈsep.tjʊ.ə.laɪz	कəन **सेप** ट्यु ə लाइज़
concern	kən.ˈsɜːn	कəन **सɜ:न**
concerned	kən.ˈsɜːnd	कəन **सɜ:न्ड**
concerning	kən.ˈsɜː.nɪŋ	कəन **सɜ:** निङ
concert (n)	ˈkɒn.sɜːt	**कɒन** सɜ:ट
concert (v)	kən.ˈsɜːt	कəन **सɜ:ट**
concerted	kən.ˈsɜː.tɪd	कəन **सɜ:** टिड
concerto	kən.ˈtʃeə.təʊ	कəन **चेə** टəउ
concession	kən.ˈseʃ.ᵊn	कəन **सेश** ॰न
concierge	ˈkɒn.sɪ.ˈeəʒ	**कɒन** सि **एəज़**

conciliate	kən.ˈsɪl.ɪ.eɪt	कΘन सिल इ एइट
conciliation	kən.ˈsɪl.ɪ.ˈeɪ.ʃᵊn	कΘन सिल इ एइ शᵊन
conciliator	kən.ˈsɪl.i.eɪ.tə	कΘन सिल ई एइ टΘ
conciliatory	kən.ˈsɪl.ɪ.ə.tᵊr.i	कΘन सिल इ Θ टᵊर ई
concise	kən.ˈsaɪs	कΘन साइस
concisely	kən.ˈsaɪs.li	कΘन साइस ली
conciseness	kən.ˈsaɪs.nəs	कΘन साइस नΘस
conclude	kən.ˈkluːd	कΘन क्लूːड
concluding	kən.ˈkluː.dɪŋ	कΘन क्लूː डिङ
conclusion	kən.ˈkluː.ʒᵊn	कΘन क्लूː ज़ᵊन
conclusive	kən.ˈkluː.sɪv	कΘन क्लूː सिव
conclusively	kən.ˈkluː.sɪv.li	कΘन क्लूː सिव ली
concoct	kən.ˈkɒkt	कΘन कɒक्ट
concoction	kən.ˈkɒk.ʃᵊn	कΘन कɒक शᵊन
concourse	ˈkɒŋ.kɔːs	कɒङ कोːस
concrete (n)	ˈkɒŋ.kriːt	कɒङ क्रीːट
concrete (v)	ˈkɒŋ.kriːt	कɒङ क्रीːट
concretely	kən.ˈkriːt.li	कΘन क्रीːट ली
concubine	ˈkɒŋ.kjə.baɪn	कɒङ क्ग़Θ बाइन
concur	kən.ˈkɜː	कΘन कɜː
concurrence	kən.ˈkʌr.ᵊns	कΘन कʌर ᵊन्स
concurrent	kən.ˈkʌr.ᵊnt	कΘन कʌर ᵊन्ट
concurrently	kən.ˈkʌr.ᵊnt.li	कΘन कʌर ᵊन्ट ली
concussion	kən.ˈkʌʃ.ᵊn	कΘन कʌश ᵊन
condemn	kən.ˈdem	कΘन डेम
condemnation	ˈkɒn.dem.ˈneɪ.ʃᵊn	कɒन डेम नेइ शᵊन
condensation	ˈkɒn.den.ˈseɪ.ʃᵊn	कɒन डेन सेइ शᵊन
condense	kən.ˈdens	कΘन डेन्स
condescend	ˈkɒn.dɪ.ˈsend	कɒन डि सेन्ड
condescending	ˈkɒn.dɪ.ˈsen.dɪŋ	कɒन डि सेन डिङ
condiment	ˈkɒn.dɪ.mᵊnt	कɒन डि मᵊन्ट
condition	kən.ˈdɪʃ.ᵊn	कΘन डिश ᵊन
conditional	kən.ˈdɪʃ.ᵊn.ᵊl	कΘन डिश ᵊन ᵊल
conditionally	kən.ˈdɪʃ.ᵊn.ᵊl.i	कΘन डिश ᵊन ᵊल ई
conditioner	kən.ˈdɪʃ.ᵊn.ə	कΘन डिश ᵊन Θ
conditions	kən.ˈdɪʃ.ᵊnz	कΘन डिश ᵊन्ज़
condo	ˈkɒn.dəʊ	कɒन डΘउ
condole	kən.ˈdəʊl	कΘन डΘउल
condolence	kən.ˈdəʊ.lᵊns	कΘन डΘउ लᵊन्स
condom	ˈkɒn.dɒm	कɒन डɒम
condominium	ˈkɒn.də.ˈmɪn.i.əm	कɒन डΘ मिन ई Θम
condone	kən.ˈdəʊn	कΘन डΘउन
conduce	kən.ˈdjuːs	कΘन ड्ग़ूːस
conducive	kən.ˈdjuː.sɪv	कΘन ड्ग़ूː सिव
conduct (n)	ˈkɒn.dʌkt	कɒन डʌक्ट
conduct (v)	kən.ˈdʌkt	कΘन डʌक्ट
conduction	kən.ˈdʌk.ʃᵊn	कΘन डʌक शᵊन
conductive	kən.ˈdʌk.tɪv	कΘन डʌक टिव
conductivity	ˈkɒn.dʌk.ˈtɪv.ə.ti	कɒन डʌक टिव Θ टी
conductor	kən.ˈdʌk.tə	कΘन डʌक टΘ
conductress	kən.ˈdʌk.trəs	कΘन डʌक ट्रΘस
conduit	ˈkɒn.dwɪt	कɒन ड्विट
cone	kəʊn	कΘउन
confection	kən.ˈfek.ʃᵊn	कΘन फ़ेक शᵊन
confectioner	kən.ˈfek.ʃən.ə	कΘन फ़ेक शΘन Θ
confectionery	kən.ˈfek.ʃən.ᵊr.i	कΘन फ़ेक शΘन ᵊर ई
confederacy	kən.ˈfed.ᵊr.ə.si	कΘन फ़ेड ᵊर Θ सी
confederate (n)	ˈkɒn.fed.ᵊr.ət	कɒन फ़ेड ᵊर Θट
confederate (v)	kən.ˈfed.ə.reɪt	कΘन फ़ेड Θ रेइट
confederation	kən.ˈfed.ə.ˈreɪ.ʃᵊn	कΘन फ़ेड Θ रेइ शᵊन
confer	kən.ˈfɜː	कΘन फ़ɜː
conference	ˈkɒn.fᵊr.ᵊns	कɒन फ़ᵊर ᵊन्स
conference call	ˈkɒn.fᵊr.ᵊns.ˈkɔːl	कɒन फ़ᵊर ᵊन्स कोːल
conferral	kənˈfɜː.rᵊl	कΘन फ़ɜː रᵊल
confess	kən.ˈfes	कΘन फ़ेस
confessed	kən.ˈfest	कΘन फ़ेस्ट
confession	kən.ˈfeʃ.ᵊn	कΘन फ़ेश ᵊन
confessional	kən.ˈfeʃ.ᵊn.ᵊl	कΘन फ़ेश ᵊन ᵊल
confessor	kən.ˈfes.ə	कΘन फ़ेस Θ
confetti	kən.ˈfet.i	कΘन फ़ेट ई
confidante	ˈkɒn.fɪ.dænt	कɒन फ़ि डæन्ट
confide	kən.ˈfaɪd	कΘन फ़ाइड
confidence	ˈkɒn.fɪ.dᵊns	कɒन फ़ि डᵊन्स
confident	ˈkɒn.fɪ.dᵊnt	कɒन फ़ि डᵊन्ट
confidential	ˈkɒn.fɪ.ˈden.ʃᵊl	कɒन फ़ि डेन शᵊल

confidentiality	ˈkɒn.fɪ.ˈden.ʃɪ.ˈæl.ə.ti	**कɒन** फ़ि **डेन** शि **æल** ə टी
confidentially	ˈkɒn.fɪ.ˈden.ʃᵊl.i	**कɒन** फ़ि **डेन** शᵊल ई
confidently	ˈkɒn.fɪ.dᵊnt.li	**कɒन** फ़ि डᵊन्ट ली
confiding	kən.ˈfaɪd.ɪŋ	कəन **फ़ाइड** इङ
configuration	kən.ˌfig.ə.ˈreɪ.ʃᵊn	कəन **फ़ीग** ə **रेइ** शᵊन
configure	kən.ˈfig.ə	कəन **फ़ीग** ə
confine	kən.ˈfaɪn	कəन **फ़ाइन**
confined	kən.ˈfaɪnd	कəन **फ़ाइन्ड**
confinement	kən.ˈfaɪn.mᵊnt	कəन **फ़ाइन** मᵊन्ट
confirm	kən.ˈfɜːm	कəन **फ़ɜːम**
confirmation	ˈkɒn.fə.ˈmeɪ.ʃᵊn	**कɒन** फ़ə **मेइ** शᵊन
confirmed	kən.ˈfɜːmd	कəन **फ़ɜːम्ड**
confiscate	ˈkɒn.fɪs.keɪt	**कɒन** फ़िस केइट
confiscation	ˈkɒn.fɪs.ˈkeɪ.ʃᵊn	**कɒन** फ़िस **केइ** शᵊन
conflagration	ˈkɒn.fləg.ˈreɪ.ʃᵊn	**कɒन** फ़लəग **रेइ** शᵊन
conflate	kən.ˈfleɪt	कəन **फ़्लेइट**
conflation	kən.ˈfleɪ.ʃᵊn	कəन **फ़्लेइ** शᵊन
conflict	kən.ˈflɪkt	कəन **फ़्लिक्ट**
conflict of interest	kən.ˈflɪkt.əv.ˈɪn.trəst	कəन **फ़्लिक्ट** əव **इन** ट्रəस्ट
confluence	ˈkɒn.flʊᵊns	**कɒन** फ़्लुᵊन्स
conform	kən.ˈfɔːm	कəन **फ़ोːम**
conformation	ˈkɒn.fɔː.ˈmeɪ.ʃᵊn	**कɒन** फ़ोː **मेइ** शᵊन
conformer	kən.ˈfɔː.mə	कəन **फ़ोː** मə
conformist	kən.ˈfɔːm.ɪst	कəन **फ़ोːम** इस्ट
conformity	kən.ˈfɔː.mə.ti	कəन **फ़ोː** मə टी
confound	kən.ˈfaʊnd	कəन **फ़ाउन्ड**
confront	kən.ˈfrʌnt	कəन **फ़्रʌन्ट**
confrontation	ˈkɒn.frʌn.ˈteɪ.ʃᵊn	**कɒन** फ़्रʌन **टेइ** शᵊन
confrontational	ˈkɒn.frʌn.ˈteɪ.ʃᵊn.ᵊl	**कɒन** फ़्रʌन **टेइ** शᵊन ᵊल
confuse	kən.ˈfjuːz	कəन **फ़्यूːज़**
confusing	kən.ˈfjuː.zɪŋ	कəन **फ़्यूː** ज़िङ
confusion	kən.ˈfjuː.ʒᵊn	कəन **फ़्यूː** ज़ᵊन
congeal	kən.ˈdʒiːl	कəन **जीːल**
congee (IO)	ˈkɒn.dʒi	**कɒन** जी
congenial	kən.ˈdʒiː.ni.əl	कəन **जीː** नी əल

congenital	kən.ˈdʒen.ɪ.tᵊl	कəन **जेन** इ टᵊल
congest	kən.ˈdʒest	कəन **जेस्ट**
congested	kən.ˈdʒes.tɪd	कəन **जेस** टिड
congestion	kən.ˈdʒes.tʃən	कəन **जेस** चəन
conglomerate	kən.ˈglɒm.ə.reɪt	कəन **ग्लɒम** ə रेइट
conglomeration	kən.ˈglɒm.ə.ˈreɪ.ʃᵊn	कəन **ग्लɒम** ə **रेइ** शᵊन
congratulate	kən.ˈgrætʃ.ə.leɪt	कəन **ग्रæच** ə लेइट
congratulation	kən.ˈgrætʃ.ə.ˈleɪ.ʃᵊn	कəन **ग्रæच** ə **लेइ** शᵊन
congratulatory	kən.ˈgrætʃ.ə.ˈleɪ.tᵊr.i	कəन **ग्रæच** ə **लेइ** टᵊर ई
congregate	ˈkɒŋ.grɪ.geɪt	**कɒङ** ग्रि गेइट
congregation	ˈkɒŋ.grɪ.ˈgeɪ.ʃᵊn	**कɒङ** ग्रि **गेइ** शᵊन
congress	ˈkɒŋ.gres	**कɒङ** ग्रेस
congressional	kən.ˈgreʃ.ᵊn.ᵊl	कəन **ग्रेश** ᵊन ᵊल
congressman	ˈkɒŋ.gres.mən	**कɒङ** ग्रेस मəन
congresswoman	ˈkɒŋ.gres.ˈwʊm.ən	**कɒङ** ग्रेस **वुम** əन
congruence	ˈkɒŋ.gru.ᵊns	**कɒङ** ग्रू ᵊन्स
congruent	ˈkɒŋ.grʊ.ᵊnt	**कɒङ** ग्रु ᵊन्ट
conical	ˈkɒn.ɪ.kᵊl	**कɒन** इ कᵊल
conifer	ˈkɒn.ɪ.fə	**कɒन** इ फ़ə
coniferous	kə.ˈnɪf.ᵊr.əs	कə **निफ़** ᵊर əस
conjecture	kən.ˈdʒek.tʃə	कəन **जेक** चə
conjugal	ˈkɒn.dʒʊ.gəl	**कɒन** जु गəल
conjugate (n)	ˈkɒn.dʒʊ.gət	**कɒन** जु गəट
conjugate (n)	ˈkɒn.dʒʊ.geɪt	**कɒन** जु गेइट
conjugation	ˈkɒn.dʒʊ.ˈgeɪ.ʃᵊn	**कɒन** जु **गेइ** शᵊन
conjunct	kən.ˈdʒʌŋkt	कəन **जʌङ्क्ट**
conjunction	kən.ˈdʒʌŋk.ʃᵊn	कəन **जʌङ्क** शᵊन
conjunctivitis	kən.ˈdʒʌŋk.tɪ.ˈvaɪ.tɪs	कəन **जʌङ्क** टि **वाइ** टिस
conjure	ˈkʌn.dʒəʳ	**कʌन** जəर
conk	kɒŋk	कɒङ्क
conker	ˈkɒŋk.ə	**कɒङ्क** ə
connect	kə.ˈnekt	कə **नेक्ट**
connected	kə.ˈnek.tɪd	कə **नेक** टिड
connection	kə.ˈnek.ʃᵊn	कə **नेक** शᵊन
connector	kə.ˈnek.tə	कə **नेक** टə
connivance	kə.ˈnaɪ.vᵊns	कə **नाइ** वᵊन्स
connive	kə.ˈnaɪv	कə **नाइव**

connoisseur	ˈkɒn.ə.ˈsɜː	**कɒन** ə **सɜ:**
connotate	ˈkɒn.ə.teɪt	**कɒन** ə टेइट
connotation	ˈkɒn.ə.ˈteɪ.ʃᵊn	**कɒन** ə **टेइ** शᵊन
connote	kə.ˈnəʊt	कə **नəउट**
conquer	ˈkɒŋk.ə	**कɒङ्क** ə
conqueror	ˈkɒŋk.ə.rə	**कɒङ्क** ə रə
conquest	ˈkɒŋ.kwest	**कɒङ** क़्वेस्ट
conscience	ˈkɒn.ʃᵊns	**कɒन** शᵊन्स
conscientious	ˈkɒn.ʃɪ.ˈen.ʃəs	**कɒन** शि **एन** शəस
conscientiously	ˈkɒn.ʃɪ.ˈen.ʃəs.li	**कɒन** शि **एन** शəस ली
conscious	ˈkɒn.ʃəs	**कɒन** शəस
consciously	ˈkɒn.ʃəs.li	**कɒन** शəस ली
consciousness	ˈkɒn.ʃəs.nəs	**कɒन** शəस नəस
conscript (n)	ˈkɒn.skrɪpt	**कɒन** स्क्रिप्ट
conscript (v)	kən.ˈskrɪpt	कəन **स्क्रिप्ट**
conscription	kən.ˈskrɪp.ʃᵊn	कəन **स्क्रिप** शᵊन
consecrate	ˈkɒn.sɪ.kreɪt	**कɒन** सि क्रेइट
consecration	ˈkɒn.sɪ.ˈkreɪ.ʃᵊn	**कɒन** सि **क्रेइ** शᵊन
consecutive	kən.ˈsek.jə.tɪv	कəन **सेक** ग़ə टिव
consecutively	kən.ˈsek.ə.tɪv.li	कəन **सेक** ə टिव ली
consensual	kən.ˈsen.sju.ᵊl	कəन **सेन** स्गू ᵊल
consensus	kən.ˈsen.səs	कəन **सेन** सəस
consent	kən.ˈsent	कəन **सेन्ट**
consequence	ˈkɒn.sɪ.kwᵊns	**कɒन** सि क़्वᵊन्स
consequent	ˈkɒn.sɪ.kwᵊnt	**कɒन** सि क़्वᵊन्ट
consequential	ˈkɒn.sɪ.ˈkwen.ʃᵊl	**कɒन** सि **क्वेन** शᵊल
consequently	ˈkɒn.sɪ.kwᵊnt.li	**कɒन** सि क़्वᵊन्ट ली
conservation	ˈkɒn.sə.ˈveɪ.ʃᵊn	**कɒन** सə **वेइ** शᵊन
conservationist	ˈkɒn.sə.ˈveɪ.ʃᵊn.ɪst	**कɒन** सə **वेइ** शᵊन इस्ट
conservatism	kən.ˈsɜː.və.tɪ.zᵊm	कəन **सɜ:** वə टि ज़ᵊम
conservative	kən.ˈsɜː.və.tɪv	कəन **सɜ:** वə टिव
conservatively	kən.ˈsɜː.və.tɪv.li	कəन **सɜ:** वə टिव ली
conservator	kən.ˈsɜː.veɪ.tə	कəन **सɜ:** वेइ टə
conservatory	kən.ˈsɜː.və.tᵊr.i	कəन **सɜ:** वə टᵊर ई
conserve (n)	ˈkɒn.sɜːv	**कɒन** सɜ:व
conserve (v)	kən.ˈsɜːv	कəन **सɜ:व**
consider	kən.ˈsɪd.ə	कəन **सिड** ə
considerable	kən.ˈsɪd.ᵊr.ə.bᵊl	कəन **सिड** ᵊर ə बᵊल
considerably	kən.ˈsɪd.ᵊr.ə.bli	कəन **सिड** ᵊर ə ब्ली
considerate	kən.ˈsɪd.ᵊr.ət	कəन **सिड** ᵊर əट
considerately	kən.ˈsɪd.ᵊr.ət.li	कəन **सिड** ᵊर əट ली
consideration	kən.ˈsɪd.ə.ˈreɪ.ʃᵊn	कəन **सिड** ə **रेइ** शᵊन
considering	kən.ˈsɪd.ə.rɪŋ	कəन **सिड** ə रिङ
consign	kən.ˈsaɪn	कəन **साइन**
consignee	ˈkɒn.saɪ.ˈniː	**कɒन** साइ **नी:**
consignment	kən.ˈsaɪn.mᵊnt	कəन **साइन** मᵊन्ट
consist	kən.ˈsɪst	कəन **सिस्ट**
consistency	kən.ˈsɪs.tᵊn.si	कəन **सिस** टᵊन सी
consistent	kən.ˈsɪs.tᵊnt	कəन **सिस** टᵊन्ट
consistently	kən.ˈsɪs.tᵊnt.li	कəन **सिस** टᵊन्ट ली
consolation	ˈkɒn.sə.ˈleɪ.ʃᵊn	**कɒन** सə **लेइ** शᵊन
console	kən.ˈsəʊl	कəन **सəउल**
consolidate	kən.ˈsɒl.ɪ.deɪt	कəन **सɒल** इ डेइट
consolidation	kən.ˈsɒl.ɪ.ˈdeɪ.ʃᵊn	कəन **सɒल** इ **डेइ** शᵊन
consolidator	kənˈsɒl.ɪ.deɪ.təʳ	कəन **सɒल** इ डेइ टəर
consommé	kən.ˈsɒm.eɪ	कəन **सɒम** एइ
consonant	ˈkɒn.sə.nᵊnt	**कɒन** सə नᵊन्ट
consort (n)	ˈkɒn.sɔːt	**कɒन** सो:ट
consort (v)	kən.ˈsɔːt	कəन **सो:ट**
consortium	kən.ˈsɔː.ti.əm	कəन **सो:** टी əम
conspicuous	kən.ˈspɪk.jʊ.əs	कəन **स्पिक** गु əस
conspicuously	kən.ˈspɪk.jʊ.əs.li	कəन **स्पिक** गु əस ली
conspiracy	kən.ˈspɪr.ə.si	कəन **स्पिर** ə सी
conspirator	kən.ˈspɪr.ə.tə	कəन **स्पिर** ə टə
conspiratorial	kən.ˈspɪr.ə.ˈtɔː.ri.əl	कəन **स्पिर** ə **टो:** री əल
conspire	kən.ˈspaɪ.ə	कəन **स्पाइ** ə
constable	ˈkɒn.stə.bᵊl	**कɒन** स्टə बᵊल
constant	ˈkɒn.stᵊnt	**कɒन** स्टᵊन्ट
constantly	ˈkɒn.stᵊnt.li	**कɒन** स्टᵊन्ट ली

constellation	ˈkɒn.stə.ˈleɪ.ʃᵊn	**कɒन** स्टΘ **लेइ** शᵊन
consternation	ˈkɒn.stə.ˈneɪ.ʃᵊn	**कɒन** स्टΘ **नेइ** शᵊन
constipate	ˈkɒn.stɪ.peɪt	**कɒन** स्टि पेइट
constipated	ˈkɒn.stɪ.peɪ.tɪd	**कɒन** स्टि पेइ टिड
constipation	ˈkɒn.stɪ.ˈpeɪ.ʃᵊn	**कɒन** स्टि **पेइ** शᵊन
constituency	kən.ˈstɪ.tjʊ.ən.si	कΘन **स्टि** ट्यु Θन सी
constituent	kən.ˈstɪ.tjʊ.ᵊnt	कΘन **स्टि** ट्यु ᵊन्ट
constitute	ˈkɒn.stɪ.tjuːt	**कɒन** स्टि ट्यूːट
constitution	ˈkɒn.stɪ.ˈtjuː.ʃᵊn	**कɒन** स्टि **ट्यूː** शᵊन
constitutional	ˈkɒn.stɪ.ˈtjuː.ʃᵊn.ᵊl	**कɒन** स्टि **ट्यूː** शᵊन ᵊल
constrain	kən.ˈstreɪn	कΘन **स्ट्रेइन**
constraint	kən.ˈstreɪnt	कΘन **स्ट्रेइन्ट**
constrict	kən.ˈstrɪkt	कΘन **स्ट्रिक्ट**
constriction	kən.ˈstrɪk.ʃᵊn	कΘन **स्ट्रिक** शᵊन
construct (n)	ˈkɒn.strʌkt	**कɒन** स्ट्रʌक्ट
construct (v)	kən.ˈstrʌkt	कΘन **स्ट्रʌक्ट**
construction	kən.ˈstrʌk.ʃᵊn	कΘन **स्ट्रʌक** शᵊन
constructive	kən.ˈstrʌk.tɪv	कΘन **स्ट्रʌक** टिव
constructively	kən.ˈstrʌk.tɪv.li	कΘन **स्ट्रʌक** टिव ली
construe	kən.ˈstruː	कΘन **स्ट्रूː**
consul	ˈkɒn.sᵊl	**कɒन** सᵊल
consular	ˈkɒns.jə.lə	**कɒन्स** यΘ लΘ
consulate	ˈkɒns.jə.lət	**कɒन्स** यΘ लΘट
consult	kən.ˈsʌlt	कΘन **सʌल्ट**
consultant	kən.ˈsʌl.tᵊnt	कΘन **सʌल** टᵊन्ट
consultation	ˈkɒn.sʌl.ˈteɪ.ʃᵊn	**कɒन** सʌल **टेइ** शᵊन
consulting	kən.ˈsʌl.tɪŋ	कΘन **सʌल** टिङ
consumable	kən.ˈsjuː.mə.bᵊl	कΘन **स्यूː** मΘ बᵊल
consume	kən.ˈsjuːm	कΘन **स्यूːम**
consumer	kən.ˈsjuː.mə	कΘन **स्यूː** मΘ
consuming	kən.ˈsjuː.mɪŋ	कΘन **स्यूː** मिङ
consummate (adj)	kɒn.ˈsʌm.ət	कɒन **सʌम** Θट
consummate (v)	ˈkɒn.sʌm.eit	**कɒन** सʌम एईट
consummation	ˈkɒn.sə.ˈmeɪ.ʃᵊn	**कɒन** सΘ **मेइ** शᵊन
consumption	kən.ˈsʌmp.ʃᵊn	कΘन **सʌम्प** शᵊन

contact	ˈkɒn.tækt	**कɒन** टæक्ट
contact lens	ˈkɒn.tækt.lenz	**कɒन** टæक्ट लेन्ज़
contagious	kən.ˈteɪ.dʒəs	कΘन **टेइ** जΘस
contain	kən.ˈteɪn	कΘन **टेइन**
container	kən.ˈteɪ.nə	कΘन **टेइ** नΘ
containment	kən.ˈteɪn.mᵊnt	कΘन **टेइन** मᵊन्ट
contaminant	kən.ˈtæm.ɪ.nᵊnt	कΘन **टæम** इ नᵊन्ट
contaminate	kən.ˈtæm.ɪ.neɪt	कΘन **टæम** इ नेइट
contamination	kən.ˈtæm.ɪ.ˈneɪ.ʃᵊn	कΘन **टæम** इ **नेइ** शᵊन
contemplate	ˈkɒn.təm.pleɪt	**कɒन** टΘम प्लेइट
contemplation	ˈkɒn.təm.ˈpleɪ.ʃᵊn	**कɒन** टΘम **प्लेइ** शᵊन
contemplative	kən.ˈtem.plə.tɪv	कΘन **टेम** प्लΘ टिव
contemporary	kən.ˈtem.pᵊr.ᵊr.i	कΘन **टेम** पᵊर ᵊर ई
contempt	kən.ˈtempt	कΘन **टेम्प्ट**
contemptible	kən.ˈtemp.tə.bᵊl	कΘन **टेम्प** टΘ बᵊल
contemptuous	kən.ˈtemp.tʃʊ.əs	कΘन **टेम्प** चु Θस
contend	kən.ˈtend	कΘन **टेन्ड**
contender	kən.ˈten.də	कΘन **टेन** डΘ
content (n)	ˈkɒn.tent	**कɒन** टेन्ट
content (v)	kən.ˈtent	कΘन **टेन्ट**
contented	kən.ˈten.tɪd	कΘन **टेन** टिड
contentedly	kən.ˈten.tɪd.li	कΘन **टेन** टिड ली
contention	kən.ˈten.ʃᵊn	कΘन **टेन** शᵊन
contentious	kən.ˈten.ʃəs	कΘन **टेन** शΘस
contentment	kən.ˈtent.mᵊnt	कΘन **टेन्ट** मᵊन्ट
contents	kən.ˈtents	कΘन **टेन्ट्स**
contest (n)	ˈkɒn.test	**कɒन** टेस्ट
contest (v)	kən.ˈtest	कΘन **टेस्ट**
contestant	kən.ˈtes.tᵊnt	कΘन **टेस** टᵊन्ट
context	ˈkɒn.tekst	**कɒन** टेक्स्ट
contextual	kən.ˈteks.tʃʊ.əl	कΘन **टेक्स** चु Θल
contextualise	kən.ˈteks.tʃu.ə.laɪz	कΘन **टेक्स** चू Θ लाइज़
contiguous	kən.ˈtɪg.ju.əs	कΘन **टिग** गू Θस
continent	ˈkɒn.tɪ.nᵊnt	**कɒन** टि नᵊन्ट
continental	ˈkɒn.tɪ.ˈnen.tᵊl	**कɒन** टि **नेन** टᵊल
contingency	kən.ˈtɪn.dʒən.si	कΘन **टिन** जΘन

		सी
contingent	kən.ˈtɪn.dʒᵊnt	कΘन टिन जᵊन्ट
continual	kən.ˈtɪn.ju.əl	कΘन टिन ग़ू Θल
continually	kən.ˈtɪn.ju.ə.li	कΘन टिन ग़ू Θ ली
continuation	kən.ˈtɪn.ju.ˈeɪ.ʃᵊn	कΘन टिन ग़ू एइ शᵊन
continue	kən.ˈtɪn.juː	कΘन टिन ग़ूː
continued	kən.ˈtɪn.juːd	कΘन टिन ग़ूːड
continuity	ˈkɒn.tɪ.ˈnjuː.ə.ti	कɒन टि न्ग़ूː Θ टी
continuous	kən.ˈtɪn.ju.əs	कΘन टिन ग़ू Θस
continuously	kən.ˈtɪn.ju.əs.li	कΘन टिन ग़ू Θस ली
contort	kən.ˈtɔːt	कΘन टोːट
contortion	kən.ˈtɔː.ʃᵊn	कΘन टोː शᵊन
contortionist	kən.ˈtɔː.ʃᵊn.ɪst	कΘन टोː शᵊन इस्ट
contour	ˈkɒn.tɔːr	कɒन टोːर
contraband	ˈkɒn.trə.bænd	कɒन ट्रΘ बæन्ड
contraception	ˈkɒn.trə.ˈsep.ʃᵊn	कɒन ट्रΘ सेप शᵊन
contraceptive	ˈkɒn.trə.ˈsep.tɪv	कɒन ट्रΘ सेप टिव
Contract (n)	ˈkɒn.trækt	कɒन ट्रæक्ट
Contract (v)	kən.ˈtrækt	कΘन ट्रæक्ट
contraction	kən.ˈtræk.ʃᵊn	कΘन ट्रæक शᵊन
contractor	ˈkɒn.træk.tə	कɒन ट्रæक टΘ
contractual	kən.ˈtræk.tʃu.əl	कΘन ट्रæक चू Θल
contradict	ˈkɒn.trə.ˈdɪkt	कɒन ट्रΘ डिक्ट
contradiction	ˈkɒn.trə.ˈdɪk.ʃᵊn	कɒन ट्रΘ डिक शᵊन
contradictory	ˈkɒn.trə.ˈdɪk.tᵊr.i	कɒन ट्रΘ डिक टᵊर ई
contraption	kən.ˈtræp.ʃᵊn	कΘन ट्रæप शᵊन
contrary	kən.ˈtreə.ri	कΘन ट्रेΘ री
contrast (n)	ˈkɒn.trɑːst	कɒन ट्राːस्ट
contrast (v)	kən.ˈtrɑːst	कΘन ट्राːस्ट
contrasting	kən.ˈtrɑːs.tɪŋ	कΘन ट्राːस टिङ
contrastive	kən.ˈtrɑːs.tɪv	कΘन ट्राːस टिव
contravene	ˈkɒn.trə.ˈviːn	कɒन ट्रΘ वीːन
contravention	ˈkɒn.trə.ˈven.ʃᵊn	कɒन ट्रΘ वेन शᵊन
contribute	kən.ˈtrɪ.bjuːt	कΘन ट्रि ब्ग़ूːट
contribution	ˈkɒn.trɪ.ˈbjuː.ʃᵊn	कɒन ट्रि ब्ग़ूː शᵊन
contributor	kən.ˈtrɪ.bjuː.tə	कΘन ट्रि ब्ग़ूː टΘ
contributory	kən.ˈtrɪ.bju.tᵊr.i	कΘन ट्रि ब्ग़ू टᵊर ई

contrite	kən.ˈtraɪt	कΘन ट्राइट
contrition	kən.ˈtrɪʃ.ᵊn	कΘन ट्रिश ᵊन
contrive	kən.ˈtraɪv	कΘन ट्राइव
control (n)	ˈkɒn.trəʊl	कɒन ट्रΘउल
control (v)	kən.ˈtrəʊl	कΘन ट्रΘउल
control freak	kən.ˈtrəʊl.ˈfriːk	कΘन ट्रΘउल फ़्रीːक
control group	kən.ˈtrəʊl.ˈgruːp	कΘन ट्रΘउल ग्रूːप
controller	kən.ˈtrəʊ.lə	कΘन ट्रΘउ लΘ
controversial	ˈkɒn.trə.ˈvɜː.ʃᵊl	कɒन ट्रΘ वɜː शᵊल
controversy	ˈkɒn.trə.vɜː.si	कɒन ट्रΘ वɜː सी
convalesce	ˈkɒn.və.ˈles	कɒन वΘ लेस
convalescence	ˈkɒn.və.ˈləs.ᵊns	कɒन वΘ लΘस ᵊन्स
convalescent	ˈkɒn.və.ˈləs.ᵊnt	कɒन वΘ लΘस ᵊन्ट
convection	kən.ˈvek.ʃᵊn	कΘन वेक शᵊन
convene	kən.ˈviːn	कΘन वीːन
convenience	kən.ˈviː.ni.ᵊns	कΘन वीː नी ᵊन्स
convenient	kən.ˈviː.ni.ᵊnt	कΘन वीː नी ᵊन्ट
conveniently	kən.ˈviː.ni.ᵊnt.li	कΘन वीː नी ᵊन्ट ली
convent	ˈkɒn.vᵊnt	कɒन वᵊन्ट
convention	kən.ˈven.ʃᵊn	कΘन वेन शᵊन
conventional	kən.ˈven.ʃᵊn.ᵊl	कΘन वेन शᵊन ᵊल
conventionally	kən.ˈven.ʃᵊn.ᵊl.i	कΘन वेन शᵊन ᵊल ई
converge	kən.ˈvɜːdʒ	कΘन वɜːज
convergence	kən.ˈvɜː.dʒᵊns	कΘन वɜː जᵊन्स
convergent	kən.ˈvɜː.dʒᵊnt	कΘन वɜː जᵊन्ट
conversant	kən.ˈvɜː.sᵊnt	कΘन वɜː सᵊन्ट
conversation	ˈkɒn.və.ˈseɪ.ʃᵊn	कɒन वΘ सेइ शᵊन
conversational	ˈkɒn.və.ˈseɪ.ʃᵊn.ᵊl	कɒन वΘ सेइ शᵊन ᵊल
converse (n)	ˈkɒn.vɜːs	कɒन वɜːस
converse (v)	kən.ˈvɜːs	कΘन वɜːस
conversely	kən.ˈvɜːs.li	कΘन वɜːस ली
conversion	kən.ˈvɜː.ʃᵊn	कΘन वɜː शᵊन
convert (n)	ˈkɒn.vɜːt	कɒन वɜːट
convert (v)	kən.ˈvɜːt	कΘन वɜːट
convertible	kən.ˈvɜː.tə.bᵊl	कΘन वɜː टΘ बᵊल
convex	ˈkɒn.veks	कɒन वेक्स
convey	kən.ˈveɪ	कΘन वेइ

conveyance	kən.ˈveɪ.ᵊns	कϴन **वेइ** ᵊन्स
conveyor belt	kən.ˈveɪ.ə.belt	कϴन **वेइ** ϴ बेल्ट
convict (n)	ˈkɒn.vɪkt	**कɒन** विक्ट
convict (v)	kən.ˈvɪkt	कϴन **विक्ट**
conviction	kən.ˈvɪk.ʃᵊn	कϴन **विक** शᵊन
convince	kən.ˈvɪns	कϴन **विन्स**
convinced	kən.ˈvɪnst	कϴन **विन्स्ट**
convincing	kən.ˈvɪn.sɪŋ	कϴन **विन** सिङ
convincingly	kən.ˈvɪn.sɪŋ.li	कϴन **विन** सिङ ली
convivial	kən.ˈvɪv.i.əl	कϴन **विव** ई ϴल
convolution	ˈkɒn.və.ˈluː.ʃᵊn	**कɒन** वϴ **लू**: शᵊन
convoy	ˈkɒn.vɔɪ	**कɒन** वोइ
convulse	kən.ˈvʌls	कϴन **वʌल्स**
convulsion	kən.ˈvʌl.ʃᵊn	कϴन **वʌल** शᵊन
coo	kuː	कू:
cooee	ˈkuː.i	**कू**: ई
cook	kʊk	कुक
cookbook	ˈkʊk.bʊk	**कुक** बुक
cooker	ˈkʊk.ə	**कुक** ϴ
cookery	ˈkʊk.ᵊr.i	**कुक** ᵊर ई
cookie	ˈkʊk.i	**कुक** ई
cooking	ˈkʊk.ɪŋ	**कुक** इङ
cookout	ˈkʊk.ɑʊt	**कुक** आउट
cookware	ˈkʊk.weə	**कुक** वे़ϴ
cool	kuːl	कू:ल
cool headed	ˈkuːl.ˈhed.ɪd	**कू:ल** **हेड** इड
coolant	ˈkuːl.ᵊnt	**कू:ल** ᵊन्ट
cooler	ˈkuːl.ə	**कू:ल** ϴ
coolie (IO)	ˈkuː.li	**कू**: ली
cooling tower	ˈkuː.lɪŋ.ˈtaʊ.ə	**कू**: लिङ **टाउ** ϴ
cooling-off period	ˈkuː.lɪŋ.ˈɒf.ˈpɪə.rɪ.əd	**कू**: लिङ **ɒफ़** **पिϴ** रि ϴड
coolly	ˈkuːl.li	**कू:ल** ली
coolness	ˈkuːl.nəs	**कू:ल** नϴस
coop	kuːp	कू:प
co-op	ˈkəʊ.ɒp	**कϴउ** ɒप
cooperate	kəʊ.ˈɒp.ə.reɪt	कϴउ **ɒप** ϴ रेइट
cooperation	kəʊ.ˈɒp.ə.ˈreɪ.ʃᵊn	कϴउ **ɒप** ϴ **रेइ** शᵊन
cooperative	kəʊ.ˈɒp.ə.rə.tɪv	कϴउ **ɒप** ϴ रϴ टिव
co-opt	kəʊ.ˈɒpt	कϴउ **ɒप्ट**
coordinate (n)	ˈkəʊ.ˈɔː.dɪ.nət	**कϴउ** **ओ**: डि नϴट

coordinate (v)	ˈkəʊ.ˈɔː.dɪ.neɪt	**कϴउ** **ओ**: डि नेइट
coordination	ˈkəʊ.ˈɔː.dɪ.ˈneɪ.ʃᵊn	**कϴउ** **ओ**: डि **नेइ** शᵊन
coordinator	kəʊ.ˈɔː.dɪ.neɪ.tə	कϴउ **ओ**: डि नेइ टϴ
cop	kɒp	कɒप
cope	kəʊp	कϴउप
copier	ˈkɒp.i.ə	**कɒप** ई ϴ
co-pilot	ˈkəʊ.ˈpaɪ.lət	**कϴउ** **पाइ** लϴट
copious	ˈkəʊ.pi.əs	**कϴउ** पी ϴस
cop-out	ˈkɒp.aʊt	**कɒप** आउट
copper	ˈkɒp.ə	**कɒप** ϴ
copperplate	ˈkɒp.ə.pleɪt	**कɒप** ϴ प्लेइट
coproduce	ˈkəʊ.prə.ˈdʒuːs	**कϴउ** प्रϴ **जू:स**
co-production	ˈkəʊ.prə.ˈdʌk.ʃᵊn	**कϴउ** प्रϴ **डʌक** शᵊन
copulate	ˈkɒp.jə.leɪt	**कɒप** ग़ϴ लेइट
copulation	ˈkɒp.jə.ˈleɪ.ʃᵊn	**कɒप** ग़ϴ **लेइ** शᵊन
copy	ˈkɒp.i	**कɒप** ई
copybook	ˈkɒp.ɪ.bʊk	**कɒप** इ बुक
copycat	ˈkɒp.ɪ.kæt	**कɒप** इ कæट
copyist	ˈkɒp.ɪ.ɪst	**कɒप** इ इस्ट
copyright	ˈkɒp.ɪ.raɪt	**कɒप** इ राइट
copywriter	ˈkɒp.ɪ.ˈraɪ.tə	**कɒप** इ **राइ** टϴ
copy-edit	ˈkɒp.i.ˈedɪt	**कɒप** ई **एडिट**
coquettish	kəʊ.ˈket.ɪʃ	कϴउ **केट** इश
coral	ˈkɒr.əl	**कɒर** ϴल
cord	kɔːd	को:ड
cordial	ˈkɔː.di.əl	**को**: डी ϴल
cordiality	ˈkɔː.di.ˈæl.ə.ti	**को**: डी **æल** ϴ टी
cordially	ˈkɔː.di.əl.i	**को**: डी ϴल ई
cordless	ˈkɔːd.ləs	**को:ड** लϴस
cordon	ˈkɔː.dᵊn	**को**: डᵊन
corduroy	ˈkɔː.də.rɔɪ	**को**: डϴ रोइ
core	kɔː	को:
co-referential	ˈkəʊ.ref.ər.ˈen.ʃᵊl	**कϴउ** रेफ़ ϴर **एन** शᵊल
coriander	ˈkɒr.i.ˈæn.də	**कɒर** ई **æन** डϴ
cork	kɔːk	को:क
corkage	ˈkɔːk.ɪdʒ	**को:क** इज
corkscrew	ˈkɔːk.skruː	**को:क** स्क्रू:
corn	kɔːn	को:न
cornbread	ˈkɔːn.ˈbred	**को:न** **ब्रेड**

corncob	ˈkɔ:n.kɒb	को:न कɒब
cornea	ˈkɔ:.nɪ.ə	को: नि Θ
corned beef	ˈkɔ:nd.bi:f	को:न्ड बी:फ़
corner	ˈkɔ:.nə	को: नΘ
corner shop	ˈkɔ:.nə.ˈʃɒp	को: नΘ शɒप
cornered	ˈkɔ:.nəd	को: नΘड
cornerstone	ˈkɔ:.nə.stəʊn	को: नΘ स्टΘउन
cornet	ˈkɔ:.nɪt	को: निट
corn-fed	ˈkɔ:n.fed	को:न फ़ेड
cornfield	ˈkɔ:n.fi:ld	को:न फ़ी:ल्ड
cornflakes	ˈkɔ:n.fleɪks	को:न फ़्लेइक्स
cornflour	ˈkɔ:n.flaʊ.ə	को:न फ़्लाउ Θ
cornmeal	ˈkɔ:n.mi:l	को:न मी:ल
cornstarch	ˈkɔ:n.stɑ:tʃ	को:न स्टा:च
corny	ˈkɔ:.ni	को: नी
corollary	kə.ˈrɒl.ᵊr.i	कΘ रɒल ᵊर ई
coronary	ˈkɒr.ᵊn.ᵊr.i	कɒर ᵊन ᵊर ई
coronation	ˈkɒr.ə.ˈneɪ.ʃᵊn	कɒर Θ नेइ शᵊन
coroner	ˈkɒr.ə.nə	कɒर Θ नΘ
corporal	ˈkɔ:.pᵊr.ᵊl	को: पᵊर ᵊल
corporal punishment	ˈkɔ:.pᵊr.ᵊl.ˈpʌn.ɪʃ.mᵊnt	को: पᵊर ᵊल पʌन इश मᵊन्ट
corporate	ˈkɔ:.pᵊr.ət	को: पᵊर Θट
corporation	ˈkɔ:.pᵊr.ˈeɪ.ʃᵊn	को: पᵊर एइ शᵊन
corps	kɔ:ʳ	को:र
corpse	kɔ:ps	को:प्स
corpus	ˈkɔ:.pəs	को: पΘस
corpuscle	ˈkɔ:.pʌs.ᵊl	को: पʌस ᵊल
corral	kə.ˈrɑ:l	कΘ रा:ल
correct	kə.ˈrekt	कΘ रेक्ट
correction	kə.ˈrek.ʃᵊn	कΘ रेक शᵊन
correctional	kə.ˈrek.ʃᵊn.ᵊl	कΘ रेक शᵊन ᵊल
corrective	kə.ˈrek.tɪv	कΘ रेक टिव
correctly	kə.ˈrekt.li	कΘ रेक्ट ली
correctness	kə.ˈrekt.nəs	कΘ रेक्ट नΘस
correlate (n)	ˈkɒr.ᵊl.ət	कɒर ᵊल Θट
correlate (v)	ˈkɒr.ə.leɪt	कɒर Θ लेइट
correlation	ˈkɒr.ə.ˈleɪ.ʃᵊn	कɒर Θ लेइ शᵊन
correspond	ˈkɒr.ɪ.ˈspɒnd	कɒर इ स्पɒन्ड
correspondence	ˈkɒr.ɪ.ˈspɒn.dᵊns	कɒर इ स्पɒन डᵊन्स
correspondent	ˈkɒr.ɪ.ˈspɒn.dᵊnt	कɒर इ स्पɒन

		डᵊन्ट
corresponding	ˈkɒr.ɪ.ˈspɒnd.ɪŋ	कɒर इ स्पɒन्ड इङ
correspondingly	ˈkɒr.ɪ.ˈspɒn.dɪŋ.li	कɒर इ स्पɒन डिङ ली
corridor	ˈkɒr.ɪ.dɔ:	कɒर इ डो:
corrigendum	ˈkɒr.ɪ.ˈdʒen.dəm	कɒर इ जेन डΘम
corrigible	ˈkɒr.ɪ.dʒə.bᵊl	कɒर इ जΘ बᵊल
corroborate	kə.ˈrɒb.ə.reɪt	कΘ रɒब Θ रेइट
corroboration	kə.ˈrɒb.ə.ˈreɪ.ʃᵊn	कΘ रɒब Θ रेइ शᵊन
corrode	kə.ˈrəʊd	कΘ रΘउड
corrosion	kə.ˈrəʊ.ʒᵊn	कΘ रΘउ ज़ᵊन
corrosive	kə.ˈrəʊ.sɪv	कΘ रΘउ सिव
corrugate	ˈkɒr.ə.geɪt	कɒर Θ गेइट
corrugated	ˈkɒr.ə.geɪ.tɪd	कɒर Θ गेइ टिड
corrupt	kə.ˈrʌpt	कΘ रʌप्ट
corruptible	kə.ˈrʌp.tə.bᵊl	कΘ रʌप टΘ बᵊल
corruption	kə.ˈrʌp.ʃᵊn	कΘ रʌप शᵊन
corsage	kɔ:.ˈsɑ:ʒ	को: सा:ज़
corset	ˈkɔ:.sɪt	को: सिट
cortisone	ˈkɔ:.tɪ.zəʊn	को: टि ज़Θउन
corundum (IO)	kə.ˈrʌn.dəm	कΘ रʌन डΘम
cos	kəz	कΘज़
cosec	ˈkəʊ.sec	कΘउ से
cosher	ˈkəʊ.ʃəʳ	कΘउ शΘर
cosily	ˈkəʊ.zᵊl.i	कΘउ ज़ᵊल ई
cosine	ˈkəʊ.saɪn	कΘउ साइन
cosmetic	kɒz.ˈmet.ɪk	कɒज़ मेट इक
cosmic	ˈkɒz.mɪk	कɒज़ मिक
cosmology	kɒz.ˈmɒl.ə.dʒi	कɒज़ मɒल Θ जी
cosmonaut	ˈkɒz.mə.nɔ:t	कɒज़ मΘ नो:ट
cosmopolitan	ˈkɒz.mə.ˈpɒl.ɪ.tən	कɒज़ मΘ पɒल इ टΘन
cosmos	ˈkɒz.mɒs	कɒज़ मɒस
cost	kɒst	कɒस्ट
cost of living	ˈkɒst.əv.ˈlɪv.ɪŋ	कɒस्ट Θव लिव इङ
co-star	ˈkəʊ.ˈstɑ:	कΘउ स्टा:
cost-effective	ˈkɒst.ɪ.ˈfek.tɪv	कɒस्ट इ फ़ेक टिव
costly	ˈkɒst.li	कɒस्ट ली
costume	ˈkɒs.tju:m	कɒस ट्यू:म
cosy	ˈkəʊ.zi	कΘउ ज़ी
cot (IO)	kɒt	कɒट

cotangent	ˈkəʊ.ˈtæn.dʒᵊnt	**कəउ टæन** जᵊन्ट
cote	kəʊt	कəउट
coterie	ˈkəʊ.tᵊr.i	**कəउ** टᵊर ई
cottage	ˈkɒt.ɪdʒ	**कɒट** इज
cottage cheese	ˈkɒt.ɪdʒ.ˈtʃiːz	**कɒट** इज **चीːज़**
cotton	ˈkɒt.ᵊn	**कɒट** ᵊन
cotton bud	ˈkɒt.ᵊn.ˈbʌd	**कɒट** ᵊन **बʌड**
cotton wool	ˈkɒt.ᵊn.ˈwʊl	**कɒट** ᵊन **वुल**
cotton-picking	ˈkɒt.ᵊn.ˈpɪk.ɪŋ	**कɒट** ᵊन **पिक** इङ
cottonseed	ˈkɒt.ᵊn.siːd	**कɒट** ᵊन सीːड
cottonwood	ˈkɒt..ᵊn.wʊd	**कɒट** ᵊन वुड
cotyledon	ˈkɒt.ə.ˈliː.dᵊn	**कɒट** ə **लीː** डᵊन
couch	kaʊtʃ	काउच
couch potato	ˈkaʊtʃ.pə.ˈteɪ.təʊ	**काउच** पə **टेइ** टəउ
cougar	ˈkuː.gə	**कूː** गə
cough	kɒf	कɒफ़
could	kʊd	कुड
couldn't	ˈkʊd.ᵊnt	**कुड** ᵊन्ट
council	ˈkaʊn.sᵊl	**काउन** सᵊल
councillor	ˈkaʊn.sᵊl.ə	**काउन** सᵊल ə
counsel	ˈkaʊn.sᵊl	**काउन** सᵊल
counselling	ˈkaʊn.sᵊl.ɪŋ	**काउन** सᵊल इङ
counsellor	ˈkaʊn.sᵊl.ə	**काउन** सᵊल ə
count	kaʊnt	काउन्ट
countable	ˈkaʊn.tə.bᵊl	**काउन** टə बᵊल
countdown	ˈkaʊnt.daʊn	**काउन्ट** डाउन
countenance	ˈkaʊn.tə.nᵊns	**काउन** टə नᵊन्स
counter	ˈkaʊn.tə	**काउन** टə
counteract	ˈkaʊn.tər.ˈækt	**काउन** टəर **æक्ट**
counter-acting	ˈkaʊn.tər.ˈæk.tɪŋ	**काउन** टəर **æक** टिङ
counter-active	ˈkaʊn.tər.ˈæk.tɪv	**काउन** टəर **æक** टिव
counterargument	ˈkaʊn.tər.ɑː.gjə.mᵊnt	**काउन** टəर आː ग्गə मᵊन्ट
counterattack	ˈkaʊn.tər.ə.tæk	**काउन** टəर ə टæक
counterbalance (n)	ˈkaʊn.tə.bæl.ᵊns	**काउन** टə बæल ᵊन्स
counterbalance (v)	ˈkaʊn.tə.ˈbæl.ᵊns	**काउन** टə **बæल** ᵊन्स
counterbid	ˈkaʊn.tə.ˈbɪd	**काउन** टə **बिड**
counterblast	ˈkaʊn.tə.blɑːst	**काउन** टə ब्लाːस्ट

counterblow	ˈkaʊn.tə.bləʊ	**काउन** टə ब्लəउ
countercharge	ˈkaʊn.tə.ˈtʃɑːdʒ	**काउन** टə **चाːज**
counterclaim	ˈkaʊn.tə.ˈkleɪm	**काउन** टə **क्लेइम**
counterclockwise	ˈkaʊn.tə.ˈklɒk.waɪz	**काउन** टə **क्लɒक** वाइज़
counterespionage	ˈkaʊn.tə.ˈes.pi.ə.nɑːʒ	**काउन** टə **एस** पी ə नाːज़
counterfeit	ˈkaʊn.tə.fɪt	**काउन** टə फ़िट
counterfeiter	ˈkaʊn.tə.fɪt.ə	**काउन** टə फ़िट ə
counterfoil	ˈkaʊn.tə.fɔɪl	**काउन** टə फ़ोइल
counterinsurgency	ˈkaʊn.tər.ˈɪn.ˈsɜː.dʒən.si	**काउन** टəर **इन** **सɜː** जəन सी
counterintelligence	ˈkaʊn.tər.ɪn.ˈtel.ɪ.dʒᵊns	**काउन** टəर इन **टेल** इ जᵊन्स
countermand	ˈkaʊn.tə.ˈmɑːnd	**काउन** टə **माːन्ड**
countermeasure	ˈkaʊn.tə.meʒ.ə	**काउन** टə मेज़ ə
counterpane	ˈkaʊn.tə.peɪn	**काउन** टə पेइन
counterpart	ˈkaʊn.tə.pɑːt	**काउन** टə पाːट
counterpoint	ˈkaʊn.tə.pɔɪnt	**काउन** टə पोइन्ट
counterproductive	ˈkaʊn.tə.prə.ˈdʌk.tɪv	**काउन** टə प्रə **डʌक** टिव
counterproposal	ˈkaʊn.tə.prə.ˈpəʊ.zəl	**काउन** टə प्रə **पəउ** ज़əल
counterrevolution	ˈkaʊn.tə.rev.ə.ˈluː.ʃᵊn	**काउन** टə रेव ə **लूː** शᵊन
counterrevolutionary	ˈkaʊn.tə.rev.ə.ˈluː.ʃᵊn.ᵊr.i	**काउन** टə रेव ə **लूː** शᵊन ᵊर ई
countersign	ˈkaʊn.tə.saɪn	**काउन** टə साइन
countertenor	ˈkaʊn.tə.ten.ə	**काउन** टə टेन ə
counterterrorism	ˈkaʊn.tə.ter.ə.ˈrɪ.zᵊm	**काउन** टə टेर ə **रि** ज़ᵊम
countervail	ˈkaʊn.tə.veɪl	**काउन** टə वेइल
counterweight	ˈkaʊn.tə.weɪt	**काउन** टə वेइट
countess	ˈkaʊn.tes	**काउन** टेस
countless	ˈkaʊnt.ləs	**काउन्ट** लəस
country	ˈkʌn.tri	**कʌन** ट्री
countryman	ˈkʌn.tri.mən	**कʌन** ट्री मəन
countryside	ˈkʌn.tri.saɪd	**कʌन** ट्री साइड
countrywide	ˈkʌntri.ˈwaɪd	**कʌन्ट्री वाइड**
countrywoman	ˈkʌntri.ˈwʊm.ən	**कʌन्ट्री वुम** əन
county	ˈkaʊn.ti	**काउन** टी
coup	kuː	कूː
coup d'etat	ˈkuː.deɪ.ˈta	**कूː** डेइ **टा**

coupè	ˈkuː.peɪ	कू: पेइ
couple	ˈkʌp.əl	कʌप ᵊल
couplet	ˈkʌp.lət	कʌप लəट
coupling	ˈkʌp.lɪŋ	कʌप लिङ
coupon	ˈkuː.pɒn	कू: पɒन
courage	ˈkʌr.ɪdʒ	कʌर इज
courageous	kə.ˈreɪ.dʒəs	कə रेइ जəस
courageously	kə.ˈreɪ.dʒəs.li	कə रेइ जəस ली
courier	ˈkʊr.ɪə	कुर इə
course	kɔːs	को:स
coursebook	ˈkɔːs.bʊk	को:स बुक
coursework	ˈkɔː.s.wɜːk	को: स वɜ:क
court	kɔːt	को:ट
court of appeal	ˈkɔːt.əv.ə.ˈpiːl	को:ट əव ə पी:ल
court order	ˈkɔːt.ˈɔː.dəʳ	को:ट ओ: डəर
courteous	ˈkɜː.ti.əs	कɜ: टी əस
courteously	ˈkɜː.ti.əs.li	कɜ: टी əस ली
courtesan	ˈkɔː.ti.ˈzæn	को: टी ज़æन
courtesy	ˈkɜː.tə.si	कɜ: टə सी
courthouse	ˈkɔːt.haʊs	को:ट हाउस
court-martial	ˈkɔːt.ˈmɑː.ʃəl	को:ट मा: शᵊल
courtroom	ˈkɔː.t.ruːm	को: ट रू:म
courtship	ˈkɔːt.ʃɪp	को:ट शिप
courtyard	ˈkɔː.t.jɑːd	को: ट या:ड
couscous	ˈkʊs.kʊs	कुस कुस
cousin	ˈkʌz.ən	कʌज़ ᵊन
cove	kəʊv	कəउव
covenant	ˈkʌv.ə.nənt	कʌव ə नᵊन्ट
cover	ˈkʌv.ə	कʌव ə
cover letter	ˈkʌv.ə.ˈlet.ə	कʌव ə लेट ə
coverage	ˈkʌv.ə.rɪdʒ	कʌव ə रिज
coveralls	ˈkʌv.ə.rɔːlz	कʌव ə रो:ल्ज़
covered	ˈkʌv.əd	कʌव əड
covering	ˈkʌv.ə.rɪŋ	कʌव ə रिङ
covert (adj)	ˈkəʊ.vɜːt	कəउ वɜ:ट
covert (n)	ˈkʌv.ət	कʌव əट
covertly	ˈkʌv.ət.li	कʌव əट ली
cover-up	ˈkʌv.ə.rʌp	कʌव ə रʌप
covet	ˈkʌv.ɪt	कʌव इट
covetous	ˈkʌv.ə.təs	कʌव ə टəस
cow	kaʊ	काउ
coward	ˈkaʊ.əd	काउ əड

cowardice	ˈkaʊ.ə.dɪs	काउ ə डिस
cowardly	ˈkaʊ.əd.li	काउ əड ली
cowboy	ˈkaʊ.bɔɪ	काउ बोइ
cower	ˈkaʊ.ə	काउ ə
cowgirl	ˈkaʊ.gɜːl	काउ गɜ:ल
cowhand	ˈkaʊ.hænd	काउ हæन्ड
cowherd	ˈkaʊ.hɜːd	काउ हɜ:ड
cowhide	ˈkaʊ.haɪd	काउ हाइड
co-worker	ˈkəʊ.ˈwɜː.kəʳ	कəउ वɜ: कəर
cowpat	ˈkaʊ.pæt	काउ पæट
cowpox	ˈkaʊ.pɒks	काउ पɒक्स
cowrie (IO)	ˈkaʊ.ri	काउ री
co-writer	ˈkəʊ.ˈraɪ.təʳ	कəउ राइ टəर
cowshed	ˈkaʊ.ʃed	काउ शेड
cowslip	ˈkaʊ.slɪp	काउ स्लिप
cox	kɒks	कɒक्स
coy	kɔɪ	कोइ
coyote	kɔɪ.ˈəʊ.ti	कोइ əउ टी
cozy	ˈkəʊ.zi	कəउ ज़ी
CPU	ˈsiː.ˈpiː.ˈjuː	सी: पी: यू:
crab	kræb	क्रæब
crabby	ˈkræb.i	क्रæब ई
crack	kræk	क्रæक
crack house	ˈkræk.ˈhaʊs	क्रæक हाउस
crackdown	ˈkræk.daʊn	क्रæक डाउन
cracked	krækt	क्रæक्ट
cracker	ˈkræk.ə	क्रæक ə
crackerjack	ˈkræk.ə.dʒæk	क्रæक ə जæक
crackhead	ˈkræk.hed	क्रæक हेड
crackle	ˈkræk.əl	क्रæक ᵊल
crackpot	ˈkræk.pɒt	क्रæक पɒट
cradle	ˈkreɪ.dəl	क्रेइ डᵊल
craft	krɑːft	क्रा:फ़्ट
craftsman	ˈkrɑːfts.mən	क्रा:फ़्ट्स मəन
craftsmanship	ˈkrɑːft.mən.ʃɪp	क्रा:फ़्ट मəन शिप
crafty	ˈkrɑːf.ti	क्रा:फ़ टी
craggy	ˈkræg.i	क्रæग ई
cram	kræm	क्रæम
crammed	kræmd	क्रæम्ड
crammer	ˈkræm.ə	क्रæम ə
cramp	kræmp	क्रæम्प
cranberry	ˈkræn.bər.i	क्रæन बᵊर ई

crane	kreɪn	क्रेइन
cranial	ˈkreɪ.ni.əl	क्रेइ नी əल
cranium	ˈkreɪ.ni.əm	क्रेइ नी əम
crank	kræŋk	क्रæङ्क
crankshaft	ˈkrænk.ʃɑ:ft	क्रæन्क शा:फ़्ट
cranky	ˈkræŋk.i	क्रæङ्क ई
cranny	ˈkræn.i	क्रæन ई
crap	kræp	क्रæप
crappy	ˈkræp.i	क्रæप ई
craps	kræps	क्रæप्स
crash	kræʃ	क्रæश
crash course	ˈkræʃ.ˈkɔ:s	क्रæश को:स
crash dive	ˈkræʃ.daɪv	क्रæश डाइव
crash land	ˈkræʃ.ˈlænd	क्रæश लæन्ड
crass	kræs	क्रæस
crate	kreɪt	क्रेइट
crater	ˈkreɪt.ə	क्रेइट ə
cravat	krə.ˈvæt	क्रə वæट
crave	kreɪv	क्रेइव
craving	ˈkreɪ.vɪŋ	क्रेइ विङ
crawl	krɔ:l	क्रो:ल
crayfish	ˈkreɪ.fɪʃ	क्रेइ फ़िश
crayon	ˈkreɪ.ɒn	क्रेइ ɒन
craze	kreɪz	क्रेइज़
crazed	kreɪzd	क्रेइज़्ड
crazily	ˈkreɪ.z^{ə}l.i	क्रेइ ज़^{ə}ल ई
craziness	ˈkreɪ.zɪ.nəs	क्रेइ ज़ि नəस
crazy	ˈkreɪ.zi	क्रेइ ज़ी
creak	kri:k	क्री:क
creaky	ˈkri:.ki	क्री: की
cream	kri:m	क्री:म
creamery	ˈkri:.m^{ə}r.i	क्री: म^{ə}र ई
creamy	ˈkri:.mi	क्री: मी
crease	kri:s	क्री:स
create	kri:.ˈeɪt	क्री: एइट
creation	kri:.ˈeɪ.ʃ^{ə}n	क्री: एइ श^{ə}न
creative	kri:.ˈeɪ.tɪv	क्री: एइ टिव
creatively	kri:.ˈeɪ.tɪv.li	क्री: एइ टिव ली
creativity	ˈkri:.eɪ.ˈtɪv.ə.ti	क्री: एइ टिव ə टी
creator	kri:.ˈeɪt.ə	क्री: एइट ə
creature	ˈkri:.tʃə	क्री: चə
crèche	kreʃ	क्रेश
credence	ˈkri:.d^{ə}ns	क्री: ड^{ə}न्स

credentials	krɪ.ˈden.ʃəlz	क्रि डेन शəल्ज़
credibility	ˈkred.ɪ.ˈbɪl.ə.ti	क्रेड इ बिल ə टी
credible	ˈkred.ə.b^{ə}l	क्रेड ə ब^{ə}ल
credibly	ˈkred.ə.bli	क्रेड ə ब्ली
credit	ˈkred.ɪt	क्रेड इट
credit account	ˈkred.ɪt.ə.ˈkaʊnt	क्रेड इट ə काउन्ट
credit advice	ˈkred.ɪt.əd.ˈvaɪs	क्रेड इट əड वाइस
credit agency	ˈkred.ɪt.ˈeɪ.dʒən.si	क्रेड इट एइ जəन सी
credit card	ˈkred.ɪt.ˈkɑ:d	क्रेड इट का:ड
credit limit	ˈkred.ɪt.ˈlɪm.ɪt	क्रेड इट लिम इट
credit note	ˈkred.ɪt.nəʊt	क्रेड इट नəउट
credit rating	ˈkred.ɪt.ˈreɪ.tɪŋ	क्रेड इट रेइ टिङ
credit worthy	ˈkred.ɪt.ˈwɜ:.ði	क्रेड इट वɜ: दी
creditable	ˈkred.ɪ.tə.b^{ə}l	क्रेड इ टə ब^{ə}ल
creditor	ˈkred.ɪ.tə	क्रेड इ टə
credo	ˈkri:.dəʊ	क्री: डəउ
creed	kri:d	क्री:ड
creek	kri:k	क्री:क
creep	kri:p	क्री:प
creepy	ˈkri:.pi	क्री: पी
cremate	krɪ.ˈmeɪt	क्रि मेइट
cremation	krɪ.ˈmeɪ.ʃ^{ə}n	क्रि मेइ श^{ə}न
crematorium	ˈkrem.ə.ˈtɔ:.ri.əm	क्रेम ə टो: री əम
crème de la crème	ˈkrem.də.lə.ˈkrem	क्रेम डə लə क्रेम
creole	ˈkri:.əʊl	क्री: əउल
crepe	kreɪp	क्रेइप
crept	krept	क्रेप्ट
crescendo	krɪ.ˈʃen.dəʊ	क्रि शेन डəउ
crescent	ˈkres.^{ə}nt	क्रेस ^{ə}न्ट
crest	krest	क्रेस्ट
crestfallen	ˈkrest.ˈfɔ:.lən	क्रेस्ट फ़ो: लəन
crevice	ˈkrev.ɪs	क्रेव इस
crew	kru:	क्रू:
crew cut	ˈkru:.kʌt	क्रू: कʌट
cricket	ˈkrɪk.ɪt	क्रिक इट
crime	kraɪm	क्राइम
criminal	ˈkrɪm.ɪ.n^{ə}l	क्रिम इ न^{ə}ल
crimp	krɪmp	क्रिम्प
crimson	ˈkrɪm.z^{ə}n	क्रिम ज़^{ə}न
cringe	krɪndʒ	क्रिन्ज
crinkle	ˈkrɪŋ.k^{ə}l	क्रिङ क^{ə}ल

crinkly	ˈkrɪŋ.kli	क्रिङ क्ली
cripple	ˈkrɪp.ᵊl	क्रिप ᵊल
crippled	ˈkrɪp.ᵊld	क्रिप ᵊल्ड
crippling	ˈkrɪp.ᵊl.ɪŋ	क्रिप ᵊल इङ
crisis	ˈkraɪ.sɪs	क्राइ सिस
crisp	krɪsp	क्रिस्प
crispy	ˈkrɪs.pi	क्रिस पी
crisscross	ˈkrɪs.krɒs	क्रिस क्रɒस
criteria	kraɪˈtɪə.ri.ə	क्राइ टिə री ə
criterion	kraɪˈtɪə.ri.ən	क्राइ टिə री əन
critic	ˈkrɪt.ɪk	क्रिट इक
critical	ˈkrɪt.ɪ.kᵊl	क्रिट इ कᵊल
critically	ˈkrɪt.ɪ.kᵊl.i	क्रिट इ कᵊल ई
criticism	ˈkrɪt.ɪ.sɪ.zᵊm	क्रिट इ सि ज़ᵊम
criticize	ˈkrɪt.ɪ.saɪz	क्रिट इ साइज़
critique	krɪˈtiːk	क्रि टी:क
critter	ˈkrɪt.ə	क्रिट ə
croak	krəʊk	क्रəउक
croc	krɒk	क्रɒक
crochet	ˈkrəʊ.ʃeɪ	क्रəउ शेइ
crock	krɒk	क्रɒक
crockery	ˈkrɒk.ᵊr.i	क्रɒक ᵊर ई
crocket	ˈkrɒk.ɪt	क्रɒक इट
crocodile	ˈkrɒk.ə.daɪl	क्रɒक ə डाइल
crocus	ˈkrəʊ.kəs	क्रəउ कəस
crone	krəʊn	क्रəउन
crony	ˈkrəʊn.i	क्रəउन ई
crook	krʊk	क्रुक
crooked	krʊkt	क्रुक्ट
croon	kruːn	क्रू:न
crooner	ˈkruːn.ə	क्रू:न ə
crop	krɒp	क्रɒप
croquet	ˈkrəʊ.keɪ	क्रəउ केइ
crore	krɔː	क्रो:
cross	krɒs	क्रɒस
cross examination	ˈkrɒs.ɪg.ˈzæm.ɪ.ˈneɪ.ʃᵊn	क्रɒस इग ज़æम इ नेइ शᵊन
cross section	ˈkrɒs.ˈsek.ʃᵊn	क्रɒस सेक शᵊन
crossbar	ˈkrɒs.bɑː	क्रɒस बा:
crossbeam	ˈkrɒs.biːm	क्रɒस बी:म
crossbencher	ˈkrɒs.ˈben.tʃəʳ	क्रɒस बेन चəर
crossbow	ˈkrɒs.bəʊ	क्रɒस बəउ
crossbreed	ˈkrɒs.briːd	क्रɒस ब्री:ड
crosscheck	ˈkrɒs.ˈtʃek	क्रɒस चेक
cross-country	ˈkrɒs.ˈkʌn.trɪ	क्रɒस कʌन ट्रि
cross-cultural	ˈkrɒs.ˈkʌl.tʃᵊr.ᵊl	क्रɒस कʌल चᵊर ᵊल
cross-examine	ˈkrɒs.ɪg.ˈzæm.ɪn	क्रɒस इग ज़æम इन
cross-examination	ˈkrɒs.ɪg.zæm.ɪ.ˈneɪ.ʃᵊn	क्रɒस इग ज़æम इ नेइ शᵊन
cross-eyed	ˈkrɒs.ˈaɪd	क्रɒस आइड
cross-fertilisation	ˈkrɒs.fɜː.tɪ.laɪ.ˈzeɪ.ʃᵊn	क्रɒस फ़3: टि लाइ ज़ेइ शᵊन
crossfire	ˈkrɒs.faɪ.ə	क्रɒस फ़ाइ ə
crossing	ˈkrɒs.ɪŋ	क्रɒस इङ
cross-legged	ˈkrɒs.ˈlegd	क्रɒस लेग्ड
crossover	ˈkrɒs.ˈəʊ.və	क्रɒस əउ वə
cross-pollination	ˈkrɒs.ˈpɒl.ə.ˈneɪ.ʃᵊn	क्रɒस पɒल ə नेइ शᵊन
cross-purpose	ˈkrɒs.ˈpɜː.pəs	क्रɒस प3: पəस
cross-question	ˈkrɒs.ˈkwes.tʃᵊn	क्रɒस क्वेस चᵊन
cross-reference	ˈkrɒs.ˈref.ə.rᵊns	क्रɒस रेफ़ ə रᵊन्स
crossroads	ˈkrɒs.rəʊdz	क्रɒस रəउड्ज़
cross-selling	ˈkrɒs.ˈsel.ɪŋ	क्रɒस सेल इङ
cross-stitch	ˈkrɒs.stɪtʃ	क्रɒस स्टिच
crosstalk	ˈkrɒs.tɔːk	क्रɒस टो:क
crosstown	ˈkrɒs.ˈtaʊn	क्रɒस टाउन
crosswalk	ˈkrɒs.wɔːk	क्रɒस वो:क
crosswind	ˈkrɒs.wɪnd	क्रɒस विन्ड
crossword	ˈkrɒs.wɜːd	क्रɒस व3:ड
crossword puzzle	ˈkrɒs.wɜːd.ˈpʌz.ᵊl	क्रɒस व3:ड पʌज़ ᵊल
crotch	krɒtʃ	क्रɒच
crotchet	ˈkrɒtʃ.ɪt	क्रɒच इट
crouch	kraʊtʃ	क्राउच
crow	krəʊ	क्रəउ
crowbar	ˈkrəʊ.bɑː	क्रəउ बा:
crowd	kraʊd	क्राउड
crowded	ˈkraʊ.dɪd	क्राउ डिड
crowd-puller	ˈkraʊd.ˈpʊl.əʳ	क्राउड पुल əर
crown	kraʊn	क्राउन
crown jewels	ˈkraʊn.ˈdʒuː.ᵊlz	क्राउन जू: ᵊल्ज़
crown prince	ˈkraʊn.ˈprɪns	क्राउन प्रिन्स

crown princess	ˈkraʊn.prɪn.ˈses	**क्राउन** प्रिन **सेस**
crowning	ˈkraʊ.nɪŋ	**क्राउ** निङ
crucial	ˈkruː.ʃᵊl	**क्रू:** श॰ल
crucially	ˈkruː.ʃᵊl.i	**क्रू:** श॰ल ई
crucifix	ˈkruː.sɪ.fɪks	**क्रू:** सि फ़िक्स
crucifixion	ˌkruː.sɪ.ˈfɪk.ʃᵊn	**क्रू:** सि **फ़िक** श॰न
crucify	ˈkruː.sɪ.faɪ	**क्रू:** सि फ़ाइ
crud	krʌd	क्रʌड
cruddy	ˈkrʌd.i	**क्रʌड** ई
crude	kruːd	क्रूːड
crudely	ˈkruːd.li	**क्रू:ड** ली
cruel	ˈkrʊ.əl	**क्रु** əल
cruelly	ˈkrʊ.ə.li	**क्रु** ə ली
cruelty	ˈkruː.əl.ti	**क्रू:** əल टी
cruise	kruːz	क्रूːज़
cruise control	ˈkruːz.kən.ˈtrəʊl	**क्रू:ज़** कəन **ट्रəउल**
cruise missile	ˈkruːz.ˈmɪs.aɪl	**क्रू:ज़** **मिस** आइल
cruise ship	ˈkruːz.ʃɪp	**क्रू:ज़** शिप
cruiser	ˈkruː.zə	**क्रू:** ज़ə
crumb	krʌm	क्रʌम
crumble	ˈkrʌm.bᵊl	**क्रʌम** ब॰ल
crummy	ˈkrʌm.i	**क्रʌम** ई
crumpet	ˈkrʌm.pɪt	**क्रʌम** पिट
crumple	ˈkrʌm.pᵊl	**क्रʌम** प॰ल
crunch	krʌntʃ	क्रʌन्च
crunchy	ˈkrʌn.tʃi	**क्रʌन** ची
crusade	kruː.ˈseɪd	क्रू: **सेइड**
crusader	kruː.ˈseɪ.də	क्रू: **सेइ** डə
crush	krʌʃ	क्रʌश
crushing	ˈkrʌʃ.ɪŋ	**क्रʌश** इङ
crust	krʌst	क्रʌस्ट
crustacean	krʌs.ˈteɪ.ʃᵊn	क्रʌस **स्टेइ** श॰न
crusty	ˈkrʌs.ti	**क्रʌस** टी
crutch	krʌtʃ	क्रʌच
crux	krʌks	क्रʌक्स
cry	kraɪ	क्राइ
cry-baby	ˈkraɪ.beɪ.bi	**क्राइ** बेइ बी
crying	ˈkraɪ.ɪŋ	**क्राइ** इङ
cryogenic	ˌkraɪ.ə.ˈdʒen.ɪk	**क्राइ** ə **जेन** इक
crypt	krɪpt	क्रिप्ट
cryptic	ˈkrɪp.tɪk	**क्रिप** टिक
cryptically	ˈkrɪp.tɪ.kᵊl.i	**क्रिप** टि क॰ल ई
cryptogram	ˈkrɪp.tə.græm	**क्रिप** टə ग्रæम
cryptographer	krɪp.ˈtɒg.rə.fə	क्रिप **टɒग** रə फ़ə
cryptography	krɪp.ˈtɒg.rə.fi	क्रिप **टɒग** रə फ़ी
crystal	ˈkrɪs.tᵊl	**क्रिस** ट॰ल
crystal ball	ˈkrɪs.tᵊl.ˈbɔːl	**क्रिस** ट॰ल **बो:ल**
crystal clear	ˈkrɪs.tᵊl.ˈklɪə	**क्रिस** ट॰ल **क्लिə**
crystallisation	ˌkrɪs.tᵊl.aɪ.ˈzeɪ.ʃᵊn	**क्रिस** ट॰ल आइ **ज़ेइ** श॰न
crystallise	ˈkrɪs.tᵊl.aɪz	**क्रिस** ट॰ल आइज़
C-section	ˈsiː.ˈsek.ʃᵊn	**सी:** **सेक** श॰न
cub	kʌb	कʌब
cubbyhole	ˈkʌb.ɪ.həʊl	**कʌब** इ हəउल
cube	kjuːb	क्यूːब
cubic	ˈkjuː.bɪk	**क्यू:** बिक
cubicle	ˈkjuː.bɪ.kᵊl	**क्यू:** बि क॰ल
cuckold	ˈkʌk.əʊld	**कʌक** əउल्ड
cuckoo	ˈkʊk.uː	**कुक** ऊ:
cucumber	ˈkjuː.kʌm.bə	**क्यू:** कʌम बə
cuddle	ˈkʌd.ᵊl	**कʌड** ॰ल
cuddly	ˈkʌd.li	**कʌड** ली
cue	kjuː	क्यू:
cuff	kʌf	कʌफ़
cuff link	ˈkʌf.lɪŋk	**कʌफ़** लिङ्क
cuisine	kwɪ.ˈziːn	क्वि **ज़ी:न**
cul-de-sac	ˈkʌl.də.sæk	**कʌल** डə सæक
culinary	ˈkʌl.ə.nᵊr.i	**कʌल** ə न॰र ई
cull	kʌl	कʌल
culminate	ˈkʌl.mɪ.neɪt	**कʌल** मि नेइट
culmination	ˌkʌl.mɪ.ˈneɪ.ʃᵊn	**कʌल** मि **नेइ** श॰न
culpability	ˌkʌl.pə.ˈbɪl.ə.ti	**कʌल** पə **बिल** ə टी
culpable	ˈkʌl.pə.bᵊl	**कʌल** पə ब॰ल
culprit	ˈkʌl.prɪt	**कʌल** प्रिट
cult	kʌlt	कʌल्ट
cultivate	ˈkʌl.tɪ.veɪt	**कʌल** टि वेइट
cultivated	ˈkʌl.tɪ.veɪ.tɪd	**कʌल** टि वेइ टिड
cultivation	ˌkʌl.tɪ.ˈveɪ.ʃᵊn	**कʌल** टि **वेइ** श॰न
cultivator	ˈkʌl.tɪ.veɪ.tə	**कʌल** टि वेइ टə
cultural	ˈkʌl.tʃᵊr.ᵊl	**कʌल** च॰र ॰ल
culturally	ˈkʌl.tʃᵊr.ᵊl.i	**कʌल** च॰र ॰ल ई
culture	ˈkʌl.tʃə	**कʌल** चə
culture shock	ˈkʌl.tʃə.ʃɒk	**कʌल** चə शɒक
cultured	ˈkʌl.tʃəd	**कʌल** चəड
culvert	ˈkʌl.vət	**कʌल** वəट

cumbersome	ˈkʌm.bə.səm	कʌम बƏ सƏम
cumin	ˈkjuː.mɪn	क्ग़ू: मिन
cumlaude	ˈkʊm.ˈlaʊ.deɪ	कुम लाउ डेइ
cummerbund (IO)	ˈkʌm.ə.bʌnd	कʌम Ə बʌन्ड
cumulative	ˈkjuː.mjə.lə.tɪv	क्ग़ू: म्ग़Ə लƏ टिव
cunning	ˈkʌn.ɪŋ	कʌन इङ
cunningly	ˈkʌn.ɪŋ.li	कʌन इङ ली
cup	kʌp	कʌप
cupboard	ˈkʌb.əd	कʌब Əड
cupcake	ˈkʌp.keɪk	कʌप केइक
cupid	ˈkjuː.pɪd	क्ग़ू: पिड
cuppa	ˈkʌp.ə	कʌप Ə
cup-tie	ˈkʌp.taɪ	कʌप टाइ
cur	kɜː	कɜː
curable	ˈkjʊ.ə.rə.bᵊl	क्ग़ु Ə रƏ बᵊल
curate (n)	ˈkjʊ.ə.rət	क्ग़ु Ə रƏट
curate (v)	ˈkjʊ.ə.reɪt	क्ग़ु Ə रेइट
curator	kjʊ.ə.ˈreɪ.tə	क्ग़ु Ə रेइ टƏ
curb	kɜːb	कɜːब
curd	kɜːd	कɜːड
curdle	kɜː.dᵊl	कɜː डᵊल
cure	kjʊ.ə	क्ग़ु Ə
cure-all	ˈkjʊə.rɔːl	क्ग़ुƏ रोःल
curfew	ˈkɜː.fjuː	कɜː फ़्ग़ू:
curing	ˈkjʊə.rɪŋ	क्ग़ुƏ रिङ
curio	ˈkjʊə.ri.əʊ	क्ग़ुƏ री Əउ
curiosity	ˈkjʊə.ri.ˈɒs.ə.ti	क्ग़ुƏ री ɒस Ə टी
curious	ˈkjʊə.ri.əs	क्ग़ुƏ री Əस
curiously	ˈkjʊə.ri.əs.li	क्ग़ुƏ री Əस ली
curl	kɜːl	कɜːल
curler	ˈkɜː.lə	कɜː लƏ
curling	ˈkɜː.lɪŋ	कɜː लिङ
curly	ˈkɜː.li	कɜː ली
currant	ˈkʌr.ᵊnt	कʌर ᵊन्ट
currency	ˈkʌr.ᵊn.si	कʌर ᵊन सी
current	ˈkʌr.ᵊnt	कʌर ᵊन्ट
current affairs	ˈkʌr.ᵊnt.ə.ˈfeəz	कʌर ᵊन्ट Ə फ़ेƏज़
currently	ˈkʌr.ᵊnt.li	कʌर ᵊन्ट ली
curriculum	kə.ˈrɪk.jə.ləm	कƏ रिक ग़Ə लƏम
curriculum vitae	kə.ˈrɪk.jə.ləm.ˈvaɪ.tiː	कƏ रिक ग़Ə लƏम वाइ टी:
curry (IO)	ˈkʌr.i	कʌर ई
curry powder	ˈkʌr.i.ˈpaʊ.də	कʌर ई पाउ डƏ
curse	kɜːs	कɜːस
cursed	kɜːst	कɜːस्ट
cursive	ˈkɜː.sɪv	कɜː सिव
cursor	ˈkɜː.sə	कɜː सƏ
cursory	ˈkɜː.sᵊr.i	कɜː सᵊर ई
curst	kɜːst	कɜːस्ट
curt	kɜːt	कɜːट
curtail	kɜː.ˈteɪl	कɜː टेइल
curtain	ˈkɜː.tᵊn	कɜː टᵊन
curtly	ˈkɜːt.li	कɜːट ली
curtsy	ˈkɜːt.si	कɜːट सी
curvaceous	kɜː.ˈveɪ.ʃəs	कɜː वेइ शƏस
curvature	ˈkɜː.və.tʃə	कɜː वƏ चƏ
curve	kɜːv	कɜːव
curvy	ˈkɜː.vi	कɜː वी
cushion	ˈkʊʃ.ᵊn	कुश ᵊन
cushy (IO)	ˈkʊʃ.i	कुश ई
cusp	kʌsp	कʌस्प
cuss	kʌs	कʌस
custard	ˈkʌs.təd	कʌस टƏड
custodian	kʌs.ˈtəʊ.di.ən	कʌस टƏउ डी Əन
custody	ˈkʌs.tə.di	कʌस टƏ डी
custom	ˈkʌs.təm	कʌस टƏम
customarily	ˈkʌs.tə.ˈmer.ᵊl.i	कʌस टƏ मेर ᵊल ई
customary	ˈkʌs.tə.mᵊr.i	कʌस टƏ मᵊर ई
custom-built	ˈkʌs.təm.ˈbɪlt	कʌस टƏम बिल्ट
customer	ˈkʌs.tə.mə	कʌस टƏ मƏ
customise	ˈkʌs.təm.aɪz	कʌस टƏम आइज़
custom-made	ˈkʌs.təm.ˈmeɪd	कʌस टƏम मेइड
customs	ˈkʌs.təmz	कʌस टƏम्ज़
cut	kʌt	कʌट
cut and dried	ˈkʌt.ən.ˈdraɪd	कʌट Əन ड्राइड
cut and paste	ˈkʌt. ən.ˈpeɪst	कʌट Əन पेइस्ट
cut price	ˈkʌt.ˈpraɪs	कʌट प्राइस
cutback	ˈkʌt.bæk	कʌट बæक
cute	kjuːt	क्ग़ूःट
cutely	ˈkjuːt.li	क्ग़ूःट ली
cuteness	ˈkjuːt.nəs	क्ग़ूःट नƏस
cuticle	ˈkjuː.tɪ.kᵊl	क्ग़ू: टि कᵊल
cutie	ˈkjuː.ti	क्ग़ू: टी
cutie-pie	ˈkjuː.tɪ.paɪ	क्ग़ू: टि पाइ

cutlery	ˈkʌt.lᵊr.i	**कʌट** लᵊर ई
cutlet	ˈkʌt.lət	**कʌट** लϴट
cutoff	ˈkʌt.ˈɒf	**कʌट ɒफ़**
cutout	ˈkʌt.aʊt	**कʌट** आउट
cut-rate	ˈkʌt.ˈreɪt	**कʌट रेइट**
cutter	ˈkʌt.ə	**कʌट** ϴ
cutthroat	ˈkʌt.ˈθrəʊt	**कʌट थ्रϴउट**
cutting	ˈkʌt.ɪŋ	**कʌट** इङ
cutting edge	ˈkʌt.ɪŋ.edʒ	**कʌट** इङ एज
cuttlefish	ˈkʌt.ᵊl.fɪʃ	**कʌट** ᵊल फ़िश
CV	ˈsiː.ˈviː	**सी: वी:**
cwt (abb)	ˈhʌnd.rəd.weɪt	**हʌन्ड** रϴड वेइट
cyan	ˈsaɪ.ən	**साइ** ϴन
cyanide	ˈsaɪ.ə.naɪd	**साइ** ϴ नाइड
cyber-	ˈsaɪ.bə	**साइ** बϴ
cyberbully	ˈsaɪ.bə.ˈbʊl.i	**साइ** बϴ **बुल** ई
cybercafé	ˈsaɪ.bə.ˈkæf.eɪ	**साइ** बϴ **कæफ़** एइ
cybercrime	ˈsaɪ.bə.kraɪm	**साइ** बϴ क्राइम
cyberfraud	ˈsaɪ.bə.frɔːd	**साइ** बϴ फ्रोःड
cybernetic	ˈsaɪ.bə.ˈnet.ɪk	**साइ** बϴ **नेट** इक
cyberpet	ˈsaɪ.bə.pet	**साइ** बϴ पेट
cybersex	ˈsaɪ.bə.ˈseks	**साइ** बϴ **सेक्स**
cyberspace	ˈsaɪ.bə.speɪs	**साइ** बϴ स्पेइस
cyberterrorism	ˈsaɪ.bə.ˈter.ə.rɪ.zᵊm	**साइ** बϴ **टेर** ϴ रि ज़ᵊम
cycle	ˈsaɪ.kᵊl	**साइ** कᵊल
cyclical	**ˈsɪk.lɪ.kᵊl**	**साइ** क्लिक
cyclist	**ˈsaɪ.klɪst**	**सिक** लि कᵊल
cyclone	**ˈsaɪ.kləʊn**	**साइ** क्लिस्ट
cyclopaedia	**ˈsaɪ.klə.ˈpiː.di.ə**	**साइ** क्लϴउन
cyclops	**ˈsaɪ.klɒps**	**साइ** क्लϴ **पी:** डी ϴ
cyder	**ˈsaɪ.də**	**साइ** क्लɒप्स
cylinder	**ˈsɪl.ɪn.də**	**साइ** डϴ
cylindrical	**sɪ.ˈlɪn.drɪ.kᵊl**	**सिल** इन डϴ
cymbal	**ˈsɪm.bᵊl**	सि **लिन** ड्रि कᵊल
cynic	**ˈsɪn.ɪk**	**सिम** बᵊल
cynical	**ˈsɪn.ɪ.kᵊl**	**सिन** इक
cynically	**ˈsɪn.ɪ.kᵊl.i**	**सिन** इ कᵊल
cynicism	**ˈsɪn.ɪ.sɪ.zᵊm**	**सिन** इ कᵊल ई
cyst	**sɪst**	**सिन** इ सि ज़ᵊम
cytology	**saɪ.ˈtɒl.ə.dʒi**	सिस्ट
czar	**zaː**	साइ **टɒल** ϴ जी
czarina	**zaː.ˈriː.nə**	ज़ा:
cyclical	**ˈsɪk.lɪ.kᵊl**	ज़ा: **री:** नϴ

D

d	di:	डी:
D	di:	डी:
dab	dæb	डæब
dabble	ˈdæb.ᵊl	डæब ॰ल
dacoit (IO)	də.ˈkɔɪt	डə कोइट
dad	dæd	डæड
daddy	ˈdæd.i	डæड ई
daemon	ˈdi:.mən	डी: मəन
daffodil	ˈdæf.ə.dɪl	डæफ़ ə डिल
daft	dɑ:ft	डा:फ़्ट
dag	dæg	डæग
dagger	ˈdæg.ə	डæग ə
dahlia	ˈdeɪ.li.ə	डेइ ली ə
daily	ˈdeɪ.li	डेइ ली
daintily	ˈdeɪn.tᵊl.i	डेइन ट॰ल ई
dainty	ˈdeɪn.ti	डेइन टी
dairy	ˈdeə.ri	डेə री
dairy farm	ˈdeə.ri.ˈfɑ:m	डेə री फ़ा:म
dairy product	ˈdeə.ri.ˈprɒd.ʌkt	डेə री प्रɒड ʌक्ट
dairymaid	ˈdeə.ri.ˈmeɪd	डेə री मेइड
dairyman	ˈdeə.ri.mæn	डेə री मæन
dais	ˈdeɪ.ɪs	डेइ इस
daisy	ˈdeɪ.zi	डेइ ज़ी
daisy chain	ˈdeɪ.zi.tʃeɪn	डेइ ज़ी चेइन
dally	ˈdæl.i	डæल ई
Dalmatian	ˈdæl.ˈmeɪ.ʃᵊn	डæल मेइ श॰न
dam	dæm	डæम
damage	ˈdæm.ɪdʒ	डæम इज
damages	ˈdæm.ɪdʒ.ɪz	डæम इज इज़
damaging	ˈdæm.ɪdʒ.ɪŋ	डæम इज इङ
dame	deɪm	डेइम
damn	dæm	डæम
damned	dæmd	डæम्ड
damning	ˈdæm.ɪŋ	डæम इङ
damp	dæmp	डæम्प
damp proof	ˈdæmp.pru:f	डæम्प प्रू:फ़
dampen	ˈdæm.pən	डæम पəन
damper	ˈdæm.pə	डæम पə
dampness	ˈdæmp.nəs	डæम्प नəस
damsel	ˈdæm.zᵊl	डæम ज़॰ल
dance	dɑ:ns	डा:न्स
dancer	ˈdɑ:n.sə	डा:न सə
dancing	ˈdɑ:n.sɪŋ	डा:न सिङ
dandelion	ˈdæn.dɪ.laɪ.ən	डæन डि लाइ əन
dandruff	ˈdæn.drʌf	डæन ड्रʌफ़
dandy	ˈdæn.di	डæन डी
danger	ˈdeɪn.dʒə	डेइन जə
dangerous	ˈdeɪn.dʒə.rəs	डेइन जə रəस
dangerously	ˈdeɪn.dʒə.rəs.li	डेइन जə रəस ली
dangle	ˈdæŋ.gᵊl	डæङ ग॰ल
dangling	ˈdæŋ.gᵊl.ɪŋ	डæङ ग॰ल इङ
Danish pastry	ˈdeɪ.nɪʃ.ˈpeɪ.stri	डेइ निश पेइ स्ट्री
dank	dæŋk	डæङ्क
dapper	ˈdæp.ə	डæप ə
dare	deə	डेə
daredevil	ˈdeə.dev.ᵊl	डेə डेव ॰ल
daren't	deənt	डेəन्ट
daresay	ˈdeə.seɪ	डेə सेइ
daring	ˈdeə.rɪŋ	डेə रिङ
dark	dɑ:k	डा:क
Dark Ages	ˈdɑ:k.ˈeɪ.dʒɪz	डा:क एइ जिज़
dark glasses	ˈdɑ:k.ˈglɑ:s.ɪz	डा:क ग्ला:स इज़
dark horse	ˈdɑ:k.ˈhɔ:s	डा:क हो:स
darken	ˈdɑ:.kᵊn	डा: क॰न
darkened	ˈdɑ:.kᵊnd	डा: क॰न्ड
darkening	ˈdɑ:.kᵊn.ɪŋ	डा: क॰न इङ
darker	ˈdɑ:.kə	डा: कə
darkest	ˈdɑ:.kɪst	डा: किस्ट
darkness	ˈdɑ:k.nəs	डा:क नəस
darkroom	ˈdɑ:k.ru:m	डा:क रू:म
darling	ˈdɑ:.lɪŋ	डा: लिङ
darn	dɑ:n	डा:न
darned	dɑ:nd	डा:न्ड
Dart Vader	ˈdɑ:θ.ˈveɪ.dəʳ	डा:थ वेइ डəर
dart	dɑ:t	डा:ट
dartboard	ˈdɑ:t.bɔ:d	डा:ट बो:ड
darting	ˈdɑ:t.ɪŋ	डा:ट इङ
dash	dæʃ	डæश
dashboard	ˈdæʃ.bɔ:d	डæश बो:ड
dashing	ˈdæʃ.ɪŋ	डæश इङ
data	ˈdeɪ.tə	डेइ टə
data processing	ˈdeɪ.tə.ˈprəʊ.ses.ɪŋ	डेइ टə प्रəउ सेस

		इङ
databank	ˈdeɪ.te.bæŋk	डेइ टे बæङ्क
database	ˈdeɪ.tə.beɪs	डेइ टə बेइस
databus	ˈdeɪ.tə.bʌs	डेइ टə बʌस
datafile	ˈdeɪ.tə.faɪl	डेइ टə फ़ाइल
dataflow	ˈdeɪ.tə.fləʊ	डेइ टə फ़्लəउ
date	deɪt	डेइट
date of birth	ˈdeɪt.əv.ˈbɜːθ	डेइट əव बɜːथ
date of travel	ˈdeɪt.əv.ˈtræv.ᵊl	डेइट əव ट्रæव ᵊल
dated	ˈdeɪ.tɪd	डेइ टिड
dateline	ˈdeɪt.laɪn	डेइट लाइन
date-stamp	ˈdeɪt.stæmp	डेइट स्टæम्प
dating	ˈdeɪ.tɪŋ	डेइ टिङ
datum	ˈdeɪ.təm	डेइ टəम
daub	dɔːb	डोːब
daughter	ˈdɔː.tə	डोː टə
daughter-in-law	ˈdɔː.tər.ɪn.ˈlɔː	डोː टəर इन लोː
daughters-in-law	ˈdɔː.təz.ɪn.ˈlɔː	डोː टəज़ इन लोː
daunt	dɔːnt	डोːन्ट
daunting	ˈdɔːn.tɪŋ	डोːन टिङ
dauntless	ˈdɔːnt.ləs	डोːन्ट लəस
dauphin	ˈdɔː.fɪn	डोː फ़िन
dawdle	ˈdɔː.dᵊl	डोː डᵊल
dawn	dɔːn	डोːन
day	deɪ	डेइ
day and night	ˈdeɪ ən.ˈnaɪt	डेइ əन नाइट
day care	ˈdeɪ.ˈkeə	डेइ केə
day labourer	ˈdeɪ.ˈleɪ.bᵊr.ə	डेइ लेइ बᵊर ə
day shift	ˈdeɪ.ʃɪft	डेइ शिफ़्ट
day surgery	ˈdeɪ.ˈsɜː.dʒᵊr.i	डेइ सɜː जᵊर ई
daybreak	ˈdeɪ.breɪk	डेइ ब्रेइक
daydream	ˈdeɪ.driːm	डेइ ड्रीːम
daydreamer	ˈdeɪ.driː.mə	डेइ ड्रीː मə
Day-Glo	ˈdeɪ.gləʊ	डेइ ग्लəउ
daylight	ˈdeɪ.laɪt	डेइ लाइट
daylight saving time	ˈdeɪ.laɪt.ˈseɪv.ɪŋ.ˈtaɪm	डेइ लाइट सेइव इङ टाइम
dayroom	ˈdeɪ.ruːm	डेइ रूːम
days	deɪz	डेइज़
daytime	ˈdeɪ.taɪm	डेइ टाइम
day-to-day	ˈdeɪ.tə.ˈdeɪ	डेइ टə डेइ
daytrip	ˈdeɪ.trɪp	डेइ ट्रिप
daze	deɪz	डेइज़

dazed	deɪzd	डेइज़्ड
dazzle	ˈdæz.ᵊl	डæज़ ᵊल
dazzling	ˈdæz.ᵊl.ɪŋ	डæज़ ᵊल इङ
DC	ˈdiː.ˈsiː	डीː सीː
DDT	ˈdiː.ˈdiː.ˈtiː	डीː डीː टीː
de jure	də.ˈdʒʊə.reɪ	डə जुə रेइ
deacon	ˈdiː.kən	डीː कəन
deactivate	ˈdiː.ˈæk.tɪ.veɪt	डीː æक टि वेइट
dead	ded	डेड
dead bodies	ˈded.ˈbɒd.ɪz	डेड बɒड इज़
dead heat	ˈded.ˈhiːt	डेड हीːट
deadball	ˈded.bɔːl	डेड बोːल
deadbeat	ˈded.biːt	डेड बीːट
deadbolt	ˈded.ˈbəʊlt	डेड बəउल्ट
deaden	ˈded.ᵊn	डेड ᵊन
dead-end	ˈded.ˈend	डेड एन्ड
deadline	ˈded.laɪn	डेड लाइन
deadlock	ˈded.lɒk	डेड लɒक
deadly	ˈded.li	डेड ली
deadpan	ˈded.pæn	डेड पæन
deadweight	ˈded.ˈweɪt	डेड वेइट
deadwood	ˈded.ˈwʊd	डेड वुड
deaf	def	डेफ़
deafen	ˈdef.ᵊn	डेफ़ ᵊन
deafening	ˈdef.ᵊn.ɪŋ	डेफ़ ᵊन इङ
deafness	ˈdef.nəs	डेफ़ नəस
deal	diːl	डीːल
dealer	ˈdiː.lə	डीː लə
dealership	ˈdiː.lə.ʃɪp	डीː लə शिप
dealing	ˈdiː.lɪŋ	डीː लिङ
dealt	delt	डेल्ट
dean	diːn	डीːन
dean's list	ˈdiːnz.lɪst	डीːन्ज़ लिस्ट
deanship	ˈdiːn.ʃɪp	डीːन शिप
dear	dɪə	डिə
dearest	ˈdɪ.ə.rɪst	डि ə रिस्ट
dearly	ˈdɪ.ə.li	डि ə ली
dearness allowance	ˈdɪə.nəs.ə.ˈlaʊ.ᵊns	डिə नəस ə लाउ ᵊन्स
dearth	dɜːθ	डɜːथ
death	deθ	डेथ
death benefit	ˈdeθ.ˈben.ə.fɪt	डेथ बेन ə फ़िट
death defying	ˈdeθ.dɪ.ˈfaɪ.ɪŋ	डेथ डि फ़ाइ इङ

death duty	ˈdeθ.ˈdʒuː.ti	**डेथ जू**: टी
death mask	ˈdeθ.ˈmaː.sk	**डेथ मा**: स्क
death penalty	ˈdeθ.ˈpen.ᵊl.ti	**डेथ पेन** ᵊल टी
death rate	ˈdeθ.ˈreɪt	**डेथ रेइट**
death row	ˈdeθ.ˈrəʊ	**डेथ रəउ**
death toll	ˈdeθ.ˈtəʊl	**डेथ टəउल**
death warrant	ˈdeθ.ˈwɒr.ᵊnt	**डेथ व़ɒर** ᵊन्ट
death wish	ˈdeθ.ˈwɪʃ	**डेथ विश**
deathbed	ˈdeθ.ˈbed	**डेथ बेड**
deathblow	ˈdeθ.ˈbləʊ	**डेथ ब्लəउ**
deathtrap	ˈdeθ.ˈtræp	**डेथ ट्रæप**
deathwatch	ˈdeθ.ˈwɑːtʃ	**डेथ व़ा:च**
debacle	deɪ.ˈbɑː.kᵊl	डेइ **बा**: कᵊल
debar	dɪ.ˈbɑː	डि **बा**:
debase	dɪ.ˈbeɪs	डि **बेइस**
debatable	dɪ.ˈbeɪ.tə.bᵊl	डि **बेइ** टə बᵊल
debate	dɪ.ˈbeɪt	डि **बेइट**
debauchery	dɪ.ˈbɔː.tʃᵊr.i	डि **बो**: चᵊर ई
debenture	dɪ.ˈben.tʃəʳ	डि **बेन** चəर
debilitate	dɪ.ˈbɪl.ɪ.teɪt	डि **बिल** इ टेइट
debilitating	dɪ.ˈbɪl.ɪ.teɪ.tɪŋ	डि **बिल** इ टेइ टिङ
debility	dɪ.ˈbɪl.ə.ti	डि **बिल** ə टी
debit	ˈdeb.ɪt	**डेब** इट
debonair	ˈdeb.ə.ˈneə	**डेब** ə **नेə**
debone	ˈdiː.ˈbəʊn	**डी**: **बəउन**
debrief	ˈdiː.ˈbriːf	**डी**: **ब्री:फ़**
debriefing	ˈdiː.ˈbriː.fɪŋ	**डी**: **ब्री**: फ़िङ
debris	ˈdeɪ.briː	**डेइ** ब्री:
debt	det	डेट
debtor	ˈdet.ə	**डेट** ə
debug	ˈdiː.ˈbʌg	**डी**: **बʌग**
debunk	diː.ˈbʌŋk	डी: **बʌङ्क**
debut	ˈdeɪ.bjuː	**डेइ** ब्यू:
debutante	ˈde.bjuː.tɑːnt	**डे** ब्यू: टा:न्ट
Dec.(abb)	dɪ.ˈsem.bəʳ	डि **सेम** बəर
decade	ˈdek.eɪd	**डेक** एइड
decadence	ˈdek.ə.dᵊns	**डेक** ə डᵊन्स
decadent	ˈdek.ə.dᵊnt	**डेक** ə डᵊन्ट
decaf	ˈdiː.kæf	**डी**: कæफ़
decaffeinated	diː.ˈkæf.ə.neɪ.təd	डी: **कæफ़** ə नेइ टəड
decalcify	diː.ˈkæl.sɪ.faɪ	डी: **कæल** सि फ़ाइ

decanter	dɪ.ˈkæn.tə	डि **कæन** टə
decapitate	dɪ.ˈkæp.ɪ.teɪt	डि **कæप** इ टेइट
decathlon	dɪ.ˈkæθ.lən	डि **कæथ** लəन
decay	dɪ.ˈkeɪ	डि **केइ**
decease	dɪ.ˈsiːs	डि **सी:स**
deceased	dɪ.ˈsiːst	डि **सी:स्ट**
deceit	dɪ.ˈsiːt	डि **सी:ट**
deceitful	dɪ.ˈsiːt.fᵊl	डि **सी:ट** फ़ᵊल
deceitfully	dɪ.ˈsiːt.fᵊl.i	डि **सी:ट** फ़ᵊल ई
deceitfulness	dɪ.ˈsiːt.fᵊl.nəs	डि **सी:ट** फ़ᵊल नəस
deceive	dɪ.ˈsiːv	डि **सी:व**
decelerate	ˈdiː.ˈsel.ə.reɪt	**डी**: **सेल** ə रेइट
December	dɪ.ˈsem.bə	डि **सेम** बə
decency	ˈdiː.sᵊn.si	**डी**: सᵊन सी
decent	ˈdiː.sᵊnt	**डी**: सᵊन्ट
decently	ˈdiː.sᵊnt.li	**डी**: सᵊन्ट ली
decentralisation	ˈdiː.sen.trə.laɪˈzeɪ.ʃᵊn	**डी**: सेन ट्रə लाइ **ज़ेइ** शᵊन
decentralise	ˈdiːˈsen.trə.laɪz	**डी**: **सेन** ट्रə लाइज़
deception	dɪ.ˈsep.ʃᵊn	डि **सेप** शᵊन
deceptive	dɪ.ˈsep.tɪv	डि **सेप** टिव
deceptively	dɪ.ˈsep.tɪv.li	डि **सेप** टिव ली
decibel	ˈdes.ɪ.bel	**डेस** इ बेल
decide	dɪ.ˈsaɪd	डि **साइड**
decided	dɪ.ˈsaɪ.dɪd	डि **साइ** डिड
decidedly	dɪ.ˈsaɪ.dɪd.li	डि **साइ** डिड ली
deciduous	dɪ.ˈsɪdʒ.u.əs	डि **सिज** ऊ əस
decimal	ˈdes.ɪ.mᵊl	**डेस** इ मᵊल
decimal point	ˈdes.ɪ.mᵊl.ˈpɔɪnt	**डेस** इ मᵊल **पोइन्ट**
decimate	ˈdes.ɪ.meɪt	**डेस** इ मेइट
decipher	dɪ.ˈsaɪ.fə	डि **साइ** फ़ə
decision	dɪ.ˈsɪʒ.ᵊn	डि **सिज़** ᵊन
decisive	dɪ.ˈsaɪ.sɪv	डि **साइ** सिव
decisively	dɪ.ˈsaɪ.sɪv.li	डि **साइ** सिव ली
deck	dek	डेक
deckchair	ˈdek.tʃeə	**डेक** चेə
deckhand	ˈdek.hænd	**डेक** हæन्ड
deckhouse	ˈdek.haʊs	**डेक** हाउस
declarable	dɪ.ˈkleə.rə.bᵊl	डि **क्लेə** रə बᵊल
declaration	ˈdek.lə.ˈreɪ.ʃᵊn	**डेक** लə **रेइ** शᵊन
declarative	dɪ.ˈklæ.rə.tɪv	डि **क्लæ** रə टिव
declare	dɪ.ˈkleə	डि **क्लेə**

English Pronunciation Dictionary 77

declassification	ˈdiː.ˈklæs.ɪ.fɪ.ˈkeɪ.ʃᵊn	डीः क्लæस इ फ़ि केइ शॅन
declassify	ˈdiː.ˈklæs.ɪ.faɪ	डीः क्लæस इ फ़ाइ
decline	dɪ.ˈklaɪn	डि क्लाइन
decode	diː.ˈkəʊd	डीः कəʊड
decoder	diː.ˈkəʊd.ə	डीः कəʊड ə
decolonise	diː.ˈkɒl.ə.naɪz	डीः कɒल ə नाइज़
decompose	ˈdiː.kəm.ˈpəʊz	डीः कəम पəʊज़
decomposition	ˈdiː.kɒm.pə.ˈzɪʃ.ᵊn	डीः कɒम पə ज़िश ॅन
decompress	ˈdiː.kəm.ˈpres	डीः कəम प्रेस
decongestant	ˈdiː.kən.ˈdʒest.ᵊnt	डीः कəन जेस्ट ॅन्ट
deconstruct	ˈdiː.kən.ˈstrʌkt	डीः कəन स्ट्रʌक्ट
decontaminate	ˈdiː.kən.ˈtæm.ɪ.neɪt	डीः कəन टæम इ नेइट
decor	ˈdeɪ.kɔː	डेइ कोः
decorate	ˈdek.ə.reɪt	डेक ə रेइट
decorated	ˈdek.ə.reɪ.tɪd	डेक ə रेइ टिड
decoration	ˈdek.ə.ˈreɪ.ʃᵊn	डेक ə रेइ शॅन
decorative	ˈdek.ə.rə.tɪv	डेक ə रə टिव
decorator	ˈdek.ᵊr.eɪ.təʳ	डेक ॅर एइ टəर
decorous	ˈdek.ə.rəs	डेक ə रəस
decorum	dɪ.ˈkɔː.rəm	डि कोः रəम
decoy	dɪ.ˈkɔɪ	डि कोइ
decrease (n)	ˈdiː.ˈkriːs	डीः क्रीःस
decrease (v)	dɪk.ˈriːs	डिक रीःस
decree	dɪk.ˈriː	डिक रीः
decrepit	dɪ.ˈkrep.ɪt	डि क्रेप इट
decriminalise	ˈdiː.ˈkrɪm.ɪ.nᵊl.aɪz	डीः क्रिम इ नॅल आइज़
decry	dɪ.ˈkraɪ	डि क्राइ
dedicate	ˈded.ɪ.keɪt	डेड इ केइट
dedicated	ˈded.ɪ.keɪ.tɪd	डेड इ केइ टिड
dedication	ˈded.ɪ.ˈkeɪ.ʃᵊn	डेड इ केइ शॅन
deduce	dɪ.ˈdʒuːs	डि जूःस
deducible	dɪ.ˈdʒuː.sə.bᵊl	डि जूः सə बॅल
deduct	dɪ.ˈdʌkt	डि डʌक्ट
deductible	dɪ.ˈdʌk.tə.bᵊl	डि डʌक टə बॅल
deduction	dɪ.ˈdʌk.ʃᵊn	डि डʌक शॅन
deed	diːd	डीःड
deem	diːm	डीःम
deep	diːp	डीःप
deepen	ˈdiː.pən	डीः पəन

deep-end	ˈdiːp.ˈend	डीःप एन्ड
deep-freeze	ˈdiːp.ˈfriːz	डीःप फ़्रीःज़
deep-fry	ˈdiːp.ˈfraɪ	डीःप फ़्राइ
deeply	ˈdiːp.li	डीःप ली
deep-pocketed	ˈdiːp.ˈpɒk.ɪt.ɪd	डीःप पɒक इट इड
deep-rooted	ˈdiːp.ˈruː.tɪd	डीःप रूः टिड
deep-sea	ˈdiːp.siː	डीःप सीः
deep-seated	ˈdiːp.ˈsiː.tɪd	डीःप सीः टिड
deer	dɪə	डिə
deerskin	ˈdɪə.skɪn	डिə स्किन
deface	dɪ.ˈfeɪs	डि फ़ेइस
defamation	ˈdef.ə.ˈmeɪ.ʃᵊn	डेफ़ ə मेइ शॅन
defamatory	dɪ.ˈfæm.ə.tᵊr.i	डि फ़æम ə टॅर ई
defame	dɪ.ˈfeɪm	डि फ़ेइम
default	dɪ.ˈfɔːlt	डि फ़ोःल्ट
defeat	dɪ.ˈfiːt	डि फ़ीःट
defeated	dɪ.ˈfiː.tɪd	डि फ़ीः टिड
defeatist	dɪ.ˈfiː.tɪst	डि फ़ीः टिस्ट
defecate	ˈdef.ə.keɪt	डेफ़ ə केइट
defect (n)	ˈdiː.ˈfekt	डीः फ़ेक्ट
defect (v)	dɪ.ˈfekt	डि फ़ेक्ट
defection	dɪ.ˈfek.ʃᵊn	डि फ़ेक शॅन
defective	dɪ.ˈfek.tɪv	डि फ़ेक टिव
defector	dɪ.ˈfek.tə	डि फ़ेक टə
defence	dɪ.ˈfens	डि फ़ेन्स
defenceless	dɪ.ˈfens.ləs	डि फ़ेन्स लəस
defend	dɪ.ˈfend	डि फ़ेन्ड
defendant	dɪ.ˈfen.dᵊnt	डि फ़ेन डॅन्ट
defender	dɪ.ˈfen.də	डि फ़ेन डə
defense mechanism	dɪ.ˈfens.ˈmek.ə.nɪ.zᵊm	डि फ़ेन्स मेक ə नि ज़ॅम
defensible	dɪ.ˈfen.sə.bᵊl	डि फ़ेन सə बॅल
defensive	dɪ.ˈfen.sɪv	डि फ़ेन सिव
defensively	dɪ.ˈfen.sɪv.li	डि फ़ेन सिव ली
defer	dɪ.ˈfɜː	डि फ़ɜː
deference	ˈdef.ᵊr.əns	डेफ़ ॅर əन्स
deferential	ˈdef.ə.ren.ʃᵊl	डेफ़ ə रेन शॅल
defiance	dɪ.ˈfaɪ.ᵊns	डि फ़ाइ ॅन्स
defiant	dɪ.ˈfaɪ.ᵊnt	डि फ़ाइ ॅन्ट
defiantly	dɪ.ˈfaɪ.ᵊnt.li	डि फ़ाइ ॅन्ट ली
deficiency	dɪ.ˈfɪʃ.ᵊn.si	डि फ़िश ॅन सी
deficient	dɪ.ˈfɪʃ.ᵊnt	डि फ़िश ॅन्ट
deficit	ˈdef.ə.sɪt	डेफ़ ə सिट

defile (n)	ˈdiː.faɪl	डी: फ़ाइल
defile (v)	dɪ.ˈfaɪl	डि फ़ाइल
define	dɪ.ˈfaɪn	डि फ़ाइन
definite	ˈdef.ɪ.nət	डेफ़ इ नəट
definite article	ˈdef.ɪ.nət.ˈɑː.tɪ.kᵊl	डेफ़ इ नəट आ: टि क॰ल
definitely	ˈdef.ɪ.nət.li	डेफ़ इ नəट ली
definition	ˈdef.ɪ.ˈnɪʃ.ᵊn	डेफ़ इ निश ॰न
definitive	dɪ.ˈfɪn.ə.tɪv	डि फ़िन ə टिव
definitively	dɪ.ˈfin.ə.tiv.li	डि फ़ीन ə टीव ली
deflate	dɪ.ˈfleɪt	डि फ़्लेइट
deflation	dɪ.ˈfleɪ.ʃᵊn	डि फ़्लेइ श॰न
deflect	dɪ.ˈflekt	डि फ़्लेक्ट
deflection	dɪ.ˈflek.ʃᵊn	डि फ़्लेक श॰न
defog	ˈdiː.ˈfɒg	डी: फ़ɒग
deforestation	ˈdiː.ˈfɒr.ɪ.ˈsteɪ.ʃᵊn	डी: फ़ɒर इ स्टेइ श॰न
deform	dɪ.ˈfɔːm	डि फ़ो:म
deformation	ˈdiː.fɔː.ˈmeɪ.ʃᵊn	डी: फ़ो: मेइ श॰न
deformed	dɪ.ˈfɔːmd	डि फ़ो:म्ड
deformity	dɪ.ˈfɔː.mə.ti	डि फ़ो: मə टी
defraud	dɪ.ˈfrɔːd	डि फ़्रो:ड
defray	dɪ.ˈfreɪ	डि फ़्रेइ
defrock	ˈdiː.ˈfrɒk	डी: फ़्रɒक
defrost	ˈdiː.ˈfrɒst	डी: फ़्रɒस्ट
deft	deft	डेफ़्ट
deftly	ˈdeft.li	डेफ़्ट ली
defunct	dɪ.ˈfʌŋkt	डि फ़ʌङ्क्ट
defuse	ˈdiː.ˈfjuːz	डी: फ़्यू:ज़
defy	dɪ.ˈfaɪ	डि फ़ाइ
degenerate	dɪ.ˈdʒen.ə.reɪt	डि जेन ə रेइट
degeneration	dɪ.ˈdʒen.ə.ˈreɪ.ʃᵊn	डि जेन ə रेइ श॰न
degradable	dɪ.ˈgreɪ.də.bᵊl	डि ग्रेइ डə ब॰ल
degradation	ˈdeg.rə.ˈdeɪ.ʃᵊn	डेग रə डेइ श॰न
degrade	dɪ.ˈgreɪd	डि ग्रेइड
degrading	dɪ.ˈgreɪ.dɪŋ	डि ग्रेइ डिङ
degree	dɪ.ˈgriː	डि ग्री:
degree Celsius	dɪ.ˈgriː.ˈsel.si.əs	डि ग्री: सेल सी əस
dehydrate	ˈdiː.ˈhaɪ.dreɪt	डी: हाइ ड्रेइट
dehydrated	ˈdiː.ˈhaɪ.dreɪ.tɪd	डी: हाइ ड्रेइ टिड
dehydration	diː.ˈhaɪ.dreɪ.ʃᵊn	डी: हाइ ड्रेइ श॰न
deity	ˈdeɪ.ɪ.ti	डेइ इ टी
deja vu	ˈdeɪ.ʒɑː.ˈvuː	डेइ ज़ा: वू:
dejected	dɪ.ˈdʒek.tɪd	डि जेक टिड
dejectedly	dɪ.ˈdʒek.tɪd.li	डि जेक टिड ली
dejection	dɪ.ˈdʒek.ʃᵊn	डि जेक श॰न
dekko (IO)	ˈdek.əʊ	डेक əʊ
delay	dɪ.ˈleɪ	डि लेइ
delayed	dɪ.ˈleɪd	डि लेइड
delayered	dɪ.ˈleɪ.əd	डि लेइ əड
delectable	dɪ.ˈlek.tə.bᵊl	डि लेक टə ब॰ल
delegate (n)	ˈdel.ɪ.gət	डेल इ गəट
delegate (v)	ˈdel.ɪ.geɪt	डेल इ गेइट
delegation	ˈdel.ɪ.ˈgeɪ.ʃᵊn	डेल इ गेइ श॰न
delete	dɪ.ˈliːt	डि ली:ट
deletion	dɪ.ˈliː.ʃᵊn	डि ली: श॰न
deli	ˈdel.i	डेल ई
deliberate (adj)	dɪ.ˈlɪb.ᵊr.ət	डि लिब ॰र əट
deliberate (v)	dɪ.ˈlɪb.ə.reɪt	डि लिब ə रेइट
deliberately	dɪ.ˈlɪb.ə.rət.li	डि लिब ə रəट ली
deliberation	dɪ.ˈlɪb.ə.ˈreɪ.ʃᵊn	डि लिब ə रेइ श॰न
delicacy	ˈdel.ɪ.kə.si	डेल इ कə सी
delicate	ˈdel.ɪ.kət	डेल इ कəट
delicately	ˈdel.ɪ.kət.li	डेल इ कəट ली
delicatessen	ˈdel.ɪ.kə.ˈtes.ᵊn	डेल इ कə टेस ॰न
delicious	dɪ.ˈlɪʃ.əs	डि लिश əस
delight	dɪ.ˈlaɪt	डि लाइट
delighted	dɪ.ˈlaɪ.tɪd	डि लाइ टिड
delightful	dɪ.ˈlaɪt.fᵊl	डि लाइट फ़॰ल
delightfully	dɪ.ˈlaɪt.fᵊl.i	डि लाइट फ़॰ल ई
delightsome	dɪ.ˈlaɪt.səm	डि लाइट सəम
delimit	diː.ˈlɪm.ɪt	डी: लिम इट
delineate	dɪ.ˈlɪn.ɪ.eɪt	डि लिन इ एइट
delineation	dɪ.ˈlɪn.ɪ.ˈeɪ.ʃᵊn	डि लिन इ एइ श॰न
delinquency	dɪ.ˈlɪŋ.kwən.si	डि लिङ क्वəन सी
delinquent	dɪ.ˈlɪŋ.kwᵊnt	डि लिङ क्व॰न्ट
delirious	dɪ.ˈlɪr.i.əs	डि लिर ई əस
deliriously	dɪ.ˈlɪr.i.əs.li	डि लिर ई əस ली
delirium	dɪ.ˈlɪr.i.əm	डि लिर ई əम
deliver	dɪ.ˈlɪv.ə	डि लिव ə
delivers	dɪ.ˈlɪv.əz	डि लिव əज़
delivery	dɪ.ˈlɪv.ᵊr.i	डि लिव ॰र ई
delta	ˈdel.tə	डेल टə
delude	dɪ.ˈluːd	डि लू:ड

deluded	dɪ.ˈluː.dɪd	डि **लू**: डिड
deluge	ˈdel.juːdʒ	**डेल** गूःज
delusion	dɪ.ˈluː.ʒᵊn	डि **लू**: ज़्न
deluxe	dɪ.ˈlʌks	डि **लʌक्स**
delve	delv	डेल्व
demagnetisation	diː.ˈmæg.nə.taɪ.ˈzeɪ.ʃᵊn	डी: **मæग** नə टाइ **ज़ेइ** श्न
demagnetise	diː.ˈmæg.nə.taɪz	डी: **मæग** नə टाइज़
demagogic	ˈdem.ə.ˈgɒdʒ.ɪk	**डेम** ə **गɒज** इक
demagogue	ˈdem.ə.gɒg	**डेम** ə गɒग
demand	dɪ.ˈmɑːnd	डि **मा:न्ड**
demanding	dɪ.ˈmɑːn.dɪŋ	डि **मा:न** डिङ
demarcate	ˈdiː.mɑː.keɪt	**डी**: मा: केइट
demarcation	ˈdiː.mɑː.ˈkeɪ.ʃᵊn	**डी**: मा: **केइ** श्न
demean	dɪ.ˈmiːn	डि **मी:न**
demeaning	dɪ.ˈmiː.nɪŋ	डि **मी**: निङ
demeanor	ˈdɪ.ˈmiː.nə	**डि मी**: नə
dement	də.ˈment	डə **मेन्ट**
dementia	dɪ.ˈmen.ʃə	डि **मेन** शə
demerit	diː.ˈmer.ɪt	डी: **मेर** इट
demi-	ˈdem.i	**डेम** ई
demigod	ˈdem.ɪ.gɒd	**डेम** इ गɒड
demilitarisation	diː.ˈmɪl.ɪ.tᵊr.aɪ.ˈzeɪ.ʃᵊn	डी: **मिल** इ ट्र आइ **ज़ेइ** श्न
demilitarise	diː.ˈmɪl.ɪ.tᵊr.aɪz	डी: **मिल** इ ट्र आइज़
demise	dɪ.ˈmaɪz	डि **माइज़**
demist	ˈdiː.ˈmɪst	**डी**: **मिस्ट**
demo	ˈdem.əʊ	**डेम** əउ
demobilisation	diː.ˈməʊ.bɪ.laɪ.ˈzeɪ.ʃᵊn	डी: **मəउ** बि लाइ **ज़ेइ** श्न
demobilise	diː.ˈməʊ.bɪ.laɪz	डी: **मəउ** बि लाइज़
democracy	dɪ.ˈmɒk.rə.si	डि **मɒक** रə सी
democrat	ˈdem.ək.ræt	**डेम** əक रæट
democratic	ˈdem.ək.ˈræt.ɪk	**डेम** əक **रæट** इक
democratically	ˈdem.ə.ˈkræt.ɪ.kᵊl.i	**डेम** ə **क्रæट** इ क्ल ई
democratisation	dɪ.ˈmɒk.rə.taɪ.ˈzeɪ.ʃᵊn	डि **मɒक** रə टाइ **ज़ेइ** श्न
democratise	dɪ.ˈmɒk.rə.taɪz	डि **मɒक** रə टाइज़
demographer	dɪ.ˈmɒg.rə.fə	डि **मɒग** रə फ़ə
demographic	ˈdem.əʊ.ˈgræf.ɪk	**डेम** əउ **ग्रæफ़** इक
demography	dɪ.ˈmɒg.rə.fi	डि **मɒग** रə फ़ी

demolish	dɪ.ˈmɒl.ɪʃ	डि **मɒल** इश
demolition	ˈdem.ə.ˈlɪʃ.ᵊn	**डेम** ə **लिश** न्न
demon	ˈdiː.mən	**डी**: मəन
demonetisation	diː.ˈmɒn.ə.taɪ.ˈzeɪ.ʃᵊn	डी: **मɒन** ə टाइ **ज़ेइ** श्न
demonetise	ˈdiː.ˈmɒn.ə.taɪz	**डी**: **मɒन** ə टाइज़
demonic	diː.ˈmɒn.ɪk	डी: **मɒन** इक
demonise	ˈdiː.mən.aɪz	**डी**: मəन आइज़
demonstrable	ˈdem.ən.strə.bᵊl	**डेम** əन स्ट्रə ब्ल
demonstrate	ˈdem.ən.streɪt	**डेम** əन स्ट्रेइट
demonstration	ˈdem.ən.ˈstreɪ.ʃᵊn	**डेम** əन **स्ट्रेइ** श्न
demonstrative	dɪ.ˈmɒn.strə.tɪv	डि **मɒन** स्ट्रə टिव
demonstrator	ˈdem.ən.streɪ.tə	**डेम** əन स्ट्रेइ टə
demoralise	dɪ.ˈmɒr.ə.laɪz	डि **मɒर** ə लाइज़
demoralising	dɪ.ˈmɒr.ə.laɪ.zɪŋ	डि **मɒर** ə लाइ ज़िङ
demote	dɪ.ˈməʊt	डि **मəउट**
demotion	ˈdɪ.ˈməʊ.ʃᵊn	**डि मəउ** श्न
demure	dɪ.ˈmjʊə	डि **म्युə**
demurrage	dɪ.ˈmʌr.ɪdʒ	डि **मʌर** इज
demystify	ˈdiː.ˈmɪs.tɪ.faɪ	**डी**: **मिस** टि फ़ाइ
den	den	डेन
dengue	ˈdeŋ.gi	**डेङ** गी
denial	dɪ.ˈnaɪ.əl	डि **नाइ** əल
denigrate	ˈde.nɪ.greɪt	**डे** नि ग्रेइट
denim	ˈden.ɪm	**डेन** इम
denizen	ˈden.ɪ.zᵊn	**डेन** इ ज़्न
denominate	dɪ.ˈnɒm.ɪ.neɪt	डि **नɒम** इ नेइट
denomination	dɪ.ˈnɒm.ɪ.ˈneɪ.ʃᵊn	डि **नɒम** इ **नेइ** श्न
denominational	dɪ.ˈnɒm.ɪ.ˈneɪ.ʃᵊn.ᵊl	डि **नɒम** इ **नेइ** श्न ल्ल
denominator	dɪ.ˈnɒm.ɪ.neɪ.tə	डि **नɒम** इ नेइ टə
denote	dɪ.ˈnəʊt	डि **नəउट**
denounce	dɪ.ˈnaʊns	डि **नाउन्स**
dense	dens	डेन्स
densely	ˈdens.li	**डेन्स** ली
density	ˈden.sɪ.ti	**डेन** सि टी
dent	dent	डेन्ट
dental	ˈden.tᵊl	**डेन** ट्ल
dental floss	ˈden.tᵊl.flɒs	**डेन** ट्ल फ़्लɒस
dented	ˈden.tɪd	**डेन** टिड
dentifrice	ˈden.tɪ.frɪs	**डेन** टि फ़्रिस
dentist	ˈden.tɪst	**डेन** टिस्ट
denture	ˈden.tʃə	**डेन** चə

denunciation	dɪ.ˈnʌn.sɪ.ˈeɪ.ʃ^{ə}n	डि नʌन सि एइ श॰न
deny	dɪ.ˈnaɪ	डि नाइ
deodorant	di.ˈəʊ.d^{ə}r.^{ə}nt	डी əउ ड॰र ॰न्ट
deodorise	dɪ.ˈəʊ.d^{ə}r.aɪz	डि əउ ड॰र आइज़
depart	dɪ.ˈpɑːt	डि पा:ट
department	dɪ.ˈpɑːt.m^{ə}nt	डि पा:ट म॰न्ट
departmental	ˈdiː.pɑːt.ˈmen.t^{ə}l	डी: पा:ट मेन ट॰ल
departure	dɪ.ˈpɑː.tʃə	डि पा: चə
departure card	dɪ.ˈpɑː.tʃə.ˈkɑːd	डि पा: चə का:ड
departure gate	dɪ.ˈpɑː.tʃə.ˈgeɪt	डि पा: चə गेइट
departure lounge	dɪ.ˈpɑː.tʃə.ˈlaʊndʒ	डि पा: चə लाउन्ज
depend	dɪ.ˈpend	डि पेन्ड
dependable	dɪ.ˈpen.də.b^{ə}l	डि पेन डə ब॰ल
dependence	dɪ.ˈpen.d^{ə}ns	डि पेन ड॰न्स
dependency	dɪ.ˈpen.dən.si	डि पेन डən सी
dependent	dɪ.ˈpen.d^{ə}nt	डि पेन ड॰न्ट
depending	dɪ.ˈpen.dɪŋ	डि पेन डिङ
depict	dɪ.ˈpɪkt	डि पिक्ट
depicted	dɪ.ˈpɪk.tɪd	डि पिक टिड
depiction	dɪ.ˈpɪk.ʃ^{ə}n	डि पिक श॰न
deplete	dɪ.ˈpliːt	डि प्ली:ट
depletion	dɪ.ˈpliː.ʃ^{ə}n	डि प्ली: श॰न
deplorable	dɪ.ˈplɔː.rə.b^{ə}l	डि प्लो: रə ब॰ल
deplorably	dɪ.ˈplɔː.rə.bli	डि प्लो: रə ब्ली
deplore	dɪ.ˈplɔː	डि प्लो:
deploy	dɪ.ˈplɔɪ	डि प्लोइ
deployment	dɪ.ˈplɔɪ.m^{ə}nt	डि प्लोइ म॰न्ट
depolarisation	diː.ˈpəʊ.l^{ə}r.aɪ.ˈzeɪ.ʃ^{ə}n	डी: पəउ ल॰र आइ ज़ेइ श॰न
depolarise	diː.ˈpəʊ.l^{ə}r.aɪz	डी: पəउ ल॰र आइज़
depoliticisation	ˈdiː.pə.ˈlit.ɪ.saɪ.ˈzeɪ.ʃ^{ə}n	डी: पə लीट इ साइ ज़ेइ श॰न
depoliticise	ˈdiː.pə.ˈlit.ɪ.saɪz	डी: पə लीट इ साइज़
depopulate	ˈdiː.ˈpɒp.ju.leɪt	डी: पɒप यू लेइट
deport	dɪ.ˈpɔːt	डि पो:ट
deportation	ˈdiː.pɔː.ˈteɪ.ʃ^{ə}n	डी: पो: टेइ श॰न
deportee	ˈdiː.pɔː.ˈtiː	डी: पो: टी:
depose	dɪ.ˈpəʊz	डि पəउज़
deposit	dɪ.ˈpɒz.ɪt	डि पɒज़ इट
deposition	ˈdep.ə.ˈzɪʃ.^{ə}n	डेप ə ज़िश ॰न
depositor	dɪ.ˈpɒz.ɪ.tə	डि पɒज़ इ टə

depository	dɪ.ˈpɒz.ɪ.t^{ə}r.i	डि पɒज़ इ ट॰र ई
depot	ˈdep.əʊ	डेप əउ
depravity	dɪ.ˈpræv.ə.ti	डि प्रæव ə टी
deprecate	ˈdep.rə.keɪt	डेप रə केइट
deprecation	ˈdep.rə.ˈkeɪ.ʃ^{ə}n	डेप रə केइ श॰न
depreciate	dɪ.ˈpriː.ʃɪ.eɪt	डि प्री: शि एइट
depreciation	dɪ.ˈpriː.ʃɪ.ˈeɪ.ʃ^{ə}n	डि प्री: शि एइ श॰न
depress	dɪ.ˈpres	डि प्रेस
depressed	dɪ.ˈprest	डि प्रेस्ट
depressing	dɪ.ˈpres.ɪŋ	डि प्रेस इङ
depression	dɪ.ˈpreʃ.^{ə}n	डि प्रेश ॰न
depressive	dɪ.ˈpres.ɪv	डि प्रेस इव
depressurisation	ˈdiː.ˈpreʃ.^{ə}r.aɪ.ˈzeɪ.ʃ^{ə}n	डी: प्रेश ॰र आइ ज़ेइ श॰न
depressurise	ˈdiː.ˈpreʃ.ə.raɪz	डी: प्रेश ə राइज़
deprivation	ˈdep.rɪ.ˈveɪ.ʃ^{ə}n	डेप रि वेइ श॰न
deprive	dɪ.ˈpraɪv	डि प्राइव
deprived	dɪ.ˈpraɪvd	डि प्राइव्ड
dept. (abv)	dɪ.ˈpɑːt.m^{ə}nt	डि पा:ट म॰न्ट
depth	depθ	डेप्थ
deputation	ˈdep.jə.ˈteɪ.ʃ^{ə}n	डेप ग़ə टेइ श॰न
depute	dɪ.ˈpjuːt	डि प्यू:ट
deputise	ˈdep.jə.ˈtaɪz	डेप ग़ə टाइज़
deputy	ˈdep.jə.ti	डेप ग़ə टी
derail	dɪ.ˈreɪl	डि रेइल
derailment	dɪ.ˈreɪl.m^{ə}nt	डि रेइल म॰न्ट
derange	dɪ.ˈreɪndʒ	डि रेइन्ज
derate	ˈdiː.ˈreɪt	डी: रेइट
derby	ˈdɑː.bi	डा: बी
deregulate	ˈdiː.ˈreg.jə.leɪt	डी: रेग ग़ə लेइट
deregulation	ˈdiː.reg.jə.ˈleɪ.ʃ^{ə}n	डी: रेग ग़ə लेइ श॰न
derelict	ˈder.ə.lɪkt	डेर ə लिक्ट
dereliction	ˈder.ə.ˈlɪk.ʃ^{ə}n	डेर ə लिक श॰न
deride	dɪ.ˈraɪd	डि राइड
derision	dɪ.ˈrɪʒ.^{ə}n	डि रिज़ ॰न
derivation	ˈde.rɪ.ˈveɪ.ʃ^{ə}n	डे रि वेइ श॰न
derivative	dɪ.ˈrɪv.ə.tɪv	डि रिव ə टिव
derive	dɪ.ˈraɪv	डि राइव
derived	dɪ.ˈraɪvd	डि राइव्ड
derm	dɜːm	डɜ:म
dermal	ˈdɜː.m^{ə}l	डɜ: म॰ल
dermatitis	ˈdɜː.mə.ˈtaɪ.tɪs	डɜ: मə टाइ टिस

dermatologist	ˈdɜː.məˈtɒl.ə.dʒɪst	ड3: मə टɒल ə जिस्ट
dermatology	ˈdɜː.məˈtɒl.ə.dʒi	ड3: मə टɒल ə जी
derogatory	dɪˈrɒg.ə.tᵊr.i	डि रɒग ə ट॰र ई
derriere	ˈder.i.eəʳ	डेर ई एəर
dervish	ˈdɜː.vɪʃ	ड3: विश
desalinate	ˈdiːˈsæl.ɪ.neɪt	डी: सæल इ नेइट
desalination	ˈdiːˈsæl.ɪˈneɪ.ʃᵊn	डी: सæल इ नेइ श॰न
descend	dɪˈsend	डि सेन्ड
descendant	dɪˈsen.dᵊnt	डि सेन ड॰न्ट
descent	dɪˈsent	डि सेन्ट
describe	dɪˈskraɪb	डि स्क्राइब
describing	dɪˈskraɪ.bɪŋ	डि स्क्राइ बिङ
description	dɪˈskrɪp.ʃᵊn	डि स्क्रिप श॰न
descriptive	dɪˈskrɪp.tɪv	डि स्क्रिप टिव
desecrate	ˈdes.ɪ.kreɪt	डेस इ क्रेइट
desecration	ˈdes.ɪˈkreɪ.ʃᵊn	डेस इ क्रेइ श॰न
desegregate	ˈdiːˈseg.rɪ.geɪt	डी: सेग रि गेइट
desegregation	ˈdiːˈseg.rɪˈgeɪ.ʃᵊn	डी: सेग रि गेइ श॰न
desert (n,adj)	ˈdez.ət	डेज़ əट
desert (v)	ˈdiː.zɜːt	डी: ज़3:ट
deserted	dɪˈzɜː.tɪd	डि ज़3: टिड
deserter	dɪˈzɜː.tə	डि ज़3: टə
desertion	dɪˈzɜː.ʃᵊn	डि ज़3: श॰न
deserve	dɪˈzɜːv	डि ज़3:व
deserving	dɪˈzɜː.vɪŋ	डि ज़3: विङ
desex	ˈdiːˈseks	डी: सेक्स
desiccate	ˈdes.ɪ.keɪt	डेस इ केइट
design	dɪˈzaɪn	डि ज़ाइन
designate	ˈde.zɪg.neɪt	डे ज़िग नेइट
designation	ˈde.zɪgˈneɪ.ʃᵊn	डे ज़िग नेइ श॰न
designer	dɪˈzaɪ.nə	डि ज़ाइ नə
designing	dɪˈzaɪ.nɪŋ	डि ज़ाइ निङ
desirability	dɪ.zaɪ.ə.rəˈbɪl.ə.ti	डि ज़ाइ ə रə बिल ə टी
desirable	dɪˈzaɪ.ə.rə.bᵊl	डि ज़ाइ ə रə ब॰ल
desire	dɪˈzaɪ.ə	डि ज़ाइ ə
desired	dɪˈzaɪ.əd	डि ज़ाइ əड
desirous	dɪˈzaɪ.ə.rəs	डि ज़ाइ ə रəस
desist	dɪˈzɪst	डि ज़िस्ट
desk	desk	डेस्क
desk clerk	ˈdeskˈklɑːk	डेस्क क्ला:क

desk job	ˈdeskˈdʒɒb	डेस्क जɒब
de-skill	ˈdiːˈskɪl	डी: स्किल
desktop	ˈdesk.tɒp	डेस्क टɒप
desktop computer	ˈdesk.tɒp.kəmˈpjuː.tə	डेस्क टɒप कəम प्यू: टə
deskwork	ˈdesk.wɜːk	डेस्क व़3:क
desolate (adj)	ˈdez.ᵊl.ət	डेज़ ॰ल əट
desolate (v)	ˈdez.ᵊl.eɪt	डेज़ ॰ल एइट
desolation	ˈdes.əˈleɪ.ʃᵊn	डेस ə लेइ श॰न
despair	dɪˈspeə	डि स्पेə
despatch	dɪˈspætʃ	डि स्पæच
desperate	ˈdes.pᵊr.ət	डेस प॰र əट
desperately	ˈdes.pᵊr.ət.li	डेस प॰र əट ली
desperation	ˈdes.pəˈreɪ.ʃᵊn	डेस पə रेइ श॰न
despicable	dɪˈspɪk.ə.bᵊl	डि स्पिक ə ब॰ल
despise	dɪˈspaɪz	डि स्पाइज़
despite	dɪˈspaɪt	डि स्पाइट
despiteful	dɪˈspaɪt.fᵊl	डि स्पाइट फ़॰ल
despondence	dɪˈspɒn.dᵊns	डि स्पɒन ड॰न्स
despondent	dɪˈspɒn.dᵊnt	डि स्पɒन ड॰न्ट
despondently	dɪˈspɒn.dᵊnt.li	डि स्पɒन ड॰न्ट ली
despot	ˈdes.pɒt	डेस पɒट
despotic	dɪˈspɒt.ɪk	डि स्पɒट इक
dessert	dɪˈzɜːt	डि ज़3:ट
dessertspoon	dɪˈzɜːt.spuːn	डि ज़3:ट स्पू:न
destabilise	ˈdiːˈsteɪ.bᵊl.aɪz	डी: स्टेइ ब॰ल आइज़
destination	ˈdes.tɪˈneɪ.ʃᵊn	डेस टि नेइ श॰न
destined	ˈdes.tɪnd	डेस टिन्ड
destiny	ˈdes.tɪ.ni	डेस टि नी
destitute	ˈdes.tɪ.tjuːt	डेस टि ट्यू:ट
destitution	ˈdes.tɪˈtjuː.ʃᵊn	डेस टि ट्यू: श॰न
destroy	dɪˈstrɔɪ	डि स्ट्रोइ
destroyer	dɪˈstrɔɪ.ə	डि स्ट्रोइ ə
destruct	dəˈstrʌkt	डə स्ट्रʌक्ट
destruction	dɪˈstrʌk.ʃᵊn	डि स्ट्रʌक श॰न
destructive	dɪˈstrʌk.tɪv	डि स्ट्रʌक टिव
destructor	dɪˈstrʌk.tə	डि स्ट्रʌक टə
desultory	ˈdes.əl.tᵊr.i	डेस əल ट॰र ई
detach	dɪˈtætʃ	डि टæच
detached	dɪˈtætʃt	डि टæच्ट
detachment	dɪˈtætʃ.mᵊnt	डि टæच म॰न्ट
detail	ˈdiː.teɪl	डी: टेइल
detain	dɪˈteɪn	डि टेइन

detainee	ˈdiː.teɪ.ˈniː	डी: टेइ नी:
detect	dɪ.ˈtekt	डि टेक्ट
detectable	dɪ.ˈtek.tə.bᵊl	डि टेक टə बᵊल
detection	dɪ.ˈtek.ʃᵊn	डि टेक शᵊन
detective	dɪ.ˈtek.tɪv	डि टेक टिव
detective story	dɪ.ˈtek.tɪv.ˈstɔː.ri	डि टेक टिव स्टो: री
detective work	dɪ.ˈtek.tɪv.ˈwɜːk	डि टेक टिव व़ɜːक
detector	dɪ.ˈtek.tə	डि टेक टə
détente	deɪ.ˈtɑːnt	डेइ टा:न्ट
detention	dɪ.ˈten.ʃᵊn	डि टेन शᵊन
deter	dɪ.ˈtɜː	डि टɜː
detergent	dɪ.ˈtɜː.dʒᵊnt	डि टɜː जᵊन्ट
deteriorate	dɪ.ˈtɪə.ri.ə.reɪt	डि टिə री ə रेइट
deterioration	dɪ.ˈtɪə.ri.ə.ˈreɪ.ʃᵊn	डि टिə री ə रेइ शᵊन
determinant	dɪ.ˈtɜː.mɪ.nᵊnt	डि टɜː मि नᵊन्ट
determinate	dɪ.ˈtɜː.mɪ.nət	डि टɜː मि नəट
determination	dɪ.ˈtɜː.mɪ.ˈneɪ.ʃᵊn	डि टɜː मि नेइ शᵊन
determine	dɪ.ˈtɜː.mɪn	डि टɜː मिन
determined	dɪ.ˈtɜː.mɪnd	डि टɜː मिन्ड
determiner	dɪ.ˈtɜː.mɪ.nə	डि टɜː मि नə
determinism	dɪ.ˈtɜː.ˈmɪ.nɪ.zᵊm	डि टɜː मि नि ज़ᵊम
deterministic	dɪ.ˈtɜː.mɪ.ˈnɪs.tɪk	डि टɜː मि निस टिक
deterrence	dɪ.ˈter.ᵊns	डि टेर ᵊन्स
deterrent	dɪ.ˈter.ᵊnt	डि टेर ᵊन्ट
detest	dɪ.ˈtest	डि टेस्ट
detestable	dɪ.ˈtes.tə.bᵊl	डि टेस टə बᵊल
dethrone	ˈdiː.ˈθrəʊn	डी: थ्रəउन
detonate	ˈde.tə.neɪt	डे टə नेइट
detonation	ˈde.tə.ˈneɪ.ʃᵊn	डे टə नेइ शᵊन
detonator	ˈde.tə.neɪ.tə	डे टə नेइ टə
detour	ˈdiː.tɔːʳ	डी: टो:र
detox	ˈdiː.tɒks	डी: टɒक्स
detract	dɪ.ˈtrækt	डि ट्रæक्ट
detriment	ˈdet.rɪ.mᵊnt	डेट रि मᵊन्ट
detrimental	ˈdet.rɪ.ˈmen.tᵊl	डेट रि मेन टᵊल
deuce	djuːs	ड्यू:स
devaluation	ˈdiː.ˈvæl.ju.ˈeɪ.ʃᵊn	डी: वæल यू एइ शᵊन
devalue	ˈdiː.ˈvæl.juː	डी: वæल यू:
devastate	ˈdev.ə.steɪt	डेव ə स्टेइट
devastated	ˈdev.ə.steɪ.tɪd	डेव ə स्टेइ टिड

devastating	ˈdev.ə.steɪ.tɪŋ	डेव ə स्टेइ टिङ
devastation	ˈdev.ə.ˈsteɪ.ʃᵊn	डेव ə स्टेइ शᵊन
develop	dɪ.ˈvel.əp	डि वेल əप
developed	dɪ.ˈvel.əpt	डि वेल əप्ट
developer	dɪ.ˈvel.ə.pə	डि वेल ə पə
developing	dɪ.ˈvel.ə.pɪŋ	डि वेल ə पिङ
development	dɪ.ˈvel.əp.mᵊnt	डि वेल əप मᵊन्ट
deviant	ˈdiː.vi.ᵊnt	डी: वी ᵊन्ट
deviate	ˈdiː.vi.eɪt	डी: वी एइट
deviation	ˈdiː.vɪ.ˈeɪ.ʃᵊn	डी: वि एइ शᵊन
deviator	ˈdiː.vɪ.ˈeɪ.tə	डी: वि एइ टə
device	dɪ.ˈvaɪs	डि वाइस
devil	ˈdev.ᵊl	डेव ᵊल
devil may care	ˈdev.ᵊl.meɪ.ˈkeə	डेव ᵊल मेइ केə
devilish	ˈdev.ᵊl.ɪʃ	डेव ᵊल इश
devil's advocate	ˈdev.ᵊlz.ˈæd.və.keɪt	डेव ᵊल्ज़ æड वə केइट
devil's food cake	ˈdev.ᵊlz.fuːd.ˈkeɪk	डेव ᵊल्ज़ फ़ू:ड केइक
devious	ˈdiː.vi.əs	डी: वी əस
devise	dɪ.ˈvaɪz	डि वाइज़
devisor	ˈde.vaɪ.ˈzɔː	डे वाइ ज़ो:
devocalisation	diː.ˈvəʊ.kᵊl.aɪ.ˈzeɪ.ʃᵊn	डी: वəउ कᵊल आइ ज़ेइ शᵊन
devocalise	diː.ˈvəʊ.kᵊl.aɪz	डी: वəउ कᵊल आइज़
devoice	ˈdiː.ˈvɔɪs	डी: वोइस
devoid	dɪ.ˈvɔɪd	डि वोइड
devolution	ˈdiː.və.ˈluː.ʃᵊn	डी: वə लू: शᵊन
devote	dɪ.ˈvəʊt	डि वəउट
devoted	dɪ.ˈvəʊ.tɪd	डि वəउ टिड
devotedly	dɪ.ˈvəʊ.tɪd.li	डि वəउ टिड ली
devotee	ˈdev.ə.ˈtiː	डेव ə टी:
devotion	dɪ.ˈvəʊ.ʃᵊn	डि वəउ शᵊन
devotional	dɪ.ˈvəʊ.ʃᵊn.ᵊl	डि वəउ शᵊन ᵊल
devour	dɪ.ˈvaʊ.ə	डि वाउ ə
devout	dɪ.ˈvaʊt	डि वाउट
devoutly	dɪ.ˈvaʊt.li	डि वाउट ली
dew	dʒuː	जू:
dewdrop	ˈdʒuː.drɒp	जू: ड्रɒप
dexterity	dek.ˈster.ə.ti	डेक स्टेर ə टी
dexterous	ˈdek.strəs	डेक स्ट्रəस
dhobi (IO)	ˈdəʊ.bi	डəउ बी
dhole (IO)	dəʊl	डəउल

English Pronunciation Dictionary 83

dhoti (IO)	ˈdəʊ.ti	डəउ टी
diabetes	ˈdaɪ.ə.ˈbiː.tɪz	डाइ ə बीː टिज़
diabetic	ˈdaɪ.ə.ˈbet.ɪk	डाइ ə बेट इक
diabolic	ˈdaɪ.ə.ˈbɒl.ɪk	डाइ ə बɒल इक
diabolical	ˈdaɪ.ə.ˈbɒl.ɪ.kᵊl	डाइ ə बɒल इ क॰ल
diacritic	ˈdaɪ.ə.ˈkrɪt.ɪk	डाइ ə क्रिट इक
diagnose	ˈdaɪ.əg.nəʊz	डाइ əग नəउज़
diagnosis	ˈdaɪ.əg.ˈnəʊ.sɪs	डाइ əग नəउ सिस
diagnostic	ˈdaɪ.əg.ˈnɒs.tɪk	डाइ əग नɒस टिक
diagnostician	ˈdaɪ.əg.nɒs.ˈtɪʃ.ᵊn	डाइ əग नɒस टिश ॰न
diagonal	daɪ.ˈæg.ə.nᵊl	डाइ æग ə न॰ल
diagonally	daɪ.ˈæg.ə.nᵊl.i	डाइ æग ə न॰ल ई
diagram	ˈdaɪ.ə.græm	डाइ ə ग्रæम
dial	ˈdaɪ.əl	डाइ əल
dial tone	ˈdaɪ.əl.təʊn	डाइ əल टəउन
dialect	ˈdaɪ.ə.lekt	डाइ ə लेक्ट
dialectic	ˈdaɪ.ə.ˈlek.tɪk	डाइ ə लेक टिक
dialogue	ˈdaɪ.ə.lɒg	डाइ ə लɒग
dial-up	ˈdaɪ.əl.ʌp	डाइ əल ʌप
dialysis	daɪ.ˈæl.ə.sɪs	डाइ æल ə सिस
diameter	daɪ.ˈæm.ɪ.tə	डाइ æम इ टə
diametrically	ˈdaɪ.ə.ˈmet.rik.ᵊl.i	डाइ ə मेट रीक ॰ल ई
diamond	ˈdaɪ.ə.mənd	डाइ ə मəन्ड
diaper	ˈdaɪ.ə.pə	डाइ ə पə
diaphragm	ˈdaɪ.ə.fræm	डाइ ə फ़्रæम
diarist	ˈdaɪ.ə.rɪst	डाइ ə रिस्ट
diarrhoea	ˈdaɪ.ə.ˈriː.ə	डाइ ə रीː ə
diary	ˈdaɪ.ə.ri	डाइ ə री
diaspora	daɪ.ˈæs.pə.rə	डाइ æस पə रə
diatonic	daɪ.ə.ˈtɒn.ɪk	डाइ ə टɒन इक
dice	daɪs	डाइस
dicey	ˈdaɪ.si	डाइ सी
dichotomy	daɪ.ˈkɒt.ə.mi	डाइ कɒट ə मी
dick	dɪk	डिक
dictate (n)	ˈdɪk.teɪt	डिक टेइट
dictate (v)	dɪk.ˈteɪt	डिक टेइट
dictation	dɪk.ˈteɪ.ʃᵊn	डिक टेइ श॰न
dictator	dɪk.ˈteɪ.tə	डिक टेइ टə
dictatorial	ˈdɪk.tə.ˈtɔː.ri.əl	डिक टə टोː री əल
dictatorship	dɪk.ˈteɪ.tə.ʃɪp	डिक टेइ टə शिप
diction	ˈdɪk.ʃᵊn	डिक श॰न

dictionary	ˈdɪk.ʃᵊn.ᵊr.i	डिक श॰न ॰र ई
did	dɪd	डिड
didactic	daɪ.ˈdæk.tɪk	डाइ डæक टिक
didn't	ˈdɪd.ᵊnt	डिड ॰न्ट
die	daɪ	डाइ
die-casting	ˈdaɪ.ˈkaːs.tɪŋ	डाइ काːस टिङ
died	daɪd	डाइड
diehard	ˈdaɪ.hɑːd	डाइ हाːड
diesel	ˈdiː.zᵊl	डीː ज़॰ल
diesel engine	ˈdiː.zᵊl.ˈen.dʒɪn	डीː ज़॰ल एन जिन
diet	ˈdaɪ.ət	डाइ əट
differ	ˈdɪf.ə	डिफ़ ə
difference	ˈdɪf.ᵊr.ᵊns	डिफ़ ॰र ॰न्स
different	ˈdɪf.ᵊr.ᵊnt	डिफ़ ॰र ॰न्ट
different ways	ˈdɪf.ᵊr.ᵊnt.ˈweɪz	डिफ़ ॰र ॰न्ट वेइज़
differential	ˈdɪf.ə.ˈren.ʃᵊl	डिफ़ ə रेन श॰ल
differentiate	ˈdɪf.ə.ˈren.ʃɪ.eɪt	डिफ़ ə रेन शि एइट
differentiation	ˈdɪf.ə.ren.ʃɪ.ˈeɪ.ʃᵊn	डिफ़ ə रेन शि एइ श॰न
differently	ˈdɪf.ᵊr.ᵊnt.li	डिफ़ ॰र ॰न्ट ली
difficult	ˈdɪf.ɪ.kᵊlt	डिफ़ इ क॰ल्ट
difficulty	ˈdɪf.ɪ.kᵊl.ti	डिफ़ इ क॰ल टी
diffuse (adj)	dɪ.ˈfjuːs	डि फ़्यूːस
diffuse (v)	dɪ.ˈfjuːz	डि फ़्यूːज़
diffusion	dɪ.ˈfjuː.ʒᵊn	डि फ़्यूː ज़॰न
dig	dɪg	डिग
digest (n)	ˈdaɪ.dʒest	डाइ जेस्ट
digest (v)	daɪ.ˈdʒest	डाइ जेस्ट
digestibility	daɪ.ˈdʒes.tə.ˈbɪl.ə.ti	डाइ जेस टə बिल ə टी
digestible	daɪ.ˈdʒes.tə.bᵊl	डाइ जेस टə ब॰ल
digestion	daɪ.ˈdʒes.tʃən	डाइ जेस चəन
digestive	daɪ.ˈdʒes.tɪv	डाइ जेस टिव
digger	ˈdɪg.ə	डिग ə
digit	ˈdɪdʒ.ɪt	डिज इट
digital	ˈdɪdʒ.ɪ.tᵊl	डिज इ ट॰ल
digital camera	ˈdɪdʒ.ɪ.tᵊl.ˈkæm.rə	डिज इ ट॰ल कæम रə
digitalisation	ˈdɪdʒ.ɪ.tᵊl.aɪ.ˈzeɪ.ʃᵊn	डिज इ ट॰ल आइ ज़ेइ श॰न
digitize	ˈdɪdʒ.ɪ.ˈtaɪz	डिज इ टाइज़
dignified	ˈdɪg.nɪ.faɪd	डिग नि फ़ाइड
dignify	ˈdɪg.nɪ.faɪ	डिग नि फ़ाइ

dignitary	ˈdɪg.nɪ.tᵊr.i	**डिग** नि ट्र ई
dignity	ˈdɪg.nɪ.ti	**डिग** नि टी
digraph	ˈdaɪ.grɑ:f	**डाइ** ग्रा:फ़
digress	daɪ.ˈgres	डाइ **ग्रेस**
digression	daɪ.ˈgreʃ.ᵊn	डाइ **ग्रेश** ्न
dike	daɪk	डाइक
dilapidated	dɪ.ˈlæp.ɪ.deɪ.tɪd	डि **लæप** इ डेइ टिड
dilapidation	dɪ.ˈlæp.ɪ.ˈdeɪ.ʃᵊn	डि **लæप** इ **डेइ** श्न
dilate	daɪ.ˈleɪt	डाइ **लेइट**
dilation	daɪ.ˈleɪ.ʃᵊn	डाइ **लेइ** श्न
dilemma	dɪ.ˈlem.ə	डि **लेम** ə
diligence	ˈdɪl.ɪ.dʒᵊns	**डिल** इ ज्न्स
diligent	ˈdɪl.ɪ.dʒᵊnt	**डिल** इ ज्न्ट
diligently	ˈdɪl.ɪ.dʒᵊnt.li	**डिल** इ ज्न्ट ली
dill	dɪl	डिल
dilly-dally	ˈdɪl.ɪ.ˈdæl.i	**डिल** इ **डæल** ई
dilute	daɪ.ˈlju:t	डाइ **ल्यू:ट**
dilution	daɪ.ˈlju:.ʃᵊn	डाइ **ल्यू:** श्न
dim	dɪm	डिम
dime	daɪm	डाइम
dimension	daɪ.ˈmen.ʃᵊn	डाइ **मेन** श्न
dimensional	daɪ.ˈmen.ʃᵊn.ᵊl	डाइ **मेन** श्न ्ल
diminish	dɪ.ˈmɪn.ɪʃ	डि **मिन** इश
diminutive	dɪ.ˈmɪn.jə.tɪv	डि **मिन** ग़ə टिव
dimly	ˈdɪm.li	**डिम** ली
dimmer	ˈdɪm.ə	**डिम** ə
dimple	ˈdɪm.pᵊl	**डिम** प्ल
din	dɪn	डिन
dine	daɪn	डाइन
diner	ˈdaɪn.ə	**डाइन** ə
ding	dɪŋ	डिङ
ding dong	ˈdɪŋ.dɒŋ	**डिङ** डɒङ
ding-a-ling	ˈdɪŋ.ə.lɪŋ	**डिङ** ə लिङ
ding-a-long	ˈdɪŋ.ə.lɒŋ	**डिङ** ə लɒङ
dinghy (IO)	ˈdɪŋ.gi	**डिङ** गी
dingle	ˈdɪŋ.gᵊl	**डिङ** ग्ल
dingo	ˈdɪŋ.gəʊ	**डिङ** गəउ
dingy	ˈdɪn.dʒi	**डिन** जी
dining room	ˈdaɪ.nɪŋ.ˈru:m	**डाइ** निङ **रू:म**
dinner	ˈdɪn.ə	**डिन** ə
dinosaur	ˈdaɪ.nə.sɔ:	**डाइ** नə सो:
dinosaurus	ˈdaɪ.nə.ˈsɔ:.rəs	**डाइ** नə **सो:** रəस
diocese	ˈdaɪ.ə.sɪs	**डाइ** ə सिस
dip	dɪp	डिप
diphtheria	dɪf.ˈθɪə.ri.ə	डिफ़ **थिə** री ə
diphthong	ˈdɪf.θɒŋ	**डिफ़** थɒङ
diploma	dɪ.ˈpləʊ.mə	डि **प्लəउ** मə
diplomacy	dɪp.ˈləʊ.mə.si	डिप **लəउ** मə सी
diplomat	ˈdɪp.lə.mæt	**डिप** लə मæट
diplomatic	ˈdɪp.lə.ˈmæt.ɪk	**डिप** लə **मæट** इक
diplomatically	ˈdɪp.lə.ˈmæt.ɪ.kᵊl.i	**डिप** लə **मæट** इ क्ल ई
dipper	ˈdɪp.ə	**डिप** ə
dipstick	ˈdɪp.stɪk	**डिप** स्टिक
dipswitch	ˈdɪp.swɪtʃ	**डिप** स्विच
dire	ˈdaɪ.ə	**डाइ** ə
direct	daɪ.ˈrekt	डाइ **रेक्ट**
direct current	ˈdaɪ.rekt.ˈkʌr.ᵊnt	**डाइ** रेक्ट **कʌर** ्न्ट
direction	daɪ.ˈrek.ʃᵊn	डाइ **रेक** श्न
directive	daɪ.ˈrek.tɪv	डाइ **रेक** टिव
directly	daɪ.ˈrekt.li	डाइ **रेक्ट** ली
director	daɪ.ˈrek.tə	डाइ **रेक** टə
directory	daɪ.ˈrek.tᵊr.i	डाइ **रेक** ट्र ई
dirt	dɜ:t	डɜ:ट
dirt cheap	ˈdɜ:t.ˈtʃi:p	**डɜ:ट चीːप**
dirt-poor	ˈdɜ:t.ˈpɔ:ʳ	**डɜ:ट पो:र**
dirty	ˈdɜ:.ti	**डɜ:** टी
disability	ˈdɪs.ə.ˈbɪl.ə.ti	**डिस** ə **बिल** ə टी
disable	dɪs.ˈeɪ.bᵊl	डिस **एइ** ब्ल
disabled	dɪs.ˈeɪ.bᵊld	डिस **एइ** ब्ल्ड
disadvantage	ˈdɪs.əd.ˈvɑ:n.tɪdʒ	**डिस** əड **वा:न** टिज
disadvantaged	ˈdɪs.əd.ˈvɑ:n.tɪdʒd	**डिस** əड **वा:न** टिज्ड
disadvantageous	ˈdɪs.ˈæd.vən.ˈteɪ.dʒəs	**डिस æड** वəन **टेइ** जəस
disaffect	ˈdɪs.ə.ˈfekt	**डिस** ə **फ़ेक्ट**
disaffected	ˈdɪs.ə.ˈfek.tɪd	**डिस** ə **फ़ेक** टिड
disaffection	ˈdɪs.ə.ˈfek.ʃᵊn	**डिस** ə **फ़ेक** श्न
disagree	ˈdɪs.ə.ˈgri:	**डिस** ə **ग्री:**
disagreeable	ˈdɪs.ə.ˈgri:.ə.bᵊl	**डिस** ə **ग्री:** ə ब्ल
disagreement	ˈdɪs.ə.ˈgri:.mᵊnt	**डिस** ə **ग्री:** म्न्ट
disallow	ˈdɪs.ə.ˈlaʊ	**डिस** ə **लाउ**
disappɔintment	ˈdɪs.ə.ˈpɔɪnt.mᵊnt	**डिस** ə **पोइन्ट** म्न्ट
disappear	ˈdɪs.ə.ˈpɪə	**डिस** ə **पिə**
disappearance	ˈdɪs.ə.ˈpɪə.rᵊns	**डिस** ə **पिə** र्न्स

disappoint	ˈdɪs.ə.ˈpɔɪnt	**डिस** ə **पोइन्ट**
disappointed	ˈdɪs.ə.ˈpɔɪn.tɪd	**डिस** ə **पोइन** टिड
disappointing	ˈdɪs.ə.ˈpɔɪn.tɪŋ	**डिस** ə **पोइन** टिङ
disappointingly	ˈdɪs.ə.ˈpɔɪn.tɪŋ.li	**डिस** ə **पोइन** टिङ ली
disapproval	ˈdɪs.ə.ˈpruː.vəl	**डिस** ə **प्रू**ː वəल
disapprove	ˈdɪs.ə.ˈpruːv	**डिस** ə **प्रूःव**
disapproving	ˈdɪs.ə.ˈpruː.vɪŋ	**डिस** ə **प्रू**ː विङ
disapprovingly	ˈdɪs.ə.ˈpruː.vɪŋ.li	**डिस** ə **प्रू**ː विङ ली
disarm	dɪ.ˈsɑːm	डि **साːम**
disarmament	dɪ.ˈsɑː.mə.mᵊnt	डि **सा**ː मə म॰न्ट
disarmed	dɪ.ˈsɑːmd	डि **साːम्ड**
disarming	dɪ.ˈsɑː.mɪŋ	डि **सा**ː मिङ
disarray	ˈdɪs.ə.ˈreɪ	**डिस** ə **रेइ**
disaster	dɪ.ˈzɑː.stə	डि **ज़ा**ː स्टə
disastrous	dɪ.ˈzɑː.strəs	डि **ज़ा**ː स्ट्रəस
disastrously	dɪ.ˈzɑː.strəs.li	डि **ज़ा**ː स्ट्रəस ली
disavow	ˈdɪs.ə.ˈvaʊ	**डिस** ə **वाउ**
disband	dɪs.ˈbænd	डिस **बæन्ड**
disbelief	ˈdɪs.bɪ.ˈliːf	**डिस** बि **लीːफ़**
disbelieve	ˈdɪs.bɪ.ˈliːv	**डिस** बि **लीːव**
disburse	dɪs.ˈbɜːs	डिस **बɜːस**
disbursement	dɪs.ˈbɜːs.mənt	डिस **बɜːस** मəन्ट
disc jockey	ˈdɪsk.ˈdʒɒk.i	**डिस्क जɒक** ई
disc	dɪsk	डिस्क
discard	dɪs.ˈkɑːd	डिस **काːड**
discern	dɪ.ˈsɜːn	डि **सɜːन**
discernible	dɪ.ˈsɜː.nə.bᵊl	डि **सɜ**ː नə ब॰ल
discerning	dɪ.ˈsɜː.nɪŋ	डि **सɜ**ː निङ
discharge (n)	ˈdɪs.tʃɑːdʒ	**डिस** चाːज
discharge (v)	dɪs.ˈtʃɑːdʒ	डिस **चाːज**
disciple	dɪ.ˈsaɪ.pᵊl	डि **साइ** प॰ल
disciplinarian	ˈdɪs.ə.plɪ.ˈneə.ri.ən	**डिस** ə प्लि **नेə** री əन
disciplinary action	ˈdɪs.ɪ.plɪ.nᵊr.i.ˈæk.ʃᵊn	**डिस** इ प्लि न॰र ई **æक** श॰न
discipline	ˈdɪs.ɪ.plɪn	**डिस** इ प्लिन
disciplined	ˈdɪs.ɪ.plɪnd	**डिस** इ प्लिन्ड
disclaim	dɪs.ˈkleɪm	डिस **क्लेइम**
disclaimer	dɪs.ˈkleɪ.mə	डिस **क्लेइ** मə
disclose	dɪs.ˈkləʊz	डिस **क्लəउज़**
disclosure	dɪs.ˈkləʊ.ʒə	डिस **क्लəउ** ज़ə
disco	ˈdɪs.kəʊ	**डिस** कəउ

discolour	dɪs.ˈkʌl.ə	डिस **कʌल** ə
discolouration	ˈdɪs.kʌl.ə.ˈreɪ.ʃᵊn	**डिस** कʌल ə **रेइ** श॰न
discomfort	dɪs.ˈkʌm.fət	डिस **कʌम** फ़əट
disconcert	ˈdɪs.kən.ˈsɜːt	**डिस** कəन **सɜːट**
disconcerted	ˈdɪs.kən.ˈsɜː.tɪd	**डिस** कəन **सɜ**ː टिड
disconcerting	ˈdɪs.kən.ˈsɜː.tɪŋ	**डिस** कəन **सɜ**ː टिङ
disconnect	ˈdɪs.kə.ˈnekt	**डिस** कə **नेक्ट**
disconnection	ˈdɪs.kə.ˈnek.ʃᵊn	**डिस** कə **नेक** श॰न
discontent	ˈdɪs.kən.ˈtent	**डिस** कəन **टेन्ट**
discontented	ˈdɪs.kən.ˈten.tɪd	**डिस** कəन **टेन** टिड
discontinuation	ˈdɪs.kən.ˈtɪ.nju.ˈeɪ.ʃᵊn	**डिस** कəन **टि** न्यू **एइ** श॰न
discontinue	ˈdɪs.kən.ˈtɪ.njuː	**डिस** कəन **टि** न्यूː
discontinuity	ˈdɪs.ˈkɒnt.ɪ.ˈnjuː.ə.ti	**डिस कɒन्ट** इ **न्यूː**ə टी
discord (n)	ˈdɪs.kɔːd	**डिस** कोːड
discord (v)	dɪs.ˈkɔːd	डिस **कोːड**
discordance	dɪ.ˈskɔː.dᵊns	डि **स्को**ː ड॰न्स
discordant	dɪ.ˈskɔː.dᵊnt	डि **स्को**ː ड॰न्ट
discotheque	ˈdɪs.kə.tek	**डिस** कə टेक
discount (n)	ˈdɪs.kaʊnt	**डिस** काउन्ट
discount (v)	dɪ.ˈskaʊnt	डि **स्काउन्ट**
discount store	ˈdɪs.kaʊnt.ˈstɔː	**डिस** काउन्ट **स्टो**ː
discourage	dɪs.ˈkʌr.ɪdʒ	डिस **कʌर** इज
discouraged	dɪs.ˈkʌr.ɪdʒd	डिस **कʌर** इज्ड
discouragement	dɪs.ˈkʌr.ɪdʒ.mᵊnt	डिस **कʌर** इज म॰न्ट
discouraging	dɪs.ˈkʌr.ə.dʒɪŋ	डिस **कʌर** ə जिङ
discourse (n)	ˈdɪs.kɔːs	**डिस** कोːस
discourse (v)	dɪ.ˈskɔːs	डि **स्कोːस**
discourteous	dɪ.ˈskɜː.ti.əs	डि **स्कɜ**ː टी əस
discourtesy	dɪ.ˈskɜː.tə.si	डि **स्कɜ**ː टə सी
discover	dɪ.ˈskʌv.ə	डि **स्कʌव** ə
discoverer	dɪ.ˈskʌv.ə.rə	डि **स्कʌव** ə रə
discovery	dɪ.ˈskʌv.ᵊr.i	डि **स्कʌव** ॰र ई
discredit	dɪ.ˈskred.ɪt	डि **स्क्रेड** इट
discreet	dɪ.ˈskriːt	डि **स्क्रीːट**
discreetly	dɪ.ˈskriːt.li	डि **स्क्रीːट** ली
discrepancy	dɪ.ˈskrep.ᵊn.si	डि **स्क्रेप** ॰न सी
discretion	dɪ.ˈskreʃ.ᵊn	डि **स्क्रेश** ॰न
discretional	dɪ.ˈskreʃ.ᵊn.ᵊl	डि **स्क्रेश** ॰न ॰ल
discretionary	dɪ.ˈskreʃ.ᵊn.ᵊr.i	डि **स्क्रेश** ॰न ॰र ई
discriminate (adj)	dɪ.ˈskrɪm.ɪ.nət	डि **स्क्रिम** इ नəट

discriminate (v)	dɪˈskrɪm.ɪ.neɪt	डि **स्क्रिम** इ नेइट
discriminating	dɪˈskrɪm.ɪ.neɪ.tɪŋ	डि **स्क्रिम** इ नेइ टिङ
discrimination	dɪˈskrɪ.mɪˈneɪʃ.ᵊn	डि **स्क्रि** मि **नेइश** ᵊन
discus	ˈdɪs.kəs	**डिस** कəस
discuss	dɪˈskʌs	डि **स्कʌस**
discussant	dɪˈskʌs.ᵊnt	डि **स्कʌस** ᵊन्ट
discussion	dɪˈskʌʃ.ᵊn	डि **स्कʌश** ᵊन
disdain	dɪsˈdeɪn	डिस **डेइन**
disdainful	dɪsˈdeɪn.fᵊl	डिस **डेइन** फ़ᵊल
disease	dɪˈziːz	डि **ज़ीःज़**
diseased	dɪˈziːzd	डि **ज़ीःज़्ड**
diseases	dɪˈziː.zɪz	डि **ज़ीः** ज़िज़
disembark	ˈdɪs.ɪm.ˈbɑːk	**डिस** इम **बाःक**
disembarkation	ˈdɪs.em.bɑːˈkeɪ.ʃᵊn	**डिस** एम बाः **केइ** शᵊन
disenchanted	ˈdɪs.ɪn.ˈtʃɑːn.tɪd	**डिस** इन **चाःन** टिड
disenchantment	ˈdɪs.ɪn.ˈtʃɑːnt.mᵊnt	**डिस** इन **चाःन्ट** मᵊन्ट
disenfranchise	ˈdɪs.ɪn.ˈfræn.tʃaɪz	**डिस** इन **फ़्रæन** चाइज़
disengage	ˈdɪs.ɪn.ˈɡeɪdʒ	**डिस** इन **गेइज**
disentangle	ˈdɪs.ɪn.ˈtæŋ.ɡᵊl	**डिस** इन **टæङ** गᵊल
disfavour	ˈdɪs.ˈfeɪ.və	**डिस** **फ़ेइ** वə
disfiguration	dɪs.ˈfɪɡ.ə.ˈreɪ.ʃᵊn	डिस **फ़िग** ə **रेइ** शᵊन
disfigure	dɪsˈfɪɡ.ə	डिस **फ़िग** ə
disfigured	dɪsˈfɪɡ.əd	डिस **फ़िग** əड
disfigurement	dɪsˈfɪɡ.ə.mᵊnt	डिस **फ़िग** ə मᵊन्ट
disgrace	dɪsˈɡreɪs	डिस **ग्रेइस**
disgraced	dɪsˈɡreɪst	डिस **ग्रेइस्ट**
disgraceful	dɪsˈɡreɪs.fᵊl	डिस **ग्रेइस** फ़ᵊल
disgracefully	dɪsˈɡreɪs.fᵊl.i	डिस **ग्रेइस** फ़ᵊल ई
disgruntled	dɪsˈɡrʌn.tᵊld	डिस **ग्रʌन** टᵊल्ड
disguise	dɪsˈɡaɪz	डिस **गाइज़**
disgust	dɪsˈɡʌst	डिस **गʌस्ट**
disgusted	dɪsˈɡʌs.tɪd	डिस **गʌस** टिड
disgusting	dɪsˈɡʌs.tɪŋ	डिस **गʌस** टिङ
dish	dɪʃ	डिश
disharmony	dɪsˈhɑː.mᵊn.i	डिस **हाः** मᵊन ई
dishcloth	ˈdɪʃ.klɒθ	**डिश** क्लɒथ
dishearten	dɪsˈhɑː.tᵊn	डिस **हाः** टᵊन
disheartening	dɪsˈhɑː.tᵊn.ɪŋ	डिस **हाः** टᵊन इङ
dishevelled	dɪˈʃev.ᵊld	डि **शेव** ᵊल्ड
dishonest	dɪˈsɒn.ɪst	डि **सɒन** इस्ट
dishonestly	dɪˈsɒn.ɪst.li	डि **सɒन** इस्ट ली
dishonesty	dɪˈsɒn.ɪs.ti	डि **सɒन** इस टी
dishonour	dɪˈsɒn.ə	डि **सɒन** ə
dishonourable	dɪˈsɒn.ᵊr.ə.bᵊl	डि **सɒन** ᵊर ə बᵊल
dishonourably	dɪˈsɒn.ᵊr.ə.bli	डि **सɒन** ᵊर ə ब्ली
dishtowel	ˈdɪʃ.taʊ.əl	**डिश** टाउ əल
dishwasher	ˈdɪʃ.ˈwɒʃ.ə	**डिश** **व़ɒश** ə
dishwater	ˈdɪʃ.ˈwɔː.tə	**डिश** **व़ोः** टə
disillusion	ˈdɪs.ɪ.ˈluː.ʒᵊn	**डिस** इ **लूः** ज़ᵊन
disillusioned	ˈdɪs.ɪ.ˈluː.ʒᵊnd	**डिस** इ **लूः** ज़ᵊन्ड
disillusionment	ˈdɪs.ɪ.ˈluː.ʒᵊn.mᵊnt	**डिस** इ **लूः** ज़ᵊन मᵊन्ट
disincentive	ˈdɪs.ɪn.ˈsen.tɪv	**डिस** इन **सेन** टिव
disinclination	ˈdɪs.ɪn.klɪ.ˈneɪ.ʃᵊn	**डिस** इन क्लि **नेइ** शᵊन
disincline	ˈdɪs.ɪn.ˈklaɪn	**डिस** इन **क्लाइन**
disinclined	ˈdɪs.ɪn.ˈklaɪnd	**डिस** इन **क्लाइन्ड**
disinfect	ˈdɪs.ɪn.ˈfekt	**डिस** इन **फ़ेक्ट**
disinfectant	ˈdɪs.ɪn.ˈfek.tᵊnt	**डिस** इन **फ़ेक** टᵊन्ट
disinherit	ˈdɪs.ɪn.ˈher.ɪt	**डिस** इन **हेर** इट
disintegrate	dɪˈsɪn.tɪ.ɡreɪt	डि **सिन** टि ग्रेइट
disintegration	dɪˈsɪn.tɪ.ˈɡreɪ.ʃᵊn	डि **सिन** टि **ग्रेइ** शᵊन
disinterest	dɪˈsɪn.trest	डि **सिन** ट्रेस्ट
disinterested	dɪˈsɪn.trə.stɪd	डि **सिन** ट्रə स्टिड
disinvest	ˈdɪs.ɪn.ˈvest	**डिस** इन **वेस्ट**
disjoin	dɪsˈdʒɔɪn	डिस **जोइन**
disjoint	dɪsˈdʒɔɪnt	डिस **जोइन्ट**
disjointed	dɪsˈdʒɔɪn.tɪd	डिस **जोइन** टिड
disk	dɪsk	डिस्क
disk drive	ˈdɪsk.ˈdraɪv	**डिस्क** **ड्राइव**
disk jockey	ˈdɪsk.ˈdʒɒk.i	**डिस्क** **जɒक** ई
diskette	dɪsˈket	डिस **केट**
dislike	dɪsˈlaɪk	डिस **लाइक**
dislocate	ˈdɪs.lə.keɪt	**डिस** लə केइट
dislocation	ˈdɪs.lə.ˈkeɪ.ʃᵊn	**डिस** लə **केइ** शᵊन
dislodge	dɪsˈlɒdʒ	डिस **लɒज**
disloyal	dɪsˈlɔɪ.əl	डिस **लोइ** əल
disloyalty	dɪsˈlɔɪ.ᵊl.ti	डिस **लोइ** ᵊल टी
dismal	ˈdɪz.məl	**डिज़** मəल
dismally	ˈdɪz.mᵊl.i	**डिज़** मᵊल ई

dismantle	dɪs.ˈmæn.tᵊl	डिस **मæन** ट॰ल
dismay	dɪs.ˈmeɪ	डिस **मेइ**
dismember	dɪs.ˈmem.bə	डिस **मेम** बə
dismiss	dɪs.ˈmɪs	डिस **मिस**
dismissal	dɪs.ˈmɪs.ᵊl	डिस **मिस** ॰ल
dismissive	dɪs.ˈmɪs.ɪv	डिस **मिस** इव
dismount	ˈdɪs.ˈmaʊnt	**डिस माउन्ट**
disobedience	ˈdɪs.ə.ˈbiː.di.ᵊns	**डिस** ə **बी**ː डी ॰न्स
disobedient	ˈdɪs.ə.ˈbiː.di.ᵊnt	**डिस** ə **बी**ː डी ॰न्ट
disobey	ˈdɪs.ə.ˈbeɪ	**डिस** ə **बेइ**
disorder	dɪ.ˈsɔː.də	डि **सो**ː डə
disordered	dɪ.ˈsɔː.dəd	डि **सो**ː डəड
disorderly	dɪ.ˈsɔː.dᵊl.i	डि **सो**ː ड॰ल ई
disorganisation	dɪ.ˈsɔː.gə.naɪ.ˈzeɪ.ʃᵊn	डि **सो**ː गə नाइ **ज़ेइ** श॰न
disorganised	dɪ.ˈsɔː.gə.naɪzd	डि **सो**ː गə नाइज़्ड
disorient	dɪ.ˈsɔː.ri.ᵊnt	डि **सो**ː री ॰न्ट
disorientate	dɪ.ˈsɔː.ri.ən.teɪt	डि **सो**ː री əन टेइट
disorientation	dɪ.ˈsɔː.ri.ən.ˈteɪ.ʃᵊn	डि **सो**ː री əन **टेइ** श॰न
disoriented	dɪ.ˈsɔː.ri.ən.tɪd	डि **सो**ː री əन टिड
disown	dɪ.ˈsəʊn	डि **सəउन**
disparage	dɪ.ˈspær.ɪdʒ	डि **स्पæर** इज
disparaging	dɪ.ˈspær.ɪdʒ.ɪŋ	डि **स्पæर** इज इङ
disparate	ˈdɪs.pᵊr.ət	**डिस** प॰र əट
disparity	dɪ.ˈspær.ə.ti	डि **स्पæर** ə टी
dispassionate	dɪ.ˈspæʃ.ə.nət	डि **स्पæश** ə नəट
dispassionately	dɪ.ˈspæʃ.ə.nət.li	डि **स्पæश** ə नəट ली
dispatch (n)	dɪ.ˈspætʃ	डि **स्पæच**
dispatch (v)	dɪ.ˈspætʃ	डि **स्पæच**
dispel	dɪ.ˈspel	डि **स्पेल**
dispensable	dɪ.ˈspen.sə.bᵊl	डि **स्पेन** सə ब॰ल
dispensary	dɪ.ˈspen.sᵊr.i	डि **स्पेन** स॰र ई
dispensation	ˈdɪs.pen.ˈseɪ.ʃᵊn	**डिस** पेन **सेइ** श॰न
dispense	dɪ.ˈspens	डि **स्पेन्स**
dispenser	dɪ.ˈspen.sə	डि **स्पेन** सə
dispersal	dɪ.ˈspɜː.sᵊl	डि **स्पɜ**ː स॰ल
disperse	dɪ.ˈspɜːs	डि **स्पɜːस**
dispirit	dɪ.ˈspɪr.ɪt	डि **स्पिर** इट
dispirited	dɪ.ˈspɪr.ə.tɪd	डि **स्पिर** ə टिड
displace	dɪ.ˈspleɪs	डि **स्प्लेइस**
displaced	dɪ.ˈspleɪst	डि **स्प्लेइस्ट**

displacement	dɪ.ˈspleɪs.mᵊnt	डि **स्प्लेइस** म॰न्ट
display	dɪ.ˈspleɪ	डि **स्प्लेइ**
displease	dɪ.ˈspliːz	डि **स्प्लीːज़**
displeasure	dɪ.ˈspleʒ.ə	डि **स्प्लेज़** ə
disposable	dɪ.ˈspəʊ.zə.bᵊl	डि **स्पəउ** ज़ə ब॰ल
disposal	dɪ.ˈspəʊ.zᵊl	डि **स्पəउ** ज़॰ल
dispose	dɪ.ˈspəʊz	डि **स्पəउज़**
disposed	dɪ.ˈspəʊzd	डि **स्पəउज़्ड**
disposition	ˈdɪs.pə.ˈzɪʃ.ᵊn	**डिस** पə **ज़िश** ॰न
dispossess	ˈdɪs.pə.ˈzes	**डिस** पə **ज़ेस**
dispossession	ˈdɪs.pə.ˈzeʃ.ᵊn	**डिस** पə **ज़ेश** ॰न
disproportional	ˈdɪs.prə.ˈpɔː.ʃᵊn.ᵊl	**डिस** प्रə **पो**ː श॰न ॰ल
disproportionate	ˈdɪs.prə.ˈpɔː.ʃᵊn.ət	**डिस** प्रə **पो**ː श॰न əट
disproportionately	ˈdɪ.sprə.ˈpɔː.ʃᵊn.ət.li	**डि** स्प्रə **पो**ː श॰न əट ली
disprove	ˈdɪ.ˈspruːv	**डि स्प्रूːव**
disputable	dɪ.ˈspjuː.tə.bᵊl	डि **स्प्यूː** टə ब॰ल
dispute	dɪ.ˈspjuːt	डि **स्प्यूːट**
disqualification	dɪs.ˈkwɒl.ɪ.fɪ.ˈkeɪ.ʃᵊn	डिस **क्वɒल** इ फ़ि **केइ** श॰न
disqualify	dɪs.ˈkwɒl.ɪ.faɪ	डिस **क्वɒल** इ फ़ाइ
disregard	ˈdɪs.rɪ.ˈgɑːd	**डिस रि गाːड**
disrepair	ˈdɪs.rɪ.ˈpeə	**डिस रि पेə**
disreputable	dɪs.ˈrep.jə.tə.bᵊl	डिस **रेप** ग़ə टə ब॰ल
disrepute	ˈdɪs.rɪ.ˈpjuːt	**डिस रि प्यूːट**
disrespect	ˈdɪs.rɪ.ˈspekt	**डिस** रि **स्पेक्ट**
disrespectful	ˈdɪs.rɪ.ˈspekt.fᵊl	**डिस** रि **स्पेक्ट** फ़॰ल
disrespectfully	ˈdɪs.rɪ.ˈspekt.fᵊl.i	**डिस** रि **स्पेक्ट** फ़॰ल ई
disrupt	dɪs.ˈrʌpt	डिस **रʌप्ट**
disruption	dɪs.ˈrʌp.ʃᵊn	डिस **रʌप** श॰न
disruptive	dɪs.ˈrʌp.tɪv	डिस **रʌप** टिव
dissatisfaction	dɪs.ˈsæt.ɪs.ˈfæk.ʃᵊn	डिस **सæट** इस **फ़æक** श॰न
dissatisfied	dɪs.ˈsæt.ɪs.faɪd	डिस **सæट** इस फ़ाइड
dissatisfy	dɪs.ˈsæt.ɪs.faɪ	डिस **सæट** इस फ़ाइ
dissect	dɪ.ˈsekt	डि **सेक्ट**
dissection	dɪ.ˈsek.ʃᵊn	डि **सेक** श॰न
disseminate	dɪ.ˈsem.ɪ.neɪt	डि **सेम** इ नेइट
dissemination	dɪ.ˈsem.ɪ.ˈneɪ.ʃᵊn	डि **सेम** इ **नेइ** श॰न

dissension	dɪ.ˈsen.ʃᵊn	डि **सेन** श॰न
dissent	dɪ.ˈsent	डि **सेन्ट**
dissenter	dɪ.ˈsen.tə	डि **सेन** टə
dissenting	dɪ.ˈsen.tɪŋ	डि **सेन** टिङ
dissertation	ˈdɪs.ə.ˈteɪ.ʃᵊn	**डिस** ə **टेइ** श॰न
disservice	dɪs.ˈsɜː.vɪs	डिस **स**ɜː विस
dissidence	ˈdɪs.ɪ.dᵊns	**डिस** इ ड॰न्स
dissident	ˈdɪs.ɪ.dᵊnt	**डिस** इ ड॰न्ट
dissimilar	dɪ.ˈsɪm.ɪ.lə	डि **सिम** इ लə
dissipate	ˈdɪs.ɪ.peɪt	**डिस** इ पेइट
dissipation	ˈdɪs.ɪ.ˈpeɪ.ʃᵊn	**डिस** इ **पेइ** श॰न
dissociate	dɪ.ˈsəʊ.ʃɪ.eɪt	डि **सəउ** शि एइट
dissociation	dɪ.ˈsəʊ.sɪ.ˈeɪ.ʃᵊn	डि **सəउ** सि **एइ** श॰न
dissolute	ˈdɪs.ə.luːt	**डिस** ə लूːट
dissolution	ˈdɪs.ə.ˈluː.ʃᵊn	**डिस** ə **लूː** श॰न
dissolve	dɪ.ˈzɒlv	डि **ज़ɒल्व**
dissuade	dɪ.ˈsweɪd	डि **स्वेइड**
distance	ˈdɪs.tᵊns	**डिस** ट॰न्स
distance learning	ˈdɪs.tᵊns.ˈlɜː.nɪŋ	**डिस** ट॰न्स **ल**ɜː निङ
distant	ˈdɪs.tᵊnt	**डिस** ट॰न्ट
distant land	ˈdɪs.tᵊnt.ˈlænd	**डिस** ट॰न्ट **लæन्ड**
distant space	ˈdɪs.tᵊnt.ˈspeɪs	**डिस** ट॰न्ट **स्पेइस**
distaste	dɪs.ˈteɪst	डिस **टेइस्ट**
distasteful	dɪs.ˈteɪst.fᵊl	डिस **टेइस्ट** फ़॰ल
distastefully	dɪs.ˈteɪst.fᵊl.i	डिस **टेइस्ट** फ़॰ल ई
distend	dɪ.ˈstend	डि **स्टेन्ड**
distension	dɪ.ˈsten.ʃᵊn	डि **स्टेन** श॰न
distill	dɪ.ˈstɪl	डि **स्टिल**
distillate	ˈdɪs.tɪ.lət	**डिस** टि लəट
distillation	ˈdɪs.tɪ.ˈleɪ.ʃᵊn	**डिस** टि **लेइ** श॰न
distillery	dɪ.ˈstɪl.ᵊr.i	डि **स्टिल** ॰र ई
distinct	dɪ.ˈstɪŋkt	डि **स्टिङ्क्ट**
distinction	dɪ.ˈstɪŋk.ʃᵊn	डि **स्टिङ्क** श॰न
distinctive	dɪ.ˈstɪŋk.tɪv	डि **स्टिङ्क** टिव
distinctively	dɪ.ˈstɪŋk.tɪv.li	डि **स्टिङ्क** टिव ली
distinctly	dɪ.ˈstɪŋkt.li	डि **स्टिङ्क्ट** ली
distinguish	dɪ.ˈstɪŋ.gwɪʃ	डि **स्टिङ** ग्विश
distinguishable	dɪ.ˈstɪŋ.gwɪʃ.ə.bᵊl	डि **स्टिङ** ग्विश ə ब॰ल
distinguished	dɪ.ˈstɪŋ.gwɪʃt	डि **स्टिङ** ग्विश्ट
distort	dɪ.ˈstɔːt	डि **स्टोːट**

distorted	dɪ.ˈstɔː.tɪd	डि **स्टो**ː टिड
distortion	dɪ.ˈstɔː.ʃᵊn	डि **स्टो**ː श॰न
distract	dɪ.ˈstrækt	डि **स्ट्रæक्ट**
distracted	dɪ.ˈstræk.tɪd	डि **स्ट्रæक** टिड
distraction	dɪ.ˈstræk.ʃᵊn	डि **स्ट्रæक** श॰न
distraught	dɪ.ˈstrɔːt	डि **स्ट्रोːट**
distress	dɪ.ˈstres	डि **स्ट्रेस**
distress signal	dɪ.ˈstres.ˈsɪg.nəl	डि **स्ट्रेस** **सिग** नəल
distressful	dɪ.ˈstres.fʊl	डि **स्ट्रेस** फुल
distressing	dɪ.ˈstres.ɪŋ	डि **स्ट्रेस** इङ
distribute	dɪ.ˈstrɪ.bjuːt	डि **स्ट्रि** ब्यूːट
distribution	ˈdɪs.trɪ.ˈbjuː.ʃᵊn	**डिस** ट्रि **ब्यूː** श॰न
distributor	dɪ.ˈstrɪ.bjuː.tə	डि **स्ट्रि** ब्यूː टə
district	ˈdɪs.trɪkt	**डिस** ट्रिक्ट
district attorney	ˈdɪs.trɪkt.ə.ˈtɜː.ni	**डिस** ट्रिक्ट ə **ट**ɜː नी
district court	ˈdɪs.trɪkt.ˈkɔːt	**डिस** ट्रिक्ट **कोːट**
distrust	dɪs.ˈtrʌst	डिस **ट्रʌस्ट**
distrustful	dɪs.ˈtrʌst.fᵊl	डिस **ट्रʌस्ट** फ़॰ल
distrustfully	dɪs.ˈtrʌst.fᵊl.i	डिस **ट्रʌस्ट** फ़॰ल ई
disturb	dɪ.ˈstɜːb	डि **स्टɜːब**
disturbance	dɪ.ˈstɜː.bᵊns	डि **स्टɜː** ब॰न्स
disturbed	dɪ.ˈstɜːbd	डि **स्टɜːब्ड**
disturbing	dɪ.ˈstɜː.bɪŋ	डि **स्टɜː** बिङ
disuse	dɪs.ˈjuːs	डिस **यूːस**
ditch	dɪtʃ	डिच
dither	ˈdɪð.ə	**डिद** ə
ditto	ˈdɪt.əʊ	**डिट** əउ
ditty	ˈdɪt.i	**डिट** ई
diuretic	ˈdaɪ.ju.ˈret.ɪk	**डाइ** यू **रेट** इक
diva	ˈdiː.və	**डी**ː वə
divan	dɪ.ˈvæn	डि **वæन**
dive	daɪv	डाइव
diver	ˈdaɪv.ə	**डाइव** ə
diverge	ˈdaɪ.ˈvɜːdʒ	**डाइ** **वɜːज**
divergence	ˈdaɪ.ˈvɜː.dʒᵊns	**डाइ** **वɜː** ज॰न्स
divergent	ˈdaɪ.ˈvɜː.dʒᵊnt	**डाइ** **वɜː** ज॰न्ट
diverse	daɪ.ˈvɜːs	डाइ **वɜːस**
diversification	daɪ.ˈvɜː.sɪ.fɪ.ˈkeɪ.ʃᵊn	डाइ **वɜː** सि फ़ि **केइ** श॰न
diversify	daɪ.ˈvɜː.sɪ.faɪ	डाइ **वɜː** सि फ़ाइ
diversion	daɪ.ˈvɜː.ʃᵊn	डाइ **वɜː** श॰न
diversity	daɪ.ˈvɜː.sə.ti	डाइ **वɜː** सə टी

divert	daɪ.ˈvɜːt	डाइ वɜːट
diverticulitis	ˈdaɪ.və.tɪk.jə.ˈlaɪ.tɪs	डाइ वə टिक ग़ə लाइ टिस
divest	daɪ.ˈvest	डाइ वेस्ट
divestment	dɪ.ˈvest.mᵊnt	डि वेस्ट मᵊन्ट
divide	dɪ.ˈvaɪd	डि वाइड
divided	dɪ.ˈvaɪ.dɪd	डि वाइ डिड
dividend	ˈdɪv.ɪ.dend	डिव इ डेन्ड
divider	dɪ.ˈvaɪ.də	डि वाइ डə
divine	dɪ.ˈvaɪn	डि वाइन
divinely	dɪ.ˈvaɪn.li	डि वाइन ली
diving	ˈdaɪ.vɪŋ	डाइ विङ
diving board	ˈdaɪ.vɪŋ.ˈbɔːd	डाइ विङ बोːड
divinity	dɪ.ˈvɪn.ə.ti	डि विन ə टी
divisible	dɪ.ˈvɪz.ə.bᵊl	डि विज़ ə बᵊल
division	dɪ.ˈvɪʒ.ᵊn	डि विज़ ᵊन
divisional	dɪ.ˈvɪʒ.ᵊn.ᵊl	डि विज़ ᵊन ᵊल
divisive	dɪ.ˈvaɪ.sɪv	डि वाइ सिव
divisor	dɪ.ˈvaɪ.zə	डि वाइ ज़ə
divorce	dɪ.ˈvɔːs	डि वोːस
divorced	dɪ.ˈvɔːst	डि वोːस्ट
divorcee	dɪ.ˈvɔː.ˈsiː	डि वोː सीː
divulge	daɪ.ˈvʌldʒ	डाइ वʌल्ज
DIY	ˈdiː.ˈaɪ.ˈwaɪ	डीː आइ व़ाइ
dizziness	ˈdɪz.ɪ.nəs	डिज़ इ नəस
dizzy	ˈdɪz.i	डिज़ ई
DJ	ˈdiː.ˈdʒeɪ	डीː जेइ
DNA	ˈdiː.en.ˈeɪ	डीː एन एइ
do	duː	डूː
doable	ˈduː.ə.bᵊl	डूː ə बᵊल
docile	ˈdəʊ.saɪl	डəउ साइल
dock	ˈdɒk	डɒक
docket	ˈdɒk.ɪt	डɒक इट
dockworker	ˈdɒk.ˈwɜː.kəʳ	डɒक व़ɜːकəर
dockyard	ˈdɒk.jɑːd	डɒक ग़ाːड
doctor	ˈdɒk.tə	डɒक टə
doctoral	ˈdɒk.tᵊr.ᵊl	डɒक टᵊर ᵊल
doctorate	ˈdɒk.tᵊr.ət	डɒक टᵊर əट
doctored	ˈdɒk.təd	डɒक टəड
doctrine	ˈdɒk.trɪn	डɒक ट्रिन
document	ˈdɒk.jə.ment	डɒक ग़ə मेन्ट
documentary	ˈdɒk.jə.ˈmen.tᵊr.i	डɒक ग़ə मेन टᵊर ई
documentation	ˈdɒk.jə.men.ˈteɪ.ʃᵊ	डɒक ग़ə मेन टेइ

	n	शᵊन
dodge	dɒdʒ	डɒज
dodgem	ˈdɒdʒ.əm	डɒज əम
doe	dəʊ	डəउ
does	dʌz	डʌज़
doesn't	ˈdʌz.ᵊnt	डʌज़ ᵊन्ट
dog	dɒg	डɒग
dog biscuit	ˈdɒg.ˈbɪs.kɪt	डɒग बिस किट
dog collar	ˈdɒg.ˈkɒl.ə	डɒग कɒल ə
dog-eared	ˈdɒg.ɪəd	डɒग इəड
dogged	dɒgd	डɒग्ड
doggedly	ˈdɒg.ɪd.li	डɒग इड ली
doggone	ˈdɒg.ɒn	डɒग ɒन
doggy bag	ˈdɒg.i.ˈbæg	डɒग ई बæग
doghouse	ˈdɒg.haʊs	डɒग हाउस
dogma	ˈdɒg.mə	डɒग मə
dogmatic	dɒg.ˈmæt.ɪk	डɒग मæट इक
dogmatism	ˈdɒg.mə.tɪ.zᵊm	डɒग मə टि ज़ᵊम
dogs bark	ˈdɒgz.ˈbɑːk	डɒग्ज़ बाːक
dogs' breakfast	ˈdɒgz.ˈbrek.fəst	डɒग्ज़ ब्रेक फ़əस्ट
dogtired	ˈdɒg.ˈtaɪ.əd	डɒग टाइ əड
dogwood	ˈdɒg.wʊd	डɒग वुड
doily	ˈdɔɪl.i	डोइल ई
doing	ˈduː.ɪŋ	डूː इङ
do-it-yourself	ˈduː.ɪt.ɔː.ˈself	डूː इट ओː सेल्फ़
dolce vita	ˈdol.tʃe.ˈviː.tə	डल चे वीː टə
doldrum	ˈdol.drəm	डल ड्रəम
dole	dəʊl	डəउल
doleful	ˈdəʊl.fəl	डəउल फ़əल
doll	dɒl	डɒल
dollar	ˈdɒl.ə	डɒल ə
dollhouse	ˈdɔːl.ˈhaʊs	डोːल हाउस
dollop	ˈdɒl.əp	डɒल əप
dolly	ˈdɒl.i	डɒल ई
dolphin	ˈdɒl.fɪn	डɒल फ़िन
domain	dəʊ.ˈmeɪn	डəउ मेइन
dome	dəʊm	डəउम
domestic	də.ˈmes.tɪk	डə मेस टिक
domesticate	də.ˈmes.tɪ.keɪt	डə मेस टि केइट
domesticated	də.ˈmes.tɪ.keɪ.tɪd	डə मेस टि केइ टिड
domesticity	ˈdəʊ.mes.ˈtɪs.ə.ti	डəउ मेस टिस ə टी
domicile	ˈdɒm.ɪ.saɪl	डɒम इ साइल
dominance	ˈdɒm.ɪ.nᵊns	डɒम इ नᵊन्स

dominant	ˈdɒm.ɪ.nᵊnt	**डɒम** इ नᵊन्ट
dominate	ˈdɒm.ɪ.neɪt	**डɒम** इ नेइट
dominating	ˈdɒm.ɪ.neɪ.tɪŋ	**डɒम** इ नेइ टिङ
domination	ˈdɒm.ɪ.ˈneɪ.ʃᵊn	**डɒम** इ **नेइ** शᵊन
domineering	ˈdɒm.ɪ.ˈnɪə.rɪŋ	**डɒम** इ **निə** रिङ
dominion	də.ˈmɪn.jən	डə **मिन** ग़əन
domino	ˈdɒm.ɪ.nəʊ	**डɒम** इ नəउ
dominoes	ˈdɒm.ɪ.nəʊz	**डɒम** इ नəउज़
don	dɒn	डɒन
donate	dəʊ.ˈneɪt	डəउ **नेइट**
donation	dəʊ.ˈneɪ.ʃᵊn	डəउ **नेइ** शᵊन
done	dʌn	डʌन
doner kebab	ˈdɒn.ə kə.ˈbæb	**डɒन** ə कə **बæब**
dongle	ˈdɒŋ.gᵊl	**डɒङ** गᵊल
donkey	ˈdɒŋ.ki	**डɒङ** की
donkey's years	ˈdɒŋ.ki:z.ˈjiəz	**डɒङ** की:ज़ **ग़ीəज़**
donor	ˈdəʊn.ə	**डəउन** ə
don't	dəʊnt	डəउन्ट
donut	ˈdəʊ.nʌt	**डəउ** नʌट
doodah	ˈdu:.da:	**डू**: डा:
doodle	ˈdu:.dᵊl	**डू**: डᵊल
doom	du:m	डू:म
doomed	du:md	डू:म्ड
doomsday	ˈdu:mz.deɪ	**डू:म्ज़** डेइ
door	dɔ:	डो:
door knock	ˈdɔ:.nɒk	**डो**: नɒक
doorbell	ˈdɔ:.bel	**डो**: बेल
doorframe	ˈdɔ:.freɪm	**डो**: फ़्रेइम
doorjamb	ˈdɔ:.dʒæm	**डो**: जæम
doorkeeper	ˈdɔ:.ˈki:.pə	**डो**: **की**: पə
doorknob	ˈdɔ:.nɒb	**डो**: नɒब
doorman	ˈdɔ:.mæn	**डो**: मæन
doormat	ˈdɔ:.mæt	**डो**: मæट
doorstep	ˈdɔ:.step	**डो**: स्टेप
doorstop	ˈdɔ:.stɒp	**डो**: स्टɒप
door-to-door	ˈdɔ: tə.ˈdɔ:	**डो**: टə **डो**:
doorway	ˈdɔ:.weɪ	**डो**: वेइ
dope	dəʊp	डəउप
dopey	ˈdəʊ.pi	**डəउ** पी
dorm	ˈdɔ:m	**डो:म**
dormant	ˈdɔ:.mᵊnt	**डो**: मᵊन्ट
dormitory	ˈdɔ:.mɪ.tᵊr.i	**डो**: मि टᵊर ई

dorsal	ˈdɔ:.sᵊl	**डो**: सᵊल
dosage	ˈdəʊ.sɪdʒ	**डəउ** सिज
dose	dəʊs	डəउस
dossier	ˈdɒs.ɪ.eɪ	**डɒस** इ एइ
dot	dɒt	डɒट
dote	dəʊt	डəउट
doting	ˈdəʊ.tɪŋ	**डəउ** टिङ
dotted line	ˈdɒ.tɪd.ˈlaɪn	**डɒ** टिड **लाइन**
double	ˈdʌb.ᵊl	**डʌब** ᵊल
double bass	ˈdʌb.ᵊl.ˈbeɪs	**डʌब** ᵊल **बेइस**
double chin	ˈdʌb.ᵊl.tʃɪn	**डʌब** ᵊल चिन
double entendre	ˈdu:.b.ᵊl.an.ˈta:n.drə	**डू**: ब ᵊल आन **टा:न** ड्रə
double negative	ˈdʌb.ᵊl.ˈneg.ə.tɪv	**डʌब** ᵊल **नेग** ə टिव
double standard	ˈdʌb.ᵊl.ˈstæn.dəd	**डʌब** ᵊल **स्टæन** डəड
double-breasted	ˈdʌb.ᵊl.ˈbres.tɪd	**डʌब** ᵊल **ब्रेस** टिड
double-check	ˈdʌb.ᵊl.ˈtʃek	**डʌब** ᵊल **चेक**
double-click	ˈdʌb.ᵊl.ˈklik	**डʌब** ᵊल **क्लीक**
double-cross	ˈdʌb.ᵊl.ˈkrɒs	**डʌब** ᵊल **क्रɒस**
double-dealing	ˈdʌb.ᵊl.ˈdi:.lɪŋ	**डʌब** ᵊल **डी**: लिङ
double-decker	ˈdʌb.ᵊl.ˈdek.ə	**डʌब** ᵊल **डेक** ə
double-decker bus	ˈdʌb.ᵊl.ˈdek.ə.bʌs	**डʌब** ᵊल **डेक** ə बʌस
double-digit	ˈdʌb.ᵊl.ˈdɪdʒ.ɪt	**डʌब** ᵊल **डिज** इट
double-dipping	ˈdʌb.ᵊl.ˈdɪp.ɪŋ	**डʌब** ᵊल **डिप** इङ
double-edged	ˈdʌb.ᵊl.ˈedʒd	**डʌब** ᵊल **एज्ड**
double-glazing	ˈdʌb.ᵊl.ˈgleɪ.zɪŋ	**डʌब** ᵊल **ग्लेइ** ज़िङ
double-jointed	ˈdʌb.ᵊl.ˈdʒɔɪn.tɪd	**डʌब** ᵊल **जोइन** टिड
double-park	ˈdʌb.ᵊl.ˈpa:k	**डʌब** ᵊल **पा:क**
double-quick	ˈdʌb.ᵊl.ˈkwɪk	**डʌब** ᵊल **क्विक**
doubles	ˈdʌb.ᵊlz	**डʌब** ᵊल्ज़
double-spaced	ˈdʌb.ᵊl.speisd	**डʌब** ᵊल स्पेईस्ड
double-talk	ˈdʌb.ᵊl.tɔ:k	**डʌब** ᵊल टो:क
doubly	ˈdʌb.li	**डʌब** ली
doubt	daʊt	डाउट
doubtful	ˈdaʊt.fᵊl	**डाउट** फ़ᵊल
doubtfully	ˈdaʊt.fᵊl.i	**डाउट** फ़ᵊल ई
doubtless	ˈdaʊt.ləs	**डाउट** लəस
dough	dəʊ	डəउ
doughnut	ˈdəʊ.nʌt	**डəउ** नʌट
dour	dɔ:ʳ	डो:र
douse	daʊs	डाउस
dove (n)	dʌv	डʌव

English Pronunciation Dictionary 91

dove (v)	dəʊv	डəउव
dow	daʊ	डाउ
dowager	ˈdaʊ.ə.dʒə	डाउ ə जə
dowdy	ˈdaʊd.i	डाउड ई
dowel	ˈdaʊ.əl	डाउ əल
down	daʊn	डाउन
down payment	ˌdaʊn.ˈpeɪ.mᵊnt	डाउन पेइ मॅन्ट
downcast	ˈdaʊn.kɑːst	डाउन काःस्ट
downer	ˈdaʊ.nə	डाउ नə
downfall	ˈdaʊn.fɔːl	डाउन फ़ोःल
downgrade	ˌdaʊn.ˈgreɪd	डाउन ग्रेइड
downhearted	ˌdaʊn.ˈhɑː.tɪd	डाउन हाः टिड
downhill	ˌdaʊn.ˈhɪl	डाउन हिल
download	ˌdaʊn.ˈləʊd	डाउन लəउड
downpipe	ˈdaʊn.paɪp	डाउन पाइप
downplay	ˌdaʊn.ˈpleɪ	डाउन प्लेइ
downpour	ˈdaʊn.pɔː	डाउन पोः
downright	ˈdaʊn.raɪt	डाउन राइट
Down's syndrome	ˈdaʊnz.ˈsɪn.drəʊm	डाउन्ज़ सिन ड्रəउम
downsize	ˈdaʊn.saɪz	डाउन साइज़
downsizing	ˈdaʊn.saɪ.zɪŋ	डाउन साइ ज़िङ
downstairs	ˌdaʊn.ˈsteəz	डाउन स्टेəज़
downstream	ˌdaʊn.ˈstriːm	डाउन स्ट्रीःम
downtime	ˌdaʊn.ˈtaɪm	डाउन टाइम
down-to-earth	ˌdaʊn.tu.ˈɜːθ	डाउन टू ɜःथ
downtown	ˌdaʊn.taʊn	डाउन टाउन
downtrodden	ˈdaʊn.trɒd.ᵊn	डाउन ट्रɒड ॅन
downturn	ˈdaʊn.tɜːn	डाउन टɜःन
downward	ˈdaʊn.wəd	डाउन वəड
downwind	ˌdaʊn.ˈwɪnd	डाउन विन्ड
downy	ˈdaʊn.i	डाउन ई
dowry	ˈdaʊ.ri	डाउ री
doze	dəʊz	डəउज़
dozen	ˈdʌz.ᵊn	डʌज़ ॅन
Dr.(abb)	ˈdɒk.tə	डɒक टə
drab	dræb	ड्रæब
draconian	drə.ˈkəʊ.ni.ən	ड्रə कəउ नी əन
draft	drɑːft	ड्राःफ़्ट
draftsman	ˈdrɑːfts.mən	ड्राःफ़्ट्स मəन
drafty	ˈdrɑːf.ti	ड्राःफ़ टी
drag	dræg	ड्रæग
drag queen	ˈdræg.ˈkwiːn	ड्रæग क्वीःन

drag race	ˈdræg.ˈreɪs	ड्रæग रेइस
dragon	ˈdræg.ᵊn	ड्रæग ॅन
drain	dreɪn	ड्रेइन
drainage	ˈdreɪn.ɪdʒ	ड्रेइन इज
drake	dreɪk	ड्रेइक
drama	ˈdrɑː.mə	ड्राः मə
dramatic	drə.ˈmæt.ɪk	ड्रə मæट इक
dramatisation	ˌdræm.ə.taɪ.ˈzeɪ.ʃᵊn	ड्रæम ə टाइ ज़ेइ शॅन
dramatise	ˈdræm.ə.taɪz	ड्रæम ə टाइज़
dramatist	ˈdræm.ə.tɪst	ड्रæम ə टिस्ट
drank	dræŋk	ड्रæङ्क
drape	dreɪp	ड्रेइप
draped	dreɪpt	ड्रेइप्ट
drapery	ˈdreɪ.pᵊr.i	ड्रेइ पॅर ई
drapes	dreɪps	ड्रेइप्स
drastic	ˈdræs.tɪk	ड्रæस टिक
drastically	ˈdræs.tɪk.ᵊl.i	ड्रæस टिक ॅल ई
draught	drɑːft	ड्राःफ़्ट
draughtboard	ˈdrɑːft.bɔːd	ड्राःफ़्ट बोःड
draught-proof	ˈdrɑːft.pruːf	ड्राःफ़्ट प्रूःफ़
draw	drɔː	ड्रोः
drawback	ˈdrɔː.bæk	ड्रोः बæक
drawbridge	ˈdrɔː.brɪdʒ	ड्रोः ब्रिज
drawer	drɔː	ड्रोः
drawing	ˈdrɔː.ɪŋ	ड्रोः इङ
drawing and painting	ˌdrɔː.ɪŋ.ən.ˈpeɪn.tɪŋ	ड्रोः इङ əन पेइन टिङ
drawing board	ˈdrɔː.ɪŋ.bɔːd	ड्रोः इङ बोःड
drawl	drɔːl	ड्रोःल
drawn	drɔːn	ड्रोःन
draws	drɔːz	ड्रोःज़
drawstring	ˈdrɔː.strɪŋ	ड्रोः स्ट्रिङ
dread	dred	ड्रेड
dreaded	ˈdred.ɪd	ड्रेड इड
dreadful	ˈdred.fᵊl	ड्रेड फ़ॅल
dreadfully	ˈdred.fᵊl.i	ड्रेड फ़ॅल ई
dreadlocks	ˈdred.lɒks	ड्रेड लɒक्स
dream	driːm	ड्रीःम
dreamboat	ˈdriːm.bəʊt	ड्रीःम बəउट
dreamer	ˈdriː.mə	ड्रीः मə
dreamland	ˈdriːm.lænd	ड्रीःम लæन्ड
dreamt	dremt	ड्रेम्ट

dreamtime	ˈdriːm.taɪm	ड्रीःम टाइम
dreamworld	ˈdriːm.wɜːld	ड्रीःम वɜːल्ड
dreamy	ˈdriːm.i	ड्रीःम ई
dreary	ˈdrɪə.ri	ड्रिə री
dredge	dredʒ	ड्रेज
dregs	dregz	ड्रेग्ज़
drench	drentʃ	ड्रेन्च
dress	dres	ड्रेस
dress code	ˈdres.kəʊd	ड्रेस कəउड
dress rehearsal	ˈdres.rɪ.ˈhɜː.sᵊl	ड्रेस रि हɜː सᵊल
dressage	ˈdres.ɑːʒ	ड्रेस आःज़
dressed	drest	ड्रेस्ट
dresser	ˈdres.ə	ड्रेस ə
dressing	ˈdres.ɪŋ	ड्रेस इङ
dressing room	ˈdres.ɪŋ.ˈruːm	ड्रेस इङ रूःम
dressing table	ˈdres.ɪŋ.ˈteɪ.bᵊl	ड्रेस इङ टेइ बᵊल
dressy	ˈdres.i	ड्रेस ई
drew	druː	ड्रूः
dribble	ˈdrɪb.ᵊl	ड्रिब ᵊल
dribs and drabs	ˈdrɪbz.ən.ˈdræbz	ड्रिब्ज़ əन ड्रæब्ज़
dried	draɪd	ड्राइड
dried fish	ˈdraɪd.ˈfɪʃ	ड्राइड फ़िश
drier	ˈdraɪ.ə	ड्राइ ə
drift	drɪft	ड्रिफ़्ट
drifter	ˈdrɪf.tə	ड्रिफ़ टə
driftwood	ˈdrɪft.wʊd	ड्रिफ़्ट वुड
drill	drɪl	ड्रिल
drink	drɪŋk	ड्रिङ्क
drinker	ˈdrɪŋk.ə	ड्रिङ्क ə
drinking	ˈdrɪŋ.kɪŋ	ड्रिङ किङ
drinking fountain	ˈdrɪŋ.kɪŋ.ˈfaʊn.tɪn	ड्रिङ किङ फ़ाउन टिन
drinking problem	ˈdrɪŋ.kɪŋ.ˈprɒb.ləm	ड्रिङ किङ प्रɒब लəम
drinking water	ˈdrɪŋ.kɪŋ.ˈwɔː.tə	ड्रिङ किङ वोः टə
drip	drɪp	ड्रिप
drip-dry	ˈdrɪp.ˈdraɪ	ड्रिप ड्राइ
drive	draɪv	ड्राइव
drive-by	ˈdraɪv.baɪ	ड्राइव बाइ
drive-in	ˈdraɪv.ɪn	ड्राइव इन
drivel	ˈdrɪv.ᵊl	ड्रिव ᵊल
driven	ˈdrɪv.ᵊn	ड्रिव ᵊन
driver	ˈdraɪ.və	ड्राइ वə
driver's license	ˈdraɪ.vəz.ˈlaɪs.ᵊns	ड्राइ वəज़ लाइस

		ᵊन्स
drive-through	ˈdraɪv.θruː	ड्राइव थ्रूः
driveway	ˈdraɪv.weɪ	ड्राइव वेइ
driving	ˈdraɪ.vɪŋ	ड्राइ विङ
drizzle	ˈdrɪz.ᵊl	ड्रिज़ ᵊल
drizzling	ˈdrɪz.ᵊl.ɪŋ	ड्रिज़ ᵊल इङ
droll	drəʊl	ड्रəउल
drone	drəʊn	ड्रəउन
drool	druːl	ड्रूःल
droop	druːp	ड्रूःप
drop	drɒp	ड्रɒप
drop-in	ˈdrɒp.ɪn	ड्रɒप इन
droplet	ˈdrɒp.lət	ड्रɒप लəट
dropout	ˈdrɒp.aʊt	ड्रɒप आउट
dropping	ˈdrɒp.ɪŋ	ड्रɒप इङ
drought	draʊt	ड्राउट
drove	drəʊv	ड्रəउव
drown	draʊn	ड्राउन
drowning	ˈdraʊ.nɪŋ	ड्राउ निङ
drowsily	ˈdraʊ.zɪ.li	ड्राउ ज़ि ली
drowsiness	ˈdraʊ.zɪ.nəs	ड्राउ ज़ि नəस
drowsy	ˈdraʊ.zi	ड्राउ ज़ी
drudge	drʌdʒ	ड्रʌज
drudgery	ˈdrʌdʒ.ᵊr.i	ड्रʌज ᵊर ई
drug	drʌg	ड्रʌग
drug addict	ˈdrʌg.ˈæd.ɪkt	ड्रʌग æड इक्ट
drug addiction	ˈdrʌg.ə.ˈdɪk.ʃᵊn	ड्रʌग ə डिक शᵊन
drugstore	ˈdrʌg.stɔː	ड्रʌग स्टोः
drum	drʌm	ड्रʌम
drummer	ˈdrʌm.ə	ड्रʌम ə
drunk	drʌŋk	ड्रʌङ्क
drunkard	ˈdrʌnk.əd	ड्रʌन्क əड
drunken	ˈdrʌŋk.ən	ड्रʌङ्क əन
drunkenly	ˈdrʌŋk.ən.li	ड्रʌङ्क əन ली
drunkenness	ˈdrʌŋk.ən nəs	ड्रʌङ्क əन नəस
dry	draɪ	ड्राइ
dry clean	ˈdraɪ.ˈkliːn	ड्राइ क्लीःन
dry cleaner's	ˈdraɪ.ˈkliːn.əz	ड्राइ क्लीःन əज़
dry goods	ˈdraɪ.gʊdz	ड्राइ गुड्ज़
dry ice	ˈdraɪ.aɪs	ड्राइ आइस
dry land	ˈdraɪ.lænd	ड्राइ लæन्ड
dry run	ˈdraɪ.ˈrʌn	ड्राइ रʌन

dry skin	ˈdraɪ.ˈskɪn	**ड्राइ स्किन**
dryer	ˈdraɪ.ə	**ड्राइ** ə
dry-eyed	ˈdraɪ.aɪd	**ड्राइ** आइड
drying	ˈdraɪ.ɪŋ	**ड्राइ** इङ
dryly	draɪ.li	ड्राइ ली
dryness	ˈdraɪ.nəs	**ड्राइ** नəस
dual	ˈdʒuː.əl	**जूː** əल
dual carriageway	ˈdʒuː.əl.ˈkær.ɪdʒ.weɪ	**जूː** əल **कæर** इज वेइ
dualism	ˈdʒuː.ə.lɪ.zᵊm	**जूː** ə लि ज़॰म
duality	dʒuː.ˈæl.ə.ti	जूː **æल** ə टी
dual-purpose	ˈdʒuː.əl.ˈpɜː.pəs	**जूː** əल **पɜː** पəस
dub	dʌb	डʌब
dubious	ˈdʒuː.bi.əs	**जूː** बी əस
ducat	ˈdʌk.ət	**डʌक** əट
duchess	ˈdʌtʃ.ɪs	**डʌच** इस
duck	dʌk	डʌक
duckling	ˈdʌk.lɪŋ	**डʌक** लिङ
duct	dʌkt	डʌक्ट
dud	dʌd	डʌड
dude	dʒuːd	जूːड
due	dʒuː	जूː
due diligence	ˈdʒuː.ˈdɪl.ɪ.dʒᵊns	**जूː** **डिल** इ ज॰न्स
due process	ˈdʒuː.ˈprəʊ.ses	**जूː** **प्रəउ** सेस
duel	ˈdʒuː.əl	**जूː** əल
duelist	ˈdʒuː.əl.ɪst	**जूː** əल इस्ट
dues	dʒuːz	जूːज़
duet	dʒuː.ˈet	जूː **एट**
duffel bag	ˈdʌf.ᵊl.ˈbæg	**डʌफ़** ॰ल **बæग**
dug	dʌg	डʌग
dugout	ˈdʌg.aʊt	**डʌग** आउट
duke	dʒuːk	जूːक
dull	dʌl	डʌल
dullness	ˈdʌl.nəs	**डʌल** नəस
duly	ˈdʒuː.li	**जूː** ली
dumb	dʌm	डʌम
dumbbell	ˈdʌm.bel	**डʌम** बेल
dumbfounded	dʌm.ˈfaʊn.dɪd	**डʌम फ़ाउन** डिड
dummy	ˈdʌm.i	**डʌम** ई
dump	dʌmp	डʌम्प
dump truck	ˈdʌmp.ˈtrʌk	**डʌम्प ट्रʌक**
dumpling	ˈdʌm.plɪŋ	**डʌम** प्लिङ
dumpster	ˈdʌmp.stə	**डʌम्प** स्टə
dumpy	ˈdʌmp.i	**डʌम्प** ई
dunce	dʌns	डʌन्स
dune	dʒuːn	जूːन
dung	dʌŋ	डʌङ
dungarees (IO)	ˈdʌŋ.gə.ˈriːz	**डʌङ** गə **रीːज़**
dungeon	ˈdʌn.dʒən	**डʌन** जəन
dunk	dʌŋk	डʌङ्क
dunny	ˈdʌn.i	**डʌन** ई
duo	ˈdʒuː.əʊ	**जूː** əउ
duopoly	dʒuː.ˈɒp.ə.li	जूː **ɒप** ə ली
dupe	dʒuːp	जूːप
duplex	ˈdʒuː.pleks	**जूː** प्लेक्स
duplicate (n)	ˈdʒuːp.lɪ.kət	**जूːप** लि कəट
duplicate (v)	ˈdʒuːp.lɪ.keɪt	**जूːप** लि केइट
duplication	ˈdʒuːp.lɪ.ˈkeɪ.ʃᵊn	**जूːप** लि **केइ** श॰न
duplicity	dʒuːp.ˈlɪs.ə.ti	जूːप **लिस** ə टी
durability	ˈdjʊə.rə.ˈbɪl.ə.ti	**ड्युə** रə **बिल** ə टी
durable	ˈdjʊə.rə.bᵊl	**ड्युə** रə ब॰ल
duration	djʊə.ˈreɪ.ʃᵊn	ड्युə **रेइ** श॰न
duress	dju.ˈres	ड्यु **रेस**
durian	ˈdʒʊə.ri.ən	**जुə** री əन
during	ˈdʒʊə.rɪŋ	**जुə** रिङ
dusk	dʌsk	डʌस्क
dust	dʌst	डʌस्ट
dust jacket	dʌst.ˈdʒæk.ɪt	डʌस्ट **जæक** इट
dustbin	ˈdʌst.bɪn	**डʌस्ट** बिन
dustcoat	ˈdʌst.kəʊt	**डʌस्ट** कəउट
duster	ˈdʌs.tə	**डʌस** टə
dustman	ˈdʌst.mən	**डʌस्ट** मəन
dustpan	ˈdʌst.pæn	**डʌस्ट** पæन
dustproof	ˈdʌst.pruːf	**डʌस्ट** प्रूːफ़
dusty	ˈdʌs.ti	**डʌस** टी
dutch	dʌtʃ	डʌच
duties	ˈdʒuː.tɪz	**जूː** टिज़
dutiful	ˈdʒuː.tɪ.fᵊl	**जूː** टि फ़॰ल
dutifully	ˈdʒuː.tɪ.fᵊl.i	**जूː** टि फ़॰ल ई
duty	ˈdʒuː.ti	**जूː** टी
duty-free	ˈdʒuː.tɪ.ˈfriː	**जूː** टि **फ़्रीː**
DVD	ˈdi.ˈvi.ˈdiː	**डी वी डीː**
DVD player	ˈdi.vi.diː.ˈpleɪ.ə	**डी** वी डीː **प्लेइ** ə
dwarf (n)	dwɔːf	ड्वॉːफ़
dwarf (v)	dwɔːf	ड्वॉːफ़
dwell	dwel	ड्वेल

dweller	ˈdwel.ə	**ड्वेल** ə
dwelling	ˈdwel.ɪŋ	**ड्वेल** इङ
dwelt	dwelt	ड्वेल्ट
dwindle	ˈdwɪn.dᵊl	**ड्विन** ड॰ल
dwindling	ˈdwɪn.dᵊl.ɪŋ	**ड्विन** ड॰ल इङ
dye	daɪ	डाइ
dying	ˈdaɪ.ɪŋ	**डाइ** इङ
dyke	daɪk	डाइक
dynamic	daɪ.ˈnæm.ɪk	डाइ **नæम** इक
dynamics	daɪ.ˈnæm.ɪks	डाइ **नæम** इक्स
dynamism	ˈdaɪ.nə.mɪ.zᵊm	**डाइ** नə मि ज़॰म
dynamite	ˈdaɪ.nə.maɪt	**डाइ** नə माइट
dynamo	ˈdaɪ.nə.məʊ	**डाइ** नə मəउ
dynasty	ˈdɪn.ə.sti	**डिन** ə स्टी
dysenteric	ˈdɪs.ᵊn.ˈter.ɪk	**डिस** ॰न **टेर** इक
dysentery	ˈdɪs.ᵊn.tᵊr.i	**डिस** ॰न ट॰र ई
dysfunction	ˈdɪs.ˈfʌŋk.ʃᵊn	**डिस** **फ़ʌङ्क** श॰न
dysfunctional	dɪs.ˈfʌŋk.ʃᵊn.ᵊl	डिस **फ़ʌङ्क** श॰न ॰ल
dyslexia	dɪ.ˈslek.si.ə	डि **स्लेक** सी ə
dyslexic	dɪ.ˈslek.sɪk	डि **स्लेक** सिक

E

e	iː	ईः
E	iː	ईः
E coli	ˈiː.ˈkəʊ.laɪ	**ईः कəउ** लाइ
e.g.	ˈiː.ˈdʒiː.	**ईः जी**ः
each	iːtʃ	ईःच
eager	ˈiː.gə	**ईः** गə
eagle	ˈiː.gᵊl	**ईः** ग॰ल
eagle-eyed	ˈiː.gᵊl.aɪd	**ईः** ग॰ल आइड
ear	ɪə	इə
earache	ˈɪə.reɪk	**इə** रेइक
earbashing	ˈɪə.ˈbæʃ.ɪŋ	**इə बæश** इङ
eardrop	ˈɪə.drɒp	**इə** ड्रɒप
eardrum	ˈɪə.drʌm	**इə** ड्रʌम
earflaps	ˈɪə.flæps	**इə** फ़्लæप्स
earl	ɜːl	ɜːल
earlier	ˈɜː.li.ə	ɜː ली ə
earlobe	ˈɪə.ləʊb	**इə** लəउब
early bird	ˈɜː.li.ˈbɜːd	ɜː ली **बɜːड**
early warning system	ˈɜː.li.ˈwɔː.nɪŋ.ˈsɪs.təm	ɜː ली **व़ɔː** निङ **सिस** टəम
early	ˈɜː.li	ɜː ली
earmark	ˈɪə.mɑːk	**इə** माःक
earmuffs	ˈɪə.ˈmʌfs	**इə मʌफ़्स**
earn	ɜːn	ɜːन
earnest	ˈɜː.nɪst	ɜː निस्ट
earnestly	ˈɜː.nɪst.li	ɜː निस्ट ली
earnestness	ˈɜː.nɪst.nəs	ɜː निस्ट नəस
earnings	ˈɜː.nɪŋz	ɜː निङ्ज़
earphone	ˈɪə.fəʊn	**इə** फ़əउन
ear-piece	ˈɪə.piːs	**इə** पीःस
ear-piercing	ˈɪə.ˈpɪə.sɪŋ	**इə पिə** सिङ
earplug	ˈɪə.plʌg	**इə** प्लʌग
earring	ˈɪə.rɪŋ	**इə** रिङ
ears	ɪəz	इəज़
earshattering	ˈɪə.ˈʃæt.ᵊr.ɪŋ	**इə शæट** ॰र इङ
earshot	ˈɪə.ʃɒt	**इə** शɒट
earsplitting	ˈɪə.ˈsplɪt.ɪŋ	**इə स्प्लिट** इङ
earth	ɜːθ	ɜːथ
earthen	ˈɜː.θᵊn	ɜː थ॰न
earthenware	ˈɜː.θᵊn.weəʳ	ɜː थ॰न व़ेəर
earthiness	ˈɜː.θi.nəs	ɜː थी नəस
earthling	ˈɜːθ.lɪŋ	ɜː**थ** लिङ
earthly	ˈɜːθ.li	ɜː**थ** ली
earthquake	ˈɜːθ.kweɪk	ɜː**थ** क्व़ेइक
earthshaking	ˈɜːθ.ˈʃeɪ.kɪŋ	ɜː**थ शेइ** किङ
earth-shattering	ˈɜːθ.ˈʃæt.ᵊr.ɪŋ	ɜː**थ शæट** ॰र इङ
earthworm	ˈɜːθ.wɜːm	ɜː**थ** व़ɜːम
earthy	ˈɜː.θi	ɜː थी
earwax	ˈɪə.wæks	**इə** व़æक्स
ease	iːz	ईःज़
easel	ˈiː.zᵊl	**ईः** ज़॰ल
easement	ˈiːz.mᵊnt	**ईःज़** म॰न्ट
easily	ˈiː.zᵊl.i	**ईः** ज़॰ल ई
east	iːst	ईःस्ट
eastbound	ˈiːst.baʊnd	**ईःस्ट** बाउन्ड
Easter	ˈiː.stə	**ईः** स्टə
Easter bunny	ˈiː.stə.ˈbʌn.i	**ईः** स्टə **बʌन** ई
Easter egg	ˈiː.stər.ˈeg	**ईः** स्टəर **एग**
easterly	ˈiː.stᵊl.i	**ईः** स्ट॰ल ई
eastern	ˈiː.stᵊn	**ईः** स्ट॰न
easterner	ˈiː.stᵊn.ə	**ईः** स्ट॰न ə
eastward	ˈiːst.wəd	**ईःस्ट** व़əड
easy	ˈiː.zi	**ईः** ज़ी
easy chair	ˈiː.zi.ˈtʃeə	**ईः** ज़ी **चेə**
easygoing	ˈiː.zɪ.ˈgəʊ.ɪŋ	**ईः** ज़ि **गəउ** इङ
eat	iːt	ईःट
eatable	ˈiː.t.ə.bᵊl	**ईः** ट ə ब॰ल
eaten	ˈiː.tᵊn	**ईः** ट॰न
eater	ˈiː.tə	**ईः** टə
eatery	ˈiː.tᵊr.i	**ईः** ट॰र ई
eating	ˈiː.tɪŋ	**ईः** टिङ
eau de cologne	ˈəʊ.di.kə.ˈləʊn	**əउ** डी कə **लəउन**
eau de parfum	ˈəʊ.də.pɑː.ˈfuːm	**əउ** डə पाः **फ़ूःम**
eau de toilette	ˈəʊ.də.twɑː.ˈlet	**əउ** डə ट्व़ाः **लेट**
eaves	iːvz	ईःव्ज़
eavesdrop	ˈiːvz.drɒp	**ईःव्ज़** ड्रɒप
eavesdropper	ˈiːvz.ˈdrɒp.ə	**ईःव्ज़ ड्रɒप** ə
eavesdropping	ˈiːvz.ˈdrɒp.ɪŋ	**ईःव्ज़ ड्रɒप** इङ
e-banking	ˈiː.ˈbæŋ.kɪŋ	**ईः बæङ** किङ
ebb	eb	एब
Ebola	i.ˈbəʊ.lə	ई **बəउ** लə

ebony	ˈeb.ᵊn.i	**एब** ॰न ई
e-book	ˈiː.ˈbʊk	**ई**: **बुक**
ebullience	ɪ.ˈbʊl.i.ᵊns	इ **बुल** ई ॰न्स
ebullient	ɪ.ˈbʊl.i.ᵊnt	इ **बुल** ई ॰न्ट
e-business	ˈiː.ˈbɪz.nəs	**ई**: **बिज़** नəस
e-cash	ˈiː.ˈkæʃ	**ई**: **कæश**
eccentric	ek.ˈsen.trɪk	एक **सेन** ट्रिक
eccentricity	ˈek.sen.ˈtrɪs.ə.ti	**एक** सेन **ट्रिस** ə टी
ecclesiastic	ɪ.ˈkliː.zi.ˈæs.tɪk	इ **क्ली**: ज़ी **æस** टिक
ecclesiastical	ɪ.ˈkliː.zi.ˈæs.tɪk.ᵊl	इ **क्ली**: ज़ी **æस** टिक ॰ल
ECG	ˈiː.ˈsiː.ˈdʒi	**ई**: **सी**: **जी**
echelon	ˈe.ʃə.lɒn	**ए** शə लɒन
echo	ˈek.əʊ	**एक** əउ
éclair	ɪ.ˈkleə	इ **क्लेə**
eclipse	ɪ.ˈklɪps	इ **क्लिप्स**
eco-friendly	ˈiː.kəʊ.ˈfrend.li	**ई**: कəउ **फ़्रेन्ड** ली
ecological	ˈiː.kə.ˈlɒdʒ.ɪ.kᵊl	**ई**: कə **लɒज** इ क॰ल
ecologically	ˈiː.kə.ˈlɒdʒ.ɪ.kᵊl.ɪ	**ई**: कə **लɒज** इ क॰ल इ
ecologist	iː.ˈkɒl.ə.dʒɪst	ई: **कɒल** ə जिस्ट
ecology	iː.ˈkɒl.ə.dʒi	ई: **कɒल** ə जी
e-commerce	ˈiːˈkɒm.ɜːs	**ई**: **कɒम** ɜːस
econometric	ɪ.ˈkɒn.ə.ˈmet.rɪk	इ **कɒन** ə **मेट** रिक
econometrician	ɪ.ˈkɒn.ə.met.ˈrɪʃ.ᵊn	इ **कɒन** ə मेट **रिश** ॰न
econometrics	i.ˈkɒn.ə.ˈmet.rɪks	ई **कɒन** ə **मेट** रिक्स
economic	ˈiː.kə.ˈnɒm.ɪk	**ई**: कə **नɒम** इक
economical	ˈiː.kə.ˈnɒm.ɪ.kᵊl	**ई**: कə **नɒम** इ क॰ल
economically	ˈiː.kə.ˈnɒm.ɪ.kᵊl.i	**ई**: कə **नɒम** इ क॰ल ई
economics	ˈiː.kə.ˈnɒm.ɪks	**ई**: कə **नɒम** इक्स
economise	i.ˈkɒn.ə.maɪz	ई **कɒन** ə माइज़
economist	i.ˈkɒn.ə.mɪst	ई **कɒन** ə मिस्ट
economy	ɪ.ˈkɒn.ə.mi	इ **कɒन** ə मी
ecosphere	ˈiː.kəʊ.sfɪəʳ	**ई**: कəउ स्फ़िəर

ecosystem	ˈiː.kəʊ.sɪs.təm	**ई**: कəउ सिस टəम
eco-tourism	ˈiː.kəʊ.ˈtʊə.rɪ.zᵊm	**ई**: कəउ **टुə** रि ज़॰म
ecstasy	ˈek.stə.si	**एक** स्टə सी
ecstatic	ek.ˈstæt.ɪk	एक **स्टæट** इक
ecumenical	ˈiː.kjuː.ˈmen.ɪ.kᵊl	**ई**: क्यूः **मेन** इ क॰ल
eczema	ˈek.sɪ.mə	**एक** सि मə
eddy	ˈed.i	**एड** ई
edge	edʒ	एज
edgeways	ˈedʒ.weɪz	**एज** वेइज़
edging	ˈedʒ.ɪŋ	**एज** इङ
edgy	ˈedʒ.i	**एज** ई
edible	ˈe.dɪb.ᵊl	**ए** डिब ॰ल
edict	ˈiː.dɪkt	**ई**: डिक्ट
edification	ˈed.ɪ.fɪ.ˈkeɪ.ʃᵊn	**एड** इ फ़ि **केइ** श॰न
edifice	ˈed.ɪ.fɪs	**एड** इ फ़िस
edify	ˈed.ɪ.faɪ	**एड** इ फ़ाइ
edit	ˈed.ɪt	**एड** इट
editing	ˈed.ɪ.tɪŋ	**एड** इ टिङ
edition	ɪ.ˈdɪʃ.ᵊn	इ **डिश** ॰न
editor	ˈed.ɪt.ə	**एड** इट ə
editorial	ˈed.ɪ.ˈtɔː.ri.əl	**एड** इ **टो**: री əल
editorialise	ˈed.ɪ.ˈtɔː.ri.ə.laɪz	**एड** इ **टो**: री ə लाइज़
editor-in-chief	ˈed.ɪ.tər.ɪn.ˈtʃiːf	**एड** इ टəर इन **ची:फ़**
editorship	ˈed.ɪt.ə.ʃɪp	**एड** इट ə शिप
educate	ˈedʒ.ʊ.keɪt	**एज** उ केइट
educated guess	ˈedʒ.ʊ.keɪ.tɪd.ˈges	**एज** उ केइ टिड **गेस**
education	ˈedʒ.ʊ.ˈkeɪ.ʃᵊn	**एज** उ **केइ** श॰न
educational	ˈedʒ.ʊ.ˈkeɪ.ʃᵊn.ᵊl	**एज** उ **केइ** श॰न ॰ल
educationalist	ˈedʒ.ʊ.ˈkeɪ.ʃᵊn.ᵊl.ɪst	**एज** उ **केइ** श॰न ॰ल इस्ट
educationally	ˈedʒ.ʊ.ˈkeɪ.ʃᵊn.ᵊl.i	**एज** उ **केइ** श॰न ॰ल ई
educationist	ˈedʒ.ʊ.ˈkeɪ.ʃᵊn.ɪst	**एज** उ **केइ** श॰न इस्ट
educator	ˈedʒ.ʊ.keɪ.tə	**एज** उ केइ टə

eel	iːl	ई:ल
eerie	ˈɪə.ri	**इə** री
eerily	ˈɪə.rᵊl.i	**इə** र॰ल ई
effect	ɪ.ˈfekt	इ **फ़ेक्ट**
effective	ɪ.ˈfek.tɪv	इ **फ़ेक** टिव
effectively	ɪ.ˈfek.tɪv.li	इ **फ़ेक** टिव ली
effectiveness	ɪ.ˈfek.tɪv.nəs	इ **फ़ेक** टिव नəस
effeminate (adj)	ɪ.ˈfem.ɪ.nət	इ **फ़ेम** इ नəट
effeminate (v)	ɪ.ˈfem.ɪ.neit	इ **फ़ेम** इ नेइट
effervescence	ˈe.fə.ˈves.ᵊns	**ए** फ़ə **वेस** ॰न्स
effervescent	ˈe.fə.ˈves.ᵊnt	**ए** फ़ə **वेस** ॰न्ट
efficiency	ɪ.ˈfɪʃ.ᵊn.si	इ **फ़िश** ॰न सी
efficient	ɪ.ˈfɪʃ.ᵊnt	इ **फ़िश** ॰न्ट
efficiently	ɪ.ˈfɪʃ.ᵊnt.li	इ **फ़िश** ॰न्ट ली
effigy	ˈef.ɪ.dʒi	**एफ़** इ जी
effort	ˈef.ət	**एफ़** əट
effortless	ˈef.ət.ləs	**एफ़** əट लəस
effortlessly	ˈef.ət.ləs.li	**एफ़** əट लəस ली
effusion	ɪ.ˈfjuː.ʒᵊn	इ **फ़्यू:** ज़॰न
effusive	ɪ.ˈfjuː.sɪv	इ **फ़्यू:** सिव
effusively	ɪ.ˈfjuː.sɪv.li	इ **फ़्यू:** सिव ली
EFL	iː.ˈef.ˈel	ई: **एफ़ एल**
egalitarian	ɪ.ˈgæl.ɪ.ˈteə.ri.ən	इ **गæल** इ **टेə** री əन
egalitarianism	ɪ.ˈgæl.ɪ.ˈteə.ri.ə.nɪ.zᵊm	इ **गæल** इ **टेə** री ə नि ज़॰म
egg	eg	एग
eggcup	ˈeg.kʌp	**एग** कʌप
egghead	ˈeg.hed	**एग** हेड
eggplant	ˈeg.plɑːnt	**एग** प्ला:न्ट
eggshaped	ˈeg.sheɪpt	**एग** स्हेइप्ट
eggshell	ˈeg.ʃel	**एग** शेल
ego	ˈiː.gəʊ	**ई:** गəउ
egocentric	ˈiː.gəʊ.ˈsen.trɪk	**ई:** गəउ **सेन** ट्रिक
egocentricity	ˈiː.gəʊ.ˈsen.trɪs.ə.ti	**ई:** गəउ **सेन** ट्रिस ə टी
egocentrism	ˈiː.gəʊ.ˈsen.trɪ.zᵊm	**ई:** गəउ **सेन** ट्रि ज़॰म
egoism	ˈiː.gəʊ.ɪ.zᵊm	**ई:** गəउ इ ज़॰म
egoist	ˈiː.gəʊ.ɪst	ई: गəउ इस्ट
egoistic	ˈiː.gəʊ.ˈɪs.tɪk	**ई:** गəउ **इस** टिक
egomania	ˈiː.gəʊ.ˈmeɪ.ni.ə	**ई:** गəउ **मेइ** नी ə

egomaniac	ˈiː.gəʊ.ˈmeɪ.ni.æk	**ई:** गəउ **मेइ** नी æक
egotism	ˈiː.gəʊ.tɪ.zᵊm	**ई:** गəउ टि ज़॰म
egotist	ˈiː.gə.tɪst	**ई:** गə टिस्ट
egotistical	ˈiː.gə.ˈtɪs.tɪk.ᵊl	**ई:** गə **टिस** टिक ॰ल
egregious	ɪ.ˈgriː.dʒəs	इ **ग्री:** जəस
egregiously	ɪ.ˈgriː.dʒəs.li	इ **ग्री:** जəस ली
eh	eɪ	एइ
eiderdown	ˈaɪ.də.daʊn	**आइ** डə डाउन
eight	eɪt	एइट
eighteen	ˈeɪ.ˈtiːn	**एइ टी:न**
eighteenth	ˈeɪ.ˈtiːnθ	**एइ टी:न्थ**
eighth	eɪtθ	एइट्थ
eightieth	ˈeɪ.tɪ.əθ	**एइ** टि əथ
eighty	ˈeɪ.ti	**एइ** टी
either	ˈaɪ.ðə	**आइ** दə
ejaculate	ɪ.ˈdʒæk.jə.leɪt	इ **जæक** ग़ə लेइट
ejaculation	ɪ.ˈdʒæk.jə.ˈleɪ.ʃᵊn	इ **जæक** ग़ə **लेइ** श॰न
eject	ɪ.ˈdʒekt	इ **जेक्ट**
ejection	ɪ.ˈdʒek.ʃᵊn	इ **जेक** श॰न
eke	iːk	ई:क
elaborate (adj)	ɪ.ˈlæb.ᵊr.ət	इ **लæब** ॰र əट
elaborate (v)	ɪ.ˈlæb.ᵊr.eɪt	इ **लæब** ॰र एइट
elaborately	ɪ.ˈlæb.ə.rət.li	इ **लæब** ə रəट ली
elaboration	ɪ.ˈlæb.ə.ˈreɪ.ʃᵊn	इ **लæब** ə **रेइ** श॰न
elaborative	ɪ.ˈlæb.ᵊr.ə.tɪv	इ **लæब** ॰र ə टिव
elapse	ɪ.ˈlæps	इ **लæप्स**
elastic	ɪ.ˈlæs.tɪk	इ **लæस** टिक
elasticity	ˈi.læs.ˈtɪs.ə.ti	**ई** लæस **टिस** ə टी
elated	ɪ.ˈleɪ.tɪd	इ **लेइ** टिड
elation	ɪ.ˈleɪ.ʃᵊn	इ **लेइ** श॰न
elbow	ˈel.bəʊ	**एल** बəउ
elbow grease	ˈel.bəʊ.ˈgriːs	**एल** बəउ **ग्री:स**
elbowroom	ˈel.bəʊ.ˈruːm	**एल** बəउ **रू:म**
elder	ˈel.də	**एल** डə
elderly	ˈel.dᵊl.i	**एल** ड॰ल ई

elders	ˈel.dəz	**एल** डəज़
eldest	ˈel.dɪst	**एल** डिस्ट
e-learning	ˈiː.lɜː.nɪŋ	**ई**: लɜ: निङ
elect	ɪ.ˈlekt	इ **लेक्ट**
election	ɪ.ˈlek.ʃᵊn	इ **लेक** श॰न
election campaign	ɪ.ˈlek.ʃᵊn.kæm.ˈpeɪn	इ **लेक** श॰न कæम **पेइन**
electioneer	ɪˈlek.ʃə.ˈnɪəʳ	इ **लेक** शə **निəर**
elective	ɪ.ˈlek.tɪv	इ **लेक** टिव
elector	ɪ.ˈlek.tə	इ **लेक** टə
electoral	ɪ.ˈlek.tᵊr.ᵊl	इ **लेक** ट॰र ॰ल
electoral college	ɪ.ˈlek.tᵊr.ᵊl.ˈkɒl.ɪdʒ	इ **लेक** ट॰र ॰ल **कɒल** इज
electorate	ɪ.ˈlek.tᵊr.ət	इ **लेक** ट॰र əट
electric	ɪ.ˈlek.trɪk	इ **लेक** ट्रिक
electric blanket	ɪ.ˈlek.trɪk.ˈblæŋ.kɪt	इ **लेक** ट्रिक **ब्लæङ** किट
electric chair	ɪ.ˈlek.trɪk.ˈtʃeə	इ **लेक** ट्रिक **चेə**
electric guitar	ɪ.ˈlek.trɪk.gɪ.ˈtɑː	इ **लेक** ट्रिक गि **टा**:
electric razor	ɪ.ˈlek.trɪk.ˈreɪ.zə	इ **लेक** ट्रिक **रेइ** ज़ə
electric shock	ɪ.ˈlek.trɪk.ˈʃɒk	इ **लेक** ट्रिक **शɒक**
electrical	ɪ.ˈlek.trɪ.kᵊl	इ **लेक** ट्रि क॰ल
electrician	ɪ.ˈlek.ˈtrɪʃ.ᵊn	इ **लेक** **ट्रिश** ॰न
electricity	ɪ.ˈlek.ˈtrɪs.ə.ti	इ **लेक** **ट्रिस** ə टी
electrification	ɪ.ˈlek.trɪ.fɪ.ˈkeɪ.ʃᵊn	इ **लेक** ट्रि फ़ि **केइ** श॰न
electrify	ɪ.ˈlek.trɪ.faɪ	इ **लेक** ट्रि फ़ाइ
electrifying	ɪ.ˈlek.trɪ.faɪ.ɪŋ	इ **लेक** ट्रि फ़ाइ इङ
electrocardiogram	ɪ.ˈlek.trəʊ.ˈkɑː.dɪ.əʊ.græm	इ **लेक** ट्रəउ **का**: डि əउ ग्रæम
electrocardiograph	ɪ.ˈlek.trəʊ.ˈkɑː.dɪ.əʊ.græf	इ **लेक** ट्रəउ **का**: डि əउ ग्रæफ़
electrocute	ɪ.ˈlek.trə.kjuːt	इ **लेक** ट्रə क्यू:ट
electrocution	ɪ.ˈlek.trə.ˈkjuː.ʃᵊn	इ **लेक** ट्रə **क्यू**: श॰न
electrode	ɪ.ˈlek.trəʊd	इ **लेक** ट्रəउड
electrodynamic	ə.ˈlek.trəʊ.ˈdaɪ.ˈnæm.ɪk	ə **लेक** ट्रəउ **डाइ** **नæम** इक
electrolysis	ɪ.ˈlek.ˈtrɒl.ə.sɪs	इ **लेक** **ट्रɒल** ə सिस

electrolyte	ɪ.ˈlek.trə.laɪt	इ **लेक** ट्रə लाइट
electromagnet	ɪ.ˈlek.trəʊ.ˈmæg.nɪt	इ **लेक** ट्रəउ **मæग** निट
electromagnetic	ɪ.ˈlek.trəʊ.mæg.ˈnet.ɪk	इ **लेक** ट्रəउ मæग **नेट** इक
electrometer	ɪ.lek.ˈtrɒm.ɪ.tə	इ लेक **ट्रɒम** इ टə
electromotor	ɪ.ˈlek.trəʊ.ˈməʊ.tə	इ **लेक** ट्रəउ **मəउ** टə
electron	ɪ.ˈlek.trɒn	इ **लेक** ट्रɒन
electronic	ˈɪ.lek.ˈtrɒn.ɪk	**इ** लेक **ट्रɒन** इक
electronic banking	ˈɪ.lek.ˈtrɒn.ɪk.bæŋ.kɪŋ	**इ** लेक **ट्रɒन** इक बæङ किङ
electronic mail	ˈɪ.lek.ˈtrɒn.ɪk.meɪl	**इ** लेक **ट्रɒन** इक मेइल
electronically	ˈɪ.lek.ˈtrɒn.ɪ.kᵊl.i	**इ** लेक **ट्रɒन** इ क॰ल ई
electronics	ˈɪ.lek.ˈtrɒn.ɪks	**इ** लेक **ट्रɒन** इक्स
electrophone	ɪ.ˈlek.trə.fəʊn	इ **लेक** ट्रə फ़əउन
electrophorus	ɪ.ˈlek.trə.fəʊ.rəs	इ **लेक** ट्रə फ़əउ रəस
electroplate	ɪ.ˈlek.trə.pleɪt	इ **लेक** ट्रə प्लेइट
electropositive	ɪ.ˈlek.trəʊ.ˈpɒz.ə.tɪv	इ **लेक** ट्रəउ **पɒज़** ə टिव
electroscope	ɪ.ˈlek.trə.skəʊp	इ **लेक** ट्रə स्कəउप
electrostatic	ɪ.ˈlek.trəʊ.ˈstæt.ɪk	इ **लेक** ट्रəउ **स्टæट** इक
electrotherapy	ɪ.ˈlek.trəʊ.ˈθer.ə.pɪ	इ **लेक** ट्रəउ **थेर** ə पि
electrothermal	ɪ.ˈlek.trəʊ.ˈθɜː.mᵊl	इ **लेक** ट्रəउ **थɜ**: म॰ल
electrovalency	ɪ.ˈlek.trəʊ.ˈveɪ.lən.si	इ **लेक** ट्रəउ **वेइ** लəन सी
elegance	ˈel.ɪ.gᵊns	**एल** इ ग॰न्स
elegant	ˈel.ɪ.gᵊnt	**एल** इ ग॰न्ट
elegantly	ˈel.ɪ.gᵊnt.li	**एल** इ ग॰न्ट ली
elegy	ˈel.ə.dʒi	**एल** ə जी
element	ˈel.ɪ.mᵊnt	**एल** इ म॰न्ट
elemental	ˈel.ɪ.ˈmen.tᵊl	**एल** इ **मेन** ट॰ल
elementary	ˈel.ɪ.ˈmen.tᵊr.i	**एल** इ **मेन** ट॰र ई
elephant	ˈel.ɪ.fᵊnt	**एल** इ फ़॰न्ट

elephantiasis	ˈel.ɪ.fən.ˈtaɪ.ə.sɪs	**एल** इ फ़əन **टाइ** ə सिस
elevate	ˈel.ɪ.veɪt	**एल** इ वेइट
elevated	ˈel.ɪ.veɪ.tɪd	**एल** इ वेइ टिड
elevating	ˈel.ɪ.veɪ.tɪŋ	**एल** इ वेइ टिङ
elevation	ˈel.ɪ.ˈveɪ.ʃᵊn	**एल** इ **वेइ** शᵊन
elevator	ˈel.ɪ.veɪ.tə	**एल** इ वेइ टə
eleven	ɪ.ˈlev.ᵊn	इ **लेव** ᵊन
eleventh	ɪ.ˈlev.ᵊnθ	इ **लेव** ᵊन्थ
elf	elf	एल्फ़
elicit	ɪ.ˈlɪs.ɪt	इ **लिस** इट
eligibility	ˈel.ɪ.dʒə.ˈbɪl.ə.ti	**एल** इ जə **बिल** ə टी
eligible	ˈel.ɪ.dʒə.bᵊl	**एल** इ जə बᵊल
eliminate	ɪ.ˈlɪm.ɪn.eɪt	इ **लिम** इन एइट
elimination	ɪ.ˈlɪm.ɪn.ˈeɪ.ʃᵊn	इ **लिम** इन **एइ** शᵊन
elite	eɪ.ˈliːt	एइ **लीːट**
elitism	ɪ.ˈliː.tɪ.zᵊm	इ **लीː** टि ज़ᵊम
elitist	ɪ.ˈliː.tɪst	इ **लीː** टिस्ट
elk	elk	एल्क
ellipse	ɪ.ˈlɪps	इ **लिप्स**
ellipsoid	ə.ˈlɪp.sɔɪd	ə **लिप** सोइड
elliptic	ɪ.ˈlɪp.tɪk	इ **लिप** टिक
elm	elm	एल्म
elocution	ˈel.ə.ˈkjuː.ʃᵊn	**एल** ə **क्यूː** शᵊन
elocutionary	ˈɪ.lə.ˈkjuː.ʃᵊn.ᵊr.i	**इ** लə **क्यूː** शᵊन ᵊर ई
elocutionist	ˈel.ə.ˈkjuː.ʃᵊn.ɪst	**एल** ə **क्यूː** शᵊन इस्ट
elongate	ˈiː.lɒŋ.geɪt	**ईː** लɒङ गेइट
elongated	ˈiː.lɒŋ.geɪ.tɪd	**ईː** लɒङ गेइ टिड
elongation	ˈiː.lɒŋ.ˈgeɪ.ʃᵊn	**ईː** लɒङ **गेइ** शᵊन
elope	ɪ.ˈləʊp	इ **लəउप**
elopement	ɪ.ˈləʊp.mᵊnt	इ **लəउप** मᵊन्ट
eloquence	ˈel.ə.kwᵊns	**एल** ə क्वᵊन्स
eloquent	ˈel.ə.kwᵊnt	**एल** ə क्वᵊन्ट
eloquently	ˈel.ə.kwᵊnt.li	**एल** ə क्वᵊन्ट ली
else	els	एल्स
elsewhere	ˈels.ˈweə	**एल्स वेə**
elucidate	ɪ.ˈluː.sɪ.deɪt	इ **लूː** सि डेइट
elucidation	ɪ.ˈluː.sɪ.ˈdeɪ.ʃᵊn	इ **लूː** सि **डेइ** शᵊन
elude	ɪ.ˈluːd	इ **लूːड**
elusive	ɪ.ˈluː.sɪv	इ **लूː** सिव
elves	elvz	एल्व्ज़
em	em	एम
emaciated	ɪ.ˈmeɪ.ʃɪ.eɪ.tɪd	इ **मेइ** शि एइ टिड
e-mail	ˈiː.meɪl	**ईː** मेइल
emanate	ˈem.ə.neɪt	**एम** ə नेइट
emancipate	ɪ.ˈmæn.sɪ.peɪt	इ **मæन** सि पेइट
emancipated	ɪ.ˈmæn.sɪ.peɪ.tɪd	इ **मæन** सि पेइ टिड
emancipation	ɪ.ˈmæn.sɪ.ˈpeɪ.ʃᵊn	इ **मæन** सि **पेइ** शᵊन
emasculate (adj)	ɪ.ˈmæs.kjə.lɪt	इ **मæस** क्यə लिट
emasculate (v)	ɪ.ˈmæs.kjə.leɪt	इ **मæस** क्यə लेइट
emasculation	ɪ.ˈmæs.kjə.ˈleɪ.ʃᵊn	इ **मæस** क्यə **लेइ** शᵊन
embalm	ɪm.ˈbɑːm	इम **बाːम**
embank	ɪm.ˈbæŋk	इम **बæङ्क**
embankment	ɪm.ˈbæŋk.mᵊnt	इम **बæङ्क** मᵊन्ट
embargo	ɪm.ˈbɑː.gəʊ	इम **बाː** गəउ
embark	ɪm.ˈbɑːk	इम **बाːक**
embarrass	ɪm.ˈbær.əs	इम **बæर** əस
embarrassed	ɪm.ˈbær.əst	इम **बæर** əस्ट
embarrassing	ɪm.ˈbær.ə.sɪŋ	इम **बæर** ə सिङ
embarrassingly	ɪm.ˈbær.ə.sɪŋ.li	इम **बæर** ə सिङ ली
embarrassment	ɪm.ˈbær.əs.mᵊnt	इम **बæर** əस मᵊन्ट
embassy	ˈem.bə.si	**एम** बə सी
embattle	em.ˈbæt.ᵊl	एम **बæट** ᵊल
embattled	ɪm.ˈbæt.ᵊld	इम **बæट** ᵊल्ड
embed	ɪm.ˈbed	इम **बेड**
embedded system	ɪm.ˈbed.ɪd.ˈsɪs.təm	इम **बेड** इड **सिस** टəम
embellish	ɪm.ˈbel.ɪʃ	इम **बेल** इश
embellishment	ɪm.ˈbel.ɪʃ.mᵊnt	इम **बेल** इश मᵊन्ट
ember	ˈem.bə	**एम** बə
embezzle	ɪm.ˈbez.ᵊl	इम **बेज़** ᵊल
embezzlement	ɪm.ˈbez.ᵊl.mᵊnt.	इम **बेज़** ᵊल मᵊन्ट
embezzler	ɪm.ˈbez.lə	इम **बेज़** लə
embitter	ɪm.ˈbɪt.ə	इम **बिट** ə
embittered	ɪm.ˈbɪt.əd	इम **बिट** əड

emblazon	ɪm.ˈbleɪ.zᵊn	इम **ब्लेइ** ज़ᵊन
emblem	ˈem.bləm	**एम** ब्लəम
embodiment	ɪm.ˈbɒd.ɪ.mᵊnt	इम **बɒड** इ मᵊन्ट
embody	ɪm.ˈbɒd.i	इम **बɒड** ई
embolden	ɪm.ˈbəʊl.dᵊn	इम **बəउल** डᵊन
emboss	ɪm.ˈbɒs	इम **बɒस**
embossed	ɪm.ˈbɒst	इम **बɒस्ट**
embowel	ɪm.ˈbaʊ.əl	इम **बाउ** əल
embrace	ɪm.ˈbreɪs	इम **ब्रेइस**
embroider	ɪm.ˈbrɔɪ.də	इम **ब्रोइ** डə
embroidery	ɪm.ˈbrɔɪ.dᵊr.i	इम **ब्रोइ** डᵊर ई
embroil	ɪm.ˈbrɔɪl	इम **ब्रोइल**
embryo	ˈem.brɪ.əʊ	**एम** ब्रि əउ
embryonic	ˈem.brɪ.ˈɒn.ɪk	**एम** ब्रि **ɒन** इक
emcee	em.ˈsiː	एम **सी**ː
emerald	ˈem.ə.rəld	**एम** ə रəल्ड
emerge	ɪ.ˈmɜːdʒ	इ **मɜːज**
emergence	ɪ.ˈmɜː.dʒᵊns	इ **मɜː** जᵊन्स
emergency	ɪ.ˈmɜː.dʒən.si	इ **मɜː** जəन सी
emergency brake	ɪ.ˈmɜː.dʒən.si.breɪk	इ **मɜː** जəन सी ब्रेइक
emergency room	ɪ.ˈmɜː.dʒən.si.ˈruːm	इ **मɜː** जəन सी **रूːम**
emergent	ɪ.ˈmɜː.dʒᵊnt	इ **मɜː** जᵊन्ट
emeritus	ɪ.ˈmer.ɪ.təs	इ **मेर** इ टəस
emery board	ˈem.ə.ri.ˈbɔːd	**एम** ə री **बोːड**
emery paper	ˈem.ə.ri.ˈpeɪ.pə	**एम** ə री **पेइ** पə
emigrant	ˈem.ɪ.grᵊnt	**एम** इ ग्रᵊन्ट
emigrate	ˈem.ɪ.greɪt	**एम** इ ग्रेइट
emigration	ˈem.ɪ.ˈgreɪ.ʃᵊn	**एम** इ **ग्रेइ** शᵊन
eminence	ˈem.ɪ.nᵊns	**एम** इ नᵊन्स
eminent	ˈem.ɪ.nᵊnt	**एम** इ नᵊन्ट
eminently	ˈem.ɪ.nᵊnt.li	**एम** इ नᵊन्ट ली
emir	e.ˈmɪə	ए **मिə**
emirate	ˈem.ər.ət	**एम** əर əट
emissary	ˈem.ɪ.sᵊr.i	**एम** इ सᵊर ई
emission	ɪ.ˈmɪʃ.ᵊn	इ **मिश** ᵊन
emit	ɪ.ˈmɪt	इ **मिट**
emolument	ɪ.ˈmɒl.jə.mᵊnt	इ **मɒल** ग़ə मᵊन्ट
emoticon	ɪ.ˈməʊ.tɪ.kɒn	इ **मəउ** टि कɒन
emotion	ɪ.ˈməʊ.ʃᵊn	इ **मəउ** शᵊन

emotional	ɪ.ˈməʊ.ʃᵊn.ᵊl	इ **मəउ** शᵊन ᵊल
emotionally	ɪ.ˈməʊ.ʃᵊn.ᵊl.i	इ **मəउ** शᵊन ᵊल ई
emotive	ɪ.ˈməʊ.tɪv	इ **मəउ** टिव
empathetic	ˈem.pə.ˈθet.ɪk	**एम** पə **थेट** इक
empathic	ˈem.ˈpæθ.ɪk	**एम** **पæथ** इक
empathise	ˈem.pə.θaɪz	**एम** पə थाइज़
empathy	ˈem.pə.θi	**एम** पə थी
emperor	ˈem.pᵊr.ə	**एम** पᵊर ə
emphasis	ˈem.fə.sɪs	**एम** फ़ə सिस
emphasise	ˈem.fə.saɪz	**एम** फ़ə साइज़
emphatic	ɪm.ˈfæt.ɪk	इम **फ़æट** इक
emphatically	ɪm.ˈfæt.ɪ.kᵊl.i	इम **फ़æट** इ कᵊल ई
emphysema	ˈem.fɪ.ˈsiː.mə	**एम** फ़ि **सी**ː मə
empire	ˈem.paɪ.ə	**एम** पाइ ə
empirical	ɪm.ˈpɪr.ɪ.kᵊl	इम **पिर** इ कᵊल
employ	ɪm.ˈplɔɪ	इम **प्लोइ**
employee	ˈem.ˈplɔɪ.iː	**एम** **प्लोइ** ईː
employer	ɪm.ˈplɔɪ.ə	इम **प्लोइ** ə
employment	ɪm.ˈplɔɪ.mᵊnt	इम **प्लोइ** मᵊन्ट
employment agency	ɪm.ˈplɔɪ.mᵊnt.ˈeɪ.dʒᵊn.si	इम **प्लोइ** मᵊन्ट **एइ** जᵊन सी
emporium	ɪm.ˈpɔː.ri.əm	इम **पो**ː री əम
empower	ɪm.ˈpaʊ.ə	इम **पाउ** ə
empowerment	ɪm.ˈpaʊ.ə.mᵊnt	इम **पाउ** ə मᵊन्ट
empress	ˈem.prɪs	**एम** प्रिस
emptiness	ˈemp.tɪ.nəs	**एम्प** टि नəस
empty	ˈemp.ti	**एम्प** टी
empty-handed	ˈemp.tɪ.ˈhæn.dɪd	**एम्प** टि **हæन** डिड
emu	ˈiː.mjuː	**ई**ː म्यूː
emulate	ˈem.jə.leɪt	**एम** ग़ə लेइट
en masse	ən.ˈmæs	əन **मæस**
en route	ˈən. ruːt	**əन** रूːट
enable	ɪ.ˈneɪ.bᵊl	इ **नेइ** बᵊल
enact	ɪ.ˈnækt	इ **नæक्ट**
enamel	ɪ.ˈnæm.ᵊl	इ **नæम** ᵊल
enamour	ɪ.ˈnæm.ə	इ **नæम** ə
enamoured	ɪ.ˈnæm.əd	इ **नæम** əड
encamp	ɪn.ˈkæmp	इन **कæम्प**
encapsulate	ɪn.ˈkæp.sjə.leɪt	इन **कæप** स्ग़ə

English Pronunciation Dictionary 101

		लेइट
encapsulation	ɪn.ˈkæp.sjə.ˈleɪ.ʃᵊn	इन कæप स्गə लेइ शᵊन
encase	ɪn.ˈkeɪs	इन केइस
encephalitis	ˈen.kef.ə.ˈlaɪ.tɪs	एन केफ़ ə लाइ टिस
enchant	ɪn.ˈtʃɑːnt	इन चाːन्ट
enchanted	ɪn.ˈtʃɑːn.tɪd	इन चाːन टिड
enchanting	ɪn.ˈtʃɑːn.tɪŋ	इन चाːन टिङ
enchilada	ˈen.tʃɪ.ˈlɑː.də	एन चि लाː डə
encircle	ɪn.ˈsɜː.kᵊl	इन सɜː कᵊल
enclasp	ɪn.ˈklɑːsp	इन क्लाːस्प
enclave	ˈen.kleɪv	एन क्लेइव
enclose	ɪn.ˈkləʊz	इन क्लəउज़
enclosure	ɪn.ˈkləʊ.ʒə	इन क्लəउ ज़ə
encode	ɪn.ˈkəʊd	इन कəउड
encompass	ɪn.ˈkʌm.pəs	इन कʌम पəस
encore	ˈɒŋ.kɔː	ɒङ कोː
encounter	ɪn.ˈkaʊn.tə	इन काउन टə
encourage	ɪn.ˈkʌr.ɪdʒ	इन कʌर इज
encouragement	ɪn.ˈkʌr.ɪdʒ.mᵊnt	इन कʌर इज मᵊन्ट
encouraging	ɪn.ˈkʌr.ɪdʒ.ɪŋ	इन कʌर इज इङ
encroach	ɪn.ˈkrəʊtʃ	इन क्रəउच
encrust	ɪn.ˈkrʌst	इन क्रʌस्ट
encrypt	ɪn.ˈkrɪpt	इन क्रिप्ट
encryption	ɪn.ˈkrɪp.ʃᵊn	इन क्रिप शᵊन
encumber	ɪn.ˈkʌm.bə	इन कʌम बə
encumbrance	ɪn.ˈkʌm.brᵊns	इन कʌम ब्रᵊन्स
encyclopedia	ɪn.ˈsaɪ.klə.ˈpiː.di.ə	इन साइ क्लə पीː डी ə
end	end	एन्ड
end user	ˈend.ˈjuː.zə	एन्ड यूː ज़ə
end zone	ˈend. ˈzəʊn	एन्ड ज़əउन
endanger	ɪn.ˈdeɪn.dʒə	इन डेइन जə
endangered	ɪn.ˈdeɪn.dʒəd	इन डेइन जəड
endangered species	ɪn.ˈdeɪn.dʒəd.ˈspiː.ʃiːz	इन डेइन जəड स्पीː शीːज़
endear	ɪn.ˈdɪə	इन डिə
endearing	ɪn.ˈdɪə.rɪŋ	इन डिə रिङ
endearment	ɪn.ˈdɪə.mᵊnt	इन डिə मᵊन्ट
endeavour	ɪn.ˈdev.ə	इन डेव ə
endemic	en.ˈdem.ɪk	एन डेम इक

endgame	ˈend.geɪm	एन्ड गेइम
ending	ˈen.dɪŋ	एन डिङ
endive	ˈen.daɪv	एन डाइव
endless	ˈend.ləs	एन्ड लəस
endlessly	ˈend.ləs.li	एन्ड लəस ली
endnote	ˈend.nəʊt	एन्ड नəउट
endorse	ɪn.ˈdɔːs	इन डोːस
endorsee	ɪn.ˈdɔː.si	इन डोː सी
endorsement	ɪn.ˈdɔːs.mᵊnt	इन डोःस मᵊन्ट
endoscope	ˈen.də.ˈskəʊp	एन डə स्कəउप
endoscopy	en.ˈdɒs.kə.pi	एन डɒस कə पी
endow	ɪn.ˈdaʊ	इन डाउ
endowment	ɪn.ˈdaʊ.mᵊnt	इन डाउ मᵊन्ट
endpoint	ˈend.pɔɪnt	एन्ड पोइन्ट
endurable	ɪn.ˈdjʊə.rə.bᵊl	इन ड्युə रə बᵊल
endurance	ɪn.ˈdjʊə.rᵊns	इन ड्युə रᵊन्स
endure	ɪn.ˈdjʊə	इन ड्युə
enduring	ɪn.ˈdjʊə.rɪŋ	इन ड्युə रिङ
enema	ˈen.ə.mə	एन ə मə
enemy	ˈen.ə.mi	एन ə मी
energetic	ˈen.ə.ˈdʒet.ɪk	एन ə जेट इक
energetically	ˈen.ə.ˈdʒet.ɪ.kᵊl.i	एन ə जेट इ कᵊल ई
energise	ˈen.ə.ˈdʒaɪz	एन ə जाइज़
energy	ˈen.ə.dʒi	एन ə जी
enervate	ˈen.ə.veɪt	एन ə वेइट
enfold	ɪn.ˈfəʊld	इन फ़əउल्ड
enforce	ɪn.ˈfɔːs	इन फ़ोːस
enforceable	ɪn.ˈfɔː.sə.bᵊl	इन फ़ोː सə बᵊल
enforcement	ɪn.ˈfɔːs.mᵊnt	इन फ़ोːस मᵊन्ट
enfranchise	ɪn.ˈfræn.tʃaɪz	इन फ़्रæन चाइज़
engage	ɪn.ˈgeɪdʒ	इन गेइज
engagement	ɪn.ˈgeɪdʒ.mᵊnt	इन गेइज मᵊन्ट
engagement ring	ɪn.ˈgeɪdʒ.mᵊnt.ˈrɪŋ	इन गेइज मᵊन्ट रिङ
engaging	ɪn.ˈgeɪdʒ.ɪŋ	इन गेइज इङ
engender	ɪn.ˈdʒen.də	इन जेन डə
engine	ˈen.dʒɪn	एन जिन
engineer	ˈen.dʒɪ.ˈnɪə	एन जि निə
engineering	ˈen.dʒɪ.ˈnɪə.rɪŋ	एन जि निə रिङ
English	ˈɪŋ.glɪʃ	इङ ग्लिश
engorge	ɪn.ˈgɔː.dʒ	इन गोːज
engrave	ɪn.ˈgreɪv	इन ग्रेइव

engraving	ɪn.ˈgreɪ.vɪŋ	इन ग्रेइ विङ
engross	ɪn.ˈgrəʊs	इन ग्रəउस
engrossed	ɪn.ˈgrəʊst	इन ग्रəउस्ट
engrossing	ɪn.ˈgrəʊs.ɪŋ	इन ग्रəउस इङ
engulf	ɪn.ˈgʌlf	इन गʌल्फ़
enhance	ɪn.ˈhɑːns	इन हाःन्स
enhancement	ɪn.ˈhɑːns.mᵊnt	इन हाःन्स म॰न्ट
enigma	ɪ.ˈnɪg.mə	इ निग मə
enigmatic	ˈen.ɪg.ˈmæt.ɪk	एन इग मæट इक
enjoin	ɪn.ˈdʒɔɪn	इन जोइन
enjoy	ɪn.ˈdʒɔɪ	इन जोइ
enjoyable	ɪn.ˈdʒɔɪ.ə.bᵊl	इन जोइ ə ब॰ल
enjoyment	ɪn.ˈdʒɔɪ.mᵊnt	इन जोइ म॰न्ट
enkindle	ɪn.ˈkɪn.dᵊl	इन किन ड॰ल
enlarge	ɪn.ˈlɑːdʒ	इन लाःज
enlargement	ɪn.ˈlɑːdʒ.mᵊnt	इन लाःज म॰न्ट
enlighten	ɪn.ˈlaɪt.ᵊn	इन लाइट ॰न
enlightened	ɪn.ˈlaɪt.ᵊnd	इन लाइट ॰न्ड
enlightening	ɪn.ˈlaɪt.ᵊn.ɪŋ	इन लाइट ॰न इङ
enlightenment	ɪn.ˈlaɪt.ᵊn.mᵊnt	इन लाइट ॰न म॰न्ट
enlist	ɪn.ˈlɪst	इन लिस्ट
enlistment	ɪn.ˈlɪst.mᵊnt	इन लिस्ट म॰न्ट
enliven	ɪn.ˈlaɪv.ᵊn	इन लाइव ॰न
enmity	ˈen.mə.ti	एन मə टी
ennoble	ɪ.ˈnəʊ.bᵊl	इ नəउ ब॰ल
ennui	ɒn.ˈwiː	ɒन वीः
enormity	ɪ.ˈnɔː.mə.ti	इ नोः मə टी
enormous	ɪ.ˈnɔː.məs	इ नोः मəस
enormously	ɪ.ˈnɔː.məs.li	इ नोः मəस ली
enough	ɪ.ˈnʌf	इ नʌफ़
enquire	ɪn.ˈkwaɪ.ə	इन क्वाइ ə
enquirer	ɪn.ˈkwaɪ.ə.rə	इन क्वाइ ə रə
enquiry	ɪn.ˈkwaɪ.ə.ri	इन क्वाइ ə री
enrage	ɪn.ˈreɪdʒ	इन रेइज
enraged	ɪn.ˈreɪdʒd	इन रेइज्ड
enrapture	ɪn.ˈræp.tʃə	इन रæप चə
enraptured	ɪn.ˈræp.tʃəd	इन रæप चəड
enrich	ɪn.ˈrɪtʃ	इन रिच
enrichment	ɪn.ˈrɪtʃ.mᵊnt	इन रिच म॰न्ट
enrobe	ɪn.ˈrəʊb	इन रəउब

enrol	ɪn.ˈrəʊl	इन रəउल
enrolment	ɪn.ˈrəʊl.mᵊnt	इन रəउल म॰न्ट
ensconce	ɪn.ˈskɒns	इन स्कɒन्स
ensemble	ɒn.ˈsɒm.bᵊl	ɒन सɒम ब॰ल
enshrine	ɪn.ˈʃraɪn	इन श्राइन
enshroud	ɪn.ˈʃraʊd	इन श्राउड
ensign	ˈen.saɪn	एन साइन
enslave	ɪn.ˈsleɪv	इन स्लेइव
ensue	ɪn.ˈsjuː	इन स्यूः
ensuing	ɪn.ˈsjuː.ɪŋ	इन स्यूः इङ
ensuite	ˈɒn.ˈswiːt	ɒन स्वीःट
ensure	ɪn.ˈʃɔːʳ	इन शोःर
entail	ɪn.ˈteɪl	इन टेइल
entangle	ɪn.ˈtæŋ.gᵊl	इन टæङ ग॰ल
entangled	ɪn.ˈtæŋ.gᵊld	इन टæङ ग॰ल्ड
entanglement	ɪn.ˈtæŋg.ᵊl.mᵊnt	इन टæङ्ग ॰ल म॰न्ट
enter	ˈen.tə	एन टə
enterprise	ˈen.tə.praɪz	एन टə प्राइज़
enterprising	ˈen.tə.praɪ.zɪŋ	एन टə प्राइ ज़िङ
entertain	ˈen.tə.ˈteɪn	एन टə टेइन
entertainer	ˈen.tə.ˈteɪn.ə	एन टə टेइन ə
entertaining	ˈen.tə.ˈteɪn.ɪŋ	एन टə टेइन इङ
entertainment	ˈen.tə.ˈteɪn.mᵊnt	एन टə टेइन म॰न्ट
enthral	ɪn.ˈθrɔːl	इन थ्रोःल
enthralling	ɪn.ˈθrɔːl.ɪŋ	इन थ्रोःल इङ
enthrone	ɪn.ˈθrəʊn	इन थ्रəउन
enthuse	ɪn.ˈθjuːz	इन थ्यूःज़
enthusiasm	ɪn.ˈθjuː.zɪ.æz.ᵊm	इन थ्यूः ज़ि æज़ ॰म
enthusiast	ɪn.ˈθjuː.zɪ.æst	इन थ्यूः ज़ि æस्ट
enthusiastic	ɪn.ˈθjuː.zɪ.ˈæs.tɪk	इन थ्यूः ज़ि æस टिक
enthusiastically	ɪn.ˈθjuː.zɪ.ˈæs.tɪ.kᵊl.i	इन थ्यूः ज़ि æस टि क॰ल ई
entice	ɪn.ˈtaɪs	इन टाइस
enticement	ɪn.ˈtaɪs.mᵊnt	इन टाइस म॰न्ट
enticing	ɪn.ˈtaɪs.ɪŋ	इन टाइस इङ
entire	ɪn.ˈtaɪ.ə	इन टाइ ə
entirely	ɪn.ˈtaɪ.ə.li	इन टाइ ə ली
entirety	ɪn.ˈtaɪ.ᵊr.ə.ti	इन टाइ ॰र ə टी

entitle	ɪn.ˈtaɪt.ᵊl	इन **टाइट** ᵊल
entitled	ɪn.ˈtaɪt.ᵊld	इन **टाइट** ᵊल्ड
entitlement	ɪn.ˈtaɪtᵊl.mᵊnt	इन **टाइटᵊल** मᵊन्ट
entity	ˈen.tɪ.ti	**एन** टि टी
entomological	ˈen.tə.mə.ˈlɒdʒ.ɪ.kᵊl	**एन** टə मə **लɒज** इ कᵊल
entomologist	ˈen.tə.ˈmɒl.ə.dʒɪst	**एन** टə **मɒल** ə जिस्ट
entomology	ˈen.tə.ˈmɒl.ə.dʒi	**एन** टə **मɒल** ə जी
entourage	ˈɒn.tu.ˈrɑːʒ	**ɒन** टू **राːज़**
entrails	ˈen.treɪlz	**एन** ट्रेइल्ज़
entrance (n)	ˈen.trᵊns	**एन** ट्रᵊन्स
entrance (v)	ɪn.ˈtræns	इन **ट्रæन्स**
entrance exam	ˈen.trᵊns.ig.ˈzæm	**एन** ट्रᵊन्स ईग **ज़æम**
entrance fee	ˈen.trᵊns.ˈfiː	**एन** ट्रᵊन्स **फ़ीː**
entrance ramp	ˈen.trᵊns.ˈræmp	**एन** ट्रᵊन्स **रæम्प**
entrant	ˈen.trᵊnt	**एन** ट्रᵊन्ट
entrap	ɪn.ˈtræp	इन **ट्रæप**
entrapment	ɪn.ˈtræp.mᵊnt	इन **ट्रæप** मᵊन्ट
entreat	ɪn.ˈtriːt	इन **ट्रीːट**
entreaty	ɪn.ˈtriː.ti	इन **ट्रीː** टी
entrée	ˈɒn.treɪ	**ɒन** ट्रेइ
entrench	ɪn.ˈtrentʃ	इन **ट्रेन्च**
entrepreneur	ˈɒn.trə.prə.ˈnɜː	**ɒन** ट्रə प्रə **नɜː**
entrepreneurial	ˈɒn.trə.prə.ˈnɜː.ri.əl	**ɒन** ट्रə प्रə **नɜː** री əल
entrepreneurship	ˈɒn.trə.prə.ˈnɜː.ʃɪp	**ɒन** ट्रə प्रə **नɜː** शिप
entrust	ɪn.ˈtrʌst	इन **ट्रʌस्ट**
entry	ˈen.tri	**एन** ट्री
entry barrier	ˈen.tri.ˈbær.i.ə	**एन** ट्री **बæर** ई ə
entry fee	ˈen.tri.ˈfiː	**एन** ट्री **फ़ीː**
entry-level	ˈen.tri.ˈlev.ᵊl	**एन** ट्री **लेव** ᵊल
entryway	ˈen.tri.weɪ	**एन** ट्री वेइ
entwine	ɪn.ˈtwaɪn	इन **ट्वाइन**
enumerable	ɪ.ˈnjuː.mᵊr.ə.bᵊl	इ **न्यूː** मᵊर ə बᵊल
enumerate	ɪ.ˈnjuː.mᵊr.eɪt	इ **न्यूː** मᵊर एइट
enumeration	ɪ.ˈnjuː.mə.ˈreɪ.ʃᵊn	इ **न्यूː** मə **रेइ** शᵊन
enunciate	ɪ.ˈnʌn.sɪ.eɪt	इ **नʌन** सि एइट

enunciation	ɪ.ˈnʌn.sɪ.ˈeɪ.ʃᵊn	इ **नʌन** सि **एइ** शᵊन
envelop	ɪn.ˈvel.əp	इन **वेल** əप
envelope	ˈen.və.ləʊp	**एन** वə लəउप
enviable	ˈen.vɪə.bᵊl	**एन** विə बᵊल
envious	ˈen.vi.əs	**एन** वी əस
enviously	ˈen.vi.əs.li	**एन** वी əस ली
environment	ɪn.ˈvaɪ.ə.rᵊn.mᵊnt	इन **वाइ** ə रᵊन मᵊन्ट
environmental	ɪn.ˈvaɪ.ə.rᵊn.ˈmen.tᵊl	इन **वाइ** ə रᵊन **मेन** टᵊल
environmentalist	ɪn.ˈvaɪ.ə.rᵊn.ˈmen.tᵊl.ɪst	इन **वाइ** ə रᵊन **मेन** टᵊल इस्ट
environmentally	ɪn.ˈvaɪ.ə.rᵊn.ˈmen.tᵊl.i	इन **वाइ** ə रᵊन **मेन** टᵊल ई
environs	ɪn.ˈvaɪ.ə.rənz	इन **वाइ** ə रəन्ज़
envisage	ɪn.ˈvɪz.ɪdʒ	इन **विज़** इज
envision	ɪn.ˈvɪʒ.ᵊn	इन **विज़** ᵊन
envoy	ˈen.vɔɪ	**एन** वोइ
envy	ˈen.vi	**एन** वी
enwrap	ɪn.ˈræp	इन **रæप**
enzyme	ˈen.zaɪm	**एन** ज़ाइम
ephemeral	ɪ.ˈfem.ᵊr.ᵊl	इ **फ़ेम** ᵊर ᵊल
epic	ˈep.ɪk	**एप** इक
epicentre	ˈep.ɪ.sen.tə	**एप** इ सेन टə
epicure	ˈep.ɪ.kjʊə	**एप** इ क्युə
epidemic	ˈep.ɪ.ˈdem.ɪk	**एप** इ **डेम** इक
epigram	ˈep.ɪ.græm	**एप** इ ग्रæम
epilepsy	ˈep.ɪ.lep.si	**एप** इ लेप सी
epileptic	ˈep.ɪ.ˈlep.tɪk	**एप** इ **लेप** टिक
epilogue	ˈep.ɪ.lɒg	**एप** इ लɒग
episode	ˈep.ɪ.səʊd	**एप** इ सəउड
episodic	ˈep.ɪ.ˈsɒd.ɪk	**एप** इ **सɒड** इक
epistle	ɪ.ˈpɪs.ᵊl	इ **पिस** ᵊल
epitaph	ˈep.ɪ.tɑːf	**एप** इ टाːफ़
epithet	ˈep.ɪ.θet	**एप** इ थेट
epitome	ɪ.ˈpɪt.ə.mi	इ **पिट** ə मी
epitomise	ɪ.ˈpɪt.ə.maɪz	इ **पिट** ə माइज़
epoch	ˈiː.pɒk	**ईː** पɒक
equal	ˈiː.kwəl	**ईː** क्वəल
equal sign	ˈiː.kwəl.saɪn	**ईː** क्वəल साइन
equalise	ɪ.ˈkwᵊl.aɪz	इ **क्वᵊल** आइज़
equaliser	ɪ.ˈkwə.laɪ.zə	इ **क्वə** लाइ ज़ə

equality	ɪ.ˈkwɒl.ə.ti	इ **क्वɒल** ə टी
equally	ˈiː.kwə.li	**ई**: क्वə ली
equanimity	ˈek.wə.ˈnɪm.ə.ti	**एक** वə **निम** ə टी
equate	ɪ.ˈkweɪt	इ **क्वेइट**
equation	ɪ.ˈkweɪ.ʒᵊn	इ **क्वेइ** ज़ᵊन
equator	ɪ.ˈkweɪ.tə	इ **क्वेइ** टə
equatorial	ˈek.wə.ˈtɔː.ri.əl	**एक** वə **टो**: री əल
equestrian	ɪ.ˈkwes.tri.ən	इ **क्वेस** ट्री əन
equiangular	ˈik.wə.ˈæŋ.gjə.lə	**ईक** वə **æङ** ग्गə लə
equidistant	ˈiː.kwɪ.ˈdɪs.ˈtᵊnt	**ई**: क्वि **डिस टᵊन्ट**
equilateral	ˈiː.kwɪ.ˈlæt.ᵊr.ᵊl	**ई**: क्वि **लæट** ᵊर ᵊल
equilibrium	ˈiː.kwɪ.ˈlɪb.ri.əm	**ई**: क्वि **लिब** री əम
equine	ˈek.waɪn	**एक** वाइन
equinox	ˈiː.kwɪ.nɒks	**ई**: क्वि नɒक्स
equip	ɪ.ˈkwɪp	इ **क्विप**
equipment	ɪ.ˈkwɪp.mᵊnt	इ **क्विप** मᵊन्ट
equipped	ɪ.ˈkwɪpt	इ **क्विप्ट**
equitable	ˈek.wɪ.tə.bᵊl	**एक** वि टə बᵊल
equity	ˈek.wɪ.ti	**एक** वि टी
equivalence	ɪ.ˈkwɪv.ᵊl.ᵊns	इ **क्विव** ᵊल ᵊन्स
equivalent	ɪ.ˈkwɪv.ᵊl.ᵊnt	इ **क्विव** ᵊल ᵊन्ट
equivocal	ɪ.ˈkwɪv.ə.kᵊl	इ **क्विव** ə कᵊल
era	ˈɪə.rə	**इə** रə
eradicate	ɪ.ˈræd.ɪ.keɪt	इ **रæड** इ केइट
eradication	ɪ.ˈræd.ɪ.ˈkeɪ.ʃᵊn	इ **रæड** इ **केइ** शᵊन
erase	ɪ.ˈreɪz	इ **रेइज़**
eraser	ɪ.ˈreɪ.zə	इ **रेइ** ज़ə
erect	ɪ.ˈrekt	इ **रेक्ट**
erection	ɪ.ˈrek.ʃᵊn	इ **रेक** शᵊन
ergonomic	ˈɜː.gə.ˈnɒm.ɪk	ɜː गə **नɒम** इक
ergonomical	ˈɜː.gə.ˈnɒm.ɪ.kᵊl	ɜː गə **नɒम** इ कᵊल
ergonomically	ˈɜː.gə.ˈnɒm.ɪ.kᵊl.i	ɜː गə **नɒम** इ कᵊल ई
ergonomist	ˈɜː.gə.ˈnɒm.ɪst	ɜː गə **नɒम** इस्ट
erode	ɪ.ˈrəʊd	इ **रəउड**
erosion	ɪ.ˈrəʊ.ʒᵊn	इ **रəउ** ज़ᵊन
erotic	ɪ.ˈrɒt.ɪk	इ **रɒट** इक
eroticism	ɪ.ˈrɒt.ɪ.sɪ.zᵊm	इ **रɒट** इ सि ज़ᵊम
err	ɜː	ɜː
errand	ˈer.ənd	**एर** əन्ड
errant	ˈer.ᵊnt	**एर** ᵊन्ट
erratic	ɪ.ˈræt.ɪk	इ **रæट** इक
erratically	ɪ.ˈræt.ɪ.kᵊl.i	इ **रæट** इ कᵊल ई
erroneous	ɪ.ˈrəʊ.ni.əs	इ **रəउ** नी əस
erroneously	ɪ.ˈrəʊ.ni.əs.li	इ **रəउ** नी əस ली
error	ˈer.ə	**एर** ə
erstwhile	ˈɜːst.waɪl	ɜː**स्ट** वाइल
erudite	ˈer.ʊ.daɪt	**एर** उ डाइट
erudition	ˈer.ʊ.ˈdɪʃ.ᵊn	**एर** उ **डिश** ᵊन
erupt	ɪ.ˈrʌpt	इ **रʌप्ट**
eruption	ɪ.ˈrʌp.ʃᵊn	इ **रʌप** शᵊन
eruptive	ɪ.ˈrʌp.tɪv	इ **रʌप** टिव
escalate	ˈes.kə.leɪt	**एस** कə लेइट
escalation	ˈes.kə.ˈleɪ.ʃᵊn	**एस** कə **लेइ** शᵊन
escalator	ˈes.kə.leɪ.tə	**एस** कə लेइ टə
escapade	ˈes.kə.ˈpeɪd	**एस** कə **पेइड**
escape	ɪ.ˈskeɪp	इ **स्केइप**
escapee	ɪ.ˈskeɪ.ˈpiː	इ **स्केइ पी**:
escapism	ɪ.ˈskeɪ.pɪ.zᵊm	इ **स्केइ** पि ज़ᵊम
escapist	ɪ.ˈskeɪ.pɪst	इ **स्केइ** पिस्ट
escargo	ɪ.ˈskaː.gəʊ	इ **स्का**: गəउ
eschew	ɪs.ˈtʃuː	इस **चू**:
escort (n)	ˈes.kɔːt	**एस** कोːट
escort (v)	ɪ.ˈskɔːt	इ **स्कोːट**
Eskimo	ˈes.kɪ.məʊ	**एस** कि मəउ
ESL	ˈiː.ˈes.ˈel	**ई**: **एस एल**
esophagus	iː.ˈsɒf.ə.gəs	ई: **सɒफ़** ə गəस
esoteric	ˈe.səʊ.ˈter.ɪk	**ए** सəउ **टेर** इक
ESP	ˈiː.ˈes.ˈpiː	**ई**: **एस पी**:
especially	ɪ.ˈspeʃ.ə.li	इ **स्पेश** ə ली
espionage	ˈes.pi.ə.nɑːʒ	**एस** पी ə नाːज़
esplanade	ˈes.plə.ˈneɪd	**एस** प्लə **नेइड**
espouse	ɪ.ˈspaʊz	इ **स्पाउज़**
espresso	es.ˈpres.əʊ	एस **प्रेस** əउ
essay (n)	ˈes.eɪ	**एस** एइ
essay (v)	es.ˈeɪ	एस **एइ**
essence	ˈes.ᵊns	**एस** ᵊन्स

essential	ɪ.ˈsen.ʃᵊl	इ **सेन** श्ल
essentially	ɪ.ˈsen.ʃᵊl.i	इ **सेन** श्ल ई
establish	ɪ.ˈstæb.lɪʃ	इ **स्टæब** लिश
establishment	ɪ.ˈstæb.lɪʃ.mᵊnt	इ **स्टæब** लिश मन्ट
estate	ɪ.ˈsteɪt	इ **स्टेइट**
esteem	ɪ.ˈstiːm	इ **स्टीːम**
esthetic	es.ˈθet.ɪk	एस **थेट** इक
estimable	ˈes.tɪ.mə.bᵊl	**एस** टि मə ब्ल
estimate (n)	ˈes.tɪ.mət	**एस** टि मəट
estimate (v)	ˈes.tɪ.meɪt	**एस** टि मेइट
estimated	ˈes.tɪ.meɪ.tɪd	**एस** टि मेइ टिड
estimation	ˈes.tɪ.ˈmeɪ.ʃᵊn	**एस** टि **मेइ** श्न
estranged	ɪ.ˈstreɪndʒd	इ **स्ट्रेइन्ज्ड**
estrangement	ɪ.ˈstreɪndʒ.mᵊnt	इ **स्ट्रेइन्ज** मन्ट
estrogen	ˈes.trə.dʒən	**एस** ट्रə जəन
estuary	ˈes.tʃʊ.ᵊr.i	**एस** चु र ई
et al.	et.ˈæl	एट **æल**
etc.(abb)	et.ˈset.ᵊr.ə	एट **सेट** र ə
etch	etʃ	एच
eternal	ɪ.ˈtɜː.nᵊl	इ **टɜː** न्ल
eternally	ɪ.ˈtɜː.nᵊl.i	इ **टɜː** न्ल ई
eternity	ɪ.ˈtɜː.nə.ti	इ **टɜː** नə टी
ethanol	ˈeθ.ə.nɒl	**एथ** ə नɒल
ether	ˈiː.θə	**ईː** थə
ethereal	ɪ.ˈθɪə.ri.əl	इ **थिə** री əल
ethic	ˈeθ.ɪk	**एथ** इक
ethical	ˈeθ.ɪ.kᵊl	**एथ** इ क्ल
ethically	ˈeθ.ɪ.kᵊl.i	**एथ** इ क्ल ई
ethics	ˈeθ.ɪks	**एथ** इक्स
ethnic	ˈeθ.nɪk	**एथ** निक
ethnicity	eθ.ˈnɪ.sə.ti	एथ **नि** सə टी
ethnocentric	ˈeθ.nəʊ.ˈsen.trɪk	**एथ** नəउ **सेन** ट्रिक
ethnocentricity	ˈeθ.nəʊ.ˈsen.trɪs.ə.ti	**एथ** नəउ **सेन** ट्रिस ə टी
ethnographer	eθ.ˈnɒg.rə.fə	एथ **नɒग** रə फ़ə
ethnography	eθ.ˈnɒg.rə.fi	एथ **नɒग** रə फ़ी
ethnology	eθ.ˈnɒl.ə.dʒi	एथ **नɒल** ə जी
ethyl alcohol	ˈiː.θaɪl.ˈæl.kə.hɒl	**ईː** थाइल **æल** कə हɒल
ethylene	ˈeθ.ɪ.liːn	**एथ** इ लीːन
etiquette	ˈet.ɪ.ket	**एट** इ केट

etymologist	ˈet.ɪ.ˈmɒl.ə.dʒɪst	**एट** इ **मɒल** ə जिस्ट
etymology	ˈet.ɪ.ˈmɒl.ə.dʒi	**एट** इ **मɒल** ə जी
eulogise	ˈjuː.lə.dʒaɪs	**यूː** लə जाइस
eulogist	ˈjuː.lə.dʒɪst	**यूː** लə जिस्ट
eulogy	ˈjuː.lə.dʒi	**यूː** लə जी
eunuch	ˈjuː.nək	**यूː** नəक
euphemism	ˈjuː.fə.mɪ.zᵊm	**यूː** फ़ə मि ज़्म
euphemistic	ˈjuː.fə.ˈmɪs.tɪk	**यूː** फ़ə **मिस** टिक
euphoria	juː.ˈfɔː.ri.ə	यूː **फ़ोː** री ə
euphoric	juː.ˈfɒr.ɪk	यूː **फ़ɒर** इक
eureka	jʊə.ˈriː.kə	युə **रीː** कə
Europe	ˈjʊə.rəp	**युə** रəप
European	ˈjʊə.rə.ˈpiː.ən	**युə** रə **पीː** əन
eurythmic	ˈjʊə.ˈrɪð.mɪk	**युə** **रिद** मिक
euthanasia	ˈjuː.θə.ˈneɪ.zi.ə	**यूː** थə **नेइ** ज़ी ə
evacuate	ɪ.ˈvæk.ju.eɪt	इ **वæक** यू एइट
evacuation	ɪ.ˈvæk.ju.ˈeɪ.ʃᵊn	इ **वæक** यू **एइ** श्न
evacuee	ɪ.ˈvæk.juː.ˈiː	इ **वæक** यूː **ईː**
evade	ɪ.ˈveɪd	इ **वेइड**
evaluate	ɪ.ˈvæl.ju.eɪt	इ **वæल** यू एइट
evaluation	ɪ.ˈvæl.ju.ˈeɪ.ʃᵊn	इ **वæल** यू **एइ** श्न
evangelical	ˈiː.væn.ˈdʒel.ɪ.kᵊl	**ईː** वæन **जेल** इ क्ल
evangelism	ɪ.ˈvæn.dʒə.lɪ.zᵊm	इ **वæन** जə लि ज़्म
evangelist	ɪ.ˈvæn.dʒə.lɪst	इ **वæन** जə लिस्ट
evaporate	ɪ.ˈvæp.ᵊr.eɪt	इ **वæप** र एइट
evaporated milk	ɪ.ˈvæp.ᵊr.eɪ.tɪd.ˈmɪlk	इ **वæप** र एइ टिड **मिल्क**
evaporation	ɪ.ˈvæp.ə.ˈreɪ.ʃᵊn	इ **वæप** ə **रेइ** श्न
evasion	ɪ.ˈveɪ.ʒᵊn	इ **वेइ** ज़्न
evasive	ɪ.ˈveɪ.sɪv	इ **वेइ** सिव
eve	iːv	ईːव
even	ˈiː.vᵊn	**ईː** व्न
evenhanded	ˈiː.vən.ˈhæn.dəd	**ईː** वəन **हæन** डəड
evening	ˈiːv.nɪŋ	**ईːव** निङ
evenly	ˈiː.vᵊn.li	**ईː** व्न ली

evenness	ˈiː.vᵊn.nəs	**ई**: व॰न नəस
event	ɪ.ˈvent	इ **वेन्ट**
even-tempered	iː.vən.ˈtem.pəd	ई: वəन **टेम** पəड
eventful	ɪ.ˈvent.fᵊl	इ **वेन्ट** फ़॰ल
eventual	ɪ.ˈven.tʃʊ.əl	इ **वेन** चु əल
eventuality	ɪ.ˈven.tʃʊ.ˈæl.ə.ti	इ **वेन** चु **æल** ə टी
eventually	ɪ.ˈven.tʃʊ.ə.li	इ **वेन** चु ə ली
ever	ˈev.ə	**एव** ə
evergreen	ˈev.ə.griːn	**एव** ə ग्रीःन
everlasting	ˈev.ə.ˈlɑːs.tɪŋ	**एव** ə **लाःस** टिङ
evermore	ˈev.ə.ˈmɔː	**एव** ə **मो**:
every	ˈev.ri	**एव** री
everybody	ˈev.rɪ.ˈbɒd.i	**एव** रि **बɒड** ई
everyday	ˈev.rɪ.deɪ	**एव** रि डेइ
everyone	ˈev.rɪ.wʌn	**एव** रि वʌन
everyplace	ˈev.rɪ.pleɪs	**एव** रि प्लेइस
everything	ˈev.rɪ.θɪŋ	**एव** रि थिङ
everywhere	ˈev.rɪ.weə	**एव** रि वेə
evict	ɪ.ˈvɪkt	इ **विक्ट**
eviction	ɪ.ˈvɪk.ʃᵊn	इ **विक** श॰न
evidence	ˈev.ɪ.dᵊns	**एव** इ ड॰न्स
evident	ˈev.ɪ.dᵊnt	**एव** इ ड॰न्ट
evidential	ˈev.ɪ.ˈden.ʃᵊl	**एव** इ **डेन** श॰ल
evidentiary	ˈev.ɪ.ˈden.ʃᵊr.i	**एव** इ **डेन** श॰र ई
evidently	ˈev.ɪ.dᵊnt.li	**एव** इ ड॰न्ट ली
evil	ˈiː.vᵊl	**ई**: व॰ल
evildoer	ˈiː.vᵊl.ˈduː.ə	**ई**: व॰ल **डूः** ə
evilminded	ˈiː.vᵊl.ˈmaɪn.dɪd	**ई**: व॰ल **माइन** डिड
evocative	ɪ.ˈvɒk.ə.tɪv	इ **वɒक** ə टिव
evoke	ɪ.ˈvəʊk	इ **वəउक**
evolution	ˈiː.və.ˈluː.ʃᵊn	**ई**: वə **लूः** श॰न
evolutionary	ˈiː.və.ˈluː.ʃᵊn.ᵊr.i	**ई**: वə **लूः** श॰न ॰र ई
evolve	ɪ.ˈvɒlv	इ **वɒल्व**
ewe	juː	यूः
ex	eks	एक्स
ex gratia	eks.ˈgreɪ.ʃə	एक्स **ग्रेइ** शə
exacerbate	ɪg.ˈzæs.ə.beɪt	इग **ज़æस** ə बेइट
exacerbation	ɪg.ˈzæs.ə.ˈbeɪ.ʃᵊn	इग **ज़æस** ə **बेइ** श॰न
exact	ɪg.ˈzækt	इग **ज़æक्ट**
exacting	ɪg.ˈzæk.tɪŋ	इग **ज़æक** टिङ
exactitude	ɪg.ˈzæk.tɪ.tjuːd	इग **ज़æक** टि ट्यूःड
exactly	ɪg.ˈzækt.li	इग **ज़æक्ट** ली
exaggerate	ɪg.ˈzædʒ.ᵊr.eɪt	इग **ज़æज** ॰र एइट
exaggerated	ɪg.ˈzædʒ.ᵊr.eɪ.tɪd	इग **ज़æज** ॰र एइ टिड
exaggeration	ɪg.ˈzædʒ.ə.ˈreɪ.ʃᵊn	इग **ज़æज** ə **रेइ** श॰न
exalt	ɪg.ˈzɔːlt	इग **ज़ोःल्ट**
exaltation	ˈeg.zɔːl.ˈteɪ.ʃᵊn	**एग** ज़ोःल **टेइ** श॰न
exam	ɪg.ˈzæm	इग **ज़æम**
examination	ɪg.ˈzæm.ɪ.ˈneɪ.ʃᵊn	इग **ज़æम** इ **नेइ** श॰न
examine	ɪg.ˈzæm.ɪn	इग **ज़æम** इन
examinee	ɪg.ˈzæm.ɪ.ˈniː	इग **ज़æम** इ **नीः**
examiner	ɪg.ˈzæm.ɪ.nə	इग **ज़æम** इ नə
example	ɪg.ˈzɑː.m.pᵊl	इग **ज़ाःम** प॰ल
exasperate	ɪg.ˈzæs.pᵊr.eɪt	इग **ज़æस** प॰र एइट
exasperated	ɪg.ˈzæs.pᵊr.eɪ.tɪd	इग **ज़æस** प॰र एइ टिड
exasperating	ɪg.ˈzæs.pᵊr.eɪ.tɪŋ	इग **ज़æस** प॰र एइ टिङ
exasperation	ɪg.ˈzæs.pə.ˈreɪ.ʃᵊn	इग **ज़æस** पə **रेइ** श॰न
excavate	ˈek.skə.veɪt	**एक** स्कə वेइट
excavation	ˈek.skə.ˈveɪ.ʃᵊn	**एक** स्कə **वेइ** श॰न
exceed	ɪk.ˈsiːd	इक **सीःड**
exceeding	ɪk.ˈsiː.dɪŋ	इक **सीः** डिङ
exceedingly	ɪk.ˈsiː.dɪŋ.li	इक **सीः** डिङ ली
excel	ɪk.ˈsel	इक **सेल**
excellence	ˈek.sᵊl.ᵊns	**एक** स॰ल ॰न्स
excellency	ˈek.sᵊl.ᵊn.si	**एक** स॰ल ॰न सी
excellent	ˈek.sᵊl.ᵊnt	**एक** स॰ल ॰न्ट
except	ɪk.ˈsept	इक **सेप्ट**
exception	ɪk.ˈsep.ʃᵊn	इक **सेप** श॰न
exceptional	ɪk.ˈsep.ʃᵊn.ᵊl	इक **सेप** श॰न ॰ल

exceptionally	ɪk.ˈsep.ʃᵊn.ə.li	इक **सेप** श॰न ə ली
excerpt	ˈek.sɜːpt	**एक** सɜːप्ट
excess	ɪk.ˈses	इक **सेस**
excesses	ɪk.ˈses.ɪz	इक **सेस** इज़
excessive	ɪk.ˈses.ɪv	इक **सेस** इव
excessively	ɪk.ˈses.ɪv.li	इक **सेस** इव ली
exchange	ɪks.ˈtʃeɪndʒ	इक्स **चेइन्ज**
exchange rate	ɪks.ˈtʃeɪndʒ.ˈreɪt	इक्स **चेइन्ज रेइट**
exchequer	ɪks.ˈtʃek.ə	इक्स **चेक** ə
excise (n)	ˈek.saɪz	**एक** साइज़
excise (v)	ek.ˈsaɪz	एक **साइज़**
excision	ɪk.ˈsɪʒ.ᵊn	इक **सिज़** ॰न
excitable	ɪk.ˈsaɪ.tə.bᵊl	इक **साइ** टə ब॰ल
excite	ɪk.ˈsaɪt	इक **साइट**
excited	ɪk.ˈsaɪ.tɪd	इक **साइ** टिड
excitedly	ɪk.ˈsaɪ.tɪd.li	इक **साइ** टिड ली
excitement	ɪk.ˈsaɪt.mᵊnt	इक **साइट** म॰न्ट
exciting	ɪk.ˈsaɪ.tɪŋ	इक **साइ** टिङ
exclaim	ɪks.ˈkleɪm	इक्स **क्लेइम**
exclamation	ˈeks.klə.ˈmeɪ.ʃᵊn	**एक्स** क्लə **मेइ** श॰न
exclamation mark	ˈeks.klə.ˈmeɪ.ʃᵊn.ˈmɑːk	**एक्स** क्लə **मेइ** श॰न **माːक**
exclamatory	ɪks.ˈklæm.ə.tᵊr.i	इक्स **क्लæम** ə ट॰र ई
exclude	ɪks.ˈkluːd	इक्स **क्लूːड**
exclusion	ɪks.ˈkluː.ʒᵊn	इक्स **क्लूː** ज़॰न
exclusive	ɪks.ˈkluː.sɪv	इक्स **क्लूː** सिव
exclusively	ɪks.ˈkluː.sɪv.li	इक्स **क्लूː** सिव ली
excommunicate	ˈek.skə.ˈmjuː.nɪ.keɪt	**एक** स्कə **म्यूː** नि केइट
excommunication	ˈek.skə.ˈmjuː.nɪ.ˈkeɪ.ʃᵊn	**एक** स्कə **म्यूː** नि **केइ** श॰न
excrement	ˈek.skrə.mənt	**एक** स्क्रə मəन्ट
excrete	ɪk.ˈskriːt	इक **स्क्रीːट**
excruciating	ɪk.ˈskruː.ʃɪ.eɪ.tɪŋ	इक **स्क्रूː** शि एइ टिङ
excruciatingly	ɪk.ˈskruː.ʃɪ.eɪ.tɪŋ.li	इक **स्क्रूː** शि एइ टिङ ली
excursion	ɪk.ˈskɜː.ʃᵊn	इक **स्कɜː** श॰न
excusable	ɪk.ˈskjuː.zə.bᵊl	इक **स्क्यूː** ज़ə

		ब॰ल
excuse	ɪk.ˈskjuːz	इक **स्क्यूːज़**
exec	ɪg.ˈzek	इग **ज़ेक**
execute	ˈek.sɪ.kjuːt	**एक** सि क्यूːट
execution	ˈek.sɪ.ˈkjuː.ʃᵊn	**एक** सि **क्यूː** श॰न
executioner	ˈek.sɪ.ˈkjuː.ʃᵊn.ə	**एक** सि **क्यूː** श॰न ə
executive	ɪg.ˈze.kjə.tɪv	इग **ज़े** क्यə टिव
executor	ɪg.ˈze.kjə.tə	इग **ज़े** क्यə टə
exemplary	ɪg.ˈzem.plᵊr.i	इग **ज़ेम** प्ल॰र ई
exemplify	ɪg.ˈzem.plɪ.faɪ	इग **ज़ेम** प्लि फ़ाइ
exempt	ɪg.ˈzempt	इग **ज़ेम्प्ट**
exemption	ɪg.ˈzemp.ʃᵊn	इग **ज़ेम्प** श॰न
exercise	ˈek.sə.saɪz	**एक** सə साइज़
exert	ɪg.ˈzɜːt	इग **ज़ɜːट**
exertion	ɪg.ˈzɜː.ʃᵊn	इग **ज़ɜː** श॰न
exfoliate	eks.ˈfəʊ.li.eɪt	एक्स **फ़əउ** ली एइट
exfoliation	eks.ˈfəʊ.li.ˈeɪ.ʃᵊn	एक्स **फ़əउ** ली **एइ** श॰न
exhale	eks.ˈheɪl	एक्स **हेइल**
exhaust	ɪg.ˈzɔːst	इग **ज़ोːस्ट**
exhausted	ɪg.ˈzɔːs.tɪd	इग **ज़ोːस** टिड
exhausting	ɪg.ˈzɔːs.tɪŋ	इग **ज़ोːस** टिङ
exhaustion	ɪg.ˈzɔːs.tʃən	इग **ज़ोːस** चəन
exhaustive	ɪg.ˈzɔːs.tɪv	इग **ज़ोːस** टिव
exhaustively	ɪg.ˈzɔːs.tɪv.li	इग **ज़ोːस** टिव ली
exhibit	ɪg.ˈzɪb.ɪt	इग **ज़िब** इट
exhibition	ˈek.sɪ.ˈbɪʃ.ᵊn	**एक** सि **बिश** ॰न
exhibition match	ˈek.sɪ.ˈbɪʃ.ᵊn.ˈmætʃ	**एक** सि **बिश** ॰न **मæच**
exhibitionism	ˈek.sɪ.ˈbɪʃ.ᵊn.ɪ.zᵊm	**एक** सि **बिश** ॰न इ ज़॰म
exhibitionist	ˈek.sɪ.ˈbɪʃ.ᵊn.ɪst	**एक** सि **बिश** ॰न इस्ट
exhibitor	ɪg.ˈzɪb.ɪ.tə	इग **ज़िब** इ टə
exhilarate	ɪg.ˈzɪl.ə.reɪt	इग **ज़िल** ə रेइट
exhilarating	ɪg.ˈzɪl.ə.reɪ.tɪŋ	इग **ज़िल** ə रेइ टिङ
exhilaration	ɪg.ˈzɪl.ə.ˈreɪ.ʃᵊn	इग **ज़िल** ə **रेइ** श॰न
exhort	ɪg.ˈzɔːt	इग **ज़ोːट**
exhortation	ˈek.sɔː.ˈteɪ.ʃᵊn	**एक** सोː **टेइ** श॰न

exhumation	ˈeks.juː.ˈmeɪ.ʃᵊn	**एक्स** गूः **मेइ** शॖन
exhume	eks.ˈjuːm	एक्स **गूःम**
exigency	ˈek.sɪ.dʒən.si	**एक** सि जəन सी
exile	ˈeg.zaɪl	**एग** ज़ाइल
exist	ɪg.ˈzɪst	इग **ज़िस्ट**
existence	ɪg.ˈzɪs.tᵊns	इग **ज़िस** टॖन्स
existent	ɪg.ˈzɪs.tᵊnt	इग **ज़िस** टॖन्ट
existentialism	ˈeg.zɪs.ˈten.ʃᵊl.ɪ.zᵊm	**एग** ज़िस **टेन** शॖल इ ज़ॖम
existing	ɪg.ˈzɪs.tɪŋ	इग **ज़िस** टिङ
exit	ˈeg.zɪt	**एग** ज़िट
exit poll	ˈeg.zɪt.ˈpəʊl	**एग** ज़िट **पəउल**
exit ramp	ˈeg.zɪt.ˈræmp	**एग** ज़िट **रæम्प**
exodus	ˈek.sə.dəs	**एक** सə डəस
ex-officio	ˈeks.ə.ˈfɪʃ.i.əʊ	**एक्स** ə **फ़िश** ई əउ
exonerate	ɪg.ˈzɒn.ᵊr.eɪt	इग **ज़ɒन** ॖर एइट
exoneration	ɪg.ˈzɒn.ə.ˈreɪ.ʃᵊn	इग **ज़ɒन** ə **रेइ** शॖन
exorbitant	ɪg.ˈzɔː.bɪt.ᵊnt	इग **ज़ोः** बिट ॖन्ट
exorcise	ˈek.sɔː.ˈsaɪz	**एक** सोः **साइज़**
exorcism	ˈek.sɔː.sɪ.zᵊm	**एक** सोः सि ज़ॖम
exorcist	ˈek.sɔː.sɪst	**एक** सोः सिस्ट
exotic	ɪg.ˈzɒt.ɪk	इग **ज़ɒट** इक
expand	ɪk.ˈspænd	इक **स्पæन्ड**
expanded	ɪk.ˈspæn.dɪd	इक **स्पæन** डिड
expanse	ɪk.ˈspæns	इक **स्पæन्स**
expansion	ɪk.ˈspæn.ʃᵊn	इक **स्पæन** शॖन
expansionist	ɪk.ˈspæn.ʃᵊn.ɪ.zᵊm	इक **स्पæन** शॖन इ ज़ॖम
expansive	ɪk.ˈspæn.sɪv	इक **स्पæन** सिव
expatriate	ek.ˈspæt.ri.eɪt	एक **स्पæट** री एइट
expect	ɪk.ˈspekt	इक **स्पेक्ट**
expectancy	ɪk.ˈspek.tᵊn.si	इक **स्पेक** टॖन सी
expectant	ɪk.ˈspek.tᵊnt	इक **स्पेक** टॖन्ट
expectantly	ɪk.ˈspek.tᵊnt.li	इक **स्पेक** टॖन्ट ली
expectation	ˈek.spek.ˈteɪ.ʃᵊn	**एक** स्पेक **टेइ** शॖन
expedience	ɪk.ˈspiː.dɪ.ᵊns	इक **स्पीः** डि ॖन्स
expediency	ɪk.ˈspiː.dɪ.ən.si	इक **स्पीः** डि əन सी
expedient	ɪk.ˈspiː.dɪ.ᵊnt	इक **स्पीः** डि ॖन्ट
expedite	ˈek.spɪ.daɪt	**एक** स्पि डाइट
expedition	ˈek.spɪ.ˈdɪʃ.ᵊn	**एक** स्पि **डिश** ॖन
expel	ɪk.ˈspel	इक **स्पेल**
expend	ɪk.ˈspend	इक **स्पेन्ड**
expendable	ɪk.ˈspen.də.bᵊl	इक **स्पेन** डə बॖल
expenditure	ɪk.ˈspen.dɪ.tʃə	इक **स्पेन** डि चə
expense	ɪk.ˈspens	इक **स्पेन्स**
expense account	ɪk.ˈspens.ə.ˈkaʊnt	इक **स्पेन्स** ə **काउन्ट**
expenses	ɪk.ˈspen.sɪz	इक **स्पेन** सिज़
expensive	ɪk.ˈspen.sɪv	इक **स्पेन** सिव
expensively	ɪk.ˈspen.sɪv.li	इक **स्पेन** सिव ली
experience	ɪk.ˈspɪə.ri.ᵊns	इक **स्पिə** री ॖन्स
experiential	ɪk.ˈspɪə.ri.ˈen.ʃᵊl	इक **स्पिə** री **एन** शॖल
experiment	ɪk.ˈsper.ɪ.mᵊnt	इक **स्पेर** इ मॖन्ट
experimental	ɪk.ˈsper.ɪ.ˈmen.tᵊl	इक **स्पेर** इ **मेन** टॖल
experimentally	ɪk.ˈsper.ɪ.ˈmen.tᵊl.i	इक **स्पेर** इ **मेन** टॖल ई
experimentation	ɪk.ˈsper.ɪ.men.ˈteɪ.ʃᵊn	इक **स्पेर** इ मेन **टेइ** शॖन
expert	ˈek.spɜːt	**एक** स्पɜːट
expertise	ˈek.spɜː.ˈtiːz	**एक** स्पɜः **टीःज़**
expertly	ˈek.spɜːt.li	**एक** स्पɜःट ली
expiration	ˈek.spə.ˈreɪ.ʃᵊn	**एक** स्पə **रेइ** शॖन
expiration date	ˈek.spə.ˈreɪ.ʃᵊn.ˈdeɪt	**एक** स्पə **रेइ** शॖन **डेइट**
expire	ɪk.ˈspaɪ.ə	इक **स्पाइ** ə
expiry	ɪk.ˈspaɪ.ə.ri	इक **स्पाइ** ə री
explain	ɪk.ˈspleɪn	इक **स्प्लेइन**
explanation	ˈek.splə.ˈneɪ.ʃᵊn	**एक** स्प्लə **नेइ** शॖन
explanatory	ɪk.ˈsplæn.ə.tᵊr.i	इक **स्प्लæन** ə टॖर ई
expletive	ɪk.ˈspliː.tɪv	इक **स्प्लीः** टिव
explicable	ek.ˈsplɪk.ə.bᵊl	एक **स्प्लिक** ə बॖल
explicate	ˈek.splɪ.keɪt	**एक** स्प्लि केइट
explicit	ɪk.ˈsplɪs.ɪt	इक **स्प्लिस** इट
explicitly	ɪk.ˈsplɪs.ɪt.li	इक **स्प्लिस** इट

English Pronunciation Dictionary 109

		ली
explode	ɪk.ˈspləʊd	इक **स्प्लəउड**
exploit (n)	ˈek.splɔɪt	**एक** स्प्लोइट
exploit (n)	ɪk.ˈsplɔɪt	इक **स्प्लोइट**
exploitation	ˈek.splɔɪ.ˈteɪ.ʃᵊn	**एक** स्प्लोइ **टेइ** श॰न
exploration	ˈek.splə.ˈreɪ.ʃᵊn	**एक** स्प्लə **रेइ** श॰न
exploratory	ɪk.ˈsplɒr.ə.tᵊr.i	इक **स्प्लɒर** ə ट॰र ई
explore	ɪk.ˈsplɔː	इक **स्प्लोः**
explorer	ɪk.ˈsplɔː.rə	इक **स्प्लोः** रə
explosion	ɪk.ˈspləʊ.ʒᵊn	इक **स्प्लəउ** ज़॰न
explosive	ɪk.ˈspləʊ.sɪv	इक **स्प्लəउ** सिव
expo	ˈek.spəʊ	**एक** स्पəउ
exponent	ɪk.ˈspəʊ.nᵊnt	इक **स्पəउ** न॰न्ट
export (n)	ˈex.spɔːt	**ए** स्पोःट
export (v)	ɪk.ˈspɔːt	इक **स्पोःट**
exportable	ɪk.ˈspɔː.tə.bᵊl	इक **स्पोः** टə ब॰ल
exportation	ˈek.spɔː.ˈteɪ.ʃᵊn	**एक** स्पोः **टेइ** श॰न
exporter	ɪk.ˈspɔː.tə	इक **स्पोः** टə
expose	ɪk.ˈspəʊz	इक **स्पəउज़**
exposé	ek.ˈspəʊ.zeɪ	एक **स्पəउ** ज़ेइ
exposition	ˈek.spə.ˈzɪʃ.ᵊn	**एक** स्पə **ज़िश** ॰न
expositor	ɪk.ˈspɒz.i.tə	इक **स्पɒज़** ई टə
exposure	ɪk.ˈspəʊ.ʒə	इक **स्पəउ** ज़ə
express	ɪk.ˈspres	इक **स्प्रेस**
expressible	ɪk.ˈspres.ə.bᵊl	इक **स्प्रेस** ə ब॰ल
expression	ɪk.ˈspreʃ.ᵊn	इक **स्प्रेश** ॰न
expressional	ɪk.ˈspreʃ.ᵊn.ᵊl	इक **स्प्रेश** ॰न ॰ल
expressionizm	ɪk.ˈspreʃ.ᵊn.ɪ.zᵊm	इक **स्प्रेश** ॰न इ ज़॰म
expressive	ɪk.ˈspres.ɪv	इक **स्प्रेस** इव
expressively	ɪk.ˈspres.ɪv.li	इक **स्प्रेस** इव ली
expressly	ɪk.ˈspres.li	इक **स्प्रेस** ली
expressway	ɪk.ˈspres.weɪ	इक **स्प्रेस** व़ेइ
expropriate	ɪk.ˈsprəʊ.pri.eɪt	इक **स्प्रəउ** प्री एइट
expropriation	ɪk.ˈsprəʊ.pri.ˈeɪ.ʃᵊn	इक **स्प्रəउ** प्री **एइ** श॰न
expulsion	ɪk.ˈspʌl.ʃᵊn	इक **स्पʌल** श॰न
expunge	ɪk.ˈspʌndʒ	इक **स्पʌन्ज**
expurgate	ˈek.spə.geɪt	**एक** स्पə गेइट

exquisite	ɪk.ˈskwɪz.ɪt	इक **स्क्विज़** इट
exquisitely	ɪk.ˈskwɪz.ɪt.li	इक **स्क्विज़** इट ली
extant	ek.ˈstænt	एक **स्टæन्ट**
extemporaneous	ek.ˈstem.pə.ˈreɪ.ni.əs	एक **स्टेम** पə **रेइ** नी əस
extempore	ek.ˈstem.pᵊr.i	एक **स्टेम** प॰र ई
extend	ɪk.ˈstend	इक **स्टेन्ड**
extended family	ɪk.ˈsten.dɪd.ˈfæm.ᵊl.i	इक **स्टेन** डिड **फ़æम** ॰ल ई
extension	ɪk.ˈsten.ʃᵊn	इक **स्टेन** श॰न
extensive	ɪk.ˈsten.sɪv	इक **स्टेन** सिव
extensively	ɪk.ˈsten.sɪv.li	इक **स्टेन** सिव ली
extent	ɪk.ˈstent	इक **स्टेन्ट**
extenuate	ɪk.ˈsten.ju.eɪt	इक **स्टेन** गू एइट
extenuating	ɪk.ˈsten.ju.eɪ.tɪŋ	इक **स्टेन** गू एइ टिङ
extenuation	ɪk.ˈsten.ju.ˈeɪ.ʃᵊn	इक **स्टेन** गू **एइ** श॰न
exterior	ɪk.ˈstɪə.ri.əʳ	इक **स्टिə** री əर
exterminate	ɪk.ˈstɜː.mɪ.neɪt	इक **स्टɜः** मि नेइट
extermination	ɪk.ˈstɜː.mɪ.ˈneɪ.ʃᵊn	इक **स्टɜः** मि **नेइ** श॰न
exterminator	ɪk.ˈstɜː.mɪ.ˈneɪ.tə	इक **स्टɜः** मि **नेइ** टə
external	ɪk.ˈstɜː.nᵊl	इक **स्टɜः** न॰ल
externalisation	ɪk.ˈstɜː.nᵊl.aɪ.ˈzeɪ.ʃᵊn	इक **स्टɜः** न॰ल आइ **ज़ेइ** श॰न
externalise	ɪk.ˈstɜː.nᵊl.aɪz	इक **स्टɜः** न॰ल आइज़
extinct	ɪk.ˈstɪŋkt	इक **स्टिङ्क्ट**
extinction	ɪk.ˈstɪŋk.ʃᵊn	इक **स्टिङ्क** श॰न
extinguish	ɪk.ˈstɪŋ.wɪʃ	इक **स्टिङ** व़िश
extinguisher	ɪk.ˈstɪŋ.wɪʃ.ə	इक **स्टिङ** व़िश ə
extol	ɪk.ˈstəʊl	इक **स्टəउल**
extort	ɪk.ˈstɔːt	इक **स्टोःट**
extortion	ɪk.ˈstɔː.ʃᵊn	इक **स्टोः** श॰न
extortionate	ɪk.ˈstɔː.ʃᵊn.ət	इक **स्टोः** श॰न əट
extra	ˈek.strə	**एक** स्ट्रə
extract (n)	ˈek.strækt	**एक** स्ट्रæक्ट
extract (v)	ɪk.ˈstrækt	इक **स्ट्रæक्ट**
extraction	ɪk.ˈstræk.ʃᵊn	इक **स्ट्रæक** श॰न

extracurricular	ˈek.strə.kə.ˈrɪk.jə.lə	**एक** स्ट्रə कə **रिक** गə लə
extradite	ˈek.strə.daɪt	**एक** स्ट्रə डाइट
extradition	ˈek.strə.ˈdɪʃ.ᵊn	**एक** स्ट्रə **डिश** ॰न
extramarital	ˈek.strə.ˈmær.ɪ.tᵊl	**एक** स्ट्रə **मæर** इ ट॰ल
extramural	ˈek.strə.ˈmjʊə.rᵊl	**एक** स्ट्रə **म्युə** र॰ल
extraneous	ɪk.ˈstreɪ.ni.əs	इक **स्ट्रेइ** नी əस
extraordinary	ɪk.ˈstrɔː.dᵊn.ᵊr.i	इक **स्ट्रो**ː ड॰न ॰र ई
extrapolate	ɪk.ˈstræp.ə.leɪt	इक **स्ट्रæप** ə लेइट
extrapolation	ɪk.ˈstræp.ə.ˈleɪ.ʃᵊn	इक **स्ट्रæप** ə **लेइ** श॰न
extrasensory	ˈek.strə.ˈsen.sᵊr.i	**एक** स्ट्रə **सेन** स॰र ई
extraterrestrial	ˈek.strə.tə.ˈres.tri.əl	**एक** स्ट्रə टə **रेस** ट्री əल
extraterritorial	ˈek.strə.ˈter.ɪ.ˈtɔː.ri.əl	**एक** स्ट्रə **टेर** इ **टो**ː री əल
extravagance	ɪk.ˈstræv.ə.gᵊns	इक **स्ट्रæव** ə ग॰न्स
extravagant	ɪk.ˈstræv.ə.gᵊnt	इक **स्ट्रæव** ə ग॰न्ट
extravagantly	ɪk.ˈstræv.ə.gᵊnt.li	इक **स्ट्रæव** ə ग॰न्ट ली
extravaganza	ɪk.ˈstræv.ə.ˈgæn.zə	इक **स्ट्रæव** ə **गæन** ज़ə
extreme	ɪk.ˈstriːm	इक **स्ट्रीːम**
extremely	ɪk.ˈstriːm.li	इक **स्ट्रीːम** ली
extremism	ɪk.ˈstriː.mɪ.zᵊm	इक **स्ट्री**ː मि ज़॰म
extremist	ɪk.ˈstriː.mɪst	इक **स्ट्री**ː मिस्ट
extremity	ɪk.ˈstrem.ə.ti	इक **स्ट्रेम** ə टी
extricate	ˈek.strɪ.keɪt	**एक** स्ट्रि केइट
extrication	ˈek.strɪ.ˈkeɪ.ʃᵊn	**एक** स्ट्रि **केइ** श॰न
extrinsic	ek.ˈstrɪn.sɪk	एक **स्ट्रिन** सिक
extrovert	ˈek.strə.vɜːt	**एक** स्ट्रə वɜːट
extroverted	ˈek.strə.ˈvɜː.tɪd	**एक** स्ट्रə **वɜ**ː टिड
extrude	ɪk.ˈstruːd	इक **स्ट्रूːड**
extrusion	ɪk.ˈstruː.ʒᵊn	इक **स्ट्रू**ː ज़॰न
exuberance	ɪg.ˈzjuː.bᵊr.ᵊns	इग **ज़्यू**ː ब॰र ॰न्स
exuberant	ɪg.ˈzjuː.bᵊr.ᵊnt	इग **ज़्यू**ː ब॰र ॰न्ट

exude	ɪg.ˈzjuːd	इग **ज़्यूːड**
exult	ɪg.ˈzʌlt	इग **ज़ʌल्ट**
exultance	ɪg.ˈzʌl.tᵊns	इग **ज़ʌल** ट॰न्स
exultant	ɪg.ˈzʌl.tᵊnt	इग **ज़ʌल** ट॰न्ट
exultation	ˈeg.zʌl.ˈteɪ.ʃᵊn	**एग** ज़ʌल **टेइ** श॰न
eye	aɪ	आइ
eye level	aɪ.ˈlev.ᵊl	आइ **लेव** ॰ल
eye shadow	aɪ.ˈʃæd.əʊ	आइ **शæड** əउ
eyeball	ˈaɪ.bɔːl	**आइ** बोːल
eyebath	ˈaɪ.bɑːθ	**आइ** बाːथ
eyebrow	ˈaɪ.braʊ	**आइ** ब्राउ
eye-catching	ˈaɪ.ˈkætʃ.ɪŋ	**आइ** **कæच** इङ
eyeful	ˈaɪ.fʊl	**आइ** फ़ुल
eyeglass	ˈaɪ.glɑːs	**आइ** ग्लाːस
eyelash	ˈaɪ.læʃ	**आइ** लæश
eyelet	ˈaɪ.lɪt	**आइ** लिट
eyelid	ˈaɪ.lɪd	**आइ** लिड
eyeliner	ˈaɪ.ˈlaɪ.nə	**आइ** **लाइ** नə
eye-opener	ˈaɪ.ˈəʊ.pᵊn.ə	**आइ** **əउ** प॰न ə
eyepatch	ˈaɪ.pætʃ	**आइ** पæच
eyepiece	ˈaɪ.piːs	**आइ** पीːस
eyes	aɪz	आइज़
eyeshot	ˈaɪ.ʃɒt	**आइ** शɒट
eyesight	ˈaɪ.saɪt	**आइ** साइट
eyesore	ˈaɪ.sɔː	**आइ** सोː
eyestrain	ˈaɪ.streɪn	**आइ** स्ट्रेइन
eyewash	ˈaɪ.wɒʃ	**आइ** वɒश
eyewitness	ˈaɪ.wɪt.nəs	**आइ** विट नəस

F

f	ef	एफ़
F	ef	एफ़
fable	ˈfeɪ.bᵊl	फ़ेइ ब॰ल
fabric	ˈfæb.rɪk	फ़æब रिक
fabricate	ˈfæb.rɪ.keɪt	फ़æब रि केइट
fabrication	ˈfæb.rɪ.ˈkeɪ.ʃᵊn	फ़æब रि केइ श॰न
fabulous	ˈfæb.jə.ləs	फ़æब ग्əə लəस
facade	fə.ˈsɑːd	फ़ə साːड
face	feɪs	फ़ेइस
face to face	ˈfeɪs.tə.ˈfeɪs	फ़ेइस टə फ़ेइस
face value	ˈfeɪs.ˈvæl.juː	फ़ेइस वæल गू
facebook	ˈfeɪs.bʊk	फ़ेइस बुक
facecloth	ˈfeɪs.klɒθ	फ़ेइस क्लɒथ
faceless	ˈfeɪs.ləs	फ़ेइस लəस
face-lift	ˈfeɪs.lɪft	फ़ेइस लिफ़्ट
facemask	ˈfeɪs.maːsk	फ़ेइस माःस्क
face-off	ˈfeɪs.ɒf	फ़ेइस ɒफ़
faceplace	ˈfeɪs.pleɪs	फ़ेइस प्लेइस
face-save	ˈfeɪs.seɪv	फ़ेइस सेइव
face-saver	ˈfeɪs.ˈseɪ.və	फ़ेइस सेइ वə
face-saving	ˈfeɪs.seɪv.ɪŋ	फ़ेइस सेइव इङ
facet	ˈfæs.ɪt	फ़æस इट
facetious	fə.ˈsiː.ʃəs	फ़ə सीः शəस
facetiously	fə.ˈsiː.ʃəs.li	फ़ə सीः शəस ली
facial	ˈfeɪ.ʃᵊl	फ़ेइ श॰ल
facile	ˈfæs.aɪl	फ़æस आइल
facilitate	fə.ˈsɪl.ɪ.teɪt	फ़ə सिल इ टेइट
facilitation	fə.ˈsɪl.ɪ.ˈteɪ.ʃᵊn	फ़ə सिल इ टेइ श॰न
facility	fə.ˈsɪl.ə.ti	फ़ə सिल ə टी
facing	ˈfeɪ.sɪŋ	फ़ेइ सिङ
facsimile	fæk.ˈsɪm.ə.li	फ़æक सिम ə ली
fact	fækt	फ़æक्ट
fact-finding	ˈfækt.ˈfaɪn.dɪŋ	फ़æक्ट फ़ाइन डिङ
faction	ˈfæk.ʃᵊn	फ़æक श॰न
factional	ˈfæk.ʃᵊn.ᵊl	फ़æक श॰न ॰ल
factor	ˈfæk.tə	फ़æक टə
factorial	fæk.ˈtɔː.ri.əl	फ़æक टोः री əल
factorise	ˈfæk.tᵊr.aɪz	फ़æक ट॰र आइज़
factory	ˈfæk.tᵊr.i	फ़æक ट॰र ई
factsheet	ˈfækt.ʃiːt	फ़æक्ट शीःट
factual	ˈfæk.tʃʊ.əl	फ़æक चु əल
faculty	ˈfæk.ᵊl.ti	फ़æक ॰ल टी
fad	fæd	फ़æड
fade	feɪd	फ़ेइड
fade-in	ˈfeɪd.ɪn	फ़ेइड इन
fade-out	ˈfeɪd.aʊt	फ़ेइड आउट
faeces	ˈfiː.siːz	फ़ीः सीःज़
fag	fæg	फ़æग
faggot	ˈfæg.ət	फ़æग əट
Fahrenheit	ˈfær.ən.haɪt	फ़æर əन हाइट
fail	feɪl	फ़ेइल
fail-safe	ˈfeɪl.seɪf	फ़ेइल सेइफ़
failure	ˈfeɪl.jə	फ़ेइल ग्ə
faint	feɪnt	फ़ेइन्ट
faint-hearted	ˈfeɪnt.ˈhɑː.tɪd	फ़ेइन्ट हाः टिड
fair	feə	फ़ेə
fair and square	ˈfeər.ᵊn.ˈskweə	फ़ेəर ॰न स्क्वेə
fair complexion	ˈfeə.kəm.ˈplek.ʃᵊn	फ़ेə कəम प्लेक श॰न
fair copy	ˈfeə.ˈkɒp.i	फ़ेə कɒप ई
fair play	ˈfeə.ˈpleɪ	फ़ेə प्लेइ
fair sex	ˈfeə.seks	फ़ेə सेक्स
fair weather	feə.ˈweð.ə	फ़ेə वेद ə
fairfaced	ˈfeə.ˈfeist	फ़ेə फ़ेईस्ट
fairground	ˈfeə.graʊnd	फ़ेə ग्राउन्ड
fairish	ˈfeə.rɪʃ	फ़ेə रिश
fairly	ˈfeə.li	फ़ेə ली
fair-minded	ˈfeə.ˈmaɪn.dɪd	फ़ेə माइन डिड
fairness	ˈfeə.nəs	फ़ेə नəस
fairway	ˈfeə.weɪ	फ़ेə वेइ
fairy	ˈfeə.ri	फ़ेə री
fairy land	ˈfeə.ri.ˈlænd	फ़ेə री लæन्ड
fairy tale	ˈfeə.ri.ˈteɪl	फ़ेə री टेइल
fait accompli	ˈfeɪt.ə.ˈkɒm.pli	फ़ेइट ə कɒम प्ली
faith	feɪθ	फ़ेइथ
faithful	ˈfeɪθ.fᵊl	फ़ेइथ फ़॰ल
faithfully	ˈfeɪθ.fᵊl.i	फ़ेइथ फ़॰ल ई
faithfulness	ˈfeɪθ.fᵊl.nəs	फ़ेइथ फ़॰ल नəस
faithless	ˈfeɪθ.ləs	फ़ेइथ लəस
fake	feɪk	फ़ेइक

fakir (IO)	ˈfeɪ.kɪəʳ	**फ़ेइ** किəर
falafel	fə.ˈlæf.ᵊl	फ़ə **लæफ़** ᵊल
falcon	ˈfæl.kᵊn	**फ़æल** कᵊन
fall	fɔ:l	फ़ो:ल
fall about	ˈfɔ:l.ə.ˈbaʊt	**फ़ो:ल** ə **बाउट**
fall apart	ˈfɔ:l.ə.ˈpɑ:t	**फ़ो:ल** ə **पा:ट**
fall asleep	ˈfɔ:l.ə.ˈsli:p	**फ़ो:ल** ə **स्ली:प**
fall back	ˈfɔ:l.ˈbæk	**फ़ो:ल बæक**
fall guy	ˈfɔ:l.gaɪ	**फ़ो:ल** गाइ
fallability	fæl.ə.ˈbɪl.ə.ti	फ़æल ə **बिल** ə टी
fallacious	fə.ˈleɪ.ʃəs	फ़ə **लेइ** शəस
fallacy	ˈfæl.ə.si	**फ़æल** ə सी
fallen	ˈfɔ:.lən	**फ़ो:** लəन
fallible	ˈfæl.ə.bᵊl	**फ़æल** ə बᵊल
fall-off	ˈfɔ:l.ɒf	**फ़ो:ल** ɒफ़
fallopian	fə.ˈləʊ.pi.ən	फ़ə **लəउ** पी əन
fallout	ˈfɔ:l.aʊt	**फ़ो:ल** आउट
fallout shelter	ˈfɔ:l.aʊt.ˈʃel.tə	**फ़ो:ल** आउट **शेल** टə
fallow	ˈfæl.əʊ	**फ़æल** əउ
false alarm	ˈfɔ:ls.ə.ˈlɑ:m	**फ़ो:ल्स** ə **ला:म**
false pretences	ˈfɔ:ls.prɪ.ˈten.sɪz	**फ़ो:ल्स** प्रि **टेन** सिज़
false start	ˈfɔ:ls.ˈstɑ:t	**फ़ो:ल्स स्टा:ट**
false teeth	ˈfɔ:ls.ˈti:θ	**फ़ो:ल्स टी:थ**
false	ˈfɔ:ls	**फ़ो:ल्स**
falsehood	ˈfɔ:ls.hʊd	**फ़ो:ल्स** हुड
falsely	ˈfɔ:ls.li	**फ़ो:ल्स** ली
falsetto	fɔ:l.ˈset.əʊ	फ़ो:ल **सेट** əउ
falsification	ˈfɔ:l.sɪ.fɪ.ˈkeɪ.ʃᵊn	**फ़ो:ल** सि फ़ि **केइ** शᵊन
falsify	ˈfɔ:l.sɪ.faɪ	**फ़ो:ल** सि फ़ाइ
falsity	ˈfɔ:l.sə.ti	**फ़ो:ल** सə टी
falter	ˈfɔ:l.tə	**फ़ो:ल** टə
fame	feɪm	फ़ेइम
familiar	fə.ˈmɪl.i.ə	फ़ə **मिल** ई ə
familiarise	fə.ˈmɪl.i.ᵊr.aɪz	फ़ə **मिल** ई ᵊर आइज़
familiarity	fə.ˈmɪl.i.ˈær.ə.ti	फ़ə **मिल** ई **æर** ə टी
family	ˈfæm.ᵊl.i	**फ़æम** ᵊल ई
family allowance	ˈfæm.ᵊl.i.ə.ˈlaʊ.ᵊns	**फ़æम** ᵊल ई ə **लाउ** ᵊन्स
family doctor	ˈfæm.ᵊl.i.ˈdɒk.tə	**फ़æम** ᵊल ई **डɒक** टə
family income	ˈfæm.ᵊl.i.ˈɪŋ.kʌm	**फ़æम** ᵊल ई **इङ** कʌम
family man	ˈfæm.ᵊl.i.ˈmæn	**फ़æम** ᵊल ई **मæन**
family name	ˈfæm.ᵊl.i.ˈneɪm	**फ़æम** ᵊल ई **नेइम**
family planning	ˈfæm.ᵊl.i.ˈplæn.ɪŋ	**फ़æम** ᵊल ई **प्लæन** इङ
family room	ˈfæm.ᵊl.i.ˈru:m	**फ़æम** ᵊल ई **रू:म**
family tree	ˈfæm.ᵊl.i.ˈtri:	**फ़æम** ᵊल ई **ट्री:**
family values	ˈfæm.ᵊl.i.ˈvæl.ju:z	**फ़æम** ᵊल ई **वæल** गू:ज़
famine	ˈfæm.ɪn	**फ़æम** इन
famished	ˈfæm.ɪʃt	**फ़æम** इश्ट
famous	ˈfeɪ.məs	**फ़ेइ** मəस
famously	ˈfeɪ.məs.li	**फ़ेइ** मəस ली
fan	fæn	फ़æन
fan mail	ˈfæn.meɪl	**फ़æन** मेइल
fanatic	fə.ˈnæt.ɪk	फ़ə **नæट** इक
fanatical	fə.ˈnæt.ɪ.kᵊl	फ़ə **नæट** इ कᵊल
fanatically	fə.ˈnæt.ɪ.kᵊl.i	फ़ə **नæट** इ कᵊल ई
fanaticism	fə.ˈnæt.ɪ.sɪ.zᵊm	फ़ə **नæट** इ सि ज़ᵊम
fanbelt	ˈfæn.belt	**फ़æन** बेल्ट
fanciful	ˈfæn.sɪ.fᵊl	**फ़æन** सि फ़ᵊल
fancy	ˈfæn.si	**फ़æन** सी
fancy-free	ˈfæn.sɪ.ˈfri:	**फ़æन** सि **फ़्री:**
fancywork	ˈfæn.sɪ.ˈwɜ:k	**फ़æन** सि **व्ɜ:क**
fanfare	ˈfæn.feə	**फ़æन** फ़ेə
fang	fæŋ	फ़æङ
fanny	ˈfæn.i	**फ़æन** ई
fantasia	fæn.ˈteɪ.zɪ.ə	फ़æन **टेइ** ज़ि ə
fantasise	ˈfæn.tə.saɪz	**फ़æन** टə साइज़
fantastic	fæn.ˈtæs.tɪk	फ़æन **टæस** टिक
fantastically	fæn.ˈtæs.tɪ.kᵊl.i	फ़æन **टæस** टि कᵊल ई
fantasy	ˈfæn.tə.si	**फ़æन** टə सी
FAQ	ˈef.ˈeɪ.ˈkju:	**एफ़ एइ क्यू:**
far	ˈfɑ:	**फ़ा:**

Far East	ˈfɑ:r.i:st	फ़ा:र ई:स्ट
faraway	ˈfɑ:.rə.ˈweɪ	फ़ा: रə वेइ
farce	fɑ:s	फ़ा:स
farcical	ˈfɑ:.sɪ.kəl	फ़ा: सि कəल
fare	feə	फ़ेə
farewell	ˈfeə.ˈwel	फ़ेə वेल
far-fetched	fɑ:.ˈfetʃt	फ़ा: फ़ेच्ट
far-flung	fɑ:.ˈflʌŋ	फ़ा: फ़्लʌङ
far-gone	ˈfɑ:.gɒn	फ़ा: गɒन
farm	fɑ:m	फ़ा:म
farmer	ˈfɑ:.mə	फ़ा: मə
farmers' market	ˈfɑ:.məz.ˈmɑ:.kɪt	फ़ा: मəज़ मा: किट
farmhand	ˈfɑ:m.hænd	फ़ा:म हæन्ड
farmhouse	ˈfɑ:m.haʊs	फ़ा:म हाउस
farmland	ˈfɑ:m.lænd	फ़ा:म लæन्ड
farmyard	ˈfɑ:m.jɑ:d	फ़ा:म या:ड
far-fetched	ˈfɑ:.ˈfetʃt	फ़ा: फ़ेच्ट
far-flung	ˈfɑ:.ˈflʌŋ	फ़ा: फ़्लʌङ
far-gone	fɑ:.ˈgɒn	फ़ा: गɒन
far-off	ˈfɑ:.ˈrɒf	फ़ा: रɒफ़
far-out	ˈfɑ:r.ˈaʊt	फ़ा:र आउट
far-reaching	fɑ:.ˈri:.tʃɪŋ	फ़ा: री: चिङ
far-sighted	fɑ:.ˈsaɪ.tɪd	फ़ा: साइ टिड
farrow	ˈfær.əʊ	फ़æर əउ
farther	ˈfɑ:.ðə	फ़ा: दə
Father Christmas	ˈfɑ:.ðə.ˈkrɪs.məs	फ़ा: दə क्रिस मəस
father figure	ˈfɑ:.ðə.ˈfɪg.əʳ	फ़ा: दə फ़िग əर
farthest	ˈfɑ:.ðɪst	फ़ा: दिस्ट
farthing	ˈfɑ:.ðɪŋ	फ़ा: दिङ
fascinate	ˈfæs.ɪ.neɪt	फ़æस इ नेइट
fascinating	ˈfæs.ɪ.neɪ.tɪŋ	फ़æस इ नेइ टिङ
fascination	ˈfæs.ɪ.ˈneɪ.ʃən	फ़æस इ नेइ शəन
fascism	ˈfæʃ.ɪ.zəm	फ़æश इ ज़əम
fascist	ˈfæʃ.ɪst	फ़æश इस्ट
fashion	ˈfæʃ.ən	फ़æश əन
fashionable	ˈfæʃ.ən.ə.bəl	फ़æश əन ə बəल
fashionably	ˈfæʃ.ən.ə.bli	फ़æश əन ə ब्ली
fast	fɑ:st	फ़ा:स्ट
fast food	ˈfɑ:st.ˈfu:d	फ़ा:स्ट फ़ू:ड
fast lane	ˈfɑ:st.leɪn	फ़ा:स्ट लेइन
fasten	ˈfɑ:.sən	फ़ा: सəन

fastener	ˈfɑ:s.ən.əʳ	फ़ा:स əन əर
fastening	ˈfɑ:s.ən.ɪŋ	फ़ा:स əन इङ
faster	ˈfɑ:s.tə	फ़ा:स टə
fastest	ˈfɑ:s.tɪst	फ़ा:स टिस्ट
fast food restaurant	ˈfɑ:st.ˈfu:d.ˈres.trɒnt	फ़ा:स्ट फ़ू:ड रेस ट्रɒन्ट
fast lane	ˈfɑ:st.ˈleɪn	फ़ा:स्ट लेइन
fastidious	fəs.ˈtɪd.i.əs	फ़əस टिड ई əस
fast-forward	ˈfɑ:st.ˈfɔ:.wəd	फ़ा:स्ट फ़ो: वəड
fast-talk	ˈfɑ:st.tɔ:k	फ़ा:स्ट टो:क
fast-track	ˈfɑ:st.ˈtræk	फ़ा:स्ट ट्रæक
fat	fæt	फ़æट
fatal	ˈfeɪ.təl	फ़ेइ टəल
fatalism	ˈfeɪ.təl.ɪ.zəm	फ़ेइ टəल इ ज़əम
fatalist	ˈfeɪ.təl.ɪst	फ़ेइ टəल इस्ट
fatalistic	ˈfeɪ.təl.ˈɪs.tɪk	फ़ेइ टəल इस टिक
fatality	fə.ˈtæl.ə.ti	फ़ə टæल ə टी
fatally	ˈfeɪt.əl.i	फ़ेइट əल ई
fate	feɪt	फ़ेइट
fated	ˈfeɪ.tɪd	फ़ेइ टिड
fateful	ˈfeɪt.fəl	फ़ेइट फ़əल
fat-free	ˈfæt.ˈfri:	फ़æट फ़्री:
father	ˈfɑ:.ðə	फ़ा: दə
fatherhood	ˈfɑ:.ðə.hʊd	फ़ा: दə हुड
father-in-law	ˈfɑ:.ðər.ɪn.ˈlɔ:	फ़ा: दəर इन लो:
fatherly	ˈfɑ:.ðə.li	फ़ा: दə ली
Father's Day	ˈfɑ:.ðəz.ˈdeɪ	फ़ा: दəज़ डेइ
fathers-in-law	ˈfɑ:.ðəz.ɪn.ˈlɔ:	फ़ा: दəज़ इन लो:
fathom	ˈfæð.əm	फ़æद əम
fatigue	fə.ˈti:g	फ़ə टी:ग
fatten	ˈfæt.ən	फ़æट əन
fattening	ˈfæt.ən.ɪŋ	फ़æट əन इङ
fatty acid	ˈfæt.i.ˈæs.ɪd	फ़æट ई æस इड
fatty	ˈfæt.i	फ़æट ई
fatuous	ˈfæt.ju.əs	फ़æट यू əस
faucet	ˈfɔ:.sɪt	फ़ो: सिट
fault	fɔ:lt	फ़ो:ल्ट
faultless	ˈfɔ:lt.ləs	फ़ो:ल्ट लəस
faulty	ˈfɔ:l.ti	फ़ो:ल टी
fauna	ˈfɔ:.nə	फ़ो: नə
faux pas	ˈfəʊ.ˈpɑ:	फ़əउ पा:
favour	ˈfeɪ.və	फ़ेइ वə
favourable	ˈfeɪ.vər.ə.bəl	फ़ेइ वəर ə बəल

favourably	ˈfeɪ.vᵊr.ə.bli	**फ़ेइ** व॰र ə ब्ली
favourite	ˈfeɪ.vᵊr.ɪt	**फ़ेइ** व॰र इट
favouritism	ˈfeɪ.vᵊr.ɪt.ɪ.zᵊm	**फ़ेइ** व॰र इट इ ज़॰म
fawn	fɔːn	फ़ोːन
fax	fæks	फ़æक्स
faze	feɪz	फ़ेइज़
FBI	ˈef.ˈbɪ.ˈaɪ	**एफ़ बि आइ**
fear	fɪ.ə	फ़ि ə
fearful	ˈfɪə.fᵊl	**फ़िə** फ़॰ल
fearfully	ˈfɪə.fᵊl.i	**फ़िə** फ़॰ल ई
fearless	ˈfɪə.ləs	**फ़िə** लəस
fearlessly	ˈfɪə.ləs.li	**फ़िə** लəस ली
fearlessness	ˈfɪə.ləs.nəs	**फ़िə** लəस नəस
fearsome	ˈfɪə.səm	**फ़िə** सəम
feasibility	ˈfiː.zə.ˈbɪl.ə.ti	**फ़ी**ː ज़ə **बिल** ə टी
feasible	ˈfiː.zə.bᵊl	**फ़ी**ː ज़ə ब॰ल
feast	fiːst	फ़ीːस्ट
feat	fiːt	फ़ीːट
feather	ˈfeð.ə	**फ़ेद** ə
featherbed	ˈfeð.ə.bed	**फ़ेद** ə बेड
featherweight	ˈfeð.ə.weɪt	**फ़ेद** ə वेइट
feathery	ˈfeð.ᵊr.i	**फ़ेद** ॰र ई
feature	ˈfiː.tʃə	**फ़ी**ː चə
Feb.(abb)	ˈfeb.ru.ᵊr.i	**फ़ेब** रू ॰र ई
February	ˈfeb.ru.ᵊr.i	**फ़ेब** रू ॰र ई
fed	fed	फ़ेड
fed up	ˈfed.ʌp	**फ़ेड** ʌप
federal	ˈfed.ᵊr.ᵊl	**फ़ेड** ॰र ॰ल
federalism	ˈfed.ᵊr.ᵊr.ᵊl.ɪ.zᵊm	**फ़ेड** ॰र ॰र ॰ल इ ज़॰म
federalist	ˈfed.ᵊr.ᵊl.ɪst	**फ़ेड** ॰र ॰ल इस्ट
federate (n)	ˈfed.ᵊr.ət	**फ़ेड** ॰र əट
federate (v)	ˈfed.ᵊr.eɪt	**फ़ेड** ॰र एइट
federation	ˈfed.ə.ˈreɪ.ʃᵊn	**फ़ेड** ə **रेइ** श॰न
fee	fiː	फ़ीː
feeble	ˈfiː.bᵊl	**फ़ी**ː ब॰ल
feeble-minded	ˈfiː.bᵊl.ˈmaɪn.dɪd	**फ़ी**ː ब॰ल **माइन** डिड
feed	fiːd	फ़ीːड
feedback	ˈfiːd.bæk	**फ़ीːड** बæक

feedbag	ˈfiːd.bæg	**फ़ीːड** बæग
feeder	ˈfiːd.ə	**फ़ीːड** ə
feeding bottle	ˈfiːd.ɪŋ.ˈbɒt.ᵊl	**फ़ीːड** इङ **बɒट** ॰ल
feel	fiːl	फ़ीːल
feeler	ˈfiːl.ə	**फ़ीːल** ə
feeling	ˈfiː.lɪŋ	**फ़ी**ː लिङ
feet	fiːt	फ़ीːट
feign	feɪn	फ़ेइन
feint	feɪnt	फ़ेइन्ट
feisty	ˈfaɪ.sti	**फ़ाइ** स्टी
felafel	fə.ˈlæf.ᵊl	फ़ə **लæफ़** ॰ल
felicitate	fə.ˈlɪs.ɪ.teɪt	फ़ə **लिस** इ टेइट
felicitation	fə.ˈlɪs.ɪ.ˈteɪ.ʃᵊn	फ़ə **लिस** इ **टेइ** श॰न
felicitous	fə.ˈlɪs.ɪ.təs	फ़ə **लिस** इ टəस
felicity	fə.ˈlɪs.ə.ti	फ़ə **लिस** ə टी
feline	ˈfiː.laɪn	**फ़ी**ː लाइन
fell	fel	फ़ेल
fellatio	fə.ˈleɪ.ʃi.əʊ	फ़ə **लेइ** शी əउ
fellow	ˈfel.əʊ	**फ़ेल** əउ
fellowship	ˈfel.əʊ.ʃɪp	**फ़ेल** əउ शिप
felon	ˈfel.ən	**फ़ेल** əन
felony	ˈfel.ə.ni	**फ़ेल** ə नी
felt	felt	फ़ेल्ट
felt-tip pen	ˈfelt.tɪp.ˈpen	**फ़ेल्ट** टिप **पेन**
female	ˈfiː.meɪl	**फ़ी**ː मेइल
feminine	ˈfem.ə.nɪn	**फ़ेम** ə निन
femininity	ˈfem.ə.ˈnɪn.ə.ti	**फ़ेम** ə **निन** ə टी
feminism	ˈfem.ɪ.nɪ.zᵊm	**फ़ेम** इ नि ज़॰म
feminist	ˈfem.ɪ.nɪst	**फ़ेम** इ निस्ट
femur	ˈfiː.mə	**फ़ी**ː मə
fence	fens	फ़ेन्स
fencing	ˈfens.ɪŋ	**फ़ेन्स** इङ
fend	fend	फ़ेन्ड
fender	ˈfen.də	**फ़ेन** डə
fender-bender	ˈfen.də.ˈben.də	**फ़ेन** डə **बेन** डə
ferment (n)	ˈfɜː.ment	**फ़ɜ**ː मेन्ट
ferment (v)	fə.ˈment	फ़ə **मेन्ट**
fermentation	ˈfɜː.men.ˈteɪ.ʃᵊn	**फ़ɜ**ː मेन **टेइ** श॰न
fermented	fə.ˈmen.tɪd	फ़ə **मेन** टिड
fern	fɜːn	फ़ɜːन
ferocious	fə.ˈrəʊ.ʃəs	फ़ə **रəउ** शəस

ferociously	fə.ˈrəʊ.ʃəs.li	फ़ə **रəउ** शəस ली
ferocity	fə.ˈrɒs.ə.ti	फ़ə **रɒस** ə टी
ferret	ˈfer.ɪt	**फ़ेर** इट
ferric	ˈfer.ɪk	**फ़ेर** इक
Ferris wheel	ˈfer.əs.ˈwiːl	**फ़ेर** əस **वीːल**
ferrite	ˈfer.aɪt	**फ़ेर** आइट
ferrous	ˈfer.əs	**फ़ेर** əस
ferry	ˈfer.i	**फ़ेर** ई
ferryboat	ˈfer.ɪ.bəʊt	**फ़ेर** इ बəउट
ferryman	ˈfer.ɪ.mæn	**फ़ेर** इ मæन
fertile	ˈfɜː.taɪl	**फ़ɜː** टाइल
fertilisation	ˈfɜː.tɪ.laɪ.ˈzeɪ.ʃᵊn	**फ़ɜː** टि लाइ **ज़ेइ** शᵊन
fertilise	ˈfɜː.ˈtɪ.laɪz	**फ़ɜː** **टि** लाइज़
fertility	fə.ˈtɪl.ə.ti	फ़ə **टिल** ə टी
fervent	ˈfɜː.vᵊnt	**फ़ɜː** वᵊन्ट
fervently	ˈfɜː.vᵊnt.li	**फ़ɜː** वᵊन्ट ली
fervour	ˈfɜː.və	**फ़ɜː** वə
fest	fest	फ़ेस्ट
fester	ˈfes.tə	**फ़ेस** टə
festival	ˈfes.tɪv.ᵊl	**फ़ेस** टिव ᵊल
festive	ˈfes.tɪv	**फ़ेस** टिव
festivity	fes.ˈtɪv.ə.ti	फ़ेस **टिव** ə टी
fetch	fetʃ	फ़ेच
fetching	ˈfetʃ.ɪŋ	**फ़ेच** इङ
fete	feɪt	फ़ेइट
fetid	ˈfet.ɪd	**फ़ेट** इड
fetish	ˈfet.ɪʃ	**फ़ेट** इश
fetter	ˈfet.ə	**फ़ेट** ə
feud	fjuːd	फ़्यूːड
feudal	ˈfjuː.dᵊl	**फ़्यूː** डᵊल
feudalism	ˈfjuː.dᵊl.ɪ.zᵊm	**फ़्यूː** डᵊल इ ज़ᵊम
fever	ˈfiː.və	**फ़ीː** वə
feverish	ˈfiː.vᵊr.ɪʃ	**फ़ीː** वᵊर इश
feverishly	ˈfiː.vᵊr.ɪʃ.li	**फ़ीː** वᵊर इश ली
few	fjuː	फ़्यूː
fez	fez	फ़ेज़
ˈfɜː.ˈtɪ.laɪz	ˈfɜː.ˈtɪ.laɪ.zə	**फ़ɜː** **टि** लाइ ज़ə
fiancé	fɪ.ˈɒn.seɪ	फ़ि **ɒन** सेइ
fiancée	fɪ.ˈɒn.seɪ	फ़ि **ɒन** सेइ
fiasco	fɪ.ˈæs.kəʊ	फ़ि **æस** कəउ
fib	fɪb	फ़िब

fibber	ˈfɪb.ə	**फ़िब** ə
fibre	ˈfaɪ.bə	**फ़ाइ** बə
fibre glass	ˈfaɪ.bə.ˈglɑːs	**फ़ाइ** बə **ग्लाːस**
fibre optics	ˈfaɪ.bər.ˈɒp.tɪks	**फ़ाइ** बəर **ɒप** टिक्स
fibrous	ˈfaɪ.brəs	**फ़ाइ** ब्रəस
fickle	ˈfɪ.kᵊl	**फ़ि** कᵊल
fiction	ˈfɪk.ʃᵊn	**फ़िक** शᵊन
fictional	ˈfɪk.ʃᵊn.ᵊl	**फ़िक** शᵊन ᵊल
fictitious	fɪk.ˈtɪʃ.əs	फ़िक **टिश** əस
fiddle	ˈfɪd.ᵊl	**फ़िड** ᵊल
fiddlededee	ˈfɪd.ᵊl.dɪ.ˈdiː	**फ़िड** ᵊल डि **डीː**
fiddler	ˈfɪd.lə	**फ़िड** लə
fiddly	ˈfɪd.li	**फ़िड** ली
fidelity	fɪ.ˈdel.ə.ti	फ़ि **डेल** ə टी
fidget	ˈfɪdʒ.ɪt	**फ़िज** इट
fidgety	ˈfɪdʒ.ə.ti	**फ़िज** ə टी
fiducial	fɪ.ˈdʒuː.ʃi.əl	फ़ि **जूː** शी əल
fiduciary	fɪ.ˈdʒuː.ʃᵊr.i	फ़ि **जूː** शᵊर ई
fie	faɪ	फ़ाइ
fiefdom	ˈfiː.f.dəm	**फ़ीːफ़** डəम
field	fiːld	फ़ीːल्ड
field day	ˈfiːld.ˈdeɪ	**फ़ीːल्ड** **डेइ**
field event	ˈfiːld.ɪ.ˈvent	**फ़ीːल्ड** इ **वेन्ट**
field glass	ˈfiːld.ˈglɑːs	**फ़ीːल्ड** **ग्लाːस**
field hockey	ˈfiːld.ˈhɒk.i	**फ़ीːल्ड** **हɒक** ई
field marshal	ˈfiːld.ˈmɑː.ʃᵊl	**फ़ीːल्ड** **माː** शᵊल
field mouse	ˈfiːld.ˈmaʊs	**फ़ीːल्ड** **माउस**
field of vision	ˈfiːld.əv.ˈvɪʒ.ᵊn	**फ़ीːल्ड** əव **विज़** ᵊन
field test	ˈfiːld.ˈtest	**फ़ीːल्ड** **टेस्ट**
field trial	ˈfiːld.ˈtraɪ.əl	**फ़ीːल्ड** **ट्राइ** əल
field trip	ˈfiːld.ˈtrɪp	**फ़ीːल्ड** **ट्रिप**
fielded	ˈfiːl.dɪd	**फ़ीːल** डिड
fielder	ˈfiːl.də	**फ़ीːल** डə
fielding	ˈfiːl.dɪŋ	**फ़ीːल** डिङ
fieldsman	ˈfiːldz.mən	**फ़ीːल्ड्ज़** मəन
fieldwork	ˈfiːl.d.ˈwɜːk	**फ़ीːल** ड **वɜːक**
fiend	fiːnd	फ़ीːन्ड
fiendish	ˈfiːn.dɪʃ	**फ़ीːन** डिश
fierce	fɪəs	फ़िəस
fiercely	ˈfɪəs.li	**फ़िəस** ली
fiery	ˈfaɪ.ə.ri	**फ़ाइ** ə री

fiesta	fɪ.ˈes.tə	फ़ि **एस** टə
fifteen	ˈfɪf.ˈtiːn	**फ़िफ़ टी:न**
fifteenth	ˈfɪf.ˈtiːnθ	**फ़िफ़ टी:न्थ**
fifth	ˈfɪfθ	**फ़िफ़्थ**
fifth-column	ˈfɪfθ.kɒl.əm	**फ़िफ़्थ** कɒल əम
fiftieth	ˈfɪf.ti.əθ	**फ़िफ़** टी əथ
fifty	ˈfɪf.ti	**फ़िफ़** टी
fifty-fifty	ˈfɪf.tɪ.ˈfɪf.tɪ	**फ़िफ़** टि **फ़िफ़** टि
fiftyfold	ˈfɪf.tɪ.fəʊld	**फ़िफ़** टि फ़əउल्ड
fig	fɪg	फ़िग
fight	faɪt	फ़ाइट
fightback	ˈfaɪt.bæk	**फ़ाइट** बæक
fighter	ˈfaɪt.ə	**फ़ाइट** ə
fighting	ˈfaɪt.ɪŋ	**फ़ाइट** इङ
figment	ˈfɪg.mᵊnt	**फ़िग** मᵊन्ट
figurative	ˈfɪg.ᵊr.ə.tɪv	**फ़िग** ᵊर ə टिव
figuratively	ˈfɪg.ᵊr.ə.tɪv.li	**फ़िग** ᵊर ə टिव ली
figure	ˈfɪg.ə	**फ़िग** ə
figure of eight	ˈfig.ər.əv.ˈeɪt	**फ़ीग** əर əव **एइट**
figure of speech	ˈfig.ər.əv.ˈspiːtʃ	**फ़ीग** əर əव **स्पी:च**
figure skating	ˈfig.ə.ˈskeɪ.tɪŋ	**फ़ीग** ə **स्केइ** टिङ
figurehead	ˈfig.ə.hed	**फ़ीग** ə हेड
figurine	ˈfig.ə.ˈriːn	**फ़ीग** ə **री:न**
filament	ˈfɪl.ə.mᵊnt	**फ़िल** ə मᵊन्ट
filch	fɪltʃ	फ़िल्च
file	faɪl	फ़ाइल
filet	ˈfɪl.ɪt	**फ़िल** इट
filet mignon	ˈfɪl.eɪ.ˈmɪn.jən	**फ़िल** एइ **मिन** गəन
filibuster	ˈfɪl.ɪ.bʌs.tə	**फ़िल** इ बʌस टə
filigree	ˈfɪl.ɪ.griː	**फ़िल** इ ग्री:
filing	ˈfaɪ.lɪŋ	**फ़ाइ** लिङ
filing cabinet	ˈfaɪ.lɪŋ.ˈkæb.ɪ.nət	**फ़ाइ** लिङ **कæब** इ नəट
filing clerk	ˈfaɪ.lɪŋ.klɑːk	**फ़ाइ** लिङ क्ला:क
fill	fɪl	फ़िल
filled	fɪld	फ़िल्ड
fillet	ˈfɪl.ɪt	**फ़िल** इट
filling	ˈfɪl.ɪŋ	**फ़िल** इङ
filling station	ˈfɪl.ɪŋ.ˈsteɪ.ʃᵊn	**फ़िल** इङ **स्टेइ** शᵊन
filly	ˈfɪl.i	**फ़िल** ई
film	fɪlm	फ़िल्म
film industry	ˈfɪlm.ˈɪn.dəs.tri	**फ़िल्म इन** डəस ट्री
filmmaker	ˈfɪlm.ˈmeɪ.kə	**फ़िल्म मेइ** कə
filmset	ˈfɪlm.set	**फ़िल्म** सेट
filmy	ˈfɪlm.i	**फ़िल्म** ई
filo	ˈfiː.ləʊ	**फ़ी**: लəउ
filter	ˈfɪl.tə	**फ़िल** टə
filth	fɪlθ	फ़िल्थ
filthy	ˈfɪl.θi	**फ़िल** थी
filthy rich	ˈfɪl.θi.ˈrɪtʃ	**फ़िल** थी **रिच**
filtrate (n)	ˈfil.treɪt	**फ़ील** ट्रेइट
filtrate (v)	fɪl.ˈtreɪt	फ़िल **ट्रेइट**
filtration	fɪl.ˈtreɪ.ʃᵊn	फ़िल **ट्रेइ** शᵊन
fin	fɪn	फ़िन
final	ˈfaɪ.nᵊl	**फ़ाइ** नᵊल
finale	fɪ.ˈnɑː.li	फ़ि **ना:** ली
finalisation	ˈfaɪ.nᵊl.aɪ.ˈzeɪ.ʃᵊn	**फ़ाइ** नᵊल आइ **ज़ेइ** शᵊन
finalise	ˈfaɪ.nᵊl.aɪz	**फ़ाइ** नᵊल आइज़
finalist	ˈfaɪ.nə.lɪst	**फ़ाइ** नə लिस्ट
finality	faɪ.ˈnæl.ə.ti	फ़ाइ **नæल** ə टी
finally	ˈfaɪ.nᵊl.i	**फ़ाइ** नᵊल ई
finance	ˈfaɪ.næns	**फ़ाइ** नæन्स
financial	faɪ.ˈnæn.ʃᵊl	फ़ाइ **नæन** शᵊल
financially	faɪ.ˈnæn.ʃəl.i	फ़ाइ **नæन** शəल ई
financier	faɪ.ˈnæn.si.ə	फ़ाइ **नæन** सी ə
financing	ˈfaɪ.næn.sɪŋ	**फ़ाइ** नæन सिङ
finch	fɪntʃ	फ़िन्च
find	faɪnd	फ़ाइन्ड
finder	ˈfaɪn.də	**फ़ाइन** डə
fine	faɪn	फ़ाइन
fine art	ˈfaɪn.ˈɑːt	**फ़ाइन आ:ट**
fine print	ˈfaɪn.prɪnt	**फ़ाइन** प्रिन्ट
finely	ˈfaɪn.li	**फ़ाइन** ली
finery	ˈfaɪ.nᵊr.i	**फ़ाइ** नᵊर ई
finespun	ˈfaɪn.ˈspʌn	**फ़ाइन स्पʌन**
finesse	fɪ.ˈnes	फ़ि **नेस**
finetooth	ˈfaɪn.ˈtuːθ	**फ़ाइन टू:थ**

fine-tune	ˈfaɪn.ˈtʃuːn	फ़ाइन चूːन
finger bowl	ˈfɪŋ.gə.ˈbəʊl	फ़िङ गə बəउल
finger food	ˈfɪŋ.gə.ˈfuːd	फ़िङ गə फ़ूːड
finger licking	ˈfɪŋ.gə.ˈlɪk.ɪŋ	फ़िङ गə लिक इङ
finger	ˈfɪŋ.gə	फ़िङ गə
fingerbboard	ˈfɪŋ.gə.bɔːd	फ़िङ गə बोːड
fingermark	ˈfɪŋ.gə.mɑːk	फ़िङ गə माːक
fingernails	ˈfɪŋ.gə.neɪlz	फ़िङ गə नेइल्ज़
fingerplate	ˈfɪŋ.gə.pleɪt	फ़िङ गə प्लेइट
fingerpost	ˈfɪŋ.gə.pəʊst	फ़िङ गə पəउस्ट
fingerprint	ˈfɪŋ.gə.prɪnt	फ़िङ गə प्रिन्ट
fingertip	ˈfɪŋ.gə.tɪp	फ़िङ गə टिप
finicky	ˈfɪn.ɪ.ki	फ़िन इ की
finish	ˈfɪn.ɪʃ	फ़िन इश
finished	ˈfɪn.ɪʃt	फ़िन इश्ट
finishing	ˈfɪn.ɪʃ.ɪŋ	फ़िन इश इङ
finishing touch	ˈfɪn.ɪʃ.ɪŋ.ˈtʌtʃ	फ़िन इश इङ टʌच
finite	ˈfaɪ.naɪt	फ़ाइ नाइट
fir	fɜː	फ़ɜː
fire	ˈfaɪ.ə	फ़ाइ ə
fire alarm	ˈfaɪ.ər.ə.ˈlɑːm	फ़ाइ əर ə लाːम
fire brigade	ˈfaɪ.ə.brɪ.ˈgeɪd	फ़ाइ ə ब्रि गेइड
fire drill	ˈfaɪ.ə.ˈdrɪl	फ़ाइ ə ड्रिल
fire engine	ˈfaɪ.ər.ˈen.dʒɪn	फ़ाइ əर एन जिन
fire escape	ˈfaɪ.ər.ɪs.ˈkeɪp	फ़ाइ əर इस केइप
fire extinguisher	ˈfaɪ.ər.ɪk.ˈstɪŋ.wɪʃ.ə	फ़ाइ əर इक स्टिङ विश ə
fire hydrant	ˈfaɪ.ə.ˈhaɪ.drᵊnt	फ़ाइ ə हाइ ड्रन्ट
fire station	ˈfaɪ.ə.ˈsteɪ.ʃᵊn	फ़ाइ ə स्टेइ शन
firearm	ˈfaɪ.ə.rɑːm	फ़ाइ ə राːम
fireball	ˈfaɪ.ə.bɔːl	फ़ाइ ə बोːल
firebomb	ˈfaɪ.ə.bɒm	फ़ाइ ə बɒम
firebrand	ˈfaɪ.ə.brænd	फ़ाइ ə ब्रæन्ड
firebreak	ˈfaɪ.ə.breɪk	फ़ाइ ə ब्रेइक
firecracker	ˈfaɪ.ə.ˈkræk.ə	फ़ाइ ə क्रæक ə
fire-eater	ˈfaɪ.ər.ˈiː.tə	फ़ाइ əर ईː टə
fire-fighter	ˈfaɪ.ə.ˈfaɪ.tə	फ़ाइ ə फ़ाइ टə
firefly	ˈfaɪ.ə.flaɪ	फ़ाइ ə फ़्लाइ
fireguard	ˈfaɪ.ə.gɑːd	फ़ाइ ə गाːड
firelighter	ˈfaɪ.ə.ˈlaɪ.tə	फ़ाइ ə लाइ टə
fireman	ˈfaɪ.ə.mən	फ़ाइ ə मəन
fireplace	ˈfaɪ.ə.pleɪs	फ़ाइ ə प्लेइस
fireproof	ˈfaɪ.ə.pruːf	फ़ाइ ə प्रूːफ़
firescreen	ˈfaɪ.ə.skriːn	फ़ाइ ə स्क्रीːन
fireside	ˈfaɪ.ə.saɪd	फ़ाइ ə साइड
firestone	ˈfaɪ.ə.stəʊn	फ़ाइ ə स्टəउन
firetrap	ˈfaɪ.ə.træp	फ़ाइ ə ट्रæप
firewall	ˈfaɪ.ə.wɔːl	फ़ाइ ə वोːल
firewarden	ˈfaɪ.ə.ˈwɔː.dᵊn	फ़ाइ ə वोː डन
firewood	ˈfaɪ.ə.wʊd	फ़ाइ ə वुड
fireworks	ˈfaɪ.ə.ˈwɜːks	फ़ाइ ə वɜːक्स
firing line	ˈfaɪ.ə.rɪŋ.ˈlaɪn	फ़ाइ ə रिङ लाइन
firing squad	ˈfaɪ.ə.rɪŋ.ˈskwɒd	फ़ाइ ə रिङ स्क्वɒड
firm	fɜːm	फ़ɜːम
firmament	ˈfɜː.mə.mᵊnt	फ़ɜː मə मन्ट
firmly	ˈfɜːm.li	फ़ɜːम ली
firmness	ˈfɜːm.nəs	फ़ɜːम नəस
firmware	ˈfɜːm.weə	फ़ɜːम वेə
first	ˈfɜːst	फ़ɜːस्ट
first aid	ˈfɜːst.ˈeɪd	फ़ɜːस्ट एइड
first base	ˈfɜːst.ˈbeɪs	फ़ɜːस्ट बेइस
first born	ˈfɜːst.ˈbɔːn	फ़ɜːस्ट बोːन
first class	ˈfɜːst.ˈklɑːs	फ़ɜःस्ट क्लाːस
first cousin	ˈfɜːst.ˈkʌz.ᵊn	फ़ɜːस्ट कʌज़ न
first floor	ˈfɜːst.ˈflɔː	फ़ɜːस्ट फ़्लोː
first lady	ˈfɜːst.ˈleɪ.di	फ़ɜːस्ट लेइ डी
first name	ˈfɜːst.ˈneɪm	फ़ɜːस्ट नेइम
first person	ˈfɜːst.ˈpɜː.sᵊn	फ़ɜːस्ट पɜː सन
First World War	ˈfɜːst.ˈwɜːld.ˈwɔː	फ़ɜːस्ट वɜːल्ड वोː
firsthand	ˈfɜːst.ˈhænd	फ़ɜːस्ट हæन्ड
firstly	ˈfɜːst.li	फ़ɜːस्ट ली
first-degree	ˈfɜːst.ˈdɪg.ri	फ़ɜːस्ट डिग री
first-rate	ˈfɜːst.ˈreɪt	फ़ɜːस्ट रेइट
first-time	ˈfɜːst.ˈtaɪm	फ़ɜːस्ट टाइम
firth	fɜːθ	फ़ɜːथ
fiscal	ˈfɪs.kᵊl	फ़िस कल
fiscal year	ˈfɪs.kᵊl.ˈjiə	फ़िस कल यीə
fish	fɪʃ	फ़िश
fish ball	ˈfɪʃ.bɔːl	फ़िश बोːल
fish head curry	ˈfɪʃ.hed.ˈkʌr.i	फ़िश हेड कʌर ई
fish 'n' chips	ˈfɪʃ.ᵊn.ˈtʃɪps	फ़िश न चिप्स
fish stick	ˈfɪʃ.stɪk	फ़िश स्टिक
fishbone	ˈfɪʃ.bəʊn	फ़िश बəउन
fishbowl	ˈfɪʃ.bəʊl	फ़िश बəउल
fishcake	ˈfɪʃ.keɪk	फ़िश केइक

fisherman	ˈfɪʃ.ə.mən	**फ़िश** ə मəन
fishery	ˈfɪʃ.ᵊr.i	**फ़िश** ᵊर ई
fishes	ˈfɪʃ.ɪs	**फ़िश** इस
fishhook	ˈfɪʃ.ˈhʊk	**फ़िश हुक**
fishing	ˈfɪʃ.ɪŋ	**फ़िश** इङ
fishing rod	ˈfɪʃ.ɪŋ.rɒd	**फ़िश** इङ रɒड
fishmonger	ˈfɪʃ.mʌŋ.gə	**फ़िश** मʌङ गə
fishnet	ˈfɪʃ.net	**फ़िश** नेट
fishplate	ˈfɪʃ.pleɪt	**फ़िश** प्लेइट
fishpond	ˈfɪʃ.pɒnd	**फ़िश** पɒन्ड
fishtail	ˈfɪʃ.teɪl	**फ़िश** टेइल
fishtank	ˈfɪʃ.ˈtæŋk	**फ़िश टæङ्क**
fishy	ˈfɪʃ.i	**फ़िश** ई
fission	ˈfɪʃ.ᵊn	**फ़िश** ᵊन
fissure	ˈfɪʃ.ə	**फ़िश** ə
fist	fɪst	फ़िस्ट
fistfight	ˈfɪst.faɪt	**फ़िस्ट** फ़ाइट
fistful	ˈfɪst.fʊl	**फ़िस्ट** फ़ुल
fisticuffs	ˈfɪs.tɪ.kʌfs	**फ़िस** टि कʌफ़्स
fistula	ˈfɪs.tjə.lə	**फ़िस** ट्यə लə
fit	fɪt	फ़िट
fitful	ˈfɪt.fᵊl	**फ़िट** फ़ᵊल
fitness	ˈfɪt.nəs	**फ़िट** नəस
fitted	ˈfɪt.ɪd	**फ़िट** इड
fitting	ˈfɪt.ɪŋ	**फ़िट** इङ
five	faɪv	फ़ाइव
five and ten	ˈfaɪv.ən.ˈten	**फ़ाइव** əन **टेन**
five pence	ˈfaɪv.pens	**फ़ाइव** पेन्स
five penny	ˈfaɪv.ˈpen.i	**फ़ाइव पेन** ई
fivefold	ˈfaɪv.fəʊld	**फ़ाइव** फ़əउल्ड
fiver	ˈfaɪv.ə	**फ़ाइव** ə
fix	fɪks	फ़िक्स
fixable	ˈfɪk.sə.bᵊl	**फ़िक** सə बᵊल
fixate	fɪk.ˈseɪt	फ़िक **सेइट**
fixation	fɪk.ˈseɪ.ʃᵊn	फ़िक **सेइ** शᵊन
fixative	ˈfɪk.sə.tɪv	**फ़िक** सə टिव
fixedly	ˈfɪk.sɪd.li	**फ़िक** सिड ली
fixture	ˈfɪks.tʃə	**फ़िक्स** चə
fizz	fɪz	फ़िज़
fizzle	ˈfɪz.ᵊl	**फ़िज़** ᵊल
fizzy	ˈfɪz.i	**फ़िज़** ई
flab	flæb	फ़्लæब

flabbergasted	ˈflæb.ə.ˈgɑːs.tɪd	**फ़्लæब** ə **गाːस** टिड
flabby	ˈflæb.i	**फ़्लæब** ई
flaccid	ˈflæk.sɪd	**फ़्लæक** सिड
flack	flæk	फ़्लæक
flag	flæg	फ़्लæग
flagman	ˈflæg.mən	**फ़्लæग** मəन
flagpole	ˈflæg.pəʊl	**फ़्लæग** पəउल
flagrant	ˈfleɪ.grᵊnt	**फ़्लेइ** ग्रᵊन्ट
flagrantly	ˈfleɪ.grᵊnt.li	**फ़्लेइ** ग्रᵊन्ट ली
flagship	ˈflæg.ʃɪp	**फ़्लæग** शिप
flagstone	ˈflæg.stəʊn	**फ़्लæग** स्टəउन
flag-waving	ˈflæg.ˈweɪ.vɪŋ	**फ़्लæग वेइ** विङ
flail	fleɪl	फ़्लेइल
flair	fleə	फ़्लेə
flak	flæk	फ़्लæक
flake	fleɪk	फ़्लेइक
flaky	ˈfleɪk.i	**फ़्लेइक** ई
flamboyance	flæm.ˈbɔɪ.ᵊns	फ़्लæम **बोइ** ᵊन्स
flamboyant	flæm.ˈbɔɪ.ᵊnt	फ़्लæम **बोइ** ᵊन्ट
flamboyantly	flæm.ˈbɔɪ.ᵊnt.li	फ़्लæम **बोइ** ᵊन्ट ली
flame	fleɪm	फ़्लेइम
flamenco	flə.ˈmeŋ.kəʊ	फ़्लə **मेङ** कəउ
flameproof	ˈfleɪm.pruːf	**फ़्लेइम** प्रूːफ़
flamethrower	ˈfleɪm.ˈθrəʊ.ə	**फ़्लेइम थ्रəउ** ə
flaming	ˈfleɪm.ɪŋ	**फ़्लेइम** इङ
flamingo	flə.ˈmɪŋ.gəʊ	फ़्लə **मिङ** गəउ
flammable	ˈflæm.ə.bᵊl	**फ़्लæम** ə बᵊल
flank	flæŋk	फ़्लæङ्क
flannel	ˈflæn.ᵊl	**फ़्लæन** ᵊल
flap	flæp	फ़्लæप
flapjack	ˈflæp.dʒæk	**फ़्लæप** जæक
flare	fleə	फ़्लेə
flared	fleəd	फ़्लेəड
flare-up	ˈfleə.rʌp	**फ़्लेə** रʌप
flash	flæʃ	फ़्लæश
flash card	ˈflæʃ.ˈkɑːd	**फ़्लæश काːड**
flash flood	ˈflæʃ.ˈflʌd	**फ़्लæश फ़्लʌड**
flashback	ˈflæʃ.bæk	**फ़्लæश** बæक
flashbulb	ˈflæʃ.bʌlb	**फ़्लæश** बʌल्ब
flasher	ˈflæʃ.ə	**फ़्लæश** ə

flashlight	ˈflæʃ.laɪt	**फ़लæश** लाइट
flashy	ˈflæʃ.i	**फ़लæश** ई
flask	flɑ:sk	फ़ला:स्क
flat	flæt	फ़लæट
flat-chested	ˈflæt.ˈtʃes.tɪd	**फ़लæट चेस** टिड
flatfoot	ˈflæt.fʊt	**फ़लæट** फ़ुट
flat-footed	ˈflæt.ˈfʊt.ɪd	**फ़लæट फ़ुट** इड
flathead	ˈflæt.ˈhed	**फ़लæट हेड**
flatlet	ˈflæt.lət	**फ़लæट** लəट
flatly	ˈflæt.li	**फ़लæट** ली
flatmate	ˈflæt.meɪt	**फ़लæट** मेइट
flat-out	ˈflæt.ˈaʊt	**फ़लæट आउट**
flatten	ˈflæt.ᵊn	**फ़लæट** ॱन
flatter	ˈflæt.ə	**फ़लæट** ə
flatterer	ˈflæt.ᵊr.ə	**फ़लæट** ॱर ə
flattering	ˈflæt.ə.rɪŋ	**फ़लæट** ə रिङ
flattery	ˈflæt.ᵊr.i	**फ़लæट** ॱर ई
flattop	ˈflæt.tɒp	**फ़लæट** टɒप
flatulence	ˈflæt.jə.lᵊns	**फ़लæट** ग्यə लॱन्स
flatulent	ˈflæt.jə.lᵊnt	**फ़लæट** ग्यə लॱन्ट
flaunt	flɔ:nt	फ़्लो:न्ट
flautist	ˈflɔ:.tɪst	**फ़्लो**: टिस्ट
flavour	ˈfleɪ.və	**फ़लेइ** वə
flavoured	ˈfleɪ.vəd	**फ़लेइ** वəड
flavouring	ˈfleɪ.vᵊr.ɪŋ	**फ़लेइ** वॱर इङ
flavoursome	ˈfleɪ.və.səm	**फ़लेइ** वə सəम
flaw	flɔ:	फ़्लो:
flawed	flɔ:d	फ़्लो:ड
flawless	ˈflɔ:.ləs	**फ़्लो**: लəस
flawlessly	ˈflɔ:.ləs.li	**फ़्लो**: लəस ली
flea	fli:	फ़्ली:
flea market	fli:.ˈmɑ:.kɪt	फ़्ली: **मा**: किट
fleabite	ˈfli:.baɪt	**फ़्ली**: बाइट
fleck	flek	फ़्लेक
fled	fled	फ़्लेड
fledge	ˈfledʒ	**फ़्लेज**
fledgling	ˈfledʒ.lɪŋ	**फ़्लेज** लिङ
flee	fli:	फ़्ली:
fleece	fli:s	फ़्ली:स
fleecy	ˈfli:s.i	**फ़्ली:स** ई
fleet	fli:t	फ़्ली:ट
fleeting	ˈfli:.tɪŋ	**फ़्ली**: टिङ
flesh	fleʃ	फ़्लेश

flesh and blood	ˈfleʃ.ən.ˈblʌd	**फ़्लेश** əन **ब्लʌड**
fleshy	ˈfleʃ.i	**फ़्लेश** ई
flew	flu:	फ़्लू:
flex	fleks	फ़्लेक्स
flexibility	ˈflek.sə.ˈbɪl.ə.ti	**फ़्लेक** सə **बिल** ə टी
flexible	ˈflek.sə.bᵊl	**फ़्लेक** सə बॱल
flexitime	ˈflek.sɪ.taɪm	**फ़्लेक** सि टाइम
flick	flɪk	फ़्लिक
flicker	ˈflɪk.ə	**फ़्लिक** ə
flick-knife	ˈflɪk.naɪf	**फ़्लिक** नाइफ़
flier	ˈflaɪ.ə	**फ़्लाइ** ə
flies	flaɪz	फ़्लाइज़
flight	flaɪt	फ़्लाइट
flight attendant	ˈflaɪt.ə.ˈten.dᵊnt	**फ़्लाइट** ə **टेन** डॱन्ट
flighty	ˈflaɪt.i	**फ़्लाइट** ई
flimsy	ˈflɪm.zi	**फ़्लिम** ज़ी
flinch	flɪntʃ	फ़्लिन्च
fling	flɪŋ	फ़्लिङ
flint	flɪnt	फ़्लिन्ट
flip	flɪp	फ़्लिप
flip side	ˈflɪp.saɪd	**फ़्लिप** साइड
flip-flop	ˈflɪp.ˈflɒp	**फ़्लिप फ़्लɒप**
flippancy	ˈflɪp.ən.si	**फ़्लिप** əन सी
flippant	ˈflɪp.ᵊnt	**फ़्लिप** ॱन्ट
flipper	ˈflɪp.ə	**फ़्लिप** ə
flirt	flɜ:t	फ़्लɜ:ट
flirtation	flɜ:.ˈteɪ.ʃᵊn	फ़्लɜ: **टेइ** शॱन
flirtatious	flɜ:.ˈteɪ.ʃəs	फ़्लɜ: **टेइ** शəस
flit	flɪt	फ़्लिट
float	fləʊt	फ़्लəउट
flock	flɒk	फ़्लɒक
flog	flɒg	फ़्लɒग
flogging	ˈflɒg.ɪŋ	**फ़्लɒग** इङ
flood	flʌd	फ़्लʌड
floodgate	ˈflʌd.geɪt	**फ़्लʌड** गेइट
floodlight	ˈflʌd.laɪt	**फ़्लʌड** लाइट
floodlit	ˈflʌd.lɪt	**फ़्लʌड** लिट
floor	flɔ:	फ़्लो:
floor plan	ˈflɔ:.plæn	**फ़्लो**: प्लæन
floorboard	ˈflɔ:.bɔ:d	**फ़्लो**: बो:ड
flooring	ˈflɔ:.rɪŋ	**फ़्लो**: रिङ

floorwalker	ˈflɔː.ˈwɔː.kə	फ़्लोः वोः कə
floozy	ˈfluː.zi	फ़्लूः ज़ी
flop	flɒp	फ़्लɒप
flophouse	ˈflɒp.haʊs	फ़्लɒप हाउस
floppy	ˈflɒp.i	फ़्लɒप ई
floppy disk	ˈflɒp.i.dɪsk	फ़्लɒप ई डिस्क
flora	ˈflɔː.rə	फ़्लोः रə
flora and fauna	ˈflɔː.rə.ən.ˈfɔː.nə	फ़्लोः रə əन फ़ोः नə
floral	ˈflɔː.rəl	फ़्लोः रəल
floral display	ˈflɔː.rəl.dɪs.ˈpleɪ	फ़्लोः रəल डिस प्लेइ
florid	ˈflɒr.ɪd	फ़्लɒर इड
florin	ˈflɒr.ɪn	फ़्लɒर इन
florist	ˈflɒr.ɪst	फ़्लɒर इस्ट
floss	flɒs	फ़्लɒस
flotilla	flə.ˈtɪl.ə	फ़्लə टिल ə
flounce	flaʊns	फ़्लाउन्स
flounder	ˈflaʊn.də	फ़्लाउन डə
flour	ˈflaʊ.ə	फ़्लाउ ə
flourish	ˈflʌr.ɪʃ	फ़्लʌर इश
flout	ˈflaʊt	फ़्लाउट
flow	fləʊ	फ़्लəउ
flow chart	ˈfləʊ.ˈtʃɑːt	फ़्लəउ चाःट
flow diagram	fləʊ.ˈdaɪ.ə.græm	फ़्लəउ डाइ ə ग्रæम
flower	ˈflaʊ.ə	फ़्लाउ ə
flower arranging	ˈflaʊ.ər.ə.ˈreɪndʒ.ɪŋ	फ़्लाउ əर ə रेइन्ज इङ
flower child	ˈflaʊ.ə.ˈtʃaɪld	फ़्लाउ ə चाइल्ड
flower garden	ˈflaʊ.ə.ˈgɑː.dən	फ़्लाउ ə गाः डəन
flower girl	ˈflaʊ.ə.ˈgɜːl	फ़्लाउ ə गɜःल
flower power	ˈflaʊ.ə.ˈpaʊ.əʳ	फ़्लाउ ə पाउ əर
flowerbed	ˈflaʊ.ə.bed	फ़्लाउ ə बेड
flowering	ˈflaʊ.ə.rɪŋ	फ़्लाउ ə रिङ
flowerpot	ˈflaʊ.ə.pɒt	फ़्लाउ ə पɒट
flowery	ˈflaʊ.ə.ri	फ़्लाउ ə री
flowing	ˈfləʊ.ɪŋ	फ़्लəउ इङ
flown	fləʊn	फ़्लəउन
flu	fluː	फ़्लूः
flub	flʌb	फ़्लʌब
fluctuate	ˈflʌk.tʃʊ.eɪt	फ़्लʌक चु एइट
fluctuation	ˈflʌk.tʃʊ.ˈeɪ.ʃᵊn	फ़्लʌक चु एइ शᵊन
flue	fluː	फ़्लूः
fluency	ˈfluːən.si	फ़्लूःəन सी
fluent	ˈfluː.ᵊnt	फ़्लूः ᵊन्ट
fluently	ˈfluː.ᵊnt.li	फ़्लूः ᵊन्ट ली
fluff	flʌf	फ़्लʌफ़
fluffy	ˈflʌf.i	फ़्लʌफ़ ई
fluid	ˈfluː.ɪd	फ़्लूः इड
fluid ounce	ˈfluː.ɪd.ˈaʊns	फ़्लूः इड आउन्स
fluidity	fluː.ˈɪd.ə.ti	फ़्लूः इड ə टी
fluke	fluːk	फ़्लूःक
flung	flʌŋ	फ़्लʌङ
flunk	flʌŋk	फ़्लʌङ्क
flunky	ˈflʌŋk.i	फ़्लʌङ्क ई
fluorescence	flɔː.ˈres.ᵊns	फ़्लोः रेस ᵊन्स
fluorescent	flɔː.ˈres.ᵊnt	फ़्लोः रेस ᵊन्ट
fluoride	ˈflɔː.raɪd	फ़्लोः राइड
flurry	ˈflʌr.i	फ़्लʌर ई
flush	flʌʃ	फ़्लʌश
flushing	ˈflʌʃ.ɪŋ	फ़्लʌश इङ
fluster	ˈflʌs.tə	फ़्लʌस टə
flustered	ˈflʌs.təd	फ़्लʌस टəड
flute	fluːt	फ़्लूःट
flutist	ˈfluː.tɪst	फ़्लूः टिस्ट
flutter	ˈflʌt.ə	फ़्लʌट ə
flux	flʌks	फ़्लʌक्स
fly	flaɪ	फ़्लाइ
fly ball	ˈflaɪ.bɔːl	फ़्लाइ बोःल
fly-by-night	ˈflaɪ.baɪ.ˈnaɪt	फ़्लाइ बाइ नाइट
flycatcher	ˈflaɪ.ˈkætʃ.ə	फ़्लाइ कæच ə
fly-drive	ˈflaɪ.draɪv	फ़्लाइ ड्राइव
fly-fishing	ˈflaɪ.ˈfɪʃ.ɪŋ	फ़्लाइ फ़िश इङ
flying fish	ˈflaɪ.ɪŋ.fɪʃ	फ़्लाइ इङ फ़िश
flying officer	ˈflaɪ.ɪŋ.ˈɒf.ɪs.ə	फ़्लाइ इङ ɒफ़ इस ə
flying saucer	ˈflaɪ.ɪŋ.ˈsɔː.sə	फ़्लाइ इङ सोः सə
flying squad	ˈflaɪ.ɪŋ.ˈskwɒd	फ़्लाइ इङ स्क्वɒड
flying start	ˈflaɪ.ɪŋ.ˈstɑːt	फ़्लाइ इङ स्टाःट
flypaper	ˈflaɪ.ˈpeɪ.pə	फ़्लाइ पेइ पə
flysheet	ˈflaɪ.ʃiːt	फ़्लाइ शीःट
flyswatter	ˈflaɪ.ˈswɒt.ə	फ़्लाइ स्वɒट ə
flyweight	ˈflaɪ.weɪt	फ़्लाइ वेइट

flywheel	ˈflaɪ.wiːl	फ़्लाइ व़ी:ल
FM	ˈef.ˈem	एफ़ एम
foal	fəʊl	फ़əउल
foam	fəʊm	फ़əउम
foam rubber	ˈfəʊm.ˈrʌb.ə	फ़əउम रʌब ə
foamy	ˈfəʊm.i	फ़əउम ई
focal point	ˈfəʊ.kᵊl.pɔɪnt	फ़əउ कᵊल पोइन्ट
foci	ˈfəʊ.saɪ	फ़əउ साइ
focus	ˈfəʊ.kəs	फ़əउ कəस
fodder	ˈfɒd.ə	फ़ɒड ə
foe	fəʊ	फ़əउ
foetal	ˈfiː.tᵊl	फ़ी: टᵊल
foetus	ˈfiː.təs	फ़ी: टəस
fog	fɒg	फ़ɒग
fogbound	ˈfɒg.baʊnd	फ़ɒग बाउन्ड
foggy	ˈfɒg.i	फ़ɒग ई
foghorn	ˈfɒg.hɔːn	फ़ɒग हो:न
fogy	ˈfəʊ.gi	फ़əउ गी
foible	ˈfɔɪ.bᵊl	फ़ोइ बᵊल
foil	fɔɪl	फ़ोइल
foist	fɔɪst	फ़ोइस्ट
fold	fəʊld	फ़əउल्ड
foldaway	ˈfəʊld.ə.weɪ	फ़əउल्ड ə व़ेइ
folder	ˈfəʊl.də	फ़əउल डə
foldout	ˈfəʊld.aʊt	फ़əउल्ड आउट
foliage	ˈfəʊ.li.ɪdʒ	फ़əउ ली इज
foliate (adj)	ˈfəʊ.li.ət	फ़əउ ली əट
foliate (v)	ˈfəʊ.li.eit	फ़əउ ली एईट
folic	ˈfəʊ.lɪk	फ़əउ लिक
folio	ˈfəʊ.li.əʊ	फ़əउ ली əउ
folk	fəʊk	फ़əउक
folk music	fəʊk.ˈmjuː.zɪk	फ़əउक म्यू: ज़िक
folklore	ˈfəʊk.lɔː	फ़əउक लो:
folks	fəʊks	फ़əउक्स
folksinger	fəʊk.ˈsɪŋ.əʳ	फ़əउक सिङ əर
folksy	ˈfəʊk.si	फ़əउक सी
folktale	ˈfəʊk.teɪl	फ़əउक टेइल
follicle	ˈfɒl.ɪ.kᵊl	फ़ɒल इ कᵊल
follow	ˈfɒl.əʊ	फ़ɒल əउ
follower	ˈfɒl.əʊ.ə	फ़ɒल əउ ə
following	ˈfɒl.əʊ.ɪŋ	फ़ɒल əउ इङ
follow-my-leader	ˈfɒl.əʊ.maɪ.ˈliːdə	फ़ɒल əउ माइ ली:डə

follow-on	ˈfɒl.əʊ.ˈɒn	फ़ɒल əउ ɒन
follow-the-leader	ˈfɒl.əʊ.ðə.ˈliːdə	फ़ɒल əउ दə ली:डə
follow-through	ˈfɒ.ləʊ.ˈθruː	फ़ɒ लəउ थ्रू:
follow-up	ˈfɒ.ləʊ.ʌp	फ़ɒ लəउ ʌप
folly	ˈfɒl.i	फ़ɒल ई
foment	fəʊ.ˈment	फ़əउ मेन्ट
fond	fɒnd	फ़ɒन्ड
fondle	ˈfɒn.dᵊl	फ़ɒन डᵊल
fondly	ˈfɒnd.li	फ़ɒन्ड ली
fondness	ˈfɒnd.nəs	फ़ɒन्ड नəस
fondue	ˈfɒn.djuː	फ़ɒन ड्यू:
font	fɒnt	फ़ɒन्ट
food	fuːd	फ़ू:ड
food poisoning	ˈfuːd.ˈpɔɪz.ᵊn.ɪŋ	फ़ू:ड पोइज़ ᵊन इङ
food processor	ˈfuːd.ˈprəʊ.ses.ə	फ़ू:ड प्रəउ सेस ə
food stamp	ˈfuːd.ˈstæmp	फ़ू:ड स्टæम्प
foodie	ˈfuː.di	फ़ू: डी
foodstuff	ˈfuːd.stʌf	फ़ू:ड स्टʌफ़
fool	fuːl	फ़ू:ल
foolery	ˈfuː.lᵊr.i	फ़ू: लᵊर ई
foolhardy	ˈfuːl.ˈhɑː.di	फ़ू:ल हा: डी
foolish	ˈfuː.lɪʃ	फ़ू: लिश
foolishly	ˈfuː.lɪʃ.li	फ़ू: लिश ली
foolishness	ˈfuː.lɪʃ.nəs	फ़ू: लिश नəस
foolproof	ˈfuːl.pruːf	फ़ू:ल प्रू:फ़
foot	fʊt	फ़ुट
footage	ˈfʊt.ɪdʒ	फ़ुट इज
football	ˈfʊt.bɔːl	फ़ुट बो:ल
footbridge	ˈfʊt.brɪdʒ	फ़ुट ब्रिज
foothill	ˈfʊt.hɪl	फ़ुट हिल
foothold	ˈfʊt.həʊld	फ़ुट हəउल्ड
footing	ˈfʊt.ɪŋ	फ़ुट इङ
footlight	ˈfʊt.laɪt	फ़ुट लाइट
footlocker	ˈfʊt.lɒk.ə	फ़ुट लɒक ə
footloose	ˈfʊt.luːs	फ़ुट लू:स
footnote	ˈfʊt.nəʊt	फ़ुट नəउट
footpath	ˈfʊt.pɑːθ	फ़ुट पा:थ
footprint	ˈfʊt.prɪnt	फ़ुट प्रिन्ट
footsie	ˈfʊt.si	फ़ुट सी
footstep	ˈfʊt.step	फ़ुट स्टेप
footwear	ˈfʊt.weə	फ़ुट व़ेə
footwork	ˈfʊt.wɜːk	फ़ुट व़ɜ:क

for	fɔː	फ़ोः
forage	ˈfɒr.ɪdʒ	फ़ɒर इज
foray	ˈfɒr.eɪ	फ़ɒर एइ
forbad	fəˈbæd	फ़ə बæड
forbade	fəˈbeɪd	फ़ə बेइड
forbear (n)	ˈfɔː.beəʳ	फ़ोः बेəर
forbear (v)	fɔːˈbeəʳ	फ़ोः बेəर
forbearance	fɔːˈbeə.rᵊns	फ़ोः बेə र॰न्स
forbid	fəˈbɪd	फ़ə बिड
forbidden	fəˈbɪd.ᵊn	फ़ə बिड ॰न
forbidding	fəˈbɪd.ɪŋ	फ़ə बिड इङ
forbore	fɔːˈbɔː	फ़ोः बोः
forborne	fɔːˈbɔːn	फ़ोः बोःन
force	fɔːs	फ़ोःस
forced	fɔːst	फ़ोःस्ट
force-fed	ˈfɔːs.fed	फ़ोःस फ़ेड
force-feed	ˈfɔːs.fiːd	फ़ोःस फ़ीःड
forceful	ˈfɔːs.fᵊl	फ़ोःस फ़॰ल
forcefully	ˈfɔːs.fᵊl.i	फ़ोःस फ़॰ल ई
forceps	ˈfɔː.seps	फ़ोः सेप्स
forcible	ˈfɔː.sə.bᵊl	फ़ोः सə ब॰ल
forcibly	ˈfɔː.sə.bli	फ़ोः सə ब्ली
ford	fɔːd	फ़ोःड
fore	fɔː	फ़ोः
forearm	ˈfɔː.rɑːm	फ़ोः राःम
foreboding	fɔːˈbəʊ.dɪŋ	फ़ोः बəउ डिङ
forecast	ˈfɔː.kɑːst	फ़ोः काःस्ट
foreclose	fɔːˈkləʊz	फ़ोः क्लəउज़
foreclosure	fɔːˈkləʊ.ʒə	फ़ोः क्लəउ ज़ə
forecourt	ˈfɔː.kɔːt	फ़ोः कोःट
forefathers	ˈfɔːˈfɑː.ðəz	फ़ोः फ़ाः दəज़
forefinger	ˈfɔːˈfɪŋ.gə	फ़ोः फ़िङ गə
forefront	ˈfɔː.frʌnt	फ़ोः फ़्रʌन्ट
forego	fɔːˈgəʊ	फ़ोः गəउ
foregone	fɔːˈgɒn	फ़ोः गɒन
foreground	ˈfɔː.graʊnd	फ़ोः ग्राउन्ड
forehand	ˈfɔː.hænd	फ़ोः हæन्ड
forehead	ˈfɒr.ɪd	फ़ɒर इड
foreign	ˈfɒr.ən	फ़ɒर əन
foreign affairs	ˈfɒr.ən.əˈfeəz	फ़ɒर əन ə फ़ेəज़
foreign aid	ˈfɒr.ənˈeɪd	फ़ɒर əन एइड

foreign correspondent	ˈfɒr.ən.ˈkɒr.ɪ.ˈspɒn.dᵊnt	फ़ɒर əन कɒर इ स्पɒन ड॰न्ट
foreign currency	ˈfɒr.ən.ˈkʌr.ən.si	फ़ɒर əन कʌर əन सी
foreign exchange	ˈfɒr.ən.ɪks.ˈtʃeɪndʒ	फ़ɒर əन इक्स चेइन्ज
foreign legion	ˈfɒr.ən.ˈliː.dʒ.ən	फ़ɒर əन लीःज əन
Foreign office	ˈfɒr.ən.ˈɒf.ɪs	फ़ɒर əन ɒफ़ इस
foreign policy	ˈfɒr.ən.ˈpɒl.ə.si	फ़ɒर əन पɒल ə सी
Foreign secretary	ˈfɒr.ən.ˈsek.rə.tᵊr.i	फ़ɒर əन सेक रə ट॰र ई
Foreign service	ˈfɒr.ən.ˈsɜː.vɪs	फ़ɒर əन सɜː विस
foreigner	ˈfɒr.ə.nə	फ़ɒर ə नə
forejudge	fɔːˈdʒʌdʒ	फ़ोः जʌज
foreknow	fɔːˈnəʊ	फ़ोः नəउ
foreknowledge	ˈfɔːˈnɒl.ɪdʒ	फ़ोः नɒल इज
foreman	ˈfɔː.mən	फ़ोः मəन
foremast	ˈfɔː.mɑːst	फ़ोः माःस्ट
foremost	ˈfɔː.məʊst	फ़ोः मəउस्ट
forename	ˈfɔː.neɪm	फ़ोः नेइम
forenoon	ˈfɔː.nuːn	फ़ोः नूःन
forensic	fəˈren.sɪk	फ़ə रेन सिक
forepart	ˈfɔː.pɑːt	फ़ोः पाःट
foreplay	ˈfɔːˈpleɪ	फ़ोः प्लेइ
forerunner	ˈfɔːˈrʌn.ə	फ़ोः रʌन ə
foresail	ˈfɔː.seɪl	फ़ोः सेइल
foresaw	fɔːˈsɔː	फ़ोः सोः
foresee	fɔːˈsiː	फ़ोः सीः
foreseeable	fɔːˈsiː.ə.bᵊl	फ़ोः सीः ə ब॰ल
foreseen	fɔːˈsiːn	फ़ोः सीःन
foreshadow	fɔːˈʃæd.əʊ	फ़ोः शæड əउ
foreshore	ˈfɔː.ʃɔː	फ़ोः शोः
foreshow	fɔːˈʃəʊ	फ़ोः शəउ
foresight	ˈfɔː.saɪt	फ़ोः साइट
foreskin	ˈfɔː.skɪn	फ़ोः स्किन
forest	ˈfɒr.ɪst	फ़ɒर इस्ट
forest ranger	ˈfɒr.ɪst.ˈreɪn.dʒə	फ़ɒर इस्ट रेइन जə
forestall	fɔːˈstɔːl	फ़ोः स्टोःल
forester	ˈfɒr.ɪs.tə	फ़ɒर इस टə

forestry	ˈfɒr.ə.stri	**फ़ɒर** ə स्ट्री
foretaste (n)	ˈfɔː.teɪst	**फ़ो**: टेइस्ट
foretaste (v)	fɔː.ˈteɪst	फ़ो: **टेइस्ट**
foretell	fɔː.ˈtel	फ़ो: **टेल**
forethought	ˈfɔː.θɔːt	**फ़ो**: थो:ट
foretold	fɔː.ˈtəʊld	फ़ो: **टəउल्ड**
forever	fə.ˈrev.ə	फ़ə **रेव** ə
forewarn	fɔː.ˈwɔːn	फ़ो: **वो:न**
foreword	ˈfɔː.wɜːd	**फ़ो**: वɜ:ड
forfeit	ˈfɔː.fɪt	**फ़ो**: फ़िट
forgave	fə.ˈɡeɪv	फ़ə **गेइव**
forge	fɔːdʒ	फ़ो:ज
forger	ˈfɔː.dʒə	**फ़ो**: जə
forgery	ˈfɔː.dʒᵊr.i	**फ़ो**: जᵊर ई
forget	fə.ˈɡet	फ़ə **गेट**
forgetful	fə.ˈɡet.fᵊl	फ़ə **गेट** फ़ᵊल
forgetfulness	fə.ˈɡet.fᵊl.nəs	फ़ə **गेट** फ़ᵊल नəस
forget-me-not	fə.ˈɡet.mi.nɒt	फ़ə **गेट** मी नɒट
forgettable	fə.ˈɡet.ə.bᵊl	फ़ə **गेट** ə बᵊल
forgivable	fə.ˈɡɪv.ə.bᵊl	फ़ə **गिव** ə बᵊल
forgive	fə.ˈɡɪv	फ़ə **गिव**
forgiven	fə.ˈɡɪv.ᵊn	फ़ə **गिव** ᵊन
forgiveness	fə.ˈɡɪv.nəs	फ़ə **गिव** नəस
forgiving	fə.ˈɡɪv.ɪŋ	फ़ə **गिव** इङ
forgo	fɔː.ˈɡəʊ	फ़ो: **गəउ**
forgone	fɔː.ˈɡɒn	फ़ो: **गɒन**
forgot	fə.ˈɡɒt	फ़ə **गɒट**
forgotten	fə.ˈɡɒt.ᵊn	फ़ə **गɒट** ᵊन
fork	fɔːk	फ़ो:क
forklift	ˈfɔːk.lɪft	**फ़ो:क** लिफ़्ट
forlorn	fə.ˈlɔːn	फ़ə **लो:न**
form	fɔːm	फ़ो:म
form letter	ˈfɔːm.ˈlet.ə	**फ़ो:म लेट** ə
formal	ˈfɔː.mᵊl	**फ़ो**: मᵊल
formal education	ˈfɔː.mᵊl.ˈedʒ.ʊ.ˈkeɪ.ʃᵊn	**फ़ो**: मᵊल **एज** उ **केइ** शᵊन
formal wear	ˈfɔː.mᵊl.ˈweə	**फ़ो**: मᵊल **वेə**
formaldehyde	fɔː.ˈmæl.dɪ.haɪd	फ़ो: **मæल** डि हाइड
formalin	ˈfɔː.mᵊl.ɪn	**फ़ो**: मᵊल इन
formalisation	ˈfɔː.mᵊl.aɪ.ˈzeɪ.ʃᵊn	**फ़ो**: मᵊल आइ **ज़ेइ** शᵊन

formalise	ˈfɔː.mᵊl.aɪz	**फ़ो**: मᵊल आइज़
formality	fɔː.ˈmæl.ə.ti	फ़ो: **मæल** ə टी
formally	ˈfɔː.mᵊl.i	**फ़ो**: मᵊल ई
formant	ˈfɔː.mᵊnt	**फ़ो**: मᵊन्ट
format	ˈfɔː.mæt	**फ़ो**: मæट
formation	fɔː.ˈmeɪ.ʃᵊn	फ़ो: **मेइ** शᵊन
formative	ˈfɔː.mə.tɪv	**फ़ो**: मə टिव
former	ˈfɔː.mə	**फ़ो**: मə
formerly	ˈfɔː.mə.li	**फ़ो**: मə ली
formidable	ˈfɔː.mɪd.ə.bᵊl	**फ़ो**: मिड ə बᵊल
formidably	ˈfɔː.mɪd.ə.bli	**फ़ो**: मिड ə ब्ली
formless	ˈfɔːm.ləs	**फ़ो:म** लəस
formula	ˈfɔː.mjə.lə	**फ़ो**: म्यə लə
formulae	ˈfɔː.mjə.liː	**फ़ो**: म्यə ली:
formulate	ˈfɔː.mjə.leɪt	**फ़ो**: म्यə लेइट
formulation	ˈfɔː.mjə.ˈleɪ.ʃᵊn	**फ़ो**: म्यə **लेइ** शᵊन
fornicate	ˈfɔː.nɪ.keɪt	**फ़ो**: नि केइट
fornication	ˈfɔː.nɪ.ˈkeɪ.ʃᵊn	**फ़ो**: नि **केइ** शᵊन
forsake	fə.ˈseɪk	फ़ə **सेइक**
forsaken	fə.ˈseɪ.kᵊn	फ़ə **सेइ** कᵊन
forsook	fə.ˈsʊk	फ़ə **सुक**
forswear	fɔː.ˈsweə	फ़ो: **स्वेə**
fort	fɔːt	फ़ो:ट
forte	ˈfɔː.teɪ	**फ़ो**: टेइ
forth	fɔːθ	फ़ो:थ
forthcoming	ˈfɔːθ.ˈkʌm.ɪŋ	**फ़ो:थ कʌम** इङ
forthright	ˈfɔːθ.raɪt	**फ़ो:थ** राइट
forthwith	ˈfɔːθ.ˈwɪθ	**फ़ो:थ विथ**
fortieth	ˈfɔː.tɪ.əθ	**फ़ो**: टि əथ
fortification	ˈfɔː.tɪ.fɪ.ˈkeɪ.ʃᵊn	**फ़ो**: टि फ़ि **केइ** शᵊन
fortify	ˈfɔː.tɪ.faɪ	**फ़ो**: टि फ़ाइ
fortis	ˈfɔː.tɪs	**फ़ो**: टिस
fortissimo	fɔː.ˈtɪs.ɪ.məʊ	फ़ो: **टिस** इ मəउ
fortitude	ˈfɔː.tɪ.tjuːd	**फ़ो**: टि ट्यू:ड
fortnight	ˈfɔːt.naɪt	**फ़ो:ट** नाइट
fortnightly	ˈfɔːt.naɪt.li	**फ़ो:ट** नाइट ली
fortress	ˈfɔː.trəs	**फ़ो**: ट्रəस
fortuitous	fɔː.ˈtjuː.ɪ.təs	फ़ो: **ट्यू**: इ टəस
fortuity	fɔː.ˈtjuː.ə.tɪ	फ़ो: **ट्यू**: ə टि
fortunate	ˈfɔː.tʃə.nət	**फ़ो**: चə नəट
fortunately	ˈfɔː.tʃə.nət.li	**फ़ो**: चə नəट ली

fortune	ˈfɔː.tʃuːn	**फ़ो**: चूːन
fortune cookie	ˈfɔː.tʃuːn.ˈkʊk.i	**फ़ो**: चूːन **कुक** ई
fortune teller	ˈfɔː.tʃuːn.ˈtel.ə	**फ़ो**: चूːन **टेल** ə
forty	ˈfɔː.ti	**फ़ो**: टी
forty-niner	ˈfɔː.tɪ.ˈnaɪ.nə	**फ़ो**: टि **नाइ** नə
forum	ˈfɔː.rəm	**फ़ो**: रəम
forward	ˈfɔː.wəd	**फ़ो**: व़əड
forwarding address	ˈfɔː.wəd.ɪŋ.ə.ˈdres	**फ़ो**: व़əड इङ ə **ड्रेस**
forward-looking	ˈfɔː.wəd.ˈlʊk.ɪŋ	**फ़ो**: व़əड **लुक** इङ
forwards	ˈfɔː.wədz	**फ़ो**: व़əड्ज़
forwent	fɔː.ˈwent	फ़ो: **व़ेन्ट**
fossil	ˈfɒs.ᵊl	**फ़ɒस** ᵊल
fossil fuel	ˈfɒs.ᵊl.ˈfjuː.əl	**फ़ɒस** ᵊल **फ़्यूː** əल
fossilisation	fɒs.ᵊl.aɪ.ˈzeɪ.ʃᵊn	फ़ɒस ᵊल आइ **ज़ेइ** शᵊन
fossilise	ˈfɒs.ᵊl.aɪz	**फ़ɒस** ᵊल आइज़
foster	ˈfɒs.tə	**फ़ɒस** टə
fought	ˈfɔːt	**फ़ोːट**
foul	faʊl	फ़ाउल
foul ball	ˈfaʊl.bɔːl	**फ़ाउल** बोːल
foul mouthed	ˈfaʊl.maʊðd	**फ़ाउल** माउद्ड
foul play	ˈfaʊl.ˈpleɪ	**फ़ाउल** **प्लेइ**
foul-up	ˈfaʊl.ʌp	**फ़ाउल** ʌप
found	faʊnd	फ़ाउन्ड
foundation	faʊn.ˈdeɪ.ʃᵊn	फ़ाउन **डेइ** शᵊन
founded	ˈfaʊn.dɪd	**फ़ाउन** डिड
founder	ˈfaʊn.də	**फ़ाउन** डə
founding	ˈfaʊn.dɪŋ	**फ़ाउन** डिङ
founding father	ˈfaʊn.dɪŋ.ˈfɑː.ðə	**फ़ाउन** डिङ **फ़ाː** दə
foundry	ˈfaʊn.dri	**फ़ाउन** ड्री
fountain	ˈfaʊn.tɪn	**फ़ाउन** टिन
fountain pen	ˈfaʊn.tɪn.pen	**फ़ाउन** टिन पेन
four	fɔː	फ़ोː
fourfold	ˈfɔː.fəʊld	**फ़ो**: फ़əउल्ड
four-cornered	ˈfɔː.ˈkɔː.nəd	**फ़ो**: **को**: नəड
four-dimensional	ˈfɔː.daɪ.ˈmen.ʃᵊn.ᵊl	**फ़ो**: डाइ **मेन** शᵊन ᵊल
four-footed beast	ˈfɔː.ˈfʊt.ɪd.biːst	**फ़ो**: **फ़ुट** इड बीːस्ट

four-leaf clover	ˈfɔː.liːf.ˈkləʊ.və	**फ़ो**: लीːफ़ **क्लəउ** वə
four-letter word	ˈfɔː.let.ə.ˈwɜːd	**फ़ो**: लेट ə **व़ɜːड**
four-poster	ˈfɔː.pəʊs.tə	**फ़ो**: पəउस टə
four-poster bed	ˈfɔː.pəʊs.tə.ˈbed	**फ़ो**: पəउस टə **बेड**
fourscore	ˈfɔː.skɔː	**फ़ो**: स्कोː
foursome	ˈfɔː.səm	**फ़ो**: सəम
fourteen	ˈfɔː.ˈtiːn	**फ़ो**: **टीːन**
fourteenth	ˈfɔː.ˈtiːnθ	**फ़ो**: **टीːन्थ**
fourth	ˈfɔːθ	**फ़ोːथ**
fourthly	ˈfɔːθ.li	**फ़ोːथ** ली
four-wheel drive	ˈfɔː.wiːl.ˈdraɪv	**फ़ो**: व़ीːल **ड्राइव**
fowl	faʊl	फ़ाउल
fox	fɒks	फ़ɒक्स
foxhole	ˈfɒks.həʊl	**फ़ɒक्स** हəउल
foxhound	ˈfɒks.haʊnd	**फ़ɒक्स** हाउन्ड
foxhunt	ˈfɒks.hʌnt	**फ़ɒक्स** हʌन्ट
foxtrot	ˈfɒks.trɒt	**फ़ɒक्स** ट्रɒट
foxy	ˈfɒk.si	**फ़ɒक** सी
foyer	ˈfɔɪ.eɪ	**फ़ोइ** एइ
fracas	ˈfræk.ɑːz	**फ़्रæक** आːज़
fraction	ˈfræk.ʃᵊn	**फ़्रæक** शᵊन
fractional	ˈfræk.ʃᵊn.ᵊl	**फ़्रæक** शᵊन ᵊल
fractionally	ˈfræk.ʃᵊn.ᵊl.i	**फ़्रæक** शᵊन ᵊल ई
fractious	ˈfræk.ʃəs	**फ़्रæक** शəस
fracture	ˈfræk.tʃə	**फ़्रæक** चə
fragile	ˈfrædʒ.aɪl	**फ़्रæज** आइल
fragility	frə.ˈdʒɪl.ə.ti	फ़्रə **जिल** ə टी
fragment (n)	ˈfræg.mᵊnt	**फ़्रæग** मᵊन्ट
fragment (v)	fræg.ˈment	फ़्रæग **मेन्ट**
fragmentation	ˈfræg.men.ˈteɪ.ʃᵊn	**फ़्रæग** मेन **टेइ** शᵊन
fragrance	ˈfreɪ.grᵊns	**फ़्रेइ** ग्रᵊन्स
fragrant	ˈfreɪ.grᵊnt	**फ़्रेइ** ग्रᵊन्ट
frail	freɪl	फ़्रेइल
frailty	ˈfreɪl.ti	**फ़्रेइल** टी
frame	freɪm	फ़्रेइम
framework	ˈfreɪm.wɜːk	**फ़्रेइम** व़ɜːक
franc	fræŋk	फ़्रæङ्क
franchise	ˈfræn.tʃaɪz	**फ़्रæन** चाइज़
frank	fræŋk	फ़्रæङ्क

frankfurter	ˈfræŋk.fɜː.tə	फ़्रæङ्क फ़ɜ: टə
frankly	ˈfræŋk.li	फ़्रæङ्क ली
frankness	ˈfræŋk.nəs	फ़्रæङ्क नəस
frantic	ˈfræn.tɪk	फ़्रæन टिक
frantically	ˈfræn.tɪ.kᵊl.i	फ़्रæन टि कᵊल ई
fraternal	frəˈtɜː.nᵊl	फ़्रə टɜ: नᵊल
fraternisation	ˌfræt.ə.naɪˈzeɪ.ʃᵊnz	फ़्रæट ə नाइ ज़ेइ शᵊन्ज़
fraternise	ˈfræt.ə.naɪz	फ़्रæट ə नाइज़
fraternity	frəˈtɜː.nə.ti	फ़्रə टɜ: नə टी
fraud	frɔːd	फ़्रो:ड
fraudster	ˈfrɔːd.stə	फ़्रो:ड स्टə
fraudulence	ˈfrɔː.djə.lᵊns	फ़्रो: ड्यə लᵊन्स
fraudulent	ˈfrɔː.djə.lᵊnt	फ़्रो: ड्यə लᵊन्ट
fraught	frɔːt	फ़्रो:ट
fray	freɪ	फ़्रेइ
freak	friːk	फ़्री:क
freak out	ˌfriːkˈaʊt	फ़्री:क आउट
freckle	ˈfrek.ᵊl	फ़्रेक ᵊल
freckled	ˈfrek.ᵊld	फ़्रेक ᵊल्ड
free	friː	फ़्री:
free enterprise	ˌfriːˈen.tə.praɪz	फ़्री: एन टə प्राइज़
free market	ˌfriːˈmɑː.kɪt	फ़्री: मा: किट
free speech	ˌfriːˈspiːtʃ	फ़्री: स्पी:च
freebie	ˈfriː.bi	फ़्री: बी
freeboard	ˈfriː.bɔːd	फ़्री: बो:ड
freedom	ˈfriː.dəm	फ़्री: डəम
freedom fighter	ˈfriː.dəmˌfaɪ.tə	फ़्री: डəम फ़ाइ टə
freedom of speech	ˈfriː.dəm.əvˈspiːtʃ	फ़्री: डəम əव स्पी:च
free-fall	ˈfriːˈfɔːl	फ़्री: फ़ो:ल
free-for-all	ˈfriː.fəˈrɔːl	फ़्री: फ़ə रो:ल
free-form	ˈfriːˈfɔːm	फ़्री: फ़ो:म
freehand	ˈfriː.hænd	फ़्री: हæन्ड
freehold	ˈfriː.həʊld	फ़्री: हəउल्ड
freelance	ˈfriː.lɑːns	फ़्री: ला:न्स
freelancer	ˈfriːˈlɑːn.sə	फ़्री: ला:न सə
freeload	ˈfriː.ləʊd	फ़्री: लəउड
freely	ˈfriː.li	फ़्री: ली
free-range	friːˈreɪndʒ	फ़्री: रेइन्ज
freesheet	ˈfriːˈʃiːt	फ़्री: शी:ट

free-standing	ˈfriːˈstænd.ɪŋ	फ़्री: स्टæन्ड इङ
freestone	ˈfriː.stəʊn	फ़्री: स्टəउन
freestyle	ˈfriː.staɪl	फ़्री: स्टाइल
freethinker	ˈfriːˈθɪŋk.ə	फ़्री: थिङ्क ə
freethinking	ˈfriːˈθɪŋ.kɪŋ	फ़्री: थिङ किङ
freeway	ˈfriː.weɪ	फ़्री: व़ेइ
freewheel	ˈfriːˈwiːl	फ़्री: व़ी:ल
freewill	ˈfriː.wɪl	फ़्री: व़िल
freeze	friːz	फ़्री:ज़
freeze-dry	ˈfriːzˈdraɪ	फ़्री:ज़ ड्राइ
freeze-frame	ˈfriːzˈfreɪm	फ़्री:ज़ फ़्रेइम
freezer	ˈfriː.zə	फ़्री: ज़ə
freezing	ˈfriː.zɪŋ	फ़्री:ज़ इङ
freezing point	ˈfriː.zɪŋˌpɔɪnt	फ़्री:ज़ इङ पोइन्ट
freight	freɪt	फ़्रेइट
freight train	ˈfreɪtˌtreɪn	फ़्रेइट ट्रेइन
freighter	ˈfreɪ.tə	फ़्रेइ टə
French	frentʃ	फ़्रेन्च
French bread	ˈfrentʃ.bred	फ़्रेन्च ब्रेड
French fry	ˈfrentʃ.fraɪ	फ़्रेन्च फ़्राइ
French toast	ˈfrentʃˈtəʊst	फ़्रेन्च टəउस्ट
Frenchman	ˈfrentʃ.mən	फ़्रेन्च मəन
French-polish	ˈfrentʃˈpɒl.ɪʃ	फ़्रेन्च पɒल ईश
frenetic	frəˈnet.ɪk	फ़्रə नेट इक
frenzy	ˈfren.zi	फ़्रेन ज़ी
frequency	ˈfriː.kwən.si	फ़्री: क्व़əन सी
frequent	frɪˈkwent	फ़्रि क्व़ेन्ट
frequently	ˈfriː.kwᵊnt.li	फ़्री: क्व़ᵊन्ट ली
fresh	freʃ	फ़्रेश
freshen	ˈfreʃ.ᵊn	फ़्रेश ᵊन
fresher	ˈfreʃ.ə	फ़्रेश ə
freshly	ˈfreʃ.li	फ़्रेश ली
freshman	ˈfreʃ.mən	फ़्रेश मəन
freshness	ˈfreʃ.nəs	फ़्रेश नəस
freshwater	ˈfreʃˈwɔː.tə	फ़्रेश व़ो: टə
fret	fret	फ़्रेट
fretful	ˈfret.fᵊl	फ़्रेट फ़ᵊल
Freudian	ˈfrɔɪ.di.ən	फ़्रोइ डी əन
friar	ˈfraɪ.ə	फ़्राइ ə
friction	ˈfrɪk.ʃᵊn	फ़्रिक शᵊन
Friday	ˈfraɪ.deɪ	फ़्राइ डेइ
fridge	frɪdʒ	फ़्रिज
fried	fraɪd	फ़्राइड

fried egg	ˈfraɪd.eg	**फ़्राइड** एग
friend	frend	फ़्रेन्ड
friendless	ˈfrend.ləs	**फ़्रेन्ड** लəस
friendliness	ˈfrend.lɪ.nəs	**फ़्रेन्ड** लि नəस
friendly	ˈfrend.li	**फ़्रेन्ड** ली
friendship	ˈfrend.ʃɪp	**फ़्रेन्ड** शिप
fries	fraɪz	फ़्राइज़
frieze	friːz	फ़्रीːज़
frigate	ˈfrɪ.gət	**फ़्रि** गəट
fright	fraɪt	फ़्राइट
frighten	ˈfraɪ.tᵊn	**फ़्राइ** टᵊन
frightened	ˈfraɪ.tᵊnd	**फ़्राइ** टᵊन्ड
frightening	ˈfraɪt.ᵊn.ɪŋ	**फ़्राइट** ᵊन इङ
frightful	ˈfraɪt.fᵊl	**फ़्राइट** फ़ᵊल
frigid	ˈfrɪdʒ.ɪd	**फ़्रिज** इड
frigidity	frɪ.ˈdʒɪd.ə.ti	फ़्रि **जिड** ə टी
frill	frɪl	फ़्रिल
frilly	ˈfrɪl.i	**फ़्रिल** ई
fringe	frɪndʒ	फ़्रिन्ज
fringe benefit	ˈfrɪndʒ.ˈben.ɪ.fɪt	**फ़्रिन्ज बेन** इ फ़िट
frisk	frɪsk	फ़्रिस्क
frisky	ˈfrɪsk.i	**फ़्रिस्क** ई
fritter	ˈfrɪt.ə	**फ़्रिट** ə
frivolity	frɪ.ˈvɒl.ə.ti	फ़्रि **वɒल** ə टी
frivolous	ˈfrɪv.ᵊl.əs	**फ़्रिव** ᵊल əस
frivolously	ˈfrɪv.ə.ləs.li	**फ़्रिव** ə लəस ली
frizz	frɪz	फ़्रिज़
frizzy	ˈfrɪz.i	**फ़्रिज़** ई
fro	frəʊ	फ़्रəउ
frog	frɒg	फ़्रɒग
frolic	ˈfrɒl.ɪk	**फ़्रɒल** इक
from	frɒm	फ़्रɒम
frond	frɒnd	फ़्रɒन्ड
front	frʌnt	फ़्रʌन्ट
frontage	ˈfrʌn.tɪdʒ	**फ़्रʌन** टिज
frontal	ˈfrʌn.tᵊl	**फ़्रʌन** टᵊल
frontbench	ˈfrʌnt.ˈbentʃ	**फ़्रʌन्ट बेन्च**
frontier	ˈfrʌn.tɪə	**फ़्रʌन** टिə
frontiersman	ˈfrʌn.tɪəz.mən	**फ़्रʌन** टिəज़ मəन
frontispiece	ˈfrʌn.tɪs.piːs	**फ़्रʌन** टिस पीːस
front-load	ˈfrʌnt.ˈləʊd	**फ़्रʌन्ट लəउड**
front-of-house	ˈfrʌnt.ˈəv.haʊs	**फ़्रʌन्ट əव** हाउस
front-page	ˈfrʌnt.ˈpeɪdʒ	**फ़्रʌन्ट पेइज**
front-runner	ˈfrʌnt.ˈrʌn.ə	**फ़्रʌन्ट रʌन** ə
frost	frɒst	फ़्रɒस्ट
frostbite	ˈfrɒst.baɪt	**फ़्रɒस्ट** बाइट
frostbitten	ˈfrɒst.bɪt.ᵊn	**फ़्रɒस्ट** बिट ᵊन
frosted	ˈfrɒs.tɪd	**फ़्रɒस** टिड
frosting	ˈfrɒs.tɪŋ	**फ़्रɒस** टिङ
frosty	ˈfrɒs.ti	**फ़्रɒस** टी
froth	frɒθ	फ़्रɒथ
frothy	ˈfrɒθ.i	**फ़्रɒथ** ई
frown	fraʊn	फ़्राउन
froze	frəʊz	फ़्रəउज़
frozen	ˈfrəʊz.ᵊn	**फ़्रəउज़** ᵊन
fructose	ˈfrʌk.təʊs	**फ़्रʌक** टəउस
frugal	ˈfruː.gᵊl	**फ़्रूː** गᵊल
frugality	fruː.ˈgæl.ə.ti	फ़्रूː **गæल** ə टी
frugally	ˈfruː.gᵊl.i	**फ़्रूː** गᵊल ई
fruit	fruːt	फ़्रूːट
fruit fly	ˈfruːt.ˈflaɪ	**फ़्रूːट फ़्लाइ**
fruitcake	ˈfruːt.keɪk	**फ़्रूːट** केइक
fruitful	ˈfruːt.fᵊl	**फ़्रूːट** फ़ᵊल
fruition	fruː.ˈɪʃ.ᵊn	फ़्रूː **इश** ᵊन
fruitless	ˈfruːt.ləs	**फ़्रूːट** लəस
fruitlessly	ˈfruːt.ləs.li	**फ़्रूːट** लəस ली
fruity	ˈfruː.ti	**फ़्रूː** टी
frumpy	ˈfrʌm.pi	**फ़्रʌम** पी
frustrate	frʌs.ˈtreɪt	फ़्रʌस **ट्रेइट**
frustrated	frʌs.ˈtreɪ.tɪd	फ़्रʌस **ट्रेइ** टिड
frustrating	frʌs.ˈtreɪ.tɪŋ	फ़्रʌस **ट्रेइ** टिङ
frustration	frʌs.ˈtreɪ.ʃᵊn	फ़्रʌस **ट्रेइ** शᵊन
fry	fraɪ	फ़्राइ
frying pan	ˈfraɪ.ɪŋ.pæn	**फ़्राइ** इङ पæन
fudge	fʌdʒ	फ़ʌज
fuel	ˈfjuː.əl	**फ़्यूː** əल
fuel injected	ˈfjuː.əl.ɪn.ˈdʒek.tɪd	**फ़्यूː** əल इन **जेक** टिड
fuelling	ˈfjuː.əl.ɪŋ	**फ़्यूː** əल इङ
fugitive	ˈfjuː.dʒə.tɪv	**फ़्यूː** जə टिव
fulcrum	ˈfʊl.krəm	**फ़ुल** क्रəम
fulfil	fʊl.ˈfɪl	फ़ुल **फ़िल**
fulfilled	fʊl.ˈfɪld	फ़ुल **फ़िल्ड**
fulfilling	fʊl.ˈfɪl.ɪŋ	फ़ुल **फ़िल** इङ

fulfilment	fʊl.ˈfɪl.mᵊnt	फुल फ़िल मऺन्ट
full	fʊl	फुल
full house	ˈfʊl.ˈhaʊs	फुल हाउस
full moon	ˈfʊl.ˈmuːn	फुल मूːन
full stop	ˈfʊl.ˈstɒp	फुल स्टɒप
fullback	ˈfʊl.bæk	फुल बæक
fullboard	ˈfʊl.ˈbɔːd	फुल बोːड
full-blown	ˈfʊl.ˈbləʊn	फुल ब्लəउन
full-bodied	ˈfʊl.ˈbɒd.ɪd	फुल बɒड इड
full-face	ˈfʊl.ˈfeɪs	फुल फ़ेइस
full-fledged	ˈfʊl.ˈfledʒd	फुल फ़्लेज्ड
full-frontal	ˈfʊl.ˈfrʌn.təl	फुल फ़्रʌन टəल
full-grown	ˈfʊl.ˈgrəʊn	फुल ग्रəउन
full-length	ˈfʊl.ˈleŋθ	फुल लेङ्थ
full-on	ˈfʊl.ˈɒn	फुल ɒन
full-scale	ˈfʊl.ˈskeɪl	फुल स्केइल
full-time	ˈfʊl.ˈtaɪm	फुल टाइम
fully	ˈfʊl.i	फुल ई
fumble	ˈfʌm.bᵊl	फ़ʌम बऺल
fume	fjuːm	फ़्यूːम
fumigate	ˈfjuː.mɪ.geɪt	फ़्यूː मि गेइट
fumigation	ˈfjuː.mɪ.ˈgeɪ.ʃᵊn	फ़्यूː मि गेइ शऺन
fun	fʌn	फ़ʌन
function	ˈfʌŋk.ʃᵊn	फ़ʌङ्क शऺन
functional	ˈfʌŋk.ʃᵊn.ᵊl	फ़ʌङ्क शऺन ऺल
functionally	ˈfʌŋk.ʃᵊn.ᵊl.i	फ़ʌङ्क शऺन ऺल ई
fund	fʌnd	फ़ʌन्ड
fundamental	ˈfʌn.də.ˈmen.tᵊl	फ़ʌन डə मेन टऺल
fundamentalism	ˈfʌn.də.ˈmen.təl.ɪ.zᵊm	फ़ʌन डə मेन टəल इ ज़ऺम
fundamentalist	ˈfʌn.də.ˈmen.tə.lɪst	फ़ʌन डə मेन टə लिस्ट
fundamentally	ˈfʌn.də.ˈmen.tᵊl.i	फ़ʌन डə मेन टऺल ई
funding	ˈfʌnd.ɪŋ	फ़ʌन्ड इङ
fund-raising	ˈfʌnd.ˈreɪs.ɪŋ	फ़ʌन्ड रेइस इङ
funds	fʌndz	फ़ʌन्ड्ज़
funeral	ˈfjuː.nᵊr.ᵊl	फ़्यूː नऺर ऺल
funeral director	ˈfjuː.nᵊr.ᵊl.dɪ.ˈrek.tə	फ़्यूː नऺर ऺल डि रेक टə
funeral home	ˈfjuː.nᵊr.ᵊl.həʊm	फ़्यूː नऺर ऺल हəउम
funeral parlour	ˈfjuː.nᵊr.ᵊl.ˈpɑː.lə	फ़्यूː नऺर ऺल पाː लə
funfair	ˈfʌn.feə	फ़ʌन फ़ेə
fungal	ˈfʌŋ.gᵊl	फ़ʌङ गऺल
fungi	ˈfʌŋ.gaɪ	फ़ʌङ गाइ
fungus	ˈfʌŋ.gəs	फ़ʌङ गəस
funk	fʌŋk	फ़ʌङ्क
funky	ˈfʌŋk.i	फ़ʌङ्क ई
funnel	ˈfʌn.ᵊl	फ़ʌन ऺल
funnel cloud	ˈfʌn.ᵊl.ˈklaʊd	फ़ʌन ऺल क्लाउड
funnel-web	ˈfʌn.ᵊl.web	फ़ʌन ऺल वेब
funnily	ˈfʌn.i.li	फ़ʌन ई ली
funny	ˈfʌn.i	फ़ʌन ई
funny bone	ˈfʌn.i.ˈbəʊn	फ़ʌन ई बəउन
fur	fɜː	फ़ɜː
furious	ˈfjʊ.ri.əs	फ़्यु री əस
furiously	ˈfjʊ.ri.əs.li	फ़्यु री əस ली
furl	fɜːl	फ़ɜːल
furlong	ˈfɜː.lɒŋ	फ़ɜː लɒङ
furlough	ˈfɜː.ləʊ	फ़ɜː लəउ
furnace	ˈfɜː.nɪs	फ़ɜː निस
furnish	ˈfɜː.nɪʃ	फ़ɜː निश
furnished	ˈfɜː.nɪʃt	फ़ɜː निश्ट
furnishings	ˈfɜː.nɪʃ.ɪŋz	फ़ɜː निश इङ्ज़
furniture	ˈfɜː.nɪ.tʃə	फ़ɜː नि चə
furor	ˈfjʊr.ɔr	फ़्युर ओर
furrow	ˈfʌr.əʊ	फ़ʌर əउ
furry	ˈfɜː.ri	फ़ɜː री
further	ˈfɜː.ðə	फ़ɜː दə
furthermore	ˈfɜː.ðə.ˈmɔː	फ़ɜː दə मोː
furthest	ˈfɜː.ðɪst	फ़ɜː दिस्ट
furtive	ˈfɜː.tɪv	फ़ɜː टिव
furtively	ˈfɜː.tɪv.li	फ़ɜː टिव ली
fury	ˈfjʊə.ri	फ़्युə री
fuse	fjuːz	फ़्यूːज़
fuse box	ˈfjuːz.ˈbɒks	फ़्यूːज़ बɒक्स
fuselage	ˈfjuː.zə.lɑːʒ	फ़्यूː ज़ə लाːज़
fusion	ˈfjuː.ʒᵊn	फ़्यूː ज़ऺन
fuss	fʌs	फ़ʌस
fussy	ˈfʌs.i	फ़ʌस ई
futile	ˈfjuː.taɪl	फ़्यूː टाइल
futilely	ˈfjuː.taɪl.li	फ़्यूː टाइल ली
futility	fjuː.ˈtɪl.ə.ti	फ़्यूː टिल ə टी

futon	ˈfuː.tɒn	**फ़ू:** टɒन
future	ˈfjuː.tʃə	**फ़्यू:** चə
future tense	ˈfjuː.tʃə tens	**फ़्यू:** चə टेन्स
futurism	ˈfjuː.tʃᵊr.ɪ.zᵊm	**फ़्यू:** चᵊर इ ज़ᵊम
futuristic	ˈfjuː.tʃə.ˈrɪs.tɪk	**फ़्यू:** चə **रिस** टिक
futurologist	ˈfjuː.tʃə.ˈrɒl.ə.dʒɪst	**फ़्यू:** चə **रɒल** ə जिस्ट
fuzz	fʌz	फ़ʌज़
fuzzy	ˈfʌz.i	**फ़ʌज़** ई
fuzzy wuzzy	ˈfʌz.i.ˈwʌz.i	**फ़ʌज़** ई **व़ʌज़** ई
FYI (abb)	ˈfɔːr.jɔːr.ˈɪn.fə.ˈmeɪ.ʃᵊn	**फ़ो:र** यो:र **इन** फ़ə **मेइ** शᵊन

G

g	dʒiː	जीː
G	dʒiː	जीː
gab	gæb	गæब
gabardine	ˈgæb.ə.ˈdiːn	**गæब** ə **डीːन**
gable	ˈgeɪ.bᵊl	**गेइ** ब॰ल
gadget	ˈgædʒ.ɪt	**गæज** इट
gaffe	gæf	गæफ़
gag	gæg	गæग
gag order	ˈgæg.ˈɔː.də	**गæग ओː** डə
gage	geɪdʒ	गेइज
gaggle	ˈgæg.ᵊl	**गæग** ॰ल
gaiety	ˈgeɪ.ə.ti	**गेइ** ə टी
gaily	ˈgeɪ.li	**गेइ** ली
gain	geɪn	गेइन
gait	geɪt	गेइट
gal	gæl	गæल
gala	ˈgɑː.lə	**गाː** लə
galactic	gə.ˈlæk.tɪk	गə **लæक** टिक
galaxy	ˈgæl.ək.si	**गæल** əक सी
gale	geɪl	गेइल
gall	gɔːl	गोːल
gall bladder	gɔːl.ˈblæd.ə	गोːल **ब्लæड** ə
gallant	gæl.ˈᵊnt	गæल **॰न्ट**
gallantly	ˈgæl.ᵊnt.li	**गæल** ॰न्ट ली
gallantry	ˈgæl.ən.tri	**गæल** əन ट्री
gallery	ˈgæl.ᵊr.i	**गæल** ॰र ई
galley	ˈgæl.i	**गæल** ई
gallivant	ˈgæl.ɪ.ˈvænt	**गæल** इ **वæन्ट**
gallon	ˈgæl.ən	**गæल** əन
gallop	ˈgæl.əp	**गæल** əप
gallows	ˈgæl.əʊz	**गæल** əउज़
gallstone	ˈgɔːl.stəʊn	**गोːल** स्टəउन
galore	gə.ˈlɔː	गə **लोː**
galosh	gə.ˈlɒʃ	गə **लɒश**
galvanise	ˈgæl.və.naɪz	**गæल** वə नाइज़
gambit	ˈgæm.bɪt	**गæम** बिट
gamble	ˈgæm.bᵊl	**गæम** ब॰ल
gambler	ˈgæm.blə	**गæम** ब्लə
gambling	ˈgæmb.lɪŋ	**गæम्ब** लिङ
game	geɪm	गेइम
game plan	ˈgeɪm.plæn	**गेइम** प्लæन
game show	ˈgeɪm.ʃəʊ	**गेइम** शəउ
gamut	ˈgæm.ət	**गæम** əट
gander	ˈgæn.də	**गæन** डə
gang	gæŋ	गæङ
gangland	ˈgæŋ.lænd	**गæङ** लæन्ड
gangling	ˈgæŋ.glɪŋ	**गæङ** ग्लिङ
gangplank	ˈgæŋ.plæŋk	**गæङ** प्लæङ्क
gangrene	ˈgæŋ.griːn	**गæङ** ग्रीːन
gangster	ˈgæŋ.stə	**गæङ** स्टə
gangway	ˈgæŋ.weɪ	**गæङ** वेइ
gaol	dʒeɪl	जेइल
gaolbird	ˈdʒeɪl.bɜːd	**जेइल** बɜːड
gaolbreak	ˈdʒeɪl.breɪk	**जेइल** ब्रेइक
gaoler	ˈdʒeɪl.ə	**जेइल** ə
gap	gæp	गæप
gape	geɪp	गेइप
gaping	ˈgeɪp.ɪŋ	**गेइप** इङ
garage	ˈgær.ɑːʒ	**गæर** आːज़
garage sale	ˈgær.ɑːʒ.seɪl	**गæर** आːज़ सेइल
garam masala (IO)	ˈgɑː.rəm.məˈsɑː.lə	**गाː** रəम मə **साː** लə
garb	gɑːb	गाːब
garbage	ˈgɑː.bɪdʒ	**गाː** बिज
garbage can	ˈgɑː.bɪdʒ .kæn	**गाː** बिज कæन
garbage collector	ˈgɑː.bɪdʒ.kə.ˈlek.tə	**गाː** बिज कə **लेक** टə
garbage disposal	ˈgɑː.bɪdʒ.dɪs.ˈpəʊz.ᵊl	**गाː** बिज डिस **पəउज़** ॰ल
garbage man	ˈgɑː.bɪdʒ.mæn	**गाː** बिज मæन
garbled	ˈgɑː.bᵊld	**गाː** ब॰ल्ड
garden	ˈgɑː.dᵊn	**गाː** ड॰न
gardener	ˈgɑː.dᵊn.ə	**गाː** ड॰न ə
gardening	ˈgɑː.dᵊn.ɪŋ	**गाː** ड॰न इङ
gargantuan	gɑː.ˈgæn.tjʊ.ən	गाː **गæन** ट्यु əन
gargle	ˈgɑː.gᵊl	**गाː** ग॰ल
gargoyle	ˈgɑː.gɔɪl	**गाː** गोइल
garish	ˈgeə.rɪʃ	**गेə** रिश
garland	ˈgɑː.lənd	**गाː** लəन्ड
garlic	ˈgɑː.lɪk	**गाː** लिक
garment	ˈgɑː.mᵊnt	**गाː** म॰न्ट
garnet	ˈgɑː.nɪt	**गाː** निट
garnish	ˈgɑː.nɪʃ	**गाː** निश

garret	ˈgær.ət	**गæर** əट
garrison	ˈgær.ɪ.sᵊn	**गæर** इ सᵊन
garrulous	ˈgær.ə.ləs	**गæर** ə लəस
garter	ˈgɑː.tə	**गा**: टə
gas	gæs	गæस
gas chamber	ˈgæs.ˈtʃeɪm.bə	**गæस चेइम** बə
gas light	ˈgæs.laɪt	**गæस** लाइट
gas mask	ˈgæs.mɑːsk	**गæस** मा:स्क
gas station	ˈgæs.ˈsteɪ.ʃᵊn	**गæस स्टेइ** शᵊन
gaseous	ˈgeɪ.si.əs	**गेइ** सी əस
gash	gæʃ	गæश
gasket	ˈgæs.kɪt	**गæस** किट
gasoline	ˈgæs.ə.liːn	**गæस** ə ली:न
gasp	gɑːsp	गा:स्प
gassy	ˈgæs.i	**गæस** ई
gastric	ˈgæs.trɪk	**गæस** ट्रिक
gastroenteritis	ˈgæs.trəʊ.ˈen.tə.ˈraɪ.tɪs	**गæस** ट्रəउ **एन** टə **राइ** टिस
gastroenterologist	ˈgæs.trəʊ.ˈen.tə.ˈral.ə.dʒɪst	**गæस** ट्रəउ **एन** टə **राल** ə जिस्ट
gastrointestinal	ˈgæs.trəʊ.ɪn.ˈtes.taɪ.nᵊl	**गæस** ट्रəउ इन **टेस** टाइ नᵊल
gastronome	ˈgæs.trə.nəʊm	**गæस** ट्रə नəउम
gastronomic	ˈgæs.trə.ˈnɒm.ɪk	**गæस** ट्रə **नɒम** इक
gastronomy	gæs.ˈstrɒn.ə.mi	गæस **स्ट्रɒन** ə मी
gasworks	ˈgæs.wɜːks	**गæस** वɜ:क्स
gate	geɪt	गेइट
gate crasher	ˈgeɪt.kræʃ.ə	**गेइट** क्रæश ə
gatekeeper	ˈgeɪt.ˈkiː.pə	**गेइट की**: पə
gatepost	ˈgeɪt.pəʊst	**गेइट** पəउस्ट
gateway	ˈgeɪt.weɪ	**गेइट** वेइ
gather	ˈgæð.ə	**गæद** ə
gathered	ˈgæð.əd	**गæद** əड
gathering	ˈgæð.ə.rɪŋ	**गæद** ə रिङ
gauche	gəʊʃ	गəउश
gaucherie	ˈgəʊ.ʃᵊr.i	**गəउ** शᵊर ई
gaudy	ˈgɔː.di	**गो**: डी
gauge	geɪdʒ	गेइज
gaunt	gɔːnt	गो:न्ट
gauntlet	ˈgɔːnt.lɪt	**गो:न्ट** लिट
gauze	gɔːz	गो:ज़
gave	geɪv	गेइव

gavel	ˈgæv.ᵊl	**गæव** ᵊल
gavial (IO)	ˈgeɪv.i.əl	**गेइव** ई əल
gawk	gɔːk	गो:क
gawky	ˈgɔː.ki	**गो**: की
gay	geɪ	गेइ
gaze	geɪz	गेइज़
gazebo	gə.ˈziː.bəʊ	गə **ज़ी**: बəउ
gazelle	gə.ˈzel	गə **ज़ेल**
gazette	gə.ˈzet	गə **ज़ेट**
GDP	ˈdʒiː.ˈdiː.ˈpiː	**जी**: **डी**: **पी**:
gear	gɪə	गिə
gearbox	ˈgɪə.bɒks	**गिə** बɒक्स
gearshift	ˈgɪə.ʃɪft	**गिə** शिफ़्ट
gecko	ˈgek.əʊ	**गेक** əउ
gee	dʒiː	जी:
geek	giːk	गी:क
geeky	ˈgiː.ki	**गी**: की
geese	giːs	गी:स
geezer	ˈgiː.zə	**गी**: ज़ə
geisha	ˈgeɪ.ʃə	**गेइ** शə
gel	dʒel	जेल
gelatine	ˈdʒel.ə.tiːn	**जेल** ə टी:न
gelatinous	dʒə.ˈlæt.ɪ.nəs	जə **लæट** इ नəस
gelding	ˈgeld.ɪŋ	**गेल्ड** इङ
gem	dʒem	जेम
gemfish	ˈdʒem.fɪʃ	**जेम** फ़िश
Gemini	ˈdʒem.ɪ.naɪ	**जेम** इ नाइ
gemstone	dʒem	जेम
gendarme	ˈʒɒn.dɑːm	**ज़ɒन** डा:म
gender	ˈdʒen.də	**जेन** डə
gender discrimination	ˈdʒen.də.dɪs.ˈkrɪm.ɪ.ˈneɪ.ʃᵊn	**जेन** डə डिस **क्रिम** इ **नेइ** शᵊन
gender-bender	ˈdʒen.də.ˈben.də	**जेन** डə **बेन** डə
genealogical	ˈdʒiː.ni.ə.ˈlɒdʒ.ɪ.kᵊl	**जी**: नी ə **लɒज** इ कᵊल
genealogist	ˈdʒiː.ni.ˈæl.ə.dʒɪst	**जी**: नी **æल** ə जिस्ट
genealogy	ˈdʒiː.ni.ˈæl.ə.dʒi	**जी**: नी **æल** ə जी
general	ˈdʒen.ᵊr.ᵊl	**जेन** ᵊर ᵊल
general anaesthetic	ˈdʒen.ᵊr.ᵊl.ˈæn.əs.ˈθet.ɪk	**जेन** ᵊर ᵊल **æन** əस **थेट** इक
general assembly	ˈdʒen.ᵊr.ᵊl.ə.ˈsem.bli	**जेन** ᵊर ᵊल ə **सेम**

		ब्ली
general election	ˈdʒen.ᵊr.ᵊl.ɪ.ˈlek.ʃᵊn	**जेन** ᵊर ᵊल इ **लेक** शᵊन
general practitioner	ˈdʒen.ᵊr.ᵊl.præk.ˈtɪʃ.ᵊn.ə	**जेन** ᵊर ᵊल प्रæक **टिश** ᵊन ə
general store	ˈdʒen.ᵊr.ᵊl.stɔː	**जेन** ᵊर ᵊल स्टोː
generalisation	ˈdʒen.ᵊr.ᵊl.aɪz	**जेन** ᵊर ᵊल आइज़
generalise	ˈdʒen.ᵊr.ᵊl.aɪ.ˈzeɪ.ʃᵊn	**जेन** ᵊर ᵊल आइ **ज़ेइ** शᵊन
generally	ˈdʒen.ᵊr.ᵊl.i	**जेन** ᵊर ᵊल ई
generate	ˈdʒen.ᵊr.eɪt	**जेन** ᵊर एइट
generation	ˈdʒen.ə.ˈreɪ.ʃᵊn	**जेन** ə **रेइ** शᵊन
generation gap	ˈdʒen.ə.ˈreɪ.ʃᵊn.gæp	**जेन** ə **रेइ** शᵊन गæप
Generation X	ˈdʒen.ə.ˈreɪ.ʃᵊn.eks	**जेन** ə **रेइ** शᵊन एक्स
Generation Y	ˈdʒen.ə.ˈreɪ.ʃᵊn.ˈwaɪ	**जेन** ə **रेइ** शᵊन **वाइ**
generator	ˈdʒen.ᵊr.eɪt.ə	**जेन** ᵊर एइट ə
generic	dʒə.ˈner.ɪk	जə **नेर** इक
generically	dʒə.ˈner.ɪk.ᵊl.i	जə **नेर** इक ᵊल ई
generosity	ˈdʒen.ə.ˈrɒs.ə.ti	**जेन** ə **रɒस** ə टी
generous	ˈdʒen.ə.rəs	**जेन** ə रəस
generously	ˈdʒen.ə.rəs.li	**जेन** ə रəस ली
genesis	ˈdʒen.ə.sɪs	**जेन** ə सिस
genetic	dʒə.ˈnet.ɪk	जə **नेट** इक
genetic engineering	dʒə.ˈnet.ɪk.ˈen.dʒɪ.ˈnɪ.ə.rɪŋ	जə **नेट** इक **एन** जि **नि** ə रिङ
genetically	dʒə.ˈnet.ɪ.kᵊl.i	जə **नेट** इ कᵊल ई
geneticist	dʒə.ˈnet.ɪ.sɪst	जə **नेट** इ सिस्ट
genetics	dʒə.ˈnet.ɪks	जə **नेट** इक्स
genial	ˈdʒiː.ni.əl	**जी**ː नी əल
geniality	ˈdʒiː.ni.ˈæl.ə.ti	**जी**ː नी **æल** ə टी
genie	ˈdʒiː.ni	**जी**ː नी
genital	ˈdʒe.nɪt.ᵊl	**जे** निट ᵊल
genitalia	ˈdʒe.nɪ.ˈteɪ.li.ə	**जे** नि **टेइ** ली ə
genius	ˈdʒiː.ni.əs	**जी**ː नी əस
genocide	ˈdʒe.nə.saɪd	**जे** नə साइड
genre	ˈʒɑː.n.rə	**ज़ाːन** रə
gent	dʒent	जेन्ट
genteel	dʒen.ˈtiːl	जेन **टीːल**
gentile	ˈdʒen.taɪl	**जेन** टाइल
gentility	dʒen.ˈtɪl.ə.ti	जेन **टिल** ə टी

gentle	ˈdʒen.tᵊl	**जेन** टᵊल
gentlefolk	ˈdʒen.tᵊl.fəʊk	**जेन** टᵊल फ़əउक
gentleman	ˈdʒen.tᵊl.mən	**जेन** टᵊल मəन
gentleman-at-arms	ˈdʒen.tᵊl.mən.ət.ˈɑːmz	**जेन** टᵊल मəन əट **आːम्ज़**
gentleman-at-large	ˈdʒen.tᵊl.mən.ət.ˈlɑːdʒ	**जेन** टᵊल मəन əट **लाːज**
gentlemanlike	ˈdʒen.tᵊl.mən.laɪk	**जेन** टᵊल मəन लाइक
gentlemanly	ˈdʒen.tᵊl.mən.li	**जेन** टᵊल मəन ली
gentleman's agreement	ˈdʒen.tᵊl.ˈmənz.ə.ˈgriː.mᵊnt	**जेन** टᵊल **मəन्ज़** ə **ग्री**ː मᵊन्ट
gentleness	ˈdʒen.tᵊl.nəs	**जेन** टᵊल नəस
gentlewoman	ˈdʒen.tᵊl.ˈwʊm.ən	**जेन** टᵊल **वुम** əन
gently	ˈdʒent.li	**जेन्ट** ली
gentrification	ˈdʒen.trɪ.fɪ.ˈkeɪ.ʃən	**जेन** ट्रि फ़ि **केइ** शəन
gentry	ˈdʒen.tri	**जेन** ट्री
genuflect	ˈdʒen.jʊ.flekt	**जेन** गु फ़्लेक्ट
genuine	ˈdʒen.ju.ɪn	**जेन** गू इन
genuinely	ˈdʒen.ju.ɪn.li	**जेन** गू इन ली
genus	ˈdʒiː.nəs	**जी**ː नəस
geocentric	ˈdʒiː.əʊ.ˈsen.trɪk	**जी**ː əउ **सेन** ट्रिक
gepchemist	ˈdʒiː.əʊ.ˈkem.ɪst	**जी**ː əउ **केम** इस्ट
geochemistry	ˈdʒiː.əʊ.ˈkem.ɪ.stri	**जी**ː əउ **केम** इ स्ट्री
geodesic	ˈdʒiː.əʊ.ˈdes.ɪk	**जी**ː əउ **डेस** इक
geodesy	dʒi.ˈɒd.ə.si	जी **ɒड** ə सी
geographer	dʒi.ˈɒg.rə.fə	जी **ɒग** रə फ़ə
geographic	ˈdʒi.ə.ˈgræf.ɪk	**जी** ə **ग्रæफ़** इक
geographical	ˈdʒi.ə.ˈgræf.ɪ.kᵊl	**जी** ə **ग्रæफ़** इ कᵊल
geographically	ˈdʒi.ə.ˈgræf.ɪ.kᵊl.i	**जी** ə **ग्रæफ़** इ कᵊल ई
geography	dʒi.ˈɒg.rə.fi	जी **ɒग** रə फ़ी
geologic	ˈdʒi.ə.ˈlɒdʒ.ɪk	**जी** ə **लɒज** इक
geological	ˈdʒi.ə.ˈlɒdʒ.ɪ.kᵊl	**जी** ə **लɒज** इ कᵊल
geologist	dʒi.ˈɒl.ə.dʒɪst	जी **ɒल** ə जिस्ट
geology	dʒi.ˈɒl.ə.dʒi	जी **ɒल** ə जी
geometric	ˈdʒi.ə.ˈmet.rɪk	**जी** ə **मेट** रिक
geometrically	ˈdʒi.ə.ˈmet.rɪ.kᵊl.i	**जी** ə **मेट** रि कᵊल ई
geometrician	ˈdʒi.əʊ.mət.ˈrɪʃ.ᵊn	**जी** əउ मəट **रिश** ᵊन
geometry	dʒi.ˈɒm.ə.tri	जी **ɒम** ə ट्री

geophysicist	ˈdʒiː.əʊ.ˈfɪz.ɪ.sɪst	जी: əउ फ़िज़ इ सिस्ट
geophysics	ˈdʒiː.əʊ.ˈfɪz.ɪks	जी: əउ फ़िज़ इक्स
geopolitical	ˈdʒiː.əʊ.ˈpɒl.ə.tɪk.ᵊl	जी: əउ पɒल ə टिक ᵊल
geopolitics	ˈdʒiː.əʊ.ˈpɒl.ə.tɪks	जी: əउ पɒल ə टिक्स
georgette	dʒɔː.ˈdʒet	जो: जेट
geothermal	ˈdʒiː.əʊ.ˈθɜː.mᵊl	जी: əउ थɜ: मᵊल
geranium	dʒə.ˈreɪ.ni.əm	जə रेइ नी əम
geriatric	ˈdʒer.i.ˈæt.rɪk	जेर ई æट रिक
geriatrician	ˈdʒer.i.ə.ˈtrɪʃ.ᵊn	जेर ई ə ट्रिश ᵊन
geriatrics	ˈdʒer.i.ˈæt.rɪks	जेर ई æट रिक्स
germ	dʒɜːm	जɜ:म
German	ˈdʒɜː.mən	जɜ: मəन
German measles	ˈdʒɜː.mən.ˈmiː.zᵊlz	जɜ: मəन मी: ज़ᵊल्ज़
German shepherd	ˈdʒɜː.mən.ˈʃep.əd	जɜ: मəन शेप əड
germane	dʒə.ˈmeɪn	जə मेइन
germicide	ˈdʒɜː.mɪ.saɪd	जɜ: मि साइड
germinate	ˈdʒɜː.mɪ.neɪt	जɜ: मि नेइट
germination	ˈdʒɜː.mɪ.ˈneɪ.ʃᵊn	जɜ: मि नेइ शᵊन
gerontology	ˈdʒe.rɒn.ˈtɒl.ə.dʒi	जे रɒन टɒल ə जी
gerrymander	ˈdʒer.i.ˈmæn.də	जेर ई मæन डə
gerrymandering	ˈdʒer.i.ˈmæn.də.rɪŋ	जेर ई मæन डə रिङ
gerund	ˈdʒer.ənd	जेर əन्ड
gestation	dʒes.ˈteɪ.ʃᵊn	जेस टेइ शᵊन
gesticulate	dʒes.ˈtɪk.jə.leɪt	जेस टिक ग़ə लेइट
gesture	ˈdʒes.tʃə	जेस चə
get	get	गेट
getaway	ˈget.ə.ˈweɪ	गेट ə वेइ
get-rich-quick	ˈget.rɪtʃ.ˈkwɪk	गेट रिच क्विक
get-together	ˈget.tə.ˈgeð.ə	गेट टə गेद ə
getup	ˈget.ʌp	गेट ʌप
get-up-and-go	ˈget.ʌp.ən.ˈgəʊ	गेट ʌप əन गəउ
geyser	ˈgiː.zə	गी: ज़ə
ghastly	ˈgɑːst.li	गा:स्ट ली
ghee (IO)	giː	गी:
gherao	ˈgə.ˈraʊ	गə राउ
gherkin	ˈgɜː.kɪn	गɜ: किन
ghetto	ˈget.əʊ	गेट əउ

ghost	gəʊst	गəउस्ट
ghost town	ˈgəʊst.taʊn	गəउस्ट टाउन
ghostly	ˈgəʊst.li	गəउस्ट ली
ghostwriter	ˈgəʊst.ˈraɪ.tə	गəउस्ट राइ टə
ghoul	guːl	गू:ल
ghoulish	ˈguː.lɪʃ	गू: लिश
giant	ˈdʒaɪ.ᵊnt	जाइ ᵊन्ट
gibberish	ˈdʒɪb.ə.rɪʃ	जिब ə रिश
gibe	dʒaɪb	जाइब
giblet	ˈdʒɪb.lət	जिब लəट
giddy	ˈgɪd.i	गिड ई
gift	gɪft	गिफ़्ट
gift certificate	ˈgɪft.sə.ˈtɪ.fɪ.keɪt	गिफ़्ट सə टि फ़ि केइट
gift of the gab	ˈgɪft.əv ðə ˈgæb	गिफ़्ट əव दə गæब
gift horse in the mouth	ˈgɪft.hɔːs. ɪn.ðə.ˈmaʊθ	गिफ़्ट हो:स इन दə माउथ
gift token	ˈgɪft.ˈtəʊ.kən	गिफ़्ट टəउ कəन
gifted	ˈgɪf.tɪd	गिफ़ टिड
gift-wrap	ˈgɪft.ræp	गिफ़्ट रæप
gig	gɪg	गिग
gigabyte	ˈgɪg.ə.baɪt	गिग ə बाइट
gigantic	dʒaɪ.ˈgæn.tɪk	जाइ गæन टिक
giggle	ˈgɪg.ᵊl	गिग ᵊल
gild	gɪld	गिल्ड
gill	gɪl	गिल
gilt	gɪlt	गिल्ट
gilt-edged	ˈgɪlt.edʒd	गिल्ट एज्ड
gimmick	ˈgɪm.ɪk	गिम इक
gimmicky	ˈgɪm.ɪk.i	गिम इक ई
gin	dʒɪn	जिन
ginger (IO)	ˈdʒɪn.dʒə	जिन जə
ginger ale	ˈdʒɪn.dʒər.ˈeɪl	जिन जəर एइल
gingerbread	ˈdʒɪn.dʒə.bred	जिन जə ब्रेड
gingerly	ˈdʒɪn.dʒə.li	जिन जə ली
gingham	ˈgɪŋ.əm	गिङ əम
gingivitis	ˈdʒɪn.dʒɪ.ˈvaɪ.təs	जिन जि वाइ टəस
ginseng	ˈdʒɪn.seŋ	जिन सेङ
giraffe	dʒɪ.ˈrɑːf	जि रा:फ़
gird	gɜːd	गɜ:ड
girder	ˈgɜː.də	गɜ: डə
girdle	ˈgɜː.dᵊl	गɜ: डᵊल

girl	gɜːl	गɜːल
Girl Guide	ˈgɜːl.gaɪd	**गɜːल** गाइड
Girl Scout	ˈgɜːl.skaʊt	**गɜːल** स्काउट
girlfriend	ˈgɜːl.frend	**गɜːल** फ़्रेन्ड
girt	gɜːt	गɜːट
girth	gɜːθ	गɜːथ
gismo	ˈgis.məʊ	**गीस** मəउ
gist	dʒɪst	जिस्ट
give	gɪv	गिव
give-and-take	ˈgɪv.ən.ˈteɪk	**गिव** əन **टेइक**
giveaway	ˈgɪv.ə.weɪ	**गिव** ə वेइ
given	ˈgɪv.ᵊn	**गिव** ᵊन
given name	ˈgɪv.ᵊn.ˈneɪm	**गिव** ᵊन **नेइम**
giving	ˈgɪv.ɪŋ	**गिव** इङ
gizmo	ˈgɪz.ˈməʊ	**गिज़ मəउ**
gizzard	ˈgɪz.əd	**गिज़** əड
glacial	ˈgleɪ.si.əl	**ग्लेइ** सी əल
glacier	ˈglæs.i.ə	**ग्लæस** ई ə
glad	glæd	ग्लæड
glade	gleɪd	ग्लेइड
gladiator	ˈglæd.i.eɪ.tə	**ग्लæड** ई एइ टə
gladly	ˈglæd.li	**ग्लæड** ली
glamorise	ˈglæm.ə.raɪz	**ग्लæम** ə राइज़
glamorously	ˈglæm.ə.rəs.li	**ग्लæम** ə रəस ली
glamour	ˈglæm.ə	**ग्लæम** ə
glamourous	ˈglæm.ə.rəs	**ग्लæम** ə रəस
glance	glɑːns	ग्लाːन्स
gland	glænd	ग्लæन्ड
glandular	ˈglæn.dʒə.lə	**ग्लæन** जə लə
glare	gleə	ग्लेə
glaring	ˈgleə.rɪŋ	**ग्लेə** रिङ
glass	ˈglɑːs	**ग्लाːस**
glass ceiling	ˈglɑːs.ˈsiː.lɪŋ	**ग्लाːस सीː** लिङ
glass cutter	ˈglɑːs.ˈkʌt.əʳ	**ग्लाːस कʌट** əर
glassblower	ˈglɑːs.ˈbləʊ.ə	**ग्लाːस ब्लəउ** ə
glasses	ˈglɑː.sɪz	**ग्लाː** सिज़
glassful	ˈglɑːs.fʊl	**ग्लाːस** फुल
glasshouse	ˈglɑːs.haʊs	**ग्लाːस** हाउस
glassware	ˈglɑːs.weə	**ग्लाːस** वेə
glasswork	ˈglɑːs.wɜːk	**ग्लाːस** वɜːक
glassy	ˈglɑː.si	**ग्लाː** सी
glaze	gleɪz	ग्लेइज़
glazed	gleɪzd	ग्लेइज़्ड
glazier	ˈgleɪ.zi.əʳ	**ग्लेइ** ज़ी əर
gleam	gliːm	ग्लीːम
gleaming	ˈgliː.mɪŋ	**ग्लीː** मिङ
glean	gliːn	ग्लीːन
gleaning	ˈgliː.nɪŋ	**ग्लीː** निङ
glee	gliː	ग्लीː
gleeful	ˈgliː.fᵊl	**ग्लीː** फ़ᵊल
gleefully	ˈgliː.fᵊl.i	**ग्लीː** फ़ᵊल ई
glib	glɪb	ग्लिब
glibly	ˈglɪb.li	**ग्लिब** ली
glide	glaɪd	ग्लाइड
glider	ˈglaɪ.də	**ग्लाइ** डə
glimmer	ˈglɪm.ə	**ग्लिम** ə
glimpse	glɪmps	ग्लिम्प्स
glint	glɪnt	ग्लिन्ट
glisten	ˈglɪs.ᵊn	**ग्लिस** ᵊन
glitch	ˈglɪtʃ	**ग्लिच**
glitter	ˈglɪt.ə	**ग्लिट** ə
glittering	ˈglɪt.ə.rɪŋ	**ग्लिट** ə रिङ
glitz	ˈglɪts	**ग्लिट्स**
glitzy	ˈglɪt.si	**ग्लिट** सी
gloat	gləʊt	ग्लəउट
glob	glɒb	ग्लɒब
global	ˈgləʊ.bᵊl	**ग्लəउ** बᵊल
globally	ˈgləʊ.bᵊl.i	**ग्लəउ** बᵊल ई
globe	gləʊb	ग्लəउब
globetrotter	ˈgləʊb.ˈtrɒt.ə	**ग्लəउब ट्रɒट** ə
globular	ˈglɒb.jʊ.lə	**ग्लɒब** गु लə
globule	ˈglɒb.juːl	**ग्लɒब** गूːल
gloom	gluːm	ग्लूːम
gloomily	ˈgluː.mᵊl.i	**ग्लूː** मᵊल ई
gloominess	ˈgluː.mi.nəs	**ग्लूː** मी नəस
gloomy	ˈgluː.mi	**ग्लूː** मी
glorification	ˈglɔː.rɪ.fɪ.ˈkeɪ.ʃᵊn	**ग्लोː** रि फ़ि **केइ** शᵊन
glorified	ˈglɔː.rɪ.faɪd	**ग्लोː** रि फ़ाइड
glorify	ˈglɔː.rɪ.faɪ	**ग्लोː** रि फ़ाइ
glorious	ˈglɔː.ri.əs	**ग्लोː** री əस
gloriously	ˈglɔː.ri.əs.li	**ग्लोː** री əस ली
glory	ˈglɔː.ri	**ग्लोː** री
gloss	glɒs	ग्लɒस
glossary	ˈglɒs.ᵊr.i	**ग्लɒस** ᵊर ई
glossy	ˈglɒs.i	**ग्लɒस** ई
glottal	ˈglɒt.ᵊl	**ग्लɒट** ᵊल

glove	glʌv	ग्लʌव
glove compartment	ˈglʌv.kəm.ˈpɑːt.mᵊnt	**ग्लʌव** कəम **पा:ट** मᵊन्ट
glow	gləʊ	ग्लəउ
glower	ˈglaʊ.ə	**ग्लाउ** ə
glowing	ˈgləʊ.ɪŋ	**ग्लəउ** इङ
glowingly	ˈgləʊ.ɪŋ.li	**ग्लəउ** इङ ली
glow-worm	ˈgləʊ.wɜːm	**ग्लəउ** वɜːम
glucose	ˈgluː.kəʊs	**ग्लू:** कəउस
glue	gluː	ग्लू:
glue sniffing	ˈgluː.ˈsnɪf.ɪŋ	**ग्लू: स्निफ़** इङ
glum	glʌm	ग्लʌम
glumly	ˈglʌm.li	**ग्लʌम** ली
glut	glʌt	ग्लʌट
gluten	ˈgluː.tən	**ग्लू:** टəन
glutinous	ˈgluː.tɪ.nəs	**ग्लू:** टि नəस
glutton	ˈglʌt.ᵊn	**ग्लʌट** ᵊन
gluttonous	ˈglʌt.ə.nəs	**ग्लʌट** ə नəस
gluttony	ˈglʌt.ə.ni	**ग्लʌट** ə नी
glycaemic	glaɪ.ˈsiː.mɪk	ग्लाइ **सी:** मिक
glycerine	ˈglɪs.ᵊr.ɪn	**ग्लिस** ᵊर इन
gnarl	nɑːl	ना:ल
gnash	næʃ	नæश
gnat	næt	नæट
gnaw	nɔː	नो:
gnawing	ˈnɔː.ɪŋ	**नो:** इङ
gnocchi	njɒk.i	न्गɒक ई
gnome	nəʊm	नəउम
GNP	ˈdʒɪ.ˈen.ˈpiː	**जि एन पी:**
go	gəʊ	गəउ
goad	gəʊd	गəउड
go-ahead	ˈgəʊ.ə.hed	**गəउ** ə हेड
goal	gəʊl	गəउल
goalkeeper	ˈgəʊl.ˈkiː.pə	**गəउल की:** पə
goalpost	ˈgəʊl.pəʊst	**गəउल** पəउस्ट
goat	gəʊt	गəउट
goatee	gəʊ.ˈtiː	गəउ **टी:**
gob	gɒb	गɒब
gobble	ˈgɒb.ᵊl	**गɒब** ᵊल
gobbledegook	ˈgɒb.ᵊl.di.ˈguːk	**गɒब** ᵊल डी **गू:क**
go-between	ˈgəʊ.bɪ.ˈtwiːn	**गəउ** बि **ट्वी:न**
goblet	ˈgɒb.lɪt	**गɒब** लिट

goblin	ˈgɒb.lɪn	**गɒब** लिन
gobsmack	ˈgɒb.smæk	**गɒब** स्मæक
gobstopper	ˈgɒb.ˈstɒp.ə	**गɒब स्टɒप** ə
go-cart	ˈgəʊ.kɑːt	**गəउ** का:ट
god	gɒd	गɒड
godchild	ˈgɒd.tʃaɪld	**गɒड** चाइल्ड
goddamn	ˈgɒd.ˈdæm	**गɒड डæम**
goddess	ˈgɒd.es	**गɒड** एस
godfather	ˈgɒd.ˈfɑː.ðə	**गɒड फ़ा:** दə
god-fearing	ˈgɒd.ˈfɪə.rɪŋ	**गɒड फ़िə** रिङ
godforsaken	ˈgɒd.fə.ˈseɪ.kᵊn	**गɒड** फ़ə **सेइ** कᵊन
godless	ˈgɒd.ləs	**गɒड** लəस
godlike	ˈgɒd.laɪk	**गɒड** लाइक
godly	ˈgɒd.li	**गɒड** ली
godmother	ˈgɒd.ˈmʌð.ə	**गɒड मʌद** ə
godown (IO)	ˈgəʊ.daʊn	**गəउ** डाउन
godparent	ˈgɒd.ˈpeə.rᵊnt	**गɒड पेə** रᵊन्ट
godsend	ˈgɒd.send	**गɒड** सेन्ड
gofer	ˈgəʊ.fə	**गəउ** फ़ə
go-getter	ˈgəʊ.ˈget.ə	**गəउ गेट** ə
goggle	ˈgɒg.ᵊl	**गɒग** ᵊल
goggle-eyed	ˈgɒg.ᵊl.aɪd	**गɒग** ᵊल आइड
go-go	ˈgəʊ.ˈgəʊ	**गəउ गəउ**
going	ˈgəʊ.ɪŋ	**गəउ** इङ
going-over	ˈgəʊ.ɪŋ.ˈəʊ.və	**गəउ** इङ **əउ** वə
gold	gəʊld	गəउल्ड
gold bar	ˈgəʊld.bɑː	**गəउल्ड** बा:
gold brick	ˈgəʊld.brɪk	**गəउल्ड** ब्रिक
gold digger	ˈgəʊld.ˈdɪg.ə	**गəउल्ड डिग** ə
gold leaf	ˈgəʊld.liːf	**गəउल्ड** ली:फ़
gold medal	ˈgəʊld.ˈmed.ᵊl	**गəउल्ड मेड** ᵊल
gold medallist	ˈgəʊld.ˈmed.ə.lɪst	**गəउल्ड मेड** ə लिस्ट
gold mine	ˈgəʊld.ˈmaɪn	**गəउल्ड माइन**
gold nugget	ˈgəʊld.ˈnʌg.ɪt	**गəउल्ड नʌग** इट
gold plated	ˈgəʊld.ˈpleɪ.tɪd	**गəउल्ड प्लेइ** टिड
gold rush	ˈgəʊld.rʌʃ	**गəउल्ड** रʌश
goldcrest	ˈgəʊld.ˈkrest	**गəउल्ड क्रेस्ट**
golden	ˈgəʊl.dᵊn	**गəउल** डᵊन
golden anniversary	ˈgəʊl.dᵊn.ˈæn.ɪ.ˈvɜː.sᵊr.i	**गəउल** डᵊन **æन** इ **वɜ:** सᵊर ई
golden jubilee	ˈgəʊl.dᵊn.ˈdʒuː.bɪl.iː	**गəउल** डᵊन **जू:** बिल

		ई:
goldfield	ˈgəʊld.fiːld	गəउल्ड फ़ी:ल्ड
goldfish	ˈgəʊld.fɪʃ	गəउल्ड फ़िश
goldsmith	ˈgəʊld.smɪθ	गəउल्ड स्मिथ
golf	gɒlf	गɒल्फ़
golf ball	ˈgɒlf.bɔːl	गɒल्फ़ बो:ल
golf club	ˈgɒlf.ˈklʌb	गɒल्फ़ क्लʌब
golf course	ˈgɒlf.ˈkɔːs	गɒल्फ़ को:स
golf links	ˈgɒlf.ˈlɪŋks	गɒल्फ़ लिङ्क्स
golfer	ˈgɒl.fə	गɒल फ़ə
golliwog	ˈgɒl.ɪ.wɒg	गɒल इ व़ɒग
golly	ˈgɒl.i	गɒल ई
gondola	ˈgɒn.dᵊl.ə	गɒन ड॰ल ə
gone	gɒn	गɒन
goner	ˈgɒn.ə	गɒन ə
gong	gɒŋ	गɒङ
gonna	ˈgɒn.ə	गɒन ə
gonorrhoea	ˈgɒn.ə.ˈriː.ə	गɒन ə री: ə
goo	guː	गू:
good	gʊd	गुड
good afternoon	ˈgʊd.ˈɑːf.tə.ˈnuːn	गुड आ:फ़ टə नू:न
good as gold	ˈgʊd.əz.ˈgəʊld	गुड əज़ गəउल्ड
good day	ˈgʊd.ˈdeɪ	गुड डेइ
good evening	ˈgʊd.ˈiːv.nɪŋ	गुड ई:व निङ
Good Friday	ˈgʊd.ˈfraɪ.deɪ	गुड फ़्राइ डेइ
good guy	ˈgʊd.ˈgaɪ	गुड गाइ
good heavens	ˈgʊd.ˈhev.ᵊnz	गुड हेव ॰न्ज़
good morning	ˈgʊd.ˈmɔː.nɪŋ	गुड मो: निङ
good night	ˈgʊd.ˈnaɪt	गुड नाइट
good-bye	ˈgʊd.ˈbaɪ	गुड बाइ
good-for-nothing	ˈgʊd.fə.ˈnʌθ.ɪŋ	गुड फ़ə नʌथ इङ
good-hearted	ˈgʊd.ˈhaː.tɪd	गुड हा: टिड
good-humoured	ˈgʊd.ˈhjuː.məd	गुड ह्यू: मəड
goodie	ˈgʊd.i	गुड ई
good-looking	ˈgʊd.ˈlʊk.ɪŋ	गुड लुक इङ
good-natured	ˈgʊd.ˈneɪ.tʃəd	गुड नेइ चəड
goodness	ˈgʊd.nəs	गुड नəस
goods train	ˈgʊdz.ˈtreɪn	गुड्ज़ ट्रेइन
good-tempered	ˈgʊd.ˈtem.pəd	गुड टेम पəड
goodwill	ˈgʊd.ˈwɪl	गुड व़िल
goody	ˈgʊd.i	गुड ई
goody-goody	ˈgʊd.i.ˈgʊd.i	गुड ई गुड ई
gooey	ˈguː.i	गू: ई

goof	guːf	गू:फ़
goofy	ˈguː.fi	गू: फ़ी
google	ˈguː.gᵊl	गू: ग॰ल
goon	guːn	गू:न
goose	guːs	गू:स
goose bumps	ˈguːs.ˈbʌmps	गू:स बʌम्प्स
goose pimples	ˈguːs.ˈpɪm.pᵊlz	गू:स पिम प॰ल्ज़
gooseberry	ˈgʊz.bᵊr.i	गुज़ ब॰र ई
goose-step	ˈguːs.step	गू:स स्टेप
gopher	ˈgəʊ.fə	गəउ फ़ə
gore	gɔː	गो:
gorge	gɔːdʒ	गो:ज
gorgeous	ˈgɔː.dʒəs	गो: जəस
gorgeously	ˈgɔː.dʒəs.li	गो: जəस ली
gorilla	gə.ˈrɪl.ə	गə रिल ə
gory	ˈgɔː.ri	गो: री
gosh	gɒʃ	गɒश
gosling	ˈgɒz.ᵊl.ɪŋ	गɒज़ ॰ल इङ
gospel	ˈgɒs.pᵊl	गɒस प॰ल
gospel music	ˈgɒs.pᵊl.ˈmjuː.zɪk	गɒस प॰ल म्यू: ज़िक
gossip	ˈgɒs.ɪp	गɒस इप
got	gɒt	गɒट
Gothic	ˈgɒθ.ɪk	गɒथ इक
gotta	ˈgɒt.ə	गɒट ə
gotten	ˈgɒt.ᵊn	गɒट ॰न
gouge	gaʊdʒ	गाउज
goulash	ˈguː.læʃ	गू: लæश
gourd	gʊəd	गुəड
gourmand	gɔː.ˈmaːnd	गो: मा:न्ड
gourmet	ˈgɔː.meɪ	गो: मेइ
gout	gaʊt	गाउट
govern	ˈgʌv.ᵊn	गʌव ॰न
government	ˈgʌv.ᵊn.mᵊnt	गʌव ॰न म॰न्ट
governmental	ˈgʌv.ᵊn.ˈmen.tᵊl	गʌव ॰न मेन ट॰ल
governor	ˈgʌv.ə.nə	गʌव ə नə
governorship	ˈgʌv.ən.ə.ʃɪp	गʌव əन ə शिप
gown	gaʊn	गाउन
GPA	ˈgiː.ˈpiː.ˈei	गी: पी: एई
grab	græb	ग्रæब
grace	greɪs	ग्रेइस
graceful	ˈgreɪs.fᵊl	ग्रेइस फ़॰ल
gracefully	ˈgreɪs.fᵊl.i	ग्रेइस फ़॰ल ई
gracefulness	ˈgreɪs.fᵊl.nəs	ग्रेइस फ़॰ल नəस

gracious	ˈgreɪ.ʃəs	ग्रेइ शअस
graciously	ˈgreɪ.ʃəs.li	ग्रेइ शअस ली
graciousness	ˈgreɪ.ʃəs.nəs	ग्रेइ शअस नअस
grad	græd	ग्रæड
grad school	ˈgræd.sku:l	ग्रæड स्कू:ल
gradation	grə.ˈdeɪ.ʃᵊn	ग्रअ डेइ श्न
grade	greɪd	ग्रेइड
grade point average	ˈgreɪd.pɔɪnt.ˈæv.ᵊr.ɪdʒ	ग्रेइड पोइन्ट æव ्र इज
grade school	ˈgreɪd.ˈsku:l	ग्रेइड स्कू:ल
grader	ˈgreɪd.ə	ग्रेइड अ
gradient	ˈgreɪ.di.ᵊnt	ग्रेइ डी ्न्ट
gradual	ˈgrædʒ.u.əl	ग्रæज ऊ अल
gradually	ˈgrædʒ.u.əl.i	ग्रæज ऊ अल ई
graduate (n)	ˈgrædʒ.u.ət	ग्रæज ऊ अट
graduate (v)	ˈgrædʒ.u.eɪt	ग्रæज ऊ एइट
graduate school	ˈgrædʒ.u.eɪt.ˈsku:l	ग्रæज ऊ एइट स्कू:ल
graduation	ˈgrædʒ.u.ˈeɪ.ʃᵊn	ग्रæज ऊ एइ श्न
Graeco	ˈgrek.əʊ	ग्रेक अउ
graffiti	grə.ˈfi:.ti:	ग्रअ फ़ी: टी:
graft	grɑ:ft	ग्रा:फ़्ट
grafting	ˈgrɑ:ft.ɪŋ	ग्रा:फ़्ट इङ
grain	greɪn	ग्रेइन
grainy	ˈgreɪ.ni	ग्रेइ नी
gram	græm	ग्रæम
grammar	ˈgræm.ə	ग्रæम अ
grammar school	ˈgræm.ə.ˈsku:l	ग्रæम अ स्कू:ल
grammatical	grə.ˈmæt.ɪ.kᵊl	ग्रअ मæट इ क्ल
grammatically	grə.ˈmæt.ɪ.kᵊl.i	ग्रअ मæट इ क्ल ई
Grammy	ˈgræm.i	ग्रæम ई
gramophone	ˈgræm.ə.fəʊn	ग्रæम अ फ़अउन
granary	ˈgræn.ᵊr.i	ग्रæन ्र ई
grand	grænd	ग्रæन्ड
grand finale	ˈgrænd.fɪ.ˈnɑ:.li	ग्रæन्ड फ़ि ना: ली
grand jury	ˈgræn.ˈdʒʊə.ri	ग्रæन जुअ री
grand piano	ˈgræn.pi.ˈæn.əʊ	ग्रæन पी æन अउ
grand prix	ˈgrɑ̃:n.ˈpri:	ग्रा:न प्री:
grand slam	ˈgrænd.ˈslæm	ग्रæन्ड स्लæम
grand total	ˈgrænd.ˈtəʊ.tᵊl	ग्रæन्ड टअउ ट्ल
grandchild	ˈgræn.tʃaɪld	ग्रæन चाइल्ड
grandchildren	ˈgræn.tʃɪl.drən	ग्रæन चिल ड्रअन
granddad	ˈgræn.dæd	ग्रæन डæड
granddaughter	ˈgræn.ˈdɔ:.tə	ग्रæन डो: टअ
grandeur	ˈgræn.dʒə	ग्रæन जअ
grandfather	ˈgræn.ˈfɑ:.ðə	ग्रæन फ़ा: दअ
grandfather clock	ˈgræn.ˈfɑ:.ðə.ˈklɒk	ग्रæन फ़ा: दअ क्लɒक
grandiloquence	græn.ˈdɪl.ə.kwᵊns	ग्रæन डिल अ क्व्न्स
grandiose	ˈgræn.di.əʊs	ग्रæन डी अउस
grandma	ˈgræn.mɑ:	ग्रæन मा:
grandmaster	ˈgræn.ˈma:.stə	ग्रæन मा: स्टअ
grandmother	ˈgræn.ˈmʌð.ə	ग्रæन मʌद अ
grandnephew	ˈgræn.ˈnef.ju:	ग्रæन नेफ़ यू:
grandniece	ˈgræn.ˈni:s	ग्रæन नी:स
grandpa	ˈgræn.pɑ:	ग्रæन पा:
grandparent	ˈgræn.ˈpeə.rᵊnt	ग्रæन पेअ र्न्ट
grandson	ˈgræn.sʌn	ग्रæन सʌन
grandstand	ˈgræn.stænd	ग्रæन स्टæन्ड
granduncle	ˈgrænd.ʌŋ.kᵊl	ग्रæन्ड ʌङ क्ल
granite	ˈgræn.ɪt	ग्रæन इट
granny	ˈgræn.i	ग्रæन ई
granola	grə.ˈnəʊ.lə	ग्रअ नअउ लअ
grant	grɑ:nt	ग्रा:न्ट
granted	ˈgrɑ:n.tɪd	ग्रा:न टिड
grantee	ˈgrɑ:n.ˈti:	ग्रा:न टी:
granular	ˈgræn.jə.lə	ग्रæन यअ लअ
granulated	ˈgræn.jə.leɪ.tɪd	ग्रæन यअ लेइ टिड
granule	ˈgræn.ju:l	ग्रæन यू:ल
grape	greɪp	ग्रेइप
grapefruit	ˈgreɪp.fru:t	ग्रेइप फ़्रू:ट
grapevine	ˈgreɪp.vaɪn	ग्रेइप वाइन
graph	grɑ:f	ग्रा:फ़
grapheme	ˈgræf.i:m	ग्रæफ़ ई:म
graphic	ˈgræf.ɪk	ग्रæफ़ इक
graphically	ˈgræf.ɪ.kᵊl.i	ग्रæफ़ इ क्ल ई
graphics	ˈgræf.ɪks	ग्रæफ़ इक्स
graphite	ˈgræf.aɪt	ग्रæफ़ आइट
grapple	ˈgræp.ᵊl	ग्रæप ्ल
grasp	grɑ:sp	ग्रा:स्प
grasping	ˈgrɑ:.spɪŋ	ग्रा: स्पिङ
grass	grɑ:s	ग्रा:स
grasshopper	ˈgrɑ:s.ˈhɒp.ə	ग्रा:स हɒप अ

grassland	ˈɡrɑːs.lænd	**ग्राःस** लæन्ड
grass-roots	ˈɡrɑːs.ruːts	**ग्राःस** रूःट्स
grassy	ˈɡrɑː.si	**ग्राः** सी
grate	ɡreɪt	ग्रेइट
grateful	ˈɡreɪt.fᵊl	**ग्रेइट** फ़ᵊल
gratefully	ˈɡreɪt.fᵊl.i	**ग्रेइट** फ़ᵊल ई
grater	ˈɡreɪ.tə	**ग्रेइ** टə
gratification	ˈɡræt.ɪ.fɪ.ˈkeɪ.ʃᵊn	**ग्रæट** इ फ़ि **केइ** शᵊन
gratify	ˈɡræt.ɪ.faɪ	**ग्रæट** इ फ़ाइ
gratifying	ˈɡræt.ɪ.faɪ.ɪŋ	**ग्रæट** इ फ़ाइ इङ
grating	ˈɡreɪ.tɪŋ	**ग्रेइ** टिङ
gratis	ˈɡræt.ɪs	**ग्रæट** इस
gratitude	ˈɡræt.ɪ.tjuːd	**ग्रæट** इ ट्यूःड
gratuitous	ɡrə.ˈtjuː.ə.təs	ग्रə **ट्यूः** ə टəस
gratuity	ɡrə.ˈtjuː.ə.ti	ग्रə **ट्यूः** ə टी
grave (accent)	ɡrɑːv	ग्राःव
grave (n,adj)	ɡreɪv	ग्रेइव
gravedigger	ˈɡreɪv.ˈdɪɡ.ə	**ग्रेइव डिग** ə
gravel	ˈɡræv.ᵊl	**ग्रæव** ᵊल
gravely	ˈɡreɪv.li	**ग्रेइव** ली
gravestone	ˈɡreɪv.stəʊn	**ग्रेइव** स्टəउन
graveyard	ˈɡreɪv.jɑːd	**ग्रेइव** ग़ाःड
gravitate	ˈɡræv.ɪ.teɪt	**ग्रæव** इ टेइट
gravitation	ˈɡræv.ɪ.ˈteɪ.ʃᵊn	**ग्रæव** इ **टेइ** शᵊन
gravity	ˈɡræv.ə.ti	**ग्रæव** ə टी
gravy	ˈɡreɪv.i	**ग्रेइव** ई
gray	ɡreɪ	ग्रेइ
gray matter	ˈɡreɪ.ˈmæt.ə	**ग्रेइ मæट** ə
grayish	ˈɡreɪ.ɪʃ	**ग्रेइ** इश
graze	ɡreɪz	ग्रेइज़
grease	ɡriːs	ग्रीःस
greasy	ˈɡriː.si	**ग्रीः** सी
great	ɡreɪt	ग्रेइट
great aunt	ˈɡreɪt.ˈɑːnt	**ग्रेइट आःन्ट**
Great Barrier Reef	ˈɡreɪt.ˈbær.i.ə.ˈriːf	**ग्रेइट बæर** ई ə **रीःफ़**
Great Britain	ˈɡreɪt.ˈbrɪt.ᵊn	**ग्रेइट ब्रिट** ᵊन
Great Depression	ˈɡreɪt.dɪ.ˈpreʃ.ᵊn	**ग्रेइट** डि **प्रेश** ᵊन
greater	ˈɡreɪt.ə	**ग्रेइट** ə
greatest	ˈɡreɪt.ɪst	**ग्रेइट** इस्ट
greatest common factor	ˈɡreɪt.ɪst.ˈkɒm.ən.ˈfæk.tə	**ग्रेइट** इस्ट **कɒम** əन **फ़æक** टə
great-grandchild	ˈɡreɪt.ˈɡræn.tʃaɪld	**ग्रेइट ग्रæन** चाइल्ड
great-granddaughter	ˈɡreɪt.ˈɡræn.dɔː.tə	**ग्रेइट ग्रæन** डोः टə
great-grandfather	ˈɡreɪt.ˈɡræn.fɑː.ðə	**ग्रेइट ग्रæन** फ़ाः दə
great-grandmother	ˈɡreɪt.ˈɡræn.mʌð.ə	**ग्रेइट ग्रæन** मʌद ə
great-grandparent	ˈɡreɪt.ˈɡræn.peə.rᵊnt	**ग्रेइट ग्रæन** पेə रᵊन्ट
great-grandson	ˈɡreɪt.ˈɡræn.sʌn	**ग्रेइट ग्रæन** सʌन
greatly	ˈɡreɪt.li	**ग्रेइट** ली
greatness	ˈɡreɪt.nəs	**ग्रेइट** नəस
greed	ɡriːd	ग्रीःड
greedily	ˈɡriːd.ᵊl.i	**ग्रीःड** ᵊल ई
greedy	ˈɡriː.di	**ग्रीः** डी
Greek	ˈɡriːk	**ग्रीःक**
green	ˈɡriːn	**ग्रीःन**
green bean	ˈɡriːn.ˈbiːn	**ग्रीःन बीःन**
green card	ˈɡriːn.ˈkɑːd	**ग्रीःन काःड**
green energy	ˈɡriːn.ˈen.ə.dʒi	**ग्रीःन एन** ə जी
green room	ˈɡriːn.ˈruːm	**ग्रीःन रूःम**
greenback	ˈɡriːn.bæk	**ग्रीःन** बæक
greenery	ˈɡriː.nᵊr.i	**ग्रीः** नᵊर ई
greengrocer	ˈɡriːn.ɡrəʊ.sə	**ग्रीःन** ग्रəउ सə
greenhorn	ˈɡriːn.hɔːn	**ग्रीःन** होःन
greenhouse	ˈɡriːn.haʊs	**ग्रीःन** हाउस
greenhouse effect	ˈɡriːn.haʊs.ɪ.ˈfekt	**ग्रीःन** हाउस इ **फ़ेक्ट**
greenies	ˈɡriː.niːz	**ग्रीः** नीःज़
greenish	ˈɡriː.nɪʃ	**ग्रीः** निश
greet	ɡriːt	ग्रीःट
greeting	ˈɡriːt.ɪŋ	**ग्रीःट** इङ
greeting card	ˈɡriːt.ɪŋ.ˈkɑːd	**ग्रीःट** इङ **काःड**
gregarious	ɡrɪ.ˈɡeə.ri.əs	ग्रि **गेə** री əस
gremlin	ˈɡrem.lɪn	**ग्रेम** लिन
grenade	ɡrə.ˈneɪd	ग्रə **नेइड**
grew	ɡruː	ग्रूः
grey	ɡreɪ	ग्रेइ
grey area	ˈɡreɪ.ˈeə.ri.ə	**ग्रेइ एə** री ə
greybeard	ˈɡreɪ.bɪəd	**ग्रेइ** बिəड
grey-haired	ˈɡreɪ.ˈheəd	**ग्रेइ हेəड**
greyhound	ˈɡreɪ.haʊnd	**ग्रेइ** हाउन्ड
greying	ˈɡreɪ.ɪŋ	**ग्रेइ** इङ
greyish	ˈɡreɪ.ɪʃ	**ग्रेइ** इश

grid	grɪd	ग्रिड
griddle	ˈgrɪd.ᵊl	**ग्रिड** ᵊल
gridiron	ˈgrɪd.aɪ.ən	**ग्रिड** आइ əन
gridlock	ˈgrɪd.lɒk	**ग्रिड** लɒक
grief	ˈgri:f	**ग्री:फ़**
grievance	ˈgri:.vᵊns	**ग्री**: वᵊन्स
grieve	ˈgri:v	**ग्री:व**
grievous	ˈgri:.vəs	**ग्री**: वəस
grill	grɪl	ग्रिल
grim	grɪm	ग्रिम
grimace	ˈgrɪm.əs	**ग्रिम** əस
grime	graɪm	ग्राइम
grimly	ˈgrɪm.li	**ग्रिम** ली
grimy	ˈgraɪm.i	**ग्राइम** ई
grin	grɪn	ग्रिन
grind	graɪnd	ग्राइन्ड
grinder	ˈgraɪn.də	**ग्राइन** डə
grindstone	ˈgraɪnd.stəʊn	**ग्राइन्ड** स्टəउन
gringo	ˈgrɪŋ.gəʊ	**ग्रिङ** गəउ
grip	grɪp	ग्रिप
gripe	graɪp	ग्राइप
gripping	ˈgrɪp.ɪŋ	**ग्रिप** इङ
grisly	ˈgrɪz.li	**ग्रिज़** ली
gristle	ˈgrɪs.ᵊl	**ग्रिस** ᵊल
grit	grɪt	ग्रिट
gritty	ˈgrɪt.i	**ग्रिट** ई
grizzly bear	ˈgrɪz.li.ˈbeə	**ग्रिज़** लीबेə
groan	grəʊn	ग्रəउन
groaning	ˈgrəʊn.ɪŋ	**ग्रəउन** इङ
grocer	ˈgrəʊ.sə	**ग्रəउ** सə
groceries	ˈgrəʊ.sᵊr.ɪz	**ग्रəउ** सᵊर इज़
grocery	ˈgrəʊ.sᵊr.i	**ग्रəउ** सᵊर ई
grocery store	ˈgrəʊ.sᵊr.i.stɔ:	**ग्रəउ** सᵊर ई स्टो:
groggy	ˈgrɒg.i	**ग्रɒग** ई
groin	grɔɪn	ग्रोइन
groom	gru:m	ग्रू:म
grooming	ˈgru:.mɪŋ	**ग्रू**: मिङ
groomsman	ˈgrʊmz.mən	**ग्रुम्ज़** मəन
groove	gru:v	ग्रू:व
groovy	ˈgru:.vi	**ग्रू**: वी
grope	grəʊp	ग्रəउप
gross	grəʊs	ग्रəउस

Gross Domestic Product	ˈgrəʊs.də.ˈmes.tɪk.ˈprɒd.ʌkt	**ग्रəउस** डə **मेस** टिक **प्रɒड** ʌक्ट
Gross National Happiness	ˈgrəʊs.ˈnæʃ.ᵊn.ᵊl.ˈhæp.i.nəs	**ग्रəउस नæश** ᵊन ᵊल **हæप** ई नəस
Gross National Income	ˈgrəʊs.ˈnæʃ.ᵊn.ᵊl.ˈɪŋ.kʌm	**ग्रəउस नæश** ᵊन ᵊल **इङ** कʌम
Gross National Product	ˈgrəʊs.ˈnæʃ.ᵊn.ᵊl.ˈprɒd.ʌkt	**ग्रəउस नæश** ᵊन ᵊल **प्रɒड** ʌक्ट
grossly	ˈgrəʊs.li	**ग्रəउस** ली
grotesque	grəʊ.ˈtesk	ग्रəउ **टेस्क**
grotto	ˈgrɒt.əʊ	**ग्रɒट** əउ
grouch	graʊtʃ	ग्राउच
grouchy	ˈgraʊtʃ.i	**ग्राउच** ई
ground	graʊnd	ग्राउन्ड
ground crew	ˈgraʊnd.kru:	**ग्राउन्ड** क्रू:
ground floor	ˈgraʊnd.flɔ:	**ग्राउन्ड** फ़्लो:
ground rule	ˈgraʊnd.ru:l	**ग्राउन्ड** रू:ल
ground speed	ˈgraʊnd.ˈspi:d	**ग्राउन्ड स्पी:ड**
groundcover	ˈgraʊnd.ˈkʌv.ə	**ग्राउन्ड कʌव** ə
groundhog	ˈgraʊnd.ˈhɒg	**ग्राउन्ड हɒग**
grounding	ˈgraʊnd.ɪŋ	**ग्राउन्ड** इङ
groundless	ˈgraʊnd.ləs	**ग्राउन्ड** लəस
groundnut	ˈgraʊnd.nʌt	**ग्राउन्ड** नʌट
groundsheet	ˈgraʊnd.ʃi:t	**ग्राउन्ड** शी:ट
groundsman	ˈgraʊndz.mən	**ग्राउन्ड्ज़** मəन
groundstroke	ˈgraʊnd.strəʊk	**ग्राउन्ड** स्ट्रəउक
groundswell	ˈgraʊnd.swel	**ग्राउन्ड** स्वेल
groundwater	ˈgraʊnd.ˈwɔ:.tə	**ग्राउन्ड वो**: टə
groundwork	ˈgraʊnd.wɜ:k	**ग्राउन्ड** वɜ:क
group	gru:p	ग्रू:प
groupie	ˈgru:.pi	**ग्रू**: पी
grouping	ˈgru:.pɪŋ	**ग्रू**: पिङ
grouse	graʊs	ग्राउस
grout	graʊt	ग्राउट
grove	grəʊv	ग्रəउव
grovel	ˈgrɒv.ᵊl	**ग्रɒव** ᵊल
grow	grəʊ	ग्रəउ
grower	ˈgrəʊ.ə	**ग्रəउ** ə
growing pains	ˈgrəʊ.ɪŋ.ˈpeɪnz	**ग्रəउ** इङ **पेइन्ज़**
growl	graʊl	ग्राउल
grown	grəʊn	ग्रəउन
grown-up (adj)	ˈgrəʊn.ˈʌp	**ग्रəउन** ʌ**प**

grown-up (n)	ˈgrəʊn.ʌp	**ग्रəउन** ʌप
growth	grəʊθ	ग्रəउथ
grub	grʌb	ग्रʌब
grubby	ˈgrʌb.i	**ग्रʌब** ई
grudge	grʌdʒ	ग्रʌज
grudging	ˈgrʌdʒ.ɪŋ	**ग्रʌज** इङ
gruel	ˈgru:.əl	**ग्रू:** əल
gruelling	ˈgru:.ᵊl.ɪŋ	**ग्रू:** ॅल इङ
gruesome	ˈgru:.səm	**ग्रू:** सəम
gruff	grʌf	ग्रʌफ़
gruffly	ˈgrʌf.li	**ग्रʌफ़** ली
grumble	ˈgrʌm.bᵊl	**ग्रʌम** बॅल
grumpy	ˈgrʌm.pi	**ग्रʌम** पी
grunge	grʌndʒ	ग्रʌन्ज
grungy	ˈgrʌn.dʒi	**ग्रʌन** जी
grunt	grʌnt	ग्रʌन्ट
G-string	ˈdʒi:.ˈstrɪŋ	**जी:** **स्ट्रिङ**
guacamole	ˈgwæk.ə.ˈməʊ.leɪ	**ग्वæक** ə **मəउ** लेइ
guarantee	ˈgær.ən.ˈti:	**गæर** əन **टी:**
guarantor	ˈgær.ən.ˈtɔ:	**गæर** əन **टो:**
guaranty	ˈgær.ən.ti	**गæर** əन टी
guard	gɑ:d	गा:ड
guarded	ˈgɑ:.dɪd	**गा:** डिड
guardedly	ˈgɑ:.dɪd.li	**गा:** डिड ली
guardian	ˈgɑ:.dɪ.ən	**गा:** डि əन
guardian angel	ˈgɑ:.dɪ.ən.ˈeɪn.dʒəl	**गा:** डि əन **एइन** जəल
guardrail	ˈgɑ:d.reɪl	**गा:ड** रेइल
guardroom	ˈgɑ:d.ru:m	**गा:ड** रू:म
guardsman	ˈgɑ:dz.mən	**गा:ड्ज़** मəन
guava	ˈgwɑ:.və	**ग्वा:** वə
gubernatorial	ˈgu:.bə.nə.ˈtɔ:.ri.əl	**गू:** बə नə **टो:** री əल
guerrilla	gə.ˈrɪl.ə	गə **रिल** ə
guess	ges	गेस
guesstimate (n)	ˈges.tɪ.mət	**गेस** टि मəट
guesstimate (v)	ˈges.tɪ.meit	**गेस** टि मेईट
guesswork	ˈges.wɜ:k	**गेस** व़ɜ:क
guest	gest	गेस्ट
guesthouse	ˈgest.haʊs	**गेस्ट** हाउस
guff	ˈgʌf	**गʌफ़**
guffaw	gʌf.ˈɔ:	गʌफ़ **ओ:**
guidance	ˈgaɪ.dᵊns	**गाइ** डॅन्स
guidance counsellor	ˈgaɪ.dᵊns.ˈkaʊn.səl.ə	**गाइ** डॅन्स **काउन** सəल ə
guide	gaɪd	गाइड
guidebook	ˈgaɪd.bʊk	**गाइड** बुक
guided	ˈgaɪ.dɪd	**गाइ** डिड
guideline	ˈgaɪd.laɪn	**गाइड** लाइन
guidelines	ˈgaɪd.laɪnz	**गाइड** लाइन्ज़
guidepost	ˈgaɪd.ˈpəʊst	**गाइड पəउस्ट**
guild	gɪld	गिल्ड
guilder	ˈgɪl.də	**गिल** डə
guile	gaɪl	गाइल
guileless	ˈgaɪl.ləs	**गाइल** लəस
guillotine	ˈgɪl.ə.ti:n	**गिल** ə टी:न
guilt	gɪlt	गिल्ट
guiltily	ˈgɪl.tᵊl.i	**गिल** टॅल ई
guilt-ridden	ˈgɪlt.rɪd.ən	**गिल्ट** रिड əन
guilty	ˈgɪl.ti	**गिल** टी
guinea pig	ˈgɪn.i.pɪg	**गिन** ई पिग
guise	gaɪz	गाइज़
guitar	gɪ.ˈtɑ:	गि **टा:**
guitarist	gɪ.ˈtɑ:.rɪst	गि **टा:** रिस्ट
gulch	gʌltʃ	गʌल्च
gulf	gʌlf	गʌल्फ़
gull	gʌl	गʌल
gullet	ˈgʌl.ɪt	**गʌल** इट
gullibility	ˈgʌl.ə.ˈbɪl.ə.ti	**गʌल** ə **बिल** ə टी
gullible	ˈgʌl.ɪ.bᵊl	**गʌल** इ बॅल
gully	ˈgʌl.i	**गʌल** ई
gulp	gʌlp	गʌल्प
gum	gʌm	गʌम
gumbo	ˈgʌm.bəʊ	**गʌम** बəउ
gumdrop	ˈgʌm.drɒp	**गʌम** ड्रɒप
gummy	ˈgʌm.i	**गʌम** ई
gumption	ˈgʌmp.ʃᵊn	**गʌम्प** शॅन
gumtree	ˈgʌm.tri:	**गʌम** ट्री:
gun	gʌn	गʌन
gunboat	ˈgʌn.bəʊt	**गʌन** बəउट
gunfight	ˈgʌn.faɪt	**गʌन** फ़ाइट
gunfire	ˈgʌn.faɪ.ə	**गʌन** फ़ाइ ə
gung-ho	ˈgʌŋ.ˈhəʊ	**गʌङ हəउ**
gunk	gʌŋk	गʌङ्क
gunman	ˈgʌn.mən	**गʌन** मəन
gunmetal	ˈgʌn.met.ᵊl	**गʌन** मेट ॅल

gunner	ˈgʌn.ə	**गʌन** ə
gunnery	ˈgʌn.ᵊr.i	**गʌन** ᵊर ई
gunny (IO)	ˈgʌn.i	**गʌन** ई
gunnysack	ˈgʌn.i.ˈsæk	**गʌन** ई **सæक**
gunpoint	ˈgʌn.pɔɪnt	**गʌन** पोइन्ट
gunpowder	ˈgʌn.paʊ.də	**गʌन** पाउ डə
gunrunner	ˈgʌn.rʌn.ə	**गʌन** रʌन ə
gunshot	ˈgʌn.ʃɒt	**गʌन** शɒट
gunslinger	ˈgʌn.slɪŋ.ə	**गʌन** स्लिङ ə
gunsmith	ˈgʌn.smɪθ	**गʌन** स्मिथ
guppy	ˈgʌp.i	**गʌप** ई
gurgle	ˈgɜː.gᵊl	**गɜː** गᵊल
gurgling	ˈgɜː.gᵊl.ɪŋ	**गɜː** गᵊल इङ
guru (IO)	ˈgʊr.uː	**गुर** ऊः
gush	gʌʃ	गʌश
gusher	ˈgʌʃ.ə	**गʌश** ə
gushy	ˈgʌʃ.i	**गʌश** ई
gusset	ˈgʌs.ɪt	**गʌस** इट
gust	gʌst	गʌस्ट
gustatory	ˈgʌs.tə.tᵊr.ɪ	**गʌस** टə टᵊर इ
gusto	ˈgʌs.təʊ	**गʌस** टəउ
gusty	ˈgʌs.ti	**गʌस** टी
gut	gʌt	गʌट
gutless	ˈgʌt.ləs	**गʌट** लəस
guts	gʌts	गʌट्स
gutsy	ˈgʌt.si	**गʌट** सी
gutter	ˈgʌt.ə	**गʌट** ə
guttural	ˈgʌt.ᵊr.ᵊl	**गʌट** ᵊर ᵊल
guv	gʌv	गʌव
guy	gaɪ	गाइ
guzzle	ˈgʌz.ᵊl	**गʌज़** ᵊल
guzzler	ˈgʌz.lə	**गʌज़** लə
gym	dʒɪm	जिम
gym shoes	ˈdʒɪm.ʃuːz	**जिम** शूːज़
gymkhana (IO)	dʒɪm.ˈkɑː.nə	जिम **काː** नə
gymnasium	dʒɪm.ˈneɪ.zi.əm	जिम **नेइ** ज़ी əम
gymnast	ˈdʒɪm.næst	**जिम** नæस्ट
gymnastic	dʒɪm.ˈnæs.tɪk	जिम **नæस** टिक
gynaecological	ˈgaɪ.nɪ.kə.ˈlɒdʒ.ɪ.kᵊl	**गाइ** नि कə **लɒज** इ कᵊल
gynaecologist	ˈgaɪ.nɪ.ˈkɒl.ə.dʒɪst	**गाइ** नि **कɒल** ə जिस्ट
gynaecology	ˈgaɪ.nɪ.ˈkɒl.ə.dʒi	**गाइ** नि **कɒल** ə जी
gyp	dʒɪp	जिप
gypsum	ˈdʒɪp.səm	**जिप** सəम
gypsy	ˈdʒɪp.si	**जिप** सी
gyrate	ˈdʒaɪ.ˈreɪt	**जाइ** **रेइट**
gyration	ˈdʒaɪ.ˈreɪ.ʃᵊn	**जाइ** **रेइ** शᵊन
gyroscope	ˈdʒaɪ.rə.skəʊp	**जाइ** रə स्कəउप

H

h	eɪtʃ	एइच
H	eɪtʃ	एइच
H2O	ˈeɪtʃ.ˈtuː.ˈəʊ	एइच टूː əउ
ha	hɑː	हाː
haat	hɑːt	हाːट
habeas corpus	ˈheɪ.bi.əs.ˈkɔː.pəs	हेइ बी əस कोː पəस
haberdashery	ˈhæb.ə.ˈdæʃ.ᵊr.i	हæब ə डæश ᵊर ई
habit	ˈhæb.ɪt	हæब इट
habitable	ˈhæb.ɪ.tə.bᵊl	हæब इ टə बᵊल
habitant	ˈhæb.ɪ.tᵊnt	हæब इ टᵊन्ट
habitat	ˈhæb.ɪ.tæt	हæब इ टæट
habitation	ˈhæb.ɪ.ˈteɪ.ʃᵊn	हæब इ टेइ शᵊन
habitual	hə.ˈbɪtʃ.u.əl	हə बिच ऊ əल
habitually	hə.ˈbɪtʃ.ə.li	हə बिच ə ली
hack	hæk	हæक
hacker	ˈhæk.ə	हæक ə
hackney	ˈhæk.ni	हæक नी
hacksaw	ˈhæk.sɔː	हæक सोː
had	hæd	हæड
haddock	ˈhæd.ək	हæड əक
hadn't	ˈhæd.nᵊt	हæड नᵊट
haematite	ˈhem.ə.taɪt	हेम ə टाइट
haematology	ˈhiː.mə.ˈtɒl.ə.dʒi	हीː मə टɒल ə जी
haemoglobin	ˈhiː.mə.ˈgləʊ.bɪn	हीː मə ग्लəउ बिन
haemophilia	ˈhiː.mə.ˈfɪl.i.ə	हीː मə फ़िल ई ə
haemorrhage	ˈhem.ᵊr.ɪdʒ	हेम ᵊर इज
hag	hæg	हæग
haggard	ˈhæg.əd	हæग əड
haggle	ˈhæg.ᵊl	हæग ᵊल
hail	heɪl	हेइल
hailstone	ˈheɪl.stəʊn	हेइल स्टəउन
hair	heə	हेə
hair dryer	ˈheə.ˈdraɪ.ə	हेə ड्राइ ə
hair splitting	ˈheə.ˈsplɪt.ɪŋ	हेə स्प्लिट इङ
hair spray	ˈheə.spreɪ	हेə स्प्रेइ
hairbrush	ˈheə.brʌʃ	हेə ब्रʌश
haircut	ˈheə.kʌt	हेə कʌट
hairdo	ˈheə.duː	हेə डूː
hairdresser	ˈheə.dres.ə	हेə ड्रेस ə
hairdressing	ˈheə.dres.ɪŋ	हेə ड्रेस इङ

hairline	ˈheə.laɪn	हेə लाइन
hairnet	ˈheə.net	हेə नेट
hairpiece	ˈheə.piːs	हेə पीːस
hair-raising	ˈheə.ˈreɪ.zɪŋ	हेə रेइ ज़िङ
hairstyle	ˈheə.staɪl	हेə स्टाइल
hairstylist	ˈheə.ˈstaɪ.lɪst	हेə स्टाइ लिस्ट
hairy	ˈheə.ri	हेə री
hale	heɪl	हेइल
half brother	ˈhɑː.f.ˈbrʌð.ə	हाːफ़ ब्रʌद ə
half past	ˈhɑː.f.pɑːst	हाːफ़ पाːस्ट
half pay	ˈhɑː.f.peɪ	हाःफ़ पेइ
half sister	ˈhɑː.f.ˈsɪs.tə	हाːफ़ सिस टə
half-a-crown	ˈhɑː.f.ə.ˈkraʊn	हाːफ़ ə क्राउन
half-and-half	ˈhɑː.f.ən.ˈhɑː.f	हाːफ़ əन हाːफ़
half-assed	ˈhɑː.f.æst	हाːफ़ æस्ट
half-baked	ˈhɑː.f.ˈbeɪkt	हाːफ़ बेइक्ट
half-blood	ˈhɑː.f.blʌd	हाːफ़ ब्लʌड
half-board	ˈhɑː.f.bɔːd	हाःफ़ बोːड
half-bred	ˈhɑː.f.bred	हाःफ़ ब्रेड
half-breed	ˈhɑː.f.briːd	हाःफ़ ब्रीːड
half-caste	ˈhɑː.f.kɑːst	हाःफ़ काːस्ट
half-crown	ˈhɑː.f.ˈkraʊn	हाःफ़ क्राउन
half-cut	ˈhɑː.f.ˈkʌt	हाːफ़ कʌट
half-dozen	ˈhɑː.f.ˈdʌz.ən	हाःफ़ डʌज़ əन
half-hearted	ˈhɑː.f.ˈhɑː.tɪd	हाःफ़ हाː टिड
half-heartedly	ˈhɑː.f.ˈhɑː.tɪd.li	हाːफ़ हाː टिड ली
half-holiday	ˈhɑː.f.ˈhɒl.ə.deɪ	हाःफ़ हɒल ə डेइ
half-hour	ˈhɑː.f.ˈaʊ.ə	हाःफ़ आउ ə
half-hourly	ˈhɑː.f.ˈaʊ.ə.li	हाःफ़ आउ ə ली
half-length	ˈhɑː.f.ˈleŋθ	हाःफ़ लेङ्थ
half-life	ˈhɑː.f.ˈlaɪf	हाःफ़ लाइफ़
half-mast	ˈhɑː.f.ˈmɑːst	हाःफ़ माːस्ट
half-moon	ˈhɑː.f.ˈmuːn	हाःफ़ मूːन
half-page	ˈhɑː.f.ˈpeɪdʒ	हाःफ़ पेइज
halfpence	ˈheɪ.pᵊns	हेइ पᵊन्स
halfpenny	ˈheɪp.ni	हेइप नी
halfpennyworth	ˈheɪp.nɪ.wɜːθ	हेइप नि वɜːथ
half-pint	ˈhɑː.f.paɪnt	हाःफ़ पाइन्ट
half-price	ˈhɑː.f.ˈpraɪs	हाःफ़ प्राइस
halftime	ˈhɑː.f.ˈtaɪm	हाःफ़ टाइम
halftone	ˈhɑː.f.təʊn	हाːफ़ टəउन

half-truth	ˈhɑːf.ˈtruːθ	**हाःफ़ ट्रूःथ**
half-volley	ˈhɑːf.ˈvɒl.i	**हाःफ़ वɒल** ई
halfway	ˈhɑːf.ˈweɪ	**हाःफ़ व़ेइ**
half-witted	ˈhɑːf.ˈwɪt.ɪd	**हाःफ़ व़िट** इड
half-year	ˈhɑːf.ˈjɪə	**हाःफ़ ग़िə**
halibut	ˈhæl.ɪ.bət	**हæल** इ बəट
hall	hɔːl	होःल
Hall of Fame	ˈhɔːl.əv.feɪm	**होःल** əव फ़ेइम
hallelujah	ˈhæl.ɪ.ˈluː.jə	**हæल** इ **लूः** ग़ə
hallmark	ˈhɔːl.mɑːk	**होःल** माःक
hallowed	ˈhæl.əʊd	**हæल** əउड
halloween	ˈhæl.ə.ˈwiːn	**हæल** ə **व़ीःन**
hallstand	ˈhɔːl.stænd	**होःल** स्टæन्ड
hallucinate	hə.ˈluː.sɪ.neɪt	हə **लूः** सि नेइट
hallucination	hə.ˈluː.sɪ.ˈneɪ.ʃᵊn	हə **लूः** सि **नेइ** शᵊन
hallucinogenic	hə.ˈluː.sɪ.nə.ˈdʒen.ɪk	हə **लूः** सि नə **जेन** इक
hallway	ˈhɔːl.weɪ	**होःल** व़ेइ
halo	ˈheɪ.ləʊ	**हेइ** लəउ
halt	hɔːlt	होःल्ट
halter	ˈhɔːl.tə	**होःल** टə
halting	ˈhɔːl.tɪŋ	**होःल** टिङ
halve	hɑːv	हाःव
ham	hæm	हæम
hamburger	ˈhæm.bɜː.gə	**हæम** बɜः गə
hamlet	ˈhæm.lɪt	**हæम** लिट
hammer	ˈhæm.ə	**हæम** ə
hammering	ˈhæm.ə.rɪŋ	**हæम** ə रिङ
hammock	ˈhæm.ək	**हæम** əक
hamper	ˈhæm.pəʳ	**हæम** पəर
hamster	ˈhæm.stəʳ	**हæम** स्टəर
hamstring	ˈhæm.strɪŋ	**हæम** स्ट्रिङ
hand	hænd	हæन्ड
handbag	ˈhænd.bæg	**हæन्ड** बæग
handball	ˈhænd.bɔːl	**हæन्ड** बोःल
handbasin	ˈhænd.beɪs.ᵊn	**हæन्ड** बेइस ᵊन
handbell	ˈhænd.bel	**हæन्ड** बेल
handbill	ˈhænd.bɪl	**हæन्ड** बिल
handbook	ˈhænd.bʊk	**हæन्ड** बुक
handbrake	ˈhænd.breɪk	**हæन्ड** ब्रेइक
handcart	ˈhænd.kɑːt	**हæन्ड** काःट
handclap	ˈhænd.klæp	**हæन्ड** क्लæप

handcraft	ˈhænd.ˈkrɑːft	**हæन्ड क्राःफ़्ट**
handcuff	ˈhænd.kʌf	**हæन्ड** कʌफ़
handful	ˈhænd.fʊl	**हæन्ड** फ़ुल
handgun	ˈhænd.gʌn	**हæन्ड** गʌन
hand-held	ˈhænd.ˈheld	**हæन्ड हेल्ड**
handhold	ˈhænd.həʊld	**हæन्ड** हəउल्ड
handicap	ˈhæn.dɪ.kæp	**हæन** डि कæप
handicapped	ˈhæn.dɪ.kæpt	**हæन** डि कæप्ट
handicraft	ˈhæn.dɪ.krɑːft	**हæन** डि क्राःफ़्ट
handiwork	ˈhæn.dɪ.wɜːk	**हæन** डि व़ɜःक
handkerchief	ˈhæŋ.kə.tʃɪf	**हæङ** कə चिफ़
handknit	ˈhænd.ˈnɪt	**हæन्ड निट**
handle	ˈhæn.dᵊl	**हæन** डᵊल
handlebars	ˈhæn.dᵊl.bɑːz	**हæन** डᵊल बाःज़
handmade	ˈhænd.ˈmeɪd	**हæन्ड मेइड**
hand-me-down	ˈhænd.mi.daʊn	**हæन्ड** मी डाउन
handout	ˈhænd.aʊt	**हæन्ड** आउट
handover	ˈhænd.ˈəʊ.və	**हæन्ड əउ** वə
handpicked	ˈhænd.ˈpɪkt	**हæन्ड पिक्ट**
handrail	ˈhænd.reɪl	**हæन्ड** रेइल
handsaw	ˈhænd.sɔː	**हæन्ड** सोः
handshake	ˈhænd.ʃeɪk	**हæन्ड** शेइक
hands-off	ˈhændz.ɒf	**हæन्ड्ज़** ɒफ़
handsome	ˈhæn.səm	**हæन** सəम
handsomely	ˈhæn.səm.li	**हæन** सəम ली
hands-on	ˈhændz.ɒn	**हæन्ड्ज़** ɒन
handstand	ˈhænd.stænd	**हæन्ड** स्टæन्ड
handwriting	ˈhænd.raɪ.tɪŋ	**हæन्ड** राइ टिङ
handwritten	ˈhænd.ˈrɪt.ᵊn	**हæन्ड रिट** ᵊन
handy	ˈhæn.di	**हæन** डी
handyman	ˈhæn.dɪ.mæn	**हæन** डि मæन
hang	hæŋ	हæङ
hang around	ˈhæŋ.ə.ˈraʊnd	**हæङ** ə **राउन्ड**
hang glider	ˈhæŋ.ˈglaɪ.də	**हæङ ग्लाइ** डə
hang gliding	ˈhæŋ.ˈglaɪ.dɪŋ	**हæङ ग्लाइ** डिङ
hangar	ˈhæŋ.ə	**हæङ** ə
hanger	ˈhæŋ.ə	**हæङ** ə
hanger-on	ˈhæŋ.ər.ˈɒn	**हæङ** əर **ɒन**
hanging	ˈhæŋ.ɪŋ	**हæङ** इङ
hangout	ˈhæŋ.aʊt	**हæङ** आउट
hangover	ˈhæŋ.ˈəʊ.və	**हæङ əउ** वə
hang-up	ˈhæŋ.ʌp	**हæङ** ʌप

hanker	ˈhæŋ.kə	**हæङ** कə
hankie	ˈhæŋ.ki	**हæङ** की
hanky-panky	ˈhæŋ.ki.ˈpæŋk.i	**हæङ** की **पæङ्क** ई
haphazard	ˈhæp.ˈhæz.əd	**हæप हæज़** əड
haphazardly	ˈhæp.ˈhæz.əd.li	**हæप हæज़** əड ली
hapless	ˈhæp.ləs	**हæप** लəस
happen	ˈhæp.ᵊn	**हæप** ᵊन
happened	ˈhæp.ᵊnd	**हæप** ᵊन्ड
happening	ˈhæp.ᵊn.ɪŋ	**हæप** ᵊन इङ
happily	ˈhæp.ᵊl.i	**हæप** ᵊल ई
happiness	ˈhæp.i.nəs	**हæप** ई नəस
happy	ˈhæp.i	**हæप** ई
happy hour	ˈhæp.i.ˈaʊ.ə	**हæप** ई **आउ** ə
happy-go-lucky	ˈhæp.i.gəʊ.ˈlʌk.i	**हæप** ई गəउ **लʌक** ई
hara-kiri	ˈhær.ə.ˈkɪr.i	**हær** ə **किर** ई
harangue	hə.ˈræŋ	हə **रæङ**
harass	ˈhær.əs	**हær** əस
harassment	ˈhær.əs.mᵊnt	**हær** əस मᵊन्ट
harbour	ˈhɑː.bə	**हा**ː बə
hard	hɑːd	हाːड
hard copy	ˈhɑːd.kɒp.i	**हाːड कɒप** ई
hard currency	ˈhɑːd.ˈkʌr.ᵊn.si	**हाːड कʌर** ᵊन सी
hard disk	ˈhɑːd.dɪsk	**हाːड** डिस्क
hard feelings	ˈhɑːd.ˈfiː.lɪŋz	**हाːड फ़ीː** लिङ्ज़
hard labour	ˈhɑːd.ˈleɪ.bə	**हाːड लेइ** बə
hard of hearing	ˈhɑːd.əv.ˈhɪə.rɪŋ	**हाːड** əव **हिə** रिङ
hard rock	ˈhɑːd.rɒk	**हाːड** रɒक
hard sell	ˈhɑːd.sel	**हाːड** सेल
hard-baked	ˈhɑːd.ˈbeɪkt	**हाːड बेइक्ट**
hardball	ˈhɑːd.ˈbɔːl	**हाːड बोːल**
hard-bitten	ˈhɑːd.ˈbɪt.ᵊn	**हाːड बिट** ᵊन
hardboard	ˈhɑːd.bɔːd	**हाːड** बोːड
hard-boiled	ˈhɑːd.ˈbɔɪld	**हाःड बोइल्ड**
hard-core	ˈhɑːd.ˈkɔː	**हाːड को**ː
hardcover	ˈhɑːd.ˈkʌv.ə	**हाːड कʌव** ə
hard-earned	ˈhɑːd.ˈɜːnd	**हाːड ɜːन्ड**
harden	ˈhɑː.dᵊn	**हा**ː डᵊन
hard-fought	ˈhɑːd.ˈfɔːt	**हाːड फ़ोːट**
hard-headed	ˈhɑːd.ˈhed.ɪd	**हाːड हेड** इड
hardhearted	ˈhɑːd.ˈhɑː.tɪd	**हाːड हा**ː टिड
hard-hitting	ˈhɑːd.ˈhɪt.ɪŋ	**हाːड हिट** इङ
hard-line	ˈhɑːd.ˈlaɪn	**हाːड लाइन**

hard-liner	ˈhɑːd.ˈlaɪ.nə	**हाːड लाइ** नə
hard-luck	ˈhɑːd.ˈlʌk	**हाːड लʌक**
hardly	ˈhɑːd.li	**हाːड** ली
hard-nosed	ˈhɑːd.ˈnəʊsd	**हाːड नəउस्ड**
hard-on	ˈhɑːd.ɒn	**हाːड** ɒन
hard-pressed	ˈhɑːd.ˈprest	**हाːड प्रेस्ट**
hardship	ˈhɑːd.ʃɪp	**हाːड** शिप
hardtop	ˈhɑːd.tɒp	**हाːड** टɒप
hard-up	ˈhɑːd.ˈʌp	**हाːड ʌप**
hardware	ˈhɑːd.weə	**हाːड** वेə
hard-wearing	ˈhɑːd.ˈweə.rɪŋ	**हाːड वेə** रिङ
hardwon	ˈhɑːd.ˈwʌn	**हाːड वʌन**
hardwood	ˈhɑːd.wʊd	**हाːड** वुड
hard-working	ˈhɑːd.ˈwɜː.kɪŋ	**हाːड वɜ**ː किङ
hardy	ˈhɑː.di	**हा**ː डी
hare	heə	हेə
harebrained	ˈheə.breɪnd	**हेə** ब्रेइन्ड
harelip	ˈheə.lɪp	**हेə** लिप
harem	ˈhɑː.riːm	**हा**ː रीːम
haricot	ˈhær.ɪ.kəʊ	**हær** इ कəउ
hark	hɑːk	हाːक
harlot	ˈhɑː.lət	**हा**ː लəट
harm	hɑːm	हाːम
harmful	ˈhɑːm.fᵊl	**हाːम** फ़ᵊल
harmless	ˈhɑːm.ləs	**हाःम** लəस
harmlessly	ˈhɑːm.ləs.li	**हाःम** लəस ली
harmonic	hɑː.ˈmɒn.ɪk	हाː **मɒन** इक
harmonica	hɑː.ˈmɒn.ɪ.kə	हाː **मɒन** इ कə
harmonious	hɑː.ˈməʊ.ni.əs	हाː **मəउ** नी əस
harmoniously	hɑː.ˈməʊ.ni.əs.li	हाː **मəउ** नी əस ली
harmonisation	ˈhɑː.mə.naɪ.ˈzeɪ.ʃᵊn	**हा**ː मə नाइ **ज़ेइ** शᵊन
harmonise	ˈhɑː.mə.naɪz	**हा**ː मə नाइज़
harmonist	ˈhɑː.mə.nɪst	**हा**ː मə निस्ट
harmonium	hɑː.ˈməʊ.ni.əm	हाː **मəउ** नी əम
harmony	ˈhɑː.mə.ni	**हा**ː मə नी
harness	ˈhɑː.nəs	**हा**ː नəस
harp	hɑːp	हाːप
harpist	ˈhɑː.pɪst	**हा**ː पिस्ट
harpoon	hɑː.ˈpuːn	हाː **पूːन**
harpsichord	ˈhɑːp.sɪ.kɔːd	**हाːप** सि कोːड
harrowing	ˈhær.əʊ.ɪŋ	**हæ** रəउ इङ
harsh	hɑːʃ	हाːश

harshly	ˈhɑː.ʃ.li	हा:श ली
harshness	ˈhɑː.ʃ.nəs	हा:श नअस
hartal (IO)	ˈhɑː.tɑː.l	हा: टा:ल
harum scarum	ˈheə.rəm.ˈskeə.rəm	हेअ रअम स्केअ रअम
harvest	ˈhɑː.vɪst	हा: विस्ट
harvesting	ˈhɑː.vɪs.tɪŋ	हा: विस टिङ
has	hæz	हæज़
has-been	ˈhæz.biːn	हæज़ बी:न
hash	hæʃ	हæश
hash brown	ˈhæʃ.ˈbraʊn	हæश ब्राउन
hashish	ˈhæʃ.iːʃ	हæश ई:श
hashtag	ˈhæʃ.tæg	हæश टæग
hasn't	ˈhæz.nᵊt	हæज़ नᵊट
hassle	ˈhæs.ᵊl	हæस ᵊल
hast	hæst	हæस्ट
haste	heɪst	हेइस्ट
hasten	ˈheɪ.sᵊn	हेइ सᵊन
hastily	ˈheɪ.stᵊl.i	हेइ स्टᵊल ई
hasty	ˈheɪ.sti	हेइ स्टी
hat	hæt	हæट
hat rack	ˈhæt.ˈræk	हæट रæक
hat trick	ˈhæt.ˈtrɪk	हæट ट्रिक
hatbox	ˈhæt.bɑks	हæट बाक्स
hatch	hætʃ	हæच
hatchback	ˈhætʃ.bæk	हæच बæक
hatchery	ˈhætʃ.ᵊr.i	हæच ᵊर ई
hatchet	ˈhætʃ.ɪt	हæच इट
hatching	ˈhætʃ.ɪŋ	हæच इङ
hate	heɪt	हेइट
hated	ˈheɪt.ɪd	हेइट इड
hateful	ˈheɪt.fᵊl	हेइट फᵊल
hatless	ˈhæt.ləs	हæट लअस
hatpin	ˈhæt.pɪn	हæट पिन
hatred	ˈheɪt.rɪd	हेइट रिड
hatstand	ˈhæt.ˈstænd	हæट स्टæन्ड
hatter	ˈhæt.ə	हæट अ
haughtily	ˈhɔː.tᵊl.i	हो: टᵊल ई
haughty	ˈhɔː.ti	हो: टी
haul	hɔːl	हो:ल
haunch	hɔːntʃ	हो:न्च
haunt	hɔːnt	हो:न्ट
haunted	ˈhɔːn.tɪd	हो:न टिड
haunting	ˈhɔːn.tɪŋ	हो:न टिङ
have	hæv	हæव
have to	ˈhəv.tu	हअव टू
haven	ˈheɪ.vᵊn	हेइ वᵊन
havenot	ˈhæv.nɒt	हæव नɒट
haven't	ˈhæv.ᵊnt	हæव ᵊन्ट
havoc	ˈhæv.ək	हæव अक
hawk	hɔːk	हो:क
hawk eyed	ˈhɔːk.aɪd	हो:क आइड
hawkish	ˈhɔː.kɪʃ	हो: किश
hay	heɪ	हेइ
hay fever	ˈheɪ.ˈfiː.və	हेइ फ़ी: वअ
hayloft	ˈheɪ.lɒft	हेइ लɒफ़्ट
haystack	ˈheɪ.stæk	हेइ स्टæक
haywire	ˈheɪ.waɪ.ə	हेइ वाइ अ
hazard	ˈhæz.əd	हæज़ अड
hazardous	ˈhæz.ə.dəs	हæज़ अ डअस
haze	heɪz	हेइज़
hazel	ˈheɪz.ᵊl	हेइज़ ᵊल
hazelnut	ˈheɪz.ᵊl.nʌt	हेइज़ ᵊल नʌट
hazy	ˈheɪz.i	हेइज़ ई
H-bomb	ˈeɪtʃ.bɒm	एइच बɒम
he	hi	ही
head	hed	हेड
head count	ˈhed.kaʊnt	हेड काउन्ट
head of state	ˈhed.əv.ˈsteɪt	हेड अव स्टेइट
head or tail	ˈhed.ɔː.teɪl	हेड ओ: टेइल
head over heels (in love)	ˈhed.ˈəʊ.vər.ˈhiːls	हेड अउ वअर ही:ल्स
head start	ˈhed.ˈstɑːt	हेड स्टा:ट
head teacher	ˈhed.ˈtiː.tʃə	हेड टी: चअ
headache	ˈhed.eɪk	हेड एइक
headband	ˈhed.bænd	हेड बæन्ड
headboard	ˈhed.bɔːd	हेड बो:ड
headdress	ˈhed.dres	हेड ड्रेस
header	ˈhed.ə	हेड अ
headfirst	ˈhed.ˈfɜːst	हेड फ़ɜ:स्ट
headgear	ˈhed.gɪə	हेड गिअ
headhunter	ˈhed.ˈhʌn.tə	हेड हʌन टअ
heading	ˈhed.ɪŋ	हेड इङ
headland	ˈhed.lænd	हेड लæन्ड

English Pronunciation Dictionary 145

headless	ˈhed.ləs	हेड लəस
headlight	ˈhed.laɪt	हेड लाइट
headline	ˈhed.laɪn	हेड लाइन
headlong	ˈhed.lɒŋ	हेड लɒङ
headmaster	hed.ˈmɑːs.tə	हेड मा:स टə
headmistress	hed.ˈmɪs.trəs	हेड मिस ट्रəस
head-on	ˈhed.ɒn	हेड ɒन
head-on collision	ˈhed.ɒn.kə.ˈlɪʒ.ᵊn	हेड ɒन कə लिज़ ॰न
headphones	ˈhed.fəʊnz	हेड फ़əउन्ज़
headpiece	ˈhed.piːs	हेड पी:स
headquarters	hed.ˈkwɔː.təz	हेड क्वो: टəज़
headrest	ˈhed.rest	हेड रेस्ट
headroom	ˈhed.ruːm	हेड रू:म
headscarf	ˈhed.skɑːf	हेड स्का:फ़
headset	ˈhed.set	हेड सेट
headstand	ˈhed.stænd	हेड स्टæन्ड
headstone	ˈhed.stəʊn	हेड स्टəउन
headstrong	ˈhed.strɒŋ	हेड स्ट्रɒङ
heads-up	ˈhedz.ʌp	हेड्ज़ ʌप
head-to-head	ˈhed.tə.hed	हेड टə हेड
headway	ˈhed.weɪ	हेड वेइ
headwind	ˈhed.wɪnd	हेड विन्ड
heady	ˈhed.i	हेड ई
heal	hiːl	ही:ल
healer	ˈhiː.lə	ही: लə
health	helθ	हेल्थ
health and safety	ˈhelθ.ən.ˈseɪf.ti	हेल्थ əन सेइफ़ टी
health care	ˈhelθ.keə	हेल्थ केə
health centre	ˈhelθ.ˈsen.tə	हेल्थ सेन टə
health club	ˈhelθ.klʌb	हेल्थ क्लʌब
health farm	ˈhelθ.ˈfɑːm	हेल्थ फ़ा:म
health food	ˈhelθ.ˈfuːd	हेल्थ फ़ू:ड
health service	ˈhelθ.ˈsɜː.vɪs	हेल्थ सɜ: विस
healthful	ˈhelθ.fᵊl	हेल्थ फ़॰ल
healthily	ˈhelθ.ᵊl.i	हेल्थ ॰ल ई
healthy	ˈhelθ.i	हेल्थ ई
heap	hiːp	ही:प
heaping	ˈhiːp.ɪŋ	ही:प इङ
hear	hɪə	हिə
heard	hɜːd	हɜ:ड
hearing	ˈhɪə.rɪŋ	हिə रिङ
hearing aid	ˈhɪə.rɪŋ.eɪd	हिə रिङ एइड
hearing-impaired	ˈhɪə.rɪŋ.ɪm.peəd	हिə रिङ इम पेəड

hearken	ˈhɑː.kᵊn	हा: क॰न
hearsay	ˈhɪə.seɪ	हिə सेइ
hearse	hɜːs	हɜ:स
heart	hɑːt	हा:ट
heart and soul	ˈhɑːt.ən.səʊl	हा:ट əन सəउल
heart attack	ˈhɑːt.ə.ˈtæk	हा:ट ə टæक
heart bleeds	ˈhɑːt.bliːdz	हा:ट ब्ली:ड्ज़
heart disease	ˈhɑːt.dɪ.ˈziːz	हा:ट डि ज़ी:ज़
heart failure	ˈhɑːt.ˈfeɪ.ljə	हा:ट फ़ेइ ल्यə
heartache	ˈhɑːt.eɪk	हा:ट एइक
heartbeat	ˈhɑːt.biːt	हा:ट बी:ट
heartbreak	ˈhɑːt.breɪk	हा:ट ब्रेइक
heartbreaking	ˈhɑːt.breɪ.kɪŋ	हा:ट ब्रेइ किङ
heartbroken	ˈhɑːt.ˈbrəʊ.kᵊn	हा:ट ब्रəउ क॰न
heartburn	ˈhɑːt.bɜːn	हा:ट बɜ:न
hearten	ˈhɑː.tᵊn	हा: ट॰न
heartfelt	ˈhɑːt.felt	हा:ट फ़ेल्ट
hearth	hɑːθ	हा:थ
heartily	ˈhɑː.tᵊl.i	हा: ट॰ल ई
heartland	ˈhɑːt.lænd	हा:ट लæन्ड
heartless	ˈhɑːt.ləs	हा:ट लəस
heart-rending	ˈhɑːt.rend.ɪŋ	हा:ट रेन्ड इङ
hearts	hɑːts	हा:ट्स
heart-searching	ˈhɑːt.ˈsɜː.tʃɪŋ	हा:ट सɜ: चिङ
heart-shaped	ˈhɑːt.ʃeɪpt	हा:ट शेइप्ट
heartsick	ˈhɑːt.sɪk	हा:ट सिक
heartsore	ˈhɑːt.sɔː	हा:ट सो:
heartthrob	ˈhɑːt.ˈθrɒb	हा:ट थ्रɒब
heart-to-heart	ˈhɑːt.tə.ˈhɑːt	हा:ट टə हा:ट
heartwarming	ˈhɑːt.ˈwɔː.mɪŋ	हा:ट वो: मिङ
hearty	ˈhɑː.ti	हा: टी
heat	hiːt	ही:ट
heated	ˈhiː.tɪd	ही: टिड
heater	ˈhiː.tə	ही: टə
heathen	ˈhiː.ðᵊn	ही: द॰न
heather	ˈheð.ə	हेद ə
heating	ˈhiːt.ɪŋ	ही:ट इङ
heating oil	ˈhiːt.ɪŋ.ɔɪl	ही:ट इङ ओइल
heat rash	ˈhiːt.ˈræʃ	ही:ट रæश
heat-seeking	ˈhiːt.siː.kɪŋ	ही:ट सी: किङ
heatstroke	ˈhiːt.strəʊk	ही:ट स्ट्रəउक
heat wave	ˈhiːt.ˈweɪv	ही:ट वेइव
heave	hiːv	ही:व

heaven	ˈhev.ᵊn	**हेव** ᵊन
heavenly	ˈhev.ᵊn.li	**हेव** ᵊन ली
heavens	ˈhev.ᵊnz	**हेव** ᵊन्ज़
heaven-sent	ˈhev.ᵊn.sent	**हेव** ᵊन सेन्ट
heavenward	ˈhev.ᵊn.wəd	**हेव** ᵊन व़əड
heaviness	ˈhev.ɪ.nəs	**हेव** इ नəस
heavy	ˈhev.i	**हेव** ई
heavy breather	ˈhev.i.ˈbriː.ðə	**हेव** ई **ब्री**ː दə
heavy industry	ˈhev.i.ˈɪn.də.stri	**हेव** ई **इन** डə स्ट्री
heavy metal	ˈhev.i.ˈmet.ᵊl	**हेव** ई **मेट** ᵊल
heavy-duty	ˈhev.i.ˈdjuː.ti	**हेव** ई **ड्यूः** टी
heavy-handed	ˈhev.i.ˈhæn.dɪd	**हेव** ई **हæन** डिड
heavyweight	ˈhev.ɪ.weɪt	**हेव** इ व़ेइट
heck	hek	हेक
heckle	ˈhek.ᵊl	**हेक** ᵊल
heckler	ˈhek.lə	**हेक** लə
heckling	ˈhek.ᵊl.ɪŋ	**हेक** ᵊल इङ
hectic	ˈhek.tɪk	**हेक** टिक
he'd	hiːd	हीःड
hedge	hedʒ	हेज
hedgehog	ˈhedʒ.hɒg	**हेज** हɒग
hedonism	ˈhed.ᵊn.ɪ.zəm	**हेड** ᵊन इ ज़əम
hedonist	ˈhed.ᵊn.ɪst	**हेड** ᵊन इस्ट
hedonistic	ˈhed.ᵊn.ˈɪs.tɪk	**हेड** ᵊन **इस** टिक
heed	hiːd	हीःड
heedless	ˈhiːd.ləs	**हीःड** लəस
heel	hiːl	हीःल
heels	hiːlz	हीःल्ज़
hefty	ˈhef.ti	**हेफ़** टी
hegemony	hɪ.ˈgem.ə.ni	हि **गेम** ə नी
heifer	ˈhef.ə	**हेफ़** ə
heigh-ho	ˈheɪ.ˈhəʊ	**हेइ हəउ**
height	haɪt	हाइट
heighten	ˈhaɪ.tᵊn	**हाइ** टᵊन
heights	haɪts	हाइट्स
heinous	ˈheɪ.nəs	**हेइ** नəस
heir	eə	एə
heir apparent	ˈeər.ə.ˈpær.ᵊnt	**एəर** ə **पæर** ᵊन्ट
heiress	ˈeə.rəs	**एə** रəस
heirloom	ˈeə.luːm	**एə** लूːम
heist	haɪst	हाइस्ट
held	held	हेल्ड

helicopter	ˈhel.ɪ.ˈkɒp.tə	**हेल** इ **कɒप** टə
helipad	ˈhel.i.pæd	**हेल** ई पæड
heliport	ˈhel.ɪ.pɔːt	**हेल** इ पोःट
helium	ˈhiː.li.əm	**हीः** ली əम
hell	hel	हेल
he'll	hiːl	हीःल
hellbent	ˈhel.bent	**हेल** बेन्ट
Hellenic	he.ˈlen.ɪk	हे **लेन** इक
hellfire	ˈhel.faɪ.ə	**हेल** फ़ाइ ə
hellhole	ˈhel.həʊl	**हेल** हəउल
hello	hə.ˈləʊ	हə **लəउ**
helm	helm	हेल्म
helmet	ˈhel.mət	**हेल** मəट
help	help	हेल्प
helper	ˈhel.pə	**हेल** पə
helpful	ˈhelp.fᵊl	**हेल्प** फ़ᵊल
helpfully	ˈhelp.fᵊl.i	**हेल्प** फ़ᵊल ई
helpfulness	ˈhelp.fᵊl.nəs	**हेल्प** फ़ᵊल नəस
helping	ˈhelp.ɪŋ	**हेल्प** इङ
helpless	ˈhelp.ləs	**हेल्प** लəस
helplessly	ˈhelp.ləs.li	**हेल्प** लəस ली
helplessness	ˈhelp.ləs.nəs	**हेल्प** लəस नəस
helpline	ˈhelp.laɪn	**हेल्प** लाइन
helter-skelter	ˈhel.tə.ˈskel.tə	**हेल** टə **स्केल** टə
hem	hem	हेम
hemisphere	ˈhem.ɪs.fɪə	**हेम** इस फ़िə
hemispheric	ˈhem.əs.ˈfɪr.ɪk	**हेम** əस **फ़िर** इक
hemline	ˈhem.laɪn	**हेम** लाइन
hemlock	ˈhem.lɒk	**हेम** लɒक
hemoglobin	ˈhiː.mə.ˈgləʊ.bɪn	**हीः** मə **ग्लəउ** बिन
hemophilia	ˈhiː.mə.ˈfɪl.i.ə	**हीः** मə **फ़िल** ई ə
hemophiliac	ˈhiː.mə.ˈfɪl.i.æk	**हीः** मə **फ़िल** ई æक
hemorrhage	ˈhem.ᵊr.ɪdʒ	**हेम** ᵊर इज
hemorrhoid	ˈhem.ə.ˈrɔɪd	**हेम** ə **रोइड**
hemp	hemp	हेम्प
hemstich	ˈhem.stɪtʃ	**हेम** स्टिच
hen	hen	हेन
hence	hens	हेन्स
henceforth	ˈhens.ˈfɔːθ	**हेन्स फ़ोःथ**
henchman	ˈhentʃ.mən	**हेन्च** मəन
hepatitis	ˈhep.ə.ˈtaɪ.tɪs	**हेप** ə **टाइ** टिस
heptagon	ˈhep.tə.gᵊn	**हेप** टə गᵊन

her	hə	हə
herald	ˈher.əld	**हेर** əल्ड
herb	hɜːb	हɜːब
herbal	ˈhɜː.bᵊl	**हɜः** बᵊल
herbarium	hər.ˈbeə.ri.əm	हər **बेə** री əम
herbivore	ˈhɜː.bɪ.vɔː	**हɜः** बि वोः
herbivorous	hɜː.ˈbɪ.vᵊr.əs	हɜः **बि** वᵊर əस
herculean	ˈhɜː.kjə.ˈliː.ən	**हɜः** क्यə **लीः** əन
herd	hɜːd	हɜːड
herdsman	ˈhɜːdz.mən	**हɜःड्ज़** मəन
here	hɪə	हिə
hereabouts	ˈhɪə.rə.ˈbaʊts	**हिə** रə **बाउट्स**
hereafter	ˈhɪə.ˈrɑːf.tə	**हिə राःफ़** टə
hereby	ˈhɪə.ˈbaɪ	**हिə बाइ**
hereditary	hɪ.ˈred.ɪ.tᵊr.i	हि **रेड** इ टᵊर ई
heredity	hɪ.ˈred.ə.ti	हि **रेड** ə टी
herein	ˈhɪə.ˈrɪn	**हिə रिन**
hereof	hɪə.ˈrɒv	हिə **रɒव**
heresy	ˈher.ə.si	**हेर** ə सी
heretic	ˈher.ə.tɪk	**हेर** ə टिक
heretical	hə.ˈret.ɪ.kᵊl	हə **रेट** इ कᵊल
hereto	ˈhɪə.ˈtuː	**हिə टूः**
heretofore	ˈhɪə.tuː.ˈfɔː	**हिə** टूः **फ़ोः**
hereunder	ˈhɪər.ˈʌn.də	**हिər ʌन** डə
hereunto	ˈhɪər.ʌn.ˈtuː	**हिər** ʌन **टूः**
hereupon	ˈhɪə.rə.ˈpɒn	**हिə** रə **पɒन**
herewith	ˈhɪə.ˈwɪð	**हिə विद**
heritage	ˈher.ɪ.tɪdʒ	**हेर** इ टिज
hermetic	hɜː.ˈmet.ɪk	हɜः **मेट** इक
hermit	ˈhɜː.mɪt	**हɜः** मिट
hernia	ˈhɜː.ni.ə	**हɜः** नी ə
hero	ˈhɪə.rəʊ	**हिə** रəउ
heroic	hɪ.ˈrəʊ.ɪk	हि **रəउ** इक
heroically	hɪ.ˈrəʊ.ɪ.kᵊl.i	हि **रəउ** इ कᵊल ई
heroin	ˈher.əʊ.ɪn	**हेर** əउ इन
heroism	ˈhe.rəʊ.ɪ.zᵊm	**हे** रəउ इ ज़ᵊम
heron	ˈher.ᵊn	**हेर** ᵊन
herpes	ˈhɜː.piːz	**हɜः** पीःज़
herring	ˈher.ɪŋ	**हेर** इङ
hers	hɜːz	हɜःज़
herself	hɜː.ˈself	हɜः **सेल्फ़**
Hertz	hɜːts	हɜःट्स
he's	hiːz	हीःज़

hesitance	ˈhez.ɪ.tᵊns	**हेज़** इ टᵊन्स
hesitancy	ˈhez.ɪ.tᵊn.si	**हेज़** इ टᵊन सी
hesitant	ˈhez.ɪ.tᵊnt	**हेज़** इ टᵊन्ट
hesitantly	ˈhez.ɪ.tᵊnt.li	**हेज़** इ टᵊन्ट ली
hesitate	ˈhez.ɪ.teɪt	**हेज़** इ टेइट
hesitation	ˈhez.ɪ.ˈteɪ.ʃᵊn	**हेज़** इ **टेइ** शᵊन
heterogeneous	ˈhet.ᵊr.ə.ˈdʒiː.ni.əs	**हेट** ᵊर ə **जीः** नी əस
heterosexual	ˈhet.ᵊr.ə.ˈsek.ʃʊ.əl	**हेट** ᵊर ə **सेक** शु əल
hew	hjuː	ह्यूः
hewn	hjuːn	ह्यूःन
hex	heks	हेक्स
hexadecimal	ˈhek.sə.ˈdes.ɪ.mᵊl	**हेक** सə **डेस** इ मᵊल
hexagon	ˈhek.sə.gᵊn	**हेक** सə गᵊन
hexagonal	hek.ˈsæg.ᵊn.ᵊl	हेक **सæग** ᵊन ᵊल
hey	heɪ	हेइ
heyday	ˈheɪ.deɪ	**हेइ** डेइ
hi	haɪ	हाइ
hiatus	haɪ.ˈeɪ.təs	हाइ **एइ** टəस
hibernate	ˈhaɪ.bə.neɪt	**हाइ** बə नेइट
hibernation	ˈhaɪ.bə.ˈneɪ.ʃᵊn	**हाइ** बə **नेइ** शᵊन
hiccough	ˈhɪk.ʌp	**हिक** ʌप
hiccup	ˈhɪk.ʌp	**हिक** ʌप
hick	hɪk	हिक
hickey	ˈhɪk.i	**हिक** ई
hickory	ˈhɪk.ᵊr.i	**हिक** ᵊर ई
hid	hɪd	हिड
hidden	ˈhɪd.ᵊn	**हिड** ᵊन
hide	haɪd	हाइड
hide-and-seek	ˈhaɪd.ən.ˈsiːk	**हाइड** əन **सीःक**
hideaway	ˈhaɪd.ə.ˈweɪ	**हाइड** ə **वेइ**
hideous	ˈhɪd.i.əs	**हिड** ई əस
hideously	ˈhɪd.i.əs.li	**हिड** ई əस ली
hideout	ˈhaɪd.aʊt	**हाइड** आउट
hiding	ˈhaɪd.ɪŋ	**हाइड** इङ
hierarchical	ˈhaɪ.ə.ˈrɑː.kɪ.kᵊl	**हाइ** ə **राः** कि कᵊल
hierarchy	ˈhaɪ.ə.rɑː.ki	**हाइ** ə राः की
hieroglyphics	ˈhaɪ.ə.rəʊ.ˈglɪf.ɪks	**हाइ** ə रəउ **ग्लिफ़** इक्स
hi-fi	ˈhaɪ.ˈfaɪ	**हाइ फ़ाइ**
high	haɪ	हाइ
high achiever	ˈhaɪ.ə.ˈtʃiː.və	**हाइ** ə **चीः** वə
high and mighty	ˈhaɪ.ən.ˈmaɪ.ti	**हाइ** əन **माइ** टी

high chair	ˈhaɪ.ˈtʃeə	**हाइ चेə**
high jump	ˈhaɪ.ˈdʒʌmp	**हाइ जʌम्प**
high roller	ˈhaɪ.ˈrəʊ.lə	**हाइ रəउ** लə
high school	ˈhaɪ.ˈskuːl	**हाइ स्कूːल**
high speed	ˈhaɪ.ˈspiːd	**हाइ स्पीːड**
high tide	ˈhaɪ.ˈtaɪd	**हाइ टाइड**
highbrow	ˈhaɪ.ˈbraʊ	**हाइ ब्राउ**
high-class	ˈhaɪ.ˈklɑːs	**हाइ क्लाːस**
high-end	ˈhaɪ.ˈend	**हाइ एन्ड**
higher education	ˈhaɪ.ər.ed.jʊ.ˈkeɪ.ʃᵊn	**हाइ** əर एड यु **केइ** शᵊन
high-grade	ˈhaɪ.ˈgreɪd	**हाइ ग्रेइड**
high-handed	ˈhaɪ.ˈhæn.dɪd	**हाइ हæन** डिड
high-heeled	ˈhaɪ.ˈhiːld	**हाइ हीːल्ड**
highjack	ˈhaɪ.dʒæk	**हाइ** जæक
highland	ˈhaɪ.lænd	**हाइ** लæन्ड
high-level	ˈhaɪ.ˈlev.ᵊl	**हाइ लेव** ᵊल
highlight	ˈhaɪ.laɪt	**हाइ** लाइट
highlighter	ˈhaɪ.laɪ.tə	**हाइ** **लाइ** टə
highlights	ˈhaɪ.laɪts	**हाइ** लाइट्स
highly	ˈhaɪ.li	**हाइ** ली
high-minded	ˈhaɪ.ˈmaɪn.dɪd	**हाइ माइन** डिड
highness	ˈhaɪ.nəs	**हाइ** नəस
high-octane	ˈhaɪ.ˈɒk.teɪn	**हाइ ɒक** टेइन
high-pitched	ˈhaɪ.ˈpɪtʃt	**हाइ पिच्ट**
high-powered	ˈhaɪ.ˈpaʊ.əd	**हाइ पाउ** əड
high-pressure	ˈhaɪ.ˈpreʃ.ə	**हाइ प्रेश** ə
high-priced	ˈhaɪ.ˈpraɪst	**हाइ प्राइस्ट**
high-priest	ˈhaɪ.ˈpriːst	**हाइ प्रीːस्ट**
high-profile	ˈhaɪ.ˈprəʊ.faɪl	**हाइ प्रəउ** फ़ाइल
high-ranking	ˈhaɪ.ˈræŋ.kɪŋ	**हाइ रæङ** किङ
high-rise	ˈhaɪ.ˈraɪz	**हाइ राइज़**
high-risk	ˈhaɪ.ˈrɪsk	**हाइ रिस्क**
high-spirited	ˈhaɪ.ˈspɪr.ɪ.tɪd	**हाइ स्पिर** इ टिड
high-strung	ˈhaɪ.ˈstrʌŋ	**हाइ स्ट्रʌङ**
high-tech	ˈhaɪ.ˈtek	**हाइ टेक**
high-up	ˈhaɪ.ʌp	**हाइ** ʌप
high-voltage	ˈhaɪ.ˈvəʊl.tɪdʒ	**हाइ वəउल** टिज
highway	ˈhaɪ.weɪ	**हाइ** वेइ
highway robbery	ˈhaɪ.weɪ.ˈrɒb.ᵊr.i	**हाइ** वेइ **रɒब** ᵊर ई
highwayman	ˈhaɪ.weɪ.mən	**हाइ** वेइ मəन
hijab	ˈhɪdʒ.æb	**हिज** æब

hijack	ˈhaɪ.dʒæk	**हाइ** जæक
hijacker	ˈhaɪ.dʒæk.ə	**हाइ** जæक ə
hijacking	ˈhaɪ.dʒæk.ɪŋ	**हाइ** जæक इङ
hijra (IO)	ˈhɪdʒ.rə	**हिज** रə
hike	haɪk	हाइक
hiker	ˈhaɪk.ə	**हाइक** ə
hilarious	hɪ.ˈleə.ri.əs	हि **लेə** री əस
hilarity	hɪ.ˈlær.ə.ti	हि **लæर** ə टी
hill	hɪl	हिल
hillbilly	ˈhɪl.ˈbɪl.i	**हिल बिल** ई
hillock	ˈhɪl.ək	**हिल** əक
hillside	ˈhɪl.saɪd	**हिल** साइड
hilltop	ˈhɪl.tɒp	**हिल** टɒप
hilly	ˈhɪl.i	**हिल** ई
hilt	hɪlt	हिल्ट
him	hɪm	हिम
himself	hɪm.ˈself	हिम **सेल्फ़**
hind	haɪnd	हाइन्ड
hinder (adj)	ˈhaɪn.dəʳ	**हाइन** डəर
hinder (v)	ˈhɪn.dəʳ	**हिन** डəर
hindquarters	ˈhaɪnd.ˈkwɔː.təz	**हाइन्ड क्वोː** टəज़
hindrance	ˈhɪn.drᵊns	**हिन** ड्रᵊन्स
hindsight	ˈhaɪnd.saɪt	**हाइन्ड** साइट
hindu	ˈhɪn.ˈduː	**हिन डूː**
hinduism	ˈhɪn.duː.ɪ.zᵊm	**हिन** डूː इ ज़ᵊम
hinge	hɪndʒ	हिन्ज
hint	hɪnt	हिन्ट
hinterland	ˈhɪn.tə.lænd	**हिन** टə लæन्ड
hip	hɪp	हिप
hip-hop	ˈhɪp.hɒp	**हिप** हɒप
hippie	ˈhɪp.i	**हिप** ई
hippo	ˈhɪp.əʊ	**हिप** əउ
Hippocratic	ˈhɪp.ə.ˈkræt.ɪk	**हिप** ə **क्रæट** इक
hippopotami	ˈhɪp.ə.ˈpɒt.ə.maɪ	**हिप** ə **पɒट** ə माइ
hippopotamus	ˈhɪp.ə.ˈpɒt.ə.məs	**हिप** ə **पɒट** ə मəस
hire	ˈhaɪ.ə	**हाइ** ə
his	hɪz	हिज़
hispanic	hɪs.ˈspæn.ɪk	हिस **स्पæन** इक
hiss	hɪs	हिस
histamine	ˈhɪs.tə.miːn	**हिस** टə मीːन
histogram	ˈhɪs.tə.græm	**हिस** टə ग्रæम
histology	hɪs.ˈtɒl.ə.dʒi	हिस **टɒल** ə जी

historian	hɪs.ˈtɔː.ri.ən	हिस **टोː** री ऽन
historic	hɪs.ˈtɒr.ɪk	हिस **टɒर** इक
historical	hɪs.ˈstɒr.ɪ.kᵊl	हिस **स्टɒर** इ कᵊल
historically	hɪs.ˈstɒr.ɪ.kᵊl.i	हिस **स्टɒर** इ कᵊल ई
history	ˈhɪs.tᵊr.i	**हिस** टᵊर ई
histrionic	ˈhɪs.tri.ˈɒn.ɪk	**हिस** ट्री **ɒन** इक
hit	hɪt	हिट
hit man	ˈhɪt.mæn	**हिट** मæन
hit-and-miss	ˈhɪt.ən.ˈmɪs	**हिट** ऽन **मिस**
hit-and-run	ˈhɪt.ən.ˈrʌn	**हिट** ऽन **रʌन**
hitch	hɪtʃ	हिच
hitchhike	ˈhɪtʃ.haɪk	**हिच** हाइक
hitchhiker	ˈhɪtʃ.haɪ.kə	**हिच** हाइ कऽ
hi-tech	ˈhaɪ.ˈtek	**हाइ टेक**
hither	ˈhɪð.ə	**हिद** ऽ
hitherto	ˈhɪð.ə.ˈtuː	**हिद** ऽ **टूː**
hit-or-miss	ˈhɪt.ɔː.ˈmɪs	**हिट** ओː **मिस**
HIV	ˈeɪtʃ.ˈaɪ.ˈviː	**एइच आइ वीː**
hive	haɪv	हाइव
HMO	ˈeɪtʃ.ˈem.ˈəʊ	**एइच एम ऽउ**
hoard	hɔːd	होːड
hoarder	ˈhɔː.də	**होː** डऽ
hoarse	hɔːs	होːस
hoarsely	ˈhɔːs.li	**होːस** ली
hoax	həʊks	हऽउक्स
hobbit	ˈhɒb.ɪt	**हɒब** इट
hobble	ˈhɒb.ᵊl	**हɒब** ᵊल
hobby	ˈhɒb.i	**हɒब** ई
hobnail boot	ˈhɒb.neɪl.ˈbuːt	**हɒब** नेइल **बूːट**
hobnob	ˈhɒb.nɒb	**हɒब** नɒब
hobo	ˈhəʊ.bəʊ	**हऽउ** बऽउ
hock	hɒk	हɒक
hockey	ˈhɒk.i	**हɒक** ई
hocus pocus	ˈhəʊ.kəs.ˈpəʊ.kəs	**हऽउ** कऽस **पऽउ** कऽस
hodgepodge	ˈhɒdʒ.pɒdʒ	**हɒज** पɒज
Hodgkin's disease	ˈhɒdʒ.kɪnz.dɪ.ˈziːz	**हɒज** किन्ज़ डि **ज़ीːज़**
hoe	həʊ	हऽउ
hog	hɒg	हɒग
hogmanay	ˈhɒg.mə.neɪ	**हɒग** मऽ नेइ
hogwash	ˈhɒg.wɒʃ	**हɒग** वɒश
hoisin	ˈhɔɪ.sɪn	**होइ** सिन
hoist	hɔɪst	होइस्ट
hoity toity	ˈhɔɪ.ti.ˈtɔɪ.ti	**होइ** टी **टोइ** टी
hokey	ˈhəʊ.ki	**हऽउ** की
hokey pokey	ˈhəʊ.ki.ˈpəʊ.ki	**हऽउ** की **पऽउ** की
hold	həʊld	हऽउल्ड
holdall	ˈhəʊld.ɔːl	**हऽउल्ड** ओːल
holder	ˈhəʊl.də	**हऽउल** डऽ
holding	ˈhəʊld.ɪŋ	**हऽउल्ड** इङ
holdout	ˈhəʊld.aʊt	**हऽउल्ड** आउट
holdover	ˈhəʊld.ˈəʊ.və	**हऽउल्ड ऽउ** वऽ
holdup	ˈhəʊld.ʌp	**हऽउल्ड** ʌप
hole	həʊl	हऽउल
hole-in-one	ˈhəʊl.ɪn.wʌn	**हऽउल** इन वʌन
hole-in-the-wall	ˈhəʊl.ɪn.ðə.wɔːl	**हऽउल** इन दऽ वोːल
holiday	ˈhɒl.ə.deɪ	**हɒल** ऽ डेइ
holidaymaker	ˈhɒl.ə.deɪ.ˈmeɪ.kə	**हɒल** ऽ डेइ **मेइ** कऽ
holiness	ˈhəʊ.lɪ.nəs	**हऽउ** लि नऽस
holistic	hə.ˈlɪs.tɪk	हऽ **लिस** टिक
holler	ˈhɒl.ə	**हɒल** ऽ
hollow	ˈhɒl.əʊ	**हɒल** ऽउ
holly	ˈhɒl.i	**हɒल** ई
Hollywood	ˈhɒl.ɪ.wʊd	**हɒल** इ वुड
holocaust	ˈhɒl.ə.kɔːst	**हɒल** ऽ कोːस्ट
hologram	ˈhɒl.ə.græm	**हɒल** ऽ ग्रæम
holster	ˈhəʊl.stə	**हऽउल** स्टऽ
holy	ˈhəʊ.li	**हऽउ** ली
homage	ˈhɒm.ɪdʒ	**हɒम** इज
home	həʊm	हऽउम
home	həʊm	हऽउम
home economics	ˈhəʊm.iː.kə.ˈnɒm.ɪks	**हऽउम** ईː कऽ **नɒम** इक्स
home loan	ˈhəʊm.ˈləʊn	**हऽउम लऽउन**
home page	ˈhəʊm.ˈpeɪdʒ	**हऽउम पेइज**
home plate	ˈhəʊm.ˈpleɪt	**हऽउम प्लेइट**
home run	ˈhəʊm.ˈrʌn	**हऽउम रʌन**
homebred	ˈhəʊm.bred	**हऽउम** ब्रेड
homecoming	ˈhəʊm.ˈkʌm.ɪŋ	**हऽउम कʌम** इङ
homeland	ˈhəʊm.lænd	**हऽउम** लæन्ड
homeless	ˈhəʊm.ləs	**हऽउम** लऽस
homelessness	ˈhəʊm.ləs.nəs	**हऽउम** लऽस नऽस
homemade	ˈhəʊm.ˈmeɪd	**हऽउम मेइड**
homemaker	ˈhəʊm.ˈmeɪ.kə	**हऽउम मेइ** कऽ

homeopath	ˈhəʊ.mi.ə.pæθ	**हəʊ** मी ə पæथ
homeopathic	ˈhəʊ.mi.əˈpæθ.ɪk	**हəʊ** मी ə **पæथ** इक
homeopathy	ˈhəʊ.mi.ˈɒp.ə.θi	**हəʊ** मी **ɒप** ə थी
homeowner	ˈhəʊm.ˈəʊ.nə	**हəʊम əʊ** नə
homer	ˈhəʊ.mə	**हəʊ** मə
homeroom	ˈhəʊm.ru:m	**हəʊम** रू:म
homesick	ˈhəʊm.sɪk	**हəʊम** सिक
homesickness	ˈhəʊm.ˈsɪk.nəs	**हəʊम सिक** नəस
homespun	ˈhəʊm.spʌn	**हəʊम** स्पʌन
homestead	ˈhəʊm.sted	**हəʊम** स्टेड
hometown	ˈhəʊm.ˈtaʊn	**हəʊम टाउन**
homeward	ˈhəʊm.wəd	**हəʊम** व़əड
homework	ˈhəʊm.wɜ:k	**हəʊम** व़ɜ:क
homey	ˈhəʊ.mi	**हəʊ** मी
homicidal	ˈhɒm.ɪ.ˈsaɪd.ᵊl	**हɒम** इ **साइड** ᵊल
homicide	ˈhɒm.ɪ.saɪd	**हɒम** इ साइड
homogeneity	ˈhɒm.ə.dʒə.ˈneɪ.ə.ti	**हɒम** ə जə **नेइ** ə टी
homogeneous	ˈhɒm.ə.ˈdʒi:.ni.əs	**हɒम** ə **जी**: नी əस
homogenise	hə.ˈmɒdʒ.ɪ.naɪz	हə **मɒज** इ नाइज़
homonym	ˈhɒm.ə.nɪm	**हɒम** ə निम
homophobia	ˈhəʊ.məʊ.ˈfəʊ.bi.ə	**हəʊ** मəʊ **फ़əʊ** बी ə
homophobic	ˈhəʊ.məʊ.ˈfəʊ.bɪk	**हəʊ** मəʊ **फ़əʊ** बिक
homophone	ˈhɒm.ə.fəʊn	**हɒम** ə फ़əʊन
homosexual	ˈhəʊ.mə.ˈsek.ʃʊ.əl	**हəʊ** मə **सेक** शु əल
homosexuality	ˈhəʊ.mə.sek.ʃʊ.ˈæl.ə.ti	**हəʊ** मə सेक शु **æल** ə टी
honcho	ˈhɒn.tʃəʊ	**हɒन** चəʊ
hone	həʊn	हəʊन
honest	ˈɒn.ɪst	**ɒन** इस्ट
honestly	ˈɒn.ɪst.li	**ɒन** इस्ट ली
honesty	ˈɒn.ɪst.i	**ɒन** इस्ट ई
honey	ˈhʌn.i	**हʌन** ई
honeybee	ˈhʌn.i.bi:	**हʌन** ई बी:
honeycomb	ˈhʌn.i.kəʊm	**हʌन** ई कəʊम
honeydew	ˈhʌn.i.dju:	**हʌन** ई ड्यू:
honeyeater	ˈhʌn.i.ˈi:.tə	**हʌन** ई **ई**: टə
honeymoon	ˈhʌn.i.mu:n	**हʌन** ई मू:न
honeysuckle	ˈhʌn.i.ˈsʌk.ᵊl	**हʌन** ई **सʌक** ᵊल

honk	hɒŋk	हɒङ्क
honorarium	ˈɒn.ə.ˈreə.ri.əm	**ɒन** ə **रेə** री əम
honorary	ˈɒn.ᵊr.ᵊr.i	**ɒन** ᵊर ᵊर ई
honour	ˈɒn.ə	**ɒन** ə
honour roll	ˈɒn.ə.ˈrəʊl	**ɒन** ə **रəʊल**
honourable	ˈɒn.ᵊr.ə.bᵊl	**ɒन** ᵊर ə बᵊल
honourably	ˈɒn.ᵊr.ə.bli	**ɒन** ᵊर ə ब्ली
honours degree	ˈɒn.əz.dɪ.ˈgri:	**ɒन** əज़ डि **ग्री**:
honours list	ˈɒn.əz.ˈlɪst	**ɒन** əज़ **लिस्ट**
honours student	ˈɒn.əz.ˈstju:.dᵊnt	**ɒन** əज़ **स्ट्यू**: डᵊन्ट
hoo ha	ˈhu:.hɑ:	**हू**: हा:
hood	hʊd	हुड
hooded	ˈhʊd.ɪd	**हुड** इड
hoodlum	ˈhu:d.ləm	**हू:ड** लəम
hoodwink	ˈhʊd.wɪŋk	**हुड** विङ्क
hoody	ˈhʊd.i	**हुड** ई
hoof	hu:f	हू:फ़
hook	hʊk	हुक
hook, line, and sinker	ˈhʊk.ˈlaɪn.ən.ˈsɪŋ.kə	**हुक लाइन** əन **सिङ** कə
hookah (IO)	ˈhʊk.ə	**हुक** ə
hooked	hʊkt	हुक्ट
hooker	ˈhʊk.ə	**हुक** ə
hookey	ˈhʊk.ɪ	**हुक** इ
hookshot	ˈhʊk.ʃɒt	**हुक** शɒट
hookup	ˈhʊk.ʌp	**हुक** ʌप
hookworm	ˈhʊk.wɜ:m	**हुक** व़ɜ:म
hooligan	ˈhu:.lɪ.gᵊn	**हू**: लि गᵊन
hooliganism	ˈhu:.lɪ.gᵊn.ɪ.zᵊm	**हू**: लि गᵊन इ ज़ᵊम
hoop	hu:p	हू:प
hoopla	ˈhu:p.lɑ:	**हू:प** ला:
hoorah	hʊ.ˈrɑ:	हु **रा**:
hooray	hʊ.ˈreɪ	हु **रेइ**
hoot	hu:t	हू:ट
hooves	hu:vz	हू:व्ज़
hop	hɒp	हɒप
hope	həʊp	हəʊप
hopeful	ˈhəʊp.fᵊl	**हəʊप** फ़ᵊल
hopefully	ˈhəʊp.fᵊl.i	**हəʊप** फ़ᵊल ई
hopefulness	ˈhəʊp.fᵊl.nəs	**हəʊप** फ़ᵊल नəस
hopeless	ˈhəʊp.ləs	**हəʊप** लəस
hopelessly	ˈhəʊp.ləs.li	**हəʊप** लəस ली

hopelessness	ˈhəʊp.ləs.nəs	हəʊप लəस नəस
hopscotch	ˈhɒp.skɒtʃ	हɒप स्कɒच
horde	hɔːd	होːड
horizon	hə.ˈraɪ.zᵊn	हə राइ ज़ᵊन
horizontal	ˈhɒr.ɪ.ˈzɒn.tᵊl	हɒर इ ज़ɒन टᵊल
horizontally	ˈhɒr.ɪ.ˈzɒn.tᵊl.i	हɒर इ ज़ɒन टᵊल ई
hormone	ˈhɔː.məʊn	होː मəʊन
horn	hɔːn	होːन
hornbill	ˈhɔːn.bɪl	होːन बिल
horned	hɔːnd	होːन्ड
hornet	ˈhɔː.nɪt	होː निट
hornet's nest	ˈhɔː.nəts.ˈnest	होː नəट्स नेस्ट
hornpipe	ˈhɔːn.paɪp	होːन पाइप
horn-rimmed	ˈhɔːn.rɪmd	होːन रिम्ड
horny	ˈhɔː.ni	होː नी
horoscope	ˈhɒr.ə.skəʊp	हɒर ə स्कəʊप
horrendous	hɒr.ˈen.dəs	हɒर एन डəस
horrible	ˈhɒr.ə.bᵊl	हɒर ə बᵊल
horribly	ˈhɒr.ə.bli	हɒर ə ब्ली
horrid	ˈhɒr.ɪd	हɒर इड
horrific	hə.ˈrɪf.ɪk	हə रिफ़ इक
horrify	ˈhɒr.ɪ.faɪ	हɒर इ फ़ाइ
horrifying	ˈhɒr.ɪ.faɪ.ɪŋ	हɒर इ फ़ाइ इङ
horror	ˈhɒr.ə	हɒर ə
horror-stricken	ˈhɒr.ə.ˈstrɪk.ᵊn	हɒर ə स्ट्रिक ᵊन
hors d'oeuvre	ˈhɔː.ˈdɜːv	होː डɜːव
horse	hɔːs	होːस
horse around	ˈhɔːs.ə.ˈraʊnd	होːस ə राउन्ड
horseback riding	ˈhɔːs.bæk.ˈraɪd.ɪŋ	होːस बæक राइड इङ
horse-drawn	ˈhɔːs.ˈdrɔːn	होːस ड्रोːन
horseflesh	ˈhɔːs.fleʃ	होːस फ़्लेश
horsefly	ˈhɔːs.flaɪ	होːस फ़्लाइ
horse-from the horse's mouth	ˈfrɒm.ðə.ˈhɔː.səz.ˈmaʊθ	फ़्रɒम दə होː सəज़ माउथ
horse-gift horse	ˈgɪft.hɔːs	गिफ़्ट होːस
horsehair	ˈhɔːs.heə	होːस हेə
horse-hold your horses	ˈhəʊld.jə.ˈhɔː.sɪz	हəउल्ड ग़ə होː सिज़
horse-horses for courses	ˈhɔː.sɪz.fə.ˈkɔː.sɪz	होː सिज़ फ़ə कोː सिज़
horseplay	ˈhɔːs.pleɪ	होːस प्लेइ
horsepower	ˈhɔːs.ˈpaʊ.ə	होːस पाउ ə
horseracing	ˈhɔːs.ˈreɪ.sɪŋ	होːस रेइ सिङ

horseradish	ˈhɔːs.ˈræd.ɪʃ	होːस रæड इश
horsesense	ˈhɔːs.sens	होːस सेन्स
horseshoe	ˈhɔːs.ʃuː	होːस शूː
horsetrading	ˈhɔːs.treɪ.dɪŋ	होːस ट्रेइ डिङ
horsewhip	ˈhɔːs.wɪp	होːस व़िप
horsey	ˈhɔː.si	होː सी
horticultural	ˈhɔː.tɪ.ˈkʌl.tʃᵊr.ᵊl	होː टि कʌल चᵊर ᵊल
horticulture	ˈhɔː.tɪ.kʌl.tʃə	होː टि कʌल चə
hose	həʊz	हəउज़
hosepipe	ˈhəʊz.paɪp	हəउज़ पाइप
hosiery	ˈhəʊz.jə.ri	हəउज़ ग़ə री
hospice	ˈhɒs.pɪs	हɒस पिस
hospitable	hɒs.ˈpɪ.tə.bᵊl	हɒस पि टə बᵊल
hospital	ˈhɒs.pɪt.ᵊl	हɒस पिट ᵊल
hospitalisation	ˈhɒs.pɪ.tᵊl.aɪ.ˈzeɪ.ʃᵊn	हɒस पि टᵊल आइ ज़ेइ शᵊन
hospitalise	ˈhɒs.pɪ.tᵊl.aɪz	हɒस पि टᵊल आइज़
hospitality	ˈhɒs.pɪ.ˈtæl.ə.ti	हɒस पि टæल ə टी
host	həʊst	हəउस्ट
hostage	ˈhɒs.tɪdʒ	हɒस टिज
hostel	ˈhɒs.tᵊl	हɒस टᵊल
hostess	ˈhəʊs.tɪs	हəउस टिस
hostile	ˈhɒs.taɪl	हɒस टाइल
hostility	hɒs.ˈtɪl.ə.ti	हɒस टिल ə टी
hot	hɒt	हɒट
hot air	ˈhɒt.eə	हɒट एə
hot air balloon	ˈhɒt.eə.bə.ˈluːn	हɒट एə बə लूːन
hot and cold	ˈhɒt.ən.ˈkəʊld	हɒट əन कəउल्ड
hot chocolate	ˈhɒt.ˈtʃɒk.lət	हɒट चɒक लəट
hot cross bun	ˈhɒt.ˈkrɒs.bʌn	हɒट क्रɒस बʌन
hot dog	ˈhɒt.dɒg	हɒट डɒग
hot flush	ˈhɒt.ˈflʌʃ	हɒट फ़्लʌश
hot line	ˈhɒt.laɪn	हɒट लाइन
hot pants	ˈhɒt.ˈpænts	हɒट पæन्ट्स
hot plate	ˈhɒt.pleɪt	हɒट प्लेइट
hot potato	ˈhɒt.pə.ˈteɪ.təʊ	हɒट पə टेइ टəउ
hot seat	ˈhɒt.ˈsiːt	हɒट सीːट
hot spot	ˈhɒt.ˈspɒt	हɒट स्पɒट
hot spur	ˈhɒt.spɜː	हɒट स्पɜː
hot stuff	ˈhɒt.ˈstʌf	हɒट स्टʌफ़
hot tub	ˈhɒt.ˈtʌb	हɒट टʌब
hot-air balloon	ˈhɒt.eə.bə.ˈluːn	हɒट एə बə लूːन
hotbed	ˈhɒt.bed	हɒट बेड

hot-blooded	hɒt.ˈblʌd.ɪd	हɒट **ब्लʌड** इड
hotcake	ˈhɒt.keɪk	**हɒट** केइक
hotel	ˈhəʊ.ˈtel	**हəउ टेल**
hotelier	həʊ.ˈtel.i.ə	हəउ **टेल** ई ə
hot-headed	ˈhɒt.ˈhed.ɪd	**हɒट हेड** इड
hothouse	ˈhɒt.haʊs	**हɒट** हाउस
hotkey	ˈhɒt.kiː	**हɒट** की:
hotpot	ˈhɒt.pɒt	**हɒट** पɒट
hotrod	ˈhɒt.rɒd	**हɒट** रɒड
hot-sell like hot cakes	hɒt-ˈsel.laɪk.hɒt.ˈkeɪks	हɒट **सेल** लाइक हɒट **केइक्स**
hotshot	ˈhɒt.ʃɒt	**हɒट** शɒट
hot-tempered	ˈhɒt.ˈtem.pəd	**हɒट टेम** पəड
hot-water bottle	ˈhɒt.ˈwɔː.tə.ˈbɒt.ᵊl	**हɒट वॊ**: टə **बɒट** ᵊल
hot-wire	ˈhɒt.ˈwaɪ.ə	**हɒट वाइ** ə
hound	haʊnd	हाउन्ड
hour	ˈaʊ.ə	**आउ** ə
hourglass	ˈaʊ.ə.glɑːs	**आउ** ə ग्ला:स
hourly	ˈaʊ.ə.li	**आउ** ə ली
hours	ˈaʊ.əz	**आउ** əज़
house	haʊs	हाउस
house arrest	ˈhaʊs.ə.ˈrest	**हाउस** ə **रेस्ट**
House of Commons	ˈhaʊs.əv.ˈkɒm.ənz	**हाउस** əव **कɒम** əन्ज़
House of Lords	ˈhaʊs.əv.ˈlɔːdz	**हाउस** əव **लो:ड्ज़**
House of Represntatives	ˈhaʊs.əv.rep.rɪ.ˈzen.tə.tɪv	**हाउस** əव रेप रि **ज़ेन** टə टिव
house sparrow	ˈhaʊs.ˈspær.əʊ	**हाउस स्पæर** əउ
houseboat	ˈhaʊs.bəʊt	**हाउस** बəउट
housebound	ˈhaʊs.baʊnd	**हाउस** बाउन्ड
housebreaker	ˈhaʊs.ˈbreɪ.kə	**हाउस ब्रेइ** कə
house-broken	ˈhaʊs.ˈbrəʊ.kᵊn	**हाउस ब्रəउ** कᵊन
housecoat	ˈhaʊs.kəʊt	**हाउस** कəउट
housefly	ˈhaʊs.flaɪ	**हाउस** फ़्लाइ
houseful	ˈhaʊs.fᵊl	**हाउस** फ़ᵊल
houseguest	ˈhaʊs.gest	**हाउस** गेस्ट
household	ˈhaʊs.həʊld	**हाउस** हəउल्ड
househusband	ˈhaʊs.ˈhʌz.bənd	**हाउस हʌज़** बəन्ड
housekeeper	ˈhaʊs.ˈkiː.pə	**हाउस की**: पə
housekeeping	ˈhaʊs.ˈkiː.pɪŋ	**हाउस की**: पिङ
housemaid	ˈhaʊs.meɪd	**हाउस** मेइड
housemaster	ˈhaʊs.ˈmɑːs.tə	**हाउस मा:स** टə
housemate	ˈhaʊs.meɪt	**हाउस** मेइट
housemistress	ˈhaʊs.ˈmɪs.trəs	**हाउस मिस** ट्रəस
Houses of Parliament	ˈhaʊz.ɪz.əv.ˈpɑː.lə.mᵊnt	**हाउज़** इज़ əव **पा**: लə मᵊन्ट
house-sit	ˈhaʊs.sɪt	**हाउस** सिट
house-sitter	ˈhaʊs.ˈsɪt.ə	**हाउस सिट** ə
housewarming	ˈhaʊs.ˈwɔː.mɪŋ	**हाउस वॊ**: मिङ
housewife	ˈhaʊs.waɪf	**हाउस** वाइफ़
housework	ˈhaʊs.wɜːk	**हाउस** वɜ:क
housing	ˈhaʊz.ɪŋ	**हाउज़** इङ
hovel	ˈhɒv.ᵊl	**हɒव** ᵊल
hover	ˈhɒv.ə	**हɒव** ə
hovercraft	ˈhɒv.ə.krɑːft	**हɒव** ə क्रा:फ़्ट
how	haʊ	हाउ
how-do-you-do	ˈhaʊ.djə.ˈduː	**हाउ** ड्गə **डू**:
howdy	ˈhaʊ.di	**हाउ** डी
howdy-do	ˈhaʊ.di.ˈduː	**हाउ** डी **डू**:
however	ˈhaʊ.ˈev.ə	**हाउ एव** ə
howitzer	ˈhaʊ.ɪt.sə	**हाउ** इट सə
howl	haʊl	हाउल
HQ	ˈeɪtʃ.ˈkjuː	**एइच क्गू**:
hrs.(abb)	ˈaʊ.əz	**आउ** əज़
hub	hʌb	हʌब
hubbub	ˈhʌb.ʌb	**हʌब** ʌब
hubby	ˈhʌb.i	**हʌब** ई
hubcap	ˈhʌb.kæp	**हʌब** कæप
huddle	ˈhʌd.ᵊl	**हʌड** ᵊल
huddled	ˈhʌd.ᵊld	**हʌड** ᵊल्ड
hue	hjuː	हगू:
huff	hʌf	हʌफ़
huffy	ˈhʌf.i	**हʌफ़** ई
hug	hʌg	हʌग
huge	hjuːdʒ	हगू:ज
hugely	ˈhjuːdʒ.li	**हगू:ज** ली
huh	hə	हə
hulk	hʌlk	हʌल्क
hull	hʌl	हʌल
hullabaloo	ˈhʌl.ə.bə.ˈluː	**हʌल** ə बə **लू**:
hum	hʌm	हʌम
human	ˈhjuː.mən	**हगू**: मəन
human being	ˈhjuː.mən.ˈbiː.ɪŋ	**हगू**: मəन **बी**: इङ

human capital	ˈhjuː.mən.ˈkæp.ɪ.təl	**हगूː** मəन **कæप** इ टəल
human nature	ˈhjuː.mən.ˈneɪ.tʃə	**हगूː** मəन **नेइ** चə
human race	ˈhjuː.mən.ˈreɪs	**हगूː** मəन **रेइस**
human resources	ˈhjuː.mən.rɪ.ˈzɔː.sɪz	**हगूː** मəन रि **ज़ोː** सिज़
human rights	ˈhjuː.mən.ˈraɪts	**हगूː** मəन **राइट्स**
humane	hjuː.ˈmeɪn	हगूː **मेइन**
humanely	hjuː.ˈmeɪn.li	हगूː **मेइन** ली
humanise	hjuː.ˈmə.naɪz	हगूː **मə** नाइज़
humanism	ˈhjuː.mə.nɪ.zᵊm	**हगूː** मə नि ज़ᵊम
humanist	ˈhjuː.mə.nɪst	**हगूː** मə निस्ट
humanitarian	hjuː.ˈmæn.ɪ.ˈteə.ri.ən	हगूː **मæन** इ **टेə** री əन
humanitarianism	hjuː.ˈmæn.ɪ.ˈteə.ri.ə.nɪ.zᵊm	हगूː **मæन** इ **टेə** री ə नि ज़ᵊम
humanities	hjuː.ˈmæn.ɪ.tiːz	हगूː **मæन** इ टीːज़
humanity	hjuː.ˈmæn.ə.ti	हगूː **मæन** ə टी
humankind	ˈhjuː.mən.ˈkaɪnd	**हगूː** मəन **काइन्ड**
humanly	ˈhjuː.mən.li	**हगूː** मəन ली
humble	ˈhʌm.bᵊl	**हʌम** बᵊल
humbling	ˈhʌm.blɪŋ	**हʌम** ब्लिङ
humbly	ˈhʌm.bli	**हʌम** ब्ली
humdrum	ˈhʌm.drʌm	**हʌम** ड्रʌम
humid	ˈhjuː.mɪd	**हगूː** मिड
humidify	hjuː.ˈmɪd.ɪ.faɪ	हगूː **मिड** इ फ़ाइ
humidity	hjuː.ˈmɪd.ə.ti	हगूː **मिड** ə टी
humiliate	hjuː.ˈmɪl.i.eɪt	हगूː **मिल** ई एइट
humiliated	hjuː.ˈmɪl.i.eɪ.tɪd	हगूː **मिल** ई एइ टिड
humiliating	hjuː.ˈmɪl.i.eɪ.tɪŋ	हगूː **मिल** ई एइ टिङ
humiliation	hjuː.ˈmɪl.ɪ.ˈeɪ.ʃᵊn	हगूː **मिल** इ **एइ** शᵊन
humility	hjuː.ˈmɪl.ə.ti	हगूː **मिल** ə टी
hummingbird	ˈhʌm.ɪŋ.bɜːd	**हʌम** इङ बɜːड
hummus	ˈhʊm.əs	**हुम** əस
humongous	hjuː.ˈmʌŋ.gəs	हगूː **मʌङ** गəस
humorist	ˈhjuː.mᵊr.ɪst	**हगूː** मᵊर इस्ट
humorous	ˈhjuː.mᵊr.əs	**हगूː** मᵊर əस
humour	ˈhjuː.mə	**हगूː** मə
humourously	ˈhjuː.mᵊr.əs.li	**हगूː** मᵊर əस ली
hump	hʌmp	हʌम्प
humpback	ˈhʌmp.bæk	**हʌम्प** बæक
Humpty Dumpty	ˈhʌm.ti.ˈdʌm.ti	**हʌम** टी **डʌम** टी

hunch	hʌntʃ	हʌन्च
hunchback	ˈhʌntʃ.bæk	**हʌन्च** बæक
hundred	ˈhʌn.drəd	**हʌन** ड्रəड
hundredth	ˈhʌn.drədθ	**हʌन** ड्रəड्थ
hundredweight	ˈhʌn.drəd.weɪt	**हʌन** ड्रəड वेइट
hung	hʌŋ	हʌङ
hunger	ˈhʌŋ.gə	**हʌङ** गə
hunger strike	ˈhʌŋ.gə.ˈstraɪk	**हʌङ** गə **स्ट्राइक**
hungrily	ˈhʌŋ.grᵊl.i	**हʌङ** ग्रᵊल ई
hungry	ˈhʌŋ.gri	**हʌङ** ग्री
hunk	hʌŋk	हʌङ्क
hunky dory	ˈhʌŋk.i.ˈdɔː.ri	**हʌङ्क** ई **डोː** री
hunt	hʌnt	हʌन्ट
hunter	ˈhʌn.tə	**हʌन** टə
hunting	ˈhʌn.tɪŋ	**हʌन** टिङ
hurdle	ˈhɜː.dᵊl	**हɜː** डᵊल
hurdler	ˈhɜː.d.lə	**हɜːड** लə
hurl	hɜːl	हɜːल
hurly-burly	ˈhɜː.li.ˈbɜː.li	**हɜː** ली **बɜː** ली
hurrah	hʊ.ˈrɑː	हु **राː**
hurricane lamp	ˈhʌr.ɪ.kən.ˈlæmp	**हʌर** इ कəन **लæम्प**
hurried	ˈhʌr.ɪd	**हʌर** इड
hurriedly	ˈhʌr.ɪd.li	**हʌर** इड ली
hurry	ˈhʌr.i	**हʌर** ई
hurt	hɜːt	हɜːट
hurtful	ˈhɜːt.fᵊl	**हɜːट** फ़ᵊल
hurtle	ˈhɜː.tᵊl	**हɜː** टᵊल
husband	ˈhʌz.bənd	**हʌज़** बəन्ड
husbandry	ˈhʌz.bən.dri	**हʌज़** बəन ड्री
hush	hʌʃ	हʌश
hushed	hʌʃt	हʌश्ट
hush-hush	ˈhʌʃ.ˈhʌʃ	**हʌश हʌश**
husk	hʌsk	हʌस्क
huskiness	ˈhʌs.kɪ.nəs	**हʌस** कि नəस
husky	ˈhʌs.ki	**हʌस** की
hustle	ˈhʌs.ᵊl	**हʌस** ᵊल
hustler	ˈhʌs.lə	**हʌस** लə
hut	hʌt	हʌट
hutch	hʌtʃ	हʌच
hybrid	ˈhaɪ.brɪd	**हाइ** ब्रिड
hydrant	ˈhaɪ.drᵊnt	**हाइ** ड्रᵊन्ट
hydrate	ˈhaɪ.dreɪt	**हाइ** ड्रेइट
hydration	ˈhaɪ.dreɪ.ʃᵊn	**हाइ** ड्रेइ शᵊन

hydraulic	haɪ.ˈdrɒl.ɪk	हाइ **ड्रɒल** इक
hydraulics	haɪ.ˈdrɒl.ɪks	हाइ **ड्रɒल** इक्स
hydrocarbon	ˈhaɪ.drə.ˈkɑː.bən	**हाइ** ड्रə **का**: बəन
hydrochloric acid	ˈhaɪ.drə.ˈklɒr.ɪk.ˈæs.ɪd	**हाइ** ड्रə **क्लɒर** इक **æस** इड
hydroelectric	ˈhaɪ.drə.ɪ.ˈlek.trɪk	**हाइ** ड्रə इ **लेक** ट्रिक
hydrofoil	ˈhaɪ.drə.fɔɪl	**हाइ** ड्रə फ़ोइल
hydrogen	ˈhaɪ.drə.dʒən	**हाइ** ड्रə जəन
hydrogenate	ˈhaɪ.drɒdʒ.ɪ.neɪt	**हाइ** ड्रɒज इ नेइट
hydrogenation	ˈhaɪ.drə.dʒə.ˈneɪ.ʃᵊn	**हाइ** ड्रə जə **नेइ** श्न
hydrography	haɪ.ˈdrɒg.rə.fɪ	हाइ **ड्रɒग** रə फि
hydrolysis	haɪ.ˈdrɒl.ə.sɪs	हाइ **ड्रɒल** ə सिस
hydrolytic	haɪ.ˈdrə.lɪt.ɪk	हाइ **ड्रə** लिट इक
hydromechanics	ˈhaɪ.drə.mɪ.ˈkæn.ɪks	**हाइ** ड्रə मि **कæन** इक्स
hydrometer	haɪ.ˈdrɒm.ɪ.tə	हाइ **ड्रɒम** इ टə
hydropathy	haɪ.ˈdrɒp.ə.θi	हाइ **ड्रɒप** ə थी
hydrophilic	ˈhaɪ.drə.ˈfɪl.ɪk	**हाइ** ड्रə **फ़िल** इक
hydrophobia	ˈhaɪ.drə.ˈfəʊ.bi.ə	**हाइ** ड्रə **फ़əउ** बी ə
hydroplane	ˈhaɪ.drə.pleɪn	**हाइ** ड्रə प्लेइन
hydroponic	ˈhaɪ.drə.ˈpɒn.ɪk	**हाइ** ड्रə **पɒन** इक
hydropower	ˈhaɪ.drəʊ.ˈpaʊ.ə	**हाइ** ड्रəउ **पाउ** ə
hydrostatic	ˈhaɪ.drəʊ.ˈstæt.ɪk	**हाइ** ड्रəउ **स्टæट** टिक
hydrotherapy	ˈhaɪ.drəʊ.ˈθer.ə.pi	**हाइ** ड्रəउ **थेर** ə पी
hydroxide	haɪ.ˈdrɒk.saɪd	हाइ **ड्रɒक** साइड
hyena	haɪ.ˈiː.nə	हाइ **ई**: नə
hygiene	ˈhaɪ.dʒiːn	**हाइ** जी:न
hygienic	haɪ.ˈdʒiː.nɪk	हाइ **जी**: निक
hygienically	haɪ.ˈdʒiː.n.ɪ.kᵊl.i	हाइ **जी:न** इ क्ल ई
hygienist	haɪ.ˈdʒiː.nɪst	हाइ **जी**: निस्ट
hymn	hɪm	हिम
hype	haɪp	हाइप
hyper	ˈhaɪ.pə	**हाइ** पə
hyperactive	ˈhaɪ.pᵊr.ˈæk.tɪv	**हाइ** प्र **æक** टिव
hyperactivity	ˈhaɪ.pᵊr.ˈæk.tɪv.ə.ti	**हाइ** प्र **æक** टिव ə टी
hyperbola	haɪ.ˈpɜː.bᵊl.ə	हाइ **पɜ**: ब्ल ə
hyperbole	haɪ.ˈpɜː.bᵊl.i	हाइ **पɜ**: ब्ल ई
hypercritical	ˈhaɪ.pə.ˈkrɪt.ɪ.kᵊl	**हाइ** पə **क्रिट** इ क्ल
hyperglycaemia	ˈhaɪ.pə.ˈglaɪ.siː.mi.ə	**हाइ** पə **ग्लाइ** सी: मी ə
hyperlink	ˈhaɪ.pə.lɪŋk	**हाइ** पə लिङ्क
hypermarket	ˈhaɪ.pə.ˈmɑː.kɪt	**हाइ** पə **मा**: किट
hypersensitive	ˈhaɪ.pə.ˈsen.sə.tɪv	**हाइ** पə **सेन** सə टिव
hypersomnia	ˈhaɪ.pə.ˈsɒm.ni.ə	**हाइ** पə **सɒम** नी ə
hypertension	ˈhaɪ.pə.ˈten.ʃᵊn	**हाइ** पə **टेन** श्न
hypertext	ˈhaɪ.pə.tekst	**हाइ** पə टेक्स्ट
hyperventilate	ˈhaɪ.pə.ˈven.tɪ.leɪt	**हाइ** पə **वेन** टि लेइट
hyperventilation	ˈhaɪ.pə.ˈven.tɪ.ˈleɪ.ʃᵊn	**हाइ** पə **वेन** टि **लेइ** श्न
hyphen	ˈhaɪ.fᵊn	**हाइ** फ़्न
hyphenate	ˈhaɪ.fᵊn.eɪt	**हाइ** फ़्न एइट
hyphenated	ˈhaɪ.fᵊn.eɪ.tɪd	**हाइ** फ़्न एइ टिड
hyphenation	ˈhaɪ.fᵊn.ˈeɪ.ʃᵊn	**हाइ** फ़्न **एइ** श्न
hypnosis	hɪp.ˈnəʊ.sɪs	हिप **नəउ** सिस
hypnotherapy	ˈhɪp.nə.ˈθer.ə.pi	**हिप** नə **थेर** ə पी
hypnotic	hɪp.ˈnɒt.ɪk	हिप **नɒट** इक
hypnotisation	ˈhɪp.nə.taɪ.ˈzeɪ.ʃᵊn	**हिप** नə टाइ **ज़ेइ** श्न
hypnotise	ˈhɪp.nə.taɪz	**हिप** नə टाइज़
hypnotism	ˈhɪp.nət.ɪ.zᵊm	**हिप** नəट इ ज़्म
hypnotist	ˈhɪp.nə.tɪst	**हिप** नə टिस्ट
hypoallergenic	ˈhaɪ.pəʊ.æl.ə.ˈdʒen.ɪk	**हाइ** पəउ æल ə **जेन** इक
hypochondria	ˈhaɪ.pəʊ.ˈkɒn.dri.ə	**हाइ** पəउ **कɒन** ड्री ə
hypochondriac	ˈhaɪ.pə.ˈkɒn.dri.æk	**हाइ** पə **कɒन** ड्री æक
hypocrisy	hɪ.ˈpɒk.rə.si	हि **पɒक** रə सी
hypocrite	ˈhɪp.ə.krɪt	**हिप** ə क्रिट
hypocritical	ˈhɪp.ə.ˈkrɪt.ɪ.kᵊl	**हिप** ə **क्रिट** इ क्ल
hypocritically	ˈhɪp.ə.ˈkrɪt.ɪ.kᵊl.i	**हिप** ə **क्रिट** इ क्ल ई
hypodermic	ˈhaɪ.pə.ˈdɜː.mɪk	**हाइ** पə **डɜ**: मिक
hypoglycaemia	ˈhaɪ.pə.glaɪ.ˈsiː.mi.ə	**हाइ** पə ग्लाइ **सी**: मी ə
hypotenuse	haɪ.ˈpɒt.ə.njuːz	हाइ **पɒट** ə न्यू:ज़
hypothermal	ˈhaɪ.pə.ˈθɜː.mᵊl	**हाइ** पə **थɜ**: म्ल
hypothermia	ˈhaɪ.pə.ˈθɜː.mi.ə	**हाइ** पə **थɜ**: मी ə
hypothesis	haɪ.ˈpɒθ.ə.sɪs	हाइ **पɒथ** ə सिस
hypothesise	haɪ.ˈpɒθ.ə.saɪz	हाइ **पɒथ** ə साइज़
hypothetical	ˈhaɪ.pə.ˈθet.ɪ.kᵊl	**हाइ** पə **थेट** इ क्ल

hypothetically	ˈhaɪ.pə.ˈθet.ɪ.kᵊl.i	**हाइ** पə **थेट** इ क्ल ई
hypothyroid	ˈhaɪ.pə.ˈθaɪ.rɔɪd	**हाइ** पə **थाइ** रोइड
hysterectomy	ˈhɪs.tᵊr.ˈek.tə.mi	**हिस** ट्र **एक** टə मी
hysteria	hɪ.ˈstɪə.ri.ə	हि **स्टिə** री ə
hysteric	hɪ.ˈster.ɪk	हि **स्टेर** इक
hysterical	hɪ.ˈstᵊr.ɪ.kᵊl	हि **स्ट्र** इ क्ल
hysterically	hɪ.ˈstᵊr.ɪ.kᵊl.i	हि **स्ट्र** इ क्ल ई
hysterics	hɪ.ˈster.ɪks	हि **स्टेर** इक्स
Hz (abb)	hɜːtz	हɜːट्ज़

i	aɪ	आइ
I	aɪ	आइ
i.e.	ˈaɪ.iː.	आइ ई:
ibid	ɪb.ˈɪd	इब इड
IBM	ˈaɪ.ˈbiː.ˈem	आइ बी: एम
iBook	ˈaɪ.bʊk	आइ बुक
ICBM	ˈaɪ.ˈsiː.ˈbiː.ˈem	आइ सी: बी: एम
ice	aɪs	आइस
ice age	ˈaɪs.ˈeɪdʒ	आइस एइज
ice axe	ˈaɪs.ˈæks	आइस æक्स
ice bucket	ˈaɪs.ˈbʌk.ɪt	आइस बʌक इट
ice cap	ˈaɪs.ˈkæp	आइस कæप
ice cream	ˈaɪs.ˈkriːm	आइस क्री:म
ice cube	ˈaɪs.ˈkjuːb	आइस क्यू:ब
ice hockey	ˈaɪs.ˈhɒk.i	आइस हɒक ई
ice lolly	ˈaɪs.ˈlɒl.i	आइस लɒल ई
ice pack	ˈaɪs.ˈpæk	आइस पæक
ice rink	ˈaɪs.ˈrɪŋk	आइस रिङ्क
ice skate	ˈaɪs.ˈskeɪt	आइस स्केइट
ice skater	ˈaɪs.ˈskeɪ.tə	आइस स्केइ टə
ice skating	ˈaɪs.ˈskeɪ.tɪŋ	आइस स्केइ टिङ
iceberg	ˈaɪs.bɜːg	आइस बɜ:ग
icebox	ˈaɪs.bɒks	आइस बɒक्स
icebreaker	ˈaɪs.breɪ.kə	आइस ब्रेइ कə
ice-cold	ˈaɪs.ˈkəʊld	आइस कəउल्ड
ice-cream cone	ˈaɪs.ˈkriːm.ˈkəʊn	आइस क्री:म कəउन
iced	aɪst	आइस्ट
icemaker	ˈaɪs.ˈmeɪ.kə	आइस मेइ कə
icicle	ˈaɪ.sɪ.kᵊl	आइ सि क्ल
icing	ˈaɪ.sɪŋ	आइ सिङ
icky	ˈɪk.i	इक ई
icon	ˈaɪ.kɒn	आइ कɒन
iconic	aɪ.ˈkɒn.ɪk	आइ कɒन इक
iconoclastic	aɪ.ˈkɒn.ə.ˈklæs.tɪk	आइ कɒन ə क्लæस टिक
ICT	ˈaɪ.ˈsiː.ˈtiː	आइ सी: टी:
ICU	ˈaɪ.ˈsiː.ˈjuː	आइ सी: यू:
icy	ˈaɪs.i	आइस ई
ID	ˈaɪ.ˈdiː	आइ डी:
I'd	aɪd	आइड
ID card	ˈaɪ.ˈdiː.ˈkɑːd	आइ डी: का:ड

I'd ve	ˈaɪ.dᵊv	आइ ड्व
idea	aɪ.ˈdɪə	आइ डिə
ideal (n)	aɪ.ˈdɪəl	आइ डिəल
ideal (adj)	aɪ.ˈdɪəl	आइ डिəल
ideal home	aɪ.ˈdɪəl.ˈhəʊm	आइ डिəल हəउम
idealise	aɪ.ˈdɪə.laɪz	आइ डिə लाइज़
idealism	aɪ.ˈdɪə.lɪ.zᵊm	आइ डिə लि ज़्म
idealist	aɪ.ˈdɪə.lɪst	आइ डिə लिस्ट
idealistic	aɪ.ˈdɪə.ˈlɪs.tɪk	आइ डिə लिस टिक
idealistically	aɪ.ˈdɪə.ˈlɪs.tɪk.ᵊl.i	आइ डिə लिस टिक ्ल ई
ideally	aɪ.ˈdɪə.li	आइ डिə ली
identical	aɪ.ˈden.tɪ.kᵊl	आइ डेन टि क्ल
identical twin	aɪ.ˈden.tɪ.kᵊl.ˈtwɪn	आइ डेन टि क्ल ट्विन
identically	aɪ.ˈden.tɪ.kᵊl.i	आइ डेन टि क्ल ई
identification	aɪ.ˈden.tɪ.fɪ.ˈkeɪ.ʃᵊn	आइ डेन टि फ़ि केइ श्न
identify	aɪ.ˈden.tɪ.faɪ	आइ डेन टि फ़ाइ
identity	aɪ.ˈden.tə.ti	आइ डेन टə टी
identity card	aɪ.ˈden.tə.ti.ˈkɑːd	आइ डेन टə टी का:ड
identity crisis	aɪ.ˈden.tə.ti.ˈkraɪ.sɪs	आइ डेन टə टी क्राइ सिस
ideological	ˈaɪ.di.ə.ˈlɒdʒ.ɪ.kᵊl	आइ डी ə लɒज इ क्ल
ideologically	ˈaɪ.di.ə.ˈlɒdʒ.ɪ.kᵊl.i	आइ डी ə लɒज इ क्ल ई
ideology	ˈaɪ.di.ˈɒl.ə.dʒi	आइ डी ɒल ə जी
idiocy	ˈɪd.i.ə.si	इड ई ə सी
idiom	ˈɪd.i.əm	इड ई əम
idiomatic	ˈɪd.i.ə.ˈmæt.ɪk	इड ई ə मæट इक
idiosyncrasy	ˈɪd.i.ə.ˈsɪŋ.krə.si	इड ई ə सिङ क्रə सी
idiosyncratic	ˈɪd.i.ə.sɪŋ.ˈkræt.ɪk	इड ई ə सिङ क्रæट इक
idiot	ˈɪd.i.ət	इड ई əट
idiotic	ˈɪd.i.ˈɒt.ɪk	इड ई ɒट इक
idiotically	ˈɪd.i.ˈɒt.ɪ.kᵊl.i	इड ई ɒट इ क्ल ई
idiot-proof	ˈɪd.i.ət.ˈpruːf	इड ई əट प्रू:फ़
idle	ˈaɪ.dᵊl	आइ ड्ल

idleness	ˈaɪ.dᵊl.nəs	आइ ड्ल नəस
idly	ˈaɪd.li	आइड ली
idol	ˈaɪd.ᵊl	आइड ्ल
idolator	aɪ.ˈdɒl.ə.tə	आइ डɒल ə टə
idolatrous	aɪ.ˈdɒl.ə.trəs	आइ डɒल ə ट्रəस
idolatry	aɪ.ˈdɒl.ə.tri	आइ डɒल ə ट्री
idolise	ˈaɪ.dᵊl.aɪz	आइ ड्ल आइज़
idyllic	aɪ.ˈdɪl.ɪk	आइ डिल इक
if	ɪf	इफ़
iffy	ˈɪf.i	इफ़ ई
igloo	ˈɪg.luː	इग लूː
ignite	ɪg.ˈnaɪt	इग नाइट
ignition	ɪg.ˈnɪʃ.ᵊn	इग निश ्न
ignoble	ɪg.ˈnəʊ.bᵊl	इग नəउ ब्ल
ignominious	ˈɪg.nə.ˈmɪn.i.əs	इग नə मिन ई əस
ignominy	ˈɪg.nə.mɪn.i	इग नə मिन ई
ignorance	ˈɪg.nᵊr.ᵊns	इग न्र ्न्स
ignorant	ˈɪg.nᵊr.ᵊnt	इग न्र ्न्ट
ignore	ɪg.ˈnɔː	इग नोː
iguana	ɪ.ˈgwɑː.nə	इ ग्वाː नə
ill	ɪl	इल
I'll	aɪl	आइल
ill-advised	ˈɪl.əd.ˈvaɪzd	इल əड वाइज़्ड
ill-bred	ɪl.ˈbred	इल ब्रेड
ill-conceived	ɪl.ˈkən.siːvd	इल कəन सीːव्ड
ill-conditioned	ˈɪl.kən.ˈdɪʃ.ᵊnd	इल कəन डिश ्न्ड
ill-considered	ˈɪl.kən.ˈsɪd.əd	इल कəन सिड əड
ill-disposed	ˈɪl.dɪs.ˈpəʊzd	इल डिस पəउज़्ड
illegal	ɪ.ˈliː.gᵊl	इ लीː ग्ल
illegally	ɪ.ˈliː.gᵊl.i	इ लीː ग्ल ई
illegible	ɪ.ˈledʒ.ə.bᵊl	इ लेज ə ब्ल
illegibly	ɪ.ˈledʒ.ə.bli	इ लेज ə ब्ली
illegitimacy	ˈɪl.ɪ.ˈdʒɪt.ɪ.mə.si	इल इ जिट इ मə सी
Illegitimate	ˈɪl.ɪ.ˈdʒɪt.ə.mət	इल इ जिट ə मəट
ill-equipped	ˈɪl.ɪ.ˈkwɪpt	इल इ क्विप्ट
ill-fated	ˈɪl.ˈfeɪ.tɪd	इल फ़ेइ टिड
ill-favoured	ˈɪl.ˈfeɪ.vəd	इल फ़ेइ वəड
ill-feeling	ˈɪl.ˈfiː.lɪŋ	इल फ़ीː लिङ
ill-fitting	ˈɪl.ˈfɪt.ɪŋ	इल फ़िट इङ
ill-founded	ˈɪl.ˈfaʊn.dɪd	इल फ़ाउन डिड
ill-gotten	ɪl.ˈgɒt.ᵊn	इल गɒट ्न
illicit	ɪ.ˈlɪs.ɪt	इ लिस इट

illiteracy	ɪ.ˈlɪt.ᵊr.ə.si	इ लिट ्र ə सी
illiterate	ɪ.ˈlɪt.ᵊr.ət	इ लिट ्र əट
ill-mannered	ɪl.ˈmæn.əd	इल मæन əड
ill-natured	ɪl.ˈneɪ.tʃəd	इल नेइ चəड
illness	ˈɪl.nəs	इल नəस
illogical	ɪ.ˈlɒdʒ.ɪ.kᵊl	इ लɒज इ क्ल
illogically	ɪ.ˈlɒdʒ.ɪ.kᵊl.i	इ लɒज इ क्ल ई
ill-tempered	ˈɪl.ˈtem.pəd	इल टेम पəड
ill-timed	ɪl.ˈtaɪmd	इल टाइम्ड
ill-treat	ɪl.ˈtriːt	इल ट्रीːट
illuminate	ɪ.ˈluː.mɪ.neɪt	इ लूː मि नेइट
illuminating	ɪ.ˈluː.mɪ.neɪ.tɪŋ	इ लूː मि नेइ टिङ
illumination	ɪ.ˈluː.mɪ.ˈneɪ.ʃᵊn	इ लूː मि नेइ श्न
illusion	ɪ.ˈluː.ʒᵊn	इ लूː ज़्न
illusory	ɪ.ˈluː.sᵊr.i	इ लूː स्र ई
illustrate	ˈɪ.lə.streɪt	इ लə स्ट्रेइट
illustration	ˈɪ.lə.ˈstreɪ.ʃᵊn	इ लə स्ट्रेइ श्न
illustrative	ˈɪ.lə.strə.tɪv	इ लə स्ट्रə टिव
illustrator	ˈɪ.lə.streɪ.tə	इ लə स्ट्रेइ टə
illustrious	ɪ.ˈlʌs.stri.əs	इ लʌस स्ट्री əस
I'm	aɪm	आइम
image	ˈɪm.ɪdʒ	इम इज
imagery	ˈɪm.ɪ.dʒᵊr.i	इम इ ज्र ई
imaginable	ɪ.ˈmædʒ.ɪ.nə.bᵊl	इ मæज इ नə ब्ल
imaginary	ɪ.ˈmædʒ.ɪ.nᵊr.i	इ मæज इ न्र ई
imagination	ɪ.ˈmædʒ.ɪ.ˈneɪ.ʃᵊn	इ मæज इ नेइ श्न
imaginative	ɪ.ˈmædʒ.ɪ.nə.tɪv	इ मæज इ नə टिव
imaginatively	ɪ.ˈmædʒ.ɪ.nə.tɪv.li	इ मæज इ नə टिव ली
imagine	ɪ.ˈmædʒ.ɪn	इ मæज इन
IMAX	ˈaɪ.ˈmæks	आइ मæक्स
imbalance	ˈɪm.ˈbæl.ᵊns	इम बæल ्न्स
imbecile	ˈɪm.bə.siːl	इम बə सीːल
imbibe	ɪm.ˈbaɪb	इम बाइब
imbue	ɪm.ˈbjuː	इम ब्यूː
IMF	ˈaɪ.ˈem.ˈef	आइ एम एफ़
imitable	ˈɪm.ɪ.tə.bᵊl	इम इ टə ब्ल
imitate	ˈɪm.ɪ.teɪt	इम इ टेइट
imitation	ˈɪm.ɪ.ˈteɪ.ʃᵊn	इम इ टेइ श्न
imitative	ˈɪm.ɪ.tə.tɪv	इम इ टə टिव
imitator	ˈɪm.ɪ.teɪ.tə	इम इ टेइ टə
immaculate	ɪ.ˈmæk.jə.lət	इ मæक ग़ə लəट
immaculately	ɪ.ˈmæk.jə.lət.li	इ मæक ग़ə लəट

		ली
immaterial	ˈɪm.ə.ˈtɪ.ə.ri.əl	इम ə टि ə री əल
immature	ˈɪm.ə.ˈtjʊə	इम ə ट्युə
immaturity	ˈɪm.ə.ˈtjʊə.rə.ti	इम ə ट्युə रə टी
immeasurable	ɪ.ˈmeʒ.ər.ə.bəl	इ मेज़ ॰र ə ब॰ल
immediacy	ɪ.ˈmiː.di.ə.si	इ मी: डी ə सी
immediate	ɪ.ˈmiː.di.ət	इ मी: डी əट
immediately	ɪ.ˈmiː.di.ət.li	इ मी: डी əट ली
immemorial	ˈɪm.ɪ.ˈmɔː.ri.əl	इम इ मो: री əल
immense	ɪ.ˈmens	इ मेन्स
immensely	ɪ.ˈmens.li	इ मेन्स ली
immensity	ɪ.ˈmen.sə.ti	इ मेन सə टी
immerse	ɪ.ˈmɜːs	इ मɜːस
immersion	ɪ.ˈmɜː.ʃən	इ मɜː श॰न
immigrant	ˈɪm.ɪ.grənt	इम इ ग्र॰न्ट
immigrate	ˈɪm.ɪ.greɪt	इम इ ग्रेइट
immigration	ˈɪm.ɪ.ˈgreɪ.ʃən	इम इ ग्रेइ श॰न
imminent	ˈɪm.ɪ.nənt	इम इ न॰न्ट
imminently	ˈɪm.ɪ.nənt.li	इम इ न॰न्ट ली
immiscible	ɪ.ˈmɪs.ə.bəl	इ मिस ə ब॰ल
immobile	ɪ.ˈməʊ.baɪl	इ मəउ बाइल
immobilise	ɪ.ˈməʊ.bəl.aɪz	इ मəउ ब॰ल आइज़
immobiliser	ɪ.ˈməʊ.bəl.aɪ.zə	इ मəउ ब॰ल आइ ज़ə
immobility	ˈɪ.mə.ˈbɪl.ə.ti	इ मə बिल ə टी
immoderate	ɪ.ˈmɒd.ər.ət	इ मɒड ॰र əट
immodest	ɪ.ˈmɒd.ɪst	इ मɒड इस्ट
immolate	ˈɪ.mə.leɪt	इ मə लेइट
immoral	ɪ.ˈmɒr.əl	इ मɒर ॰ल
immorality	ˈɪm.ə.ˈræl.ə.ti	इम ə रæल ə टी
immorally	ɪ.ˈmɒr.ə.li	इ मɒर ə ली
immortal	ɪ.ˈmɔː.təl	इ मो: ट॰ल
immortalise	ɪ.ˈmɔː.tə.laɪz	इ मो: टə लाइज़
immortality	ˈɪ.mɔː.ˈtæl.ə.ti	इ मो: टæल ə टी
immovable	ɪ.ˈmuː.və.bəl	इ मू: वə ब॰ल
immune	ɪ.ˈmjuːn	इ म्यू:न
immunisation	ˈim.jə.naɪ.ˈzeɪ.ʃən	ईम य़ə नाइ ज़ेइ श॰न
immunise	ˈɪm.jə.naɪz	इम य़ə नाइज़
immunity	ɪ.ˈmjuː.nɪ.ti	इ म्यू: नि टी
immunodeficiency	ˈɪm.jə.nəʊ.dɪ.ˈfɪʃ.ən.si	इम य़ə नəउ डि फ़िश ॰न सी

immunology	ˈɪm.jə.ˈnɒl.ə.dʒi	इम य़ə नɒल ə जी
immutable	ɪ.ˈmjuː.tə.bəl	इ म्यू: टə ब॰ल
imp	ɪmp	इम्प
impact (n)	ˈɪm.pækt	इम पæक्ट
impact (v)	ɪm.ˈpækt	इम पæक्ट
impair	ɪm.ˈpeə	इम पेə
impaired	ɪm.ˈpeəd	इम पेəड
impairment	ɪm.ˈpeə.mənt	इम पेə म॰न्ट
impale	ɪm.ˈpeɪl	इम पेइल
impart	ɪm.ˈpɑːt	इम पा:ट
impartial	ɪm.ˈpɑː.ʃəl	इम पा: श॰ल
impartiality	ˈɪm.ˌpɑː.ʃɪ.ˈæl.ə.ti	इम पा: शि æल ə टी
impartially	ɪm.ˈpɑː.ʃəl.i	इम पा: श॰ल ई
impassable	ɪm.ˈpɑː.sə.bəl	इम पा: सə ब॰ल
impasse	ˈæm.pɑːs	æम पा:स
impassioned	ɪm.ˈpæʃ.ənd	इम पæश ॰न्ड
impassive	ɪm.ˈpæs.ɪv	इम पæस इव
impatience	ɪm.ˈpeɪʃ.əns	इम पेइश ॰न्स
impatient	ɪm.ˈpeɪʃ.ənt	इम पेइश ॰न्ट
impatiently	ɪm.ˈpeɪʃ.ənt.li	इम पेइश ॰न्ट ली
impeach	ɪm.ˈpiːtʃ	इम पी:च
impeachment	ɪm.ˈpiːtʃ.mənt	इम पी:च म॰न्ट
impeccable	ɪm.ˈpek.ə.bəl	इम पेक ə ब॰ल
impeccably	ɪm.ˈpek.ə.bli	इम पेक ə ब्ली
impede	ɪm.ˈpiːd	इम पी:ड
impediment	ɪm.ˈped.ɪ.mənt	इम पेड इ म॰न्ट
impel	ɪm.ˈpel	इम पेल
impending	ɪm.ˈpend.ɪŋ	इम पेन्ड इङ
impenetrable	ɪm.ˈpen.ɪ.trə.bəl	इम पेन इ ट्रə ब॰ल
imperative	ɪm.ˈper.ə.tɪv	इम पेर ə टिव
imperceptible	ˈɪm.pə.ˈsep.tə.bəl	इम पə सेप टə ब॰ल
imperfect	ɪm.ˈpɜː.fɪkt	इम पɜ: फ़िक्ट
imperfection	ˈɪm.pə.ˈfek.ʃən	इम पə फ़ेक श॰न
imperfectly	ɪm.ˈpɜː.fɪkt.li	इम पɜ: फ़िक्ट ली
imperial	ɪm.ˈpɪə.rɪ.əl	इम पिə रि əल
imperialism	ɪm.ˈpɪə.ri.ə.lɪ.zəm	इम पिə री ə लि ज़॰म
imperialist	ɪm.ˈpɪə.ri.ə.lɪst	इम पिə री ə लिस्ट
imperil	ɪm.ˈper.əl	इम पेर ॰ल
impersonal	ɪm.ˈpɜː.sən.əl	इम पɜ: स॰न ॰ल

impersonate	ɪm.ˈpɜː.sᵊn.eɪt	इम **पɜ:** सᵊन एइट
impersonation	ɪm.ˈpɜː.sə.ˈneɪ.ʃᵊn	इम **पɜ:** सə **नेइ** शᵊन
impersonator	ɪm.ˈpɜː.sə.neɪ.tə	इम **पɜ:** सə नेइ टə
impertinence	ɪm.ˈpɜː.tɪ.nᵊns	इम **पɜ:** टि नᵊन्स
impertinent	ɪm.ˈpɜː.tɪ.nᵊnt	इम **पɜ:** टि नᵊन्ट
impervious	ɪm.ˈpɜː.vi.əs	इम **पɜ:** वी əस
impetuous	ɪm.ˈpetʃ.ʊ.əs	इम **पेच** उ əस
impetuously	ɪm.ˈpetʃ.ʊ.əs.li	इम **पेच** उ əस ली
impetus	ˈɪm.pɪ.təs	**इम** पि टəस
impinge	ɪm.ˈpɪndʒ	इम **पिन्ज**
impish	ˈɪm.pɪʃ	**इम** पिश
implacable	ɪm.ˈplæk.ə.bᵊl	इम **प्लæक** ə बᵊल
implant (n)	ˈɪm.plɑːnt	**इम** प्ला:न्ट
implant (v)	ɪm.ˈplɑːnt	इम **प्ला:न्ट**
implausible	ɪm.ˈplɔː.zə.bᵊl	इम **प्लो:** ज़ə बᵊल
implement	ˈɪm.plɪ.ment	**इम** प्लि मेन्ट
implementation	ˈɪm.plɪ.men.ˈteɪ.ʃᵊn	**इम** प्लि मेन **टेइ** शᵊन
implicate	ˈɪm.plɪ.keɪt	**इम** प्लि केइट
implication	ˈɪm.plɪ.ˈkeɪ.ʃᵊn	**इम** प्लि **केइ** शᵊन
implicit	ɪm.ˈplɪs.ɪt	इम **प्लिस** इट
implicitly	ɪm.ˈplɪs.ɪt.li	इम **प्लिस** इट ली
implied	ɪm.ˈplaɪd	इम **प्लाइड**
implode	ɪm.ˈpləʊd	इम **प्लəउड**
implore	ɪm.ˈplɔː	इम **प्लो:**
imply	ɪm.ˈplaɪ	इम **प्लाइ**
impolite	ˈɪm.pᵊl.ˈaɪt	**इम** पᵊल **आइट**
impolitely	ˈɪm.pᵊl.ˈaɪt.li	**इम** पᵊल **आइट** ली
import (n)	ˈɪm.pɔːt	**इम** पो:ट
import (v)	ɪm.ˈpɔːt	इम **पो:ट**
importable	ɪm.ˈpɔː.tə.bᵊl	इम **पो:** टə बᵊल
importance	ɪm.ˈpɔː.tᵊns	इम **पो:** टᵊन्स
important	ɪm.ˈpɔː.tᵊnt	इम **पो:** टᵊन्ट
importantly	ɪm.ˈpɔː.tᵊnt.li	इम **पो:** टᵊन्ट ली
importation	ˈɪm.pɔː.ˈteɪ.ʃᵊn	**इम** पो: **टेइ** शᵊन
importer	ɪm.ˈpɔː.tə	इम **पो:** टə
impose	ɪm.ˈpəʊz	इम **पəउज़**
imposing	ɪm.ˈpəʊ.zɪŋ	इम **पəउ** ज़िङ
imposition	ˈɪm.pə.ˈzɪʃ.ᵊn	**इम** पə **ज़िश** ᵊन
impossibility	ɪm.ˈpɒs.ə.ˈbɪl.ə.ti	इम **पɒस** ə **बिल** ə टी
impossible	ɪm.ˈpɒs.ə.bᵊl	इम **पɒस** ə बᵊल
impossibly	ɪm.ˈpɒs.ə.bli	इम **पɒस** ə ब्ली
impostor	ɪm.ˈpɒs.tə	इम **पɒस** टə
impotence	ˈɪm.pə.tᵊns	**इम** पə टᵊन्स
impotent	ˈɪm.pə.tᵊnt	**इम** पə टᵊन्ट
impound	ɪm.ˈpaʊnd	इम **पाउन्ड**
impoverish	ɪm.ˈpɒv.ᵊr.ɪʃ	इम **पɒव** ᵊर इश
impractical	ɪm.ˈpræk.tɪ.kᵊl	इम **प्रæक** टि कᵊल
imprecise	ˈɪm.prɪ.ˈsaɪs	**इम** प्रि **साइस**
impregnable	ɪm.ˈpreg.nə.bᵊl	इम **प्रेग** नə बᵊल
impregnate (adj)	ɪm.ˈpreg.nɪt	इम **प्रेग** निट
impregnate (n)	ˈɪm.preg.neɪt	**इम** प्रेग नेइट
impress (n)	ˈɪm.pres	**इम** प्रेस
impress (v)	ɪm.ˈpres	इम **प्रेस**
impressed	ɪm.ˈprest	इम **प्रेस्ट**
impressible	ɪm.ˈpres.ə.bᵊl	इम **प्रेस** ə बᵊल
impression	ɪm.ˈpreʃ.ᵊn	इम **प्रेश** ᵊन
impressionable	ɪm.ˈpreʃ.ə.nə.bᵊl	इम **प्रेश** ə नə बᵊल
impressionistic	ɪm.ˈpreʃ.ə.ˈnɪs.tɪk	इम **प्रेश** ə **निस** टिक
impressive	ɪm.ˈpres.ɪv	इम **प्रेस** इव
imprint (n)	ˈɪm.prɪnt	**इम** प्रिन्ट
imprint (v)	ɪm.ˈprɪnt	इम **प्रिन्ट**
imprison	ɪm.ˈprɪz.ᵊn	इम **प्रिज़** ᵊन
imprisonment	ɪm.ˈprɪzᵊn.mᵊnt	इम **प्रिज़ᵊन** मᵊन्ट
improbability	ɪm.ˈprɒb.ə.ˈbɪl.ə.ti	इम **प्रɒब** ə **बिल** ə टी
improbable	ɪm.ˈprɒb.ə.bᵊl	इम **प्रɒब** ə बᵊल
improbably	ɪm.ˈprɒb.ə.bli	इम **प्रɒब** ə ब्ली
impromptu	ɪm.ˈprɒm.tjuː	इम **प्रɒम** ट्यू:
improper	ɪm.ˈprɒp.ə	इम **प्रɒप** ə
improperly	ɪm.ˈprɒp.ə.li	इम **प्रɒप** ə ली
impropriety	ˈɪm.prə.ˈpraɪ.ə.ti	**इम** प्रə **प्राइ** ə टी
improve	ɪm.ˈpruːv	इम **प्रू:व**
improved	ɪm.ˈpruːvd	इम **प्रू:व्ड**
improvement	ɪm.ˈpruːv.mᵊnt	इम **प्रू:व** मᵊन्ट
improvisation	ˈɪm.prə.vaɪ.ˈzeɪ.ʃᵊn	**इम** प्रə वाइ **ज़ेइ** शᵊन
improvise	ˈɪm.prə.vaɪz	**इम** प्रə वाइज़
imprudence	ɪm.ˈpruː.dᵊns	इम **प्रू:** डᵊन्स
imprudent	ɪm.ˈpruː.dᵊnt	इम **प्रू:** डᵊन्ट
impulse	ˈɪm.pʌls	**इम** पʌल्स
impulsive	ɪm.ˈpʌl.sɪv	इम **पʌल** सिव
impulsively	ɪm.ˈpʌl.sɪv.li	इम **पʌल** सिव ली

impunity	ɪm.ˈpjuː.nə.ti	इम **प्यूः** नə टी
impure	ɪm.ˈpjʊə	इम **प्युə**
impurity	ɪm.ˈpjuː.rə.ti	इम **प्यूः** रə टी
in	ɪn	इन
in absentia	ɪn.æb.ˈsen.ti.ə	इन æब **सेन** टी ə
in toto	ɪn.ˈtəʊ.təʊ	इन **टəउ** टəउ
inability	ˈɪn.ə.ˈbɪl.ə.ti	**इन** ə **बिल** ə टी
inaccessibility	ˈɪn.æk.ˈses.ə.ˈbɪl.ə.ti	**इन** æक **सेस** ə **बिल** ə टी
inaccessible	ˈɪn.æk.ˈses.ə.b^{ə}l	**इन** æक **सेस** ə ब॰ल
inaccuracy	ɪn.ˈæk.jə.rə.si	इन **æक** ग़ə रə सी
inaccurate	ɪn.ˈæk.jə.rət	इन **æक** ग़ə रəट
inaccurately	ɪn.ˈæk.jə.rət.li	इन **æक** ग़ə रəट ली
inaction	ɪn.ˈæk.ʃ^{ə}n	इन **æक** श॰न
inactive	ɪn.ˈæk.tɪv	इन **æक** टिव
inactivity	ˈɪn.æk.ˈtɪv.ə.ti	**इन** æक **टिव** ə टी
inadequacy	ɪn.ˈæd.ɪ.kwə.si	इन **æड** इ क्वə सी
inadequate	ɪn.ˈæd.ɪ.kwət	इन **æड** इ क्वəट
inadequately	ɪn.ˈæd.ɪ.kwət.li	इन **æड** इ क्वəट ली
inadmissible	ˈɪn.əd.ˈmɪs.ə.b^{ə}l	**इन** əड **मिस** ə ब॰ल
inadvertent	ˈɪn.əd.ˈvɜː.t^{ə}nt	**इन** əड **वɜः** ट॰न्ट
inadvertently	ˈɪn.əd.ˈvɜː.t^{ə}nt.li	**इन** əड **वɜः** ट॰न्ट ली
inadvisable	ˈɪn.əd.ˈvaɪ.zə.b^{ə}l	**इन** əड **वाइ** ज़ə ब॰ल
inalienable	ɪ.ˈneɪ.lɪ.ə.nə.b^{ə}l	इ **नेइ** लि ə नə ब॰ल
inane	ɪ.ˈneɪn	इ **नेइन**
inanimate	ɪ.ˈnæn.ɪ.mət	इ **नæन** इ मəट
inappeasable	ˈɪn.ə.pi.zə.b^{ə}l	**इन** ə पी ज़ə ब॰ल
inapplicable	ɪn.ˈæp.lɪk.ə.b^{ə}l	इन **æप** लिक ə ब॰ल
inappreciable	ˈɪn.ə.ˈpriː.ʃi.ə.b^{ə}l	**इन** ə **प्रीः** शी ə ब॰ल
inappropriate	ˈɪn.ə.ˈprəʊ.pri.ət	**इन** ə **प्रəउ** प्री əट
inappropriately	ˈɪn.ə.ˈprəʊ.pri.ət.li	**इन** ə **प्रəउ** प्री əट ली
inapt	ɪ.ˈnæpt	इ **नæप्ट**
inaptitude	ɪ.ˈnæp.tɪ.tjuːd	इ **नæप** टि ट्यूःड
inarticulate	ˈɪn.ɑː.ˈtɪk.jʊ.lət	**इन** आः **टिक** गु लəट
inasmuch	ˈɪn.əs.mʌtʃ	**इन** əस मʌच
inattention	ˈɪn.ə.ˈten.ʃ^{ə}n	**इन** ə **टेन** श॰न
inattentive	ˈɪn.ə.ˈten.tɪv	**इन** ə **टेन** टिव
inaudibility	ɪ.ˈnɔː.də.ˈbɪl.ə.ti	इ **नोः** डə **बिल** ə टी
inaudible	ɪ.ˈnɔː.də.b^{ə}l	इ **नोः** डə ब॰ल
inaudibly	ɪ.ˈnɔː.də.bli	इ **नोः** डə ब्ली
inaugural	ɪ.ˈnɔː.gjə.rəl	इ **नोः** ग्ग़ə रəल
inaugurate	ɪ.ˈnɔː.gjə.reɪt	इ **नोः** ग्ग़ə रेइट
inauguration	ɪ.ˈnɔː.gjə.ˈreɪ.ʃ^{ə}n	इ **नोः** ग्ग़ə **रेइ** श॰न
inauspicious	ˈɪn.ɔː.ˈspɪʃ.əs	**इन** ओः **स्पिश** əस
in-between	ˈɪn.bɪ.ˈtwiːn	**इन** बि **ट्वीःन**
inborn	ˈɪn.ˈbɔːn	**इन बोःन**
inbound	ˈɪn.baʊnd	**इन** बाउन्ड
inbox	ˈɪn.bɒks	**इन** बɒक्स
inbred	ˈɪn.ˈbred	**इन ब्रेड**
inbuilt	ˈɪn.ˈbɪlt	**इन बिल्ट**
Inc.(abb)	ɪŋ.ˈkɔː.p^{ə}r.ei.tid	इङ **कोः** प॰र एई टीड
incalculable	ɪn.ˈkæl.kjə.lə.b^{ə}l	इन **कæल** क्ग़ə लə ब॰ल
incandescence	ˈɪn.kæn.ˈdes.^{ə}ns	**इन** कæन **डेस** ॰न्स
incandescent	ˈɪn.kæn.ˈdes.^{ə}nt	**इन** कæन **डेस** ॰न्ट
incantation	ˈɪn.kæn.ˈteɪ.ʃ^{ə}n	**इन** कæन **टेइ** श॰न
incapable	ɪn.ˈkeɪ.pə.b^{ə}l	इन **केइ** पə ब॰ल
incapacitate	ˈɪn.kə.ˈpæs.ɪ.teɪt	**इन** कə **पæस** इ टेइट
incapacity	ˈɪn.kə.ˈpæs.ə.ti	**इन** कə **पæस** ə टी
incarcerate	ɪn.ˈkɑː.s^{ə}r.eɪt	इन **काः** स॰र एइट
incarceration	ɪn.ˈkɑː.sə.ˈreɪ.ʃ^{ə}n	इन **काः** सə **रेइ** श॰न
incarnate (adj)	ɪn.ˈkɑː.nət	इन **काः** नəट
incarnate (v)	ɪn.ˈkɑː.neɪt	इन **काः** नेइट
incarnation	ˈɪn.kɑː.ˈneɪ.ʃ^{ə}n	**इन** काः **नेइ** श॰न
incendiary	ɪn.ˈsen.di.^{ə}r.i	इन **सेन** डी ॰र ई
incense (n)	ˈɪn.sens	**इन** सेन्स
incense (v)	ɪn.ˈsens	इन **सेन्स**
incentive	ɪn.ˈsen.tɪv	इन **सेन** टिव
inception	ɪn.ˈsep.ʃ^{ə}n	इन **सेप** श॰न
incessant	ɪn.ˈses.^{ə}nt	इन **सेस** ॰न्ट
incessantly	ɪn.ˈses.^{ə}nt.li	इन **सेस** ॰न्ट ली
incest	ˈɪn.sest	**इन** सेस्ट
incestuous	ɪn.ˈses.tju.əs	इन **सेस** ट्यू əस
inch	ɪntʃ	इन्च
incidence	ˈɪn.sɪ.d^{ə}ns	**इन** सि ड॰न्स

English Pronunciation Dictionary 161

incident	ˈɪn.sɪ.dᵊnt	**इन** सि डᵊन्ट
incidental	ˈɪn.sɪ.ˈden.tᵊl	**इन** सि **डेन** टᵊल
incidentally	ˈɪn.sɪ.ˈden.tᵊl.i	**इन** सि **डेन** टᵊल ई
incinerate	ɪn.ˈsɪn.ᵊr.eɪt	इन **सिन** ᵊर एइट
incineration	ɪn.ˈsɪn.ə.ˈreɪ.ʃᵊn	इन **सिन** ə **रेइ** शᵊन
incinerator	ɪn.ˈsɪn.ᵊr.eɪ.tə	इन **सिन** ᵊर एइ टə
incision	ɪn.ˈsɪʒ.ᵊn	इन **सिज़** ᵊन
incisive	ɪn.ˈsaɪ.sɪv	इन **साइ** सिव
incisor	ɪn.ˈsaɪ.zə	इन **साइ** ज़ə
incite	ɪn.ˈsaɪt	इन **साइट**
incitement	ɪn.ˈsaɪt.mᵊnt	इन **साइट** मᵊन्ट
incivility	ˈɪn.sɪ.ˈvɪl.ə.ti	**इन** सि **विल** ə टी
incl.(abv)	ɪn.ˈkluː.dɪŋ	इन **क्लू**ː डिङ
inclement	ɪn.ˈklem.ᵊnt	इन **क्लेम** ᵊन्ट
inclination	ˈɪn.klɪ.ˈneɪ.ʃᵊn	**इन** क्लि **नेइ** शᵊन
incline (n)	ˈɪn.klaɪn	**इन** क्लाइन
incline (v)	ɪn.ˈklaɪn	इन **क्लाइन**
include	ɪn.ˈkluːd	इन **क्लूːड**
included	ɪn.ˈkluː.dɪd	इन **क्लू**ː डिड
including	ɪn.ˈkluː.dɪŋ	इन **क्लू**ː डिङ
inclusion	ɪn.ˈkluː.ʒᵊn	इन **क्लू**ː ज़ᵊन
inclusive	ɪn.ˈkluː.sɪv	इन **क्लू**ː सिव
incognito	ˈɪn.kɒg.ˈniː.təʊ	**इन** कɒग **नी**ː टəʊ
incognizance	ˈɪn.kɒg.ˈnɪ.zᵊns	**इन** कɒग **नि** ज़ᵊन्स
incoherence	ˈɪn.kə.ˈhɪə.rᵊns	**इन** कə **हिə** रᵊन्स
incoherent	ˈɪn.kə.ˈhɪə.rᵊnt	**इन** कə **हिə** रᵊन्ट
incoherently	ˈɪn.kə.ˈhɪə.rᵊnt.li	**इन** कə **हिə** रᵊन्ट ली
incombustible	ˈɪn.kəm.ˈbʌs.tə.bᵊl	**इन** कəम **बʌस** टə बᵊल
income	ˈɪn.kʌm	**इन** कʌम
income tax	ˈɪn.kʌm.ˈtæks	**इन** कʌम **टæक्स**
incoming	ˈɪn.ˈkʌm.ɪŋ	**इन** **कʌम** इङ
incommensurate	ˈɪn.kə.ˈmen.ʃᵊr.ət	**इन** कə **मेन** शᵊर əट
incommunicable	ˈɪn.kə.ˈmjuː.nɪ.kə.bᵊl	**इन** कə **म्यूː** नि कə बᵊल
incomparable	ɪn.ˈkɒm.pᵊr.ə.bᵊl	इन **कɒम** पᵊर ə बᵊल
incompatibility	ˈɪn.kəm.ˈpæt.ə.ˈbɪl.ə.ti	**इन** कəम **पæट** ə **बिल** ə टी
incompatible	ˈɪn.kɒm.ˈpæt.ə.bᵊl	**इन** कɒम **पæट** ə बᵊल

Incompetence	ɪn.ˈkɒm.pɪ.tᵊns	इन **कɒम** पि टᵊन्स
Incompetent	ɪn.ˈkɒm.pɪ.tᵊnt	इन **कɒम** पि टᵊन्ट
incompetently	ɪn.ˈkɒm.pɪ.tᵊnt.li	इन **कɒम** पि टᵊन्ट ली
incomplete	ˈɪn.kəm.ˈpliːt	**इन** कəम **प्लीːट**
incompletely	ˈɪn.kəm.ˈpliːt.li	**इन** कəम **प्लीːट** ली
incomprehensible	ɪn.ˈkɒm.prɪ.ˈhen.sə.bᵊl	इन **कɒम** प्रि **हेन** सə बᵊल
incompressible	ɪn.kəm.ˈpres.ə.bᵊl	इन कəम **प्रेस** ə बᵊल
incomputable	ɪn.kəm.ˈpjuː.tə.bᵊl	इन कəम **प्यूː** टə बᵊल
inconceivable	ˈɪn.kən.ˈsiː.və.bᵊl	**इन** कəन **सी**ː वə बᵊल
inconclusive	ˈɪn.kən.ˈkluː.sɪv	**इन** कəन **क्लू**ː सिव
inconclusively	ˈɪn.kən.ˈkluː.sɪv.li	**इन** कəन **क्लू**ː सिव ली
incongruity	ˈɪn.kɒŋ.ˈgruː.ə.ti	**इन** कɒङ **ग्रू**ː ə टी
incongruous	ɪn.ˈkɒŋ.gruː.əs	इन **कɒङ** ग्रूː əस
inconsequential	ɪn.ˈkɒn.sɪ.ˈkwen.ʃᵊl	इन **कɒन** सि **क्वेन** शᵊल
inconsiderate	ˈɪn.kən.ˈsɪd.ᵊr.ət	**इन** कəन **सिड** ᵊर əट
inconsistency	ˈɪn.kən.ˈsɪs.tᵊn.si	**इन** कəन **सिस** टᵊन सी
inconsistent	ˈɪn.kən.ˈsɪs.tᵊnt	**इन** कəन **सिस** टᵊन्ट
inconsistently	ˈɪn.kən.ˈsɪs.tᵊnt.li	**इन** कəन **सिस** टᵊन्ट ली
inconsolable	ˈɪn.kən.ˈsəʊ.lə.bᵊl	**इन** कəन **सəʊ** लə बᵊल
inconspicuous	ˈɪn.kən.ˈspɪk.ju.əs	**इन** कəन **स्पिक** यू əस
inconspicuously	ˈɪn.kən.ˈspɪk.ju.əs.li	**इन** कəन **स्पिक** यू əस ली
incontestable	ˈɪn.kən.ˈtes.tə.bᵊl	**इन** कəन **टेस** टə बᵊल
incontinence	ɪn.ˈkɒn.tɪ.nᵊns	इन **कɒन** टि नᵊन्स
incontinent	ɪn.ˈkɒn.tɪ.nᵊnt	इन **कɒन** टि नᵊन्ट
inconvenience	ˈɪn.kən.ˈviː.nɪ.ᵊns	**इन** कəन **वी**ː नि ᵊन्स
inconvenient	ˈɪn.kən.ˈviː.nɪ.ᵊnt	**इन** कəन **वी**ː नि ᵊन्ट
inconveniently	ˈɪn.kən.ˈviː.nɪ.ᵊnt.li	**इन** कəन **वी**ː नि

		॰न्ट ली
incorporate (adj)	ɪn.ˈkɔː.pᵊr.ət	इन **को**: प॰र əट
incorporate (v)	ɪn.ˈkɔː.pᵊr.eɪt	इन **को**: प॰र एइट
incorporated	ɪn.ˈk.ɔː.pᵊr.eɪ.tɪd	इन **क** ओ: प॰र एइ टिड
incorporation	ɪn.ˈk.ɔː.pᵊr.ˈeɪ.ʃᵊn	इन **क** ओ: प॰र **एइ** श॰न
incorrect	ˈɪn.kə.ˈrekt	**इन** कə **रेक्ट**
incorrectly	ˈɪn.kə.ˈrekt.li	**इन** कə **रेक्ट** ली
incorrigible	ɪn.ˈkɒr.ɪ.dʒə.bᵊl	इन **कɒर** इ जə ब॰ल
increase (n)	ˈɪn.kriːs	**इन** क्री:स
increase(v)	ɪn.ˈkriːs	इन **क्री:स**
increasing	ɪn.ˈkriː.sɪŋ	इन **क्री**: सिङ
increasingly	ɪn.ˈkriː.sɪŋ.li	इन **क्री**: सिङ ली
incredible	ɪn.ˈkred.ə.bᵊl	इन **क्रेड** ə ब॰ल
incredibly	ɪn.ˈkred.ə.bli	इन **क्रेड** ə ब्ली
incredulity	ˈɪn.krə.ˈdjuː.lə.ti	**इन** क्रə **ड्ग़ू**: लə टी
incredulous	ɪn.ˈkre.djə.ləs	इन **क्रे** ड्ग़ə लəस
incredulously	ɪn.ˈkre.djə.ləs.li	इन **क्रे** ड्ग़ə लəस ली
increment	ˈɪn.krə.mᵊnt	**इन** क्रə म॰न्ट
incremental	ˈɪn.krə.ˈmen.tᵊl	**इन** क्रə **मेन** ट॰ल
incriminate	ɪn.ˈkrɪm.ɪ.neɪt	इन **क्रिम** इ नेइट
incriminating	ɪn.ˈkrɪm.ɪ.neɪ.tɪŋ	इन **क्रिम** इ नेइ टिङ
incrimination	ɪn.ˈkrɪm.ɪ.neɪ.ʃᵊn	इन **क्रिम** इ नेइ श॰न
incubate	ˈɪn.kjə.beɪt	**इन** क्ग़ə बेइट
incubation	ˈɪn.kjə.ˈbeɪ.ʃᵊn	**इन** क्ग़ə **बेइ** श॰न
incubator	ˈɪn.kjə.beɪ.tə	**इन** क्ग़ə बेइ टə
inculcate	ˈɪn.kʌl.keɪt	**इन** कʌल केइट
inculcation	ˈɪn.kʌl.ˈkeɪ.ʃᵊn	**इन** कʌल **केइ** श॰न
incumbent	ɪn.ˈkʌm.bᵊnt	इन **कʌम** ब॰न्ट
incumbrance	ɪn.ˈkʌm.brᵊns	इन **कʌम** ब्र॰न्स
incur	ɪn.ˈkɜː	इन **कɜ**:
incurable	ɪn.ˈkjʊə.rə.bᵊl	इन **क्गुə** रə ब॰ल
incurably	ɪn.ˈkjʊə.rə.bli	इन **क्गुə** रə ब्ली
incursion	ɪn.ˈkɜː.ʃᵊn	इन **कɜ**: श॰न
indebted	ɪn.ˈdet.ɪd	इन **डेट** इड
indebtedness	ɪn.ˈdet.ɪd.nəs	इन **डेट** इड नəस
indecency	ɪn.ˈdiː.sᵊn.si	इन **डी**: स॰न सी
indecent	ɪn.ˈdiː.sᵊnt	इन **डी**: स॰न्ट
indecently	ɪn.ˈdiː.sᵊnt.li	इन **डी**: स॰न्ट ली
indecipherable	ˈɪn.dɪ.ˈsaɪ.fᵊr.ə.bᵊl	**इन** डि **साइ** फ़॰र ə

		ब॰ल
indecision	ˈɪn.dɪ.ˈsɪʒ.ᵊn	**इन** डि **सिज़** ॰न
indecisive	ˈɪn.dɪ.ˈsaɪ.sɪv	**इन** डि **साइ** सिव
indecisively	ˈɪn.dɪ.ˈsaɪ.sɪv.li	**इन** डि **साइ** सिव ली
indeed	ɪn.ˈdiːd	इन **डी:ड**
indefatigable	ˈɪn.dɪ.ˈfæt.ɪ.gə.bᵊl	**इन** डि **फ़æट** इ गə ब॰ल
indefensible	ˈɪn.dɪ.ˈfen.sə.bᵊl	**इन** डि **फ़ेन** सə ब॰ल
indefinable	ˈɪn.dɪ.ˈfaɪ.nə.bᵊl	**इन** डि **फ़ाइ** नə ब॰ल
indefinably	ˈɪn.dɪ.ˈfaɪ.nə.bli	**इन** डि **फ़ाइ** नə ब्ली
indefinite	ɪn.ˈdef.ɪ.nət	इन **डेफ़** इ नəट
indefinitely	ɪn.ˈdef.ɪ.nət.li	इन **डेफ़** इ नəट ली
indelible	ɪn.ˈdel.ə.bᵊl	इन **डेल** ə ब॰ल
indelibly	ɪn.ˈdel.ə.bli	इन **डेल** ə ब्ली
indelicate	ɪn.ˈdel.ɪ.kət	इन **डेल** इ कəट
indemnify	ɪn.ˈdem.nɪ.faɪ	इन **डेम** नि फ़ाइ
indemnity	ɪn.ˈdem.nə.ti	इन **डेम** नə टी
indent (n)	ˈɪn.dent	**इन** डेन्ट
indent (v)	ɪn.ˈdent	इन **डेन्ट**
independence	ˈɪn.dɪ.ˈpen.dᵊns	**इन** डि **पेन** ड॰न्स
Independence Day	ˈɪn.dɪ.ˈpen.dᵊns.ˈdeɪ	**इन** डि **पेन** ड॰न्स **डेइ**
independent	ˈɪn.dɪ.ˈpen.dᵊnt	**इन** डि **पेन** ड॰न्ट
independently	ˈɪn.dɪ.ˈpen.dᵊnt.li	**इन** डि **पेन** ड॰न्ट ली
in-depth	ɪn.ˈdepθ	इन **डेप्थ**
indescribable	ˈɪn.dɪ.ˈskraɪ.bə.bᵊl	**इन** डि **स्क्राइ** बə ब॰ल
indescribably	ˈɪn.dɪ.ˈskraɪ.bə.bli	**इन** डि **स्क्राइ** बə ब्ली
indestructible	ˈɪn.dɪ.ˈstrʌk.tə.bᵊl	**इन** डि **स्ट्रʌक** टə ब॰ल
indeterminate	ˈɪn.dɪ.ˈtɜː.mɪ.nət	**इन** डि **टɜ**: मि नəट
index	ˈɪn.deks	**इन** डेक्स
index finger	ˈɪn.deks.ˈfɪŋ.gə	**इन** डेक्स **फ़िङ** गə
India	ˈɪn.di.ə	**इन** डी ə
Indian	ˈɪn.di.ən	**इन** डी əन
Indian Ocean	ˈɪn.di.ən.ˈəʊ.ʃᵊn	**इन** डी əन **əउ** श॰न
indicate	ˈɪn.dɪ.keɪt	**इन** डि केइट
indication	ˈɪn.dɪ.ˈkeɪ.ʃᵊn	**इन** डि **केइ** श॰न
indicative	ɪn.ˈdɪk.ə.tɪv	इन **डिक** ə टिव
indicator	ˈɪn.dɪ.keɪ.tə	**इन** डि केइ टə
indices	ˈɪn.dɪ.siːz	**इन** डि सी:ज़
indict	ɪn.ˈdaɪt	इन **डाइट**

indictment	ɪn.ˈdaɪt.mᵊnt	इन **डाइट** म॰न्ट
indifference	ɪn.ˈdɪf.ᵊr.ᵊns	इन **डिफ़** ॰र ॰न्स
indifferent	ɪn.ˈdɪf.ᵊr.ᵊnt	इन **डिफ़** ॰र ॰न्ट
indifferently	ɪn.ˈdɪf.ᵊr.ᵊnt.li	इन **डिफ़** ॰र ॰न्ट ली
indigenous	ɪn.ˈdɪdʒ.ɪ.nəs	इन **डिज** इ नअस
indigent	ˈɪn.dɪ.dʒᵊnt	**इन** डि ज॰न्ट
indigestible	ˈɪn.dɪ.ˈdʒes.tə.bᵊl	**इन** डि **जेस** टअ ब॰ल
indigestion	ˈɪn.dɪ.ˈdʒes.tʃən	**इन** डि **जेस** चअन
indignant	ɪn.ˈdɪg.nᵊnt	इन **डिग** न॰न्ट
indignantly	ɪn.ˈdɪg.nᵊnt.li	इन **डिग** न॰न्ट ली
indignation	ˈɪn.dɪg.ˈneɪ.ʃᵊn	**इन** डिग **नेइ** श॰न
indignity	ɪn.ˈdɪg.nə.ti	इन **डिग** नअ टी
indigo	ˈɪn.dɪ.gəʊ	**इन** डि गअउ
indirect	ˈɪn.dɪ.ˈrekt	**इन** डि **रेक्ट**
indirectly	ˈɪn.dɪ.ˈrekt.li	**इन** डि **रेक्ट** ली
indirectness	ˈɪn.dɪ.ˈrekt.nəs	**इन** डि **रेक्ट** नअस
indiscreet	ˈɪn.dɪ.ˈskriːt	**इन** डि **स्क्री:ट**
indiscretion	ˈɪn.dɪ.ˈskreʃ.ᵊn	**इन** डि **स्क्रेश** ॰न
indiscriminate	ˈɪn.dɪ.ˈskrɪ.mɪ.nət	**इन** डि **स्क्रि** मि नअट
indiscriminately	ˈɪn.dɪ.ˈskrɪ.mɪ.nət.li	**इन** डि **स्क्रि** मि नअट ली
indispensable	ˈɪn.dɪ.ˈspen.sə.bᵊl	**इन** डि **स्पेन** सअ ब॰ल
indispose	ˈɪn.dɪ.ˈspəʊz	**इन** डि **स्पअउज़**
indisposition	ˈɪn.dɪ.ˈspə.ˈzɪʃ.ᵊn	**इन** डि **स्पअ** **ज़िश** ॰न
indisputable	ˈɪn.dɪ.ˈspjuː.tə.bᵊl	**इन** डि **स्प्यू:** टअ ब॰ल
indistinct	ˈɪn.dɪ.ˈstɪŋkt	**इन** डि **स्टिङ्क्ट**
indistinctly	ˈɪn.dɪ.ˈstɪŋkt.li	**इन** डि **स्टिङ्क्ट** ली
indistinguishable	ˈɪn.dɪ.ˈstɪŋ.gwɪ.ʃə.bᵊl	**इन** डि **स्टिङ** ग्वि शअ ब॰ल
individual	ˈɪn.dɪ.ˈvɪdʒ.u.əl	**इन** डि **विज** ऊ अल
individualism	ˈɪn.dɪ.ˈvɪdʒ.u.ə.lɪ.zᵊm	**इन** डि **विज** ऊ अ लि ज़॰म
individualist	ˈɪn.dɪ.ˈvɪdʒ.u.ə.lɪst	**इन** डि **विज** ऊ अ लिस्ट
individualistic	ˈɪn.dɪ.ˈvɪdʒ.u.ə.ˈlɪs.tɪk	**इन** डि **विज** ऊ अ **लिस** टिक
individuality	ˈɪn.dɪ.ˈvɪdʒ.u.ˈæl.ə.ti	**इन** डि **विज** ऊ **ऍल** अ टी
individually	ˈɪn.dɪ.ˈvɪdʒ.u.ə.li	**इन** डि **विज** ऊ अ ली
indivisible	ˈɪn.dɪ.ˈvɪz.ə.bᵊl	**इन** डि **विज़** अ ब॰ल
indoctrinate	ɪn.ˈdɒk.trɪ.neɪt	इन **डɒक** ट्रि नेइट
indoctrination	ɪn.ˈdɒk.trɪ.ˈneɪ.ʃᵊn	इन **डɒक** ट्रि **नेइ** श॰न
indolence	ˈɪn.də.lᵊns	**इन** डअ ल॰न्स
indolent	ˈɪn.də.lᵊnt	**इन** डअ ल॰न्ट
indomitable	ɪn.ˈdɒm.ɪ.tə.bᵊl	इन **डɒम** इ टअ ब॰ल
indoor	ˈɪn.dɔː	**इन** डो:
indoors	ˈɪn.ˈdɔːz	**इन** **डो:ज़**
induce	ɪn.ˈdjuːs	इन **ड्यू:स**
inducement	ɪn.ˈdjuːs.mᵊnt	इन **ड्यू:स** म॰न्ट
induct	ɪn.ˈdʌkt	इन **डʌक्ट**
induction	ɪn.ˈdʌk.ʃᵊn	इन **डʌक** श॰न
indulge	ɪn.ˈdʌldʒ	इन **डʌल्ज**
indulgence	ɪn.ˈdʌl.dʒᵊns	इन **डʌल** ज॰न्स
indulgent	ɪn.ˈdʌl.dʒᵊnt	इन **डʌल** ज॰न्ट
industrial	ɪn.ˈdʌs.tri.əl	इन **डʌस** ट्री अल
industrialisation	ɪn.ˈdʌs.tri.ə.laɪ.ˈzeɪ.ʃᵊn	इन **डʌस** ट्री अ लाइ **ज़ेइ** श॰न
industrialise	ɪn.ˈdʌs.tri.ə.laɪz	इन **डʌस** ट्री अ लाइज़
industrialist	ɪn.ˈdʌs.tri.ə.lɪst	इन **डʌस** ट्री अ लिस्ट
industrial action	ɪn.ˈdʌs.tri.əl.ˈæk.ʃᵊn	इन **डʌस** ट्री अल **ऍक** श॰न
industrial dispute	ɪn.ˈdʌs.tri.əl.dɪ.ˈspjuːt	इन **डʌस** ट्री अल डि **स्प्यू:ट**
industrial espionage	ɪn.ˈdʌs.tri.əl.ˈes.pi.ə.nɑːʒ	इन **डʌस** ट्री अल **एस** पी अ ना:ज़
industrial relations	ɪn.ˈdʌs.tri.əl.rɪ.ˈleɪ.ʃᵊnz	इन **डʌस** ट्री अल रि **लेइ** श॰न्ज़
Industrial Revolution	ɪn.ˈdʌs.tri.əl.rev.ə.ˈluː.ʃᵊn	इन **डʌस** ट्री अल रेव अ **लू:** श॰न
industrial tribunal	ɪn.ˈdʌs.tri.əl.traɪ.ˈbjuː.nəl	इन **डʌस** ट्री अल ट्राइ **ब्यू:** नअल
industrious	ɪn.ˈdʌs.tri.əs	इन **डʌस** ट्री अस
industry	ɪn.ˈdə.stri	इन **डअ** स्ट्री
inebriate (n)	ɪ.ˈniː.bri.ət	इ **नी:** ब्री अट
inebriate (v)	ɪ.ˈniː.bri.eɪt	इ **नी:** ब्री एइट
inebriation	ɪ.ˈniː.bri.ˈeɪ.ʃᵊn	इ **नी:** ब्री **एइ** श॰न
ineffective	ˈɪn.ɪ.ˈfek.tɪv	**इन** इ **फ़ेक** टिव
ineffectiveness	ˈɪn.ɪ.ˈfek.tɪv.nəs	**इन** इ **फ़ेक** टिव

		नəस
inefficiency	ˈɪn.ɪ.ˈfɪʃ.ᵊn.si	**इन** इ **फ़िश** ᵊन सी
inefficient	ˈɪn.ɪ.ˈfɪʃ.ᵊnt	**इन** इ **फ़िश** ᵊन्ट
inefficiently	ˈɪn.ɪ.ˈfɪʃ.ᵊnt.li	**इन** इ **फ़िश** ᵊन्ट ली
inelegant	ˈɪn.ˈel.ɪ.gᵊnt	**इन** **एल** इ गᵊन्ट
ineligibility	ɪn.ˈel.ɪ.dʒə.ˈbɪl.ə.ti	इन **एल** इ जə **बिल** ə टी
ineligible	ɪn.ˈel.ɪ.dʒə.bᵊl	इन **एल** इ जə बᵊल
inept	ɪ.ˈnept	इ **नेप्ट**
ineptitude	ɪ.ˈnep.tɪ.tjuːd	इ **नेप** टि ट्यूːड
inequality	ˈɪn.ɪ.ˈkwɒl.ə.ti	**इन** इ **क्वɒल** ə टी
inequity	ɪn.ˈek.wə.ti	इन **एक** व़ə टी
inert	ɪ.ˈnɜːt	इ **नɜːट**
inertia	ɪ.ˈnɜː.ʃə	इ **नɜː** शə
inescapable	ˈɪn.ɪ.ˈskeɪ.pə.bᵊl	**इन** इ **स्केइ** पə बᵊल
inessential	ˈɪn.ɪ.ˈsen.ʃᵊl	**इन** इ **सेन** शᵊल
inevitability	ɪn.ˈev.ɪ.tə.ˈbɪl.ə.ti	इन **एव** इ टə **बिल** ə टी
inevitable	ɪn.ˈev.ɪ.tə.bᵊl	इन **एव** इ टə बᵊल
inevitably	ɪn.ˈev.ɪ.tə.bli	इन **एव** इ टə ब्ली
inexact	ˈɪn.ɪg.ˈzækt	**इन** इग **ज़æक्ट**
inexactitude	ˈɪn.ɪg.ˈzæk.tɪ.tjuːd	**इन** इग **ज़æक** टि ट्यूːड
inexcusable	ˈɪn.ɪk.ˈskjuː.zə.bᵊl	**इन** इक **स्क्यूː** ज़ə बᵊल
inexhaustible	ˈɪn.ɪg.ˈzɔː.s.tə.bᵊl	**इन** इग **ज़ोːस** टə बᵊल
inexpensive	ˈɪn.ɪk.ˈspen.sɪv	**इन** इक **स्पेन** सिव
inexpensively	ˈɪn.ɪk.ˈspen.sɪv.li	**इन** इक **स्पेन** सिव ली
inexperience	ˈɪn.ɪk.ˈspɪə.ri.ᵊns	**इन** इक **स्पिə** री ᵊन्स
inexperienced	ˈɪn.ɪk.ˈspɪə.ri.ᵊnst	**इन** इक **स्पिə** री ᵊन्स्ट
inexplicable	ˈɪn.ɪk.ˈsplɪk.ə.bᵊl	**इन** इक **स्प्लिक** ə बᵊल
inexplicably	ˈɪn.ɪk.ˈsplɪk.ə.bli	**इन** इक **स्प्लिक** ə ब्ली
inextensible	ˈɪn.ɪk.ˈsten.sə.bᵊl	**इन** इक **स्टेन** सə बᵊल
inextricable	ˈɪn.ɪk.ˈstrɪk.ə.bᵊl	**इन** इक **स्ट्रिक** ə बᵊल
infallibility	ɪn.ˈfæl.ə.ˈbɪl.ə.ti	इन **फ़æल** ə **बिल** ə टी
infallible	ɪn.ˈfæl.ə.bᵊl	इन **फ़æल** ə बᵊल
infamous	ˈɪn.fə.məs	**इन** फ़ə मəस
infamy	ˈɪn.fə.mi	**इन** फ़ə मी
infancy	ˈɪn.fən.si	**इन** फ़əन सी
infant	ˈɪn.fᵊnt	**इन** फ़ᵊन्ट
infantile	ˈɪn.fən.taɪl	**इन** फ़əन टाइल
infantry	ˈɪn.fən.tri	**इन** फ़əन ट्री
infatuated	ɪn.ˈfætʃ.u.eɪ.tɪd	इन **फ़æच** ऊ एइ टिड
Infatuation	ɪn.ˈfætʃ.u.ˈeɪ.ʃᵊn	इन **फ़æच** ऊ **एइ** शᵊन
infect	ɪn.ˈfekt	इन **फ़ेक्ट**
infection	ɪn.ˈfek.ʃᵊn	इन **फ़ेक** शᵊन
infectious	ɪn.ˈfek.ʃəs	इन **फ़ेक** शəस
infer	ɪn.ˈfɜː	इन **फ़ɜː**
inference	ˈɪn.fᵊr.ᵊns	**इन** फ़ᵊर ᵊन्स
inferior	ɪn.ˈfɪə.ri.ə	इन **फ़िə** री ə
inferiority	ɪn.ˈfɪə.ri.ˈɒr.ə.ti	इन **फ़िə** री **ɒर** ə टी
inferiority complex	ɪn.ˈfɪə.ri.ˈɒr.ə.ti.ˈkɒm.pleks	इन **फ़िə** री **ɒर** ə टी **कɒम** प्लेक्स
inferno	ɪn.ˈfɜː.nəʊ	इन **फ़ɜː** नəउ
infertile	ɪn.ˈfɜː.taɪl	इन **फ़ɜː** टाइल
infertility	ˈɪn.fə.ˈtɪl.ə.ti	**इन** फ़ə **टिल** ə टी
infest	ɪn.ˈfest	इन **फ़ेस्ट**
infestation	ˈɪn.fes.ˈteɪ.ʃᵊn	**इन** फ़ेस **टेइ** शᵊन
infested	ɪn.ˈfes.tɪd	इन **फ़ेस** टिड
infidel	ˈɪn.fɪ.dᵊl	**इन** फ़ि डᵊल
infidelity	ˈɪn.fɪ.ˈdel.ə.ti	**इन** फ़ि **डेल** ə टी
infield	ˈɪn.fiːld	**इन** फ़ीːल्ड
infielder	ˈɪn.ˈfil.də	**इन** **फ़ील** डə
infiltrate	ˈɪn.fɪl.treɪt	**इन** फ़िल ट्रेइट
infiltration	ˈɪn.fɪl.ˈtreɪ.ʃᵊn	**इन** फ़िल **ट्रेइ** शᵊन
infiltrator	ˈɪn.fɪl.treɪ.tə	**इन** फ़िल ट्रेइ टə
infinite	ˈɪn.fɪ.nət	**इन** फ़ि नəट
infinitely	ˈɪn.fɪ.nət.li	**इन** फ़ि नəट ली
infinitesimal	ˈɪn.fɪ.nɪ.ˈtes.ɪ.mᵊl	**इन** फ़ि नि **टेस** इ मᵊल
infinitive	ɪn.ˈfɪn.ə.tɪv	इन **फ़िन** ə टिव
infinity	ɪn.ˈfɪn.ə.ti	इन **फ़िन** ə टी
infirm	ɪn.ˈfɜːm	इन **फ़ɜːम**

infirmary	ɪn.ˈfɜː.mᵊr.i	इन **फ़ɜ:** म॰र ई
infirmity	ɪn.ˈfɜː.mə.ti	इन **फ़ɜ:** मə टी
infix (n)	ˈɪn.fɪks	**इन** फ़िक्स
infix (v)	ɪn.ˈfɪks	इन **फ़िक्स**
inflame	ɪn.ˈfleɪm	इन **फ़्लेइम**
inflamed	ɪn.ˈfleɪmd	इन **फ़्लेइम्ड**
inflammable	ɪn.ˈflæm.ə.bᵊl	इन **फ़्लæम** ə ब॰ल
inflammation	ˈɪn.flə.ˈmeɪ.ʃᵊn	**इन** फ़्लə **मेइ** श॰न
inflammatory	ɪn.ˈflæm.ə.tᵊr.i	इन **फ़्लæम** ə ट॰र ई
inflatable	ɪn.ˈfleɪ.tə.bᵊl	इन **फ़्लेइ** टə ब॰ल
inflate	ɪn.ˈfleɪt	इन **फ़्लेइट**
inflated	ɪn.ˈfleɪ.tɪd	इन **फ़्लेइ** टिड
inflation	ɪn.ˈfleɪ.ʃᵊn	इन **फ़्लेइ** श॰न
inflationary	ɪn.ˈfleɪ.ʃᵊn.ᵊr.i	इन **फ़्लेइ** श॰न ॰र ई
inflect	ɪn.ˈflekt	इन **फ़्लेक्ट**
inflection	ɪn.ˈflek.ʃᵊn	इन **फ़्लेक** श॰न
inflexibility	ɪn.ˈflek.sə.ˈbɪl.ə.ti	इन **फ़्लेक** सə **बिल** ə टी
inflexible	ɪn.ˈflek.sə.bᵊl	इन **फ़्लेक** सə ब॰ल
inflexibly	ɪn.ˈflek.sə.bli	इन **फ़्लेक** सə ब्ली
inflict	ɪn.ˈflɪkt	इन **फ़्लिक्ट**
infliction	ɪn.ˈflɪk.ʃᵊn	इन **फ़्लिक** श॰न
in-flight	ˈɪn.ˈflaɪt	**इन फ़्लाइट**
influence	ˈɪn.flʊ.ᵊns	**इन** फ़्लु ॰न्स
influential	ˈɪn.flʊ.ˈen.ʃᵊl	**इन** फ़्लु **एन** श॰ल
influenza	ˈɪn.flʊ.ˈen.zə	**इन** फ़्लु **एन** ज़ə
influx	ˈɪn.flʌks	**इन** फ़्लʌक्स
info	ˈɪn.fəʊ	**इन** फ़əउ
infomercial	ˈɪn.fə.ˈmɜː.ʃᵊl	**इन** फ़ə **मɜ:** श॰ल
inform	ɪn.ˈfɔːm	इन **फ़ो:म**
informal	ɪn.ˈfɔː.mᵊl	इन **फ़ो:** म॰ल
informality	ˈɪn.fɔː.ˈmæl.ə.ti	**इन** फ़ो: **मæल** ə टी
informally	ɪn.ˈfɔː.mə.li	इन **फ़ो:** मə ली
informant	ɪn.ˈfɔː.mᵊnt	इन **फ़ो:** म॰न्ट
Informatics	ˈɪn.fɔː.ˈmæt.ɪks	**इन** फ़ो: **मæट** इक्स
information	ˈɪn.fə.ˈmeɪ.ʃᵊn	**इन** फ़ə **मेइ** श॰न
information technology	ˈɪn.fə.ˈmeɪ.ʃᵊn.tek.ˈnɒl.ə.dʒi	**इन** फ़ə **मेइ** श॰न टेक **नɒल** ə जी
informative	ɪn.ˈfɔː.mə.tɪv	इन **फ़ो:** मə टिव
informed	ɪn.ˈfɔːmd	इन **फ़ो:म्ड**
informer	ɪn.ˈfɔː.mə	इन **फ़ो:** मə
infotainment	ɪn.fəʊ.ˈteɪn.mᵊnt	इन फ़əउ **टेइन** म॰न्ट

infraction	ɪn.ˈfræk.ʃᵊn	इन **फ़्रæक** श॰न
infrared	ˈɪn.frə.ˈred	**इन** फ़्रə **रेड**
infrastructure	ˈɪn.frə.strʌk.tʃə	**इन** फ़्रə स्ट्रʌक चə
infrequent	ɪn.ˈfriː.kwᵊnt	इन **फ़्री:** क्व॰न्ट
infrequently	ɪn.ˈfriː.kwᵊnt.li	इन **फ़्री:** क्व॰न्ट ली
infringe	ɪn.ˈfrɪndʒ	इन **फ़्रिन्ज**
infringement	ɪn.ˈfrɪndʒ.mᵊnt	इन **फ़्रिन्ज** म॰न्ट
infuriate	ɪn.ˈfjʊə.ri.eɪt	इन **फ़्युə** री एइट
infuriating	ɪn.ˈfjʊə.ri.eɪ.tɪŋ	इन **फ़्युə** री एइ टिङ
infuriatingly	ɪn.ˈfjʊə.ri.eɪ.tɪŋ.li	इन **फ़्युə** री एइ टिङ ली
infuse	ɪn.ˈfjuːz	इन **फ़्यू:ज़**
infusion	ɪn.ˈfjuː.ʒᵊn	इन **फ़्यू:** ज़॰न
ingenious	ɪn.ˈdʒiː.ni.əs	इन **जी:** नी əस
ingeniously	ɪn.ˈdʒiː.ni.əs.li	इन **जी:** नी əस ली
ingenuity	ˈɪn.dʒɪ.ˈnjuː.ə.ti	**इन** जि **न्यू:** ə टी
ingest	ɪn.ˈdʒest	इन **जेस्ट**
ingestion	ɪn.ˈdʒes.tʃᵊn	इन **एस** च॰न
inglorious	ɪn.ˈglɔː.ri.əs	इन **ग्लो:** री əस
ingot	ˈɪŋ.gət	**इङ** गəट
ingrained	ɪn.ˈgreɪnd	इन **ग्रेइन्ड**
ingrate	ˈɪŋ.greɪt	**इङ** ग्रेइट
ingratiate	ɪn.ˈgreɪ.ʃi.eɪt	इन **ग्रेइ** शी एइट
ingratiating	ɪn.ˈgreɪ.ʃi.eɪ.tɪŋ	इन **ग्रेइ** शी एइ टिङ
ingratitude	ɪn.ˈgræt.ɪ.tjuːd	इन **ग्रæट** इ ट्यू:ड
ingredient	ɪn.ˈgriː.di.ᵊnt	इन **ग्री:** डी ॰न्ट
ingrown	ˈɪn.grəʊn	**इन** ग्रəउन
inhabit	ɪn.ˈhæb.ɪt	इन **हæब** इट
inhabitant	ɪn.ˈhæb.ɪ.tᵊnt	इन **हæब** इ ट॰न्ट
inhalation	ˈɪn.hə.ˈleɪ.ʃᵊn	**इन** हə **लेइ** श॰न
inhale	ɪn.ˈheɪl	इन **हेइल**
inhaler	ɪn.ˈheɪ.lə	इन **हेइ** लə
inherent	ɪn.ˈher.ᵊnt	इन **हेर** ॰न्ट
inherit	ɪn.ˈher.ɪt	इन **हेर** इट
inheritance	ɪn.ˈher.ɪ.tᵊns	इन **हेर** इ ट॰न्स
inhibit	ɪn.ˈhɪb.ɪt	इन **हिब** इट
inhibited	ɪn.ˈhɪb.ɪ.tɪd	इन **हिब** इ टिड
inhibition	ɪn.ˈhɪb.ɪ.ʃᵊn	इन **हिब** इ श॰न
inhospitable	ˈɪn.hɒs.ˈpɪt.ə.bᵊl	**इन** हɒस **पिट** ə ब॰ल
in-house	ˈɪn.ˈhaʊs	**इन हाउस**
inhuman	ɪn.ˈhjuː.mən	इन **ह्यू:** मəन
inhumane	ˈɪn.hjuː.ˈmeɪn	**इन** ह्यू: **मेइन**

inhumanity	ˈɪn.hjuː.ˈmæn.ə.ti	इन ह्यू: मæन ə टी
initial	ɪ.ˈnɪʃ.ᵊl	इ निश ॰ल
initialisation	ɪ.ˈnɪʃ.ᵊl.aɪ.zeɪ.ʃᵊn	इ निश ॰ल आइ ज़ेइ श॰न
initialise	ɪ.ˈnɪʃ.ᵊl.aɪz	इ निश ॰ल आइज़
initially	ɪ.ˈnɪʃ.ᵊl.i	इ निश ॰ल ई
initials	ɪ.ˈnɪʃ.ᵊlz	इ निश ॰ल्ज़
initiate (n)	ɪ.ˈnɪʃ.i.ət	इ निश ई əट
initiate (v)	ɪ.ˈnɪʃ.i.eɪt	इ निश ई एइट
initiation	ɪ.ˈnɪʃ.i.ˈeɪ.ʃᵊn	इ निश ई एइ श॰न
initiative	ɪ.ˈnɪʃ.ə.tɪv	इ निश ə टिव
inject	ɪn.ˈdʒekt	इन जेक्ट
injection	ɪn.ˈdʒek.ʃᵊn	इन जेक श॰न
injunction	ɪn.ˈdʒʌŋk.ʃᵊn	इन जʌङ्क श॰न
injure	ˈɪn.dʒə	इन जə
injured	ˈɪn.dʒəd	इन जəड
injurious	ɪn.ˈdʒʊə.ri.əs	इन जुə री əस
injury	ˈɪn.dʒᵊr.i	इन ज॰र ई
injustice	ɪn.ˈdʒʌs.tɪs	इन जʌस टिस
ink	ɪŋk	इङ्क
inkjet	ˈɪŋk.ˈdʒet	इङ्क जेट
inkling	ˈɪŋk.lɪŋ	इङ्क लिङ
inkpot	ˈɪŋk.pɒt	इङ्क पɒट
ink-stain	ˈɪŋk.steɪn	इङ्क स्टेइन
inkwell	ˈɪŋk.wel	इङ्क वेल
inlaid	ɪn.ˈleɪd	इन लेइड
inland (adv)	ˈɪn.lænd	इन लæन्ड
inland (n)	ˈɪn.lənd	इन लəन्ड
in-law	ˈɪn.lɔː	इन लो:
in-laws	ˈɪn.lɔːz	इन लो:ज़
inlay (n)	ˈɪn.leɪ	इन लेइ
inlay (v)	ɪn.ˈleɪ	इन लेइ
inlet	ˈɪn.lət	इन लəट
inmate	ɪn.ˈmeɪt	इन मेइट
inn	ɪn	इन
innards	ˈɪn.ədʒ	इन əज
innate	ɪ.ˈneɪt	इ नेइट
inner	ˈɪn.ə	इन ə
inner city	ˈɪn.ə.ˈsɪt.i	इन ə सिट ई
innermost	ˈɪn.ə.məʊst	इन ə मəउस्ट
innings	ˈɪn.ɪŋz	इन इङ्ज़
innkeeper	ˈɪn.ˈkiː.pə	इन की: पə

innocence	ˈɪn.ə.sᵊns	इन ə स॰न्स
innocent	ˈɪn.ə.sᵊnt	इन ə स॰न्ट
innocently	ˈɪn.ə.sᵊnt.li	इन ə स॰न्ट ली
innocuous	ɪ.ˈnɒk.ju.əs	इ नɒक यू əस
innovate	ˈɪn.ə.veɪt	इन ə वेइट
innovation	ˈɪn.ə.ˈveɪ.ʃᵊn	इन ə वेइ श॰न
innovative	ˈɪn.ə.veɪ.tɪv	इन ə वेइ टिव
innovator	ˈɪn.ə.veɪ.tə	इन ə वेइ टə
innuendo	ˈɪn.ju.ˈen.dəʊ	इन यू एन डəउ
innumerable	ɪ.ˈnjuː.mᵊr.ə.bᵊl	इ न्यू: म॰र ə ब॰ल
inoculate	ɪ.ˈnɒk.jə.leɪt	इ नɒक यə लेइट
inoculation	ɪ.ˈnɒk.jə.ˈleɪ.ʃᵊn	इ नɒक यə लेइ श॰न
inoffensive	ˈɪn.ə.ˈfen.sɪv	इन ə फ़ेन सिव
inoperable	ˈɪ.ˈnɒp.ᵊr.ə.bᵊl	इ नɒप ॰र ə ब॰ल
inopportune	ˈɪ.ˈnɒp.ə.tjuːn	इ नɒप ə ट्यू:न
inordinate	ɪ.ˈnɔː.dɪ.nət	इ नो: डि नəट
inordinately	ɪ.ˈnɔː.dɪ.nət.li	इ नो: डि नəट ली
inorganic	ˈɪn.ɔː.ˈgæn.ɪk	इन ओ: गæन इक
inpatient	ˈɪn.ˈpeɪ.ʃᵊnt	इन पेइ श॰न्ट
input	ˈɪn.pʊt	इन पुट
input-output	ˈɪn.pʊt.ˈaʊt.pʊt	इन पुट आउट पुट
inquest	ˈɪŋ.kwest	इङ क्वेस्ट
inquire	ɪn.ˈkwaɪ.ə	इन क्वाइ ə
inquiring	ɪn.ˈkwaɪ.ə.rɪŋ	इन क्वाइ ə रिङ
inquiringly	ɪn.ˈkwaɪ.ə.rɪŋ.li	इन क्वाइ ə रिङ ली
inquiry	ɪn.ˈkwaɪ.ə.ri	इन क्वाइ ə री
inquisition	ˈɪn.kwɪ.ˈzɪʃ.ᵊn	इन क्वि ज़िश ॰न
inquisitive	ɪn.ˈkwɪz.ə.tɪv	इन क्विज़ ə टिव
inroads	ˈɪn.rəʊdz	इन रəउड्ज़
insane	ɪn.ˈseɪn	इन सेइन
insanity	ɪn.ˈsæn.ə.ti	इन सæन ə टी
insatiable	ɪn.ˈseɪ.ʃə.bᵊl	इन सेइ शə ब॰ल
inscribe	ɪn.ˈskraɪb	इन स्क्राइब
inscription	ɪn.ˈskrɪp.ʃᵊn	इन स्क्रिप श॰न
inscrutable	ɪn.ˈskruː.tə.bᵊl	इन स्क्रू: टə ब॰ल
insect	ˈɪn.sekt	इन सेक्ट
insecticide	ɪn.ˈsek.tɪ.saɪd	इन सेक टि साइड
insecure	ˈɪn.sɪ.ˈkjʊə	इन सि क्युə
insecurity	ˈɪn.sɪ.ˈkjʊə.rə.ti	इन सि क्युə रə टी
inseminate	ɪn.ˈsem.ɪ.neɪt	इन सेम इ नेइट
insemination	ɪn.ˈsem.ɪ.ˈneɪ.ʃᵊn	इन सेम इ नेइ श॰न

English Pronunciation Dictionary 167

insensitive	ɪn.ˈsen.sə.tɪv	इन **सेन** सə टिव
insensitivity	ɪn.ˈsen.sə.ˈtɪv.ə.ti	इन **सेन** सə **टिव** ə टी
inseparable	ɪn.ˈsep.ᵊr.ə.bᵊl	इन **सेप** ᵊर ə बᵊल
insert (n)	ˈɪn.sɜːt	**इन** सɜːट
insert (v)	ɪn.ˈsɜːt	इन **सɜːट**
insertion	ɪn.ˈsɜː.ʃᵊn	इन **सɜː** शᵊन
in-service	ˈɪn.sɜː.vɪs	**इन** सɜː विस
inset (n)	ˈɪn.set	**इन** सेट
inset (v)	ˈɪn.ˈset	**इन सेट**
inside	ɪn.ˈsaɪd	इन **साइड**
insider	ɪn.ˈsaɪ.də	इन **साइ** डə
insidious	ɪn.ˈsɪd.i.əs	इन **सिड** ई əस
insight	ˈɪn.saɪt	**इन** साइट
insightful	ˈɪn.saɪt.fᵊl	**इन** साइट फ़ᵊल
insignia	ɪn.ˈsɪg.ni.ə	इन **सिग** नी ə
insignificance	ˈɪn.sɪg.ˈnɪf.ɪ.kᵊns	**इन** सिग **निफ़** इ कᵊन्स
insignificant	ˈɪn.sɪg.ˈnɪf.ɪ.kᵊnt	**इन** सिग **निफ़** इ कᵊन्ट
insignificantly	ˈɪn.sɪg.ˈnɪf.ɪ.kᵊnt.li	**इन** सिग **निफ़** इ कᵊन्ट ली
insincere	ˈɪn.sɪn.ˈsɪə	**इन** सिन **सिə**
insincerely	ˈɪn.sɪn.ˈsɪə.li	**इन** सिन **सिə** ली
insincerity	ˈɪn.sɪn.ˈser.ə.ti	**इन** सिन **सेर** ə टी
insinuate	ɪn.ˈsɪn.ju.eɪt	इन **सिन** यू एइट
insinuation	ɪn.ˈsɪn.ju.ˈeɪ.ʃᵊn	इन **सिन** यू **एइ** शᵊन
insipid	ɪn.ˈsɪp.ɪd	इन **सिप** इड
insist	ɪn.ˈsɪst	इन **सिस्ट**
insistence	ɪn.ˈsɪs.tᵊns	इन **सिस** टᵊन्स
insistent	ɪn.ˈsɪs.tᵊnt	इन **सिस** टᵊन्ट
insistently	in.ˈsis.tᵊnt.li	ईन **सीस** टᵊन्ट ली
insofar	ˈɪn.sə.ˈfɑː	**इन** सə **फ़ाː**
insole	ˈɪn.səʊl	**इन** सəउल
insolence	ˈɪn.səl.ᵊns	**इन** सəल ᵊन्स
insolent	ˈɪn.səl.ᵊnt	**इन** सəल ᵊन्ट
insoluble	ɪn.ˈsɒl.jə.bᵊl	इन **सɒल** यə बᵊल
insolvable	ɪn.ˈsɒl.və.bᵊl.i	इन **सɒल** वə बᵊल ई
insolvency	ɪn.ˈsɒl.vən.si	इन **सɒल** वəन सी
insolvent	ɪn.ˈsɒl.vᵊnt	इन **सɒल** वᵊन्ट
insomnia	ɪn.ˈsɒm.ni.ə	इन **सɒम** नी ə
insomniac	ɪn.ˈsɒm.ni.æk	इन **सɒम** नी æक
insomuch	ˈɪn.sə.ˈmʌtʃ	**इन** सə **मʌच**
inspect	ɪn.ˈspekt	इन **स्पेक्ट**
inspection	ɪn.ˈspek.ʃᵊn	इन **स्पेक** शᵊन
inspector	ɪn.ˈspek.tə	इन **स्पेक** टə
inspectorate	ɪn.ˈspek.tᵊr.ət	इन **स्पेक** टᵊर əट
inspiration	ˈɪn.spə.ˈreɪ.ʃᵊn	**इन** स्पə **रेइ** शᵊन
inspirational	ˈɪn.spə.ˈreɪʃ.ᵊn.ᵊl	**इन** स्पə **रेइश** ᵊन ᵊल
inspire	ɪn.ˈspaɪ.ə	इन **स्पाइ** ə
inspired	ɪn.ˈspaɪ.əd	इन **स्पाइ** əड
inspiring	ɪn.ˈspaɪ.ə.rɪŋ	इन **स्पाइ** ə रिङ
instability	ˈɪn.stə.ˈbɪl.ə.ti	**इन** स्टə **बिल** ə टी
install	ɪn.ˈstɔːl	इन **स्टोːल**
installation	ˈɪn.stə.ˈleɪ.ʃᵊn	**इन** स्टə **लेइ** शᵊन
instalment	ɪn.ˈstɔːl.mᵊnt	इन **स्टोːल** मᵊन्ट
instance	ˈɪn.stəns	**इन** स्टəन्स
instant	ˈɪn.stənt	**इन** स्टəन्ट
instant replay	ˈɪn.stənt.ˈriː.ˈpleɪ	**इन** स्टəन्ट **रीː प्लेइ**
instantaneous	ˈɪn.stən.ˈteɪ.ni.əs	**इन** स्टəन **टेइ** नी əस
instantaneously	ˈɪn.stən.ˈteɪ.ni.əs.li	**इन** स्टəन **टेइ** नी əस ली
instantly	ˈɪn.stənt.li	**इन** स्टəन्ट ली
instead	ɪn.ˈsted	इन **स्टेड**
instep	ˈɪn.step	**इन** स्टेप
instigate	ˈɪn.stɪ.geɪt	**इन** स्टि गेइट
instigation	ˈɪn.stɪ.ˈgeɪ.ʃᵊn	**इन** स्टि **गेइ** शᵊन
instill	ɪn.ˈstɪl	इन **स्टिल**
instinct	ˈɪn.stɪŋkt	**इन** स्टिङ्क्ट
instinctive	ɪn.ˈstɪŋk.tɪv	इन **स्टिङ्क** टिव
instinctively	ɪn.ˈstɪŋk.tɪv.li	इन **स्टिङ्क** टिव ली
institute	ˈɪn.stɪ.tjuːt	**इन** स्टि ट्यूːट
institution	ˈɪn.stɪ.ˈtjuː.ʃᵊn	**इन** स्टि **ट्यूː** शᵊन
institutional	ˈɪn.stɪ.ˈtjuː.ʃᵊn.ᵊl	**इन** स्टि **ट्यूː** शᵊन ᵊल
in-store	ɪn.ˈstɔːʳ	इन **स्टोːर**
instruct	ɪn.ˈstrʌkt	इन **स्ट्रʌक्ट**
instruction	ɪn.ˈstrʌk.ʃᵊn	इन **स्ट्रʌक** शᵊन
instructive	ɪn.ˈstrʌk.tɪv	इन **स्ट्रʌक** टिव
instructor	ɪn.ˈstrʌk.tə	इन **स्ट्रʌक** टə
instrument	ˈɪn.strə.mənt	**इन** स्ट्रə मəन्ट
instrumental	ˈɪn.strə.ˈmen.tᵊl	**इन** स्ट्रə **मेन** टᵊल
insubordinate	ˈɪn.sə.ˈbɔː.dᵊn.ət	**इन** सə **बोː** डᵊन əट

insubordination	ˌɪn.sə.ˈbɔː.dɪ.ˈneɪ.ʃᵊn	**इन** सə **बो**ः डि **नेइ** श॰न
insubstantial	ˈɪn.səb.ˈstæn.ʃᵊl	**इन** सəब **स्टæन** श॰ल
insufferable	ɪn.ˈsʌf.ᵊr.ə.bᵊl	इन **सʌफ़** ॰र ə ब॰ल
insufficience	ˈɪn.sə.ˈfɪʃ.ᵊns	**इन** सə **फ़िश** ॰न्स
insufficient	ˈɪn.sə.ˈfɪʃ.ᵊnt	**इन** सə **फ़िश** ॰न्ट
insular	ˈɪn.sjə.lə	**इन** स्यə लə
insularity	ˈɪn.sjə.ˈlær.ə.ti	**इन** स्यə **लær** ə टी
insulate	ˈɪn.sjə.leɪt	**इन** स्यə लेइट
insulation	ˈɪn.sjə.ˈleɪ.ʃᵊn	**इन** स्यə **लेइ** श॰न
insulin	ˈɪn.sjə.lɪn	**इन** स्यə लिन
insult (n)	ˈɪn.sʌlt	**इन** सʌल्ट
insult (v)	ɪn.ˈsʌlt	इन **सʌल्ट**
insulting	ɪn.ˈsʌl.tɪŋ	इन **सʌल** टिङ
insultingly	ɪn.ˈsʌl.tɪŋ.li	इन **सʌल** टिङ ली
insupportable	ˈɪn.sə.ˈpɔː.tə.bᵊl	**इन** सə **पो**ः टə ब॰ल
insuppressable	ˈɪn.sə.ˈpres.ə.bᵊl	**इन** सə **प्रेस** ə ब॰ल
insurance	ɪn.ˈʃʊə.rᵊns	इन **शुə** र॰न्स
insure	ɪn.ˈʃʊə	इन **शुə**
insured	ɪn.ˈʃɔːd	इन **शोःड**
insurgence	ɪn.ˈsɜː.dʒᵊns	इन **सɜः** ज॰न्स
insurgent	ɪn.ˈsɜː.dʒᵊnt	इन **सɜः** ज॰न्ट
insurmountable	ˈɪn.sə.ˈmaʊn.tə.bᵊl	**इन** सə **माउन** टə ब॰ल
insurrection	ˈɪn.sᵊr.ˈek.ʃᵊn	**इन** स॰र **एक** श॰न
intact	ɪn.ˈtækt	इन **टæक्ट**
intake	ˈɪn.teɪk	**इन** टेइक
intangible	ɪn.ˈtæn.dʒə.bᵊl	इन **टæन** जə ब॰ल
integer	ˈɪn.tɪ.dʒəʳ	**इन** टि जəर
integral	ˈɪn.tɪ.grəl	**इन** टि ग्रəल
integrate	ˈɪn.tɪ.greɪt	**इन** टि ग्रेइट
integration	ˈɪn.tɪ.ˈgreɪ.ʃᵊn	**इन** टि **ग्रेइ** श॰न
integrity	ɪn.ˈteg.rə.ti	इन **टेग** रə टी
intellect	ˈɪn.tᵊl.ekt	**इन** ट॰ल एक्ट
intellectual	ˈɪn.tᵊl.ˈek.tʃu.əl	**इन** ट॰ल **एक** चू əल
intellectually	ˈɪn.tᵊl.ˈek.tʃu.əl.i	**इन** ट॰ल **एक** चू əल ई
intelligence	ɪn.ˈtel.ɪ.dʒᵊns	इन **टेल** इ ज॰न्स
intelligent	ɪn.ˈtel.ɪ.dʒᵊnt	इन **टेल** इ ज॰न्ट
intelligently	ɪn.ˈtel.ɪ.dʒᵊnt.li	इन **टेल** इ ज॰न्ट ली

intelligibility	ɪn.ˈtel.ɪ.dʒə.ˈbɪl.ə.ti	इन **टेल** इ जə **बिल** ə टी
intelligible	ɪn.ˈtel.ɪ.dʒə.bᵊl	इन **टेल** इ जə ब॰ल
intend	ɪn.ˈtend	इन **टेन्ड**
intended	ɪn.ˈten.dɪd	इन **टेन** डिड
intense	ɪn.ˈtens	इन **टेन्स**
intensely	ɪn.ˈtens.li	इन **टेन्स** ली
intensification	ɪn.ˈten.sɪ.fɪ.ˈkeɪ.ʃᵊn	इन **टेन** सि फ़ि **केइ** श॰न
intensifier	ɪn.ˈten.sɪ.faɪ.əʳ	इन **टेन** सि फ़ाइ əर
intensify	ɪn.ˈten.sɪ.faɪ	इन **टेन** सि फ़ाइ
intensity	ɪn.ˈten.sə.ti	इन **टेन** सə टी
intensive	ɪn.ˈten.sɪv	इन **टेन** सिव
intensive care	ɪn.ˈten.sɪv.keə	इन **टेन** सिव केə
intensively	ɪn.ˈten.sɪv.li	इन **टेन** सिव ली
intent	ɪn.ˈtent	इन **टेन्ट**
intention	ɪn.ˈten.ʃᵊn	इन **टेन** श॰न
intentional	ɪn.ˈten.ʃᵊn.ᵊl	इन **टेन** श॰न ॰ल
intentionally	ɪn.ˈten.ʃᵊn.ᵊl.i	इन **टेन** श॰न ॰ल ई
intently	ɪn.ˈtent.li	इन **टेन्ट** ली
inter	ɪn.ˈtɜː	इन **टɜः**
inter alia	ˈɪn.tər.ˈeɪ.li.ə	**इन** टəर **एइ** ली ə
interact (n)	ˈɪn.tᵊr.ækt	**इन** ट॰र æक्ट
interact (v)	ɪn.tᵊr.ˈækt	इन ट॰र **æक्ट**
interaction	ˈɪn.tᵊr.ˈæk.ʃᵊn	**इन** ट॰र **æक** श॰न
interactive	ˈɪn.tᵊr.ˈæk.tɪv	**इन** ट॰र **æक** टिव
interbank	ˈɪn.tə.bæŋk	**इन** टə बæङ्क
interbreed	ˈɪn.tə.ˈbriːd	**इन** टə **ब्रीःड**
intercede	ˈɪn.tə.ˈsiːd	**इन** टə **सीःड**
intercept (n)	ˈɪn.tə.sept	**इन** टə सेप्ट
intercept (v)	ˈɪn.tə.ˈsept	**इन** टə **सेप्ट**
interception	ˈɪn.tə.ˈsep.ʃᵊn	**इन** टə **सेप** श॰न
interchange (n)	ˈɪn.tə.tʃeɪndʒ	**इन** टə चेइन्ज
interchange (v)	ɪn.tə.ˈtʃeɪndʒ	इन टə **चेइन्ज**
interchangeable	ˈɪn.tə.ˈtʃeɪn.dʒə.bᵊl	**इन** टə **चेइन** जə ब॰ल
intercity	ˈɪn.tə.ˈsɪt.i	**इन** टə **सिट** ई
intercollegiate	ˈɪn.tə.kə.ˈliː.dʒi.ət	**इन** टə कə **लीः** जी əट
intercom	ˈɪn.tə.kɒm	**इन** टə कɒम
interconnect	ˈɪn.tə.kə.ˈnekt	**इन** टə कə **नेक्ट**
interconnected	ˈɪn.tə.kə.ˈnek.tɪd	**इन** टə कə **नेक**

		टिङ
intercontinental	ˌɪn.tə.ˌkɒn.tɪ.ˈnen.tᵊl	**इन** टə **कɒन** टि **नेन** टᵊल
intercourse	ˈɪn.tə.kɔːs	**इन** टə कोːस
intercultural	ˌɪn.tə.ˈkʌl.tʃᵊr.ᵊl	**इन** टə **कʌल** चᵊर ᵊल
interdenominational	ˌɪn.tə.dɪ.ˌnɒm.ɪ.ˈneɪ.ʃᵊn.ᵊl	**इन** टə डि **नɒम** इ **नेइ** शᵊन ᵊल
interdepartmental	ˌɪn.tə.ˌdiː.pɑːt.ˈmen.tᵊl	**इन** टə **डी**ː पाːट **मेन** टᵊल
interdependence	ˌɪn.tə.dɪ.ˈpen.dᵊns	**इन** टə डि **पेन** डᵊन्स
interdependent	ˌɪn.tə.dɪ.ˈpen.dᵊnt	**इन** टə डि **पेन** डᵊन्ट
interest	ˈɪn.trəst	**इन** ट्रəस्ट
interested	ˈɪn.trəs.tɪd	**इन** ट्रəस टिड
interesting	ˈɪn.trəs.tɪŋ	**इन** ट्रəस टिङ
interestingly	ˈɪn.trəs.tɪŋ.li	**इन** ट्रəस टिङ ली
interface (n)	ˈɪn.tə.feɪs	**इन** टə फ़ेइस
interface (v)	ɪn.tə.ˈfeɪs	इन टə **फ़ेइस**
interfaith	ˈɪn.tə.ˈfeɪθ	**इन** टə **फ़ेइथ**
interfere	ˌɪn.tə.ˈfɪə	**इन** टə **फ़िə**
interference	ˌɪn.tə.ˈfɪə.rᵊns	**इन** टə **फ़िə** रᵊन्स
interim	ˈɪn.tᵊr.ɪm	**इन** टᵊर इम
interior	ɪn.ˈtɪə.ri.ə	इन **टिə** री ə
interior design	ɪn.ˈtɪə.ri.ə.dɪ.ˈzaɪn	इन **टिə** री ə डि **ज़ाइन**
interject	ˌɪn.tə.ˈdʒekt	**इन** टə **जेक्ट**
interjection	ˌɪn.tə.ˈdʒek.ʃᵊn	**इन** टə **जेक** शᵊन
interlanguage	ˈɪn.tə.ˈlæŋ.gwɪdʒ	**इन** टə **लæङ** ग्विज
interleave	ˌɪn.tə.ˈliːv	**इन** टə **लीːव**
interlink	ˌɪn.tə.ˈlɪŋk	**इन** टə **लिङ्क**
interlock	ˌɪn.tə.ˈlɒk	**इन** टə **लɒक**
interlocking	ˌɪn.tə.ˈlɒk.ɪŋ	**इन** टə **लɒक** इङ
interlocutor	ˌɪn.tə.ˈlɒk.jə.tə	**इन** टə **लɒक** य़ə टə
interloper	ˈɪn.tə.ˈləʊ.pə	**इन** टə **लəउ** पə
interlude	ˈɪn.tə.luːd	**इन** टə लूːड
intermarriage	ˌɪn.tə.ˈmær.ɪdʒ	**इन** टə **मæर** इज
intermarry	ˌɪn.tə.ˈmær.i	**इन** टə **मæर** ई
intermediary	ˌɪn.tə.ˈmiː.di.ə.ri	**इन** टə **मी**ː डी ə री
intermediate	ˌɪn.tə.ˈmiː.di.ət	**इन** टə **मी**ː डी əट
interminable	ɪn.ˈtɜː.mɪn.ə.bᵊl	इन **टɜ**ː मिन ə बᵊल
intermingle	ˌɪn.tə.ˈmɪŋ.gᵊl	**इन** टə **मिङ** गᵊल

intermission	ˌɪn.tə.ˈmɪʃ.ᵊn	**इन** टə **मिश** ᵊन
intermittent	ˌɪn.tə.ˈmɪt.ᵊnt	**इन** टə **मिट** ᵊन्ट
intermittently	ˌɪn.tə.ˈmɪt.ᵊnt.li	**इन** टə **मिट** ᵊन्ट ली
intermix	ˌɪn.tə.ˈmɪks	**इन** टə **मिक्स**
intern	ɪn.ˈtɜːn	इन **टɜːन**
internal	ɪn.ˈtɜː.nᵊl	इन **टɜ**ː नᵊल
internalisation	ɪn.ˈtɜː.nᵊl.aɪ.ˈzeɪ.ʃᵊn	इन **टɜ**ː नᵊल आइ **ज़ेइ** शᵊन
internalise	ɪn.ˈtɜː.nᵊl.aɪz	इन **टɜ**ː नᵊल आइज़
internally	ɪn.ˈtɜː.nᵊl.i	इन **टɜ**ː नᵊल ई
international	ˌɪn.tə.ˈnæʃ.ᵊn.ᵊl	**इन** टə **नæश** ᵊन ᵊल
internationally	ˌɪn.tə.ˈnæʃ.ᵊn.ᵊl.i	**इन** टə **नæश** ᵊन ᵊल ई
internet	ˈɪn.tə.net	**इन** टə नेट
internist	ˈɪn.ˈtɜː.nɪst	**इन** **टɜ**ː निस्ट
internment	ɪn.ˈtɜːn.mᵊnt	इन **टɜːन** मᵊन्ट
internship	ˈɪn.ˈtɜːn.ˈʃɪp	**इन** **टɜːन** **शिप**
interpersonal	ˌɪn.tə.ˈpɜː.sᵊn.ᵊl	**इन** टə **पɜ**ː सᵊन ᵊल
interplanetary	ˌɪn.tə.ˈplæn.ɪ.tᵊr.i	**इन** टə **प्लæन** इ टᵊर ई
interplay	ˈɪn.tə.pleɪ	**इन** टə प्लेइ
interpol	ˈɪn.tə.pɒl	**इन** टə पɒल
interpose	ˌɪn.tə.ˈpəʊz	**इन** टə **पəउज़**
interpret	ɪn.ˈtɜː.prɪt	इन **टɜ**ː प्रिट
interpretation	ɪn.ˌtɜː.prɪ.ˈteɪ.ʃᵊn	इन **टɜ**ː प्रि **टेइ** शᵊन
interpreter	ɪn.ˈtɜː.prə.tə	इन **टɜ**ː प्रə टə
interracial	ˌɪn.tə.ˈreɪ.ʃᵊl	**इन** टə **रेइ** शᵊल
interrelated	ˌɪn.tə.rɪ.ˈleɪ.tɪd	**इन** टə रि **लेइ** टिड
interrogate	ɪn.ˈter.ə.geɪt	इन **टəर** ə गेइट
interrogation	ɪn.ˌter.ə.ˈgeɪ.ʃᵊn	इन **टəर** ə **गेइ** शᵊन
interrogator	ɪn.ˈter.ə.geɪ.tə	इन **टेर** ə गेइ टə
interrupt	ˌɪn.tə.ˈrʌpt	**इन** टə **रʌप्ट**
interruption	ˌɪn.tə.ˈrʌp.ʃᵊn	**इन** टə **रʌप** शᵊन
intersect	ˌɪn.tə.ˈsekt	**इन** टə **सेक्ट**
intersection	ˌɪn.tə.ˈsek.ʃᵊn	**इन** टə **सेक** शᵊन
intersession	ˌɪn.tə.ˈseʃ.ᵊn	**इन** टə **सेश** ᵊन
intersperse	ˌɪn.tə.ˈspɜːs	**इन** टə **स्पɜːस**
interstate	ˌɪn.tə.ˈsteɪt	**इन** टə **स्टेइट**
intertwine	ˌɪn.tə.ˈtwaɪn	**इन** टə **ट्वाइन**
interval	ˈɪn.tə.vᵊl	**इन** टə वᵊल
intervene	ˌɪn.tə.ˈviːn	**इन** टə **वीːन**
intervening	ˌɪn.tə.ˈviː.nɪŋ	**इन** टə **वी**ː निङ

intervention	ˈɪn.tə.ˈven.ʃᵊn	**इन** टə **वेन** शᵊन
interview	ˈɪn.tə.vjuː	**इन** टə व्यूː
interviewee	ˈɪn.tə.vjuː.ˈiː	**इन** टə व्यूː **ईː**
interviewer	ˈɪn.tə.vjuː.ə	**इन** टə व्यूː ə
interweave	ˈɪn.tə.ˈwiːv	**इन** टə **व़ीːव**
interwove	ˈɪn.tə.ˈwəʊv	**इन** टə **व़əउव**
interwoven	ˈɪn.tə.ˈwəʊv.ᵊn	**इन** टə **व़əउव** ᵊन
intestate	ɪn.ˈtes.teɪt	इन **टेस** टेइट
intestinal	ɪn.ˈtes.tɪn.ᵊl	इन **टेस** टिन ᵊल
intestine	ɪn.ˈtes.tɪn	इन **टेस** टिन
intimacy	ˈɪn.tɪ.mə.si	**इन** टि मə सी
intimate	ˈɪn.tɪ.mət	**इन** टि मəट
intimately	ˈɪn.tɪ.mət.li	**इन** टि मəट ली
intimidate	ɪn.ˈtɪm.ɪ.deɪt	इन **टिम** इ डेइट
intimidated	ɪn.ˈtɪm.ɪ.deɪ.tɪd	इन **टिम** इ डेइ टिड
intimidating	ɪn.ˈtɪm.ɪ.deɪ.tɪŋ	इन **टिम** इ डेइ टिङ
intimidation	ɪn.ˈtɪm.ɪ.ˈdeɪ.ʃᵊn	इन **टिम** इ **डेइ** शᵊन
into	ˈɪn.tə	**इन** टə
intolerable	ɪn.ˈtɒl.ᵊr.ə.bᵊl	इन **टɒल** ᵊर ə बᵊल
intolerably	ɪn.ˈtɒl.ᵊr.ə.bli	इन **टɒल** ᵊर ə ब्ली
intolerance	ɪn.ˈtɒl.ᵊr.ᵊns	इन **टɒल** ᵊर ᵊन्स
intolerant	ɪn.ˈtɒl.ᵊr.ᵊnt	इन **टɒल** ᵊर ᵊन्ट
intonate	ˈɪn.tə.neɪt	**इन** टə नेइट
intonation	ˈɪn.tə.ˈneɪ.ʃᵊn	**इन** टə **नेइ** शᵊन
intoxicant	ɪn.ˈtɒk.sɪ.kᵊnt	इन **टɒक** सि कᵊन्ट
intoxicated	ɪn.ˈtɒk.sɪ.keɪ.tɪd	इन **टɒक** सि केइ टिड
intoxication	ɪn.ˈtɒk.sɪ.ˈkeɪ.ʃᵊn	इन **टɒक** सि **केइ** शᵊन
intractable	ˈɪn.ˈtræk.tə.bᵊl	**इन ट्रæक** टə बᵊल
intramural	ˈɪn.trə.ˈmjʊə.rᵊl	**इन** ट्रə **म्युə** रᵊल
intramuscular	ˈɪn.trə.ˈmʌs.kjʊ.lə	**इन** ट्रə **मʌस** क्यु लə
intranet	ˈɪn.trə.net	**इन** ट्रə नेट
intransitive	ɪn.ˈtræn.sə.tɪv	इन **ट्रæन** सə टिव
intravenous	ˈɪn.trə.ˈviː.nəs	**इन** ट्रə **वीː** नəस
in-tray	ˈɪn.treɪ	**इन** ट्रेइ
intrepid	ɪn.ˈtrep.ɪd	इन **ट्रेप** इड
intricacy	ˈɪn.trɪ.kə.si	**इन** ट्रि कə सी
intricate	ˈɪn.trɪ.kət	**इन** ट्रि कəट
intricately	ˈɪn.trɪ.kət.li	**इन** ट्रि कəट ली
intrigue (n)	ˈɪn.triːg	**इन** ट्रीːग

intrigue (v)	ɪn.ˈtriːg	इन **ट्रीːग**
intriguing	ɪn.ˈtriː.gɪŋ	इन **ट्रीː** गिङ
intrinsic	ɪn.ˈtrɪn.sɪk	इन **ट्रिन** सिक
intrinsically	ɪn.ˈtrɪn.sɪk.ᵊl.i	इन **ट्रिन** सिक ᵊल ई
introduce	ˈɪn.trə.ˈdjuːs	**इन** ट्रə **ड्यूːस**
introduction	ˈɪn.trə.ˈdʌk.ʃᵊn	**इन** ट्रə **डʌक** शᵊन
introductory	ˈɪn.trə.ˈdʌk.tᵊr.i	**इन** ट्रə **डʌक** टᵊर ई
introspect	ˈɪn.trə.ˈspekt	**इन** ट्रə **स्पेक्ट**
introspective	ˈɪn.trə.ˈspek.tɪv	**इन** ट्रə **स्पेक** टिव
introvert (n)	ˈɪn.trə.vɜːt	**इन** ट्रə वɜːट
introvert (v)	ɪn.trə.ˈvɜːt	इन ट्रə **वɜːट**
introverted	ˈɪn.trə.ˈvɜː.tɪd	**इन** ट्रə **वɜː** टिड
intrude	ɪn.ˈtruːd	इन **ट्रूːड**
intruder	ɪn.ˈtruː.də	इन **ट्रूː** डə
intrusion	ɪn.ˈtruː.ʒᵊn	इन **ट्रूː** ज़ᵊन
intrusive	ɪn.ˈtruː.sɪv	इन **ट्रूː** सिव
intuition	ˈɪn.tjuː.ˈɪʃ.ᵊn	**इन** ट्यूː **इश** ᵊन
intuitive	ɪn.ˈtjuː.ɪ.tɪv	इन **ट्यूː** इ टिव
intuitively	ɪn.ˈtjuː.ɪ.tɪv.li	इन **ट्यूː** इ टिव ली
inuit	ˈɪn.u.ɪt	**इन** ऊ इट
inundate	ˈɪn.ʌn.deɪt	**इन** ʌन डेइट
inundation	ˈɪn.ʌn.ˈdeɪ.ʃᵊn	**इन** ʌन **डेइ** शᵊन
invade	ɪn.ˈveɪd	इन **वेइड**
invader	ɪn.ˈveɪ.də	इन **वेइ** डə
invalid (adj)	ɪn.ˈvæl.ɪd	इन **वæल** इड
invalid (n,v)	ˈɪn.və.lɪd	**इन** वə लिड
invalidate	ɪn.ˈvæl.ɪ.deɪt	इन **वæल** इ डेइट
invaluable	ɪn.ˈvæl.ju.ə.bᵊl	इन **वæल** यू ə बᵊल
invariable	ɪn.ˈveə.ri.ə.bᵊl	इन **वेə** री ə बᵊल
invariably	ɪn.ˈveə.ri.ə.bli	इन **वेə** री ə ब्ली
invasion	ɪn.ˈveɪʒ.ᵊn	इन **वेइज़** ᵊन
invasive	ɪn.ˈveɪ.sɪv	इन **वेइ** सिव
invent	ɪn.ˈvent	इन **वेन्ट**
invention	ɪn.ˈven.ʃᵊn	इन **वेन** शᵊन
inventive	ɪn.ˈven.tɪv	इन **वेन** टिव
inventor	ɪn.ˈven.tə	इन **वेन** टə
inventory	ˈɪn.vᵊn.tᵊr.i	**इन** वᵊन टᵊर ई
inverse	ɪn.ˈvɜːs	इन **वɜːस**
inversion	ɪn.ˈvɜː.ʒᵊn	इन **वɜː** ज़ᵊन
invert (n, adj)	ˈɪn.vɜːt	**इन** वɜːट
invert (v)	ɪn.ˈvɜːt	इन **वɜːट**
invest	ɪn.ˈvest	इन **वेस्ट**

investigate	ɪn.ˈves.tɪ.geɪt	इन **वेस** टि गेइट
investigation	ɪn.ˈves.tɪ.ˈgeɪ.ʃᵊn	इन **वेस** टि **गेइ** शᵊन
investigative	ɪn.ˈves.tɪ.gə.tɪv	इन **वेस** टि गə टिव
investigator	ɪn.ˈves.tɪ.geɪ.tə	इन **वेस** टि गेइ टə
investment	ɪn.ˈvest.mənt	इन **वेस्ट** मəन्ट
investor	ɪn.ˈves.tə	इन **वेस** टə
inveterate	ɪn.ˈvet.ᵊr.ət	इन **वेट** ᵊर əट
invigorate	ɪn.ˈvɪg.ᵊr.ət	इन **विग** ᵊर əट
invigorating	ɪn.ˈvɪg.ᵊr.eɪ.tɪŋ	इन **विग** ᵊर एइ टिङ
invincible	ɪn.ˈvɪn.sə.bᵊl	इन **विन** सə बᵊल
invisible	ɪn.ˈvɪz.ə.bᵊl	इन **विज़** ə बᵊल
invitation	ˈɪn.vɪ.ˈteɪ.ʃᵊn	**इन** वि **टेइ** शᵊन
invite (n)	ˈɪn.vaɪt	**इन** वाइट
invite (v)	ɪn.ˈvaɪt	इन **वाइट**
inviting	ɪn.ˈvaɪ.tɪŋ	इन **वाइ** टिङ
invoice	ˈɪn.vɔɪs	**इन** वोइस
invoke	ɪn.ˈvəʊk	इन **वəउक**
involuntarily	ɪn.ˈvɒl.ən.tᵊr.ᵊl.i	इन **वɒल** əन टᵊर ᵊल ई
involuntary	ɪn.ˈvɒl.ən.tᵊr.i	इन **वɒल** əन टᵊर ई
involve	ɪn.ˈvɒlv	इन **वɒल्व**
involved	ɪn.ˈvɒlvd	इन **वɒल्व्ड**
involvement	ɪn.ˈvɒlv.mᵊnt	इन **वɒल्व** मᵊन्ट
inward	ˈɪn.wəd	**इन** व़əड
inwardly	ˈɪn.wəd.li	**इन** व़əड ली
inwards	ˈɪn.wədz	**इन** व़əड्ज़
iodine	ˈaɪ.ə.diːn	**आइ** ə डीːन
ion	ˈaɪ.ɒn	**आइ** ɒन
iota	aɪ.ˈəʊ.tə	आइ **əउ** टə
IOU	ˈaɪ.ˈəʊ.ˈjuː	**आइ** **əउ** **ग़ूː**
iPad	ˈaɪ.ˈpæd	**आइ** **पæड**
iPhone	ˈaɪ.ˈfəʊn	**आइ** **फ़əउन**
iPod	ˈaɪ.ˈpɒd	**आइ** **पɒड**
IQ	ˈaɪ.ˈkjuː	**आइ** **क्ग़ूː**
IRA	ˈaɪ.ˈɑːr.ˈeɪ	**आइ** **आːर** **एइ**
irascible	ɪ.ˈræs.ə.bᵊl	इ **रæस** ə बᵊल
irate	aɪ.ˈreɪt	आइ **रेइट**
iridescent	ˈɪr.ɪ.ˈdes.ᵊnt	**इर** इ **डेस** ᵊन्ट
iris	ˈaɪ.rɪs	**आइ** रिस
Irish	ˈaɪ.ə.rɪʃ	**आइ** ə रिश
irk	ɜːk	ɜːक
iron	ˈaɪ.ən	**आइ** əन
Iron Curtain	ˈaɪ.ən.ˈkɜː.tᵊn	**आइ** əन **कɜː** टᵊन

ironic	aɪ.ˈrɒn.ɪk	आइ **रɒन** इक
ironical	aɪ.ˈrɒn.ɪ.kᵊl	आइ **रɒन** इ कᵊल
ironically	aɪ.ˈrɒn.ɪ.kᵊl.i	आइ **रɒन** इ कᵊल ई
ironing	ˈaɪ.ə.nɪŋ	**आइ** ə निङ
ironing board	ˈaɪ.ə.nɪŋ.bɔːd	**आइ** ə निङ बोːड
irony (adj)	ˈaɪ.ə.ni	**आइ** ə नी
irony (n)	ˈaɪ.rᵊn.i	**आइ** रᵊन ई
irradiate	ɪ.ˈreɪ.di.eɪt	इ **रेइ** डी एइट
irradiation	ɪ.ˈreɪ.di.eɪ.ʃᵊn	इ **रेइ** डी एइ शᵊन
irrational	ɪ.ˈræʃ.ᵊn.ᵊl	इ **रæश** ᵊन ᵊल
irrationally	ɪ.ˈræʃ.ᵊn.ᵊl.i	इ **रæश** ᵊन ᵊल ई
irreconcilable	ˈɪr.ek.ᵊn.ˈsaɪ.lə.bᵊl	**इर** एक ᵊन **साइ** लə बᵊल
irrefutable	ˈɪr.ɪ.ˈfjuː.tə.bᵊl	**इर** इ **फ़्ग़ूː** टə बᵊल
irregular	ɪ.ˈreg.jə.lə	इ **रेग** ग़ə लə
irrelevance	ɪ.ˈrel.ə.vᵊns	इ **रेल** ə वᵊन्स
irrelevant	ɪ.ˈrel.ə.vᵊnt	इ **रेल** ə वᵊन्ट
irreparable	ɪ.ˈrep.ᵊr.ə.bᵊl	इ **रेप** ᵊर ə बᵊल
irreparably	ɪ.ˈrep.ᵊr.ə.bli	इ **रेप** ᵊर ə ब्ली
irreplaceable	ˈɪr.ɪ.ˈpleɪ.sə.bᵊl	**इर** इ **प्लेइ** सə बᵊल
irrepressible	ˈɪr.ɪ.ˈpres.ə.bᵊl	**इर** इ **प्रेस** ə बᵊल
irreproachable	ˈɪr.ɪ.ˈprəʊ.tʃə.bᵊl	**इर** इ **प्रəउ** चə बᵊल
irresistible	ˈɪr.ɪ.ˈzɪs.tə.bᵊl	**इर** इ **ज़िस** टə बᵊल
irresistibly	ˈɪr.ɪ.ˈzɪs.tə.bli	**इर** इ **ज़िस** टə ब्ली
irrespective	ˈɪr.ɪ.ˈspek.tɪv	**इर** इ **स्पेक** टिव
irresponsible	ˈɪr.ɪ.ˈspɒn.sə.bᵊl	**इर** इ **स्पɒन** सə बᵊल
irresponsibly	ˈɪr.ɪ.ˈspɒn.sə.bli	**इर** इ **स्पɒन** सə ब्ली
irreverence	ɪ.ˈrev.ə.rᵊns	इ **रेव** ə रᵊन्स
irreverent	ɪ.ˈrev.ə.rᵊnt	इ **रेव** ə रᵊन्ट
irreverently	ɪ.ˈrev.ə.rᵊnt.li	इ **रेव** ə रᵊन्ट ली
irreversible	ˈɪr.ɪ.ˈvɜː.sə.bᵊl	**इर** इ **वɜː** सə बᵊल
irrigate	ˈɪr.ɪ.geɪt	**इर** इ गेइट
irrigation	ˈɪr.ɪ.ˈgeɪ.ʃᵊn	**इर** इ **गेइ** शᵊन
irritable	ˈɪr.ɪ.tə.bᵊl	**इर** इ टə बᵊल
irritably	ˈɪr.ɪ.tə.bli	**इर** इ टə ब्ली
irritant	ˈɪr.ɪ.tᵊnt	**इर** इ टᵊन्ट
irritate	ˈɪr.ɪ.teɪt	**इर** इ टेइट
irritated	ˈɪr.ɪ.teɪ.tɪd	**इर** इ टेइ टिड
irritating	ˈɪr.ɪ.teɪ.tɪŋ	**इर** इ टेइ टिङ
irritation	ˈɪr.ɪ.ˈteɪ.ʃᵊn	**इर** इ **टेइ** शᵊन
IRS	ˈaɪ.ˈɑːr.ˈes	**आइ** **आːर** **एस**

is	ɪz	इज़
Islam	ˈɪz.lɑːm	**इज़** लाːम
Islamic	ɪz.ˈlæm.ɪk	इज़ **लæम** इक
island	ˈaɪ.lənd	**आइ** लəन्ड
islander	ˈaɪ.lən.də	**आइ** लəन डə
isle	aɪl	आइल
isn't	ˈɪz.ᵊnt	**इज़** ᵊन्ट
isolate	ˈaɪ.sə.leɪt	**आइ** सə लेइट
isolated	ˈaɪ.sə.leɪ.tɪd	**आइ** सə लेइ टिड
isolation	ˈaɪ.sə.ˈleɪ.ʃᵊn	**आइ** सə **लेइ** शᵊन
issue	ˈɪʃ.uː	**इश** ऊː
isthmus	ˈɪsθ.məs	**इस्थ** मəस
it	ɪt	इट
Italian	ɪ.ˈtæl.jən	इ **टæल** ग़əन
Italic	ɪ.ˈtæl.ɪk	इ **टæल** इक
Italicize	ɪ.ˈtæl.ɪ.saɪz	इ **टæल** इ साइज़
Italics	ɪ.ˈtæl.ɪks	इ **टæल** इक्स
Itch	ɪtʃ	इच
Itchiness	ˈɪtʃ.i.nəs	**इच** ई नəस
Itchy	ˈɪtʃ.i	**इच** ई
it'd	ˈɪt.əd	**इट** əड
Item	ˈaɪ.təm	**आइ** टəम
Itemize	ˈaɪ.təm.aɪz	**आइ** टəम आइज़
Iterate	ˈɪt.ᵊr.eɪt	**इट** ᵊर एइट
Iteration	ˈɪt.ə.ˈreɪ.ʃᵊn	**इट** ə **रेइ** शᵊन
Itinerant	aɪ.ˈtɪn.ᵊr.ᵊnt	आइ **टिन** ᵊर ᵊन्ट
Itinerary	aɪ.ˈtɪn.ᵊr.ᵊr.i	आइ **टिन** ᵊर ᵊर ई
it'll	ˈɪt.ᵊl	**इट** ᵊल
Its	ɪts	इट्स
it's	ɪts	इट्स
Itself	ɪt.ˈself	इट **सेल्फ़**
itsy bitsy	ˈɪt.si.ˈbɪt.si	**इट** सी **बिट** सी
iTunes	aɪ.ˈtjuː.nz	आइ **ट्यूː** न्ज़
I've	aɪv	आइव
IVF	ˈaɪ.ˈviː.ˈef	**आइ वीː एफ़**
Ivory	ˈaɪ.vᵊr.i	**आइ** वᵊर ई
Ivy	ˈaɪ.vi	**आइ** वी
Ivy League	ˈaɪ.vi.ˈliːg	**आइ** वी **लीːग**

J	dʒeɪ	जेइ
J	dʒeɪ	जेइ
Jab	dʒæb	जæब
Jabber	ˈdʒæb.ə	**जæब** ə
jabberwocky	ˈdʒæb.ə.ˈwɒk.i	**जæब** ə **व़ɒक** ई
jacaranda	ˈdʒæk.ə.ˈræn.də	**जæक** ə **रæन** डə
Jack	dʒæk	जæक
Jackal	ˈdʒæk.ᵊl	**जæक** ᵊल
Jackaroo	ˈdʒæk.ᵊr.uː	**जæक** ᵊर ऊː
Jackass	ˈdʒæk.æs	**जæक** æस
Jackdaw	ˈdʒæk.dɔː	**जæक** डोː
Jacket	ˈdʒæk.ɪt	**जæक** इट
jackfruit (IO)	ˈdʒæk.fruːt	**जæक** फ़्रूːट
jackhammer	ˈdʒæk.ˈhæm.ə	**जæक हæम** ə
jack-in-the-box	ˈdʒæk.ɪn.ðə.ˈbɒks	**जæक** इन दə **बɒक्स**
jackknife	ˈdʒæk.naɪf	**जæक** नाइफ़
jack-of-all-trades	ˈdʒæk.əv.ˈɔːl.treɪds	**जæक** əव **ओːल** ट्रेइड्स
jack-o'-lantern	ˈdʒæk.ə.ˈlæn.tᵊn	**जæक** ə **लæन** टᵊन
jackpot	ˈdʒæk.pɒt	**जæक** पɒट
jacuzzi	dʒə.ˈkuː.zi	जə **कूː** ज़ी
jade	dʒeɪd	जेइड
jag	dʒæg	जæग
jagged	dʒægd	जæग्ड
jaggery (IO)	ˈdʒæg.ə.ri	**जæग** ə री
jaguar	ˈdʒæg.ju.əʳ	**जæग** गू əर
jail	dʒeɪl	जेइल
jailbird	ˈdʒeɪl.bɜːd	**जेइल** बɜːड
jailbreak	ˈdʒeɪl.breɪk	**जेइल** ब्रेइक
jailer	ˈdʒeɪ.lə	**जेइ** लə
jailhouse	ˈdʒeɪl.ˈhaʊs	**जेइल हाउस**
Jain	dʒaɪn	जाइन
jalapeňo	ˈhæl.ə.ˈpeɪ.njəʊ	**हæल** ə **पेइ** न्गəउ
jalopy	dʒə.ˈlɒp.i	जə **लɒप** ई
jam	dʒæm	जæम
jamb	dʒæm	जæम
jamboree	ˈdʒæm.bə.ˈriː	**जæम** बə **रीː**
jammed	dʒæmd	जæम्ड
jam-packed	ˈdʒæm.ˈpækt	**जæम पæक्ट**
Jan.(abb)	ˈdʒæn.ju.ᵊr.i	**जæन** गू ᵊर ई
jangle	ˈdʒæŋ.gᵊl	**जæङ** गᵊल

janitor	ˈdʒæn.ɪ.tə	**जæन** इ टə
January	ˈdʒæn.ju.ᵊr.i	**जæन** गू ᵊर ई
Japanese	ˈdʒæp.ᵊn.iːz	**जæप** ᵊन ईːज़
jar	dʒɑː	जाː
jargon	ˈdʒɑː.gᵊn	**जाː** गᵊन
jaundice	ˈdʒɔːn.dɪs	**जोːन** डिस
jaunt	dʒɔːnt	जोːन्ट
jauntily	ˈdʒɔːn.tᵊl.i	**जोːन** टᵊल ई
Java	ˈdʒɑː.və	**जाː** वə
javelin	ˈdʒæv.lɪn	**जæव** लिन
jaw	dʒɔː	जोː
jawbone	ˈdʒɔː.bəʊn	**जोː** बəउन
jaywalk	ˈdʒeɪ.wɔːk	**जेइ** व़ोːक
jaywalker	ˈdʒeɪ.wɔː.kə	**जेइ** व़ोː कə
jazz	dʒæz	जæज़
jazzy	ˈdʒæz.i	**जæज़** ई
jealous	ˈdʒel.əs	**जेल** əस
jealously	ˈdʒel.əs.li	**जेल** əस ली
jealousy	ˈdʒel.ə.si	**जेल** ə सी
jeans	dʒiːnz	जीːन्ज़
Jeep	dʒiːp	जीːप
jeer	dʒɪə	जिə
jeez	dʒiːz	जीːज़
Jell-O	ˈdʒel.əʊ	**जेल** əउ
jelly	ˈdʒel.i	**जेल** ई
jellyfish	ˈdʒel.ɪ.fɪʃ	**जेल** इ फ़िश
jeopardise	ˈdʒep.ə.daɪz	**जेप** ə डाइज़
jeopardy	ˈdʒep.ə.di	**जेप** ə डी
jerk	dʒɜːk	जɜːक
jerkily	ˈdʒɜː.kᵊl.i	**जɜː** कᵊल ई
jerky	ˈdʒɜː.ki	**जɜː** की
jersey	ˈdʒɜː.zi	**जɜː** ज़ी
jest	dʒest	जेस्ट
jester	ˈdʒest.ə	**जेस्ट** ə
Jesus Christ	ˈdʒiː.zəs.ˈkraɪst	**जीː** ज़əस **क्राइस्ट**
jet	dʒet	जेट
jet black	ˈdʒet.ˈblæk	**जेट ब्लæक**
jet engine	ˈdʒet.ˈen.dʒɪn	**जेट एन** जिन
jet lag	ˈdʒet.ˈlæg	**जेट लæग**
jet propulsion	ˈdʒet.prə.ˈpʌl.ʃᵊn	**जेट** प्रə **पʌल** शᵊन
jet set	ˈdʒet.ˈset	**जेट सेट**

jet setter	ˈdʒet.ˈset.ə	जेट सेट ə
jet-propelled	ˈdʒet.prə.ˈpeld	जेट प्रə पेल्ड
jettison	ˈdʒet.ɪ.sᵊn	जेट इ स॰न
jetty	ˈdʒet.i	जेट ई
Jew	dʒuː	जूः
jewel	ˈdʒuː.ᵊl	जूः ॰ल
jewelled	ˈdʒuː.ᵊld	जूः ॰ल्ड
jeweller	ˈdʒuː.ə.lə	जूः ə लə
jewellery	ˈdʒuː.ᵊl.ri	जूः ॰ल री
Jewish	ˈdʒuː.ɪʃ	जूः इश
jibe	dʒaɪb	जाइब
jiffy	ˈdʒɪf.i	जिफ़ ई
jig	dʒɪg	जिग
jigger	ˈdʒɪg.ə	जिग ə
jiggle	ˈdʒɪg.ᵊl	जिग ॰ल
jigsaw puzzle	ˈdʒɪg.sɔː.ˈpʌz.ᵊl	जिग सोः पʌज़ ॰ल
jilt	dʒɪlt	जिल्ट
jingle	ˈdʒɪŋ.gᵊl	जिङ ग॰ल
jingoism	ˈdʒɪŋ.gəʊ.ɪ.zᵊm	जिङ गəउ इ ज़॰म
jingoistic	ˈdʒɪŋ.gəʊ.ˈɪs.tɪk	जिङ गəउ इस टिक
jinx	dʒɪŋks	जिङ्क्स
jinxed	dʒɪŋkst	जिङ्क्स्ट
jitters	ˈdʒɪt.əz	जिट əज़
jittery	ˈdʒɪt.ᵊr.i	जिट ॰र ई
jive	dʒaɪv	जाइव
job	dʒɒb	जɒब
job-hopping	ˈdʒɒb.ˈhɒp.ɪŋ	जɒब हɒप ईङ
job-hunting	ˈdʒɒb.ˈhʌn.tiŋ	जɒब हʌन टीङ
jobless	ˈdʒɒb.ləs	जɒब लəस
joblessness	ˈdʒɒb.ləs.nəs	जɒब लəस नəस
jock	dʒɒk	जɒक
jockey	ˈdʒɒk.i	जɒक ई
jockstrap	ˈdʒɒk.stræp	जɒक स्ट्रæप
jocular	ˈdʒɒk.jə.lə	जɒक ग़ə लə
jocularity	ˈdʒɒk.jə.ˈlær.ə.ti	जɒक ग़ə लæर ə टी
jodhpurs (IO)	ˈdʒɒd.pəz	जɒड पəज़
jog	dʒɒg	जɒग
jogger	ˈdʒɒg.ə	जɒग ə
jogging	ˈdʒɒg.ɪŋ	जɒग इङ
john	dʒɒn	जɒन
join	dʒɔɪn	जोइन

joint	dʒɔɪnt	जोइन्ट
joint venture	ˈdʒɔɪnt.ˈven.tʃə	जोइन्ट वेन चə
jointly	ˈdʒɔɪnt.li	जोइन्ट ली
joke	dʒəʊk	जəउक
joker	ˈdʒəʊ.kə	जəउ कə
jolly	ˈdʒɒl.i	जɒल ई
jolt	dʒəʊlt	जəउल्ट
jostle	ˈdʒɒs.ᵊl	जɒस ॰ल
jot	dʒɒt	जɒट
jotter	ˈdʒɒt.ə	जɒट ə
joule	dʒuːl	जूःल
journal	ˈdʒɜː.nᵊl	जɜः न॰ल
journalism	ˈdʒɜː.nə.lɪ.zᵊm	जɜः नə लि ज़॰म
journalist	ˈdʒɜː.nə.lɪst	जɜः नə लिस्ट
journalistic	ˈdʒɜː.nə.ˈlɪs.tɪk	जɜः नə लिस टिक
journey	ˈdʒɜː.ni	जɜः नी
jovial	ˈdʒəʊ.vi.əl	जəउ वी əल
jowl	dʒaʊl	जाउल
joy	dʒɔɪ	जोइ
joyful	ˈdʒɔɪ.fᵊl	जोइ फ़॰ल
joyfully	ˈdʒɔɪ.fᵊl.i	जोइ फ़॰ल ई
joyfulness	ˈdʒɔɪ.fᵊl.nəs	जोइ फ़॰ल नəस
joyous	ˈdʒɔɪ.əs	जोइ əस
joyously	ˈdʒɔɪ.əs.li	जोइ əस ली
joyride	ˈdʒɔɪ.raɪd	जोइ राइड
joyrider	ˈdʒɔɪ.ˈraɪ.də	जोइ राइ डə
joyriding	ˈdʒɔɪ.ˈraɪ.dɪŋ	जोइ राइ डिङ
joystick	ˈdʒɔɪ.stɪk	जोइ स्टिक
JP (abb)	ˈdʒeɪ.ˈpiː	जेइ पीः
JPEG	ˈdʒeɪ.peg	जेइ पेग
Jr.(abb)	ˈdʒuː.ni.əʳ	जूः नी əर
jubilant	ˈdʒuː.bᵊl.ᵊnt	जूः ब॰ल ॰न्ट
jubilantly	ˈdʒuː.bᵊl.ᵊnt.li	जूः ब॰ल ॰न्ट ली
jubilation	ˈdʒuː.bɪ.ˈleɪ.ʃᵊn	जूः बि लेइ श॰न
jubilee	ˈdʒuː.bɪl.iː	जूः बिल ईः
Judaism	ˈdʒuː.deɪ.ɪ.zᵊm	जूः डेइ इ ज़॰म
judge	dʒʌdʒ	जʌज
judgment	ˈdʒʌdʒ.mᵊnt	जʌज म॰न्ट
Judgment Day	ˈdʒʌdʒ.mᵊnt.ˈdeɪ	जʌज म॰न्ट डेइ
judgmental	dʒʌdʒ.ˈmen.tᵊl	जʌज मेन ट॰ल
judicial	dʒuː.ˈdɪʃ.ᵊl	जूः डिश ॰ल
judiciary	dʒuː.ˈdɪʃ.ᵊr.i	जूः डिश ॰र ई

judicious	dʒuː.ˈdɪʃ.əs	जूː **डिश** ऽस
judiciously	dʒuː.ˈdɪʃ.əs.li	जूː **डिश** ऽस ली
judo	ˈdʒuː.dəʊ	**जूː** डऽउ
jug	dʒʌg	जʌग
jugful	ˈdʒʌg.fᵊl	**जʌग** फ़्ल
juggernaut (IO)	ˈdʒʌg.ə.nɔːt	**जʌग** ऽ नोːट
juggle	ˈdʒʌg.ᵊl	**जʌग** ॱल
juggler	ˈdʒʌg.lə	**जʌग** लऽ
jugglery	ˈdʒʌg.lᵊr.i	**जʌग** लॱर ई
juggling	ˈdʒʌg.lɪŋ	**जʌग** लिङ
jugular vein	ˈdʒʌg.jə.lə.ˈveɪn	**जʌग** ग्यऽ लऽ **वेइन**
juice	dʒuːs	जूːस
juicy	ˈdʒuː.si	**जूː** सी
jujitsu	dʒuː.ˈdʒɪt.suː	जूː **जिट** सूː
jukebox	ˈdʒuːk.bɒks	**जूːक** बɒक्स
Jul.(abb)	dʒuː.ˈlaɪ	जूː **लाइ**
July	dʒuː.ˈlaɪ	जूː **लाइ**
jumble	ˈdʒʌm.bᵊl	**जʌम** बॱल
jumbled	ˈdʒʌm.bᵊld	**जʌम** बॱल्ड
jumbo	ˈdʒʌm.bəʊ	**जʌम** बऽउ
jump	dʒʌmp	जʌम्प
jump leads	ˈdʒʌmp.ˈliːdz	**जʌम्प लीːड्ज़**
jump rope	ˈdʒʌmp.ˈrəʊp	**जʌम्प रऽउप**
jumping jack	ˈjʌm.pɪŋ.ˈdʒæk	**ग्यʌम** पिङ **जæक**
jump the gun	ˈdʒʌm.ðə.ˈgʌn	**जʌम** दऽ **गʌन**
jumper	ˈdʒʌm.pə	**जʌम** पऽ
jumper cables	ˈdʒʌm.pə.ˈkeɪ.bᵊlz	**जʌम** पऽ **केइ** बॱल्ज़
jump-start	ˈdʒʌmp.stɑːt	**जʌम्प** स्टाːट
jumpsuit	ˈdʒʌmp.suːt	**जʌम्प** सूːट
jumpy	ˈdʒʌm.pi	**जʌम** पी
Jun.(abb)	dʒuːn	जूːन
junction	ˈdʒʌŋk.ʃᵊn	**जʌङ्क** शॱन
juncture	ˈdʒʌŋk.tʃə	**जʌङ्क** चऽ
June	dʒuːn	जूːन
jungle (IO)	ˈdʒʌŋ.gᵊl	**जʌङ** गॱल
junior	ˈdʒuː.ni.ə	**जूː** नी ऽ
junk	dʒʌŋk	जʌङ्क
junk food	ˈdʒʌŋk.ˈfuːd	**जʌङ्क फ़ूːड**
junk mail	ˈdʒʌŋk.ˈmeɪl	**जʌङ्क मेइल**
junk shop	ˈdʒʌŋk.ˈʃɒp	**जʌङ्क शɒप**
junket	ˈdʒʌŋ.kɪt	**जʌङ** किट
junkie	ˈdʒʌŋk.i	**जʌङ्क** ई
junkyard	ˈdʒʌŋk.jɑːd	**जʌङ्क** गाːड
junta	ˈdʒʌn.tə	**जʌन** टऽ
Jupiter	ˈdʒuː.ˈpɪ.tə	**जूː पि** टऽ
Jurassic	dʒə.ˈræs.ɪk	जऽ **रæस** इक
jurisdiction	ˈdʒʊə.rɪs.ˈdɪk.ʃᵊn	**जुऽ** रिस **डिक** शॱन
jurisprudence	ˈdʒʊə.rɪs.ˈpruː.dᵊns	**जुऽ** रिस **प्रूː** डॱन्स
jurist	ˈdʒʊə.rɪst	**जुऽ** रिस्ट
juror	ˈdʒʊə.rə	**जुऽ** रऽ
jury	ˈdʒʊə.ri	**जुऽ** री
just	dʒʌst	जʌस्ट
justice	ˈdʒʌs.tɪs	**जʌस** टिस
justice of the peace	ˈdʒʌs.tɪs.əv.ðə.ˈpiːs	**जʌस** टिस ऽव दऽ **पीːस**
justifiable	ˈdʒʌs.tɪ.ˈfaɪ.ə.bᵊl	**जʌस** टि **फ़ाइ** ऽ बॱल
justifiably	ˈdʒʌs.tɪ.ˈfaɪ.ə.bli	**जʌस** टि **फ़ाइ** ऽ ब्ली
justification	ˈdʒʌs.tɪ.fɪ.ˈkeɪ.ʃᵊn	**जʌस** टि फ़ि **केइ** शॱन
justified	ˈdʒʌs.tɪ.faɪd	**जʌस** टि फ़ाइड
justify	ˈdʒʌs.tɪ.faɪ	**जʌस** टि फ़ाइ
justly	ˈdʒʌst.li	**जʌस्ट** ली
jut	dʒʌt	जʌट
jute	dʒuːt	जूːट
jootha (IO)	dʒuː.t	जूː ट
juvenile	ˈdʒuː.vᵊn.aɪl	**जूː** वॱन आइल
juvenile delinquent	ˈdʒuː.vᵊn.aɪl.dɪ.ˈlɪŋ.kwᵊnt	**जूː** वॱन आइल डि **लिङ** क्वॱन्ट
juxtaposition	ˈdʒʌk.stə.pə.ˈzɪʃ.ᵊn	**जʌक** स्टऽ पऽ **ज़िश** ॱन

K

k	keɪ	केइ
K	keɪ	केइ
kaleidoscope	kə.ˈlaɪ.də.skəʊp	कə **लाइ** डə स्कəउप
kaleidoscopic	kə.ˈlaɪ.də.ˈskɒp.ɪk	कə **लाइ** डə **स्कɒप** इक
kangaroo	ˈkæŋ.gᵊr.ˈuː	**कæङ** गᵊर **ऊ**:
kappa	ˈkæp.ə	**कæप** ə
kaput	kə.ˈpʊt	कə **पुट**
karaoke	ˈkær.i.ˈəʊ.ki	**कær** ई **əउ** की
karat	ˈkær.ət	**कær** əट
karate	kə.ˈrɑː.ti	कə **रा**: टी
karma (IO)	ˈkɑː.mə	**का**: मə
kayak	ˈkaɪ.æk	**काइ** æक
kcal (abb)	ˈkɪl.əʊ.ˈkæl.ᵊr.i	**किल** əउ **कæल** ᵊर ई
kebab (IO)	kə.ˈbæb	कə **बæब**
keel	kiːl	की:ल
keenly	ˈkiːn.li	**की:न** ली
keenness	ˈkiːn.nəs	**की:न** नəस
keep	kiːp	की:प
keeper	ˈkiː.pə	**की**: पə
keeping	ˈkiː.pɪŋ	**की**: पिङ
keepsake	ˈkiːp.seɪk	**की:प** सेइक
keg	keg	केग
kelvin	ˈkel.vɪn	**केल** विन
kennel	ˈken.ᵊl	**केन** ᵊल
keno	ˈkiː.nəʊ	**की**: नəउ
kept	kept	केप्ट
keratin	ˈker.ə.tɪn	**केर** ə टिन
kerb	kɜːb	कɜ:ब
kerbside	ˈkɜːb.saɪd	**कɜ:ब** साइड
kerchief	ˈkɜː.tʃɪf	**कɜ**: चिफ़
kernel	ˈkɜː.nᵊl	**कɜ**: नᵊल
kerosene	ˈker.ə.siːn	**केर** ə सी:न
ketchup	ˈketʃ.ʌp	**केच** ʌप
kettle	ˈket.ᵊl	**केट** ᵊल
key	kiː	की:
key ring	ˈkiː.ˈrɪŋ	**की**: **रिङ**
keyboard	ˈkiː.bɔːd	**की**: बो:ड
keycard	ˈkiː.kaːd	**की**: का:ड
keyhole	ˈkiː.həʊl	**की**: हəउल
keynote	ˈkiː.nəʊt	**की**: नəउट
keypad	ˈkiː.pæd	**की**: पæड
keypunch	ˈkiː.pʌntʃ	**की**: पʌन्च
keystroke	ˈkiː.strəʊk	**की**: स्ट्रəउक
keyword	ˈkiː.wɜːd	**की**: व़ɜ:ड
kg (abb)	ˈkɪl.ə.græmz	**किल** ə ग्रæम्ज़
KGB	ˈkeɪ.ˈdʒiː.ˈbiː	**केइ** **जी**: **बी**:
khaki (IO)	ˈkɑː.ki	**का**: की
kHz (abb)	ˈkɪl.ə.hɜːts	**किल** ə हɜ:ट्स
kibbutz	kɪ.ˈbʊts	कि **बुट्स**
kick	kɪk	किक
kickback	ˈkɪk.bæk	**किक** बæक
kickboxing	ˈkɪk.ˈbɒk.sɪŋ	**किक** **बɒक** सिङ
kick-off	ˈkɪk.ɒf	**किक** ɒफ़
kick-start	ˈkɪk.stɑːt	**किक** स्टा:ट
kid	kɪd	किड
kiddie	ˈkɪd.i	**किड** ई
kidnap	ˈkɪd.næp	**किड** नæप
kidnapper	ˈkɪd.næp.ə	**किड** नæप ə
kidnapping	ˈkɪd.næp.ɪŋ	**किड** नæप इङ
kidney	ˈkɪd.ni	**किड** नी
kidney bean	ˈkɪd.ni.biːn	**किड** नी बी:न
kidney stone	ˈkɪd.ni.stəʊn	**किड** नी स्टəउन
kidult	ˈkɪd.ʌlt	**किड** ʌल्ट
kill	kɪl	किल
killer	ˈkɪl.ə	**किल** ə
killing	ˈkɪl.ɪŋ	**किल** इङ
kiln	kɪln	किल्न
kilo	ˈkiː.ləʊ	**की**: लəउ
kilobyte	ˈkɪ.lə.baɪt	**कि** लə बाइट
kilocalorie	ˈkɪl.ə.kæl.ᵊr.i	**किल** ə कæल ᵊर ई
kilocycle	ˈkɪl.ə.saɪ.kᵊl	**किल** ə साइ कᵊल
kilogram	ˈkɪl.ə.græm	**किल** ə ग्रæम
kilohertz	ˈkɪl.ə.hɜːts	**किल** ə हɜ:ट्स
kilojoule	ˈkɪl.ə.dʒuːl	**किल** ə जू:ल
kilolitre	ˈkɪl.ə.ˈliː.tə	**किल** ə **ली**: टə
kilometre	kɪ.ˈlɒm.ɪ.tə	कि **लɒम** इ टə
kiloton	ˈkɪl.ə.tʌn	**किल** ə टʌन
kilovolt	ˈkɪl.ə.vəʊlt	**किल** ə वəउल्ट
kilowatt	ˈkɪl.ə.wɒt	**किल** ə व़ɒट

kilt	kɪlt	किल्ट
kimono	kɪ.ˈməʊ.nəʊ	कि मəउ नəउ
kin	kɪn	किन
kinaesthetic	ˈkɪn.ɪs.ˈθet.ɪk	किन इस थेट इक
kind	kaɪnd	काइन्ड
kindergarten	ˈkɪn.də.ˈgɑː.tᵊn	किन डə गाः टॅन
kind-hearted	ˈkaɪnd.ˈhɑː.tɪd	काइन्ड हाः टिड
kindle	ˈkɪn.dᵊl	किन डॅल
kindling	ˈkɪnd.lɪŋ	किन्ड लिङ
kindly	ˈkaɪnd.li	काइन्ड ली
kindness	ˈkaɪnd.nəs	काइन्ड नəस
kindred	ˈkɪn.dred	किन ड्रेड
kinematic	ˈkɪn.ɪ.ˈmæt.ɪk	किन इ मæट इक
kinesiology	ˈkɪ.niː.si.ˈɒl.ə.dʒi	कि नीः सी ɒल ə जी
kinetic	kaɪ.ˈnet.ɪk	काइ नेट इक
kinfolk	ˈkɪn.fəʊk	किन फ़əउक
king	kɪŋ	किङ
kingdom	ˈkɪŋ.dəm	किङ डəम
kingless	ˈkɪŋ.ləs	किङ लəस
kinglike	ˈkɪŋ.laɪk	किङ लाइक
kingly	ˈkɪŋ.li	किङ ली
kingmaker	ˈkɪŋ.ˈmeɪ.kə	किङ मेइ कə
kingpin	ˈkɪŋ.pɪn	किङ पिन
kingship	ˈkɪŋ.ʃɪp	किङ शिप
king-size	ˈkɪŋ.saɪz	किङ साइज़
kink	kɪŋk	किङ्क
kinky	ˈkɪŋk.i	किङ्क ई
kinless	ˈkɪn.ləs	किन लəस
kinship	ˈkɪn.ʃɪp	किन शिप
kinsman	ˈkɪnz.mən	किन्ज़ मəन
kiosk	ˈkiː.ɒsk	कीः ɒस्क
kiss	kɪs	किस
kiss-and-tell	ˈkɪs.ən.ˈtel	किस əन टेल
kit	kɪt	किट
kitbag	ˈkɪt.bæg	किट बæग
kitchen	ˈkɪtʃ.ᵊn	किच ॅन
kitchen cabinet	ˈkɪtʃ.ᵊn.ˈkæb.ɪ.nət	किच ॅन कæब इ नəट
kitchen garden	ˈkɪtʃ.ᵊn.ˈgɑː.dᵊn	किच ॅन गाः डॅन
kitche sink	ˈkɪtʃ.ᵊn.ˈsɪŋk	किच ॅन सिङ्क
kitchen unit	ˈkɪtʃ.ᵊn.ˈjuː.nɪt	किच ॅन यूः निट
kitchenette	ˈkɪtʃ.ᵊn.ˈet	किच ॅन एट
kitchen-maid	ˈkɪtʃ.ᵊn.ˈmeɪd	किच ॅन मेइड
kitchenware	ˈkɪtʃ.ᵊn.weə	किच ॅन वेə
kite	kaɪt	काइट
kith	kɪθ	किथ
kitten	ˈkɪt.ᵊn	किट ॅन
kitty	ˈkɪt.i	किट ई
kiwi	ˈkiː.wiː	कीः वीः
KKK	ˈkeɪ.ˈkeɪ.ˈkeɪ	केइ केइ केइ
Kleenex	ˈkliː.neks	क्लीः नेक्स
kleptomania	ˈklep.tə.ˈmeɪ.ni.ə	क्लेप टə मेइ नी ə
kleptomaniac	ˈklep.tə.ˈmeɪ.ni.æk	क्लेप टə मेइ नी æक
klutz	klʌts	क्लʌट्स
klutzy	ˈklʌts.i	क्लʌट्स ई
km (abb)	ˈkɪl.ə.ˈmiː.tə	किल ə मीः टə
knack	næk	नæक
knapsack	ˈnæp.sæk	नæप सæक
knave	neɪv	नेइव
knead	niːd	नीःड
knee	niː	नीः
knee-breeches	ˈniː.ˈbrɪtʃ.ɪz	नीः ब्रिच इज़
kneecap	ˈniː.kæp	नीः कæप
knee-deep	ˈniː.ˈdiːp	नीः डीःप
kneehigh (n)	ˈniː.haɪ	नीः हाइ
knee-high (adj)	ˈniː.ˈhaɪ	नीः हाइ
knee-jerk	ˈniː.dʒɜːk	नीः जɜːक
knee-joint	ˈniː.dʒɔɪnt	नीः जोइन्ट
knees	niːz	नीःज़
knelt	nelt	नेल्ट
knew	njuː	न्यूः
knicker	ˈnɪk.ə	निक ə
knickerbocker	ˈnɪk.əˈ.bɒk.ə	निक ə बɒक ə
knickknack	ˈnɪk.ˈnæk	निक नæक
knife	naɪf	नाइफ़
knight	naɪt	नाइट
knighthood	ˈnaɪt.hʊd	नाइट हुड
knit	nɪt	निट
knitting	ˈnɪt.ɪŋ	निट इङ
knitting machine	ˈnɪt.ɪŋ.mə.ˈʃiːn	निट इङ मə शीःन
knitting needle	ˈnɪt.ɪŋ.ˈniː.dᵊl	निट इङ नीः डॅल
knitwear	ˈnɪt.weə	निट वेə
knives	naɪvz	नाइव्ज़
knob	nɒb	नɒब

knobby	ˈnɒb.i	**नɒब** ई
knock	nɒk	नɒक
knockdown	ˈnɒk.daʊn	**नɒक** डाउन
knock-kneed	ˈnɒk.ˈniːd	**नɒक नीːड**
knock-out	ˈnɒk.aʊt	**नɒक** आउट
knoll	nəʊl	नəउल
knot	nɒt	नɒट
knotty	ˈnɒt.i	**नɒट** ई
know	nəʊ	नəउ
know-all	ˈnəʊ.ɔːl	**नəउ** ओːल
know-how	ˈnəʊ.haʊ	**नəउ** हाउ
knowing	ˈnəʊ.ɪŋ	**नəउ** इङ
knowingly	ˈnəʊ.ɪŋ.li	**नəउ** इङ ली
know-it-all	ˈnəʊ.ɪt.ɔːl	**नəउ** इट ओːल
knowledge	ˈnɒl.ɪdʒ	**नɒल** इज
knowledgeable	ˈnɒl.ɪdʒ.ə.bəl	**नɒल** इज ə बəल
knowledge-based	ˈnɒl.ɪdʒ.beɪst	**नɒल** इज बेइस्ट
knuckle	ˈnʌk.əl	**नʌक** əल
knuckle-duster	ˈnʌk.əl.dʌs.tə	**नʌक** əल डʌस टə
KO	ˈkeɪ.ˈəʊ	**केइ əउ**
koala	kəʊ.ˈɑː.lə	कəउ **आː** लə
kookaburra	ˈkʊk.ə.bʌr.ə	**कुक** ə बʌर ə
Korean	kə.ˈri.ən	कə **री** əन
kosher	ˈkəʊ.ʃə	**कəउ** शə
kowtow	ˈkaʊ.ˈtaʊ	**काउ टाउ**
kraal	krɑːl	क्राːल
krugerrand	ˈkruː.gə.ˈrænd	**क्रूː** गə **रæन्ड**
krypton	ˈkrɪp.tɒn	**क्रिप** टɒन
kudos	ˈkjuː.dɒs	**क्यूː** डɒस
kung fu	ˈkuŋ.fu	**कूङ** फ़ू
kW (abb)	ˈkɪl.ə.wɒt	**किल** ə वɒट

l	el	एल
L	el	एल
lab	læb	लæब
label	ˈleɪ.bᵊl	**लेइ** बᵊल
labia	ˈleɪ.bi.ə	**लेइ** बी ə
labial	ˈleɪ.bi.əl	**लेइ** बी əल
labiodental	ˈleɪ.bi.ə.ˈden.tᵊl	**लेइ** बी ə **डेन** टᵊल
labiopalatal	ˈleɪ.bi.ə.ˈpæl.ə.tᵊl	**लेइ** बी ə **पæल** ə टᵊल
labiovelar	ˈleɪ.bi.ə.viː.lə	**लेइ** बी ə वी: लə
labium	ˈleɪ.bi.əm	**लेइ** बी əम
laboratory	lə.ˈbɒr.ə.tᵊr.i	लə **बɒर** ə टᵊर ई
laborious	lə.ˈbɔː.ri.əs	लə **बो:** री əस
laboriously	lə.ˈbɔː.ri.əs.li	लə **बो:** री əस ली
labour	ˈleɪ.bə	**लेइ** बə
labour camp	ˈleɪ.bə.kæmp	**लेइ** बə कæम्प
Labour Day	ˈleɪ.bə.ˈdeɪ	**लेइ** बə **डेइ**
labour exchange	ˈleɪ.bər.eks.ˈtʃeɪn dʒ	**लेइ** बəर एक्स **चेइन्ज**
Labour Movement	ˈleɪ.bə.ˈmuː.v.mᵊnt	**लेइ** बə **मू:व** मᵊन्ट
labour of love	ˈleɪ.bər.əv.ˈlʌv	**लेइ** बəर əव **लʌव**
labour pain	ˈleɪ.bə.peɪn	**लेइ** बə पेइन
Labour party	ˈleɪ.bə.ˈpɑː.ti	**लेइ** बə **पा:** टी
labour saving	ˈleɪ.bə.ˈseɪ.vɪŋ	**लेइ** बə **सेइ** विङ
labour union	ˈleɪ.bə.ˈjuː.ni.ən	**लेइ** बə **यू:** नी əन
labourer	ˈleɪ.bᵊr.ə	**लेइ** बᵊर ə
labour-intensive	ˈleɪ.bər.ɪn.ˈten.sɪv	**लेइ** बəर इन **टेन** सिव
labyrinth	ˈlæb.ə.rɪnθ	**लæब** ə रिन्थ
lac	lac	ला
lace	leɪs	लेइस
lacerate	ˈlæs.ᵊr.eɪt	**लæस** ᵊर एइट
laceration	ˈlæs.ə.ˈreɪ.ʃᵊn	**लæस** ə **रेइ** शᵊन
lack	læk	लæक
lackey	ˈlæk.i	**लæक** ई
lacking	ˈlæk.ɪŋ	**लæक** इङ
lacklustre	ˈlæk.ˈlʌs.tə	**लæक** **लʌस** टə
laconic	lə.ˈkɒn.ɪk	लə **कɒन** इक
lacquer	ˈlæk.ə	**लæक** ə
lactate	læk.ˈteɪt	लæक **टेइट**
lactation	læk.ˈteɪ.ʃᵊn	लæक **टेइ** शᵊन
lactic	ˈlæk.tɪk	**लæक** टिक
lacy	ˈleɪ.si	**लेइ** सी
lad	læd	लæड
ladder	ˈlæd.ə	**लæड** ə
laddie	ˈlæd.i	**लæड** ई
laden	ˈleɪ.dᵊn	**लेइ** डᵊन
ladies	ˈleɪ.dɪz	**लेइ** डिज़
ladies and gentlemen	ˈleɪ.dɪz.ən.ˈdʒen.tᵊl.mən	**लेइ** डिज़ əन **जेन** टᵊल मəन
ladies' fingers	ˈleɪ.dɪz.ˈfɪŋ.gəz	**लेइ** डिज़ **फ़िङ** गəज़
ladies' man	ˈleɪ.dɪz.ˈmæn	**लेइ** डिज़ **मæन**
ladies' room	ˈleɪ.dɪz.ˈruːm	**लेइ** डिज़ **रू:म**
ladieswear	ˈleɪ.dɪz.weə	**लेइ** डिज़ वेə
ladle	ˈleɪd.ᵊl	**लेइड** ᵊल
lady	ˈleɪ.di	**लेइ** डी
ladybird	ˈleɪ.di.bɜːd	**लेइ** डी बɜ:ड
ladybug	ˈleɪ.di.bʌg	**लेइ** डी बʌग
lady-killer	ˈleɪ.dɪ.ˈkɪl.ə	**लेइ** डि **किल** ə
ladylike	ˈleɪ.dɪ.laɪk	**लेइ** डि लाइक
lag	læg	लæग
lagoon	lə.ˈguːn	लə **गू:न**
laid	leɪd	लेइड
laid-back	ˈleɪd.ˈbæk	**लेइड** **बæक**
lain	leɪn	लेइन
lair	leə	लेə
laissez-faire	ˈleɪ.seɪ.ˈfeə	**लेइ** सेइ **फ़ेə**
lake	leɪk	लेइक
lakeside	ˈleɪk.saɪd	**लेइक** साइड
lakh	læk	लæक
lama	ˈlɑː.mə	**ला:** मə
lamb	læm	लæम
lambda	ˈlæm.də	**लæम** डə
lambskin	ˈlæm.skɪn	**लæम** स्किन
lambswool	ˈlæmz.wʊl	**लæम्ज़** वुल
lame	leɪm	लेइम
lame duck	ˈleɪm.dʌk	**लेइम** डʌक
lament	lə.ˈment	लə **मेन्ट**
lamentable	lə.ˈmən.tə.bᵊl	लə **मəन** टə बᵊल
laminate (n)	ˈlæm.ɪ.nət	**लæम** इ नəट
laminate (v)	ˈlæm.ɪ.neɪt	**लæम** इ नेइट
lamington	ˈlæm.ɪŋ.tən	**लæम** इङ टəन

lamp	læmp	लæम्प
lamp post	ˈlæmp.pəʊst	**लæम्प** पəउस्ट
lampoon	læm.ˈpuːn	लæम **पूːन**
lampshade	ˈlæmp.ʃeɪd	**लæम्प** शेइड
lampstand	ˈlæmp.stænd	**लæम्प** स्टæन्ड
lance	læns	लæन्स
land	lænd	लæन्ड
land mine	ˈlænd.ˈmaɪn	**लæन्ड माइन**
landfall	ˈlænd.fɔːl	**लæन्ड** फ़ोːल
landfill	ˈlænd.fɪl	**लæन्ड** फ़िल
landgrabber	ˈlænd.ˈgræb.ə	**लæन्ड ग्रæब** ə
landholder	ˈlænd.ˈhəʊl.də	**लæन्ड हəउल** डə
landholding	ˈlænd.ˈhəʊl.dɪŋ	**लæन्ड हəउल** डिङ
landing	ˈlænd.ɪŋ	**लæन्ड** इङ
landing gear	ˈlænd.ɪŋ.ˈgɪəʳ	**लæन्ड** इङ **गिəर**
landing strip	ˈlænd.ɪŋ.ˈstrɪp	**लæन्ड** इङ **स्ट्रिप**
landlady	ˈlænd.ˈleɪ.di	**लæन्ड लेइ** डी
landlocked	ˈlænd.lɒkt	**लæन्ड** लɒक्ट
landlord	ˈlænd.ˈlɔːd	**लæन्ड लोːड**
landmark	ˈlænd.mɑːk	**लæन्ड** माːक
landmass	ˈlænd.ˈmæs	**लæन्ड मæस**
landowner	ˈlænd.ˈəʊ.nə	**लæन्ड əउ** नə
landscape	ˈlænd.skeɪp	**लæन्ड** स्केइप
landslide	ˈlænd.slaɪd	**लæन्ड** स्लाइड
lane	leɪn	लेइन
lang syne	ˈlæŋ.ˈsaɪn	**लæङ साइन**
language	ˈlæŋ.gwɪdʒ	**लæङ** ग्व़िज
language laboratory	ˈlæŋ.gwɪdʒ.lə.ˈbɒr.ə.tᵊr.i	**लæङ** ग्व़िज लə **बɒर** ə टᵊर ई
Language Movement	ˈlæŋ.gwɪdʒ.ˈmuːv.mᵊnt	**लæङ** ग्व़िज **मूːव** मᵊन्ट
languages	ˈlæŋ.gwɪdʒ.ɪz	**लæङ** ग्व़िज इज़
languid	ˈlæŋ.gwɪd	**लæङ** ग्व़िड
languish	ˈlæŋ.gwɪʃ	**लæङ** ग्व़िश
languor	ˈlæŋ.gə	**लæङ** गə
languorous	ˈlæng.ə.rəs	**लæन्ग** ə रəस
lanky	ˈlæŋk.i	**लæङ्क** ई
lantern	ˈlæn.tən	**लæन** टəन
lap	læp	लæप
laparoscopy	ˈlæp.ə.ˈrɒs.kə.pi	**लæप** ə **रɒस** कə पी
lapdog	ˈlæp.dɒg	**लæप** डɒग

lapel	lə.ˈpel	लə **पेल**
lapidary	ˈlæp.ɪ.dᵊr.i	**लæप** इ डᵊर ई
lapse	læps	लæप्स
laptop	ˈlæp.tɒp	**लæप** टɒप
larceny	ˈlɑː.sᵊn.i	**लाː** सᵊन ई
lard	lɑːd	लाːड
large	lɑːdʒ	लाːज
largely	ˈlɑːdʒ.li	**लाːज** ली
large-scale	ˈlɑːdʒ.ˈskeɪl	**लाːज स्केइल**
largish	ˈlɑː.dʒɪʃ	**लाː** जिश
lark	lɑːk	लाːक
larva	ˈlɑː.və	**लाː** वə
laryngectomy	ˈlær.ɪn.ˈdʒek.tə.mi	**लæर** इन **जेक** टə मी
laryngitis	ˈlær.ɪn.ˈdʒaɪ.tɪs	**लæर** इन **जाइ** टिस
laryngoscopy	ˈlær.ɪn.ˈgɒs.kə.pi	**लæर** इन **गɒस** कə पी
larynx	ˈlær.ɪŋks	**लæर** इङ्क्स
lasagne	lə.ˈzæn.jə	लə **ज़æन** ग़ə
lascivious	lə.ˈsɪv.i.əs	लə **सिव** ई əस
laser	ˈleɪ.zə	**लेइ** ज़ə
laser printer	ˈleɪ.zə.ˈprɪn.tə	**लेइ** ज़ə **प्रिन** टə
laserjet	ˈleɪ.zə.dʒet	**लेइ** ज़ə जेट
lash	læʃ	लæश
lass	læs	लæस
lassie	ˈlæs.i	**लæस** ई
lasso	ˈlæs.əʊ	**लæस** əउ
last	lɑːst	लाːस्ट
last hurrah	ˈlɑːst.hə.ˈrɑː	**लाːस्ट** हə **राː**
last name	ˈlɑːst.ˈneɪm	**लाːस्ट नेइम**
last straw	ˈlɑːst.ˈstrɔː	**लाःस्ट स्ट्रोː**
Last Supper	ˈlɑːst.ˈsʌp.ə	**लाːस्ट सʌप** ə
last word	ˈlɑːst.ˈwɜːd	**लाːस्ट व़ɜːड**
last-ditch	ˈlɑːst.dɪtʃ	**लाːस्ट** डिच
lasting	ˈlɑːst.ɪŋ	**लाːस्ट** इङ
lastly	ˈlɑːst.li	**लाːस्ट** ली
last-minute	ˈlɑːst.ˈmɪn.ɪt	**लाːस्ट मिन** इट
latch	lætʃ	लæच
latchkey	ˈlætʃ.kiː	**लæच** कीː
late	leɪt	लेइट
latecomer	ˈleɪt.ˈkʌm.ə	**लेइट कʌम** ə
lately	ˈleɪt.li	**लेइट** ली

latency	ˈleɪ.tən.si	लेइ टəन सी
late-night	ˈleɪt.naɪt	लेइट नाइट
latent	ˈleɪ.tᵊnt	लेइ टॅन्ट
later	ˈleɪ.tə	लेइ टə
lateral	ˈlæt.ᵊr.ᵊl	लæट ॅर ॅल
latest	ˈleɪ.tɪst	लेइ टिस्ट
latex	ˈleɪ.teks	लेइ टेक्स
lathe	leɪð	लेइद
lather	ˈlæð.ə	लæद ə
Latin	ˈlæt.ɪn	लæट इन
Latin America	ˈlæt.ɪn.ə.ˈmer.ɪ.kə	लæट इन ə मेर इ कə
latina	ˈlæt.i.nə	लæट ई नə
latino	læt.ˈiː.nəʊ	लæट ई: नəउ
latitude	ˈlæt.ɪ.tjuːd	लæट इ ट्यू:ड
latrine	lə.ˈtriːn	लə ट्री:न
latte	ˈlæt.eɪ	लæट एइ
latter	ˈlæt.ə	लæट ə
lattice	ˈlæt.ɪs	लæट इस
laud	lɔːd	लो:ड
laudable	ˈlɔː.də.bᵊl	लो: डə बॅल
laugh	lɑːf	ला:फ़
laughable	ˈlɑː.fə.bᵊl	ला: फ़ə बॅल
laughed	lɑːft	ला:फ़्ट
laughing	ˈlɑː.fɪŋ	ला: फ़िङ
laughing gas	ˈlɑː.fɪŋ.gæs	ला: फ़िङ गæस
laughing stock	ˈlɑː.fɪŋ.stɒk	ला: फ़िङ स्टɒक
laughter	ˈlɑːf.tə	ला:फ़ टə
launch	lɔːntʃ	लो:न्च
launch pad	ˈlɔːntʃ.pæd	लो:न्च पæड
launder	ˈlɔːn.də	लो:न डə
laundress	ˈlɔːn.dres	लो:न ड्रेस
laundrette	ˈlɔːn.ˈdret	लो:न ड्रेट
laundromat	ˈlɒn.drə.ˈmæt	लɒन ड्रə मæट
laundry	ˈlɔːn.dri	लो:न ड्री
laundry room	ˈlɔːn.dri.ruːm	लो:न ड्री रू:म
laundry-man	ˈlɔːn.drɪ.mæn	लो:न ड्रि मæन
laureate	ˈlɔː.ri.ət	लो: री əट
laurel	ˈlɒr.ᵊl	लɒर ॅल
lava	ˈlɑː.və	ला: वə
lavatory	ˈlæv.ə.tᵊr.i	लæव ə टॅर ई
lavender	ˈlæv.ɪn.dəʳ	लæव इन डəर
lavish	ˈlæv.ɪʃ	लæव इश

law	lɔː	लो:
law enforcement	ˈlɔː.ɪn.ˈfɔːs.mᵊnt	लो: इन फ़ो:स मॅन्ट
law-abiding	ˈlɔː.ə.ˈbaɪ.dɪŋ	लो: ə बाइ डिङ
lawbreaker	ˈlɔː.ˈbreɪ.kə	लो: ब्रेइ कə
lawful	ˈlɔː.fᵊl	लो: फ़ॅल
lawless	ˈlɔː.ləs	लो: लəस
lawlessness	ˈlɔː.ləs.nəs	लो: लəस नəस
lawmaker	ˈlɔː.ˈmeɪ.kə	लो: मेइ कə
lawn	lɔːn	लो:न
lawn tennis	ˈlɔːn.ˈten.ɪs	लो:न टेन इस
lawnmower	ˈlɔːn.məʊ.ə	लो:न मəउ ə
lawsuit	ˈlɔː.suːt	लो: सू:ट
lawyer	ˈlɔɪ.jə	लोइ ग़ə
lax	læks	लæक्स
laxative	ˈlæk.sə.tɪv	लæक सə टिव
laxity	ˈlæk.sə.ti	लæक सə टी
lay	leɪ	लेइ
layabout	ˈleɪ.ə.baʊt	लेइ ə बाउट
layaway	ˈleɪ.ə.weɪ	लेइ ə वेइ
lay-by	ˈleɪ.baɪ	लेइ बाइ
layer	ˈleɪ.ə	लेइ ə
layman	ˈleɪ.mən	लेइ मəन
layoff	ˈleɪ.ˈɒf	लेइ ɒफ़
layout	ˈleɪ.aʊt	लेइ आउट
layover	ˈleɪ.ˈəʊ.və	लेइ əउ वə
lazily	ˈleɪ.zɪ.li	लेइ ज़ि ली
laziness	ˈleɪ.zɪ.nəs	लेइ ज़ि नəस
lazy	ˈleɪ.zi	लेइ ज़ी
lb.(abb)	paʊnd	पाउन्ड
LCD	ˈel.siː.ˈdiː	एल सी: डी:
lea	liː	ली:
lead (n)	liːd	ली:ड
lead (v)	liːd	ली:ड
lead time	ˈliːd.ˈtaɪm	ली:ड टाइम
leader	ˈliː.də	ली: डə
leaderboard	ˈliː.də.bɔːd	ली: डə बो:ड
leadership	ˈliː.də.ʃɪp	ली: डə शिप
leading	ˈliː.dɪŋ	ली: डिङ
leaf	liːf	ली:फ़
leafless	ˈliːf.ləs	ली:फ़ लəस
leaflet	ˈliːf.lət	ली:फ़ लəट
leafy	ˈliː.fi	ली: फ़ी
league	liːg	ली:ग

leak	liːk	लीːक
leakage	ˈliː.kɪdʒ	लीː किज
leaky	ˈliː.ki	लीː की
lean	liːn	लीːन
leaning	ˈliː.nɪŋ	लीː निङ
leap	liːp	लीːप
leap year	ˈliːp.ˈjiə	लीːप ग़ीə
leapfrog	ˈliːp.frɒg	लीːप फ्रɒग
leaps and bounds	ˈliːps.ən.ˈbaʊndz	लीːप्स əन बाउन्ड्ज़
leapt	lept	लेप्ट
learn	lɜːn	लɜːन
learned	lɜːnd	लɜːन्ड
learning	ˈlɜː.nɪŋ	लɜː निङ
learning curve	ˈlɜː.nɪŋ.ˈkɜːv	लɜː निङ कɜːव
learning disability	ˈlɜː.nɪŋ.dɪs.ə.ˈbɪl.ə.ti	लɜː निङ डिस ə बिल ə टी
lease	liːs	लीːस
leash	liːʃ	लीːश
least	liːst	लीːस्ट
leather	ˈleð.ə	लेद ə
leather polish	ˈleð.ə.ˈpɒl.ɪʃ	लेद ə पɒल इश
leatherback	ˈleð.ə.bæk	लेद ə बæक
leatherjacket	ˈleð.ə.ˈjæk.ɪt	लेद ə ग़æक इट
leathery	ˈleð.ər.i	लेद ər ई
leave	liːv	लीːव
leaves	liːvz	लीːव्ज़
lecher	ˈletʃ.ə	लेच ə
lecherous	ˈletʃ.ər.əs	लेच ər əस
lectern	ˈlek.tən	लेक टəन
lecture	ˈlek.tʃə	लेक चə
lecturer	ˈlek.tʃər.ə	लेक चər ə
lectureship	ˈlek.tʃə.ʃɪp	लेक चə शिप
led	led	लेड
LED	ˈel.iː.ˈdiː	एल ईː डीː
ledge	ledʒ	लेज
ledger	ˈledʒ.ə	लेज ə
lee	liː	लीː
leech	liːtʃ	लीːच
leek	liːk	लीःक
leer	lɪə	लिə
leery	ˈliə.ri	लीə री
leeward	ˈliː.wəd	लीː व़əड

leeway	ˈliː.weɪ	लीː व़ेइ
left	left	लेफ़्ट
left click	ˈleft.klɪk	लेफ़्ट क्लिक
left field	ˈleft.fiːld	लेफ़्ट फ़ीːल्ड
left wing	ˈleft.wɪŋ	लेफ़्ट व़िङ
left-hand	ˈleft.hænd	लेफ़्ट हæन्ड
left-handed	ˈleft.ˈhæn.dɪd	लेफ़्ट हæन डिड
leftie	ˈlef.ti	लेफ़ टी
leftist	ˈlef.tɪst	लेफ़ टिस्ट
left-luggage	ˈleft.ˈlʌg.ɪdʒ	लेफ़्ट लʌग इज
leftover	ˈleft.ˈəʊ.və	लेफ़्ट əउ वə
leg	leg	लेग
legacy	ˈleg.ə.si	लेग ə सी
legal	ˈliː.gəl	लीː गəल
legal pad	ˈliː.gəl.pæd	लीː गəल पæड
legalisation	ˈliː.gəl.aɪ.ˈzeɪ.ʃən	लीː गəल आइ ज़ेइ शəन
legalise	ˈliː.gəl.aɪz	लीː गəल आइज़
legality	liː.ˈgæl.ə.ti	लीː गæल ə टी
legally	ˈliː.gəl.i	लीː गəल ई
legal-size	ˈliː.gəl.saɪz	लीː गəल साइज़
legato	lɪ.ˈgɑː.təʊ	लि गाː टəउ
legend	ˈledʒ.ənd	लेज əन्ड
legendary	ˈledʒ.ən.dər.i	लेज əन डər ई
legging	ˈleg.ɪŋ	लेग इङ
leggy	ˈleg.i	लेग ई
legibility	ˈledʒ.ə.ˈbɪl.ə.ti	लेज ə बिल ə टी
legible	ˈledʒ.ə.bəl	लेज ə बəल
legibly	ˈledʒ.ə.bli	लेज ə ब्ली
legion	ˈliː.dʒən	लीː जəन
legionary	ˈlɪ.dʒə.nər.i	लि जə नər ई
legionnaire	ˈliː.dʒə.ˈneə	लीː जə नेə
legislate	ˈledʒ.ɪ.sleɪt	लेज इ स्लेइट
legislation	ˈledʒ.ɪ.ˈsleɪ.ʃən	लेज इ स्लेइ शəन
legislative	ˈledʒ.ɪ.slə.tɪv	लेज इ स्लə टिव
legislator	ˈledʒ.ɪ.sleɪ.tə	लेज इ स्लेइ टə
legislature	ˈledʒ.ɪ.sleɪ.tʃə	लेज इ स्लेइ चə
legit	lə.ˈdʒɪt	लə जिट
legitimacy	lɪ.ˈdʒɪt.ə.mə.si	लि जिट ə मə सी
legitimate (adj)	lɪ.ˈdʒɪt.ə.mət	लि जिट ə मəट
legitimate (verb)	lɪ.ˈdʒɪt.ə.meɪt	लि जिट ə मेइट
legitimately	lɪ.ˈdʒɪt.ə.mət.li	लि जिट ə मəट ली

legitimise	lɪ.ˈdʒɪt.ə.maɪz	लि **जिट** ə माइज़
legless	ˈleg.ləs	**लेग** लəस
leg-pull	ˈleg.pʊl	**लेग** पुल
legroom	ˈleg.ruːm	**लेग** रूːम
legume	ˈleg.juːm	**लेग** ग्यूːम
leg-warmer	ˈleg.ˈwɔː.mə	**लेग वो**ː मə
legwork	ˈleg.wɜːk	**लेग** व़ɜːक
leisure	ˈleʒ.ə	**लेज़** ə
leisurely	ˈleʒ.ə.li	**लेज़** ə ली
lemon	ˈlem.ən	**लेम** əन
lemon butter	ˈlem.ən.ˈbʌt.ə	**लेम** əन **बʌट** ə
lemon curd	ˈlem.ən.ˈkɜːd	**लेम** əन **कɜːड**
lemon grass	ˈlem.ən.ˈgrɑːs	**लेम** əन **ग्राːस**
lemon sole	ˈlem.ən.ˈsəʊl	**लेम** əन **सəउल**
lemon squash	ˈlem.ən.ˈskwɒʃ	**लेम** əन **स्क्व़ɒश**
lemonade	ˈlem.ə.ˈneɪd	**लेम** ə **नेइड**
lemur	ˈliː.mə	**ली**ː मə
lend	lend	लेन्ड
lender	ˈlen.də	**लेन** डə
length	leŋθ	लेङ्थ
lengthen	ˈleŋ.ðən	**लेङ** दəन
lengthways	ˈleŋθ.weɪz	**लेङ्थ** व़ेइज़
lengthwise	ˈleŋθ.waɪz	**लेङ्थ** व़ाइज़
lengthy	ˈleŋ.ði	**लेङ** दी
lenience	ˈliː.ni.əns	**ली**ː नी əन्स
leniency	ˈliː.ni.ən.si	**ली**ː नी əन सी
lenient	ˈliː.ni.ənt	**ली**ː नी əन्ट
leniently	ˈliː.ni.ənt.li	**ली**ː नी əन्ट ली
lenis	ˈliː.nəs	**ली**ː नəस
lens	lenz	लेन्ज़
lent	lent	लेन्ट
lentil	ˈlen.tᵊl	**लेन** टᵊल
Leo	ˈliː.əʊ	**ली**ː əउ
leopard	ˈlep.əd	**लेप** əड
leotard	ˈliː.ə.tɑːd	**ली**ː ə टाːड
leper	ˈlep.ə	**लेप** ə
leprosy	ˈlep.rə.si	**लेप** रə सी
leprous	ˈlep.rəs	**लेप** रəस
lesbian	ˈlez.bi.ən	**लेज़** बी əन
lesbianism	ˈlez.bi.ə.nɪ.zᵊm	**लेज़** बी ə नि ज़ᵊम
lesion	ˈliː.ʒᵊn	**ली**ː ज़ᵊन
less	les	लेस
lessee	ˈles.iː	**लेस** ईː
lessen	ˈles.ᵊn	**लेस** ᵊन
lesser	ˈles.ə	**लेस** ə
lesson	ˈles.ᵊn	**लेस** ᵊन
lessor	ˈles.ɔː	**लेस** ओː
let	let	लेट
letdown	ˈlet.daʊn	**लेट** डाउन
lethal	ˈliː.θᵊl	**ली**ː थᵊल
lethally	ˈliː.θᵊl.i	**ली**ː थᵊल ई
lethargic	lə.ˈθɑː.dʒɪk	लə **था**ː जिक
lethargy	ˈleθ.ə.dʒi	**लेथ** ə जी
let's	lets	लेट्स
letter	ˈlet.ə	**लेट** ə
letter bomb	ˈlet.ə.ˈbɒm	**लेट** ə **बɒम**
letterbox	ˈlet.ə.ˈbɒks	**लेट** ə **बɒक्स**
letter carrier	ˈlet.ə.ˈkær.i.əʳ	**लेट** ə **कæर** ई əर
letterhead	ˈlet.ə.hed	**लेट** ə हेड
letteropener	ˈlet.ᵊr.ˈəʊ.pᵊn.ə	**लेट** ᵊर **əउ** पᵊन ə
letter-perfect	ˈlet.ə.ˈpɜː.fɪkt	**लेट** ə **पɜ**ː फ़िक्ट
letterpress	ˈlet.ə.pres	**लेट** ə प्रेस
letter-quality	ˈlet.ə.ˈkwɒl.ə.ti	**लेट** ə **क्व़ɒल** ə टी
letters	ˈlet.əz	**लेट** əज़
letter-size	ˈlet.ə.saɪz	**लेट** ə साइज़
lettuce	ˈlet.əs	**लेट** əस
letup	ˈlet.ʌp	**लेट** ʌप
leucocyte	ˈljuː.kə.saɪt	**ल्यूː** कə साइट
leukaemia	ljuː.ˈkiː.mi.ə	ल्यूː **की**ː मी ə
levee	ˈlev.i	**लेव** ई
level	ˈlev.ᵊl	**लेव** ᵊल
level crossing	ˈlev.ᵊl.ˈkrɒs.ɪŋ	**लेव** ᵊल **क्रɒस** इङ
levelheaded	ˈlev.ᵊl.ˈhed.ɪd	**लेव** ᵊल **हेड** इड
lever	ˈliː.və	**ली**ː वə
leverage	ˈliː.vᵊr.ɪdʒ	**ली**ː वᵊर इज
leviable	ˈlev.i.ə.bᵊl	**लेव** ई ə बᵊल
levitate	ˈlev.ɪ.teɪt	**लेव** इ टेइट
levitation	ˈlev.ɪ.ˈteɪ.ʃᵊn	**लेव** इ **टेइ** शᵊन
levity	ˈlev.ə.ti	**लेव** ə टी
levy	ˈlev.i	**लेव** ई
lewd	ljuːd	ल्यूːड
lexical	ˈlek.sɪ.kᵊl	**लेक** सि कᵊल
lexicography	ˈlek.sɪ.ˈkɒg.rə.fi	**लेक** सि **कɒग** रə फ़ी
lexicology	ˈlek.sɪ.ˈkɒl.ə.dʒi	**लेक** सि **कɒल** ə जी
lexicon	ˈlek.sɪ.kən	**लेक** सि कəन

lexis	ˈlek.sɪs	**लेक** सिस
liability	ˈlaɪ.ə.ˈbɪl.ə.ti	**लाइ** ə **बिल** ə टी
liable	ˈlaɪ.ə.bᵊl	**लाइ** ə ब॰ल
liaise	lɪ.ˈeɪz	लि **एइज़**
liaison	lɪ.ˈeɪ.zɒn	लि **एइ** ज़ɒन
liar	ˈlaɪ.ə	**लाइ** ə
lib	lɪb	लिब
libel	ˈlaɪ.bᵊl	**लाइ** ब॰ल
libellous	ˈlaɪ.bᵊl.əs	**लाइ** ब॰ल əस
liberal	ˈlɪb.ᵊr.ᵊl	**लिब** ॰र ॰ल
liberal arts	ˈlɪb.ᵊr.ᵊl.ˈɑːts	**लिब** ॰र ॰ल **आःट्स**
liberalisation	ˈlɪb.ᵊr.ᵊl.aɪ.ˈzeɪ.ʃᵊn	**लिब** ॰र ॰ल आइ **ज़ेइ** श॰न
liberalise	ˈlɪb.ᵊr.ᵊl.aɪz	**लिब** ॰र ॰ल आइज़
liberalism	ˈlɪb.ᵊr.ᵊl.ɪ.zᵊm	**लिब** ॰र ॰ल इ ज़॰म
liberality	ˈlɪb.ə.ˈræl.ə.ti	**लिब** ə **रæल** ə टी
liberally	ˈlɪb.ᵊr.ᵊl.i	**लिब** ॰र ॰ल ई
liberate	ˈlɪb.ᵊr.eɪt	**लिब** ॰र एइट
liberated	ˈlɪb.ᵊr.eɪ.tɪd	**लिब** ॰र एइ टिड
liberation	ˈlɪb.ə.ˈreɪ.ʃᵊn	**लिब** ə **रेइ** श॰न
Liberation war	ˈlɪb.ə.ˈreɪ.ʃᵊn.ˈwɔː	**लिब** ə **रेइ** श॰न **वो़ः**
liberator	ˈlɪb.ᵊr.eɪ.tə	**लिब** ॰र एइ टə
libertarian	ˈlɪb.ə.ˈteə.ri.ən	**लिब** ə **टेə** री əन
liberty	ˈlɪb.ə.ti	**लिब** ə टी
libido	lɪ.ˈbiː.dəʊ	लि **बीः** डəउ
Libra	ˈliː.brə	**लीः** ब्रə
librarian	laɪ.ˈbreə.ri.ən	लाइ **ब्रेə** री əन
library	ˈlaɪ.brᵊr.i	**लाइ** ब्र॰र ई
lice	laɪs	लाइस
license	ˈlaɪ.sᵊns	**लाइ** स॰न्स
license plate	ˈlaɪ.sᵊns.pleɪt	**लाइ** स॰न्स प्लेइट
licensee	ˈlaɪ.sᵊn.ˈsiː	**लाइ** स॰न **सीः**
licentiate	laɪ.ˈsen.ʃɪ.ət	लाइ **सेन** शि əट
licentious	laɪ.ˈsen.ʃəs	लाइ **सेन** शəस
lichen	ˈlaɪ.kən	**लाइ** कəन
lick	lɪk	लिक
lickety-split	ˈlɪk.ə.ti.ˈsplɪt	**लिक** ə टी **स्प्लिट**
licking	ˈlɪk.ɪŋ	**लिक** इङ
licorice	ˈlɪk.ᵊr.ɪs	**लिक** ॰र इस
lid	lɪd	लिड
lie (n)	laɪ	लाइ
lie (v)	laɪ	लाइ

lie detector	ˈlaɪ.dɪ.ˈtek.tə	**लाइ** डि **टेक** टə
lien	ˈli.ən	**ली** əन
lieu	luː	लूः
lieutenant	lef.ˈten.ᵊnt	लेफ़ **टेन** ॰न्ट
life	laɪf	लाइफ़
life after death	ˈlaɪf.ˈɑːf.tə.deθ	**लाइफ़ आःफ़** टə डेथ
life and death	ˈlaɪf.ən.deθ	**लाइफ़** əन डेथ
life coach	ˈlaɪf.kəʊtʃ	**लाइफ़** कəउच
life cycle	ˈlaɪf.ˈsaɪ.kᵊl	**लाइफ़ साइ** क॰ल
life expectancy	ˈlaɪf.ɪk.ˈspek.tᵊn.si	**लाइफ़** इक **स्पेक** ट॰न सी
life insurance	ˈlaɪf.ɪn.ˈʃɔː.rᵊns	**लाइफ़** इन **शोः** र॰न्स
life jacket	ˈlaɪf.ˈdʒæk.ɪt	**लाइफ़ जæक** इट
life support system	ˈlaɪf.sə.ˈpɔːt.ˈsɪs.təm	**लाइफ़** सə **पोःट सिस** टəम
lifebelt	ˈlaɪf.belt	**लाइफ़** बेल्ट
lifeblood	ˈlaɪf.blʌd	**लाइफ़** ब्लʌड
lifeboat	ˈlaɪf.bəʊt	**लाइफ़** बəउट
lifebuoy	ˈlaɪf.bɔɪ	**लाइफ़** बोइ
life-giving	ˈlaɪf.ˈgɪv.ɪŋ	**लाइफ़ गिव** इङ
lifeguard	ˈlaɪf.gɑːd	**लाइफ़** गाःड
lifelike	ˈlaɪf.laɪk	**लाइफ़** लाइक
lifeline	ˈlaɪf.laɪn	**लाइफ़** लाइन
lifelong	ˈlaɪf.lɒŋ	**लाइफ़** लɒङ
lifepreserver	ˈlaɪf.prɪ.ˈzɜː.və	**लाइफ़** प्रि **ज़ɜः** वə
life-saver	ˈlaɪf.ˈseɪ.və	**लाइफ़ सेइ** वə
life-size	ˈlaɪf.saɪz	**लाइफ़** साइज़
lifespan	ˈlaɪf.spæn	**लाइफ़** स्पæन
lifestyle	ˈlaɪf.staɪl	**लाइफ़** स्टाइल
life-support system	ˈlaɪf.sə.ˈpɔːt.ˈsɪs.təm	**लाइफ़** सə **पोःट सिस** टəम
life-threatening	ˈlaɪf.ˈθret.ᵊn.ɪŋ	**लाइफ़ थ्रेट** ॰न इङ
lifetime	ˈlaɪf.taɪm	**लाइफ़** टाइम
lift	lɪft	लिफ़्ट
lift-off	ˈlɪft.ɒf	**लिफ़्ट** ɒफ़
ligament	ˈlɪg.ə.mᵊnt	**लिग** ə म॰न्ट
ligature	ˈlɪg.ə.tʃə	**लिग** ə चə
light	laɪt	लाइट
light aircraft	ˈlaɪt.ˈeə.krɑːft	**लाइट एə** क्राःफ़्ट
light bulb	ˈlaɪt.ˈbʌlb	**लाइट बʌल्ब**
lighted	ˈlaɪ.tɪd	**लाइ** टिड
lighten	ˈlaɪ.tᵊn	**लाइ** ट॰न

lighter	ˈlaɪ.tə	लाइ टə
lightfoot	ˈlaɪt.ˈfʊt	लाइट फ़ुट
light-headed	ˈlaɪt.ˈhed.ɪd	लाइट हेड इड
lighthearted	ˈlaɪt.ˈhɑː.təd	लाइट हाː टəड
lighthouse	ˈlaɪt.haʊs	लाइट हाउस
lighting	ˈlaɪt.ɪŋ	लाइट इङ
lighting-up time	ˈlaɪt.ɪŋ.ʌp.ˈtaɪm	लाइट इङ ʌप टाइम
lightly	ˈlaɪt.li	लाइट ली
lightmeter	ˈlaɪt.ˈmiː.tə	लाइट मीː टə
lightness	ˈlaɪt.nes	लाइट नेस
lightning	ˈlaɪt.nɪŋ	लाइट निङ
lightning-conductor	ˈlaɪt.nɪŋ.kən.ˈdʌk.tə	लाइट निङ कəन डʌक टə
lightweight	ˈlaɪt.weɪt	लाइट वेइट
light-year	ˈlaɪt.jɪə	लाइट यिə
likable	ˈlaɪk.ə.bᵊl	लाइक ə बᵊल
like	laɪk	लाइक
likelier	ˈlaɪk.lɪ.ə	लाइक लि ə
likelihood	ˈlaɪk.lɪ.hʊd	लाइक लि हुड
likely	ˈlaɪk.li	लाइक ली
like-minded	ˈlaɪk.ˈmaɪn.dɪd	लाइक माइन डिड
liken	ˈlaɪ.kᵊn	लाइ कᵊन
likeness	ˈlaɪk.nəs	लाइक नəस
likewise	ˈlaɪk.waɪz	लाइक वाइज़
liking	ˈlaɪk.ɪŋ	लाइक इङ
lilac	ˈlaɪ.lək	लाइ लəक
Lilliput	ˈlɪl.ɪ.pʊt	लिल इ पुट
Lilliputian	ˈlɪl.ɪ.ˈpjuː.ʃᵊn	लिल इ प्यूː शᵊन
lilt	lɪlt	लिल्ट
lily	ˈlɪl.i	लिल ई
lily-white	ˈlɪl.i.waɪt	लिल ई वाइट
lima bean	ˈliː.mə.biːn	लीː मə बीːन
limb	lɪm	लिम
limbo	ˈlɪm.bəʊ	लिम बəउ
limbs	lɪmz	लिम्ज़
lime	laɪm	लाइम
lime green	ˈlaɪm.ˈgriːn	लाइम ग्रीːन
limelight	ˈlaɪm.laɪt	लाइम लाइट
limerick	ˈlɪm.ᵊr.ɪk	लिम ᵊर इक
limestone	ˈlaɪm.stəʊn	लाइम स्टəउन
limewash	ˈlaɪm.wɒʃ	लाइम वɒश
limewater	ˈlaɪm.ˈwɔː.tə	लाइम वॉː टə
limit	ˈlɪm.ɪt	लिम इट

limitation	ˈlɪm.ɪ.ˈteɪ.ʃᵊn	लिम इ टेइ शᵊन
limited	ˈlɪm.ɪ.tɪd	लिम इ टिड
limiting	ˈlɪm.ɪt.ɪŋ	लिम इट इङ
limo	ˈlɪm.əʊ	लिम əउ
limousine	ˈlɪm.ə.ziːn	लिम ə ज़ीːन
limp	lɪmp	लिम्प
limpid	ˈlɪm.pɪd	लिम पिड
limp-wristed	ˈlɪmp.ˈrɪs.tɪd	लिम्प रिस टिड
linchpin	ˈlɪntʃ.pɪn	लिन्च पिन
linctus	ˈlɪŋk.təs	लिङ्क टəस
line	laɪn	लाइन
line chart	ˈlaɪn.ˈtʃɑːt	लाइन चाːट
line drawing	ˈlaɪn.ˈdrɔː.ɪŋ	लाइन ड्रॉː इङ
lineage	ˈlɪn.i.ɪdʒ	लिन ई इज
lineament	ˈlɪn.ə.mənt	लिन ə मəन्ट
linear	ˈlɪn.i.əʳ	लिन ई əर
linebacker	ˈlaɪn.ˈbæk.ə	लाइन बæक ə
lined	laɪnd	लाइन्ड
line-dancing	ˈlaɪn.ˈdaːn.sɪŋ	लाइन डाːन सिङ
linen	ˈlɪn.ən	लिन əन
liner	ˈlaɪn.ə	लाइन ə
linesman	ˈlaɪnz.mən	लाइन्ज़ मəन
lineup	ˈlaɪn.ʌp	लाइन ʌप
linger	ˈlɪŋ.gə	लिङ गə
lingerie	ˈlɒn.ʒᵊr.iː	लɒन ज़ᵊर ईː
lingo	ˈlɪŋ.gəʊ	लिङ गəउ
lingua franca	ˈlɪŋ.gwə.ˈfræŋk.ə	लिङ ग्वə फ़्रæङ्क ə
linguaphone	ˈlɪŋ.gwə.fəʊn	लिङ ग्वə फ़əउन
linguist	ˈlɪŋ.gwɪst	लिङ ग्विस्ट
linguistic	lɪŋ.ˈgwɪs.tɪk	लिङ ग्विस टिक
linguistics	lɪŋ.ˈgwɪs.tɪks	लिङ ग्विस टिक्स
liniment	ˈlɪn.ə.mᵊnt	लिन ə मᵊन्ट
lining	ˈlaɪ.nɪŋ	लाइ निङ
link	lɪŋk	लिङ्क
linkage	ˈlɪŋk.ɪdʒ	लिङ्क इज
linkup	ˈlɪŋk.ʌp	लिङ्क ʌप
lino	ˈlaɪ.nəʊ	लाइ नəउ
linoleum	lɪn.ˈəʊ.li.əm	लिन əउ ली əम
linseed	ˈlɪn.siːd	लिन सीːड
lint	lɪnt	लिन्ट
Linux	ˈlɪn.əks	लिन əक्स
lion	ˈlaɪ.ən	लाइ əन
lioness	ˈlaɪ.ə.nes	लाइ ə नेस

lion-hearted	ˈlaɪ.ən.ˈhɑː.tɪd	**लाइ** əन **हा:** टिड
lip	lɪp	लिप
lip gloss	ˈlɪp.glɒs	**लिप** ग्लɒस
lipase	ˈlaɪ.peɪz	**लाइ** पेइज़
lipbrush	ˈlɪp.brʌʃ	**लिप** ब्रʌश
lipid	ˈlɪp.ɪd	**लिप** इड
lipoprotein	ˈlɪp.ə.ˈprəʊ.tiːn	**लिप** ə **प्रəउ** टी:न
liposuction	ˈlɪp.ə.ˈsʌk.ʃᵊn	**लिप** ə **सʌक** शᵊन
lip-read	ˈlɪp.riːd	**लिप** री:ड
lipstick	ˈlɪp.stɪk	**लिप** स्टिक
lip-synch	ˈlɪp.sɪŋk	**लिप** सिङ्क
liquefaction	ˈlɪk.wɪ.ˈfæk.ʃᵊn	**लिक** वि **फ़æक** शᵊन
liquefy	ˈlɪk.wɪ.faɪ	**लिक** वि फ़ाइ
liqueur	lɪ.ˈkjʊə	लि **क्युə**
liquid	ˈlɪk.wɪd	**लिक** विड
liquidate	ˈlɪk.wɪ.deɪt	**लिक** वि डेइट
liquidation	ˈlɪk.wɪ.ˈdeɪ.ʃᵊn	**लिक** वि **डेइ** शᵊन
liquidiser	ˈlɪk.wɪ.ˈdaɪ.zə	**लिक** वि **डाइ** ज़ə
liquidity	lɪ.ˈkwɪd.ə.ti	लि **क्विड** ə टी
liquor	ˈlɪk.ə	**लिक** ə
liquor store	ˈlɪk.ə.stɔː	**लिक** ə स्टो:
liquorice	ˈlɪk.ᵊr.ɪs	**लिक** ᵊर इस
lisp	lɪsp	लिस्प
list	lɪst	लिस्ट
list price	ˈlɪst.praɪs	**लिस्ट** प्राइस
listen	ˈlɪs.ᵊn	**लिस** ᵊन
listener	ˈlɪs.ᵊn.ə	**लिस** ᵊन ə
listening	ˈlɪs.ᵊn.ɪŋ	**लिस** ᵊन इङ
listing	ˈlɪs.tɪŋ	**लिस** टिङ
listless	ˈlɪst.ləs	**लिस्ट** लəस
listlessly	ˈlɪst.ləs.li	**लिस्ट** लəस ली
listlessness	ˈlɪst.lɪs.nəs	**लिस्ट** लिस नəस
lit	lɪt	लिट
litany	ˈlɪt.ᵊn.i	**लिट** ᵊन ई
lite	laɪt	लाइट
liter	ˈliː.tə	**ली:** टə
literacy	ˈlɪt.ᵊr.ə.si	**लिट** ᵊर ə सी
literal	ˈlɪt.ᵊr.ᵊl	**लिट** ᵊर ᵊल
literally	ˈlɪt.ᵊr.ᵊl.i	**लिट** ᵊर ᵊल ई
literary	ˈlɪt.ᵊr.ᵊr.i	**लिट** ᵊर ᵊर ई
literate	ˈlɪt.ᵊr.ət	**लिट** ᵊर əट
literature	ˈlɪt.rə.tʃə	**लिट** रə चə

lithe	laɪð	लाइद
lithium	ˈlɪθ.i.əm	**लिथ** ई əम
lithographer	lɪ.ˈθɒg.rə.fə	लि **थɒग** रə फ़ə
lithography	lɪ.ˈθɒg.rə.fi	लि **थɒग** रə फ़ी
lithosphere	ˈlɪθ.ə.sfɪə	**लिथ** ə स्फ़िə
litigant	ˈlɪt.ɪ.gᵊnt	**लिट** इ गᵊन्ट
litigate	ˈlɪt.ɪ.geɪt	**लिट** इ गेइट
litigation	ˈlɪt.ɪ.ˈgeɪ.ʃᵊn	**लिट** इ **गेइ** शᵊन
litmus test	ˈlɪt.məs.ˈtest	**लिट** मəस **टेस्ट**
litre	ˈliː.tə	**ली:** टə
litter	ˈlɪt.ə	**लिट** ə
litterbug	ˈlɪt.ə.bʌg	**लिट** ə बʌग
little	ˈlɪt.ᵊl	**लिट** ᵊल
liturgy	ˈlɪt.ə.dʒi	**लिट** ə जी
livable	ˈlɪv.ə.bᵊl	**लिव** ə बᵊल
live (adj)	laɪv	लाइव
live (v)	lɪv	लिव
live wire	ˈlaɪv.ˈwaɪ.ə	**लाइव** **वाइ** ə
live-action	ˈlaɪv.ˈæk.ʃᵊn	**लाइव** **æक** शᵊन
live-in	ˈlɪv.ˈɪn	**लिव** **इन**
livelihood	ˈlaɪv.lɪ.hʊd	**लाइव** लि हुड
lively	ˈlaɪv.li	**लाइव** ली
liven	ˈlaɪv.ᵊn	**लाइव** ᵊन
liver	ˈlɪv.ə	**लिव** ə
liverwort	ˈlɪv.ə.wɜːt	**लिव** ə वɜ:ट
lives (n)	laɪvz	लाइव्ज़
lives (v)	lɪvz	लिव्ज़
livestock	ˈlaɪv.stɒk	**लाइव** स्टɒक
livid	ˈlɪv.ɪd	**लिव** इड
living	ˈlɪv.ɪŋ	**लिव** इङ
living room	ˈlɪv.ɪŋ.ruːm	**लिव** इङ रू:म
lizard	ˈlɪz.əd	**लिज़** əड
llama	ˈlɑː.mə	**ला:** मə
lo	ləʊ	लəउ
load	ləʊd	लəउड
loaded	ˈləʊ.dɪd	**लəउ** डिड
load-shedding	ˈləʊd.ˈʃed.ɪŋ	**लəउड** **शेड** इङ
loadstone	ˈləʊd.stəʊn	**लəउड** स्टəउन
loaf	ləʊf	लəउफ़
loafer	ˈləʊ.fə	**लəउ** फ़ə
loan	ləʊn	लəउन
loan shark	ˈləʊn.ˈʃɑːk	**लəउन** **शा:क**

loanword	ˈləʊn.wɜːd	**लəउन** व़ɜːड
loath	ləʊθ	लəउथ
loathe	ləʊð	लəउद
loathing	ˈləʊð.ɪŋ	**लəउद** इङ
loathsome	ˈləʊð.səm	**लəउद** सəम
loaves	ləʊvz	लəउव्ज़
lob	lɒb	लɒब
lobby	ˈlɒb.i	**लɒब** ई
lobbyist	ˈlɒb.i.ɪst	**लɒब** ई इस्ट
lobe	ləʊb	लəउब
lobotomy	ləˈbɒt.ə.mi	लə **बɒट** ə मी
lobster	ˈlɒb.stə	**लɒब** स्टə
local	ˈləʊ.kᵊl	**लəउ** कᵊल
local anaesthetic	ˌləʊ.kᵊl.ˌæn.əs.ˈθet.ɪk	**लəउ** कᵊल **æन** əस **थेट** इक
local time	ˈləʊ.kᵊl.ˈtaɪm	**लəउ** कᵊल **टाइम**
locale	ləˈkɑːl	लə **काःल**
localise	ˈləʊ.kᵊl.aɪz	**लəउ** कᵊल आइज़
locality	ləˈkæl.ə.ti	लə **कæल** ə टी
locally	ˈləʊ.kᵊl.i	**लəउ** कᵊल ई
locate	ləʊˈkeɪt	लəउ **केइट**
location	ləʊˈkeɪ.ʃᵊn	लəउ **केइ** शᵊन
loch	lɒk	लɒक
loci	ˈləʊ.saɪ	**लəउ** साइ
lock	lɒk	लɒक
locker	ˈlɒk.əʳ	**लɒक** əर
locker room	ˈlɒk.ə.ˈruːm	**लɒक** ə **रूːम**
locket	ˈlɒk.ɪt	**लɒक** इट
lockjaw	ˈlɒk.dʒɔː	**लɒक** जोː
lock-keeper	ˈlɒk.ˈkiː.pə	**लɒक कीː** पə
lockout	ˈlɒk.aʊt	**लɒक** आउट
locksmith	ˈlɒk.smɪθ	**लɒक** स्मिथ
lockstitch	ˈlɒk.stɪtʃ	**लɒक** स्टिच
lockup	ˈlɒk.ʌp	**लɒक** ʌप
loco	ˈləʊ.kəʊ	**लəउ** कəउ
locomotion	ˌləʊ.kə.ˈməʊ.ʃᵊn	**लəउ** कə **मəउ** शᵊन
locomotive	ˌləʊ.kə.ˈməʊ.tɪv	**लəउ** कə **मəउ** टिव
locum	ˈləʊ.kəm	**लəउ** कəम
locus	ˈləʊ.kəs	**लəउ** कəस
locust	ˈləʊ.kəst	**लəउ** कəस्ट
locution	ləˈkjuː.ʃᵊn	लə **क्यूː** शᵊन
lode	ləʊd	लəउड
lodestone	ˈləʊd.stəʊn	**लəउड** स्टəउन
lodge	lɒdʒ	लɒज
lodgement	ˈlɒdʒ.mᵊnt	**लɒज** मᵊन्ट
lodging	ˈlɒdʒ.ɪŋ	**लɒज** इङ
lodging house	ˈlɒdʒ.ɪŋ.haʊs	**लɒज** इङ हाउस
loft	lɒft	लɒफ़्ट
lofty	ˈlɒf.ti	**लɒफ़** टी
log	lɒg	लɒग
log cabin	lɒg.ˈkæb.ɪn	लɒग **कæब** इन
logarithm	ˈlɒg.ᵊr.ɪ.ðəm	**लɒग** ᵊर इ दəम
logbook	ˈlɒg.bʊk	**लɒग** बुक
loggerhead	ˈlɒg.ə.hed	**लɒग** ə हेड
logging	ˈlɒg.ɪŋ	**लɒग** इङ
logic	ˈlɒdʒ.ɪk	**लɒज** इक
logical	ˈlɒdʒ.ɪ.kᵊl	**लɒज** इ कᵊल
logically	ˈlɒdʒ.ɪ.kᵊl.i	**लɒज** इ कᵊल ई
logician	ləˈdʒɪ.ʃᵊn	लə **जि** शᵊन
login	ˈlɒg.ɪn	**लɒग** इन
logistical	ləˈdʒɪs.tɪ.kᵊl	लə **जिस** टि कᵊल
logistically	ləˈdʒɪs.tɪ.kᵊl.i	लə **जिस** टि कᵊल ई
logistics	ləˈdʒɪs.tɪks	लə **जिस** टिक्स
logjam	ˈlɒg.dʒæm	**लɒग** जæम
logo	ˈləʊ.gəʊ	**लəउ** गəउ
loin	lɔɪn	लोइन
loincloth	ˈlɔɪn.klɒθ	**लोइन** क्लɒथ
loiter	ˈlɔɪ.tə	**लोइ** टə
loll	lɒl	लɒल
lollipop	ˈlɒl.ɪ.pɒp	**लɒल** इ पɒप
lone	ləʊn	लəउन
loneliness	ˈləʊn.lɪ.nəs	**लəउन** लि नəस
lonely	ˈləʊn.li	**लəउन** ली
loner	ˈləʊ.nə	**लəउ** नə
lonesome	ˈləʊn.səm	**लəउन** सəम
long	lɒŋ	लɒङ
long johns	ˈlɒŋ.ˈdʒɒnz	**लɒङ जɒन्ज़**
long jump	ˈlɒŋ.dʒʌmp	**लɒङ** जʌम्प
long shot	ˈlɒŋ.ʃɒt	**लɒङ** शɒट
long weekend	ˈlɒŋ.wiːk.ˈend	**लɒङ** वीːक **एन्ड**
long-awaited	ˈlɒŋ.ə.ˈweɪ.tɪd	**लɒङ** ə **वेइ** टिड
long-distance	lɒŋ.ˈdɪs.tᵊns	लɒङ **डिस** टᵊन्स
longevity	lɒn.ˈdʒev.ə.ti	लɒन **जेव** ə टी
long-grain rice	ˈlɒŋ.greɪn.ˈraɪs	**लɒङ** ग्रेइन **राइस**
longhand	ˈlɒŋ.hænd	**लɒङ** हæन्ड
long-haul	ˈlɒŋ.ˈhɔːl	**लɒङ होःल**

longing	ˈlɒŋ.ɪŋ	**लɒङ** इङ
longingly	ˈlɒŋ.ɪŋ.li	**लɒङ** इङ ली
longitude	ˈlɒn.dʒɪ.tjuːd	**लɒन** जि ट्यूःड
longitudinal	ˈlɒn.dʒɪ.ˈtjuː.dɪ.nᵊl	**लɒन** जि **ट्यूः** डि नᵊल
long-lasting	ˈlɒŋ.ˈlaː.stiŋ	**लɒङ लाः** स्टीङ
long-lasting friendship	ˈlɒŋ.ˈlaː.stiŋ.ˈfren d.ʃɪp	**लɒङ लाः** स्टीङ **फ़्रेन्ड** शिप
long-life	ˈlɒŋ.ˈlaɪf	**लɒङ लाइफ़**
long-lived	ˈlɒŋ.ˈlɪvd	**लɒङ लिव्ड**
long-lost	ˈlɒŋ.lɒst	**लɒङ** लɒस्ट
long-range	ˈlɒŋ.ˈreɪndʒ	**लɒङ रेइन्ज**
long-running	ˈlɒŋ.ˈrʌn.ɪŋ	**लɒङ रʌन** इङ
longshoreman	ˈlɒŋ.ʃɔː.mən	**लɒङ** शोः मəन
long-sighted	ˈlɒŋ.ˈsaɪ.tɪd	**लɒङ साइ** टिड
long-standing	ˈlɒŋ.ˈstæn.dɪŋ	**लɒङ स्टæन** डिङ
long-suffering	ˈlɒŋ.ˈsʌf.ər.ɪŋ	**लɒङ सʌफ़** əर इङ
long-term	ˈlɒŋ.tɜːm	**लɒङ** टɜːम
long-time	ˈlɒŋ.taɪm	**लɒङ** टाइम
long-winded	ˈlɒŋ.ˈwɪn.dɪd	**लɒङ विन** डिड
look	lʊk	लुक
lookalike	ˈlʊk.ə.laɪk	**लुक** ə लाइक
looked after	ˈlʊkt.ˈɑːf.tə	**लुक्ट आःफ़** टə
looker	ˈlʊk.ə	**लुक** ə
look-in	ˈlʊk.ɪn	**लुक** इन
looking	ˈlʊk.ɪŋ	**लुक** इङ
looking-glass	ˈlʊk.ɪŋ.ˈglɑːs	**लुक** इङ **ग्लाःस**
look-on	ˈlʊk.ɒn	**लुक** ɒन
lookout	ˈlʊk.aʊt	**लुक** आउट
looks	lʊks	लुक्स
look-see	ˈlʊk.siː	**लुक** सीः
loom	luːm	लूःम
loony	ˈluː.ni	**लूः** नी
loop	luːp	लूःप
loophole	ˈluːp.həʊl	**लूःप** हəउल
loose	luːs	लूःस
loose-leaf	ˈluːs.ˈliːf	**लूःस लीःफ़**
loosely	ˈluːs.li	**लूःस** ली
loosen	ˈluː.sᵊn	**लूः** सᵊन
loot (IO)	luːt	लूःट
looter	ˈluː.tə	**लूः** टə
lop	lɒp	लɒप

lope	ləʊp	लəउप
lopsided	lɒp.ˈsaɪ.dɪd	लɒप **साइ** डिड
loquacious	lə.ˈkweɪ.ʃəs	लə **क्वेइ** शəस
lord	lɔːd	लोःड
lore	lɔː	लोः
lorry	ˈlɒr.i	**लɒर** ई
losable	ˈluː.sə.bᵊl	**लूः** सə बᵊल
lose	luːz	लूःज़
loser	ˈluː.zə	**लूः** ज़ə
losing	ˈluːz.ɪŋ	**लूःज़** इङ
loss	lɒs	लɒस
lost	lɒst	लɒस्ट
lost cause	ˈlɒst.ˈkɔːz	**लɒस्ट कोःज़**
lost days	ˈlɒst.ˈdeɪz	**लɒस्ट डेइज़**
lost property	ˈlɒst.ˈprɒp.ə.ti	**लɒस्ट प्रɒप** ə टी
lost-and-found	ˈlɒst.ən.ˈfaʊnd	**लɒस्ट** əन **फ़ाउन्ड**
lot	lɒt	लɒट
loth	ləʊθ	लəउथ
lotion	ˈləʊ.ʃᵊn	**लəउ** शᵊन
lots	lɒts	लɒट्स
lottery	ˈlɒt.ᵊr.i	**लɒट** ᵊर ई
Lotus	ˈləʊ.təs	**लəउ** टəस
loud	laʊd	लाउड
loud-hailer	ˈlaʊd.ˈheɪ.lə	**लाउड हेइ** लə
loudly	ˈlaʊd.li	**लाउड** ली
loudmouth	ˈlaʊd.maʊθ	**लाउड** माउथ
loudness	ˈlaʊd.nəs	**लाउड** नəस
loudspeaker	ˈlaʊd.ˈspiː.kə	**लाउड स्पीः** कə
lounge	laʊndʒ	लाउन्ज
louse	laʊs	लाउस
lousy	ˈlaʊ.zi	**लाउ** ज़ी
lout	laʊt	लाउट
louvre	ˈluː.və	**लूः** वə
lovable	ˈlʌv.ə.bᵊl	**लʌव** ə बᵊल
love	lʌv	लʌव
love affair	ˈlʌv.ə.ˈfeə	**लʌव** ə **फ़ेə**
love letter	ˈlʌv.ˈlet.ə	**लʌव लेट** ə
love seat	ˈlʌv.ˈsiːt	**लʌव सीःट**
love song	ˈlʌv.ˈsɒŋ	**लʌव सɒङ**
love story	ˈlʌv.ˈstɔː.ri	**लʌव स्टोः** री
lovebird	ˈlʌv.bɜːd	**लʌव** बɜːड
lovebite	ˈlʌv.baɪt	**लʌव** बाइट

love-child	ˈlʌv.ˈtʃaɪld	लʌव चाइल्ड
loveliness	ˈlʌv.lɪ.nəs	लʌव लि नəस
lovely	ˈlʌv.li	लʌव ली
lovemaking	ˈlʌv.ˈmeɪ.kɪŋ	लʌव मेइ किङ
love-match	ˈlʌv.mætʃ	लʌव मæच
love-potion	ˈlʌv.ˈpəʊ.ʃᵊn	लʌव पəउ शᵊन
lover	ˈlʌv.ə	लʌव ə
lovers	ˈlʌv.əz	लʌव əज़
lovesick	ˈlʌv.sɪk	लʌव सिक
lovey-dovey	ˈlʌv.i.ˈdʌv.i	लʌव ई डʌव ई
loving	ˈlʌv.ɪŋ	लʌव इङ
lovingly	ˈlʌv.ɪŋ.li	लʌव इङ ली
low	ləʊ	लəउ
low born	ˈləʊ.bɔːn	लəउ बोːन
lowbred	ˈləʊ.bred	लəउ ब्रेड
lowbrow	ˈləʊ.braʊ	लəउ ब्राउ
low-calorie	ˈləʊ.ˈkæl.ᵊr.i	लəउ कæल ᵊर ई
low-cost	ˈləʊ.ˈkɒst	लəउ कɒस्ट
low-down (adj)	ləʊ.ˈdaʊn	लəउ डाउन
low-down (n)	ˈləʊ.daʊn	लəउ डाउन
lower	ˈləʊ.ə	लəउ ə
lowermost	ˈləʊ.ə.məʊst	लəउ ə मəउस्ट
lower house	ˈləʊ.ə.ˈhaʊs	लəउ ə हाउस
lower-case letter	ˈləʊ.ə.keɪs.ˈlet.ə	लəउ ə केइस लेट ə
lower-class	ˈləʊ.ə.klaːs	लəउ ə क्लाːस
low-fat	ˈləʊ.ˈfæt	लəउ फ़æट
low-key	ˈləʊ.ˈkiː	लəउ कीː
lowland	ˈləʊ.lənd	लəउ लəन्ड
low-life	ˈləʊ.laɪf	लəउ लाइफ़
low-loader	ˈləʊ.ˈləʊ.də	लəउ लəउ डə
lowly	ˈləʊ.li	लəउ ली
low-lying	ˈləʊ.ˈlaɪ.ɪŋ	लəउ लाइ इङ
low-necked	ˈləʊ.ˈnekt	लəउ नेक्ट
low-paid	ˈləʊ.ˈpeɪd	लəउ पेइड
low-tide	ˈləʊ.ˈtaɪd	लəउ टाइड
loyal	ˈlɔɪ.əl	लोइ əल
loyally	ˈlɔɪ.əl.i	लोइ əल ई
loyalist	ˈlɔɪ.ə.lɪst	लोइ ə लिस्ट
loyalty	ˈlɔɪ.əl.ti	लोइ əल टी
lozenge	ˈlɒz.ɪndʒ	लɒज़ इन्ज
LPG	ˈel.piː.ˈdʒiː	एल पीː जीː
L-plate	ˈel.pleɪt	एल प्लेइट

LSD	ˈel.ˈes.ˈdiː	एल एस डीː
Ltd.(abb)	ˈlɪm.ɪ.tɪd.	लिम इ टिड
lubricant	ˈluː.brɪ.kᵊnt	लूː ब्रि कᵊन्ट
lubricate	ˈluː.brɪ.keɪt	लूː ब्रि केइट
lubrication	ˈluː.brɪ.ˈkeɪ.ʃᵊn	लूː ब्रि केइ शᵊन
lucid	ˈluː.sɪd	लूː सिड
lucidity	luː.ˈsɪd.ə.ti	लूː सिड ə टी
lucidly	ˈluː.sɪd.li	लूː सिड ली
lucifer	ˈluː.sɪ.fə	लूː सि फ़ə
luck	lʌk	लʌक
luckily	ˈlʌk.ɪ.li	लʌक इ ली
luckless	ˈlʌk.ləs	लʌक लəस
lucky	ˈlʌk.i	लʌक ई
lucrative	ˈluː.krə.tɪv	लूː क्रə टिव
lucre	ˈluː.kə	लूː कə
ludicrous	ˈluː.dɪk.rəs	लूː डिक रəस
ludicrously	ˈluː.dɪk.rəs.li	लूː डिक रəस ली
lug	lʌg	लʌग
luggage	ˈlʌg.ɪdʒ	लʌग इज
luggage rack	ˈlʌg.ɪdʒ.ˈræk	लʌग इज रæक
lugger	ˈlʌg.ə	लʌग ə
lugubrious	lə.ˈguː.bri.əs	लə गूː ब्री əस
lukewarm	ˈluːk.ˈwɔːm	लूːक वॉːम
lull	lʌl	लʌल
lullaby	ˈlʌl.ə.baɪ	लʌल ə बाइ
lulu	ˈluː.lu	लूː लू
lumber	ˈlʌm.bə	लʌम बə
lumberjack	ˈlʌm.bə.dʒæk	लʌम बə जæक
lumberyard	ˈlʌm.bə.jaːd	लʌम बə गाːड
lumiere	ˈluː.mi.eə	लूː मी एə
luminary	ˈluː.mi.nᵊr.i	लूː मी नᵊर ई
luminous	ˈluː.mi.nəs	लूː मी नəस
lump	lʌmp	लʌम्प
lump sum	ˈlʌmp.sʌm	लʌम्प सʌम
lumpy	ˈlʌm.pi	लʌम पी
lunacy	ˈluː.nə.si	लूː नə सी
lunar	ˈluː.nə	लूː नə
lunatic	ˈluː.nə.tɪk	लूː नə टिक
lunch	ˈlʌntʃ	लʌन्च
lunchbox	ˈlʌntʃ.bɒks	लʌन्च बɒक्स
luncheon	ˈlʌn.tʃən	लʌन चəन
lunchroom	ˈlʌntʃ.ˈruːm	लʌन्च रूːम
lunchtime	ˈlʌntʃ.taɪm	लʌन्च टाइम

lung	lʌŋ	लʌङ
lunge	lʌndʒ	लʌन्ज
lurch	lɜːtʃ	लɜːच
lure	lʊə	लुə
lurid	ˈlʊə.rɪd	**लुə** रिड
luridly	ˈlʊə.rɪd.li	**लुə** रिड ली
lurk	lɜːk	लɜːक
luscious	ˈlʌʃ.əs	**लʌश** əस
lush	lʌʃ	लʌश
lust	lʌst	लʌस्ट
luster	ˈlʌs.tə	**लʌस** टə
lustful	ˈlʌst.f^{ə}l	**लʌस्ट** फ़^{ə}ल
lustre	ˈlʌst.ə	**लʌस्ट** ə
lustrous	ˈlʌs.trəs	**लʌस** ट्रəस
lusty	ˈlʌs.ti	**लʌस** टी
lute	luːt	लूːट
lux	lʌks	लʌक्स
luxuriance	lʌg.ˈʒʊ.ə.ri.^{ə}ns	लʌग **ज़ु** ə री ^{ə}न्स
luxuriant	lʌg.ˈʒʊ.ə.ri.^{ə}nt	लʌग **ज़ु** ə री ^{ə}न्ट
luxuriate	lʌg.ˈʒʊ.ri.eɪt	लʌग **ज़ु** री एइट
luxurious	lʌg.ˈʒʊ.ri.əs	लʌग **ज़ु** री əस
luxuriously	lʌg.ˈʒʊ.ri.əs.li	लʌग **ज़ु** री əस ली
luxury	ˈlʌk.ʃ^{ə}r.i	**लʌक** श^{ə}र ई
lyceum	laɪ.ˈsiː.əm	लाइ **सी**ː əम
lychee	ˈlaɪ.tʃiː	**लाइ** चीː
lye	laɪ	लाइ
lying	ˈlaɪ.ɪŋ	**लाइ** इङ
lymph	lɪmf	लिम्फ़
lymphatic	lɪm.ˈfæt.ɪk	लिम **फ़æट** इक
lymphocyte	ˈlɪm.fə.saɪt	**लिम** फ़ə साइट
lynch	lɪntʃ	लिन्च
lynching	ˈlɪntʃ.ɪŋ	**लिन्च** इङ
lyre	ˈlaɪ.ə	**लाइ** ə
lyrebird	ˈlaɪ.ə.bɜːd	**लाइ** ə बɜːड
lyric	ˈlɪr.ɪk	**लिर** इक
lyricist	ˈlɪr.ɪ.sɪst	**लिर** इ सिस्ट
lyrics	ˈlɪr.ɪks	**लिर** इक्स

M

m	em	एम
M	em	एम
M.A. (abb)	ˈem.ˈeɪ	**एम एइ**
ma	mɑː	मा:
ma'am	mæm	मæम
macabre	mə.ˈkɑː.brə	मə **का**: ब्रə
macadamia	ˈmæk.ə.ˈdeɪ.mi.ə	**मæक** ə **डेइ** मी ə
macaroni	ˈmæk.ə.ˈrəʊ.ni	**मæक** ə **रəउ** नी
macaroon	ˈmæk.ə.ˈruːn	**मæक** ə **रू:न**
mace	meɪs	मेइस
machete	mə.ˈʃet.i	मə **शेट** ई
machine	mə.ˈʃiːn	मə **शी:न**
machine-gun	mə.ˈʃiːn.gʌn	मə **शी:न** गʌन
machine-made	mə.ˈʃiːn.meɪd	मə **शी:न** मेइड
machine-readable	mə.ˈʃiːn.ˈriː.də.bᵊl	मə **शी:न री**: डə बᵊल
machinery	mə.ˈʃiː.nᵊr.i	मə **शी**: नᵊर ई
machine-washable	mə.ˈʃiːn.ˈwɒʃ.ə.bᵊl	मə **शी:न व़ɒश** ə बᵊल
machinist	mə.ˈʃiː.nɪst	मə **शी**: निस्ट
macho	ˈmætʃ.əʊ	**मæच** əउ
macho-man	ˈmætʃ.əʊ.mən	**मæच** əउ मəन
mackerel	ˈmæk.ᵊr.ᵊl	**मæक** ᵊर ᵊल
mackintosh	ˈmæk.ɪn.tɒʃ	**मæक** इन टɒश
macro	ˈmæk.rəʊ	**मæक** रəउ
macrocosm	ˈmæk.rəʊ.kɒz.əm	**मæक** रəउ कɒज़ əम
macroeconomic	ˈmæk.rəʊ.iː.kə.ˈnɒm.ɪks	**मæक** रəउ ई: कə **नɒम** इक्स
macron	ˈmæk.rɒn	**मæक** रɒन
macroscopic	ˈmæk.rəʊ.ˈskɒp.ɪk	**मæक** रəउ **स्कɒप** इक
mad	mæd	मæड
madam	ˈmæd.əm	**मæड** əम
madame	mə.ˈdɑːm	मə **डा:म**
madcap	ˈmæd.kæp	**मæड** कæप
madden	ˈmæd.ᵊn	**मæड** ᵊन
maddening	ˈmæd.ᵊn.ɪŋ	**मæड** ᵊन इङ
maddeningly	ˈmæd.ᵊn.ɪŋ.li	**मæड** ᵊन इङ ली
madder	ˈmæd.ə	**मæड** ə
made	ˈmeɪd	**मेइड**
made-to-measure	ˈmeɪd.tə.ˈmeʒ.ə	**मेइड** टə **मेज़** ə

made-to-order	ˈmeɪd.tu.ˈɔː.də	**मेइड** टू **ओ**: डə
madhouse	ˈmæd.haʊs	**मæड** हाउस
madly	ˈmæd.li	**मæड** ली
madman	ˈmæd.mən	**मæड** मəन
madness	ˈmæd.nəs	**मæड** नəस
maelstrom	ˈmeɪl.strɒm	**मेइल** स्ट्रɒम
maestro	ˈmaː.es.trəʊ	**मा**: एस ट्रəउ
mafia	ˈmæf.i.ə	**मæफ़** ई ə
magazine	ˈmæg.ə.ˈziːn	**मæग** ə **ज़ी:न**
magenta	mə.ˈdʒen.tə	मə **जेन** टə
maggot	ˈmæg.ət	**मæग** əट
magic	ˈmædʒ.ɪk	**मæज** इक
Magic Carpet	ˈmædʒ.ɪk.ˈkɑː.pɪt	**मæज** इक **का**: पिट
magic marker	ˈmædʒ.ɪk.ˈmɑː.kə	**मæज** इक **मा**: कə
magic wand	ˈmædʒ.ɪk.ˈwɒnd	**मæज** इक **व़ɒन्ड**
magic word	ˈmædʒ.ɪk.ˈwɜːd	**मæज** इक **व़ɜːड**
magical	ˈmædʒ.ɪ.kᵊl	**मæज** इ कᵊल
magically	ˈmædʒ.ɪ.kᵊl.i	**मæज** इ कᵊल ई
magician	mə.ˈdʒɪʃ.ᵊn	मə **जिश** ᵊन
magistrate	ˈmædʒ.ɪ.streɪt	**मæज** इ स्ट्रेइट
magistrates' court	ˈmædʒ.ɪ.streɪts.ˈkɔːt	**मæज** इ स्ट्रेइट्स **को:ट**
Magna Carta	ˈmæg.nə.ˈkɑː.tə	**मæग** नə **का**: टə
magnanimity	ˈmæg.nə.ˈnɪ.mə.ti	**मæग** नə **नि** मə टी
magnanimous	mæg.ˈnæn.ɪ.məs	मæग **नæन** इ मəस
magnate	ˈmæg.nət	**मæग** नəट
magnesium	mæg.ˈniː.zɪ.əm	मæग **नी**: ज़ि əम
magnet	ˈmæg.nət	**मæग** नəट
magnetic	mæg.ˈnet.ɪk	मæग **नेट** इक
magnetic tape	mæg.ˈnet.ɪk.teɪp	मæग **नेट** इक टेइप
magnetise	ˈmæg.nə.taɪz	**मæग** नə टाइज़
magnetism	ˈmæg.nə.tɪ.zᵊm	**मæग** नə टि ज़ᵊम
magnification	ˈmæg.nɪ.fɪ.ˈkeɪ.ʃᵊn	**मæग** नि फ़ि **केइ** शᵊन
magnificence	mæg.ˈnɪ.fɪs.ᵊns	मæग **नि** फ़िस ᵊन्स
magnificent	mæg.ˈnɪ.fɪs.ᵊnt	मæग **नि** फ़िस ᵊन्ट
magnificently	mæg.ˈnɪ.fɪs.ᵊnt.li	मæग **नि** फ़िस ᵊन्ट ली
magnify	ˈmæg.nɪ.faɪ	**मæग** नि फ़ाइ
magnifying glass	ˈmæg.nɪ.faɪ.ɪŋ.ˈgl	**मæग** नि फ़ाइ इङ

	ɑ:s	ग्ला:स
magnitude	ˈmæg.nɪ.tju:d	**मæग** नि ट्यू:ड
magnolia	mæg.ˈnəʊ.li.ə	मæग **नəउ** ली ə
magnum	ˈmæg.nəm	**मæग** नəम
magpie	ˈmæg.paɪ	**मæग** पाइ
maharaja (IO)	ˈmɑ:.hə.ˈrɑ:.dʒə	**मा:** हə **रा:** जə
maharani (IO)	ˈmɑ:.hə.ˈrɑ:.ni	**मा:** हə **रा:** नी
maharishi (IO)	ˈmɑ:.hə.ˈrɪʃ.i	**मा:** हə **रिश** ई
mahatma (IO)	mə.ˈha:t.mə	मə **हा:ट** मə
mahogany	mə.ˈhɒg.ə.ni	मə **हɒग** ə नी
mahout (IO)	mə.ˈhaʊt	मə **हाउट**
maid	meɪd	मेइड
maid of honour	ˈmeɪd.əv.ˈɒn.ə	**मेइड** əव **ɒन** ə
maiden	ˈmeɪd.ᵊn	**मेइड** ᵊन
maiden name	ˈmeɪ.dᵊn.ˈneɪm	**मेइ** डᵊन **नेइम**
maiden voyage	ˈmeɪd.ᵊn.ˈvɔi.ɪdʒ	**मेइड** ᵊन **वोई** इज
maidenhead	ˈmeɪ.dᵊn.hed	**मेइ** डᵊन हेड
maidenhood	ˈmeɪ.dᵊn.hʊd	**मेइ** डᵊन हुड
maid-servant	ˈmeɪd.ˈsɜ:.vᵊnt	**मेइड** **सɜ:** वᵊन्ट
mail	meɪl	मेइल
mail order	ˈmeɪl.ˈɔ:.də	**मेइल** **ओ:** डə
mailbag	ˈmeɪl.bæg	**मेइल** बæग
mailbox	ˈmeɪl.bɒks	**मेइल** बɒक्स
mailing	ˈmeɪl.ɪŋ	**मेइल** इङ
mailing address	ˈmeɪl.ɪŋ.ə.ˈdres	**मेइल** इङ ə **ड्रेस**
mailing list	ˈmeɪl.ɪŋ.ˈlɪst	**मेइल** इङ **लिस्ट**
mailman	ˈmeɪl.mæn	**मेइल** मæन
mailroom	ˈmeɪl.ru:m	**मेइल** रू:म
maim	meɪm	मेइम
main	meɪn	मेइन
main course	ˈmeɪn.ˈkɔ:s	**मेइन** **को:स**
main drag	ˈmeɪn.ˈdræg	**मेइन** **ड्रæग**
mainframe	ˈmeɪn.ˈfreɪm	**मेइन** **फ़्रेइम**
mainland	ˈmeɪn.lænd	**मेइन** लæन्ड
mainly	ˈmeɪn.li	**मेइन** ली
mainspring	ˈmeɪn.sprɪŋ	**मेइन** स्प्रिङ
mainstay	ˈmeɪn.steɪ	**मेइन** स्टेइ
mainstream	ˈmeɪn.stri:m	**मेइन** स्ट्री:म
maintain	ˈmeɪn.teɪn	**मेइन** टेइन
maintenance	ˈmeɪn.tə.nᵊns	**मेइन** टə नᵊन्स
maize	meɪz	मेइज़
majestic	mə.ˈdʒes.tɪk	मə **जेस** टिक

majestically	mə.ˈdʒes.tɪ.kᵊl.i	मə **जेस** टि कᵊल ई
majesty	ˈmædʒ.ə.sti	**मæज** ə स्टी
major	ˈmeɪ.dʒə	**मेइ** जə
major-general	ˈmeɪ.dʒə.ˈdʒen.ᵊr.ᵊl	**मेइ** जə **जेन** ᵊर ᵊल
majority	mə.ˈdʒɒr.ə.ti	मə **जɒर** ə टी
major-league	ˈmeɪ.dʒə.ˈli:g	**मेइ** जə **ली:ग**
make	meɪk	मेइक
make-believe	ˈmeɪk.bɪ.ˈli:v	**मेइक** बि **ली:व**
make-or-break	ˈmeɪk.ɔ:.ˈbreɪk	**मेइक** ओ: **ब्रेइक**
makeover	ˈmeɪk.ˈəʊ.vəʳ	**मेइक** **əउ** वəर
maker	ˈmeɪk.ə	**मेइक** ə
makes	meɪks	मेइक्स
makeshift	ˈmeɪk.ʃɪft	**मेइक** शिफ़्ट
makeup	ˈmeɪk.ʌp	**मेइक** ʌप
making	ˈmeɪk.ɪŋ	**मेइक** इङ
mala fide	ˈmeɪ.lə.ˈfaɪ.di	**मेइ** लə **फ़ाइ** डी
malabsorption	ˈmæl.əb.ˈzɔ:p.ʃᵊn	**मæल** əब **ज़ो:प** शᵊन
maladjusted	ˈmæl.əd.ˈdʒʌs.tɪd	**मæल** əड **जʌस** टिड
maladjustment	ˈmæl.əd.ˈdʒʌst.mᵊnt	**मæल** əड **जʌस्ट** मᵊन्ट
maladministration	ˈmæl.əd.ˈmɪn.ɪ.ˈstreɪ.ʃᵊn	**मæल** əड **मिन** इ **स्ट्रेइ** शᵊन
maladroit	ˈmæl.ə.ˈdrɔɪt	**मæल** ə **ड्रोइट**
malady	ˈmæl.ə.di	**मæल** ə डी
malaise	mə.ˈleɪz	मə **लेइज़**
malapropism	ˈmæl.ə.prɒp.ɪ.zᵊm	**मæल** ə प्रɒप इ ज़ᵊम
malaria	mə.ˈleə.ri.ə	मə **लेə** री ə
malarkey	mə.ˈlɑ:.k.i	मə **ला:** क ई
malcontent	ˈmæl.kən.ˈtent	**मæल** कəन **टेन्ट**
male	meɪl	मेइल
male chauvinism	ˈmeɪl.ˈʃəʊ.vɪ.nɪ.zᵊm	**मेइल** **शəउ** वि नि ज़ᵊम
male chauvinist	ˈmeɪl.ˈʃəʊ.vɪ.nɪst	**मेइल** **शəउ** वि निस्ट
malediction	ˈmæl.ɪ.ˈdɪk.ʃᵊn	**मæल** इ **डिक** शᵊन
malefactor	ˈmæl.ɪ.ˈfæk.tə	**मæल** इ **फ़æक** टə
malevolence	mə.ˈlev.ᵊl.ᵊns	मə **लेव** ᵊल ᵊन्स
malevolent	mə.ˈlev.ᵊl.ᵊnt	मə **लेव** ᵊल ᵊन्ट
malfeasance	ˈmæl.ˈfi:.zᵊns	**मæल** **फ़ी:** ज़ᵊन्स
malformation	ˈmæl.fɔ:.ˈmeɪ.ʃᵊn	**मæल** फ़ो: **मेइ** शᵊन
malfunction	ˈmæl.ˈfʌŋk.ʃᵊn	**मæल** **फ़ʌङ्क** शᵊन

malice	ˈmæl.ɪs	**मæल** इस
malicious	mə.ˈlɪʃ.əs	मə **लिश** əस
maliciously	mə.ˈlɪʃ.əs.li	मə **लिश** əस ली
malign	mə.ˈlaɪn	मə **लाइन**
malignancy	mə.ˈlɪg.nən.si	मə **लिग** नəन सी
malignant	mə.ˈlɪg.nᵊnt	मə **लिग** नᵊन्ट
malinformed	ˈmæl.ɪn.ˈfɔːmd	**मæल** इन **फ़ोːम्ड**
malinger	mə.ˈlɪŋ.gə	मə **लिङ** गə
mall	mɔːl	मोːल
mallard	ˈmæl.ɑːd	**मæल** आːड
malleabeable	ˈmæl.i.ə.bᵊl	**मæल** ई ə बᵊल
mallet	ˈmæl.ɪt	**मæल** इट
malnourished	ˈmæl.ˈnʌr.ɪʃt	**मæल नʌर** इश्ट
malnutrition	ˈmæl.njuː.ˈtrɪʃ.ᵊn	**मæल** न्यूː **ट्रिश** ᵊन
malodorous	ˈmæl.ˈəʊ.dər.əs	**मæल əउ** डəर əस
malpractice	ˈmæl.ˈpræk.tɪs	**मæल प्रæक** टिस
malt	mɔːlt	मोːल्ट
malted milk	ˈmɔːl.tɪd.ˈmɪlk	**मोːल** टिड **मिल्क**
maltreat	ˈmæl.ˈtriːt	**मæल ट्रीːट**
maltreatment	ˈmæl.ˈtriː.t.mᵊnt	**मæल ट्रीːट** मᵊन्ट
mama	mə.ˈmɑː	मə **माː**
mamba	ˈmæm.bə	**मæम** बə
mammal	ˈmæm.ᵊl	**मæम** ᵊल
mammogram	ˈmæm.ə.ˈgræm	**मæम** ə **ग्रæम**
mammograph	ˈmæm.ə.ˈgræf	**मæम** ə **ग्रæफ़**
mammoth	ˈmæm.əθ	**मæम** əथ
man	mæn	मæन
manacle	ˈmæn.ə.kᵊl	**मæन** ə कᵊल
manage	ˈmæn.ɪdʒ	**मæन** इज
manageable	ˈmæn.ɪ.dʒə.bᵊl	**मæन** इ जə बᵊल
management	ˈmæn.ɪdʒ.mᵊnt	**मæन** इज मᵊन्ट
manager	ˈmæn.ɪ.dʒə	**मæन** इ जə
manageress	ˈmæn.ɪ.dʒᵊr.əs	**मæन** इ जᵊर əस
managerial	ˈmæn.ɪ.ˈdʒɪə.ri.əl	**मæन** इ **जिə** री əल
managing	ˈmæn.ɪdʒ.ɪŋ	**मæन** इज इङ
mandarin	ˈmæn.dᵊr.ɪn	**मæन** डᵊर इन
mandarin orange	ˈmæn.dᵊr.ɪn.ˈɒr.ɪn dʒ	**मæन** डᵊर इन **ɒर** इन्ज
mandate	ˈmæn.deɪt	**मæन** डेइट
mandatory	ˈmæn.də.tᵊr.i	**मæन** डə टᵊर ई
mandolin	ˈmæn.dᵊl.ɪn	**मæन** डᵊल इन
mane	meɪn	मेइन

man-eater	ˈmæn.ˈiː.tə	**मæन ईː** टə
man-eating	ˈmæn.ˈiː.tɪŋ	**मæन ईː** टिङ
maneuver	mə.ˈnuː.və	मə **नूː** वə
maneuverable	mə.ˈnuː.vᵊr.ə.bᵊl	मə **नूː** वᵊर ə बᵊल
manganese	ˈmæŋ.gə.niːz	**मæङ** गə नीːज़
mange	meɪndʒ	मेइन्ज
manger	ˈmeɪn.dʒə	**मेइन** जə
mangle	ˈmæŋ.gᵊl	**मæङ** गᵊल
mango (IO)	ˈmæŋ.gəʊ	**मæङ** गəउ
mangoes	ˈmæŋ.gəʊz	**मæङ** गəउज़
mangosteen	ˈmæŋ.gə.ˈstiːn	**मæङ** गə **स्टीːन**
mangrove	ˈmæŋ.grəʊv	**मæङ** ग्रəउव
mangy	ˈmæn.dʒi	**मæन** जी
manhandle	ˈmæn.ˈhæn.dᵊl	**मæन हæन** डᵊल
manhole	ˈmæn.həʊl	**मæन** हəउल
manhood	ˈmæn.hʊd	**मæन** हुड
manhunt	ˈmæn.hʌnt	**मæन** हʌन्ट
mania	ˈmeɪ.ni.ə	**मेइ** नी ə
maniac	ˈmeɪ.ni.æk	**मेइ** नी æक
maniacal	mə.ˈnaɪ.ə.kᵊl	मə **नाइ** ə कᵊल
manic	ˈmæn.ɪk	**मæन** इक
manicure	ˈmæn.ɪ.kjʊə	**मæन** इ क्युə
manicurist	ˈmæn.ɪ.kjuː.rɪst	**मæन** इ क्यूː रिस्ट
manifest	ˈmæn.ɪ.fest	**मæन** इ फ़ेस्ट
manifestation	ˈmæn.ɪ.fes.ˈteɪ.ʃᵊn	**मæन** इ फ़ेस **टेइ** शᵊन
manifesto	ˈmæn.ɪ.ˈfes.təʊ	**मæन** इ **फ़ेस** टəउ
manifold	ˈmæn.ɪ.fəʊld	**मæन** इ फ़əउल्ड
manikin	ˈmæn.ɪ.kɪn	**मæन** इ किन
manila	mə.ˈnɪl.ə	मə **निल** ə
manipulate	mə.ˈnɪp.jə.leɪt	मə **निप** ग़ə लेइट
manipulation	mə.ˈnɪp.jə.ˈleɪ.ʃᵊn	मə **निप** ग़ə **लेइ** शᵊन
manipulative	mə.ˈnɪp.jə.lə.tɪv	मə **निप** ग़ə लə टिव
mankind	ˈmæn.ˈkaɪnd	**मæन काइन्ड**
manlike	ˈmæn.laɪk	**मæन** लाइक
manliness	ˈmæn.lɪ.nəs	**मæन** लि नəस
manly	ˈmæn.li	**मæन** ली
man-made	ˈmæn.ˈmeɪd	**मæन मेइड**
manna	ˈmæn.ə	**मæन** ə
manned	mænd	मæन्ड
mannequin	ˈmæn.ɪ.kɪn	**मæन** इ किन

manner	ˈmæn.ə	**मæन** ə
mannerism	ˈmæn.ᵊr.ɪ.zᵊm	**मæन** ᵊर इ ज़ᵊम
mannerly	ˈmæn.ə.li	**मæन** ə ली
manners	ˈmæn.əz	**मæन** əज़
mannish	ˈmæn.ɪʃ	**मæन** इश
manoeuverable	mə.ˈnuː.vᵊr.ə.bᵊl	मə **नूः** वᵊर ə बᵊल
manoeuvre	mə.ˈnuː.və	मə **नूः** वə
manor	ˈmæn.əʳ	**मæन** əर
manor-house	ˈmæn.ə.haʊs	**मæन** ə हाउस
manpower	ˈmæn.paʊ.ə	**मæन** पाउ ə
manservant	ˈmæn.ˈsɜː.vᵊnt	**मæन सɜः** वᵊन्ट
mansion	ˈmæn.ʃᵊn	**मæन** शᵊन
man-sized	ˈmæn.saɪzd	**मæन** साइज़्ड
manslaughter	ˈmæn.ˈslɔː.tə	**मæन स्लोः** टə
mantel	ˈmæn.tᵊl	**मæन** टᵊल
mantelpiece	ˈmæn.tᵊl.piːs	**मæन** टᵊल पीःस
mantle	ˈmæn.tᵊl	**मæन** टᵊल
mantra (IO)	ˈmæn.trə	**मæन** ट्रə
manual	ˈmæn.ju.əl	**मæन** यू əल
manually	ˈmæn.ju.əl.i	**मæन** यू əल ई
manufacture	ˈmæn.jə.ˈfæk.tʃə	**मæन** यə **फ़æक** चə
manufacturer	ˈmæn.jə.ˈfæk.tʃᵊr.ə	**मæन** यə **फ़æक** चᵊर ə
manufacturing	ˈmæn.jə.ˈfæk.tʃᵊr.ɪŋ	**मæन** यə **फ़æक** चᵊर इङ
manuka	mə.ˈnuː.kə	मə **नूः** कə
manure	mə.ˈnjʊə	मə **न्युə**
manuscript	ˈmæn.jə.skrɪpt	**मæन** यə स्क्रिप्ट
many	ˈmen.i	**मेन** ई
many-sided	ˈmen.i.ˈsaɪ.dɪd	**मेन** ई **साइ** डिड
Maori	ˈmaʊ.ri	**माउ** री
map	mæp	मæप
maple	ˈmeɪ.pᵊl	**मेइ** पᵊल
mar	mɑː	माः
Mar.(abb)	mɑːtʃ	माःच
marathon	ˈmæ.rə.θən	**मæ** रə थəन
marauder	mə.ˈrɔː.də	मə **रोः** डə
marble	ˈmɑː.bᵊl	**माः** बᵊल
March (n)	mɑːtʃ	माःच
march (v)	mɑːtʃ	माःच
march-past	ˈmɑːtʃ.pɑːst	**माःच** पाःस्ट
Mardi Gras	ˈmɑː.di.ˈgræs	**माः** डी **ग्रæस**
mare	meə	मेə
margarine	ˈmɑː.dʒə.ˈriːn	**माः** जə **रीःन**
margin	ˈmɑː.dʒɪn	**माः** जिन
margin of error	ˈmɑː.dʒɪn.əv.ˈer.əʳ	**माः** जिन əव **एर** əर
marginal	ˈmɑː.dʒɪn.ᵊl	**माः** जिन ᵊल
marginalisation	ˈmɑː.dʒɪ.nə.laɪ.ˈzeɪ.ʃən	**माः** जि नə लाइ **ज़ेइ** शəन
marginalise	ˈmɑː.dʒɪ.nə.laɪz	**माः** जि नə लाइज़
marginally	ˈmɑː.dʒɪ.nᵊl.i	**माः** जि नᵊल ई
marigold	ˈmær.ɪ.gəʊld	**मæर** इ गəउल्ड
marijuana	ˈmær.ɪ.ˈwɑː.nə	**मæर** इ **वाः** नə
marina	mə.ˈriː.nə	मə **रीः** नə
marinade	ˈmær.ɪ.ˈneɪd	**मæर** इ **नेइड**
marinara	ˈmær.ɪ.ˈnaː .rə	**मæर** इ **नाः** रə
marinate	ˈmær.ɪ.neɪt	**मæर** इ नेइट
marine	mə.ˈriːn	मə **रीःन**
Marine Corps	mə.ˈriːn.ˈkɔːʳ	मə **रीःन कोः**र
mariner	ˈmær.ɪ.nə	**मæर** इ नə
marionette	ˈmær.i.ə.ˈnet	**मæर** ई ə **नेट**
marital	ˈmær.ɪ.tᵊl	**मæर** इ टᵊल
marital status	ˈmær.ɪ.tᵊl.ˈsteɪ.təs	**मæर** इ टᵊल **स्टेइ** टəस
maritime	ˈmær.ɪ.taɪm	**मæर** इ टाइम
marjoram	ˈmɑː.dʒᵊr.əm	**माः** जᵊर əम
mark	mɑːk	माःक
markdown	ˈmɑːk.ˈdaʊn	**माःक डाउन**
marked	mɑːkt	माःक्ट
marker	ˈmɑː.kə	**माः** कə
market	ˈmɑː.kɪt	**माः** किट
market economy	ˈmɑː.kɪt.ɪ.ˈkɒn.ə.mi	**माः** किट इ **कɒन** ə मी
market research	ˈmɑː.kɪt.rɪ.ˈsɜːtʃ	**माः** किट रि **सɜःच**
marketability	ˈmɑː.kɪ.tə.ˈbɪl.ə.ti	**माः** कि टə **बिल** ə टी
marketable	ˈmɑː.kɪ.tə.bᵊl	**माः** कि टə बᵊल
marketeer	ˈmɑː.kɪ.ˈtɪə	**माः** कि **टिə**
marketer	ˈmɑː.kɪt.ə	**माः** किट ə
marketing	ˈmɑː.kɪt.ɪŋ	**माः** किट इङ
marketplace	ˈmɑː.kɪt.pleɪs	**माः** किट प्लेइस
marking	ˈmɑː.kɪŋ	**माः** किङ
marksman	ˈmɑːks.mən	**माःक्स** मəन

marksmanship	ˈmɑːks.mən.ʃɪp	मा:क्स मƏन शिप
markup	ˈmɑːk.ʌp	मा:क ʌप
marlin	ˈmɑː.lɪn	मा: लिन
marmalade	ˈmɑː.mᵊl.eɪd	मा: मᵊल एइड
maroon	mə.ˈruːn	मƏ रू:न
marooned	mə.ˈruːnd	मƏ रू:न्ड
marquee	mɑː.ˈkiː	मा: की:
marriage	ˈmær.ɪdʒ	मæर इज
married	ˈmær.ɪd	मæर इड
marrow	ˈmær.əʊ	मæर ƏƱ
marry	ˈmær.i	मæर ई
Mars	mɑːz	मा:ज़
marsh	mɑːʃ	मा:श
marshal	ˈmɑː.ʃᵊl	मा: शᵊल
marshall	ˈmɑː.ʃᵊl	मा: शᵊल
marshland	ˈmɑːʃ.lænd	मा:श लæन्ड
marshmallow	ˈmɑːʃ.ˈmæl.əʊ	मा:श मæल ƏƱ
marshy	ˈmɑː.ʃi	मा: शी
marsupial	mɑː.ˈsuː.pi.əl	मा: सू: पी Əल
mart	mɑːt	मा:ट
martial	ˈmɑː.ʃᵊl	मा: शᵊल
martial art	ˈmɑː.ʃᵊl.ˈɑːt	मा: शᵊल आ:ट
martial law	ˈmɑː.ʃᵊl.ˈlɔː	मा: शᵊल लो:
martian	ˈmɑː.ʃᵊn	मा: शᵊन
martinet	ˈmɑː.tɪ.ˈnet	मा: टि नेट
martini	mɑː.ˈtiː.ni	मा: टी: नी
martyr	ˈmɑː.tə	मा: टƏ
martyrdom	ˈmɑː.tə.dəm	मा: टƏ डƏम
marvel	ˈmɑː.vᵊl	मा: वᵊल
marvellous	ˈmɑː.vᵊl.əs	मा: वᵊल Əस
marxism	ˈmɑːk.sɪ.zᵊm	मा:क सि ज़ᵊम
marxist	ˈmɑːk.sɪst	मा:क सिस्ट
Marxist-Leninist	ˈmɑːk.sɪst.ˈlen.ɪ.nɪst	मा:क सिस्ट लेन इ निस्ट
marzipan	ˈmɑː.zɪ.pæn	मा: ज़ि पæन
mascara	mæ.ˈskɑː.rə	मæ स्का: रƏ
mascarpone	ˈmæs.kɑː.ˈpəʊ.neɪ	मæस का: पƏƱ नेइ
mascot	ˈmæs.kɒt	मæस कɒट
masculine	ˈmæs.kjə.lɪn	मæस क्यƏ लिन
masculinity	ˈmæs.kjə.ˈlɪn.ə.ti	मæस क्यƏ लिन Ə टी
mash	mæʃ	मæश
mashed	mæʃt	मæश्ट

masher	ˈmæʃ.ə	मæश Ə
mashy	ˈmæʃ.i	मæश ई
mask	mɑːsk	मा:स्क
masking tape	ˈmɑːs.kɪŋ.ˈteɪp	मा:स किङ टेइप
masochism	ˈmæs.ə.kɪ.zᵊm	मæस Ə कि ज़ᵊम
masochist	ˈmæs.ə.kɪst	मæस Ə किस्ट
masochistic	ˈmæs.ə.ˈkɪs.tɪk	मæस Ə किस टिक
mason	ˈmeɪ.sᵊn	मेइ सᵊन
masonic	mə.ˈsɒn.ɪk	मƏ सɒन इक
masonry	ˈmeɪ.sᵊn.ri	मेइ सᵊन री
masquerade	ˈmɑːs.kᵊr.ˈeɪd	मा:स कᵊर एइड
mass	mæs	मæस
mass media	ˈmæs.ˈmiː.di.ə	मæस मी: डी Ə
massacre	ˈmæs.ə.kə	मæस Ə कƏ
massage	ˈmæs.ɑːʒ	मæस आ:ज़
masseur	mæs.ˈɜː	मæस ɜ:
masseuse	mæs.ˈɜːz	मæस ɜ:ज़
massif	mæs.ˈiːf	मæस ई:फ़
massive	ˈmæs.ɪv	मæस इव
mass-market	ˈmæs.ˈmɑː.kɪt	मæस मा: किट
mass-meeting	ˈmæs.ˈmiː.tɪŋ	मæस मी: टिङ
mass-produce	ˈmæs.prə.ˈdjuːs	मæस प्रƏ ड्यू:स
massproduction	ˈmæs.prə.ˈdʌk.ʃᵊn	मæस प्रƏ डʌक शᵊन
mast	mɑːst	मा:स्ट
mastectomy	mæs.ˈtek.tə.mi	मæस टेक टƏ मी
master	ˈmɑː.stə	मा: स्टƏ
master bedroom	ˈmɑː.stə.ˈbed.ruːm	मा: स्टƏ बेड रू:म
master of ceremonies	ˈmɑː.stər.əv.ˈser.ɪ.mə.niz	मा: स्टƏर Əव सेर इ मƏ नीज़
master plan	ˈmɑː.stə.plæn	मा: स्टƏ प्लæन
masterclass	ˈmɑː.stə.ˈklɑːs	मा: स्टƏ क्ला:स
masterful	ˈmɑː.stə.fᵊl	मा: स्टƏ फ़ᵊल
masterly	ˈmɑː.stə.li	मा: स्टƏ ली
mastermind	ˈmɑː.stə.maɪnd	मा: स्टƏ माइन्ड
masterpiece	ˈmɑː.stə.piːs	मा: स्टƏ पी:स
master's degree	ˈmɑː.stəz.dɪ.ˈgriː	मा: स्टƏज़ डि ग्री:
mastership	ˈmɑː.stə.ʃɪp	मा: स्टƏ शिप
master-stroke	ˈmɑː.stə.strəʊk	मा: स्टƏ स्ट्रƏƱक
masterwork	ˈmɑː.stə.wɜːk	मा: स्टƏ वɜ:क
mastery	ˈmɑː.stᵊr.i	मा: स्टᵊर ई
masthead	ˈmɑːst.hed	मा:स्ट हेड
masticate	ˈmæs.tɪ.keɪt	मæस टि केइट

mastiff	ˈmæs.tɪf	**मæस** टिफ़
mastitis	mæs.ˈtaɪ.tɪs	मæस **टाइ** टिस
masturbate	ˈmæs.tə.beɪt	**मæस** टə बेइट
masturbation	ˈmæs.tə.ˈbeɪ.ʃᵊn	**मæस** टə **बेइ** श॰न
mat	mæt	मæट
matador	ˈmæt.ə.dɔː	**मæट** ə डोː
match	mætʃ	मæच
matchbook	ˈmætʃ.ˈbʊk	**मæच बुक**
matchbox	ˈmætʃ.bɒks	**मæच** बɒक्स
matchless	ˈmætʃ.ləs	**मæच** लəस
matchmaker	ˈmætʃ.ˈmeɪ.kə	**मæच मेइ** कə
matchmaking	ˈmætʃ.ˈmeɪ.kɪŋ	**मæच मेइ** किङ
matchplay	ˈmætʃ.pleɪ	**मæच** प्लेइ
matchpoint	ˈmætʃ.pɔɪnt	**मæच** पोइन्ट
matchstick	ˈmætʃ.stɪk	**मæच** स्टिक
matchwood	ˈmætʃ.wʊd	**मæच** वुड
mate	meɪt	मेइट
material	mə.ˈtɪə.ri.əl	मə **टिə** री əल
materialisation	mə.ˈtɪə.ri.ə.laɪ.ˈzeɪ.ʃᵊn	मə **टिə** री ə लाइ **ज़ेइ** श॰न
materialise	mə.ˈtɪə.ri.ə.laɪz	मə **टिə** री ə लाइज़
materialism	mə.ˈtɪə.ri.ə.lɪ.zᵊm	मə **टिə** री ə लि ज़॰म
materialist	mə.ˈtɪə.ri.ə.lɪst	मə **टिə** री ə लिस्ट
materialistic	mə.ˈtɪə.ri.ə.ˈlɪs.tɪk	मə **टिə** री ə **लिस** टिक
maternal	mə.ˈtɜː.nᵊl	मə **टɜː** न॰ल
maternity	mə.ˈtɜː.nə.ti	मə **टɜː** नə टी
math	mæθ	मæथ
mathematical	ˈmæθ.ˈmæt.ɪ.kᵊl	**मæथ मæट** इ क॰ल
mathematically	ˈmæθ.ˈmæt.ɪ.kᵊl.i	**मæथ मæट** इ क॰ल ई
mathematician	ˈmæθ.mə.ˈtɪʃ.ᵊn	**मæथ** मə **टिश** ॰न
mathematics	ˈmæθ.ˈmæt.ɪks	**मæथ मæट** इक्स
matinee	ˈmæt.ɪ.neɪ	**मæट** इ नेइ
matins	ˈmæt.ɪnz	**मæट** इन्ज़
matriarch	ˈmeɪ.tri.ɑːk	**मेइ** ट्री आːक
matriarchal	ˈmeɪ.tri.ˈɑː.kᵊl	**मेइ** ट्री **आː** क॰ल
matriarchy	ˈmeɪ.tri.ɑː.ki	**मेइ** ट्री आː की
matric	mæt.ˈrɪk	मæट **रिक**
matrices	ˈmeɪ.trɪ.siːz	**मेइ** ट्रि सीːज़

matricidal	ˈmæt.rɪ.ˈsaɪ.dᵊl	**मæट** रि **साइ** ड॰ल
matricide	ˈmæt.rɪ.saɪd	**मæट** रि साइड
matriculate	mə.ˈtrɪk.jə.leɪt	मə **ट्रिक** ग़ə लेइट
matriculation	mə.ˈtrɪk.jə.ˈleɪ.ʃᵊn	मə **ट्रिक** ग़ə **लेइ** श॰न
matrimonial	ˈmæt.rɪ.ˈməʊ.ni.əl	**मæट** रि **मəउ** नी əल
matrimony	ˈmæt.rɪ.mə.ni	**मæट** रि मə नी
matrix	ˈmeɪ.trɪks	**मेइ** ट्रिक्स
matron	ˈmeɪ.trᵊn	**मेइ** ट्र॰न
matron of honor	ˈmeɪ.trᵊn əv.ˈɒn.ə	**मेइ** ट्र॰न əव **ɒन** ə
matronly	ˈmeɪ.trᵊn.li	**मेइ** ट्र॰न ली
matt	mæt	मæट
matted	ˈmæt.ɪd	**मæट** इड
matter	ˈmæt.ə	**मæट** ə
matter-of-fact	ˈmæt.ər.əv.ˈfækt	**मæट** əɼ əव **फ़æक्ट**
matting	ˈmæt.ɪŋ	**मæट** इङ
mattress	ˈmæt.rəs	**मæट** रəस
mature	mə.ˈtjʊə	मə **ट्गुə**
maturity	mə.ˈtjʊə.rə.ti	मə **ट्गुə** रə टी
maudlin	ˈmɔːd.lɪn	**मोːड** लिन
maul	mɔːl	मोːल
mausoleum	ˈmɔː.zə.ˈliː.əm	**मोː** ज़ə **लीː** əम
mauve	məʊv	मəउव
maverick	ˈmæv.ᵊr.ɪk	**मæव** ॰ɼ इक
mawkish	ˈmɔː.kɪʃ	**मोː** किश
max	mæks	मæक्स
max.(abb)	ˈmæk.sɪ.məm	**मæक** सि मəम
maxi	ˈmæk.si	**मæक** सी
maxim	ˈmæk.sɪm	**मæक** सिम
maximal	ˈmæk.sɪm.ᵊl	**मæक** सिम ॰ल
maximalist	ˈmæk.sɪ.mᵊl.ɪst	**मæक** सि म॰ल इस्ट
maximisation	ˈmæk.sɪ.maɪ.ˈzeɪ.ʃᵊn	**मæक** सि माइ **ज़ेइ** श॰न
maximise	ˈmæk.sɪ.maɪz	**मæक** सि माइज़
maximum	ˈmæk.sɪ.məm	**मæक** सि मəम
May	meɪ	मेइ
may	meɪ	मेइ
May Day	ˈmeɪ.ˈdeɪ	**मेइ डेइ**
maybe	ˈmeɪ.biː	**मेइ** बीː
mayflower	ˈmeɪ.ˈflaʊ.ə	**मेइ फ़्लाउ** ə

mayfly	ˈmeɪ.flaɪ	**मेइ** फ़्लाइ
mayhem	ˈmeɪ.hem	**मेइ** हेम
mayo (abb)	ˈmeɪ.əʊ	**मेइ** əउ
mayonnaise	ˈmeɪ.ə.ˈneɪz	**मेइ** ə **नेइज़**
mayor	meə	मेə
mayoress	ˈmeə.ˈres	**मेə रेस**
mayorship	ˈmeə.ʃɪp	**मेə** स्हिप
maypole	ˈmeɪ.pəʊl	**मेइ** पəउल
may've	ˈmeɪ.əv	**मेइ** əव
maze	meɪz	मेइज़
mazurka	mə.ˈzɜː.kə	मə **ज़ɜː** कə
MBA	ˈem.ˈbiː.ˈeɪ	**एम बी**: **एइ**
MBE	ˈem.ˈbiː.ˈiː	**एम बी**: **ई**:
MC	ˈem.ˈsiː	**एम सी**:
MCC	ˈem.ˈsiː.ˈsiː	**एम सी**: **सी**:
MD	ˈem.ˈdiː	**एम डी**:
me	miː	मी:
meadow	ˈmed.əʊ	**मेड** əउ
meagre	ˈmiː.gə	**मी**: गə
meal	miːl	मी:ल
meals	miːlz	मी:ल्ज़
mealtime	ˈmiːl.taɪm	**मी:ल** टाइम
mealy-mouthed	ˈmiː.li.maʊθt	**मी**: ली माउथ्ट
mean	miːn	मी:न
meander	mi.ˈæn.də	मी **æन** डə
meaning	ˈmiː.nɪŋ	**मी**: निङ
meaningful	ˈmiː.nɪŋ.fᵊl	**मी**: निङ फ़ᵊल
meaningfully	ˈmiː.nɪŋ.fᵊl.i	**मी**: निङ फ़ᵊल ई
meaningfulness	ˈmiː.nɪŋ.fᵊl.nəs	**मी**: निङ फ़ᵊल नəस
meaningless	ˈmiː.nɪŋ.ləs	**मी**: निङ लəस
means	miːnz	मी:न्ज़
means-test	ˈmiːnz.test	**मी:न्ज़** टेस्ट
meant	ment	मेन्ट
meantime	ˈmiːn.taɪm	**मी:न** टाइम
meanwhile	ˈmiːn.waɪl	**मी:न** वाइल
measles	ˈmiː.zᵊlz	**मी:ज़** ᵊल्ज़
measly	ˈmiːz.li	**मी:ज़** ली
measurable	ˈmeʒ.ᵊr.ə.bᵊl	**मेज़** ᵊर ə बᵊल
measure	ˈmeʒ.ə	**मेज़** ə
measurement	ˈmeʒ.ə.mᵊnt	**मेज़** ə मᵊन्ट
measuring jug	ˈmeʒ.ə.rɪŋ.dʒʌg	**मेज़** ə रिङ जʌग
meat	miːt	मी:ट
meat and	ˈmiːt.ən.pə.ˈteɪ.tə	**मी:ट** əन पə **टेइ**

potatoes	ʊz	टəउज़
meat grinder	ˈmiːt.ˈgraɪn.də	**मी:ट ग्राइन** डə
meatball	ˈmiːt.bɔːl	**मी:ट** बो:ल
meatless	ˈmiːt.ləs	**मी:ट** लəस
meatloaf	ˈmiːt.ləʊf	**मी:ट** लəउफ़
meaty	ˈmiː.ti	**मी**: टी
Mecca	ˈmek.ə	**मेक** ə
mechanic	mə.ˈkæn.ɪk	मə **कæन** इक
mechanical	mə.ˈkæn.ɪ.kᵊl	मə **कæन** इ कᵊल
mechanically	mə.ˈkæn.ɪ.kᵊl.i	मə **कæन** इ कᵊल ई
mechanics	mə.ˈkæn.ɪks	मə **कæन** इक्स
mechanisation	ˈmek.ə.naɪ.ˈzeɪ.ʃᵊn	**मेक** ə नाइ **ज़ेइ** शᵊन
mechanise	ˈmek.ə.naɪz	**मेक** ə नाइज़
mechanism	ˈmek.ə.nɪ.zᵊm	**मेक** ə नि ज़ᵊम
med	med	मेड
MEd	ˈem.ed	**एम** एड
medal	ˈmed.ᵊl	**मेड** ᵊल
medallion	mə.ˈdæl.i.ən	मə **डæल** ई əन
medallist	ˈmed.ᵊl.ɪst	**मेड** ᵊल इस्ट
meddle	ˈmed.ᵊl	**मेड** ᵊल
meddler	ˈmed.ᵊl.ə	**मेड** ᵊल ə
meddlesome	ˈmed.ᵊl.səm	**मेड** ᵊल सəम
meddling	ˈmed.ᵊl.ɪŋ	**मेड** ᵊल इङ
media	ˈmiː.di.ə	**मी**: डी ə
mediaeval	ˈmed.i.ˈiː.v.ᵊl	**मेड** ई **ई**: व ᵊल
medial	ˈmiː.di.əl	**मी**: डी əल
median	ˈmiː.di.ən	**मी**: डी əन
mediate (adj)	ˈmiː.di.ət	**मी**: डी əट
mediate (v)	ˈmiː.di.eɪt	**मी**: डी एइट
mediation	ˈmiː.di.ˈeɪ.ʃᵊn	**मी**: डी **एइ** शᵊन
mediator	ˈmiː.di.eɪ.tə	**मी**: डी एइ टə
medic	ˈmed.ɪk	**मेड** इक
medical	ˈmed.ɪ.kᵊl	**मेड** इ कᵊल
medical examiner	ˈmed.ɪ.kᵊl.ɪg.ˈzæm.ɪ.nə	**मेड** इ कᵊल इग **ज़æम** इ नə
medically	ˈmed.ɪ.kᵊl.i	**मेड** इ कᵊल ई
medicated	ˈmed.ɪ.keɪ.tɪd	**मेड** इ केइ टिड
medication	ˈmed.ɪ.ˈkeɪ.ʃᵊn	**मेड** इ **केइ** शᵊन
medicinal	mə.ˈdɪs.ɪ.nᵊl	मə **डिस** इ नᵊल
medicine	ˈmed.ɪ.sɪn	**मेड** इ सिन
medico	ˈmed.ɪ.kəʊ	**मेड** इ कəउ
mediocre	ˈmiː.di.ˈəʊ.kə	**मी**: डी **əउ** कə

mediocrity	ˈmiː.di.ˈɒk.rə.ti	मी: डी ɒक रə टी
meditate	ˈmed.ɪ.teɪt	मेड इ टेइट
meditation	ˈmed.ɪ.ˈteɪ.ʃᵊn	मेड इ टेइ शᵊन
mediterranean	ˈmed.ɪ.tə.ˈreɪ.ni.ən	मेड इ टə रेइ नी əन
medium	ˈmiː.di.əm	मी: डी əम
medium wave	ˈmiː.di.əm.ˈweɪv	मी: डी əम वेइव
medley	ˈmed.li	मेड ली
medulla	med.ˈʌl.ə	मेड ʌल ə
meek	miːk	मी:क
meekly	ˈmiːk.li	मी:क ली
meekness	ˈmiːk.nəs	मी:क नəस
meet	miːt	मी:ट
meeting	ˈmiː.tɪŋ	मी: टिङ
meeting house	ˈmiː.tɪŋ.ˈhaʊs	मी: टिङ हाउस
meg	meg	मेग
mega	ˈmeg.ə	मेग ə
megabit	ˈmeg.ə.bɪt	मेग ə बिट
megabucks	ˈmeg.ə.bʌks	मेग ə बʌक्स
megabyte	ˈmeg.ə.baɪt	मेग ə बाइट
megacity	ˈmeg.ə.ˈsɪt.i	मेग ə सिट ई
megacycle	ˈmeg.ə.ˈsaɪ.kᵊl	मेग ə साइ कᵊल
megahertz	ˈmeg.ə.hɜːts	मेग ə हɜːट्स
megalithic	ˈmeg.ə.ˈlɪθ.ɪk	मेग ə लिथ इक
megalomania	ˈmeg.ᵊl.ə.ˈmeɪ.ni.ə	मेग ᵊल ə मेइ नी ə
megalomaniac	ˈmeg.ᵊl.ə.ˈmeɪ.ni.æk	मेग ᵊल ə मेइ नी æक
megaphone	ˈmeg.ə.fəʊn	मेग ə फ़əउन
megapixel	ˈmeg.ə.ˈpɪk.sᵊl	मेग ə पिक सᵊल
megastar	ˈmeg.ə.stɑː	मेग ə स्टा:
megastore	ˈmeg.ə.stɔː	मेग ə स्टो:
megaton	ˈmeg.ə.tʌn	मेग ə टʌन
megavolt	ˈmeg.ə.vəʊlt	मेग ə वəउल्ट
melamine	ˈmel.ə.maɪn	मेल ə माइन
melancholy	ˈmel.ən.kᵊl.i	मेल əन कᵊल ई
meld	meld	मेल्ड
melee	ˈmel.eɪ	मेल एइ
mellow	ˈmel.əʊ	मेल əउ
melodic	mə.ˈlɒd.ɪk	मə लɒड इक
melodious	mə.ˈləʊ.di.əs	मə लəउ डी əस
melodrama	ˈmel.ə.drɑː.mə	मेल ə ड्रा: मə
melodramatic	ˈmel.ə.drə.ˈmæt.ɪk	मेल ə ड्रə मæट इक
melody	ˈmel.ə.di	मेल ə डी
melon	ˈmel.ən	मेल əन
melt	melt	मेल्ट
meltdown	ˈmelt.daʊn	मेल्ट डाउन
melting pot	ˈmel.tɪŋ.pɒt	मेल टिङ पɒट
member	ˈmem.bə	मेम बə
membership	ˈmem.bə.ʃɪp	मेम बə शिप
memento	mə.ˈmen.təʊ	मə मेन टəउ
memo	ˈmem.əʊ	मेम əउ
memoir	ˈmem.wɑː	मेम वा:
memoirs	ˈmem.wɑːz	मेम वा:ज़
memorabilia	ˈmem.ᵊr.ə.ˈbɪl.i.ə	मेम ᵊर ə बिल ई ə
memorable	ˈmem.ᵊr.ə.bᵊl	मेम ᵊर ə बᵊल
memorandum	ˈmem.ə.ˈræn.dəm	मेम ə रæन डəम
memorial	mə.ˈmɔː.ri.əl	मə मो: री əल
memorisation	ˈmem.ə.raɪ.ˈzeɪ.ʃᵊn	मेम ə राइ ज़ेइ शᵊन
memorise	ˈmem.ə.raɪz	मेम ə राइज़
memory	ˈmem.ᵊr.i	मेम ᵊर ई
memsahib (IO)	ˈmem.ˈsaː.hɪb	मेम सा: हिब
men	men	मेन
menace	ˈmen.ɪs	मेन इस
menacing	ˈmen.ɪ.sɪŋ	मेन इ सिङ
menagerie	mə.ˈnædʒ.ᵊr.i	मə नæज ᵊर ई
mend	mend	मेन्ड
menial	ˈmiː.ni.əl	मी: नी əल
meningitis	ˈmen.ɪn.ˈdʒaɪ.tɪs	मेन इन जाइ टिस
meningococcal	ˈmen.ɪn.ˈdʒə.kɒk.ᵊl	मेन इन जə कɒक ᵊल
menopause	ˈmen.ə.pɔːz	मेन ə पो:ज़
menorah	mə.ˈnɔː.rə	मə नो: रə
men's room	ˈmenz.ruːm	मेन्ज़ रू:म
menstrual	ˈmen.strʊ.əl	मेन स्ट्रु əल
menstruate	ˈmen.strʊ.eɪt	मेन स्ट्रु एइट
menstruation	ˈmen.strʊ.ˈeɪ.ʃᵊn	मेन स्ट्रु एइ शᵊन
menswear	ˈmenz.weə	मेन्ज़ वेə
mental	ˈmen.tᵊl	मेन टᵊल
mentality	men.ˈtæl.ə.ti	मेन टæल ə टी
mentally	ˈmen.tᵊl.i	मेन टᵊल ई
menthol	ˈmen.θᵊl	मेन थᵊल
mentholated	ˈmen.θᵊl.eɪ.tɪd	मेन थᵊल एइ टिड
mention	ˈmen.ʃᵊn	मेन शᵊन

mentor	ˈmen.tɔː	**मेन** टोः
menu	ˈmen.juː	**मेन** गूः
menu-driven	ˈmen.juː.ˈdrɪv.ᵊn	**मेन** गूः **ड्रिव** ॰न
meow	mi.ˈaʊ	मी **आउ**
mercantile	ˈmɜː.kən.taɪl	**मɜः** कəन टाइल
mercenary	ˈmɜː.sɪn.ᵊr.i	**मɜः** सिन ॰र ई
merchandise	ˈmɜː.tʃən.daɪz	**मɜः** चəन डाइज़
merchant	ˈmɜː.tʃᵊnt	**मɜः** च॰न्ट
merciful	ˈmɜː.sɪ.fᵊl	**मɜः** सि फ़॰ल
mercifully	ˈmɜː.sɪ.fᵊl.i	**मɜः** सि फ़॰ल ई
merciless	ˈmɜː.sɪ.ləs	**मɜः** सि लəस
mercilessly	ˈmɜː.sɪ.ləs.li	**मɜः** सि लəस ली
mercurial	mɜː.ˈkjʊ.ə.ri.əl	मɜः **क्यु** ə री əल
mercury	ˈmɜː.kjʊ.ə.ri	**मɜः** क्यु ə री
mercy	ˈmɜː.si	**मɜः** सी
mercy killing	ˈmɜː.si.ˈkɪl.ɪŋ	**मɜः** सी **किल** इङ
mere	mɪə	मिə
merely	ˈmɪə.li	**मिə** ली
merge	mɜːdʒ	मɜːज
merger	ˈmɜː.dʒə	**मɜः** जə
meridian	mə.ˈrɪd.i.ən	मə **रिड** ई əन
meringue	mə.ˈræŋ	मə **रæङ**
merit	ˈmer.ɪt	**मेर** इट
meritocracy	ˈmer.ɪ.ˈtɒk.rə.si	**मेर** इ **टɒक** रə सी
meritorious	ˈmer.ɪ.ˈtɔː.ri.əs	**मेर** इ **टोः** री əस
mermaid	ˈmɜː.meɪd	**मɜः** मेइड
merman	ˈmɜː.mən	**मɜः** मəन
merrily	ˈmer.ᵊl.i	**मेर** ॰ल ई
merriment	ˈmer.ɪ.mᵊnt	**मेर** इ म॰न्ट
merry	ˈmer.i	**मेर** ई
Merry Christmas	ˈmer.i.ˈkrɪs.məs	**मेर** ई **क्रिस** मəस
merry-go-round	ˈmer.ɪ.gəʊ.ˈraʊnd	**मेर** इ गəउ **राउन्ड**
merrymaker	ˈmer.ɪ.ˈmeɪ.kɪŋ	**मेर** इ **मेइ** किङ
merrymaking	ˈmer.ɪ.ˈmeɪ.kə	**मेर** इ **मेइ** कə
mesh	meʃ	मेश
mesmerise	ˈmez.mə.raɪz	**मेज़** मə राइज़
mess	mes	मेस
mess about	mes.ə.ˈbaʊt	मेस ə **बाउट**
mess around	mes.ə.ˈraʊnd	मेस ə **राउन्ड**
mess hall	ˈmes.hɔːl	**मेस** होःल
message	ˈmes.ɪdʒ	**मेस** इज
messenger	ˈmes.ɪn.dʒə	**मेस** इन जə
messiah	mɪ.ˈsaɪ.ə	मि **साइ** ə
Messrs.(abb)	ˈmes.əz	**मेस** əज़
mess-up	ˈmes.ʌp	**मेस** ʌप
messy	ˈmes.i	**मेस** ई
met	met	मेट
metabolic	ˈmet.ə.ˈbɒl.ɪk	**मेट** ə **बɒल** इक
metabolism	mə.ˈtæb.ᵊl.ɪ.zᵊm	मə **टæब** ॰ल इ ज़॰म
metacarpal	ˈmet.ə.ˈkɑː.pᵊl	**मेट** ə **काः** प॰ल
metal	ˈmet.ᵊl	**मेट** ॰ल
metallic	mə.ˈtæl.ɪk	मə **टæल** इक
metallurgist	mə.ˈtæl.ə.dʒɪst	मə **टæल** ə जिस्ट
metallurgy	mə.ˈtæl.ə.dʒi	मə **टæल** ə जी
metamorphic	ˈmet.ə.ˈmɔː.fɪk	**मेट** ə **मोः** फ़िक
metamorphosis	ˈmet.ə.ˈmɔː.fə.sɪs	**मेट** ə **मोः** फ़ə सिस
metaphor	ˈmet.ə.fɔː	**मेट** ə फ़ोः
metaphorical	ˈmet.ə.ˈfɒr.ɪk.ᵊl	**मेट** ə **फ़ɒर** इक ॰ल
metaphorically	ˈmet.ə.ˈfɒr.ɪk.ᵊl.i	**मेट** ə **फ़ɒर** इक ॰ल ई
metaphysical	ˈmet.ə.ˈfɪz.ɪ.kᵊl	**मेट** ə **फ़िज़** इ क॰ल
metaphysics	ˈmet.ə.ˈfɪz.ɪks	**मेट** ə **फ़िज़** इक्स
metatarsal	ˈmet.ə.ˈtɑː.sᵊl	**मेट** ə **टाः** स॰ल
mete	miːt	मीःट
meteor	ˈmiː.ti.ɔː	**मीः** टी ओः
meteoric	ˈmiː.ti.ɒr.ɪk	**मीः** टी ɒर इक
meteorite	ˈmiː.tɪ.ᵊr.aɪt	**मीः** टि ॰र आइट
meteorological	ˈmiː.ti.ᵊr.ə.ˈlɒdʒ.ɪ.kᵊl	**मीः** टी ॰र ə **लɒज** इ क॰ल
meteorologist	ˈmiː.ti.ᵊr.ˈɒl.ə.dʒɪst	**मीः** टी ॰र **ɒल** ə जिस्ट
meteorology	ˈmiː.ti.ᵊr.ˈɒl.ə.dʒi	**मीः** टी ॰र **ɒल** ə जी
meter	ˈmiː.tə	**मीः** टə
methadone	ˈme.θə.dəʊn	**मे** थə डəउन
methane	ˈmiː.θeɪn	**मीः** थेइन
methanol	ˈme.θə.nɒl	**मे** थə नɒल
method	ˈme.θəd	**मे** थəड
methodical	mɪ.ˈθɒd.ɪ.kᵊl	मि **थɒड** इ क॰ल
methodically	mɪ.ˈθɒd.ɪ.kᵊl.i	मि **थɒड** इ क॰ल ई
methodist	ˈme.θə.dɪst	**मे** थə डिस्ट
methodological	ˈme.θə.dᵊl.ˈɒdʒ.ɪ.kᵊl	**मे** थə ड॰ल **ɒज** इ क॰ल
methodology	ˈmeθ.ə.ˈdɒl.ə.dʒi	**मेथ** ə **डɒल** ə जी
methyl	ˈme.θᵊl	**मे** थ॰ल
methylated	ˈmeθ.ɪ.leɪ.tɪd.ˈspɪ	**मेथ** इ लेइ टिड

spirits	r.ɪts	**स्पिर** इट्स
meticulous	mə.ˈtɪk.jə.ləs	मə **टिक** ग़ə लəस
meticulously	mə.ˈtɪk.jə.ləs.li	मə **टिक** ग़ə लəस ली
metric	ˈmet.rɪk	**मेट** रिक
metric system	ˈmet.rɪk.ˈsɪs.təm	**मेट** रिक **सिस** टəम
metro	ˈmet.rəʊ	**मेट** रəउ
metronome	ˈmet.rə.nəʊm	**मेट** रə नəउम
metropolis	mə.ˈtrɒp.ᵊl.ɪs	मə **ट्रɒप** ्ल इस
metropolitan	ˈmet.rə.ˈpɒl.ɪ.tən	**मेट** रə **पɒल** इ टəन
mettle	ˈmet.ᵊl	**मेट** ्ल
mezzanine	ˈmez.ə.ni:n	**मेज़** ə नी:न
mezzo-soprano	ˈmet.səʊ.sə.ˈprɑ:.nəʊ	**मेट** सəउ सə **प्रा:** नəउ
mg.(abb)	ˈmɪl.ɪ.græm	**मिल** इ ग्रæम
MHz (abb)	ˈmeg.ə.hɜ:ts	**मेग** ə हɜ:ट्स
MI5	ˈem.ˈaɪ.ˈfaɪv	**एम आइ फ़ाइव**
mica	ˈmaɪ.kə	**माइ** कə
mice	maɪs	माइस
microbe	ˈmaɪ.krəʊb	**माइ** क्रəउब
microbiologist	ˈmaɪ.krəʊ.baɪ.ˈɒl.ə.dʒɪst	**माइ** क्रəउ बाइ **ɒल** ə जिस्ट
microbiology	ˈmaɪ.krəʊ.baɪ.ˈɒl.ə.dʒi	**माइ** क्रəउ बाइ **ɒल** ə जी
microbus	ˈmaɪ.krəʊ.bʌs	**माइ** क्रəउ बʌस
microchip	ˈmaɪ.krəʊ.tʃɪp	**माइ** क्रəउ चिप
microcomputer	ˈmaɪ.krəʊ.kəm.ˈpju:.tə	**माइ** क्रəउ कəम **प्यू:** टə
microcosm	ˈmaɪ.krəʊ.ˈkɒz.əm	**माइ** क्रəउ **कɒज़** əम
microeconomics	ˈmaɪ.krəʊ.i:.kə.ˈnɒm.ɪks	**माइ** क्रəउ ई: कə **नɒम** इक्स
microelectronics	ˈmaɪ.krəʊ.ɪl.ek.ˈtrɒn.ɪks	**माइ** क्रəउ इल एक **ट्रɒन** इक्स
microfibre	ˈmaɪ.krəʊ.ˈfaɪ.bə	**माइ** क्रəउ **फ़ाइ** बə
microfiche	ˈmaɪ.krə.fi:ʃ	**माइ** क्रə फ़ी:श
microfilm	ˈmaɪ.krə.fɪlm	**माइ** क्रə फ़िल्म
microorganism	ˈmaɪ.krəʊ.ˈɔ:.gᵊn.ɪ.zᵊm	**माइ** क्रəउ **ओ:** ग्न इ ज़्म
microphone	ˈmaɪ.krə.fəʊn	**माइ** क्रə फ़əउन
microprocessor	ˈmaɪ.krəʊ.ˈprəʊ.ses.ə	**माइ** क्रəउ **प्रəउ** सेस ə
microscope	ˈmaɪ.krə.skəʊp	**माइ** क्रə स्कəउप

microscopic	ˈmaɪ.krə.ˈskɒp.ɪk	**माइ** क्रə **स्कɒप** इक
microsecond	ˈmaɪ.krə.ˈsek.ənd	**माइ** क्रə **सेक** əन्ड
microsurgery	ˈmaɪ.krə.ˈsɜ:.dʒᵊr.i	**माइ** क्रə **सɜ:** ज्र ई
microwave	ˈmaɪ.krə.weɪv	**माइ** क्रə वेइव
midair	ˈmɪd.ˈeə	**मिड एə**
midday	ˈmɪd.ˈdeɪ	**मिड डेइ**
middle	ˈmɪd.ᵊl	**मिड** ्ल
middle age	ˈmɪd.ᵊl.eɪdʒ	**मिड** ्ल एइज
Middle Ages	ˈmɪd.ᵊl.ˈeɪ.dʒɪz	**मिड** ्ल **एइ** जिज़
middle class	ˈmɪd.ᵊl.ˈklɑ:s	**मिड** ्ल **क्ला:स**
middle distance (n,adj)	ˈmɪd.ᵊl.ˈdɪs.tᵊns	**मिड** ्ल **डिस** ट्न्स
Middle East	ˈmɪd.ᵊl.i:st	**मिड** ्ल ई:स्ट
middle name	ˈmɪd.ᵊl.ˈneɪm	**मिड** ्ल **नेइम**
middle of the road	ˈmɪd.ᵊl.əv.ðə.ˈrəʊd	**मिड** ्ल əव दə **रəउड**
middle-aged	ˈmɪd.ᵊl.ˈeɪdʒd	**मिड** ्ल **एइज्ड**
middleman	ˈmɪd.ᵊl.mæn	**मिड** ्ल मæन
midfield	ˈmɪd.fi:ld	**मिड** फ़ी:ल्ड
midget	ˈmɪdʒ.ɪt	**मिज** इट
midi	ˈmɪd.i	**मिड** ई
mid-life	ˈmɪd.ˈlaɪf	**मिड लाइफ़**
midmorning	ˈmɪd.ˈmɔ:.nɪŋ	**मिड मो:** निङ
midnight	ˈmɪd.naɪt	**मिड** नाइट
mid-off	ˈmɪd.ˈɒf	**मिड ɒफ़**
mid-on	ˈmɪd.ˈɒn	**मिड ɒन**
midpoint	ˈmɪd.pɔɪnt	**मिड** पोइन्ट
midriff	ˈmɪd.rɪf	**मिड** रिफ़
midshipman	ˈmɪd.ˈʃɪp.mən	**मिड शिप** मəन
midsized	ˈmɪd.ˈsaɪzd	**मिड साइज़्ड**
midst	mɪdst	मिड्स्ट
midstream	ˈmɪd.ˈstri:m	**मिड स्ट्री:म**
midsummer	ˈmɪd.ˈsʌm.ə	**मिड सʌम** ə
mid-term (adj)	mɪd.ˈtɜ:rm	मिड **टɜ:र्म**
midterm (n)	ˈmɪd.ˈtɜ:rm	**मिड टɜ:र्म**
midway	ˈmɪd.weɪ	**मिड** वेइ
midweek	ˈmɪd.ˈwi:k	**मिड वी:क**
midwife	ˈmɪd.waɪf	**मिड** वाइफ़
midwinter	ˈmɪd.ˈwɪn.tə	**मिड विन** टə
miffed	mɪft	मिफ़्ट
MIG	mɪg	मिग
might	maɪt	माइट

mightn't	ˈmaɪ.tᵊnt	**माइ** ट॰न्ट
mightn't've	ˈmaɪ.tᵊnt.əv	**माइ** ट॰न्ट əव
might've	ˈmaɪ.təv	**माइ** टəव
mighty	ˈmaɪ.ti	**माइ** टी
mignon	ˈmiː.njɔ̃ːŋ	**मी**ː न्ग़ोːङ
migraine	ˈmaɪː.greɪn	**माइ**ː ग्रेइन
migrant	ˈmaɪ.grᵊnt	**माइ** ग्र॰न्ट
migrate	maɪ.ˈgreɪt	माइ **ग्रेइट**
migration	maɪ.ˈgreɪ.ʃᵊn	माइ **ग्रेइ** श॰न
migratory	ˈmaɪ.grə.tᵊr.i	**माइ** ग्रə ट॰र ई
mike	maɪk	माइक
milady	mɪ.ˈleɪ.di	मि **लेइ** डी
mild	maɪld	माइल्ड
mildew	ˈmɪl.dʒuː	**मिल** जूː
mildly	ˈmaɪld.li	**माइल्ड** ली
mild-mannered	ˈmaɪld.ˈmæn.əd	**माइल्ड मæन** əड
mildness	ˈmaɪld.nəs	**माइल्ड** नəस
mile	maɪl	माइल
mileage	ˈmaɪ.lɪdʒ	**माइ** लिज
miles	maɪlz	माइल्ज़
milestone	ˈmaɪl.stəʊn	**माइल** स्टəउन
milieu	ˈmiː.ljɜː	**मी**ː ल्ग़ɜː
militancy	ˈmɪl.ɪ.tᵊn.si	**मिल** इ ट॰न सी
militant	ˈmɪl.ɪ.tᵊnt	**मिल** इ ट॰न्ट
militarism	ˈmɪl.ɪ.tᵊr.ɪ.zᵊm	**मिल** इ ट॰र इ ज़॰म
military	ˈmɪl.ɪ.tᵊr.i	**मिल** इ ट॰र ई
militate	ˈmɪl.ɪ.teɪt	**मिल** इ टेइट
militia	mɪ.ˈlɪʃ.ə	मि **लिश** ə
milk	mɪlk	मिल्क
milk chocolate	ˈmɪlk.ˈtʃɒk.lət	**मिल्क चɒक** लəट
milk of magnesia	ˈmɪlk.əv.mæg.ˈniː.ʒə	**मिल्क** əव मæग **नी**ː ज़ə
milk shake	ˈmɪlk.ˈʃeɪk	**मिल्क शेइक**
milk tooth	ˈmɪlk.ˈtuːθ	**मिल्क टूːथ**
milkfish	ˈmɪlk.ˈfɪʃ	**मिल्क फ़िश**
milking machine	ˈmɪlkɪŋ.mə.ˈʃiːn	**मिल्किङ** मə **शीːन**
milkmaid	ˈmɪlk.meɪd	**मिल्क** मेइड
milkman	ˈmɪlk.mən	**मिल्क** मəन
milky	ˈmɪlk.i	**मिल्क** ई
Milky Way	ˈmɪlk.i.ˈweɪ	**मिल्क** ई **वेइ**
mill	mɪl	मिल
millennium	mɪl.ˈen.i.əm	मिल **एन** ई əम
miller	ˈmɪl.ə	**मिल** ə
millet	ˈmɪl.ɪt	**मिल** इट
milligram	ˈmɪl.ɪ.græm	**मिल** इ ग्रæम
millilitre	ˈmɪl.i.ˈliː.tə	**मिल** ई **ली**ː टə
millimetre	ˈmɪl.ɪ.ˈmiː.tə	**मिल** इ **मी**ː टə
milliner	ˈmɪl.ɪ.nə	**मिल** इ नə
millinery	ˈmɪl.ɪ.nᵊr.i	**मिल** इ न॰र ई
million	ˈmɪl.i.ən	**मिल** ई əन
millionaire	ˈmɪl.i.ə.ˈneə	**मिल** ई ə **नेə**
millionfold	ˈmɪl.i.ən.fəʊld	**मिल** ई əन फ़əउल्ड
millionth	ˈmɪl.i.ənθ	**मिल** ई əन्थ
millipede	ˈmɪl.ɪ.piːd	**मिल** इ पीːड
mime	maɪm	माइम
mimic	ˈmɪm.ɪk	**मिम** इक
mimicry	ˈmɪm.ɪk.ri	**मिम** इक री
min.(abb)	ˈmɪn.ɪ.məm	**मिन** इ मəम
minaret	ˈmɪn.ə.ˈret	**मिन** ə **रेट**
mince	mɪns	मिन्स
mincemeat	ˈmɪns.miːt	**मिन्स** मीːट
mind	maɪnd	माइन्ड
mind reader	ˈmaɪnd.ˈriː.də	**माइन्ड री**ː डə
mind-blowing	ˈmaɪnd.ˈbləʊ.ɪŋ	**माइन्ड ब्लəउ** इङ
mind-boggling	ˈmaɪnd.ˈbɒg.ᵊl.ɪŋ	**माइन्ड बɒग** ॰ल इङ
minder	ˈmaɪn.də	**माइन** डə
mind-expanding	ˈmaɪnd.ek.ˈspæn.dɪŋ	**माइन्ड** एक **स्पæन** डिङ
mindful	ˈmaɪnd.fᵊl	**माइन्ड** फ़॰ल
mindless	ˈmaɪnd.ləs	**माइन्ड** लəस
mind-numbing	ˈmaɪnd.ˈnʌm.ɪŋ	**माइन्ड नʌम** इङ
mind's eye	ˈmaɪndz.aɪ	**माइन्ड्ज़** आइ
mind-set	ˈmaɪnd.set	**माइन्ड** सेट
mine	maɪn	माइन
minefield	ˈmaɪn.fiːld	**माइन** फ़ीːल्ड
miner	ˈmaɪ.nə	**माइ** नə
mineral	ˈmɪn.ᵊr.ᵊl	**मिन** ॰र ॰ल
mineral water	ˈmɪn.ᵊr.ᵊl.ˈwɔː.tə	**मिन** ॰र ॰ल **वॉ**ː टə
minestrone	ˈmɪn.ɪ.ˈstrəʊ.ni	**मिन** इ **स्ट्रəउ** नी
minesweeper	ˈmaɪn.ˈswiː.pə	**माइन स्वी**ː पə
mingle	ˈmɪŋ.gᵊl	**मिङ** ग॰ल
mini	ˈmin.i	**मीन** ई
miniature	ˈmɪn.ə.tʃə	**मिन** ə चə
minibus	ˈmɪn.i.bʌs	**मिन** ई बʌस
minicab	ˈmɪn.i.kæb	**मिन** ई कæब
minicomputer	ˈmɪn.i.kəm.ˈpjuː.t	**मिन** ई कəम **प्यूː**

	ə	टə
minimal	ˈmɪn.ɪ.mᵊl	मिन इ म॰ल
minimally	ˈmɪn.ɪ.mᵊl.i	मिन इ म॰ल ई
minimise	ˈmɪn.ɪ.maɪz	मिन इ माइज़
minimum	ˈmɪn.ɪ.məm	मिन इ मəम
minimum wage	ˈmɪn.ɪ.məm.ˈweɪdʒ	मिन इ मəम वेइज
mining	ˈmaɪ.nɪŋ	माइ निङ
minion	ˈmɪn.jən	मिन ग़əन
mini-series	ˈmɪn.i.ˈsɪə.riːz	मिन ई सिə रीːज़
miniskirt	ˈmɪn.i.skɜːt	मिन ई स्कɜːट
minister	ˈmɪn.ɪ.stə	मिन इ स्टə
ministerial	ˈmɪn.ɪ.ˈstɪə.ri.əl	मिन इ स्टिə री əल
ministry	ˈmɪn.ɪ.stri	मिन इ स्ट्री
mini-system	ˈmɪn.ɪ.ˈsɪs.təm	मिन इ सिस टəम
minivan	ˈmɪn.i.ˈvæn	मिन ई वæन
mink	mɪŋk	मिङ्क
minnow	ˈmɪn.əʊ	मिन əउ
minor	ˈmaɪ.nə	माइ नə
minority	maɪ.ˈnɒr.ə.ti	माइ नɒर ə टी
minstrel	ˈmɪn.strᵊl	मिन स्ट्र॰ल
mint	mɪnt	मिन्ट
minty	ˈmɪnt.i	मिन्ट ई
minuet	ˈmɪn.ju.ˈet	मिन ग़ू एट
minus	ˈmaɪ.nəs	माइ नəस
minus sign	ˈmaɪ.nəs.saɪn	माइ नəस साइन
minuscule	ˈmɪn.ə.skjuːl	मिन ə स्क्ग़ूːल
minute (adj)	maɪ.ˈnjuːt	माइ न्ग़ूːट
minute (n,v)	ˈmɪn.ɪt	मिन ईट
minute-hand	ˈmɪn.ɪt.hænd	मिन इट हæन्ड
minutely	maɪ.ˈnjuːt.li	माइ न्ग़ूːट ली
minuteman	ˈmɪn.ɪt.mæn	मिन इट मæन
minutes	ˈmɪn.ɪts	मिन इट्स
miracle	ˈmɪr.ə.kᵊl	मिर ə क॰ल
miraculous	mɪ.ˈræk.jə.ləs	मि रæक ग़ə लəस
miraculously	mɪ.ˈræk.jə.ləs.li	मि रæक ग़ə लəस ली
mirage	ˈmɪ.rɑːʒ	मि राːज़
mire	ˈmaɪ.ə	माइ ə
mirror	ˈmɪr.ə	मिर ə
mirror image	ˈmɪr.ər.ˈɪm.ɪdʒ	मिर əर इम इज
mirth	mɜːθ	मɜːथ
mirthful	ˈmɜːθ.fᵊl	मɜːथ फ़॰ल

misadventure	ˈmɪs.əd.ˈven.tʃə	मिस əड वेन चə
misalignment	ˈmɪs.ə.ˈlaɪn.mᵊnt	मिस ə लाइन म॰न्ट
misalliance	ˈmɪs.ə.ˈlaɪ.ᵊns	मिस ə लाइ ॰न्स
misanthrope	ˈmɪs.ᵊn.θrəʊp	मिस ॰न थ्रəउप
misanthropy	mɪs.ˈæn.θrə.pi	मिस æन थ्रə पी
misapplication	ˈmɪs.æp.lɪ.ˈkeɪ.ʃᵊn	मिस æप लि केइ श॰न
misapprehension	ˈmɪs.æp.rɪ.ˈhen.ʃᵊn	मिस æप रि हेन श॰न
misappropriate	ˈmɪs.ə.ˈprəʊ.pri.eɪt	मिस ə प्रəउ प्री एइट
misappropriation	ˈmɪs.ə.ˈprəʊ.pri.ˈeɪ.ʃᵊn	मिस ə प्रəउ प्री एइ श॰न
misbehave	ˈmɪs.bɪ.ˈheɪv	मिस बि हेइव
misbehaviour	ˈmɪs.bɪ.ˈheɪ.vjə	मिस बि हेइ वग़ə
misbelief	ˈmɪs.bɪ.ˈliːf	मिस बि लीːफ़
misc.(abb)	ˈmɪs.ᵊl.ˈeɪ.ni.əs	मिस ॰ल एइ नी əस
miscalculate	mɪs.ˈkæl.kjə.leɪt	मिस कæल क्ग़ə लेइट
miscalculation	ˈmɪs.ˈkæl.kjə.ˈleɪ.ʃᵊn	मिस कæल क्ग़ə लेइ श॰न
miscall	ˈmɪs.ˈkɔːl	मिस कोːल
miscarriage	ˈmɪs.ˈkær.ɪdʒ	मिस कæर इज
miscarriage of justice	ˈmɪs.ˈkær.ɪdʒ.əv.ˈdʒʌs.tɪs	मिस कæर इज əव जʌस टिस
miscarry	ˈmɪs.ˈkær.i	मिस कæर ई
miscast	ˈmɪs.ˈkɑːst	मिस काːस्ट
miscellaneous	ˈmɪs.ᵊl.ˈeɪ.ni.əs	मिस ॰ल एइ नी əस
miscellany	mɪ.ˈsel.ə.ni	मि सेल ə नी
mischief	ˈmɪs.tʃɪf	मिस चिफ़
mischief-maker	ˈmɪs.tʃɪf.ˈmeɪ.kə	मिस चिफ़ मेइ कə
mischievous	ˈmɪs.tʃiː.vəs	मिस चीː वəस
mischievously	ˈmɪs.tʃiː.vəs.li	मिस चीː वəस ली
miscible	ˈmɪs.ɪ.bᵊl	मिस इ ब॰ल
misconceive	ˈmɪs.kən.ˈsiːv	मिस कəन सीːव
misconception	ˈmɪs.kən.ˈsep.ʃᵊn	मिस कəन सेप श॰न
misconduct (n)	ˈmɪs.kɒn.ˈdʌkt	मिस कɒन डʌक्ट
misconduct (v)	ˈmɪs.kən.ˈdʌkt	मिस कəन डʌक्ट
misconstruction	ˈmɪs.kən.ˈstrʌk.ʃᵊn	मिस कəन स्ट्रʌक श॰न
misconstrue	ˈmɪs.kən.ˈstruː	मिस कəन स्ट्रूː
miscount (n)	ˈmɪs.kaʊnt	मिस काउन्ट
miscount (v)	mɪs.ˈkaʊnt	मिस काउन्ट

miscreant	ˈmɪs.kri.ᵊnt	**मिस** क्री ᵊन्ट
misdeal	mɪs.ˈdiːl	मिस **डीःल**
misdeed	mɪs.ˈdiːd	मिस **डीःड**
misdemeanour	ˈmɪs.dɪ.ˈmiː.nə	**मिस** डि **मीः** नə
misdiagnose	mɪs.ˈdaɪ.əg.ˈnəʊz	मिस **डाइ** əग **नəउज़**
misdiagnosis	ˈmɪs.daɪ.əg.ˈnəʊ.sɪs	**मिस** डाइ əग **नəउ** सिस
misdirect	ˈmɪs.dɪ.ˈrekt	**मिस** डि **रेक्ट**
misdirection	ˈmɪs.dɪ.ˈrek.ʃᵊn	**मिस** डि **रेक** शᵊन
misdoing	ˈmɪs.ˈduː.ɪŋ	**मिस** **डूः** इङ
miser	ˈmaɪ.zə	**माइ** ज़ə
miserable	ˈmɪz.ᵊr.ə.bᵊl	**मिज़** ᵊर ə बᵊल
miserably	ˈmɪz.ᵊr.ə.bli	**मिज़** ᵊर ə ब्ली
miserly	ˈmaɪ.zᵊl.i	**माइ** ज़ᵊल ई
misery	ˈmɪz.ᵊr.i	**मिज़** ᵊर ई
misfire (n,v)	mɪs.ˈfaɪ.əʳ	मिस **फ़ाइ** əर
misfit	ˈmɪs.fɪt	**मिस** फ़िट
misfortune	ˈmɪs.ˈfɔː.tʃuːn	**मिस** **फ़ोः** चूःन
misgiving	ˈmɪs.ˈgɪv.ɪŋ	**मिस** **गिव** इङ
misguide	mɪs.ˈgaɪd	मिस **गाइड**
misguided	ˈmɪs.ˈgaɪ.dɪd	**मिस** **गाइ** डिड
mishandle	ˈmɪs.ˈhæn.dᵊl	**मिस** **हæन** डᵊल
mishap	ˈmɪs.hæp	**मिस** हæप
mishit	mɪs.ˈhɪt	मिस **हिट**
mishmash	ˈmɪʃ.mæʃ	**मिश** मæश
misinform	ˈmɪs.ɪn.ˈfɔːm	**मिस** इन **फ़ोःम**
misinformation	ˈmɪs.ɪn.fə.ˈmeɪ.ʃᵊn	**मिस** इन फ़ə **मेइ** शᵊन
misinterpret	ˈmɪs.ɪn.ˈtɜː.prɪt	**मिस** इन **टɜः** प्रिट
misinterpretation	ˈmɪs.ɪn.ˈtɜː.prɪ.ˈteɪ.ʃᵊn	**मिस** इन **टɜः** प्रि **टेइ** शᵊन
misjoinder	ˈmɪs.ˈdʒɔɪn.də	**मिस** **जोइन** डə
misjudge	ˈmɪs.ˈdʒʌdʒ	**मिस** **जʌज**
misjudgement	ˈmɪs.ˈdʒʌdʒ.mᵊnt	**मिस** **जʌज** मᵊन्ट
mislaid	ˈmɪs.ˈleɪd	**मिस** **लेइड**
mislay	ˈmɪs.ˈleɪ	**मिस** **लेइ**
mislead	ˈmɪs.ˈliːd	**मिस** **लीःड**
misleading	ˈmɪs.ˈliː.dɪŋ	**मिस** **लीः** डिङ
misled	ˈmɪs.ˈled	**मिस** **लेड**
mismanage	ˈmɪs.ˈmæn.ɪdʒ	**मिस** **मæन** इज
mismanagement	ˈmɪs.ˈmæn.ɪdʒ.mᵊnt	**मिस** **मæन** इज मᵊन्ट

mismatch (n)	ˈmɪs.mætʃ	**मिस** मæच
mismatch (v)	mɪs.ˈmætʃ	मिस **मæच**
misnomer	ˈmɪs.ˈnəʊ.mə	**मिस** **नəउ** मə
misogynist	mɪ.ˈsɒdʒ.ᵊn.ɪst	मि **सɒज** ᵊन इस्ट
misogyny	mɪ.ˈsɒdʒ.ɪ.ni	मि **सɒज** इ नी
misplace	mɪs.ˈpleɪs	मिस **प्लेइस**
misplaced	ˈmɪs.ˈpleɪst	**मिस** **प्लेइस्ट**
misplacement	ˈmɪs.ˈpleɪs.mᵊnt	**मिस** **प्लेइस** मᵊन्ट
misprint (n)	ˈmɪs.prɪnt	**मिस** प्रिन्ट
misprint (v)	mɪs.ˈprɪnt	मिस **प्रिन्ट**
mispronounce	ˈmɪs.prə.ˈnaʊns	**मिस** प्रə **नाउन्स**
mispronunciation	ˈmɪs.prə.ˈnʌn.sɪ.ˈeɪ.ʃᵊn	**मिस** प्रə **नʌन** सि **एइ** शᵊन
misquote	ˈmɪs.ˈkwəʊt	**मिस** **क्वəउट**
misread	ˈmɪs.ˈriːd	**मिस** **रीःड**
misreading	ˈmɪs.ˈriː.dɪŋ	**मिस** **रीः** डिङ
misreport	ˈmɪs.rə.ˈpɔːt	**मिस** रə **पोःट**
misrepresent	ˈmɪs.rep.rɪ.ˈzent	**मिस** रेप रि **ज़ेन्ट**
misrepresentation	ˈmɪs.rep.rɪ.zen.ˈteɪ.ʃᵊn	**मिस** रेप रि ज़ेन **टेइ** शᵊन
misrule	ˈmɪs.ˈruːl	**मिस** **रूःल**
miss	mɪs	मिस
Miss (title)	mɪs	मिस
missile	ˈmɪs.aɪl	**मिस** आइल
missing	ˈmɪs.ɪŋ	**मिस** इङ
mission	ˈmɪʃ.ᵊn	**मिश** ᵊन
missionary	ˈmɪʃ.ᵊn.ᵊr.i	**मिश** ᵊन ᵊर ई
missive	ˈmɪs.ɪv	**मिस** इव
misspell	ˈmɪs.ˈspel	**मिस** **स्पेल**
misspelling	ˈmɪs.ˈspel.ɪŋ	**मिस** **स्पेल** इङ
misspelt	ˈmɪs.ˈspelt	**मिस** **स्पेल्ट**
misspend	ˈmɪs.ˈspend	**मिस** **स्पेन्ड**
misstate	ˈmɪs.ˈsteɪt	**मिस** **स्टेइट**
misstep	ˈmɪs.ˈstep	**मिस** **स्टेप**
missus	ˈmɪs.ɪz	**मिस** इज़
mist	mɪst	मिस्ट
mistake	mɪ.ˈsteɪk	मि **स्टेइक**
mistakeable	mɪ.ˈsteɪk.ə.bᵊl	मि **स्टेइक** ə बᵊल
mistaken	mɪ.ˈsteɪ.kᵊn	मि **स्टेइ** कᵊन
mistakenly	mɪ.ˈsteɪ.kᵊn.li	मि **स्टेइ** कᵊन ली
mister	ˈmɪs.tə	**मिस** टə
mistime	ˈmɪs.ˈtaɪm	**मिस** **टाइम**
mistletoe	ˈmɪs.ᵊl.təʊ	**मिस** ᵊल टəउ

mistook	mɪ.ˈstʊk	मि **स्टुक**
mistranslate	ˈmɪs.træn.ˈsleɪt	**मिस** ट्रæन **स्लेइट**
mistranslation	ˈmɪs.træn.ˈsleɪ.ʃᵊn	**मिस** ट्रæन **स्लेइ** श॰न
mistreat	ˈmɪs.ˈtriːt	**मिस ट्रीːट**
mistreatment	ˈmɪs.ˈtriːt.mᵊnt	**मिस ट्रीːट** म॰न्ट
mistress	ˈmɪs.trəs	**मिस** ट्रəस
mistrial	ˈmɪs.ˈtraɪ.əl	**मिस ट्राइ** əल
mistrust	ˈmɪs.ˈtrʌst	**मिस ट्रʌस्ट**
mistrustful	ˈmɪs.ˈtrʌst.fᵊl	**मिस ट्रʌस्ट** फ़॰ल
misty	ˈmɪs.ti	**मिस** टी
misty-eyed	ˈmɪs.ti.ˈaɪd	**मिस** टी **आइड**
misunderstand	ˈmɪs.ʌn.də.ˈstænd	**मिस** ʌन डə **स्टæन्ड**
misunderstanding	ˈmɪs.ˈʌn.də.ˈstæn.dɪŋ	**मिस ʌन** डə **स्टæन** डिङ
misunderstood	ˈmɪs.ʌn.də.ˈstʊd	**मिस** ʌन डə **स्टुड**
misuse (n,v)	ˈmɪs.ˈjuːz	**मिस गूːज़**
MIT	ˈem.ˈaɪ.ˈtiː	**एम आइ टीː**
mite	maɪt	माइट
mitigate	ˈmɪ.tɪ.geɪt	**मि** टि गेइट
mitigating	ˈmɪ.tɪ.geɪ.tɪŋ	**मि** टि गेइ टिङ
mitigation	ˈmɪ.tɪ.ˈgeɪ.ʃᵊn	**मि** टि **गेइ** श॰न
mitochrondial	ˈmaɪ.tə.ˈkɒn.dri.əl	**माइ** टə **कɒन** ड्री əल
mitosis	maɪ.ˈtəʊ.sɪs	माइ **टəउ** सिस
mitre	ˈmaɪ.tə	**माइ** टə
mitt	mɪt	मिट
mitten	ˈmɪt.ᵊn	**मिट** ॰न
mix	mɪks	मिक्स
mix and match	ˈmɪks.ən.ˈmætʃ	**मिक्स** əन **मæच**
mixed	mɪkst	मिक्स्ट
mixed bag	ˈmɪkst.ˈbæg	**मिक्स्ट बæग**
mixed blessing	ˈmɪkst.ˈbles.ɪŋ	**मिक्स्ट ब्लेस** इङ
mixed doubles	ˈmɪkst.ˈdʌb.ᵊlz	**मिक्स्ट डʌब** ॰ल्ज़
mixed grill	ˈmɪkst.ˈgrɪl	**मिक्स्ट ग्रिल**
mixed marriage	ˈmɪkst.ˈmær.ɪdʒ	**मिक्स्ट मæर** इज
mixed metaphor	ˈmɪkst.ˈmet.ə.fɔː	**मिक्स्ट मेट** ə फ़ोː
mixed-up	ˈmɪkst.ˈʌp	**मिक्स्ट ʌप**
Mixer	ˈmɪk.sə	**मिक** सə
Mixture	ˈmɪks.tʃə	**मिक्स** चə
mix-up	ˈmɪks.ʌp	**मिक्स** ʌप

ml (abb)	ˈmɪl.ɪ.ˈliː.təʳ	**मिल** इ **लीː** टəर
mm (abb)	ˈmɪl.ɪ.ˈmiː.təʳ	**मिल** इ **मीː** टəर
mnemonic	nɪ.ˈmɒn.ɪk	नि **मɒन** इक
moan	məʊn	मəउन
moat	məʊt	मəउट
mob	mɒb	मɒब
mobile (adj,n)	ˈməʊ.baɪl	**मəउ** बाइल
mobile home	ˈməʊ.baɪl.ˈhəʊm	**मəउ** बाइल **हəउम**
mobile phone	ˈməʊ.baɪl.ˈfəʊn	**मəउ** बाइल **फ़əउन**
mobilisation	ˈməʊ.bɪ.laɪ.ˈzeɪ.ʃᵊn	**मəउ** बि लाइ **ज़ेइ** श॰न
mobilise	ˈməʊ.bɪ.laɪz	**मəउ** बि लाइज़
mobility	məʊ.ˈbɪl.ə.ti	मəउ **बिल** ə टी
mobster	ˈmɒb.stə	**मɒब** स्टə
moccasin	ˈmɒk.ə.sɪn	**मɒक** ə सिन
mocha	ˈmɒk.ə	**मɒक** ə
mock	mɒk	मɒक
mockery	ˈmɒk.ᵊr.i	**मɒक** ॰र ई
mockingbird	ˈmɒk.ɪŋ.ˈbɜːd	**मɒक** इङ **बɜːड**
modal	ˈməʊ.dᵊl	**मəउ** ड॰ल
mode	məʊd	मəउड
model	ˈmɒd.ᵊl	**मɒड** ॰ल
modelling	ˈmɒd.ᵊl.ɪŋ	**मɒड** ॰ल इङ
modem	ˈməʊ.dem	**मəउ** डेम
moderate (n,adj)	ˈmɒd.ᵊr.ət	**मɒड** ॰र əट
moderate (v)	ˈmɒd.ᵊr.eɪt	**मɒड** ॰र एइट
moderately (adv)	ˈmɒd.ᵊr.ət.li	**मɒड** ॰र əट ली
moderation	ˈmɒd.ᵊr.ˈeɪ.ʃᵊn	**मɒड** ॰र **एइ** श॰न
moderator	ˈmɒd.ᵊr.eɪ.təʳ	**मɒड** ॰र एइ टəर
modern	ˈmɒd.ᵊn	**मɒड** ॰न
modernisation	ˈmɒd.ᵊn.aɪ.ˈzeɪ.ʃᵊn	**मɒड** ॰न आइ **ज़ेइ** श॰न
modernise	ˈmɒd.ᵊn.aɪz	**मɒड** ॰न आइज़
modernity	mɒd.ˈɜː.nə.ti	मɒड **ɜː** नə टी
modest	ˈmɒd.ɪst	**मɒड** इस्ट
modestly	ˈmɒd.ɪst.li	**मɒड** इस्ट ली
modesty	ˈmɒd.ɪ.sti	**मɒड** इ स्टी
modicum	ˈmɒd.ɪ.kəm	**मɒड** इ कəम
modification	ˈmɒd.ɪ.fɪ.ˈkeɪ.ʃᵊn	**मɒड** इ फ़ि **केइ** श॰न
modifier	ˈmɒd.ɪ.faɪ.ə	**मɒड** इ फ़ाइ ə
modify	ˈmɒd.ɪ.faɪ	**मɒड** इ फ़ाइ
modular	ˈmɒd.jə.lə	**मɒड** ग़ə लə

English Pronunciation Dictionary 205

modularity	ˈmɒd.jə.lær.ə.ti	**मɒड** ग़ə लæर ə टी
modulate	ˈmɒd.jə.leɪt	**मɒड** ग़ə लेइट
modulation	ˈmɒd.jə.ˈleɪ.ʃᵊn	**मɒड** ग़ə **लेइ** श्ᵊन
module	ˈmɒd.juːl	**मɒड** गू:ल
modulus	ˈmɒd.jə.ləs	**मɒड** ग़ə लəस
modus operandi	ˈməʊ.dəs.ˈɒp.ə.ˈræn.di	**मəउ** डəस **ɒप** ə **रæन** डी
mogul (IO)	ˈməʊ.gəl	**मəउ** गəल
mohair	ˈməʊ.heə	**मəउ** हेə
moist	mɔɪst	मोइस्ट
moisten	ˈmɔɪs.ᵊn	**मोइस** ᵊन
moisture	ˈmɔɪs.tʃə	**मोइस** चə
moisturise	ˈmɔɪs.tʃᵊr.aɪz	**मोइस** चᵊर आइज़
moisturiser	ˈmɔɪs.tʃᵊr.aɪ.zə	**मोइस** चᵊर आइ ज़ə
molar	ˈməʊ.lə	**मəउ** लə
molasses	mə.ˈlæs.ɪz	मə **लæस** इज़
mold	məʊld	मəउल्ड
molder	ˈməʊl.də	**मəउल** डə
molding	ˈməʊl.dɪŋ	**मəउल** डिङ
moldy	ˈməʊl.di	**मəउल** डी
mole	məʊl	मəउल
molecular	mə.ˈlek.jə.lə	मə **लेक** ग़ə लə
molecule	ˈmɒl.ɪ.kjuːl	**मɒल** इ क्यू:ल
molehill	ˈməʊl.hɪl	**मəउल** हिल
moleskin	ˈməʊl.skɪn	**मəउल** स्किन
molest	mə.ˈlest	मə **लेस्ट**
molestation	ˈmɒl.es.ˈteɪ.ʃᵊn	**मɒल** एस **टेइ** शᵊन
molester	mə.ˈles.tə	मə **लेस** टə
mollify	ˈmɒl.ɪ.faɪ	**मɒल** इ फ़ाइ
mollusc	ˈmɒl.əsk	**मɒल** əस्क
molt	məʊlt	मəउल्ट
molten	ˈməʊl.tᵊn	**मəउल** टᵊन
molybdenum	mɒl.ˈɪb.də.nəm	मɒल **इब** डə नəम
mom	mɒm	मɒम
moment	ˈməʊ.mᵊnt	**मəउ** मᵊन्ट
momentarily	ˈməʊ.mən.tᵊr.ə.li	**मəउ** मəन टᵊर ə ली
momentary	ˈməʊ.mən.tᵊr.i	**मəउ** मəन टᵊर ई
momentous	mə.ˈmen.təs	मə **मेन** टəस
momentum	mə.ˈmen.təm	मə **मेन** टəम
momma	ˈmɒm.ə	मɒम ə
mommy	ˈmɒm.i	मɒम ई

Mon.(abb)	ˈmʌn.deɪ	**मʌन** डेइ
monarch	ˈmɒn.ək	**मɒन** əक
monarchy	ˈmɒn.ə.ki	**मɒन** ə की
monastery	ˈmɒn.ə.stri	**मɒन** ə स्ट्री
monastic	mə.ˈnæs.tɪk	मə **नæस** टिक
Monday	ˈmʌn.deɪ	**मʌन** डेइ
monetary	ˈmʌn.ɪ.tᵊr.i	**मʌन** इ टᵊर ई
monetise	ˈmʌn.ɪ.taɪz	**मʌन** इ टाइज़
money	ˈmʌn.i	**मʌन** ई
money box	ˈmʌn.i.ˈbɒks	**मʌन** ई **बɒक्स**
money changer	ˈmʌn.i.ˈtʃeɪn.dʒə	**मʌन** ई **चेइन** जə
money market	ˈmʌn.i.ˈmɑː.kɪt	**मʌन** ई **मा:** किट
money order	ˈmʌn.i.ˈɔː.də	**मʌन** ई **ओ:** डə
money supply	ˈmʌn.i.sə.ˈplaɪ	**मʌन** ई सə **प्लाइ**
moneybag	ˈmʌn.ɪ.bæg	**मʌन** इ बæग
moneygrabbing	ˈmʌn.i.ˈgræb.ɪŋ	**मʌन** ई **ग्रæब** इङ
money-grubber	ˈmʌn.ɪ.ˈgrʌb.ə	**मʌन** इ **ग्रʌब** ə
money-puzzle	ˈmʌn.i.ˈpʌz.ᵊl	**मʌन** ई **पʌज़** ᵊल
money-spinner	ˈmʌn.ɪ.ˈspɪn.ə	**मʌन** इ **स्पिन** ə
mongoose (IO)	ˈmɒŋ.guːs	**मɒङ** गू:स
mongrel	ˈmʌŋ.grᵊl	**मʌङ** ग्रᵊल
moniker	ˈmɒn.ɪ.kəʳ	**मɒन** इ कəर
monitor	ˈmɒn.ɪ.tə	**मɒन** इ टə
monitory	ˈmɒn.ɪ.tᵊr.ɪ	**मɒन** इ टᵊर इ
monk	mʌŋk	मʌङ्क
monkey	ˈmʌŋk.i	**मʌङ्क** ई
monkey bars	ˈmʌŋk.i.ˈbɑːz	**मʌङ्क** ई **बा:ज़**
monkey business	ˈmʌŋk.i.ˈbɪz.nəs	**मʌङ्क** ई **बिज़** नəस
monkey wrench	ˈmʌŋ.ki.ˈrentʃ	**मʌङ** की **रेन्च**
monkeys	ˈmʌŋ.kiːz	**मʌङ** की:ज़
mono	ˈmɒn.əʊ	**मɒन** əउ
monochromatic	ˈmɒn.ə.krə.ˈmæt.ɪk	**मɒन** ə क्रə **मæट** इक
monochrome	ˈmɒn.ə.krəʊm	**मɒन** ə क्रəउम
monocle	ˈmɒn.ə.kᵊl	**मɒन** ə कᵊल
monoclonal	ˈmɑː.nə.ˈkləʊ.nᵊl	**मा:** नə **क्लəउ** नᵊल
monocotyledon	ˈmɒn.əʊ.ˈkɒt.ɪ.ˈliː.dən	**मɒन** əउ **कɒट** इ **ली:** डəन
monoculture	ˈmɒn.ə.ˈkʌl.tʃə	**मɒन** ə **कʌल** चə
monogamist	mə.ˈnɒg.ə.mɪst	मə **नɒग** ə मिस्ट
monogamous	mə.ˈnɒg.ə.məs	मə **नɒग** ə मəस
monogamy	mə.ˈnɒg.ə.mi	मə **नɒग** ə मी
monogram	ˈmɒn.ə.græm	**मɒन** ə ग्रæम

monograph	ˈmɒn.ə.græf	**मɒन** ə ग्रæफ़
monolingual	ˈmɒn.ə.ˈlɪŋ.gwᵊl	**मɒन** ə **लिङ** ग्वᵊल
monolith	ˈmɒn.ə.lɪθ	**मɒन** ə लिथ
monolithic	ˈmɒn.ə.ˈlɪθ.ɪk	**मɒन** ə **लिथ** इक
monologue	ˈmɒn.ᵊl.ɒg	**मɒन** ᵊल ɒग
monomania	ˈmɒn.ə.ˈmeɪ.ni.ə	**मɒन** ə **मेइ** नी ə
monophonic	ˈmɒn.ə.ˈfɒn.ɪk	**मɒन** ə **फ़ɒन** इक
monophthong	ˈmɒn.əf.θɒŋ	**मɒन** əफ़ थɒङ
monoplain	ˈmɒn.ə.pleɪn	**मɒन** ə प्लेइन
monopolisation	mə.ˈnɒp.ə.laɪ.ˈzeɪ.ʃᵊn	मə **नɒप** ə लाइ **ज़ेइ** शᵊन
monopolise	mə.ˈnɒp.ə.laɪz	मə **नɒप** ə लाइज़
monopolist	mə.ˈnɒp.ə.lɪst	मə **नɒप** ə लिस्ट
monopolistic	mə.ˈnɒp.ə.ˈlɪs.tɪk	मə **नɒप** ə **लिस** टिक
monopoly	mə.ˈnɒp.ə.li	मə **नɒप** ə ली
monorail	ˈmɒn.əʊ.reɪl	**मɒन** əउ रेइल
monosodium glutamate	ˈmɒn.ə.ˈsəʊ.di.əm.ˈglu:.tə.meɪt	**मɒन** ə **सəउ** डी əम **ग्लू:** टə मेइट
monosyllabic	ˈmɒn.ə.sɪ.ˈlæb.ɪk	**मɒन** ə सि **लæब** इक
monosyllable	ˈmɒn.ə.sɪl.ə.bᵊl	**मɒन** ə सिल ə बᵊल
monotheism	ˈmɒn.ə.θi:.ɪ.zᵊm	**मɒन** ə थी: इ ज़ᵊम
monotone	ˈmɒn.ə.təʊn	**मɒन** ə टəउन
monotonous	mə.ˈnɒt.ə.nəs	मə **नɒट** ə नəस
monotonously	mə.ˈnɒt.ə.nəs.li	मə **नɒट** ə नəस ली
monotony	mə.ˈnɒt.ə.ni	मə **नɒट** ə नी
monoxide	mə.ˈnɒk.saɪd	मə **नɒक** साइड
monsieur	mə.ˈsjɜ:	मə **स्यɜ:**
monsignor	mɒn.ˈsi:.njə	मɒन **सी:** न्यə
monsoon	mɒn.ˈsu:n	मɒन **सू:न**
monster	ˈmɒn.stə	**मɒन** स्टə
monstrosity	mɒn.ˈstrɒs.ə.ti	मɒन **स्ट्रɒस** ə टी
monstrous	ˈmɒn.strəs	**मɒन** स्ट्रəस
montage	ˈmɒn.tɑ:ʒ	**मɒन** टा:ज़
month	mʌnθ	मʌन्थ
monthly	ˈmʌnθ.li	**मʌन्थ** ली
monument	ˈmɒn.jə.mᵊnt	**मɒन** ग़ə मᵊन्ट
monumental	ˈmɒn.jə.ˈmen.tᵊl	**मɒन** ग़ə **मेन** टᵊल
moo	mu:	मू:

mooch	mu:tʃ	मू:च
mood	mu:d	मू:ड
moodiness	ˈmu:d.ɪ.nəs	**मू:ड** इ नəस
moody	ˈmu:.di	**मू:** डी
mooli	ˈmu:.li	**मू:** ली
moon	mu:n	मू:न
moonbeam	ˈmu:n.bi:m	**मू:न** बी:म
moonlight	ˈmu:n.laɪt	**मू:न** लाइट
moonlighting	ˈmu:n.laɪt.ɪŋ	**मू:न** लाइट इङ
moonlit	ˈmu:n.lɪt	**मू:न** लिट
moonshine	ˈmu:n.ʃaɪn	**मू:न** शाइन
moonstone	ˈmu:n.stəʊn	**मू:न** स्टəउन
moonstruck	ˈmu:n.strʌk	**मू:न** स्ट्रʌक
moor	mʊə	मुə
mooring	ˈmʊə.rɪŋ	**मुə** रिङ
moose	mu:s	मू:स
moot	mu:t	मू:ट
mop	mɒp	मɒप
mope	məʊp	मəउप
moped	ˈməʊ.ped	**मəउ** पेड
moppet	ˈmɒp.ɪt	**मɒप** इट
mora	ˈmɔ:.rə	**मो:** रə
moral	ˈmɒr.ᵊl	**मɒर** ᵊल
moral support	ˈmɒr.ᵊl.sə.ˈpɔ:t	**मɒर** ᵊल सə **पो:ट**
moral victory	ˈmɒr.ᵊl.ˈvɪk.tᵊr.i	**मɒर** ᵊल **विक** टᵊर ई
morale	mə.ˈrɑ:l	मə **रा:ल**
moralist	ˈmɒr.ᵊl.ɪst	**मɒर** ᵊल इस्ट
moralistic	ˈmɒr.ᵊl.ˈɪs.tɪk	**मɒर** ᵊल **इस** टिक
morality	mə.ˈræl.ə.ti	मə **रæल** ə टी
morally	ˈmɒr.ᵊl.i	**मɒर** ᵊल ई
morals	ˈmɒr.ᵊlz	**मɒर** ᵊल्ज़
morass	mə.ˈræs	मə **रæस**
moratorium	ˈmɒr.ə.ˈtɔ:.ri.əm	**मɒर** ə **टो:** री əम
morbid	ˈmɔ:.bɪd	**मो:** बिड
morbidity	mɔ:.ˈbɪd.ə.ti	मो: **बिड** ə टी
more	mɔ:	मो:
moreish	ˈmɔ:.rɪʃ	**मो:** रिश
moreover	mɔ:.ˈrəʊ.və	मो: **रəउ** वə
mores	ˈmɔ:.reɪz	**मो:** रेइज़
morgue	mɔ:g	मो:ग
moribund	ˈmɒr.ɪ.bʌnd	**मɒर** इ बʌन्ड
mormon	ˈmɔ:.mən	**मो:** मəन

morn	mɔːn	मो:न
morning	ˈmɔː.nɪŋ	मो: निङ
morning coat	ˈmɔː.nɪŋ.ˈkəʊt	मो: निङ कəउट
morning dress	ˈmɔː.nɪŋ.ˈdres	मो: निङ ड्रेस
morning person	ˈmɔː.nɪŋ.pɜː.sᵊn	मो: निङ पɜ: सᵊन
morning sickness	ˈmɔː.nɪŋ.ˈsɪk.nəs	मो: निङ सिक नəस
morning suit	ˈmɔː.nɪŋ.ˈsuːt	मो: निङ सू:ट
morning-after	ˈmɔː.nɪŋ.ˈɑːf.tə	मो: निङ आ:फ़ टə
moron	ˈmɔː.rɒn	मो: रɒन
moronic	mə.ˈrɒn.ɪk	मə रɒन इक
morose	mə.ˈrəʊs	मə रəउस
morph	mɔːf	मो:फ़
morpheme	ˈmɔː.fiːm	मो: फ़ी:म
morphine	ˈmɔː.fiːn	मो: फ़ी:न
morphology	mɔː.ˈfɒl.ə.dʒi	मो: फ़ɒल ə जी
morrow	ˈmɒr.əʊ	मɒर əउ
morse code	ˈmɔːs.ˈkəʊd	मो:स कəउड
morsel	ˈmɔː.sᵊl	मो: सᵊल
mortal	ˈmɔː.tᵊl	मो: टᵊल
mortality	mɔː.ˈtæl.ə.ti	मो: टæल ə टी
mortally	ˈmɔː.tᵊl.i	मो: टᵊल ई
mortar	ˈmɔː.tə	मो: टə
mortarboard	ˈmɔː.tə.bɔːd	मो: टə बो:ड
mortgage	ˈmɔː.gɪdʒ	मो: गिज
mortgagee	ˈmɔː.gɪ.ˈdʒiː	मो: गि जी:
mortgagor	ˈmɔː.gɪ.ˈdʒə	मो: गि जə
mortician	mɔː.ˈtɪʃ.ᵊn	मो: टिश ᵊन
mortification	ˈmɔː.tɪ.fɪ.ˈkeɪ.ʃᵊn	मो: टि फ़ि केइ शᵊन
mortify	ˈmɔː.tɪ.faɪ	मो: टि फ़ाइ
mortifying	ˈmɔː.tɪ.faɪ.ɪŋ	मो: टि फ़ाइ इङ
mortise	ˈmɔː.tɪs	मो: टिस
mortise lock	ˈmɔː.tɪs.ˈlɒk	मो: टिस लɒक
mortuary	ˈmɔː.tʃu.ᵊr.i	मो: चू ᵊर ई
mosaic	məʊ.ˈzeɪ.ɪk	मəउ ज़ेइ इक
mosh	mɒʃ	मɒश
mosque	mɒsk	मɒस्क
mosquito	mɒs.ˈkiː.təʊ	मɒस की: टəउ
moss	mɒs	मɒस
mossy	ˈmɒs.i	मɒस ई
most	məʊst	मəउस्ट
most importantly	ˈməʊst.ɪm.ˈpɔː.tᵊnt.li	मəउस्ट इम पो: टᵊन्ट ली
mostly	ˈməʊst.li	मəउस्ट ली

mote	məʊt	मəउट
motel	məʊ.ˈtel	मəउ टेल
moth	mɒθ	मɒथ
mothball	ˈmɒθ.bɔːl	मɒथ बो:ल
moth-eaten	ˈmɒθ.ˈiː.tᵊn	मɒथ ई: टᵊन
mother	ˈmʌð.ə	मʌद ə
mother country	ˈmʌð.ə.ˈkʌn.tri	मʌद ə कʌन ट्री
mother nature	ˈmʌð.ə.ˈneɪ.tʃə	मʌद ə नेइ चə
mother tongue	ˈmʌð.ə.tʌŋ	मʌद ə टʌङ
motherboard	ˈmʌð.ə.bɔːd	मʌद ə बो:ड
motherhood	ˈmʌð.ə.hʊd	मʌद ə हुड
mother-in-law	ˈmʌð.ər.ɪn.ˈlɔː	मʌद əर इन लो:
motherland	ˈmʌð.ə.lænd	मʌद ə लæन्ड
motherly	ˈmʌð.ə.li	मʌद ə ली
mother-of-pearl	ˈmʌð.ər.əv.ˈpɜːl	मʌद əर əव पɜ:ल
Mother's Day	ˈmʌð.əz.ˈdeɪ	मʌद əज़ डेइ
mothers-in-law	ˈmʌð.əz.ɪn.ˈlɔː	मʌद əज़ इन लो:
motif	məʊ.ˈtɪf	मəउ टिफ़
motion	ˈməʊ.ʃᵊn	मəउ शᵊन
motion picture	ˈməʊ.ʃᵊn.ˈpɪk.tʃə	मəउ शᵊन पिक चə
motion sickness	ˈməʊ.ʃᵊn.ˈsɪk.nəs	मəउ शᵊन सिक नəस
motionless	ˈməʊ.ʃᵊn.ləs	मəउ शᵊन लəस
motivate	ˈməʊ.tɪ.veɪt	मəउ टि वेइट
motivated	ˈməʊ.tɪ.veɪ.tɪd	मəउ टि वेइ टिड
motivation	ˈməʊ.tɪ.ˈveɪ.ʃᵊn	मəउ टि वेइ शᵊन
motivator	ˈməʊ.tɪ.veɪ.təʳ	मəउ टि वेइ टəर
motive	ˈməʊ.tɪv	मəउ टिव
motley	ˈmɒt.li	मɒट ली
motor	ˈməʊ.tə	मəउ टə
motor home	ˈməʊ.tə.ˈhəʊm	मəउ टə हəउम
motor lodge	ˈməʊ.tə.ˈlɒdʒ	मəउ टə लɒज
motor mechanic	ˈməʊ.tə.mə.ˈkæn.ɪk	मəउ टə मə कæन इक
motor racing	ˈməʊ.tə.ˈreɪ.sɪŋ	मəउ टə रेइ सिङ
motor scooter	ˈməʊ.tə.ˈskuː.tə	मəउ टə स्कू: टə
motor vehicle	ˈməʊ.tə.ˈvɪə.kᵊl	मəउ टə वीə कᵊल
motor way	ˈməʊ.tə.ˈweɪ	मəउ टə वेइ
motorbike	ˈməʊ.tə.baɪk	मəउ टə बाइक
motorboat	ˈməʊ.tə.bəʊt	मəउ टə बəउट
motorcade	ˈməʊ.tə.keɪd	मəउ टə केइड
motorcar	ˈməʊ.tə.kɑː	मəउ टə का:
motorcycle	ˈməʊ.tə.ˈsaɪ.kᵊl	मəउ टə साइ कᵊल

motorcyclist	ˈməʊ.tə.ˈsaɪ.klɪst	मəउ टə साइ क्लिस्ट
motorised	ˈməʊ.tᵊr.aɪzd	मəउ टᵊर आइज़्ड
motorist	ˈməʊ.tᵊr.ɪst	मəउ टᵊर इस्ट
mottled	ˈmɒt.ᵊld	मɒट ᵊल्ड
motto	ˈmɒt.əʊ	मɒट əउ
mould	məʊld	मəउल्ड
moulder	ˈməʊl.də	मəउल डə
mouldy	ˈməʊl.di	मəउल डी
moult	məʊlt	मəउल्ट
mound	maʊnd	माउन्ड
mount (n,v)	maʊnt	माउन्ट
mountain	ˈmaʊn.tɪn	माउन टिन
mountain ash	ˈmaʊn.tɪn.æʃ	माउन टिन æश
mountain bike	ˈmaʊn.tɪn.baɪk	माउन टिन बाइक
mountain lion	ˈmaʊn.tɪn.ˈlaɪ.ən	माउन टिन लाइ əन
mountaineer	ˈmaʊn.tɪ.ˈnɪ.ə	माउन टि नि ə
mountaineering	ˈmaʊn.tɪ.ˈnɪ.ə.rɪŋ	माउन टि नि ə रिङ
mountainous	ˈmaʊn.tɪ.nəs	माउन टि नəस
mountainside	ˈmaʊn.tən.saɪd	माउन टəन साइड
mounted	ˈmaʊn.tɪd	माउन टिड
mounting	ˈmaʊn.tɪŋ	माउन टिङ
mourn	mɔ:n	मो:न
mourner	ˈmɔ:.nə	मो: नə
mournful	ˈmɔ:n.fᵊl	मो:न फ़ᵊल
mournfully	ˈmɔ:n.fᵊl.i	मो:न फ़ᵊल ई
mourning	ˈmɔ:.nɪŋ	मो: निङ
mouse	maʊs	माउस
mouse click	ˈmaʊs.klɪk	माउस क्लिक
mouse-trap	ˈmaʊs.træp	माउस ट्रæप
mousey	ˈmaʊs.i	माउस ई
mousse	mu:s	मू:स
moustache	məs.ˈtɑ:ʃ	मəस टा:श
mousy	ˈmaʊs.i	माउस ई
mouth (n)	maʊθ	माउथ
mouth (v)	maʊθ	माउथ
mouth organ	ˈmaʊθ.ˈɔ:.gən	माउथ ओ: गəन
mouthful	ˈmaʊθ.fᵊl	माउथ फ़ᵊल
mouthpiece	ˈmaʊθ.pi:s	माउथ पी:स
mouth-to-mouth	ˈmaʊθ.tə.ˈmaʊθ	माउथ टə माउथ
mouthwash	ˈmaʊθ.wɒʃ	माउथ व़ɒश
mouth-watering	ˈmaʊθ.ˈwɔ:.tər.ɪŋ	माउथ व़ो: टəर इङ

mouthy	ˈmaʊθ.i	माउथ ई
movable	ˈmu:.və.bᵊl	मू: वə बᵊल
move	mu:v	मू:व
movement	ˈmu:v.mᵊnt	मू:व मᵊन्ट
mover	ˈmu:.və	मू: वə
movie	ˈmu:.vi	मू: वी
movie star	ˈmu:.vi.ˈstɑ:	मू: वी स्टा:
movie theatre	ˈmu:.vi.ˈθɪə.tə	मू: वी थिə टə
moviegoer	ˈmu:.vi.ˈgəʊ.ə	मू: वी गəउ ə
moviemaker	ˈmu:.vi.ˈmeɪ.kə	मू: वी मेइ कə
moving	ˈmu:.vɪŋ	मू: विङ
moving van	ˈmu:.vɪŋ.væn	मू: विङ वæन
mow (n)	maʊ	माउ
mow (v)	məʊ	मəउ
mower	ˈməʊ.ə	मəउ ə
mown	məʊn	मəउन
mozzarella	ˈmɒt.sə.ˈrel.ə	मɒट सə रेल ə
MP	ˈem.ˈpi:	एम पी:
MP3	ˈem.ˈpi:.ˈθri:	एम पी: थ्री:
mpg (abb)	ˈmaɪls.pə.ˈgæl.ᵊn	माइल्स पə गæल ᵊन
mph (abb)	ˈmaɪls.pər.ˈhaʊ.ə	माइल्स पəर हाउ ə
MPhil	ˈem.ˈfɪl	एम फ़िल
mpneylender	ˈmʌn.ɪ.ˈlen.də	मʌन इ लेन डə
Mr (abb)	ˈmɪs.tə	मिस टə
mrgawatt	ˈmeg.ə.wɒt	मेग ə व़ɒट
Mrs (abb)	ˈmɪs.ɪz	मिस इज़
MS	ˈem.ˈes	एम एस
Ms (abb)	mɪz	मिज़
MSc	ˈem.ˈes.ˈsi:	एम एस सी:
Mt.(abb)	maʊnt	माउन्ट
much	mʌtʃ	मʌच
muchness	ˈmʌtʃ.nəs	मʌच नəस
muck	mʌk	मʌक
mucker	ˈmʌk.ə	मʌक ə
mucky	ˈmʌk.i	मʌक ई
mucous	ˈmju:.kəs	म्यू: कəस
mucus	ˈmju:.kəs	म्यू: कəस
mud	mʌd	मʌड
mudbath	ˈmʌd.ˈba:θ	मʌड बा:थ
muddle	ˈmʌd.ᵊl	मʌड ᵊल
muddled	ˈmʌd.ᵊld	मʌड ᵊल्ड

muddy	ˈmʌd.i	**मʌड** ई
mudflap	ˈmʌd.flæp	**मʌड** फ़्लæप
mudflat	ˈmʌd.flæt	**मʌड** फ़्लæट
mudguard	ˈmʌd.gɑːd	**मʌड** गाːड
mudhouse	ˈmʌd.haʊs	**मʌड** हाउस
mudpack	ˈmʌd.pæk	**मʌड** पæक
mudpie	ˈmʌd.paɪ	**मʌड** पाइ
mudslide	ˈmʌd.slaɪd	**मʌड** स्लाइड
mudslinging	ˈmʌd.ˈslɪŋ.ɪŋ	**मʌड** **स्लिङ** इङ
muesli	ˈmjuːz.li	**म्यूːज़** ली
muff	mʌf	मʌफ
muffin	ˈmʌf.ɪn	**मʌफ़** इन
muffle	ˈmʌf.ᵊl	**मʌफ़** ᵊल
muffled	ˈmʌf.ᵊld	**मʌफ़** ᵊल्ड
muffler	ˈmʌf.lə	**मʌफ़** लə
mug	mʌg	मʌग
mugger	ˈmʌg.ə	**मʌग** ə
mugging	ˈmʌg.ɪŋ	**मʌग** इङ
muggy	ˈmʌg.i	**मʌग** ई
mulatto	mjuː.ˈlæt.əʊ	म्यूː **लæट** əउ
mulberry	ˈmʌl.bᵊr.i	**मʌल** बᵊर ई
mulch	mʌltʃ	मʌल्च
mule	mjuːl	म्यूːल
mull	mʌl	मʌल
mulligatawny (IO)	ˈmʌl.ɪ.gə.ˈtɔː.ni	**मʌल** इ गə **टोː** नी
multi purpose	ˈmʌl.tɪ.ˈpɜː.pəs	**मʌल** टि **पɜː** पəस
multicultural	ˈmʌl.tɪ.ˈkʌl.tʃᵊr.ᵊl	**मʌल** टि **कʌल** चᵊर ᵊल
multi-disciplinary	ˈmʌl.tɪ.ˈdɪs.ə.plɪn.ᵊr.i	**मʌल** टि **डिस** ə प्लिन ᵊर ई
multi-ethnic	ˈmʌl.tɪ.ˈeθ.nɪk	**मʌल** टि **एथ** निक
multi-faceted	ˈmʌl.tɪ.ˈfæs.ə.təd	**मʌल** टि **फ़æस** ə टəड
multifarious	ˈmʌl.tɪ.ˈfeə.ri.əs	**मʌल** टि **फ़ेə** री əस
multilateral	ˈmʌl.tɪ.ˈlæt.ᵊr.ᵊl	**मʌल** टि **लæट** ᵊर ᵊल
multilingual	ˈmʌl.tɪ.ˈlɪŋ.gwəl	**मʌल** टि **लिङ** ग्वəल
multilingualism	ˈmʌl.tɪ.ˈlɪŋ.gwə.lɪ.zᵊm	**मʌल** टि **लिङ** ग्वə लि ज़ᵊम
multimedia	ˈmʌl.tɪ.ˈmiː.di.ə	**मʌल** टि **मीː** डी ə
multimeter	ˈmʌl.tɪ.ˈmiː.tə	**मʌल** टि **मीː** टə
multimillionaire	ˈmʌl.tɪ.ˈmɪl.jə.ˈneə	**मʌल** टि **मिल** यə **नेə**

multinational	ˈmʌl.tɪ.ˈnæʃ.ᵊn.ᵊl	**मʌल** टि **नæश** ᵊन ᵊल
multiparty	ˈmʌl.tɪ.ˈpɑː.ti	**मʌल** टि **पाː** टी
multiple	ˈmʌl.tɪ.pᵊl	**मʌल** टि पᵊल
multiple birth	ˈmʌl.tɪ.pᵊl.ˈbɜːθ	**मʌल** टि पᵊल **बɜːथ**
multiple sclerosis	ˈmʌl.tɪ.pᵊl.sklə.ˈrəʊ.sɪs	**मʌल** टि पᵊल स्क्लə **रəउ** सिस
multiple-choice	ˈmʌl.tɪ.pᵊl.ˈtʃɔɪs	**मʌल** टि पᵊल **चोइस**
multiplex	ˈmʌl.tɪ.pleks	**मʌल** टि प्लेक्स
multiplication	ˈmʌl.tɪ.plɪ.ˈkeɪ.ʃᵊn	**मʌल** टि प्लि **केइ** शᵊन
multiplicity	ˈmʌl.tɪ.ˈplɪs.ə.ti	**मʌल** टि **प्लिस** ə टी
multiply	ˈmʌl.tɪ.plaɪ	**मʌल** टि प्लाइ
multiprocessing	ˈmʌl.tɪ.ˈprəʊ.ses.ɪŋ	**मʌल** टि **प्रəउ** सेस इङ
multiprocessor	ˈmʌl.tɪ.ˈprəʊ.ses.ə	**मʌल** टि **प्रəउ** सेस ə
multiracial	ˈmʌl.tɪ.ˈreɪ.ʃᵊl	**मʌल** टि **रेइ** शᵊल
multiscreen	ˈmʌl.tɪ.ˈskriːn	**मʌल** टि **स्क्रीːन**
multistorey	ˈmʌl.tɪ.ˈstɔː.ri	**मʌल** टि **स्टोː** री
multi-tasking	ˈmʌl.tɪ.ˈtaːs.kɪŋ	**मʌल** टि **टाːस** किङ
multitude	ˈmʌl.tɪ.tjuːd	**मʌल** टि ट्यूːड
multivitamin	ˈmʌl.tɪ.ˈvɪt.ə.mɪn	**मʌल** टि **विट** ə मिन
mum	mʌm	मʌम
mumble	ˈmʌm.bᵊl	**मʌम** बᵊल
mumbo jumbo	ˈmʌm.bəʊ.ˈdʒʌm.bəʊ	**मʌम** बəउ **जʌम** बəउ
mummification	ˈmʌm.ɪ.fɪ.ˈkeɪ.ʃᵊn	**मʌम** इ फ़ि **केइ** शᵊन
mummify	ˈmʌm.ɪ.faɪ	**मʌम** इ फ़ाइ
mummy	ˈmʌm.i	**मʌम** ई
mumps	mʌmps	मʌम्प्स
munch	mʌntʃ	मʌन्च
munchies	ˈmʌn.ˈtʃiːz	**मʌन** **चीːज़**
mundane	mʌn.ˈdeɪn	मʌन **डेइन**
mung bean (IO)	ˈmʌŋ.ˈbiːn	**मʌङ** **बीːन**
municipal	mjuː.ˈnɪ.sɪ.pᵊl	म्यूː **नि** सि पᵊल
municipality	mjuː.ˈnɪ.sɪ.ˈpæl.ə.ti	म्यूː **नि** सि **पæल** ə टी
munitions	mjuː.ˈnɪʃ.ᵊnz	म्यूː **निश** ᵊन्ज़
mural	ˈmjʊə.rᵊl	**म्युə** रᵊल
murder	ˈmɜː.də	**मɜː** डə
murderer	ˈmɜː.dᵊr.ə	**मɜː** डᵊर ə

murderess	ˈmɜː.dᵊr.es	**मɜः** ड॰र एस
murderous	ˈmɜː.dᵊr.əs	**मɜः** ड॰र əस
murk	mɜːk	मɜːक
murky	ˈmɜː.ki	**मɜः** की
murmur	ˈmɜː.mə	**मɜः** मə
Murphy's law	ˈmɜː.fiz.ˈlɔː	**मɜः** फ़ीज़ **लोः**
muscle	ˈmʌs.ᵊl	**मʌस** ॰ल
muscle flexing	ˈmʌs.ᵊl.ˈflek.sɪŋ	**मʌस** ॰ल **फ़्लेक** सिङ
muscle-bound	ˈmʌs.ᵊl.baʊnd	**मʌस** ॰ल बाउन्ड
muscleman	ˈmʌs.ᵊl.mæn	**मʌस** ॰ल मæन
muscular	ˈmʌs.kjə.lə	**मʌस** क्यə लə
muse	mjuːz	म्यूːज़
museum	mjuː.ˈziː.əm	म्यूː **ज़ी** əम
mush	mʌʃ	मʌश
mushroom	ˈmʌʃ.ruːm	**मʌश** रूःम
mushy	ˈmʌʃ.i	**मʌश** ई
music	ˈmjuː.zɪk	**म्यूः** ज़िक
music box	ˈmjuː.zɪk.ˈbɒks	**म्यूः** ज़िक **बɒक्स**
music centre	ˈmjuː.zɪk.ˈsen.tə	**म्यूः** ज़िक **सेन** टə
music hall	ˈmjuː.zɪk.ˈhɔːl	**म्यूः** ज़िक **होःल**
music stand	ˈmjuː.zɪk.ˈstænd	**म्यूः** ज़िक **स्टæन्ड**
music stool	ˈmjuː.zɪk.ˈstuːl	**म्यूः** ज़िक **स्टूःल**
musical	ˈmjuː.zɪ.kᵊl	**म्यूः** ज़ि क॰ल
musician	mjuː.ˈzɪʃ.ᵊn	म्यूː **ज़िश** ॰न
musing	ˈmjuː.zɪŋ	**म्यूः** ज़िङ
musk	mʌsk	मʌस्क
musket	ˈmʌs.kɪt	**मʌस** किट
muslin	ˈmʌz.lɪn	**मʌज़** लिन
musly	ˈmʌs.li	**मʌस** ली
muss	mʌs	मʌस
mussel	ˈmʌs.ᵊl	**मʌस** ॰ल
must	mʌst	मʌस्ट
mustache	mə.ˈstɑːʃ	मə **स्टाःश**
mustang	ˈmʌs.tæŋ	**मʌस** टæङ
mustard	ˈmʌs.təd	**मʌस** टəड
muster	ˈmʌs.tə	**मʌस** टə
mustn't	ˈmʌs.ᵊnt	**मʌस** ॰न्ट
mustn't've	ˈmʌs.ᵊnt.ᵊv	**मʌस** ॰न्ट ॰व
must've	ˈmʌst.ᵊv	**मʌस्ट** ॰व
musty	ˈmʌs.ti	**मʌस** टी
mutability	ˈmjuː.tə.ˈbɪl.ə.ti	**म्यूः** टə **बिल** ə टी
mutable	ˈmjuː.tə.bᵊl	**म्यूः** टə ब॰ल

mutant	ˈmjuː.tᵊnt	**म्यूः** ट॰न्ट
mutate	mjuː.ˈteɪt	म्यूः **टेइट**
mutation	mjuː.ˈteɪ.ʃᵊn	म्यूः **टेइ** श॰न
mute	mjuːt	म्यूːट
muted	ˈmjuː.tɪd	**म्यूः** टिड
mutely	ˈmjuːt.li	**म्यूःट** ली
mutilate	ˈmjuː.tɪ.leɪt	**म्यूः** टि लेइट
mutilation	ˈmjuː.tɪ.ˈleɪ.ʃᵊn	**म्यूः** टि **लेइ** श॰न
mutineer	ˈmjuː.tɪ.ˈnɪ.ə	**म्यूः** टि **नि** ə
mutinous	ˈmjuː.tɪ.nəs	**म्यूः** टि नəस
mutiny	ˈmjuː.tɪ.ni	**म्यूः** टि नी
mutt	mʌt	मʌट
mutter	ˈmʌt.ə	**मʌट** ə
mutton	ˈmʌt.ᵊn	**मʌट** ॰न
muttonchops	ˈmʌt.ᵊn.tʃɒps	**मʌट** ॰न चɒप्स
mutual	ˈmjuː.tʃu.əl	**म्यूः** चू əल
mutual fund	ˈmjuː.tʃu.əl.fʌnd	**म्यूः** चू əल फ़ʌन्ड
mutually	ˈmjuː.tʃu.ə.li	**म्यूः** चू ə ली
muzzle	ˈmʌz.ᵊl	**मʌज़** ॰ल
my	maɪ	माइ
mycologist	maɪ.ˈkɒl.ə.dʒɪst	माइ **कɒल** ə जिस्ट
mycology	maɪ.ˈkɒl.ə.dʒi	माइ **कɒल** ə जी
myelitis	maɪ.ə.ˈlaɪ.tɪs	माइ ə **लाइ** टिस
mynah	ˈmaɪ.nə	**माइ** नə
myopia	maɪ.ˈəʊ.pi.ə	माइ **əउ** पी ə
myopic	maɪ.ˈɒp.ɪk	माइ **ɒप** इक
myriad	ˈmɪr.i.əd	**मिर** ई əड
myself	maɪ.ˈself	माइ **सेल्फ़**
mysterious	mɪ.ˈstɪ.ᵊr.i.əs	मि **स्टि** ॰र ई əस
mysteriously	mɪ.ˈstɪ.ᵊr.i.əs.li	मि **स्टि** ॰र ई əस ली
mystery	ˈmɪs.tᵊr.i	**मिस** ट॰र ई
mystic	ˈmɪs.tɪk	**मिस** टिक
mystical	ˈmɪs.tɪ.kᵊl	**मिस** टि क॰ल
mysticism	ˈmɪs.tɪ.sɪ.zᵊm	**मिस** टि सि ज़॰म
mystify	ˈmɪs.tɪ.faɪ	**मिस** टि फ़ाइ
mystifying	ˈmɪs.tɪ.faɪ.ɪŋ	**मिस** टि फ़ाइ इङ
mystique	mɪs.ˈtiːk	मिस **टीःक**
myth	mɪθ	मिथ
mythical	ˈmɪθ.ɪ.kᵊl	**मिथ** इ क॰ल
mythological	ˈmɪθ.ᵊl.ˈɒdʒ.ɪ.kᵊl	**मिथ** ॰ल **ɒज** इ क॰ल
mythologist	mɪ.ˈθɒl.ə.dʒɪst	मि **थɒल** ə जिस्ट

mythology	mɪ.ˈθɒl.ə.dʒi	मि **थɒल** ə जी

n	en	एन
N	en	एन
nab	næb	नæब
nabob (IO)	ˈneɪ.bɒb	नेइ बɒब
nag	næg	नæग
nagging	ˈnæg.ɪŋ	नæग इङ
nah	ˈnɑː	नाः
nail	neɪl	नेइल
nail biter	ˈneɪl.ˈbaɪ.tə	नेइल बाइ टə
nail biting	ˈneɪl.ˈbaɪt.ɪŋ	नेइल बाइट इङ
nail cutter	ˈneɪl.ˈkʌt.ə	नेइल कʌट ə
nail file	ˈneɪl.ˈfaɪl	नेइल फ़ाइल
nail on the head	ˈneɪl.ɒn.ðə.ˈhed	नेइल ɒन दə हेड
nail polish	ˈneɪl.ˈpɒl.ɪʃ	नेइल पɒल इश
nail scissors	ˈneɪl.ˈsɪz.əz	नेइल सिज़ əज़
nailbrush	ˈneɪl.brʌʃ	नेइल ब्रʌश
nailclipper	ˈneɪl.ˈklɪp.ə	नेइल क्लिप ə
naive	naɪ.ˈiːv	नाइ ईःव
naively	naɪ.ˈiːv.li	नाइ ईःव ली
naivety	naɪ.ˈiː.və.ti	नाइ ईः वə टी
naked	ˈneɪ.kɪd	नेइ किड
name	ˈneɪm	नेइम
name dropper	ˈneɪm.ˈdrɒp.ə	नेइम ड्रɒप ə
name-brand	ˈneɪm.brænd	नेइम ब्रæन्ड
namedrop	ˈneɪm.drɒp	नेइम ड्रɒप
name-dropping	ˈneɪm.ˈdrɒp.ɪŋ	नेइम ड्रɒप इङ
nameless	ˈneɪm.ləs	नेइम लəस
namely	ˈneɪm.li	नेइम ली
nameplate	ˈneɪm.pleɪt	नेइम प्लेइट
namesake	ˈneɪm.seɪk	नेइम सेइक
nanny	ˈnæn.i	नæन ई
nanosecond	ˈnæn.əʊ.ˈsek.ᵊnd	नæन əउ सेक ᵊन्ड
nanotechnology	ˈnæn.əʊ.tek.ˈnɒl.ə.dʒi	नæन əउ टेक नɒल ə जी
nap	næp	नæप
napalm	ˈneɪ.pɑːm	नेइ पाःम
nape	neɪp	नेइप
naphthalene	ˈnæf.θə.liːn	नæफ़ थə लीःन
naphthol	ˈnæf.θɒl	नæफ़ थɒल
napkin	ˈnæp.kɪn	नæप किन
nappy	ˈnæp.i	नæप ई
narc	nɑːk	नाःक
narcissism	ˈnɑː.sɪ.sɪ.zᵊm	नाः सि सि ज़ᵊम
narcissist	nɑː.ˈsɪs.ɪst	नाः सिस इस्ट
narcissistic	ˈnɑː.sɪ.ˈsɪs.tɪk	नाः सि सिस टिक
narcotic	nɑː.ˈkɒt.ɪk	नाः कɒट इक
narrate	nə.ˈreɪt	नə रेइट
narration	nə.ˈreɪ.ʃᵊn	नə रेइ शᵊन
narrative	ˈnær.ə.tɪv	नær ə टिव
narrator	nə.ˈreɪ.tə	नə रेइ टə
narrow	ˈnær.əʊ	नær əउ
narrow escape	ˈnær.əʊ.ɪs.ˈkeɪp	नær əउ इस केइप
narrow-gauge	ˈnær.əʊ.ˈgeɪdʒ	नær əउ गेइज
narrowly	ˈnær.əʊ.li	नær əउ ली
narrow-minded	ˈnær.əʊ.ˈmaɪn.dɪd	नær əउ माइन डिड
narrow-mindedness	ˈnær.əʊ.ˈmaɪn.dɪd.nəs	नær əउ माइन डिड नəस
NASA	ˈnɑː.sə	नाः सə
nasal	ˈneɪz.ᵊl	नेइज़ ᵊल
nasal spray	ˈneɪz.ᵊl.ˈspreɪ	नेइज़ ᵊल स्प्रेइ
nasalisation	ˈneɪz.ᵊl.aɪ.ˈzeɪ.ʃᵊn	नेइज़ ᵊल आइ ज़ेइ शᵊन
nasalise	ˈneɪz.ᵊl.aɪz	नेइज़ ᵊल आइज़
nasality	neɪ.ˈzæl.ə.tɪ	नेइ ज़æल ə टि
nasally	ˈneɪz.ᵊl.i	नेइज़ ᵊल ई
nascent	ˈnæs.ᵊnt	नæस ᵊन्ट
nasty	ˈnɑː.sti	नाः स्टी
natal	ˈneɪ.tᵊl	नेइ टᵊल
nation	ˈneɪ.ʃᵊn	नेइ शᵊन
national	ˈnæʃ.ᵊn.ᵊl	नæश ᵊन ᵊल
national anthem	ˈnæʃ.ᵊn.ᵊl.ˈæn.θəm	नæश ᵊन ᵊल æन थəम
National Curriculum	ˈnæʃ.ᵊn.ᵊl.kə.ˈrɪk.jə.ləm	नæश ᵊन ᵊल कə रिक ग़ə लəम
National Debt	ˈnæʃ.ᵊn.ᵊl.ˈdet	नæश ᵊन ᵊल डेट
National Guard	ˈnæʃ.ᵊn.ᵊl.ˈgɑːd	नæश ᵊन ᵊल गाःड
National Health Service	ˈnæʃ.ᵊn.ᵊl.ˈhelθ.ˈsɜː.vɪs	नæश ᵊन ᵊल हेल्थ सɜː विस
national holiday	ˈnæʃ.ᵊn.ᵊl.ˈhɒl.ə.deɪ	नæश ᵊन ᵊल हɒल ə डेइ
national monument	ˈnæʃ.ᵊn.ᵊl.ˈmɒn.jə.mᵊnt	नæश ᵊन ᵊल मɒन

		ग़ə म॰न्ट
national park	ˈnæʃ.ᵊn.ᵊl.ˈpɑːk	**नæश** ॰न ॰ल **पाःक**
national security	ˈnæʃ.ᵊn.ᵊl.sɪ.ˈkjʊə.rə.ti	**नæश** ॰न ॰ल सि **क्युə** रə टी
national service	ˈnæʃ.ᵊn.ᵊl.ˈsɜː.vɪs	**नæश** ॰न ॰ल **सɜः** विस
National Trust	ˈnæʃ.ᵊn.ᵊl.trʌst	**नæश** ॰न ॰ल ट्रʌस्ट
nationalisation	ˈnæʃ.ᵊn.ᵊl.aɪ.ˈzeɪ.ʃᵊn	**नæश** ॰न ॰ल आइ **ज़ेइ** श॰न
nationalise	ˈnæʃ.ᵊn.ᵊl.aɪz	**नæश** ॰न ॰ल आइज़
nationalism	ˈnæʃ.nə.lɪ.zᵊm	**नæश** नə लि ज़॰म
nationalist	ˈnæʃ.nə.lɪst	**नæश** नə लिस्ट
nationalistic	ˈnæʃ.nə.ˈlɪs.tɪk	**नæश** नə **लिस** टिक
nationality	ˈnæʃ.ə.ˈnæl.ə.ti	**नæश** ə **नæल** ə टी
nationally	ˈnæʃ.nᵊl.i	**नæश** न॰ल ई
nationhood	ˈneɪ.ʃᵊn	**नेइ** श॰न
nationwide	ˈneɪ.ʃᵊn.waɪd	**नेइ** श॰न व़ाइड
native	ˈneɪ.tɪv	**नेइ** टिव
Native American	ˈneɪ.tɪv ə.ˈmer.ɪ.kən	**नेइ** टिव ə **मेर** इ कəन
native speaker	ˈneɪ.tɪv.ˈspiː.kə	**नेइ** टिव **स्पीः** कə
nativity	nə.ˈtɪv.ə.ti	नə **टिव** ə टी
NATO	ˈneɪ.təʊ	**नेइ** टəउ
natural	ˈnætʃ.ᵊr.ᵊl	**नæच** ॰र ॰ल
natural gas	ˈnætʃ.ᵊr.ᵊl.gæs	**नæच** ॰र ॰ल गæस
natural history	ˈnætʃ.ᵊr.ᵊl.ˈhɪs.tᵊr.i	**नæच** ॰र ॰ल **हिस** ट॰र ई
natural resource	ˈnætʃ.ᵊr.ᵊl.rɪ.ˈsɔːs	**नæच** ॰र ॰ल रि **सोːस**
naturalisation	ˈnætʃ.ᵊr.ᵊl.aɪ.ˈzeɪ.ʃᵊn	**नæच** ॰र ॰ल आइ **ज़ेइ** श॰न
naturalise	ˈnætʃ.ᵊr.ᵊl.aɪz	**नæच** ॰र ॰ल आइज़
naturalist	ˈnætʃ.ᵊr.ᵊl.ɪst	**नæच** ॰र ॰ल इस्ट
naturally	ˈnætʃ.ᵊr.ᵊl.i	**नæच** ॰र ॰ल ई
naturalness	ˈnætʃ.ᵊr.ᵊl.nəs	**नæच** ॰र ॰ल नəस
nature	ˈneɪ.tʃə	**नेइ** चə
naturopath	ˈneɪ.tʃᵊr.ə.pæθ	**नेइ** च॰र ə पæथ
naturopathy	ˈneɪ.tʃᵊr.ˈɒp.ə.θi	**नेइ** च॰र **ɒप** ə थी
naught	nɔːt	नोːट
naughty	ˈnɔː.ti	**नोः** टी
nausea	ˈnɔː.zi.ə	**नोः** ज़ी ə
nauseate	ˈnɔː.zi.eɪt	**नोः** ज़ी एइट

nauseated	ˈnɔː.zi.eɪ.tɪd	**नोः** ज़ी एइ टिड
nauseating	ˈnɔː.zi.eɪ.tɪŋ	**नोः** ज़ी एइ टिङ
nauseous	ˈnɔː.zi.əs	**नोः** ज़ी əस
nautical	ˈnɔː.ti.kᵊl	**नोः** टी क॰ल
naval	ˈneɪ.vᵊl	**नेइ** व॰ल
navel	ˈneɪ.vᵊl	**नेइ** व॰ल
navigable	ˈnæv.ɪ.gə.bᵊl	**नæव** इ गə ब॰ल
navigate	ˈnæv.ɪ.geɪt	**नæव** इ गेइट
navigating	ˈnæv.ɪ.geɪ.tɪŋ	**नæव** इ गेइ टिङ
navigation	ˈnæv.ɪ.ˈgeɪ.ʃᵊn	**नæव** इ **गेइ** श॰न
navigator	ˈnæv.ɪ.geɪ.tə	**नæव** इ गेइ टə
navy	ˈneɪ.vi	**नेइ** वी
navy blue	ˈneɪ.vi bluː	**नेइ** वी ब्लूः
nay	neɪ	नेइ
nazi	ˈnɑːt.si	**नाःट** सी
NE (abb)	ˈnɔːθ.ˈiːst	**नोःथ ईःस्ट**
near	nɪə	निə
Near East	ˈnɪər.ˈiːst	**निəर ईःस्ट**
near miss	ˈnɪə.mɪs	**निə** मिस
nearby	ˈnɪə.baɪ	**निə** बाइ
nearest	ˈnɪə.rɪst	**निə** रिस्ट
nearly	ˈnɪə.li	**निə** ली
nearsighted	ˈnɪə.ˈsaɪ.tɪd	**निə साइ** टिड
neat	niːt	नीःट
neat and tidy	ˈniːt.ən.ˈtaɪ.di	**नीःट** əन **टाइ** डी
neatly	ˈniːt.li	**नीःट** ली
neatness	ˈniːt.nəs	**नीःट** नəस
nebula	ˈneb.jə.lə	**नेब** ग़ə लə
nebuliser	ˈneb.jə.laɪ.zə	**नेब** ग़ə लाइ ज़ə
nebulous	ˈneb.jə.ləs	**नेब** ग़ə लəस
necessarily	ˈnes.ə.ˈser.ᵊl.i	**नेस** ə **सेर** ॰ल ई
necessary	ˈnes.ə.sᵊr.i	**नेस** ə स॰र ई
necessitate	nə.ˈses.ɪ.teɪt	नə **सेस** इ टेइट
necessity	nə.ˈses.ə.ti	नə **सेस** ə टी
neck	nek	नेक
neck and neck	ˈnek.ən.ˈnek	**नेक** əन **नेक**
neckband	ˈnek.bænd	**नेक** बæन्ड
neckcloth	ˈnek.klɒθ	**नेक** क्लɒथ
necklace	ˈnek.ləs	**नेक** लəस
neckline	ˈnek.laɪn	**नेक** लाइन
necktie	ˈnek.taɪ	**नेक** टाइ
neckwear	ˈnek.weə	**नेक** व़ेə
necrophilia	ˈnek.rə.ˈfɪl.i.ə	**नेक** रə **फ़िल** ई ə

necropolis	nek.ˈrɒp.ə.lɪs	नेक **रɒप** ə लिस
nectar	ˈnek.tə	**नेक** टə
nectarine	ˈnek.tᵊr.iːn	**नेक** ट्‌र ईःन
née	neɪ	नेइ
need	niːd	नीःड
needed	ˈniː.dɪd	**नीः** डिड
needful	ˈniːd.fᵊl	**नीःड** फ़्‌ल
needle	ˈniː.dᵊl	**नीः** ड्‌ल
needlecraft	ˈniː.dᵊl.krɑːft	**नीः** ड्‌ल क्राःफ़्ट
needlepoint	ˈniː.dᵊl.pɔɪnt	**नीः** ड्‌ल पोइन्ट
needless	ˈniːd.ləs	**नीःड** लəस
needlessly	ˈniːd.ləs.li	**नीःड** लəस ली
needlewoman	ˈniː.dᵊl.ˈwʊm.ən	**नीः** ड्‌ल **वुम** əन
needlework	ˈniː.dᵊl.wɜːk	**नीः** ड्‌ल व़ɜःक
needn't	ˈniː.dᵊnt	**नीः** ड्‌न्ट
needs	niːdz	नीःड्ज़
needy	ˈniː.di	**नीः** डी
ne'er	neə	नेə
nefarious	nə.ˈfeə.ri.əs	नə **फ़ेə** री əस
neg.(abb)	ˈneg.ə.tiv	**नेग** ə टीव
negate	nə.ˈgeɪt	नə **गेइट**
negation	nə.ˈgeɪ.ʃᵊn	नə **गेइ** श्‌न
negative	ˈneg.ə.tɪv	**नेग** ə टिव
negatively	ˈneg.ə.tɪv.li	**नेग** ə टिव ली
neglect	nɪ.ˈglekt	नि **ग्लेक्ट**
neglected	nɪ.ˈglek.tɪd	नि **ग्लेक** टिड
neglectful	nɪ.ˈglekt.fᵊl	नि **ग्लेक्ट** फ़्‌ल
negligee	ˈneg.lɪ.ʒeɪ	**नेग** लि ज़ेइ
negligence	ˈneg.lɪ.dʒᵊns	**नेग** लि ज्‌न्स
negligent	ˈneg.lɪ.dʒᵊnt	**नेग** लि ज्‌न्ट
negligently	ˈneg.lɪ.dʒᵊnt.li	**नेग** लि ज्‌न्ट ली
negligible	ˈneg.lɪ.dʒə.bᵊl	**नेग** लि जə ब्‌ल
negotiable	nə.ˈgəʊ.ʃi.ə.bᵊl	नə **गəउ** शी ə ब्‌ल
negotiate	nə.ˈgəʊ.ʃi.eɪt	नə **गəउ** शी एइट
negotiating table	nə.ˈgəʊ.ʃi.eɪ.tɪŋ.ˈteɪ.bᵊl	नə **गəउ** शी एइ टिङ **टेइ** ब्‌ल
negotiation	nə.ˈgəʊ.ʃi.ˈeɪ.ʃᵊn	नə **गəउ** शी **एइ** श्‌न
negotiator	nə.ˈgəʊ.ʃi.eɪ.tə	नə **गəउ** शी एइ टə
negro	ˈniː.grəʊ	**नीः** ग्रəउ
neigh	neɪ	नेइ

neighbour	ˈneɪ.bə	**नेइ** बə
neighbourhood	ˈneɪ.bə.hʊd	**नेइ** बə हुड
neighbouring	ˈneɪ.bᵊr.ɪŋ	**नेइ** ब्‌र इङ
neighbourly	ˈneɪ.bᵊr.li	**नेइ** ब्‌र ली
neither	ˈnaɪ.ðə	**नाइ** दə
nemesis	ˈnem.ə.sɪs	**नेम** ə सिस
neoclassical	ˈniː.əʊ.ˈklæs.ɪ.kᵊl	**नीः** əउ **क्लæस** इ क्‌ल
neocolonialism	ˈniː.əʊ.kə.ˈləʊ.ni.ᵊl.ɪ.zᵊm	**नीः** əउ कə **लəउ** नी ्ल इ ज़्‌म
neologism	ni.ˈɒl.ə.dʒɪ.zᵊm	नी **ɒल** ə जि ज़्‌म
neon	ˈniː.ɒn	**नीः** ɒन
neonatal	ˈniː.ə.ˈneɪ.tᵊl	**नीः** ə **नेइ** ट्‌ल
nephew	ˈnef.juː	**नेफ़** ग़ूः
nepotism	ˈnep.ə.tɪ.zᵊm	**नेप** ə टि ज़्‌म
Neptune	ˈnep.tjuːn	**नेप** ट्ग़ूःन
nerd	nɜːd	नɜःड
nerdy	ˈnɜː.di	**नɜः** डी
nerve	nɜːv	नɜःव
nerve-racking	ˈnɜːv.ˈræk.ɪŋ	**नɜःव** **रæक** इङ
nerves	nɜːvz	नɜःव्ज़
nervous	ˈnɜː.vəs	**नɜः** वəस
nervous breakdown	ˈnɜː.vəs.ˈbreɪk.daʊn	**नɜः** वəस **ब्रेइक** डाउन
nervous system	ˈnɜː.vəs.ˈsɪs.təm	**नɜः** वəस **सिस** टəम
nervously	ˈnɜː.vəs.li	**नɜः** वəस ली
nervousness	ˈnɜː.vəs.nəs	**नɜः** वəस नəस
nest	nest	नेस्ट
nest egg	ˈnest.eg	**नेस्ट** एग
nestle	ˈnes.ᵊl	**नेस** ्ल
nestling	ˈnes.lɪŋ	**नेस** लिङ
net	net	नेट
netball	ˈnet.bɔːl	**नेट** बोःल
netbook	ˈnet.bʊk	**नेट** बुक
netiquette	ˈnet.ɪ.ket	**नेट** इ केट
netizen	ˈnet.ɪ.zen	**नेट** इ ज़ेन
netting	ˈnet.ɪŋ	**नेट** इङ
nettle	ˈnet.ᵊl	**नेट** ्ल
network	ˈnet.wɜːk	**नेट** व़ɜःक
networking	ˈnet.ˈwɜː.kɪŋ	**नेट** **व़ɜः** किङ
neural	ˈnjʊə.rᵊl	**न्गुə** र्‌ल
neurological	ˈnjʊə.rə.ˈlɒdʒ.ɪ.kᵊl	**न्गुə** रə **लɒज** इ

		क॰ल
neurologist	njʊə.ˈrɒl.ə.dʒɪst	न्गुə रɒल ə जिस्ट
neurology	njʊə.ˈrɒl.ə.dʒi	न्गुə रɒल ə जी
neuron	ˈnjʊə.rɒn	न्गुə रɒन
neuroscience	ˈnjʊə.rəʊ.ˈsaɪ.ᵊns	न्गुə रəउ साइ ॰न्स
neurosis	njʊə.ˈrəʊ.sɪs	न्गुə रəउ सिस
neurosurgeon	ˈnjʊə.rəʊ.ˈsɜː.dʒən	न्गुə रəउ सɜː जəन
neurosurgery	ˈnjʊə.rəʊ.ˈsɜː.dʒᵊr.i	न्गुə रəउ सɜː ज॰र ई
neurotic	njʊə.ˈrɒt.ɪk	न्गुə रɒट इक
neuter	ˈnjuː.tə	न्गूː टə
neutral	ˈnjuː.trᵊl	न्गूː ट्र॰ल
neutralisation	ˈnjuː.trᵊl.aɪ.ˈzeɪ.ʃᵊn	न्गूː ट्र॰ल आइ ज़ेइ श॰न
neutralise	ˈnjuː.trᵊl.aɪz	न्गूː ट्र॰ल आइज़
neutrality	njuː.ˈtræl.ə.ti	न्गूː ट्रæल ə टी
neutron	ˈnjuː.trɒn	न्गूː ट्रɒन
never	ˈnev.ə	नेव ə
neverending	ˈnev.ᵊr.ˈen.dɪŋ	नेव ॰र एन डिङ
nevermore	ˈnev.ə.ˈmɔː	नेव ə मोː
never-never	ˈnev.ə.ˈnev.ə	नेव ə नेव ə
nevetheless	ˈnev.ə.ðə.les	नेव ə दə लेस
new	njuː	न्गूː
New Age	ˈnjuː.ˈeɪdʒ	न्गूː एइज
new moon	ˈnjuː.ˈmuːn	न्गूː मूːन
New Testament	ˈnjuː.ˈtes.tə.mᵊnt	न्गूː टेस टə म॰न्ट
New World	ˈnjuː.ˈwɜːld	न्गूː व़ɜːल्ड
new year	ˈnjuː.ˈjiə	न्गूː ग़ीə
New Year's Day	ˈnjuː.ˈjiəz.ˈdeɪ	न्गूː ग़ीəज़ डेइ
New Year's Eve	ˈnjuː.ˈjiəz.ˈiːv	न्गूː ग़ीəज़ ईːव
newborn	ˈnjuː.ˈbɔːn	न्गूː बोːन
newcomer	ˈnjuː.ˈkʌm.ə	न्गूː कʌम ə
newer	ˈnjuː.ə	न्गूː ə
newfangled	ˈnjuː.ˈfæŋ.gᵊld	न्गूː फ़æङ ग॰ल्ड
new-fashioned	ˈnjuː.ˈfæʃ.ᵊnd	न्गूː फ़æश ॰न्ड
new-found	ˈnjuː.ˈfaʊnd	न्गूː फ़ाउन्ड
new-lad	ˈnjuː.ˈlæd	न्गूː लæड
newly	ˈnjuː.li	न्गूː ली
newlywed	ˈnjuː.lɪ.wed	न्गूː लि व़ेड
newness	ˈnjuː.nəs	न्गूː नəस
news	njuːz	न्गूːज़
newsagent	ˈnjuːz.eɪ.dʒᵊnt	न्गूːज़ एइ ज॰न्ट

newsboy	ˈnjuːz.bɔɪ	न्गूːज़ बोइ
newsbreak	ˈnjuːz.breɪk	न्गूːज़ ब्रेइक
newscast	ˈnjuːz.kɑːst	न्गूःज़ काःस्ट
newscopy	ˈnjuːz.ˈkɒp.i	न्गूːज़ कɒप ई
newsdealer	ˈnjuːz.ˈdiː.lə	न्गूːज़ डीː लə
newsflash	ˈnjuːz.flæʃ	न्गूːज़ फ़्लæश
newsgroup	ˈnuːz.ˈgruːp	नूːज़ ग्रूːप
newsletter	ˈnjuːz.ˈlet.ə	न्गूːज़ लेट ə
newsman	ˈnjuːz.mæn	न्गूःज़ मæन
newsmonger	ˈnjuːz.ˈmʌŋ.gə	न्गूːज़ मʌङ गə
newspaper	ˈnjuːz.ˈpeɪ.pə	न्गूːज़ पेइ पə
newsprint	ˈnjuːz.prɪnt	न्गूःज़ प्रिन्ट
newsreader	ˈnjuːz.ˈriː.də	न्गूːज़ रीː डə
newsreel	ˈnjuːz.riːl	न्गूःज़ रीःल
newsroom	ˈnjuːz.ruːm	न्गूःज़ रूःम
news-sheet	ˈnjuːz.ʃiːt	न्गूःज़ शीःट
newsstand	ˈnjuːz.stænd	न्गूःज़ स्टæन्ड
newsvendor	ˈnjuːz.ven.də	न्गूःज़ वेन डə
newsworthy	ˈnjuːz.ˈwɜː.ði	न्गूːज़ व़ɜː दी
newt	njuːt	न्गूːट
newton	ˈnjuː.tᵊn	न्गूː ट॰न
next	nekst	नेक्स्ट
next best	ˈnekst.best	नेक्स्ट बेस्ट
next day	ˈnekst.deɪ	नेक्स्ट डेइ
next of kin	ˈnekst.əv.ˈkɪn	नेक्स्ट əव किन
next-door	ˈnekst.ˈdɔː	नेक्स्ट डोː
nexus	ˈnek.səs	नेक सəस
NGO	ˈen.dʒiː.ˈəʊ	एन जीː əउ
niacin	ˈnaɪ.ə.sɪn	नाइ ə सिन
nibble	ˈnɪb.ᵊl	निब ॰ल
nice	naɪs	नाइस
nicely	ˈnaɪs.li	नाइस ली
niche	niːʃ	नीːश
nick	nɪk	निक
nickel	ˈnɪk.ᵊl	निक ॰ल
nickel plated	ˈnɪk.ᵊl.ˈpleɪ.tɪd	निक ॰ल प्लेइ टिड
nickel-and-dime	ˈnɪk.ᵊl.ən.ˈdaɪm	निक ॰ल əन डाइम
nickknack	ˈnɪk.næk	निक नæक
nickname	ˈnɪk.neɪm	निक नेइम
nicotine	ˈnɪk.ə.tiːn	निक ə टीːन
niece	niːs	नीːस
nifty	ˈnɪf.ti	निफ़ टी
niggard	ˈnɪg.əd	निग əड

niggardly	ˈnɪg.əd.li	निग əड ली
nigger	ˈnɪg.ə	निग ə
niggle	ˈnɪg.ᵊl	निग ᵊल
niggling	ˈnɪg.ᵊl.ɪŋ	निग ᵊल इङ
nigh	naɪ	नाइ
night	naɪt	नाइट
night and day	ˈnaɪt.ən.ˈdeɪ	नाइट əन डेइ
night blindness	ˈnaɪt.ˈblaɪnd.nəs	नाइट ब्लाइन्ड नəस
night shift	ˈnaɪt.ˈʃɪft	नाइट शिफ़्ट
night watchman	ˈnaɪt.ˈwɒtʃ.mən	नाइट व़ɒच मəन
nightcap	ˈnaɪt.kæp	नाइट कæप
nightclothes	ˈnaɪt.kləʊðz	नाइट क्लəउद़्ज़
nightclub	ˈnaɪt.klʌb	नाइट क्लʌब
nightdress	ˈnaɪt.dres	नाइट ड्रेस
nightfall	ˈnaɪt.fɔːl	नाइट फ़ोːल
nightgown	ˈnaɪt.gaʊn	नाइट गाउन
nighthawk	ˈnaɪt.ˈhɒk	नाइट हɒक
nightie	ˈnaɪt.i	नाइट ई
nightingale	ˈnaɪ.tɪŋ.geɪl	नाइ टिङ गेइल
nightlife	ˈnaɪt.laɪf	नाइट लाइफ़
nightlight	ˈnaɪt.laɪt	नाइट लाइट
nightly	ˈnaɪt.li	नाइट ली
nightmare	ˈnaɪt.meəʳ	नाइट मेəर
nightmarish	ˈnaɪt.meə.rɪʃ	नाइट मेə रिश
nightporter	ˈnaɪt.ˈpɔː.tə	नाइट पोː टə
nights	naɪts	नाइट्स
nightschool	ˈnaɪt.ˈskuːl	नाइट स्कूːल
nightshade	ˈnaɪt.ʃeɪd	नाइट शेइड
nightshirt	ˈnaɪt.ʃɜːt	नाइट शɜːट
nightstand	ˈnaɪt.stænd	नाइट स्टæन्ड
nightstick	ˈnaɪt.stɪk	नाइट स्टिक
nighttime	ˈnaɪt.taɪm	नाइट टाइम
nightwear	ˈnaɪt.weə	नाइट वे़ə
nihilism	ˈnaɪ.ə.lɪ.zəm	नाइ ə लि ज़əम
nihilist	ˈnaɪ.ə.lɪst	नाइ ə लिस्ट
nil	nɪl	निल
nimble	ˈnɪm.bᵊl	निम बᵊल
nimbleness	ˈnɪm.bᵊl.nəs	निम बᵊल नəस
nimbly	ˈnɪm.bli	निम ब्ली
nincompoop	ˈnɪŋ.kəm.puːp	निङ कəम पूːप
nine	naɪn	नाइन
ninepin	ˈnaɪn.pɪn	नाइन पिन

nineteen	ˈnaɪn.ˈtiːn	नाइन टीːन
nineteenth	ˈnaɪn.ˈtiːnθ	नाइन टीːन्थ
ninetieth	ˈnaɪn.ti.əθ	नाइन टी əथ
ninety-nine	ˈnaɪn.ti.ˈnaɪn	नाइन टी नाइन
ninish	ˈnaɪn.ɪʃ	नाइन इश
ninja	ˈnɪn.dʒə	निन जə
ninth	naɪnθ	नाइन्थ
nip	nɪp	निप
nipple	ˈnɪp.ᵊl	निप ᵊल
nippy	ˈnɪp.i	निप ई
nirvana (IO)	nɪə.ˈvɑː.nə	निə वाː नə
nit	nɪt	निट
nitpick	ˈnɪt.pɪk	निट पिक
nitrate	ˈnaɪ.treɪt	नाइ ट्रेइट
nitric acid	ˈnaɪ.trɪk.ˈæs.ɪd	नाइ ट्रिक æस इड
nitrite	ˈnaɪ.traɪt	नाइ ट्राइट
nitrogen	ˈnaɪ.trə.dʒən	नाइ ट्रə जəन
nitrogenous	ˈnaɪ.trɒdʒ.ɪ.nəs	नाइ ट्रɒज इ नəस
nitty-gritty	ˈnɪt.i.ˈgrɪt.i	निट ई ग्रिट ई
nitwit	ˈnɪt.wɪt	निट व़िट
no	nəʊ	नəउ
no comment	ˈnəʊ.ˈkɒm.ent	नəउ कɒम एन्ट
no one	ˈnəʊ.wʌn	नəउ व़ʌन
no.(abb)	ˈnʌm.bəʳ	नʌम बəर
no-account	ˈnəʊ.ə.ˈkaʊnt	नəउ ə काउन्ट
nob	nɒb	नɒब
Nobel prize	ˈnəʊ.bel.ˈpraɪz	नəउ बेल प्राइज़
nobility	nəʊ.ˈbɪl.ə.ti	नəउ बिल ə टी
noble	ˈnəʊ.bᵊl	नəउ बᵊल
nobleman	ˈnəʊ.bᵊl.mən	नəउ बᵊल मəन
noble-minded	ˈnəʊ.bᵊl.ˈmaɪn.dɪd	नəउ बᵊल माइन डिड
noblesse oblige	nəʊ.ˈbles.əʊ.ˈbliːʒ	नəउ ब्लेस əउ ब्लीːज़
noblewoman	ˈnəʊ.bᵊl.wʊm.ən	नəउ बᵊल वुम əन
nobly	ˈnəʊ.bli	नəउ ब्ली
nobody	ˈnəʊ.bɒd.i	नəउ बɒड ई
no-brainer	ˈnəʊ.ˈbreɪ.nə	नəउ ब्रेइ नə
no-claims bonus	ˈnəʊ.ˈkleɪmz.ˈbəʊ.nəs	नəउ क्लेइम्ज़ बəउ नəस
no-confidence	nəʊ.ˈkɒn.fɪ.dᵊns	नəउ कɒन फ़ि डᵊन्स
nocturnal	nɒk.ˈtɜː.nᵊl	नɒक टɜː नᵊल

nocturne	ˈnɒk.tɜːn	नɒक टɜːन
nod	nɒd	नɒड
nodal	ˈnəʊ.dᵊl	नəʊ ड॰ल
node	nəʊd	नəʊड
no-fault	ˈnəʊ.ˈfɔːlt	नəʊ फ़ोːल्ट
no-frills	ˈnəʊ.ˈfrɪls	नəʊ फ़्रिल्स
no-go	ˈnəʊ.ˈgəʊ	नəʊ गəʊ
no-good	ˈnəʊ.ˈgʊd	नəʊ गुड
nohow	ˈnəʊ.haʊ	नəʊ हाउ
noise	nɔɪz	नोइज़
noise pollution	ˈnɔɪz.pə.ˈluː.ʃᵊn	नोइज़ पə लूː श॰न
noiseless	ˈnɔɪz.ləs	नोइज़ लəस
noiselessly	ˈnɔɪz.ləs.li	नोइज़ लəस ली
noisemaker	ˈnɔɪz.ˈmeɪ.kə	नोइज़ मेइ कə
noisily	ˈnɔɪz.i.li	नोइज़ ई ली
noisy	ˈnɔɪz.i	नोइज़ ई
nom de guerre	ˈnɒm.də.ˈgeəʳ	नɒम डə गेəर
nom de plume	ˈnɒm.ðə.ˈpluːm	नɒम दə प्लूːम
nomad	ˈnəʊ.mæd	नəʊ मæड
nomadic	nəʊ.ˈmæd.ɪk	नəʊ मæड इक
no-man's-land	ˈnəʊ.mænz.lænd	नəʊ मæन्ज़ लæन्ड
nomenclature	nə.ˈmen.klə.tʃə	नə मेन क्लə चə
nominal	ˈnɒm.ɪ.nᵊl	नɒम इ न॰ल
nominally	ˈnɒm.ɪ.nᵊl.i	नɒम इ न॰ल ई
nominate	ˈnɒm.ɪ.neɪt	नɒम इ नेइट
nomination	ˈnɒm.ɪ.ˈneɪ.ʃᵊn	नɒम इ नेइ श॰न
nominee	ˈnɒm.ɪ.ˈniː	नɒम इ नीː
non sequitur	ˈnɒn.ˈsek.wɪ.tə	नɒन सेक वि टə
non-acceptance	ˈnɒn.ək.ˈsep.tᵊns	नɒन əक सेप ट॰न्स
non-aggression	ˈnɒn.ə.ˈgreʃ.ᵊn	नɒन ə ग्रेश ॰न
non-alcoholic	ˈnɒn.æl.kə.ˈhɒl.ɪk	नɒन æल कə हɒल इक
non-aligned	ˈnɒn.ə.ˈlaɪnd	नɒन ə लाइन्ड
non-appearance	ˈnɒn.ə.ˈpɪə.rᵊns	नɒन ə पिə र॰न्स
non-attendance	ˈnɒn.ə.ˈten.dᵊns	नɒन ə टेन ड॰न्स
non-believer	ˈnɒn.bɪ.ˈliː.və	नɒन बि लीː वə
non-biological	ˈnɒn.baɪ.ə.ˈlɒdʒ.ɪ.kᵊl	नɒन बाइ ə लɒज इ क॰ल
nonchalance	ˈnɒn.ʃəl.ᵊns	नɒन शəल ॰न्स
nonchalant	ˈnɒn.ʃəl.ᵊnt	नɒन शəल ॰न्ट
nonchalantly	ˈnɒn.ʃəl.ᵊnt.li	नɒन शəल ॰न्ट ली
non-collegiate	ˈnɒn.kᵊl.ˈiː.dʒi.ət	नɒन क॰ल ईː जी əट

non-combatant	ˈnɒn.ˈkɒm.bə.tᵊnt	नɒन कɒम बə ट॰न्ट
non-commercial	ˈnɒn.kə.ˈmɜː.ʃᵊl	नɒन कə मɜː श॰ल
non-commissioned	ˈnɒn.kə.ˈmɪʃ.ᵊnd	नɒन कə मिश ॰न्ड
noncommittal	ˈnɒn.kə.ˈmɪt.ᵊl	नɒन कə मिट ॰ल
noncompetitive	ˈnɒn.kəm.ˈpet.ə.tɪv	नɒन कəम पेट ə टिव
non-compliance	ˈnɒn.kəm.ˈplaɪ.ᵊns	नɒन कəम प्लाइ ॰न्स
nonconductor	ˈnɒn.kən.ˈdʌk.tə	नɒन कəन डʌक टə
nonconformist	ˈnɒn.kən.ˈfɔː.mɪst	नɒन कəन फ़ोː मिस्ट
nonconformity	ˈnɒn.kən.ˈfɔː.mə.ti	नɒन कəन फ़ोː मə टी
noncontiguous	ˈnɒn.kən.ˈtɪg.ju.əs	नɒन कəन टिग गू əस
noncontributory	ˈnɒn.kən.ˈtrɪb.jə.tᵊr.i	नɒन कəन ट्रिब ग़ə ट॰र ई
non-cooperation	ˈnɒn.kəʊ.ɒp.ə.ˈreɪ.ʃᵊn̩	नɒन कəʊ ɒप ə रेइ श॰əन
noncorrosive	ˈnɒn.kə.ˈrəʊ.sɪv	नɒन कə रəʊ सिव
non-custodial	ˈnɒn.kʌs.ˈtəʊ.di.əl	नɒन कʌस टəʊ डी əल
non-dairy	ˈnɒn.ˈdeə.ri	नɒन डेə री
non-delivery	ˈnɒn.dɪ.ˈlɪv.ᵊr.i	नɒन डि लिव ॰र ई
non-denominational	ˈnɒn.dɪ.nɒm.ɪ.ˈneɪ.ʃᵊn.ᵊl	नɒन डि नɒम इ नेइ श॰न ॰ल
nondescript	ˈnɒn.dɪ.ˈskrɪpt	नɒन डि स्क्रिप्ट
nondriver	ˈnɒn.ˈdraɪ.və	नɒन ड्राइ वə
none	nʌn	नʌन
nonentity	nɒn.ˈen.tə.ti	नɒन एन टə टी
nonessential	ˈnɒn.ɪ.ˈsen.ʃᵊl	नɒन इ सेन श॰ल
nonetheless	ˈnʌn.ðə.ˈles	नʌन दə लेस
non-event	ˈnɒn.ɪ.ˈvent	नɒन इ वेन्ट
non-existent	ˈnɒn.ɪg.ˈzɪs.tᵊnt	नɒन इग ज़िस ट॰न्ट
non-fat	ˈnɒn.ˈfæt	नɒन फ़æट
non-fatal	ˈnɒn.ˈfeɪ.tᵊl	नɒन फ़ेइ ट॰ल
non-feasance	ˈnɒn.ˈfiː.zᵊns	नɒन फ़ीː ज़॰न्स
nonfiction	ˈnɒn.ˈfɪk.ʃᵊn	नɒन फ़िक श॰न
non-flammable	ˈnɒn.ˈflæm.ə.bᵊl	नɒन फ़्लæम ə ब॰ल
non-identical twins	ˈnɒn.aɪ.ˈden.tɪ.kᵊl.twɪnz	नɒन आइ डेन टि

		क॰ल ट्विन्ज़
non-intervention	ˈnɒn.ɪn.tə.ˈven.ʃᵊn	नɒन इन टə वेन श॰न
non-judgemental	ˈnɒn.dʒʌdʒ.ˈmen.tᵊl	नɒन जʌज मेन ट॰ल
nonlinear	ˈnɒn.ˈlɪn.i.ə	नɒन लिन ई ə
non-member	ˈnɒn.ˈmem.bə	नɒन मेम बə
non-nuclear	ˈnɒn.ˈnjuː.kli.ə	नɒन न्यूː क्ली ə
no-no	ˈnəʊ.ˈnəʊ	नəउ नəउ
non-observance	ˈnɒn.əb.ˈzɜː.vᵊns	नɒन əब ज़ɜː व॰न्स
nonoccurrence	ˈnɒn.ə.ˈkᵊr.ᵊns	नɒन ə क॰र ॰न्स
no-nonsense	ˈnəʊ.ˈnɒn.sens	नəउ नɒन सेन्स
nonoperational	ˈnɒn.ɒp.ə.ˈreɪ.ʃᵊn.ᵊl	नɒन ɒप ə रेइ श॰न ॰ल
nonpartisan	ˈnan.ˈpɑː.tɪ.zæn	नान पाː टि ज़æन
non-payment	ˈnɒn.ˈpeɪ.mᵊnt	नɒन पेइ म॰न्ट
nonplaying	ˈnɒn.ˈpleɪ.ɪŋ	नɒन प्लेइ इङ
nonplus	ˈnɒn.ˈplʌs	नɒन प्लʌस
nonprofit	ˈnɒn.ˈprɒf.ɪt	नɒन प्रɒफ़ इट
nonproliferation	ˈnɒn.prə.ˈlɪf.ə.ˈreɪ.ʃᵊn	नɒन प्रə लिफ़ ə रेइ श॰न
non-refundable	ˈnɒn.rɪ.ˈfʌn.də.bᵊl	नɒन रि फ़ʌन डə ब॰ल
non-renewable	ˈnɒn.rɪ.ˈnjuː.ə.bᵊl	नɒन रि न्यूː ə ब॰ल
nonresident	ˈnɒn.ˈrez.ɪ.dᵊnt	नɒन रेज़ इ ड॰न्ट
non-restrictive	ˈnɒn.rɪ.ˈstrɪk.tɪv.	नɒन रि स्ट्रिक टिव
nonreturnable	ˈnɒn.rɪ.ˈtɜː.nə.bᵊl	नɒन रि टɜː नə ब॰ल
non-sectarian	ˈnɒn.sek.ˈteə.ri.ən	नɒन सेक टेə री əन
nonsense	ˈnɒn.sᵊns	नɒन स॰न्स
nonsensical	ˈnɒn.ˈsen.sɪ.kᵊl	नɒन सेन सि क॰ल
non-skid	ˈnɒn.skɪd	नɒन स्किड
nonslip	ˈnɒn.slɪp	नɒन स्लिप
non-smoker	ˈnɒn.ˈsməʊ.kə	नɒन स्मəउ कə
non-smoking	ˈnɒn.ˈsməʊ.kɪŋ	नɒन स्मəउ किङ
nonspecific	ˈnɒn.spə.ˈsɪf.ɪk	नɒन स्पə सिफ़ इक
nonstandard	ˈnɒnˈstæn.dəd	नɒन स्टæन डəड
nonstarter	ˈnɒn.ˈstɑː.tə	नɒन स्टाː टə
non-stick	ˈnɒn.ˈstɪk	नɒन स्टिक
non-stop	ˈnɒn.ˈstɒp	नɒन स्टɒप
nonswimmer	ˈnɒn.ˈswɪm.ə	नɒन स्विम ə
nontrivial	ˈnɒn.ˈtrɪv.i.əl	नɒन ट्रिव ई əल

non-user	ˈnɒn.ˈjuː.zə	नɒन यूː ज़ə
non-verbal	ˈnan.ˈvɜː.bᵊl	नान वɜː ब॰ल
non-violence	ˈnɒn.ˈvaɪ.ə.lᵊns	नɒन वाइ ə ल॰न्स
non-violent	ˈnɒn.ˈvaɪ.ə.lᵊnt	नɒन वाइ ə ल॰न्ट
non-voter	ˈvəʊ.tə	वəउ टə
non-white	ˈnɒn.ˈwaɪt	नɒन वाइट
noodle	ˈnuː.dᵊl	नूː ड॰ल
nook	nʊk	नुक
noon	nuːn	नूːन
noontide	ˈnuːn.taɪd	नूːन टाइड
noose	nuːs	नूːस
nope	nəʊp	नəउप
noplace	ˈnəʊ.pleɪs	नəउ प्लेइस
nor	nɔː	नोː
norm	nɔːm	नोːम
normal	ˈnɔː.mᵊl	नोː म॰ल
normalcy	ˈnɔː.mᵊl.si	नोː म॰ल सी
normalisation	ˈnɔː.mᵊl.aɪ.ˈzeɪ.ʃᵊn	नोː म॰ल आइ ज़ेइ श॰न
normalise	ˈnɔː.mᵊl.aɪz	नोː म॰ल आइज़
normality	nɔː.ˈmæl.ə.ti	नोː मæल ə टी
normally	ˈnɔː.mə.li	नोː मə ली
north	nɔːθ	नोːथ
North America	ˈnɔːθ.ə.ˈmer.ɪ.kə	नोːथ ə मेर इ कə
North American	ˈnɔːθ.ə.ˈmer.ɪ.kən	नोःथ ə मेर इ कəन
North Atlantic	ˈnɔːθ.ət.ˈlæn.tɪk	नोःथ əट लæन टिक
North Pole	ˈnɔːθ.ˈpəʊl	नोःथ पəउल
North Sea	ˈnɔːθ.ˈsiː	नोःथ सीː
northbound	ˈnɔːθ.baʊnd	नोःथ बाउन्ड
northeast	ˈnɔːθ.ˈiːst	नोःथ ईःस्ट
northeasterly	ˈnɔːθ.ˈiː.stə.li	नोःथ ईː स्टə ली
northeastern	ˈnɔːθ.ˈiː.stən	नोःथ ईː स्टəन
northeastward	ˈnɔːθ.ˈiːst.wəd	नोःथ ईःस्ट वəड
northerly	ˈnɔː.ðᵊl.i	नोː द॰ल ई
northern	ˈnɔː.ðᵊn	नोː द॰न
Northern lights	ˈnɔː.ðᵊn.ˈlaɪts	नोː द॰न लाइट्स
northerner	ˈnɔː.ðᵊn.əʳ	नोː द॰न əर
northernmost	ˈnɔː.ðᵊn.məʊst	नोː द॰न मəउस्ट
north-south	ˈnɔːθ.ˈsaʊθ	नोःथ साउथ
northward	ˈnɔːθ.wəd	नोःथ वəड
northwest	ˈnɔːθ.ˈwest	नोःथ वेस्ट

northwesterly	ˈnɔ:θ.ˈwes.tᵊl.i	**नो:थ वे़स** टᵊल ई
northwestern	ˈnɔ:θ.ˈwes.tᵊn	**नो:थ वे़स** टᵊन
northwestward	ˈnɔ:θ.ˈwest.wəd	**नो:थ वे़स्ट** व़əड
nos.(abb)	ˈnʌm.bəz	**नʌम** बəज़
nose	nəʊz	नəउज़
nose job	ˈnəʊz.ˈdʒɒb	**नəउज़ जɒब**
nosebleed	ˈnəʊz.bli:d	**नəउज़** ब्ली:ड
nosedive	ˈnəʊz.daɪv	**नəउज़** डाइव
nose-pay through the nose	ˈpeɪ.θru:.ðə.ˈnəʊz	**पेइ** थ्रू: दə **नəउज़**
nose-pick one's nose	ˈpɪk.wʌnz.ˈnəʊz	**पिक** व़ʌन्ज़ **नəउज़**
nose-poke one's nose	ˈpəʊk.wʌnz.ˈnəʊz	**पəउक** व़ʌन्ज़ **नəउज़**
no-show	ˈnəʊ.ˈʃəʊ	**नəउ शəउ**
nostalgia	nɒs.ˈtæl.dʒə	नɒस **स्टæल** जə
nostalgic	nɒs.ˈtæl.dʒɪk	नɒस **टæल** जिक
nostalgically	nɒs.ˈtæl.dʒɪ.kᵊl.i	नɒस **टæल** जि कᵊल ई
nostril	ˈnɒs.trɪl	**नɒस** ट्रिल
nostrum	ˈnɒs.trəm	**नɒस** ट्रəम
nosy	ˈnəʊ.zi	**नəउ** ज़ी
nosy parker	ˈnəʊ.zi.ˈpɑ:.kə	**नəउ** ज़ी **पा:** कə
not	nɒt	नɒट
notable	ˈnəʊ.tə.bᵊl	**नəउ** टə बᵊल
notably	ˈnəʊ.tə.bli	**नəउ** टə ब्ली
notarise	ˈnəʊ.tᵊr.aɪz	**नəउ** टᵊर आइज़
notary public	ˈnəʊ.tᵊr.i.ˈpʌb.lɪk	**नəउ** टᵊर ई **पʌब** लिक
notation	nəʊ.ˈteɪ.ʃᵊn	नəउ **टेइ** शᵊन
notch	nɒtʃ	नɒच
note	nəʊt	नəउट
notebook	ˈnəʊt.bʊk	**नəउट** बुक
noted	ˈnəʊ.tɪd	**नəउ** टिड
notelet	ˈnəʊt.let	**नəउट** लेट
notepad	ˈnəʊt.pæd	**नəउट** पæड
notepaper	ˈnəʊt.ˈpeɪ.pə	**नəउट पेइ** पə
notes	nəʊts	नəउट्स
noteworthy	ˈnəʊt.ˈwɜ:.ði	**नəउट व़ɜ:** दी
not-for-profit	ˈnɒt.fə.ˈprɒf.ɪt	**नɒट** फ़ə **प्रɒफ़** इट
nothing	ˈnʌθ.ɪŋ	**नʌथ** इङ
notice	ˈnəʊ.tɪs	**नəउ** टिस
noticeable	ˈnəʊ.tɪ.sə.bᵊl	**नəउ** टि सə बᵊल

noticeably	ˈnəʊ.tɪ.sə.bli	**नəउ** टि सə ब्ली
notice-board	ˈnəʊ.tɪs.bɔ:d	**नəउ** टिस बो:ड
noticed	ˈnəʊ.tɪst	**नəउ** टिस्ट
notifiable	ˈnəʊ.tɪ.faɪ.ə.bᵊl	**नəउ** टि फ़ाइ ə बᵊल
notification	ˈnəʊ.tɪ.fɪ.ˈkeɪ.ʃᵊn	**नəउ** टि फ़ि **केइ** शᵊन
notify	ˈnəʊ.tɪ.faɪ	**नəउ** टि फ़ाइ
notion	ˈnəʊ.ʃᵊn	**नəउ** शᵊन
notional	ˈnəʊ.ʃᵊn.ᵊl	**नəउ** शᵊन ᵊल
notoriety	ˈnəʊ.tᵊr.ˈaɪ.ə.ti	**नəउ** टᵊर **आइ** ə टी
notorious	nə.ˈtɔ:.ri.əs	नə **टो:** री əस
notoriously	nə.ˈtɔ:.ri.əs.li	नə **टो:** री əस ली
notwithstanding	ˈnɒt.wɪð.ˈstæn.dɪŋ	**नɒट** विद **स्टæन** डिङ
nougat	ˈnu:.gɑ:	**नू:** गा:
nought	nɔ:t	नो:ट
noun	naʊn	नाउन
nourish	ˈnʌr.ɪʃ	**नʌर** इश
nourishing	ˈnʌr.ɪʃ.ɪŋ	**नʌर** इश इङ
nourishment	ˈnʌr.ɪʃ.mᵊnt	**नʌर** इश मᵊन्ट
Nov.(abb)	nəʊ.ˈvem.bə	नəउ **वेम** बə
novation	nəʊ.ˈveɪ.ʃᵊn	नəउ **वेइ** शᵊन
novel	ˈnɒv.ᵊl	**नɒव** ᵊल
novelette	ˈnɒv.ᵊl.ˈet	**नɒव** ᵊल **एट**
novelist	ˈnɒv.ᵊl.ɪst	**नɒव** ᵊल इस्ट
novelty	ˈnɒv.ᵊl.ti	**नɒव** ᵊल टी
November	nəʊ.ˈvem.bə	नəउ **वेम** बə
novice	ˈnɒv.ɪs	**नɒव** इस
now	naʊ	नाउ
nowadays	ˈnaʊ.ə.deɪz	**नाउ** ə डेइज़
nowhere	ˈnəʊ.weə	**नəउ** वे़ə
no-win	ˈnəʊ.ˈwɪn	**नəउ विन**
no-win-no-fee	ˈnəʊ.wɪn.ˈnəʊ.fi:	**नəउ** विन **नəउ** फ़ी:
noxious	ˈnɒk.ʃəs	**नɒक** शəस
nozzle	ˈnɒz.ᵊl	**नɒज़** ᵊल
nth	enθ	एन्थ
nuance	ˈnju:.ɑ:ns	**न्यू:** आ:न्स
nub	nʌb	नʌब
nuclear	ˈnju:.kli.ə	**न्यू:** क्ली ə
nuclear disarmament	ˈnju:.kli.ə.dɪs.ˈɑ:.mə.mᵊnt	**न्यू:** क्ली ə डिस **आ:** मə मᵊन्ट
nuclear energy	ˈnju:.kli.ər.ˈen.ə.d	**न्यू:** क्ली əर **एन** ə

	ʒi	जी
nuclear family	ˈnjuː.kli.ə.ˈfæm.ᵊl.i	**न्यू:** क्ली ə **फ़æम** ॰ल ई
nuclear fission	ˈnjuː.kli.ə.ˈfɪʃ.ᵊn	**न्यू:** क्ली ə **फ़िश** ॰न
nuclear fusion	ˈnjuː.kli.ə.ˈfjuː.ʒᵊn	**न्यू:** क्ली ə **फ़्यू:** ज़॰न
nuclear-free	ˈnjuː.kli.ə.ˈfriː	**न्यू:** क्ली ə **फ़्री:**
nucleic acid	njuː.ˈkleɪk.ˈæs.ɪd	न्यू: **क्लेइक æस** इड
nucleus	ˈnjuː.kli.əs	**न्यू:** क्ली əस
nude	njuːd	न्यू:ड
nudge	nʌdʒ	नʌज
nudist	ˈnjuː.dɪst	**न्यू:** डिस्ट
nudity	ˈnjuː.də.ti	**न्यू:** डə टी
nugget	ˈnʌg.ɪt	**नʌग** इट
nuisance	ˈnjuːsᵊns	**न्यू:स॰न्स**
nuke	njuːk	न्यू:क
null	nʌl	नʌल
nullification	ˈnʌl.ɪ.fɪ.ˈkeɪ.ʃᵊn	**नʌल** इ फ़ि **केइ** श॰न
nullify	ˈnʌl.ɪ.faɪ	**नʌल** इ फ़ाइ
numb	nʌm	नʌम
number	ˈnʌm.bə	**नʌम** बə
number cruncher	ˈnʌm.bə.ˈkrʌn.tʃə	**नʌम** बə **क्रʌन** चə
number plate	ˈnʌm.bə.pleɪt	**नʌम** बə प्लेइट
number-crunching	ˈnʌm.bə.ˈkrʌn.tʃɪŋ	**नʌम** बə **क्रʌन** चिङ
numbers	ˈnʌm.bəz	**नʌम** बəज़
numbness	ˈnʌm.nəs	**नʌम** नəस
numeracy	ˈnjuː.mᵊr.ə.si	**न्यू:** म॰र ə सी
numeral	ˈnjuː.mᵊr.ᵊl	**न्यू:** म॰र ॰ल
numerate (adj)	ˈnjuː.mᵊr.ət	**न्यू:** म॰र əट
numerate (v)	ˈnjuː.mᵊr.eit	**न्यू:** म॰र एईट
numerator	ˈnjuː.mᵊr.eɪ.tə	**न्यू:** म॰र एइ टə
numerical	njuː.ˈmer.ɪ.kᵊl	न्यू: **मेर** इ क॰ल
numerically	njuː.ˈmer.ɪ.kᵊl.i	न्यू: **मेर** इ क॰ल ई
numero uno	ˈnjuː.mᵊr.əʊ.ˈuː.n əʊ	**न्यू:** म॰र əउ **ऊ:** नəउ
numerology	ˈnjuː.mə.ˈrɒl.ə.dʒi	**न्यू:** मə **रɒल** ə जी
numerous	ˈnjuː.mᵊr.əs	**न्यू:** म॰र əस
nun	nʌn	नʌन
nuptial	ˈnʌp.ʃᵊl	**नʌप** श॰ल
nuptials	ˈnʌp.ʃᵊlz	**नʌप** श॰ल्ज़
nurse	nɜːs	नɜːस
nursery	ˈnɜː.sᵊr.i	**नɜ:** स॰र ई

nursery rhyme	ˈnɜː.sᵊr.i.ˈraɪm	**नɜ:** स॰र ई **राइम**
nursery school	ˈnɜː.sᵊr.i.ˈskuːl	**नɜ:** स॰र ई **स्कू:ल**
nursing	ˈnɜː.sɪŋ	**नɜ:** सिङ
nursing home	ˈnɜː.sɪŋ.ˈhəʊm	**नɜ:** सिङ **हəउम**
nursing mother	ˈnɜː.sɪŋ.ˈmʌð.ə	**नɜ:** सिङ **मʌद** ə
nurture	ˈnɜː.tʃə	**नɜ:** चə
nut	nʌt	नʌट
nut-brown	ˈnʌt.ˈbraʊn	**नʌट ब्राउन**
nutcase	ˈnʌt.keɪs	**नʌट** केइस
nutcracker	ˈnʌt.ˈkræk.ə	**नʌट क्रæक** ə
nuthouse	ˈnʌt.haʊs	**नʌट** हाउस
nutmeg	ˈnʌt.meg	**नʌट** मेग
nutrient	ˈnjuː.tri.ᵊnt	**न्यू:** ट्री ॰न्ट
nutrition	njuː.ˈtrɪʃ.ᵊn	न्यू: **ट्रिश** ॰न
nutritional	njuː.ˈtrɪʃ.ᵊn.ᵊl	न्यू: **ट्रिश** ॰न ॰ल
nutritionist	nju.ˈtrɪʃ.ᵊn.ɪst	न्यू **ट्रिश** ॰न इस्ट
nutritious	njuː.ˈtrɪʃ.əs	न्यू: **ट्रिश** əस
nuts	nʌts	नʌट्स
nutshell	ˈnʌt.ʃel	**नʌट** शेल
nutty	ˈnʌt.i	**नʌट** ई
nuzzle	ˈnʌz.ᵊl	**नʌज़** ॰ल
NW (abb)	ˈnɔːθ.ˈwest	**नो:थ वेस्ट**
nylon	ˈnaɪ.lɒn	**नाइ** लɒन
nylons	ˈnaɪ.lɒnz	**नाइ** लɒन्ज़
nymph	nɪmf	निम्फ़
nymphet	nɪm.ˈfɪt	निम **फ़िट**
nymphomania	ˈnɪm.fə.ˈmeɪ.ni.ə	**निम** फ़ə **मेइ** नी ə

O

o	əʊ	əउ
O	əʊ	əउ
O level	ˈəʊ.ˈlev.ᵊl	əउ लेव ᵊल
oaf	əʊf	əउफ़
oak	əʊk	əउक
oar	ɔːʳ	ओ:र
oarsman	ˈɔːz.mən	ओ:ज़ मəन
oasis	əʊ.ˈeɪ.sɪs	əउ एइ सिस
oat	əʊt	əउट
oath	əʊθ	əउथ
oatmeal	ˈəʊt.miːl	əउट मी:ल
oats	əʊts	əउट्स
obdurate	ˈɒb.dʒə.rət	ɒब जə रəट
obedience	ə.ˈbiː.di.ᵊns	ə बी: डी ᵊन्स
obedient	ə.ˈbiː.di.ᵊnt	ə बी: डी ᵊन्ट
obediently	ə.ˈbiː.di.ᵊnt.li	ə बी: डी ᵊन्ट ली
obese	əʊ.ˈbiːs	əउ बी:स
obesity	əʊ.ˈbiː.sə.ti	əउ बी: सə टी
obey	ə.ˈbeɪ	ə बेइ
obituary	ə.ˈbɪtʃ.ə.ri	ə बिच ə री
objecion	əb.ˈdʒek.ʃᵊn	əब जेक शᵊन
object (n)	ˈɒb.dʒekt	ɒब जेक्ट
object (v)	əb.ˈdʒekt	əब जेक्ट
objectionable	əb.ˈdʒek.ʃᵊn.ə.bᵊl	əब जेक शᵊन ə बᵊल
objective	əb.ˈdʒek.tɪv	əब जेक टिव
objectively	əb.ˈdʒek.tɪv.li	əब जेक टिव ली
objectivity	ˈɒb.dʒek.ˈtɪv.ə.ti	ɒब जेक टिव ə टी
objector	əb.ˈdʒek.tə	əब जेक टə
object-oriented	ˈɒb.dʒekt.ˈɔː.ri.en.tɪd	ɒब जेक्ट ओ: री एन टिड
obligate	ˈɒb.lə.geɪt	ɒब लə गेइट
obligated	ˈɒb.lə.geɪ.tɪd	ɒब लə गेइ टिड
obligation	ˈɒb.lə.ˈgeɪ.ʃᵊn	ɒब लə गेइ शᵊन
obligatory	ə.ˈblɪg.ə.tᵊr.i	ə ब्लिग ə टᵊर ई
oblige	ə.ˈblaɪdʒ	ə ब्लाइज
obliged	ə.ˈblaɪdʒd	ə ब्लाइज्ड
obliging	ə.ˈblaɪ.dʒɪŋ	ə ब्लाइ जिङ
obligingly	ə.ˈblaɪ.dʒɪŋ.li	ə ब्लाइ जिङ ली
oblique	ə.ˈbliːk	ə ब्ली:क
obliterate	ə.ˈblɪ.tᵊr.eɪt	ə ब्लि टᵊर एइट
obliteration	ə.ˈblɪ.tə.ˈreɪ.ʃᵊn	ə ब्लि टə रेइ शᵊन

oblivion	ə.ˈblɪv.i.ən	ə ब्लिव ई əन
oblivious	ə.ˈblɪ.vɪəs	ə ब्लि विəस
oblong	ˈɒb.lɒŋ	ɒब लɒङ
obnoxious	əb.ˈnɒk.ʃəs	əब नɒक शəस
obnoxiously	əb.ˈnɒk.ʃəs.li	əब नɒक शəस ली
oboe	ˈəʊ.bəʊ	əउ बəउ
obscene	əb.ˈsiːn	əब सी:न
obscenity	əb.ˈsen.ə.ti	əब सेन ə टी
obscure	əb.ˈskjʊə	əब स्क्युə
obscurity	əb.ˈskjʊ.rə.ti	əब स्क्यु रə टी
obsequious	əb.ˈsiː.kwi.əs	əब सी: क्वी əस
observable	əb.ˈzɜː.və.bᵊl	əब ज़ɜ: वə बᵊल
observably	əb.ˈzɜː.və.bli	əब ज़ɜ: वə ब्ली
observance	əb.ˈzɜː.vᵊns	əब ज़ɜ: वᵊन्स
observant	əb.ˈzɜː.vᵊnt	əब ज़ɜ: वᵊन्ट
observation	ˈɒb.zə.ˈveɪ.ʃᵊn	ɒब ज़ə वेइ शᵊन
observatory	əb.ˈzɜː.və.tᵊr.i	əब ज़ɜ: वə टᵊर ई
observe	əb.ˈzɜːv	əब ज़ɜ:व
observer	əb.ˈzɜː.və	əब ज़ɜ: वə
obsess	əb.ˈses	əब सेस
obsessed	əb.ˈsest	əब सेस्ट
obsession	əb.ˈseʃ.ᵊn	əब सेश ᵊन
obsessive	əb.ˈses.ɪv	əब सेस इव
obsessively	əb.ˈses.ɪv.li	əब सेस इव ली
obsolescence	ˈɒb.sə.ˈles.ᵊns	ɒब सə लेस ᵊन्स
obsolete	ˈɒb.sə.liːt	ɒब सə ली:ट
obstacle	ˈɒb.stə.kᵊl	ɒब स्टə कᵊल
obstetrician	ˈɒb.stɪ.ˈtrɪʃ.ᵊn	ɒब स्टि ट्रिश ᵊन
obstetrics	ɒb.ˈstet.rɪks	ɒब स्टेट रिक्स
obstinacy	ˈɒb.stɪ.nə.si	ɒब स्टि नə सी
obstinate	ˈɒb.stɪ.nət	ɒब स्टि नəट
obstinately	ˈɒb.stɪ.nət.li	ɒब स्टि नəट ली
obstruct	əb.ˈstrʌkt	əब स्ट्रʌक्ट
obstruction	əb.ˈstrʌk.ʃᵊn	əब स्ट्रʌक शᵊन
obstructive	əb.ˈstrʌk.tɪv	əब स्ट्रʌक टिव
obtain	əb.ˈteɪn	əब टेइन
obtainable	əb.ˈteɪ.nə.bᵊl	əब टेइ नə बᵊल
obtrusive	əb.ˈtruː.sɪv	əब ट्रू: सिव
obtuse	ɒb.ˈtjuːs	ɒब ट्यू:स
obvious	ˈɒb.vi.əs	ɒब वी əस
obviously	ˈɒb.vi.əs.li	ɒब वी əस ली

occasion	ə.ˈkeɪ.ʒᵊn	ə केइ ज़्न
occasional	ə.ˈkeɪ.ʒᵊn.ᵊl	ə केइ ज़्न ल
occasionally	ə.ˈkeɪ.ʒᵊn.ᵊl.i	ə केइ ज़्न ल ई
occident	ˈɒk.sɪ.dᵊnt	ɒक सि ड्न्ट
occidental	ˈɒk.sɪ.ˈden.tᵊl	ɒक सि डेन ट्ल
occipital	ɒk.ˈsɪp.ɪ.tᵊl	ɒक सिप इ ट्ल
occult (adj)	ˈɒk.ʌlt	ɒक ʌल्ट
occult (v)	ɒk.ˈʌlt	ɒक ʌल्ट
occupancy	ˈɒk.jə.pᵊn.si	ɒक ग़ə प्न सी
occupant	ˈɒk.jə.pᵊnt	ɒक ग़ə प्न्ट
occupation	ˈɒk.jə.ˈpeɪ.ʃᵊn	ɒक ग़ə पेइ श्न
occupational	ˈɒk.jə.ˈpeɪ.ʃᵊn.ᵊl	ɒक ग़ə पेइ श्न ल
occupational hazard	ˈɒk.jə.ˈpeɪ.ʃᵊn.ᵊl.ˈhæz.əd	ɒक ग़ə पेइ श्न ल हæज़ əड
occupational health	ˈɒk.jə.ˈpeɪ.ʃᵊn.ᵊl.ˈhelθ	ɒक ग़ə पेइ श्न ल हेल्थ
occupational therapy	ˈɒk.jə.ˈpeɪ.ʃᵊn.ᵊl.ˈθer.ə.pi	ɒक ग़ə पेइ श्न ल थेर ə पी
occupied	ˈɒk.jə.paɪd	ɒक ग़ə पाइड
occupier	ˈɒk.jə.paɪ.ə	ɒक ग़ə पाइ ə
occupy	ˈɒk.jə.paɪ	ɒक ग़ə पाइ
occur	ə.ˈkɜː	ə कɜː
occurrence	ə.ˈkʌr.ᵊns	ə कʌर न्स
ocean	ˈəʊ.ʃᵊn	əउ श्न
oceanfront	ˈəʊ.ʃᵊn.ˈfrʌnt	əउ श्न फ़्रʌन्ट
ocean-going	ˈəʊ.ʃᵊn.ˈgəʊ.ɪŋ	əउ श्न गəउ इङ
oceanic	ˈəʊ.ʃɪ.ˈæn.ɪk	əउ शि æन इक
oceanography	ˈəʊ.ʃə.ˈnɒg.rə.fi	əउ शə नɒग रə फ़ी
ochre	ˈəʊ.kᵊr	əउ क्र
ocker	ˈɒk.ə	ɒक ə
o'clock	ə.ˈklɒk	ə क्लɒक
Oct.(abb)	ɒk.ˈtəʊ.bə	ɒक टəउ बə
octagon	ˈɒk.tə.gən	ɒक टə गən
octagonal	ɒk.ˈtæg.ᵊn.ᵊl	ɒक टæग न ल
octahedron	ˈɒk.tə.ˈhiː.drən	ɒक टə हीː ड्रən
octal	ˈɒk.tᵊl	ɒक ट्ल
octane	ˈɒk.teɪn	ɒक टेइन
octave	ˈɒk.tɪv	ɒक टिव
octet	ɒk.ˈtet	ɒक टेट
October	ɒk.ˈtəʊ.bə	ɒक टəउ बə
octogenarian	ˈɒk.tə.dʒə.ˈneə.ri.ən	ɒक टə जə नेə री ən
octopi	ˈɒk.tə.paɪ	ɒक टə पाइ
octopus	ˈɒk.tə.pəs	ɒक टə पəस
octuple	ˈɒk.tuː.pᵊl	ɒक टूː प्ल
odd	ɒd	ɒड
odd job	ˈɒd.ˈdʒɒb	ɒड जɒब
odd job man	ˈɒd.ˈdʒɒb.mæn	ɒड जɒब मæन
oddity	ˈɒd.ə.ti	ɒड ə टी
oddly	ˈɒd.li	ɒड ली
oddness	ˈɒd.nəs	ɒड नəस
odds	ɒdz	ɒड्ज़
odds and ends	ˈɒdz.ən.ˈendz	ɒड्ज़ əन एन्ड्ज़
ode	əʊd	əउड
odious	ˈəʊ.di.əs	əउ डी əस
odometer	əʊ.ˈdɒm.ɪ.təʳ	əउ डɒम इ टəर
odour	ˈəʊ.də	əउ डə
odourless	ˈəʊ.də.ləs	əउ डə लəस
odyssey	ˈɒd.ɪ.si	ɒड इ सी
OECD	ˈəʊ.ˈiː.ˈsiː.ˈdiː	əउ ईː सीː डीː
oenophile	ˈiː.nə.faɪl	ईː नə फ़ाइल
o'er	ɔːʳ	ओːर
oesophagus	iː.ˈsɒf.ə.gəs	ईː सɒफ़ ə गəस
oestrogen	ˈiː.strə.dʒən	ईː स्ट्रə जəन
of	ɒf	ɒफ़
off	ɒf	ɒफ़
off- cutter	ˈɒf.ˈkʌt.ə	ɒफ़ कʌट ə
off-bail	ˈɒf.ˈbeɪl	ɒफ़ बेइल
offbeat (adj)	ɒf.ˈbiːt	ɒफ़ बीːट
offbeat (n)	ˈɒf.biːt	ɒफ़ बीːट
off-chance	ˈɒf.tʃɑːns	ɒफ़ चाːन्स
off-colour	ˈɒf.kʌl.ə	ɒफ़ कʌल ə
offcut	ˈɒf.kʌt	ɒफ़ कʌट
off-drive	ˈɒf.ˈdraɪv	ɒफ़ ड्राइव
off-duty	ˈɒf.ˈdʒuː.ti	ɒफ़ जूː टी
offence	ə.ˈfens	ə फ़ेन्स
offend	ə.ˈfend	ə फ़ेन्ड
offender	ə.ˈfen.də	ə फ़ेन डə
offensive	ə.ˈfen.sɪv	ə फ़ेन सिव
offensively	ə.ˈfen.sɪv.li	ə फ़ेन सिव ली
offer	ˈɒf.ə	ɒफ़ ə
offering	ˈɒf.ə.rɪŋ	ɒफ़ ə रिङ
offhand	ˈɒf.ˈhænd	ɒफ़ हæन्ड

English Pronunciation Dictionary 223

office	ˈɒf.ɪs	ɒफ़ इस
office-bearer	ˈɒf.ɪs.ˈbeə.rə	ɒफ़ इस बेɘ रɘ
office-boy	ˈɒf.ɪs.bɔɪ	ɒफ़ इस बोइ
officer	ˈɒf.ɪs.ə	ɒफ़ इस ɘ
official	ə.ˈfɪʃ.ᵊl	ɘ फ़िश ॰ल
officially	ə.ˈfɪʃ.ᵊl.i	ɘ फ़िश ॰ल ई
officiate	ə.ˈfɪʃ.eɪt	ɘ फ़िश एइट
officious	ə.ˈfɪʃ.əs	ɘ फ़िश ɘस
offing	ˈɒf.ɪŋ	ɒफ़ इङ
off-key	ˈɒf.ˈkiː	ɒफ़ की:
off-limits	ˈɒf.ˈlɪm.ɪts	ɒफ़ लिम इट्स
off-load	ˈɒf.ˈləʊd	ɒफ़ लɘउड
off-peak	ˈɒf.piːk	ɒफ़ पी:क
off-print	ˈɒf.prɪnt	ɒफ़ प्रिन्ट
off-ramp	ˈɒf.ˈræmp	ɒफ़ रæम्प
offscreen	ˈɒf.ˈskriːn	ɒफ़ स्क्री:न
off-season	ˈɒf.ˈsiː.zᵊn	ɒफ़ सी: ज़॰न
offset (n)	ˈɒf.set	ɒफ़ सेट
offset (v)	ɒf.ˈset	ɒफ़ सेट
offshoot	ˈɒf.ʃuːt	ɒफ़ शू:ट
offshore	ˈɒf.ˈʃɔː	ɒफ़ शो:
off-side	ˈɒf.ˈsaɪd	ɒफ़ साइड
offspring	ˈɒf.sprɪŋ	ɒफ़ स्प्रिङ
offstage	ˈɒf.ˈsteɪdʒ	ɒफ़ स्टेइज
off-street	ˈɒf.ˈstriːt	ɒफ़ स्ट्री:ट
off-the-cuff	ˈɒf.ðə.ˈkʌf	ɒफ़ दɘ कʌफ़
off-the-rack	ˈɒf.ðə.ˈræk	ɒफ़ दɘ रæक
off-the-record	ˈɒf.ðə.ˈrek.ɔːd	ɒफ़ दɘ रेक ओ:ड
off-the-shelf	ˈɒf.ðə.ˈʃelf	ɒफ़ दɘ शेल्फ़
off-the-wall	ˈɒf.ðə.ˈwɔːl	ɒफ़ दɘ व़ो:ल
off-white	ˈɒf.ˈwaɪt	ɒफ़ व़ाइट
often	ˈɒf.ᵊn	ɒफ़ ॰न
ogle	ˈəʊg.ᵊl	ɘउग ॰ल
ogre	ˈəʊ.gəʳ	ɘउ गɘर
oh	əʊ	ɘउ
ohm	əʊm	ɘउम
oil	ɔɪl	ओइल
oil can	ˈɔɪl.ˈkæn	ओइल कæन
oil painting	ɔɪl.ˈpeɪn.tɪŋ	ओइल पेइन टिङ
oil slick	ˈɔɪl.slɪk	ओइल स्लिक
oil well	ˈɔɪl.wel	ओइल व़ेल
oilcloth	ˈɔɪl.ˈklɒθ	ओइल क्लɒथ
oiled	ɔɪld	ओइल्ड
oilfield	ˈɔɪl.ˈfiːld	ओइल फ़ी:ल्ड
oil-fired	ˈɔɪl.ˈfaɪ.əd	ओइल फ़ाइ ɘड
oil-rig	ˈɔɪl.rɪg	ओइल रिग
oils	ɔɪlz	ओइल्ज़
oilseed	ˈɔɪl.siːd	ओइल सी:ड
oilskin	ˈɔɪl.skɪn	ओइल स्किन
oily	ˈɔɪl.i	ओइल ई
oink	ɔɪŋk	ओइङ्क
ointment	ˈɔɪnt.mᵊnt	ओइन्ट म॰न्ट
OK (abb)	əʊ.ˈkeɪ	ɘउ केइ
okay	əʊ.ˈkeɪ	ɘउ केइ
okeydokey	ˈəʊ.ki.ˈdəʊk	ɘउ की डɘउक
okra	ˈɒk.rə	ɒक रɘ
old	əʊld	ɘउल्ड
old age	ˈəʊld.eɪdʒ	ɘउल्ड एइज
Old English	ˈəʊld.ˈɪŋ.glɪʃ	ɘउल्ड इङ ग्लिश
Old Faithful	ˈəʊld.ˈfeɪθ.fᵊl	ɘउल्ड फ़ेइथ फ़॰ल
Old Glory	ˈəʊld.ˈglɔːr.i	ɘउल्ड ग्लो:र ई
old guard	ˈəʊld.ˈgɑːd	ɘउल्ड गा:ड
old hand	ˈəʊld.ˈhænd	ɘउल्ड हæन्ड
old lady	ˈəʊld.ˈleɪ.di	ɘउल्ड लेइ डी
old maid	ˈəʊld.ˈmeɪd	ɘउल्ड मेइड
old man	ˈəʊld.ˈmæn	ɘउल्ड मæन
old master	ˈəʊld.ˈmɑː.stə	ɘउल्ड मा: स्टɘ
old school	ˈəʊld.ˈskuːl	ɘउल्ड स्कू:ल
Old Testament	ˈəʊld.ˈtes.tə.mᵊnt	ɘउल्ड टेस टɘ म॰न्ट
old wives' tale	ˈəʊld.ˈwaɪvz.teɪl	ɘउल्ड व़ाइव्ज़ टेइल
old-age pension	ˈəʊld.eɪdʒ.ˈpen.ʃᵊn	ɘउल्ड एइज पेन श॰न
oldboy	ˈəʊld.bɔɪ	ɘउल्ड बोइ
olden	ˈəʊl.dən	ɘउल डɘन
old-fashioned	ˈəʊld.ˈfæʃ.ᵊnd	ɘउल्ड फ़æश ॰न्ड
oldie	ˈəʊl.di	ɘउल डी
oldish	ˈəʊl.dɪʃ	ɘउल डिश
old-style	ˈəʊld.ˈstaɪl	ɘउल्ड स्टाइल
old-timer	ˈəʊld.ˈtaɪ.mə	ɘउल्ड टाइ मɘ
old-world	ˈəʊld.ˈwɜːld	ɘउल्ड व़ɜ:ल्ड
olfactory	ɒl.ˈfæk.tᵊr.i	ɒल फ़æक ट॰र ई
olive	ˈɒl.ɪv	ɒल इव
olive green	ˈɒl.ɪv.ˈgriːn	ɒल इव ग्री:न
olive oil	ˈɒl.ɪv.ɔɪl	ɒल इव ओइल
olympiad	ə.ˈlɪm.pi.æd	ɘ लिम पी æड
olympic	ə.ˈlɪm.pɪk	ɘ लिम पिक

Olympic Games	ə.ˈlɪm.pɪk.ˈgeɪmz	ə लिम पिक गेइम्ज़
ombudsman	ˈɒm.bʊdz.mən	ɒम बुड्ज़ मəन
omega	ˈəʊ.mɪ.gə	əउ मि गə
omelette	ˈɒm.lət	ɒम लəट
omen	ˈəʊ.men	əउ मेन
ominous	ˈɒm.ɪ.nəs	ɒम इ नəस
ominously	ˈɒm.ɪ.nəs.li	ɒम इ नəस ली
omission	əʊ.ˈmɪʃ.ᵊn	əउ मिश ᵊन
omit	əʊ.ˈmɪt	əउ मिट
omitted	əʊ.ˈmɪt.ɪd	əउ मिट इड
omnibus	ˈɒm.nɪ.bəs	ɒम नि बəस
omnifarious	ˈɒm.nɪ.ˈfeə.ri.əs	ɒम नि फ़ेə री əस
omnificent	ˈɒm.nɪf.ɪ.sᵊnt	ɒम निफ़ इ सᵊन्ट
omnipotence	ɒm.ˈnɪp.ə.tᵊns	ɒम निप ə टᵊन्स
omnipotent	ɒm.ˈnɪp.ə.tᵊnt	ɒम निप ə टᵊन्ट
omnipresent	ˈɒm.nɪ.ˈprez.ᵊnt	ɒम नि प्रेज़ ᵊन्ट
omniscience	ɒm.ˈnɪs.i.ᵊns	ɒम निस ई ᵊन्स
omniscient	ɒm.ˈnɪs.i.ᵊnt	ɒम निस ई ᵊन्ट
omnivore	ˈɒm.nɪ.vɔː	ɒम नि वोː
omnivorous	ɒm.ˈnɪv.ᵊr.əs	ɒम निव ᵊर əस
on	ɒn	ɒन
on remand	ˈɒn.rɪ.ˈmɑːnd	ɒन रि माːन्ड
on-board	ˈɒn.bɔːd	ɒन बोːड
once	wʌns	व़ʌन्स
once again	ˈwʌns.ə.ˈgeɪn	व़ʌन्स ə गेइन
once-over	ˈwʌns.ˈəʊ.və	व़ʌन्स əउ वə
oncologist	ɒŋ.ˈkɒl.ə.dʒɪst	ɒङ कɒल ə जिस्ट
oncology	ɒŋ.ˈkɒl.ə.dʒi	ɒङ कɒल ə जी
oncoming	ˈɒn.ˈkʌm.ɪŋ	ɒन कʌम इङ
on-drive	ˈɒn.ˈdraɪv	ɒन ड्राइव
one	wʌn	व़ʌन
one-armed	ˈwʌn.ˈɑːmd	व़ʌन आːम्ड
one-eyed	ˈwʌn.ˈaɪd	व़ʌन आइड
one-horse	ˈwʌn.ˈhɔːs	व़ʌन होːस
one-legged	ˈwʌn.ˈlegd	व़ʌन लेग्ड
one-liner	ˈwʌn.ˈlaɪn.ə	व़ʌन लाइन ə
one-man band	ˈwʌn.mæn.ˈbænd	व़ʌन मæन बæन्ड
one-off	ˈwʌn.ˈɒf	व़ʌन ɒफ़
one-on-one	ˈwʌn.ɒn.ˈwʌn	व़ʌन ɒन व़ʌन
one-parent family	ˈwʌn.peə.rᵊnt.ˈfæm.ᵊl.i	व़ʌन पेə रᵊन्ट फ़æम ᵊल ई
one-piece	ˈwʌn.piːs	व़ʌन पीːस

onerous	ˈəʊ.nᵊr.əs	əउ नᵊर əस
oneself	ˈwʌn.ˈself	व़ʌन सेल्फ़
one-sided	ˈwʌn.ˈsaɪ.dɪd	व़ʌन साइ डिड
one-stop	ˈwʌn.ˈstɒp	व़ʌन स्टɒप
one-time	ˈwʌn.taɪm	व़ʌन टाइम
one-to-one	ˈwʌn.tə.ˈwʌn	व़ʌन टə व़ʌन
one-track mind	ˈwʌn.ˈtræk.maɪnd	व़ʌन ट्रæक माइन्ड
one-upmanship	ˈwʌn.ˈʌp.mən.ʃɪp	व़ʌन ʌप मəन शिप
one-way	ˈwʌn.ˈweɪ	व़ʌन व़ेइ
ongoing	ˈɒn.ˈgəʊ.iŋ	ɒन गəउ ईङ
onion	ˈʌn.jən	ʌन ग़əन
on-line	ˈɒn.ˈlaɪn	ɒन लाइन
onlooker	ˈɒn.ˈlʊk.ə	ɒन लुक ə
only	ˈəʊn.li	əउन ली
only child	ˈəʊn.li.ˈtʃaɪld	əउन ली चाइल्ड
onnomatopoeia	ˈɒn.ə.ˈmæt.ə.ˈpi.ə	ɒन ə मæट ə पी ə
onrush	ˈɒn.rʌʃ	ɒन रʌश
onscreen	ˈɒn.ˈskriːn	ɒन स्क्रीːन
onset	ˈɒn.set	ɒन सेट
onshore	ˈɒn.ˈʃɔː	ɒन शोː
onside	ˈɒn.ˈsaɪd	ɒन साइड
onslaught	ˈɒn.slɔːt	ɒन स्लोːट
onstage	ˈɒn.ˈsteɪdʒ	ɒन स्टेइज
onstream	ˈɒn.ˈstriːm	ɒन स्ट्रीːम
onto	ˈɒn.tuː	ɒन टूː
ontology	ɒn.ˈtɒl.ə.dʒi	ɒन टɒल ə जी
onus	ˈəʊ.nəs	əउ नəस
onward	ˈɒn.wəd	ɒन व़əड
onyx	ˈɒn.ɪks	ɒन इक्स
oodles	ˈuː.dᵊlz	ऊː डᵊल्ज़
oology	əʊ.ˈɒl.ə.dʒɪ	əउ ɒल ə जि
oops	ʊps	उप्स
oops-a-daisy	ˈʊps.ə.ˈdeɪ.zi	उप्स ə डेइ ज़ी
ooze	uːz	ऊːज़
op art	ˈɒp.ˈɑːt	ɒप आːट
op.cit.	ɒp.ˈsɪt	ɒप सिट
opacity	əʊ.ˈpæs.ə.ti	əउ पæस ə टी
opal (IO)	ˈəʊ.pᵊl	əउ पᵊल
opalescent	ˈəʊ.pᵊl.ˈes.ᵊnt	əउ पᵊल एस ᵊन्ट
opaque	əʊ.ˈpeɪk	əउ पेइक
OPEC	ˈəʊ.pek	əउ पेक

open	ˈəʊ.pən	əउ पəन
open and shut case	ˈəʊ.pən.ən.ˈʃʌt.keɪs	əउ पəन əन शʌट केइस
open day	ˈəʊ.pən.ˈdeɪ	əउ पəन डेइ
open house	ˈəʊ.pən.ˈhaʊs	əउ पəन हाउस
open market	ˈəʊ.pən.ˈmɑː.kɪt	əउ पəन मा: किट
open prison	ˈəʊ.pən.ˈprɪz.ᵊn	əउ पəन प्रिज़ ᵊन
open season	ˈəʊ.pən.ˈsiː.zᵊn	əउ पəन सी: ज़ᵊन
open sesame	ˈəʊ.pən.ˈses.ə.mi	əउ पəन सेस ə मी
open university	ˈəʊ.pən.ˈjuː.nɪ.ˈvɜː.sɪ.ti	əउ पəन यू: नि वɜ: सि टी
open verdict	ˈəʊ.pən.ˈvɜː.dɪkt	əउ पəन वɜ: डिक्ट
open-air	ˈəʊ.pən.eə	əउ पəन एə
open-book	ˈəʊ.pən.bʊk	əउ पəन बुक
opencast	ˈəʊ.pən.kɑːst	əउ पəन का:स्ट
open-ended	ˈəʊ.pən.ˈen.dɪd	əउ पəन एन डिड
opener	ˈəʊ.pən.ə	əउ पəन ə
open-eyed	ˈəʊ.pən.ˈaɪd	əउ पəन आइड
open-handed	ˈəʊ.pən.ˈhæn.dɪd	əउ पəन हæन डिड
open-heart	ˈəʊ.pən.ˈhɑːt	əउ पəन हा:ट
open-hearted	ˈəʊ.pən.ˈhɑː.tɪd	əउ पəन हा: टिड
opening	ˈəʊ.pən.ɪŋ	əउ पəन इङ
opening time	ˈəʊ.pən.ɪŋ.ˈtaɪm	əउ पəन इङ टाइम
openly	ˈəʊ.pən.li	əउ पəन ली
open-minded	ˈəʊ.pən.ˈmaɪn.dɪd	əउ पəन माइन डिड
openness	ˈəʊ.pən.nəs	əउ पəन नəस
open-plan	ˈəʊ.pən.plæn	əउ पəन प्लæन
open-source	ˈəʊ.pən.ˈsɔːs	əउ पəन सो:स
opera	ˈɒp.rə	ɒप रə
opera house	ˈɒp.rə.ˈhaʊs	ɒप रə हाउस
operable	ˈɒp.ᵊr.ə.bᵊl	ɒप ᵊर ə बᵊल
operate	ˈɒp.ᵊr.eɪt	ɒप ᵊर एइट
operatic	ˈɒp.ᵊr.ˈæt.ɪk	ɒप ᵊर æट इक
operating room	ˈɒp.ᵊr.eɪ.tɪŋ.ˈruːm	ɒप ᵊर एइ टिङ रू:म
operating system	ˈɒp.ᵊr.eɪ.tɪŋ.ˈsɪs.təm	ɒप ᵊर एइ टिङ सिस टəम
operating theatre	ˈɒp.ᵊr.eɪ.tɪŋ.ˈθɪə.tə	ɒप ᵊर एइ टिङ थिə टə
operation	ˈɒp.ə.ˈreɪ.ʃᵊn	ɒप ə रेइ शᵊन
operational	ˈɒp.ə.ˈreɪ.ʃᵊn.ᵊl	ɒप ə रेइ शᵊन ᵊल
operationally	ˈɒp.ə.ˈreɪ.ʃᵊn.ᵊl.i	ɒप ə रेइ शᵊन ᵊल ई
operative	ˈɒp.ᵊr.ə.tɪv	ɒप ᵊर ə टिव
operator	ˈɒp.ᵊr.eɪ.tə	ɒप ᵊर एइ टə

ophthalmologist	ˈɒf.θæl.ˈmɒl.ə.dʒɪst	ɒफ़ थæल मɒल ə जिस्ट
ophthalmology	ˈɒf.θæl.ˈmɒl.ə.dʒi	ɒफ़ थæल मɒल ə जी
ophthalmoscope	ɒf.ˈθæl.mə.skəʊp	ɒफ़ थæल मə स्कəउप
opine	əʊ.ˈpaɪn	əउ पाइन
opinion	ə.ˈpɪn.jən	ə पिन ग़əन
opinion poll	ə.ˈpɪn.jən.ˈpəʊl	ə पिन ग़əन पəउल
opinionated	ə.ˈpɪn.jə.neɪ.tɪd	ə पिन ग़ə नेइ टिड
opium	ˈəʊ.pi.əm	əउ पी əम
opossum	ə.ˈpɒs.əm	ə पɒस əम
opponent	ə.ˈpəʊ.nᵊnt	ə पəउ नᵊन्ट
opportune	ˈɒp.ə.tjuːn	ɒप ə ट्ग़ू:न
opportunism	ˈɒp.ə.ˈtjuː.nɪ.zᵊm	ɒप ə ट्ग़ू: नि ज़ᵊम
opportunist	ˈɒp.ə.ˈtjuː.nɪst	ɒप ə ट्ग़ू: निस्ट
opportunistic	ˈɒp.ə.tjuː.ˈnɪs.tɪk	ɒप ə ट्ग़ू: निस टिक
opportunity	ˈɒp.ə.ˈtjuː.nə.ti	ɒप ə ट्ग़ू: नə टी
oppose	ə.ˈpəʊz	ə पəउज़
opposed	ə.ˈpəʊzd	ə पəउज़्ड
opposite	ˈɒp.ə.zɪt	ɒप ə ज़िट
opposition	ˈɒp.ə.ˈzɪʃ.ᵊn	ɒप ə ज़िश ᵊन
oppress	ə.ˈpres	ə प्रेस
oppressed	ə.ˈprest	ə प्रेस्ट
oppression	ə.ˈpreʃ.ᵊn	ə प्रेश ᵊन
oppressive	ə.ˈpres.ɪv	ə प्रेस इव
oppressor	ə.ˈpres.ə	ə प्रेस ə
opt	ɒpt	ɒप्ट
optic	ˈɒp.tɪk	ɒप टिक
optical	ˈɒp.tɪk.ᵊl	ɒप टिक ᵊल
optical illusion	ˈɒp.tɪk.ᵊl.ɪ.ˈluː.ʒᵊn	ɒप टिक ᵊल इ लू: ज़ᵊन
optician	ɒp.ˈtɪʃ.ᵊn	ɒप टिश ᵊन
optimal	ˈɒp.tɪ.mᵊl	ɒप टि मᵊल
optimisation	ˈɒp.tɪ.maɪ.ˈzeɪ.ʃᵊn	ɒप टि माइ ज़ेइ शᵊन
optimise	ˈɒp.tɪ.maɪz	ɒप टि माइज़
optimism	ˈɒp.tɪ.mɪ.zᵊm	ɒप टि मि ज़ᵊम
optimist	ˈɒp.tɪ.mɪst	ɒप टि मिस्ट
optimistic	ˈɒp.tɪ.ˈmɪs.tɪk	ɒप टि मिस टिक
optimistically	ˈɒp.tɪ.ˈmɪs.tɪ.kᵊl.i	ɒप टि मिस टि कᵊल ई
optimum	ˈɒp.tɪ.məm	ɒप टि मəम

option	ˈɒp.ʃᵊn	**ɒप** श॰न
optional	ˈɒp.ʃᵊn.ᵊl	**ɒप** श॰न ॰ल
optometrist	ɒp.ˈtɒm.ə.trɪst	ɒप **टɒम** ə ट्रिस्ट
optometry	ɒp.ˈtɒm.ə.tri	ɒप **टɒम** ə ट्री
opulence	ˈɒp.jə.lᵊns	**ɒप** ग़ə ल॰न्स
opulent	ˈɒp.jə.lᵊnt	**ɒप** ग़ə ल॰न्ट
or	ɔː	ओ:
oracle	ˈɒr.ə.kᵊl	**ɒर** ə क॰ल
oracy	ˈɔː.rə.si	**ओ:** रə सी
oral	ˈɔː.rᵊl	**ओ:** र॰ल
orally	ˈɔː.rə.li	**ओ:** रə ली
orange (IO)	ˈɒr.ɪndʒ	**ɒर** इन्ज
orange juice	ˈɒr.ɪndʒ.ˈdʒuːs	**ɒर** इन्ज **जूːस**
orange squash	ˈɒr.ɪndʒ.ˈskwɒʃ	**ɒर** इन्ज **स्क्वɒश**
orang-utan	ɔː.ˈræŋ.ə.tæn	ओ: **रæङ** ə टæन
oration	ɔː.ˈreɪ.ʃᵊn	ओ: **रेइ** श॰न
orator	ˈɒr.ə.tə	**ɒर** ə टə
oratory	ˈɒr.ə.tᵊr.i	**ɒर** ə ट॰र ई
orbit	ˈɔː.bɪt	**ओ:** बिट
orbital	ˈɔː.bɪt.ᵊl	**ओ:** बिट ॰ल
orbiting	ˈɔː.bɪt.ɪŋ	**ओ:** बिट इङ
orchard	ˈɔː.tʃəd	**ओ:** चəड
orchestra	ˈɔː.kɪ.strə	**ओ:** कि स्ट्रə
orchestral	ɔː.ˈkes.trəl	ओ: **केस** ट्रəल
orchestrate	ˈɔː.kes.treɪt	**ओ:** केस ट्रेइट
orchestration	ˈɔː.kɪ.ˈstreɪ.ʃᵊn	**ओ:** कि **स्ट्रेइ** श॰न
orchid	ˈɔː.kɪd	**ओ:** किड
ordain	ɔː.ˈdeɪn	ओ: **डेइन**
ordeal	ɔː.ˈdiːl	ओ: **डी:ल**
order	ˈɔː.də	**ओ:** डə
orderly	ˈɔː.dᵊl.i	**ओ:** ड॰ल ई
ordinal	ˈɔː.dɪ.nᵊl	**ओ:** डि न॰ल
ordinance	ˈɔː.dɪ.nᵊns	**ओ:** डि न॰न्स
ordinarily	ˈɔː.dᵊn.ᵊr.ᵊl.i	**ओ:** ड॰न ॰र ॰ल ई
ordinary	ˈɔː.dᵊn.ᵊr.i	**ओ:** ड॰न ॰र ई
ordination	ɔː.dɪ.ˈneɪ.ʃᵊn	ओ: डि **नेइ** श॰न
ore	ɔːʳ	ओ:र
oregano	ˈɒr.ɪ.gaː.ˈnəʊ	**ɒर** इ गा: **नəउ**
organ	ˈɔː.gən	**ओ:** गəन
organic	ɔː.ˈgæn.ɪk	ओ: **गæन** इक
organically	ɔː.ˈgæn.ɪ.kᵊl.i	ओ: **गæन** इ क॰ल ई
organisation	ˈɔː.gᵊn.aɪ.ˈzeɪ.ʃᵊn	**ओ:** ग॰न आइ **ज़ेइ**

		श॰न
organisational	ˈɔː.gᵊn.aɪ.ˈzeɪ.ʃᵊn.ᵊl	**ओ:** ग॰न आइ **ज़ेइ** श॰न ॰ल
organise	ˈɔː.gə.naɪz	**ओ:** गə नाइज़
organised	ˈɔː.gə.naɪzd	**ओ:** गə नाइज़्ड
organiser	ˈɔː.gə.naɪz.ə	**ओ:** गə नाइज़ ə
organism	ˈɔː.gə.nɪ.zᵊm	**ओ:** गə नि ज़॰म
organist	ˈɔː.gə.nɪst	**ओ:** गə निस्ट
organon	ˈɔː.gə.nɒn	**ओ:** गə नɒन
organza	ɔː.ˈgæn.zə	ओ: **गæन** ज़ə
orgasm	ˈɔː.gæz.ᵊm	**ओ:** गæज़ ॰म
orgasmic	ˈɔː.gæz.mɪk	**ओ:** गæज़ मिक
orgy	ˈɔː.dʒi	**ओ:** जी
orient (n,adj)	ˈɔː.ri.ᵊnt	**ओ:** री ॰न्ट
orient (v)	ˈɔː.ri.ent	**ओ:** री एन्ट
oriental	ˈɔː.ri.ˈen.tᵊl	**ओ:** री **एन** ट॰ल
orientated	ˈɔː.ri.en.teɪ.tɪd	**ओ:** री एन टेइ टिड
orientation	ˈɔː.ri.en.ˈteɪ.ʃᵊn	**ओ:** री एन **टेइ** श॰न
orifice	ˈɒr.ɪ.fɪs	**ɒर** इ फ़िस
origami	ˈɒr.ɪ.ˈgaː.mi	**ɒर** इ **गा:** मी
origin	ˈɒr.ɪ.dʒɪn	**ɒर** इ जिन
original	ə.ˈrɪdʒ.ᵊn.ᵊl	ə **रिज** ॰न ॰ल
originality	ə.ˈrɪdʒ.ᵊn.ˈæl.ə.ti	ə **रिज** ॰न **æल** ə टी
originally	ə.ˈrɪdʒ.ᵊn.ᵊl.i	ə **रिज** ॰न ॰ल ई
originate	ə.ˈrɪdʒ.ə.neɪt	ə **रिज** ə नेइट
origination	ə.ˈrɪdʒ.ə.ˈneɪ.ʃᵊn	ə **रिज** ə **नेइ** श॰न
oriole	ˈɔː.ri.əʊl	**ओ:** री əउल
ornament (n)	ˈɔː.nə.mᵊnt	**ओ:** नə म॰न्ट
ornament (v)	ˈɔː.nə.ment	**ओ:** नə मेन्ट
ornamental	ˈɔː.nə.ˈmen.tᵊl	**ओ:** नə **मेन** ट॰ल
ornamentation	ˈɔː.nə.men.ˈteɪ.ʃᵊn	**ओ:** नə मेन **टेइ** श॰न
ornate	ɔː.ˈneɪt	ओ: **नेइट**
ornately	ɔː.ˈneɪt.li	ओ: **नेइट** ली
ornithologist	ˈɔː.nɪ.ˈθɒl.ə.dʒɪst	**ओ:** नि **थɒल** ə जिस्ट
ornithology	ˈɔː.nɪ.ˈθɒl.ə.dʒi	**ओ:** नि **थɒल** ə जी
orphan	ˈɔː.fᵊn	**ओ:** फ़॰न
orphanage	ˈɔː.fən.ɪdʒ	**ओ:** फ़əन इज
orthodontics	ˈɔː.θə.ˈdɒn.tɪks	**ओ:** थə **डɒन** टिक्स
orthodontist	ˈɔː.θə.ˈdɒn.tɪst	**ओ:** थə **डɒन** टिस्ट

orthodox	ˈɔː.θə.dɒks	**ओ**: थə डɒक्स
orthodoxy	ˈɔː.θə.dɒk.si	**ओ**: थə डɒक सी
orthopaedics	ˈɔː.θə.ˈpiː.dɪks	**ओ**: थə **पी**: डिक्स
Oscar	ˈɒs.kə	**ɒस** कə
oscillate	ˈɒs.ɪ.leɪt	**ɒस** इ लेइट
oscillation	ˈɒs.ɪ.ˈleɪ.ʃən	**ɒस** इ **लेइ** श॰न
oscillogram	ə.ˈsɪl.ə.græm	ə **सिल** ə ग्रæम
oscillograph	ə.ˈsɪl.ə.grɑːf	ə **सिल** ə ग्राःफ़
oscilloscope	ə.ˈsɪl.ə.skəʊp	ə **सिल** ə स्कəउप
osmosis	ɒz.ˈməʊ.sɪs	ɒज़ **मəउ** सिस
osmotic	ɒz.ˈmɒt.ɪk	ɒज़ **मɒट** इक
osso buco	ˈɒs.əʊ.ˈbuː.kəʊ	**ɒस** əउ **बू**: कəउ
ostensible	ɒs.ˈten.sə.bəl	ɒस **टेन** सə ब॰ल
ostensibly	ɒs.ˈten.sə.bli	ɒस **टेन** सə ब्ली
ostentation	ˈɒs.ten.ˈteɪ.ʃən	**ɒस** टेन **टेइ** श॰न
ostentatious	ˈɒs.ten.ˈteɪ.ʃəs	**ɒस** टेन **टेइ** शəस
ostentatiously	ˈɒs.ten.ˈteɪ.ʃəs.li	**ɒस** टेन **टेइ** शəस ली
osteoarthritis	ˈɒs.ti.əʊ.ɑː.ˈθraɪ.tɪs	**ɒस** टी əउ आ: **थ्राइ** टिस
osteomyelitis	ˈɒs.ti.əʊ.maɪː.əl.ˈaɪ.tɪs	**ɒस** टी əउ माइ: ॰ल **आइ** टिस
osteopath	ˈɒs.ti.ə.pæθ	**ɒस** टी ə पæथ
osteopathy	ˈɒs.ti.ˈɒp.ə.θi	**ɒस** टी **ɒप** ə थी
osteoporosis	ˈɒs.ti.əʊ.pə.ˈrəʊ.sɪs	**ɒस** टी əउ पə **रəउ** सिस
ostracise	ˈɒs.trə.saɪz	**ɒस** ट्रə साइज़
ostracism	ˈɒs.trə.sɪ.zəm	**ɒस** ट्रə सि ज़॰म
ostrich	ˈɒs.trɪtʃ	**ɒस** ट्रिच
other	ˈʌð.ə	**ʌद** ə
others	ˈʌð.əz	**ʌद** əज़
otherwise	ˈʌð.ə.waɪz	**ʌद** ə वाइज़
otter	ˈɒt.ə	**ɒट** ə
ottoman	ˈɒt.ə.mən	**ɒट** ə मəन
ouch	aʊtʃ	आउच
ought	ˈɔːt	**ओ:ट**
oughtn't	ˈɔː.t.ənt	**ओ:ट** ॰न्ट
ounce	aʊns	आउन्स
our	aʊ.ə	आउ ə
ours	aʊ.əz	आउ əज़
ourself	ˈaʊ.ə.ˈself	**आउ** ə **सेल्फ़**
ourselves	ˈaʊ.ə.ˈselvz	**आउ** ə **सेल्व्ज़**
oust	aʊst	आउस्ट
ouster	ˈaʊs.tə	**आउस** टə
out	aʊt	आउट
out of	ˈaʊt.ɒv	**आउट** ɒव
out of action	ˈaʊt.əv.ˈæk.ʃən	**आउट** əव **æक** श॰न
outage	ˈaʊt.ɪdʒ	**आउट** इज
outback	ˈaʊt.bæk	**आउट** बæक
outbid	ˈaʊt.ˈbɪd	**आउट बिड**
outboard motor	ˈaʊt.bɔːd.ˈməʊ.tə	**आउट** बो:ड **मəउ** टə
outbreak	ˈaʊt.breɪk	**आउट** ब्रेइक
outburst	ˈaʊt.bɜːst	**आउट** बɜ:स्ट
outcast	ˈaʊt.kɑːst	**आउट** का:स्ट
outclass	ˈaʊt.ˈklɑːs	**आउट क्ला:स**
outcome	ˈaʊt.kʌm	**आउट** कʌम
outcrop	ˈaʊt.krɒp	**आउट** क्रɒप
outcry	ˈaʊt.kraɪ	**आउट** क्राइ
outdated	ˈaʊt.ˈdeɪ.tɪd	**आउट डेइ** टिड
outdid	ˈaʊt.ˈdɪd	**आउट डिड**
outdistance	ˈaʊt.ˈdɪs.ˈtəns	**आउट डिस ट॰न्स**
outdo	ˈaʊt.ˈduː	**आउट डू**:
outdone	ˈaʊt.ˈdʌn	**आउट डʌन**
outdoor	ˈaʊt.ˈdɔː	**आउट डो**:
outdoor sport	ˈaʊt.dɔː.ˈspɔːt	**आउट** डो: **स्पो:ट**
outdoors	ˈaʊt.ˈdɔːz	**आउट डो:ज़**
outer	ˈaʊt.ə	**आउट** ə
outer space	ˈaʊ.tə.ˈspeɪs	**आउ** टə **स्पेइस**
outermost	ˈaʊ.tə.məʊst	**आउ** टə मəउस्ट
outerwear	ˈaʊ.tə.ˈweə	**आउ** टə **वेə**
outfall	ˈaʊt.fɔːl	**आउट** फ़ो:ल
outfield	ˈaʊt.fiːld	**आउट** फ़ी:ल्ड
outfielder	ˈaʊt.ˈfiːl.də	**आउट फ़ी:ल** डə
outfit	ˈaʊt.fɪt	**आउट** फ़िट
outflank	ˈaʊt.ˈflæŋk	**आउट फ़्लæङ्क**
outflow (n)	ˈaʊt.fləʊ	**आउट** फ़्लəउ
outflow (v)	aʊt.ˈfləʊ	आउट **फ़्लəउ**
outfox	ˈaʊt.ˈfɒks	**आउट फ़ɒक्स**
outgo (n)	ˈaʊt.gəʊ	**आउट** गəउ
outgo (v)	aʊt.ˈgəʊ	आउट **गəउ**
outgoing	ˈaʊt.ˈgəʊ.ɪŋ	**आउट गəउ** इङ
outgrew	ˈaʊt.ˈgruː	**आउट ग्रू**:
outgrow	ˈaʊt.ˈgrəʊ	**आउट ग्रəउ**
outgrowing	ˈaʊt.ˈgrəʊ.ɪŋ	**आउट ग्रəउ** इङ
outgrown	ˈaʊt.ˈgrəʊn	**आउट ग्रəउन**
outgrowth	ˈaʊt.grəʊθ	**आउट** ग्रəउथ

outguess	ˈaʊt.ˈges	आउट गेस
outgun	ˈaʊt.ˈgʌn	आउट गʌन
outhouse	ˈaʊt.haʊs	आउट हाउस
outing	ˈaʊt.ɪŋ	आउट इङ
outlandish	aʊt.ˈlæn.dɪʃ	आउट लæन डिश
outlast	ˈaʊt.ˈlɑ:st	आउट ला:स्ट
outlaw	ˈaʊt.lɔ:	आउट लो:
outlay (n)	ˈaʊt.leɪ	आउट लेइ
outlay (v)	aʊt.ˈleɪ	आउट लेइ
outlet	ˈaʊt.let	आउट लेट
outline (n)	ˈaʊt.laɪn	आउट लाइन
outline (v)	aʊt.ˈlaɪn	आउट लाइन
outlive	ˈaʊt.ˈlɪv	आउट लिव
outlook	ˈaʊt.lʊk	आउट लुक
outlying	ˈaʊt.ˈlaɪ.ɪŋ	आउट लाइ इङ
outmanoeuver	ˈaʊt.mə.ˈnu:.və	आउट मə नू: वə
outmarch	ˈaʊt.ˈmɑ:tʃ	आउट मा:च
outmatch	ˈaʊt.ˈmætʃ	आउट मæच
outmoded	ˈaʊt.ˈməʊ.dɪd	आउट मəउ डिड
outmost	ˈaʊt.məʊst	आउट मəउस्ट
outnumber	ˈaʊt.ˈnʌm.bə	आउट नʌम बə
out-of-bounds	ˈaʊt.əv.ˈbaʊnds	आउट əव बाउन्ड्स
out-of-court	ˈaʊt.əv.ˈkɔ:t	आउट əव को:ट
out-of-date	ˈaʊt.əv.ˈdeɪt	आउट əव डेइट
out-of-door	ˈaʊt.əv.ˈdɔ:	आउट əव डो:
out-of-pocket	ˈaʊt.əv.ˈpɒk.ɪt	आउट əव पɒक इट
out-of-state	ˈaʊt.əv.ˈsteɪt	आउट əव स्टेइट
out-of-the-way	ˈaʊt.əv.ðə.ˈweɪ	आउट əव दə व़ेइ
out-of-town	ˈaʊt.əv.ˈtaʊn	आउट əव टाउन
outpace	ˈaʊt.ˈpeɪs	आउट पेइस
outpatient	ˈaʊt.ˈpeɪ.ʃᵊnt	आउट पेइ श॰न्ट
outperform	ˈaʊt.pə.ˈfɔ:m	आउट पə फ़ो:म
outplacement	ˈaʊt.ˈpleɪs.mᵊnt	आउट प्लेइस म॰न्ट
outplay	ˈaʊt.ˈpleɪ	आउट प्लेइ
outplayed	ˈaʊt.ˈpleɪd	आउट प्लेइड
outpost	ˈaʊt.pəʊst	आउट पəउस्ट
outpour (n)	ˈɑʊt.pɔ:	आउट पो:
outpour (v)	ˈɑʊt.ˈpɔ:	आउट पो:
outpouring	ˈaʊt.ˈpɔ:.rɪŋ	आउट पो: रिङ
output	ˈaʊt.pʊt	आउट पुट
outrage	ˈaʊt.reɪdʒ	आउट रेइज
outraged	ˈaʊt.reɪdʒd	आउट रेइज्ड
outrageous	ˈaʊt.ˈreɪ.dʒəs	आउट रेइ जəस
outrageously	ˈaʊt.ˈreɪ.dʒəs.li	आउट रेइ जəस ली
outran	ˈaʊt.ˈræn	आउट रæन
outrank	ˈaʊt.ˈræŋk	आउट रæङ्क
outreach (n)	ˈaʊt.ri:tʃ	आउट री:च
outreach (v)	aʊt.ˈri:tʃ	आउट री:च
outride	ˈaʊt.ˈraɪd	आउट राइड
outright (adj)	ˈaʊt.raɪt	आउट राइट
outright (adv)	aʊt.ˈraɪt	आउट राइट
outrun	ˈaʊt.ˈrʌn	आउट रʌन
outscore	ˈaʊt.ˈskɔ:	आउट स्को:
outsell	ˈaʊt.ˈsel	आउट सेल
outset	ˈaʊt.set	आउट सेट
outshine	ˈaʊt.ˈʃaɪn	आउट शाइन
outshone	ˈaʊt.ˈʃɒn	आउट शɒन
outside	ˈaʊt.ˈsaɪd	आउट साइड
outside of	ˈaʊt.ˈsaɪd.ɒv	आउट साइड ɒव
outsider	ˈaʊt.ˈsaɪ.də	आउट साइ डə
outsize clothes	ˈaʊt.saɪz.ˈkləʊðz	आउट साइज़ क्लəउद्ज़
outsize garment	ˈaʊt.saɪz.ˈgɑ:.mᵊnt	आउट साइज़ गा: म॰न्ट
outskirts	ˈaʊt.skɜ:ts	आउट स्कɜ:ट्स
outsmart	ˈaʊt.ˈsmɑ:t	आउट स्मा:ट
outsold	ˈaʊt.ˈsel	आउट सेल
outsource	ˈaʊt.sɔ:s	आउट सो:स
outsourcing	ˈaʊt.ˈsɔ:.sɪŋ	आउट सो: सिङ
outspoken	ˈaʊt.ˈspəʊ.kᵊn	आउट स्पəउ क॰न
outstanding	ˈaʊt.ˈstæn.dɪŋ	आउट स्टæन डिङ
outstandingly	ˈaʊt.ˈstæn.dɪŋ.li	आउट स्टæन डिङ ली
outstation	ˈaʊt.ˈsteɪ.ʃᵊn	आउट स्टेइ श॰न
outstretch	ˈaʊt.ˈstretʃ	आउट स्ट्रेच
outstrip	ˈaʊt.ˈstrɪp	आउट स्ट्रिप
outvoted	ˈaʊt.ˈvəʊ.tɪd	आउट वəउ टिड
outward	ˈaʊt.wəd	आउट व़əड
outward-bound	ˈaʊt.wəd.ˈbaʊnd	आउट व़əड बाउन्ड
outwardly	ˈaʊt.wəd.li	आउट व़əड ली
outwards	ˈaʊt.wədz	आउट व़əड्ज़
outwear	ˈaʊt.ˈweə	आउट व़ेə
outweigh	ˈaʊt.ˈweɪ	आउट व़ेइ
outwit	ˈaʊt.ˈwɪt	आउट व़िट

outwitted	ˈaʊt.ˈwɪt.ɪd	आउट विट इड
outworn	ˈaʊt.ˈwɔːn	आउट वॊ:न
oval	ˈəʊ.vᵊl	əउ वᵊल
ovarian	ˈəʊ.vᵊr.i	əउ वᵊर ई
ovariectomy	əʊ.ˈveə.ri.ˈek.tə.mi	əउ वेə री एक टə मी
ovary	ˈəʊ.vᵊr.i	əउ वᵊर ई
ovation	əʊ.ˈveɪ.ʃᵊn	əउ वेइ शᵊन
oven	ˈʌv.ᵊn	ʌव ᵊन
ovenproof	ˈʌv.ᵊn.pruːf	ʌव ᵊन प्रू:फ़
oven-ready	ˈʌv.ᵊn.red.i	ʌव ᵊन रेड ई
ovenware	ˈʌvᵊn.weə	ʌवᵊन वेə
over	ˈəʊ.və	əउ वə
over-abundance	ˈəʊ.vᵊr.ə.ˈbʌn.dᵊns	əउ वᵊर ə बʌन डᵊन्स
over-achiever	ˈəʊ.vᵊr.ə.ˈtʃi.və	əउ वᵊर ə ची वə
overact	ˈəʊ.vᵊr.ˈækt	əउ वᵊर æक्ट
over-age	ˈəʊ.vᵊr.ˈeɪdʒ	əउ वᵊर एइज
overall (adv)	ˈəʊ.vᵊr.ˈɔːl	əउ वᵊर ओ:ल
overall (n,adj)	ˈəʊ.vᵊr.ɔːl	əउ वᵊर ओ:ल
overalls	ˈəʊ.vᵊr.ɔːlz	əउ वᵊर ओ:ल्ज़
over-ambitious	ˈəʊ.vᵊr.æm.ˈbɪʃ.əs	əउ वᵊर æम बिश əस
over-anxious	ˈəʊ.vᵊr.ˈæŋk.ʃəs	əउ वᵊर æङ्क शəस
overarm	ˈəʊ.vᵊr.ɑːm	əउ वᵊर आ:म
overate	ˈəʊ.və.ˈret	əउ वə रेट
overawe	ˈəʊ.vᵊr.ˈɔː	əउ वᵊर ओ:
overbalance	ˈəʊ.və.ˈbæl.ᵊns	əउ वə बæल ᵊन्स
overbear	ˈəʊ.və.ˈbeə	əउ वə बेə
overbearing	ˈəʊ.və.ˈbeə.rɪŋ	əउ वə बेə रिङ
overbid (n)	ˈəʊ.və.bɪd	əउ वə बिड
overbid (v)	əʊ.və.ˈbɪd	əउ वə बिड
overboard	ˈəʊ.və.bɔːd	əउ वə बो:ड
overbook	ˈəʊ.və.ˈbʊk	əउ वə बुक
overburden	ˈəʊ.və.ˈbɜː.dən	əउ वə बɜ: डəन
over-careful	ˈəʊ.və.ˈkeə.fᵊl	əउ वə केə फ़ᵊल
overcast	ˈəʊ.və.ˈkɑːst	əउ वə का:स्ट
over-cautious	ˈəʊ.və.ˈkɔː.ʃəs	əउ वə को: शəस
overcharge	ˈəʊ.və.ˈtʃɑːdʒ	əउ वə चा:ज
overcoat	ˈəʊ.və.kəʊt	əउ वə कəउट
overcome	ˈəʊ.və.ˈkʌm	əउ वə कʌम
overcompensate	ˈəʊ.və.ˈkɒm.pen.seɪt	əउ वə कɒम पेन सेइट

over-confidence	ˈəʊ.və.ˈkɒn.fɪ.dᵊns	əउ वə कɒन फ़ि डᵊन्स
over-confident	ˈəʊ.və.ˈkɒn.fɪ.dᵊnt	əउ वə कɒन फ़ि डᵊन्ट
over-cook	ˈəʊ.və.ˈkʊk	əउ वə कुक
overcrowded	ˈəʊ.və.ˈkraʊ.dɪd	əउ वə क्राउ डिड
overdeveloped	ˈəʊ.və.dɪ.ˈvel.əpt	əउ वə डि वेल əप्ट
overdid	ˈəʊ.və.ˈdɪd	əउ वə डिड
overdo	ˈəʊ.və.ˈduː	əउ वə डू:
overdone	ˈəʊ.və.ˈdʌn	əउ वə डʌन
overdose (n)	ˈəʊ.və.dəʊs	əउ वə डəउस
overdose (v)	əʊ.və.ˈdəʊs	əउ वə डəउस
overdraft	ˈəʊ.və.drɑːft	əउ वə ड्रा:फ़्ट
overdraw	ˈəʊ.və.ˈdrɔː	əउ वə ड्रो:
overdrawn	ˈəʊ.və.ˈdrɔːn	əउ वə ड्रो:न
overdressed	ˈəʊ.və.ˈdrest	əउ वə ड्रेस्ट
overdrew	ˈəʊ.və.ˈdruː	əउ वə ड्रू:
overdrive (n)	ˈəʊ.və.draɪv	əउ वə ड्राइव
overdrive (v)	əʊ.və.ˈdraɪv	əउ वə ड्राइव
overdue	ˈəʊ.və.ˈdʒuː	əउ वə जू:
overeager	ˈəʊ.vᵊr.ˈiː.gə	əउ वᵊर ई: गə
overeat	ˈəʊ.vᵊr.ˈiːt	əउ वᵊर ई:ट
overeaten	ˈəʊ.vᵊr.ˈiː.tᵊn	əउ वᵊर ई: टᵊन
overeating	ˈəʊ.vᵊr.ˈiː.tɪŋ	əउ वᵊर ई: टिङ
overemphasis	ˈəʊ.vᵊr.ˈem.fə.sɪs	əउ वᵊर एम फ़ə सिस
overemphasise	ˈəʊ.vᵊr.ˈem.fə.saɪs	əउ वᵊर एम फ़ə साइस
overestimate (n)	ˈəʊ.vᵊr.ˈes.tɪ.mət	əउ वᵊर एस टि मəट
overestimate (v)	ˈəʊ.vᵊr.ˈes.tɪ.meɪt	əउ वᵊर एस टि मेइट
overexcited	ˈəʊ.vᵊr.ɪk.ˈsaɪ.tɪd	əउ वᵊर इक साइ टिड
overexert	ˈəʊ.vᵊr.ɪg.ˈzɜːt	əउ वᵊर इग ज़ɜ:ट
overexertion	ˈəʊ.vᵊr.ɪg.ˈzɜː.ʃᵊn	əउ वᵊर इग ज़ɜ: शᵊन
overexpose	ˈəʊ.vᵊr.ɪk.ˈspəʊz	əउ वᵊर इक स्पəउज़
overexposure	ˈəʊ.vᵊr.ɪk.ˈspəʊ.ʒə	əउ वᵊर इक स्पəउ ज़ə
overextend	ˈovᵊr.ɪk.ˈstend	वᵊर इक स्टेन्ड
overextended	ˈəʊ.vᵊr.ɪk.ˈsten.dɪ	əउ वᵊर इक स्टेन

	d	डिड
overfeed	ˈəʊ.və.ˈfiːd	əउ वə फ़ीːड
overflow (n)	ˈəʊ.və.fləʊ	əउ वə फ़्लəउ
overflow (v)	əʊ.və.ˈfləʊ	əउ वə फ़्लəउ
overfly	ˈəʊ.və.ˈflaɪ	əउ वə फ़्लाइ
over-generalisation	ˈəʊ.və.ˈdʒen.ᵊr.ᵊl.aɪ.ˈzeɪ.ʃᵊn	əउ वə जेन ᵊर ᵊल आइ ज़ेइ शᵊन
overground	ˈəʊ.və.graʊnd	əउ वə ग्राउन्ड
overgrown	ˈəʊ.və.ˈgrəʊn	əउ वə ग्रəउन
overgrowth	ˈəʊ.və.grəʊθ	əउ वə ग्रəउथ
overhand	ˈəʊ.və.hænd	əउ वə हæन्ड
overhang (n)	ˈəʊ.və.hæŋ	əउ वə हæङ
overhang (v)	əʊ.və.ˈhæŋ	əउ वə हæङ
overhanging	əʊ.və.ˈhæŋ.ɪŋ	əउ वə हæङ इङ
overhaul (n)	ˈəʊ.və.hɔːl	əउ वə होːल
overhaul (v)	əʊ.və.ˈhɔːl	əउ वə होːल
overhead (adv)	əʊ.və.ˈhed	əउ वə हेड
overhead (n)	ˈəʊ.və.hed	əउ वə हेड
overhead projector	ˈəʊ.və.ˈhed.prə.ˈdʒek.tə	əउ वə हेड प्रə जेक टə
overhear	ˈəʊ.və.ˈhɪə	əउ वə हिə
overheard	ˈəʊ.və.ˈhɜːd	əउ वə हɜːड
overheat	ˈəʊ.və.ˈhiːt	əउ वə हीːट
over-impressed	ˈəʊ.vᵊr.ˈɪm.prest	əउ वᵊर इम प्रेस्ट
over-indulge	ˈəʊ.vᵊr.ɪn.ˈdʌldʒ	əउ वᵊर इन डʌल्ज
overjoyed	ˈəʊ.və.ˈdʒɔɪd	əउ वə जोइड
overkill	ˈəʊ.və.kɪl	əउ वə किल
overladen	ˈəʊ.və.ˈleɪd.ᵊn	əउ वə लेइड ᵊन
overland (adj)	ˈəʊ.və.lænd	əउ वə लæन्ड
overland (adv)	əʊ.və.ˈlænd	əउ वə लæन्ड
overlap (n)	ˈəʊ.və.ˈlæp	əउ वə लæप
overlap (v)	əʊ.və.ˈlæp	əउ वə लæप
overlay (n)	ˈəʊ.və.ˈleɪ	əउ वə लेइ
overlay (v)	əʊ.və.ˈleɪ	əउ वə लेइ
overleaf	ˈəʊ.və.ˈliːf	əउ वə लीːफ़
overload (n)	ˈəʊ.və.ˈləʊd	əउ वə लəउड
overload (v)	əʊ.və.ˈləʊd	əउ वə लəउड
overlock	ˈovər.ˈlɒk	वəर लɒक
overlook (n)	ˈəʊ.və.ˈlʊk	əउ वə लुक
overlook (v)	əʊ.və.ˈlʊk	əउ वə लुक
overly	ˈəʊ.və.li	əउ वə ली
overnight	ˈəʊ.və.ˈnaɪt	əउ वə नाइट

overoptimistic	ˈəʊ.vᵊr.ˈɒp.ti.mɪs.tɪk	əउ वᵊर ɒप टी मिस टिक
overpass	ˈəʊ.və.pɑːs	əउ वə पाːस
overpay	ˈəʊ.və.ˈpeɪ	əउ वə पेइ
overpopulated	ˈəʊ.və.ˈpɒp.jə.leɪ.tɪd	əउ वə पɒप ग़्ə लेइ टिड
overpopulation	ˈəʊ.və.ˈpɒp.jə.ˈleɪ.ʃᵊn	əउ वə पɒप ग़्ə लेइ शᵊन
overpower	ˈəʊ.və.ˈpaʊ.ə	əउ वə पाउ ə
overpowering	ˈəʊ.və.ˈpaʊ.ə.rɪŋ	əउ वə पाउ ə रिङ
overpriced	ˈəʊ.və.ˈpraɪst	əउ वə प्राइस्ट
overprint (n)	ˈəʊ.və.prɪnt	əउ वə प्रिन्ट
overprint (v)	əʊ.və.ˈprɪnt	əउ वə प्रिन्ट
overproduce	ˈəʊ.və.prə.ˈdjuːs	əउ वə प्रə ड्यूːस
overproduction	ˈəʊ.və.prə.ˈdʌk.ʃᵊn	əउ वə प्रə डʌक शᵊन
overprotective	ˈəʊ.və.prə.ˈtek.tɪv	əउ वə प्रə टेक टिव
overqualified	ˈəʊ.və.ˈkwɒl.ɪ.faɪd	əउ वə क्व़ɒल इ फ़ाइड
overran	ˈəʊ.və.ˈræn	əउ वə रæन
overrate	ˈəʊ.və.ˈreɪt	əउ वə रेइट
overrated	ˈəʊ.və.ˈreɪ.tɪd	əउ वə रेइ टिड
overreach (n)	ˈəʊ.və.ˈriːtʃ	əउ वə रीːच
overreach (v)	əʊ.və.ˈriːtʃ	əउ वə रीːच
overreact	ˈəʊ.vᵊr.ri.ˈækt	əउ वᵊर री æक्ट
override	ˈəʊ.və.ˈraɪd	əउ वə राइड
overripe	ˈəʊ.vᵊ.ˈraɪp	əउ वᵊ राइप
overrule	ˈəʊ.vᵊ.ˈruːl	əउ वᵊ रूːल
overrun (n)	ˈəʊ.vᵊ.rʌn	əउ वᵊ रʌन
overrun (v)	əʊ.vᵊ.ˈrʌn	əउ वᵊ रʌन
overseas	ˈəʊ.və.ˈsiːz	əउ वə सीːज़
oversee	ˈəʊ.və.ˈsiː	əउ वə सीː
overseer	ˈəʊ.və.siː.əʳ	əउ वə सीː əर
oversell	ˈəʊ.və.ˈsel	əउ वə सेल
oversensitive	ˈəʊ.və.ˈsen.sə.tɪv	əउ वə सेन सə टिव
oversexed	ˈəʊ.və.ˈsekst	əउ वə सेक्स्ट
overshadow	ˈəʊ.və.ˈʃæd.əʊ	əउ वə शæड əउ
overshoot (n)	ˈəʊ.və.ˈʃuːt	əउ वə शूːट
overshoot (v)	əʊ.və.ˈʃuːt	əउ वə शूːट
oversight	ˈəʊ.və.saɪt	əउ वə साइट
oversimplification	ˈəʊ.və.ˈsɪm.plɪ.fɪ.ˈkeɪ.ʃᵊn	əउ वə सिम प्लि

		फ़ि केड श॰न
oversimplify	ˈəʊ.və.ˈsɪm.plɪ.faɪ	əउ वə सिम प्लि फ़ाइ
oversize	ˈəʊ.və.ˈsaɪz	əउ वə साइज़
oversized	ˈəʊ.və.saɪzd	əउ वə साइज़्ड
oversleep	ˈəʊ.və.ˈsliːp	əउ वə स्लीːप
overslept	ˈəʊ.və.ˈslept	əउ वə स्लेप्ट
oversold	ˈəʊ.və.ˈsəʊld	əउ वə सəउल्ड
overspend	ˈəʊ.və.ˈspend	əउ वə स्पेन्ड
overspill	ˈəʊ.və.spɪl	əउ वə स्पिल
overstaffed	ˈəʊ.və.ˈstɑːft	əउ वə स्टाːफ़्ट
overstate	ˈəʊ.və.ˈsteɪt	əउ वə स्टेइट
overstay	ˈəʊ.və.ˈsteɪ	əउ वə स्टेइ
overstep	ˈəʊ.və.ˈstep	əउ वə स्टेप
overstock	ˈəʊ.və.ˈstɒk	əउ वə स्टɒक
overstrain (n)	ˈəʊ.və.streɪn	əउ वə स्ट्रेइन
overstrain (v)	əʊ.və.ˈstreɪn	əउ वə स्ट्रेइन
overstretch	ˈəʊ.və.ˈstretʃ	əउ वə स्ट्रेच
oversubscribed	ˈəʊ.və.səb.ˈskraɪbd	əउ वə सəब स्क्राइब्ड
oversupply	ˈəʊ.və.sə.ˈplaɪ	əउ वə सə प्लाइ
overt	əʊ.ˈvɜːt	əउ वɜːट
overtake	ˈəʊ.və.ˈteɪk	əउ वə टेइक
overtaken	ˈəʊ.və.ˈteɪ.kᵊn	əउ वə टेइ क॰न
over-the-counter	ˈəʊ.və.ðə.ˈkaʊn.tə	əउ वə दə काउन टə
over-the-top	ˈəʊ.və.ðə.ˈtɒp	əउ वə दə टɒप
overthrew	ˈəʊ.və.ˈθruː	əउ वə थ्रूː
overthrow (n)	ˈəʊ.və.θrəʊ	əउ वə थ्रəउ
overthrow (v)	əʊ.və.ˈθrəʊ	əउ वə थ्रəउ
overthrown	ˈəʊ.və.ˈθrəʊn	əउ वə थ्रəउन
overthrust	ˈəʊ.və.ˈθrʌst	əउ वə थ्रʌस्ट
overtime	ˈəʊ.və.taɪm	əउ वə टाइम
overtly	əʊ.ˈvɜːt.li	əउ वɜːट ली
overtone	ˈəʊ.və.təʊn	əउ वə टəउन
overtook	ˈəʊ.və.ˈtʊk	əउ वə टुक
overture	ˈəʊ.və.tjə	əउ वə ट्ग़ə
overturn (n)	ˈəʊ.və.tɜːn	əउ वə टɜːन
overturn (v)	əʊ.və.ˈtɜːn	əउ वə टɜːन
overuse (n)	ˈəʊ.və.juːz	əउ वə ग़ूːज़
overuse (v)	əʊ.və.ˈjuːz	əउ वə ग़ूːज़
overview	ˈəʊ.və.vjuː	əउ वə व्ग़ूː
overweight (n)	ˈəʊ.və.weɪt	əउ वə वेइट

overweight (v)	əʊ.və.ˈweɪt	əउ वə वेइट
overwhelm	ˈəʊ.və.ˈwelm	əउ वə वेल्म
overwhelming	ˈəʊ.və.ˈwelm.ɪŋ	əउ वə वेल्म इङ
overwork	ˈəʊ.və.ˈwɜːk	əउ वə वɜːक
overworked	ˈəʊ.və.ˈwɜːkt	əउ वə वɜːक्ट
overwrite	ˈəʊ.və.ˈraɪt	əउ वə राइट
overwrought	ˈəʊ.və.ˈrɔːt	əउ वə रोːट
overzealous	ˈəʊ.və.ˈzel.əs	əउ वə ज़ेल əस
ovular	ˈɒv.ju.lə	ɒव ग़ू लə
ovulate	ˈɒv.ju.leɪt	ɒव ग़ू लेइट
ovulation	ˈɒv.ju.ˈleɪ.ʃᵊn	ɒव ग़ू लेइ श॰न
ovum	ˈəʊ.vəm	əउ वəम
owe	əʊ	əउ
owing	ˈəʊ.ɪŋ	əउ इङ
owl	aʊl	आउल
owlish	ˈaʊ.lɪʃ	आउ लिश
own	əʊn	əउन
own-brand	ˈəʊn.ˈbrænd	əउन ब्रæन्ड
owner	ˈəʊ.nə	əउ नə
owner-driver	ˈəʊ.nə.ˈdraɪ.və	əउ नə ड्राइ वə
owner-occupied	ˈəʊ.nər.ˈɒk.jə.paɪd	əउ नəर ɒक ग़ə पाइड
owner-occupier	ˈəʊ.nər.ˈɒk.jə.paɪ.ə	əउ नəर ɒक ग़ə पाइ ə
ownership	ˈəʊ.nə.ʃɪp	əउ नə शिप
ox	ɒks	ɒक्स
oxalic acid	ɒk.ˈsæl.ɪk.ˈæs.ɪd	ɒक सæल इक æस इड
ox-drawn	ˈɒks.drɔːn	ɒक्स ड्रोːन
oxen	ˈɒk.sᵊn	ɒक स॰न
oxidant	ˈɒk.sɪ.dᵊnt	ɒक सि ड॰न्ट
oxidation	ˈɒk.sɪ.ˈdeɪ.ʃᵊn	ɒक सि डेइ श॰न
oxide	ˈɒk.saɪd	ɒक साइड
oxidisation	ˈɒk.sɪ.daɪ.ˈzeɪ.ʃᵊn	ɒक सि डाइ ज़ेइ श॰न
oxidise	ˈɒk.sɪ.daɪz	ɒक सि डाइज़
oxtail	ˈɒks.teɪl	ɒक्स टेइल
oxtail soup	ˈɒks.teɪl.ˈsuːp	ɒक्स टेइल सूːप
ox-tongue	ˈɒks.tʌŋ	ɒक्स टʌङ
oxygen	ˈɒk.sɪ.dʒən	ɒक सि जəन
oxygenate	ˈɒk.sɪ.dʒə.neɪt	ɒक सि जə नेइट
oxymoron	ˈɒk.sɪ.ˈmɔː.rɒn	ɒक सि मोː रɒन
oxytone	ˈɒk.sɪ.təʊn	ɒक सि टəउन

oyster	ˈɔɪs.tə	**ओइस** टə
oz.(abb)	aʊns	आउन्स
ozone	ˈəʊ.zəʊn	**əउ** ज़əउन
ozone layer	ˈəʊ.zəʊn.ˈleɪ.ə	**əउ** ज़əउन **लेइ** ə
ozone-friendly	ˈəʊ.zəʊn.frend.li	**əउ** ज़əउन फ़्रेन्ड ली
ozonosphere	ˈəʊ.zəʊn.ˈsfɪ.ə	**əउ** ज़əउन **स्फ़ि** ə

p	piː	पीː
P	piː	पीː
p.m.	ˈpiː.ˈem	**पीː एम**
P.S.	ˈpiː.ˈes	**पीː एस**
PA	ˈpiː.ˈeɪ	**पीː एइ**
PA system	piː.ˈeɪ.ˈsɪs.təm	पीː **एइ सिस** टƏम
pace	peɪs	पेइस
pacemaker	ˈpeɪs.ˈmeɪ.kə	**पेइस मेइ** कƏ
pacesetter	ˈpeɪs.ˈset.ə	**पेइस सेट** Ə
pachyderm	ˈpæk.ɪ.dɜːm	**पæक** इ डɜːम
pacific	pə.ˈsɪf.ɪk	पƏ **सिफ़** इक
pacifier	ˈpæs.ɪ.faɪ.ə	**पæस** इ फ़ाइ Ə
pacifism	ˈpæs.ɪ.fɪ.zᵊm	**पæस** इ फ़ि ज़ᵊम
pacifist	ˈpæs.ɪ.fɪst	**पæस** इ फ़िस्ट
pacify	ˈpæs.ɪ.faɪ	**पæस** इ फ़ाइ
pack	pæk	पæक
package	ˈpæk.ɪdʒ	**पæक** इज
package deal	ˈpæk.ɪdʒ.ˈdiːl	**पæक** इज **डीːल**
package tour	ˈpæk.ɪdʒ.ˈtʊə	**पæक** इज **टुƏ**
packaging	ˈpæk.ɪdʒ.ɪŋ	**पæक** इज इङ
packed	pækt	पæक्ट
packer	ˈpæk.ə	**पæक** Ə
packet	ˈpæk.ɪt	**पæक** इट
packing	ˈpæk.ɪŋ	**पæक** इङ
pact	pækt	पæक्ट
pad	pæd	पæड
padding	ˈpæd.ɪŋ	**पæड** इङ
paddle	ˈpæd.ᵊl	**पæड** ᵊल
paddle steamer	ˈpæd.ᵊl.ˈstiː.mə	**पæड** ᵊल **स्टीː** मƏ
paddle wheel	ˈpæd.ᵊl.ˈwiːl	**पæड** ᵊल **व़ीːल**
paddleboard	ˈpæd.ᵊl.bɔːd	**पæड** ᵊल बोːड
paddling pool	ˈpæd.ᵊl.ɪŋ.puːl	**पæड** ᵊल इङ पूːल
paddock	ˈpæd.ək	**पæड** Əक
paddy	ˈpæd.i	**पæड** ई
paddy field	ˈpæd.i.fiːld	**पæड** ई फ़ीːल्ड
paddy wagon	ˈpæd.i.ˈwæg.ᵊn	**पæड** ई **व़æग** ᵊन
padlock	ˈpæd.lɒk	**पæड** लɒक
padre	ˈpɑː.dreɪ	**पाː** ड्रेइ
paediatric	ˈpiː.di.ˈæt.rɪks	**पीː** डी **æट** रिक्स
paediatrician	ˈpiː.di.ə.ˈtrɪʃ.ᵊn	**पीː** डी Ə **ट्रिश** ᵊन
paedophile	ˈpiː.də.faɪl	**पीː** डƏ फ़ाइल
paedophilia	ˈpiː.də.ˈfɪl.i.ə	**पीː** डƏ **फ़िल** ई Ə
pagan	ˈpeɪ.gᵊn	**पेइ** गᵊन
page	peɪdʒ	पेइज
pageant	ˈpædʒ.ᵊnt	**पæज** ᵊन्ट
pageantry	ˈpædʒ.ən.tri	**पæज** Əन ट्री
pageboy	ˈpeɪdʒ.bɔɪ	**पेइज** बोइ
pager	ˈpeɪdʒ.ə	**पेइज** Ə
page-turner	ˈpeɪdʒ.ˈtɜː.nə	**पेइज टɜː** नƏ
paginate	ˈpædʒ.ɪ.neɪt	**पæज** इ नेइट
pagination	ˈpædʒ.ɪ.ˈneɪ.ʃᵊn	**पæज** इ **नेइ** शᵊन
pagoda (IO)	pə.ˈgəʊ.də	पƏ **गƏउ** डƏ
paid	peɪd	पेइड
paid-up	ˈpeɪd.ˈʌp	**पेइड ʌप**
pail	peɪl	पेइल
pain	peɪn	पेइन
pain in the neck	ˈpeɪn.ɪn.ðə.ˈnek	**पेइन** इन दƏ **नेक**
pained	peɪnd	पेइन्ड
painful	ˈpeɪn.fᵊl	**पेइन** फ़ᵊल
painfully	ˈpeɪn.fᵊl.i	**पेइन** फ़ᵊल ई
painkiller	ˈpeɪn.ˈkɪl.ə	**पेइन किल** Ə
painless	ˈpeɪn.ləs	**पेइन** लƏस
painstaking	ˈpeɪnz.ˈteɪ.kɪŋ	**पेइन्ज़ टेइ** किङ
painstakingly	ˈpeɪnz.ˈteɪ.kɪŋ.li	**पेइन्ज़ टेइ** किङ ली
paint	peɪnt	पेइन्ट

paintbox	ˈpeɪnt.bɒks	**पेइन्ट** बɒक्स
paintbrush	ˈpeɪnt.brʌʃ	**पेइन्ट** ब्रʌश
painted	ˈpeɪn.tɪd	**पेइन** टिड
painter	ˈpeɪn.tə	**पेइन** टə
painting	ˈpeɪn.tɪŋ	**पेइन** टिङ
paintwork	ˈpeɪnt.wɜːk	**पेइन्ट** व़ɜːक
pair	peə	पेə
pair off	ˈpeə.rɒf	**पेə** रɒफ़
pair work	ˈpeə.wɜːk	**पेə** व़ɜːक
pal	pæl	पæल
palace	ˈpæl.ɪs	**पæल** इस
palaeontologist	ˈpæl.i.ɒn.ˈtɒl.ə.dʒɪst	**पæल** ई ɒन **टɒल** ə जिस्ट
palaeontology	ˈpæl.i.ɒn.ˈtɒl.ə.dʒi	**पæल** ई ɒन **टɒल** ə जी
palanquin	ˈpæl.ən.ˈkiːn	**पæल** əन **कीːन**
palatable	ˈpæl.ə.tə.bᵊl	**पæल** ə टə ब॰ल
palate	ˈpæl.ət	**पæल** əट
palatial	pə.ˈleɪ.ʃᵊl	पə **लेइ** श॰ल
pale	peɪl	पेइल
paleface	ˈpeɪl.feɪs	**पेइल** फ़ेइस
palette	ˈpæl.ɪt	**पæल** इट
palindrome	ˈpæl.ɪn.drəʊm	**पæल** इन ड्रəउम
paling	ˈpeɪl.ɪŋ	**पेइल** इङ
pall	pɔːl	पोːल
pallbearer	ˈpɔːl.ˈbeə.rə	**पोːल** **बेə** रə
palliative	ˈpæl.ɪ.ə.tɪv	**पæल** इ ə टिव
pallid	ˈpæl.ɪd	**पæल** इड
pallor	ˈpæl.ə	**पæल** ə
palm	pɑːm	पाːम
palm reader	ˈpɑːm.ˈriː.də	**पाːम** **रीː** डə
palm size	ˈpɑːm.saɪz	**पाːम** साइज़
palm tree	ˈpɑːm.triː	**पाःम** ट्रीː
palmist	ˈpɑː.mɪst	**पाː** मिस्ट
palmistry	ˈpɑː.mɪ.stri	**पाː** मि स्ट्री

palm-oil	ˈpɑː.m.ɔɪl	**पाːम** ओइल
palm-shade	ˈpɑː.m.ˈʃeɪd	**पाːम** **शेइड**
palpable	ˈpæl.pə.bᵊl	**पæल** पə ब॰ल
palpitate	ˈpæl.pɪ.teɪt	**पæल** पि टेइट
palpitation	ˈpæl.pɪ.ˈteɪ.ʃᵊn	**पæल** पि **टेइ** श॰न
paltry	ˈpɔːl.tri	**पोːल** ट्री
pamper	ˈpæm.pə	**पæम** पə
pamphlet	ˈpæm.flət	**पæम** फ़्लəट
pan	pæn	पæन
panacea	ˈpæn.ə.ˈsi.ə	**पæन** ə **सी** ə
panache	pə.ˈnæʃ	पə **नæश**
panama	ˈpæn.ə.mɑː	**पæन** ə माː
pancake	ˈpæn.keɪk	**पæन** केइक
pancreas	ˈpæŋ.kri.əs	**पæङ** क्री əस
pancreatic	ˈpæŋ.kri.ˈæt.ɪk	**पæङ** क्री **æट** इक
panda	ˈpæn.də	**पæन** डə
pandal (IO)	ˈpæn.dəl	**पæन** डəल
pandan (IO)	ˈpæn.dæn	**पæन** डæन
pandemonium	ˈpæn.də.ˈməʊ.ni.əm	**पæन** डə **मəउ** नी əम
pander	ˈpæn.də	**पæन** डə
pandoras box	ˈpæn.dɔː.rəz.ˈbɒks	**पæन** डोː रəज़ **बɒक्स**
pane	peɪn	पेइन
panel	ˈpæn.ᵊl	**पæन** ॰ल
panelling	ˈpæn.ᵊl.ɪŋ	**पæन** ॰ल इङ
panellist	ˈpæn.ᵊl.ɪst	**पæन** ॰ल इस्ट
pan-fry	ˈpæn.fraɪ	**पæन** फ़्राइ
panful	ˈpæn.fᵊl	**पæन** फ़॰ल
pang	pæŋ	पæङ
panhandle	ˈpæn.ˈhæn.dᵊl	**पæन** **हæन** ड॰ल
panic	ˈpæn.ɪk	**पæन** इक

panicky	ˈpæn.ɪk.i	**पæन** इक ई
panic-stricken	ˈpæn.ɪk.ˈstrɪk.ᵊn	**पæन** इक **स्ट्रिक** ्न
panorama	ˈpæn.ᵊr.ˈɑː.mə	**पæन** ्र **आ**: मə
panoramic	ˈpæn.ᵊr.ˈæm.ɪk	**पæन** ्र **æम** इक
pansy	ˈpæn.zi	**पæन** ज़ी
pant	pænt	पæन्ट
pantaloon	ˈpæn.tᵊl.ˈuːn	**पæन** ट्ल **ऊ:न**
pantheism	ˈpæn.θi.ɪ.zᵊm	**पæन** थी इ ज़्म
panther	ˈpæn.θə	**पæन** थə
panties	ˈpæn.tiz	**पæन** टीज़
pantihose	ˈpæn.ti.həʊz	**पæन** टी हəउज़
pantograph	ˈpæn.tə.grɑːf	**पæन** टə ग्रा:फ़
pantomime	ˈpæn.tə.maɪm	**पæन** टə माइम
pantry	ˈpæn.tri	**पæन** ट्री
pants	pænts	पæन्ट्स
pantyhose	ˈpæn.ti.həʊz	**पæन** टी हəउज़
pantyliner	ˈpæn.ti.ˈlaɪ.nə	**पæन** टी **लाइ** नə
pap smear	ˈpæp.ˈsmɪə	**पæप** **स्मिə**
papa	pə.ˈpɑː	पə **पा**:
papacy	ˈpeɪ.pə.si	**पेइ** पə सी
papal	ˈpeɪ.pᵊl	**पेइ** प्ल
papaya	pə.ˈpaɪ.ə	पə **पाइ** ə
paper	ˈpeɪ.pə	**पेइ** पə
paper bag	ˈpeɪ.pə.ˈbæg	**पेइ** पə **बæग**
paper chase	ˈpeɪ.pə.ˈtʃeɪs	**पेइ** पə **चेइस**
paper clip	ˈpeɪ.pə.ˈklɪp	**पेइ** पə **क्लिप**
paper knife	ˈpeɪ.pə.ˈnaɪf	**पेइ** पə **नाइफ़**
paper money	ˈpeɪ.pə.ˈmʌn.i	**पेइ** पə **मʌन** ई
paper round	ˈpeɪ.pə.ˈraʊnd	**पेइ** पə **राउन्ड**
paper tiger	ˈpeɪ.pə.ˈtaɪ.gə	**पेइ** पə **टाइ** गə
paper trail	ˈpeɪ.pə.treɪl	**पेइ** पə ट्रेइल
paperback	ˈpeɪ.pə.bæk	**पेइ** पə बæक
paperboy	ˈpeɪ.pə.ˈbɔɪ	**पेइ** पə **बोइ**

paperless	ˈpeɪ.pə.lɪs	**पेइ** पə लिस
papers	ˈpeɪ.pəz	**पेइ** पəज़
paperweight	ˈpeɪ.pə.weɪt	**पेइ** पə व़ेइट
paperwork	ˈpeɪ.pə.wɜːk	**पेइ** पə व़ɜ:क
papier-mâché	ˈpæp.ɪ.eɪ.ˈmæʃ.eɪ	**पæप** इ एइ **मæश** एइ
paprika	ˈpæp.rɪ.kə	**पæप** रि कə
papyrus	pə.ˈpaɪ.rəs	पə **पाइ** रəस
par	pɑː	पा:
par excellence	ˈpɑːr.ˈek.sᵊl.ᵊns	**पा:र** **एक** स्ल ्न्स
para	ˈpær.ə	**पæर** ə
parable	ˈpær.ə.bᵊl	**पæर** ə ब्ल
paraboil	ˈpɑː.bɔɪl	**पा**: बोइल
parabola	pə.ˈræb.ᵊl.ə	पə **रæब** ्ल ə
parabolic	ˈpær.ə.ˈbɒl.ɪk	**पæर** ə **बɒल** इक
paracetamol	ˈpær.ə.ˈsiː.tə.mɒl	**पæर** ə **सी**: टə मɒल
parachute	ˈpær.ə.ʃuːt	**पæर** ə शू:ट
parachutist	ˈpær.ə.ʃuː.tɪst	**पæर** ə शू: टिस्ट
parade	pə.ˈreɪd	पə **रेइड**
paradigm	ˈpær.ə.daɪm	**पæर** ə डाइम
paradise	ˈpær.ə.daɪs	**पæर** ə डाइस
paradox	ˈpær.ə.dɒks	**पæर** ə डɒक्स
paradoxical	ˈpær.ə.ˈdɒk.sɪ.kᵊl	**पæर** ə **डɒक** सि क्ल
paradoxically	ˈpær.ə.ˈdɒk.sɪ.kᵊl.i	**पæर** ə **डɒक** सि क्ल ई
paraffin	ˈpær.ə.fɪn	**पæर** ə फ़िन
paragliding	ˈpær.ə.glaɪ.dɪŋ	**पæर** ə ग्लाइ डिङ
paragon	ˈpær.ə.gən	**पæर** ə गəन
paragraph	ˈpær.ə.grɑːf	**पæर** ə ग्रा:फ़
parakeet	ˈpær.ə.kiːt	**पæर** ə की:ट
paralegal	ˈpær.ə.ˈliː.gəl	**पæर** ə **ली**: गəल
paralinguistic	ˈpær.ə.lɪŋ.ˈgwɪs.tɪk	**पæर** ə लिङ **ग्विस** टिक

parallax	ˈpær.ə.læks	**पæर** ə लæक्स
parallel	ˈpær.ə.lel	**पæर** ə लेल
parallelogram	ˈpær.ə.ˈlel.ə.græm	**पæर** ə **लेल** ə ग्रæम
paralympian	ˈpær.ə.ˈlɪm.pi.ən	**पæर** ə **लिम** पी əन
paralympics	ˈpær.ə.ˈlɪm.pɪks	**पæर** ə **लिम** पिक्स
paralyse	ˈpær.ə.laɪz	**पæर** ə लाइज़
paralysed	ˈpær.ə.laɪzd	**पæर** ə लाइज़्ड
paralysis	pə.ˈræl.ə.sɪs	पə **रæल** ə सिस
paralytic	ˈpær.ə.ˈlɪt.ɪk	**पæर** ə **लिट** इक
paramedic	ˈpær.ə.ˈmed.ɪk	**पæर** ə **मेड** इक
parameter	pə.ˈræm.ɪ.tə	पə **रæम** इ टə
paramilitary	ˈpær.ə.ˈmɪl.ɪ.tᵊr.i	**पæर** ə **मिल** इ ट᳚र ई
paramount	ˈpær.ə.maʊnt	**पæर** ə माउन्ट
paramour	ˈpær.ə.mʊə	**पæर** ə मुə
paranoia	ˈpær.ə.ˈnɔɪ.ə	**पæर** ə **नोइ** ə
paranoid	ˈpær.ə.nɔɪd	**पæर** ə नोइड
paranormal	ˈpær.ə.ˈnɔː.mᵊl	**पæर** ə **नो**ː म᳚ल
paraphernalia	ˈpær.ə.fə.ˈneɪ.li.ə	**पæर** ə फ़ə **नेइ** ली ə
paraphrase	ˈpær.ə.freɪz	**पæर** ə फ़्रेइज़
paraplegic	ˈpær.ə.ˈpliː.dʒɪk	**पæर** ə **प्ली**ː जिक
parapsychology	ˈpær.ə.saɪ.ˈkɒl.ə.dʒi	**पæर** ə साइ **कɒल** ə जी
parasite	ˈpær.ə.saɪt	**पæर** ə साइट
parasitic	ˈpær.ə.ˈsɪt.ɪk	**पæर** ə **सिट** इक
parasol	ˈpær.ə.sɒl	**पæर** ə सɒल
paratroop	ˈpær.ə.truːp	**पæर** ə ट्रूːप
paratrooper	ˈpær.ə.ˈtruː.pə	**पæर** ə **ट्रू**ː पə
paratyphoid	ˈpær.ə.ˈtaɪ.fɔɪd	**पæर** ə **टाइ** फ़ोइड
parcel	ˈpɑː.sᵊl	**पा**ː स᳚ल
parcel bomb	ˈpɑː.sᵊl.bɒm	**पा**ː स᳚ल बɒम
parcel post	ˈpɑː.sᵊl.pəʊst	**पा**ː स᳚ल पəउस्ट
parched	pɑːtʃt	पाːच्ट
parchment	ˈpɑːtʃ.mᵊnt	**पाːच** म᳚न्ट
pardon	ˈpɑː.dᵊn	**पा**ː ड᳚न
pardon me	ˈpɑː.dᵊn.miː	**पा**ː ड᳚न मीː
pardonable	ˈpɑː.dᵊn.ə.bᵊl	**पा**ː ड᳚न ə ब᳚ल
pare	peə	पेə
parent	ˈpe.ə.rᵊnt	**पे** ə र᳚न्ट
parentage	ˈpeə.rən.tɪdʒ	**पेə** रəन टिज
parental	pə.ˈren.tᵊl	पə **रेन** ट᳚ल
parentheses	pə.ˈren.θə.sis	पə **रेन** थə सीस
parenthetic	ˈpær.ən.ˈθet.ɪk	**पæर** əन **थेट** इक
parenthood	ˈpeə.rᵊnt.hʊd	**पेə** र᳚न्ट हुड
parentless	ˈpeə.rᵊnt.ləs	**पेə** र᳚न्ट लəस
parent-teacher meeting	ˈpeə.rᵊnt.ˈtiː.tʃ.ə.ˈmiː.tɪŋ	**पेə** र᳚न्ट **टी**ː च ə **मी**ː टिङ
pariah (IO)	pə.ˈraɪ.ə	पə **राइ** ə
paring	ˈpeə.rɪŋ	**पेə** रिङ
parish	ˈpær.ɪʃ	**पæर** इश
parishioner	pə.ˈrɪʃ.ᵊn.ə	पə **रिश** ᵊन ə
parity	ˈpær.ə.ti	**पæर** ə टी
park	pɑːk	पाːक
park bench	ˈpɑːk.ˈbentʃ	**पाːक बेन्च**
parka	ˈpɑː.kə	**पा**ː कə
parking	ˈpɑː.kɪŋ	**पा**ː किङ
parking brake	ˈpɑː.kɪŋ.ˈbreɪk	**पा**ː किङ **ब्रेइक**
parking lot	ˈpɑːkɪŋ.ˈlɒt	**पाːकिङ लɒट**
parking meter	ˈpɑː.kɪŋ.ˈmiː.tə	**पा**ː किङ **मी**ː टə
parking space	ˈpɑːkɪŋ.ˈspeɪs	**पाːकिङ स्पेइस**
parking ticket	ˈpɑːkɪŋ.ˈtɪk.ɪt	**पाːकिङ टिक** इट
Parkinson's disease	ˈpɑː.kɪn.sᵊnz.dɪ.ˈziːz	**पा**ː किन स᳚न्ज़ डि **ज़ी**ː**ज़**
parkway	ˈpɑk.ː.weɪ	**पाक**ː वेइ
parliament	ˈpɑː.lə.mᵊnt	**पा**ː लə म᳚न्ट
parliamentarian	ˈpɑː.lə.mən.ˈteə.ri.ən	**पा**ː लə मəन **टेə** री əन

parliamentary	ˈpɑː.lə.ˈmen.tᵊr.i	**पा**: लə **मेन** टᵊर ई
parlour	ˈpɑː.lə	**पा**: लə
parlour game	ˈpɑː.lə.ˈɡeɪm	**पा**: लə **गेइम**
parlour maid	ˈpɑː.lə.ˈmeɪd	**पा**: लə **मेइड**
parmesan cheese	ˈpɑː.mə.zɒn.ˈtʃiːz	**पा**: मə ज़ɒन **चीःज़**
parochial	pə.ˈrəʊ.ki.əl	पə **रəउ** की əल
parody	ˈpær.ə.di	**पæर** ə डी
parole	pə.ˈrəʊl	पə **रəउल**
parquet	ˈpɑː.keɪ	**पा**: केइ
parquetry	ˈpɑː.kə.trɪ	**पा**: कə ट्रि
parrot	ˈpær.ət	**पæर** əट
parsimonious	ˈpɑː.sɪ.ˈməʊ.ni.əs	**पा**: सि **मəउ** नी əस
parsimony	ˈpɑː.sɪ.mə.ni	**पा**: सि मə नी
parsley	ˈpɑː.sli	**पा**: स्ली
parsnip	ˈpɑː.snɪp	**पा**: स्निप
parson	ˈpɑː.sᵊn	**पा**: सᵊन
part	pɑːt	पाःट
part and parcel	ˈpɑːt.ən.ˈpɑː.s.ᵊl	**पाःट** əन **पा**: स ᵊल
part exchange	ˈpɑːt.ɪks.ˈtʃeɪndʒ	**पाःट** इक्स **चेइन्ज**
part of speech	ˈpɑːt.əv.ˈspiːtʃ	**पाःट** əव **स्पीःच**
partake	pɑː.ˈteɪk	पा: **टेइक**
partial	ˈpɑː.ʃᵊl	**पा**: शᵊल
partiality	ˈpɑː.ʃɪ.ˈæl.ə.ti	**पा**: शि **æल** ə टी
partially	ˈpɑː.ʃᵊl.i	**पा**: शᵊल ई
participant	pɑː.ˈtɪs.ɪ.pᵊnt	पा: **टिस** इ पᵊन्ट
participate	pɑː.ˈtɪs.ɪ.peɪt	पा: **टिस** इ पेइट
participated	pɑː.ˈtɪs.ɪ.peɪ.tɪd	पा: **टिस** इ पेइ टिड
participating	pɑː.ˈtɪs.ɪ.peɪ.tɪŋ	पा: **टिस** इ पेइ टिङ
participation	pɑː.ˈtɪs.ɪ.ˈpeɪ.ʃᵊn	पा: **टिस** इ **पेइ** शᵊन
participator	pɑː.ˈtɪs.ɪ.peɪ.tə	पा: **टिस** इ पेइ टə
participatory	ˈpɑː.ˈtɪs.ə.pə.ˈtᵊr.i	**पा**: **टिस** ə पə **टᵊर** ई
participle	ˈpɑː.tɪs.ɪ.pᵊl	**पा**: टिस इ पᵊल
particle	ˈpɑː.tɪ.kᵊl	**पा**: टि कᵊल
particleboard	ˈpɑː.tɪ.kᵊl.ˈbɔːd	**पा**: टि कᵊल **बोःड**
particular	pə.ˈtɪk.jə.lə	पə **टिक** ग़ə लə
particularly	pə.ˈtɪk.jə.lə.li	पə **टिक** ग़ə लə ली
particulars	pə.ˈtɪk.jə.ləz	पə **टिक** ग़ə लəज़
parting	ˈpɑː.tɪŋ	**पा**: टिङ
partisan	ˈpɑː.tɪ.ˈzæn	**पा**: टि **ज़æन**
partition	pɑː.ˈtɪʃ.ᵊn	पा: **टिश** ᵊन
partly	ˈpɑːt.li	**पाःट** ली
partner	ˈpɑːt.nə	**पाःट** नə
partnership	ˈpɑːt.nə.ʃɪp	**पाःट** नə शिप
partook	pɑː.ˈtʊk	पा: **टुक**
partridge	ˈpɑːt.rɪdʒ	**पाःट** रिज
part-time	ˈpɑːt.ˈtaɪm	**पाःट** **टाइम**
partway	ˈpɑːt.weɪ	**पाःट** वेइ
party	ˈpɑː.ti	**पा**: टी
party line	ˈpɑː.ti.ˈlaɪn	**पा**: टी **लाइन**
partydress	ˈpɑː.ti.ˈdres	**पा**: टी **ड्रेस**
partygoer	ˈpɑː.tɪ.ˈɡəʊ.ə	**पा**: टि **गəउ** ə
party-spirit	ˈpɑː.ti.ˈspɪr.ɪt	**पा**: टी **स्पिर** इट
PASCAL	ˈpæs.kæl	**पæस** कæल
pashmina (IO)	ˈpæs.miː.nə	**पæस** मीः नə
pass	pɑːs	पाःस
passable	ˈpɑː.sə.bᵊl	**पा**: सə बᵊल
passage	ˈpæs.ɪdʒ	**पæस** इज
passageway	ˈpæs.ɪdʒ.weɪ	**पæस** इज वेइ
passbook	ˈpɑːs.bʊk	**पाःस** बुक
passé	ˈpæs.eɪ	**पæस** एइ
passenger	ˈpæs.ən.dʒə	**पæस** əन जə
passerby	ˈpɑː.sə.ˈbaɪ	**पा**: सə **बाइ**
passersby	ˈpɑː.səz.ˈbaɪ	**पा**: सəज़ **बाइ**
passing	ˈpɑː.sɪŋ	**पा**: सिङ
passion	ˈpæʃ.ᵊn	**पæश** ᵊन
passionate	ˈpæʃ.ᵊn.ət	**पæश** ᵊन əट
passionately	ˈpæʃ.ᵊn.ət.li	**पæश** ᵊन əट ली

passionfruit	ˈpæʃ.ᵊn.fruːt	**पæश** ॅन फ्रूːट
passive	ˈpæs.ɪv	**पæस** इव
passively	ˈpæs.ɪv.li	**पæस** इव ली
pass-key	ˈpɑːs.kiː	**पाːस** कीː
passover	ˈpɑːs.ˈəʊ.və	**पाːस əउ** वə
passport	ˈpɑːs.pɔːt	**पाːस** पोːट
password	ˈpɑːs.wɜːd	**पाːस** व़ɜːड
past	pɑːst	पाःस्ट
past participle	ˈpɑːst.ˈpɑː.tɪs.ɪ.pᵊl	**पाːस्ट पाː** टिस इ पॅल
past perfect	ˈpɑːst.pə.ˈfekt	**पाːस्ट** पə **फ़ेक्ट**
past tense	ˈpɑːst.ˈtens	**पाːस्ट टेन्स**
pasta	ˈpæs.tə	**पæस** टə
paste	peɪst	पेइस्ट
pasteboard	ˈpeɪst.bɔːd	**पेइस्ट** बोːड
pastel	ˈpæs.tᵊl	**पæस** टॅल
pasteurisation	ˈpæs.tʃᵊr.aɪ.ˈzeɪ.ʃᵊn	**पæस** चॅर आइ **ज़ेइ** शॅन
pasteurise	ˈpæs.tʃᵊr.aɪz	**पæस** चॅर आइज़
pasteurised	ˈpæs.tʃᵊr.aɪzd	**पæस** चॅर आइज़ड
pastime	ˈpɑːs.taɪm	**पाːस** टाइम
pastmaster	ˈpɑːst.ˈmɑː.stə	**पाःस्ट माः** स्टə
pastor	ˈpɑː.stə	**पाः** स्टə
pastoral	ˈpɑː.stᵊr.ᵊl	**पाः** स्टॅर ॅल
pastrami	pæs.ˈtrɑː.mi	पæस **ट्राः** मी
pastry	ˈpeɪ.stri	**पेइ** स्ट्री
pastrycook	ˈpeɪ.stri.kʊk	**पेइ** स्ट्री कुक
pasture	ˈpɑːs.tʃə	**पाːस** चə
pasty (adj)	ˈpeɪ.sti	**पेइ** स्टी
pasty (n)	ˈpæs.ti	**पæस** टी
pat	pæt	पæट
pat-a-cake	ˈpæt.ə.keɪk	**पæट** ə केइक
patch	pætʃ	पæच
patchouli (IO)	ˈpætʃ.ul.i	**पæच** ऊल ई

patchwork	ˈpætʃ.wɜːk	**पæच** व़ɜːक
patchy	ˈpætʃ.i	**पæच** ई
pate	peɪt	पेइट
pâté	ˈpæt.eɪ	**पæट** एइ
patella	pə.ˈtel.ə	पə **टेल** ə
patent	ˈpeɪ.tᵊnt	**पेइ** टॅन्ट
patent leather	ˈpeɪ.tᵊnt.ˈleð.ə	**पेइ** टॅन्ट **लेद** ə
patentable	ˈpeɪ.tən.tə.bᵊl	**पेइ** टəन टə बॅल
patented	ˈpeɪ.tᵊn.tɪd	**पेइ** टॅन टिड
paternal	pə.ˈtɜː.nᵊl	पə **टɜː** नॅल
paternalism	pə.ˈtɜː.nᵊl.ɪ.zᵊm	पə **टɜː** नॅल इ ज़ॅम
paternalistic	pə.ˈtɜː.nə.ˈlɪs.tɪk	पə **टɜː** नə **लिस** टिक
paternity	pə.ˈtɜː.nə.ti	पə **टɜː** नə टी
path	pɑːθ	पाːथ
pathetic	pə.ˈθet.ɪk	पə **थेट** इक
pathetically	pə.ˈθet.ɪ.kᵊl.i	पə **थेट** इ कॅल ई
pathfinder	ˈpɑːθ.faɪn.də	**पाːथ** फ़ाइन डə
pathogenic	ˈpæθ.ə.ˈdʒən.ɪk	**पæथ** ə **जəन** इक
pathological	ˈpæθ.ə.ˈlɒdʒ.ɪ.kᵊl	**पæथ** ə **लɒज** इ कॅल
pathologically	ˈpæθ.ə.ˈlɒdʒ.ɪ.kᵊl.i	**पæथ** ə **लɒज** इ कॅल ई
pathologist	pə.ˈθɒl.ə.dʒɪst	पə **थɒल** ə जिस्ट
pathology	pə.ˈθɒl.ə.dʒi	पə **थɒल** ə जी
pathos	ˈpeɪ.θɒs	**पेइ** थɒस
pathway	ˈpɑːθ.weɪ	**पाːथ** व़ेइ
patience	ˈpeɪ.ʃᵊns	**पेइ** शॅन्स
patient	ˈpeɪ.ʃᵊnt	**पेइ** शॅन्ट
patiently	ˈpeɪ.ʃᵊnt.li	**पेइ** शॅन्ट ली
patio	ˈpæt.i.əʊ	**पæट** ई əउ
patriarch	ˈpeɪ.tri.ɑːk	**पेइ** ट्री आːक
patriarchal	ˈpeɪ.trɪ.ˈɑː.kᵊl	**पेइ** ट्रि **आः** कॅल
patriarchy	ˈpeɪ.trɪ.ɑː.ki	**पेइ** ट्रि आः की
patricide	ˈpæt.ri.saɪd	**पæट** री साइड

patriot	ˈpæt.rɪ.ət	**पæट** रि əट
patriotic	ˈpæt.rɪ.ˈɒt.ɪk	**पæट** रि **ɒट** इक
patriotically	ˈpæt.rɪ.ˈɒt.ɪ.kᵊl.i	**पæट** रि **ɒट** इ कᵊल ई
patriotism	ˈpæt.rɪ.ə.tɪ.zᵊm	**पæट** रि ə टि ज़ᵊम
patrol	pə.ˈtrəʊl	पə **ट्रəउल**
patrolman	pə.ˈtrəʊl.mən	पə **ट्रəउल** मəन
patron	ˈpeɪ.trᵊn	**पेइ** ट्रᵊन
patronage	ˈpeɪ.trᵊn.ɪdʒ	**पेइ** ट्रᵊन इज
patronise	ˈpæt.rə.naɪz	**पæट** रə नाइज़
patronising	ˈpæt.rə.naɪ.zɪŋ	**पæट** रə नाइ ज़िङ
patter	ˈpæt.ə	**पæट** ə
pattern	ˈpæt.ᵊn	**पæट** ᵊन
patterned	ˈpæt.ᵊnd	**पæट** ᵊन्ड
patty	ˈpæt.i	**पæट** ई
paucity	ˈpɔː.sə.ti	**पो**ː सə टी
paunch	pɔːntʃ	पोːन्च
paunchy	ˈpɔːntʃ.i	**पोːन्च** ई
pauper	ˈpɔː.pə	**पो**ː पə
pause	pɔːz	पोːज़
pave	peɪv	पेइव
pavement	ˈpeɪv.mᵊnt	**पेइव** मᵊन्ट
pavilion	pə.ˈvɪl.jən	पə **विल** य़əन
paving stone	ˈpeɪv.ɪŋ.ˈstəʊn	**पेइव** इङ **स्टəउन**
pavlova	pəv.ˈləʊ.və	पəव **लəउ** वə
paw	pɔː	पोː
pawn	pɔːn	पोːन
pawnbroker	ˈpɔːn.ˈbrəʊ.kə	**पोːन ब्रəउ** कə
pawnshop	ˈpɔːn.ʃɒp	**पोːन** शɒप
pawpaw	ˈpɔː.pɔː	**पो**ː पोː
pax	pæks	पæक्स
pay	peɪ	पेइ
pay check	ˈpeɪ.tʃek	**पेइ** चेक
pay dirt	ˈpeɪ.dɜːt	**पेइ** डɜːट
pay packet	peɪ.ˈpæk.ɪt	पेइ **पæक** इट

payable	ˈpeɪ.ə.bᵊl	**पेइ** ə बᵊल
pay-as-you-go	ˈpeɪ.əz.jʊ.ˈgəʊ	**पेइ** əज़ यु **गəउ**
payback	ˈpeɪ.bæk	**पेइ** बæक
payday	ˈpeɪ.deɪ	**पेइ** डेइ
PAYE	ˈpiː.ˈeɪ.ˈwaɪ.ˈiː	**पी**ː **एइ वाइ ई**ː
payee	peɪ.ˈiː	पेइ **ई**ː
payload	ˈpeɪ.ləʊd	**पेइ** लəउड
paymaster	ˈpeɪ.mɑː.stə	**पेइ मा**ː स्टə
payment	ˈpeɪ.mᵊnt	**पेइ** मᵊन्ट
payoff	ˈpeɪ.ɒf	**पेइ** ɒफ़
payout	ˈpeɪ.aʊt	**पेइ** आउट
payphone	ˈpeɪ.fəʊn	**पेइ** फ़əउन
payroll	ˈpeɪ.rəʊl	**पेइ** रəउल
payslip	ˈpeɪ.slɪp	**पेइ** स्लिप
pay-TV	ˈpeɪ.ˈtiː.vi	**पेइ टी**ː वी
PC	ˈpiː.ˈsiː	**पी**ː **सी**ː
PDA	ˈpiː.ˈdiː.ˈeɪ	**पी**ː **डी**ː **एइ**
PE	ˈpiː.ˈiː	**पी**ː **ई**ː
pea	piː	पीː
peace	piːs	पीːस
peace offering	ˈpiːs.ˈɒf.ᵊr.ɪŋ	**पीːस ɒफ़** ᵊर इङ
peace pipe	ˈpiːs.ˈpaɪp	**पीːस पाइप**
peaceable	ˈpiː.sə.bᵊl	**पी**ː सə बᵊल
peaceably	ˈpiː.sə.bli	**पी**ː सə ब्ली
peaceful	ˈpiːs.fᵊl	**पीːस** फ़ᵊल
peacefully	ˈpiːs.fᵊl.i	**पीːस** फ़ᵊल ई
peacefulness	ˈpiːs.fᵊl.nəs	**पीːस** फ़ᵊल नəस
peacekeeper	ˈpiːs.ˈkiː.pə	**पीːस की**ː पə
peacekeeping	ˈpiːs.ˈkiː.pɪŋ	**पीːस की**ː पिङ
peacemaker	ˈpiːs.ˈmeɪ.kə	**पीːस मेइ** कə
peacetime	ˈpiːs.taɪm	**पीːस** टाइम
peach	piːtʃ	पीːच
peacock (IO)	ˈpiː.kɒk	**पी**ː कɒक
peak	piːk	पीːक
peak time	ˈpiːk.ˈtaɪm	**पीːक टाइम**
peaked	piːkt	पीːक्ट

peal	pi:l	पी:ल
peanut	ˈpi:.nʌt	पी: नʌट
peanut butter	ˈpi:.nʌt.ˈbʌt.ə	पी: नʌट बʌट ə
peanuts	ˈpi:.nʌts	पी: नʌट्स
pear	peə	पेə
pearl	pɜ:l	पɜ:ल
peasant	ˈpez.ᵊnt	पेज़ ॰न्ट
peat	pi:t	पी:ट
pebble	ˈpeb.ᵊl	पेब ॰ल
pecan	pɪ.ˈkæn	पि कæन
peck	pek	पेक
pectin	ˈpek.tɪn	पेक टिन
pectoral muscle	ˈpek.tᵊr.ᵊl.ˈmʌs.ᵊl	पेक ट॰र ॰ल मʌस ॰ल
peculiar	pɪ.ˈkju:.li.ə	पि क्यू: ली ə
peculiarity	pɪ.ˈkju:.lɪ.ˈær.ə.ti	पि क्यू: लि æर ə टी
peculiarly	pɪ.ˈkju:.li.ə.li	पि क्यू: ली ə ली
pecuniary	pɪ.ˈkju:.ni:.ə.ri	पि क्यू: नी: ə री
pedagogical	ˈpe.də.ˈgɒdʒ.ɪ.kᵊl	पे डə गɒज इ क॰ल
pedagogue	ˈpe.də.gɒg	पे डə गɒग
pedagogy	ˈpe.də.gɒdʒ.i	पे डə गɒज ई
pedal (adj)	ˈpi:.dᵊl	पी: ड॰ल
pedal (n)	ˈped.ᵊl	पेड ॰ल
pedantic	pə.ˈdæn.tɪk	पə डæन टिक
pedantically	pə.ˈdæn.tɪ.kᵊl.i	पə डæन टि क॰ल ई
pedantry	ˈped.ᵊn.tri	पेड ॰न ट्री
peddle	ˈped.ᵊl	पेड ॰ल
peddler	ˈped.lə	पेड लə
pedestal	ˈped.ə.stᵊl	पेड ə स्ट॰ल
pedestrian	pə.ˈdes.tri.ən	पə डेस ट्री əन
pedicure	ˈped.ɪ.kjʊə	पेड इ क्युə
pedigree	ˈped.ɪ.gri:	पेड इ ग्री:
pedlar	ˈped.lə	पेड लə
pedometer	pə.ˈdɒm.ɪ.tə	पə डɒम इ टə
pee	pi:	पी:

peek	pi:k	पी:क
peekaboo	ˈpi:.kə.ˈbu:	पी: कə बू:
peel	pi:l	पी:ल
peep	pi:p	पी:प
peepal	ˈpi:.pᵊl	पी: प॰ल
peep-hole	ˈpi:p.həʊl	पी:प हəउल
peeping Tom	ˈpi:.pɪŋ.ˈtɒm	पी: पिङ टɒम
peepshow	ˈpi:p.ʃəʊ	पी:प शəउ
peer	pɪə	पिə
peer group	ˈpɪə.gru:p	पिə ग्रू:प
peer pressure	ˈpɪə.ˈpreʃ.ə	पिə प्रेश ə
peerless	ˈpɪə.ləs	पिə लəस
peeve	pi:v	पी:व
peevish	ˈpi:.vɪʃ	पी: विश
peewee	ˈpi:.ˈwi	पी: वी
peg	peg	पेग
pejorative	pə.ˈdʒɒr.ə.tɪv	पə जɒर ə टिव
pelican	ˈpel.ɪ.kən	पेल इ कəन
pellet	ˈpel.ət	पेल əट
pelt	pelt	पेल्ट
pelvic	ˈpel.vɪk	पेल विक
pelvis	ˈpel.vɪs	पेल विस
pen	pen	पेन
pen and paper	ˈpen.ən.ˈpeɪ.pə	पेन əन पेइ पə
pen drive	ˈpen.draɪv	पेन ड्राइव
pen friend	ˈpen.ˈfrend	पेन फ़्रेन्ड
pen name	ˈpen.ˈneɪm	पेन नेइम
pen pal	ˈpen.ˈpæl	पेन पæल
pen pusher	ˈpen.ˈpʊʃ.ə	पेन पुश ə
penal	ˈpi:.nᵊl	पी: न॰ल
penal colony	ˈpi:.nᵊl.ˈkɒl.ə.ni	पी: न॰ल कɒल ə नी
penalise	ˈpi:.nᵊl.aɪz	पी: न॰ल आइज़
penalty	ˈpen.ᵊl.ti	पेन ॰ल टी
penalty box	ˈpen.ᵊl.ti.ˈbɒks	पेन ॰ल टी बɒक्स
penalty goal	ˈpen.ᵊl.ti.ˈgəʊl	पेन ॰ल टी गəउल
penance	ˈpen.ᵊns	पेन ॰न्स

English Pronunciation Dictionary 241

pence	pens	पेन्स
penchant	ˈpɑ̃ːn.ʃɑ̃ːn	**प:न** श:न
pencil	ˈpen.sᵊl	**पेन** स॰ल
pencil case	ˈpen.sᵊl.ˌkeɪs	**पेन** स॰ल **केइस**
pencil sharpener	ˈpen.sᵊl.ˈʃɑː.pᵊn.ə	**पेन** स॰ल **शा:** प॰न ə
pendant	ˈpen.dᵊnt	**पेन** ड॰न्ट
pending	ˈpen.dɪŋ	**पेन** डिङ
pendulum	ˈpen.djʊ.ləm	**पेन** ड्यु लəम
penetrate	ˈpen.ɪ.treɪt	**पेन** इ ट्रेइट
penetrating	ˈpen.ɪ.treɪ.tɪŋ	**पेन** इ ट्रेइ टिङ
penetration	ˌpen.ɪˈtreɪ.ʃᵊn	**पेन** इ **ट्रेइ** श॰न
penguin	ˈpeŋ.gwɪn	**पेङ** ग्विन
penicillin	ˌpen.əˈsɪl.ɪn	**पेन** ə **सिल** इन
peninsula	pəˈnɪn.sjʊ.lə	पə **निन** स्यु लə
penis	ˈpiː.nɪs	**पी:** निस
penitence	ˈpen.ɪ.tᵊns	**पेन** इ ट॰न्स
penitent	ˈpen.ɪ.tᵊnt	**पेन** इ ट॰न्ट
penitentiary	ˌpen.ɪˈten.ʃᵊr.i	**पेन** इ **टेन** श॰र ई
penknife	ˈpen.naɪf	**पेन** नाइफ़
penknives	ˈpen.naɪvz	**पेन** नाइव्ज़
penlight	ˈpen.laɪt	**पेन** लाइट
penmanship	ˈpen.mən.ʃɪp	**पेन** मəन शिप
pennant	ˈpen.ᵊnt	**पेन** ॰न्ट
penniless	ˈpen.ɪ.ləs	**पेन** इ लəस
penny	ˈpen.i	**पेन** ई
penny pinching	ˌpen.iˈpɪntʃ.ɪŋ	**पेन** ई **पिन्च** इङ
pennyworth	ˈpen.i.wɜːθ	**पेन** ई व़ɜ:थ
pension	ˈpen.ʃᵊn	**पेन** श॰न
pensioner	ˈpen.ʃᵊn.ə	**पेन** श॰न ə
pensive	ˈpen.sɪv	**पेन** सिव
pentagon	ˈpen.tə.gən	**पेन** टə गəन
penthouse	ˈpent.haʊs	**पेन्ट** हाउस
pent-up	ˈpent.ʌp	**पेन्ट** ʌप
penultimate	penˈʌl.tɪ.mət	पेन **ʌल** टि मəट
penury	ˈpen.jə.ri	**पेन** य़ə री
peon	ˈpiː.ən	**पी:** əन
people	ˈpiː.pᵊl	**पी:** प॰ल

pep	pep	पेप
pep rally	ˈpep.ˌræl.i	**पेप** **रæल** ई
pep talk	ˈpep.ˌtɔːk	**पेप** **टो:क**
pepper (IO)	ˈpep.ə	**पेप** ə
pepper mill	ˈpep.ə.mɪl	**पेप** ə मिल
pepper pot	ˈpep.ə.pɒt	**पेप** ə पɒट
peppercorn	ˈpep.ə.kɔːn	**पेप** ə को:न
peppermint	ˈpep.ə.mɪnt	**पेप** ə मिन्ट
pepperoni	ˌpep.əˈrəʊ.ni	**पेप** ə **रəउ** नी
peppy	ˈpep.i	**पेप** ई
per	pɜːʳ	पɜ:र
per acre	pər.ˈeɪ.kə	पəर **एइ** कə
per annum	pər.ˈæn.əm	पəर **æन** əम
per capita	pər.ˈkæp.ɪ.tə	पəर **कæप** इ टə
per diem	ˌpɜː.ˈdiː.em	**पɜ:** **डी:** एम
per se	ˌpɜː.ˈseɪ	**पɜ:** **सेइ**
perambulate	pəˈræm.bjə.leɪt	पə **रæम** ब्य़ə लेइट
perambulator	pəˈræm.bjə.leɪ.tə	पə **रæम** ब्य़ə लेइ टə
perceivable	pəˈsiː.və.bᵊl	पə **सी:** वə ब॰ल
perceive	pəˈsiːv	पə **सी:व**
percent	pəˈsent	पə **सेन्ट**
percentage	pəˈsen.tɪdʒ	पə **सेन** टिज
percentile	pəˈsen.taɪl	पə **सेन** टाइल
perceptible	pəˈsep.tə.bᵊl	पə **सेप** टə ब॰ल
perceptibly	pəˈsep.tə.bli	पə **सेप** टə ब्ली
perception	pəˈsep.ʃᵊn	पə **सेप** श॰न
perceptive	pəˈsep.tɪv	पə **सेप** टिव
perceptively	pəˈsep.tɪv.li	पə **सेप** टिव ली
perceptual	pəˈsep.tju.əl	पə **सेप** ट्य़ू əल
perch	pɜːtʃ	पɜ:च
perchance	pəˈtʃɑːns	पə **चा:न्स**
percolate	ˈpɜː.kᵊl.eɪt	**पɜ:** क॰ल एइट
percolator	ˈpɜː.kᵊl.eɪ.tə	**पɜ:** क॰ल एइ टə
percussion	pəˈkʌʃ.ᵊn	पə **कʌश** ॰न
percutaneous	ˌpɜː.kjuː.ˈteɪ.ni.əs	**पɜ:** क्य़ू: **टेइ** नी əस

perdition	pə.ˈdɪʃ.ᵊn	पə **डिश** ॰न
peremptory	pə.ˈrem.tᵊr.i	पə **रेम** ट॰र ई
perennial	pᵊr.ˈen.i.əl	प॰र **एन** ई əल
perfect (n,adj)	ˈpɜː.fekt	**पɜː** फ़ेक्ट
perfect (v)	pə.ˈfekt	पə **फ़ेक्ट**
perfection	pə.ˈfek.ʃᵊn	पə **फ़ेक** श॰न
perfectionist	pə.ˈfek.ʃᵊn.ɪst	पə **फ़ेक** श॰न इस्ट
perfectly	ˈpɜː.fekt.li	**पɜː** फ़ेक्ट ली
perfidious	pə.ˈfɪd.i.əs	पə **फ़िड** ई əस
perfidy	pə.ˈfɪd.i	पə **फ़िड** ई
perforate (adj)	ˈpɜː.fᵊr.ət	**पɜː** फ़॰र əट
perforate (v)	ˈpɜː.fᵊr.eɪt	**पɜː** फ़॰र एइट
perforation	ˈpɜː.fᵊr.ˈeɪ.ʃᵊn	**पɜː** फ़॰र **एइ** श॰न
perforce	pə.ˈfɔːs	पə **फ़ोːस**
perform	pə.ˈfɔːm	पə **फ़ोːम**
performance	pə.ˈfɔː.mᵊns	पə **फ़ो**ː म॰न्स
performer	pə.ˈfɔː.mə	पə **फ़ो**ː मə
perfume (n)	ˈpə.fjuːm	**पə** फ़्यूːम
perfume (v)	pə.ˈfjuːm	पə **फ़्यूːम**
perfunctory	pə.ˈfʌŋk.tᵊr.i	पə **फ़ʌङ्क** ट॰र ई
pergola	ˈpɜː.gəl.ə	**पɜː** गəल ə
perhaps	pə.ˈhæps	पə **हæप्स**
perhead	pə.ˈhed	पə **हेड**
peril	ˈper.ᵊl	**पेर** ॰ल
perilous	ˈper.ᵊl.əs	**पेर** ॰ल əस
perimeter	pə.ˈrɪm.ɪ.tə	पə **रिम** इ टə
period	ˈpɪə.ri.əd	**पिə** री əड
periodic	ˈpɪə.ri.ˈɒd.ɪk	**पिə** री **ɒड** इक
periodic table	ˈpɪə.ri.ˈɒd.ɪk.ˈteɪ.bᵊl	**पिə** री **ɒड** इक **टेइ** ब॰ल
periodical	ˈpɪə.ri.ˈɒd.ɪ.kᵊl	**पिə** री **ɒड** इ क॰ल
periodically	ˈpɪə.ri.ˈɒd.ɪ.kᵊl.i	**पिə** री **ɒड** इ क॰ल ई
periodontal	ˈper.i.ə.ˈdɒn.tᵊl	**पेर** ई ə **डɒन** ट॰ल
peripheral	pə.ˈrɪf.ᵊr.ᵊl	पə **रिफ़** ॰र ॰ल
periphery	pə.ˈrɪf.ᵊr.i	पə **रिफ़** ॰र ई

periscope	ˈper.ɪ.skəʊp	**पेर** इ स्कəउप
perish	ˈper.ɪʃ	**पेर** इश
perishable	ˈper.ɪʃ.ə.bᵊl	**पेर** इश ə ब॰ल
perishables	ˈper.ɪʃ.ə.bᵊlz	**पेर** इश ə ब॰ल्ज़
perjure	ˈpɜː.dʒəʳ	**पɜː** जəर
perjury	ˈpɜː.dʒᵊr.i	**पɜː** ज॰र ई
perk	pɜːk	पɜːक
perky	ˈpɜː.ki	**पɜː** की
perm	pɜːm	पɜːम
permanence	ˈpɜː.mə.nᵊns	**पɜː** मə न॰न्स
permanent	ˈpɜː.mə.nᵊnt	**पɜː** मə न॰न्ट
permanently	ˈpɜː.mə.nᵊnt.li	**पɜː** मə न॰न्ट ली
permeable	ˈpɜː.mi.ə.bᵊl	**पɜː** मी ə ब॰ल
permeate	ˈpɜː.mi.eɪt	**पɜː** मी एइट
permissible	pə.ˈmɪs.ə.bᵊl	पə **मिस** ə ब॰ल
permission	pə.ˈmɪʃ.ᵊn	पə **मिश** ॰न
permissive	pə.ˈmɪs.ɪv	पə **मिस** इव
permit (n)	ˈpə.mɪt	**पə** मिट
permit (v)	pə.ˈmɪt	पə **मिट**
permutation	ˈpɜː.mjuː.ˈteɪ.ʃᵊn	**पɜː** म्यूː **टेइ** श॰न
pernicious	pə.ˈnɪ.ʃəs	पə **नि** शəस
peroxide	pə.ˈrɒk.saɪd	पə **रɒक** साइड
perpendicular	ˈpɜː.pən.ˈdɪk.jə.lə	**पɜː** पəन **डिक** यə लə
perpetrate	ˈpɜː.pɪ.treɪt	**पɜː** पि ट्रेइट
perpetrator	ˈpɜː.pɪ.treɪ.tə	**पɜː** पि ट्रेइ टə
perpetual	pə.ˈpetʃ.u.əl	पə **पेच** ऊ əल
perpetually	pə.ˈpetʃ.u.ᵊl.i	पə **पेच** ऊ ॰ल ई
perpetuate	pə.ˈpetʃ.u.eɪt	पə **पेच** ऊ एइट
perplex	pə.ˈpleks	पə **प्लेक्स**
perplexing	pə.ˈpleks.ɪŋ	पə **प्लेक्स** इङ
persecute	ˈpɜː.sɪ.kjuːt	**पɜː** सि क्यूːट
persecution	ˈpɜː.sɪ.ˈkjuː.ʃᵊn	**पɜː** सि **क्यूː** श॰न
persecutor	ˈpɜː.sɪ.kjuː.tə	**पɜː** सि क्यूː टə
perseverance	ˈpɜː.sɪ.ˈvɪə.rᵊns	**पɜː** सि **विə** र॰न्स
persevere	ˈpɜː.sɪ.ˈvɪə	**पɜː** सि **विə**

persist	pə.ˈsɪst	पə **सिस्ट**
persistence	pə.ˈsɪs.tᵊns	पə **सिस** टᵊन्स
persistent	pə.ˈsɪs.tᵊnt	पə **सिस** टᵊन्ट
persistently	pə.ˈsɪs.tᵊnt.li	पə **सिस** टᵊन्ट ली
person	ˈpɜː.sᵊn	**पɜː** सᵊन
person to person	ˈpɜː.sᵊn.tə.ˈpɜː.sᵊn	**पɜː** सᵊन टə **पɜː** सᵊन
persona non grata	pɜː.ˈsəʊ.nə.ˈnɒn.ˈgrɑː.tə	पɜː **सəʊ** नə **नɒन** **ग्रा**ː टə
personable	ˈpɜː.sᵊn.ə.bᵊl	**पɜː** सᵊन ə बᵊल
personal	ˈpɜː.sᵊn.ᵊl	**पɜː** सᵊन ᵊल
personal column	ˈpɜː.sᵊn.ᵊl.ˈkɒl.əm	**पɜː** सᵊन ᵊल **कɒल** əम
personal computer	ˈpɜː.sᵊn.ᵊl.kəm.ˈpjuː.tə	**पɜː** सᵊन ᵊल कəम **प्यू**ː टə
personal hygiene	ˈpɜː.sᵊn.ᵊl.ˈhaɪ.dʒiːn	**पɜː** सᵊन ᵊल **हाइ** जीːन
personalise	ˈpɜː.sᵊn.ᵊl.aɪz	**पɜː** सᵊन ᵊल आइज़
personality	ˈpɜː.sᵊn.ˈæl.ə.ti	**पɜː** सᵊन **æल** ə टी
personally	ˈpɜː.sᵊn.ᵊl.i	**पɜː** सᵊन ᵊल ई
personification	pə.ˈsɒn.ɪ.fɪ.ˈkeɪ.ʃᵊn	पə **सɒन** इ फ़ि **केइ** शᵊन
personify	pə.ˈsɒn.ɪ.faɪ	पə **सɒन** इ फ़ाइ
personnel	ˈpɜː.sᵊn.el	**पɜː** सᵊन एल
perspective	pə.ˈspek.tɪv	पə **स्पेक** टिव
perspicacious	ˈpɜː.spɪ.ˈkeɪ.ʃəs	**पɜː** स्पि **केइ** शəस
perspicacity	ˈpɜː.spɪ.ˈkæs.ə.ti	**पɜː** स्पि **कæस** ə टी
perspiration	ˈpɜː.spᵊr.ˈeɪ.ʃᵊn	**पɜː** स्पᵊर **एइ** शᵊन
perspire	pə.ˈspaɪ.ə	पə **स्पाइ** ə
persuade	pə.ˈsweɪd	पə **स्वेइड**
persuasion	pə.ˈsweɪ.ʒᵊn	पə **स्वेइ** ज़ᵊन
persuasive	pə.ˈsweɪ.sɪv	पə **स्वेइ** सिव
persuasively	pə.ˈsweɪ.sɪv.li	पə **स्वेइ** सिव ली
pert	pɜːt	पɜːट
pertain	pə.ˈteɪn	पə **टेइन**
pertinence	ˈpɜː.tɪ.nᵊns	**पɜː** टि नᵊन्स
pertinent	ˈpɜː.tɪ.nᵊnt	**पɜː** टि नᵊन्ट
perturb	pə.ˈtɜːb	पə **टɜːब**
perusal	pə.ˈruː.zᵊl	पə **रू**ː ज़ᵊल
peruse	pə.ˈruːz	पə **रूःज़**
pervade	pə.ˈveɪd	पə **वेइड**
pervasive	pə.ˈveɪ.sɪv	पə **वेइ** सिव
perverse	pə.ˈvɜːs	पə **वɜːस**
perversely	pə.ˈvɜːs.li	पə **वɜːस** ली
perversion	pə.ˈvɜː.ʃᵊn	पə **वɜː** शᵊन
perversity	pə.ˈvɜː.sə.ti	पə **वɜː** सə टी
pervert (n)	ˈpə.vɜːt	**पə** वɜːट
pervert (v)	pə.ˈvɜːt	पə **वɜːट**
perverted	pə.ˈvɜː.tɪd	पə **वɜː** टिड
pesky	ˈpes.ki	**पेस** की
peso	ˈpeɪ.səʊ	**पेइ** सəʊ
pessimism	ˈpes.ɪ.mɪ.zᵊm	**पेस** इ मि ज़ᵊम
pessimist	ˈpes.ɪ.mɪst	**पेस** इ मिस्ट
pessimistic	ˈpes.ɪ.ˈmɪs.tɪk	**पेस** इ **मिस** टिक
pest	pest	पेस्ट
pester	ˈpes.tə	**पेस** टə
pesticide	ˈpes.tɪ.saɪd	**पेस** टि साइड
pestilence	ˈpes.tɪ.lᵊns	**पेस** टि लᵊन्स
pestle	ˈpes.ᵊl	**पेस** ᵊल
pesto	ˈpes.təʊ	**पेस** टəʊ
pet	pet	पेट
petal	ˈpet.ᵊl	**पेट** ᵊल
peter	ˈpiː.tə	**पी**ː टə
pet-friendly	ˈpet.ˈfrend.li	**पेट** **फ़्रेन्ड** ली
petite	pə.ˈtiːt	पə **टीःट**
petite bourgeois	pə.ˈtiːt.ˈbʊə.ʒwɑː	पə **टीःट** **बुə** ज़्वाː
petition	pə.ˈtɪʃ.ᵊn	पə **टिश** ᵊन
petri dish	ˈpet.ri.dɪʃ	**पेट** री डिश
petrified	ˈpet.rɪ.faɪd	**पेट** रि फ़ाइड
petrify	ˈpet.rɪ.faɪ	**पेट** रि फ़ाइ
petrochemical	ˈpet.rə.ˈkem.ɪ.kᵊl	**पेट** रə **केम** इ कᵊल
petrodollar	ˈpet.rə.ˈdɒl.ə	**पेट** रə **डɒल** ə
petrol	ˈpet.rᵊl	**पेट** रᵊल
petrol-bomb	ˈpet.rᵊl.bɒm	**पेट** रᵊल बɒम

petroleum	pə.ˈtrəʊ.li.əm	पə ट्रəउ ली əम
petticoat	ˈpet.ɪ.kəʊt	पेट इ कəउट
pettiness	ˈpet.ɪ.nəs	पेट इ नəस
petty	ˈpet.i	पेट ई
petty bourgeois	ˈpet.i.ˈbɔː.ʒwɑː	पेट ई बोः ज़्वाः
petty cash	ˈpet.i.kæʃ	पेट ई कæश
petty officer	ˈpet.i.ˈɒf.ɪ.sə	पेट ई ɒफ़ इ सə
petulant	ˈpet.ə.lᵊnt	पेट ə ल॰न्ट
petunia	pə.ˈtjuː.ni.ə	पə ट्यूः नी ə
pew	pjuː	प्यूः
pewter	ˈpjuː.tə	प्यूः टə
PG	ˈpiː.ˈdʒiː	पीः जीः
PH	ˈpiː.ˈeɪtʃ	पीः एइच
phalanges	fæl.ˈæn.dʒiːz	फ़æल æन जीःज़
phallic	ˈfæl.ɪk	फ़æल इक
phallus	ˈfæl.əs	फ़æल əस
phantasmagoria	ˈfæn.tæz.mə.ˈgɒr.i.ə	फ़æन टæज़ मə गɒर ई ə
phantasy	ˈfæn.tə.si	फ़æन टə सी
phantom	ˈfæn.təm	फ़æन टəम
pharaoh	ˈfeə.rəʊ	फ़ेə रəउ
pharaonic	ˈfeə.reɪ.ˈɒn.ɪk	फ़ेə रेइ ɒन इक
pharmaceutical	ˈfɑː.mə.ˈsuː.tɪ.kᵊl	फ़ाः मə सूः टि क॰ल
pharmacist	ˈfɑː.mə.sɪst	फ़ाः मə सिस्ट
pharmacologist	ˈfɑː.mə.ˈkɒl.ə.dʒɪst	फ़ाः मə कɒल ə जिस्ट
pharmacology	ˈfɑː.mə.ˈkɒl.ə.dʒi	फ़ाः मə कɒल ə जी
pharmacy	ˈfɑː.mə.si	फ़ाः मə सी
pharyngitis	ˈfær.ɪn.ˈdʒaɪ.tɪs	फ़æर इन जाइ टिस
pharynx	ˈfær.ɪŋks	फ़æर इङ्क्स
phase	feɪz	फ़ेइज़
PhD	ˈpiː.ˈeɪtʃ.ˈdiː	पीः एइच डीः
pheasant	ˈfez.ᵊnt	फ़ेज़ ॰न्ट
phenol	ˈfiː.nɒl	फ़ीः नɒल
phenomenal	fə.ˈnɒm.ɪ.nᵊl	फ़ə नɒम इ न॰ल
phenomenally	fə.ˈnɒm.ɪ.nᵊl.i	फ़ə नɒम इ न॰ल ई
phenomenology	fə.ˈnɒm.ɪ.ˈnɒl.ə.dʒi	फ़ə नɒम इ नɒल ə जी
phenomenon	fə.ˈnɒm.ɪ.nən	फ़ə नɒम इ नəन
Phi Beta Kappa	ˈfaɪ.ˈbiː.tə.ˈkæp.ə	फ़ाइ बीः टə कæप ə
phial	faɪl	फ़ाइल
philander	fɪ.ˈlæn.də	फ़ि लæन डə
philanderer	fɪ.ˈlæn.dᵊr.ə	फ़ि लæन ड॰र ə
philanthropic	ˈfɪl.ən.ˈθrɒp.ɪk	फ़िल əन थ्रɒप इक
philanthropist	fɪl.ˈæn.θrɒp.ɪst	फ़िल æन थ्रɒप इस्ट
philanthropy	fɪl.ˈæn.θrə.pi	फ़िल æन थ्रə पी
philatelic club	ˈfɪl.ə.ˈtel.ɪk.klʌb	फ़िल ə टेल इक क्लʌब
philharmonic orchestra	ˈfɪl.hɑː.ˈmɒn.ɪk.ˈɔː.kɪs.trə	फ़िल हाः मɒन इक ओः किस ट्रə
philistine	ˈfɪl.ɪ.staɪn	फ़िल इ स्टाइन
philology	fɪ.ˈlɒl.ə.dʒi	फ़ि लɒल ə जी
philosopher	fɪ.ˈlɒs.ə.fə	फ़ि लɒस ə फ़ə
philosophical	ˈfɪl.ə.ˈsɒf.ɪ.kᵊl	फ़िल ə सɒफ़ इ क॰ल
philosophically	ˈfɪl.ə.ˈsɒf.ɪ.kᵊl.i	फ़िल ə सɒफ़ इ क॰ल ई
philosophise	fɪ.ˈlɒs.ə.faɪz	फ़ि लɒस ə फ़ाइज़
philosophy	fɪ.ˈlɒs.ə.fi	फ़ि लɒस ə फ़ी
phlegm	flem	फ़्लेम
phlegmatic	fleg.ˈmæt.ɪk	फ़्लेग मæट इक
phobia	ˈfəʊ.bi.ə	फ़əउ बी ə
phobic	ˈfəʊ.bɪk	फ़əउ बिक
phoenix	ˈfiː.nɪks	फ़ीः निक्स
phonate	ˈfə.neɪt	फ़ə नेइट
phonation	fə.ˈneɪ.ʃᵊn	फ़ə नेइ श॰न
phone	fəʊn	फ़əउन
phone banking	ˈfəʊn.ˈbæŋ.kɪŋ	फ़əउन बæङ किङ
phone book	ˈfəʊn.ˈbʊk	फ़əउन बुक
phone booth	ˈfəʊn.ˈbuːð	फ़əउन बूःद
phone call	ˈfəʊn.ˈkɔːl	फ़əउन कोःल

phone card	ˈfəʊn.ˈkɑːd	फ़əउन का:ड
phone-in	ˈfəʊn.ɪn	फ़əउन इन
phoneme	ˈfəʊ.niːm	फ़əउ नी:म
phone-tapping	ˈfəʊn.ˈtæp.ɪŋ	फ़əउन टæप इङ
phonetic	fə.ˈnet.ɪk	फ़ə नेट इक
phonetically	fə.ˈnet.ɪ.kəl.i	फ़ə नेट इ कॅल ई
phonetician	ˈfəʊ.nɪ.ˈtɪʃ.ən	फ़əउ नि टिश ॅन
phonetics	fə.ˈnet.ɪks	फ़ə नेट इक्स
phonograph	ˈfəʊ.nə.grɑːf	फ़əउ नə ग्रा:फ़
phonology	fə.ˈnɒl.ə.dʒi	फ़ə नɒल ə जी
phony	ˈfəʊ.ni	फ़əउ नी
phooey	ˈfuː.i	फ़ू: ई
phosphate	ˈfɒs.feɪt	फ़ɒस फ़ेइट
phosphorescence	ˈfɒs.fər.ˈes.əns	फ़ɒस फ़ॅर एस ॅन्स
phosphorescent	ˈfɒs.fər.ˈes.ənt	फ़ɒस फ़ॅर एस ॅन्ट
phosphoric	fɒs.ˈfɒr.ɪk	फ़ɒस फ़ɒर इक
phosphorus	ˈfɒs.fər.əs	फ़ɒस फ़ॅर əस
photo	ˈfəʊ.təʊ	फ़əउ टəउ
photo album	ˈfəʊ.təʊ.ˈæl.bəm	फ़əउ टəउ æल बəम
photo finish	ˈfəʊ.təʊ.ˈfɪn.ɪʃ	फ़əउ टəउ फ़िन इश
photo opportunity	ˈfəʊ.tə.ˈɒp.ə.ˈtjuː.nə.ti	फ़əउ टə ɒप ə ट्यू: नə टी
photo session	ˈfəʊ.təʊ.ˈseʃ.ən	फ़əउ टəउ सेश ॅन
photo shoot	ˈfəʊ.təʊ.ˈʃuːt	फ़əउ टəउ शू:ट
photo shop	ˈfəʊ.təʊ.ˈʃɒp	फ़əउ टəउ शɒप
photocell	ˈfəʊ.təʊ.sel	फ़əउ टəउ सेल
photocompose	ˈfəʊ.təʊ.kəm.ˈpəʊz	फ़əउ टəउ कəम पəउज़
photocopier	ˈfəʊ.təʊ.ˈkɒp.i.ə	फ़əउ टəउ कɒप ई ə
photocopy	ˈfəʊ.təʊ.ˈkɒp.i	फ़əउ टəउ कɒप ई
photoelectric cell	ˈfəʊ.təʊ.ɪ.ˈlek.trɪk.sel	फ़əउ टəउ इ लेक ट्रिक सेल
photo-essay	ˈfəʊ.təʊ.ˈes.eɪ	फ़əउ टəउ एस एइ
photogenic	ˈfəʊ.tə.ˈdʒen.ɪk	फ़əउ टə जेन इक
photograph	ˈfəʊ.tə.grɑːf	फ़əउ टə ग्रा:फ़
photographer	fə.ˈtɒg.rə.fə	फ़ə टɒग रə फ़ə

photographic	ˈfəʊ.tə.ˈgræf.ɪk	फ़əउ टə ग्रæफ़ इक
photography	fə.ˈtɒg.rə.fi	फ़ə टɒग रə फ़ी
photojournalism	ˈfəʊ.tə.ˈdʒɜː.nəl.ɪ.zəm	फ़əउ टə जɜ: नॅल इ ज़ॅम
photomontage	ˈfəʊ.tə.mɒn.ˈtɑːʒ	फ़əउ टə मɒन टा:ज़
photosensitive	ˈfəʊ.tə.ˈsen.sə.tɪv	फ़əउ टə सेन सə टिव
photostat	ˈfəʊ.tə.stæt	फ़əउ टə स्टæट
photosynthesis	ˈfəʊ.tə.ˈsɪn.θə.sɪs	फ़əउ टə सिन थə सिस
phrasal verb	ˈfreɪ.zəl.ˈvɜːb	फ़्रेइ ज़ॅल वɜ:ब
phrase	freɪz	फ़्रेइज़
phrase book	ˈfreɪz.bʊk	फ़्रेइज़ बुक
phraseology	ˈfreɪ.zi.ˈɒl.ə.dʒi	फ़्रेइ ज़ी ɒल ə जी
phrasing	ˈfreɪ.zɪŋ	फ़्रेइ ज़िङ
physical	ˈfɪz.ɪ.kəl	फ़िज़ इ कॅल
physical education	ˈfɪz.ɪ.kəl.ˈedʒ.ʊ.ˈkeɪ.ʃən	फ़िज़ इ कॅल एज उ केइ शॅन
physical examination	ˈfɪz.ɪ.kəl.ɪg.ˈzæm.ə.ˈneɪ.ʃən	फ़िज़ इ कॅल इग ज़æम ə नेइ शॅन
physical therapy	ˈfɪz.ɪ.kəl.ˈθer.ə.pi	फ़िज़ इ कॅल थेर ə पी
physically	ˈfɪz.ɪ.kəl.i	फ़िज़ इ कॅल ई
physician	fɪ.ˈzɪʃ.ən	फ़ि ज़िश ॅन
physicist	ˈfɪz.ɪ.sɪst	फ़िज़ इ सिस्ट
physics	ˈfɪz.ɪks	फ़िज़ इक्स
physio	ˈfɪz.i.əʊ	फ़िज़ ई əउ
physiological	ˈfɪz.i.ə.ˈlɒdʒ.ɪ.kəl	फ़िज़ ई ə लɒज इ कॅल
physiology	ˈfɪz.i.ˈɒl.ə.dʒi	फ़िज़ ई ɒल ə जी
physiotherapy	ˈfɪz.i.ə.ˈθer.ə.pi	फ़िज़ ई ə थेर ə पी
physique	fɪ.ˈziːk	फ़ि ज़ी:क
pianist	ˈpi.ə.nɪst	पी ə निस्ट
piano (adj,adv)	ˈpi.ɑː.nəʊ	पी आ: नəउ
piano (n)	pi.ˈæn.əʊ	पी æन əउ
piano accordion	pɪ.ˈæn.əʊ.ə.ˈkɔː.di.ən	पि æन əउ ə को: डी əन
piano stool	pɪ.ˈæn.əʊ.stuːl	पि æन əउ स्टू:ल

piano tuner	pɪ.ˈæn.əʊ.ˈtjuː.nə	पि ऌन əउ ट्यू: नə
pianoforte	pɪ.ˈæn.əʊ.ˈfɔː.teɪ	पि ऌन əउ फ़ो: टेइ
piazza	pɪ.ˈæt.sə	पि ऌट सə
piccolo	ˈpɪk.ə.ləʊ	पिक ə लəउ
pick	pɪk	पिक
pick a fight	ˈpɪk.ə.ˈfaɪt	पिक ə फ़ाइट
pickaxe	ˈpɪk.æks	पिक ऌक्स
picker	ˈpɪk.ə	पिक ə
picket	ˈpɪk.ɪt	पिक इट
picket fence	ˈpɪk.ɪt.fens	पिक इट फ़ेन्स
picket line	ˈpɪk.ɪt.laɪn	पिक इट लाइन
picketing	ˈpɪk.ɪt.ɪŋ	पिक इट इङ
pickle	ˈpɪk.ᵊl	पिक ᵊल
pickled	ˈpɪk.ᵊld	पिक ᵊल्ड
picklock	ˈpɪk.lɒk	पिक लɒक
pick-me-up	ˈpɪk.mi.ʌp	पिक मी ʌप
pickpocket	ˈpɪk.ˈpɒk.ɪt	पिक पɒक इट
pickup	ˈpɪk.ʌp	पिक ʌप
pickup truck	ˈpɪk.ʌp.trʌk	पिक ʌप ट्रʌक
picky	ˈpɪk.i	पिक ई
picnic	ˈpɪk.nɪk	पिक निक
pictogram	ˈpɪk.tə.græm	पिक टə ग्रऌम
pictorial	pɪk.ˈtɔː.ri.əl	पिक टो: री əल
picture	ˈpɪk.tʃə	पिक चə
picture book	ˈpɪk.tʃə.bʊk	पिक चə बुक
picture postcard	ˈpɪk.tʃə.ˈpəʊst.kɑːd	पिक चə पəउस्ट का:ड
picture window	ˈpɪk.tʃə.ˈwɪn.dəʊ	पिक चə विन डəउ
pictures	ˈpɪk.tʃəz	पिक चəज़
picturesque	ˈpɪk.tʃᵊr.ˈesk	पिक चᵊर एस्क
piddle	ˈpɪd.ᵊl	पिड ᵊल
piddling	ˈpɪd.lɪŋ	पिड लिङ
pidgin	ˈpɪdʒ.ɪn	पिज इन
pie	paɪ	पाइ
pie chart	ˈpaɪ.ˈtʃɑːt	पाइ चा:ट
pie crust	ˈpaɪ.krʌst	पाइ क्रʌस्ट

piece	piːs	पी:स
pièce de resistance	ˈpiːs.də.rez.ɪ.ˈstɑ̃ːs	पी:स डə रेज़ इ स्टा:स
piece of cake	ˈpiːs.əv.ˈkeɪk	पी:स əव केइक
piecemeal	ˈpiːs.miːl	पी:स मी:ल
piecework	ˈpiːs.wɜːk	पी:स व़ɜ:क
pier	pɪə	पिə
pierce	pɪəs	पिəस
piercing	ˈpɪə.sɪŋ	पिə सिङ
pies	paɪz	पाइज़
piety	ˈpaɪ.ə.ti	पाइ ə टी
piezoelectric	ˈpiː.zəʊ.ɪ.ˈlek.trɪk	पी: ज़əउ इ लेक ट्रिक
piezoelectricity	ˈpiː.zəʊ.ɪ.ˈlek.ˈtrɪs.ə.tɪ	पी: ज़əउ इ लेक ट्रिस ə टि
pig	pɪg	पिग
pigeon	ˈpɪdʒ.ən	पिज əन
pigeonhole	ˈpɪdʒ.ən.həʊl	पिज əन हəउल
pigeon-toed	ˈpɪdʒ.ən.təʊd	पिज əन टəउड
piggery	ˈpɪg.ᵊr.i	पिग ᵊर ई
piggy	ˈpɪg.i	पिग ई
piggy back	ˈpɪg.i.ˈbæk	पिग ई बऌक
piggy bank	ˈpɪg.i.bæŋk	पिग ई बऌङ्क
pigheaded	ˈpɪg.ˈhed.ɪd	पिग हेड इड
piglet	ˈpɪg.lət	पिग लəट
pigment (n)	ˈpɪg.mᵊnt	पिग मᵊन्ट
pigment (v)	pɪg.ˈment	पिग मेन्ट
pigmentation	ˈpɪg.men.ˈteɪ.ʃᵊn	पिग मेन टेइ शᵊन
pigmy	ˈpɪg.mi	पिग मी
pigpen	ˈpɪg.pen	पिग पेन
pigsty	ˈpɪg.staɪ	पिग स्टाइ
pigtail	ˈpɪg.teɪl	पिग टेइल
pike	paɪk	पाइक
pilau (IO)	ˈpiː.laʊ	पी: लाउ
pile	paɪl	पाइल
piledriver	ˈpaɪl.ˈdraɪ.və	पाइल ड्राइ वə
pileup	ˈpaɪl.ʌp	पाइल ʌप

pilfer	ˈpɪl.fə	**पिल** फ़ə
pilferage	ˈpɪl.fᵊr.ɪdʒ	**पिल** फ़ᵊर इज
pilgrim	ˈpɪl.ɡrɪm	**पिल** ग्रिम
pilgrimage	ˈpɪl.ɡrɪm.ɪdʒ	**पिल** ग्रिम इज
piling	ˈpaɪl.ɪŋ	**पाइल** इङ
pill	pɪl	पिल
pillage	ˈpɪl.ɪdʒ	**पिल** इज
pillar	ˈpɪl.ə	**पिल** ə
pillbox	ˈpɪl.bɒks	**पिल** बɒक्स
pillory	ˈpɪl.ᵊr.i	**पिल** ᵊर ई
pillow	ˈpɪl.əʊ	**पिल** əउ
pillowcase	ˈpɪl.əʊ.keɪs	**पिल** əउ केइस
pilot	ˈpaɪ.lət	**पाइ** लəट
pilot light	ˈpaɪ.lət.ˈlaɪt	**पाइ** लəट **लाइट**
pimp	pɪmp	पिम्प
pimple	ˈpɪm.pᵊl	**पिम** पᵊल
pimply	ˈpɪm.pᵊl.i	**पिम** पᵊल ई
pin	pɪn	पिन
PIN number	pɪn.ˈnʌm.bə	पिन **नʌम** बə
pinafore	ˈpɪn.ə.fɔː	**पिन** ə फ़ोː
piñata	ˈpɪn.jaː.tə.	**पिन** ग़ाː टə
pinball machine	ˈpɪn.bɔːl.mə.ˈʃiːn	**पिन** बोːल मə **शीːन**
pince-nez	ˈpæns.neɪ	**पæन्स** नेइ
pincer	ˈpɪn.sə	**पिन** सə
pinch	pɪntʃ	पिन्च
pinch hitter	ˈpɪntʃ.ˈhɪt.ə	**पिन्च हिट** ə
pinch-hit	ˈpɪntʃ.hɪt	**पिन्च** हिट
pincushion	ˈpɪn.ˈkʊʃ.ᵊn	**पिन कुश** ᵊन
pine	paɪn	पाइन
pine cone	ˈpaɪn.ˈkəʊn	**पाइन कəउन**
pine nut	ˈpaɪn.ˈnʌt	**पाइन नʌट**
pineapple	ˈpaɪn.æp.ᵊl	**पाइन** æप ᵊल
ping	pɪŋ	पिङ
ping-pong	ˈpɪŋ.pɒŋ	**पिङ** पɒङ
pinhead	ˈpɪn.hed	**पिन** हेड
pinhole	ˈpɪn.həʊl	**पिन** हəउल
pinion	ˈpɪn.jən	**पिन** ग़əन

pink	pɪŋk	पिङ्क
pink slip	ˈpɪŋk.slɪp	**पिङ्क** स्लिप
pink-collar	pɪŋk.ˈkɒl.ə	पिङ्क **कɒल** ə
pinkeye	ˈpɪŋk.aɪ	**पिङ्क** आइ
pinkie	ˈpɪŋ.ki	**पिङ** की
pinkish	ˈpɪŋ.kɪʃ	**पिङ** किश
pinnacle	ˈpɪn.ə.kᵊl	**पिन** ə कᵊल
pinpoint	ˈpɪn.pɔɪnt	**पिन** पोइन्ट
pinprick	ˈpɪn.prɪk	**पिन** प्रिक
pins and needles	ˈpɪnz.ən.ˈniː.dᵊlz	**पिन्ज़** əन **नीː** डᵊल्ज़
pinstripe	ˈpɪn.straɪp	**पिन** स्ट्राइप
pint	paɪnt	पाइन्ट
pinta	ˈpɪn.tə	**पिन** टə
pint-size	ˈpaɪnt.saɪz	**पाइन्ट** साइज़
pinup	ˈpɪn.ʌp	**पिन** ʌप
pinwheel	ˈpɪn.wiːl	**पिन** व़ीːल
pioneer	ˈpaɪ.ə.ˈnɪə	**पाइ** ə **निə**
pious	ˈpaɪ.əs	**पाइ** əस
piously	ˈpaɪ.əs.li	**पाइ** əस ली
pipal	ˈpɪp.ᵊl	**पिप** ᵊल
pipe	paɪp	पाइप
pipe down	ˈpaɪp.daʊn	**पाइप** डाउन
pipe dream	ˈpaɪp.ˈdriːm	**पाइप ड्रीːम**
pipeline	ˈpaɪp.laɪn	**पाइप** लाइन
pipette	pɪ.ˈpet	पि **पेट**
piping	ˈpaɪp.ɪŋ	**पाइप** इङ
pipsqueak	ˈpɪp.skwiːk	**पिप** स्क्व़ीːक
piquancy	ˈpiː.kən.si	**पीː** कəन सी
piquant	ˈpiː.kᵊnt	**पीː** कᵊन्ट
pique	piːk	पीːक
piracy	ˈpaɪ.rə.si	**पाइ** रə सी
piranha	pɪ.ˈrɑː.nə	पि **राː** नə
pirate	ˈpaɪ.rɪt	**पाइ** रिट
pirouette	ˈpɪr.ʊ.ˈet	**पिर** उ **एट**
pisces	ˈpaɪ.siːz	**पाइ** सीːज़
pisciculture	ˈpɪ.sɪ.kʌl.tʃə	**पि** सि कʌल चə
piss	pɪs	पिस

pissed	pɪst	पिस्ट
pissed off	ˈpɪst.ˈɒf	**पिस्ट ɒफ़**
pisshead	ˈpɪs.hed	**पिस** हेड
pisspot	ˈpɪs.pɒt	**पिस** पɒट
pistachio	pɪs.ˈtætʃ.i.əʊ	पिस **टæच** ई əʊ
pistol	ˈpɪs.tᵊl	**पिस** टᵊल
piston	ˈpɪs.tᵊn	**पिस** टᵊन
pit	pɪt	पिट
pita bread	ˈpɪt.ə.bred	**पिट** ə ब्रेड
pit-a-pat	ˈpɪt.ə.ˈpæt	**पिट** ə **पæट**
pitch	pɪtʃ	पिच
pitch dark	ˈpɪtʃ.ˈdɑːk	**पिच डाःक**
pitch-and-putt	ˈpɪtʃ.ən.ˈpʌt	**पिच** əन **पʌट**
pitch-black	ˈpɪtʃ.ˈblæk	**पिच ब्लæक**
pitcher	ˈpɪtʃ.ə	**पिच** ə
pitchfork	ˈpɪtʃ.fɔːk	**पिच** फ़ोःक
pitchman	ˈpɪtʃ.mən	**पिच** मəन
piteous	ˈpɪt.i.əs	**पिट** ई əस
pitfall	ˈpɪt.fɔːl	**पिट** फ़ोःल
pith	pɪθ	पिथ
pithead	ˈpɪt.hed	**पिट** हेड
pithy	ˈpɪθ.i	**पिथ** ई
pitiable	ˈpɪt.i.ə.bᵊl	**पिट** ई ə बᵊल
pitiful	ˈpɪt.i.fᵊl	**पिट** ई फ़ᵊल
pitifully	ˈpɪt.i.fᵊl.i	**पिट** ई फ़ᵊल ई
pitiless	ˈpɪt.i.ləs	**पिट** ई लəस
pitman	ˈpɪt.mæn	**पिट** मæन
pitta (IO)	ˈpɪt.ə	**पिट** ə
pittance	ˈpɪt.ᵊns	**पिट** ᵊन्स
pitted	ˈpɪt.ɪd	**पिट** इड
pitter-patter	ˈpɪt.ə.ˈpæt.ə	**पिट** ə **पæट** ə
pituitary gland	pɪ.ˈtjuː.ɪ.tᵊr.i.ˈglænd	पि **ट्यूः** इ टᵊर ई **ग्लæन्ड**
pity	ˈpɪt.i	**पिट** ई
pivot	ˈpɪv.ət	**पिव** əट
pivotal	ˈpɪv.ət.ᵊl	**पिव** əट ᵊल

pixel	ˈpɪk.sᵊl	**पिक** सᵊल
pixie	ˈpɪk.si	**पिक** सी
pizza	ˈpiːt.sə	**पीःट** सə
pizzazz	ˈpɪ.ˈzæz	**पि ज़æज़**
pizzeria	ˈpiːt.sə.ˈri.ə	**पीःट** सə **री** ə
pj's	ˈpiː.ˈdʒeɪz	**पीः जेइज़**
placable	ˈplæk.ə.bᵊl	**प्लæक** ə बᵊल
placard	ˈplæk.ɑːd	**प्लæक** आःड
placate	plə.ˈkeɪt	प्लə **केइट**
place	ˈpleɪs	**प्लेइस**
place mat	ˈpleɪs.mæt	**प्लेइस** मæट
placebo	plə.ˈsiː.bəʊ	प्लə **सीः** बəʊ
placement	ˈpleɪs.mᵊnt	**प्लेइस** मᵊन्ट
placenta	plə.ˈsen.tə	प्लə **सेन** टə
placid	ˈplæs.ɪd	**प्लæस** इड
placidly	ˈplæs.ɪd.li	**प्लæस** इड ली
plagiarise	ˈpleɪ.dʒᵊr.aɪz	**प्लेइ** जᵊर आइज़
plagiarism	ˈpleɪ.dʒᵊr.ɪ.zᵊm	**प्लेइ** जᵊर इ ज़ᵊम
plagiarist	ˈpleɪ.dʒᵊr.ɪst	**प्लेइ** जᵊर इस्ट
plague	pleɪg	प्लेइग
plaice	pleɪs	प्लेइस
plaid	plæd	प्लæड
plain	pleɪn	प्लेइन
plainclothes	ˈpleɪn.ˈkləʊz	**प्लेइन क्लोउज़**
plainly	ˈpleɪn.li	**प्लेइन** ली
plains	pleɪnz	प्लेइन्ज़
plainsong	ˈpleɪn.sɒŋ	**प्लेइन** सɒङ
plainspoken	ˈpleɪn.ˈspəʊ.kən	**प्लेइन स्पəʊ** कəन
plaintiff	ˈpleɪn.tɪf	**प्लेइन** टिफ़
plaintive	ˈpleɪn.tɪv	**प्लेइन** टिव
plait	plæt	प्लæट
plan	plæn	प्लæन
planchet	ˈplæn.tʃɪt	**प्लæन** चिट
plane	pleɪn	प्लेइन
planer	ˈpleɪ.nə	**प्लेइ** नə

planet	ˈplæn.ɪt	**प्लæन** इट
planetarium	ˈplæn.ɪ.ˈteə.ri.əm	**प्लæन** इ **टेə** री əम
planetary	ˈplæn.ɪ.tᵊr.i	**प्लæन** इ ट॰र ई
plangent	ˈplæn.dʒᵊnt	**प्लæन** ज॰न्ट
plank	plæŋk	प्लæङ्क
plankton	ˈplæŋk.tən	**प्लæङ्क** टəन
planner	ˈplæn.ə	**प्लæन** ə
planning	ˈplæn.ɪŋ	**प्लæन** इङ
plant	plɑːnt	प्लाːन्ट
plantain	ˈplæn.teɪn	**प्लæन** टेइन
plantation	plæn.ˈteɪ.ʃᵊn	प्लæन **टेइ** श॰न
planter	ˈplɑːn.tə	**प्लाːन** टə
planting	ˈplɑːn.tɪŋ	**प्लाːन** टिङ
plaque	plɑːk	प्लाːक
plasma	ˈplæz.mə	**प्लæज़** मə
plaster	ˈplɑː.stə	**प्ला**ː स्टə
plasterboard	ˈplɑː.stə.bɔːd	**प्ला**ː स्टə बोːड
plastered	ˈplɑː.stəd	**प्ला**ː स्टəड
plastic	ˈplæs.tɪk	**प्लæस** टिक
plastic surgery	ˈplæs.tɪk.ˈsɜː.dʒᵊr.i	**प्लæस** टिक **स**ɜː ज॰र ई
plate	pleɪt	प्लेइट
plateau	ˈplæt.əʊ	**प्लæट** əउ
plated	ˈpleɪt.ɪd	**प्लेइट** इड
plateful	ˈpleɪt.fᵊl	**प्लेइट** फ़॰ल
platelet	ˈpleɪt.lət	**प्लेइट** लəट
platform	ˈplæt.fɔːm	**प्लæट** फ़ोːम
plating	ˈpleɪ.tɪŋ	**प्लेइ** टिङ
platinum	ˈplæt.ɪ.nəm	**प्लæट** इ नəम
platinum blonde	ˈplæt.ɪ.nəm.ˈblɒnd	**प्लæट** इ नəम **ब्लɒन्ड**
platitude	ˈplæt.ɪ.tjuːd	**प्लæट** इ ट्यूːड
platonic	plə.ˈtɒn.ɪk	प्लə **टɒन** इक
platoon	plə.ˈtuːn	प्लə **टूːन**
platter	ˈplæt.ə	**प्लæट** ə
platyplus	ˈplæt.ɪ.pəs	**प्लæट** इ पəस
plausible	ˈplɔː.zə.bᵊl	**प्लो**ː ज़ə ब॰ल
play	ˈpleɪ	**प्लेइ**
playback	ˈpleɪ.bæk	**प्लेइ** बæक
playboy	ˈpleɪ.bɔɪ	**प्लेइ** बोइ
player	ˈpleɪ.ə	**प्लेइ** ə
playfellow	ˈpleɪ.ˈfel.əʊ	**प्लेइ फ़ेल** əउ
playful	ˈpleɪ.fᵊl	**प्लेइ** फ़॰ल
playfully	ˈpleɪ.fᵊl.i	**प्लेइ** फ़॰ल ई
playfulness	ˈpleɪ.fᵊl.nəs	**प्लेइ** फ़॰ल नəस
playground	ˈpleɪ.graʊnd	**प्लेइ** ग्राउन्ड
playgroup	ˈpleɪ.gruːp	**प्लेइ** ग्रूːप
playhouse	ˈpleɪ.haʊs	**प्लेइ** हाउस
playing card	ˈpleɪ.ɪŋ.ˈkɑːd	**प्लेइ** इङ **काːड**
playing field	ˈpleɪ.ɪŋ.ˈfiːld	**प्लेइ** इङ **फ़ीːल्ड**
playmate	ˈpleɪ.meɪt	**प्लेइ** मेइट
playoff	ˈpleɪ.ɒf	**प्लेइ** ɒफ़
playpen	ˈpleɪ.pen	**प्लेइ** पेन
playroom	ˈpleɪ.ruːm	**प्लेइ** रूːम
playschool	ˈpleɪ.skuːl	**प्लेइ** स्कूːल
plaything	ˈpleɪ.θɪŋ	**प्लेइ** थिङ
playwright	ˈpleɪ.raɪt	**प्लेइ** राइट
plaza	ˈplɑː.zə	**प्ला**ː ज़ə
plea	pliː	प्लीː
plea-bargain	ˈpliː.ˈbɑː.gɪn	**प्ली**ː **बा**ː गिन
plead	pliːd	प्लीːड
pleader	ˈpliː.də	**प्ली**ː डə
pleading	ˈpliː.dɪŋ	**प्ली**ː डिङ
pleasant	ˈplez.ᵊnt	**प्लेज़** ॰न्ट
pleasantly	ˈplez.ᵊnt.li	**प्लेज़** ॰न्ट ली
pleasantry	ˈplez.ᵊn.tri	**प्लेज़** ॰न ट्री
please	pliːz	प्लीːज़
pleased	pliːzd	प्लीːज़्ड
pleasing	ˈpliː.zɪŋ	**प्ली**ː ज़िङ
pleasurable	ˈpleʒ.ᵊr.ə.bᵊl	**प्लेज़** ॰र ə ब॰ल

pleasure	ˈpleʒ.ə	प्लेज़ ə
pleat	pliːt	प्लीːट
pleated	ˈpliː.tɪd	प्लीː टिड
plebiscite	ˈpleb.ɪ.sɪt	प्लेब इ सिट
plectrum	ˈplek.trəm	प्लेक ट्रəम
pled	pled	प्लेड
pledge	pledʒ	प्लेज
plenary	ˈpliː.nər.i	प्लीː न॰र ई
plentiful	ˈplen.tɪ.fəl	प्लेन टि फ़॰ल
plentifully	ˈplen.tɪ.fəl.i	प्लेन टि फ़॰ल ई
plenty	ˈplen.ti	प्लेन टी
plethora	ˈpleθ.ər.ə	प्लेथ ॰र ə
pliable	ˈplaɪ.ə.bəl	प्लाइ ə ब॰ल
pliant	ˈplaɪ.ənt	प्लाइ ॰न्ट
pliers	ˈplaɪ.əz	प्लाइ əज़
plight	plaɪt	प्लाइट
plinth	plɪnθ	प्लिन्थ
plod	plɒd	प्लɒड
plodding	ˈplɒd.ɪŋ	प्लɒड इङ
plonk	plɒŋk	प्लɒङ्क
plop	plɒp	प्लɒप
plosive	ˈpləʊ.sɪv	प्लəउ सिव
plot	plɒt	प्लɒट
plough	plaʊ	प्लाउ
ploughman	ˈplaʊ.mən	प्लाउ मəन
ploy	plɔɪ	प्लोइ
pluck	plʌk	प्लʌक
plucky	ˈplʌk.i	प्लʌक ई
plug	plʌg	प्लʌग
plughole	ˈplʌg.həʊl	प्लʌग हəउल
plug-in	ˈplʌg.ɪn	प्लʌग इन
plum	plʌm	प्लʌम
plumage	ˈpluː.mɪdʒ	प्लूː मिज
plumber	ˈplʌm.ə	प्लʌम ə
plumbing	ˈplʌm.ɪŋ	प्लʌम इङ
plume	pluːm	प्लूːम
plummet	ˈplʌm.ɪt	प्लʌम इट
plump	plʌmp	प्लʌम्प
plunder	ˈplʌn.də	प्लʌन डə
plunge	plʌndʒ	प्लʌन्ज
plunger	ˈplʌn.dʒə	प्लʌन जə
plunk	plʌŋk	प्लʌङ्क
plural	ˈplʊə.rəl	प्लुə र॰ल
pluralise	ˈplʊə.rəl.aɪz	प्लुə र॰ल आइज़
pluralism	ˈplʊə.rəl.ɪ.zəm	प्लुə र॰ल इ ज़॰म
plurality	plʊə.ˈræl.ə.ti	प्लुə रæल ə टी
plus	plʌs	प्लʌस
plus-fours	ˈplʌs.ˈfɔːz	प्लʌस फ़ोːज़
plush	plʌʃ	प्लʌश
Pluto	ˈpluː.təʊ	प्लूː टəउ
plutocracy	pluː.ˈtɒk.rə.si	प्लूː टɒक रə सी
plutocrat	ˈpluː.tə.kræt	प्लूː टə क्रæट
plutonium	pluː.ˈtəʊ.ni.əm	प्लूː टəउ नी əम
ply	plaɪ	प्लाइ
plywood	ˈplaɪ.wʊd	प्लाइ वुड
PM	ˈpiː.ˈem	पीː एम
pneumatic	njuː.ˈmæt.ɪk	न्यूː मæट इक
pneumonia	njuː.ˈməʊ.ni.ə	न्यूː मəउ नी ə
PO Box	ˈpiː.ˈəʊ.ˈbɒks	पीː əउ बɒक्स
poach	pəʊtʃ	पəउच
poached egg	ˈpəʊtʃt.ˈeg	पəउच्ट एग
poacher	ˈpəʊtʃ.ə	पəउच ə
pock	pɒk	पɒक
pocket	ˈpɒk.ɪt	पɒक इट
pocketbook	ˈpɒk.ɪt.bʊk	पɒक इट बुक
pocketful	ˈpɒk.ɪt.fəl	पɒक इट फ़॰ल
pocket-handkerchief	ˈpɒk.ɪt.ˈhæŋ.kə.tʃiːf	पɒक इट हæङ कə चीːफ़
pocketknife	ˈpɒk.ɪt.naɪf	पɒक इट नाइफ़
pocketmoney	ˈpɒk.ɪt.ˈmʌn.i	पɒक इट मʌन ई
pocket-size	ˈpɒk.ɪt.saɪz	पɒक इट साइज़

pockmark	ˈpɒk.ˈmɑːk	**पɒक माːक**
pockmarked	ˈpɒk.mɑːkt	**पɒक** माːक्ट
pod	pɒd	पɒड
podcast	ˈpɒd.kaːst	**पɒड** काːस्ट
podiatrist	pə.ˈdaɪ.ə.ˈtrɪst	पə **डाइ** ə **ट्रिस्ट**
podiatry	pə.ˈdaɪ.ə.tri	पə **डाइ** ə ट्री
podium	ˈpəʊ.di.əm	**पəउ** डी əम
poem	ˈpəʊ.em	**पəउ** एम
poet	ˈpəʊ.et	**पəउ** एट
poet laureate	ˈpəʊ.ɪt.ˈlɒr.i.ət	**पəउ** इट **लɒर** ई əट
poetess	ˈpəʊ.ɪ.tes	**पəउ** इ टेस
poetic	pəʊ.ˈet.ɪk	पəउ **एट** इक
poetic justice	pəʊ.ˈet.ɪk.ˈdʒʌs.tɪs	पəउ **एट** इक **जʌस** टिस
poetic licence	pəʊ.ˈet.ɪk.ˈlaɪ.sᵊns	पəउ **एट** इक **लाइ** स॰न्स
poetically	pəʊ.ˈet.ɪ.kᵊl.i	पəउ **एट** इ क॰ल ई
poetry	ˈpəʊ.ə.tri	**पəउ** ə ट्री
pogo stick	ˈpəʊ.gəʊ.stɪk	**पəउ** गəउ स्टिक
pogrom	ˈpɒg.rəm	**पɒग** रəम
poignancy	ˈpɔɪ.nən.si	**पोइ** नəन सी
poignant	ˈpɔɪ.nᵊnt	**पोइ** न॰न्ट
poignantly	ˈpɔɪ.nᵊnt.li	**पोइ** न॰न्ट ली
poinsettia	pɔɪn.ˈset.i.ə	पोइन **सेट** ई ə
point	pɔɪnt	पोइन्ट
point of no return	ˈpɔɪnt.əv.nəʊ.rɪ.ˈtɜːn	**पोइन्ट** əव नəउ रि **टɜːन**
point of order	ˈpɔɪnt.əv.ˈɔː.də	**पोइन्ट** əव **ओः** डə
point of view	ˈpɔɪnt.əv.ˈvjuː	**पोइन्ट** əव **व्यूः**
point-blank	ˈpɔɪnt.ˈblæŋk	**पोइन्ट ब्लæङ्क**
pointed	ˈpɔɪn.tɪd	**पोइन** टिड
pointer	ˈpɔɪn.tə	**पोइन** टə
pointing	ˈpɔɪn.tɪŋ	**पोइन** टिङ
pointless	ˈpɔɪnt.ləs	**पोइन्ट** लəस
point-of-sale	ˈpɔɪnt.əv.ˈseɪl	**पोइन्ट** əव **सेइल**
pointy	ˈpɔɪn.ti	**पोइन** टी
poise	pɔɪz	पोइज़
poised	pɔɪzd	पोइज़्ड

poison	ˈpɔɪ.zᵊn	**पोइ** ज़॰न
poison gas	ˈpɔɪ.zᵊn.gæs	**पोइ** ज़॰न गæस
poison ivy	ˈpɔɪ.zᵊn.ˈaɪ.vi	**पोइ** ज़॰न **आइ** वी
poison pill	ˈpɔɪ.zᵊn.pɪl	**पोइ** ज़॰न पिल
poisoning	ˈpɔɪ.zᵊn.ɪŋ	**पोइ** ज़॰न इङ
poisonous	ˈpɔɪ.zə.nəs	**पोइ** ज़ə नəस
poke	pəʊk	पəउक
poker	ˈpəʊ.kə	**पəउ** कə
pokey	ˈpəʊ.ki	**पəउ** की
polar	ˈpəʊ.lə	**पəउ** लə
polar bear	ˈpəʊ.lə.beə	**पəउ** लə बेə
polarisation	ˈpəʊ.lᵊr.aɪ.ˈzeɪ.ʃᵊn	**पəउ** ल॰र आइ **ज़ेइ** श॰न
polarise	ˈpəʊ.lᵊr.aɪz	**पəउ** ल॰र आइज़
polarity	pə.ˈlær.ə.ti	पə **लær** ə टी
polaroid	ˈpəʊ.lə.rɔɪd	**पəउ** लə रोइड
pole	pəʊl	पəउल
pole vault	ˈpəʊl.vɔːlt	**पəउल** वोːल्ट
polecat	ˈpəʊl.kæt	**पəउल** कæट
polemic	pə.ˈlem.ɪk	पə **लेम** इक
police	pə.ˈliːs	पə **लीːस**
police car	pə.ˈliːs.ˈkɑː	पə **लीːस काː**
police constable	pə.ˈliːs.ˈkɒn.stə.bᵊl	पə **लीːस कɒन** स्टə ब॰ल
police force	pə.ˈliːs.ˈfɔːs	पə **लीːस फ़ोːस**
police officer	pə.ˈliːs.ˈɒf.ɪ.sə	पə **लीːस ɒफ़** इ सə
police state	pə.ˈliːs.ˈsteɪt	पə **लीːस स्टेइट**
police station	pə.ˈliːs.ˈsteɪ.ʃᵊn	पə **लीःस स्टेइ** श॰न
policeman	pə.ˈliːs.mən	पə **लीːस** मəन
policewoman	pə.ˈliːs.ˈwʊm.ən	पə **लीːस वुम** əन
policy	ˈpɒl.ə.si	**पɒल** ə सी
policyholder	ˈpɒl.ə.si.ˈhəʊl.də	**पɒल** ə सी **हəउल** डə
policymaker	ˈpɒl.ə.si.ˈmeɪ.kə	**पɒल** ə सी **मेइ** कə
policymaking	ˈpɒl.ə.si.ˈmeɪ.kɪŋ	**पɒल** ə सी **मेइ** किङ
polio	ˈpəʊ.li.əʊ	**पəउ** ली əउ
poliomyelitis	ˈpəʊ.li.əʊ.ˈmaɪ.ə.ˈ	**पəउ** ली əउ **माइ** ə

	laɪ.tɪs	लाइ टिस
polish	ˈpɒl.ɪʃ	पɒल इश
polished	ˈpɒl.ɪʃt	पɒल इश्ट
politburo	ˈpɒl.ɪt.bjuə.rəʊ	पɒल इट ब्यूə रəउ
polite	pə.ˈlaɪt	पə लाइट
politely	pə.ˈlaɪt.li	पə लाइट ली
politeness	pə.ˈlaɪt.nəs	पə लाइट नəस
political	pə.ˈlɪt.ɪ.kᵊl	पə लिट इ क॰ल
political prisoner	pə.ˈlɪt.ɪ.kᵊl.ˈprɪz.ᵊn.ə	पə लिट इ क॰ल प्रिज़ ॰न ə
political science	pə.ˈlɪt.ɪ.kᵊl.ˈsaɪ.ᵊns	पə लिट इ क॰ल साइ ॰न्स
politically	pə.ˈlɪt.ɪ.kᵊl.i	पə लिट इ क॰ल ई
politically correct	pə.ˈlɪt.ɪ.kᵊl.i.kə.ˈrekt	पə लिट इ क॰ल ई कə रेक्ट
politician	ˌpɒl.ɪ.ˈtɪʃ.ᵊn	पɒल इ टिश ॰न
politicise	ˈpə.lɪt.ɪ.saɪz	पə लिट इ साइज़
politicking	ˈpɒl.ə.tɪk.ɪŋ	पɒल ə टिक इङ
politics	ˈpɒl.ə.tɪks	पɒल ə टिक्स
polity	ˈpɒl.ə.ti	पɒल ə टी
polka	ˈpɒl.kə	पɒल कə
polka dot	ˈpɒl.kə.dɒt	पɒल कə डɒट
poll	pəʊl	पəउल
pollen	ˈpɒl.ən	पɒल əन
pollen count	ˈpɒl.ən.kaʊnt	पɒल əन काउन्ट
pollinate	ˈpɒl.ə.neɪt	पɒल ə नेइट
pollination	ˈpɒl.ə.ˈneɪ.ʃᵊn	पɒल ə नेइ श॰न
polling booth	ˈpəʊ.lɪŋ.ˈbuːð	पəउ लिङ बूːद
polling station	ˈpəʊl.ɪŋ.ˈsteɪ.ʃᵊn	पəउल इङ स्टेइ श॰न
polls	pəʊlz	पəउल्ज़
pollster	ˈpəʊl.stə	पəउल स्टə
pollutant	pə.ˈluː.tᵊnt	पə लूː ट॰न्ट
pollute	pə.ˈluːt	पə लूːट
polluted	pə.ˈluː.tɪd	पə लूː टिड
pollution	pə.ˈluː.ʃᵊn	पə लूː श॰न
polo	ˈpəʊ.ləʊ	पəउ लəउ
polo neck	ˈpəʊ.ləʊ.ˈnek	पəउ लəउ नेक
polo shirt	ˈpəʊ.ləʊ.ˈʃɜːt	पəउ लəउ शɜːट
polonaise	ˈpɒl.ə.ˈneɪz	पɒल ə नेइज़
poly	ˈpɒl.i	पɒल ई
polyandry	ˈpɒl.i.æn.dri	पɒल ई æन ड्री
polyester	ˈpɒl.i.ˈes.tə	पɒल ई एस टə
polygamist	pə.ˈlɪg.ə.mɪst	पə लिग ə मिस्ट
polygamous	pə.ˈlɪg.ə.məs	पə लिग ə मəस
polygamy	pə.ˈlɪg.ə.mi	पə लिग ə मी
polygon	ˈpɒl.ɪ.gɒn	पɒल इ गɒन
polygraph	ˈpɒl.i.graːf	पɒल ई ग्राːफ़
polymer	ˈpɒl.ɪ.mə	पɒल इ मə
polymerise	ˈpɒl.ɪ.mə.raɪz	पɒल इ मə राइज़
polynomial	ˈpɒl.ɪ.ˈnəʊ.mi.əl	पɒल इ नəउ मी əल
polyp	ˈpɒl.ɪp	पɒल इप
polyphony	pə.ˈlɪf.ᵊn.i	पə लिफ़ ॰न ई
polysemous	pə.ˈlɪs.ə.məs	पə लिस ə मəस
polysemy	ˈpɒl.ɪ.siː.mɪ	पɒल इ सीː मि
polysyllabic	ˈpɒl.ɪ.sɪ.ˈlæb.ɪk	पɒल इ सि लæब इक
polytechnic	ˈpɒl.ɪ.ˈtek.nɪk	पɒल इ टेक निक
polytheism	ˈpɒl.ɪ.θiː.ɪ.zᵊm	पɒल इ थीː इ ज़॰म
polythene	ˈpɒl.ɪ.θiːn	पɒल इ थीːन
polyunsturated fat	ˈpɒl.ɪ.ʌn.ˈsætʃ.ə.reɪ.tɪd.ˈfæt	पɒल इ ʌन सæच ə रेइ टिड फ़æट
polyurethane	ˈpɒl.i.ˈjʊə.rə.θeɪn	पɒल ई युə रə थेइन
pom	pɒm	पɒम
pomade	pə.ˈmeɪd	पə मेइड
pomegranate	ˈpɒm.ə.græn.ɪt	पɒम ə ग्रæन इट
pomfret	ˈpɒm.frɪt	पɒम फ्रिट
pommel horse	ˈpʌm.ᵊl.hɔːs	पʌम ॰ल होːस
pomp	pɒmp	पɒम्प
pompom	ˈpɒm.pɒm	पɒम पɒम
pomposity	pɒm.ˈpɒs.ə.ti	पɒम पɒस ə टी
pompous	ˈpɒm.pəs	पɒम पəस

poncho	ˈpɒn.tʃəʊ	**पɒन** चəउ
pond	pɒnd	पɒन्ड
ponder	ˈpɒn.də	**पɒन** डə
ponderous	ˈpɒn.dᵊr.əs	**पɒन** ड॰र əस
pontiff	ˈpɒn.tɪf	**पɒन** टिफ़
pontificate	pɒn.ˈtɪf.ɪ.keɪt	पɒन **टिफ़** इ केइट
pontification	pan.ˈtɪ.fɪ.ˈkeɪ.ʃᵊn	पान **टि** फ़ि **केइ** श॰न
pontoon	pɒn.ˈtuːn	पɒन **टूːन**
pony	ˈpəʊ.ni	**पəउ** नी
pony express	ˈpəʊ.ni.ɪk.ˈspres	**पəउ** नी इक **स्प्रेस**
ponytail	ˈpəʊ.ni.teɪl	**पəउ** नी टेइल
ponytrail	ˈpəʊ.ni.treɪl	**पəउ** नी ट्रेइल
pooch	puːtʃ	पूːच
poodle	ˈpuː.dᵊl	**पूः** ड॰ल
poof	puːf	पूːफ़
pooh	puː	पूː
pooh-pooh	ˈpuː.ˈpuː	**पूः पूः**
pool	puːl	पूːल
pool table	ˈpuːl.ˈteɪ.bᵊl	**पूːल टेइ** ब॰ल
poolroom	ˈpuːl.ruːm	**पूːल** रूːम
poop	puːp	पूːप
pooped	puːpt	पूːप्ट
poor	pɔː	पोː
poori (IO)	ˈpʊə.ri	**पुə** री
poorly	ˈpɔː.li	**पोː** ली
pop	pɒp	पɒप
pop culture	ˈpɒp.ˈkʌl.tʃə	**पɒप कʌल** चə
pop music	ˈpɒp.ˈmjuː.zɪk	**पɒप म्यूː** ज़िक
pop quiz	ˈpɒp.kwɪz	**पɒप** क्विज़
popcorn	ˈpɒp.kɔːn	**पɒप** कोːन
pope	pəʊp	पəउप
pop-eyed	ˈpɒp.aɪd	**पɒप** आइड
pop-gun	ˈpɒp.gʌn	**पɒप** गʌन
poplar	ˈpɒp.lə	**पɒप** लə
popover	ˈpɒp.ˈəʊ.və	**पɒप əउ** वə
popper	ˈpɒp.ə	**पɒप** ə

poppet	ˈpɒp.ɪt	**पɒप** इट
poppy	ˈpɒp.i	**पɒप** ई
popsicle	ˈpɒp.sɪ.kᵊl	**पɒप** सि क॰ल
popstar	ˈpɒp.staː	**पɒप** स्टाː
populace	ˈpɒp.jə.ləs	**पɒप** ग़ə लəस
popular	ˈpɒp.jə.lə	**पɒप** ग़ə लə
popularisation	ˈpɒp.jə.lə.raɪ.ˈzeɪ.ʃᵊn	**पɒप** ग़ə लə राइ **ज़ेइ** श॰न
popularise	ˈpɒp.jə.lə.raɪz	**पɒप** ग़ə लə राइज़
popularity	ˈpɒp.jə.ˈlær.ə.ti	**पɒप** ग़ə **लæर** ə टी
popularly	ˈpɒp.jə.lə.li	**पɒप** ग़ə लə ली
populate	ˈpɒp.jə.leɪt	**पɒप** ग़ə लेइट
population	ˈpɒp.jə.ˈleɪ.ʃᵊn	**पɒप** ग़ə **लेइ** श॰न
populous	ˈpɒp.jə.ləs	**पɒप** ग़ə लəस
pop-up	ˈpɒp.ʌp	**पɒप** ʌप
porcelain	ˈpɔː.sᵊl.ɪn	**पोः** स॰ल इन
porch	pɔːtʃ	पोːच
porcupine	ˈpɔː.kjə.paɪn	**पोः** क्ग़ə पाइन
pore	pɔː	पोː
pork	pɔːk	पोːक
pork barrel	ˈpɔːk.ˈbær.ᵊl	**पोːक बæर** ॰ल
porn	pɔːn	पोːन
pornography	pɔː.ˈnɒg.rə.fi	पोː **नɒग** रə फ़ी
porosity	pɔː.ˈrɒs.ə.ti	पोː **रɒस** ə टी
porous	ˈpɔː.rəs	**पोː** रəस
porpoise	ˈpɔː.pəs	**पोː** पəस
porridge	ˈpɒr.ɪdʒ	**पɒर** इज
port	pɔːt	पोːट
port of call	ˈpɔːt.əv.ˈkɔːl	**पोːट** əव **कोːल**
port of entry	ˈpɔːt.əv.ˈen.tri	**पोːट** əव **एन** ट्री
port of lading	ˈpɔːt əv.ˈleɪ.dɪŋ	**पोːट** əव **लेइ** डिङ
portability	ˈpɔː.tə.ˈbɪl.ə.ti	**पोː** टə **बिल** ə टी
portable	ˈpɔː.tə.bᵊl	**पोː** टə ब॰ल
portal	ˈpɔː.tᵊl	**पोː** ट॰ल
portcullis	ˈpɔːt.ˈkʌl.ɪs	**पोːट कʌल** इस

portend	pɔː.ˈtend	पो: **टेन्ड**
portent	ˈpɔː.tent	**पो**: टेन्ट
porter	ˈpɔː.tə	**पो**: टə
porterhouse	ˈpɔː.tə.haʊs	**पो**: टə हाउस
portfolio	ˈpɔːt.ˈfəʊ.li.əʊ	**पो:ट फ़əउ** ली əउ
porthole	ˈpɔːt.həʊl	**पो:ट** हəउल
portico	ˈpɔː.tɪ.kəʊ	**पो**: टि कəउ
portion	ˈpɔː.ʃᵊn	**पो**: श॰न
portly	ˈpɔːt.li	**पो:ट** ली
portmanteau	pɔːt.ˈmæn.təʊ	पो:ट **मæन** टəउ
portrait	ˈpɔː.treɪt	**पो**: ट्रेइट
portraiture	ˈpɔː.trə.tʃə	**पो**: ट्रə चə
portray	pɔː.ˈtreɪ	पो: **ट्रेइ**
portrayal	pɔː.ˈtreɪ.ᵊl	पो: **ट्रेइ** ॰ल
pose	pəʊz	पəउज़
posh	pɒʃ	पɒश
posit	ˈpɒz.ɪt	**पɒज़** इट
position	pə.ˈzɪʃ.ᵊn	पə **ज़िश** ॰न
positive	ˈpɒz.ə.tɪv	**पɒज़** ə टिव
positive discrimination	ˈpɒz.ə.tɪv.dɪ.ˈskrɪ m.ɪ.ˈneɪ.ʃᵊn	**पɒज़** ə टिव डि **स्क्रिम** इ **नेइ** श॰न
positively	ˈpɒz.ə.tɪv.li	**पɒज़** ə टिव ली
positivism	ˈpɒz.ɪ.tɪv.ɪ.zᵊm	**पɒज़** इ टिव इ ज़॰म
positron	ˈpɒz.ɪ.trɒn	**पɒज़** इ ट्रɒन
posse	ˈpɒs.i	**पɒस** ई
possess	pə.ˈzes	पə **ज़ेस**
possessed	pə.ˈzest	पə **ज़ेस्ट**
possession	pə.ˈzeʃ.ᵊn	पə **ज़ेश** ॰न
possessions	pə.ˈzeʃ.ᵊnz	पə **ज़ेश** ॰न्ज़
possessive	pə.ˈzes.ɪv	पə **ज़ेस** इव
possibility	ˈpɒs.ə.ˈbɪl.ə.ti	**पɒस** ə **बिल** ə टी
possible	ˈpɒs.ə.bᵊl	**पɒस** ə ब॰ल
possibly	ˈpɒs.ə.bli	**पɒस** ə ब्ली
possum	ˈpɒs.əm	**पɒस** əम
post	pəʊst	पəउस्ट

post natal	pəʊs.ˈneɪ.tᵊl	पəउस **नेइ** ट॰ल
post office	pəʊst.ˈɒf.ɪs	पəउस्ट **ɒफ़** इस
postage	ˈpəʊ.stɪdʒ	**पəउ** स्टिज
postage stamp	ˈpəʊ.stɪdʒ.ˈstæm p	**पəउ** स्टिज **स्टæम्प**
postal	ˈpəʊ.stᵊl	**पəउ** स्ट॰ल
postal service	ˈpəʊ.stᵊl.ˈsɜː.vɪs	**पəउ** स्ट॰ल **सɜ**: विस
postbag	ˈpəʊs.bæg	**पəउस** बæग
postcard	ˈpəʊs.kɑːd	**पəउस** का:ड
postcode	ˈpəʊs.kəʊd	**पəउस** कəउड
postdate	ˈpəʊs.ˈdeɪt	**पəउस डेइट**
postdoc	ˈpəʊs.ˈdɒk	**पəउस डɒक**
postdoctoral	ˈpəʊst.ˈdɒk.tᵊr.əl	**पəउस्ट डɒक** ट॰र əल
poster	ˈpəʊ.stə	**पəउ** स्टə
posterior	pɒs.ˈtɪə.ri.ə	पɒस **टिə** री ə
posterity	pɒs.ˈter.ə.ti	पɒस **टेर** ə टी
postfree	ˈpəʊst.ˈfriː	**पəउस्ट फ़्री**:
postgraduate	ˈpəʊst.ˈgrædʒ.ʊ.ə t	**पəउस्ट ग्रæज** उ əट
posthaste	ˈpəʊst.ˈheɪst	**पəउस्ट हेइस्ट**
posthumous	ˈpɒs.tjə.məs	**पɒस** ट्ग़ə मəस
posthumously	ˈpɒs.tjə.məs.li	**पɒस** ट्ग़ə मəस ली
post-impressionism	ˈpəʊst.ˈɪm.preʃ.ᵊn .ɪ.zəm	**पəउस्ट इम** प्रेश ॰न इ ज़əम
posting	ˈpəʊs.tɪŋ	**पəउस** टिङ
post-it	ˈpəʊst.ɪt	**पəउस्ट** इट
postman	ˈpəʊst.mən	**पəउस्ट** मəन
postmark	ˈpəʊst.mɑːk	**पəउस्ट** मा:क
postmaster	ˈpəʊst.ˈmɑː.stə	**पəउस्ट मा**: स्टə
post-meridian	ˈpəʊs.mə.ˈrɪd.i.ən	**पəउस** मə **रिड** ई əन
postmistress	ˈpəʊs.mɪ.strəs	**पəउस** मि स्ट्रəस
postmodern	ˈpəʊs.ˈmɒd.ᵊn	**पəउस मɒड** ॰न
post-mortem	ˈpəʊst.ˈmɔː.təm	**पəउस्ट मो**: टəम
postnuptial	ˈpəʊs.ˈnʌp.tʃᵊl	**पəउस नʌप** च॰ल
postoperative	ˈpəʊst.ˈɒp.ᵊr.ə.tɪv	**पəउस्ट ɒप** ॰र ə टिव

post-paid	ˈpəʊs.ˈpeɪd	**पəउस पेइड**
postpone	ˈpəʊs.ˈpəʊn	**पəउस पəउन**
postponement	ˈpəʊs.ˈpəʊn.mᵊnt	**पəउस पəउन** मᵊन्ट
postscript	ˈpəʊs.skrɪpt	**पəउस** स्क्रिप्ट
post-traumatic stress disorder	ˈpəʊs.trɔː.ˈmæt.ɪk.ˈstres.dɪs.ˈɔː.də	**पəउस** ट्रोː **मæट** इक **स्ट्रेस** डिस **ओː** डə
postulate (n)	ˈpɒs.tjə.lət	**पɒस** ट्यə लəट
postulate (v)	ˈpɒs.tjə.leɪt	**पɒस** ट्यə लेइट
posture	ˈpɒs.tʃə	**पɒस** चə
post-war	ˈpəʊst.wɔː	**पəउस्ट** वोː
posy	ˈpəʊ.zi	**पəउ** ज़ी
pot	pɒt	पɒट
pot plant	ˈpɒt.ˈplɑːnt	**पɒट प्लाːन्ट**
potassium	pə.ˈtæs.i.əm	पə **टæस** ई əम
potato	pə.ˈteɪ.təʊ	पə **टेइ** टəउ
potato chip	pə.ˈteɪ.təʊ.ˈtʃɪp	पə **टेइ** टəउ **चिप**
potato crisp	pə.ˈteɪ.təʊ.ˈkrɪsp	पə **टेइ** टəउ **क्रिस्प**
potbellied	ˈpɒt.ˈbel.id	**पɒट बेल** ईड
potbelly	ˈpɒt.ˈbel.i	**पɒट बेल** ई
potency	ˈpəʊ.tᵊn.si	**पəउ** टᵊन सी
potent	ˈpəʊ.tᵊnt	**पəउ** टᵊन्ट
potential	pə.ˈten.ʃᵊl	पə **टेन** शᵊल
potentially	pə.ˈten.ʃᵊl.i	पə **टेन** शᵊल ई
pot-herb	ˈpɒt.hɜːb	**पɒट** हɜːब
pothole	ˈpɒt.həʊl	**पɒट** हəउल
potion	ˈpəʊ.ʃᵊn	**पəउ** शᵊन
potluck	ˈpɒt.ˈlʌk	**पɒट लʌक**
potpourri	ˈpəʊ.pə.ˈriː	**पəउ** पə **रीː**
pot-roast	ˈpɒt.rəʊst	**पɒट** रəउस्ट
potted	ˈpɒt.ɪd	**पɒट** इड
potter	ˈpɒt.ə	**पɒट** ə
pottery	ˈpɒt.ᵊr.i	**पɒट** ᵊर ई
potty	ˈpɒt.i	**पɒट** ई
pouch	paʊtʃ	पाउच
pouf	puːf	पूːफ़

pouffe	puːf	पूːफ़
poultice	ˈpəʊl.tɪs	**पəउल** टिस
poultry	ˈpəʊl.tri	**पəउल** ट्री
pounce	paʊns	पाउन्स
pound	paʊnd	पाउन्ड
pour	pɔː	पोː
pout	paʊt	पाउट
poverty	ˈpɒv.ə.ti	**पɒव** ə टी
poverty line	ˈpɒv.ə.ti.laɪn	**पɒव** ə टी लाइन
poverty-stricken	ˈpɒv.ə.tɪ.ˈstrɪk.ᵊn	**पɒव** ə टि **स्ट्रिक** ᵊन
POW	ˈpiː.ˈəʊ.ˈdʌb.ᵊl.juː	**पीː əउ डʌब** ᵊल यूː
pow	paʊ	पाउ
powder	ˈpaʊ.də	**पाउ** डə
powder puff	ˈpaʊ.də.ˈpʌf	**पाउ** डə **पʌफ़**
powder room	ˈpaʊ.də.ˈruːm	**पाउ** डə **रूːम**
powdered	ˈpaʊ.dəd	**पाउ** डəड
powdery	ˈpaʊ.dᵊr.i	**पाउ** डᵊर ई
power	ˈpaʊ.ə	**पाउ** ə
power base	ˈpaʊ.ə.beɪs	**पाउ** ə बेइस
power broker	ˈpaʊ.ə.ˈbrəʊ.kə	**पाउ** ə **ब्रəउ** कə
power cut	ˈpaʊ.ə.kʌt	**पाउ** ə कʌट
power nap	ˈpaʊ.ə.næp	**पाउ** ə नæप
power of attorney	ˈpaʊ.ər.əv.ə.ˈtɜː.ni	**पाउ** əर əव ə **टɜː** नी
power outage	ˈpaʊ.ə.ˈaʊ.tɪdʒ	**पाउ** ə **आउ** टिज
power plant	ˈpaʊ.ə.plɑːnt	**पाउ** ə प्लाːन्ट
power shortage	ˈpaʊ.ə.ˈʃɔː.tɪdʒ	**पाउ** ə **शोː** टिज
power steering	ˈpaʊ.ə.ˈstɪə.rɪŋ	**पाउ** ə **स्टिə** रिङ
powerboat	ˈpaʊ.ə.bəʊt	**पाउ** ə बəउट
powerful	ˈpaʊ.ə.fᵊl	**पाउ** ə फ़ᵊल
powerfully	ˈpaʊ.ə.fᵊl.i	**पाउ** ə फ़ᵊल ई
powerhouse	ˈpaʊ.ə.haʊs	**पाउ** ə हाउस
powerless	ˈpaʊ.ə.ləs	**पाउ** ə लəस
powerlessness	ˈpaʊ.ə.ləs.nəs	**पाउ** ə लəस नəस
power-sharing	ˈpaʊ.ə.ʃeə.rɪŋ	**पाउ** ə शेə रिङ
powwow	ˈpaʊ.waʊ	**पाउ** वाउ
pox	pɒks	पɒक्स

pp. (abb)	ˈpeɪ.dʒɪz	**पेइ** जिज़
PR	ˈpiː.ˈɑː	**पी**: **आ**:
practicable	ˈpræk.tɪ.kə.bəl	**प्रæक** टि कə ब्ल
practical	ˈpræk.tɪ.kəl	**प्रæक** टि क्ल
practical joke	ˈpræk.tɪ.kəl.ˈdʒəʊk	**प्रæक** टि क्ल **जəउक**
practicality	ˈpræk.tɪ.ˈkæl.ə.ti	**प्रæक** टि **कæल** ə टी
practically	ˈpræk.tɪ.kəl.i	**प्रæक** टि क्ल ई
practice	ˈpræk.tɪs	**प्रæक** टिस
practician	præk.ˈtɪʃ.ən	प्रæक **टिश** ्न
practising	ˈpræk.tɪs.ɪŋ	**प्रæक** टिस इङ
practitioner	præk.ˈtɪʃ.ən.ə	प्रæक **टिश** ्न ə
pragmatic	præg.ˈmæt.ɪk	प्रæग **मæट** इक
pragmatism	ˈpræg.mə.tɪ.zəm	**प्रæग** मə टि ज़्म
pragmatist	ˈpræg.mə.tɪst	**प्रæग** मə टिस्ट
prairie	ˈpreə.ri	**प्रेə** री
praise	preɪz	प्रेइज़
praiseworthy	ˈpreɪz.ˈwɜː.ði	**प्रेइज़** **व़ɜ**: दी
pram	præm	प्रæम
prance	prɑːns	प्राःन्स
prank	præŋk	प्रæङ्क
prankster	ˈpræŋk.stə	**प्रæङ्क** स्टə
prawn	prɔːn	प्रोःन
praxis	ˈpræk.sɪs	**प्रæक** सिस
pray	preɪ	प्रेइ
prayer	preə	प्रेə
prayer mat	ˈpreə.ˈmæt	**प्रेə** **मæट**
prayer meeting	ˈpreə.ˈmiː.tɪŋ	**प्रेə** **मी**: टिङ
prayer rug	ˈpreə.ˈrʌg	**प्रेə** **रʌग**
preach	priːtʃ	प्रीःच
preacher	ˈpriː.tʃə	**प्री**: चə
preamble	priː.ˈæm.bəl	प्री: **æम** ब्ल
preamplifier	priː.ˈæm.plɪ.flaɪ.ə	प्री: **æम** प्लि फ़्लाइ ə
prearrange	ˈpriː.ə.ˈreɪndʒ	**प्री**: ə **रेइन्ज**
prebuilt	ˈpriː.bɪlt	**प्री**: बिल्ट
precancerous	priː.ˈkæn.sər.əs	प्री: **कæन** स्र əस
precarious	prɪ.ˈkeə.ri.əs	प्रि **केə** री əस
precariously	prɪ.ˈkeə.ri.əs.li	प्रि **केə** री əस ली
precast	ˈpriː.ˈkɑːst	**प्री**: **काःस्ट**
precaution	prɪ.ˈkɔː.ʃən	प्रि **को**: श्न
precautionary	prɪ.ˈkɔː.ʃən.ər.i	प्रि **को**: श्न ्र ई
precede	prɪ.ˈsiːd	प्रि **सीःड**
precedence	ˈpre.sɪ.dəns	**प्रे** सि ड्न्स
precedent (adj)	ˈpri.sɪ.dənt	**प्री** सि ड्न्ट
precedent (n)	ˈpres.ɪ.dənt	**प्रेस** इ ड्न्ट
preceding	prɪ.ˈsiː.dɪŋ	प्रि **सी**: डिङ
precept	ˈpriː.sept	**प्री**: सेप्ट
precinct	ˈpriː.sɪŋkt	**प्री**: सिङ्क्ट
precious	ˈpre.ʃəs	**प्रे** शəस
precious metal	ˈpre.ʃəs.ˈmet.əl	**प्रे** शəस **मेट** ्ल
precious stone	ˈpre.ʃəs.ˈstəʊn	**प्रे** शəस **स्टəउन**
precipice	ˈpres.ɪ.pɪs	**प्रेस** इ पिस
precipitate (n)	prɪ.ˈsɪp.ɪ.tət	प्रि **सिप** इ टəट
precipitate (v)	prɪ.ˈsɪp.ɪ.teɪt	प्रि **सिप** इ टेइट
precipitation	prɪ.ˈsɪp.ɪ.ˈteɪ.ʃən	प्रि **सिप** इ **टेइ** श्न
precipitous	prɪ.ˈsɪp.ɪ.təs	प्रि **सिप** इ टəस
précis	ˈpreɪ.siː	**प्रेइ** सी:
precise	prɪ.ˈsaɪs	प्रि **साइस**
precisely	prɪ.ˈsaɪs.li	प्रि **साइस** ली
precision	prɪ.ˈsɪʒ.ən	प्रि **सिज़** ्न
preclude	prɪ.ˈkluːd	प्रि **क्लूःड**
precocious	prɪ.ˈkəʊ.ʃəs	प्रि **कəउ** शəस
preconceived	ˈpriː.kən.ˈsiːvd	**प्री**: कəन **सीःव्ड**
preconception	ˈpriː.kən.ˈsep.ʃən	**प्री**: कəन **सेप** श्न
precondition	ˈpriː.kən.ˈdɪʃ.ən	**प्री**: कəन **डिश** ्न
precooked meal	ˈpriː.ˈkʊkt.miːl	**प्री**: **कुक्ट** मीःल
precursor	ˈpriː.ˈkɜː.sə	**प्री**: **कɜ**: सə
predate	ˈpriː.ˈdeɪt	**प्री**: **डेइट**

predator	ˈpred.ə.tə	प्रेड ə टə
predatory	ˈpred.ə.tᵊr.i	प्रेड ə ट॰र ई
predecease	ˈpriː.dɪ.ˈsiːs	प्री: डि सी:स
predecessor	ˈpriː.dɪ.ˈses.ə	प्री: डि सेस ə
predestination	ˈpriː.des.tɪ.ˈneɪ.ʃᵊn	प्री: डेस टि नेइ श॰न
predestined	ˈpriː.ˈdes.tɪnd	प्री: डेस टिन्ड
predetermined	ˈpriː.dɪ.ˈtɜː.mɪnd	प्री: डि टɜ: मिन्ड
predicament	prɪ.ˈdɪk.ə.mᵊnt	प्रि डिक ə म॰न्ट
predicate (n)	ˈpred.ɪ.kət	प्रेड इ कəट
predicate (v)	ˈpred.ɪ.keit	प्रेड इ केईट
predict	prɪ.ˈdɪkt	प्रि डिक्ट
predictable	prɪ.ˈdɪk.tə.bᵊl	प्रि डिक टə ब॰ल
predictably	prɪ.ˈdɪk.tə.bli	प्रि डिक टə ब्ली
prediction	prɪ.ˈdɪk.ʃᵊn	प्रि डिक श॰न
predilection	ˈpriː.dɪ.ˈlek.ʃᵊn	प्री: डि लेक श॰न
predisposed	ˈpriː.dɪ.ˈspəʊzd	प्री: डि स्पəउज़्ड
predisposition	ˈpriː.dɪs.ˈpə.ˈzɪʃ.ᵊn	प्री: डिस पə ज़िश ॰न
predominance	prɪ.ˈdɒm.ɪ.nᵊns	प्रि डɒम इ न॰न्स
predominant	prɪ.ˈdɒm.ɪ.nᵊnt	प्रि डɒम इ न॰न्ट
predominantly	prɪ.ˈdɒm.ɪ.nᵊnt.li	प्रि डɒम इ न॰न्ट ली
predominate	prɪ.ˈdɒm.ɪ.neɪt	प्रि डɒम इ नेइट
pre-eminence	priː.ˈem.ɪ.nᵊns	प्री: एम इ न॰न्स
pre-eminent	ˈpriː.ˈem.ɪ.nᵊnt	प्री: एम इ न॰न्ट
pre-empt	ˈpriː.ˈempt	प्री: एम्प्ट
pre-emptive	priː.ˈemp.tɪv	प्री: एम्प टिव
preen	priːn	प्री:न
pre-exist	ˈpriː.ɪg.ˈzɪst	प्री: इग ज़िस्ट
pre-existing	ˈpriː.ɪg.ˈzɪs.tɪŋ	प्री: इग ज़िस टिङ
prefab	ˈpriː.fæb	प्री: फ़æब
prefabricate	ˈpriː.ˈfæb.rɪ.keɪt	प्री: फ़æब रि केइट
prefabricated	ˈpriː.ˈfæb.rɪ.keɪ.tɪd	प्री: फ़æब रि केइ टिड
prefabrication	ˈpriː.fæb.rɪ.ˈkeɪ.ʃᵊn	प्री: फ़æब रि केइ श॰न
preface	ˈpref.ɪs	प्रेफ़ इस
prefect	ˈpriː.fekt	प्री: फ़ेक्ट
prefer	prɪ.ˈfɜː	प्रि फ़ɜ:
preferable	ˈpref.ᵊr.ə.bᵊl	प्रेफ़ ॰र ə ब॰ल
preferably	ˈpref.ᵊr.ə.bli	प्रेफ़ ॰र ə ब्ली
preference	ˈpref.ᵊr.ᵊns	प्रेफ़ ॰र ॰न्स
preferential	ˈpref.ᵊr.ˈen.ʃᵊl	प्रेफ़ ॰र एन श॰ल
prefix (n)	ˈpriː.fɪks	प्री: फ़िक्स
prefix (v)	ˈpriː.ˈfɪks	प्री: फ़िक्स
pregnancy	ˈpreg.nən.si	प्रेग नəन सी
pregnant	ˈpreg.nᵊnt	प्रेग न॰न्ट
pre-heated meal	ˈpriː.ˈhiː.tɪd miːl	प्री: ही: टिड मी:ल
prehistoric	ˈpriː.hɪ.ˈstɒr.ɪk	प्री: हि स्टɒर इक
prehistory	ˈpriː.ˈhɪs.tᵊr.i	प्री: हिस ट॰र ई
prejudge	ˈpriː.ˈdʒʌdʒ	प्री: जʌज
prejudice	ˈpredʒ.ə.dɪs	प्रेज ə डिस
prejudiced	ˈpredʒ.ə.dɪst	प्रेज ə डिस्ट
prejudicial	ˈpredʒ.ə.ˈdɪʃ.ᵊl	प्रेज ə डिश ॰ल
pre-liberation	ˈpriː.ˈlɪb.ᵊr.ˈeɪ.ʃᵊn	प्री: लिब ॰र एइ श॰न
preliminary	prɪ.ˈlɪm.ɪ.nᵊr.i	प्रि लिम इ न॰र ई
pre-loved	ˈpriː.ˈlʌvd	प्री: लʌव्ड
prelude	ˈprel.juːd	प्रेल यू:ड
premarital	ˈpriː.ˈmær.ɪ.tᵊl	प्री: मæर इ ट॰ल
premature	ˈprem.ə.tjʊə	प्रेम ə ट्युə
prematurely	ˈprem.ə.ˈtjʊə.li	प्रेम ə ट्युə ली
premed	ˈpriː.ˈmed	प्री: मेड
premedical	ˈpriː.ˈmed.ɪ.kᵊl	प्री: मेड इ क॰ल
premeditated	ˈpriː.ˈmed.ɪ.teɪ.tɪd	प्री: मेड इ टेइ टिड
premeditation	ˈpriː.med.ɪ.ˈteɪ.ʃᵊn	प्री: मेड इ टेइ श॰न
premenstrual	ˈpriː.ˈmen.stru.əl	प्री: मेन स्ट्रू əल
premier	ˈprem.ɪ.əʳ	प्रेम इ əर
première	ˈprem.i.eə	प्रेम ई एə
premise (n)	ˈprem.ɪs	प्रेम इस
premise (v)	ˈprɪ.maɪz	प्रि माइज़
premises	ˈprem.ɪ.sɪz	प्रेम इ सिज़
premium	ˈpriː.mi.əm	प्री: मी əम
premolar	ˈpriː.məʊ.ləʳ	प्री: मəउ लəर
premonition	ˈprem.ə.ˈnɪʃ.ᵊn	प्रेम ə निश ॰न

prenatal	ˈpriː.ˈneɪ.tᵊl	प्री: नेइ टᵊल
prenuptial	pri.ˈnʌp.ʃᵊl	प्री नʌप शᵊल
preoccupation	priː.ˈɒk.jə.ˈpeɪ.ʃᵊn	प्री: ɒक ग़ə पेइ शᵊन
preoccupied	priː.ˈɒk.jə.paɪd	प्री: ɒक ग़ə पाइड
preoccupy	priː.ˈɒk.jə.paɪ	प्री: ɒक ग़ə पाइ
preordain	ˈpriː.ɔː.ˈdeɪn	प्री: ओ: डेइन
pre-owned	ˈpriː.ˈəʊnd	प्री: əउन्ड
prep	prep	प्रेप
prep school	ˈprep.ˈskuːl	प्रेप स्कू:ल
prep time	ˈprep.ˈtaɪm	प्रेप टाइम
prepackage	pri.ˈpæk.ɪdʒ	प्री पæक इज
prepacked	ˈpriː.ˈpækt	प्री: पæक्ट
prepaid	ˈpriː.ˈpeɪd	प्री: पेइड
preparation	ˈprep.ᵊr.ˈeɪ.ʃᵊn	प्रेप ᵊर एइ शᵊन
preparatory	prɪ.ˈpær.ə.tᵊr.i	प्रि पæर ə टᵊर ई
prepare	prɪ.ˈpeə	प्रि पेə
prepared	prɪ.ˈpeəd	प्रि पेəड
preparedness	prɪ.ˈpeəd.nəs	प्रि पेəड नəस
prepay	ˈpriː.ˈpeɪ	प्री: पेइ
prepayment	ˈpriː.ˈpeɪ.mᵊnt	प्री: पेइ मᵊन्ट
preponderance	prɪ.ˈpɒn.dᵊr.ᵊns	प्रि पɒन डᵊर ᵊन्स
preposition	ˈprep.ə.ˈzɪʃ.ᵊn	प्रेप ə ज़िश ᵊन
preposterous	prɪ.ˈpɒs.tᵊr.əs	प्रि पɒस टᵊर əस
prepubescent	ˈpriː.pu.ˈbes.ᵊnt	प्री: पू बेस ᵊन्ट
prerecord	ˈpriː.rɪ.ˈkɔːd	प्री: रि को:ड
prerequisite	ˈpriː.ˈrek.wɪ.zɪt	प्री: रेक वि ज़िट
prerogative	prɪ.ˈrɒg.ə.tɪv	प्रि रɒग ə टिव
presage (n)	ˈpres.ɪdʒ	प्रेस इज
presage (v)	pres.ˈɪdʒ	प्रेस इज
presbyterian	ˈprez.bɪ.ˈtɪə.ri.ən	प्रेज़ बि टिə री əन
preschool	ˈpriː.skuːl	प्री: स्कू:ल
preschooler	ˈpriː.ˈskuː.lə	प्री: स्कू: लə
prescribe	prɪ.ˈskraɪb	प्रि स्क्राइब
prescription	prɪ.ˈskrɪp.ʃᵊn	प्रि स्क्रिप शᵊन
prescriptive	prɪ.ˈskrɪp.tɪv	प्रि स्क्रिप टिव
preseason	ˈpriː.siː.zᵊn	प्री: सी: ज़ᵊन
presence	ˈprez.ᵊns	प्रेज़ ᵊन्स
present (n,adj)	ˈprez.ᵊnt	प्रेज़ ᵊन्ट
present (v)	prɪ.ˈzent	प्रि ज़ेन्ट
present participle	ˈprez.ᵊnt.ˈpɑː.tɪs.ɪ.pᵊl	प्रेज़ ᵊन्ट पा: टिस इ पᵊल
present perfect	ˈprez.ᵊnt.pɜː.ˈfekt	प्रेज़ ᵊन्ट पɜ: फ़ेक्ट
present tense	ˈprez.ᵊnt.tens	प्रेज़ ᵊन्ट टेन्स
presentable	prɪ.ˈzen.tə.bᵊl	प्रि ज़ेन टə बᵊल
presentation	ˈprez.ᵊn.ˈteɪ.ʃᵊn	प्रेज़ ᵊन टेइ शᵊन
present-day	ˈprez.ᵊnt.ˈdeɪ	प्रेज़ ᵊन्ट डेइ
presently	ˈprez.ᵊnt.li	प्रेज़ ᵊन्ट ली
preservation	ˈprez.ə.ˈveɪ.ʃᵊn	प्रेज़ ə वेइ शᵊन
preservative	prɪ.ˈzɜː.və.tɪv	प्रि ज़ɜ: वə टिव
preserve	prɪ.ˈzɜːv	प्रि ज़ɜ:व
preset	ˈpriː.ˈset	प्री: सेट
preshrink	ˈpriː.ˈʃrɪŋk	प्री: श्रिङ्क
preshrunk jeans	ˈpriː.ˈʃrʌŋk.dʒiːnz	प्री: श्रʌङ्क जी:न्ज़
preside	prɪ.ˈzaɪd	प्रि ज़ाइड
presidency	ˈprez.ɪ.dᵊn.si	प्रेज़ इ डᵊन सी
president	ˈprez.ɪ.dᵊnt	प्रेज़ इ डᵊन्ट
presidential	ˈprez.ɪ.ˈden.ʃᵊl	प्रेज़ इ डेन शᵊल
presidium	prɪ.ˈsɪd.i.əm	प्रि सिड ई əम
presort	ˈpriː.ˈsɔːt	प्री: सो:ट
press	pres	प्रेस
press agent	ˈpres.ˈeɪ.dʒᵊnt	प्रेस एइ जᵊन्ट
press baron	ˈpres.ˈbær.ən	प्रेस बæर əन
press conference	ˈpres.ˈkɒn.fᵊr.ᵊns	प्रेस कɒन फ़ᵊर ᵊन्स
press cutting	ˈpres.ˈkʌt.ɪŋ	प्रेस कʌट इङ
press office	ˈpres.ˈɒf.ɪs	प्रेस ɒफ़ इस
press release	ˈpres.rɪ.ˈliːs	प्रेस रि ली:स
pressed	prest	प्रेस्ट
press-gang	ˈpres.gæŋ	प्रेस गæङ
pressing	ˈpres.ɪŋ	प्रेस इङ
pressman	ˈpres.mən	प्रेस मəन
pressrun	ˈpres.rʌn	प्रेस रʌन

press-stud	ˈpres.stʌd	**प्रेस** स्टʌड
press-up	ˈpres.ʌp	**प्रेस** ʌप
pressure	ˈpreʃ.ə	**प्रेश** ə
pressure cooker	ˈpreʃ.ə.ˈkʊk.ə	**प्रेश** ə **कुक** ə
pressure group	ˈpreʃ.ə.ˈgruːp	**प्रेश** ə **ग्रूːप**
pressurise	ˈpreʃ.ᵊr.aɪz	**प्रेश** ᵊर आइज़
prestige	pres.ˈtiːʒ	प्रेस **टीːज़**
prestigious	pres.ˈtɪdʒ.əs	प्रेस **टिज** əस
prestressed	ˈpriː.ˈstrest	**प्रीː** **स्ट्रेस्ट**
presumably	prɪ.ˈzuː.mə.bli	प्रि **ज़ूː** मə ब्ली
presume	prɪ.ˈzuːm	प्रि **ज़ूːम**
presumption	prɪ.ˈzʌmp.ʃᵊn	प्रि **ज़ʌम्प** शᵊन
presumptive	prɪ.ˈzʌmp.tɪv	प्रि **ज़ʌम्प** टिव
presumptuous	prɪ.ˈzʌmp.tʃu.əs	प्रि **ज़ʌम्प** चू əस
presuppose	ˈpriː.sə.ˈpəʊz	**प्रीː** सə **पəउज़**
presupposition	ˈpriː.sʌp.ə.ˈzɪʃ.ᵊn	**प्रीː** सʌप ə **ज़िश** ᵊन
pre-tax	ˈpriː.ˈtæks	**प्रीː** **टæक्स**
pre-teen	ˈpriː.ˈtiːn	**प्रीː** **टीːन**
pretence	prɪ.ˈtens	प्रि **टेन्स**
pretend	prɪ.ˈtend	प्रि **टेन्ड**
pretense	pri.ˈtens	प्री **टेन्स**
pretension	prɪ.ˈten.ʃᵊn	प्रि **टेन** शᵊन
pretentious	prɪ.ˈten.ʃəs	प्रि **टेन** शəस
pretext	ˈpriː.tekst	**प्रीː** टेक्स्ट
prettiest	ˈprɪt.i.est	**प्रिट** ई एस्ट
prettily	ˈprɪt.i.li	**प्रिट** ई ली
pretty	ˈprɪt.i	**प्रिट** ई
pretzel	ˈpret.sᵊl	**प्रेट** सᵊल
prevail	prɪ.ˈveɪl	प्रि **वेइल**
prevailing	prɪ.ˈveɪl.ɪŋ	प्रि **वेइल** इङ
prevalence	ˈprev.ᵊl.ᵊns	**प्रेव** ᵊल ᵊन्स
prevalent	ˈprev.ᵊl.ᵊnt	**प्रेव** ᵊल लᵊन्ट
prevent	prɪ.ˈvent	प्रि **वेन्ट**
preventable	prɪ.ˈven.tə.bᵊl	प्रि **वेन** टə बᵊल
preventative	prɪ.ˈven.tə.tɪv	प्रि **वेन** टə टिव
prevention	prɪ.ˈven.ʃᵊn	प्रि **वेन** शᵊन

preventive	prɪ.ˈven.tɪv	प्रि **वेन** टिव
preview	ˈpriː.vuː	**प्रीː** वूː
previous	ˈpriː.vi.əs	**प्रीː** वी əस
previously	ˈpriː.vi.əs.li	**प्रीː** वी əस ली
pre-war	ˈpriː.ˈwɔː	**प्रीː** **व़ोː**
prey	preɪ	प्रेइ
prezzie	ˈprez.i	**प्रेज़** ई
price	praɪs	प्राइस
price-cutting	ˈpraɪs.ˈkʌt.ɪŋ	**प्राइस** **कʌट** इङ
priceless	ˈpraɪs.ləs	**प्राइस** लəस
pricey	ˈpraɪ.si	**प्राइ** सी
prick	prɪk	प्रिक
prickle	ˈprɪk.ᵊl	**प्रिक** ᵊल
prickly	ˈprɪk.li	**प्रिक** ली
pride	praɪd	प्राइड
priest	priːst	प्रीːस्ट
priestess	ˈpriː.stes	**प्रीː** स्टेस
priesthood	ˈpriːst.hʊd	**प्रीːस्ट** हुड
prim	prɪm	प्रिम
prima donna	ˈpriː.mə.ˈdɒn.ə	**प्रीː** मə **डɒन** ə
prima facie	ˈpriː.mə.ˈfeɪ.ʃi	**प्रीː** मə **फ़ेइ** शी
primacy	ˈpraɪ.mə.si	**प्राइ** मə सी
primaeval	praɪ.ˈmiː.vᵊl	प्राइ **मीː** वᵊल
primal	ˈpraɪ.mᵊl	**प्राइ** मᵊल
primarily	ˈpraɪ.mer.ᵊl.i	**प्राइ** मेर ᵊल ई
primary	ˈpraɪ.mᵊr.i	**प्राइ** मᵊर ई
primary care	ˈpraɪ.mᵊr.i.ˈkeə	**प्राइ** मᵊर ई **केə**
primary school	ˈpraɪ.mᵊr.i.ˈskuːl	**प्राइ** मᵊर ई **स्कूːल**
primate	ˈpraɪ.meɪt	**प्राइ** मेइट
prime	praɪm	प्राइम
prime minister	ˈpraɪm.ˈmɪn.ɪ.stə	**प्राइम** **मिन** इ स्टə
prime mover	ˈpraɪm.ˈmuː.və	**प्राइम** **मूː** वə
prime number	ˈpraɪm.ˈnʌm.bə	**प्राइम** **नʌम** बə
prime rate	ˈpraɪm.ˈreɪt	**प्राइम** **रेइट**
prime time	ˈpraɪm.ˈtaɪm	**प्राइम** **टाइम**
primer	ˈpraɪm.ə	**प्राइम** ə
primeval	praɪ.ˈmiː.v.ᵊl	प्राइ **मीː** व ᵊल

primitive	ˈprɪm.ɪ.tɪv	**प्रिम** इ टिव
primly	ˈprɪm.li	**प्रिम** ली
primordial	praɪ.ˈmɔː.di.əl	प्राइ **मो**: डी əल
primp	prɪmp	प्रिम्प
primrose	ˈprɪm.rəʊz	**प्रिम** रəउज़
prince	prɪns	प्रिन्स
prince charming	ˈprɪns.ˈtʃɑː.mɪŋ	**प्रिन्स चा**: मिङ
prince consort	ˈprɪns.ˈkɒn.sɔːt	**प्रिन्स कɒन** सो:ट
princely	ˈprɪns.li	**प्रिन्स** ली
princess	prɪn.ˈses	प्रिन **सेस**
principal	ˈprɪn.sə.pᵊl	**प्रिन** सə प॰ल
principality	ˈprɪn.sɪ.ˈpæl.ə.ti	**प्रिन** सि **पæल** ə टी
principally	ˈprɪn.sə.pᵊl.i	**प्रिन** सə प॰ल ई
principalship	ˈprɪn.sə.pᵊl.ʃɪp	**प्रिन** सə प॰ल शिप
principle	ˈprɪn.sə.pᵊl	**प्रिन** सə प॰ल
principled	ˈprɪn.sə.pᵊld	**प्रिन** सə प॰ल्ड
print	prɪnt	प्रिन्ट
printable	ˈprɪn.tə.bᵊl	**प्रिन** टə ब॰ल
printer	ˈprɪn.tə	**प्रिन** टə
printing	ˈprɪn.tɪŋ	**प्रिन** टिङ
printing press	ˈprɪn.tɪŋ.ˈpres	**प्रिन** टिङ **प्रेस**
printout	ˈprɪnt.aʊt	**प्रिन्ट** आउट
prior	ˈpraɪ.ə	**प्राइ** ə
prioritise	praɪ.ˈɒr.ɪ.taɪz	प्राइ **ɒर** इ टाइज़
priority	praɪ.ˈɒr.ə.ti	प्राइ **ɒर** ə टी
prism	ˈprɪz.ᵊm	**प्रिज़** ॰म
prison	ˈprɪz.ᵊn	**प्रिज़** ॰न
prisoner	ˈprɪz.ᵊn.ə	**प्रिज़** ॰न ə
prisoner of conscience	ˈprɪz.ᵊn.ər.əv.ˈkɒn.ʃᵊns	**प्रिज़** ॰न əर əव **कɒन** श॰न्स
prisoner of war	ˈprɪz.ᵊn.ər.əv.ˈwɔː	**प्रिज़** ॰न əर əव **वो**:
prissy	ˈprɪs.i	**प्रिस** ई
pristine	ˈprɪs.tiːn	**प्रिस** टी:न
privacy	ˈprɪv.ə.si	**प्रिव** ə सी
private	ˈpraɪ.vɪt	**प्राइ** विट
private detective	ˈpraɪ.vət.dɪ.ˈtek.tɪv	**प्राइ** वəट डि **टेक** टिव

private enterprise	ˈpraɪ.vət.ˈen.tə.praɪz	**प्राइ** वəट **एन** टə प्राइज़
private investigator	ˈpraɪ.vət.ɪn.ˈves.tɪ.geɪ.tə	**प्राइ** वəट इन **वेस** टि गेइ टə
private school	ˈpraɪ.vət.ˈskuːl	**प्राइ** वəट **स्कू:ल**
private sector	ˈpraɪ.vət.ˈsek.tə	**प्राइ** वəट **सेक** टə
privately	ˈpraɪ.vət.li	**प्राइ** वəट ली
privation	praɪ.ˈveɪ.ʃᵊn	प्राइ **वेइ** श॰न
privatisation	ˈpraɪ.və.taɪ.ˈzeɪ.ʃᵊn	**प्राइ** वə टाइ **ज़ेइ** श॰न
privatise	ˈpraɪ.və.taɪz	**प्राइ** वə टाइज़
privilege	ˈprɪv.ᵊl.ɪdʒ	**प्रिव** ॰ल इज
privileged	ˈprɪv.ᵊl.ɪdʒd	**प्रिव** ॰ल इज्ड
privy	ˈprɪv.i	**प्रिव** ई
prize	praɪz	प्राइज़
prize-fight	ˈpraɪz.faɪt	**प्राइज़** फ़ाइट
prizewinner	ˈpraɪz.wɪn.ə	**प्राइज़** व़िन ə
pro	prəʊ	प्रəउ
pro bono	ˈprəʊ.ˈbəʊ.nəʊ	**प्रəउ बəउ** नəउ
pro forma	prəʊ.ˈfɔː.mə	प्रəउ **फ़ो**: मə
proactive	ˈprəʊ.ˈæk.tɪv	**प्रəउ æक** टिव
probability	ˈprɒb.ə.ˈbɪl.ə.ti	**प्रɒब** ə **बिल** ə टी
probable	ˈprɒb.ə.bᵊl	**प्रɒब** ə ब॰ल
probably	ˈprɒb.ə.bli	**प्रɒब** ə ब्ली
probation	prə.ˈbeɪ.ʃᵊn	प्रə **बेइ** श॰न
probationary	prə.ˈbeɪ.ʃᵊn.ᵊr.i	प्रə **बेइ** श॰न ॰र ई
probationer	prə.ˈbeɪ.ʃᵊn.ə	प्रə **बेइ** श॰न ə
probe	prəʊb	प्रəउब
probing	ˈprəʊ.bɪŋ	**प्रəउ** बिङ
probiotic	ˈprəʊ.baɪ.ˈɒt.ɪk	**प्रəउ** बाइ **ɒट** इक
probity	ˈprəʊ.bə.ti	**प्रəउ** बə टी
problem	ˈprɒb.ləm	**प्रɒब** लəम
problematic	ˈprɒb.lə.ˈmæt.ɪk	**प्रɒब** लə **मæट** इक
procedural	prə.ˈsiː.dju.rᵊl	प्रə **सी**: ड्यू र॰ल
proceed	prə.ˈsiːd	प्रə **सी:ड**
proceedings	prə.ˈsiː.dɪŋz	प्रə **सी**: डिङ्ज़
proceeds	prə.ˈsiːdz	प्रə **सी:ड्ज़**

process (n)	ˈprəʊ.ses	**प्रəउ** सेस
process (v)	prə.ˈses	प्रə **सेस**
procession	prə.ˈseʃ.ᵊn	प्रə **सेश** ॱन
processional	prə.ˈseʃ.ᵊn.ᵊl	प्रə **सेश** ॱन ॱल
processor	ˈprəʊ.ses.ə	**प्रəउ** सेस ə
pro-choice	ˈprəʊ.tʃɔɪs	**प्रəउ** चोइस
proclaim	prə.ˈkleɪm	प्रə **क्लेइम**
proclamation	ˈprɒk.lə.ˈmeɪ.ʃᵊn	**प्रɒक** लə **मेइ** शॱन
procrastinate	prəʊ.ˈkræs.tɪ.neɪt	प्रəउ **क्रæस** टि नेइट
procrastination	prəʊ.ˈkræs.tɪ.ˈneɪ.ʃᵊn	प्रəउ **क्रæस** टि **नेइ** शॱन
procrastinator	prəʊ.ˈkræs.tɪ.neɪ.tə	प्रəउ **क्रæस** टि नेइ टə
procreate	ˈprəʊ.krɪ.eɪt	**प्रəउ** क्रि एइट
proctor	ˈprɒk.tə	**प्रɒक** टə
procure	prə.ˈkju.ə	प्रə **क्यू** ə
procurement	prə.ˈkjuə.mᵊnt	प्रə **क्यूə** मॱन्ट
prod	prɒd	प्रɒड
prodding	ˈprɒd.ɪŋ	**प्रɒड** इङ
prodigal	ˈprɒd.ɪ.gᵊl	**प्रɒड** इ गॱल
prodigious	prə.ˈdɪdʒ.əs	प्रə **डिज** əस
prodigy	ˈprɒd.ɪ.dʒi	**प्रɒड** इ जी
produce (n)	ˈprɒd.uːs	**प्रɒड** ऊːस
produce (v)	prə.ˈdjuːs	प्रə **ड्यूːस**
producer	prə.ˈdjuː.sə	प्रə **ड्यूː** सə
product	ˈprɒd.ʌkt	**प्रɒड** ʌक्ट
production	prə.ˈdʌk.ʃᵊn	प्रə **डʌक** शॱन
productive	prə.ˈdʌk.tɪv	प्रə **डʌक** टिव
productivity	ˈprɒd.ʌk.ˈtɪv.ə.ti	**प्रɒड** ʌक **टिव** ə टी
profane	prə.ˈfeɪn	प्रə **फ़ेइन**
profanity	prə.ˈfæn.ə.ti	प्रə **फ़æन** ə टी
profess	prə.ˈfes	प्रə **फ़ेस**
professed	prə.ˈfest	प्रə **फ़ेस्ट**
profession	prə.ˈfeʃ.ᵊn	प्रə **फ़ेश** ॱन
professional	prə.ˈfeʃ.ᵊn.ᵊl	प्रə **फ़ेश** ॱन ॱल
professionalism	prə.ˈfeʃ.ᵊn.ᵊl.ɪ.zᵊm	प्रə **फ़ेश** ॱन ॱल इ ज़ॱम

professionally	prə.ˈfeʃ.ᵊn.ᵊl.i	प्रə **फ़ेश** ॱन ॱल ई
professor	prə.ˈfes.ə	प्रə **फ़ेस** ə
professorial	ˈprɒf.ɪ.ˈsɔː.ri.əl	**प्रɒफ़** इ **सोː** री əल
professorship	prə.ˈfes.ə.ʃɪp	प्रə **फ़ेस** ə शिप
proffer	ˈprɒf.ə	**प्रɒफ़** ə
proficiency	prə.ˈfɪʃ.ᵊn.si	प्रə **फ़िश** ॱन सी
proficient	prə.ˈfɪʃ.ᵊnt	प्रə **फ़िश** ॱन्ट
profile	ˈprəʊ.faɪl	**प्रəउ** फ़ाइल
profit	ˈprɒf.ɪt	**प्रɒफ़** इट
profit and loss	ˈprɒf.ɪt.ən.ˈlɒs	**प्रɒफ़** इट əन **लɒस**
profit margin	ˈprɒf.ɪt.ˈmɑː.dʒɪn	**प्रɒफ़** इट **माː** जिन
profit sharing	ˈprɒf.ɪt.ˈʃeə.rɪŋ	**प्रɒफ़** इट **शेə** रिङ
profitability	ˈprɒf.ɪ.tə.ˈbɪl.ə.ti	**प्रɒफ़** इ टə **बिल** ə टी
profitable	ˈprɒf.ɪ.tə.bᵊl	**प्रɒफ़** इ टə बॱल
profitably	ˈprɒf.ɪ.tə.bli	**प्रɒफ़** इ टə ब्ली
profiteer	ˈprɒf.ɪ.ˈtɪə	**प्रɒफ़** इ **टिə**
profitless	ˈprɒf.ɪt.ləs	**प्रɒफ़** इट लəस
profitmaking	ˈprɒf.ɪt.ˈmeɪ.kɪŋ	**प्रɒफ़** इट **मेइ** किङ
profound	prə.ˈfaʊnd	प्रə **फ़ाउन्ड**
profoundly	prə.ˈfaʊnd.li	प्रə **फ़ाउन्ड** ली
profundity	prə.ˈfʌn.də.ti	प्रə **फ़ʌन** डə टी
profuse	prə.ˈfjuːs	प्रə **फ़्यूːस**
profusion	prə.ˈfjuː.ʒᵊn	प्रə **फ़्यूː** ज़ॱन
progeny	ˈprɒdʒ.ə.ni	**प्रɒज** ə नी
prognosis	prɒg.ˈnəʊ.sɪs	प्रɒग **नəउ** सिस
program	ˈprəʊ.græm	**प्रəउ** ग्रæम
programmable	ˈprəʊ.græm.ə.bᵊl	**प्रəउ** ग्रæम ə बॱल
programmatic	ˈprəʊ.grə.ˈmæt.ɪk	**प्रəउ** ग्रə **मæट** इक
programme	ˈprəʊ.græm	**प्रəउ** ग्रæम
programmer	ˈprəʊ.græm.ə	**प्रəउ** ग्रæम ə
programming	ˈprəʊ.græm.ɪŋ	**प्रəउ** ग्रæम इङ
progress (n)	ˈprəʊ.gres	**प्रəउ** ग्रेस
progress (v)	prə.ˈgres	प्रə **ग्रेस**
progression	prə.ˈgreʃ.ᵊn	प्रə **ग्रेश** ॱन

progressive	prə.ˈgres.ɪv	प्रə **ग्रेस** इव
progressively	prə.ˈgres.ɪv.li	प्रə **ग्रेस** इव ली
prohibit	prə.ˈhɪb.ɪt	प्रə **हिब** इट
prohibition	ˈprə.hɪ.ˈbɪʃ.ᵊn	**प्रə** हि **बिश** ॰न
prohibitive	prə.ˈhɪb.ə.tɪv	प्रə **हिब** ə टिव
prohibitively	prə.ˈhɪb.ə.tɪv.li	प्रə **हिब** ə टिव ली
project (n)	ˈprɒdʒ.ekt	**प्रɒज** एक्ट
project (v)	prə.ˈdʒekt	प्रə **जेक्ट**
projectile	prə.ˈdʒek.taɪl	प्रə **जेक** टाइल
projection	prə.ˈdʒek.ʃᵊn	प्रə **जेक** श॰न
projector	prə.ˈdʒek.tə	प्रə **जेक** टə
proletarian	ˈprəʊ.lɪ.ˈteə.ri.ən	**प्रəउ** लि **टेə** री əन
proletariat	ˈprəʊ.lɪ.ˈteə.ri.ət	**प्रəउ** लि **टेə** री əट
proliferate	prə.ˈlɪf.ᵊr.eɪt	प्रə **लिफ़** ॰र एइट
proliferation	prə.ˈlɪf.ə.ˈreɪ.ʃᵊn	प्रə **लिफ़** ə **रेइ** श॰न
prolific	prə.ˈlɪf.ɪk	प्रə **लिफ़** इक
prologue	ˈprəʊ.lɒg	**प्रəउ** लɒग
prolong	prə.ˈlɒŋ	प्रə **लɒङ**
prom	prɒm	प्रɒम
promenade	ˈprɒm.ə.ˈnɑːd	**प्रɒम** ə **नाːड**
prominence	ˈprɒm.ɪ.nᵊns	**प्रɒम** इ न॰न्स
prominent	ˈprɒm.ɪ.nᵊnt	**प्रɒम** इ न॰न्ट
prominently	ˈprɒm.ɪ.nᵊnt.li	**प्रɒम** इ न॰न्ट ली
promiscuity	ˈprɒm.ɪ.ˈskjuː.ɪ.ti	**प्रɒम** इ **स्क्यूː** इ टी
promiscuous	prə.ˈmɪs.kjʊ.əs	प्रə **मिस** क्यु əस
promise	ˈprɒm.ɪs	**प्रɒम** इस
promised land	ˈprɒm.ɪst.ˈlænd	**प्रɒम** इस्ट **लæन्ड**
promising	ˈprɒm.ɪs.ɪŋ	**प्रɒम** इस इङ
promissory	ˈprɒm.ɪ.sᵊr.i	**प्रɒम** इ स॰र ई
promo	ˈprəʊ.ˈməʊ	**प्रəउ मəउ**
promontory	ˈprɒm.ən.tᵊr.i	**प्रɒम** əन ट॰र ई
promote	prə.ˈməʊt	प्रə **मəउट**
promoter	prə.ˈməʊ.tə	प्रə **मəउ** टə
promotion	prə.ˈməʊ.ʃᵊn	प्रə **मəउ** श॰न
promotional	prə.ˈməʊ.ʃᵊn.ᵊl	प्रə **मəउ** श॰न ॰ल
prompt	prɒmpt	प्रɒम्प्ट

promptly	ˈprɒmpt.li	**प्रɒम्प्ट** ली
prone	prəʊn	प्रəउन
prong	prɒŋ	प्रɒङ
pronoun	ˈprəʊ.naʊn	**प्रəउ** नाउन
pronounce	prə.ˈnaʊns	प्रə **नाउन्स**
pronouncement	prə.ˈnaʊns.mᵊnt	प्रə **नाउन्स** म॰न्ट
pronto	ˈprɒn.təʊ	**प्रɒन** टəउ
pronunciation	prə.ˈnʌn.sɪ.ˈeɪ.ʃᵊn	प्रə **नʌन** सि **एइ** श॰न
proof	pruːf	प्रूːफ़
proofread	ˈpruːf.riːd	**प्रूːफ़** रीːड
prop	prɒp	प्रɒप
propaganda	ˈprɒp.ə.ˈgæn.də	**प्रɒप** ə **गæन** डə
propagandise	ˈprɒp.ə.ˈgæn.daɪs	**प्रɒप** ə **गæन** डाइस
propagate	ˈprɒp.ə.geɪt	**प्रɒप** ə गेइट
propagation	ˈprɒp.ə.ˈgeɪ.ʃᵊn	**प्रɒप** ə **गेइ** श॰न
propane	ˈprəʊ.peɪn	**प्रəउ** पेइन
propel	prə.ˈpel	प्रə **पेल**
propellant	prə.ˈpel.ᵊnt	प्रə **पेल** ॰न्ट
propeller	prə.ˈpel.ə	प्रə **पेल** ə
propensity	prə.ˈpen.sə.ti	प्रə **पेन** सə टी
proper	ˈprɒp.ə	**प्रɒप** ə
proper noun	ˈprɒp.ə.naʊn	**प्रɒप** ə नाउन
properly	ˈprɒp.ə.li	**प्रɒप** ə ली
property	ˈprɒp.ə.ti	**प्रɒप** ə टी
prophecy (n)	ˈprɒf.ə.si	**प्रɒफ़** ə सी
prophecy (v)	ˈprɒf.ə.saɪ	**प्रɒफ़** ə साइ
prophet	ˈprɒf.ɪt	**प्रɒफ़** इट
prophetic	prə.ˈfet.ɪk	प्रə **फ़ेट** इक
prophylactic	ˈprɒf.ə.ˈlæk.tɪk	**प्रɒफ़** ə **लæक** टिक
propitious	prə.ˈpɪʃ.əs	प्रə **पिश** əस
proponent	prə.ˈpəʊ.nᵊnt	प्रə **पəउ** न॰न्ट
proportion	prə.ˈpɔː.ʃᵊn	प्रə **पोː** श॰न
proportional	prə.ˈpɔː.ʃᵊn.ᵊl	प्रə **पोː** श॰न ॰ल
proposal	prə.ˈpəʊz.ᵊl	प्रə **पəउज़** ॰ल
propose	prə.ˈpəʊz	प्रə **पəउज़**

proposition	ˈprɒp.ə.ˈzɪʃ.ᵊn	**प्रɒप** ə **ज़िश** ᵊन
proprietary	prə.ˈpraɪ.ə.tᵊr.i	प्रə **प्राइ** ə टᵊर ई
proprietor	prə.ˈpraɪ.ə.tə	प्रə **प्राइ** ə टə
propriety	prə.ˈpraɪ.ə.ti	प्रə **प्राइ** ə टी
propulsion	prə.ˈpʌl.ʃᵊn	प्रə **पʌल** शᵊन
pro-rata	prə.ˈraː.tə	प्रə **रा:** टə
prosaic	prə.ˈzeɪ.ɪk	प्रə **ज़ेइ** इक
prosciutto	prə.ˈʃuː.təʊ	प्रə **शू:** टəउ
proscribe	prə.ˈskraɪb	प्रə **स्क्राइब**
proscription	prə.ˈskrɪp.ʃᵊn	प्रə **स्क्रिप** शᵊन
prose	prəʊz	प्रəउज़
prosecute	ˈprɒs.ɪ.kjuːt	**प्रɒस** इ क्यू:ट
prosecuting attorney	ˈprɒs.ɪ.ˈkjuː.tɪŋ.ə.ˈtɜː.ni	**प्रɒस** इ **क्यू:** टिङ ə **टɜ:** नी
prosecution	ˈprɒs.ɪ.ˈkjuː.ʃᵊn	**प्रɒस** इ **क्यू:** शᵊन
prosecution witness	ˈprɒs.ɪ.ˈkjuː.ʃᵊn.ˈwɪt.nəs	**प्रɒस** इ **क्यू:** शᵊन **विट** नəस
prosecutor	ˈprɒs.ɪ.kjuː.tə	**प्रɒस** इ क्यू: टə
proselytise	ˈprɒs.ᵊl.ɪ.taɪz	**प्रɒस** ᵊल इ टाइज़
prosody	ˈprɒs.ə.di	**प्रɒस** ə डी
prospect (n)	ˈprɒs.pekt	**प्रɒस** पेक्ट
prospect (v)	prɒs.ˈpekt	प्रɒस **पेक्ट**
prospective	prə.ˈspek.tɪv	प्रə **स्पेक** टिव
prospector	prə.ˈspek.tə	प्रə **स्पेक** टə
prospectus	prə.ˈspek.təs	प्रə **स्पेक** टəस
prosper	ˈprɒs.pə	**प्रɒस** पə
prosperity	prɒs.ˈper.ə.ti	प्रɒस **पेर** ə टी
prosperous	ˈprɒs.pᵊr.əs	**प्रɒस** पᵊर əस
prosthesis	prɒs.ˈθɪ.sɪs	प्रɒस **थि** सिस
prosthetic	prɒs.ˈθet.ɪk	प्रɒस **थेट** इक
prostitute	ˈprɒs.tɪ.tjuːt	**प्रɒस** टि ट्यू:ट
prostitution	ˈprɒs.tɪ.ˈtjuː.ʃᵊn	**प्रɒस** टि **ट्यू:** शᵊन
prostrate (adj)	ˈprɒs.treɪt	**प्रɒस** ट्रेइट
prostrate (v)	prɒs.ˈtreɪt	प्रɒस **ट्रेइट**
protagonist	prə.ˈtæg.ə.nɪst	प्रə **टæग** ə निस्ट
protect	prə.ˈtekt	प्रə **टेक्ट**
protection	prə.ˈtek.ʃᵊn	प्रə **टेक** शᵊन

protective	prə.ˈtek.tɪv	प्रə **टेक** टिव
protector	prə.ˈtek.tə	प्रə **टेक** टə
protectorate	prə.ˈtek.tᵊr.ət	प्रə **टेक** टᵊर əट
protégé	ˈprɒt.ɪ.ʒeɪ	**प्रɒट** इ ज़ेइ
protein	ˈprəʊ.tiːn	**प्रəउ** टी:न
protest (n)	ˈprəʊ.test	**प्रəउ** टेस्ट
protest (v)	prə.ˈtest	प्रə **टेस्ट**
protestant	ˈprɒt.ɪ.stᵊnt	**प्रɒट** इ स्टᵊन्ट
protester	prə.ˈtes.tə	प्रə **टेस** टə
protocol	ˈprəʊ.tə.kɒl	**प्रəउ** टə कɒल
proton	ˈprəʊ.tɒn	**प्रəउ** टɒन
protoplasm	ˈprəʊ.tə.plæz.ᵊm	**प्रəउ** टə प्लæज़ ᵊम
prototype	ˈprəʊ.tə.taɪp	**प्रəउ** टə टाइप
protozoa	ˈprəʊ.tə.ˈzəʊ.ə	**प्रəउ** टə **ज़əउ** ə
protract	prə.ˈtrækt	प्रə **ट्रæक्ट**
protracted	prə.ˈtræk.tɪd	प्रə **ट्रæक** टिड
protraction	prə.ˈtræk.ʃᵊn	प्रə **ट्रæक** शᵊन
protractor	prə.ˈtræk.tə	प्रə **ट्रæक** टə
protrude	prə.ˈtruːd	प्रə **ट्रू:ड**
protrusion	prə.ˈtruː.ʒᵊn	प्रə **ट्रू:** ज़ᵊन
proud	praʊd	प्राउड
proudly	ˈpraʊd.li	**प्राउड** ली
prove	pruːv	प्रू:व
proven	ˈpruː.vᵊn	**प्रू:** वᵊन
provenance	ˈprɒv.ᵊn.ᵊns	**प्रɒव** ᵊन ᵊन्स
proverb	ˈprɒv.ɜːb	**प्रɒव** ɜ:ब
proverbial	prə.ˈvɜː.bi.əl	प्रə **वɜ:** बी əल
provide	prə.ˈvaɪd	प्रə **वाइड**
provided	prə.ˈvaɪ.dɪd	प्रə **वाइ** डिड
providence	ˈprɒv.ɪ.dᵊns	**प्रɒव** इ डᵊन्स
provident	ˈprɒv.ɪ.dᵊnt	**प्रɒव** इ डᵊन्ट
providing	prə.ˈvaɪ.dɪŋ	प्रə **वाइ** डिङ
province	ˈprɒv.ɪns	**प्रɒव** इन्स
provincial	prə.ˈvɪn.ʃᵊl	प्रə **विन** शᵊल
provision	prə.ˈvɪʒ.ᵊn	प्रə **विज़** ᵊन
provisional	prə.ˈvɪʒ.ᵊn.ᵊl	प्रə **विज़** ᵊन ᵊल

proviso	prə.ˈvaɪ.zəʊ	प्रə वाइ ज़əउ
provocation	ˈprɒv.ə.ˈkeɪ.ʃᵊn	प्रɒव ə केइ श॰न
provocative	prə.ˈvɒk.ə.tɪv	प्रə वɒक ə टिव
provoke	prə.ˈvəʊk	प्रə वəउक
provost	ˈprɒv.əst	प्रɒव əस्ट
prow	praʊ	प्राउ
prowess	ˈpraʊ.es	प्राउ एस
prowl	praʊl	प्राउल
prowler	ˈpraʊ.lə	प्राउ लə
proximity	prɒk.ˈsɪm.ə.ti	प्रɒक सिम ə टी
proxy	ˈprɒk.si	प्रɒक सी
prude	pruːd	प्रूːड
prudence	ˈpruː.dᵊns	प्रूː ड॰न्स
prudent	ˈpruːdᵊnt	प्रूːड॰न्ट
prudently	ˈpruː.dᵊnt.li	प्रूː ड॰न्ट ली
prudish	ˈpruː.dɪʃ	प्रूː डिश
prudishly	ˈpruː.dɪʃ.li	प्रूː डिश ली
prudishness	ˈpruː.dɪʃ.nəs	प्रूː डिश नəस
prune	pruːn	प्रूːन
prurience	ˈpruː.ri.ᵊns	प्रूː री ॰न्स
prurient	ˈpruː.ri.ᵊnt	प्रूː री ॰न्ट
pry	praɪ	प्राइ
psalm	sɑːm	साːम
pseudo	ˈsjuː.dəʊ	स्यूː डəउ
pseudonym	ˈsjuː.də.nɪm	स्यूː डə निम
psi	ˈsaɪ	साइ
psoriasis	sə.ˈraɪ.ə.sɪs	सə राइ ə सिस
psych	saɪk	साइक
psyche (n)	ˈsaɪ.ki	साइ की
psyche (v)	saɪk	साइक
psyched	ˈsaɪkt	साइक्ट
psychedelic	ˈsaɪ.kɪ.ˈdel.ɪk	साइ कि डेल इक
psychiatric	ˈsaɪ.kɪ.ˈæt.rɪk	साइ कि æट रिक
psychiatrist	saɪ.ˈkaɪ.ə.trɪst	साइ काइ ə ट्रिस्ट
psychiatry	saɪ.ˈkaɪ.ə.tri	साइ काइ ə ट्री
psychic	ˈsaɪ.kɪk	साइ किक
psycho	ˈsaɪ.kəʊ	साइ कəउ
psychoanalyse	ˈsaɪ.kəʊ.ˈæn.ə.laɪz	साइ कəउ æन ə लाइज़
psychoanalysis	ˈsaɪ.kəʊ.ə.ˈnæl.ə.sɪs	साइ कəउ ə नæल ə सिस
psychoanalyst	ˈsaɪ.kəʊ.ˈæn.ᵊl.ɪst	साइ कəउ æन ॰ल इस्ट
psychological	ˈsaɪ.kə.ˈlɒdʒ.ɪ.kᵊl	साइ कə लɒज इ क॰ल
psychologically	ˈsaɪ.kə.ˈlɒdʒ.ɪ.kᵊl.i	साइ कə लɒज इ क॰ल ई
psychologist	saɪ.ˈkɒl.ə.dʒɪst	साइ कɒल ə जिस्ट
psychology	saɪ.ˈkɒl.ə.dʒi	साइ कɒल ə जी
psychopath	ˈsaɪ.kə.pæθ	साइ कə पæथ
psychopathic	ˈsaɪ.kə.ˈpæθ.ɪk	साइ कə पæथ इक
psychosis	saɪ.ˈkəʊ.sɪs	साइ कəउ सिस
psychosomatic	ˈsaɪ.kəʊ.sə.ˈmæt.ɪk	साइ कəउ सə मæट इक
psychotherapist	ˈsaɪ.kəʊ.ˈθer.ə.pɪst	साइ कəउ थेर ə पिस्ट
psychotherapy	ˈsaɪ.kəʊ.ˈθer.ə.pi	साइ कəउ थेर ə पी
psychotic	saɪ.ˈkɒt.ɪk	साइ कɒट इक
PTO	ˈpiː.ˈtiː.ˈəʊ	पीː टीː əउ
Pty	prə.ˈpraɪ.ə.tᵊr.i	प्रə प्राइ ə ट॰र ई
pub	pʌb	पʌब
puberty	ˈpjuː.bə.ti	प्यूː बə टी
pubes	pjuːbs	प्यूːब्स
pubescent	pjuː.ˈbes.ᵊnt	प्यूː बेस ॰न्ट
pubic	ˈpjuː.bɪk	प्यूː बिक
public	ˈpʌb.lɪk	पʌब लिक
public access	ˈpʌb.lɪk.ˈæk.ses	पʌब लिक æक सेस
public address system	ˈpʌb.lɪk.ə.ˈdres.ˈsɪs.təm	पʌब लिक ə ड्रेस सिस टəम
public convenience	ˈpʌb.lɪk.kən.ˈviː.ni.ᵊns	पʌब लिक कəन वीː नी ॰न्स
public enemy	ˈpʌb.lɪk.ˈen.ə.mi	पʌब लिक एन ə मी
public opinion	ˈpʌb.lɪk.ə.ˈpɪn.jən	पʌब लिक ə पिन यəन

public relation	ˈpʌb.lɪk.rɪ.ˈleɪ.ʃən	**प**ʌ**ब** लिक रि **लेइ** श॰न
public school	ˈpʌb.lɪk.ˈskuːl	**प**ʌ**ब** लिक **स्कूःल**
public sector	ˈpʌb.lɪk.ˈsek.tə	**प**ʌ**ब** लिक **सेक** टə
public speaking	ˈpʌb.lɪk.ˈspiː.kɪŋ	**प**ʌ**ब** लिक **स्पीः** किङ
public television	ˈpʌb.lɪk.ˈtel.ɪ.ˈvɪʒ.ən	**प**ʌ**ब** लिक **टेल** इ **विज़** ॰न
public transport	ˈpʌb.lɪk.ˈtræn.spɔːt	**प**ʌ**ब** लिक **ट्रæन** स्पोːट
publication	ˈpʌb.lɪ.ˈkeɪ.ʃən	**प**ʌ**ब** लि **केइ** श॰न
publicise	ˈpʌb.lɪ.saɪz	**प**ʌ**ब** लि साइज़
publicist	ˈpʌb.lɪ.sɪst	**प**ʌ**ब** लि सिस्ट
publicity	pʌb.ˈlɪ.sə.ti	पʌब **लि** सə टी
publicly	ˈpʌb.lɪk.li	**प**ʌ**ब** लिक ली
publish	ˈpʌb.lɪʃ	**प**ʌ**ब** लिश
publisher	ˈpʌb.lɪ.ʃə	**प**ʌ**ब** लि शə
publishing	ˈpʌb.lɪ.ʃɪŋ	**प**ʌ**ब** लि शिङ
puck	pʌk	पʌक
pucker	ˈpʌk.ə	**प**ʌ**क** ə
puckered	ˈpʌk.əd	**प**ʌ**क** əड
pudding	ˈpʊd.ɪŋ	**पुड** इङ
puddle	ˈpʌd.əl	**प**ʌ**ड** ॰ल
pudgy	ˈpʌdʒ.i	**प**ʌ**ज** ई
puerile	ˈpjʊə.raɪl	**प्युə** राइल
puff	pʌf	पʌफ़
puff pastry	pʌf.ˈpeɪ.stri	पʌफ़ **पेइ** स्ट्री
puffy	ˈpʌf.i	**प**ʌ**फ़** ई
pug	pʌg	पʌग
pugilist	ˈpjuː.dʒɪ.lɪst	**प्यूः** जि लिस्ट
pugnacious	pʌg.ˈneɪ.ʃəs	पʌग **नेइ** शəस
pug-nose	ˈpʌg.nəʊz	**प**ʌ**ग** नəउज़
puke	pjuːk	प्यूːक
pukka (IO)	ˈpʌk.ə	**प**ʌ**क** ə
pull	pʊl	पुल
pullback	ˈpʊl.bæk	**पुल** बæक
pull-down	ˈpʊl.daʊn	**पुल** डाउन

pulley	ˈpʊl.i	**पुल** ई
pull-in	ˈpʊl.ɪn	**पुल** इन
pullout	ˈpʊl.aʊt	**पुल** आउट
pullover	ˈpʊl.əʊ.və	**पुल** əउ वə
pull-tab	ˈpʊl.tæb	**पुल** टæब
pull-up	ˈpʊl.ʌp	**पुल** ʌप
pulmonary	ˈpʌl.mə.nər.i	**प**ʌ**ल** मə न॰र ई
pulp	pʌlp	पʌल्प
pulpit	ˈpʊl.pɪt	**पुल** पिट
pulsate	pʌl.ˈseɪt	पʌल **सेइट**
pulsation	pʌl.ˈseɪ.ʃən	पʌल **सेइ** श॰न
pulse	pʌls	पʌल्स
pulverisation	ˈpʌl.vər.aɪ.ˈzeɪ.ʃən	**प**ʌ**ल** व॰र आइ **ज़ेइ** श॰न
pulverise	ˈpʌl.vər.aɪz	**प**ʌ**ल** व॰र आइज़
puma	ˈpjuː.mə	**प्यूः** मə
pumice	ˈpʌm.ɪs	**प**ʌ**म** इस
pummel	ˈpʌm.əl	**प**ʌ**म** ॰ल
pump	pʌmp	पʌम्प
pumpernickel	ˈpʌm.pə.nɪk.əl	**प**ʌ**म** पə निक ॰ल
pumpkin	ˈpʌmp.kɪn	**प**ʌ**म्प** किन
pun	pʌn	पʌन
punch (IO)	pʌntʃ	पʌन्च
punch line	ˈpʌntʃ.laɪn	**प**ʌ**न्च** लाइन
punchball	ˈpʌntʃ.bɔːl	**प**ʌ**न्च** बोːल
punchbowl	ˈpʌntʃ.bəʊl	**प**ʌ**न्च** बəउल
punch-drunk	ˈpʌntʃ.drʌŋk	**प**ʌ**न्च** ड्रʌङ्क
punch-up	ˈpʌntʃ.ʌp	**प**ʌ**न्च** ʌप
punctilious	pʌŋk.ˈtɪl.i.əs	पʌङ्क **टिल** ई əस
punctual	ˈpʌŋk.tʃu.əl	**प**ʌ**ङ्क** चू əल
punctuality	ˈpʌŋk.tʃu.ˈæl.ə.ti	**प**ʌ**ङ्क** चू **æल** ə टी
punctually	ˈpʌŋk.tʃu.ə.li	**प**ʌ**ङ्क** चू ə ली
punctuate	ˈpʌŋk.tʃu.eɪt	**प**ʌ**ङ्क** चू एइट
punctuation	ˈpʌŋk.tʃu.ˈeɪ.ʃən	**प**ʌ**ङ्क** चू **एइ** श॰न
punctuation mark	ˈpʌŋk.tʃʊ.ˈeɪ.ʃən.ˈmaːk	**प**ʌ**ङ्क** चु **एइ** श॰न **माːक**

puncture	ˈpʌŋk.tʃə	**पʌङ्क** चə
pundit (IO)	ˈpʌn.dɪt	**पʌन** डिट
pungent	ˈpʌn.dʒᵊnt	**पʌन** जॅन्ट
punish	ˈpʌn.ɪʃ	**पʌन** इश
punishable	ˈpʌn.ɪʃ.ə.bᵊl	**पʌन** इश ə बॅल
punishing	ˈpʌn.ɪʃ.ɪŋ	**पʌन** इश इङ
punishingly	ˈpʌn.ɪʃ.ɪŋ.li	**पʌन** इश इङ ली
punishment	ˈpʌn.ɪʃ.mᵊnt	**पʌन** इश मॅन्ट
punitive	ˈpjuː.nə.tɪv	**प्यूː** नə टिव
punk	pʌŋk	पʌङ्क
punnet	ˈpʌn.ɪt	**पʌन** इट
punt (n)	pʌnt	पʌन्ट
punt (n, v)	pʌnt	पʌन्ट
puny	ˈpjuː.ni	**प्यूː** नी
pup	pʌp	पʌप
pupa	ˈpjuː.pə	**प्यूː** पə
pupil	ˈpjuː.pᵊl	**प्यूː** पॅल
puppet	ˈpʌp.ɪt	**पʌप** इट
puppeteer	ˌpʌp.əˈtɪə	**पʌप** ə **टिə**
puppy	ˈpʌp.i	**पʌप** ई
puppy love	ˈpʌp.i.ˈlʌv	**पʌप** ई **लʌव**
purchase	ˈpɜː.tʃəs	**पɜː** चəस
purchaser	ˈpɜː.tʃəs.ə	**पɜː** चəस ə
purdah (IO)	ˈpɜː.də	**पɜː** डə
pure	pjʊə	प्युə
purée	ˈpjʊə.reɪ	**प्युə** रेइ
purely	ˈpjʊə.li	**प्युə** ली
purgatory	ˈpɜː.gət.ᵊr.i	**पɜː** गəट ॅर ई
purge	pɜːdʒ	पɜːज
purification	ˌpjʊə.rɪ.fɪ.ˈkeɪ.ʃᵊn	**प्युə** रि फ़ि **केइ** शॅन
purify	ˈpjʊə.rɪ.faɪ	**प्युə** रि फ़ाइ
purist	ˈpjʊə.rɪst	**प्युə** रिस्ट
puritan	ˈpjʊə.rɪ.tᵊn	**प्युə** रि टॅन
puritanical	ˌpjʊə.rɪ.ˈtæn.ɪ.kᵊl	**प्युə** रि **टæन** इ कॅल
puritanically	ˌpjʊə.rɪ.ˈtæn.ɪ.kᵊl.i	**प्युə** रि **टæन** इ कॅल ई
purity	ˈpjʊə.rə.ti	**प्युə** रə टी
purloin	pɜː.ˈlɔɪn	पɜː **लोइन**
purple	ˈpɜː.pᵊl	**पɜː** पॅल
purport	pə.ˈpɔːt	पə **पोːट**
purpose	ˈpɜː.pəs	**पɜː** पəस
purpose-built	ˈpɜː.pəs.bɪlt	**पɜː** पəस बिल्ट
purposeful	ˈpɜː.pəs.fᵊl	**पɜː** पəस फ़ॅल
purposely	ˈpɜː.pəs.li	**पɜː** पəस ली
purr	pɜː	पɜː
purse	pɜːs	पɜːस
purser	ˈpɜː.sə	**पɜː** सə
purse-string	ˈpɜːs.strɪŋ	**पɜːस** स्ट्रिङ
pursuant	pə.ˈsjuː.ᵊnt	पə **स्यूː** ॅन्ट
pursue	pə.ˈsjuː	पə **स्यूː**
pursuit	pə.ˈsjuːt	पə **स्यूːट**
purvey	pə.ˈveɪ	पə **वेइ**
purveyor	pə.ˈveɪ.ə	पə **वेइ** ə
pus	pʌs	पʌस
push	pʊʃ	पुश
pushbike	ˈpʊʃ.baɪk	**पुश** बाइक
push-button	ˈpʊʃ.ˈbʌt.ᵊn	**पुश** **बʌट** ॅन
pushcart	ˈpʊʃ.kɑːt	**पुश** काːट
pushchair	ˈpʊʃ.tʃeə	**पुश** चेə
pushdown	ˈpʊʃ.daʊn	**पुश** डाउन
pusher	ˈpʊʃ.ə	**पुश** ə
pushover	ˈpʊʃ.ˈəʊ.və	**पुश** **əउ** वə
push-start	ˈpʊʃ.ˈbʌt.ᵊn	**पुश** **बʌट** ॅन
push-up	ˈpʊʃ.ʌp	**पुश** ʌप
pushy	ˈpʊʃ.i	**पुश** ई
pusillanimous	ˌpjuː.sɪ.ˈlæn.ɪ.məs	**प्यूː** सि **लæन** इ मəस
pussy	ˈpʊs.i	**पुस** ई
pussycat	ˈpʊs.i.kæt	**पुस** ई कæट
pussyfoot	ˈpʊs.i.fʊt	**पुस** ई फ़ुट

put	pʊt	पुट
put-down	ˈpʊt.daʊn	**पुट** डाउन
putrid	ˈpjuː.trɪd	**प्यू**ː ट्रिड
putt	pʌt	पʌट
putter	ˈpʌt.ə	**पʌट** ə
putty	ˈpʌt.i	**पʌट** ई
puzzle	ˈpʌz.ᵊl	**पʌज़** ᵊल
pygmy	ˈpɪg.mi	**पिग** मी
pyjamas (IO)	pɪ.ˈdʒɑː.məz	पि **जा**ː मəज़
pylon	ˈpaɪ.lɒn	**पाइ** लɒन
pyramid	ˈpɪr.ə.mɪd	**पिर** ə मिड
pyre	ˈpaɪ.ə	**पाइ** ə
python	ˈpaɪ.θᵊn	**पाइ** थᵊन

Q

q	kjuː	क्यू:
Q	kjuː	क्यू:
QC	ˈkjuː.ˈsiː	क्यू: सी:
QED	ˈkjuː.ˈiː.ˈdiː	क्यू: ई: डी:
Q-tip	ˈkjuː.tɪp	क्यू: टिप
quack	kwæk	क्वæक
quad	kwɒd	क्वɒड
quadrangle	ˈkwɒd.ræŋ.gᵊl	क्वɒड रæङ गᵊल
quadrangular	kwɒd.ˈræŋ.gjʊ.lə	क्वɒड रæङ ग्यु लə
quadrant	ˈkwɒd.rᵊnt	क्वɒड रᵊन्ट
quadratic equation	kwɒd.ˈræt.ɪk.ɪ.ˈkweɪ.ʒᵊn	क्वɒड रæट इक इ क्वेइ ज़ᵊन
quadrilateral	ˈkwɒd.rɪ.ˈlæt.tᵊr.ᵊl	क्वɒड रि लæट टᵊर ᵊल
quadriplegic	ˈkwɑː.drə.ˈpliː.dʒɪk	क्वा: ड्रə प्ली: जिक
quadruped	ˈkwɒd.rə.ped	क्वɒड रə पेड
quadruple	kwɒ.ˈdruː.pᵊl	क्वɒ ड्रू: पᵊल
quadruplet	ˈkwɒd.ruː.plət	क्वɒड रू: प्लəट
quagmire	ˈkwæg.maɪ.ə	क्वæग माइ ə
quail	kweɪl	क्वेइल
quaint	kweɪnt	क्वेइन्ट
quake	kweɪk	क्वेइक
qualification	ˈkwɒl.ɪ.fɪ.ˈkeɪ.ʃᵊn	क्वɒल इ फ़ि केइ शᵊन
qualified	ˈkwɒl.ɪ.faɪd	क्वɒल इ फ़ाइड
qualifier	ˈkwɒl.ɪ.faɪ.ə	क्वɒल इ फ़ाइ ə
qualify	ˈkwɒl.ɪ.faɪ	क्वɒल इ फ़ाइ
qualitative	ˈkwɒl.ɪ.tə.tɪv	क्वɒल इ टə टिव
quality	ˈkwɒl.ɪ.ti	क्वɒल इ टी
quality control	ˈkwɒl.ɪ.ti.kən.ˈtrəʊl	क्वɒल इ टी कəन ट्रəउल
quality time	ˈkwɒl.ɪ.ti.ˈtaɪm	क्वɒल इ टी टाइम
qualm	kwɑːm	क्वा:म
quandary	ˈkwɒn.dᵊr.i	क्वɒन डᵊर ई
quantifiable	ˈkwɒn.tɪ.faɪ.ə.bᵊl	क्वɒन टि फ़ाइ ə बᵊल
quantification	ˈkwɒn.tɪ.fɪ.ˈkeɪ.ʃᵊn	क्वɒन टि फ़ि केइ शᵊन
quantifier	ˈkwɒn.tɪ.faɪ.ə	क्वɒन टि फ़ाइ ə
quantify	ˈkwɒn.tɪ.faɪ	क्वɒन टि फ़ाइ

quantitative	ˈkwɒn.tɪ.tə.tɪv	क्वɒन टि टə टिव
quantity	ˈkwɒn.tə.ti	क्वɒन टə टी
quantum leap	ˈkwɒn.təm.ˈliːp	क्वɒन टəम ली:प
quantum mechanics	ˈkwɒn.təm.mɪ.ˈkæn.ɪks	क्वɒन टəम मि कæन इक्स
quarantine	ˈkwɒ.rən.tiːn	क्वɒ रəन टी:न
quark	kwɒk	क्वɒक
quarrel	ˈkwɒr.ᵊl	क्वɒर ᵊल
quarrelsome	ˈkwɒr.ᵊl.səm	क्वɒर ᵊल सəम
quarry	ˈkwɒr.i	क्वɒर ई
quart	kwɔːt	क्वो:ट
quarter	ˈkwɔː.tə	क्वो: टə
quarter note	ˈkwɔː.tə.ˈnəʊt	क्वो: टə नəउट
quarter tone	ˈkwɔː.tə.ˈtəʊn	क्वो: टə टəउन
quarterback	ˈkwɔː.tə.bæk	क्वो: टə बæक
quarterdeck	ˈkwɔː.tə.dek	क्वो: टə डेक
quarter-final	ˈkwɔː.tə.ˈfaɪ.nᵊl	क्वो: टə फ़ाइ नᵊल
quarter-finalist	ˈkwɔː.tə.ˈfaɪ.nᵊl.ɪst	क्वो: टə फ़ाइ नᵊल इस्ट
quarterly	ˈkwɔː.tə.li	क्वो: टə ली
quartermaster	ˈkwɔː.tə.ˈmɑː.stə	क्वो: टə मा: स्टə
quarters	ˈkwɔː.təz	क्वो: टəज़
quartet	kwɔː.ˈtet	क्वो: टेट
quartile	ˈkwɔː.taɪl	क्वो: टाइल
quarto	ˈkwɔː.təʊ	क्वो: टəउ
quartz	kwɔːts	क्वो:ट्स
quash	kwɒʃ	क्वɒश
quasi	ˈkweɪ.zaɪ	क्वेइ ज़ाइ
quatrain	ˈkwɒt.reɪn	क्वɒट रेइन
quaver	ˈkweɪ.və	क्वेइ वə
quay	kiː	की:
quayside	ˈkiː.saɪd	की: साइड
queasiness	ˈkwiː.zi.nəs	क्वी: ज़ी नəस
queasy	ˈkwiː.zi	क्वी: ज़ी
queen	kwiːn	क्वी:न
Queen Mother	ˈkwiːn.ˈmʌð.ə	क्वी:न मʌद ə
queen-like	ˈkwiːn.laɪk	क्वी:न लाइक
Queen's Counsel	ˈkwiːnz.ˈkaʊn.sᵊl	क्वी:न्ज़ काउन सᵊल
Queen's English	ˈkwiːnz.ˈɪŋ.glɪʃ	क्वी:न्ज़ इङ ग्लिश
queen-size	ˈkwiːn.saɪz	क्वी:न साइज़
queer	kwɪ.ə	क्वि ə

English Pronunciation Dictionary 269

quell	kwel	क्व़ेल
quench	kwentʃ	क्व़ेन्च
query	ˈkwɪ.ə.ri	**क्व़ि** ə री
quest	kwest	क्व़ेस्ट
question	ˈkwes.tʃən	**क्व़ेस** चəन
question mark	ˈkwes.tʃən.ˈmɑːk	**क्व़ेस** चəन **माःक**
questionable	ˈkwes.tʃə.nə.bᵊl	**क्व़ेस** चə नə बᵊल
questionnaire	ˈkwes.tʃə.ˈneə	**क्व़ेस** चə **नेə**
quetzal	ˈkwet.sᵊl	**क्व़ेट** सᵊल
queue	kjuː	क्यूः
queue jumping	ˈkjuː.ˈdʒʌm.pɪŋ	**क्यूः जʌम** पिङ
quibble	ˈkwɪb.ᵊl	**क्व़िब** ᵊल
quiche	kiːʃ	कीːश
quick	kwɪk	क्व़िक
quick march	ˈkwɪk.mɑːtʃ	**क्व़िक** माःच
quick-change	ˈkwɪk.ˈtʃeɪndʒ	**क्व़िक चेइन्ज**
quicken	ˈkwɪk.ən	**क्व़िक** əन
quick-fix	ˈkwɪk.ˈfɪks	**क्व़िक फ़िक्स**
quick-freeze	ˈkwɪk.ˈfriːz	**क्व़िक फ़्रीःज़**
quickie	ˈkwɪk.i	**क्व़िक** ई
quickly	ˈkwɪk.li	**क्व़िक** ली
quicksand	ˈkwɪk.sænd	**क्व़िक** सæन्ड
quickset	ˈkwɪk.set	**क्व़िक** सेट
quicksilver	ˈkwɪk.ˈsɪl.və	**क्व़िक सिल** वə
quickstep	ˈkwɪk.step	**क्व़िक** स्टेप
quick-tempered	ˈkwɪk.ˈtem.pəd	**क्व़िक टेम** पəड
quick-witted	ˈkwɪk.ˈwɪt.ɪd	**क्व़िक व़िट** इड
quid	kwɪd	क्व़िड
quid pro quo	ˈkwɪd.prəʊ.ˈkwəʊ	**क्व़िड** प्रəउ **क्व़əउ**
quiescence	kwɪ.ˈes.ᵊns	क्व़ि **एस** ᵊन्स
quiescent	kwɪ.ˈes.ᵊnt	क्व़ि **एस** ᵊन्ट
quiet	ˈkwaɪ.ət	**क्व़ाइ** əट
quieten	ˈkwaɪ.ə.tᵊn	**क्व़ाइ** ə टᵊन
quietly	ˈkwaɪ.ət.li	**क्व़ाइ** əट ली
quietness	ˈkwaɪ.ət.nəs	**क्व़ाइ** əट नəस
quill	kwɪl	क्व़िल
quilt	kwɪlt	क्व़िल्ट
quilting	ˈkwɪl.tɪŋ	**क्व़िल** टिङ
quinella	ˈkwɪ.nel.ə	**क्व़ि** नेल ə
quinine	kwɪ.ˈniːn	क्व़ि **नीःन**
quinsy	ˈkwɪnz.i	**क्व़िन्ज़** ई
quintessence	kwɪn.ˈtes.ᵊns	क्व़िन **टेस** ᵊन्स
quintessential	kwɪn.ˈtɪ.sen.ʃᵊl	क्व़िन **टि** सेन शᵊल
quintet	kwɪn.ˈtet	क्व़िन **टेट**
quintuple	ˈkwɪn.tjuː.pᵊl	**क्व़िन** ट्यूः पᵊल
quintuplet	ˈkwɪn.tjuː.plət	**क्व़िन** ट्यूः प्लəट
quip	kwɪp	क्व़िप
quirk	kwɜːk	क्व़ɜːक
quirky	kwɜː.ki	क्व़ɜː की
quit	kwɪt	क्व़िट
quite	kwaɪt	क्व़ाइट
quits	kwɪts	क्व़िट्स
quitter	ˈkwɪt.ə	**क्व़िट** ə
quiver	ˈkwɪv.ə	**क्व़िव** ə
quixotic	kwɪk.ˈsɒt.ɪk	क्व़िक **सɒट** इक
quiz	kwɪz	क्व़िज़
quizmaster	ˈkwɪz.ˈmɑː.stə	**क्व़िज़ माः** स्टə
quizzical	ˈkwɪz.ɪ.kᵊl	**क्व़िज़** इ कᵊल
quorum	ˈkwɔː.rəm	**क्व़ोः** रəम
quota	ˈkwɔː.tə	**क्व़ोः** टə
quotable	ˈkwɔː.tə.bᵊl	**क्व़ोः** टə बᵊल
quotation	kwɔː.ˈteɪ.ʃᵊn	क्व़ोः **टेइ** शᵊन
quotation marks	kwɔː.ˈteɪ.ʃᵊn.ˈmɑːks	क्व़ोः **टेइ** शᵊन **माःक्स**
quote	kwəʊt	क्व़əउट
quoth	kwəʊθ	क्व़əउथ
quotient	ˈkwəʊ.ʃᵊnt	**क्व़əउ** शᵊन्ट
qwerty	ˈkwɜː.ti	**क्व़ɜː** टी

R

r	ɑː	आः
R	ɑː	आः
R and D	ˈɑː.ən.ˈdiː	आः əन डीः
R and R	ˈɑː.ən.ˈɑː	आः əन आः
rabbi	ˈræb.aɪ	रæब आइ
rabbit	ˈræb.ɪt	रæब इट
rabbit hole	ˈræb.ɪt.ˈhəʊl	रæब इट हəउल
rabbit hutch	ˈræb.ɪt.ˈhʌtʃ	रæब इट हʌच
rabbit warren	ˈræb.ɪt.ˈwɒr.ᵊn	रæब इट वɒर ॰न
rabble	ˈræb.ᵊl	रæब ॰ल
rabid	ˈræb.ɪd	रæब इड
rabies	ˈreɪ.biːz	रेइ बीःज़
raccoon	rə.ˈkuːn	रə कूःन
race	reɪs	रेइस
race horse	ˈreɪs.hɔːs	रेइस होःस
race relations	ˈreɪs.rɪ.ˈleɪ.ʃᵊnz	रेइस रि लेइ श॰न्ज़
racecourse	ˈreɪs.kɔːs	रेइस कोःस
race-meeting	ˈreɪs.ˈmiː.tɪŋ	रेइस मीः टिङ
racetrack	ˈreɪs.træk	रेइस ट्रæक
racial	ˈreɪ.ʃᵊl	रेइ श॰ल
racially	ˈreɪ.ʃᵊl.i	रेइ श॰ल ई
racing	ˈreɪ.sɪŋ	रेइ सिङ
racism	ˈreɪ.sɪ.zᵊm	रेइ सि ज़॰म
racist	ˈreɪ.sɪst	रेइ सिस्ट
rack	ræk	रæक
racket	ˈræk.ɪt	रæक इट
racketball	ˈræk.ɪt.bɔːl	रæक इट बोःल
racketeer	ˈræk.ɪ.ˈtɪə	रæक इ टिə
racketeering	ˈræk.ɪ.ˈtɪə.rɪŋ	रæक इ टिə रिङ
raconteur	ˈræk.ɒn.ˈtɜː	रæक ɒन टɜः
racquet	ˈræk.ɪt	रæक इट
racy	ˈreɪ.si	रेइ सी
radar	ˈreɪ.dɑː	रेइ डाः
radial	ˈreɪ.di.əl	रेइ डी əल
radian	ˈreɪ.di.ən	रेइ डी əन
radiance	ˈreɪ.di.ᵊns	रेइ डी ॰न्स
radiant	ˈreɪ.di.ᵊnt	रेइ डी ॰न्ट
radiate	ˈreɪ.di.eɪt	रेइ डी एइट
radiation	ˈreɪ.di.ˈeɪ.ʃᵊn	रेइ डी एइ श॰न
radiator	ˈreɪ.di.eɪ.tə	रेइ डी एइ टə
radical	ˈræd.ɪ.kᵊl	रæड इ क॰ल

radically	ˈræd.ɪ.kᵊl.i	रæड इ क॰ल ई
radii	ˈreɪ.di.aɪ	रेइ डी आइ
radio	ˈreɪ.di.əʊ	रेइ डी əउ
radio alarm clock	ˈreɪ.di.əʊ.ə.ˈlɑːm.ˈklɒk	रेइ डी əउ ə लाःम क्लɒक
radio button	ˈreɪ.di.əʊ.ˈbʌt.ᵊn	रेइ डी əउ बʌट ॰न
radio telescope	ˈreɪ.di.əʊ.ˈtel.ɪ.skəʊp	रेइ डी əउ टेल इ स्कəउप
radioactive	ˈreɪ.di.əʊ.ˈæk.tɪv	रेइ डी əउ æक टिव
radioactivity	ˈreɪ.di.əʊ.æk.ˈtɪv.ə.ti	रेइ डी əउ æक टिव ə टी
radiocarbon dating	ˈreɪ.di.əʊ.ˈkɑː.bən.ˈdeɪ.tɪŋ	रेइ डी əउ काः बəन डेइ टिङ
radiogram	ˈreɪ.di.əʊ.græm	रेइ डी əउ ग्रæम
radiography	ˈreɪ.dɪ.ˈɒg.rə.fi	रेइ डि ɒग रə फ़ी
radioisotope	ˈreɪ.di.əʊ.ˈaɪ.sə.təʊp	रेइ डी əउ आइ सə टəउप
radiologist	ˈreɪ.dɪ.ˈɒl.ə.dʒɪst	रेइ डि ɒल ə जिस्ट
radiology	ˈreɪ.dɪ.ˈɒl.ə.dʒi	रेइ डि ɒल ə जी
radiotherapy	ˈreɪ.di.əʊ.ˈθer.ə.pi	रेइ डी əउ थेर ə पी
radish	ˈræd.ɪʃ	रæड इश
radium	ˈreɪ.di.əm	रेइ डी əम
radius	ˈreɪ.di.əs	रेइ डी əस
radix	ˈreɪ.dɪks	रेइ डिक्स
radon	ˈreɪ.dɒn	रेइ डɒन
raffle	ˈræf.ᵊl	रæफ़ ॰ल
raft	rɑːft	राःफ़्ट
rafter	ˈrɑːf.tə	राःफ़ टə
rag	ræg	रæग
rag doll	ˈræg.ˈdɒl	रæग डɒल
rag-and-bone man	ˈræg.ən.ˈbəʊn.mæn	रæग əन बəउन मæन
ragbag	ˈræg.bæg	रæग बæग
rage	reɪdʒ	रेइज
ragged	ˈræg.ɪd	रæग इड
rags	rægz	रæग्ज़
rags-to-riches	ˈrægz.tə.ˈrɪtʃ.ɪz	रæग्ज़ टə रिच इज़
ragtag	ˈræg.tæg	रæग टæग
ragtime	ˈræg.taɪm	रæग टाइम
raid	reɪd	रेइड
raider	ˈreɪd.ə	रेइड ə

rail	reɪl	रेइल
rail crossing	ˈreɪl.ˈkrɒs.ɪŋ	**रेइल क्रɒस** इङ
railcard	ˈreɪl.kaːd	**रेइल** काːड
railing	ˈreɪl.ɪŋ	**रेइल** इङ
railroad	ˈreɪl.rəʊd	**रेइल** रəउड
railway	ˈreɪl.weɪ	**रेइल** वेइ
rain	reɪn	रेइन
rain check	ˈreɪn.ˈtʃek	**रेइन चेक**
rain forest	ˈreɪn.ˈfɒr.ɪst	**रेइन फ़ɒर** इस्ट
rainbow	ˈreɪn.bəʊ	**रेइन** बəउ
rainbow trout	ˈreɪn.bəʊ.ˈtraʊt	**रेइन** बəउ **ट्राउट**
rainbows	ˈreɪn.bəʊz	**रेइन** बəउज़
raincoat	ˈreɪn.kəʊt	**रेइन** कəउट
raindrop	ˈreɪn.drɒp	**रेइन** ड्रɒप
rainfall	ˈreɪn.fɔːl	**रेइन** फ़ोːल
rain-gauge	ˈreɪn.geɪdʒ	**रेइन** गेइज
rainmaker	ˈreɪn.ˈmeɪ.kə	**रेइन मेइ** कə
rainproof	ˈreɪn.pruːf	**रेइन** प्रूːफ़
rains	reɪnz	रेइन्ज़
rainstorm	ˈreɪn.stɔːm	**रेइन** स्टोːम
rainwater	ˈreɪn.ˈwɔː.tə	**रेइन वोː** टə
rainy	ˈreɪn.i	**रेइन** ई
raise	reɪz	रेइज़
raise hell	ˈreɪz.ˈhel	**रेइज़ हेल**
raise hopes	ˈreɪz.ˈhəʊps	**रेइज़ हəउप्स**
raisin	ˈreɪz.ᵊn	**रेइज़** ᵊन
raising	ˈreɪz.ɪŋ	**रेइज़** इङ
raita (IO)	ˈraɪ.tə	**राइ** टə
rake	reɪk	रेइक
rally	ˈræl.i	**रæल** ई
ram	ræm	रæम
RAM	ræm	रæम
ramble	ˈræm.bᵊl	**रæम** बᵊल
rambling	ˈræm.bᵊl.ɪŋ	**रæम** बᵊल इङ
rambunctious	ræm.ˈbʌŋk.ʃəs	रæम **बʌङ्क** शəस
rambutan	ræm.ˈbuː.tᵊn	रæम **बूː** टᵊन
ramification	ˈræm.ɪ.fɪ.ˈkeɪ.ʃᵊn	**रæम** इ फ़ि **केइ** शᵊन
ramify	ˈræm.ɪ.faɪ	**रæम** इ फ़ाइ
ramp	ræmp	रæम्प
rampage	ræm.ˈpeɪdʒ	रæम **पेइज**
rampant	ˈræm.pᵊnt	**रæम** पᵊन्ट
rampart	ˈræm.pɑːt	**रæम** पाːट

ramrod	ˈræm.rɒd	**रæम** रɒड
ramshackle	ˈræm.ˈʃæk.ᵊl	**रæम शæक** ᵊल
ran	ræn	रæन
ranch	ræntʃ	रæन्च
ranch house	ˈræntʃ.ˈhaʊs	**रæन्च हाउस**
rancher	ˈræntʃ.ə	**रæन्च** ə
ranching	ˈræntʃ.ɪŋ	**रæन्च** इङ
rancid	ˈræn.sɪd	**रæन** सिड
rancorous	ˈræŋ.kə.rəs	**रæङ** कə रəस
rancour	ˈræŋ.kə	**रæङ** कə
rand	rænd	रæन्ड
random	ˈræn.dəm	**रæन** डəम
random-access	ˈræn.dəm.ˈæk.ses	**रæन** डəम **æक** सेस
randomisation	ˈræn.dəm.aɪ.ˈzeɪ.ʃᵊn	**रæन** डəम आइ **ज़ेइ** शᵊन
randomise	ˈræn.dəm.aɪz	**रæन** डəम आइज़
randomly	ˈræn.dəm.li	**रæन** डəम ली
rang	ræŋ	रæङ
range	reɪndʒ	रेइन्ज
ranger	ˈreɪn.dʒə	**रेइन** जə
rank	ræŋk	रæङ्क
rank and file	ˈræŋk.ən.ˈfaɪl	**रæङ्क** əन **फ़ाइल**
ranking	ˈræŋk.ɪŋ	**रæङ्क** इङ
rankle	ˈræŋ.kᵊl	**रæङ** कᵊल
ranks	ræŋks	रæङ्क्स
ransack	ˈræn.sæk	**रæन** सæक
ransom	ˈræn.səm	**रæन** सəम
rant	rænt	रæन्ट
rap	ræp	रæप
rape	reɪp	रेइप
rapid	ˈræp.ɪd	**रæप** इड
rapid eye movement	ˈræp.ɪd.aɪ.ˈmuːv.mᵊnt	**रæप** इड आइ **मूːव** मᵊन्ट
rapid fire	ˈræp.ɪd.ˈfaɪ.ə	**रæप** इड **फ़ाइ** ə
rapidity	rə.ˈpɪd.ə.ti	रə **पिड** ə टी
rapidly	ˈræp.ɪd.li	**रæप** इड ली
rapids	ˈræp.ɪdz	**रæप** इड्ज़
rapid-transit	ˈræp.ɪd.ˈtræn.zɪt	**रæप** इड **ट्रæन** ज़िट
rapist	ˈreɪ.pɪst	**रेइ** पिस्ट
rapport	ˈræp.ɔː	**रæप** ओː
rapporteur	ˈræp.ɔː.ˈtɜː	**रæप** ओː **टɜː**
rapprochement	ræp.ˈrɒʃ.mɒ̃ŋ	रæप **रɒश** मɒङ

rapt	ræpt	रæप्ट
rapture	ˈræp.tʃə	**रæप** चə
rapturous	ˈræp.tʃᵊr.əs	**रæप** च॰र əस
rare	reə	रेə
rarely	ˈreə.li	**रेə** ली
raring	ˈreə.rɪŋ	**रेə** रिङ
rarity	ˈreə.rə.ti	**रेə** रə टी
rascal	ˈrɑː.skᵊl	**रा:** स्क॰ल
rash	ræʃ	रæश
rasher	ˈræʃ.ə	**रæश** ə
rasp	ræp	रæप
raspberry	ˈrɑː.z.bᵊr.i	**रा:ज़** ब॰र ई
raspy	ˈrɑː.spi	**रा:** स्पी
Rastafarian	ˈræs.tə.ˈfeə.ri.ən	**रæस** टə **फ़ेə** री əन
rat	ræt	रæट
rat race	ˈræt.reɪs	**रæट** रेइस
rat trap	ˈræt.træp	**रæट** ट्रæप
ratable	ˈreɪ.tə.bᵊl	**रेइ** टə ब॰ल
rat-a-tat	ˈræt.ə.ˈtæt	**रæट** ə **टæट**
ratatouille	ˈræt.ə.ˈtuː.i	**रæट** ə **टू:** ई
ratbag	ˈræt.bæg	**रæट** बæग
rat-catcher	ˈræt.ˈkætʃ.ə	**रæट** **कæच** ə
ratchet	ˈrætʃ.ɪt	**रæच** इट
rate	reɪt	रेइट
rather	ˈrɑː.ðə	**रा:** दə
ratification	ˈræt.ɪ.fɪ.ˈkeɪ.ʃᵊn	**रæट** इ फ़ि **केइ** श॰न
ratify	ˈræt.ɪ.faɪ	**रæट** इ फ़ाइ
rating	ˈreɪ.tɪŋ	**रेइ** टिङ
ratio	ˈreɪ.ʃɪ.əʊ	**रेइ** शि əउ
ration	ˈræʃ.ᵊn	**रæश** ॰न
rational	ˈræʃ.ᵊn.ᵊl	**रæश** ॰न ॰ल
rationale	ˈræʃ.ə.ˈnɑːl	**रæश** ə **ना:ल**
rationalisation	ˈræʃ.ᵊn.ᵊl.aɪ.ˈzeɪ.ʃᵊn	**रæश** ॰न ॰ल आइ **ज़ेइ** श॰न
rationalise	ˈræʃ.ᵊn.ᵊl.aɪz	**रæश** ॰न ॰ल आइज़
rationally	ˈræʃ.ᵊn.ᵊl.i	**रæश** ॰न ॰ल ई
rationing	ˈræʃ.ᵊn.ɪŋ	**रæश** ॰न इङ
rattan	ræt.ˈæn	रæट **æन**
rattle	ˈræt.ᵊl	**रæट** ॰ल
rattler	ˈræt.ᵊl.ə	**रæट** ॰ल ə
rattlesnake	ˈræt.ᵊl.sneɪk	**रæट** ॰ल स्नेइक
rattling	ˈræt.lɪŋ	**रæट** लिङ
raucous	ˈrɔː.kəs	**रो:** कəस
raucously	ˈrɔː.kəs.li	**रो:** कəस ली
raunchy	ˈrɒn.tʃi	**रɒन** ची
ravage	ˈræv.ɪdʒ	**रæव** इज
rave	reɪv	रेइव
raven	ˈreɪv.ᵊn	**रेइव** ॰न
ravenous	ˈræv.ə.nəs	**रæव** ə नəस
ravine	rə.ˈviːn	रə **वी:न**
raving	ˈreɪ.vɪŋ	**रेइ** विङ
ravioli	ˈræv.i.ˈəʊ.li	**रæव** ई **əउ** ली
ravish	ˈræv.ɪʃ	**रæव** इश
ravishing	ˈræv.ɪ.ʃɪŋ	**रæव** इ शिङ
raw	rɔː	रो:
raw deal	rɔː.ˈdiːl	रो: **डी:ल**
raw material	ˈrɔː.mə.ˈtɪə.ri.əl	**रो:** मə **टिə** री əल
rawhide	ˈrɔː.haɪd	**रो:** हाइड
ray	reɪ	रेइ
rayon	ˈreɪ.ɒn	**रेइ** ɒन
raze	reɪz	रेइज़
razor	ˈreɪ.zə	**रेइ** ज़ə
razor blade	ˈreɪ.zə.bleɪd	**रेइ** ज़ə ब्लेइड
razor-sharp	ˈreɪ.zə.ˈʃaːp	**रेइ** ज़ə **शा:प**
razzamataz	ˈræz.mə.tæz	**रæज़** मə टæज़
Rd. (abb)	rəʊd	रəउड
re	riː	री:
reach	riːtʃ	री:च
react	rɪ.ˈækt	रि **æक्ट**
reaction	rɪ.ˈæk.ʃᵊn	रि **æक** श॰न
reactionary	rɪ.ˈæk.ʃᵊn.ᵊr.i	रि **æक** श॰न ॰र ई
reactivate	ri.ˈæk.tɪv.eɪt	री **æक** टिव एइट
reactivation	ri.ˈæk.tɪ.ˈveɪ.ʃᵊn	री **æक** टि **वेइ** श॰न
reactive	ri.ˈæk.tɪv	री **æक** टिव
reactor	rɪ.ˈæk.tə	रि **æक** टə
read	riːd	री:ड
readable	ˈriː.də.bᵊl	**री:** डə ब॰ल
reader	ˈriː.də	**री:** डə
readership	ˈriː.də.ʃɪp	**री:** डə शिप
readily	ˈred.ᵊl.i	**रेड** ॰ल ई
readiness	ˈred.ɪ.nəs	**रेड** इ नəस
reading	ˈriː.dɪŋ	**री:** डिङ
readjust	ˈriː.ə.ˈdʒʌst	**री:** ə **जʌस्ट**

readjustment	ˈriː.ə.ˈdʒʌst.mᵊnt	**री**ː ə **जʌस्ट** मᵊन्ट
readmission	ˈriː.əd.ˈmɪʃ.ᵊn	**री**ː əड **मिश** ᵊन
readmit	ˈriː.əd.ˈmɪt	**री**ː əड **मिट**
readout	ˈriː.ˈdaʊt	**री**ː **डाउट**
ready	ˈred.i	**रेड** ई
ready money	ˈred.i.ˈmʌn.i	**रेड** ई **मʌन** ई
ready-made	ˈred.ɪ.ˈmeɪd	**रेड** इ **मेइड**
ready-to-wear	ˈred.ɪ.tə.ˈweə	**रेड** इ टə **वेə**
reaffirm	ˈriː.ə.ˈfɜːm	**री**ː ə **फ़ɜːम**
reafforestation	ˈriː.ə.ˈfɒr.ɪ.ˈsteɪ.ʃᵊn	**री**ː ə **फ़ɒर** इ **स्टेइ** शᵊन
reagent	riː.ˈeɪ.dʒᵊnt	रीː **एइ** जᵊन्ट
real	rɪəl	रिəल
real estate	ˈrɪəl.ɪ.ˈsteɪt	**रिəल** इ **स्टेइट**
real life	ˈrɪəl.ˈlaɪf	**रिəल लाइफ़**
realign	ˈriː.ə.ˈlaɪn	**री**ː ə **लाइन**
realisation	ˈriː.ə.laɪ.ˈzeɪ.ʃᵊn	**री**ː ə लाइ **ज़ेइ** शᵊन
realise	ˈriː.ə.laɪz	**री**ː ə लाइज़
realism	ˈrɪə.lɪ.zᵊm	**रिə** लि ज़ᵊम
realist	ˈrɪə.lɪst	**रिə** लिस्ट
realistic	ˈrɪə.ˈlɪs.tɪk	**रिə लिस** टिक
realistically	ˈrɪə.ˈlɪs.tɪk.ᵊl.i	**रिə लिस** टिक ᵊल ई
reality	ri.ˈæl.ə.ti	री **æल** ə टी
reality check	ri.ˈæl.ə.ti.ˈtʃek	री **æल** ə टी **चेक**
real-life drama	ˈrɪəl.ˈlaɪf.ˈdrɑː.mə	**रिəल लाइफ़ ड्राː** मə
reallocate	ˈriː.ˈæl.ə.keɪt	**री**ː **æल** ə केइट
reallocation	ˈriː.ˈæl.ə.ˈkeɪ.ʃᵊn	**री**ː **æल** ə **केइ** शᵊन
really	ˈrɪə.li	**रिə** ली
realm	relm	रेल्म
real-time	ˈrɪəl.taɪm	**रिəल** टाइम
realty	ˈrɪəl.ti	**रिəल** टी
ream	riːm	रीːम
reap	riːp	रीːप
reappear	ˈriː.ə.ˈpɪə	**री**ː ə **पिə**
reappearance	ˈri.ə.ˈpɪə.rᵊns	**री** ə **पिə** रᵊन्स
reapplication	ˈriː.æp.lɪ.ˈkeɪ.ʃᵊn	**री**ː æप लि **केइ** शᵊन
reapply	ˈriː.ə.ˈplaɪ	**री**ː ə **प्लाइ**
reappoint	ˈriː.ə.ˈpɔɪnt	**री**ː ə **पोइन्ट**
reappraisal	ˈriː.ə.ˈpreɪ.zᵊl	**री**ː ə **प्रेइ** ज़ᵊल
reappraise	ˈriː.ə.ˈpreɪz	**री**ː ə **प्रेइज़**
rear	rɪə	रिə
rear-admiral	ˈrɪər.ˈæd.mᵊr.ᵊl	**रिəर æड** मᵊर ᵊल
rear-end	ˈrɪər.ˈend	**रिəर एन्ड**

rear-guard	ˈrɪə.gɑːd	**रिə** गाːड
rearm	ˈriː.ˈɑːm	**री**ː **आːम**
rearmost	ˈrɪə.məʊst	**रिə** मəउस्ट
rearrange	ˈriː.ə.ˈreɪndʒ	**री**ː ə **रेइन्ज**
rearrangement	ˈriː.ə.ˈreɪndʒ.mᵊnt	**री**ː ə **रेइन्ज** मᵊन्ट
rear-view mirror	ˈrɪə.vjuː.ˈmɪr.ə	**रिə** व्यूː **मिर** ə
reason	ˈriː.zᵊn	**री**ː ज़ᵊन
reasonable	ˈriː.zᵊn.ə.bᵊl	**री**ː ज़ᵊन ə बᵊल
reasonably	ˈriː.zᵊn.ə.bli	**री**ː ज़ᵊन ə ब्ली
reasoning	ˈriː.zᵊn.ɪŋ	**री**ː ज़ᵊन इङ
reasons	ˈriː.zᵊnz	**री**ː ज़ᵊन्ज़
reassemble	ˈriː.ə.ˈsem.bᵊl	**री**ː ə **सेम** बᵊल
reassert	ˈriː.ə.ˈsɜːt	**री**ː ə **सɜːट**
reassess	ˈriː.ə.ˈses	**री**ː ə **सेस**
reassign	ˈriː.ə.ˈsaɪn	**री**ː ə **साइन**
reassurance	ˈriː .ə.ˈʃuə.rᵊns	**री**ː ə **शूə** रᵊन्स
reassure	ˈriː.ə.ˈʃɔː	**री**ː ə **शोː**
reassuring	ˈriː.ə.ˈʃɔː.rɪŋ	**री**ː ə **शोː** रिङ
reassuringly	ˈriː.ə.ˈʃɔː.rɪŋ.li	**री**ː ə **शोː** रिङ ली
rebate (n)	ˈriː.beɪt	**री**ː बेइट
rebate (v)	rɪ.ˈbeɪt	रि **बेइट**
rebel (n)	ˈreb.əl	**रेब** əल
rebel (v)	rɪ.ˈbel	रि **बेल**
rebellion	rɪ.ˈbel.i.ən	रि **बेल** ई əन
rebellious	rɪ.ˈbel.i.əs	रि **बेल** ई əस
rebirth	ˈriː.ˈbɜːθ	**री**ː **बɜːथ**
reboot	ˈriː.ˈbuːt	**री**ː **बूːट**
reborn	ˈriː.ˈbɔːn	**री**ː **बोːन**
rebound (adj)	ˈriː.ˈbaʊnd	**री**ː **बाउन्ड**
rebound (n)	ˈriː.baʊnd	**री**ː बाउन्ड
rebound (v)	rɪ.ˈbaʊnd	रि **बाउन्ड**
rebuff	rɪ.ˈbʌf	रि **बʌफ़**
rebuild	ˈriː.ˈbɪld	**री**ː **बिल्ड**
rebuilt	ˈriː.ˈbɪlt	**री**ː **बिल्ट**
rebuke	rɪ.ˈbjuːk	रि **ब्यूːक**
rebut	rɪ.ˈbʌt	रि **बʌट**
rebuttal	rɪ.ˈbʌt.ᵊl	रि **बʌट** ᵊल
recalcitrant	rɪ.ˈkæl.sɪ.trᵊnt	रि **कæल** सि ट्रᵊन्ट
recall (n)	ˈriː.kɔːl	**री**ː कोːल
recall (v)	rɪ.ˈkɔːl	रि **कोːल**
recant	rɪ.ˈkænt	रि **कæन्ट**
recantation	ˈriː.kæn.ˈteɪ.ʃᵊn	**री**ː कæन **टेइ** शᵊन
recap (n)	ˈriː.kæp	**री**ː कæप

recap (v)	ri:.ˈkæp	री: कæप
recapitulate	ˈri:.kə.ˈpɪtʃ.ə.leɪt	री: कə पिच ə लेइट
recapitulation	ˈri:.kə.ˈpɪtʃ.ə.ˈleɪ.ʃᵊn	री: कə पिच ə लेइ शᵊन
recapture	ˈri:.ˈkæp.tʃə	री: कæप चə
recast	ˈri:.ˈkɑ:st	री: का:स्ट
recede	rɪ.ˈsi:d	रि सी:ड
receipt	rɪ.ˈsi:t	रि सी:ट
receive	rɪ.ˈsi:v	रि सी:व
Received Pronunciation	rɪ.ˈsi:vd.prə.nʌn.sɪ.ˈeɪ.ʃᵊn	रि सी:व्ड प्रə नʌन सि एइ शᵊन
receiver	rɪ.ˈsi:.və	रि सी: वə
receivership	rɪ.ˈsi:.və.ʃɪp	रि सी: वə शिप
recency	ˈri:.sən.si	री: सəन सी
recent	ˈri:.sᵊnt	री: सᵊन्ट
recently	ˈri:.sᵊnt.li	री: सᵊन्ट ली
receptacle	rɪ.ˈsep.tə.kᵊl	रि सेप टə कᵊल
reception	rɪ.ˈsep.ʃᵊn	रि सेप शᵊन
receptionist	rɪ.ˈsep.ʃᵊn.ɪst	रि सेप शᵊन इस्ट
receptive	rɪ.ˈsep.tɪv	रि सेप टिव
recess	rɪ.ˈses	रि सेस
recession	rɪ.ˈseʃ.ᵊn	रि सेश ᵊन
recharge (n)	ˈri:.tʃɑ:dʒ	री: चा:ज
recharge (v)	ri:.ˈtʃɑ:dʒ	री: चा:ज
recipe	ˈres.ɪ.pi	रेस इ पी
recipe book	ˈres.ɪ.pi.bʊk	रेस इ पी बुक
recipient	rɪ.ˈsɪp.ɪ.ᵊnt	रि सिप इ ᵊन्ट
reciprocal	rɪ.ˈsɪp.rə.kᵊl	रि सिप रə कᵊल
reciprocate	rɪ.ˈsɪp.rə.keɪt	रि सिप रə केइट
reciprocity	ˈres.ɪ.ˈprɒs.ɪ.ti	रेस इ प्रɒस इ टी
recital	rɪ.ˈsaɪ.tᵊl	रि साइ टᵊल
recitation	ˈres.ɪ.ˈteɪ.ʃᵊn	रेस इ टेइ शᵊन
recite	rɪ.ˈsaɪt	रि साइट
reckless	ˈrek.ləs	रेक लəस
recklessly	ˈrek.ləs.li	रेक लəस ली
recklessness	ˈrek.ləs.nəs	रेक लəस नəस
reckon	ˈrek.ᵊn	रेक ᵊन
reckoning	ˈrek.ᵊn.ɪŋ	रेक ᵊन इङ
reclaim	rɪ.ˈkleɪm	रि क्लेइम
reclaimable	rɪ.ˈkleɪm.ə.bᵊl	रि क्लेइम ə बᵊल
reclamation	ˈre.klə.ˈmeɪ.ʃᵊn	रे क्लə मेइ शᵊन
recline	rɪ.ˈklaɪn	रि क्लाइन
recliner	rɪ.ˈklaɪ.nə	रि क्लाइ नə
recluse	rɪ.ˈklu:s	रि क्लू:स
recognisable	ˈrek.əg.naɪ.zə.bᵊl	रेक əग नाइ ज़ə बᵊल
recognisably	ˈrek.əg.naɪ.zə.bli	रेक əग नाइ ज़ə ब्ली
recognise	ˈrek.əg.naɪz	रेक əग नाइज़
recognition	ˈrek.əg.ˈnɪʃ.ᵊn	रेक əग निश ᵊन
recoil (n)	ˈri:.kɔɪl	री: कोइल
recoil (v)	rɪ.ˈkɔɪl	रि कोइल
recollect	ˈrek.ᵊl.ˈekt	रेक ᵊल एक्ट
recollection	ˈrek.ᵊl.ˈek.ʃᵊn	रेक ᵊल एक शᵊन
recommence	ˈri:.kə.ˈmens	री: कə मेन्स
recommend	ˈrek.ə.ˈmend	रेक ə मेन्ड
recommendation	ˈrek.ə.men.ˈdeɪ.ʃᵊn	रेक ə मेन डेइ शᵊन
recompense	ˈrek.əm.pens	रेक əम पेन्स
recompose	ˈri:.kəm.ˈpəʊz	री: कəम पəउज़
reconcilable	ˈrek.ᵊn.saɪ.lə.bᵊl	रेक ᵊन साइ लə बᵊल
reconcile	ˈrek.ᵊn.saɪl	रेक ᵊन साइल
reconciliation	ˈrek.ᵊn.ˈsɪl.i.ˈeɪ.ʃᵊn	रेक ᵊन सिल ई एइ शᵊन
reconnaissance	rɪ.ˈkɒn.ɪ.sᵊns	रि कɒन इ सᵊन्स
reconnoitre	ˈrek.ə.ˈnɔɪ.tə	रेक ə नोइ टə
reconquer	ˈri:.ˈkɒŋ.kə	री: कɒङ कə
reconsider	ˈri:.kən.ˈsɪd.ə	री: कəन सिड ə
reconsidertion	ˈri:.kən.ˈsɪd.ᵊr.ˈeɪ.ʃᵊn	री: कəन सिड ᵊर एइ शᵊन
reconstitute	ˈri:.ˈkɒn.stɪ.tju:t	री: कɒन स्टि ट्यू:ट
reconstruct	ˈri:.kᵊn.ˈstrʌkt	री: कᵊन स्ट्रʌक्ट
reconstruction	ˈri:.kᵊn.ˈstrʌk.ʃᵊn	री: कᵊन स्ट्रʌक शᵊन
reconvene	ˈri:.kən.ˈvi:n	री: कəन वी:न
reconversion	ˈri:.kən.ˈvɜ:.ʒᵊn	री: कəन वɜ: ज़ᵊन
reconvert	ˈri:.kən.ˈvɜ:t	री: कəन वɜ:ट
record (n)	ˈrek.ɔ:d	रेक ओ:ड
record (v)	rɪ.ˈkɔ:d	रि को:ड
record player	ˈrek.ɔ:d.ˈpleɪ.ə	रेक ओ:ड प्लेइ ə
record-breaking	ˈrek.ɔ:d.ˈbreɪ.kɪŋ	रेक ओ:ड ब्रेइ किङ
recorder	rɪ.ˈkɔ:.də	रि को: डə
recording	rɪ.ˈkɔ:.dɪŋ	रि को: डिङ
recount (n)	ˈri:.kaʊnt	री: काउन्ट
recount (v)	rɪ.ˈkaʊnt	रि काउन्ट

recoup	rɪ.ˈkuːp	रि कू:प
recourse	rɪ.ˈkɔːs	रि को:स
recover	rɪ.ˈkʌv.ə	रि कʌव ə
recovery	rɪ.ˈkʌv.ᵊr.i	रि कʌव ॰र ई
recreate	ˈriː.kriː.ˈeɪt	री: क्री: एइट
recreation	ˈriː.kriː.ˈeɪ.ʃᵊn	री: क्री: एइ श॰न
recreational	ˈriː.kriː.ˈeɪ.ʃᵊn.ᵊl	री: क्री: एइ श॰न ॰ल
recriminate	rɪ.ˈkrɪm.ɪ.neɪt	रि क्रिम इ नेइट
recrimination	rɪ.ˈkrɪm.ɪ.ˈneɪ.ʃᵊn	रि क्रिम इ नेइ श॰न
recruit	rɪ.ˈkruːt	रि क्रू:ट
recruiter	rɪ.ˈkruː.tə	रि क्रू: टə
recruitment	rɪ.ˈkruːt.mᵊnt	रि क्रू:ट म॰न्ट
rectal	ˈrek.təl	रेक टəल
rectangle	ˈrek.tæŋ.gᵊl	रेक टæङ ग॰ल
rectangular	rek.ˈtæŋ.gjə.lə	रेक टæङ ग्यə लə
rectification	ˈrek.tɪ.fɪ.ˈkeɪ.ʃᵊn	रेक टि फ़ि केइ श॰न
rectify	ˈrek.tɪ.faɪ	रेक टि फ़ाइ
rectilinear	ˈrek.tɪ.ˈlɪn.i.ə	रेक टि लिन ई ə
rectitude	ˈrek.tɪ.tjuːd	रेक टि ट्यू:ड
rector	ˈrek.tə	रेक टə
rectum	ˈrek.təm	रेक टəम
recuperate	rɪ.ˈkjuː.pᵊr.eɪt	रि क्यू: प॰र एइट
recuperation	rɪˈ.kjuː.pə.ˈreɪ.ʃᵊn	रि क्यू: पə रेइ श॰न
recur	rɪ.ˈkɜː	रि कɜ:
recurrence	rɪ.ˈkʌr.ᵊns	रि कʌर ॰न्स
recurrent	rɪ.ˈkʌr.ᵊnt	रि कʌर ॰न्ट
recursive	rɪ.ˈkɜː.sɪv	रि कɜ: सिव
recyclable	ˈriː.ˈsaɪ.kᵊl.ə.bᵊl	री: साइ क॰ल ə ब॰ल
recycle	ˈriː.ˈsaɪ.kᵊl	री: साइ क॰ल
recycled	ˈriː.ˈsaɪ.kᵊld	री: साइ क॰ल्ड
recycling	ˈriː.ˈsaɪ.kᵊl.ɪŋ	री: साइ क॰ल इङ
red	red	रेड
red alert	ˈred.ə.ˈlɜːt	रेड ə लɜ:ट
red blood cell	ˈred.ˈblʌd.ˈsel	रेड ब्लʌड सेल
red card	ˈred.ˈkɑːd	रेड का:ड
Red Crescent	ˈred.ˈkres.ᵊnt	रेड क्रेस ॰न्ट
Red Cross	ˈred.ˈkrɒs	रेड क्रɒस
red herring	ˈred.ˈher.ɪŋ	रेड हेर इङ
red hot	ˈred.ˈhɒt	रेड हɒट
Red Indian	ˈred.ˈɪn.dɪən	रेड इन डिəन
red ink	ˈred.ɪŋk	रेड इङ्क
red-light district	ˈred.ˈlaɪt.ˈdɪs.trɪkt	रेड लाइट डिस ट्रिक्ट
red meat	ˈred.ˈmiːt	रेड मी:ट
red pepper	red.ˈpep.ə	रेड पेप ə
red tape	ˈred.ˈteɪp	रेड टेइप
red-blooded	ˈred.ˈblʌd.ɪd	रेड ब्लʌड इड
redbrick	ˈred.brɪk	रेड ब्रिक
red-carpet	ˈred.ˈkɑː.pɪt	रेड का: पिट
redcurrant	ˈred.ˈkʌr.ᵊnt	रेड कʌर ॰न्ट
redden	ˈred.ᵊn	रेड ॰न
reddish	ˈred.ɪʃ	रेड इश
redecorate	riː.ˈdek.ᵊr.eɪt	री: डेक ॰र एइट
redeem	rɪ.ˈdiːm	रि डी:म
redeemable	rɪ.ˈdiː.mə.bᵊl	रि डी: मə ब॰ल
redeliver	riː.dɪ.ˈlɪv.əʳ	री: डि लिव əर
redemption	rɪ.ˈdem.ʃᵊn	रि डेम श॰न
redeploy	ˈriː.dɪ.ˈplɔɪ	री: डि प्लोइ
redesign	ˈriː.dɪ.ˈzaɪn	री: डि ज़ाइन
redevelop	ˈriː.dɪ.ˈvel.əp	री: डि वेल əप
redevelopment	ˈriː.dɪ.ˈvel.əp.mᵊnt	री: डि वेल əप म॰न्ट
red-eye	ˈred.aɪ	रेड आइ
red-handed	ˈred.ˈhæn.dɪd	रेड हæन डिड
redhead	ˈred.hed	रेड हेड
redial	ˈriː.ˈdaɪ.əl	री: डाइ əल
redid	ˈriː.ˈdɪd	री: डिड
redirect	ˈriː.dɪ.ˈrekt	री: डि रेक्ट
rediscover	ˈriː.dɪ.ˈskʌv.ə	री: डि स्कʌव ə
redistribute	ˈriː.dɪ.ˈstrɪb.juːt	री: डि स्ट्रिब यू:ट
redistribution	ˈriː.dɪ.strɪ.ˈbjuː.ʃn	री: डि स्ट्रि ब्यू: श॰न
redivide	ˈriː.dɪ.ˈvaɪd	री: डि वाइड
red-letter day	ˈred.ˈlet.ə.ˈdeɪ	रेड लेट ə डेइ
redneck	ˈred.nek	रेड नेक
redness	ˈred.nəs	रेड नəस
redo	ˈriː.ˈduː	री: डू:
redolent	ˈred.ᵊl.ᵊnt	रेड ॰ल ॰न्ट
redone	ˈriː.ˈdʌn	री: डʌन
redouble	ˈriː.ˈdʌb.ᵊl	री: डʌब ॰ल
redoubt	rɪ.ˈdaʊt	रि डाउट
redraft	ˈriː.ˈdrɑːft	री: ड्रा:फ़्ट
re-draw	ˈriː.ˈdrɔː	री: ड्रो:
redress (n)	ˈriː.dres	री: ड्रेस
redress (v)	rɪ.ˈdres	रि ड्रेस
redshift	ˈred.ʃɪft	रेड शिफ़्ट

redskin	ˈred.skɪn	रेड स्किन
reduce	rɪ.ˈdʒuːs	रि जूःस
reducing agent	rɪ.ˈdjuː.sɪŋ.ˈeɪ.dʒᵊnt	रि ड्यूः सिङ एइ जन्ट
reduction	rɪ.ˈdʌk.ʃᵊn	रि डʌक शन
redundancy	rɪ.ˈdʌn.dən.si	रि डʌन डअन सी
redundant	rɪ.ˈdʌn.dᵊnt	रि डʌन डन्ट
reduplicate	rɪ.ˈdjuː.plɪ.keɪt	रि ड्यूः प्लि केइट
reduplication	rɪ.ˈdjuː.plɪ.ˈkeɪ.ʃᵊn	रि ड्यूः प्लि केइ शन
redwood	ˈred.wʊd	रेड वुड
reed	riːd	रीःड
re-educate	ˈriː.ˈed.ʊ.ˈkeɪt	रीः एड उ केइट
re-education	ˈriː.ˈed.ʊ.ˈkeɪ.ʃᵊn	रीः एड उ केइ शन
reef	riːf	रीःफ़
reek	riːk	रीःक
reel	riːl	रीःल
re-elect	ˈriː.ɪ.ˈlekt	रीः इ लेक्ट
re-election	ˈriː.ɪ.ˈlek.ʃᵊn	रीः इ लेक शन
re-enact	ˈriː.i.ˈnækt	रीः ई नæक्ट
re-enactment	ˈriː.i.ˈnækt.mᵊnt	रीः ई नæक्ट मन्ट
re-enter	ˈriː.ˈen.tə	रीः एन टअ
re-entry	ˈriː.ˈen.tri	रीः एन ट्री
re-establish	ˈriː.ɪ.ˈstæb.lɪʃ	रीः इ स्टæब लिश
re-examination	ˈriː.ɪg.ˈzæm.ə.ˈneɪ.ʃᵊn	रीः इग ज़æम अ नेइ शन
re-examine	ˈriː.ɪg.ˈzæm.ɪn	रीः इग ज़æम इन
re-export	ˈriː.ek.ˈspɔːt	रीः एक स्पोःट
ref	ref	रेफ़
refectory	rɪ.ˈfek.tᵊr.i	रि फ़ेक टर ई
refer	rɪ.ˈfɜː	रि फ़ɜː
referee	ˈref.ᵊr.i	रेफ़ र ई
reference	ˈref.ᵊr.ᵊns	रेफ़ र न्स
referendum	ˈref.ᵊr.ˈen.dəm	रेफ़ र एन डअम
referent	ˈref.ᵊr.ᵊnt	रेफ़ र न्ट
referential	ˈref.ᵊr.ˈen.ʃᵊl	रेफ़ र एन शल
referral	rɪ.ˈfɜː.rᵊl	रि फ़ɜː रल
refill (n)	ˈriː.fɪl	रीः फ़िल
refill (v)	riː.ˈfɪl	रीः फ़िल
refinance	ˈriː.ˈfaɪ.næns	रीः फ़ाइ नæन्स
refine	rɪ.ˈfaɪn	रि फ़ाइन
refined	rɪ.ˈfaɪnd	रि फ़ाइन्ड
refinement	rɪ.ˈfaɪn.mᵊnt	रि फ़ाइन मन्ट
refinery	rɪ.ˈfaɪ.nᵊr.i	रि फ़ाइ नर ई
refinish	ˈriː.ˈfɪn.ɪʃ	रीः फ़िन इश
refit (n)	ˈriː.fɪt	रीः फ़िट
refit (v)	ˈriː.ˈfɪt	रीः फ़िट
reflate	ˈriː.ˈfleɪt	रीः फ़्लेइट
reflect	rɪ.ˈflekt	रि फ़्लेक्ट
reflection	rɪ.ˈflek.ʃᵊn	रि फ़्लेक शन
reflective	rɪ.ˈflek.tɪv	रि फ़्लेक टिव
reflector	rɪ.ˈflek.tə	रि फ़्लेक टअ
reflex	ˈriː.fleks	रीः फ़्लेक्स
reflexes	ˈriː.flek.sɪz	रीः फ़्लेक सिज़
reflexive	rɪ.ˈflek.sɪv	रि फ़्लेक सिव
reflexology	ˈriː.flek.ˈsɒl.ə.dʒi	रीः फ़्लेक सɒल अ जी
refloat	ˈriː.ˈfləʊt	रीः फ़्लअउट
reflux	ˈriː.flʌks	रीः फ़्लʌक्स
reforest	ˈriː.ˈfɒr.ɪst	रीः फ़ɒर इस्ट
reforestation	riː.ˈfɒr.ɪ.ˈsteɪ.ʃᵊn	रीः फ़ɒर इ स्टेइ शन
reform (n)	ˈriː.fɔːm	रीः फ़ोःम
reform (v)	rɪ.ˈfɔːm	रि फ़ोःम
reformation	ˈref.ə.ˈmeɪ.ʃᵊn	रेफ़ अ मेइ शन
reformer	rɪ.ˈfɔː.mə	रि फ़ोः मअ
reformist	rɪ.ˈfɔː.mɪst	रि फ़ोः मिस्ट
refraction	rɪ.ˈfræk.ʃᵊn	रि फ़्रæक शन
refrain	rɪ.ˈfreɪn	रि फ़्रेइन
refresh	rɪ.ˈfreʃ	रि फ़्रेश
refresher course	rɪ.ˈfreʃ.ə.ˈkɔːs	रि फ़्रेश अ कोःस
refreshing	rɪ.ˈfreʃ.ɪŋ	रि फ़्रेश इङ
refreshingly	rɪ.ˈfreʃ.ɪŋ.li	रि फ़्रेश इङ ली
refreshment	rɪ.ˈfreʃ.mᵊnt	रि फ़्रेश मन्ट
refrigerate	rɪ.ˈfrɪdʒ.ᵊr.eɪt	रि फ़्रिज र एइट
refrigeration	rɪ.ˈfrɪdʒ.ᵊr.ˈeɪ.ʃᵊn	रि फ़्रिज र एइ शन
refrigerator	rɪ.ˈfrɪdʒ.ᵊr.eɪ.tə	रि फ़्रिज र एइ टअ
refuel	ˈriː.ˈfjuː.əl	रीः फ़्यूː अल
refuge	ˈref.juːdʒ	रेफ़ यूःज
refugee	ˈref.ju.ˈdʒiː	रेफ़ यू जीः
refund (n)	ˈriː.fʌnd	रीः फ़ʌन्ड
refund (v)	rɪ.ˈfʌnd	रि फ़ʌन्ड
refundable	rɪ.ˈfʌn.də.bᵊl	रि फ़ʌन डअ बल
refurbish	ˈriː.ˈfɜː.bɪʃ	रीः फ़ɜः बिश

refurbishment	ˈriː.ˈfɜː.bɪʃ.mᵊnt	**रीः फ़ɜः** बिश म॰न्ट
refurnish	riː.ˈfɜː.nɪʃ	रीः **फ़ɜः** निश
refusal	rɪ.ˈfjuː.zᵊl	रि **फ़्यूः** ज़॰ल
refuse (n,adj)	ˈref.juːs	**रेफ़** यूःस
refuse (v)	rɪ.ˈfjuːz	रि **फ़्यूःज़**
refute	rɪ.ˈfjuːt	रि **फ़्यूःट**
regain	rɪ.ˈgeɪn	रि **गेइन**
regal	ˈriː.gᵊl	**रीः** ग॰ल
regalia	rɪ.ˈgeɪ.li.ə	रि **गेइ** ली ə
regard	rɪ.ˈgɑːd	रि **गाःड**
regarding	rɪ.ˈgɑː.dɪŋ	रि **गाः** डिङ
regardless	rɪ.ˈgɑːd.ləs	रि **गाःड** लəस
regards	rɪ.ˈgɑːdz	रि **गाःड्ज़**
regatta	rɪ.ˈgæt.ə	रि **गæट** ə
regency	ˈriː.dʒən.si	**रीः** जəन सी
regenerate (adj)	rɪ.ˈdʒen.ᵊr.ət	रि **जेन** ॰र əट
regenerate (v)	rɪ.ˈdʒen.ᵊr.eɪt	रि **जेन** ॰र एइट
regeneration	rɪ.ˈdʒen.ᵊr.ˈeɪ.ʃᵊn	रि **जेन** ॰र **एइ** श॰न
regent	ˈriː.dʒᵊnt	**रीः** ज॰न्ट
reggae	ˈreg.eɪ	**रेग** एइ
regime	reɪ.ˈʒiːm	रेइ **ज़ीःम**
regimen	ˈredʒ.ɪ.mən	**रेज** इ मəन
regiment (n)	ˈredʒ.ɪ.mᵊnt	**रेज** इ म॰न्ट
regiment (v)	ˈredʒ.ɪ.ment	**रेज** इ मेन्ट
regimental	ˈredʒ.ɪ.ˈmen.tᵊl	**रेज** इ **मेन** ट॰ल
regimentation	ˈredʒ.ɪ.men.ˈteɪ.ʃᵊn	**रेज** इ मेन **टेइ** श॰न
regimented	ˈredʒ.ɪ.mən.tɪd	**रेज** इ मəन टिड
region	ˈriː.dʒᵊn	**रीः** ज॰न
regional	ˈriː.dʒᵊn.ᵊl	**रीः** ज॰न ॰ल
regionalistic	ˈriː.dʒᵊn.ᵊl.ˈɪs.tɪk	**रीः** ज॰न ॰ल **इस** टिक
regionally	ˈriː.dʒᵊn.ᵊl.i	**रीः** ज॰न ॰ल ई
regionialism	ˈriː.dʒᵊn.ᵊl.ɪ.zᵊm	**रीः** ज॰न ॰ल इ ज़॰म
register	ˈredʒ.ɪ.stə	**रेज** इ स्टə
registered	ˈredʒ.ɪ.stəd	**रेज** इ स्टəड
registered mail	ˈredʒ.ɪ.stəd.ˈmeɪl	**रेज** इ स्टəड **मेइल**
registered nurse	ˈredʒ.ɪ.stəd.ˈnɜːs	**रेज** इ स्टəड **नɜːस**
registrant	ˈredʒ.ɪ.strᵊnt	**रेज** इ स्ट्र॰न्ट
registrar	ˈredʒ.ɪ.ˈstrɑː	**रेज** इ **स्ट्राः**
registration	ˈredʒ.ɪ.ˈstreɪ.ʃᵊn	**रेज** इ **स्ट्रेइ** श॰न
registry	ˈredʒ.ɪ.stri	**रेज** इ स्ट्री
regress (n)	ˈriː.gres	**रीः** ग्रेस

regress (v)	rɪ.ˈgres	रि **ग्रेस**
regression	rɪ.ˈgreʃ.ᵊn	रि **ग्रेश** ॰न
regressive	rɪ.ˈgres.ɪv	रि **ग्रेस** इव
regret	rɪ.ˈgret	रि **ग्रेट**
regretful	rɪ.ˈgret.fᵊl	रि **ग्रेट** फ़॰ल
regretfully	rɪ.ˈgret.fᵊl.i	रि **ग्रेट** फ़॰ल ई
regrettable	rɪ.ˈgret.ə.bᵊl	रि **ग्रेट** ə ब॰ल
regrettably	rɪ.ˈgret.ə.bli	रि **ग्रेट** ə ब्ली
regroup	ˈriː.ˈgruːp	**रीः ग्रूःप**
regular	ˈreg.jə.lə	**रेग** ग्यə लə
regularisation	ˈreg.jə.lᵊr.aɪ.ˈzeɪ.ʃᵊn	**रेग** ग्यə ल॰र आइ **ज़ेइ** श॰न
regularise	ˈreg.jə.lᵊr.aɪz	**रेग** ग्यə ल॰र आइज़
regularity	ˈreg.jə.ˈlær.ə.ti	**रेग** ग्यə **लæर** ə टी
regularly	ˈreg.jə.lə.li	**रेग** ग्यə लə ली
regulate	ˈreg.jə.leɪt	**रेग** ग्यə लेइट
regulation	ˈreg.jə.ˈleɪ.ʃᵊn	**रेग** ग्यə **लेइ** श॰न
regulatory	ˈreg.jə.lə.tᵊr.i	**रेग** ग्यə लə ट॰र ई
regurgitate	rɪ.ˈgɜː.dʒɪ.teɪt	रि **गɜː** जि टेइट
regurgitation	rɪ.ˈgɜː.dʒɪ.ˈteɪ.ʃᵊn	रि **गɜː** जि **टेइ** श॰न
rehab	ˈriː.hæb	**रीः** हæब
rehabilitate	ˈriː.hə.ˈbɪl.ɪ.teɪt	**रीः** हə **बिल** इ टेइट
rehabilitation	ˈriː.hə.ˈbɪl.ɪ.ˈteɪ.ʃᵊn	**रीः** हə **बिल** इ **टेइ** श॰न
rehash (n)	ˈriː.hæʃ	**रीः** हæश
rehash (v)	riː.ˈhæʃ	रीः **हæश**
rehearsal	rɪ.ˈhɜː.sᵊl	रि **हɜː** स॰ल
rehearse	rɪ.ˈhɜːs	रि **हɜːस**
reheat	ˈriː.ˈhiːt	**रीः हीःट**
re-house	ˈriː.ˈhaʊz	**रीः हाउज़**
rehydrate	ˈriː.haɪ.ˈdreɪt	**रीः** हाइ **ड्रेइट**
rehydration	ˈriː.haɪ.ˈdreɪ.ʃᵊn	**रीः** हाइ **ड्रेइ** श॰न
reign	reɪn	रेइन
reimburse	ˈriː.ɪm.ˈbɜːs	**रीः** इम **बɜːस**
reimbursement	ˈriː.ɪm.ˈbɜːs.mᵊnt	**रीः** इम **बɜːस** म॰न्ट
re-import	ˈriː.ɪm.ˈpɔːt	**रीः** इम **पोःट**
rein	reɪn	रेइन
reincarnate (adj)	ˈriː.ɪn.ˈkɑː.nət	**रीः** इन **काः** नəट
reincarnate (v)	ˈriː.ɪn.kɑː.ˈneɪt	**रीः** इन काः **नेइट**
reincarnation	ˈriː.ɪn.kɑː.ˈneɪ.ʃᵊn	**रीः** इन काः **नेइ** श॰न
reindeer	ˈreɪn.dɪə	**रेइन** डिə
reinforce	ˈriː.ɪn.ˈfɔːs	**रीः** इन **फ़ोःस**
reinforcement	ˈriː.ɪn.ˈfɔːs.mᵊnt	**रीः** इन **फ़ोःस** म॰न्ट

reinstall	ˈriː.ɪn.ˈstɔːl	**रीः** इन **स्टोःल**
reinstate	ˈriː.ɪn.ˈsteɪt	**रीः** इन **स्टेइट**
reinstatement	ˈriː.ɪn.ˈsteɪt.mᵊnt	**रीः** इन **स्टेइट** मᵊन्ट
reinsure	ˈriː.ɪn.ˈʃɔː	**रीः** इन **शोः**
reintroduce	ˈriː.ɪn.trə.ˈdjuːs	**रीः** इन ट्रə **ड्यूःस**
reinvent	ˈriː.ɪn.ˈvent	**रीः** इन **वेन्ट**
reinvest	ˈriː.ɪn.ˈvest	**रीः** इन **वेस्ट**
reinvigorate	ˈriː.ɪn.ˈvɪg.ᵊr.eɪt	**रीः** इन **विग** ᵊर एइट
reissue	ˈriː.ˈɪʃ.uː	**रीः** **इश** ऊः
reiterate	ri.ˈɪt.ᵊr.eɪt	री **इट** ᵊर एइट
reiteration	ri.ˈɪt.ᵊr.ˈeɪ.ʃᵊn	री **इट** ᵊर **एइ** शᵊन
reject (n)	ˈriː.dʒekt	**रीः** जेक्ट
reject (v)	rɪ.ˈdʒekt	रि **जेक्ट**
rejection	rɪ.ˈdʒek.ʃᵊn	रि **जेक** शᵊन
rejoice	rɪ.ˈdʒɔɪs	रि **जोइस**
rejoicing	rɪ.ˈdʒoɪ.sɪŋ	रि **जि** सिङ
rejoin	rɪ.ˈdʒɔɪn	रि **जोइन**
rejoinder	rɪ.ˈdʒɔɪn.də	रि **जोइन** डə
rejuvenate	riː.ˈdʒuː.vɪ.neɪt	रीः **जूः** वि नेइट
rejuvenation	rɪ.ˈdʒuː.vɪ.ˈneɪ.ʃᵊn	रि **जूः** वि **नेइ** शᵊन
rekindle	ˈriː.ˈkɪn.dᵊl	**रीः** **किन** डᵊल
relapse (n)	ˈriː.læps	**रीः** लæप्स
relapse (v)	rɪ.ˈlæps	रि **लæप्स**
relate	rɪ.ˈleɪt	रि **लेइट**
related	rɪ.ˈleɪ.tɪd	रि **लेइ** टिड
relation	rɪ.ˈleɪ.ʃᵊn	रि **लेइ** शᵊन
relational	rɪ.ˈleɪ.ʃᵊn.ᵊl	रि **लेइ** शᵊन ᵊल
relations	rɪ.ˈleɪ.ʃᵊnz	रि **लेइ** शᵊन्ज़
relationship	rɪ.ˈleɪ.ʃᵊn.ʃɪp	रि **लेइ** शᵊन शिप
relative	ˈrel.ə.tɪv	**रेल** ə टिव
relatively	ˈrel.ə.tɪv.li	**रेल** ə टिव ली
relatives	ˈrel.ə.tɪvz	**रेल** ə टिव्ज़
relativity	ˈrel.ə.ˈtɪv.ə.ti	**रेल** ə **टिव** ə टी
relaunch (n)	ˈriː.lɔːntʃ	**रीः** लोःन्च
relaunch (v)	riː.ˈlɔːntʃ	रीः **लोःन्च**
relax	rɪ.ˈlæks	रि **लæक्स**
relaxation	ˈriː.læk.ˈseɪ.ʃᵊn	**रीः** लæक **सेइ** शᵊन
relaxing	rɪ.ˈlæk.sɪŋ	रि **लæक** सिङ
relay (n)	ˈriː.leɪ	**रीः** लेइ
relay (v)	riː.ˈleɪ	रीः **लेइ**
release	rɪ.ˈliːs	रि **लीःस**
relegate	ˈrel.ɪ.geɪt	**रेल** इ गेइट
relent	rɪ.ˈlent	रि **लेन्ट**
relentless	rɪ.ˈlent.ləs	रि **लेन्ट** लəस
relentlessly	rɪ.ˈlent.ləs.li	रि **लेन्ट** लəस ली
relevance	ˈrel.ə.vᵊns	**रेल** ə वᵊन्स
relevant	ˈrel.ə.vᵊnt	**रेल** ə वᵊन्ट
reliability	rɪ.ˈlaɪ.ə.ˈbɪl.ə.ti	रि **लाइ** ə **बिल** ə टी
reliable	rɪ.ˈlaɪ.ə.bᵊl	रि **लाइ** ə बᵊल
reliably	rɪ.ˈlaɪ.ə.bli	रि **लाइ** ə ब्ली
reliance	rɪ.ˈlaɪ.ᵊns	रि **लाइ** ᵊन्स
reliant	rɪ.ˈlaɪ.ᵊnt	रि **लाइ** ᵊन्ट
relic	ˈrel.ɪk	**रेल** इक
relief	rɪ.ˈliːf	रि **लीःफ़**
relieve	rɪ.ˈliːv	रि **लीःव**
relieved	rɪ.ˈliːvd	रि **लीःव्ड**
religion	rɪ.ˈlɪdʒ.ən	रि **लिज** əन
religious	rɪ.ˈlɪdʒ.əs	रि **लिज** əस
religiously	rɪ.ˈlɪdʒ.əs.li	रि **लिज** əस ली
relinquish	rɪ.ˈlɪŋ.kwɪʃ	रि **लिङ** क्विश
relish	ˈrel.ɪʃ	**रेल** इश
relive	ˈriː.ˈlɪv	**रीः** **लिव**
relocate	ˈriː.ləʊ.ˈkeɪt	**रीः** लəउ **केइट**
relocation	ˈriː.ləʊ.ˈkeɪ.ʃᵊn	**रीः** लəउ **केइ** शᵊन
reluctance	rɪ.ˈlʌk.tᵊns	रि **लʌक** टᵊन्स
reluctant	rɪ.ˈlʌk.tᵊnt	रि **लʌक** टᵊन्ट
reluctantly	rɪ.ˈlʌk.tᵊnt.li	रि **लʌक** टᵊन्ट ली
rely	rɪ.ˈlaɪ	रि **लाइ**
remain	rɪ.ˈmeɪn	रि **मेइन**
remainder	rɪ.ˈmeɪn.də	रि **मेइन** डə
remaining	rɪ.ˈmeɪ.nɪŋ	रि **मेइ** निङ
remains	rɪ.ˈmeɪnz	रि **मेइन्ज़**
remake (n)	ˈriː.meɪk	**रीः** मेइक
remake (v)	riː.ˈmeɪk	रीः **मेइक**
remand	rɪ.ˈmɑːnd	रि **माःन्ड**
remark	rɪ.ˈmɑːk	रि **माःक**
remarkable	rɪ.ˈmɑː.kə.bᵊl	रि **माः** कə बᵊल
remarkably	rɪ.ˈmɑː.kə.bli	रि **माः** कə ब्ली
remarriage	ˈriː.ˈmær.ɪdʒ	**रीः** **मæर** इज
remarry	ˈriː.ˈmær.i	**रीः** **मæर** ई
remaster	ˈriː.ˈmɑː.stə	**रीः** **माः** स्टə
rematch	ˈriː.mætʃ	**रीः** मæच
remedial	rɪ.ˈmiː.di.əl	रि **मीः** डी əल
remedy	ˈrem.ə.di	**रेम** ə डी

remember	rɪ.ˈmem.bə	रि **मेम** बə
remembrance	rɪ.ˈmem.brᵊns	रि **मेम** ब्रᵊन्स
remind	rɪ.ˈmaɪnd	रि **माइन्ड**
reminder	rɪ.ˈmaɪn.də	रि **माइन** डə
reminisce	ˈrem.ɪ.ˈnɪs	**रेम** इ **निस**
reminiscence	ˈrem.ɪ.ˈnɪs.ᵊns	**रेम** इ **निस** ᵊन्स
reminiscent	ˈrem.ɪ.ˈnɪs.ᵊnt	**रेम** इ **निस** ᵊन्ट
remiss	rɪ.ˈmɪs	रि **मिस**
remission	rɪ.ˈmɪʃ.ᵊn	रि **मिश** ᵊन
remit (n)	ˈriː.mɪt	**री**: मिट
remit (v)	rɪ.ˈmɪt	रि **मिट**
remittance	rɪ.ˈmɪt.ᵊns	रि **मिट** ᵊन्स
remix	ˈriː.ˈmɪks	**री**: **मिक्स**
remnant	ˈrem.nᵊnt	**रेम** नᵊन्ट
remodel	riː.ˈmɒd.ᵊl	री: **मɒड** ᵊल
remold (n)	ˈriː.məʊld	**री**: मəउल्ड
remold (v)	riː.ˈməʊld	री: **मəउल्ड**
remonetise	ˈriː.ˈmɒn.ə.taɪz	**री**: **मɒन** ə टाइज़
remonstrate	ˈrem.ən.streɪt	**रेम** əन स्ट्रेइट
remorse	rɪ.ˈmɔːs	रि **मो:स**
remorseful	rɪ.ˈmɔːs.fᵊl	रि **मो:स** फ़ᵊल
remorseless	rɪ.ˈmɔːs.ləs	रि **मो:स** लəस
remote	rɪ.ˈməʊt	रि **मəउट**
remote control	rɪ.ˈməʊt.kən.ˈtrəʊl	रि **मəउट** कəन **ट्रəउल**
remotely	rɪ.ˈməʊt.li	रि **मəउट** ली
remoteness	rɪ.ˈməʊt.nəs	रि **मəउट** नəस
removable	rɪ.ˈmuː.və.bᵊl	रि **मू**: वə बᵊल
removal	rɪ.ˈmuː.vᵊl	रि **मू**: वᵊल
removalist	rɪ.ˈmuː.vᵊl.ɪst	रि **मू**: वᵊल इस्ट
remove	rɪ.ˈmuːv	रि **मू:व**
remunerate	rɪ.ˈmjuː.nᵊr.eɪt	रि **म्यू**: नᵊर एइट
remuneration	rɪ.ˈmjuː.nᵊr.ˈeɪ.ʃᵊn	रि **म्यू**: नᵊर **एइ** शᵊन
renaissance	rɪ.ˈneɪ.sᵊns	रि **नेइ** सᵊन्स
renal	ˈriː.nᵊl	**री**: नᵊल
rename	ˈriː.ˈneɪm	**री**: **नेइम**
rend	rend	रेन्ड
render	ˈren.də	**रेन** डə
rendering	ˈren.dᵊr.ɪŋ	**रेन** डᵊर इङ
rendezvous	ˈrɒn.deɪ.vuː	**रɒन** डेइ वू:
rendition	ren.ˈdɪʃ.ᵊn	रेन **डिश** ᵊन
renegade	ˈren.ɪ.geɪd	**रेन** इ गेइड
renege	rɪ.ˈneɪg	रि **नेइग**

renegotiate	ˈriː.nɪ.ˈgəʊ.ʃi.eɪt	**री**: नि **गəउ** शी एइट
renegotiation	ˈriː.nɪ.ˈgəʊ.ʃi.ˈeɪ.ʃᵊn	**री**: नि **गəउ** शी **एइ** शᵊन
renew	rɪ.ˈnjuː	रि **न्यू**:
renewable	rɪ.ˈnjuː.ə.bᵊl	रि **न्यू**: ə बᵊल
renewal	rɪ.ˈnjuː.əl	रि **न्यू**: əल
renounce	rɪ.ˈnaʊns	रि **नाउन्स**
renovate	ˈren.ə.veɪt	**रेन** ə वेइट
renovation	ˈren.ə.ˈveɪ.ʃᵊn	**रेन** ə **वेइ** शᵊन
renown	rɪ.ˈnaʊn	रि **नाउन**
renowned	rɪ.ˈnaʊnd	रि **नाउन्ड**
rent	rent	रेन्ट
rent control	ˈrent.kən.ˈtrəʊl	**रेन्ट** कəन **ट्रəउल**
rent-a-crowd	ˈrent.ə.kraʊd	**रेन्ट** ə क्राउड
rental	ˈren.tᵊl	**रेन** टᵊल
renter	ˈren.tə	**रेन** टə
rent-free	ˈrent.ˈfriː	**रेन्ट** **फ़्री**:
renunciation	rɪ.ˌnʌn.sɪ.ˈeɪ.ʃᵊn	रि **नʌन** सि **एइ** शᵊन
reoccupation	riː.ˈɒk.juː.ˈpeɪ.ʃᵊn	री: **ɒक** यू: **पेइ** शᵊन
reoccupy	ˈriː.ˈɒk.juː.paɪ	**री**: **ɒक** यू: पाइ
reopen	ˈriː.ˈəʊ.pən	**री**: **əउ** पəन
reorder	ˈriː.ˈɔː.də	**री**: **ओ**: डə
reorganisation	riː.ˈɔː.gᵊn.aɪ.ˈzeɪ.ʃᵊn	री: **ओ**: गᵊन आइ **ज़ेइ** शᵊन
reorganise	ˈriː.ˈɔː.gᵊn.aɪz	**री**: **ओ**: गᵊन आइज़
rep	rep	रेप
repackage	ˈriː.ˈpæk.ɪdʒ	**री**: **पæक** इज
repaid	rɪ.ˈpeɪd	रि **पेइड**
repair	rɪ.ˈpeə	रि **पेə**
reparable	ˈrep.ᵊr.ə.bᵊl	**रेप** ᵊर ə बᵊल
reparation	ˈrep.ə.ˈreɪ.ʃᵊn	**रेप** ə **रेइ** शᵊन
repartee	ˈrep.ɑː.ˈtiː	**रेप** आ: **टी**:
repatriate	ˈriː.ˈpæt.ri.eɪt	**री**: **पæट** री एइट
repatriation	ˈriː.pæt.rɪ.ˈeɪ.ʃᵊn	**री**: पæट रि **एइ** शᵊन
repay	ˈriː.ˈpeɪ	**री**: **पेइ**
repayable	rɪ.ˈpeɪ.ə.bᵊl	रि **पेइ** ə बᵊल
repayment	rɪ.ˈpeɪ.mᵊnt	रि **पेइ** मᵊन्ट
repeal	rɪ.ˈpiːl	रि **पी:ल**
repeat	rɪ.ˈpiːt	रि **पी:ट**
repeated	rɪ.ˈpiː.tɪd	रि **पी**: टिड
repeatedly	rɪ.ˈpiː.tɪd.li	रि **पी**: टिड ली

repeating	rɪ.ˈpiː.tɪŋ	रि पी: टिङ
repel	rɪ.ˈpel	रि पेल
repellent	rɪ.ˈpel.ᵊnt	रि पेल ᵊन्ट
repent	rɪ.ˈpent	रि पेन्ट
repentance	rɪ.ˈpent.ᵊns	रि पेन्ट ᵊन्स
repentant	rɪ.ˈpent.ᵊnt	रि पेन्ट ᵊन्ट
repercussion	ˈriː.pə.ˈkʌʃ.ᵊn	री: पə कʌश ᵊन
repertoire	ˈrep.ə.twɑː	रेप ə ट्वा:
repetition	ˈrep.ɪ.ˈtɪʃ.ᵊn	रेप इ टिश ᵊन
repetitious	ˈrep.ɪ.ˈtɪʃ.əs	रेप इ टिश əस
repetitive	rɪ.ˈpet.ə.tɪv	रि पेट ə टिव
rephrase	ˈriː.ˈfreɪz	री: फ़्रेइज़
replace	rɪ.ˈpleɪs	रि प्लेइस
replaceable	rɪ.ˈpleɪ.sə.bᵊl	रि प्लेइ सə बᵊल
replacement	rɪ.ˈpleɪs.mᵊnt	रि प्लेइस मᵊन्ट
replant	ˈriː.ˈplɑːnt	री: प्ला:न्ट
replay (n)	ˈriː.pleɪ	री: प्लेइ
replay (v)	ˈriː.ˈpleɪ	री: प्लेइ
replenish	rɪ.ˈplen.ɪʃ	रि प्लेन इश
replenishment	rɪ.ˈplen.ɪʃ.mᵊnt	रि प्लेन इश मᵊन्ट
replete	rɪ.ˈpliːt	रि प्ली:ट
replica	ˈrep.lɪ.kə	रेप लि कə
replicable	ˈrep.lɪ.kə.bᵊl	रेप लि कə बᵊल
replicate	ˈrep.lɪ.keɪt	रेप लि केइट
replication	ˈrep.lɪ.keɪ.ʃᵊn	रेप लि केइ शᵊन
reply	rɪ.ˈplaɪ	रि प्लाइ
reply-paid	rɪ.ˈplaɪ.ˈpeɪd	रि प्लाइ पेइड
repoint	rɪ.ˈpɔɪnt	रि पोइन्ट
repolish	ˈriː.ˈpɒl.ɪʃ	री: पɒल इश
repopulate	ˈriː.ˈpɒp.ʊ.leɪt	री: पɒप उ लेइट
report	rɪ.ˈpɔːt	रि पो:ट
report back	rɪ.ˈpɔːt.bæk	रि पो:ट बæक
report card	rɪ.ˈpɔːt.ˈkɑːd	रि पो:ट का:ड
reportedly	rɪ.ˈpɔː.tɪd.li	रि पो: टिड ली
reporter	rɪ.ˈpɔː.tə	रि पो: टə
repose	rɪ.ˈpəʊz	रि पəउज़
reposition	ˈri.pə.ˈzɪʃ.ᵊn	री पə ज़िश ᵊन
repository	rɪ.ˈpɒz.ɪ.tᵊr.i	रि पɒज़ इ टᵊर ई
repossess	ˈriː.pə.ˈzes	री: पə ज़ेस
repossession	ˈriː.pə.ˈzeʃ.ᵊn	री: पə ज़ेश ᵊन
reprehend	ˈrep.rɪ.ˈhend	रेप रि हेन्ड
reprehensible	ˈrep.rɪ.ˈhen.sə.bᵊl	रेप रि हेन सə बᵊल

represent	ˈrep.rɪ.ˈzent	रेप रि ज़ेन्ट
representation	ˈrep.rɪ.zen.ˈteɪ.ʃᵊn	रेप रि ज़ेन टेइ शᵊन
representative	ˈrep.rɪ.ˈzen.tə.tɪv	रेप रि ज़ेन टə टिव
repress	rɪ.ˈpres	रि प्रेस
repressed	rɪ.ˈprest	रि प्रेस्ट
repression	rɪ.ˈpreʃ.ᵊn	रि प्रेश ᵊन
repressive	rɪ.ˈpres.ɪv	रि प्रेस इव
reprieve	rɪ.ˈpriːv	रि प्री:व
reprimand (n)	ˈrep.rɪ.mɑːnd	रेप रि मा:न्ड
reprimand (v)	rep.rɪ.ˈmɑːnd	रेप रि मा:न्ड
reprint (n)	ˈriː.prɪnt	री: प्रिन्ट
reprint (v)	riː.ˈprɪnt	री: प्रिन्ट
reprisal	rɪ.ˈpraɪ.zᵊl	रि प्राइ ज़ᵊल
reprise	rɪ.ˈpriːz	रि प्री:ज़
reproach	rɪ.ˈprəʊtʃ	रि प्रəउच
reprocess	ˈriː.ˈprəʊ.ses	री: प्रəउ सेस
reproduce	ˈriː.prə.ˈdjuːs	री: प्रə ड्यू:स
reproduction	ˈriː.prə.ˈdʌk.ʃᵊn	री: प्रə डʌक शᵊन
reproductive	ˈriː.prə.ˈdʌk.tɪv	री: प्रə डʌक टिव
reprogram	ˈriː.prəʊ.ˈgræm	री: प्रəउ ग्रæम
reprographic	ˈriː.prə.ˈgræf.ɪk	री: प्रə ग्रæफ़ इक
reprove	rɪ.ˈpruːv	रि प्रू:व
reptile	ˈrep.taɪl	रेप टाइल
reptilian	rep.ˈtɪl.i.ən	रेप टिल ई əन
republic	rɪ.ˈpʌb.lɪk	रि पʌब लिक
republican	rɪ.ˈpʌb.lɪ.kᵊn	रि पʌब लि कᵊन
republish	ˈriː.ˈpʌb.lɪʃ	री: पʌब लिश
repudiate	rɪ.ˈpjuː.di.eɪt	रि प्यू: डी एइट
repudiation	rɪ.ˈpjuː.dɪ.ˈeɪ.ʃᵊn	रि प्यू: डि एइ शᵊन
repugnance	rɪ.ˈpʌg.nᵊns	रि पʌग नᵊन्स
repugnant	rɪ.ˈpʌg.nᵊnt	रि पʌग नᵊन्ट
repulse	rɪ.ˈpʌls	रि पʌल्स
repulsion	rɪ.ˈpʌl.ʃᵊn	रि पʌल शᵊन
repulsive	rɪ.ˈpʌl.sɪv	रि पʌल सिव
reputable	ˈrep.jə.tə.bᵊl	रेप ग़ə टə बᵊल
reputation	ˈrep.jə.ˈteɪ.ʃᵊn	रेप ग़ə टेइ शᵊन
repute	rɪ.ˈpjuːt	रि प्यू:ट
reputed	rɪ.ˈpjuː.tɪd	रि प्यू: टिड
reputedly	rɪ.ˈpjuː.tɪd.li	रि प्यू: टिड ली
request	rɪ.ˈkwest	रि क्वेस्ट
requiem	ˈrek.wi.əm	रेक वी əम
require	rɪ.ˈkwaɪ.ə	रि क्वाइ ə

requirement	rɪ.ˈkwaɪ.ə.mᵊnt	रि क्वाइ ə म॰न्ट
requisite	ˈrek.wɪ.zɪt	रेक वि ज़िट
requisition	ˈrek.wɪ.ˈzɪʃ.ᵊn	रेक वि ज़िश ॰न
re-read	ˈriː.ˈriːd	रीः रीःड
reroute	ˈriː.ˈruːt	रीः रूःट
rerun (n)	ˈriː.rʌn	रीः रʌन
rerun (v)	riː.ˈrʌn	रीः रʌन
resale	ˈriː.seɪl	रीः सेइल
resat	ˈriː.sæt	रीः सæट
reschedule	ˈriː.ˈʃed.juːl	रीः शेड यूःल
rescind	rɪ.ˈsɪnd	रि सिन्ड
rescue	ˈres.kjuː	रेस क्यूः
rescuer	ˈres.kjuː.ə	रेस क्यूः ə
research (n)	ˈriː.sɜːtʃ	रीः सɜːच
research (v)	rɪ.ˈsɜːtʃ	रि सɜːच
researcher	rɪ.ˈsɜːtʃ.ə	रि सɜːच ə
reseat	ˈriː.siː t	रीः सीः ट
resell	ˈriː.sel	रीः सेल
resemblance	rɪ.ˈzem.blᵊns	रि ज़ेम ब्ल॰न्स
resemble	rɪ.ˈzem.bᵊl	रि ज़ेम ब॰ल
resend	ˈriː.ˈsend	रीः सेन्ड
resent	rɪ.ˈzent	रि ज़ेन्ट
resentful	rɪ.ˈzent.fᵊl	रि ज़ेन्ट फ़॰ल
resentment	rɪ.ˈzent.mᵊnt	रि ज़ेन्ट म॰न्ट
reservation	ˈrez.ə.ˈveɪ.ʃᵊn	रेज़ ə वेइ श॰न
reserve	rɪ.ˈzɜːv	रि ज़ɜːव
reserved	rɪ.ˈzɜːvd	रि ज़ɜːव्ड
reserves	rɪ.ˈzɜːvz	रि ज़ɜːव्ज़
reservoir	ˈrez.əv.wɑː	रेज़ əव वाः
reset	ˈriː.ˈset	रीः सेट
resettle	ˈriː.ˈset.ᵊl	रीः सेट ॰ल
reshape	ˈriː.ˈʃeɪp	रीः शेइप
reshuffle	ˈriː.ˈʃʌf.ᵊl	रीः शʌफ़ ॰ल
reside	rɪ.ˈzaɪd	रि ज़ाइड
residence	ˈrez.ɪ.dᵊns	रेज़ इ ड॰न्स
residency	ˈrez.ɪ.dᵊn.si	रेज़ इ ड॰न सी
resident	ˈrez.ɪ.dᵊnt	रेज़ इ ड॰न्ट
residential	ˈrez.ɪ.ˈden.ʃᵊl	रेज़ इ डेन श॰ल
residual	rɪ.ˈzɪd.ju.əl	रि ज़िड यू əल
residue	ˈrez.ɪ.djuː	रेज़ इ ड्यूः
resign	rɪ.ˈzaɪn	रि ज़ाइन
resignation	ˈrez.ɪg.ˈneɪ.ʃᵊn	रेज़ इग नेइ श॰न
resigned	rɪ.ˈzaɪnd	रि ज़ाइन्ड

resilience	rɪ.ˈzɪl.i.ᵊns	रि ज़िल ई ॰न्स
resilient	rɪ.ˈzɪl.i.ᵊnt	रि ज़िल ई ॰न्ट
resin	ˈrez.ɪn	रेज़ इन
resist	rɪ.ˈzɪst	रि ज़िस्ट
resistance	rɪ.ˈzɪs.tᵊns	रि ज़िस ट॰न्स
resistant	rɪ.ˈzɪs.tᵊnt	रि ज़िस ट॰न्ट
resistor	rɪ.ˈzɪs.tə	रि ज़िस टə
resit (n)	ˈriː.sɪt	रीः सिट
resit (v)	ˈriː.ˈsɪt	रीः सिट
reskill	ˈriː.ˈskɪl	रीः स्किल
resole	ˈriː.ˈsəʊl	रीः सəउल
resolute	ˈrez.ᵊl.uːt	रेज़ ॰ल ऊःट
resolutely	ˈrez.ᵊl.uːt.li	रेज़ ॰ल ऊःट ली
resolution	ˈrez.ᵊl.ˈuː.ʃᵊn	रेज़ ॰ल ऊः श॰न
resolve	rɪ.ˈzɒlv	रि ज़ɒल्व
resonance	ˈrez.ᵊn.ᵊns	रेज़ ॰न ॰न्स
resonant	ˈrez.ᵊn.ᵊnt	रेज़ ॰न ॰न्ट
resonate	ˈrez.ᵊn.eɪt	रेज़ ॰न एइट
resort (n)	ˈrɪː.zɔːt	रिः ज़ोःट
resort (v)	riː.ˈzɔːt	रीः ज़ोःट
resound	rɪ.ˈzaʊnd	रि ज़ाउन्ड
resounding	rɪ.ˈzaʊn.dɪŋ	रि ज़ाउन डिङ
resource	rɪ.ˈzɔːs	रि ज़ोःस
resourced	rɪ.ˈsɔːst	रि सोःस्ट
resourceful	rɪ.ˈzɔːs.fᵊl	रि ज़ोःस फ़॰ल
resourcefulness	rɪ.ˈsɔːs.fᵊl.nəs	रि सोःस फ़॰ल नəस
resources	rɪ.ˈzɔː.sɪs	रि ज़ोः सिस
respect	rɪ.ˈspekt	रि स्पेक्ट
respectability	rɪ.ˈspek.tə.ˈbɪl.ə.ti	रि स्पेक टə बिल ə टी
respectable	rɪ.ˈspek.tə.bᵊl	रि स्पेक टə ब॰ल
respectably	rɪ.ˈspek.tə.bli	रि स्पेक टə ब्ली
respected	rɪ.ˈspek.tɪd	रि स्पेक टिड
respectful	rɪ.ˈspekt.fᵊl	रि स्पेक्ट फ़॰ल
respectfully	rɪ.ˈspekt.fᵊl.i	रि स्पेक्ट फ़॰ल ई
respective	rɪ.ˈspek.tɪv	रि स्पेक टिव
respectively	rɪ.ˈspek.tɪv.li	रि स्पेक टिव ली
respiration	ˈres.pɪ.ˈreɪ.ʃᵊn	रेस पि रेइ श॰न
respirator	ˈres.pɪ.reɪ.təʳ	रेस पि रेइ टəर
respiratory	rɪ.ˈspɪr.ə.tᵊr.i	रि स्पिर ə ट॰र ई
respite	ˈres.paɪt	रेस पाइट
resplendent	rɪ.ˈsplen.dᵊnt	रि स्प्लेन ड॰न्ट
respond	rɪ.ˈspɒnd	रि स्पɒन्ड

respondent	rɪ.ˈspɒn.dᵊnt	रि **स्पɒन** डन्ट
responding	rɪ.ˈspɒn.dɪŋ	रि **स्पɒन** डिङ
response	rɪ.ˈspɒns	रि **स्पɒन्स**
responsibility	rɪ.ˈspɒn.sə.ˈbɪl.ə.ti	रि **स्पɒन** सə **बिल** ə टी
responsible	rɪ.ˈspɒn.sə.bᵊl	रि **स्पɒन** सə बल
responsibly	rɪ.ˈspɒn.sə.bli	रि **स्पɒन** सə ब्ली
responsive	rɪ.ˈspɒn.sɪv	रि **स्पɒन** सिव
responsiveness	rɪ.ˈspɒn.sɪv.nəs	रि **स्पɒन** सिव नəस
rest	rest	रेस्ट
rest area	ˈrest.ˈeə.riə	**रेस्ट एə** रीə
rest home	ˈrest.həʊm	**रेस्ट** हəउम
rest house	ˈrest.haʊs	**रेस्ट** हाउस
rest in peace	ˈrest.ɪn.ˈpiːs	**रेस्ट** इन **पीːस**
rest room	ˈrest.ruːm	**रेस्ट** रूːम
restate	ˈriː.ˈsteɪt	**रीː स्टेइट**
restatement	ˈriː.ˈsteɪt.mᵊnt	**रीː स्टेइट** मन्ट
restaurant	ˈres.trɒnt	**रेस** ट्रɒन्ट
resting place	ˈrest.ɪŋ.ˈpleɪs	**रेस्ट** इङ **प्लेइस**
restitution	ˈres.tɪ.ˈtjuː.ʃᵊn	**रेस** टि **ट्यूː** शन
restive	ˈres.tɪv	**रेस** टिव
restless	ˈrest.ləs	**रेस्ट** लəस
restlessly	ˈrest.ləs.li	**रेस्ट** लəस ली
restock	ˈriː.ˈstɒk	**रीː स्टɒक**
restoration	res.tᵊr.ˈeɪ.ʃᵊn	रेस टर **एइ** शन
restore	rɪ.ˈstɔː	रि **स्टोː**
restrain	rɪ.ˈstreɪn	रि **स्ट्रेइन**
restrained	rɪ.ˈstreɪnd	रि **स्ट्रेइन्ड**
restraint	rɪ.ˈstreɪnt	रि **स्ट्रेइन्ट**
restrict	rɪ.ˈstrɪkt	रि **स्ट्रिक्ट**
restricted	rɪ.ˈstrɪk.tɪd	रि **स्ट्रिक** टिड
restriction	rɪ.ˈstrɪk.ʃᵊn	रि **स्ट्रिक** शन
restrictive	rɪ.ˈstrɪk.tɪv	रि **स्ट्रिक** टिव
restructure	ˈriː.ˈstrʌk.tʃə	**रीː स्ट्रʌक** चə
result	rɪ.ˈzʌlt	रि **ज़ʌल्ट**
resultant	rɪ.ˈzʌl.tᵊnt	रि **ज़ʌल** टन्ट
resume	rɪ.ˈzjuːm	रि **ज़्यूːम**
résumé	ˈrez.juː.meɪ	**रेज़** यूː मेइ
resumption	rɪ.ˈzʌm.ʃᵊn	रि **ज़ʌम** शन
resurface	ˈriː.ˈsɜː.fɪs	**रीː सɜː** फ़िस
resurgence	rɪ.ˈsɜː.dʒᵊns	रि **सɜː** जन्स
resurgent	rɪ.ˈsɜː.dʒᵊnt	रि **सɜː** जन्ट

resurrect	ˈrez.ᵊr.ˈekt	**रेज़** र **एक्ट**
resurrection	ˈrez.ᵊr.ˈek.ʃᵊn	**रेज़** र **एक** शन
resuscitate	rɪ.ˈsʌs.ɪ.teɪt	रि **सʌस** इ टेइट
resuscitation	rɪ.ˈsʌs.ɪ.ˈteɪ.ʃᵊn	रि **सʌस** इ **टेइ** शन
retail	ˈriː.teɪl	**रीː** टेइल
retailer	ˈriː.teɪ.lə	**रीː** टेइ लə
retain	rɪ.ˈteɪn	रि **टेइन**
retainer	rɪ.ˈteɪ.nə	रि **टेइ** नə
retake (n)	ˈriː.teɪk	**रीː** टेइक
retake (v)	ˈriː.ˈteɪk	**रीː टेइक**
retaken	ˈriː.ˈteɪ.kᵊn	**रीː टेइ** कन
retaliate	rɪ.ˈtæl.i.eɪt	रि **टæल** ई एइट
retaliation	rɪ.ˈtæl.ɪ.ˈeɪ.ʃᵊn	रि **टæल** इ **एइ** शन
retard (n)	ˈriː.tɑːd	**रीː** टाːड
retard (v)	rɪ.ˈtɑːd	रि **टाːड**
retardation	ˈriː.tɑː.ˈdeɪ.ʃᵊn	**रीː** टाː **डेइ** शन
retarded	rɪ.ˈtɑː.dɪd	रि **टाː** डिड
retch	retʃ	रेच
retell	ˈriː.ˈtel	**रीː टेल**
retention	rɪ.ˈten.ʃᵊn	रि **टेन** शन
rethink (n)	ˈriː.θɪŋk	**रीː** थिङ्क
rethink (v)	ˈriː.ˈθɪŋk	**रीː थिङ्क**
rethought	ˈriː.ˈθɔːt	**रीː थोːट**
reticence	ˈret.ɪ.sᵊns	**रेट** इ सन्स
reticent	ˈret.ɪ.sᵊnt	**रेट** इ सन्ट
retina	ˈret.ɪ.nə	**रेट** इ नə
retinue	ˈret.ɪ.njuː	**रेट** इ न्यूː
retire	rɪ.ˈtaɪ.ə	रि **टाइ** ə
retired	rɪ.ˈtaɪ.əd	रि **टाइ** əड
retiree	rɪ.ˈtaɪ.ə.ˈriː	रि **टाइ** ə **रीː**
retirement	rɪ.ˈtaɪ.ə.mᵊnt	रि **टाइ** ə मन्ट
retiring	rɪ.ˈtaɪ.ə.rɪŋ	रि **टाइ** ə रिङ
retold	ˈriː.ˈtəʊld	**रीː टəउल्ड**
retook	ˈriː.ˈtʊk	**रीː टुक**
retort	rɪ.ˈtɔːt	रि **टोːट**
retouch	ˈriː.ˈtʌtʃ	**रीː टʌच**
retrace	riː.ˈtreɪs	रीː **ट्रेइस**
retract	rɪ.ˈtrækt	रि **ट्रæक्ट**
retractable	rɪ.ˈtræk.tə.bᵊl	रि **ट्रæक** टə बल
retraction	rɪ.ˈtræk.ʃᵊn	रि **ट्रæक** शन
retrain	ˈriː.ˈtreɪn	**रीː ट्रेइन**
retranslate	ˈriː.trænz.ˈleɪt	**रीː** ट्रæन्ज़ **लेइट**

retread (n)	ˈriː.tred	**रीः** ट्रेड
retread (v)	ˈriː.ˈtred	**रीः ट्रेड**
retreat	rɪ.ˈtriːt	रि **ट्रीःट**
retrench	rɪ.ˈtrentʃ	रि **ट्रेन्च**
retrial	ˈriː.ˈtraɪ.əl	**रीः ट्राइ** əल
retribution	ˈret.rɪ.ˈbjuː.ʃᵊn	**रेट** रि **ब्यूः** श॰न
retrievable	rɪ.ˈtriː.və.bᵊl	रि **ट्रीः** वə ब॰ल
retrieval	rɪ.ˈtriː.vᵊl	रि **ट्रीः** व॰ल
retrieve	rɪ.ˈtriːv	रि **ट्रीःव**
retriever	rɪ.ˈtriː.və	रि **ट्रीः** वə
retrim	ˈriː.ˈtrɪm	**रीः ट्रिम**
retroactive	ˈret.rəʊ.ˈæk.tɪv	**रेट** रəउ **æक** टिव
retroactively	ˈret.rəʊ.ˈæk.tɪv.li	**रेट** रəउ **æक** टिव ली
retrofit	ˈret.rəʊ.fɪt	**रेट** रəउ फ़िट
retroflex	ˈret.rəʊ.fleks	**रेट** रəउ फ़्लेक्स
retrograde	ˈret.rə.greɪd	**रेट** रə ग्रेइड
retrorocket	ˈret.rəʊ.ˈrɒk.ɪt	**रेट** रəउ **रɒक** इट
retrospect	ˈret.rə.spekt	**रेट** रə स्पेक्ट
retrospection	ˈret.rə.ˈspek.ʃᵊn	**रेट** रə **स्पेक** श॰न
retrospective	ˈret.rə.ˈspek.tɪv	**रेट** रə **स्पेक** टिव
retry	ˈriː.ˈtraɪ	**रीः ट्राइ**
return	rɪ.ˈtɜːn	रि **टɜːन**
returnable	rɪ.ˈtɜː.nə.bᵊl	रि **टɜː** नə ब॰ल
returned	rɪ.ˈtɜːnd	रि **टɜːन्ड**
reunify	ˈriː.ˈjuː.nɪ.faɪ	**रीः गूः** नि फ़ाइ
reunion	ˈriː.ˈjuː.ni.ən	**रीः गूः** नी əन
reunite	ˈriː.juː.ˈnaɪt	**रीः** गूः **नाइट**
reusable	ˈriː.ˈjuː.zə.bᵊl	**रीः गूः** ज़ə ब॰ल
re-use	ˈriː.ˈjuːz	**रीः गूःज़**
revaluation	ˈriː.væl.juː.ˈeɪ.ʃᵊn	**रीः** वæल गूः **एइ** श॰न
revalue	riː.ˈvæl.juː	रीः **वæल** गूः
revamp	ˈriː.ˈvæmp	**रीः वæम्प**
reveal	rɪ.ˈviːl	रि **वीःल**
revealing	rɪ.ˈviː.lɪŋ	रि **वीः** लिङ
revel	ˈrev.ᵊl	**रेव** ॰ल
revelation	ˈrev.ə.ˈleɪ.ʃᵊn	**रेव** ə **लेइ** श॰न
revelatory	ˈrev.ə.ˈleɪ.tᵊr.i	**रेव** ə **लेइ** ट॰र ई
reveller	ˈrev.ᵊl.ə	**रेव** ॰ल ə
revelry	ˈrev.ᵊl.ri	**रेव** ॰ल री
revenge	rɪ.ˈvendʒ	रि **वेन्ज**
revenue	ˈrev.ᵊn.juː	**रेव** ॰न गूः
reverberate	rɪ.ˈvɜː.bᵊr.eɪt	रि **वɜː** ब॰र एइट
reverberation	rɪ.ˈvɜː.bᵊr.ˈeɪ.ʃᵊn	रि **वɜː** ब॰र **एइ** श॰न
revere	rɪ.ˈvɪə	रि **विə**
reverence	ˈrev.ᵊr.ᵊns	**रेव** ॰र ॰न्स
reverend	ˈrev.ᵊr.ᵊnd	**रेव** ॰र ॰न्ड
reverent	ˈrev.ᵊr.ᵊnt	**रेव** ॰र ॰न्ट
reverently	ˈrev.ᵊr.ᵊnt.li	**रेव** ॰र ॰न्ट ली
reverie	ˈrev.ᵊr.i	**रेव** ॰र ई
reversal	rɪ.ˈvɜː.sᵊl	रि **वɜː** स॰ल
reverse	rɪ.ˈvɜːs	रि **वɜːस**
reversible	rɪ.ˈvɜː.sə.bᵊl	रि **वɜː** सə ब॰ल
reversion	rɪ.ˈvɜː.ʃᵊn	रि **वɜː** श॰न
revert	rɪ.ˈvɜːt	रि **वɜːट**
review	rɪ.ˈvjuː	रि **व्यूः**
reviewer	rɪ.ˈvjuːə	रि **व्यूःə**
revile	rɪ.ˈvaɪl	रि **वाइल**
revise	rɪ.ˈvaɪz	रि **वाइज़**
revision	rɪ.ˈvɪʒ.ᵊn	रि **विज़** ॰न
revisit	riː.ˈvɪz.ɪt	रीः **विज़** इट
revitalise	ˈriː.ˈvaɪ.tᵊl.aɪz	**रीः वाइ** ट॰ल आइज़
revitalization	ˈriː.ˈvaɪ.tᵊl.aɪ.ˈzeɪ.ʃᵊn	**रीः वाइ** ट॰ल आइ **ज़ेइ** श॰न
revival	rɪ.ˈvaɪ.vᵊl	रि **वाइ** व॰ल
revive	rɪ.ˈvaɪv	रि **वाइव**
revoke	rɪ.ˈvəʊk	रि **वəउक**
revolt	rɪ.ˈvəʊlt	रि **वəउल्ट**
revolting	rɪ.ˈvəʊl.tɪŋ	रि **वəउल** टिङ
revolution	ˈrev.ᵊl.ˈuː.ʃᵊn	**रेव** ॰ल **ऊः** श॰न
revolutionary	ˈrev.ᵊl.ˈuː.ʃᵊn.ᵊr.i	**रेव** ॰ल **ऊः** श॰न ॰र ई
revolutionise	ˈrev.ᵊl.ˈuː.ʃᵊn.aɪz	**रेव** ॰ल **ऊः** श॰न आइज़
revolve	rɪ.ˈvɒlv	रि **वɒल्व**
revolver	rɪ.ˈvɒlv.ə	रि **वɒल्व** ə
revue	rɪ.ˈvjuː	रि **व्यूः**
revulsion	rɪ.ˈvʌl.ʃᵊn	रि **वʌल** श॰न
reward	rɪ.ˈwɔːd	रि **व़ोːड**
rewarding	rɪ.ˈwɔː.dɪŋ	रि **व़ोः** डिङ
rewind	ˈriː.ˈwaɪnd	**रीः व़ाइन्ड**
reword	ˈriː.ˈwɜːd	**रीः व़ɜːड**
rework	ˈriː.ˈwɜːk	**रीः व़ɜːक**
rewind	ˈriː.ˈwaɪnd	**रीः व़ाइन्ड**
rewrite	ˈriː.ˈraɪt	**रीः राइट**
rewritten	ˈriː.ˈrɪt.ən	**रीः रिट** əन

rewrote	ˈriː.ˈrəʊt	**रीः रəउट**
rezone	ˈriː.ˈzəʊn	**रीः ज़əउन**
rhapsody	ˈræp.sə.di	**रæप** सə डी
rheostat	ˈriː.ə.stæt	**रीः** ə स्टæट
rhetoric	ˈret.ᵊr.ɪk	**रेट** ᵊर इक
rhetorical	rɪ.ˈtɒr.ɪ.kᵊl	रि **टɒर** इ कᵊल
rhetorical question	rɪ.ˈtɒr.ɪ.kᵊl.ˈkwes.tʃᵊn	रि **टɒर** इ कᵊल **क्वेस** चᵊन
rhetorically	rɪ.ˈtɒr.ɪ.kᵊl.i	रि **टɒर** इ कᵊल ई
rheumatism	ˈruː.mə.tɪ.zᵊm	**रूः** मə टि ज़ᵊम
rhinestone	ˈraɪn.stəʊn	**राइन** स्टəउन
rhino	ˈraɪ.nəʊ	**राइ** नəउ
rhinoceros	raɪ.ˈnɒs.ᵊr.əs	राइ **नɒस** ᵊर əस
rho	rəʊ	रəउ
rhododendron	ˈrəʊ.də.ˈden.drən	**रəउ** डə **डेन** ड्रəन
rhombus	ˈrɒm.bəs	**रɒम** बəस
rhotic	ˈrəʊ.tɪk	**रəउ** टिक
rhubarb	ˈruː.bɑːb	**रूः** बाːब
rhyme	raɪm	राइम
rhyme or reason	ˈraɪm.ɔː.ˈriː.zᵊn	**राइम** ओː **रीः** ज़ᵊन
rhythm	ˈrɪð.əm	**रिद** əम
rhythmic	ˈrɪð.mɪk	**रिद** मिक
rhythmically	ˈrɪð.mɪ.kᵊl.i	**रिद** मि कᵊल ई
rib	rɪb	रिब
rib cage	ˈrɪb.ˈkeɪdʒ	**रिब केइज**
ribald	ˈrɪb.ᵊld	**रिब** ᵊल्ड
ribbon	ˈrɪb.ᵊn	**रिब** ᵊन
rice	raɪs	राइस
rice paddy	ˈraɪs.ˈpæd.i	**राइस पæड** ई
rice paper	ˈraɪs.ˈpeɪ.pə	**राइस पेइ** पə
rice pudding	ˈraɪs.ˈpʊd.ɪŋ	**राइस पुड** इङ
rich	rɪtʃ	रिच
riches	ˈrɪtʃ.ɪz	**रिच** इज़
richly	ˈrɪtʃ.li	**रिच** ली
richness	ˈrɪtʃ.nəs	**रिच** नəस
rickets	ˈrɪk.ɪts	**रिक** इट्स
rickety	ˈrɪk.ə.ti	**रिक** ə टी
rickshaw	ˈrɪk.ʃɔː	**रिक** शोः
rickshaw puller	ˈrɪk.ʃɔː.ˈpʊl.ə	**रिक** शोः **पुल** ə
ricochet	ˈrɪk.ə.ʃeɪ	**रिक** ə शेइ
ricotta	ˈrɪ.kɒt.ə	**रि** कɒट ə
rid	rɪd	रिड
riddance	ˈrɪd.ᵊns	**रिड** ᵊन्स
ridden	ˈrɪd.ᵊn	**रिड** ᵊन
riddle	ˈrɪd.ᵊl	**रिड** ᵊल
riddled	ˈrɪd.ᵊld	**रिड** ᵊल्ड
ride	raɪd	राइड
rider	ˈraɪ.də	**राइ** डə
riderless	ˈraɪ.də.ləs	**राइ** डə लəस
ridge	rɪdʒ	रिज
ridicule	ˈrɪd.ɪ.kjuːl	**रिड** इ क्यूːल
ridiculous	rɪ.ˈdɪk.jə.ləs	रि **डिक** यə लəस
ridiculously	rɪ.ˈdɪk.jə.ləs.li	रि **डिक** यə लəस ली
riding	ˈraɪ.dɪŋ	**राइ** डिङ
rife	raɪf	राइफ़
rifle	ˈraɪ.fᵊl	**राइ** फ़ᵊल
rift	rɪft	रिफ़्ट
rig	rɪg	रिग
rigging	ˈrɪg.ɪŋ	**रिग** इङ
right	raɪt	राइट
right angle	ˈraɪt.ˈæŋ.gᵊl	**राइट æङ** गᵊल
right away	ˈraɪt.ə.ˈweɪ	**राइट** ə **वेइ**
right hand drive	ˈraɪt.hænd.ˈdraɪv	**राइट** हæन्ड **ड्राइव**
right now	ˈraɪt.naʊ	**राइट** नाउ
right turn	ˈraɪt.ˈtɜːn	**राइट टɜːन**
right wing	ˈraɪt.ˈwɪŋ	**राइट विङ**
rightabout	ˈraɪt.ə.ˈbout	**राइट** ə **बूट**
right-click	ˈraɪt.ˈklɪk	**राइट क्लिक**
righteous	ˈraɪ.ti.əs	**राइ** टी əस
righteously	ˈraɪ.ti.əs.li	**राइ** टी əस ली
righteousness	ˈraɪ.ti.əs.nəs	**राइ** टी əस नəस
rightful	ˈraɪt.fᵊl	**राइट** फ़ᵊल
rightfully	ˈraɪt.fᵊl.i	**राइट** फ़ᵊल ई
right-hand	ˈraɪt.ˈhænd	**राइट हæन्ड**
right-hand man	ˈraɪt.hænd.ˈmæn	**राइट** हæन्ड **मæन**
right-handed	ˈraɪt.ˈhæn.dɪd	**राइट हæन** डिड
rightly	ˈraɪt.li	**राइट** ली
right-of-way	ˈraɪt.əv.ˈweɪ	**राइट** əव **वेइ**
rights	raɪts	राइट्स
rigid	ˈrɪdʒ.ɪd	**रिज** इड
rigidity	rɪ.ˈdʒɪd.ə.ti	रि **जिड** ə टी
rigidly	ˈrɪ.dʒɪd.li	**रि** जिड ली
rigmarole	ˈrɪg.mᵊr.əʊl	**रिग** मᵊर əउल

rigor mortis	ˈrɪg.ə.ˈmɔː.tɪs	**रिग** ə **मो**ː टिस
rigorous	ˈrɪg.ᵊr.əs	**रिग** ॱर əस
rigorously	ˈrɪg.ᵊr.əs.li	**रिग** ॱर əस ली
rigour	ˈrɪg.ə	**रिग** ə
rile	raɪl	राइल
rim	rɪm	रिम
rind	raɪnd	राइन्ड
ring	rɪŋ	रिङ
ring binder	ˈrɪŋ.ˈbaɪn.də	**रिङ बाइन** डə
ring finger	ˈrɪŋ.ˈfɪŋ.gə	**रिङ फ़िङ** गə
ring road	ˈrɪŋ.ˈrəʊd	**रिङ रəउड**
ringleader	ˈrɪŋ.ˈliː.də	**रिङ ली**ː डə
ringlet	ˈrɪŋ.lət	**रिङ** लəट
ringmaster	ˈrɪŋ.ˈmɑː.stə	**रिङ मा**ː स्टə
ringside	ˈrɪŋ.saɪd	**रिङ** साइड
ringtone	ˈrɪŋ.ˈtəʊn	**रिङ टəउन**
ringworm	ˈrɪŋ.wɜːm	**रिङ** व़ɜːम
rink	rɪŋk	रिङ्क
rinse	rɪns	रिन्स
riot	ˈraɪ.ət	**राइ** əट
riot police	ˈraɪ.ət.pə.ˈliːs	**राइ** əट पə **ली**ː**स**
rioter	ˈraɪ.ə.tə	**राइ** ə टə
rioting	ˈraɪ.ə.tɪŋ	**राइ** ə टिङ
riotous	ˈraɪ.ə.təs	**राइ** ə टəस
rip	rɪp	रिप
ripcord	ˈrɪp.kɔːd	**रिप** कोːड
ripe	raɪp	राइप
ripen	ˈraɪ.pᵊn	**राइ** पॱन
rip-off	ˈrɪp.ɒf	**रिप** ɒफ़
ripper	ˈrɪp.ə	**रिप** ə
ripple	ˈrɪp.ᵊl	**रिप** ॱल
rip-roaring	ˈrɪp.rɔː.rɪŋ	**रिप** रोː रिङ
riptide	ˈrɪp.taɪd	**रिप** टाइड
rise	raɪz	राइज़
rise and shine	ˈraɪz.ən.ˈʃaɪn	**राइज़** əन **शाइन**
risen	ˈrɪz.ᵊn	**रिज़** ॱन
riser	ˈraɪ.zə	**राइ** ज़ə
rishi (IO)	ˈrɪʃ.i	**रिश** ई
rising intonation	ˈraɪ.zɪŋ.ˈɪn.tə.ˈneɪ.ʃᵊn	**राइ** ज़िङ **इन** टə **नेइ** शॱन
risk	rɪsk	रिस्क
risky	ˈrɪs.ki	**रिस** की
rissole	ˈrɪs.əʊl	**रिस** əउल

rite	raɪt	राइट
ritual	ˈrɪtʃ.ʊ.əl	**रिच** उ əल
ritualistic	ˈrɪtʃ.ʊ.ə.ˈlɪs.tɪk	**रिच** उ ə **लिस** टिक
ritzy	ˈrɪt.si	**रिट** सी
rival	ˈraɪ.vᵊl	**राइ** वॱल
rivalry	ˈraɪ.vᵊl.ri	**राइ** वॱल री
river	ˈrɪv.ə	**रिव** ə
river bank	ˈrɪv.ə.ˈbæŋk	**रिव** ə **बæङ्क**
river bed	ˈrɪv.ə.ˈbed	**रिव** ə **बेड**
river erosion	ˈrɪv.ə.ɪ.ˈrəʊ.ʒᵊn	**रिव** ə इ **रəउ** ज़ॱन
riverboat	ˈrɪv.ə.bəʊt	**रिव** ə बəउट
riverfront	ˈrɪv.ə.frʌnt	**रिव** ə फ़्रʌन्ट
riverside	ˈrɪv.ə.saɪd	**रिव** ə साइड
rivet	ˈrɪv.ɪt	**रिव** इट
riveting	ˈrɪv.ɪ.tɪŋ	**रिव** इ टिङ
RN	ˈɑːr.ˈen	**आ**ː**र एन**
roach	rəʊtʃ	रəउच
road	rəʊd	रəउड
road kill	ˈrəʊd.kɪl	**रəउड** किल
road safety	ˈrəʊd.ˈseɪf.ti	**रəउड सेइफ़** टी
road sweeper	ˈrəʊd.ˈswiː.pə	**रəउड स्वी**ː पə
road test	ˈrəʊd.ˈtest	**रəउड टेस्ट**
roadblock	ˈrəʊd.blɒk	**रəउड** ब्लɒक
roadhouse	ˈrəʊd.haʊs	**रəउड** हाउस
roadrunner	ˈrəʊd.ˈrʌn.ə	**रəउड रʌन** ə
roadshow	ˈrəʊd.ʃəʊ	**रəउड** शəउ
roadside	ˈrəʊd.saɪd	**रəउड** साइड
roadway	ˈrəʊd.weɪ	**रəउड** व़ेइ
roadworks	ˈrəʊd.wɜːks	**रəउड** व़ɜːक्स
roadworthy	ˈrəʊd.ˈwɜː.ði	**रəउड व़ɜ**ː दी
roam	rəʊm	रəउम
roamed	rəʊmd	रəउम्ड
roaming	ˈrəʊm.ɪŋ	**रəउम** इङ
roaming boats	ˈrəʊm.ɪŋ.ˈbəʊts	**रəउम** इङ **बəउट्स**
roar	rɔː	रोː
roared	rɔːd	रोːड
roaring	ˈrɔː.rɪŋ	**रो**ː रिङ
roaring rivers	ˈrɔː.rɪŋ.ˈrɪv.əz	**रो**ː रिङ **रिव** əज़
roast	rəʊst	रəउस्ट
rob	rɒb	रɒब
robber	ˈrɒb.ə	**रɒब** ə
robbery	ˈrɒb.ᵊr.i	**रɒब** ॱर ई
robe	rəʊb	रəउब

robin	ˈrɒb.ɪn	**रɒब** इन
robot	ˈrəʊ.bɒt	**रəʊ** बɒट
robotics	rəʊ.ˈbɒt.ɪks	रəʊ **बɒट** इक्स
robust	rəʊ.ˈbʌst	रəʊ **बʌस्ट**
rock	rɒk	रɒक
rock and roll	ˈrɒk.ən.ˈrəʊl	**रɒक** əन **रəʊल**
rock bottom	ˈrɒk.ˈbɒt.əm	**रɒक बɒट** əम
rock climbing	ˈrɒk.ˈklaɪ.mɪŋ	**रɒक क्लाइ** मिङ
rock music	ˈrɒk.ˈmjuː.zɪk	**रɒक म्यू**ː ज़िक
rock salt	ˈrɒk.ˈsɔːlt	**रɒक सोːल्ट**
rocker	ˈrɒk.ə	**रɒक** ə
rocket	ˈrɒk.ɪt	**रɒक** इट
rocket fuel	ˈrɒk.ɪt.ˈfjuː.əl	**रɒक** इट **फ़्यू**ː əल
rocket launching	ˈrɒk.ɪt.ˈlɔːn.tʃɪŋ	**रɒक** इट **लोːन** चिङ
rocking chair	ˈrɒk.ɪŋ.ˈtʃeə	**रɒक** इङ **चेə**
rocking horse	ˈrɒk.ɪŋ.ˈhɔːs	**रɒक** इङ **होːस**
rock-solid	ˈrɒk.ˈsɒl.ɪd	**रɒक सɒल** इड
rocky	ˈrɒk.i	**रɒक** ई
rod	rɒd	रɒड
rode	rəʊd	रəʊड
rodent	ˈrəʊ.dᵊnt	**रəʊ** ड॰न्ट
rodeo	rəʊ.ˈdeɪ.əʊ	रəʊ **डेइ** əʊ
roe	rəʊ	रəʊ
rogan josh (IO)	ˈrəʊ.gən.ˈdʒəʊʃ	**रəʊ** गəन **जəʊश**
rogue	rəʊg	रəʊग
role	rəʊl	रəʊल
role model	ˈrəʊl.ˈmɒd.ᵊl	**रəʊल मɒड** ॰ल
role-play	ˈrəʊl.ˈpleɪ	**रəʊल प्लेइ**
roll	rəʊl	रəʊल
roll call	ˈrəʊl.ˈkɔːl	**रəʊल कोːल**
roller	ˈrəʊ.lə	**रəʊ** लə
roller coaster	ˈrəʊ.lə.ˈkəʊ.stə	**रəʊ** लə **कəʊ** स्टə
rollerblade	ˈrəʊ.lə.bleɪd	**रəʊ** लə ब्लेइड
roller-skate	ˈrəʊ.lə.skeɪt	**रəʊ** लə स्केइट
rollicking	ˈrɒl.ɪ.kɪŋ	**रɒल** इ किङ
rolling mist	ˈrəʊ.lɪŋ.mɪst	**रəʊ** लिङ मिस्ट
rolling pin	ˈrəʊ.lɪŋ.pɪn	**रəʊ** लिङ पिन
roll-on	ˈrəʊl.ɒn	**रəʊल** ɒन
roll-out	ˈrəʊl.aʊt	**रəʊल** आउट
rollover	ˈrəʊl.əʊ.və	**रəʊल** əʊ वə
Rolls Royce	ˈrəʊlz.ˈrɔɪs	**रəʊल्ज़ रोइस**
roll-up	ˈrəʊl.ʌp	**रəʊल** ʌप
roly-poly	ˈrəʊl.ɪ.ˈpəʊ.li	**रəʊल** इ **पəʊ** ली
ROM	rɒm	रɒम
Roman alphabet	ˈrəʊ.mən.ˈæl.fə.bet	**रəʊ** मəन **æल** फ़ə बेट
Roman Catholic	ˈrəʊ.mən.ˈkæθ.ᵊl.ɪk	**रəʊ** मəन **कæथ** ॰ल इक
Roman numeral	ˈrəʊ.mən.ˈnjuː.mᵊr.ᵊl	**रəʊ** मəन **न्यू**ː म॰र ॰ल
romance	rəʊ.ˈmæns	रəʊ **मæन्स**
romantic	rəʊ.ˈmæn.tɪk	रəʊ **मæन** टिक
romantically	rəʊ.ˈmæn.tɪk.ᵊl.i	रəʊ **मæन** टिक ॰ल ई
romanticisation	rə.ˈmæn.tɪ.saɪ.ˈzeɪ.ʃᵊn	रə **मæन** टि साइ **ज़ेइ** श॰न
romanticise	rə.ˈmæn.tɪ.saɪz	रə **मæन** टि साइज़
romanticism	rə.ˈmæn.tɪ.sɪ.zᵊm	रə **मæन** टि सि ज़॰म
romp	rɒmp	रɒम्प
roo	ruː	रूː
roof	ruːf	रूːफ़
roofing	ˈruː.fɪŋ	**रूː** फ़िङ
rooftop	ˈruːf.tɒp	**रूːफ़** टɒप
rook	rʊk	रुक
rookie	ˈrʊk.i	**रुक** ई
room	ruːm	रूːम
room and board	ˈruːm.ən.ˈbɔːd	**रूːम** əन **बोːड**
room service	ˈruːm.ˈsɜː.vɪs	**रूːम सɜː** विस
roomful	ˈruːm.fʊl	**रूːम** फ़ुल
roommate	ˈruːm.meɪt	**रूːम** मेइट
roomy	ˈruː.mi	**रूː** मी
roost	ruːst	रूːस्ट
rooster	ˈruː.stə	**रूː** स्टə
root	ruːt	रूːट
root beer	ˈruːt.ˈbɪə	**रूːट बिə**
root canal	ˈruːt.kə.ˈnæl	**रूːट** कə **नæल**
root vegetable	ˈruːt.ˈvedʒ.tə.bəl	**रूːट वेज** टə बəल
rootless	ˈruːt.ləs	**रूːट** लəस
roots	ruːts	रूːट्स
rope	rəʊp	रəʊप
rope ladder	ˈrəʊp.ˈlæd.ə	**रəʊप लæड** ə
rort	rɔːt	रोːट
rosary	ˈrəʊ.zᵊr.i	**रəʊ** ज़॰र ई

rose	rəʊz	रəउज़
rose bush	ˈrəʊz.ˈbʊʃ	रəउज़ बुश
rose garden	ˈrəʊz.ˈgɑː.dᵊn	रəउज़ गाः ड॰न
rose water	ˈrəʊz.ˈwɔː.tə	रəउज़ वॊः टə
rose wood	ˈrəʊz.ˈwʊd	रəउज़ वुड
rosebud	ˈrəʊz.bʌd	रəउज़ बʌड
rosehip	ˈrəʊz.hɪp	रəउज़ हिप
rosella	rə.ˈzel.ə	रə ज़ेल ə
rosemary	ˈrəʊz.mᵊr.i	रəउज़ म॰र ई
roster	ˈrɒs.tə	रɒस टə
rostrum	ˈrɒs.trəm	रɒस ट्रəम
rosy	ˈrəʊ.zi	रəउ ज़ी
rot	rɒt	रɒट
rota	ˈrəʊ.tə	रəउ टə
rotary	ˈrəʊ.tᵊr.i	रəउ ट॰र ई
rotate	rəʊ.ˈteɪt	रəउ टेइट
rotation	rəʊ.ˈteɪ.ʃᵊn	रəउ टेइ श॰न
rote	rəʊt	रəउट
roti (IO)	ˈrəʊ.ti	रəउ टी
rotisserie	rəʊ.ˈtis:.ᵊr.i	रəउ टीसः ॰र ई
rotor	ˈrəʊ.tə	रəउ टə
rotten	ˈrɒt.ᵊn	रɒट ॰न
rotter	ˈrɒt.ə	रɒट ə
rotund	rə.ˈtʌnd	रə टʌन्ड
rotunda	rə.ˈtʌn.də	रə टʌन डə
rouble	ˈruː.bᵊl	रूः ब॰ल
rouge	ruːʒ	रूःज़
rough	rʌf	रʌफ़
rough paper	ˈrʌf.ˈpeɪ.pə	रʌफ़ पेइ पə
roughage	ˈrʌf.ɪdʒ	रʌफ़ इज
rough-and-tumble	ˈrʌf.ən.ˈtʌm.bᵊl	रʌफ़ əन टʌम ब॰ल
roughen	ˈrʌf.ən	रʌफ़ əन
roughhouse	ˈrʌf.haʊs	रʌफ़ हाउस
roughly	ˈrʌf.li	रʌफ़ ली
roughness	ˈrʌf.nəs	रʌफ़ नəस
roughshod	ˈrʌf.ʃɒd	रʌफ़ शɒड
roulette	ruː.ˈlet	रूः लेट
round	raʊnd	राउन्ड
round and round	ˈraʊnd.ən.ˈraʊnd	राउन्ड əन राउन्ड
round robin	ˈraʊnd.ˈrɒb.ɪn	राउन्ड रɒब इन
round the world	ˈraʊnd.ðə.ˈwɜːld	राउन्ड दə वɜःल्ड
round trip	ˈraʊnd.trɪp	राउन्ड ट्रिप

roundabout	ˈraʊnd.ə.ˈbaʊt	राउन्ड ə बाउट
round-table	ˈraʊnd.ˈteɪ.bᵊl	राउन्ड टेइ ब॰ल
round-the-clock	ˈraʊnd.ðə.ˈklɒk	राउन्ड दə क्लɒक
roundup	ˈraʊnd.ʌp	राउन्ड ʌप
roundworm	ˈraʊnd.wɜːm	राउन्ड वɜःम
rouse	raʊz	राउज़
rousing	ˈraʊ.zɪŋ	राउ ज़िङ
rout	raʊt	राउट
route	ruːt	रूःट
routine	ruː.ˈtiːn	रूः टीःन
routinely	ruː.ˈtiːn.li	रूः टीःन ली
rove	rəʊv	रəउव
roving	ˈrəʊ.vɪŋ	रəउ विङ
row	rəʊ	रəउ
row-boat	ˈrəʊ.bəʊt	रəउ बəउट
rowdily	ˈraʊ.dᵊl.i	राउ ड॰ल ई
rowdiness	ˈraʊ.di.nəs	राउ डी नəस
rowdyism	ˈraʊ.di.ɪ.zᵊm	राउ डी इ ज़॰म
rowdy	ˈraʊ.di	राउ डी
rower	ˈrəʊ.ə	रəउ ə
rowing	ˈrəʊ.ɪŋ	रəउ इङ
rowing boat	ˈrəʊ.ɪŋ.ˈbəʊt	रəउ इङ बəउट
rows	raʊz	राउज़
royal	ˈrɔɪ.əl	रोइ əल
Royal assent	ˈrɔɪ.əl.ə.ˈsent	रोइ əल ə सेन्ट
royal blue	ˈrɔɪ.əl.bluː	रोइ əल ब्लूः
Royal family	ˈrɔɪ.əl.ˈfæm.əl.i	रोइ əल फ़æम əल ई
Royal flush	ˈrɔɪ.əl.ˈflʌʃ	रोइ əल फ़्लʌश
Royal Highness	ˈrɔɪ.əl.ˈhaɪ.nəs	रोइ əल हाइ नəस
royalty	ˈrɔɪ.əl.ti	रोइ əल टी
RSPCA	ˈɑːr.ˈes.piː.siː.ˈeɪ	आःर एस पीः सीः एइ
RSVP	ˈɑːr.ˈes.ˈviː.ˈpiː	आःर एस वीः पीः
Rt.Hon.	ˈraɪt.ˈhɒn.ᵊr.ə.bᵊl	राइट हɒन ॰र ə ब॰ल
rub	rʌb	रʌब
rubber	ˈrʌb.ə	रʌब ə
rubber band	ˈrʌb.ə.ˈbænd	रʌब ə बæन्ड
rubber boot	ˈrʌb.ə.ˈbuːt	रʌब ə बूःट
rubber dinghy	ˈrʌb.ə.ˈdɪŋ.gi	रʌब ə डिङ गी
rubber plant	ˈrʌb.ə.ˈplɑːnt	रʌब ə प्लाःन्ट
rubber stamp	ˈrʌb.ə.ˈstæmp	रʌब ə स्टæम्प
rubber tree	ˈrʌb.ə.ˈtriː	रʌब ə ट्रीः

rubberneck	ˈrʌb.ə.nek	रʌब ə नेक
rubbery	ˈrʌb.ᵊr.i	रʌब ॅर ई
rubbish	ˈrʌb.ɪʃ	रʌब इश
rubble	ˈrʌb.ᵊl	रʌब ॅल
rubdown	ˈrʌb.daʊn	रʌब डाउन
rubella	ruː.ˈbel.ə	रू: बेल ə
rubric	ˈruː.brɪk	रू: ब्रिक
ruby	ˈruː.bi	रू: बी
rucksack	ˈrʌk.sæk	रʌक सæक
ruckus	ˈrʌk.əs	रʌक əस
rudder	ˈrʌd.ə	रʌड ə
ruddy	ˈrʌd.i	रʌड ई
rude	ruːd	रू:ड
rudely	ˈruːd.li	रू:ड ली
rudeness	ˈruːd.nəs	रू:ड नəस
rudimentary	ˈruː.dɪ.ˈmen.tᵊr.i	रू: डि मेन टॅर ई
rudiments	ˈruː.dɪ.mᵊnts	रू: डि मॅन्ट्स
rue	ruː	रू:
rueful	ˈruː.fᵊl	रू: फ़ॅल
ruff	rʌf	रʌफ़
ruffian	ˈrʌf.i.ən	रʌफ़ ई əन
ruffle	ˈrʌf.ᵊl	रʌफ़ ॅल
rug	rʌg	रʌग
rugby	ˈrʌg.bi	रʌग बी
rugged	ˈrʌg.ɪd	रʌग इड
ruin	ˈruː.ɪn	रू: इन
ruinous	ˈruː.ɪ.nəs	रू: इ नəस
rule	ruːl	रू:ल
ruled	ruːld	रू:ल्ड
ruler	ˈruː.lə	रू: लə
ruling	ˈruː.lɪŋ	रू: लिङ
rum	rʌm	रʌम
rumba	ˈrʌm.bə	रʌम बə
rumble	ˈrʌm.bᵊl	रʌम बॅल
ruminate	ˈruː.mɪ.neɪt	रू: मि नेइट
rummage	ˈrʌm.ɪdʒ	रʌम इज
rummy	ˈrʌm.i	रʌम ई
rumour	ˈruː.mə	रू: मə
rumoured	ˈruː.məd	रू: मəड
rumour-monger	ˈruː.mə.ˈmʌŋ.gə	रू: मə मʌङ गə
rump	rʌmp	रʌम्प
rump steak	ˈrʌmp.ˈsteɪk	रʌम्प स्टेइक

rumple	ˈrʌm.pᵊl	रʌम पॅल
rumpus	ˈrʌm.pəs	रʌम पəस
rumpus room	ˈrʌm.pəs.ˈruːm	रʌम पəस रू:म
run	rʌn	रʌन
run off	ˈrʌn.ɒf	रʌन ɒफ़
runabout	ˈrʌn.ə.ˈbaʊt	रʌन ə बाउट
run-around	ˈrʌn.ə.raʊnd	रʌन ə राउन्ड
runaway	ˈrʌn.ə.ˈweɪ	रʌन ə व़ेइ
rundown	ˈrʌn.daʊn	रʌन डाउन
rung	rʌŋ	रʌङ
run-in	ˈrʌn.ɪn	रʌन इन
runner	ˈrʌn.ə	रʌन ə
runner-up	ˈrʌn.ər.ˈʌp	रʌन əर ʌप
running	ˈrʌn.ɪŋ	रʌन इङ
running commentary	ˈrʌn.ɪŋ.ˈkɒm.ən.tᵊr.i	रʌन इङ कɒम əन टॅर ई
running mate	ˈrʌn.ɪŋ.ˈmeɪt	रʌन इङ मेइट
runny	ˈrʌn.i	रʌन ई
run-of-the-mill	ˈrʌn.əv.ðə.ˈmɪl	रʌन əव दə मिल
runout	ˈrʌn.aʊt	रʌन आउट
runt	rʌnt	रʌन्ट
run-through	ˈrʌn.θruː	रʌन थ्रू:
run-up	ˈrʌn.ʌp	रʌन ʌप
runway	ˈrʌn.weɪ	रʌन व़ेइ
rupture	ˈrʌp.tʃə	रʌप चə
rural	ˈruː.rᵊl	रू: रॅल
rural landscape	ˈruː.rᵊl.ˈlænd.skeɪp	रू: रॅल लæन्ड स्केइप
ruse	ruːz	रू:ज़
rush	rʌʃ	रʌश
rush hour	ˈrʌʃ.ˈaʊ.əʳ	रʌश आउ əर
rust	rʌst	रʌस्ट
rustic	ˈrʌs.tɪk	रʌस टिक
rusticate	ˈrʌz.tɪ.keɪt	रʌज़ टि केइट
rustication	ˈrʌz.tɪ.ˈkeɪ.ʃᵊn	रʌज़ टि केइ शॅन
rustle	ˈrʌs.ᵊl	रʌस ॅल
rustler	ˈrʌs.lə	रʌस लə
rustproof	ˈrʌst.pruːf	रʌस्ट प्रू:फ़
rusty	ˈrʌs.ti	रʌस टी
rut	rʌt	रʌट
ruthless	ˈruːθ.ləs	रू:थ लəस
ruthlessly	ˈruːθ.ləs.li	रू:थ लəस ली

ruthlessness	ˈruːθ.ləs.nəs	रूːथ लəस नəस
rye	raɪ	राइ

S

s	es	एस
S	es	एस
Sabbath	ˈsæb.əθ	सæब əथ
sabbatical	sə.ˈbæt.ɪ.kᵊl	सə बæट इ कᵊल
sabotage	ˈsæb.ə.tɑːʒ	सæब ə टाːज़
saboteur	ˈsæb.ə.ˈtɜː	सæब ə टɜː
sabre	ˈseɪ.bə	सेइ बə
sac	sæk	सæक
saccharin	ˈsæk.ᵊr.ɪn	सæक ᵊर इन
sachet	ˈsæʃ.eɪ	सæश एइ
sack	sæk	सæक
sackful	ˈsæk.fᵊl	सæक फ़ᵊल
sacking	ˈsæk.ɪŋ	सæक इङ
sackrace	ˈsæk.ˈreɪs	सæक रेइस
sacrament	ˈsæk.rə.mᵊnt	सæक रə मᵊन्ट
sacred	ˈseɪ.krɪd	सेइ क्रिड
sacrifice	ˈsæk.rɪ.faɪs	सæक रि फ़ाइस
sacrificial	ˈsæk.rɪ.ˈfɪʃ.ᵊl	सæक रि फ़िश ᵊल
sacrificial lamb	ˈsæk.rɪ.ˈfɪʃ.ᵊl.læm	सæक रि फ़िश ᵊल लæम
sacrilege	ˈsæk.rɪ.lɪdʒ	सæक रि लिज
sacrilegious	ˈsæk.rɪ.ˈlɪdʒ.əs	सæक रि लिज əस
sacrosanct	ˈsæk.rə.sæŋkt	सæक रə सæङ्क्ट
sad	sæd	सæड
sadden	ˈsæd.ᵊn	सæड ᵊन
saddle	ˈsæd.ᵊl	सæड ᵊल
saddlebag	ˈsæd.ᵊl.bæg	सæड ᵊल बæग
saddler	ˈsæd.lə	सæड लə
saddle-sore	ˈsæd.ᵊl.sɔː	सæड ᵊल सोː
sadism	ˈseɪ.dɪ.zᵊm	सेइ डि ज़ᵊम
sadist	ˈseɪ.dɪst	सेइ डिस्ट
sadistic	sə.ˈdɪs.tɪk	सə डिस टिक
sadistically	sə.ˈdɪs.tɪ.kᵊl.i	सə डिस टि कᵊल ई
sadly	ˈsæd.li	सæड ली
sadness	ˈsæd.nəs	सæड नəस
sad-sack	ˈsæd.sæk	सæड सæक
safari	sə.ˈfɑː.ri	सə फ़ाː री
safe	seɪf	सेइफ़
safe and sound	ˈseɪf.ən.ˈsaʊnd	सेइफ़ əन साउन्ड
safe custody	ˈseɪf.ˈkʌs.tə.di	सेइफ़ कʌस टə डी
safe harbour	ˈseɪf.ˈhɑː.bə	सेइफ़ हाː बə
safe haven	ˈseɪf.ˈheɪ.vᵊn	सेइफ़ हेइ वᵊन
safe house	ˈseɪf.ˈhaʊs	सेइफ़ हाउस
safe sex	ˈseɪf.ˈseks	सेइफ़ सेक्स
safe-breaker	ˈseɪf.ˈbreɪk.ə	सेइफ़ ब्रेइक ə
safe-conduct	ˈseɪf.ˈkɒn.dʌkt	सेइफ़ कɒन डʌक्ट
safe-cracker	ˈseɪf.ˈkræk.ə	सेइफ़ क्रæक ə
safe-deposit box	ˈseɪf.dɪ.ˈpɒz.ɪt.ˈbɒks	सेइफ़ डि पɒज़ इट बɒक्स
safeguard	ˈseɪf.gɑːd	सेइफ़ गाːड
safekeeping	ˈseɪf.ˈkiː.pɪŋ	सेइफ़ कीː पिङ
safely	ˈseɪf.li	सेइफ़ ली
safety	ˈseɪf.ti	सेइफ़ टी
safety belt	ˈseɪf.ti.belt	सेइफ़ टी बेल्ट
safety curtain	ˈseɪf.ti.ˈkɜː.tᵊn	सेइफ़ टी कɜː टᵊन
safety match	ˈseɪf.ti.ˈmætʃ	सेइफ़ टी मæच
safety net	ˈseɪf.ti.ˈnet	सेइफ़ टी नेट
safety pin	ˈseɪf.ti.ˈpɪn	सेइफ़ टी पिन
safety valve	ˈseɪf.ti.ˈvælv	सेइफ़ टी वæल्व
safflower	ˈsæf.laʊ.ə	सæफ़ लाउ ə
saffron	ˈsæf.rən	सæफ़ रəन
sag	sæg	सæग
saga	ˈsɑː.gə	साː गə
sagacious	sə.ˈgeɪ.ʃəs	सə गेइ शəस
sagacity	sə.ˈgæs.ə.ti	सə गæस ə टी
sage	seɪdʒ	सेइज
sagittarius	ˈsædʒ.ɪ.ˈteə.ri.əs	सæज इ टेə री əस
said	sed	सेड
sail	seɪl	सेइल
sailboard	ˈseɪl.bɔːd	सेइल बोːड
sailboat	ˈseɪl.bəʊt	सेइल बəउट
sailcloth	ˈseɪl.klɒθ	सेइल क्लɒथ
sailing	ˈseɪl.ɪŋ	सेइल इङ
sailing ship	ˈseɪl.ɪŋ.ˈʃɪp	सेइल इङ शिप
sailingboat	ˈseɪl.ɪŋ.ˈbəʊt	सेइल इङ बəउट
sailor	ˈseɪ.lə	सेइ लə
saint	seɪnt	सेइन्ट
sake	seɪk	सेइक
salacious	sə.ˈleɪ.ʃəs	सə लेइ शəस
salad	ˈsæl.əd	सæल əड
salad bar	ˈsæl.əd.ˈbɑː	सæल əड बाː
salad cream	ˈsæl.əd.ˈkriːm	सæल əड क्रीːम

salad days	ˈsæl.əd.ˈdeɪz	**सæल** əड **डेइज़**
salad dressing	ˈsæl.əd.ˈdres.ɪŋ	**सæल** əड **ड्रेस** इङ
salad onion	ˈsæl.əd.ˈʌn.jən	**सæल** əड **ʌन** ग़əन
salamander	ˈsæl.ə.mæn.də	**सæल** ə मæन डə
salami	sə.ˈlɑː.mi	सə **ला**: मी
salaried	ˈsæl.ᵊr.ɪd	**सæल** ॰र इड
salary	ˈsæl.ᵊr.i	**सæल** ॰र ई
sale	seɪl	सेइल
saleability	ˈseɪ.lə.ˈbɪl.ə.ti	**सेइ** लə **बिल** ə टी
saleable	ˈseɪl.ə.bᵊl	**सेइल** ə ब॰ल
sales	seɪlz	सेइल्ज़
sales clerk	ˈseɪlz.klɑːk	**सेइल्ज़** क्ला:क
sales pitch	ˈseɪlz.pɪtʃ	**सेइल्ज़** पिच
sales representative	ˈseɪlz.rep.rɪ.ˈzen.tə.tɪv	**सेइल्ज़** रेप रि **ज़ेन** टə टिव
sales slip	ˈseɪlz.slɪp	**सेइल्ज़** स्लिप
sales tax	ˈseɪlz.ˈtæks	**सेइल्ज़ टæक्स**
salesman	ˈseɪlz.mən	**सेइल्ज़** मəन
salesmanship	ˈseɪlz.mən.ʃɪp	**सेइल्ज़** मəन शिप
salesperson	ˈseɪlz.ˈpɜː.sᵊn	**सेइल्ज़ पɜ**: स॰न
salesroom	ˈseɪlz.ruːm	**सेइल्ज़** रू:म
salestalk	ˈseɪlz.tɔːk	**सेइल्ज़** टो:क
saleswoman	ˈseɪlz.ˈwʊm.ən	**सेइल्ज़ वुम** əन
salient	ˈseɪ.li.ᵊnt	**सेइ** ली ॰न्ट
saline	ˈseɪ.laɪn	**सेइ** लाइन
salinity	sə.ˈlɪn.ə.ti	सə **लिन** ə टी
saliva	sə.ˈlaɪ.və	सə **लाइ** वə
salivary gland	sə.ˈlaɪ.vᵊr.i.ˈglænd	सə **लाइ** व॰र ई **ग्लæन्ड**
salivate	ˈsæl.ɪ.veɪt	**सæल** इ वेइट
sallow	ˈsæl.əʊ	**सæल** əउ
salmon	ˈsæm.ən	**सæम** əन
salmonella	ˈsæl.mə.ˈnel.ə	**सæल** मə **नेल** ə
salon	ˈsæl.ɒn	**सæल** ɒन
saloon	sə.ˈluːn	सə **लू:न**
salsa	ˈsæl.sə	**सæल** सə
salt	sɒlt	सɒल्ट
salt and pepper	ˈsɒlt.ən.ˈpep.ə	**सɒल्ट** əन **पेप** ə
saltpetre	ˈsɒlt.ˈpiː.tə	**सɒल्ट पी**: टə
saltwater	ˈsɒlt.ˈwɔː.tə	**सɒल्ट वो**: टə
salty	ˈsɒl.ti	**सɒल** टी
salubrious	sə.ˈluː.bri.əs	सə **लू**: ब्री əस
salutary	ˈsæl.jʊ.tᵊr.i	**सæल** गु ट॰र ई

salutation	ˈsæl.jʊ.ˈteɪ.ʃᵊn	**सæल** गु **टेइ** श॰न
salute	sə.ˈluːt	सə **लू:ट**
saluting	sə.ˈluː.tɪŋ	सə **लू**: टिङ
salvage	ˈsæl.vɪdʒ	**सæल** विज
salvageable	ˈsæl.vɪdʒ.ə.bᵊl	**सæल** विज ə ब॰ल
salvation	sæl.ˈveɪ.ʃᵊn	सæल **वेइ** श॰न
salve	sælv	सæल्व
salwar (IO)	sʌl.ˈwɑːr	सʌल **वा:र**
samba	ˈsæm.bə	**सæम** बə
same	seɪm	सेइम
sameness	ˈseɪm.nəs	**सेइम** नəस
same-sex	ˈseɪm.ˈseks	**सेइम सेक्स**
sample	ˈsɑːm.pᵊl	**सा:म** प॰ल
sampler	ˈsɑːm.pᵊl.ə	**सा:म** प॰ल ə
samurai	ˈsæm.ʊ.raɪ	**सæम** उ राइ
sanatorium	ˈsæn.ə.ˈtɔː.ri.əm	**सæन** ə **टो**: री əम
sanctification	ˈsæŋk.tɪ.fɪ.ˈkeɪ.ʃᵊn	**सæङ्क** टि फ़ि **केइ** श॰न
sanctify	ˈsæŋk.tɪ.faɪ	**सæङ्क** टि फ़ाइ
sanctimonious	ˈsæŋk.tɪ.ˈməʊ.ni.əs	**सæङ्क** टि **मəउ** नी əस
sanction	ˈsæŋk.ʃᵊn	**सæङ्क** श॰न
sanctity	ˈsæŋk.tə.ti	**सæङ्क** टə टी
sanctuary	ˈsæŋk.tʃʊ.ᵊr.i	**सæङ्क** चु ॰र ई
sand	sænd	सæन्ड
sand dune	ˈsænd.djuːn	**सæन्ड** ड्यू:न
sandal	ˈsænd.ᵊl	**सæन्ड** ॰ल
sandalwood	ˈsænd.ᵊl.wʊd	**सæन्ड** ॰ल वुड
sandbag	ˈsænd.bæg	**सæन्ड** बæग
sandblast	ˈsænd.blɑːst	**सæन्ड** ब्ला:स्ट
sandcastle	ˈsænd.ˈkɑː.sᵊl	**सæन्ड का**: स॰ल
sandman	ˈsænd.mən	**सæन्ड** मəन
sandpail	ˈsænd.peɪl	**सæन्ड** पेइल
sandpaper	ˈsænd.ˈpeɪ.pə	**सæन्ड पेइ** पə
sandpit	ˈsænd.pɪt	**सæन्ड** पिट
sandstone	ˈsænd.stəʊn	**सæन्ड** स्टəउन
sandstorm	ˈsænd.stɔːm	**सæन्ड** स्टो:म
sandtrap	ˈsænd.træp	**सæन्ड** ट्रæप
sandwich	ˈsæn.wɪdʒ	**सæन** विज
sandwich board	ˈsæn.wɪdʒ.ˈbɔːd	**सæन** व़िज **बो:ड**
sandwich coarse	ˈsæn.wɪdʒ.ˈkɔːs	**सæन** व़िज **को:स**
sandy	ˈsæn.di	**सæन** डी
sane	seɪn	सेइन

sang	sæŋ	सæङ
sanguine	ˈsæŋ.gwɪn	**सæङ** ग्विन
sanitarium	ˈsæn.ɪ.ˈteə.ri.əm	**सæन** इ **टेə** री əम
sanitary	ˈsæn.ɪ.tᵊr.i	**सæन** इ ट॰र ई
sanitary napkin	ˈsæn.ɪ.tᵊr.i.ˈnæp.kɪn	**सæन** इ ट॰र ई **नæप** किन
sanitary towel	ˈsæn.ɪ.tᵊr.i.ˈtaʊ.ᵊl	**सæन** इ ट॰र ई **टाउ** ॰ल
sanitation	ˈsæn.ɪ.ˈteɪ.ʃᵊn	**सæन** इ **टेइ** श॰न
sanitisation	ˈsæn.ɪ.taɪ.ˈzeɪ.ʃᵊn	**सæन** इ टाइ **ज़ेइ** श॰न
sanitise	ˈsæn.ɪ.taɪz	**सæन** इ टाइज़
sanity	ˈsæn.ə.ti	**सæन** ə टी
sank	sæŋk	सæङ्क
sans serif	ˈsæn.ˈser.ɪf	**सæन** **सेर** इफ़
Santa	ˈsæn.tə	**सæन** टə
Santa Claus	ˈsæn.tə.ˈklɔːz	**सæन** टə **क्लोːज़**
sap	sæp	सæप
sapless	ˈsæp.ləs	**सæप** लəस
sapling	ˈsæp.ɪŋ	**सæप** इङ
sapphire	ˈsæf.aɪ.ə	**सæफ़** आइ ə
sarcasm	ˈsɑː.kæz.ᵊm	**साː** कæज़ ॰म
sarcastic	sɑː.ˈkæs.tɪk	साː **कæस** टिक
sarcastically	sɑː.ˈkæs.tɪ.kᵊl.i	साː **कæस** टि क॰ल ई
sardine	sɑː.ˈdiːn	साː **डीːन**
sardonic	sɑː.ˈdɒn.ɪk	साː **डɒन** इक
sarge	sɑːdʒ	साːज
Sargeant	ˈsɑː.dʒᵊnt	**साː** ज॰न्ट
sarong	sə.ˈrɒŋ	सə **रɒङ**
sarting point	ˈstɑː.tɪŋ.ˈpɔɪnt	**स्टाː** टिङ **पोइन्ट**
sartorial	sɑː.ˈtɔː.ri.əl	साː **टोː** री əल
sash	sæʃ	सæश
sass	sæs	सæस
sassy	ˈsæs.i	**सæस** ई
sat	sæt	सæट
Satan	ˈseɪt.ᵊn	**सेइट** ॰न
satanic	sə.ˈtæn.ɪk	सə **टæन** इक
Satanism	ˈseɪ.tᵊn.ɪ.zᵊm	**सेइ** ट॰न इ ज़॰म
satay	ˈsæt.eɪ	**सæट** एइ
satchel	ˈsætʃ.ᵊl	**सæच** ॰ल
satellite	ˈsæt.ə.laɪt	**सæट** ə लाइट
satellite television	ˈsæt.ə.laɪt.ˈtel.ɪ.ˈvɪʒ.ᵊn	**सæट** ə लाइट **टेल** इ **विज़** ॰न
satiable	ˈseɪ.ʃə.bᵊl	**सेइ** शə ब॰ल
satiate (adj)	ˈseɪ.ʃi.ət	**सेइ** शी əट
satiate (v)	ˈseɪ.ʃi.eɪt	**सेइ** शी एइट
satin	ˈsæt.ɪn	**सæट** इन
satire	ˈsæt.aɪ.ə	**सæट** आइ ə
satirical	sə.ˈtɪr.ɪ.kᵊl	सə **टिर** इ क॰ल
satirically	sə.ˈtɪr.ɪ.kᵊl.i	सə **टिर** इ क॰ल ई
satirise	ˈsæt.ᵊr.aɪz	**सæट** ॰र आइज़
satirist	ˈsæt.ᵊr.ɪst	**सæट** ॰र इस्ट
satisfaction	ˈsæt.ɪs.ˈfæk.ʃᵊn	**सæट** इस **फ़æक** श॰न
satisfactorily	ˈsæt.ɪs.ˈfæk.tᵊr.ᵊl.i	**सæट** इस **फ़æक** ट॰र ॰ल ई
satisfactory	ˈsæt.ɪs.ˈfæk.tᵊr.i	**सæट** इस **फ़æक** ट॰र ई
satisfied	ˈsæt.ɪs.faɪd	**सæट** इस फ़ाइड
satisfy	ˈsæt.ɪs.faɪ	**सæट** इस फ़ाइ
satisfying	ˈsæt.ɪs.faɪ.ɪŋ	**सæट** इस फ़ाइ इङ
saturated fat	ˈsætʃ.ᵊr.eɪ.tɪd.ˈfæt	**सæच** ॰र एइ टिड **फ़æट**
saturation	ˈsætʃ.ə.ˈreɪ.ʃᵊn	**सæच** ə **रेइ** श॰न
Saturday	ˈsæt.ə.deɪ	**सæट** ə डेइ
Saturn	ˈsæt.ən	**सæट** əन
satyagraha (IO)	sʌt.ˈjaː. grə.hə	सʌट **गाː** ग्रə हə
sauce	sɔːs	सोːस
saucepan	ˈsɔːs.pən	**सोːस** पəन
saucer	ˈsɔː.sə	**सोː** सə
saucy	ˈsɔː.si	**सोː** सी
sauerkraut	ˈsaʊ.ə.kraʊt	**साउ** ə क्राउट
sauna	ˈsɔː.nə	**सोː** नə
saunter	ˈsɔːn.tə	**सोːन** टə
sausage	ˈsɒs.ɪdʒ	**सɒस** इज
sausage roll	ˈsɒs.ɪdʒ.ˈrəʊl	**सɒस** इज **रəउल**
sauté	ˈsəʊ.teɪ	**सəउ** टेइ
savage	ˈsæv.ɪdʒ	**सæव** इज
savagely	ˈsæv.ɪdʒ.li	**सæव** इज ली
saver	ˈseɪ.və	**सेइ** वə
saving	ˈseɪ.vɪŋ	**सेइ** विङ
savings	ˈseɪ.vɪŋz	**सेइ** विङ्ज़
savings account	ˈseɪ.vɪŋz.ə.ˈkaʊnt	**सेइ** विङ्ज़ ə **काउन्ट**

savings and loan	ˈseɪ.vɪŋz.ən.ˈləʊn	सेइ विङ्ज़ ən लəउन
savings bank	ˈseɪ.vɪŋz.ˈbæŋk	सेइ विङ्ज़ बæङ्क
saviour	ˈseɪ.vjə	सेइ व्ग़ə
savour	ˈseɪ.və	सेइ वə
savoury	ˈseɪ.vᵊr.i	सेइ वᵊर ई
savvy	ˈsæv.i	सæव ई
saw	ˈsɔː	सोः
sawdust	ˈsɔː.dʌst	सोः डʌस्ट
sawmill	ˈsɔː.mɪl	सोः मिल
sawn	sɔːn	सोःन
sawn-off	ˈsɔːn.ˈɒf	सोःन ɒफ़
sax	sæks	सæक्स
saxophone	ˈsæk.sə.fəʊn	सæक सə फ़əउन
saxophonist	sæk.ˈsɒf.ə.nɪst	सæक सɒफ़ ə निस्ट
say	seɪ	सेइ
saying	ˈseɪ.ɪŋ	सेइ इङ
say-so	ˈseɪ.səʊ	सेइ सəउ
scab	skæb	स्कæब
scad	skæd	स्कæड
scaffold	ˈskæf.əʊld	स्कæफ़ əउल्ड
scaffolding	ˈskæf.ᵊl.dɪŋ	स्कæफ़ ᵊल डिङ
scalable	ˈskeɪl.ə.bᵊl	स्केइल ə बᵊल
scald	skɔːld	स्कोःल्ड
scalding	ˈskɔːl.dɪŋ	स्कोःल डिङ
scale	skeɪl	स्केइल
scallop	ˈskɒl.əp	स्कɒल əप
scalp	skælp	स्कæल्प
scalpel	ˈskæl.pᵊl	स्कæल पᵊल
scalper	ˈskælp.ə	स्कæल्प ə
scaly	ˈskeɪ.li	स्केइ ली
scam	skæm	स्कæम
scamper	ˈskæm.pə	स्कæम पə
scampi	ˈskæm.pi	स्कæम पी
scan	skæn	स्कæन
scandal	ˈskæn.dᵊl	स्कæन डᵊल
scandalise	ˈskæn.dᵊl.aɪz	स्कæन डᵊल आइज़
scandalous	ˈskæn.də.ləs	स्कæन डə लəस
scanner	ˈskæn.ə	स्कæन ə
scant	skænt	स्कæन्ट
scanty	ˈskæn.ti	स्कæन टी
scapegoat	ˈskeɪp.gəʊt	स्केइप गəउट

scapula	ˈskæp.jə.lə	स्कæप ग़ə लə
scar	skɑː	स्काः
scarce	skeəs	स्केəस
scarcely	ˈskeəs.li	स्केəस ली
scarcity	ˈskeə.sə.ti	स्केə सə टी
scare	skeə	स्केə
scarecrow	ˈskeə.krəʊ	स्केə क्रəउ
scared	skeəd	स्केəड
scaremonger	ˈskeə.ˈmʌŋ.gə	स्केə मʌङ गə
scarf	skɑːf	स्काःफ़
scarlet	ˈskɑː.lət	स्काः लəट
scarves	skɑːvz	स्काःव्ज़
scary	ˈskeə.ri	स्केə री
scathing	ˈskeɪ.ðɪŋ	स्केइ दिङ
scatter	ˈskæt.ə	स्कæट ə
scatterbrain	ˈskæt.ə.breɪn	स्कæट ə ब्रेइन
scattered	ˈskæt.əd	स्कæट əड
scavenge	ˈskæv.ɪndʒ	स्कæव इन्ज
scavenger	ˈskæv.ɪn.dʒə	स्कæव इन जə
scenario	sɪ.ˈnɑː.ri.əʊ	सि नाः री əउ
scene	siːn	सीःन
scenery	ˈsiː.nᵊr.i	सीः नᵊर ई
scenic	ˈsiː.nɪk	सीः निक
scent	sent	सेन्ट
scented	ˈsen.tɪd	सेन टिड
sceptic	ˈskep.tɪk	स्केप टिक
scepticism	ˈskep.tɪ.sɪ.zᵊm	स्केप टि सि ज़ᵊम
sceptre	ˈsep.tə	सेप टə
schedule	ˈʃed.juːl	शेड ग़ूःल
schema	ˈskiː.mə	स्कीः मə
schematic	skɪ.ˈmæt.ɪk	स्कि मæट इक
scheme	skiːm	स्कीःम
schemer	ˈskiː.mə	स्कीः मə
schism	ˈskɪz.ᵊm	स्किज़ ᵊम
schizophrenia	ˈskɪt.sə.ˈfriː.ni.ə	स्किट सə फ़्रीः नी ə
schizophrenic	ˈskɪt.sə.ˈfren.ɪk	स्किट सə फ़्रेन इक
schlock	ʃlɒk	श्लɒक
schmooze	ʃmuːz	श्मूःज़
schmuck	ʃmʌk	श्मʌक
scholar	ˈskɒl.ə	स्कɒल ə
scholarly	ˈskɒl.ə.li	स्कɒल ə ली
scholarship	ˈskɒl.ə.ʃɪp	स्कɒल ə शिप
scholastic	skə.ˈlæs.tɪk	स्कə लæस टिक

school	sku:l	स्कू:ल
school bag	ˈsku:l.bæg	स्कू:ल बæग
school board	ˈsku:l.bɔ:d	स्कू:ल बो:ड
school book	ˈsku:l.bʊk	स्कू:ल बुक
school district	ˈsku:l.ˈdɪs.trɪkt	स्कू:ल डिस ट्रिक्ट
school house	ˈsku:l.haʊs	स्कू:ल हाउस
school leaver	ˈsku:l.ˈli:.və	स्कू:ल ली: वə
school room	ˈsku:l.ru: m	स्कू:ल रू: म
school tie	ˈsku:l.taɪ	स्कू:ल टाइ
school work	ˈsku:l.wɜ:k	स्कू:ल व़ɜ:क
schoolboy	ˈsku:l.bɔɪ	स्कू:ल बोइ
schoolchildren	ˈsku:l.ˈtʃɪl.drᵊn	स्कू:ल चिल ड्रᵊन
schoolgirl	ˈsku:l.gɜ:l	स्कू:ल गɜ:ल
schooling	ˈsku:.lɪŋ	स्कू: लिङ
schoolmaster	ˈsku:l.ˈmɑ:.stə	स्कू:ल मा: स्टə
schoolmate	ˈsku:l.meɪt	स्कू:ल मेइट
schoolmistress	ˈsku:l.ˈmɪs.trəs	स्कू:ल मिस ट्रəस
schoolteacher	ˈsku:l.ˈti:.tʃə	स्कू:ल टी: चə
schooltime	ˈsku:l.taɪm	स्कू:ल टाइम
schoolyard	ˈsku:l.jɑ:d	स्कू:ल ग़ा:ड
schooner	ˈsku:.nə	स्कू: नə
schwa	ʃwɑ:	श्वा:
sciatica	saɪ.ˈæt.ɪ.kə	साइ æट इ कə
science	ˈsaɪ.ᵊns	साइ ᵊन्स
science fiction	ˈsaɪ.ᵊns.ˈfɪk.ʃᵊn	साइ ᵊन्स फ़िक शᵊन
scientific	ˈsaɪ.ən.ˈtɪf.ɪk	साइ əन टिफ़ इक
scientifically	ˈsaɪ.ən.ˈtɪf.ɪ.kᵊl.i	साइ əन टिफ़ इ कᵊल ई
scientist	ˈsaɪ.ən.tɪst	साइ əन टिस्ट
Scientology	ˈsaɪ.ən.ˈtɒl.ə.dʒi	साइ əन टɒल ə जी
sci-fi	ˈsaɪ.ˈfaɪ	साइ फ़ाइ
scintillate	ˈsɪn.tɪ.leɪt	सिन टि लेइट
scintillating	ˈsɪn.tɪ.leɪ.tɪŋ	सिन टि लेइ टिङ
scion	ˈsaɪ.ən	साइ əन
scissors	ˈsɪz.əz	सिज़ əज़
sclerosis	sklə.ˈrəʊ.sɪs	स्क्लə रəउ सिस
scoff	skɒf	स्कɒफ़
scold	skəʊld	स्कəउल्ड
scolding	ˈskəʊl.dɪŋ	स्कəउल डिङ
scollop	ˈskɒl.əp	स्कɒल əप
scone	skɒn	स्कɒन
scoop	sku:p	स्कू:प
scoot	sku:t	स्कू:ट
scooter	ˈsku:.tə	स्कू: टə
scope	skəʊp	स्कəउप
scorch	skɔ:tʃ	स्को:च
scorching	ˈskɔ:.tʃɪŋ	स्को: चिङ
score	skɔ:	स्को:
scoreboard	ˈskɔ:.bɔ:d	स्को: बो:ड
scorecard	ˈskɔ:.kɑ:d	स्को: का:ड
scores	skɔ:z	स्को:ज़
scorn	skɔ:n	स्को:न
scornful	ˈskɔ:n.fᵊl	स्को:न फ़ᵊल
scornfully	ˈskɔ:n.fᵊl.i	स्को:न फ़ᵊल ई
scorpio	ˈskɔ:.pi.əʊ	स्को: पी əउ
scorpion	ˈskɔ:.pi.ən	स्को: पी əन
scotch egg	ˈskɒtʃ.ˈeg	स्कɒच एग
Scotch tape	ˈskɒtʃ.ˈteɪp	स्कɒच टेइप
scot-free	ˈskɒt.ˈfri:	स्कɒट फ़्री:
Scottish	ˈskɒt.ɪʃ	स्कɒट इश
scoundrel	ˈskaʊn.drəl	स्काउन ड्रəल
scour	ˈskaʊ.ə	स्काउ ə
scourge	skɜ:dʒ	स्कɜ:ज
scout	skaʊt	स्काउट
scowl	skaʊl	स्काउल
scrabble	ˈskræb.ᵊl	स्क्रæब ᵊल
scraggly	ˈskræg.li	स्क्रæग ली
scram	skræm	स्क्रæम
scramble	ˈskræm.bᵊl	स्क्रæम बᵊल
scrambled eggs	ˈskræm.bᵊld.ˈegz	स्क्रæम बᵊल्ड एग्ज़
scrap	skræp	स्क्रæप
scrapbook	ˈskræp.bʊk	स्क्रæप बुक
scrape	skreɪp	स्क्रेइप
scrappy	ˈskræp.i	स्क्रæप ई
scratch	skrætʃ	स्क्रæच
scratch paper	ˈskrætʃ.ˈpeɪ.pə	स्क्रæच पेइ पə
scratchcard	ˈskrætʃ.ka:d	स्क्रæच का:ड
scratched	skrætʃt	स्क्रæच्ट
scratching	ˈskrætʃ.ɪŋ	स्क्रæच इङ
scratchpad	ˈskrætʃ.pæd	स्क्रæच पæड
scratchy	ˈskrætʃ.i	स्क्रæच ई
scrawl	skrɔ:l	स्क्रो:ल
scrawny	ˈskrɔ:.ni	स्क्रो: नी
scream	skri:m	स्क्री:म

screech	skriːtʃ	स्क्रीːच
screen	skriːn	स्क्रीːन
screen printing	ˈskriːn.ˈprɪn.tɪŋ	स्क्रीːन प्रिन टिङ
screen test	ˈskriːn.ˈtest	स्क्रीːन टेस्ट
screenplay	ˈskriːn.pleɪ	स्क्रीːन प्लेइ
screensaver	ˈskriːn.ˈseɪ.və	स्क्रीːन सेइ वə
screenwriter	ˈskriːn.ˈraɪ.tə	स्क्रीːन राइ टə
screw	skruː	स्क्रूː
screw cap	ˈskruː.kæp	स्क्रूː कæप
screw top	ˈskruː.tɒp	स्क्रूː टɒप
screwball	ˈskruː.bɔːl	स्क्रूː बोːल
screwdriver	ˈskruː.ˈdraɪ.və	स्क्रूː ड्राइ वə
screwed up	ˈskruːd.ʌp	स्क्रूːड ʌप
screwy	ˈskruː.i	स्क्रूː ई
scribble	ˈskrɪb.ᵊl	स्क्रिब ᵊल
scribe	skraɪb	स्क्राइब
scrimp	skrɪmp	स्क्रिम्प
script	skrɪpt	स्क्रिप्ट
scripture	ˈskrɪp.tʃə	स्क्रिप चə
scriptwriter	ˈskrɪpt.ˈraɪ.tə	स्क्रिप्ट राइ टə
scroll	skrəʊl	स्क्रəउल
scrooge	skruːdʒ	स्क्रूːज
scrotum	ˈskrəʊ.təm	स्क्रəउ टəम
scrounge	skraʊndʒ	स्क्राउन्ज
scrub	skrʌb	स्क्रʌब
scrubbing	ˈskrʌb.ɪŋ	स्क्रʌब इङ
scruff	skrʌf	स्क्रʌफ़
scruffy	ˈskrʌf.i	स्क्रʌफ़ ई
scrum	skrʌm	स्क्रʌम
scruple	ˈskruː.pᵊl	स्क्रूː पᵊल
scrupulous	ˈskruː.pjə.ləs	स्क्रूː प्यə लəस
scrupulously	ˈskruː.pjə.ləs.li	स्क्रूː प्यə लəस ली
scrutinise	ˈskruː.tɪ.naɪz	स्क्रूː टि नाइज़
scrutiny	ˈskruː.tɪ.ni	स्क्रूː टि नी
scuba diving	ˈskuː.bə.ˈdaɪ.vɪŋ	स्कूː बə डाइ विङ
scuff	skʌf	स्कʌफ़
scuffle	ˈskʌf.ᵊl	स्कʌफ़ ᵊल
scull	skʌl	स्कʌल
scullery	ˈskʌl.ᵊr.i	स्कʌल ᵊर ई
sculptor	ˈskʌlp.tə	स्कʌल्प टə
sculpture	ˈskʌlp.tʃə	स्कʌल्प चə
scum	skʌm	स्कʌम
scumbag	ˈskʌm.bæg	स्कʌम बæग

scurrilous	ˈskʌr.ɪ.ləs	स्कʌर इ लəस
scurry	ˈskʌr.i	स्कʌर ई
scurvy	ˈskɜː.vi	स्कɜː वी
scuttle	ˈskʌt.ᵊl	स्कʌट ᵊल
scythe	saɪð	साइद
sea	siː	सीː
sea breeze	ˈsiː.ˈbriːz	सीː ब्रीːज़
sea captain	ˈsiː.ˈkæp.tɪn	सीː कæप टिन
sea gull	ˈsiː.ˈgʌl	सीː गʌल
sea horse	ˈsiː.ˈhɔːs	सीː होːस
sea legs	ˈsiː.ˈlegs	सीː लेग्स
sea level	ˈsiː.ˈlev.ᵊl	सीː लेव ᵊल
sea lion	ˈsiː.ˈlaɪ.ən	सीː लाइ əन
sea serpent	ˈsiː.ˈsɜː.pᵊnt	सीː सɜː पᵊन्ट
sea urchin	ˈsiː.ˈɜː.tʃɪn	सीː ɜː चिन
sea wall	ˈsiː.ˈwɔːl	सीː व़ोːल
seabed	ˈsiː.bed	सीː बेड
seabird	ˈsiː.bɜːd	सीː बɜːड
seaboard	ˈsiː.bɔːd	सीː बोːड
seaborne	ˈsiː.bɔːn	सीː बोːन
seafarer	ˈsiː.ˈfeə.rə	सीː फ़ेə रə
seafood	ˈsiː.fuːd	सीː फ़ूːड
seafront	ˈsiː.frʌnt	सीː फ़्रʌन्ट
seagoing	ˈsiː.ˈgəʊ.ɪŋ	सीː गəउ इङ
seal	siːl	सीːल
sealant	ˈsiː.lᵊnt	सीː लᵊन्ट
sealed	siːld	सीːल्ड
sealer	ˈsiː.lə	सीː लə
sealing wax	ˈsiːl.ɪŋ.ˈwæks	सीːल इङ व़æक्स
sealskin	ˈsiːl.skɪn	सीːल स्किन
seam	siːm	सीːम
seamless	ˈsiːm.ləs	सीːम लəस
seamstress	ˈsiːm.strəs	सीːम स्ट्रəस
séance	ˈseɪ.ɒns	सेइ ɒन्स
Seaon's Greetings	ˈsiː.zᵊnz.ˈgriː.tɪŋz	सीː ज़ᵊन्ज़ ग्रीː टिङ्ज़
sear	sɪə	सिə
search	sɜːtʃ	सɜːच
search light	ˈsɜːtʃ.laɪt	सɜːच लाइट
search party	ˈsɜːtʃ.ˈpɑː.ti	सɜːच पाː टी
search warrant	ˈsɜːtʃ.ˈwɒr.ᵊnt	सɜːच व़ɒर ᵊन्ट
searching	ˈsɜː.tʃɪŋ	सɜː चिङ
seashell	ˈsiː.ʃel	सीː शेल
seashore	ˈsiː.ʃɔː	सीː शोː

seasick	ˈsiː.sɪk	**सी**: सिक
seasickness	ˈsiː.ˈsɪk.nəs	**सी**: **सिक** नəस
seaside	ˈsiː.saɪd	**सी**: साइड
season	ˈsiː.zᵊn	**सी**: ज़ॅन
season ticket	ˈsiː.zᵊn.ˈtɪk.ɪt	**सी**: ज़ॅन **टिक** इट
seasonable	ˈsiː.zən.ə.bᵊl	**सी**: ज़əन ə बॅल
seasonal	ˈsiː.zən.ᵊl	**सी**: ज़əन ॅल
seasoning	ˈsiː.zᵊn.ɪŋ	**सी**: ज़ॅन इङ
seat	siːt	सीːट
seat belt	ˈsiːt.ˈbelt	**सीːट बेल्ट**
seating	ˈsiː.tɪŋ	**सी**: टिङ
seaward	ˈsiː.wəd	**सी**: वəड
seawater	ˈsiː.ˈwɔː.tə	**सी**: **वो**: टə
seaway	ˈsiː.weɪ	**सी**: वेइ
seaweed	ˈsiː.wiːd	**सी**: वीːड
seaworthy	ˈsiː.ˈwɜː.ði	**सी**: **व**ɜ: दी
sec	sek	सेक
secant	ˈsiː.kᵊnt	**सी**: कॅन्ट
secateurs	ˈsek.ə.tɜːz	**सेक** ə टɜːज़
secede	sɪ.ˈsiːd	सि **सीːड**
secession	sɪs.ˈeʃ.ᵊn	सिस **एश** ॅन
secluded	sɪ.ˈkluː.dɪd	सि **क्लू**: डिड
seclusion	sɪ.ˈkluː.ʒᵊn	सि **क्लू**: ज़ॅन
second (n,adj)	ˈsek.ᵊnd	**सेक** ॅन्ड
second (v)	sɪ.ˈkɒnd	सि **कɒन्ड**
second base	ˈsek.ᵊnd.beɪs	**सेक** ॅन्ड बेइस
second best	ˈsek.ᵊnd.best	**सेक** ॅन्ड बेस्ट
second childhood	ˈsek.ᵊnd.ˈtʃaɪld.hʊd	**सेक** ॅन्ड **चाइल्ड** हुड
second class	ˈsek.ᵊnd.ˈklɑːs	**सेक** ॅन्ड **क्लाːस**
second cousin	ˈsek.ᵊnd.ˈkʌz.ᵊn	**सेक** ॅन्ड **क**ʌ**ज़** ॅन
second degree burn	ˈsek.ᵊnd.ˈdɪg.riː.ˈbɜːn	**सेक** ॅन्ड **डिग** रीː **ब**ɜ**ːन**
second fiddle	ˈsek.ᵊnd.ˈfɪd.ᵊl	**सेक** ॅन्ड **फ़िड** ॅल
second floor	ˈsek.ᵊnd.ˈflɔː	**सेक** ॅन्ड **फ़्लो**:
second nature	ˈsek.ᵊnd.ˈneɪ.tʃə	**सेक** ॅन्ड **नेइ** चə
second person	ˈsek.ᵊnd.ˈpɜː.sᵊn	**सेक** ॅन्ड **प**ɜ: सॅन
second reading	ˈsek.ᵊnd.ˈriː.dɪŋ	**सेक** ॅन्ड **री**: डिङ
second sight	ˈsek.ᵊnd.saɪt	**सेक** ॅन्ड साइट
second thoughts	ˈsek.ᵊnd.ˈθɔːts	**सेक** ॅन्ड **थोːट्स**
Second World War	ˈsek.ᵊnd.ˈwɜːld.ˈwɔː	**सेक** ॅन्ड **व**ɜ**ːल्ड वो**:
secondary	ˈsek.ən.dri	**सेक** əन ड्री

secondary school	ˈsek.ən.dri.ˈskuːl	**सेक** əन ड्री **स्कूːल**
second-guess	ˈsek.ᵊnd.ˈges	**सेक** ॅन्ड **गेस**
secondhand	ˈsek.ᵊnd.ˈhænd	**सेक** ॅन्ड **हæन्ड**
secondly	ˈsek.ᵊnd.li	**सेक** ॅन्ड ली
second-rate	ˈsek.ᵊnd.ˈreɪt	**सेक** ॅन्ड **रेइट**
secrecy	ˈsiː.krə.si	**सी**: क्रə सी
secret	ˈsiː.krət	**सी**: क्रəट
secret agent	ˈsiː.krət.ˈeɪ.dʒᵊnt	**सी**: क्रəट **एइ** जॅन्ट
secretarial	ˈsek.rə.ˈteə.ri.əl	**सेक** रə **टेə** री əल
secretariat	ˈsek.rə.ˈteə.ri.ət	**सेक** रə **टेə** री əट
secretary	ˈsek.rə.tᵊr.i	**सेक** रə टॅर ई
secretary-general	ˈsek.rə.tᵊr.i.ˈdʒen.ᵊr.əl	**सेक** रə टॅर ई **जेन** ॅर əल
secrete	sɪ.ˈkriːt	सि **क्रीːट**
secretion	sɪ.ˈkriː.ʃᵊn	सि **क्री**: शॅन
secretive	ˈsiː.krə.tɪv	**सी**: क्रə टिव
secretly	ˈsiː.krət.li	**सी**: क्रəट ली
sect	sekt	सेक्ट
sectarian	sek.ˈteə.ri.ən	सेक **टेə** री əन
section	ˈsek.ʃᵊn	**सेक** शॅन
sectional	ˈsek.ʃᵊn.ᵊl	**सेक** शॅन ॅल
sector	ˈsek.tə	**सेक** टə
secular	ˈsek.jə.lə	**सेक** ग़ə लə
secularism	ˈsek.jə.lᵊr.ɪ.zᵊm	**सेक** ग़ə लॅर इ ज़ॅम
secure	sɪ.ˈkjʊə	सि **क्गुə**
securely	sɪ.ˈkjʊə.li	सि **क्गुə** ली
security	sɪ.ˈkjʊə.rə.ti	सि **क्गुə** रə टी
Security Council	sɪ.ˈkjʊə.rə.ti.ˈkaʊn.sᵊl	सि **क्गुə** रə टी **काउन** सॅल
security deposit	sɪ.ˈkjʊə.rə.ti.dɪ.ˈpɒz.ɪt	सि **क्गुə** रə टी डि **प**ɒ**ज़** इट
security guard	sɪ.ˈkjʊə.rə.ti.ˈgɑːd	सि **क्गुə** रə टी **गाːड**
security risk	sɪ.ˈkjʊə.rə.ti.ˈrɪsk	सि **क्गुə** रə टी **रिस्क**
sedan	sɪ.ˈdæn	सि **डæन**
sedate	sɪ.ˈdeɪt	सि **डेइट**
sedated	sɪ.ˈdeɪ.tɪd	सि **डेइ** टिड
sedation	sɪ.ˈdeɪ.ʃᵊn	सि **डेइ** शॅन
sedative	ˈse.də.tɪv	**से** डə टिव
sedentary	ˈsed.ən.tri	**सेड** əन ट्री
sediment	ˈsed.ɪ.mᵊnt	**सेड** इ मॅन्ट

seduce	sɪ.ˈdjuːs	सि ड्यूःस
seduction	sɪ.ˈdʌk.ʃᵊn	सि डʌक श॰न
seductive	sɪ.ˈdʌk.tɪv	सि डʌक टिव
seductress	sɪ.ˈdʌk.trəs	सि डʌक ट्रəस
see	siː	सीः
seed	siːd	सीःड
seed money	ˈsiːd.ˈmʌn.i	सीःड मʌन ई
seed potato	ˈsiːd.pə.ˈteɪ.təʊ	सीःड पə टेइ टəउ
seeded	ˈsiː.dɪd	सीः डिड
seedless	ˈsiːd.ləs	सीःड लəस
seedling	ˈsiːd.lɪŋ	सीःड लिङ
seedtime	ˈsiːd.taɪm	सीःड टाइम
seedy	ˈsiː.di	सीः डी
seek	siːk	सीःक
seeking	ˈsiː.kɪŋ	सीः किङ
seem	siːm	सीःम
seeming	ˈsiː.mɪŋ	सीः मिङ
seemingly	ˈsiː.mɪŋ.li	सीः मिङ ली
seen	siːn	सीःन
seep	siːp	सीःप
seepage	ˈsiː.pɪdʒ	सीः पिज
seer	sɪə	सिə
seesaw	ˈsiː.sɔː	सीः सोः
seet music	ˈʃiːt.ˈmjuː.zɪk	शीःट म्यूः ज़िक
seethe	siːð	सीःद
see-through	ˈsiː.θruː	सीः थ्रूः
segment (n)	ˈseg.mᵊnt	सेग म॰न्ट
segment (v)	seg.ˈment	सेग मेन्ट
segmental	seg.ˈmen.tᵊl	सेग मेन ट॰ल
segmentation	ˈseg.mən.ˈteɪ.ʃᵊn	सेग मəन टेइ श॰न
segmented	seg.ˈmen.tɪd	सेग मेन टिड
segregate (n)	ˈseg.rɪ.gət	सेग रि गəट
segregate (v)	ˈseg.rɪ.ˈgeɪt	सेग रि गेइट
segregation	ˈseg.rɪ.ˈgeɪ.ʃᵊn	सेग रि गेइ श॰न
seismic	ˈsaɪz.mɪk	साइज़ मिक
seismograph	ˈsaɪz.mə.grɑːf	साइज़ मə ग्राःफ़
seismology	saɪz.ˈmɒl.ə.dʒi	साइज़ मɒल ə जी
seize	siːz	सीःज़
seizure	ˈsiː.ʒə	सीः ज़ə
seldom	ˈsel.dəm	सेल डəम
select	sɪ.ˈlekt	सि लेक्ट
selection	sɪ.ˈlek.ʃᵊn	सि लेक श॰न
selective	sɪ.ˈlek.tɪv	सि लेक टिव
selectively	sɪ.ˈlek.tɪv.li	सि लेक टिव ली
selector	sɪ.ˈlek.tə	सि लेक टə
self	self	सेल्फ़
selfie	ˈsel.fi	सेल फ़ी
selfie stick	ˈsel.fi.stɪk	सेल फ़ी स्टिक
self-absorbed	ˈself.əb.ˈzɔːbd	सेल्फ़ əब ज़ोःब्ड
self-abuse	ˈself.ə.bjuːz	सेल्फ़ ə ब्यूःज़
self-addressed	ˈself.ə.ˈdrest	सेल्फ़ ə ड्रेस्ट
self-appointed	ˈself.ə.ˈpɔɪn.tɪd	सेल्फ़ ə पोइन टिड
self-assurance	ˈself.ə.ˈʃʊə.rᵊns	सेल्फ़ ə शुə र॰न्स
self-assured	ˈself.ə.ˈʃʊəd	सेल्फ़ ə शुəड
self-centered	ˈself.ˈsen.təd	सेल्फ़ सेन टəड
self-confessed	ˈself.kən.ˈfest	सेल्फ़ कəन फ़ेस्ट
self-confidence	ˈself.ˈkɒn.fɪ.dᵊns	सेल्फ़ कɒन फ़ि ड॰न्स
self-conscious	ˈself.ˈkɒn.ʃəs	सेल्फ़ कɒन शəस
self-contained	ˈself.kən.ˈteɪnd	सेल्फ़ कəन टेइन्ड
self-control	ˈself.kən.ˈtrəʊl	सेल्फ़ कəन ट्रəउल
self-critical	ˈself.ˈkrɪt.ɪ.kᵊl	सेल्फ़ क्रिट इ क॰ल
self-deception	ˈself.dɪ.ˈsep.ʃᵊn	सेल्फ़ डि सेप श॰न
self-defeating	ˈself.dɪ.ˈfiː.tɪŋ	सेल्फ़ डि फ़ीः टिङ
self-defence	ˈself.dɪ.ˈfens	सेल्फ़ डि फ़ेन्स
self-denial	ˈself.dɪ.ˈnaɪ.əl	सेल्फ़ डि नाइ əल
self-desructive	ˈself.dɪ.ˈstrʌk.tɪv	सेल्फ़ डि स्ट्रʌक टिव
self-destruct	ˈself.dɪ.ˈstrʌkt	सेल्फ़ डि स्ट्रʌक्ट
self-determination	ˈself.dɪ.ˈtɜː.mɪ.ˈneɪ.ʃᵊn	सेल्फ़ डि टɜः मि नेइ श॰न
self-discipline	ˈself.ˈdɪs.ɪ.plɪn	सेल्फ़ डिस इ प्लिन
self-disciplined	ˈself.ˈdɪs.ɪ.plɪnd	सेल्फ़ डिस इ प्लिन्ड
self-drive	ˈself.ˈdraɪv	सेल्फ़ ड्राइव
self-employed	ˈself.ɪm.ˈplɔɪd	सेल्फ़ इम प्लोइड
self-esteem	ˈself.ɪ.ˈstiːm	सेल्फ़ इ स्टीःम
self-evident	ˈself.ˈev.ɪ.dᵊnt	सेल्फ़ एव इ ड॰न्ट
self-explanatory	ˈself.ɪk.ˈsplæn.ə.tᵊr.i	सेल्फ़ इक स्प्लæन ə ट॰र ई
self-fulfilling	ˈself.fʊl.ˈfɪl.ɪŋ	सेल्फ़ फुल फ़िल इङ
self-governing	ˈself.ˈgʌv.ə.nɪŋ	सेल्फ़ गʌव ə निङ
self-heal	ˈself.ˈhiːl	सेल्फ़ हीःल
self-help	ˈself.ˈhelp	सेल्फ़ हेल्प
self-image	ˈself.ˈɪm.ɪdʒ	सेल्फ़ इम इज
self-importance	ˈself.ɪm.ˈpɔː.tᵊns	सेल्फ़ इम पोः ट॰न्स
self-imposed	ˈself.ɪm.ˈpəʊzd	सेल्फ़ इम पəउज़्ड
self-indulgence	ˈself.ɪn.ˈdʌl.dʒᵊns	सेल्फ़ इन डʌल

		जꭥन्स
self-indulgent	ˌself.ɪn.ˈdʌl.dʒᵊnt	सेल्फ़ इन डʌल जꭥन्ट
self-inflicted	ˌself.ɪn.ˈflɪk.tɪd	सेल्फ़ इन फ़्लिक टिड
self-interest	ˌself.ˈɪn.tᵊr.ɪst	सेल्फ़ इन टꭥर इस्ट
selfish	ˈsel.fɪʃ	सेल फ़िश
selfishly	ˈsel.fɪʃ.li	सेल फ़िश ली
selfishness	ˈsel.fɪʃ.nəs	सेल फ़िश नəस
selfless	ˈself.ləs	सेल्फ़ लəस
self-made	ˌself.ˈmeɪd	सेल्फ़ मेइड
self-pity	ˌself.ˈpɪt.i	सेल्फ़ पिट ई
self-portrait	ˌself.ˈpɔː.trət	सेल्फ़ पोः ट्रəट
self-possessed	ˌself.pə.ˈzest	सेल्फ़ पə ज़ेस्ट
self-preservation	ˌself.ˌprez.ə.ˈveɪ.ʃᵊn	सेल्फ़ प्रेज़ ə वेइ शꭥन
self-proclaimed	ˌself.prə.ˈcleɪmd	सेल्फ़ प्रə लेइम्ड
self-raising	ˌself.ˈreɪ.zɪŋ	सेल्फ़ रेइ ज़िङ
self-reliance	ˌself.rɪ.ˈlaɪ.ᵊns	सेल्फ़ रि लाइ ꭥन्स
self-reliant	ˌself.rɪ.ˈlaɪ.ᵊnt	सेल्फ़ रि लाइ ꭥन्ट
self-respect	ˌself.rə.ˈspekt	सेल्फ़ रə स्पेक्ट
self-respecting	ˌself.rə.ˈspek.tɪŋ	सेल्फ़ रə स्पेक टिङ
self-restraint	ˌself.rə.ˈstreɪnt	सेल्फ़ रə स्ट्रेइन्ट
self-righteous	ˌself.ˈraɪ.tʃəs	सेल्फ़ राइ चəस
self-rising	ˌself.ˈraɪ.zɪŋ	सेल्फ़ राइ ज़िङ
self-rule	ˌself.ˈruːl	सेल्फ़ रूःल
self-sacrifice	ˌself.ˈsæk.rɪ.faɪs	सेल्फ़ सæक रि फ़ाइस
self-satisfaction	ˌself.ˌsæt.ɪs.ˈfæk.ʃᵊn	सेल्फ़ सæट इस फ़æक शꭥन
self-satisfied	ˌself.ˈsæt.ɪs.faɪd	सेल्फ़ सæट इस फ़ाइड
self-seeking	ˌself.ˈsiː.kɪŋ	सेल्फ़ सीः किङ
self-service	ˌself.ˈsɜː.vɪs	सेल्फ़ सɜः विस
self-starter	ˌself.ˈstɑː.tə	सेल्फ़ स्टाः टə
self-styled	ˌself.ˈstaɪld	सेल्फ़ स्टाइल्ड
self-sufficiency	ˌself.sə.ˈfɪʃ.ᵊn.si	सेल्फ़ सə फ़िश ꭥन सी
self-sufficient	ˌself.sə.ˈfɪʃ.ᵊnt	सेल्फ़ सə फ़िश ꭥन्ट
self-supporting	ˌself.sə.ˈpɔː.tɪŋ	सेल्फ़ सə पोः टिङ
self-taught	ˌself.ˈtɔːt	सेल्फ़ टोःट
self-willed	ˌself.ˈwɪld	सेल्फ़ विल्ड

self-winding	ˌself.ˈwaɪn.dɪŋ	सेल्फ़ वाइन डिङ
sell	sel	सेल
seller	ˈsel.ə	सेल ə
selling agent	ˈsel.ɪŋ.ˈeɪ.dʒᵊnt	सेल इङ एइ जꭥन्ट
selling concept	ˈsel.ɪŋ.ˈkɒn.sept	सेल इङ कɒन सेप्ट
selling point	ˈsel.ɪŋ.ˈpɔɪnt	सेल इङ पोइन्ट
selling price	ˈsel.ɪŋ.ˈpraɪs	सेल इङ प्राइस
sellotape	ˈsel.əʊ.teɪp	सेल əउ टेइप
sellout	ˈsel.aʊt	सेल आउट
semantic	sə.ˈmæn.tɪk	सə मæन टिक
semantically	sə.ˈmæn.tɪ.kᵊl.i	सə मæन टि कꭥल ई
semaphore	ˈsem.ə.fɔː	सेम ə फ़ोः
semblance	ˈsem.blᵊns	सेम ब्लꭥन्स
semen	ˈsiː.mən	सीः मəन
semester	sə.ˈmes.tə	सə मेस टə
semi finalist	ˌsem.i.ˈfaɪ.nᵊl.ɪst	सेम ई फ़ाइ नꭥल इस्ट
semi-automatic	ˌsem.i.ɔː.tə.ˈmæt.tɪk	सेम ई ओः टə मæट टिक
semi-autonomous	ˌsem.i.ɔː.ˈtɒn.ə.məs	सेम ई ओः टɒन ə मəस
semi-breve	ˈsem.i.briːv	सेम ई ब्रीःव
semicircle	ˈsem.i.ˈsɜː.kᵊl	सेम ई सɜः कꭥल
semicolon	ˌsem.i.ˈkəʊ.lɒn	सेम ई कəउ लɒन
semiconductor	ˌsem.i.kən.ˈdʌk.tə	सेम ई कəन डʌक टə
semiconscious	ˌsem.i.ˈkɒn.ʃəs	सेम ई कɒन शəस
semi-detached	ˌsem.i.dɪ.ˈtætʃt	सेम ई डि टæच्ट
semi-final	ˌsem.i.ˈfaɪn.ᵊl	सेम ई फ़ाइन ꭥल
semiformal	ˌsem.i.ˈfɔː.mᵊl	सेम ई फ़ोः मꭥल
seminal	ˈsem.ɪ.nᵊl	सेम इ नꭥल
seminar	ˈsem.ɪ.nɑː	सेम इ नाः
seminary	ˈsem.ɪ.nᵊr.i	सेम इ नꭥर ई
semiotic	ˌsem.i.ˈɒt.ɪk	सेम ई ɒट इक
semi-precious	ˌsem.i.ˈpreʃ.əs	सेम ई प्रेश əस
semi-professional	ˌsem.i.prə.ˈfeʃ.ᵊn.ᵊl	सेम ई प्रə फ़ेश ꭥन ꭥल
semi-retired	ˌsem.i.rɪ.ˈtaɪ.əd	सेम ई रि टाइ əड
semi-skilled	ˌsem.i.ˈskɪld	सेम ई स्किल्ड
semi-skimmed	ˌsem.i.ˈskɪmd	सेम ई स्किम्ड
semitone	ˈsem.ɪ.təʊn	सेम इ टəउन

semitrailer	ˈsem.i.ˈtreɪ.lə	सेम ई ट्रेइ लə
semitropical	ˈsem.ɪ.ˈtrɒp.ɪ.kᵊl	सेम इ ट्रɒप इ कᵊल
semivowel	ˈsem.ɪ.vaʊ.əl	सेम इ वाउ əल
semolina	ˈsem.ᵊl.ˈiː.nə	सेम ᵊल ई: नə
senate	ˈsen.ət	सेन əट
senator	ˈsen.ə.tə	सेन ə टə
senatorial	ˈsen.ə.ˈtɔː.ri.əl	सेन ə टो: री əल
send	send	सेन्ड
send-off	ˈsend.ɒf	सेन्ड ɒफ़
senile	ˈsiː.naɪl	सी: नाइल
senility	sen.ˈɪl.ə.ti	सेन इल ə टी
senior	ˈsiː.ni.ə	सी: नी ə
senior citizen	ˈsiː.ni.ə.ˈsɪt.ɪ.zᵊn	सी: नी ə सिट इ ज़ᵊन
senior high school	ˈsiː.ni.ə.ˈhaɪ.skuːl	सी: नी ə हाइ स्कू:ल
seniority	ˈsiː.nɪ.ˈɒr.ə.ti	सी: नि ɒर ə टी
sensation	sen.ˈseɪ.ʃᵊn	सेन सेइ शᵊन
sensational	sen.ˈseɪ.ʃᵊn.ᵊl	सेन सेइ शᵊन ᵊल
sensationalise	sen.ˈseɪ.ʃᵊn.ə.laɪz	सेन सेइ शᵊन ə लाइज़
sensationalism	sen.ˈseɪ.ʃᵊn.ə.lɪ.zᵊm	सेन सेइ शᵊन ə लि ज़ᵊम
sense	sens	सेन्स
senseless	ˈsens.ləs	सेन्स लəस
sensibility	ˈsen.sə.ˈbɪl.ə.ti	सेन सə बिल ə टी
sensible	ˈsen.sə.bᵊl	सेन सə बᵊल
sensibly	ˈsen.sə.bli	सेन सə ब्ली
sensitisation	ˈsen.sɪ.taɪ.ˈzeɪ.ʃᵊn	सेन सि टाइ ज़ेइ शᵊन
sensitise	ˈsen.sɪ.taɪz	सेन सि टाइज़
sensitive	ˈsen.sə.tɪv	सेन सə टिव
sensitively	ˈsen.sə.tɪv.li	सेन सə टिव ली
sensitivity	ˈsen.sə.ˈtɪv.ə.ti	सेन सə टिव ə टी
sensor	ˈsen.sə	सेन सə
sensory	ˈsen.sᵊr.i	सेन सᵊर ई
sensual	ˈsen.sju.əl	सेन स्यू əल
sensuality	ˈsen.sju.ˈæl.ə.ti	सेन स्यू æल ə टी
sensuous	ˈsen.sju.əs	सेन स्यू əस
sent	sent	सेन्ट
sentence (n)	ˈsen.tᵊns	सेन टᵊन्स
sentence (v)	sen.ˈtᵊns	सेन टᵊन्स
sentenced	ˈsen.tᵊnst	सेन टᵊन्स्ट

sentences	ˈsen.tens.ɪz	सेन टेन्स इज़
sentiment	ˈsen.tɪ.mᵊnt	सेन टि मᵊन्ट
sentimental	ˈsen.tɪ.ˈmen.tᵊl	सेन टि मेन टᵊल
sentimentalise	ˈsen.tɪ.ˈmen.tᵊl.aɪz	सेन टि मेन टᵊल आइज़
sentimentalism	ˈsen.tɪ.ˈmen.tᵊl.ɪ.zəm	सेन टि मेन टᵊल इ ज़əम
sentimentalist	ˈsen.tɪ.ˈmen.tᵊl.ɪst	सेन टि मेन टᵊल इस्ट
sentimentality	ˈsen.tɪ.men.ˈtæl.ə.ti	सेन टि मेन टæल ə टी
sentimentally	ˈsen.tɪ.ˈmen.tᵊl.i	सेन टि मेन टᵊल ई
sentinel	ˈsen.tɪ.nᵊl	सेन टि नᵊल
sentry	ˈsen.tri	सेन ट्री
separable	ˈsep.ᵊr.ə.bᵊl	सेप ᵊर ə बᵊल
separate (adj)	ˈsep.ᵊr.ət	सेप ᵊर əट
separate (v)	ˈsep.ᵊr.eit	सेप ᵊर एईट
separated	ˈsep.ᵊr.eɪ.tɪd	सेप ᵊर एइ टिड
separately	ˈsep.ᵊr.ət.li	सेप ᵊर əट ली
separation	ˈsep.ə.ˈreɪ.ʃᵊn	सेप ə रेइ शᵊन
separatism	ˈsep.ᵊr.ə.tɪ.zᵊm	सेप ᵊर ə टि ज़ᵊम
sepoy	ˈsiː.pɔɪ	सी: पोइ
Sept.(abb)	sep.ˈtem.bə	सेप टेम बə
September	sep.ˈtem.bə	सेप टेम बə
septet	sep.ˈtet	सेप टेट
septic	ˈsep.tɪk	सेप टिक
septic tank	ˈsep.tɪk.ˈtæŋk	सेप टिक टæङ्क
septuagenarian	ˈsep.tjʊə.dʒɪ.ˈneə.ri.ən	सेप ट्युə जि नेə री əन
septuple	ˈsep.tjʊ.pᵊl	सेप ट्यु पᵊल
septuplet	ˈsep.tjʊ.plet	सेप ट्यु प्लेट
sepulchre	ˈsep.ᵊl.kə	सेप ᵊल कə
sequel	ˈsiː.kwᵊl	सी: क्वᵊल
sequence	ˈsiː.kwᵊns	सी: क्वᵊन्स
sequential	sɪ.ˈkwen.ʃᵊl	सि क्वेन शᵊल
serenade	ˈser.ə.ˈneɪd	सेर ə नेइड
serendipity	ˈser.ᵊn.ˈdɪp.ə.ti	सेर ᵊन डिप ə टी
serene	sə.ˈriːn	सə री:न
serenely	sə.ˈriːn.li	सə री:न ली
serenity	sə.ˈren.ə.ti	सə रेन ə टी
sergeant	ˈsɑː.dʒᵊnt	सा: जᵊन्ट
serial	ˈsɪə.ri.əl	सिə री əल
serial killer	ˈsɪə.ri.əl.ˈkɪl.ə	सिə री əल किल ə

serial number	ˈsɪə.ri.əl.ˈnʌm.bə	**सिअ** री अल **नʌम** बअ
serialisation	ˈsɪə.ri.laɪ.ˈzeɪ.ʃᵊn	**सिअ** री लाइ **ज़ेइ** श्न
serialise	ˈsɪə.ri.laɪz	**सिअ** री लाइज़
series	ˈsɪə.riːz	**सिअ** रीːज़
serif	ˈser.ɪf	**सेर** इफ़
serious	ˈsɪə.ri.əs	**सिअ** री अस
seriously	ˈsɪə.ri.əs.li	**सिअ** री अस ली
seriousness	ˈsɪə.ri.əs.nəs	**सिअ** री अस नअस
sermon	ˈsɜː.mən	**सɜː** मअन
serpent	ˈsɜː.pᵊnt	**सɜː** प्न्ट
serrated	sə.ˈreɪ.tɪd	सअ **रेइ** टिड
serum	ˈsɪə.rəm	**सिअ** रअम
servant	ˈsɜː.vᵊnt	**सɜː** व्न्ट
serve	sɜːv	सɜːव
server	ˈsɜː.və	**सɜː** वअ
service	ˈsɜː.vɪs	**सɜː** विस
service charge	ˈsɜː.vɪs.ˈtʃɑːdʒ	**सɜː** विस **चाːज**
service station	ˈsɜː.vɪs.ˈsteɪ.ʃᵊn	**सɜː** विस **स्टेइ** श्न
serviceable	ˈsɜː.vɪs.ə.bᵊl	**सɜː** विस अ ब्ल
serviceman	ˈsɜː.vɪs.mən	**सɜː** विस मअन
serviette	ˈsɜː.vi.ˈət	**सɜː** वी **अट**
servile	ˈsɜː.vaɪl	**सɜː** वाइल
serving	ˈsɜː.vɪŋ	**सɜː** विङ
serving spoon	ˈsɜː.vɪŋ.ˈspuːn	**सɜː** विङ **स्पूːन**
servitude	ˈsɜː.vɪ.tjuːd	**सɜː** वि ट्यूːड
servomechanism	ˈsɜː.vəʊ.ˈmek.ə.nɪ.zəm	**सɜː** वअउ **मेक** अ नि ज़अम
servomotor	ˈsɜː.vəʊ.ˈməʊ.tə	**सɜː** वअउ **मअउ** टअ
sesame	ˈses.ə.mi	**सेस** अ मी
session	ˈseʃ.ᵊn	**सेश** ्न
set	set	सेट
setback	ˈset.bæk	**सेट** बæक
set-off	ˈset.ɒf	**सेट** ɒफ़
settee	ˈset.iː	**सेट** ईː
setting	ˈset.ɪŋ	**सेट** इङ
settle	ˈset.ᵊl	**सेट** ्ल
settled	ˈset.ᵊld	**सेट** ्ल्ड
settlement	ˈset.ᵊl.mᵊnt	**सेट** ्ल म्न्ट
settler	ˈset.lə	**सेट** लअ
set-to	ˈset.tuː	**सेट** टूː

setup	ˈset.ʌp	**सेट** ʌप
seven	ˈsev.ᵊn	**सेव** ्न
seventeen	ˈsev.ᵊn.ˈtiːn	**सेव** ्न **टीːन**
seventeenth	ˈsev.ᵊn.ˈtiːnθ	**सेव** ्न **टीːन्थ**
seventh	ˈsev.ᵊnθ	**सेव** ्न्थ
seventieth	ˈsev.ᵊn.ti.əθ	**सेव** ्न टी अथ
seventy	ˈsev.ᵊn.ti	**सेव** ्न टी
sever	ˈsev.ə	**सेव** अ
several	ˈsev.ᵊr.ᵊl	**सेव** ्र ्ल
severance	ˈsev.ᵊr.ᵊns	**सेव** ्र ्न्स
severance pay	ˈsev.ᵊr.ᵊns.ˈpeɪ	**सेव** ्र ्न्स **पेइ**
severe	sɪ.ˈvɪ.ə	सि **वि** अ
severely	sɪ.ˈvɪə.li	सि **विअ** ली
severity	sɪ.ˈver.ə.ti	सि **वेर** अ टी
sew	səʊ	सअउ
sewage	ˈsuː.ɪdʒ	**सूː** इज
sewer	ˈsəʊ.ə	**सअउ** अ
sewerage	ˈsʊə.rɪdʒ	**सुअ** रिज
sewing	ˈsəʊ.ɪŋ	**सअउ** इङ
sewing machine	ˈsəʊ.ɪŋ.mə.ˈʃiːn	**सअउ** इङ मअ **शीːन**
sex	seks	सेक्स
sex appeal	ˈseks.ə.ˈpiːl	**सेक्स** अ **पीːल**
sex kitten	ˈseks.ˈkɪt.ᵊn	**सेक्स** **किट** ्न
sexism	ˈsek.sɪ.zᵊm	**सेक** सि ज़्म
sexist	ˈsek.sɪst	**सेक** सिस्ट
sexploitation	ˈseks.plɔɪ.ˈteɪ.ʃᵊn	**सेक्स** प्लोइ **टेइ** श्न
sextant	ˈsek.stᵊnt	**सेक** स्ट्न्ट
sextet	sek.ˈstet	सेक **स्टेट**
sextuplet	sek.ˈtʃʊ.plɪt	सेक **चु** प्लिट
sexual	ˈsek.ʃʊəl	**सेक** शुअल
sexual abuse	ˈsek.ʃʊəl.ə.ˈbjuːs	**सेक** शुअल अ **ब्यूːस**
sexual harassment	ˈsek.ʃʊəl.ˈhær.əs.mᵊnt	**सेक** शुअल **हæर** अस म्न्ट
sexual intercourse	ˈsek.ʃʊəl.ˈɪn.tə.kɔːs	**सेक** शुअल **इन** टअ कोːस
sexual relations	ˈsek.ʃʊəl.rɪ.ˈleɪ.ʃᵊnz	**सेक** शुअल रि **लेइ** श्न्ज़
sexuality	ˈsek.ʃʊ.ˈæl.ɪ.ti	**सेक** शु **æल** इ टी
sexually	ˈsek.ʃʊ.əl.i	**सेक** शु अल ई
sexy	ˈsek.si	**सेक** सी
Sgt.(abb)	ˈsɑː.dʒᵊnt	**साː** ज्न्ट
sh	ʃ	श

shabbily	ˈʃæb.ᵊl.i	**शæब** ᵊल ई
shabby	ˈʃæb.i	**शæब** ई
shack	ʃæk	शæक
shackle	ˈʃæk.ᵊl	**शæक** ᵊल
shade	ʃeɪd	शेइड
shading	ˈʃeɪd.ɪŋ	**शेइड** इङ
shadow	ˈʃæd.əʊ	**शæड** ƏƱ
shadowbox	ˈʃæd.əʊ.bɒks	**शæड** ƏƱ बɒक्स
shadowy	ˈʃæd.əʊ.i	**शæड** ƏƱ ई
shady	ˈʃeɪd.i	**शेइड** ई
shaft	ʃɑːft	शाːफ़्ट
shaggy	ˈʃæg.i	**शæग** ई
shake	ʃeɪk	शेइक
shakedown	ˈʃeɪk.daʊn	**शेइक** डाउन
shaken	ˈʃeɪk.ᵊn	**शेइक** ᵊन
shakeout	ˈʃeɪk.aʊt	**शेइक** आउट
shaker	ˈʃeɪ.kə	**शेइ** कƏ
Shakespeare	ˈʃeɪk.spɪəʳ	**शेइक** स्पिƏर
Shakespearean	ˈʃeɪk.ˈspɪə.ri.ən	**शेइक स्पिƏ** री Əन
shakeup	ˈʃeɪk.ʌp	**शेइक** ʌप
shakily	ˈʃeɪ.kᵊl.i	**शेइ** कᵊल ई
shaky	ˈʃeɪk.i	**शेइक** ई
shall	ʃæl	शæल
shallot	ˈʃæl.ət	**शæल** Əट
shallow	ˈʃæl.əʊ	**शæल** ƏƱ
shallowness	ˈʃæl.əʊ.nəs	**शæल** ƏƱ नƏस
shalwar (IO)	ʃʌl.ˈwɑːr	शʌल **वाːर**
sham	ʃæm	शæम
shamble	ˈʃæm.bᵊl	**शæम** बᵊल
shambolic	ʃæm.ˈbɒl.ɪk	शæम **बɒल** इक
shame	ʃeɪm	शेइम
shameful	ˈʃeɪm.fᵊl	**शेइम** फ़ᵊल
shamefully	ˈʃeɪm.fᵊl.i	**शेइम** फ़ᵊल ई
shameless	ˈʃeɪm.ləs	**शेइम** लƏस
shamelessly	ˈʃeɪm.ləs.li	**शेइम** लƏस ली
shampoo (IO)	ʃæm.ˈpuː	शæम **पूː**
shamrock	ˈʃæm.rɒk	**शæम** रɒक
shan't	ʃɑːnt	शाːन्ट
shanty	ˈʃæn.ti	**शæन** टी
shantytown	ˈʃæn.ti.taʊn	**शæन** टी टाउन
shape	ʃeɪp	शेइप
shapeless	ˈʃeɪp.ləs	**शेइप** लƏस
shapely	ˈʃeɪp.li	**शेइप** ली
share	ʃeə	शेƏ
shareholder	ˈʃeə.ˈhəʊl.də	**शेƏ हƏउल** डƏ
shareware	ˈʃeə.weə	**शेƏ** वेƏ
shariah	ˈʃə.riː.ə	**शƏ** रीː Ə
shark	ʃɑːk	शाːक
sharkfin soup	ˈʃɑːk.fɪn.ˈsuːp	**शाːक** फ़िन **सूːप**
sharkskin	ˈʃɑːk.skɪn	**शाːक** स्किन
sharp	ʃɑːp	शाːप
sharp end	ˈʃɑːp.ˈend	**शाːप एन्ड**
sharpen	ˈʃɑː.pᵊn	**शाː** पᵊन
sharpener	ˈʃɑː.pᵊn.ə	**शाː** पᵊन Ə
sharper	ˈʃɑː.pə	**शाː** पƏ
sharp-eyed	ˈʃɑːp.aɪd	**शाːप** आइड
sharply	ˈʃɑːp.li	**शाːप** ली
sharpness	ˈʃɑːp.nəs	**शाːप** नƏस
sharpshooter	ˈʃɑːp.ˈʃuː.tə	**शाːप शूː** टƏ
sharp-witted	ˈʃɑːp.ˈwɪt.ɪd	**शाːप विट** इड
shashlik	ˈʃɑːʃ.lɪk	**शाːश** लिक
shat	ʃæt	शæट
shatter	ˈʃæt.ə	**शæट** Ə
shatterproof	ˈʃæt.ə.pruːf	**शæट** Ə प्रूːफ़
shave	ʃeɪv	शेइव
shaven	ˈʃeɪv.ᵊn	**शेइव** ᵊन
shaver	ˈʃeɪv.ə	**शेइव** Ə
shaving brush	ˈʃeɪv.ɪŋ.ˈbrʌʃ	**शेइव** इङ **ब्रʌश**
shaving cream	ˈʃeɪv.ɪŋ.ˈkriːm	**शेइव** इङ **क्रीːम**
shaving foam	ˈʃeɪv.ɪŋ.ˈfəʊm	**शेइव** इङ **फ़Əउम**
shawl	ʃɔːl	शोːल
she	ʃi	शी
sheaf	ʃiːf	शीːफ़
shear	ʃɪə	शिƏ
shearing	ˈʃɪə.rɪŋ	**शिƏ** रिङ
sheath	ʃiːθ	शीːथ
sheathe	ʃiːð	शीːद
shed	ʃed	शेड
she'd	ʃiːd	शीːड
she-devil	ʃiː.ˈdev.ᵊl	शीː **डेव** ᵊल
she'd've	ʃiːd.ᵊv	शीːड ᵊव
sheen	ʃiːn	शीːन
sheep	ʃiːp	शीːप
sheep shearing	ˈʃiːp.ˈʃɪə.rɪŋ	**शीːप शिƏ** रिङ
sheep station	ˈʃiːp.ˈsteɪ.ʃᵊn	**शीːप स्टेइ** शᵊन
sheepdog	ˈʃiːp.dɒg	**शीːप** डɒग

sheepish	ˈʃiː.pɪʃ	शीː पिश
sheepishly	ˈʃiː.pɪʃ.li	शीː पिश ली
sheepshank	ˈʃiːp.ʃæŋk	शीːप शæङ्क
sheepskin	ˈʃiːp.skɪn	शीःप स्किन
sheer	ʃɪə	शिə
sheet	ʃiːt	शीːट
sheet feeder	ˈʃiːt.ˈfiː.də	शीːट फ़ीː डə
sheet metal	ˈʃiːt.ˈmet.ᵊl	शीːट मेट ᵊल
sheik	ʃeɪk	शेइक
shelf	ʃelf	शेल्फ़
shelf-life	ˈʃelf.ˈlaɪf	शेल्फ़ लाइफ़
shell	ʃel	शेल
she'll	ʃiːl	शीːल
shell shock	ˈʃel.ˈʃɒk	शेल शɒक
shellac	ʃə.ˈlæk	शə लæक
shellfish	ˈʃel.fɪʃ	शेल फ़िश
shelter	ˈʃel.tə	शेल टə
sheltered	ˈʃel.təd	शेल टəड
shelve	ʃelv	शेल्व
shelves	ʃelvz	शेल्व्ज़
shelving	ˈʃel.vɪŋ	शेल विङ
shenanigans	ʃə.ˈnæn.ɪ.gənz	शə नæन इ गəन्ज़
shepherd	ˈʃep.əd	शेप əड
shepherdess	ˈʃep.ə.des	शेप ə डेस
shepherd's pie	ˈʃep.ərdz.ˈpaɪ	शेप əर्ड्ज़ पाइ
sherbet	ˈʃɜː.bət	शɜː बəट
sheriff	ˈʃer.ɪf	शेर इफ़
sherry	ˈʃer.i	शेर ई
she's	ʃiːz	शीːज़
shiatsu	ʃiː.ˈæt.sʊ	शीː æट सु
shield	ʃiːld	शीːल्ड
shift	ʃɪft	शिफ़्ट
shift key	ˈʃɪft.ˈkiː	शिफ़्ट कीː
shiftless	ˈʃɪft.ləs	शिफ़्ट लəस
shiftwork	ˈʃɪft.wɜːk	शिफ़्ट वɜːक
shifty	ˈʃɪft.i	शिफ़्ट ई
shilling	ˈʃɪl.ɪŋ	शिल इङ
shimmer	ˈʃɪm.ə	शिम ə
shin	ʃɪn	शिन
shin cap	ˈʃɪn.kæp	शिन कæप
shin guard	ˈʃɪn.ˈgɑːd	शिन गाːड
shin splints	ˈʃɪn.ˈsplɪnts	शिन स्प्लिन्ट्स

shinbone	ˈʃɪn.bəʊn	शिन बəउन
shine	ʃaɪn	शाइन
shingle	ˈʃɪŋ.gᵊl	शिङ गᵊल
shinny	ˈʃɪn.ɪ	शिन इ
shiny	ˈʃaɪ.ni	शाइ नी
ship	ʃɪp	शिप
ship out	ˈʃɪp.ˈaʊt	शिप आउट
shipboard	ˈʃɪp.bɔːd	शिप बोːड
shipbroker	ˈʃɪp.ˈbrəʊ.kə	शिप ब्रəउ कə
shipbuilder	ˈʃɪp.ˈbɪl.də	शिप बिल डə
shipload	ˈʃɪp.ləʊd	शिप लəउड
shipmaster	ˈʃɪp.ˈmɑː.stəʳ	शिप माः स्टəर
shipmate	ˈʃɪp.meɪt	शिप मेइट
shipment	ˈʃɪp.mᵊnt	शिप मᵊन्ट
shipping	ˈʃɪp.ɪŋ	शिप इङ
shipping clerk	ˈʃɪp.ɪŋ.ˈklɑːk	शिप इङ क्लाːक
shipshape	ˈʃɪp.ʃeɪp	शिप शेइप
shipwreck	ˈʃɪp.rek	शिप रेक
shipyard	ˈʃɪp.jɑːd	शिप य़ाːड
shire	ˈʃaɪ.ə	शाइ ə
shirk	ʃɜːk	शɜːक
shirt	ʃɜːt	शɜːट
shirt tail	ˈʃɜːt.ˈteɪl	शɜːट टेइल
shirtdress	ˈʃɜːt.dres	शɜːट ड्रेस
shirt-front	ˈʃɜːt.ˈfrʌnt	शɜːट फ़्रʌन्ट
shirting	ˈʃɜː.tɪŋ	शɜː टिङ
shirtsleeves	ˈʃɜːt.sliːvz	शɜːट स्लीːव्ज़
shirtwaist	ˈʃɜːt.weɪst	शɜːट वेइस्ट
shish kebab (IO)	ˈʃiːʃ.kɪ.ˈbæb	शीːश कि बæब
shit	ʃɪt	शिट
shite	ʃaɪt	शाइट
shitfaced	ˈʃɪt.feɪst	शिट फ़ेइस्ट
shithouse	ˈʃɪt.haʊs	शिट हाउस
shitless	ˈʃɪt.ləs	शिट लəस
shitload	ˈʃɪt.ləʊd	शिट लəउड
shitty	ˈʃɪt.i	शिट ई
shiver	ˈʃɪv.ə	शिव ə
shivering	ˈʃɪv.ᵊr.ɪŋ	शिव ᵊर इङ
shmuck	ʃmʌk	श्मʌक
shoal	ʃəʊl	शəउल
shock	ʃɒk	शɒक
shock absorber	ˈʃɒk.əb.ˈzɔː.bəʳ	शɒक əब ज़ोː बəर

shock treatment	ˈʃɒk.ˈtriːt.mənt	**शɒक ट्रीːट** मəन्ट
shock wave	ˈʃɒk.ˈweɪv	**शɒक व़ेइव**
shocked	ʃɒkt	शɒक्ट
shocking	ˈʃɒk.ɪŋ	**शɒक** इङ
shod	ʃɒd	शɒड
shoddily	ˈʃɒd.ᵊl.i	**शɒड** ᵊल ई
shoddy	ˈʃɒd.i	**शɒड** ई
shoe	ʃuː	शूː
shoebox	ˈʃuː.bɒks	**शूː** बɒक्स
shoehorn	ˈʃuː.hɔːn	**शूː** होːन
shoelace	ˈʃuː.leɪs	**शूː** लेइस
shoeless	ˈʃuː.ləs	**शूː** लəस
shoemaker	ˈʃuː.ˈmeɪ.kə	**शूː मेइ** कə
shoes	ʃuːz	शूːज़
shoeshine	ˈʃuː.ˈʃaɪn	**शूː शाइन**
shoestring	ˈʃuː.strɪŋ	**शूː** स्ट्रिङ
shoetree	ˈʃuː.triː	**शूː** ट्रीː
shone	ʃɒn	शɒन
shonky	ˈʃɒŋ.ki	**शɒङ** की
shoo	ʃuː	शूː
shoo-in	ˈʃuː.ɪn	**शूː** इन
shook	ʃʊk	शुक
shook-up	ˈʃʊk.ʌp	**शुक** ʌप
shoot	ʃuːt	शूːट
shooter	ˈʃuː.tə	**शूː** टə
shooting	ˈʃuː.tɪŋ	**शूː** टिङ
shooting gallery	ˈʃuː.tɪŋ.ˈgæ.lᵊr.i	**शूː** टिङ **गæ** लᵊर ई
shooting star	ˈʃuː.tɪŋ.ˈstɑː	**शूː** टिङ **स्टाː**
shoot-out	ˈʃuːt.aʊt	**शूːट** आउट
shop	ʃɒp	शɒप
shop around	ˈʃɒp.ə.ˈraʊnd	**शɒप** ə **राउन्ड**
shop assistant	ˈʃɒp.ə.ˈsɪs.tᵊnt	**शɒप** ə **सिस** टᵊन्ट
shop steward	ˈʃɒp.ˈstjuː.əd	**शɒप स्ट्यूː** əड
shop window	ˈʃɒp.ˈwɪn.dəʊ	**शɒप व़िन** डəउ
shopaholic	ˈʃɒp.ə.ˈhɒl.ɪk	**शɒप** ə **हɒल** इक
shopfloor	ˈʃɒp.ˈflɔː	**शɒप फ़्लोː**
shopfront	ˈʃɒp.ˈfrʌnt	**शɒप फ़्रʌन्ट**
shopkeeper	ˈʃɒp.ˈkiː.pə	**शɒप कीː** पə
shoplift	ˈʃɒp.lɪft	**शɒप** लिफ़्ट
shoplifter	ˈʃɒp.ˈlɪf.tə	**शɒप लिफ़** टə
shoplifting	ˈʃɒp.ˈlɪf.tɪŋ	**शɒप लिफ़** टिङ
shopper	ˈʃɒp.ə	**शɒप** ə
shopping	ˈʃɒp.ɪŋ	**शɒप** इङ

shopping bag	ˈʃɒp.ɪŋ.ˈbæg	**शɒप** इङ **बæग**
shopping cart	ˈʃɒp.ɪŋ.ˈkɑːt	**शɒप** इङ **काːट**
shopping centre	ˈʃɒp.ɪŋ.ˈsen.tə	**शɒप** इङ **सेन** टə
shopping list	ˈʃɒp.ɪŋ.ˈlɪst	**शɒप** इङ **लिस्ट**
shopping mall	ˈʃɒp.ɪŋ.ˈmɔːl	**शɒप** इङ **मोːल**
shop-soiled	ˈʃɒp.sɔɪld	**शɒप** सोइल्ड
shoptalk	ˈʃɒp.tɔːk	**शɒप** टोːक
shopworn	ˈʃɒp.wɔːn	**शɒप** व़ोːन
shore	ʃɔː	शोː
shoreline	ˈʃɔː.laɪn	**शोː** लाइन
shorn	ʃɔːn	शोːन
short	ʃɔːt	शोːट
short circuit	ˈʃɔːt.ˈsɜː.kɪt	**शोːट सɜː** किट
short story	ˈʃɔːt.ˈstɔː.ri	**शोːट स्टोː** री
shortage	ˈʃɔː.tɪdʒ	**शोː** टिज
shortbread	ˈʃɔːt.bred	**शोːट** ब्रेड
shortcake	ˈʃɔːt.keɪk	**शोːट** केइक
short-change	ˈʃɔːt.ˈtʃeɪndʒ	**शोːट चेइन्ज**
shortcoming	ˈʃɔːt.ˈkʌm.ɪŋ	**शोːट कʌम** इङ
shortcrust	ˈʃɔːt.krʌst	**शोːट** क्रʌस्ट
shortcut	ˈʃɔːt.kʌt	**शोːट** कʌट
shorten	ˈʃɔː.tᵊn	**शोː** टᵊन
shortening	ˈʃɔː.tᵊn.ɪŋ	**शोː** टᵊन इङ
shorter	ˈʃɔː.tə	**शोː** टə
shortfall	ˈʃɔːt.fɔːl	**शोːट** फ़ोːल
shorthand	ˈʃɔːt.hænd	**शोːट** हæन्ड
short-haul	ˈʃɔː.t.hɔːl	**शोː** ट होːल
shortie	ˈʃɔː.ti	**शोː** टी
shorting	ˈʃɔː.tɪŋ	**शोː** टिङ
short-list	ˈʃɔːt.lɪst	**शोːट** लिस्ट
short-lived	ˈʃɔːt.ˈlɪvd	**शोːट लिव्ड**
shortly	ˈʃɔːt.li	**शोːट** ली
shortness	ˈʃɔːt.nəs	**शोːट** नəस
short-order cook	ˈʃɔːt.ˈɔː.də.kʊk	**शोːट ओː** डə कुक
short-range missile	ˈʃɔːt.reɪndʒ.ˈmɪs.aɪl	**शोːट** रेइन्ज **मिस** आइल
shorts	ʃɔːts	शोːट्स
shortsighted	ˈʃɔːt.ˈsaɪ.təd	**शोːट साइ** टəड
short-staffed	ˈʃɔːt.ˈstɑːft	**शोːट स्टाːफ़्ट**
short-tempered	ˈʃɔːt.ˈtem.pəd	**शोːट टेम** पəड
short-term	ˈʃɔːt.ˈtɜːm	**शोːट टɜːम**
shortwave	ˈʃɔːt.ˈweɪv	**शोːट व़ेइव**
shot	ʃɒt	शɒट

shot put	ˈʃɒt.ˈpʊt	शɒट पुट
shotgun	ˈʃɒt.gʌn	शɒट गʌन
shotgun wedding	ˈʃɒt.gʌn.ˈwed.ɪŋ	शɒट गʌन वेड इङ
shoud've	ˈʃʊd.ᵊv	शुड ᵊव
should	ʃʊd	शुड
shoulder	ˈʃəʊl.də	शəउल डə
shoulder bag	ˈʃəʊl.də.ˈbæg	शəउल डə बæग
shoulder blade	ˈʃəʊl.də.ˈbleɪd	शəउल डə ब्लेइड
shoulder high	ˈʃəʊl.də.haɪ	शəउल डə हाइ
shoulder pad	ˈʃəʊl.də.ˈpæd	शəउल डə पæड
shoulder strap	ˈʃəʊl.də.ˈstræp	शəउल डə स्ट्रæप
shoulder to cry on	ˈʃəʊl.də.tə.ˈkraɪ.ɒn	शəउल डə टə क्राइ ɒन
shoulder-length	ˈʃəʊl.də.leŋθ	शəउल डə लेङ्थ
shoulders	ˈʃəʊl.dəz	शəउल डəज़
shouldn't	ˈʃʊd.ᵊnt	शुड ᵊन्ट
shouldn't've	ˈʃʊd.ᵊnt.ᵊv	शुड ᵊन्ट ᵊव
shout	ʃaʊt	शाउट
shove	ʃʌv	शʌव
shovel	ˈʃʌv.ᵊl	शʌव ᵊल
shovelful	ˈʃʌv.ᵊl.fᵊl	शʌव ᵊल फ़ᵊल
show	ʃəʊ	शəउ
show business	ˈʃəʊ.ˈbɪz.nəs	शəउ बिज़ नəस
show-and-tell	ˈʃəʊ.ən.ˈtel	शəउ əन टेल
showbiz	ˈʃəʊ.bɪz	शəउ बिज़
showboat	ˈʃəʊ.bəʊt	शəउ बəउट
showcase	ˈʃəʊ.keɪs	शəउ केइस
showdown	ˈʃəʊ.daʊn	शəउ डाउन
shower	ˈʃaʊ.ə	शाउ ə
shower base	ˈʃaʊ.ə.beɪs	शाउ ə बेइस
shower curtain	ˈʃaʊ.ə.ˈkɜː.tᵊn	शाउ ə कɜː टᵊन
shower gel	ˈʃaʊ.ə.dʒel	शाउ ə जेल
showerhead	ˈʃaʊ.ə.hed	शाउ ə हेड
showerproof	ˈʃaʊ.ə.pruːf	शाउ ə प्रूːफ़
showgirl	ˈʃəʊ.gɜːl	शəउ गɜːल
showing	ˈʃəʊ.ɪŋ	शəउ इङ
showjumping	ˈʃəʊ.ˈdʒʌm.pɪŋ	शəउ जʌम पिङ
showman	ˈʃəʊ.mən	शəउ मəन
showmanship	ˈʃəʊ.mən.ʃɪp	शəउ मəन शिप
shown	ʃəʊn	शəउन
show-off	ˈʃəʊ.ɒf	शəउ ɒफ़
showpiece	ˈʃəʊ.piːs	शəउ पीːस
showroom	ˈʃəʊ.ruːm	शəउ रूːम
showstopper	ˈʃəʊ.ˈstɒp.ə	शəउ स्टɒप ə
showy	ˈʃəʊ.ɪ	शəउ इ
shrank	ʃræŋk	श्रæङ्क
shrapnel	ˈʃræp.nᵊl	श्रæप नᵊल
shred	ʃred	श्रेड
shredded wheat	ˈʃred.ɪd.ˈwiːt	श्रेड इड वीːट
shrew	ʃruː	श्रूː
shrewd	ʃruːd	श्रूːड
shrewdly	ˈʃruːd.li	श्रूːड ली
shriek	ʃriːk	श्रीːक
shrill	ʃrɪl	श्रिल
shrimp	ʃrɪmp	श्रिम्प
shrine	ʃraɪn	श्राइन
shrink	ʃrɪŋk	श्रिङ्क
shrinkage	ˈʃrɪnk.ɪdʒ	श्रिन्क इज
shrink-wrap	ˈʃrɪnk.ræp	श्रिन्क रæप
shrivel	ˈʃrɪv.ᵊl	श्रिव ᵊल
shrivelled	ˈʃrɪv.ᵊld	श्रिव ᵊल्ड
shroud	ʃraʊd	श्राउड
shrub	ʃrʌb	श्रʌब
shrubbery	ˈʃrʌb.ᵊr.i	श्रʌब ᵊर ई
shrug	ʃrʌg	श्रʌग
shrunk	ʃrʌŋk	श्रʌङ्क
shrunken	ˈʃrʌn.kən	श्रʌन कəन
shuck	ʃʌk	शʌक
shucks	ʃʌks	शʌक्स
shudder	ˈʃʌd.ə	शʌड ə
shuffle	ˈʃʌf.ᵊl	शʌफ़ ᵊल
shun	ʃʌn	शʌन
shunt	ʃʌnt	शʌन्ट
shush	ʃʊʃ	शुश
shut	ʃʌt	शʌट
shutdown	ˈʃʌt.daʊn	शʌट डाउन
shuteye	ˈʃʌt.aɪ	शʌट आइ
shut-in	ˈʃʌt.ˈɪn	शʌट इन
shutout	ˈʃʌt.aʊt	शʌट आउट
shutter	ˈʃʌt.ə	शʌट ə
shuttle	ˈʃʌt.ᵊl	शʌट ᵊल
shuttle bus	ˈʃʌt.ᵊl.bʌs	शʌट ᵊल बʌस
shuttlecock	ˈʃʌt.ᵊl.kɒk	शʌट ᵊल कɒक
shy	ʃaɪ	शाइ

Shylock	ˈʃaɪ.lɒk	**शाइ** लɒक
shyly	ˈʃaɪ.li	**शाइ** ली
shyness	ˈʃaɪ.nəs	**शाइ** नəस
sibilance	ˈsɪb.ᵊl.ᵊns	**सिब** ᵊल ᵊन्स
sibilant	ˈsɪb.ᵊl.ᵊnt	**सिब** ᵊल ᵊन्ट
sibling	ˈsɪb.lɪŋ	**सिब** लिङ
sic	sɪk	सिक
sick	sɪk	सिक
sick bay	ˈsɪk.ˈbeɪ	**सिक बेइ**
sick leave	ˈsɪk.ˈliːv	**सिक लीːव**
sick pay	ˈsɪk.ˈpeɪ	**सिक पेइ**
sicken	ˈsɪk.ᵊn	**सिक** ᵊन
sickening	ˈsɪk.ᵊn.ɪŋ	**सिक** ᵊन इङ
sickle	ˈsɪk.ᵊl	**सिक** ᵊल
sickly	ˈsɪk.li	**सिक** ली
sickness	ˈsɪk.nəs	**सिक** नəस
side by side	ˈsaɪd.baɪ.ˈsaɪd	**साइड** बाइ **साइड**
side dish	ˈsaɪd.ˈdɪʃ	**साइड डिश**
side effect	ˈsaɪd.ɪ.ˈfekt	**साइड** इ **फ़ेक्ट**
side order	ˈsaɪd.ˈɔː.də	**साइड ओː** डə
side street	ˈsaɪd.striːt	**साइड** स्ट्रीːट
sidebar	ˈsaɪd.bɑːr	**साइड** बाːर
sideburns	ˈsaɪd.bɜːnz	**साइड** बɜːन्ज़
sidekick	ˈsaɪd.kɪk	**साइड** किक
sidelight	ˈsaɪd.laɪt	**साइड** लाइट
sideline	ˈsaɪd.laɪn	**साइड** लाइन
sidelong	ˈsaɪd.lɒŋ	**साइड** लɒङ
sideshow	ˈsaɪd.ʃəʊ	**साइड** शəउ
sidespin	ˈsaɪd.spɪn	**साइड** स्पिन
sidesplitting	ˈsaɪd.ˈsplɪt.ɪŋ	**साइड स्प्लिट** इङ
sidestep	ˈsaɪd.step	**साइड** स्टेप
sidestroke	ˈsaɪd.strəʊk	**साइड** स्ट्रəउक
sidetrack	ˈsaɪd.træk	**साइड** ट्रæक
sidewalk	ˈsaɪd.wɔːk	**साइड** व़ोːक
sideways	ˈsaɪd.weɪz	**साइड** व़ेइज़
siding	ˈsaɪd.ɪŋ	**साइड** इङ
sidle	ˈsaɪd.ᵊl	**साइड** ᵊल
siege	siːdʒ	सीːज
siesta	sɪ.ˈes.tə	सि **एस** टə
sieve	sɪv	सिव
sift	sɪft	सिफ़्ट
sigh	saɪ	साइ
sight	saɪt	साइट

sighted	ˈsaɪ.tɪd	**साइ** टिड
sighting	ˈsaɪ.tɪŋ	**साइ** टिङ
sightless	ˈsaɪt.ləs	**साइट** लəस
sightread	ˈsaɪt.riːd	**साइट** रीːड
sights	saɪts	साइट्स
sightsee	ˈsaɪt.siː	**साइट** सीː
sightseeing	ˈsaɪt.ˈsiː.ɪŋ	**साइट सीː** इङ
sigma	ˈsɪg.mə	**सिग** मə
sign	saɪn	साइन
sign language	ˈsaɪn.ˈlæŋ.gwɪdʒ	**साइन लæङ** ग्विज
signage	ˈsaɪ.nɪdʒ	**साइ** निज
signal	ˈsɪg.nᵊl	**सिग** नᵊल
signal box	ˈsɪg.nᵊl.ˈbɒks	**सिग** नᵊल **बɒक्स**
signalman	ˈsɪg.nᵊl.mən	**सिग** नᵊल मəन
signatory	ˈsɪg.nə.tᵊr.i	**सिग** नə टᵊर ई
signature	ˈsɪg.nə.tʃə	**सिग** नə चə
signboard	ˈsaɪn.bɔːd	**साइन** बोːड
signet	ˈsɪg.net	**सिग** नेट
significance	sɪg.ˈnɪf.ɪ.kᵊns	सिग **निफ़** इ कᵊन्स
significant	sɪg.ˈnɪf.ɪ.kᵊnt	सिग **निफ़** इ कᵊन्ट
significantly	sɪg.ˈnɪf.ɪ.kᵊnt.li	सिग **निफ़** इ कᵊन्ट ली
signify	ˈsɪg.nɪ.faɪ	**सिग** नि फ़ाइ
signing	ˈsaɪn.ɪŋ	**साइन** इङ
signpost	ˈsaɪn.pəʊst	**साइन** पəउस्ट
Sikh	siːk	सीːक
silage	ˈsaɪ.lɪdʒ	**साइ** लिज
silence	ˈsaɪ.lᵊns	**साइ** लᵊन्स
silencer	ˈsaɪ.lən.sə	**साइ** लəन सə
silent	ˈsaɪ.lᵊnt	**साइ** लᵊन्ट
silent majority	ˈsaɪ.lᵊnt.mə.ˈdʒɒr.ə.ti	**साइ** लᵊन्ट मə **जɒर** ə टी
silent partner	ˈsaɪ.lᵊnt.ˈpɑːt.nə	**साइ** लᵊन्ट **पाːट** नə
silently	ˈsaɪ.lᵊnt.li	**साइ** लᵊन्ट ली
silhouette	ˈsɪl.uː.ˈet	**सिल** ऊː **एट**
silica	ˈsɪl.ɪ.kə	**सिल** इ कə
silicon	ˈsɪl.ɪ.kən	**सिल** इ कəन
silicone	ˈsɪl.ɪ.kəʊn	**सिल** इ कəउन
silk	sɪlk	सिल्क
silken	ˈsɪl.kᵊn	**सिल** कᵊन
silk-screen printing	ˈsɪlk.skriːn.ˈprɪn.tɪŋ	**सिल्क** स्क्रीːन **प्रिन** टिङ
silkworm	ˈsɪlk.wɜːm	**सिल्क** व़ɜːम

silky	ˈsɪl.ki	**सिल** की
sill	sɪl	सिल
silliness	ˈsɪl.i.nəs	**सिल** ई नəस
silly	ˈsɪl.i	**सिल** ई
silo	ˈsaɪ.ləʊ	**साइ** लəउ
silt	sɪlt	सिल्ट
silver	ˈsɪl.və	**सिल** वə
silver anniversary	ˈsɪl.və.ˈæn.ɪ.ˈvɜː.sᵊr.i	**सिल** वə **æन** इ **वɜː** स॰र ई
silver birch	ˈsɪl.və.ˈbɜːtʃ	**सिल** वə **बɜːच**
silver foil	ˈsɪl.və.fɔɪl	**सिल** वə फ़ोइल
silver lining	ˈsɪl.və.ˈlaɪ.nɪŋ	**सिल** वə **लाइ** निङ
silver medal	ˈsɪl.və.ˈmed.ᵊl	**सिल** वə **मेड** ॰ल
silver medallist	ˈsɪl.və.ˈmed.ᵊl.ɪst	**सिल** वə **मेड** ॰ल इस्ट
silver nitrate	ˈsɪl.və.ˈnaɪ.treɪt	**सिल** वə **नाइ** ट्रेइट
silver paper	ˈsɪl.və.ˈpeɪ.pə	**सिल** वə **पेइ** पə
silver plate	ˈsɪl.və.ˈpleɪt	**सिल** वə **प्लेइट**
silver platter	ˈsɪl.və.ˈplæt.ə	**सिल** वə **प्लæट** ə
silver screen	ˈsɪl.və.skriːn	**सिल** वə स्क्रीːन
silver spoon	ˈsɪl.və.spuːn	**सिल** वə स्पूːन
silverfish	ˈsɪl.və.fɪʃ	**सिल** वə फ़िश
silver-plated	ˈsɪl.və.ˈpleɪ.tɪd	**सिल** वə **प्लेइ** टिड
silverside	ˈsɪl.və.saɪd	**सिल** वə साइड
silversmith	ˈsɪl.və.smɪθ	**सिल** वə स्मिथ
silver-tongued	ˈsɪl.və.ˈtʌŋd	**सिल** वə **टʌङ्ड**
silverware	ˈsɪl.və.weə	**सिल** वə वे़ə
SIM card	ˈsɪm.ˈkɑːd	**सिम** **काːड**
similar	ˈsɪm.ɪ.lə	**सिम** इ लə
similarity	ˈsɪm.ɪ.ˈlær.ə.ti	**सिम** इ **लæर** ə टी
similarly	ˈsɪm.ɪ.lə.li	**सिम** इ लə ली
simile	ˈsɪm.ɪ.li	**सिम** इ ली
simmer	ˈsɪm.ə	**सिम** ə
simper	ˈsɪm.pə	**सिम** पə
simple	ˈsɪm.pᵊl	**सिम** प॰ल
simple interest	ˈsɪm.pᵊl.ˈɪn.trəst	**सिम** प॰ल **इन** ट्रəस्ट
simple-minded	ˈsɪm.pᵊl.ˈmaɪn.dɪd	**सिम** प॰ल **माइन** डिड
simpleton	ˈsɪm.pᵊl.tən	**सिम** प॰ल टəन
simplex	ˈsɪm.pleks	**सिम** प्लेक्स
simplicity	sɪm.ˈplɪs.ə.ti	सिम **प्लिस** ə टी
simplification	ˈsɪm.plɪ.fɪ.ˈkeɪ.ʃᵊn	**सिम** प्लि फ़ि **केइ** श॰न

simplify	ˈsɪm.plɪ.faɪ	**सिम** प्लि फ़ाइ
simplistic	sɪm.ˈplɪs.tɪk	सिम **प्लिस** टिक
simply	ˈsɪm.pli	**सिम** प्ली
simulate	ˈsɪm.jə.leɪt	**सिम** य़ə लेइट
simulation	ˈsɪm.jə.ˈleɪ.ʃᵊn	**सिम** य़ə **लेइ** श॰न
simulator	ˈsɪm.jə.leɪ.tə	**सिम** य़ə लेइ टə
simulcast	ˈsɪm.ᵊl.kɑːst	**सिम** ॰ल काːस्ट
simultaneous	ˈsɪm.ᵊl.ˈteɪ.ni.əs	**सिम** ॰ल **टेइ** नी əस
simultaneously	ˈsɪm.ᵊl.ˈteɪ.ni.əs.li	**सिम** ॰ल **टेइ** नी əस ली
sin	sɪn	सिन
sin (math)	saɪn	साइन
since	sɪns	सिन्स
sincere	sɪn.ˈsɪə	सिन **सिə**
sincerely	sɪn.ˈsɪə.li	सिन **सिə** ली
sincerity	sɪn.ˈser.ə.ti	सिन **सेर** ə टी
sine	saɪn	साइन
sine die	ˈsɪn.eɪ.ˈdiː.eɪ	**सिन** एइ **डीː** एइ
sinew	ˈsɪn.uː	**सिन** ऊː
sinewy	ˈsɪn.uː.ɪ	**सिन** ऊː इ
sinful	ˈsɪn.fᵊl	**सिन** फ़॰ल
sing	sɪŋ	सिङ
singable	ˈsɪŋ.ə.bᵊl	**सिङ** ə ब॰ल
sing-along	ˈsɪŋ.ə.lɒŋ	**सिङ** ə लɒङ
singe	sɪndʒ	सिन्ज
singer	ˈsɪŋ.gə	**सिङ** गə
singing	ˈsɪŋ.ɪŋ	**सिङ** इङ
single	ˈsɪŋ.gᵊl	**सिङ** ग॰ल
single bed	ˈsɪŋ.gᵊl.bed	**सिङ** ग॰ल बेड
single file	ˈsɪŋ.gᵊl.faɪl	**सिङ** ग॰ल फ़ाइल
single parent	ˈsɪŋ.gᵊl.ˈpeə.rᵊnt	**सिङ** ग॰ल **पेə** र॰न्ट
single-digit	ˈsɪŋ.gᵊl.dɪdʒ.ɪt	**सिङ** ग॰ल डिज इट
single-family	ˈsɪŋ.gᵊl.ˈfæm.ᵊl.i	**सिङ** ग॰ल **फ़æम** ॰ल ई
single-handed	ˈsɪŋ.gᵊl.ˈhæn.dɪd	**सिङ** ग॰ल **हæन** डिड
single-minded	ˈsɪŋ.gᵊl.ˈmaɪn.dɪd	**सिङ** ग॰ल **माइन** डिड
single-parent family	ˈsɪŋ.gᵊl.ˈfæm.ᵊl.i	**सिङ** ग॰ल **फ़æम** ॰ल ई
singles	ˈsɪŋ.gᵊlz	**सिङ** ग॰ल्ज़
single-sex school	ˈsɪŋ.gᵊl.ˈseks.skuːl	**सिङ** ग॰ल **सेक्स** स्कूːल
singlet	ˈsɪŋ.glət	**सिङ** ग्लəट

singleton	ˈsɪŋ.gəl.tən	सिङ ग॰ल टəन
singly	ˈsɪŋ.gli	सिङ ग्ली
singsong	ˈsɪŋ.sɒŋ	सिङ सɒङ
singular	ˈsɪŋ.gjə.lə	सिङ ग्यə लə
singularity	ˈsɪŋ.gjə.ˈlær.ə.ti	सिङ ग्यə लæर ə टी
singularly	ˈsɪŋ.gjə.lə.li	सिङ ग्यə लə ली
sinister	ˈsɪn.ɪ.stə	सिन इ स्टə
sink	sɪŋk	सिङ्क
sinker	ˈsɪŋ.kə	सिङ कə
sinner	ˈsɪn.ə	सिन ə
sinology	saɪ.ˈnɒl.ə.dʒi	साइ नɒल ə जी
sinuous	ˈsɪn.ju.əs	सिन यू əस
sinuously	ˈsɪn.ju.əs.li	सिन यू əस ली
sinus	ˈsaɪ.nəs	साइ नəस
sip	sɪp	सिप
siphon	ˈsaɪ.fən	साइ फ़॰न
sir	sɜː	सɜː
sire	ˈsaɪ.ə	साइ ə
siren	ˈsaɪ.rən	साइ रəन
sirloin steak	ˈsɜː.lɔɪn.ˈsteɪk	सɜː लोइन स्टेइक
sissy	ˈsɪs.i	सिस ई
sister	ˈsɪs.tə	सिस टə
sister city	ˈsɪs.tə.ˈsɪt.i	सिस टə सिट ई
sisterhood	ˈsɪs.tə.hʊd	सिस टə हुड
sister-in-law	ˈsɪs.tə.rɪn.lɔː	सिस टə रिन लोː
sisterly	ˈsɪs.tə.li	सिस टə ली
sisters	ˈsɪs.təz	सिस टəज़
sit	sɪt	सिट
sitar	sɪ.ˈtɑː	सि टाː
sitcom	ˈsɪt.kɒm	सिट कɒम
sit-down	ˈsɪt.daʊn	सिट डाउन
site	saɪt	साइट
sit-in	ˈsɪt.ɪn	सिट इन
sitter	ˈsɪt.ə	सिट ə
sitting	ˈsɪt.ɪŋ	सिट इङ
sitting duck	ˈsɪt.ɪŋ.ˈdʌk	सिट इङ डʌक
sitting room	ˈsɪt.ɪŋ.ˈruːm	सिट इङ रूːम
situate	ˈsɪtʃ.u.eɪt	सिच ऊ एइट
situated	ˈsɪtʃ.u.eɪ.tɪd	सिच ऊ एइ टिड
situation	ˈsɪtʃ.u.ˈeɪ.ʃən	सिच ऊ एइ श॰न
situation comedy	ˈsɪtʃ.u.ˈeɪ.ʃən.ˈkɒm.ə.di	सिच ऊ एइ श॰न कɒम ə डी

sit-up	ˈsɪt.ʌp	सिट ʌप
six	sɪks	सिक्स
sixer	ˈsɪk.sə	सिक सə
six-figure salary	ˈsɪks.ˈfɪg.ə.ˈsæl.ər.i	सिक्स फ़िग ə सæल ॰र ई
six-footer	ˈsɪks.ˈfʊt.ə	सिक्स फ़ुट ə
six-pack	ˈsɪks.pæk	सिक्स पæक
sixpence	ˈsɪks.pens	सिक्स पेन्स
six-shooter	ˈsɪks.ˈʃuː.tə	सिक्स शूː टə
sixteen	ˈsɪks.ˈtiːn	सिक्स टीːन
sixteenth	ˈsɪks.ˈtiːnθ	सिक्स टीːन्थ
sixth	sɪksθ	सिक्स्थ
sixth form	ˈsɪks.ˈfɔːm	सिक्स फ़ोːम
sixth sense	ˈsɪksθ.ˈsens	सिक्स्थ सेन्स
sixty	ˈsɪks.ti	सिक्स टी
size	saɪz	साइज़
sizeable	ˈsaɪz.ə.bəl	साइज़ ə ब॰ल
sizzle	ˈsɪz.əl	सिज़ ॰ल
skate	skeɪt	स्केइट
skateboard	ˈskeɪt.bɔːd	स्केइट बोːड
skater	ˈskeɪ.tə	स्केइ टə
skating rink	ˈskeɪ.tɪŋ.ˈrɪŋk	स्केइ टिङ रिङ्क
skeletal	ˈskel.ə.təl	स्केल ə ट॰ल
skeleton	ˈskel.ɪ.tən	स्केल इ ट॰न
skeleton key	ˈskel.ɪ.tən.ˈkiː	स्केल इ ट॰न कीː
skelter	ˈskel.tə	स्केल टə
skeptic	ˈskep.tɪk	स्केप टिक
skeptical	ˈskep.tɪ.kəl	स्केप टि क॰ल
skeptically	ˈskep.tɪ.kəl.i	स्केप टि क॰ल ई
skepticism	ˈskep.tɪ.sɪ.zəm	स्केप टि सि ज़॰म
sketch	sketʃ	स्केच
sketchable	ˈsketʃ.ə.bəl	स्केच ə ब॰ल
sketchbook	ˈsketʃ.bʊk	स्केच बुक
sketchpad	ˈsketʃ.pæd	स्केच पæड
sketchy	ˈsketʃ.i	स्केच ई
skew	skjuː	स्क्यूː
skewed	skjuːd	स्क्यूːड
skewer	ˈskjʊ.ə	स्क्यु ə
ski	skiː	स्कीː
ski lift	ˈskiː.ˈlɪft	स्कीː लिफ़्ट
ski pants	ˈskiː.ˈpænts	स्कीː पæन्ट्स
ski pole	ˈskiː.ˈpəʊl	स्कीː पəउल
skid	skɪd	स्किड

skiing	ˈskiː.ɪŋ	**स्की**ː इङ
ski-jump	ˈskiː.ˈdʒʌmp	**स्की**ː **जʌम्प**
skilful	ˈskɪl.fᵊl	**स्किल** फ़ᵊल
skilfully	ˈskɪl.fᵊl.i	**स्किल** फ़ᵊल ई
skill	skɪl	स्किल
skilled	skɪld	स्किल्ड
skillet	ˈskɪl.ɪt	**स्किल** इट
skim	skɪm	स्किम
skim milk	ˈskɪm.mɪlk	**स्किम** मिल्क
skimp	skɪmp	स्किम्प
skimpy	ˈskɪm.pi	**स्किम** पी
skin	skɪn	स्किन
skin graft	ˈskɪn.grɑːft	**स्किन** ग्राːफ़्ट
skin-deep	ˈskɪn.ˈdiːp	**स्किन** **डीːप**
skin-diver	ˈskɪn.ˈdaɪ.və	**स्किन** **डाइ** वə
skinflint	ˈskɪn.flɪnt	**स्किन** फ़्लिन्ट
skinhead	ˈskɪn.hed	**स्किन** हेड
skinny	ˈskɪn.i	**स्किन** ई
skinny-dip	ˈskɪn.i.dɪp	**स्किन** ई डिप
skintight	ˈskɪn.taɪt	**स्किन** टाइट
skip	skɪp	स्किप
skipper	ˈskɪp.ə	**स्किप** ə
skipping rope	ˈskɪp.ɪŋ.rəʊp	**स्किप** इङ रəउप
skirmish	ˈskɜː.mɪʃ	**स्कɜ**ː मिश
skirt	skɜːt	स्कɜːट
skirting board	ˈskɜː.tɪŋ.bɔːd	**स्कɜ**ː टिङ बोːड
skit	skɪt	स्किट
skittish	ˈskɪt.ɪʃ	**स्किट** इश
skivvy	ˈskɪv.i	**स्किव** ई
skull	skʌl	स्कʌल
skullcap	ˈskʌl.kæp	**स्कʌल** कæप
skunk	skʌŋk	स्कʌङ्क
sky	skaɪ	स्काइ
skyblue	ˈskaɪ.bluː	**स्काइ** ब्लूː
skydiver	ˈskaɪ.ˈdaɪ.və	**स्काइ** **डाइ** वə
skydiving	ˈskaɪ.ˈdaɪ.vɪŋ	**स्काइ** **डाइ** विङ
sky-high	ˈskaɪ.ˈhaɪ	**स्काइ** **हाइ**
skyjack	ˈskaɪ.dʒæk	**स्काइ** जæक
skylark	ˈskaɪ.lɑːk	**स्काइ** लाːक
skylight	ˈskaɪ.laɪt	**स्काइ** लाइट
skyline	ˈskaɪ.laɪn	**स्काइ** लाइन
skyrocket	ˈskaɪ.ˈrɒk.ɪt	**स्काइ** **रɒक** इट

skyscraper	ˈskaɪ.ˈskreɪ.pə	**स्काइ** **स्क्रेइ** पə
slab	slæb	स्लæब
slack	slæk	स्लæक
slacken	ˈslæk.ᵊn	**स्लæक** ᵊन
slacker	ˈslæk.ə	**स्लæक** ə
slacks	slæks	स्लæक्स
slag	slæg	स्लæग
slain	sleɪn	स्लेइन
slake	sleɪk	स्लेइक
slalom	ˈslɑː.ləm	**स्ला**ː लəम
slam	slæm	स्लæम
slam-dunk	ˈslæm.dʌŋk	**स्लæम** डʌङ्क
slammer	ˈslæm.ə	**स्लæम** ə
slander	ˈslɑːn.də	**स्लाːन** डə
slanderer	ˈslɑːn.dᵊr.ə	**स्लाːन** डᵊर ə
slanderous	ˈslɑːn.dᵊr.əs	**स्लाːन** डᵊर əस
slang	slæŋ	स्लæङ
slant	slɑːnt	स्लाːन्ट
slap	slæp	स्लæप
slapdash	ˈslæp.dæʃ	**स्लæप** डæश
slapstick	ˈslæp.stɪk	**स्लæप** स्टिक
slap-up	ˈslæp.ʌp	**स्लæप** ʌप
slash	slæʃ	स्लæश
slat	slæt	स्लæट
slate	sleɪt	स्लेइट
slather	ˈslæð.ə	**स्लæद** ə
slaughter	ˈslɔː.tə	**स्लो**ː टə
slaughterhouse	ˈslɔː.tə.haʊs	**स्लो**ː टə हाउस
slave	sleɪv	स्लेइव
slave driver	ˈsleɪv.ˈdraɪ.və	**स्लेइव** **ड्राइ** वə
slave labour	ˈsleɪv.ˈleɪ.bə	**स्लेइव** **लेइ** बə
slave trade	ˈsleɪv.ˈtreɪd	**स्लेइव** **ट्रेइड**
slaver (slobber)	ˈslæv.ə	**स्लæव** ə
slaver (trader)	ˈsleɪ.və	**स्लेइ** वə
slavery	ˈsleɪ.vᵊr.i	**स्लेइ** वᵊर ई
slavish	ˈsleɪ.vɪʃ	**स्लेइ** विश
slay	sleɪ	स्लेइ
slaying	ˈsleɪ.ɪŋ	**स्लेइ** इङ
sleazy	ˈsliː.zi	**स्ली**ː ज़ी
sled	sled	स्लेड
sledge	sledʒ	स्लेज
sledgehammer	ˈsledʒ.ˈhæm.ə	**स्लेज** **हæम** ə

sleek	sli:k	स्ली:क
sleep	sli:p	स्ली:प
sleep walker	ˈsli:p.ˈwɔ:.kə	**स्ली:प वो:** कə
sleep walking	ˈsli:p.ˈwɔ:.kɪŋ	**स्ली:प वो:** किङ
sleeper	ˈsli:.pə	**स्ली:** पə
sleepily	ˈsli:.pᵊl.i	**स्ली:** पᵊल ई
sleeping bag	ˈsli:.pɪŋ.ˈbæg	**स्ली:** पिङ **बæग**
sleeping beauty	ˈsli:.pɪŋ.ˈbju:.ti	**स्ली:** पिङ **ब्यू:** टी
sleeping partner	ˈsli:.pɪŋ.ˈpɑ:t.nə	**स्ली:** पिङ **पा:ट** नə
sleeping pill	ˈsli:.pɪŋ.ˈpɪl	**स्ली:** पिङ **पिल**
sleeping sickness	ˈsli:.pɪŋ.ˈsɪk.nəs	**स्ली:** पिङ **सिक** नəस
sleepless	ˈsli:p.ləs	**स्ली:प** लəस
sleeplessness	ˈsli:p.ləs.nəs	**स्ली:प** लəस नəस
sleepover	ˈsli:p.ˈəʊ.və	**स्ली:प əउ** वə
sleepwalk	ˈsli:p.wɔ:k	**स्ली:प** वो:क
sleepy	ˈsli:.pi	**स्ली:** पी
sleepyhead	ˈsli:.pɪ.hed	**स्ली:** पि हेड
sleet	sli:t	स्ली:ट
sleeve	sli:v	स्ली:व
sleeveless	ˈsli:v.ləs	**स्ली:व** लəस
sleigh	sleɪ	स्लेइ
sleigh bells	ˈsleɪ.belz	**स्लेइ** बेल्ज़
sleight of hand	ˈslaɪt.əv.ˈhænd	**स्लाइट** əव **हæन्ड**
slender	ˈslen.də	**स्लेन** डə
slept	slept	स्लेप्ट
sleuth	slu:θ	स्लू:थ
slew	slu:	स्लू:
slice	slaɪs	स्लाइस
slick	slɪk	स्लिक
slid	slɪd	स्लिड
slide	slaɪd	स्लाइड
slide projector	ˈslaɪd.prə.ˈdʒek.tə	**स्लाइड** प्रə **जेक** टə
slide rule	ˈslaɪd.ˈru:l	**स्लाइड रू:ल**
sliding door	ˈslaɪd.ɪŋ.dɔ:	**स्लाइड** इङ डो:
sliding scale	ˈslaɪd.ɪŋ.skeɪl	**स्लाइड** इङ स्केइल
slight	slaɪt	स्लाइट
slightly	ˈslaɪt.li	**स्लाइट** ली
slim	slɪm	स्लिम
slime	slaɪm	स्लाइम
slimming	ˈslɪm.ɪŋ	**स्लिम** इङ
slimy	ˈslaɪ.mi	**स्लाइ** मी
sling	slɪŋ	स्लिङ

slingshot	ˈslɪŋ.ʃɒt	**स्लिङ** शɒट
slink	slɪŋk	स्लिङ्क
slip	slɪp	स्लिप
slip stitch	ˈslɪp.ˈstɪtʃ	**स्लिप स्टिच**
slipaway	ˈslɪp.ə.ˈweɪ	**स्लिप** ə **वेइ**
slipcase	ˈslɪp.keɪs	**स्लिप** केइस
slipcover	ˈslɪp.ˈkʌv.ə	**स्लिप कʌव** ə
slipknot	ˈslɪp.nɒt	**स्लिप** नɒट
slip-on	ˈslɪp.ɒn	**स्लिप** ɒन
slippage	ˈslɪp.ɪdʒ	**स्लिप** इज
slipped disk	ˈslɪpt.ˈdɪsk	**स्लिप्ट डिस्क**
slipper	ˈslɪp.ə	**स्लिप** ə
slippery	ˈslɪp.ᵊr.i	**स्लिप** ᵊर ई
slipshod	ˈslɪp.ʃɒd	**स्लिप** शɒड
slip-up	ˈslɪp.ʌp	**स्लिप** ʌप
slit	slɪt	स्लिट
slither	ˈslɪð.ə	**स्लिद** ə
sliver	ˈslɪv.ə	**स्लिव** ə
slob	slɒb	स्लɒब
slobber	ˈslɒb.ə	**स्लɒब** ə
slog	slɒg	स्लɒग
slogan	ˈsləʊ.gən	**स्लəउ** गəन
slop	slɒp	स्लɒप
slope	sləʊp	स्लəउप
sloppily	ˈslɒp.ᵊl.i	**स्लɒप** ᵊल ई
sloppy	ˈslɒp.i	**स्लɒप** ई
slosh	slɒʃ	स्लɒश
slot	slɒt	स्लɒट
slot machine	ˈslɒt.mə.ˈʃi:n	**स्लɒट** मə **शी:न**
sloth	sləʊθ	स्लəउथ
slouch	slaʊtʃ	स्लाउच
slough (n)	slaʊ	स्लाउ
slough (v)	slʌf	स्लʌफ़
slovenly	ˈslʌv.ᵊn.li	**स्लʌव** ᵊन ली
slow	sləʊ	स्लəउ
slow motion	ˈsləʊ.ˈməʊ.ʃᵊn	**स्लəउ मəउ** शᵊन
slowcoach	ˈsləʊ.kəʊtʃ	**स्लəउ** कəउच
slowdown	ˈsləʊ.daʊn	**स्लəउ** डाउन
slowly	ˈsləʊ.li	**स्लəउ** ली
slowpoke	ˈsləʊ.pəʊk	**स्लəउ** पəउक
slow-witted	ˈsləʊ.ˈwɪt.ɪd	**स्लəउ विट** इड
sludge	slʌdʒ	स्लʌज
slug	slʌg	स्लʌग

sluggish	ˈslʌg.ɪʃ	**स्लʌग** इश
sluice	slu:s	स्लू:स
slum	slʌm	स्लʌम
slum dweller	ˈslʌm.ˈdwel.ə	**स्लʌम ड्वेल** ə
slumber	ˈslʌm.bə	**स्लʌम** बə
slumber party	ˈslʌm.bə.ˈpɑ:.ti	**स्लʌम** बə **पा:** टी
slump	slʌmp	स्लʌम्प
slung	slʌŋ	स्लʌङ
slunk	slʌŋk	स्लʌङ्क
slur	slɜ:	स्लɜ:
slurp	slɜ:p	स्लɜ:प
slush	slʌʃ	स्लʌश
slush fund	ˈslʌʃ.ˈfʌnd	**स्लʌश फ़ʌन्ड**
slushy	ˈslʌʃ.i	**स्लʌश** ई
slut	slʌt	स्लʌट
sly	slaɪ	स्लाइ
smack	smæk	स्मæक
small	smɔ:l	स्मो:ल
small change	ˈsmɔ:l.ˈtʃeɪndʒ	**स्मो:ल चेइन्ज**
small claims	ˈsmɔ:l.ˈkleɪmz	**स्मो:ल क्लेइम्ज़**
small fortune	ˈsmɔ:l.ˈfɔ:.tʃu:n	**स्मो:ल फ़ो:** चू:न
small fry	ˈsmɔ:l.ˈfraɪ	**स्मो:ल फ़्राइ**
small hours	ˈsmɔ:l.ˈaʊ.əz	**स्मो:ल आउ** əज़
small intestine	ˈsmɔ:l.ɪn.ˈtes.ti:n	**स्मो:ल** इन **टेस** टी:न
small print	ˈsmɔ:l.ˈprɪnt	**स्मो:ल प्रिन्ट**
small screen	ˈsmɔ:l.ˈskri:n	**स्मो:ल स्क्री:न**
small talk	ˈsmɔ:l.ˈtɔ:k	**स्मो:ल टो:क**
smallish	ˈsmɔ:.lɪʃ	**स्मो:** लिश
small-minded	ˈsmɔ:l.ˈmaɪn.dɪd	**स्मो:ल माइन** डिड
smallpox	ˈsmɔ:l.pɒks	**स्मो:ल** पɒक्स
small-scale	ˈsmɔ:l.ˈskeɪl	**स्मो:ल स्केइल**
small-time	ˈsmɔ:l.ˈtaɪm	**स्मो:ल टाइम**
small-town	ˈsmɒl.ˈtaʊn	**स्मɒल टाउन**
smart	smɑ:t	स्मा:ट
smart aleck	ˈsmɑ:t.ˈæl.ɪk	**स्मा:ट æल** इक
smart bomb	ˈsmɑ:t.bɒm	**स्मा:ट** बɒम
smart bus	ˈsmɑ:t.bʌs	**स्मा:ट** बʌस
smart card	ˈsmɑ:t.ˈkɑ:d	**स्मा:ट का:ड**
smart money	ˈsmɑ:t.ˈmʌn.i	**स्मा:ट मʌन** ई
smart phone	ˈsmɑ:t.ˈfəʊn	**स्मा:ट फ़əउन**
smart-ass	ˈsmɑ:t.ɑ:s	**स्मा:ट** आ:स
smarten	ˈsmɑ:.tᵊn	**स्मा:** टᵊन

smarty	ˈsmɑ:.ti	**स्मा:** टी
smarty-pants	ˈsmɑ:.ti.pænts	**स्मा:** टी पæन्ट्स
smash	smæʃ	स्मæश
smash and grab raid	ˈsmæʃ.ən.græb.ˈreɪd	**स्मæश** əन ग्रæब **रेइड**
smash hit	ˈsmæʃ.hɪt	**स्मæश** हिट
smashed	smæʃt	स्मæश्ट
smattering	ˈsmæt.ər.ɪŋ	**स्मæट** əर इङ
smear	smɪə	स्मिə
smear campaign	ˈsmɪə.kæm.ˈpeɪn	**स्मिə** कæम **पेइन**
smear test	ˈsmɪə.ˈtest	**स्मिə टेस्ट**
smell	smel	स्मेल
smelling salt	ˈsmel.ɪŋ.ˈsɒlt	**स्मेल** इङ **सɒल्ट**
smelly	ˈsmel.i	**स्मेल** ई
smelt	smelt	स्मेल्ट
smidgen	ˈsmɪdʒ.ᵊn	**स्मिज** ᵊन
smile	smaɪl	स्माइल
smirk	smɜ:k	स्मɜ:क
smith	smɪθ	स्मिथ
smithereens	ˈsmɪð.ᵊr.ˈi:nz	**स्मिद** ᵊर **ई:न्ज़**
smitten	ˈsmɪt.ᵊn	**स्मिट** ᵊन
smock	smɒk	स्मɒक
smocking	ˈsmɒk.ɪŋ	**स्मɒक** इङ
smog	smɒg	स्मɒग
smoggy	ˈsmɒg.i	**स्मɒग** ई
smoke	sməʊk	स्मəउक
smoke alarm	ˈsməʊk.ə.ˈlɑ:m	**स्मəउक** ə **ला:म**
smoke detector	ˈsməʊk.dɪ.ˈtek.tə	**स्मəउक** डि **टेक** टə
smoke free	ˈsməʊk.ˈfri:	**स्मəउक फ़्री:**
smoke screen	ˈsməʊk.ˈskri:n	**स्मəउक स्क्री:न**
smoke without fire	ˈsməʊk.wɪ.ˈðaʊt.ˈfaɪ.ə	**स्मəउक** वि **दाउट फ़ाइ** ə
smoked	sməʊkt	स्मəउक्ट
smokeless	ˈsməʊk.ləs	**स्मəउक** लəस
smoker	ˈsməʊ.kə	**स्मəउ** कə
smokestack	ˈsməʊk.stæk	**स्मəउक** स्टæक
smoking	ˈsməʊ.kɪŋ	**स्मəउ** किङ
smoking compartment	ˈsməʊ.kɪŋ.kəm.ˈpɑ:t.mᵊnt	**स्मəउ** किङ कəम **पा:ट** मᵊन्ट
smoking gun	ˈsməʊ.kɪŋ.ˈgʌn	**स्मəउ** किङ **गʌन**
smoking jacket	ˈsməʊ.kɪŋ.ˈdʒæk.ɪt	**स्मəउ** किङ **जæक** इट

smoking room	ˈsməʊ.kɪŋ.ˈruːm	**स्मəउ** किङ **रूːम**
smoko	ˈsməʊ.kəʊ	**स्मəउ** कəउ
smoky	ˈsməʊ.ki	**स्मəउ** की
smolder	ˈsməʊl.də	**स्मəउल** डə
smooch	smuːtʃ	स्मूːच
smooth	smuːθ	स्मूːथ
smoothe	smuːð	स्मूːद
smoothie	ˈsmuː.ði	**स्मूː** दी
smoothly	ˈsmuːð.li	**स्मूːद** ली
smoothness	ˈsmuːð.nəs	**स्मूːद** नəस
smorgasbord	ˈsmɔː.gəs.bɔːd	**स्मोː** गəस बोːड
smother	ˈsmʌð.ə	**स्मʌद** ə
SMS	ˈes.em.ˈes	**एस** एम **एस**
smudge	smʌdʒ	स्मʌज
smug	smʌg	स्मʌग
smuggle	ˈsmʌg.ᵊl	**स्मʌग** ᵊल
smuggler	ˈsmʌg.lə	**स्मʌग** लə
smuggling	ˈsmʌg.ᵊl.ɪŋ	**स्मʌग** ᵊल इङ
smut	smʌt	स्मʌट
smutty	ˈsmʌt.i	**स्मʌट** ई
snack	snæk	स्नæक
snack bar	ˈsnæk.bɑː	**स्नæक** बाː
snag	snæg	स्नæग
snail	sneɪl	स्नेइल
snail mail	ˈsneɪl.ˈmeɪl	**स्नेइल मेइल**
snail's pace	ˈsneɪls.ˈpeɪs	**स्नेइल्स पेइस**
snake	sneɪk	स्नेइक
snake bite	ˈsneɪk.baɪt	**स्नेइक** बाइट
snake charmer	ˈsneɪk.ˈtʃɑː.mə	**स्नेइक चा**ː मə
snake in the grass	ˈsneɪk.ɪn.ðə.ˈgrɑːs	**स्नेइक** इन दə **ग्राːस**
snakes and ladders	ˈsneɪks.ən.ˈlæd.əz	**स्नेइक्स** əन **लæड** əज़
snakeskin	ˈsneɪk.skɪn	**स्नेइक** स्किन
snap	snæp	स्नæप
snapper	ˈsnæp.ə	**स्नæप** ə
snappy	ˈsnæp.i	**स्नæप** ई
snapshot	ˈsnæp.ʃɒt	**स्नæप** शɒट
snare	sneə	स्नेə
snarl	snɑːl	स्नाːल
snatch	snætʃ	स्नæच
snazzy	ˈsnæz.i	**स्नæज़** ई
sneak	sniːk	स्नीːक
sneak preview	ˈsniːk.ˈpriː.vjuː	**स्नीːक प्रीː** व्यूː
sneaker	ˈsniː.kə	**स्नी**ː कə
sneaking	ˈsniː.kɪŋ	**स्नी**ː किङ
sneaky	ˈsniː.ki	**स्नी**ː की
sneer	snɪə	स्निə
sneeze	sniːz	स्नीːज़
snick	snɪk	स्निक
snicker	ˈsnɪk.ə	**स्निक** ə
snide	snaɪd	स्नाइड
sniff	snɪf	स्निफ़
sniffer	ˈsnɪf.ə	**स्निफ़** ə
sniffle	ˈsnɪf.ᵊl	**स्निफ़** ᵊल
snip	snɪp	स्निप
snipe	snaɪp	स्नाइप
sniper	ˈsnaɪ.pə	**स्नाइ** पə
snippet	ˈsnɪp.ɪt	**स्निप** इट
snit	snɪt	स्निट
snitch	snɪtʃ	स्निच
snivel	ˈsnɪv.ᵊl	**स्निव** ᵊल
snob	snɒb	स्नɒब
snobbery	ˈsnɒb.ᵊr.i	**स्नɒब** ᵊर ई
snobbish	ˈsnɒb.ɪʃ	**स्नɒब** इश
snooker	ˈsnuː.kə	**स्नू**ː कə
snoop	snuːp	स्नूːप
snooty	ˈsnuːt.i	**स्नूːट** ई
snooze	snuːz	स्नूːज़
snore	snɔː	स्नोː
snorkel	ˈsnɔː.kᵊl	**स्नो**ː कᵊल
snorkelling	ˈsnɔː.kᵊl.ɪŋ	**स्नो**ː कᵊल इङ
snort	snɔːt	स्नोːट
snot	snɒt	स्नɒट
snotty	ˈsnɒt.i	**स्नɒट** ई
snout	snaʊt	स्नाउट
snow	snəʊ	स्नəउ
snow job	ˈsnəʊ.dʒɒb	**स्नəउ** जɒब
snowball	ˈsnəʊ.bɔːl	**स्नəउ** बोːल
snowboard	ˈsnəʊ.bɔːd	**स्नəउ** बोːड
snowboarding	ˈsnəʊ.ˈbɔː.dɪŋ	**स्नəउ बो**ː डिङ
snowbound	ˈsnəʊ.baʊnd	**स्नəउ** बाउन्ड
snowcap	ˈsnəʊ.kæp	**स्नəउ** कæप
snowdrift	ˈsnəʊ.drɪft	**स्नəउ** ड्रिफ़्ट
snowdrop	ˈsnəʊ.drɒp	**स्नəउ** ड्रɒप
snowfall	ˈsnəʊ.fɔːl	**स्नəउ** फ़ोːल
snowflake	ˈsnəʊ.fleɪk	**स्नəउ** फ़्लेइक

snowman	ˈsnəʊ.mæn	**स्नəʊ** मæन
snowmobile	ˈsnəʊ.mə.ˈbiːl	**स्नəʊ** मə **बी:ल**
snowplough	ˈsnəʊ.plaʊ	**स्नəʊ** प्लाʊ
snowstorm	ˈsnəʊ.stɔːm	**स्नəʊ** स्टो:म
snowsuit	ˈsnəʊ.suːt	**स्नəʊ** सू:ट
snowwhite	ˈsnəʊ.waɪt	**स्नəʊ** व़ाइट
snowy	ˈsnəʊ.i	**स्नəʊ** ई
Snr	ˈsiː.ni.ə	**सी**: नी ə
snub	snʌb	स्नʌब
snuck	snʌk	स्नʌक
snuff	snʌf	स्नʌफ़
snug	snʌg	स्नʌग
snuggle	ˈsnʌg.ᵊl	**स्नʌग** ᵊल
snugly	ˈsnʌg.li	**स्नʌग** ली
so	səʊ	सəʊ
soak	səʊk	सəʊक
soaked	səʊkt	सəʊक्ट
soaking	ˈsəʊ.kɪŋ	**सəʊ** किङ
soaking wet	ˈsəʊ.kɪŋ.ˈwet	**सəʊ** किङ **व़ेट**
so-and-so	ˈsəʊ.ən.səʊ	**सəʊ** əन सəʊ
soap	səʊp	सəʊप
soap box	ˈsəʊp.bɒks	**सəʊप** बɒक्स
soap bubble	ˈsəʊp.ˈbʌb.ᵊl	**सəʊप बʌब** ᵊल
soap opera	ˈsəʊp.ˈɒp.ᵊr.ə	**सəʊप ɒप** ᵊर ə
soapstone	ˈsəʊp.stəʊn	**सəʊप** स्टəʊन
soapsuds	ˈsəʊp.sʌds	**सəʊप** सʌड्स
soapy	ˈsəʊp.i	**सəʊप** ई
soar	sɔː	सो:
soaring	ˈsɔː.rɪŋ	**सो**: रिङ
sob	sɒb	सɒब
SOB	ˈes.ˈəʊ.ˈbiː	**एस əʊ बी**:
sob story	ˈsɒb.ˈstəʊ.ri	**सɒब स्टəʊ** री
sober	ˈsəʊ.bə	**सəʊ** बə
sobering	ˈsəʊ.bᵊr.ɪŋ	**सəʊ** बᵊर इङ
sobriety	sə.ˈbraɪ.ə.ti	सə **ब्राइ** ə टी
so-called	ˈsəʊ.ˈkɔːld	**सəʊ को:ल्ड**
soccer	ˈsɒk.ə	**सɒक** ə
sociable	ˈsəʊ.ʃə.bᵊl	**सəʊ** शə बᵊल
social	ˈsəʊ.ʃᵊl	**सəʊ** शᵊल
social climber	ˈsəʊ.ʃᵊl.ˈklaɪ.mə	**सəʊ** शᵊल **क्लाइ** मə
social injustice	ˈsəʊ.ʃᵊl.ɪn.ˈdʒʌs.tɪs	**सəʊ** शᵊल इन **जʌस** टिस
social life	ˈsəʊ.ʃᵊl.ˈlaɪf	**सəʊ** शᵊल **लाइफ़**
social science	ˈsəʊ.ʃᵊl.ˈsaɪ.ᵊns	**सəʊ** शᵊल **साइ** ᵊन्स
social secretary	ˈsəʊ.ʃᵊl.ˈsek.rə.tᵊr.i	**सəʊ** शᵊल **सेक** रə टᵊर ई
Social Security	ˈsəʊ.ʃᵊl.sɪ.ˈkjʊə.rɪ.ti	**सəʊ** शᵊल सि **क्युə** रि टी
social service	ˈsəʊ.ʃᵊl.ˈsɜː.vɪs	**सəʊ** शᵊल **सɜ**: विस
social studies	ˈsəʊ.ʃᵊl.ˈstʌd.ɪz	**सəʊ** शᵊल **स्टʌड** इज़
social work	ˈsəʊ.ʃᵊl.ˈwɜːk	**सəʊ** शᵊल **व़ɜ:क**
social worker	ˈsəʊ.ʃᵊl.ˈwɜː.kə	**सəʊ** शᵊल **व़ɜ**: कə
socialisation	ˈsəʊ.ʃᵊl.aɪ.ˈzeɪ.ʃᵊn	**सəʊ** शᵊल आइ **ज़ेइ** शᵊन
socialise	ˈsəʊ.ʃᵊl.aɪz	**सəʊ** शᵊल आइज़
socialism	ˈsəʊ.ʃᵊl.ɪ.zᵊm	**सəʊ** शᵊल इ ज़ᵊम
socialist	ˈsəʊ.ʃᵊl.ɪst	**सəʊ** शᵊल इस्ट
socialite	ˈsəʊ.ʃᵊl.aɪt	**सəʊ** शᵊल आइट
socially	ˈsəʊ.ʃᵊl.i	**सəʊ** शᵊल ई
society	sə.ˈsaɪ.ə.ti	सə **साइ** ə टी
sociocultural	ˈsəʊ.ʃi.əʊ.ˈkʌl.tʃᵊr.ᵊl	**सəʊ** शी əʊ **कʌल** चᵊर ᵊल
socioeconomic	ˈsəʊ.ʃi.əʊ.ˈiː.kə.ˈnɒm.ɪk	**सəʊ** शी əʊ **ई**: कə **नɒम** इक
sociolinguistic	ˈsəʊ.ʃi.əʊ.lɪŋ.ˈgwɪs.tɪk	**सəʊ** शी əʊ लिङ **ग्विस** टिक
sociological	ˈsəʊ.ʃi.ə.ˈlɒdʒ.ɪ.kᵊl	**सəʊ** शी ə **लɒज** इ कᵊल
sociologist	ˈsəʊ.ʃi.ˈɒl.ə.dʒɪst	**सəʊ** शी **ɒल** ə जिस्ट
sociology	ˈsəʊ.ʃi.ˈɒl.ə.dʒi	**सəʊ** शी **ɒल** ə जी
sociopath	ˈsəʊ.ʃi.ə.ˈpæθ	**सəʊ** शी ə **पæथ**
sociopolitical	ˈsəʊ.ʃi.ə.pə.ˈlɪt.ɪ.kᵊl	**सəʊ** शी ə पə **लिट** इ कᵊल
sock	sɒk	सɒक
socket	ˈsɒk.ɪt	**सɒक** इट
soda	ˈsəʊ.də	**सəʊ** डə
soda pop	ˈsəʊ.də.pɒp	**सəʊ** डə पɒप
soda water	ˈsəʊ.də.ˈwɔː.tə	**सəʊ** डə **व़ो**: टə
sodium	ˈsəʊ.di.əm	**सəʊ** डी əम
sodomise	ˈsɒd.əm.aɪz	**सɒड** əम आइज़
sodomy	ˈsɒd.ə.mi	**सɒड** ə मी
sofa	ˈsəʊ.fə	**सəʊ** फ़ə

sofabed	ˈsəʊ.fə.bed	सəʊ फ़ə बेड
soft	sɒft	सɒफ़्ट
soft corner	ˈsɒft.ˈkɔː.nə	सɒफ़्ट को: नə
soft drink	ˈsɒft.ˈdrɪŋk	सɒफ़्ट ड्रिङ्क
soft furnishings	ˈsɒft.ˈfɜː.nɪ.ʃɪŋz	सɒफ़्ट फ़ɜ: नि शिङ्ज़
soft landing	ˈsɒft.ˈlæn.dɪŋ	सɒफ़्ट लæन डिङ
soft target	ˈsɒft.ˈtɑː.gɪt	सɒफ़्ट टा: गिट
softback	ˈsɒft.bæk	सɒफ़्ट बæक
softball	ˈsɒft.bɔːl	सɒफ़्ट बो:ल
soft-boiled	ˈsɒft.ˈbɔɪld	सɒफ़्ट बोइल्ड
soft-copy	ˈsɒft.ˈkɒp.i	सɒफ़्ट कɒप ई
soft-cover	ˈsɒft.ˈkʌv.ə	सɒफ़्ट कʌव ə
soften	ˈsɒf.ᵊn	सɒफ़ ॱन
softener	ˈsɒf.ᵊn.ə	सɒफ़ ॱन ə
softhearted	ˈsɒft.ˈhɑː.tɪd	सɒफ़्ट हा: टिड
softie	ˈsɒft.i	सɒफ़्ट ई
softly	ˈsɒft.li	सɒफ़्ट ली
softness	ˈsɒft.nəs	सɒफ़्ट नəस
soft-pedal	ˈsɒft.ˈped.ᵊl	सɒफ़्ट पेड ॱल
soft-sell	ˈsɒft.ˈsel	सɒफ़्ट सेल
soft-spoken	ˈsɒft.ˈspəʊ.kᵊn	सɒफ़्ट स्पəʊ कॱन
soft-spot	ˈsɒft.ˈspɒt	सɒफ़्ट स्पɒट
softtouch	ˈsɒft.ˈtʌtʃ	सɒफ़्ट टʌच
software	ˈsɒft.weə	सɒफ़्ट वेə
softy	ˈsɒft.i	सɒफ़्ट ई
soggy	ˈsɒg.i	सɒग ई
soil	sɔɪl	सोइल
soiled	sɔɪld	सोइल्ड
sojourn	ˈsɒdʒ.ən	सɒज əन
solace	ˈsɒl.əs	सɒल əस
solar	ˈsəʊ.lə	सəʊ लə
solar cell	ˈsəʊ.lə.ˈsel	सəʊ लə सेल
solar energy	ˈsəʊ.lər.ˈen.ə.dʒi	सəʊ लəर एन ə जी
solar panel	ˈsəʊ.lə.ˈpæn.ᵊl	सəʊ लə पæन ॱल
solar plexus	ˈsəʊ.lə.ˈplek.səs	सəʊ लə प्लेक सəस
solar power	ˈsəʊ.lə.ˈpaʊ.ə	सəʊ लə पाʊ ə
solar system	ˈsəʊ.lə.ˈsɪs.təm	सəʊ लə सिस टəम
sold	səʊld	सəʊल्ड
solder	ˈsəʊl.də	सəʊल डə
soldering iron	ˈsəʊl.də.rɪŋ.ˈaɪ.ən	सəʊल डə रिङ आइ əन

soldier	ˈsəʊl.dʒə	सəʊल जə
sold-out	ˈsəʊld.aʊt	सəʊल्ड आʊट
sole	səʊl	सəʊल
solely	ˈsəʊl.li	सəʊल ली
solemn	ˈsɒl.əm	सɒल əम
solemnisation	ˈsɒl.em.naɪ.ˈzeɪ.ʃᵊn	सɒल एम नाइ ज़ेइ शॱन
solemnise	ˈsɒl.em.naɪz	सɒल एम नाइज़
solemnity	ˈsɒl.em.nə.ti	सɒल एम नə टी
solemnly	ˈsɒl.əm.li	सɒल əम ली
solenoid	ˈsɒl.ə.nɔɪd	सɒल ə नोइड
solicit	sə.ˈlɪs.ɪt	सə लिस इट
solicitor	sə.ˈlɪs.ɪ.tə	सə लिस इ टə
solicitous	sə.ˈlɪs.ɪ.təs	सə लिस इ टəस
solid	ˈsɒl.ɪd	सɒल इड
solidarity	ˈsɒl.ɪ.ˈdær.ə.ti	सɒल इ डær ə टी
solidify	sə.ˈlɪd.ɪ.faɪ	सə लिड इ फ़ाइ
solidity	sə.ˈlɪd.ə.ti	सə लिड ə टी
solidly	ˈsɒl.ɪd.li	सɒल इड ली
solid-state	ˈsɒl.ɪd.ˈsteɪt	सɒल इड स्टेइट
soliloquise	sə.ˈlɪl.ə.ˈkwaɪz	सə लिल ə क्वाइज़
soliloquy	sə.ˈlɪl.ə.kwi	सə लिल ə क्वी
solitaire	ˈsɒl.ɪ.ˈteə	सɒल इ टेə
solitary	ˈsɒl.ɪ.tᵊr.i	सɒल इ टॱर ई
solitary confinement	ˈsɒl.ɪ.tᵊr.i.kən.ˈfaɪn.mᵊnt	सɒल इ टॱर ई कəन फ़ाइन मॱन्ट
solitude	ˈsɒl.ɪ.tjuːd	सɒल इ ट्यू:ड
solo	ˈsəʊ.ləʊ	सəʊ लəʊ
soloist	ˈsəʊ.ləʊ.ɪst	सəʊ लəʊ इस्ट
so-long	ˈsəʊ.ˈlɒŋ	सəʊ लɒङ
soluble	ˈsɒl.jʊ.bᵊl	सɒल यु बॱल
solution	sə.ˈluː.ʃᵊn	सə लू: शॱन
solvable	ˈsɒl.və.bᵊl	सɒल वə बॱल
solve	sɒlv	सɒल्व
solvency	ˈsɒl.vən.si	सɒल वəन सी
solvent	ˈsɒl.vᵊnt	सɒल वॱन्ट
somatic	sə.ˈmæt.ɪk	सə मæट इक
somber	ˈsɒm.bə	सɒम बə
somberly	ˈsɒm.bə.li	सɒम बə ली
some	sʌm	सʌम
somebody	ˈsʌm.bə.di	सʌम बə डी
someday	ˈsʌm.deɪ	सʌम डेइ

somehow	ˈsʌm.haʊ	**सʌम** हाउ
someone	ˈsʌm.wʌn	**सʌम** व़ʌन
someplace	ˈsʌm.pleɪs	**सʌम** प्लेइस
somersault	ˈsʌm.ə.sɔːlt	**सʌम** ə सोːल्ट
something	ˈsʌm.θɪŋ	**सʌम** थिङ
sometime	ˈsʌm.taɪm	**सʌम** टाइम
sometimes	ˈsʌm.taɪmz	**सʌम** टाइम्ज़
someway	ˈsʌm.weɪ	**सʌम** व़ेइ
somewhat	ˈsʌm.wɒt	**सʌम** व़ɒट
somewhere	ˈsʌm.weə	**सʌम** व़ेə
somnambulism	sɒm.ˈnæm.bjə.lɪ.zᵊm	सɒम **नæम** ब्य़ə लि ज़ᵊम
son	sʌn	सʌन
sonar	ˈsəʊ.nɑː	**सəउ** नाː
sonata	sə.ˈnɑː.tə	सə **नाː** टə
song	sɒŋ	सɒङ
songbird	ˈsɒŋ.bɜːd	**सɒङ** बɜːड
songfest	ˈsɒŋ.fest	**सɒङ** फ़ेस्ट
songster	ˈsɒŋ.stə	**सɒङ** स्टə
songstress	ˈsɒŋ.strəs	**सɒङ** स्ट्रəस
songwriter	ˈsɒŋ.raɪ.tə	**सɒङ** राइ टə
sonic	ˈsɒn.ɪk	**सɒन** इक
sonic boom	ˈsɒn.ɪk.ˈbuːm	**सɒन** इक **बूːम**
son-in-law	ˈsʌn.ɪn.ˈlɔː	**सʌन** इन **लोː**
sonnet	ˈsɒn.ɪt	**सɒन** इट
sonogram	ˈsɒn.ə.græm	**सɒन** ə ग्रæम
sonograph	ˈsɒn.ə.græf	**सɒन** ə ग्रæफ़
soon	suːn	सूːन
soot	suːt	सूːट
soothe	suːð	सूːद
soothing	ˈsuː.ðɪŋ	**सूː** दिङ
soothingly	ˈsuː.ðɪŋ.li	**सूː** दिङ ली
soothsayer	ˈsuːθ.seɪ.ə	**सूːथ** सेइ ə
sophisticated	sə.ˈfɪs.tɪ.keɪ.tɪd	सə **फ़िस** टि केइ टिड
sophistication	sə.ˈfɪs.tɪ.ˈkeɪ.ʃᵊn	सə **फ़िस** टि **केइ** शᵊन
sophomore	ˈsɒf.ə.mɔː	**सɒफ़** ə मोː
soporific	ˈsɒp.ᵊr.ˈɪf.ɪk	**सɒप** ᵊर **इफ़** इक
sopping wet	ˈsɒp.ɪŋ.wet	**सɒप** इङ व़ेट
soprano	sə.ˈprɑː.nəʊ	सə **प्राː** नəउ
sorbet	ˈsɔː.beɪt	**सोː** बेइट

sorcerer	ˈsɔː.sᵊr.ə	**सोː** सᵊर ə
sorceress	ˈsɔː.sᵊr.əs	**सोː** सᵊर əस
sorcery	ˈsɔː.sᵊr.i	**सोː** सᵊर ई
sordid	ˈsɔː.dɪd	**सोː** डिड
sore	sɔː	सोː
sorehead	ˈsɔː.hed	**सोː** हेड
sorority	sə.ˈrɒr.ə.ti	सə **रɒर** ə टी
sorrow	ˈsɒr.əʊ	**सɒर** əउ
sorrowful	ˈsɒr.əʊ.fᵊl	**सɒर** əउ फ़ᵊल
sorrowfully	ˈsɒr.əʊ.fᵊl.i	**सɒर** əउ फ़ᵊल ई
sorry	ˈsɒr.i	**सɒर** ई
sort	sɔːt	सोːट
sort-out	ˈsɔː.t.aʊt	**सोːट** आउट
SOS	ˈes.ˈəʊ.ˈes	**एस əउ एस**
so-so	ˈsəʊ.səʊ	**सəउ** सəउ
soufflé	ˈsuː.fleɪ	**सूː** फ़्लेइ
sought	sɔːt	सोːट
sought-after	ˈsɔːt.ˈɑːf.tə	**सोːट आːफ़** टə
soul	səʊl	सəउल
soulful	ˈsəʊl.fᵊl	**सəउल** फ़ᵊल
soulmate	ˈsəʊl.meɪt	**सəउल** मेइट
soul-searching	ˈsəʊl.sɜː.tʃɪŋ	**सəउल** सɜː चिङ
sound	saʊnd	साउन्ड
sound barrier	ˈsaʊnd.ˈbær.i.ə	**साउन्ड बæर** ई ə
sound bite	ˈsaʊnd.baɪt	**साउन्ड** बाइट
sound box	ˈsaʊnd.ˈbɒks	**साउन्ड बɒक्स**
sound card	ˈsaʊnd.kɑːd	**साउन्ड** काːड
sound effect	ˈsaʊnd.ɪ.ˈfekt	**साउन्ड** इ **फ़ेक्ट**
sound system	ˈsaʊnd.ˈsɪs.təm	**साउन्ड सिस** टəम
sounding board	ˈsaʊnd.ɪŋ.bɔːd	**साउन्ड** इङ बोːड
soundless	ˈsaʊnd.ləs	**साउन्ड** लəस
soundlessly	ˈsaʊnd.ləs.li	**साउन्ड** लəस ली
soundly	ˈsaʊnd.li	**साउन्ड** ली
soundness	ˈsaʊnd.nəs	**साउन्ड** नəस
soundproof	ˈsaʊnd.pruːf	**साउन्ड** प्रूːफ़
soundtrack	ˈsaʊnd.træk	**साउन्ड** ट्रæक
soundwave	ˈsaʊnd.ˈweɪv	**साउन्ड व़ेइव**
soup	suːp	सूːप
soup kitchen	ˈsuːp.ˈkɪtʃ.ɪn	**सूːप किच** इन
soup spoon	ˈsuːp.spuːn	**सूːप** स्पूːन
sour	ˈsaʊ.ə	**साउ** ə
sour cream	ˈsaʊ.ə.kriːm	**साउ** ə क्रीːम

sour grapes	ˈsaʊ.ə.ˈgreɪps	**साउ** ə **ग्रेइप्स**
source	sɔːs	सोःस
sourdough	ˈsaʊ.ə.dəʊ	**साउ** ə डəउ
sourly	ˈsaʊ.ə.li	**साउ** ə ली
sourness	ˈsaʊ.ə.nəs	**साउ** ə नəस
sous-chef	ˈsuː.ʃef	**सूः** शेफ़
south	saʊθ	साउथ
South Asia	ˈsaʊθ.ˈeɪ.ʒə	**साउथ एइ** ज़ə
South Pole	ˈsaʊθ.ˈpəʊl	**साउथ पəउल**
southbound	ˈsaʊθ.baʊnd	**साउथ** बाउन्ड
southeasterly	ˈsaʊθ.ˈiː.st.ᵊl.i	**साउथ ईः** स्ट ॰ल ई
southeastern	ˈsaʊθ.ˈiː.stᵊn	**साउथ ईः** स्ट॰न
southeastward	ˈsaʊθ.ˈiː.st.wəd	**साउथ ईः** स्ट वəड
southerly	ˈsʌð.ᵊl.i	**सʌद** ॰ल ई
southern	ˈsʌð.ᵊn	**सʌद** ॰न
southerner	ˈsʌð.ᵊn.ə	**सʌद** ॰न ə
southwesterly	ˈsaʊθ.ˈwes.tᵊl.i	**साउथ वेस** ट॰ल ई
southwestern	ˈsaʊθ.ˈwes.tᵊn	**साउथ वेस** ट॰न
southwestward	ˈsaʊθ.ˈwes.wəd	**साउथ वेस** वəड
souvenir	ˈsuː.vᵊn.ˈɪəʳ	**सूः** व॰न **इəर**
sovereign	ˈsɒv.rɪn	**सɒव** रिन
sovereignty	ˈsɒv.rᵊn.ti	**सɒव** र॰न टी
sow	saʊ	साउ
sown	səʊn	सəउन
soy sauce	ˈsɔɪ.sɔːs	**सोइ** सोःस
soya	ˈsɔɪ.ə	**सोइ** ə
soybean	ˈsɔɪ.biːn	**सोइ** बीःन
spa	spɑː	स्पाः
space	speɪs	स्पेइस
space age	ˈspeɪs.eɪdʒ	**स्पेइस** एइज
space bar	ˈspeɪs.bɑː	**स्पेइस** बाः
space cadet	ˈspeɪs.kə.ˈdet	**स्पेइस** कə **डेट**
space shuttle	ˈspeɪs.ˈʃʌt.ᵊl	**स्पेइस शʌट** ॰ल
space station	ˈspeɪs.ˈsteɪ.ʃᵊn	**स्पेइस स्टेइ** श॰न
space suit	ˈspeɪs.ˈsuːt	**स्पेइस सूःट**
space traveller	ˈspeɪs.ˈtræv.lə	**स्पेइस ट्रæव** लə
space walk	ˈspeɪs.wɔːk	**स्पेइस** वोःक
spacecraft	ˈspeɪs.krɑːft	**स्पेइस** क्राःफ़्ट
spaced out	ˈspeɪst.aʊt	**स्पेइस्ट** आउट
spaceman	ˈspeɪs.mæn	**स्पेइस** मæन
spaceship	ˈspeɪs.ˈʃɪp	**स्पेइस शिप**
spacey	ˈspeɪs.i	**स्पेइस** ई
spacing	ˈspeɪ.sɪŋ	**स्पेइ** सिङ

spacious	ˈspeɪ.ʃəs	**स्पेइ** शəस
spaciousness	ˈspeɪ.ʃəs.nəs	**स्पेइ** शəस नəस
spade	speɪd	स्पेइड
spaghetti	spə.ˈget.i	स्पə **गेट** ई
spam	spæm	स्पæम
span	spæn	स्पæन
spangle	ˈspæŋ.gᵊl	**स्पæङ** ग॰ल
spaniel	ˈspæn.jəl	**स्पæन** य़əल
spank	spæŋk	स्पæङ्क
spanking	ˈspæŋ.kɪŋ	**स्पæङ** किङ
spanner	ˈspæn.ə	**स्पæन** ə
spar	spɑː	स्पाः
spare	speə	स्पेə
spare part	ˈspeə.ˈpɑːt	**स्पेə पाःट**
spare rib	ˈspeə.ˈrɪb	**स्पेə रिब**
spare tyre	ˈspeə.ˈtaɪ.ə	**स्पेə टाइ** ə
sparingly	ˈspeə.rɪŋ.li	**स्पेə** रिङ ली
spark	spɑːk	स्पाःक
spark plug	ˈspɑːk.plʌg	**स्पाःक** प्लʌग
sparkle	ˈspɑː.kᵊl	**स्पाः** क॰ल
sparkler	ˈspɑː.klə	**स्पाः** क्लə
sparkling	ˈspɑː.klɪŋ	**स्पाः** क्लिङ
sparrow	ˈspær.əʊ	**स्पæर** əउ
sparse	spɑːs	स्पाःस
sparsely	ˈspɑːs.li	**स्पाःस** ली
spartan	ˈspɑː.tᵊn	**स्पाः** ट॰न
spasm	ˈspæz.ᵊm	**स्पæज़** ॰म
spasmodic	spæz.ˈmɒd.ɪk	स्पæज़ **मɒड** इक
spastic	ˈspɑːs.tɪk	**स्पाःस** टिक
spat	spæt	स्पæट
spate	speɪt	स्पेइट
spatial	ˈspeɪ.ʃᵊl	**स्पेइ** श॰ल
spatter	ˈspæt.ə	**स्पæट** ə
spatula	ˈspætj.ə.lə	**स्पæट्य़** ə लə
spawn	spɔːn	स्पोःन
speak	spiːk	स्पीःक
speak English	ˈspiːk.ˈɪŋ.glɪʃ	**स्पीःक इङ** ग्लिश
speakeasy	ˈspiːk.ˈiː.zɪ	**स्पीःक ईः** ज़ि
speaker	ˈspiː.kə	**स्पीः** कə
speakerphone	ˈspiː.kə.fəʊn	**स्पीः** कə फ़əउन
spear	spɪə	स्पिə
spear carrier	ˈspɪə.ˈkær.i.ə	**स्पिə कæर** ई ə
spearhead	ˈspɪə.hed	**स्पिə** हेड

spearmint	ˈspɪə.mɪnt	स्पिə मिन्ट
special	ˈspeʃ.ᵊl	स्पेश ᵊल
special delivery	ˈspeʃ.ᵊl.dɪ.ˈlɪv.ᵊr.i	स्पेश ᵊल डि लिव ᵊर ई
special effects	ˈspeʃ.ᵊl.ɪ.ˈfekts	स्पेश ᵊल इ फ़ेक्ट्स
specialisation	ˈspeʃ.ᵊl.aɪ.ˈzeɪ.ʃᵊn	स्पेश ᵊल आइ ज़ेइ शᵊन
specialise	ˈspeʃ.ᵊl.aɪz	स्पेश ᵊल आइज़
specialised	ˈspeʃ.ᵊl.aɪzd	स्पेश ᵊल आइज़्ड
specialising	ˈspeʃ.ᵊl.aɪz.ɪŋ	स्पेश ᵊल आइज़ इङ
specialist	ˈspeʃ.ᵊl.ɪst	स्पेश ᵊल इस्ट
specially	ˈspeʃ.ᵊl.i	स्पेश ᵊल ई
specialty	ˈspeʃ.ᵊl.ti	स्पेश ᵊल टी
species	ˈspiː.ʃiːz	स्पी: शी:ज़
specific	spə.ˈsɪf.ɪk	स्पə सिफ़ इक
specifically	spə.ˈsɪf.ɪk.ᵊl.i	स्पə सिफ़ इक ᵊल ई
specification	ˈspe.sɪ.fɪ.ˈkeɪ.ʃᵊn	स्पे सि फ़ि केइ शᵊन
specifics	spə.ˈsɪf.ɪks	स्पə सिफ़ इक्स
specify	ˈspes.ɪ.faɪ	स्पेस इ फ़ाइ
specimen	ˈspes.ɪ.mɪn	स्पेस इ मिन
specious	ˈspiː.ʃəs	स्पी: शəस
speck	spek	स्पेक
speckle	ˈspek.ᵊl	स्पेक ᵊल
spectacle	ˈspek.tə.kᵊl	स्पेक टə कᵊल
spectacles	ˈspek.tə.kᵊlz	स्पेक टə कᵊल्ज़
spectacular	spek.ˈtæk.jə.lə	स्पेक टæक ग़ə लə
spectacularly	spek.ˈtæk.jə.lə.li	स्पेक टæक ग़ə लə ली
spectator	spek.ˈteɪ.tə	स्पेक टेइ टə
spectre	ˈspek.tə	स्पेक टə
spectrum	ˈspek.trəm	स्पेक ट्रəम
speculate	ˈspek.jə.leɪt	स्पेक ग़ə लेइट
speculation	ˈspek.jə.ˈleɪ.ʃᵊn	स्पेक ग़ə लेइ शᵊन
speculative	ˈspek.jə.lə.tɪv	स्पेक ग़ə लə टिव
speculator	ˈspek.jə.leɪ.tə	स्पेक ग़ə लेइ टə
sped	sped	स्पेड
speech	spiːtʃ	स्पी:च
speechless	ˈspiːtʃ.ləs	स्पी:च लəस
speed	spiːd	स्पी:ड
speed bump	ˈspiːd.bʌmp	स्पी:ड बʌम्प
speed camera	ˈspiːd.ˈkæm.rə	स्पी:ड कæम रə
speed dial	ˈspiːd.ˈdaɪ.əl	स्पी:ड डाइ əल

speed limit	ˈspiːd.ˈlɪm.ɪt	स्पी:ड लिम इट
speed skater	ˈspiːd.ˈskeɪ.tə	स्पी:ड स्केइ टə
speed skating	ˈspiːd.ˈskeɪ.tɪŋ	स्पी:ड स्केइ टिङ
speed trap	ˈspiːd.ˈtræp	स्पी:ड ट्æप
speedboat	ˈspiːd.bəʊt	स्पी:ड बəउट
speedily	ˈspiː.dᵊl.i	स्पी: डᵊल ई
speeding	ˈspiː.dɪŋ	स्पी: डिङ
speedometer	spiː.ˈdɒm.ɪ.tə	स्पी: डɒम इ टə
speed-read	ˈspiːd.ˈriːd	स्पी:ड री:ड
speedway	ˈspiːd.weɪ	स्पी:ड वेइ
speedy	ˈspiː.di	स्पी: डी
spell	spel	स्पेल
spellbinding	ˈspel.ˈbaɪn.dɪŋ	स्पेल बाइन डिङ
spellbound	ˈspel.baʊnd	स्पेल बाउन्ड
spellcheck	ˈspel.tʃek	स्पेल चेक
spellchecker	ˈspel.ˈtʃek.ə	स्पेल चेक ə
spelling	ˈspel.ɪŋ	स्पेल इङ
spelling bee	ˈspel.ɪŋ.biː	स्पेल इङ बी:
spelt	spelt	स्पेल्ट
spend	spend	स्पेन्ड
spending	ˈspen.dɪŋ	स्पेन डिङ
spendthrift	ˈspend.θrɪft	स्पेन्ड थ्रिफ़्ट
spent	spent	स्पेन्ट
sperm	spɜːm	स्पɜ:म
sperm bank	ˈspɜːm.ˈbæŋk	स्पɜ:म बæङ्क
sperm whale	ˈspɜːm.ˈweɪl	स्पɜ:म वेइल
spermicide	ˈspɜː.mɪ.saɪd	स्पɜ: मि साइड
spew	spjuː	स्प्यू:
sphere	sfɪə	स्फ़िə
spherical	ˈsfer.ɪ.kᵊl	स्फ़ेर इ कᵊल
spheroid	ˈsfɪə.rɔɪd	स्फ़िə रोइड
sphinx	sfɪŋks	स्फ़िङ्क्स
spice	spaɪs	स्पाइस
spick-and-span	ˈspɪk.ən.ˈspæn	स्पिक əन स्पæन
spicy	ˈspaɪs.i	स्पाइस ई
spider	ˈspaɪ.də	स्पाइ डə
spider plant	ˈspaɪ.də.ˈplɑːnt	स्पाइ डə प्ला:न्ट
spider's web	ˈspaɪ.dəs.web	स्पाइ डəस वेब
spiel	ʃpiːl	श्पी:ल
spiffy	ˈspɪf.i	स्पिफ़ ई
spike	spaɪk	स्पाइक
spill	spɪl	स्पिल

spillage	ˈspɪl.ɪdʒ	स्पिल इज
spillover	ˈspɪl.ˈəʊ.və	स्पिल əउ वə
spillway	ˈspɪl.weɪ	स्पिल वेइ
spilt	spɪlt	स्पिल्ट
spin	spɪn	स्पिन
spin bowler	ˈspɪn.ˈbəʊ.lə	स्पिन बəउ लə
spin doctor	ˈspɪn.ˈdɒk.tə	स्पिन डɒक टə
spin dry	ˈspɪn.draɪ	स्पिन ड्राइ
spinach	ˈspɪn.ɪtʃ	स्पिन इच
spinal	ˈspaɪn.ᵊl	स्पाइन ॰ल
spinal cord	ˈspaɪn.ᵊl.kɔːd	स्पाइन ॰ल कोːड
spindle	ˈspɪn.dᵊl	स्पिन ड॰ल
spindly	ˈspɪnd.li	स्पिन्ड ली
spine	spaɪn	स्पाइन
spine chilling	ˈspaɪn.ˈtʃɪl.ɪŋ	स्पाइन चिल इङ
spineless	ˈspaɪn.ləs	स्पाइन लəस
spinner	ˈspɪn.ə	स्पिन ə
spinning top	ˈspɪn.ɪŋ.ˈtɒp	स्पिन इङ टɒप
spinning wheel	ˈspɪn.ɪŋ.ˈwiːl	स्पिन इङ व़ीːल
spin-off	ˈspɪn.ɒf	स्पिन ɒफ़
spinster	ˈspɪn.stə	स्पिन स्टə
spiral	ˈspaɪ.ə.rᵊl	स्पाइ ə र॰ल
spiral bound	ˈspaɪ.ə.rᵊl.ˈbaʊnd	स्पाइ ə र॰ल बाउन्ड
spire	ˈspaɪ.ə	स्पाइ ə
spirit	ˈspɪr.ɪt	स्पिर इट
spirit lamp	ˈspɪr.ɪt.ˈlæmp	स्पिर इट लæम्प
spirit level	ˈspɪr.ɪt.ˈlev.ᵊl	स्पिर इट लेव ॰ल
spirited	ˈspɪr.ɪ.tɪd	स्पिर इ टिड
spirits	ˈspɪr.ɪts	स्पिर इट्स
spiritual	ˈspɪr.ɪ.tʃu.əl	स्पिर इ चू əल
spiritualism	ˈspɪr.ɪ.tʃu.ᵊl.ɪ.zᵊm	स्पिर इ चू ॰ल इ ज़॰म
spiritualist	ˈspɪr.ɪ.tʃu.ᵊl.ɪst	स्पिर इ चू ॰ल इस्ट
spiritualistic	ˈspɪr.ɪ.tʃu.ə.ˈlɪs.tɪk	स्पिर इ चू ə लिस टिक
spiritually	ˈspɪr.ɪ.tʃu.ə.li	स्पिर इ चू ə ली
spit	spɪt	स्पिट
spit curl	ˈspɪt.ˈkɜːl	स्पिट कɜːल
spite	spaɪt	स्पाइट
spiteful	ˈspaɪt.fᵊl	स्पाइट फ़॰ल
spitfire	ˈspɪt.faɪ.ə	स्पिट फ़ाइ ə
spit-out	ˈspɪt.aʊt	स्पिट आउट
spitroast	ˈspɪt.rəʊst	स्पिट रəउस्ट

splash	splæʃ	स्प्लæश
splash guard	ˈsplæʃ.ɡɑːd	स्प्लæश गाːड
splashy	ˈsplæʃ.i	स्प्लæश ई
splat	splæt	स्प्लæट
splatter	ˈsplæt.ə	स्प्लæट ə
splay	spleɪ	स्प्लेइ
splendid	ˈsplen.dɪd	स्प्लेन डिड
splendidly	ˈsplen.dɪd.li	स्प्लेन डिड ली
splendour	ˈsplen.də	स्प्लेन डə
splint	splɪnt	स्प्लिन्ट
splinter	ˈsplɪn.tə	स्प्लिन टə
split	splɪt	स्प्लिट
split second	ˈsplɪt.ˈsek.ənd	स्प्लिट सेक əन्ड
splitting	ˈsplɪt.ɪŋ	स्प्लिट इङ
splitting headache	ˈsplɪt.ɪŋ.ˈhed.ɪk	स्प्लिट इङ हेड इक
splitting image	ˈsplɪt.ɪŋ.ˈɪm.ɪdʒ	स्प्लिट इङ इम इज
splurge	splɜːdʒ	स्प्लɜːज
spoil	spɔɪl	स्पोइल
spoiled	spɔɪld	स्पोइल्ड
spoils	spɔɪlz	स्पोइल्ज़
spoils of war	ˈspɔɪlz.əv.ˈwɔː	स्पोइल्ज़ əव व़ोː
spoilsport	ˈspɔɪl.spɔːt	स्पोइल स्पोːट
spoke	spəʊk	स्पəउक
spoken	ˈspəʊ.kᵊn	स्पəउ क॰न
spokesman	ˈspəʊks.mən	स्पəउक्स मəन
spokesperson	ˈspəʊks.ˈpɜː.sᵊn	स्पəउक्स पɜː स॰न
spokeswoman	ˈspəʊks.ˈwʊm.ən	स्पəउक्स वुम əन
spondylitis	ˈspɒn.dɪ.ˈlaɪ.tɪs	स्पɒन डि लाइ टिस
sponge	spʌndʒ	स्पʌन्ज
sponge cake	ˈspʌndʒ.ˈkeɪk	स्पʌन्ज केइक
sponsor	ˈspɒn.sə	स्पɒन सə
sponsorship	ˈspɒn.sə.ʃɪp	स्पɒन सə शिप
spontaneity	ˈspɒn.tə.ˈneɪ.ə.ti	स्पɒन टə नेइ ə टी
spontaneous	spɒn.ˈteɪ.ni.əs	स्पɒन टेइ नी əस
spontaneously	spɒn.ˈteɪ.ni.əs.li	स्पɒन टेइ नी əस ली
spoof	spuːf	स्पूːफ़
spook	spuːk	स्पूːक
spooky	ˈspuː.ki	स्पूː की
spool	spuːl	स्पूːल
spoon	spuːn	स्पूːन
spoon-feed	ˈspuːn.fiːd	स्पूːन फ़ीːड

spoonful	ˈspuːn.fʊl	**स्पूःन** फ़ुल
sporadic	spə.ˈræd.ɪk	स्पə **रæड** इक
sporadically	spə.ˈræd.ɪ.kəl.i	स्पə **रæड** इ कल ई
sport	spɔːt	स्पोःट
sporting	ˈspɔː.tɪŋ	**स्पोः** टिङ
sports	spɔːts	स्पोःट्स
sports car	ˈspɔːts.ˈkɑː	**स्पोःट्स काः**
sportscast	ˈspɔːts.ˈkɑːst	**स्पोःट्स काःस्ट**
sportsman	ˈspɔːts.mən	**स्पोःट्स** मəन
sportsmanship	ˈspɔːts.mən.ʃɪp	**स्पोःट्स** मəन शिप
sportsperson	ˈspɔːts.ˈpɜː.sən	**स्पोःट्स प३ः** सन
sportswear	ˈspɔːts.weə	**स्पोःट्स** वेə
sporty	ˈspɔː.ti	**स्पोः** टी
spot	spɒt	स्पɒट
spot check	ˈspɒt.tʃek	**स्पɒट** चेक
spotless	ˈspɒt.ləs	**स्पɒट** लəस
spotlight	ˈspɒt.laɪt	**स्पɒट** लाइट
spot-on	ˈspɒt.ɒn	**स्पɒट** ɒन
spotty	ˈspɒt.i	**स्पɒट** ई
spouse	spaʊz	स्पाउज़
spout	spaʊt	स्पाउट
sprain	spreɪn	स्प्रेइन
sprang	spræŋ	स्प्रæङ
sprawl	sprɔːl	स्प्रोःल
sprawled	sprɔːld	स्प्रोःल्ड
sprawling	ˈsprɔː.lɪŋ	**स्प्रोः** लिङ
spray	spreɪ	स्प्रेइ
spread	spred	स्प्रेड
spreadeagled	ˈspred.ˈiː.gəld	**स्प्रेड ईः** गल्ड
spreadsheet	ˈspred.ʃiːt	**स्प्रेड** शीःट
spree	spriː	स्प्रीः
sprig	sprɪg	स्प्रिग
spring	sprɪŋ	स्प्रिङ
spring balance	ˈsprɪŋ.ˈbæl.əns	**स्प्रिङ बæल** न्स
spring board	ˈsprɪŋ.bɔːd	**स्प्रिङ** बोःड
spring break	ˈsprɪŋ.ˈbreɪk	**स्प्रिङ ब्रेइक**
spring chicken	ˈsprɪŋ.ˈtʃɪk.ən	**स्प्रिङ चिक** न
spring fever	ˈsprɪŋ.ˈfiː.və	**स्प्रिङ फ़ीः** वə
spring onion	ˈsprɪŋ.ˈʌn.jən	**स्प्रिङ ʌन** यəन
spring roll	ˈsprɪŋ.ˈrəʊl	**स्प्रिङ रəउल**
spring-clean (n)	ˈsprɪŋ.kliːn	**स्प्रिङ** क्लीःन
spring-clean (v)	sprɪŋ.ˈkliːn	स्प्रिङ **क्लीःन**

springtime	ˈsprɪŋ.taɪm	**स्प्रिङ** टाइम
springy	ˈsprɪŋ.i	**स्प्रिङ** ई
sprinkle	ˈsprɪŋ.kəl	**स्प्रिङ** कल
sprinkler	ˈsprɪŋ.klə	**स्प्रिङ** क्लə
sprint	sprɪnt	स्प्रिन्ट
sprinter	ˈsprɪn.tə	**स्प्रिन** टə
sprinting	ˈsprɪn.tɪŋ	**स्प्रिन** टिङ
sprite	spraɪt	स्प्राइट
sprocket wheel	ˈsprɒk.ɪt.ˈwiːl	**स्प्रɒक** इट **वीःल**
sprout	spraʊt	स्प्राउट
spruce	spruːs	स्प्रूःस
sprung	sprʌŋ	स्प्रʌङ
spry	spraɪ	स्प्राइ
spud	spʌd	स्पʌड
spun	spʌn	स्पʌन
spunky	ˈspʌŋk.i	**स्पʌङ्क** ई
spur	spɜː	स्प३ः
spurious	ˈspjuː.ri.əs	**स्प्यूः** री əस
spurn	spɜːn	स्प३ःन
spurt	spɜːt	स्प३ःट
sputter	ˈspʌt.ə	**स्पʌट** ə
spy	spaɪ	स्पाइ
squabble	ˈskwɒb.əl	**स्क्वɒब** ल
squad	skwɒd	स्क्वɒड
squad car	ˈskwɒd.kɑː	**स्क्वɒड** काः
squadron	ˈskwɒd.rən	**स्क्वɒड** रəन
squalid	ˈskwɒl.ɪd	**स्क्वɒल** इड
squall	skwɔːl	स्क्वोःल
squalor	ˈskwɒl.ə	**स्क्वɒल** ə
squander	ˈskwɒn.də	**स्क्वɒन** डə
square	skweə	स्क्वेə
square bracket	ˈskweə.ˈbræk.ɪt	**स्क्वेə ब्रæक** इट
square dance	ˈskweə.ˈdɑːns	**स्क्वेə डाःन्स**
square deal	ˈskweə.ˈdiːl	**स्क्वेə डीःल**
square leg	ˈskweə.ˈleg	**स्क्वेə लेग**
square meal	ˈskweə.ˈmiːl	**स्क्वेə मीःल**
square mile	ˈskweə.ˈmaɪl	**स्क्वेə माइल**
square one	ˈskweə.ˈwʌn	**स्क्वेə वʌन**
square root	ˈskweə.ˈruːt	**स्क्वेə रूःट**
squarely	ˈskweə.li	**स्क्वेə** ली
squash	skwɒʃ	स्क्वɒश
squat	skwɒt	स्क्वɒट

squatter	ˈskwɒt.ə	**स्क्वॉट** ə
squawk	skwɔːk	स्क्वॉ:क
squeak	skwiːk	स्क्वी:क
squeaky	ˈskwiː.ki	**स्क्वी**: की
squeal	skwiːl	स्क्वी:ल
squeamish	ˈskwiː.mɪʃ	**स्क्वी**: मिश
squeeze	skwiːz	स्क्वी:ज़
squelch	skweltʃ	स्क्वेल्च
squid	skwɪd	स्क्विड
squiggle	ˈskwɪg.ᵊl	**स्क्विग** ॱल
squint	skwɪnt	स्क्विन्ट
squire	ˈskwaɪ.ə	**स्क्वाइ** ə
squirm	skwɜːm	स्क्वɜːम
squirrel	ˈskwɪr.ᵊl	**स्क्विर** ॱल
squirt	skwɜːt	स्क्वɜːट
squish	skwɪʃ	स्क्विश
St	seɪnt	सेइन्ट
stab	stæb	स्टæब
stabbing	ˈstæb.ɪŋ	**स्टæब** इङ
stabilisation	ˈstæb.ɪ.laɪ.ˈzeɪ.ʃᵊn	**स्टæब** इ लाइ **ज़ेइ** शॱन
stabilise	ˈstæb.ɪ.laɪz	**स्टæब** इ लाइज़
stability	stə.ˈbɪl.ə.ti	स्टə **बिल** ə टी
stable	ˈsteɪ.bᵊl	**स्टेइ** बॱल
staccato	stə.ˈkɑː.təʊ	स्टə **का**: टəउ
stack	stæk	स्टæक
stadium	ˈsteɪ.di.əm	**स्टेइ** डी əम
staff	stɑːf	स्टा:फ़
staff nurse	ˈstɑːf.ˈnɜːs	**स्टा:फ़ नɜːस**
staffer	ˈstɑː.fəʳ	**स्टा**: फ़əर
staffing	ˈstɑː.fɪŋ	**स्टा**: फ़िङ
stag	stæg	स्टæग
stage	steɪdʒ	स्टेइज
stage door	ˈsteɪdʒ.ˈdɔː	**स्टेइज डो**:
stage fright	ˈsteɪdʒ.ˈfraɪt	**स्टेइज फ़्राइट**
stage light	ˈsteɪdʒ.ˈlaɪt	**स्टेइज लाइट**
stage manager	ˈsteɪdʒ.ˈmæn.ɪ.dʒə	**स्टेइज मæन** इ जə
stagecoach	ˈsteɪdʒ.kəʊtʃ	**स्टेइज** कəउच
staged	steɪdʒd	स्टेइज्ड
stage-struck	ˈsteɪdʒ.strʌk	**स्टेइज** स्ट्ʌक
stagger	ˈstæg.ə	**स्टæग** ə
staggering	ˈstæg.ᵊr.ɪŋ	**स्टæग** ॱर इङ
staggeringly	ˈstæg.ᵊr.ɪŋ.li	**स्टæग** ॱर इङ ली
staging	ˈsteɪdʒ.ɪŋ	**स्टेइज** इङ
stagnant	ˈstæg.nᵊnt	**स्टæग** नॱन्ट
stagnate	stæg.ˈneɪt	स्टæग **नेइट**
stagnation	stæg.ˈneɪ.ʃᵊn	स्टæग **नेइ** शॱन
staid	steɪd	स्टेइड
stain	steɪn	स्टेइन
stained glass	ˈsteɪnd.ˈglɑːs	**स्टेइन्ड ग्ला:स**
stainless steel	ˈsteɪn.ləs.stiːl	**स्टेइन** लəस स्टी:ल
stair	steə	स्टेə
staircase	ˈsteə.keɪs	**स्टेə** केइस
stairs	steəz	स्टेəज़
stairway	ˈsteə.weɪ	**स्टेə** वेइ
stake	steɪk	स्टेइक
stakeholder	ˈsteɪk.ˈhəʊl.dəʳ	**स्टेइक हəउल** डəर
stakeout	ˈsteɪk.ˈaʊt	**स्टेइक आउट**
stakes	steɪks	स्टेइक्स
stalactite	ˈstæl.ək.taɪt	**स्टæल** əक टाइट
stalagmite	ˈstæl.əg.maɪt	**स्टæल** əग माइट
stale	steɪl	स्टेइल
stalemate	ˈsteɪl.meɪt	**स्टेइल** मेइट
stalk	ˈstɔːk	**स्टो:क**
stalker	ˈstɔː.kə	**स्टो**: कə
stalking	ˈstɔː.kɪŋ	**स्टो**: किङ
stall	stɔːl	स्टो:ल
stallion	ˈstæl.jən	**स्टæल** यəन
stalwart	ˈstɔːl.wət	**स्टो:ल** वəट
stamina	ˈstæm.ɪ.nə	**स्टæम** इ नə
stammer	ˈstæm.ə	**स्टæम** ə
stamp	stæmp	स्टæम्प
stampede	stæm.ˈpiːd	स्टæम **पी:ड**
stance	stæns	स्टæन्स
stand	stænd	स्टæन्ड
stand-alone	ˈstænd.ə.ləʊn	**स्टæन्ड** ə लəउन
Standard	ˈstæn.dəd	**स्टæन** डəड
standard deviation	ˈstæn.dəd.ˈdiː.vi.ˈeɪ.ʃᵊn	**स्टæन** डəड **डी**: वी **एइ** शॱन
standard of living	ˈstæn.dəd.əv.ˈlɪv.ɪŋ	**स्टæन** डəड əव **लिव** इङ
standardisation	ˈstæn.də.daɪ.ˈzeɪ.ʃᵊn	**स्टæन** डə डाइ **ज़ेइ** शॱन
standardise	ˈstæn.də.daɪz	**स्टæन** डə डाइज़
standby	ˈstænd.baɪ	**स्टæन्ड** बाइ

stand-in	ˈstænd.ɪn	**स्टæन्ड** इन
standing	ˈstænd.ɪŋ	**स्टæन्ड** इङ
standing order	ˈstænd.ɪŋ.ˈɔː.də	**स्टæन्ड** इङ **ओ**: डə
standing ovation	ˈstænd.ɪŋ.əʊ.ˈveɪ.ʃᵊn	**स्टæन्ड** इङ əउ **वेइ** श॰न
standing room	ˈstænd.ɪŋ.ruːm	**स्टæन्ड** इङ रू:म
standoff	ˈstænd.ɒf	**स्टæन्ड** ɒफ़
standout	ˈstænd.aʊt	**स्टæन्ड** आउट
standpoint	ˈstænd.pɔɪnt	**स्टæन्ड** पोइन्ट
standstill	ˈstænd.stɪl	**स्टæन्ड** स्टिल
stank	stæŋk	स्टæङ्क
staple	ˈsteɪ.pᵊl	**स्टेइ** प॰ल
staple-gun	ˈsteɪ.pᵊl.gʌn	**स्टेइ** प॰ल गʌन
stapler	ˈsteɪ.plə	**स्टेइ** प्लə
star	stɑː	स्टा:
star chamber	ˈstɑː.ˈtʃeɪm.bə	**स्टा**: **चेइम** बə
Star of David	ˈstɑːr.əv.ˈdeɪ.vɪd	**स्टा:र** əव **डेइ** विड
star quality	ˈstɑː.ˈkwɒl.ɪ.ti	**स्टा**: **क्वɒल** इ टी
star sign	ˈstɑː.saɪn	**स्टा**: साइन
Star Wars	ˈstɑː.ˈwɔːz	**स्टा**: **वॊ:ज़**
starboard	ˈstɑː.bəd	**स्टा**: बəड
starch	stɑːtʃ	स्टा:च
starchy	ˈstɑː.tʃi	**स्टा**: ची
stardom	ˈstɑː.dəm	**स्टा**: डəम
stardust	ˈstɑː.dʌst	**स्टा**: डʌस्ट
stare	steə	स्टेə
starfish	ˈstɑː.fɪʃ	**स्टा**: फ़िश
stark	stɑːk	स्टा:क
stark naked	ˈstɑːk.ˈneɪ.kɪd	**स्टा:क नेइ** किड
starry-eyed	ˈstɑː.ri.ˈaɪd	**स्टा**: री **आइड**
star-struck	ˈstɑː.ˈstrʌk	**स्टा**: **स्ट्रʌक**
star-studded	ˈstɑː.ˈstʌd.ɪd	**स्टा**: **स्टʌड** इड
start	stɑːt	स्टा:ट
starter	ˈstɑː.tə	**स्टा**: टə
starting block	ˈstɑː.tɪŋ.ˈblɒk	**स्टा**: टिङ **ब्लɒक**
starting date	ˈstɑː.tɪŋ.ˈdeɪt	**स्टा**: टिङ **डेइट**
starting line	ˈstɑː.tɪŋ.ˈlaɪn	**स्टा**: टिङ **लाइन**
starting pistol	ˈstɑː.tɪŋ.ˈpɪs.tᵊl	**स्टा**: टिङ **पिस** ट॰ल
starting price	ˈstɑː.tɪŋ.ˈpraɪs	**स्टा**: टिङ **प्राइस**
starting salary	ˈstɑː.tɪŋ.ˈsæl.ᵊr.i	**स्टा**: टिङ **सæल** ॰र ई
starting time	ˈstɑː.tɪŋ.ˈtaɪm	**स्टा**: टिङ **टाइम**

startle	ˈstɑː.tᵊl	**स्टा**: ट॰ल
startled	ˈstɑː.tᵊld	**स्टा**: ट॰ल्ड
startling	ˈstɑːt.lɪŋ	**स्टा:ट** लिङ
start-up	ˈstɑːt.ʌp	**स्टा:ट** ʌप
starvation	stɑː.ˈveɪ.ʃᵊn	स्टा: **वेइ** श॰न
starve	stɑːv	स्टा:व
starving	ˈstɑː.vɪŋ	**स्टा**: विङ
stash	stæʃ	स्टæश
stat	stæt	स्टæट
state	steɪt	स्टेइट
state of emergency	ˈsteɪt.əv.i.ˈmɜː.dʒən.si	**स्टेइट** əव ई **मɜ**: जəन सी
state school	ˈsteɪt.ˈskuːl	**स्टेइट स्कू:ल**
statehood	ˈsteɪt.hʊd	**स्टेइट** हुड
stateless	ˈsteɪt.ləs	**स्टेइट** लəस
stately	ˈsteɪt.li	**स्टेइट** ली
statement	ˈsteɪt.mᵊnt	**स्टेइट** म॰न्ट
state-of-the-art	ˈsteɪt.əv.ðə.ˈaːt	**स्टेइट** əव दə **आ:ट**
state-owned	ˈsteɪt.ˈəʊnd	**स्टेइट əउन्ड**
stateroom	ˈsteɪt.ruːm	**स्टेइट** रू:म
statesman	ˈsteɪts.mən	**स्टेइट्स** मəन
statesmanlike	ˈsteɪts.mən.laɪk	**स्टेइट्स** मəन लाइक
statesmanship	ˈsteɪts.mən.ʃɪp	**स्टेइट्स** मəन शिप
statewide	ˈsteɪt.waɪd	**स्टेइट** वाइड
static	ˈstæt.ɪk	**स्टæट** इक
station	ˈsteɪ.ʃᵊn	**स्टेइ** श॰न
station wagon	ˈsteɪ.ʃᵊn.ˈwæg.ən	**स्टेइ** श॰न **वæग** əन
stationary	ˈsteɪ.ʃᵊn.ᵊr.i	**स्टेइ** श॰न ॰र ई
stationery	ˈsteɪ.ʃᵊn.ᵊr.i	**स्टेइ** श॰न ॰र ई
stationmaster	ˈsteɪ.ʃᵊn.ˈmɑːs.tə	**स्टेइ** श॰न **मा:स** टə
statistic	stə.ˈtɪs.tɪk	स्टə **टिस** टिक
statistical	stə.ˈtɪs.tɪk.ᵊl	स्टə **टिस** टिक ॰ल
statistically	stə.ˈtɪs.tɪk.ᵊl.i	स्टə **टिस** टिक ॰ल ई
statistician	ˈstæt.ɪ.ˈstɪʃ.ᵊn	**स्टæट** इ **स्टिश** ॰न
statistics	stə.ˈtɪs.tɪks	स्टə **टिस** टिक्स
stats	ˈstæts	**स्टæट्स**
statue	ˈstætʃ.uː	**स्टæच** ऊ:
stature	ˈstætʃ.ə	**स्टæच** ə
status	ˈsteɪ.təs	**स्टेइ** टəस
status quo	ˈsteɪ.təs.ˈkwəʊ	**स्टेइ** टəस **क्वəउ**
status report	ˈsteɪ.təs.rɪ.ˈpɔːt	**स्टेइ** टəस रि **पो:ट**
status symbol	ˈsteɪ.təs.ˈsɪm.bᵊl	**स्टेइ** टəस **सिम** ब॰ल

statute	ˈstætʃ.uːt	**स्टæच** ऊːट
statutory	ˈstætʃ.uː.tᵊr.i	**स्टæच** ऊː ट॰र ई
statutory rape	ˈstætʃ.uː.tᵊr.i.ˈreɪp	**स्टæच** ऊː ट॰र ई **रेइप**
staunch	stɔːntʃ	स्टोːन्च
stave	steɪv	स्टेइव
stay	steɪ	स्टेइ
stay away	ˈsteɪ.ə.ˈweɪ	**स्टेइ** ə **वेइ**
stay behind	ˈsteɪ.bɪ.ˈhaɪnd	**स्टेइ** बि **हाइन्ड**
stay in	ˈsteɪ.ɪn	**स्टेइ** इन
stay on	ˈsteɪ.ɒn	**स्टेइ** ɒन
stay-at-home	ˈsteɪ.ət.həʊm	**स्टेइ** əट हəउम
steadfast	ˈsted.fɑːst	**स्टेड** फ़ाːस्ट
steady	ˈsted.i	**स्टेड** ई
steady state	ˈsted.i.ˈsteɪt	**स्टेड** ई **स्टेइट**
steak	steɪk	स्टेइक
steak and kidney pie	ˈsteɪk.ən.ˈkɪd.ni.paɪ	**स्टेइक** əन **किड** नी पाइ
steakhouse	ˈsteɪk.haʊs	**स्टेइक** हाउस
steal	stiːl	स्टीːल
stealth	stelθ	स्टेल्थ
stealthily	ˈstel.θᵊl.i	**स्टेल** थ॰ल ई
stealthy	ˈstel.θi	**स्टेल** थी
steam	stiːm	स्टीːम
steam engine	ˈstiːm.ˈen.dʒɪn	**स्टीːम एन** जिन
steamboat	ˈstiːm.bəʊt	**स्टीːम** बəउट
steamroll	ˈstiːm.rəʊl	**स्टीːम** रəउल
steamroller	ˈstiːm.ˈrəʊ.lə	**स्टीःम रəउ** लə
steamship	ˈstiːm.ˈʃɪp	**स्टीːम शिप**
steamy	ˈstiː.mi	**स्टीː** मी
steel	stiːl	स्टीːल
steel mill	ˈstiːl.mɪl	**स्टीːल** मिल
steel wool	ˈstiːl.ˈwʊl	**स्टीːल वुल**
steep	stiːp	स्टीːप
steeple	ˈstiː.pᵊl	**स्टीː** प॰ल
steeplechase	ˈstiː.pᵊl.tʃeɪs	**स्टीː** प॰ल चेइस
steeply	ˈstiːp.li	**स्टीːप** ली
steepness	ˈstiːp.nəs	**स्टीːप** नəस
steer	stɪə	स्टिə
steering	ˈstɪə.rɪŋ	**स्टिə** रिङ
steering committee	ˈstɪə.rɪŋ.kə.ˈmɪt.i	**स्टिə** रिङ कə **मिट** ई
steering wheel	ˈstɪər.ɪŋ.ˈwiːl	**स्टिəर** इङ **वीːल**
stellar	ˈstel.ə	**स्टेल** ə
stem	stem	स्टेम
stench	stentʃ	स्टेन्च
stencil	ˈsten.sᵊl	**स्टेन** स॰ल
stenographer	stə.ˈnɒg.rə.fə	स्टə **नɒग** रə फ़ə
stenography	stə.ˈnɒg.rə.fi	स्टə **नɒग** रə फ़ी
stent	stent	स्टेन्ट
step	step	स्टेप
stepbrother	ˈstep.ˈbrʌð.ə	**स्टेप ब्रʌद** ə
step-by-step	ˈstep.baɪ.ˈstep	**स्टेप** बाइ **स्टेप**
stepchild	ˈstep.tʃaɪld	**स्टेप** चाइल्ड
stepchildren	ˈstep.ˈtʃɪl.drən	**स्टेप चिल** ड्रəन
stepdaughter	ˈstep.ˈdɔː.tə	**स्टेप डोː** टə
step-down	ˈstep.daʊn	**स्टेप** डाउन
stepfather	ˈstep.ˈfɑː.ðə	**स्टेप फ़ाː** दə
step-in	ˈstep.ɪn	**स्टेप** इन
stepladder	ˈstep.ˈlæd.ə	**स्टेप लæड** ə
stepmother	ˈstep.ˈmʌð.ə	**स्टेप मʌद** ə
stepping-stone	ˈstep.ɪŋ.ˈstəʊn	**स्टेप** इङ **स्टəउन**
stepsister	ˈstep.ˈsɪs.tə	**स्टेप सिस** टə
stepson	ˈstep.sʌn	**स्टेप** सʌन
step-up	ˈstep.ʌp	**स्टेप** ʌप
stereo	ˈster.i.əʊ	**स्टेर** ई əउ
stereophonic	ˈster.i.ə.ˈfɒn.ɪk	**स्टेर** ई ə **फ़ɒन** इक
stereotype	ˈster.i.ə.taɪp	**स्टेर** ई ə टाइप
stereotypical	ˈster.i.ə.ˈtɪp.ɪ.kᵊl	**स्टेर** ई ə **टिप** इ क॰ल
sterile	ˈste.raɪl	**स्टे** राइल
sterilisation	ˈstə.rᵊl.aɪ.ˈzeɪ.ʃᵊn	**स्टə** र॰ल आइ **ज़ेइ** श॰न
sterilise	ˈstə.rᵊl.aɪz	**स्टə** र॰ल आइज़
sterility	stə.ˈrɪl.ə.ti	स्टə **रिल** ə टी
sterling	ˈstɜː.lɪŋ	**स्टɜː** लिङ
stern	stɜːn	स्टɜːन
sternly	ˈstɜːn.li	**स्टɜːन** ली
steroid	ˈster.ɔɪd	**स्टेर** ओइड
stethoscope	ˈsteθ.ə.skəʊp	**स्टेथ** ə स्कəउप
stew	stuː	स्टूː
steward	ˈstuː.əd	**स्टूː** əड
stewardess	ˈstuː.əd.əs	**स्टूː** əड əस
stewardship	ˈstjuː.əd.ʃɪp	**स्ट्यूː** əड शिप
stick	stɪk	स्टिक
stick shift	ˈstɪk.ˈʃɪft	**स्टिक शिफ़्ट**

sticker	ˈstɪk.ə	**स्टिक** ə
sticking plaster	ˈstɪk.ɪŋ.ˈplɑː.stəʳ	**स्टिक** इङ **प्ला:** स्टəर
stick-in-the-mud	ˈstɪk.ɪn.ðə.ˈmʌd	**स्टिक** इन दə **मʌड**
stickler	ˈstɪk.lə	**स्टिक** लə
sticks	stɪks	स्टिक्स
sticky	ˈstɪk.i	**स्टिक** ई
stiff	stɪf	स्टिफ़
stiff upper lip	ˈstɪf.ˈʌp.ə.lɪp	**स्टिफ़ ʌप** ə लिप
stiffen	ˈstɪf.ᵊn	**स्टिफ़** ᵊन
stiffly	ˈstɪf.li	**स्टिफ़** ली
stiff-necked	ˈstɪf.ˈnekt	**स्टिफ़ नेक्ट**
stiffness	ˈstɪf.nəs	**स्टिफ़** नəस
stifle	ˈstaɪ.fᵊl	**स्टाइ** फ़ᵊल
stifling	ˈstaɪ.fᵊl.ɪŋ	**स्टाइ** फ़ᵊल इङ
stigma	ˈstɪg.mə	**स्टिग** मə
stigmatise	ˈstɪg.mə.taɪz	**स्टिग** मə टाइज़
stiletto	stɪ.ˈlet.əʊ	स्टि **लेट** əउ
still	stɪl	स्टिल
still life	ˈstɪl.ˈlaɪf	**स्टिल लाइफ़**
stillbirth	ˈstɪl.bɜːθ	**स्टिल** बɜːथ
stillborn	ˈstɪl.bɔːn	**स्टिल** बोːन
stillness	ˈstɪl.nəs	**स्टिल** नəस
stilt	stɪlt	स्टिल्ट
stilted	ˈstɪl.tɪd	**स्टिल** टिड
stimulant	ˈstɪm.jə.lᵊnt	**स्टिम** ग़ə लᵊन्ट
stimulate	ˈstɪm.jə.leɪt	**स्टिम** ग़ə लेइट
stimulating	ˈstɪm.jə.ˈleɪ.tɪŋ	**स्टिम** ग़ə **लेइ** टिङ
stimulation	ˈstɪm.jə.ˈleɪ.ʃᵊn	**स्टिम** ग़ə **लेइ** शᵊन
stimuli	ˈstɪm.jə.laɪ	**स्टिम** ग़ə लाइ
stimulus	ˈstɪm.jə.ləs	**स्टिम** ग़ə लəस
sting	stɪŋ	स्टिङ
stinginess	ˈstɪn.dʒɪ.nəs	**स्टिन** जि नəस
stinging nettle	ˈstɪŋ.ɪŋ.ˈnet.ᵊl	**स्टिङ** इङ **नेट** ᵊल
stingray	ˈstɪŋ.reɪ	**स्टिङ** रेइ
stingy	ˈstɪn.dʒi	**स्टिन** जी
stink	stɪŋk	स्टिङ्क
stink-bomb	ˈstɪŋk.bɒm	**स्टिङ्क** बɒम
stinker	ˈstɪŋ.kə	**स्टिङ** कə
stinking	ˈstɪŋ.kɪŋ	**स्टिङ** किङ
stint	stɪnt	स्टिन्ट
stipend	ˈstaɪ.pend	**स्टाइ** पेन्ड

stipulate	ˈstɪp.jə.leɪt	**स्टिप** ग़ə लेइट
stipulation	ˈstɪp.jə.ˈleɪ.ʃᵊn	**स्टिप** ग़ə **लेइ** शᵊन
stir	stɜː	स्टɜː
stir-fry	ˈstɜː.ˈfraɪ	**स्टɜː फ़्राइ**
stirrup	ˈstɪr.əp	**स्टिर** əप
stitch	stɪtʃ	स्टिच
stitches	ˈstɪtʃ.ɪz	**स्टिच** इज़
stitching	ˈstɪtʃ.ɪŋ	**स्टिच** इङ
stochastic	stə.ˈkæs.tɪk	स्टə **कæस** टिक
stock	stɒk	स्टɒक
stock control	ˈstɒk.kən.ˈtrəʊl	**स्टɒक** कəन **ट्रəउल**
stock exchange	ˈstɒk.ɪks.ˈtʃeɪndʒ	**स्टɒक** इक्स **चेइन्ज**
stock market	stɒk.ˈmɑː.kɪt	स्टɒक **मा:** किट
stockade	stɒk.ˈeɪd	स्टɒक **एइड**
stockbroker	ˈstɒk.ˈbrəʊ.kə	**स्टɒक ब्रəउ** कə
stockholder	ˈstɒk.ˈhəʊl.də	**स्टɒक हəउल** डə
stocking	ˈstɒk.ɪŋ	**स्टɒक** इङ
stock-in-trade	ˈstɒk.ɪn.ˈtreɪd	**स्टɒक** इन **ट्रेइड**
stockist	ˈstɒk.ɪst	**स्टɒक** इस्ट
stockpile	ˈstɒk.paɪl	**स्टɒक** पाइल
stockroom	ˈstɒk.ruːm	**स्टɒक** रूːम
stocky	ˈstɒk.i	**स्टɒक** ई
stockyard	ˈstɒk.jɑːd	**स्टɒक** ग़ाːड
stodgy	ˈstɒdʒ.i	**स्टɒज** ई
stoic	ˈstəʊ.ɪk	**स्टəउ** इक
stoically	ˈstəʊ.ɪ.kᵊl.i	**स्टəउ** इ कᵊल ई
stoicism	ˈstəʊ.ɪ.sɪ.zᵊm	**स्टəउ** इ सि ज़ᵊम
stoke	stəʊk	स्टəउक
stole	stəʊl	स्टəउल
stolen	ˈstəʊ.lᵊn	**स्टəउ** लᵊन
stolid	ˈstɒl.ɪd	**स्टɒल** इड
stolidly	ˈstɒl.ɪd.li	**स्टɒल** इड ली
stomach	ˈstʌm.ək	**स्टʌम** əक
stomach-ache	ˈstʌm.ək.ˈeɪk	**स्टʌम** əक **एइक**
stomp	stɒmp	स्टɒम्प
stone	stəʊn	स्टəउन
stone broke	ˈstəʊn.ˈbrəʊk	**स्टəउन ब्रəउक**
stone-age	ˈstəʊn.ˈeɪdʒ	**स्टəउन एइज**
stone-clad	ˈstəʊn.ˈklæd	**स्टəउन क्लæड**
stone-cold	ˈstəʊn.ˈkəʊld	**स्टəउन कəउल्ड**
stoned	stəʊnd	स्टəउन्ड
stone-dead	ˈstəʊn.ˈded	**स्टəउन डेड**

stone-deaf	ˈstəʊn.ˈdef	स्टəउन डेफ़
stone-faced	ˈstəʊn.ˈfeɪst	स्टəउन फ़ेइस्ट
stone's throw	ˈstəʊnz.ˈθrəʊ	स्टəउन्ज़ थ्रəउ
stonewall	ˈstəʊn.ˈwɔːl	स्टəउन व़ोːल
stoneware	ˈstəʊn.weə	स्टəउन व़ेə
stonewashed	ˈstəʊn.ˈwɒʃt	स्टəउन व़ɒश्ट
stony	ˈstəʊn.i	स्टəउन ई
stood	stʊd	स्टुड
stool	stuːl	स्टूːल
stoop	stuːp	स्टूːप
stooped	stuːpt	स्टूːप्ट
stop	stɒp	स्टɒप
stop press	ˈstɒp.ˈpres	स्टɒप प्रेस
stopcock	ˈstɒp.kɒk	स्टɒप कɒक
stopgap	ˈstɒp.gæp	स्टɒप गæप
stoplight	ˈstɒp.ˈlaɪt	स्टɒप लाइट
stopover	ˈstɒp.ˈəʊ.və	स्टɒप əउ वə
stoppage	ˈstɒp.ɪdʒ	स्टɒप इज
stopper	ˈstɒp.ə	स्टɒप ə
stopwatch	ˈstɒp.wɒtʃ	स्टɒप व़ɒच
storage	ˈstɔː.rɪdʒ	स्टोː रिज
store	stɔː	स्टोː
storehouse	ˈstɔː.haʊs	स्टोː हाउस
storekeeper	ˈstɔː.ˈkiː.pə	स्टोː कीː पə
storeroom	ˈstɔː.ruːm	स्टोː रूːम
storey	ˈstɔː.ri	स्टोː री
stork	stɔːk	स्टोːक
storm	stɔːm	स्टोːम
stormy	ˈstɔː.mi	स्टोː मी
story	ˈstɔː.ri	स्टोː री
storyboard	ˈstɔː.ri.ˈbɔːd	स्टोː री बोːड
storybook	ˈstɔː.ri.bʊk	स्टोː री बुक
storyline	ˈstɔː.ri.laɪn	स्टोː री लाइन
storyteller	ˈstɔː.ri.ˈtel.ə	स्टोː री टेल ə
stout	staʊt	स्टाउट
stove	stəʊv	स्टəउव
stow	stəʊ	स्टəउ
stowaway	ˈstəʊ.ə.ˈweɪ	स्टəउ ə व़ेइ
straddle	ˈstræd.ᵊl	स्ट्रæड ᵊल
straggle	ˈstræg.ᵊl	स्ट्रæग ᵊल
straight	streɪt	स्ट्रेइट
straightaway (adv)	ˈstreɪt.ə.ˈweɪ	स्ट्रेइट ə व़ेइ

straightaway (n)	ˈstreɪt.ə.weɪ	स्ट्रेइट ə व़ेइ
straighten	ˈstreɪt.ᵊn	स्ट्रेइट ᵊन
straightforward	ˈstreɪt.ˈfɔː.wəd	स्ट्रेइट फ़ोː व़əड
strain	streɪn	स्ट्रेइन
strained	streɪnd	स्ट्रेइन्ड
strainer	ˈstreɪ.nə	स्ट्रेइ नə
strait	streɪt	स्ट्रेइट
straitjacket	ˈstreɪt.ˈdʒæk.ɪt	स्ट्रेइट जæक इट
strand	strænd	स्ट्रæन्ड
stranded	ˈstræn.dɪd	स्ट्रæन डिड
strange	streɪndʒ	स्ट्रेइन्ज
strangely	ˈstreɪndʒ.li	स्ट्रेइन्ज ली
strangeness	ˈstreɪndʒ.nəs	स्ट्रेइन्ज नəस
stranger	ˈstreɪn.dʒə	स्ट्रेइन जə
strangle	ˈstræŋ.gᵊl	स्ट्रæङ गᵊल
stranglehold	ˈstræŋ.gᵊl.ˈhəʊld	स्ट्रæङ गᵊल हəउल्ड
strangulation	ˈstræŋ.gjə.ˈleɪ.ʃᵊn	स्ट्रæङ ग्यə लेइ शᵊन
strap	stræp	स्ट्रæप
strapless	ˈstræp.ləs	स्ट्रæप लəस
strapped	stræpt	स्ट्रæप्ट
strata	ˈstrɑː.tə	स्ट्राː टə
strategic	strə.ˈtiː.dʒɪk	स्ट्रə टीː जिक
strategically	strə.ˈtiː.dʒɪ.kᵊl.i	स्ट्रə टीː जि कᵊल ई
strategist	ˈstræt.ə.dʒɪst	स्ट्रæट ə जिस्ट
strategy	ˈstræt.ə.dʒi	स्ट्रæट ə जी
stratify	ˈstræt.ɪ.faɪ	स्ट्रæट इ फ़ाइ
stratosphere	ˈstræt.ə.sfɪə	स्ट्रæट ə स्फ़िə
stratospheric	ˈstræt.ə.sfer.ɪk	स्ट्रæट ə स्फ़ेर इक
stratum	ˈstrɑː.təm	स्ट्राː टəम
straw	strɔː	स्ट्रोː
strawberry	ˈstrɔː.bᵊr.i	स्ट्रोː बᵊर ई
stray	streɪ	स्ट्रेइ
streak	striːk	स्ट्रीːक
streaky	ˈstriː.ki	स्ट्रीː की
stream	striːm	स्ट्रीːम
streamer	ˈstriː.mə	स्ट्रीː मə
streamline	ˈstriːm.laɪn	स्ट्रीːम लाइन
streamlined	ˈstriːm.laɪnd	स्ट्रीːम लाइन्ड
street	striːt	स्ट्रीːट
street theatre	ˈstriːt.ˈθɪə.tə	स्ट्रीːट थिə टə
streetcar	ˈstriːt.kɑː	स्ट्रीːट काː
streetlight	ˈstriːt.laɪt	स्ट्रीːट लाइट

streetwalker	ˈstriːt.ˈwɔː.kə	**स्ट्रीःट वॊः** कə
streetwise	ˈstriː.t.waɪz	**स्ट्रीः** ट वाइज़
strength	streŋθ	स्ट्रेङ्थ
strengthen	ˈstreŋ.θᵊn	**स्ट्रेङ** थᵊन
strenuous	ˈstren.ju.əs	**स्ट्रेन** गू əस
strenuously	ˈstren.ju.əs.li	**स्ट्रेन** गू əस ली
strep throat	ˈstrep.ˈθrəʊt	**स्ट्रेप थ्रəउट**
stress	stres	स्ट्रेस
stressed	strest	स्ट्रेस्ट
stressed out	ˈstrest.ˈaʊt	**स्ट्रेस्ट आउट**
stressful	ˈstres.fᵊl	**स्ट्रेस** फ़ᵊल
stressless	ˈstres.ləs	**स्ट्रेस** लəस
stretch	stretʃ	स्ट्रेच
stretcher	ˈstretʃ.ə	**स्ट्रेच** ə
stretching	ˈstretʃ.ɪŋ	**स्ट्रेच** इङ
strew	struː	स्ट्रूः
strewn	struːn	स्ट्रूःन
stricken	ˈstrɪk.ᵊn	**स्ट्रिक** ᵊन
strict	strɪkt	स्ट्रिक्ट
strictly	ˈstrɪkt.li	**स्ट्रिक्ट** ली
stride	straɪd	स्ट्राइड
strident	ˈstraɪ.dᵊnt	**स्ट्राइ** डᵊन्ट
strife	straɪf	स्ट्राइफ़
strike	straɪk	स्ट्राइक
striker	ˈstraɪk.ə	**स्ट्राइक** ə
striking	ˈstraɪ.kɪŋ	**स्ट्राइ** किङ
strikingly	ˈstraɪ.kɪŋ.li	**स्ट्राइ** किङ ली
string	strɪŋ	स्ट्रिङ
string bean	ˈstrɪŋ.ˈbiːn	**स्ट्रिङ बीःन**
stringent	ˈstrɪn.dʒᵊnt	**स्ट्रिन** जᵊन्ट
strip	strɪp	स्ट्रिप
stripe	straɪp	स्ट्राइप
striped	straɪpt	स्ट्राइप्ट
stripper	ˈstrɪp.ə	**स्ट्रिप** ə
striptease	ˈstrɪp.ˈtiːz	**स्ट्रिप टीःज़**
strive	straɪv	स्ट्राइव
strode	strəʊd	स्ट्रəउड
stroke	strəʊk	स्ट्रəउक
stroll	strəʊl	स्ट्रəउल
stroller	ˈstrəʊl.ə	**स्ट्रəउल** ə
strong	strɒŋ	स्ट्रɒङ
stronghold	ˈstrɒŋ.həʊld	**स्ट्रɒङ** हəउल्ड
strongly	ˈstrɒŋ.li	**स्ट्रɒङ** ली
strove	strəʊv	स्ट्रəउव
struck	strʌk	स्ट्रʌक
structural	ˈstrʌk.tʃᵊr.ᵊl	**स्ट्रʌक** चᵊर ᵊल
structure	ˈstrʌk.tʃə	**स्ट्रʌक** चə
struggle	ˈstrʌg.ᵊl	**स्ट्रʌग** ᵊल
strum	strʌm	स्ट्रʌम
strung	strʌŋ	स्ट्रʌङ
strung out	ˈstrʌŋ.ˈaʊt	**स्ट्रʌङ आउट**
strung up	ˈstrʌŋ.ˈʌp	**स्ट्रʌङ ʌप**
strut	strʌt	स्ट्रʌट
stub	stʌb	स्टʌब
stubble	ˈstʌb.ᵊl	**स्टʌब** ᵊल
stubborn	ˈstʌb.ən	**स्टʌब** əन
stubbornly	ˈstʌb.ən.li	**स्टʌब** əन ली
stubbornness	ˈstʌb.ən.nəs	**स्टʌब** əन नəस
stuck	stʌk	स्टʌक
stuck-up	ˈstʌk.ˈʌp	**स्टʌक ʌप**
stud	stʌd	स्टʌड
studded	ˈstʌd.ɪd	**स्टʌड** इड
student	ˈstuː.dᵊnt	**स्टूः** डᵊन्ट
student body	ˈsjuː.dᵊnt.ˈbɒd.i	**स्गूः** डᵊन्ट **बɒड** ई
student grant	ˈstjuː.dᵊnt.ˈgrɑːnt	**स्ट्गूः** डᵊन्ट **ग्राःन्ट**
student loan	ˈstjuː.dᵊnt.ˈləʊn	**स्ट्गूः** डᵊन्ट **लəउन**
student teacher	ˈstjuː.dᵊnt.ˈtiː.tʃə	**स्ट्गूः** डᵊन्ट **टीः** चə
student union	ˈstjuː.dᵊn.ˈjuː.ni.ən	**स्ट्गूः** डᵊन **गूः** नी əन
studied	ˈstʌd.ɪd	**स्टʌड** इड
studies	ˈstʌd.ɪz	**स्टʌड** इज़
studio	ˈstuː.di.əʊ	**स्टूः** डी əउ
studio apartment	ˈstuː.di.əʊ.ə.ˈpɑːt.mᵊnt	**स्टूः** डी əउ ə **पाःट** मᵊन्ट
studious	ˈstuː.di.əs	**स्टूः** डी əस
study	ˈstʌd.i	**स्टʌड** ई
study hall	ˈstʌd.i.ˈhɔːl	**स्टʌड** ई **होःल**
stuff	stʌf	स्टʌफ़
stuffed animal	ˈstʌft.ˈæn.ɪ.mᵊl	**स्टʌफ़्ट æन** इ मᵊल
stuffing	ˈstʌf.ɪŋ	**स्टʌफ़** इङ
stuffy	ˈstʌf.i	**स्टʌफ़** ई
stumble	ˈstʌm.bᵊl	**स्टʌम** बᵊल
stumbling block	ˈstʌm.blɪŋ.ˈblɒk	**स्टʌम** ब्लिङ **ब्लɒक**
stump	stʌmp	स्टʌम्प

stun	stʌn	स्टʌन
stung	stʌg	स्टʌग
stunk	stʌŋk	स्टʌङ्क
stunned	stʌnd	स्टʌन्ड
stunning	ˈstʌn.ɪŋ	**स्टʌन** इङ
stunt	stʌnt	स्टʌन्ट
stunt man	ˈstʌnt.mæn	**स्टʌन्ट** मæन
stupefied	ˈstuː.pɪ.faɪd	**स्टूː** पि फ़ाइड
stupefy	ˈstuː.pɪ.faɪ	**स्टूː** पि फ़ाइ
stupendous	stuː.ˈpen.dəs	स्टूː **पेन** डəस
stupid	ˈstuː.pɪd	**स्टूː** पिड
stupidity	stuː.ˈpɪd.ə.ti	स्टूː **पिड** ə टी
stupidly	ˈstuː.pɪd.li	**स्टूː** पिड ली
stupor	ˈstuː.pə	**स्टूː** पə
sturdiness	ˈstɜː.di.nəs	**स्टɜː** डी नəस
sturdy	ˈstɜː.di	**स्टɜː** डी
stutter	ˈstʌt.ə	**स्टʌट** ə
style	staɪl	स्टाइल
stylish	ˈstaɪ.lɪʃ	**स्टाइ** लिश
stylist	ˈstaɪ.lɪst	**स्टाइ** लिस्ट
stymie	ˈstaɪ.mi	**स्टाइ** मी
styrofoam	ˈstaɪ.rə.ˈfəʊm	**स्टाइ** रə **फ़əउम**
suave	swɑːv	स्वɑːव
sub	sʌb	सʌब
subcommittee	ˈsʌb.kə.ˈmɪt.i	**सʌब** कə **मिट** ई
subconscious	ˈsʌb.ˈkɒn.ʃəs	**सʌब कɒन** शəस
subconsciously	ˈsʌb.ˈkɒn.ʃəs.li	**सʌब कɒन** शəस ली
subcontract (n)	ˈsʌb.kɒn.trækt	**सʌब** कɒन ट्रæक्ट
subcontract (v)	ˈsʌb.kən.ˈtrækt	**सʌब** कəन **ट्रæक्ट**
subculture	ˈsʌb.kʌl.tʃə	**सʌब** कʌल चə
subcutaneous	ˈsʌb.kjuː.ˈteɪ.ni.əs	**सʌब** क्यूː **टेइ** नी əस
subdivide	ˈsʌb.dɪ.ˈvaɪd	**सʌब** डि **वाइड**
subdivision	ˈsʌb.dɪ.ˈvɪʒ.ᵊn	**सʌब** डि **विज़** ॱन
subdue	səb.ˈdjuː	सəब **ड्यूː**
subdued	səb.ˈdjuːd	सəब **ड्यूːड**
subject	sʌb.ˈdʒekt	सʌब **जेक्ट**
subjective	səb.ˈdʒek.tɪv	सəब **जेक** टिव
subjectively	səb.ˈdʒek.tɪv.li	सəब **जेक** टिव ली
subjugate	ˈsʌb.dʒʊ.geɪt	**सʌब** जु गेइट
subjugation	ˈsʌb.dʒʊ.ˈgeɪ.ʃᵊn	**सʌब** जु **गेइ** शॱन
subjunctive	səb.ˈdʒʌŋk.tɪv	सəब **जʌङ्क** टिव
sublease (n)	ˈsʌb.liːs	**सʌब** लीːस
sublease (v)	sʌb.ˈliːs	सʌब **लीːस**
sublet	sʌb.ˈlet	सʌब **लेट**
sublieutenant	ˈsʌb.lef.ˈten.ᵊnt	**सʌब** लेफ़ **टेन** ॱन्ट
sublime	sə.ˈblaɪm	सə **ब्लाइम**
subliminal	ˈsʌb.ˈlɪm.ɪ.nᵊl	**सʌब लिम** इ नॱल
submarine	ˈsʌb.mər.ˈiːn	**सʌब** मəर **ईːन**
submarine sandwich	ˈsʌb.mər.ˈiːn.ˈsæn .wɪdʒ	**सʌब** मəर **ईːन** **सæन** विज
submerge	səb.ˈmɜːdʒ	सəब **मɜːज**
submerged	səb.ˈmɜːdʒd	सəब **मɜːज्ड**
submersion	səb.ˈmɜː.ʃᵊn	सəब **मɜː** शॱन
submission	səb.ˈmɪʃ.ᵊn	सəब **मिश** ॱन
submissive	səb.ˈmɪs.ɪv	सəब **मिस** इव
submit	səb.ˈmɪt	सəब **मिट**
subnormal	ˈsʌb.ˈnɔː.məl	**सʌब नोː** मəल
subordinate (n,adj)	sə.ˈbɔː.dɪ.nət	सə **बोː** डि नəट
subordinate (v)	sə.ˈbɔː.dɪ.neɪt	सə **बोː** डि नेइट
subordination	sə.ˈbɔː.dɪ.ˈneɪ.ʃᵊn	सə **बोː** डि **नेइ** शॱन
subpoena	sə.ˈpiː.nə	सə **पीː** नə
subroutine	ˈsʌb.ruː.tiːn	**सʌब** रूː टीːन
subscribe	səb.ˈskraɪb	सəब **स्क्राइब**
subscriber	səb.ˈskraɪb.ə	सəब **स्क्राइब** ə
subscript	ˈsʌb.skrɪpt	**सʌब** स्क्रिप्ट
subscription	səb.ˈskrɪp.ʃᵊn	सəब **स्क्रिप** शॱन
subsequent	ˈsʌb.sɪ.kwᵊnt	**सʌब** सि क्वॱन्ट
subsequently	ˈsʌb.sɪ.kwᵊnt.li	**सʌब** सि क्वॱन्ट ली
subservience	səb.ˈsɜː.vi.ᵊns	सəब **सɜː** वी ॱन्स
subservient	səb.ˈsɜː.vi.ᵊnt	सəब **सɜː** वी ॱन्ट
subset	ˈsʌb.set	**सʌब** सेट
subside	səb.ˈsaɪd	सəब **साइड**
subsidiary	səb.ˈsɪd.i.ᵊr.i	सəब **सिड** ई ॱर ई
subsidise	ˈsʌb.sɪ.daɪz	**सʌब** सि डाइज़
subsidised	ˈsʌb.sɪ.daɪzd	**सʌब** सि डाइज़्ड
subsidy	ˈsʌb.sə.di	**सʌब** सə डी
subsist	səb.ˈsɪst	सəब **सिस्ट**
subsistence	səb.ˈsɪs.tᵊns	सəब **सिस** टॱन्स
subsoil	ˈsʌb.sɔɪl	**सʌब** सोइल
substance	ˈsʌb.stᵊns	**सʌब** स्टॱन्स
substance abuse	ˈsʌb.stᵊns.ə.ˈbjuːs	**सʌब** स्टॱन्स ə **ब्यूːस**
substandard	ˈsʌb.ˈstæn.dəd	**सʌब स्टæन** डəड
substantial	səb.ˈstæn.ʃᵊl	सəब **स्टæन** शॱल

substantially	səb.ˈstæn.ʃᵊl.i	सəब **स्टæन** शᵊल ई
substantiate	səb.ˈstæn.ʃi.eɪt	सəब **स्टæन** शी एइट
substantive	ˈsʌb.stæn.tɪv	**सʌब** स्टæन टिव
substation	ˈsʌb.ˈsteɪ.ʃᵊn	**सʌब स्टेइ** शᵊन
substitute	ˈsʌb.stɪ.tju:t	**सʌब** स्टि ट्यू:ट
substitution	ˈsʌb.stɪ.ˈtju:.ʃᵊn	**सʌब** स्टि **ट्यू:** शᵊन
substrate	ˈsʌb.streɪt	**सʌब** स्ट्रेइट
substructure	ˈsʌb.ˈstrʌk.tʃəʳ	**सʌब स्ट्रʌक** चəर
subsume	səb.ˈsu:m	सəब **सू:म**
subtenant	ˈsʌb.ˈten.ᵊnt	**सʌब टेन** ᵊन्ट
subterfuge	ˈsʌb.tə.fju:dʒ	**सʌब** टə फ़्यू:ज
subterranean	ˈsʌb.tər.ˈeɪ.ni.ən	**सʌब** टəर **एइ** नी əन
subtext	ˈsʌb.tekst	**सʌब** टेक्स्ट
subtitle	ˈsʌb.ˈtaɪ.tᵊl	**सʌब टाइ** टᵊल
subtle	ˈsʌt.ᵊl	**सʌट** ᵊल
subtlety	ˈsʌt.ᵊl.ti	**सʌट** ᵊल टी
subtly	ˈsʌt.ᵊl.i	**सʌट** ᵊल ई
subtotal	ˈsʌb.təʊ.tᵊl	**सʌब** टəउ टᵊल
subtract	səb.ˈtrækt	सəब **ट्रæक्ट**
subtraction	səb.ˈtræk.ʃᵊn	सəब **ट्रæक** शᵊन
subtropical	ˈsʌb.ˈtrɒp.ɪ.kəl	**सʌब ट्रɒप** इ कəल
suburb	ˈsʌb.3:b	**सʌब** 3:ब
suburban	sə.ˈb3:.bən	सə **ब3:** बəन
suburbia	sə.ˈb3:.bi.ə	सə **ब3:** बी ə
subversion	səb.ˈv3:.ʃᵊn	सəब **व3:** शᵊन
subversive	səb.ˈv3:.sɪv	सəब **व3:** सिव
subvert	sʌb.ˈv3:t	सʌब **व3:ट**
subway	ˈsʌb.weɪ	**सʌब** वेइ
subzero	ˈsʌb.ˈzɪə.rəʊ	**सʌब ज़िə** रəउ
succeed	sək.ˈsi:d	सəक **सी:ड**
success	sək.ˈses	सəक **सेस**
successful	sək.ˈses.fᵊl	सəक **सेस** फ़ᵊल
successfully	sək.ˈses.fᵊl.i	सəक **सेस** फ़ᵊल ई
succession	sək.ˈseʃ.ᵊn	सəक **सेश** ᵊन
successive	sək.ˈses.ɪv	सəक **सेस** इव
successively	sək.ˈses.ɪv.li	सəक **सेस** इव ली
successor	sək.ˈses.ə	सəक **सेस** ə
succinct	sək.ˈsɪŋkt	सəक **सिङ्क्ट**
succinctly	sək.ˈsɪŋkt.li	सəक **सिङ्क्ट** ली
succor	ˈsʌk.ə	**सʌक** ə

succulent	ˈsʌk.jə.lᵊnt	**सʌक** ग़ə लᵊन्ट
succumb	sə.ˈkʌm	सə **कʌम**
such	sʌtʃ	सʌच
such and such	ˈsʌtʃ.ᵊn.sʌtʃ	**सʌच** ᵊन सʌच
suck	sʌk	सʌक
sucker	ˈsʌk.ə	**सʌक** ə
suckle	ˈsʌk.ᵊl	**सʌक** ᵊल
suckling	ˈsʌk.lɪŋ	**सʌक** लिङ
suction	ˈsʌk.ʃᵊn	**सʌक** शᵊन
sudden	ˈsʌd.ᵊn	**सʌड** ᵊन
suddenly	ˈsʌd.ᵊn.li	**सʌड** ᵊन ली
suddenness	ˈsʌd.ᵊn.nəs	**सʌड** ᵊन नəस
sudoku	su.ˈdəʊ.ku:	सू **डəउ** कू:
suds	sʌdz	सʌड्ज़
sue	sju:	स्यू:
suede	sweɪd	स्वेइड
suet	ˈsu:.ɪt	**सू:** इट
suet pudding	ˈsu:.ɪt.ˈpʊd.ɪŋ	**सू:** इट **पुड** इङ
suffer	ˈsʌf.ə	**सʌफ़** ə
sufferer	ˈsʌf.ᵊr.ə	**सʌफ़** ᵊर ə
suffering	ˈsʌf.ᵊr.ɪŋ	**सʌफ़** ᵊर इङ
suffice	sə.ˈfaɪs	सə **फ़ाइस**
sufficiency	sə.ˈfɪʃ.ᵊn.si	सə **फ़िश** ᵊन सी
sufficient	sə.ˈfɪʃ.ᵊnt	सə **फ़िश** ᵊन्ट
sufficiently	sə.ˈfɪʃ.ᵊnt.li	सə **फ़िश** ᵊन्ट ली
suffix	ˈsə.fɪks	**सə** फ़िक्स
suffocate	ˈsʌf.ə.keɪt	**सʌफ़** ə केइट
suffocating	ˈsʌf.ə.ˈkeɪ.tɪŋ	**सʌफ़** ə **केइ** टिङ
suffocation	ˈsʌf.ə.ˈkeɪ.ʃᵊn	**सʌफ़** ə **केइ** शᵊन
suffrage	ˈsʌf.rɪdʒ	**सʌफ़** रिज
sugar (IO)	ˈʃʊg.ə	**शुग** ə
sugar daddy	ˈʃʊg.ə.ˈdæd.i	**शुग** ə **डæड** ई
sugarcane	ˈʃʊg.ə.ˈkeɪn	**शुग** ə **केइन**
sugarloaf	ˈʃʊg.ə.ləʊf	**शुग** ə लəउफ़
sugary	ˈʃʊg.ᵊr.i	**शुग** ᵊर ई
suggest	sə.ˈdʒest	सə **जेस्ट**
suggestion	sə.ˈdʒes.tʃən	सə **जेस** चəन
suggestive	sə.ˈdʒes.tɪv	सə **जेस** टिव
suggestively	sə.ˈdʒes.tɪv.li	सə **जेस** टिव ली
suicidal	ˈsu:.ɪ.ˈsaɪ.dᵊl	**सू:** इ **साइ** डᵊल
suicide	ˈsu:.ɪ.saɪd	**सू:** इ साइड
suit	su:t	सू:ट

suitability	ˈsuː.tə.ˈbɪl.ə.ti	सूː टə बिल ə टी
suitable	ˈsuː.tə.bᵊl	सूː टə बᵊल
suitably	ˈsuː.tə.bli	सूː टə ब्ली
suitcase	ˈsuːt.keɪs	सूːट केइस
suite	swiːt	स्वीːट
suitor	ˈsuː.tə	सूː टə
sulfate	ˈsʌl.feɪt	सʌल फ़ेइट
sulfide	ˈsʌl.faɪd	सʌल फ़ाइड
sulfuric acid	ˈsʌl.ˈfjʊə.rɪk ˈæs.ɪd	सʌल फ़्युə रिक æस इड
sulk	sʌlk	सʌल्क
sulky	ˈsʌlk.i	सʌल्क ई
sullen	ˈsʌl.ən	सʌल əन
sullenly	ˈsʌl.ən.li	सʌल əन ली
sulphate	ˈsʌl.feɪt	सʌल फ़ेइट
sulphide	ˈsʌl.faɪd	सʌल फ़ाइड
sulphur	ˈsʌl.fə	सʌल फ़ə
sulphuric acid	sʌl.ˈfjʊə.rɪk.ˈæs.ɪd	सʌल फ़्युə रिक æस इड
sultan	ˈsʌl.tᵊn	सʌल टᵊन
sultana	ˈsʌl.ˈtɑː.nə	सʌल टाː नə
sultanate	ˈsʌl.tə.nət	सʌल टə नəट
sultry	ˈsʌl.tri	सʌल ट्री
sum	sʌm	सʌम
summarise	ˈsʌm.ᵊr.aɪz	सʌम ᵊर आइज़
summary	ˈsʌm.ᵊr.i	सʌम ᵊर ई
summation	ˈsʌm.ˈeɪ.ʃᵊn	सʌम एइ शᵊन
summer	ˈsʌm.ə	सʌम ə
summer school	ˈsʌm.ə.ˈskuːl	सʌम ə स्कूːल
summerhouse	ˈsʌm.ə.haʊs	सʌम ə हाउस
summertime	ˈsʌm.ə.ˈtaɪm	सʌम ə टाइम
summery	ˈsʌm.ᵊr.i	सʌम ᵊर ई
summit	ˈsʌm.ɪt	सʌम इट
summon	ˈsʌm.ən	सʌम əन
summons	ˈsʌm.ənz	सʌम əन्ज़
sumo	ˈsuː.məʊ	सूː मəउ
sumo wrestler	ˈsuː.məʊ.ˈres.lə	सूː मəउ रेस लə
sumo wrestling	ˈsuː.məʊ.ˈres.lɪŋ	सूː मəउ रेस लिङ
sumptuous	ˈsʌmp.tʃuː.əs	सʌम्प चूː əस
sun	sʌn	सʌन
sun lounge	ˈsʌn.ˈlaʊndʒ	सʌन लाउन्ज
Sun.(abb)	ˈsʌn.deɪ	सʌन डेइ
sunbaked	ˈsʌn.beɪkt	सʌन बेइक्ट

sunbath	ˈsʌn.baːθ	सʌन बाːथ
sunbathe	ˈsʌn.beɪð	सʌन बेइद
sunbathing	ˈsʌn.ˈbeɪ.ðɪŋ	सʌन बेइ दिङ
sunbeam	ˈsʌn.biːm	सʌन बीːम
sunblock	ˈsʌn.blɒk	सʌन ब्लɒक
sunburn	ˈsʌn.bɜːn	सʌन बɜːन
sunburnt	ˈsʌn.bɜːnt	सʌन बɜːन्ट
sunburst	ˈsʌn.bɜːst	सʌन बɜːस्ट
sundae	ˈsʌn.deɪ	सʌन डेइ
Sunday	ˈsʌn.deɪ	सʌन डेइ
Sunday school	ˈsʌn.deɪ.ˈskuːl	सʌन डेइ स्कूːल
sundeck	ˈsʌn.dek	सʌन डेक
sundial	ˈsʌn.daɪl	सʌन डाइल
sundown	ˈsʌn.daʊn	सʌन डाउन
sundrenched	ˈsʌn.drentʃt	सʌन ड्रेन्च्ट
sundried	ˈsʌn.draɪd	सʌन ड्राइड
sundry	ˈsʌn.dri	सʌन ड्री
sunflower	ˈsʌn.ˈflaʊ.ə	सʌन फ़्लाउ ə
sung	sʌŋ	सʌङ
sunglasses	ˈsʌn.ˈglaː.sɪz	सʌन ग्लाː सिज़
sunk	sʌŋk	सʌङ्क
sunken	ˈsʌŋ.kən	सʌङ कəन
sunlight	ˈsʌn.laɪt	सʌन लाइट
sunlit	ˈsʌn.lɪt	सʌन लिट
sunni	ˈsuːn.i	सूːन ई
sunny	ˈsʌn.i	सʌन ई
sunny-side up	ˈsʌn.i.saɪd.ˈʌp	सʌन ई साइड ʌप
sunray	ˈsʌn.reɪ	सʌन रेइ
sunrise	ˈsʌn.raɪz	सʌन राइज़
sunroof	ˈsʌn.ruːf	सʌन रूːफ़
sunroom	ˈsʌn.ruːm	सʌन रूːम
sunscreen	ˈsʌn.skriːn	सʌन स्क्रीːन
sunset	ˈsʌn.set	सʌन सेट
sunshade	ˈsʌn.ʃeɪd	सʌन शेइड
sunshine	ˈsʌn.ʃaɪn	सʌन शाइन
sunspot	ˈsʌn.spɒt	सʌन स्पɒट
sunstroke	ˈsʌn.strəʊk	सʌन स्ट्रəउक
suntan	ˈsʌn.tæn	सʌन टæन
suntrap	ˈsʌn.træp	सʌन ट्रæप
sunup	ˈsʌn.ʌp	सʌन ʌप
sun-worship	ˈsʌn.wɜː.ʃɪp	सʌन वɜː शिप
sup	sʌp	सʌप
super	ˈsuː.pə	सूː पə

superabundance	ˈsuː.pᵊr.ə.ˈbʌn.dᵊns	सू: पᵊर ə **बʌन** डᵊन्स
superannuation	ˈsuː.pᵊr.ˈæn.u.ˈeɪ.ʃᵊn	सू: पᵊर **ऄन** ऊ **एइ** शᵊन
superb	suː.ˈpɜːb	सू: **पɜ:ब**
superbly	suː.ˈpɜːb.li	सू: **पɜ:ब** ली
superbug	ˈsuː.pə.bʌg	सू: पə बʌग
supercharge	ˈsuː.pə.tʃɑːdʒ	सू: पə चा:ज
superchip	ˈsuː.pə.tʃɪp	सू: पə चिप
supercilious	ˈsuː.pə.ˈsɪl.i.əs	सू: पə **सिल** ई əस
supercomputer	ˈsuː.pə.kəm.ˈpjuː.tə	सू: पə कəम **प्यू:** टə
superconductor	ˈsuː.pə.kən.ˈdʌk.tə	सू: पə कəन **डʌक** टə
supercool	ˈsuː.pə.ˈkuː l	सू: पə **कू:** ल
superdrug	ˈsuː.pə.ˈduː.pə	सू: पə **डू:** पə
super-duper	ˈsuː.pə.drʌg	सू: पə ड्रʌग
super-fast	ˈsuː.pə.ˈfaːst	सू: पə **फ़ा:स्ट**
superficial	ˈsuː.pə.ˈfɪʃ.ᵊl	सू: पə **फ़िश** ᵊल
superficially	ˈsuː.pə.ˈfɪʃ.ᵊl.i	सू: पə **फ़िश** ᵊल ई
superfluous	ˈsuː.ˈpɜː.flu.əs	सू: **पɜ:** फ़्लू əस
superglue	ˈsuː.pə.gluː	सू: पə ग्लू:
superhero	ˈsuː.pə.ˈhɪə.rəʊ	सू: पə **हिə** रəउ
superhighway	ˈsuː.pə.ˈhaɪ.weɪ	सू: पə **हाइ** वेइ
superhuman	ˈsuː.pə.ˈhjuː.mən	सू: पə **ह्यू:** मəन
superimpose	ˈsuː.pᵊr.ɪm.ˈpəʊz	सू: पᵊर इम **पəउज़**
superintendent	ˈsuː.pᵊr.ɪn.ˈten.dᵊnt	सू: पᵊर इन **टेन** डᵊन्ट
superior	suː.ˈpɪə.ri.ə	सू: **पिə** री ə
superiority	suː.ˈpɪə.ri.ˈɒr.ə.ti	सू: **पिə** री **ɒर** ə टी
superlative	suː.ˈpɜː.lə.tɪv	सू: **पɜ:** लə टिव
superman	ˈsuː.pə.mən	सू: पə मəन
supermarket	ˈsuː.pə.ˈmɑː.kɪt	सू: पə **मा:** किट
supermodel	ˈsuː.pə.ˈmɒd.ᵊl	सू: पə **मɒड** ᵊल
supernatural	ˈsuː.pə.ˈnætʃ.ᵊr.ᵊl	सू: पə **नæच** ᵊर ᵊल
supernormal	ˈsuː.pə.ˈnɔː.mᵊl	सू: पə **नो:** मᵊल
supernova	ˈsuː.pə.ˈnəʊ.və	सू: पə **नəउ** वə
superpower	ˈsuː.pə.ˈpaʊ.ə	सू: पə **पाउ** ə
superscript	ˈsuː.pə.skrɪpt	सू: पə स्क्रिप्ट
supersede	ˈsuː.pə.ˈsiːd	सू: पə **सी:ड**
supersonic	ˈsuː.pə.ˈsɒn.ɪk	सू: पə **सɒन** इक
superstar	ˈsuː.pə.ˈstɑː	सू: पə **स्टा:**

superstate	ˈsuː.pə.steɪt	सू: पə स्टेइट
superstition	ˈsuː.pə.ˈstɪʃ.ᵊn	सू: पə **स्टिश** ᵊन
superstitious	ˈsuː.pə.ˈstɪʃ.əs	सू: पə **स्टिश** əस
superstore	ˈsuː.pə.stɔː	सू: पə स्टो:
superstructure	ˈsuː.pə.ˈstrʌk.tʃə	सू: पə **स्ट्रʌक** चə
supertanker	ˈsuː.pə.ˈtæŋ.kə	सू: पə **टæङ** कə
supertax	ˈsuː.pə.ˈtæks	सू: पə **टæक्स**
superuser	ˈsuː.pə.ˈjuː.zə	सू: पə **यू:** ज़ə
supervise	ˈsuː.pə.vaɪz	सू: पə वाइज़
supervision	ˈsuː.pə.ˈvɪʒ.ᵊn	सू: पə **विझ़** ᵊन
supervisor	ˈsuː.pə.vaɪ.zə	सू: पə वाइ ज़ə
supervisory	ˈsuː.pə.ˈvaɪ.zᵊr.i	सू: पə **वाइ** ज़ᵊर ई
superwomon	ˈsuː.pə.ˈwʊm.ən	सू: पə **वुम** əन
supine	ˈsuː.paɪn	सू: पाइन
supper	ˈsʌp.ə	**सʌप** ə
supplant	sə.ˈplɑːnt	सə **प्ला:न्ट**
supple	ˈsʌp.ᵊl	**सʌप** ᵊल
supplement	ˈsʌp.lɪ.mənt	**सʌप** लि मəन्ट
supplemental	ˈsʌp.lɪ.ˈmen.tᵊl	**सʌप** लि **मेन** टᵊल
supplementary	ˈsʌp.lɪ.ˈmen.tᵊr.i	**सʌप** लि **मेन** टᵊर ई
supplicant	ˈsʌp.lɪ.kənt	**सʌप** लि कəन्ट
supplier	sə.ˈplaɪ.ə	सə **प्लाइ** ə
supplies	sə.ˈplaɪz	सə **प्लाइज़**
supply	sə.ˈplaɪ	सə **प्लाइ**
supply-side	sə.ˈplaɪ.saɪd	सə **प्लाइ** साइड
support	sə.ˈpɔːt	सə **पो:ट**
supportable	sə.ˈpɔː.tə.bəl	सə **पो:** टə बəल
supporter	sə.ˈpɔː.tə	सə **पो:** टə
supportive	sə.ˈpɔː.tɪv	सə **पो:** टिव
suppose	sə.ˈpəʊz	सə **पəउज़**
supposed	sə.ˈpəʊzd	सə **पəउज़्ड**
supposedly	sə.ˈpəʊ.zɪd.li	सə **पəउ** ज़िड ली
supposing	sə.ˈpəʊ.zɪŋ	सə **पəउ** ज़िङ
supposition	ˈsʌp.ə.ˈzɪʃ.ᵊn	**सʌप** ə **ज़िश** ᵊन
suppository	ˈsə.ˈpɒz.ɪ.tᵊr.i	**सə पɒज़** इ टᵊर ई
suppress	sə.ˈpres	सə **प्रेस**
suppression	sə.ˈpreʃ.ᵊn	सə **प्रेश** ᵊन
supra	ˈsuː.prə	सू: प्रə
suprasegmental	ˈsuː.prə.seg.ˈmen.tᵊl	सू: प्रə सेग **मेन** टᵊल
supremacy	suː.ˈprem.ə.si	सू: **प्रेम** ə सी
supreme	suː.ˈpriːm	सू: **प्री:म**

Supreme Court	suː.ˈpriːm.ˈkɔːt	सूः प्रीःम कोःट
supremely	suː.ˈpriːm.li	सूः प्रीःम ली
surcharge	ˈsɜː.tʃɑːdʒ	सɜः चाःज
sure	ʃɔː	शोः
surefire	ˈʃɔː.faɪ.ə	शोः फ़ाइ ə
surefooted	ˈʃɔː.ˈfʊt.ɪd	शोः फ़ुट इड
surely	ˈʃɔː.li	शोः ली
surf	sɜːf	सɜःफ़
surface	ˈsɜː.fɪs	सɜः फ़िस
surface mail	ˈsɜː.fɪs.meɪl	सɜः फ़िस मेइल
surface tension	ˈsɜː.fɪs.ˈten.ʃᵊn	सɜः फ़िस टेन शᵊन
surface to air missile	ˈsɜː.fɪs.tə.eə.ˈmɪs.aɪl	सɜः फ़िस टə एə मिस आइल
surfboard	ˈsɜːf.bɔːd	सɜःफ़ बोःड
surfboat	ˈsɜːf.bəʊt	सɜःफ़ बəउट
surfer	ˈsɜː.fə	सɜः फ़ə
surfing	ˈsɜː.fɪŋ	सɜः फ़िङ
surge	sɜːdʒ	सɜःज
surgeon	ˈsɜː.dʒᵊn	सɜः जᵊन
surgery	ˈsɜː.dʒᵊr.i	सɜः जᵊर ई
surgical	ˈsɜː.dʒɪ.kᵊl	सɜः जि कᵊल
surgically	ˈsɜː.dʒɪ.kᵊl.i	सɜः जि कᵊल ई
surly	ˈsɜː.li	सɜः ली
surmise (n)	ˈsɜː.maɪz	सɜः माइज़
surmise (v)	sɜː.ˈmaɪz	सɜः माइज़
surmount	sə.ˈmaʊnt	सə माउन्ट
surname	ˈsɜː.neɪm	सɜः नेइम
surpass	sə.ˈpɑːs	सə पाःस
surplus	ˈsɜː.pləs	सɜः प्लəस
surprise	sə.ˈpraɪz	सə प्राइज़
surprised	sə.ˈpraɪzd	सə प्राइज़्ड
surprising	sə.ˈpraɪ.zɪŋ	सə प्राइ ज़िङ
surprisingly	sə.ˈpraɪ.zɪŋ.li	सə प्राइ ज़िङ ली
surreal	sə.ˈriː.əl	सə रीः əल
surrealism	sə.ˈrɪə.lɪ.zᵊm	सə रिə लि ज़ᵊम
surrealistic	sə.ˈrɪə.ˈlɪs.tɪk	सə रिə लिस टिक
surrender	sᵊr.ˈen.də	सᵊर एन डə
surreptitious	ˈsʌr.əp.ˈtɪʃ.əs	सʌर əप टिश əस
surrogacy	ˈsʌr.ə.gə.si	सʌर ə गə सी
surrogate	ˈsʌr.ə.gət	सʌर ə गəट
surround	sə.ˈraʊnd	सə राउन्ड
surrounding	sə.ˈraʊn.dɪŋ	सə राउन डिङ
surtax	ˈsɜː.tæks	सɜः टæक्स

surveillance	sɜː.ˈveɪ.lᵊns	सɜः वेइ लᵊन्स
survey (n)	ˈsɜː.veɪ	सɜः वेइ
survey (v)	sɜː.ˈveɪ	सɜः वेइ
survival	sə.ˈvaɪ.vᵊl	सə वाइ वᵊल
survive	sə.ˈvaɪv	सə वाइव
survivor	sə.ˈvaɪ.və	सə वाइ वə
susceptible	sə.ˈsep.tə.bᵊl	सə सेप टə बᵊल
susceptive	sə.ˈsep.tɪv	सə सेप टिव
sushi	ˈsuː.ʃi	सूः शी
suspect (n,adj)	ˈsʌs.pekt	सʌस पेक्ट
suspect (v)	sə.ˈspekt	सə स्पेक्ट
suspend	sə.ˈspend	सə स्पेन्ड
suspender belt	sə.ˈspen.də.ˈbelt	सə स्पेन डə बेल्ट
suspenders	sə.ˈspen.dəz	सə स्पेन डəज़
suspense	sə.ˈspens	सə स्पेन्स
suspension bridge	sə.ˈspen.ʃᵊn.ˈbrɪdʒ	सə स्पेन शᵊन ब्रिज
suspicion	sə.ˈspɪʃ.ᵊn	सə स्पिश ᵊन
suspicious	sə.ˈspɪʃ.əs	सə स्पिश əस
suspiciously	sə.ˈspɪʃ.əs.li	सə स्पिश əस ली
sustain	sə.ˈsteɪn	सə स्टेइन
sustainablility	sə.ˈsteɪ.nə.ˈbɪl.ə.ti	सə स्टेइ नə बिल ə टी
sustained	sə.ˈsteɪnd	सə स्टेइन्ड
sustenance	ˈsʌs.tᵊn.əns	सʌस टᵊन əन्स
suture	ˈsuː.tʃəʳ	सूः चəर
SUV	ˈses.juː.ˈviː	सेस यूः वीः
swab	swɒb	स्वɒब
swadeshi (IO)	swæd.ˈeʃ.i	स्वæड एश ई
swagger	ˈswæg.ə	स्वæग ə
swagman	ˈswæg.mæn	स्वæग मæन
swallow	ˈswɒl.əʊ	स्वɒल əउ
swam	swæm	स्वæम
swami (IO)	ˈswaː .mi	स्वाः मी
swamp	swɒmp	स्वɒम्प
swan	swɒn	स्वɒन
swan song	ˈswɒn.ˈsɒŋ	स्वɒन सɒङ
swank	swæŋk	स्वæङ्क
swap	swɒp	स्वɒप
swapshop	ˈswɒp.ˈʃɒp	स्वɒप शɒप
swarm	swɔːm	स्वोःम
swarming	ˈswɔː.mɪŋ	स्वोः मिङ
swarthy	ˈswɔː.ði	स्वोः दी

swat	swɒt	स्व़ɒट
swatch	swɑ:tʃ	स्व़ा:च
sway	sweɪ	स्व़ेइ
swear	sweə	स्व़ेə
sweat	swet	स्व़ेट
sweat suit	ˈswet.su:t	**स्व़ेट** सू:ट
sweater	ˈswet.ə	**स्व़ेट** ə
sweatpants	ˈswet.pænts	**स्व़ेट** पæन्ट्स
sweats	swets	स्व़ेट्स
sweatshirt	ˈswet.ʃɜ:t	**स्व़ेट** शɜ:ट
sweatshop	ˈswet.ʃɒp	**स्व़ेट** शɒप
sweaty	ˈswet.i	**स्व़ेट** ई
sweep	swi:p	स्व़ी:प
sweeper	ˈswi:.pə	**स्व़ी:** पə
sweeping	ˈswi:.pɪŋ	**स्व़ी:** पिङ
sweepstake	ˈswi:p.steɪk	**स्व़ी:प** स्टेइक
sweet	ˈswi:t	**स्व़ी:ट**
sweet bread	ˈswi:t.bred	**स्व़ी:ट** ब्रेड
sweet corn	ˈswi:t.kɔ:n	**स्व़ी:ट** को:न
sweet pea	ˈswi:t.ˈpi:	**स्व़ी:ट पी:**
sweet potato	ˈswi:t.pə.ˈteɪ.təʊ	**स्व़ी:ट** पə **टेइ** टəउ
sweet tooth	ˈswi:t.ˈtu:θ	**स्व़ी:ट टू:थ**
sweeten	ˈswi:.tᵊn	**स्व़ी:** टᵊन
sweetener	ˈswi:.tᵊn.ə	**स्व़ी:** टᵊन ə
sweetheart	ˈswi:t.hɑ:t	**स्व़ी:ट** हा:ट
sweetie	ˈswi:.ti	**स्व़ी:** टी
sweetish	ˈswi:.dɪʃ	**स्व़ी:** डिश
sweetly	ˈswi:t.li	**स्व़ी:ट** ली
sweetmeat	ˈswi:t.ˈmi:t	**स्व़ी:ट मी:ट**
sweetness	ˈswi:t.nəs	**स्व़ी:ट** नəस
sweets	swi:ts	स्व़ी:ट्स
sweet-talk	ˈswi:t.tɔ:k	**स्व़ी:ट** टो:क
swell	swel	स्व़ेल
swelling	ˈswel.ɪŋ	**स्व़ेल** इङ
sweltering	ˈswel.tᵊr.ɪŋ	**स्व़ेल** टᵊर इङ
swept	swept	स्व़ेप्ट
swerve	swɜ:v	स्व़ɜ:व
swift	swɪft	स्व़िफ़्ट
swiftly	ˈswɪft.li	**स्व़िफ़्ट** ली
swim	swɪm	स्व़िम
swimmer	ˈswɪm.ə	**स्व़िम** ə
swimming	ˈswɪm.ɪŋ	**स्व़िम** इङ

swimming costume	ˈswɪm.ɪŋ.ˈkɒs.tju:m	**स्व़िम** इङ **कɒस** ट्यू:म
swimming pool	ˈswɪm.ɪŋ.ˈpu:l	**स्व़िम** इङ **पू:ल**
swimming trunks	ˈswɪm.ɪŋ.ˈtrʌŋks	**स्व़िम** इङ **ट्रʌङ्क्स**
swimsuit	ˈswɪm.su:t	**स्व़िम** सू:ट
swindle	ˈswɪn.dᵊl	**स्व़िन** डᵊल
swindler	ˈswɪnd.lə	**स्व़िन्ड** लə
swine	swaɪn	स्व़ाइन
swine fever	ˈswaɪn.ˈfi:.vəʳ	**स्व़ाइन फ़ी:** वəर
swineherd	ˈswaɪn.hɜ:d	**स्व़ाइन** हɜ:ड
swing	swɪŋ	स्व़िङ
swinging	ˈswɪŋ.ɪŋ	**स्व़िङ** इङ
swipe	swaɪp	स्व़ाइप
swirl	swɜ:l	स्व़ɜ:ल
swish	swɪʃ	स्व़िश
Swiss	swɪs	स्व़िस
switch	swɪtʃ	स्व़िच
switch off	ˈswɪtʃ.ɒf	**स्व़िच** ɒफ़
switch on	ˈswɪtʃ.ɒn	**स्व़िच** ɒन
switchboard	ˈswɪtʃ.bɔ:d	**स्व़िच** बो:ड
switchgear	ˈswɪtʃ.gɪəʳ	**स्व़िच** गिəर
swivel	ˈswɪv.ᵊl	**स्व़िव** ᵊल
swollen	ˈswəʊ.lən	**स्व़əउ** लəन
swoon	swu:n	स्व़ू:न
swoop	swu:p	स्व़ू:प
sword	sɔ:d	सो:ड
swordfish	ˈsɔ:d.fɪʃ	**सो:ड** फ़िश
swordplay	ˈsɔ:d.pleɪ	**सो:ड** प्लेइ
swordsman	ˈsɔ:dz.mən	**सो:ड्ज़** मəन
swore	swɔ:	स्व़ो:
sworn	swɔ:n	स्व़ो:न
swot	swɒt	स्व़ɒट
swum	swʌm	स्व़ʌम
swung	swʌŋ	स्व़ʌङ
sycamore	ˈsɪk.ə.mɔ:	**सिक** ə मो:
sycaphancy	ˈsɪk.ə.fən.si	**सिक** ə फ़əन सी
sycophant	ˈsɪk.ə.fænt	**सिक** ə फ़æन्ट
syllabi	ˈsɪl.ə.baɪ	**सिल** ə बाइ
syllabic	sɪ.ˈlæb.ɪk	सि **लæब** इक
syllabification	sɪ.ˈlæb.ɪ.fɪ.ˈkeɪ.ʃᵊn	सि **लæब** इ फ़ि **केइ** शᵊन
syllabify	sɪ.ˈlæb.ɪ.faɪ	सि **लæब** इ फ़ाइ

syllable	ˈsɪl.ə.bᵊl	**सिल** ə ब॰ल
syllabus	ˈsɪl.ə.bəs	**सिल** ə बəस
symbiosis	ˈsɪm.baɪ.ˈəʊ.sɪs	**सिम** बाइ **əउ** सिस
symbol	ˈsɪm.bᵊl	**सिम** ब॰ल
symbolic	sɪm.ˈbɒl.ɪk	सिम **बɒल** इक
symbolically	sɪm.ˈbɒl.ɪ.kᵊl.i	सिम **बɒल** इ क॰ल ई
symbolise	ˈsɪm.bᵊl.aɪz	**सिम** ब॰ल आइज़
symbolism	ˈsɪm.bᵊl.ɪ.zᵊm	**सिम** ब॰ल इ ज़॰म
symmetric	sɪ.ˈmet.rɪk	सि **मेट** रिक
symmetrical	sɪ.ˈmet.rɪ.kᵊl	सि **मेट** रि क॰ल
symmetrically	sɪ.ˈmet.rɪ.kᵊl.i	सि **मेट** रि क॰ल ई
symmetry	ˈsɪm.ə.tri	**सिम** ə ट्री
sympathetic	ˈsɪm.pə.ˈθet.ɪk	**सिम** पə **थेट** इक
sympathetically	ˈsɪm.pə.ˈθet.ɪ.kᵊl.i	**सिम** पə **थेट** इ क॰ल ई
sympathies	ˈsɪm.pə.θiz	**सिम** पə थीज़
sympathise	ˈsɪm.pə.θaɪz	**सिम** पə थाइज़
sympathiser	ˈsɪm.pə.ˈθaɪ.zə	**सिम** पə **थाइ** ज़ə
sympathy	ˈsɪm.pə.θi	**सिम** पə थी
symphonic	sɪm.ˈfɒn.ɪk	सिम **फ़ɒन** इक
symphony	ˈsɪm.fə.ni	**सिम** फ़ə नी
symphony orchestra	ˈsɪm.fə.ni.ˈɔː.kɪ.strə	**सिम** फ़ə नी **ओ**ː कि स्ट्रə
symposium	sɪm.ˈpəʊ.zi.əm	सिम **पəउ** ज़ी əम
symptom	ˈsɪmp.təm	**सिम्प** टəम
symptomatic	sɪmp.tə.ˈmæt.ɪk	सिम्प टə **मæट** इक
synagogue	ˈsɪn.ə.gɒg	**सिन** ə गɒग
sync	sɪŋk	सिङ्क
synchronisation	ˈsɪŋ.krə.naɪ.ˈzeɪ.ʃᵊn	**सिङ** क्रə नाइ **ज़ेइ** श॰न
synchronise	ˈsɪŋ.krə.naɪz	**सिङ** क्रə नाइज़
synchronous	ˈsɪŋ.krə.nəs	**सिङ** क्रə नəस
syncopate	ˈsɪŋ.kə.peɪt	**सिङ** कə पेइट
syncopation	ˈsɪŋ.kə.ˈpeɪ.ʃᵊn	**सिङ** कə **पेइ** श॰न
syndicate (n)	ˈsɪn.dɪ.kət	**सिन** डि कəट
syndicate (v)	ˈsɪn.dɪ.keɪt	**सिन** डि केइट
syndicated	ˈsɪn.dɪ.keɪ.tɪd	**सिन** डि केइ टिड
syndrome	ˈsɪn.drəʊm	**सिन** ड्रəउम
synergy	ˈsɪn.ə.dʒi	**सिन** ə जी
synod	ˈsɪn.əd	**सिन** əड
synonym	ˈsɪn.ə.nɪm	**सिन** ə निम
synonymous	sɪ.ˈnɒn.ɪ.məs	सि **नɒन** इ मəस
synopsis	sɪ.ˈnɒp.sɪs	सि **नɒप** सिस

syntactic	sɪn.ˈtæk.tɪk	सिन **टæक** टिक
syntax	ˈsɪn.tæks	**सिन** टæक्स
synthesis	ˈsɪn.θə.sɪs	**सिन** थə सिस
synthesise	ˈsɪn.θə.saɪz	**सिन** थə साइज़
synthesiser	ˈsɪn.θə.saɪ.zəʳ	**सिन** थə साइ ज़əर
synthetic	sɪn.ˈθet.ɪk	सिन **थेट** इक
synthetically	sɪn.ˈθet.ɪ.kᵊl.i	सिन **थेट** इ क॰ल ई
syphilis	ˈsɪf.ᵊl.ɪs	**सिफ़** ॰ल इस
syphon	ˈsaɪ.fᵊn	**साइ** फ़॰न
syringe	sɪ.ˈrɪndʒ	सि **रिन्ज**
syrup	ˈsɪr.əp	**सिर** əप
system	ˈsɪs.təm	**सिस** टəम
systematic	ˈsɪs.tə.ˈmæt.ɪk	**सिस** टə **मæट** इक
systematically	ˈsɪs.tə.ˈmæt.ɪ.kᵊl.i	**सिस** टə **मæट** इ क॰ल ई
systemic	sɪ.ˈstem.ɪk	सि **स्टेम** इक
systems analyst	ˈsɪs.təmz.ˈæn.ə.lɪst	**सिस** टəम्ज़ **æन** ə लिस्ट
systolic	sɪs.ˈtɒl.ɪk	सिस **टɒल** इक

T

t	ti:	टी:
T	ti:	टी:
ta	tɑ:	टा:
tab	tæb	टæब
tabby	ˈtæb.i	**टæब** ई
tabernacle	ˈtæb.ə.næk.ᵊl	**टæब** ə नæक ᵊल
table	ˈteɪ.bᵊl	**टेइ** बᵊल
table d'hote	ˈtɑ:.blə.ˈdəʊt	**टा:** ब्लə **डəउट**
table lamp	ˈteɪ.bᵊl.læmp	**टेइ** बᵊल लæम्प
table linen	ˈteɪ.bᵊl.ˈlɪn.ɪn	**टेइ** बᵊल **लिन** इन
table mat	ˈteɪ.bᵊl.mæt	**टेइ** बᵊल मæट
table tennis	ˈteɪ.bᵊl.ˈten.ɪs	**टेइ** बᵊल **टेन** इस
tablecloth	ˈteɪ.bᵊl.klɒθ	**टेंइ** बᵊल क्लɒथ
tablespoon	ˈteɪ.bᵊl.spu:n	**टेइ** बᵊल स्पू:न
tablespoonful	ˈteɪ.bᵊl.spu:n.fʊl	**टेइ** बᵊल स्पू:न फ़ुल
tablet	ˈtæb.lɪt	**टæब** लिट
tableware	ˈteɪ.bᵊl.weə	**टेइ** बᵊल वेə
tabloid	ˈtæb.lɔɪd	**टæब** लोइड
taboo	tə.ˈbu:	टə **बू:**
tabular	ˈtæb.jə.ləʳ	**टæब** ग़ə लəर
tabulate	ˈtæb.jə.leɪt	**टæब** ग़ə लेइट
tabulation	ˈtæb.jə.ˈleɪ.ʃᵊn	**टæब** ग़ə **लेइ** शᵊन
tachometer	tæk.ˈɒm.ɪ.təʳ	टæक **ɒम** इ टəर
tacit	ˈtæs.ɪt	**टæस** इट
tacitly	ˈtæs.ɪt.li	**टæस** इट ली
taciturn	ˈtæs.ɪ.tɜ:n	**टæस** इ टɜ:न
tack	tæk	टæक
tackiness	ˈtæk.i.nəs	**टæक** ई नəस
tackle	ˈtæk.ᵊl	**टæक** ᵊल
Tacky	ˈtæk.i	**टæक** ई
Taco	ˈtæk.əʊ	**टæक** əउ
Tact	tækt	टæक्ट
Tactful	ˈtækt.fᵊl	**टæक्ट** फ़ᵊल
tactfully	ˈtækt.fᵊl.i	**टæक्ट** फ़ᵊल ई
tactic	ˈtæk.tɪk	**टæक** टिक
tactical	ˈtæk.tɪk.ᵊl	**टæक** टिक ᵊल
tactically	ˈtæk.tɪk.ᵊl.i	**टæक** टिक ᵊल ई
tactician	tæk.ˈtɪʃ.ᵊn	टæक **टिश** ᵊन
tactics	ˈtæk.tɪks	**टæक** टिक्स
tactile	ˈtæk.taɪl	**टæक** टाइल
tactless	ˈtækt.ləs	**टæक्ट** लəस

tad	tæd	टæड
tadpole	ˈtæd.pəʊl	**टæड** पəउल
taffeta	ˈtæf.ə.tə	**टæफ़** ə टə
tag	tæg	टæग
Tagalog	tə.ˈgɑ:.lɒg	टə **गा:** लɒग
Tagore	tə.ˈgɔ:ʳ	टə **गो:**र
tahini	tɑ:.ˈhi:.ni	टा: **ही:** नी
tai chi	ˈtaɪ.ˈtʃi:	**टाइ ची:**
tail	teɪl	टेइल
tailcoat	ˈteɪl.kəʊt	**टेइल** कəउट
tailgate	ˈteɪl.geɪt	**टेइल** गेइट
tailor	ˈteɪ.ləʳ	**टेइ** लəर
tailoring	ˈteɪ.lər.ɪŋ	**टेइ** लəर इङ
tailor-made	ˈteɪ.lə.meɪd	**टेइ** लə मेइड
tailpipe	ˈteɪl.ˈpaɪp	**टेइल पाइप**
tails	teɪlz	टेइल्ज़
tailspin	ˈteɪl.spɪn	**टेइल** स्पिन
taint	teɪnt	टेइन्ट
tainted	ˈteɪn.tɪd	**टेइन** टिड
Taj Mahal (IO)	ˈtɑ:dʒ.mə.ˈhɑ:l	**टा:ज** मə **हा:ल**
taka	ˈtæk.ə	**टæक** ə
take	teɪk	टेइक
takeaway	ˈteɪk.ə.weɪ	**टेइक** ə वेइ
take-home-pay	ˈteɪk.həʊm.ˈpeɪ	**टेइक** हəउम **पेइ**
take-it-or-leave-it	ˈteɪk.ɪt.ɔ:.ˈli:v.ɪt	**टेइक** इट ओ: **ली:व** इट
taken	ˈteɪk.ən	**टेइक** əन
takeoff	ˈteɪk.ɒf	**टेइक** ɒफ़
takeout	ˈteɪk.aʊt	**टेइक** आउट
takeover	ˈteɪk.ˈəʊ.və	**टेइक əउ** वə
take-up	ˈteɪk.ʌp	**टेइक** ʌप
takings	ˈteɪ.kɪŋz	**टेइ** किङ्ज़
talcum powder	ˈtæl.kəm.ˈpaʊ.dəʳ	**टæल** कəम **पाउ** डəर
tale	teɪl	टेइल
talent	ˈtæl.ᵊnt	**टæल** ᵊन्ट
talent scout	ˈtæl.ᵊnt.ˈskaʊt	**टæल** ᵊन्ट **स्काउट**
talent spotting	ˈtæl.ᵊnt.ˈspɒt.ɪŋ	**टæल** ᵊन्ट **स्पɒट** इङ
talented	ˈtæl.ən.tɪd	**टæल** əन टिड
tales	teɪlz	टेइल्ज़
taleteller	ˈteɪl.ˈtel.ə	**टेइल टेल** ə

Taliban	ˈtæl.ɪ.bæn	**टæल** इ बæन
talisman	ˈtæl.ɪz.mən	**टæल** इज़ मəन
talk	ˈtɔːk	**टो:क**
talk show	ˈtɔːk.ʃəʊ	**टो:क** शəउ
talkative	ˈtɔː.kət.ɪv	**टो**: कəट इव
talker	ˈtɔː.kə	**टो**: कə
talks	tɔːks	टो:क्स
tall	tɔːl	टो:ल
tallboy	ˈtɔːl.bɔɪ	**टो:ल** बोइ
tallow	ˈtæl.əʊ	**टæल** əउ
tally	ˈtæl.i	**टæल** ई
talon	ˈtæl.ən	**टæल** əन
tamarind	ˈtæm.ᵊr.ɪnd	**टæम** ॰र इन्ड
tamboura (IO)	tæm.ˈbʊə.rə	टæम **बुə** रə
tambourine	ˈtæm.bə.ˈriːn	**टæम** बə **री:न**
tambourine	ˈtæm.bə.ˈriːn	**टæम** बə **री:न**
tame	teɪm	टेइम
tameable	ˈteɪ.mə.bəl	**टेइ** मə बəल
tamper	ˈtæm.pə	**टæम** पə
tamper-proof	ˈtæm.pər.pruːf	**टæम** पəर प्रू:फ़
tampon	ˈtæm.pɒn	**टæम** पɒन
tan	tæn	टæन
tandem	ˈtæn.dəm	**टæन** डəम
tang	tæŋ	टæङ
tangent	ˈtæn.dʒᵊnt	**टæन** ज॰न्ट
tangential	tæn.ˈdʒen.ʃᵊl	टæन **जेन** श॰ल
tangerine	ˈtæn.dʒə.ˈriːn	**टæन** जə **री:न**
tangible	ˈtæn.dʒə.bᵊl	**टæन** जə ब॰ल
tangle	ˈtæŋ.gᵊl	**टæङ** ग॰ल
tangled	ˈtæŋ.gᵊld	**टæङ** ग॰ल्ड
tango	ˈtæŋ.gəʊ	**टæङ** गəउ
tangy	ˈtæŋ.i	**टæङ** ई
tank	tæŋk	टæङ्क
tank top	ˈtæŋ.ˈtɒp	**टæङ टɒप**
tankard	ˈtæŋ.kəd	**टæङ** कəड
tanked up	ˈtæŋt.ˈʌp	**टæङ्ट ʌप**
tanker	ˈtæŋ.kə	**टæङ** कə
tanned	tænd	टæन्ड
tannery	ˈtæn.ᵊr.i	**टæन** ॰र ई
tantalise	ˈtæn.tə.laɪz	**टæन** टə लाइज़
tantalisingly	ˈtæn.tə.laɪ.zɪŋ.li	**टæन** टə लाइ ज़िङ ली
tantamount	ˈtæn.tə.maʊnt	**टæन** टə माउन्ट

tantra (IO)	ˈtæn.ˈtrə	**टæन ट्रə**
tantrum	ˈtæn.trəm	**टæन** ट्रəम
tap	tæp	टæप
tap water	ˈtæp.ˈwɔː.tə	**टæप वो**: टə
tap-dance	ˈtæp.ˈdɑːns	**टæप डा:न्स**
tape	teɪp	टेइप
tape deck	ˈteɪp.ˈdek	**टेइप डेक**
tape measure	ˈteɪp.ˈmeʒ.ə	**टेइप मेज़** ə
tape recorder	ˈteɪp.rɪ.ˈkɔː.də	**टेइप** रि **को**: डə
taper	ˈteɪ.pə	**टेइ** पə
tape-record	ˈteɪp.rɪ.ˈkɔːd	**टेइप** रि **को:ड**
tapered	ˈteɪ.pəd	**टेइ** पəड
tapestry	ˈtæp.ɪ.stri	**टæप** इ स्ट्री
tapeworm	ˈteɪp.wɜːm	**टेइप** व़ɜ:म
tapioca	ˈtæp.i.ˈəʊ.kə	**टæप** ई **əउ** कə
tapped	tæpt	टæप्ट
taps	tæps	टæप्स
tar	tɑː	टा:
taramasalata	ˈtær.ə.mə.sə.ˈlɑː.tə	**टæर** ə मə सə **ला**: टə
tarantula	tə.ˈræn.tjə.lə	टə **रæन** ट्ग़ə लə
tardiness	ˈtɑː.dɪ.nəs	**टा**: डि नəस
tardy	ˈtɑː.di	**टा**: डी
target	ˈtɑː.gɪt	**टा**: गिट
tariff	ˈtær.ɪf	**टæर** इफ़
tarmac	ˈtɑː.mæk	**टा**: मæक
tarnish	ˈtɑː.nɪʃ	**टा**: निश
tarot	ˈtær.əʊ	**टæर** əउ
tarp	ˈtɑːp	**टा:प**
tarpaulin	tɑː.ˈpɔː.lɪn	टा: **पो**: लिन
tarry	ˈtær.i	**टæर** ई
tart	tɑːt	टा:ट
tartan	ˈtɑː.tᵊn	**टा**: ट॰न
tartar	ˈtɑː.tə	**टा**: टə
tartar sauce	ˈtɑː.tə.ˈsɔːs	**टा**: टə **सो:स**
task	tɑːsk	टा:स्क
task force	ˈtɑːsk.ˈfɔːs	**टा:स्क फ़ो:स**
taskmaster	ˈtɑːsk.ˈmɑː.stə	**टा:स्क मा**: स्टə
tassel	ˈtæs.ᵊl	**टæस** ॰ल
taste	teɪst	टेइस्ट
tastebud	ˈteɪst.bʌd	**टेइस्ट** बʌड
tasteful	ˈteɪst.fᵊl	**टेइस्ट** फ़॰ल
tastefully	ˈteɪst.fᵊl.i	**टेइस्ट** फ़॰ल ई

tasteless	ˈteɪst.ləs	टेइस्ट लəस
taster	ˈteɪ.stə	टेइ स्टə
tasty	ˈteɪ.sti	टेइ स्टी
ta-ta	ˈtɑː.tə	टाः टə
tatter	ˈtæt.ə	टæट ə
tattered	ˈtæt.əd	टæट əड
tattle	ˈtæt.ᵊl	टæट ॰ल
tattletale	ˈtæt.ᵊl.teɪl	टæट ॰ल टेइल
tattoo	ˈtæt.uː	टæट ऊः
tattooist	tæt.ˈu.ɪst	टæट ऊ इस्ट
tatty	ˈtæt.i	टæट ई
taught	tɔːt	टोːट
taunt	tɔːnt	टोːन्ट
taurus	ˈtɔː.rəs	टोः रəस
taut	tɔːt	टोːट
tautly	ˈtɔːt.li	टोःट ली
tautological	ˈtɔː.tə.ˈlɒdʒ.ɪ.kᵊl	टोः टə लɒज इ क॰ल
tautology	tɔː.ˈtɒl.ə.dʒi	टोः टɒल ə जी
tavern	ˈtæv.ən	टæव əन
tawdry	ˈtɔː.dri	टोः ड्री
tawny	ˈtɔː.ni	टोः नी
tax	tæks	टæक्स
tax evasion	ˈtæks. ɪ.ˈveɪ.ʒən	टæक्स इ वेइ ज़əन
tax free	ˈtæks.ˈfriː	टæक्स फ़्रीः
tax haven	ˈtæks.ˈheɪ.vən	टæक्स हेइ वəन
tax inspector	ˈtæks.ɪn.ˈspek.təʳ	टæक्स इन स्पेक टəर
tax office	ˈtæks.ˈɒf.ɪs	टæक्स ɒफ़ इस
tax return	ˈtæks.rɪ.ˈtɜːn	टæक्स रि टɜːन
tax year	ˈtæks.ˈjɪəʳ	टæक्स यिəर
taxable	ˈtæk.sə.bᵊl	टæक सə ब॰ल
taxation	tæk.ˈseɪ.ʃᵊn	टæक सेइ श॰न
tax-deductible	ˈtæks.dɪ.ˈdʌk.tɪ.bᵊl	टæक्स डि डʌक टि ब॰ल
tax-exempt	ˈtæks.ɪg.ˈzempt	टæक्स इग ज़ेम्प्ट
taxi	ˈtæk.si	टæक सी
taxi rank	ˈtæk.si.ˈræŋk	टæक सी रæङ्क
taxi stand	ˈtæk.si.ˈstænd	टæक सी स्टæन्ड
taxicab	ˈtæk.si.kæb	टæक सी कæब
taxidermy	ˈtæk.sɪ.dɜː.mi	टæक सि डɜː मी

taximeter	ˈtæk.si.ˈmiː.təʳ	टæक सी मीः टəर
taxing	ˈtæk.sɪŋ	टæक सिङ
taxonomy	tæk.ˈsɒn.ə.mi	टæक सɒन ə मी
taxpayer	ˈtæks.peɪ.ə	टæक्स पेइ ə
taxshelter	ˈtæks.ˈshel.tə	टæक्स स्हेल टə
TB	ˈtiː.ˈbiː	टीः बीः
T-bar	ˈtiː.ˈbaː	टीः बाः
T-bone	ˈtiː.ˈbəʊn	टीः बəउन
T-bone steak	ˈtiː.bəʊn.ˈsteɪk	टीः बəउन स्टेइक
tbsp.(abb)	ˈteɪ.bᵊl.spuːn	टेइ ब॰ल स्पूːन
tea	tiː	टीः
tea bag	ˈtiː.ˈbæg	टीः बæग
tea caddy	ˈtiː.ˈkæd.i	टीः कæड ई
tea chest	ˈtiː.ˈtʃest	टीः चेस्ट
tea cosy	ˈtiː.ˈkəʊ.zi	टीः कəउ ज़ी
tea kettle	ˈtiː.ˈket.ᵊl	टीः केट ॰ल
tea lady	ˈtiː.ˈleɪ.di	टीः लेइ डी
tea leaf	ˈtiː.ˈliː f	टीः लीः फ़
tea party	ˈtiː.ˈpaːti	टीः पाःटी
tea room	ˈtiː.ˈruːm	टीः रूःम
tea set	ˈtiː.ˈset	टीः सेट
tea shop	ˈtiː.ˈʃɒp	टीः शɒप
tea towel	ˈtiː.ˈtaʊ.əl	टीः टाउ əल
tea tray	ˈtiː.ˈtreɪ	टीः ट्रेइ
tea trolley	ˈtiː.ˈtrɒl.i	टीः ट्रɒल ई
teabreak	ˈtiː.ˈbreɪk	टीः ब्रेइक
teacake	ˈtiː.ˈkeɪk	टीः केइक
teach	tiːtʃ	टीःच
teachability	ˈtiː.tʃə.ˈbɪl.ə.ti	टीः चə बिल ə टी
teachable	ˈtiː.tʃə.bᵊl	टीः चə ब॰ल
teacher	ˈtiː.tʃə	टीः चə
teacher's pet	ˈtiː.tʃəz.ˈpet	टीः चəज़ पेट
teach-in	ˈtiː.tʃ.ɪn	टीः च इन
teaching	ˈtiː.tʃɪŋ	टीः चिङ
teaching assistant	ˈtiː.tʃɪŋ.ə.ˈsɪs.tᵊnt	टीः चिङ ə सिस ट॰न्ट
teacloth	ˈtiː.klɒθ	टीः क्लɒथ
teacup	ˈtiː.kʌp	टीः कʌप
teak (IO)	tiːk	टीःक
team	tiːm	टीःम
team player	ˈtiːm.ˈpleɪ.ə	टीःम प्लेइ ə
team spirit	ˈtiːm.ˈspɪr.ɪt	टीःम स्पिर इट

teammate	ˈtiːm.meɪt	**टी:म** मेइट
teamster	ˈtiːm.stə	**टी:म** स्टə
teamwork	ˈtiːm.wɜːk	**टी:म** व़ɜ:क
teapot	ˈtiː.pɒt	**टी:** पɒट
teapoy	ˈtiː.pɔɪ	**टी:** पोइ
tear (v)	tɪə	टिə
teardrop	ˈtɪə.drɒp	**टिə** ड्रɒप
tearful	ˈtɪə.fᵊl	**टिə** फ़ᵊल
teargas	ˈtɪə.gæs	**टिə** गæस
tears (n)	tɪəz	टिəज़
tease	tiːz	टी:ज़
teaspoon	ˈtiː.spuːn	**टी:** स्पू:न
teaspoonful	ˈtiː.spuːn.fʊl	**टी:** स्पू:न फुल
tea-strainer	ˈtiː.ˈstreɪ.nə	**टी:** **स्ट्रेइ** नə
teat	tiːt	टी:ट
tea-table	ˈtiː.ˈteɪ.bᵊl	**टी:** **टेइ** बᵊल
teatime	ˈtiː.taɪm	**टी:** टाइम
tea-tree oil	ˈtiː.triː.ˈɔɪl	**टी:** ट्री: **ओइल**
tea-urn	ˈtiː.ˈɜːn	**टी:** **ɜ:न**
tech	tek	टेक
techie	ˈtek.i	**टेक** ई
technical	ˈtek.nɪk.ᵊl	**टेक** निक ᵊल
technicality	ˈtek.nɪ.ˈkæl.ə.ti	**टेक** नि **कæल** ə टी
technically	ˈtek.nɪ.kᵊl.i	**टेक** नि कᵊल ई
technician	tek.ˈnɪʃ.ᵊn	टेक **निश** ᵊन
technics	ˈtek.nɪks	**टेक** निक्स
technique	tek.ˈniːk	टेक **नी:क**
techno-	ˈtek.nəʊ	**टेक** नəउ
technocrat	ˈtek.nə.kræt	**टेक** नə क्रæट
technocratic	ˈtek.nə.ˈkræt.ɪk	**टेक** नə **क्रæट** इक
technological	ˈtek.nə.ˈlɒdʒ.ɪ.kᵊl	**टेक** नə **लɒज** इ कᵊल
technologist	tek.ˈnɒl.ə.dʒɪst	टेक **नɒल** ə जिस्ट
technology	tek.ˈnɒl.ə.dʒi	टेक **नɒल** ə जी
technophobia	ˈtek.nə.ˈfəʊ.bi.ə	**टेक** नə **फ़əउ** बी ə
techo	ˈtek.ɔː	**टेक** ओ:
techy	ˈtek.i	**टेक** ई
teddy bear	ˈted.i.ˈbeə	**टेड** ई **बेə**
tedious	ˈtiː.di.əs	**टी:** डी əस
tedium	ˈtiː.di.əm	**टी:** डी əम
tee	tiː	टी:
teem	tiːm	टी:म
teen	tiːn	टी:न

teenage	ˈtiːn.eɪdʒ	**टी:न** एइज
teenaged	ˈtiːn.eɪdʒd	**टी:न** एइज्ड
teenager	ˈtiːn.ˈeɪ.dʒə	**टी:न** **एइ** जə
teens	tiːnz	टी:न्ज़
teensy-weensy	ˈtiːn.zi.ˈwiːn.zi	**टी:न** ज़ी **व़ी:न** ज़ी
teeny-weeny	ˈtiː.nɪ.ˈwiː.nɪ	**टी:** नि **व़ी:** नि
teeshirt	ˈtiː.ʃɜːt	**टी:** शɜ:ट
tees-square	ˈtiː.skweə	**टी:** स्क्वेə
teeter	ˈtiː.tə	**टी:** टə
teeter-totter	ˈtiː.nɪ	**टी:** नि
teeth	tiːθ	टी:थ
teethe	tiːð	टी:द
teething	ˈtiː.ðɪŋ	**टी:** दिङ
teetotaller	tiː.ˈtəʊ.tᵊl.lə	टी: **टəउ** टᵊल लə
TEFL	ˈtef.ᵊl	**टेफ़** ᵊल
teflon	ˈtef.lɒn	**टेफ़** लɒन
tele-	ˈtel.i	**टेल** ई
telebanking	ˈtel.i.ˈbaŋ.kɪŋ	**टेल** ई **बाङ** किङ
telecamera	ˈtel.i.ˈkæm.rə	**टेल** ई **कæम** रə
telecast	ˈtel.ɪ.kɑːst	**टेल** इ का:स्ट
telecom	ˈtel.ɪ.kɒm	**टेल** इ कɒम
telecommunications	ˈtel.ɪ.kə.ˈmjuː.nɪ.ˈkeɪ.ʃᵊnz	**टेल** इ कə **म्यू:** नि **केइ** शᵊन्ज़
telecommute	ˈtel.ə.kə.ˈmjuːt	**टेल** ə कə **म्यू:ट**
telecommuter	ˈtel.ɪ.kə.ˈmjuː.tə	**टेल** इ कə **म्यू:** टə
telecommuting	ˈtel.ɪ.kə.ˈmjuː.tɪŋ	**टेल** इ कə **म्यू:** टिङ
teleconference	ˈtel.ɪ.ˈkɒn.fᵊr.ᵊns	**टेल** इ **कɒन** फ़ᵊर ᵊन्स
teleconferencing	ˈtel.ɪ.ˈkɒn.fᵊr.ᵊn.sɪŋ	**टेल** इ **कɒन** फ़ᵊर ᵊन सिङ
teleconsulting	ˈtel.ɪ.ˈkən.sʌl.tɪŋ	**टेल** इ **कəन** सʌल टिङ
telefilm	ˈtel.ɪ.fɪlm	**टेल** इ फ़िल्म
telegram	ˈtel.ɪ.græm	**टेल** इ ग्रæम
telegraph	ˈtel.ɪ.grɑːf	**टेल** इ ग्रा:फ़
telegraphy	tə.ˈleg.rə.fi	टə **लेग** रə फ़ी
telemarketing	ˈtel.ɪ.ˈmɑː.kɪ.tɪŋ	**टेल** इ **मा:** कि टिङ
telepathic	ˈtel.ɪ.ˈpæθ.ɪk	**टेल** इ **पæथ** इक
telepathy	tɪ.ˈlep.ə.θi	टि **लेप** ə थी
telephone	ˈtel.ɪ.fəʊn	**टेल** इ फ़əउन
telephonic	ˈtel.ɪ.ˈfɒn.ɪk	**टेल** इ **फ़ɒन** इक
telephony	tɪ.ˈlef.ə.ni	टि **लेफ़** ə नी
telephoto	ˈtel.ɪ.ˈfəʊ.təʊ	**टेल** इ **फ़əउ** टəउ

telephotography	ˈtel.ɪ.fə.ˈtɒg.rə.fi	टेल इ फ़ə टɒग रə फ़ी
teleport	ˈtel.ɪ.ˈpɔːt	टेल इ पोːट
teleprinter	ˈtel.ɪ.ˈprɪn.tə	टेल इ प्रिन टə
teleprompter	ˈtel.ɪ.prɒmp.tə	टेल इ प्रɒम्प टə
telerecord	ˈtel.ɪ.rɪ.ˈkɔːd	टेल इ रि कोːड
telesales	ˈtel.i.seɪlz	टेल ई सेइल्ज़
telescope	ˈtel.ɪ.skəʊp	टेल इ स्कəउप
telescopic	ˈtel.ɪ.ˈskɒp.ɪk	टेल इ स्कɒप इक
teleshopping	ˈtel.ɪ.ˈskɒp.ɪŋ	टेल इ स्कɒप इङ
teletext	ˈtel.i.ˈtekst	टेल ई टेक्स्ट
telethon	ˈtel.i.θɒn	टेल ई थɒन
teleview	ˈtel.ɪ.vjuː	टेल इ व्यूː
televise	ˈtel.ɪ.vaɪz	टेल इ वाइज़
television	ˈtel.ɪ.ˈvɪʒ.ᵊn	टेल इ विज़ ᵊन
teleworking	ˈtel.ɪ.ˈwɜː.kɪŋ	टेल इ वɜː किङ
telex	ˈtel.eks	टेल एक्स
tell	tel	टेल
teller	ˈtel.ə	टेल ə
telling	ˈtel.ɪŋ	टेल इङ
telltale	ˈtel.teɪl	टेल टेइल
telly	ˈtel.i	टेल ई
temp	temp	टेम्प
temper	ˈtem.pə	टेम पə
temperament	ˈtem.pᵊr.ə.mᵊnt	टेम पᵊर ə मᵊन्ट
temperamental	ˈtem.pᵊr.ə.ˈmen.tᵊl	टेम पᵊर ə मेन टᵊल
temperance	ˈtem.pᵊr.ᵊns	टेम पᵊर ᵊन्स
temperate	ˈtem.pᵊr.ᵊt	टेम पᵊर ᵊट
temperature	ˈtem.prə.tʃə	टेम प्रə चə
tempered	ˈtem.pəd	टेम पəड
tempest	ˈtem.pɪst	टेम पिस्ट
tempestuous	tem.ˈpes.tʃu.əs	टेम पेस चू əस
template	ˈtem.pleɪt	टेम प्लेइट
temple	ˈtem.pᵊl	टेम पᵊल
tempo	ˈtem.pəʊ	टेम पəउ
temporal	ˈtem.pᵊr.ᵊl	टेम पᵊर ᵊल
temporarily	ˈtem.pᵊr.er.ᵊl.i	टेम पᵊर एर ᵊल ई
temporary	ˈtem.pᵊr.ᵊr.i	टेम पᵊर ᵊर ई
tempt	tempt	टेम्प्ट
temptation	temp.ˈteɪ.ʃᵊn	टेम्प टेइ शᵊन
tempting	ˈtemp.tɪŋ	टेम्प टिङ
ten	ten	टेन
tenable	ˈten.ə.bᵊl	टेन ə बᵊल
tenacious	tɪ.ˈneɪ.ʃəs	टि नेइ शəस
tenacity	tɪ.ˈnæs.ə.ti	टि नæस ə टी
tenancy	ˈten.ən.si	टेन əन सी
tenant	ˈten.ᵊnt	टेन ᵊन्ट
tend	tend	टेन्ड
tendency	ˈten.dən.si	टेन डəन सी
tender	ˈten.də	टेन डə
tenderfoot	ˈten.də.fʊt	टेन डə फ़ुट
tenderhearted	ˈten.də.ˈhɑː.tɪd	टेन डə हाː टिड
tenderise	ˈten.dᵊr.ˈaɪz	टेन डᵊर आइज़
tenderloin	ˈten.dᵊ.lɔɪn	टेन डᵊ लोइन
tenderly	ˈten.də.li	टेन डə ली
tenderness	ˈten.də.nəs	टेन डə नəस
tendinitis	ˈten.dɪ.ˈnaɪ.tɪs	टेन डि नाइ टिस
tendon	ˈten.dən	टेन डəन
tendril	ˈten.drᵊl	टेन ड्रᵊल
tenement	ˈten.ə.mᵊnt	टेन ə मᵊन्ट
tenet	ˈten.ɪt	टेन इट
tennis	ˈten.ɪs	टेन इस
tennis elbow	ˈten.ɪs.ˈel.bəʊ	टेन इस एल बəउ
tennis racquet	ˈten.ɪs.ˈræk.ɪt	टेन इस रæक इट
tennis shoes	ˈten.ɪs.ˈʃuːz	टेन इस शूːज़
tenor	ˈten.ə	टेन ə
tenpence	ˈten.pens	टेन पेन्स
tenpin	ˈten.pɪn	टेन पिन
tense	tens	टेन्स
tensile	ˈten.saɪl	टेन साइल
tension	ˈten.ʃᵊn	टेन शᵊन
tent	tent	टेन्ट
tentacle	ˈten.tə.kᵊl	टेन टə कᵊल
tentative	ˈten.tə.tɪv	टेन टə टिव
tentatively	ˈten.tə.tɪv.li	टेन टə टिव ली
tenth	tenθ	टेन्थ
tenuous	ˈten.ju.əs	टेन यू əस
tenure	ˈten.jə	टेन यə
tepee	ˈtiː.piː	टीː पीː
tepid	ˈtep.ɪd	टेप इड
tequila	tə.ˈkiː.lə	टə कीː लə
term	tɜːm	टɜːम
term paper	ˈtɜːm.ˈpeɪ.pə	टɜːम पेइ पə
terminable	ˈtɜː.mɪ.nə.bᵊl	टɜː मि नə बᵊल

English Pronunciation Dictionary 337

terminal	ˈtɜː.mɪ.nᵊl	**टɜː** मि नᵊल
terminally	ˈtɜː.mɪ.nᵊl.i	**टɜː** मि नᵊल ई
terminate	ˈtɜː.mɪ.neɪt	**टɜː** मि नेइट
termination	ˈtɜː.mɪ.ˈneɪ.ʃᵊn	**टɜː** मि **नेइ** शᵊन
termini	ˈtɜː.mɪ.naɪ	**टɜː** मि नाइ
terminology	ˈtɜː.mɪ.ˈnɒl.ə.dʒi	**टɜː** मि **नɒल** ə जी
terminus	ˈtɜː.mɪ.nəs	**टɜː** मि नəस
termite	ˈtɜː.maɪt	**टɜː** माइट
terms	tɜːmz	टɜːम्ज़
terra cotta	ˈter.ə.ˈkɒt.ə	**टेर** ə **कɒट** ə
terrace	ˈter.əs	**टेर** əस
terrain	te.ˈreɪn	टे **रेइन**
terrestrial	tə.ˈres.tri.əl	टə **रेस** ट्री əल
terrible	ˈter.ə.bᵊl	**टेर** ə बᵊल
terribly	ˈter.ə.bli	**टेर** ə ब्ली
terrier	ˈter.i.ə	**टेर** ई ə
terrific	tə.ˈrɪf.ɪk	टə **रिफ़** इक
terrified	ˈter.ə.faɪd	**टेर** ə फ़ाइड
terrify	ˈter.ə.faɪ	**टेर** ə फ़ाइ
terrifying	ˈter.ə.faɪ.ɪŋ	**टेर** ə फ़ाइ इङ
territorial	ˈter.ɪ.ˈtɔː.ri.əl	**टेर** इ **टोː** री əल
territory	ˈter.ɪ.tᵊr.i	**टेर** इ टᵊर ई
terror	ˈter.ə	**टेर** ə
terror struck	ˈter.ə.strʌk	**टेर** ə स्ट्रʌक
terrorise	ˈter.ə.raɪz	**टेर** ə राइज़
terrorism	ˈter.ᵊr.ɪ.zᵊm	**टेर** ᵊर इ ज़ᵊम
terrorist	ˈter.ə.rɪst	**टेर** ə रिस्ट
terror-stricken	ˈter.ə.ˈstrɪk.ᵊn	**टेर** ə **स्ट्रिक** ᵊन
terse	tɜːs	टɜːस
tersely	ˈtɜːs.li	**टɜːस** ली
TESOL	ˈti.sɒl	**टी** सɒल
test	test	टेस्ट
test ban	ˈtest.bæn	**टेस्ट** बæन
test bed	ˈtest.bed	**टेस्ट** बेड
test case	ˈtest.keɪs	**टेस्ट** केइस
test drive	ˈtest.draɪv	**टेस्ट** ड्राइव
test tube	ˈtest.tuːb	**टेस्ट** टूːब
testament	ˈtes.tə.mᵊnt	**टेस** टə मᵊन्ट
testes	ˈtes.tiːz	**टेस** टीːज़
testicle	ˈtes.tɪ.kᵊl	**टेस** टि कᵊल
testicular	tes.ˈtɪk.jə.lə	टेस **टिक** ग़ə लə
testification	ˈtes.tɪ.fɪ.ˈkeɪ.ʃən	**टेस** टि फ़ि **केइ** शəन

testify	ˈtes.tɪ.faɪ	**टेस** टि फ़ाइ
testimonial	ˈtes.tɪ.ˈməʊ.ni.əl	**टेस** टि **मəउ** नी əल
testimony	ˈtes.tɪ.mən.i	**टेस** टि मəन ई
testosterone	tes.ˈtɒs.tᵊr.əʊn	टेस **टɒस** टᵊर əउन
test-tube	ˈtest.tjuːb	**टेस्ट** ट्ग़ूːब
testy	ˈtes.ti	**टेस** टी
teta-a-tete	ˈtet.aː.teɪt	**टेट** आː टेइट
tetanus	ˈtet.ə.nəs	**टेट** ə नəस
tether	ˈteð.ə	**टेद** ə
text	tekst	टेक्स्ट
textbook	ˈtekst.bʊk	**टेक्स्ट** बुक
textile	ˈtek.staɪl	**टेक** स्टाइल
texture	ˈteks.tʃə	**टेक्स** चə
than	ðæn	दæन
thank	θæŋk	थæङ्क
thank you	ˈθæŋk.ju	**थæङ्क** ग़ू
thankful	ˈθæŋk.fᵊl	**थæङ्क** फ़ᵊल
thankfully	ˈθæŋk.fᵊl.i	**थæङ्क** फ़ᵊल ई
thankless	ˈθæŋk.ləs	**थæङ्क** लəस
thanks	θæŋks	थæङ्क्स
thanksgiving	ˈθænks.ˈgɪv.ɪŋ	**थæन्क्स गिव** इङ
that	ðæt	दæट
thatch	θætʃ	थæच
that's	ðæts	दæट्स
thaw	θɔː	थोː
the (strong)	ðiː	दीː
the (weak)	ðə	दə
theatre	ˈθɪə.tə	**थिə** टə
theatrical	θi.ˈæt.rɪ.kᵊl	थी **æट** रि कᵊल
theatrics	θiː.ˈæt.rɪks	थीː **æट** रिक्स
thee	ðiː	दीː
theft	θeft	थेफ़्ट
their	ðeə	देə
theirs	ðeəz	देəज़
them	ðəm	दəम
thematic	θɪ.ˈmæt.ɪk	थि **मæट** इक
theme	θiːm	थीːम
theme park	ˈθiːm.ˈpɑːk	**थीːम पाːक**
theme song	ˈθiːm.ˈsɒŋ	**थीːम सɒङ**
themselves	ðəm.ˈselvz	दəम **सेल्व्ज़**
then	ðen	देन
theocracy	θi.ˈɒk.rə.si	थी **ɒक** रə सी
theocratic	ˈθiː.ə.ˈkræt.ɪk	**थीː** ə **क्रæट** इक

theodolite	θi.ˈɒd.ə.laɪt	थी ɒड ə लाइट
theologian	ˈθiː.ə.ˈləʊ.dʒən	थी: ə लəउ जəन
theological	ˈθiː.ə.ˈlɒdʒ.ɪ.kəl	थी: ə लɒज इ क्ल
theology	θi.ˈɒl.ə.dʒi	थी ɒल ə जी
theorem	ˈθɪə.rəm	थिə रəम
theoretical	θɪə.ˈret.ɪ.kəl	थिə रेट इ क्ल
theoretically	θɪə.ˈret.ɪ.kəl.i	थिə रेट इ क्ल ई
theoretician	ˈθɪə.rə.ˈtɪʃ.ən	थिə रə टिश न
theorise	ˈθɪə.raɪz	थिə राइज़
theorist	ˈθɪə.rɪst	थिə रिस्ट
theory	ˈθɪə.ri	थिə री
therapeutic	ˈθer.ə.ˈpjuː.tɪk	थेर ə प्यू: टिक
therapist	ˈθer.ə.pɪst	थेर ə पिस्ट
therapy	ˈθer.ə.pi	थेर ə पी
there	ðeə	देə
thereabout	ˈðeə.rə.baʊt	देə रə बाउट
thereafter	ˈðeə.ˈrɑːf.tə	देə रा:फ़ टə
thereby	ˈðeə.ˈbaɪ	देə बाइ
therefore	ˈðeə.fɔː	देə फ़ो:
therein	ˈðeə.ˈrɪn	देə रिन
thereof	ˈðeə.ˈrɒv	देə रɒव
there's	ðeəz	देəज़
thereupon	ˈðeə.rə.ˈpɒn	देə रə पɒन
therewithal	ˈðeə.wɪð.ɔːl	देə विद ओ:ल
therm	θɜːm	थɜ:म
thermal	ˈθɜː.məl	थɜ: म्ल
thermocouple	ˈθɜː.məʊ.ˈkʌp.əl	थɜ: मəउ कʌप ल
thermodynamic	ˈθɜː.məʊ.daɪ.ˈnæm.ɪk	थɜ: मəउ डाइ नæम इक
thermoelectric	ˈθɜː.məʊ.ɪ.ˈlek.trɪk	थɜ: मəउ इ लेक ट्रिक
thermometer	θə.ˈmɒm.ɪ.tə	थə मɒम इ टə
thermonuclear	ˈθɜː.məʊ.ˈnjuː.klɪ.ə	थɜ: मəउ न्यू: क्लि ə
thermopile	ˈθɜː.məʊ.paɪl	थɜ: मəउ पाइल
thermos	ˈθɜː.məs	थɜ: मəस
thermostat	ˈθɜː.mə.stæt	थɜ: मə स्टæट
thesauri	θɪ.ˈsɔː.raɪ	थि सो: राइ
thesaurus	θɪ.ˈsɔː.rəs	थि सो: रəस
these	ðiːz	दी:ज़
theses	ˈθiː.siːs	थी: सी:स
thesis	ˈθiː.sɪs	थी: सिस

theta	ˈθiː.tə	थी: टə
they	ðeɪ	देइ
they'd	ðeɪd	देइड
they'd've	ðeɪd.əv	देइड əव
they'll	ðeɪl	देइल
they're	ðeə	देə
they've	ðeɪv	देइव
thick	θɪk	थिक
thick skulled	ˈθɪk.ˈskʌld	थिक स्कʌल्ड
thick witted	ˈθɪk.ˈwɪt.ɪd	थिक विट इड
thicken	ˈθɪk.ən	थिक न
thicket	ˈθɪk.ɪt	थिक इट
thickhead	ˈθɪk.ˈhed	थिक हेड
thickheaded	ˈθɪk.ˈhed.ɪd	थिक हेड इड
thickish	ˈθɪk.ɪʃ	थिक इश
thickly	ˈθɪk.li	थिक ली
thickness	ˈθɪk.nəs	थिक नəस
thick-skinned	ˈθɪk.ˈskɪnd	थिक स्किन्ड
thief	θiːf	थी:फ़
thieves	θiːvz	थी:व्ज़
thigh	θaɪ	थाइ
thighbone	ˈθaɪ.bəʊn	थाइ बəउन
thimble	ˈθɪm.bəl	थिम ब्ल
thin	θɪn	थिन
thine	ðaɪn	दाइन
thing	θɪŋ	थिङ
thingamabob	ˈθɪŋ.ə.mə.ˈbɒb	थिङ ə मə बɒब
thingamajig	ˈθɪŋ.ə.mə.ˈdʒɪg	थिङ ə मə जिग
things	θɪŋz	थिङ्ज़
thingummy	ˈθɪŋ.ə.mi	थिङ ə मी
thingy	ˈθɪŋ.i	थिङ ई
think	θɪŋk	थिङ्क
think tank	ˈθɪŋk.tæŋk	थिङ्क टæङ्क
thinkable	ˈθɪŋ.kə.bəl	थिङ कə ब्ल
thinker	ˈθɪŋk.ə	थिङ्क ə
thinking	ˈθɪŋk.ɪŋ	थिङ्क इङ
thinly	ˈθɪn.li	थिन ली
thinnish	ˈθɪn.ɪʃ	थिन इश
thin-skinned	ˈθɪn.ˈskɪnd	थिन स्किन्ड
third	ˈθɜːd	थɜ:ड
third dimension	ˈθɜːd.ˈdaɪ.ˈmen.ʃən	थɜ:ड डाइ मेन श्न

third party	ˈθɜːd.ˈpɑː.ti	**थɜːड पाः** टी
third person	ˈθɜːd.ˈpɜː.sᵊn	**थɜːड पɜः** स॰न
Third World	ˈθɜːd.wɜːld	**थɜːड** व़ɜःल्ड
third-degree-burn	ˈθɜːd.ˈdɪ.gri.ˈbɜːn	**थɜːड डि** ग्री **बɜःन**
thirdhand	ˈθɜːd.ˈhænd	**थɜːड हæन्ड**
third-rate	ˈθɜːd.reɪt	**थɜːड** रेइट
thirst	θɜːst	थɜःस्ट
thirstily	ˈθɜːst.ᵊl.i	**थɜःस्ट** ॰ल ई
thirsty	ˈθɜːst.i	**थɜःस्ट** ई
thirteen	ˈθɜː.ˈtiːn	**थɜः टीःन**
thirteenth	ˈθɜː.ˈtiːnθ	**थɜः टीःन्थ**
thirtieth	ˈθɜː.ti.əθ	**थɜः** टी əथ
thirty	ˈθɜː.ti	**थɜः** टी
this	ðɪs	दिस
thistle	ˈθɪs.ᵊl	**थिस** ॰ल
thither	ˈðɪð.ə	**दिद** ə
Thomas	ˈtɒm.əs	**टɒम** əस
thong	θɒŋ	थɒङ
thoracic	ˈθɔː.ræs.ɪk	**थोः** रæस इक
thorax	ˈθɔː.ræks	**थोः** रæक्स
thorn	θɔːn	थोःन
thorny	ˈθɔː.ni	**थोः** नी
thorough	ˈθʌr.ə	**थʌर** ə
thoroughbred	ˈθʌr.ə.bred	**थʌर** ə ब्रेड
thoroughfare	ˈθʌr.ə.feə	**थʌर** ə फ़ेə
thoroughly	ˈθʌr.ə.li	**थʌर** ə ली
thoroughness	ˈθʌr.ə.nəs	**थʌर** ə नəस
those	ðəʊz	दəउज़
thou	ðaʊ	दाउ
though	ðəʊ	दəउ
thought	θɔːt	थोःट
thoughtful	ˈθɔːt.fᵊl	**थोःट** फ़॰ल
thoughtfully	ˈθɔːt.fᵊl.i	**थोःट** फ़॰ल ई
thoughtfulness	ˈθɔːt.fᵊl.nəs	**थोःट** फ़॰ल नəस
thoughtless	ˈθɔːt.ləs	**थोःट** लəस
thoughtlessly	ˈθɔːt.ləs.li	**थोःट** लəस ली
thoughtlessness	ˈθɔːt.ləs.nəs	**थोःट** लəस नəस
thought-out	ˈθɔːt.ˈaʊt	**थोःट आउट**
thought-provoking	ˈθɔːt.prə.ˈvəʊ.kɪŋ	**थोःट** प्रə **वəउ** किङ
thousand	ˈθaʊ.zənd	**थाउ** ज़əन्ड
thousandth	ˈθaʊ.zənθ	**थाउ** ज़əन्थ
thrash	θræʃ	थ्रæश
thrashing	ˈθræʃ.ɪŋ	**थ्रæश** इङ
thread	θred	थ्रेड
threadbare	ˈθred.beə	**थ्रेड** बेə
threat	θret	थ्रेट
threaten	ˈθret.ᵊn	**थ्रेट** ॰न
threatened	ˈθret.ᵊnd	**थ्रेट** ॰न्ड
threatening	ˈθret.ᵊn.ɪŋ	**थ्रेट** ॰न इङ
threateningly	ˈθret.ᵊn.ɪŋ.li	**थ्रेट** ॰न इङ ली
three	θriː	थ्रीः
three R's	ˈθriː.ˈɑːz	**थ्रीः आःज़**
three-d (3-D)	ˈθriː.ˈdiː	**थ्रीः डीः**
three-day	ˈθriː.ˈdeɪ	**थ्रीः डेइ**
three-dimensional	ˈθriː.daɪ.ˈmen.ʃᵊn.ᵊl	**थ्रीः** डाइ **मेन** श॰न ॰ल
threefold	ˈθriː.fəʊld	**थ्रीः** फ़əउल्ड
threeish	ˈθriː.ɪʃ	**थ्रीः** इश
three-legged race	ˈθriː.ˈleg.ɪd.ˈreɪs	**थ्रीः लेग** इड **रेइस**
threepence	ˈθrʌp.əns	**थ्रʌप** əन्स
three-piece suit	ˈθriː.piːs.ˈsuːt	**थ्रीः** पीःस **सूःट**
three-ply	ˈθriː.plaɪ	**थ्रीः** प्लाइ
three-point	ˈθriː.pɔɪnt	**थ्रीः** पोइन्ट
three-quarter	ˈθriː.ˈkwɔː.tə	**थ्रीः क्वोः** टə
threescore	ˈθriː.ˈskɔː	**थ्रीः स्कोः**
threesome	ˈθriː.səm	**थ्रीः** सəम
three-star	ˈθriː.ˈstaː	**थ्रीः स्टाः**
thresh	θreʃ	थ्रेश
thresher	ˈθreʃ.ə	**थ्रेश** ə
threshold	ˈθreʃ.əʊld	**थ्रेश** əउल्ड
threw	θruː	थ्रूः
thrice	θraɪs	थ्राइस
thrift	θrɪft	थ्रिफ़्ट
thrifty	ˈθrɪft.i	**थ्रिफ़्ट** ई
thrill	θrɪl	थ्रिल
thrilled	θrɪld	थ्रिल्ड
thriller	ˈθrɪl.ə	**थ्रिल** ə
thrilling	ˈθrɪl.ɪŋ	**थ्रिल** इङ
thrive	θraɪv	थ्राइव
thriving	ˈθraɪv.ɪŋ	**थ्राइव** इङ
throat	θrəʊt	थ्रəउट
throaty	ˈθrəʊ.ti	**थ्रəउ** टी
throb	θrɒb	थ्रɒब
throes	θrəʊz	थ्रəउज़

throne	θrəʊn	थ्रəउन
throng	θrɒŋ	थ्रɒङ
throttle	ˈθrɒt.ᵊl	**थ्रɒट** ᵊल
through	θruː	थ्रूː
throughout	θruː.ˈaʊt	थ्रूː **आउट**
throughput	ˈθruː.pʊt	**थ्रूː** पुट
throve	θrəʊv	थ्रəउव
throw	θrəʊ	थ्रəउ
throwaway	ˈθrəʊ.ə.weɪ	**थ्रəउ** ə व़ेइ
throwback	ˈθrəʊ.bæk	**थ्रəउ** बæक
thrown	θrəʊn	थ्रəउन
thru	θruː	थ्रूː
thrust	θrʌst	थ्रʌस्ट
thud	θʌd	थʌड
thug (IO)	θʌg	थʌग
thuggery	ˈθʌg.ᵊr.i	**थʌग** ᵊर ई
thumb	θʌm	थʌम
thumbnail	ˈθʌm.neɪl	**थʌम** नेइल
thumbprint	ˈθʌm.prɪnt	**थʌम** प्रिन्ट
thumbscrew	ˈθʌm.skruː	**थʌम** स्क्रूː
thumbs-down	ˈθʌmz.ˈdaʊn	**थʌम्ज़ डाउन**
thumbs-up	ˈθʌmz.ˈʌp	**थʌम्ज़ ʌप**
thumbtack	ˈθʌm.tæk	**थʌम** टæक
thump	θʌmp	थʌम्प
thunder	ˈθʌn.də	**थʌन** डə
thunderbird	ˈθən.də.bɜːd	**थəन** डə बɜːड
thunderbolt	ˈθʌn.də.bəʊlt	**थʌन** डə बəउल्ट
thunderclap	ˈθʌn.də.klæp	**थʌन** डə क्लæप
thundercloud	ˈθʌn.də.klaʊd	**थʌन** डə क्लाउड
thunderfly	ˈθʌn.də.flaɪ	**थʌन** डə फ़्लाइ
thunderhead	ˈθʌn.də.hed	**थʌन** डə हेड
thunderous	ˈθʌn.dᵊr.əs	**थʌन** डᵊर əस
thunderstorm	ˈθʌn.də.stɔːm	**थʌन** डə स्टोːम
thunderstruck	ˈθʌn.də.strʌk	**थʌन** डə स्ट्रʌक
Thurs.(abb)	ˈθɜːz.deɪ	**थɜːज़** डेइ
Thursday	ˈθɜːz.deɪ	**थɜːज़** डेइ
thus	ðʌs	दʌस
thwart	θwɔːt	थ्वोːट
thyme	taɪm	टाइम
thyroid gland	ˈθaɪ.rɔɪd.ˈglænd	**थाइ** रोइड **ग्लæन्ड**
thyself	ðaɪ.ˈself	दाइ **सेल्फ़**
tiara	tɪ.ˈɑː.rə	टि **आː** रə
tibia	ˈtɪb.i.ə	**टिब** ई ə
tic	tɪk	टिक
tick	tɪk	टिक
ticker-tape	ˈtɪk.ə.teɪp	**टिक** ə टेइप
ticket	ˈtɪk.ɪt	**टिक** इट
tickety-boo (IO)	ˈtɪk.ət.i.ˈbuː	**टिक** əट ई **बूː**
ticking	ˈtɪk.ɪŋ	**टिक** इङ
tickle	ˈtɪk.ᵊl	**टिक** ᵊल
ticklish	ˈtɪk.ᵊl.ɪʃ	**टिक** ᵊल इश
tickly	ˈtɪk.ᵊl.i	**टिक** ᵊल ई
tick-off	ˈtɪk.ɒf	**टिक** ɒफ़
tick-tack-toe	ˈtɪk.tæk.ˈtəʊ	**टिक** टæक **टəउ**
tidal	ˈtaɪd.ᵊl	**टाइड** ᵊल
tidal wave	ˈtaɪd.ᵊl.ˈweɪv	**टाइड** ᵊल **व़ेइव**
tidbit	ˈtɪd.bɪt	**टिड** बिट
tiddler	ˈtɪd.lə	**टिड** लə
tiddly	ˈtɪd.ly	**टिड** ल
tide	taɪd	टाइड
tidemark	ˈtaɪd.mɑːk	**टाइड** माːक
tidewater	ˈtaɪd.ˈwɔː.tə	**टाइड व़ोː** टə
tidings	ˈtaɪ.dɪŋz	**टाइ** डिङ्ज़
tidy	ˈtaɪ.di	**टाइ** डी
tie	taɪ	टाइ
tie-breaker	ˈtaɪ.ˈbreɪ.kə	**टाइ ब्रेइ** कə
tie-dye	ˈtaɪ.daɪ	**टाइ** डाइ
tie-in	ˈtaɪ.ɪn	**टाइ** इन
tiepin	ˈtaɪ.pɪn	**टाइ** पिन
tier	tɪə	टिə
tiff	tɪf	टिफ़
tiffin	ˈtɪf.ˈɪn	**टिफ़ इन**
tiger	ˈtaɪ.gə	**टाइ** गə
tigerish	ˈtaɪ.gᵊr.ɪʃ	**टाइ** गᵊर इश
tight	taɪt	टाइट
tighten	ˈtaɪt.ᵊn	**टाइट** ᵊन
tightfisted	ˈtaɪt.ˈfɪs.tɪd	**टाइट फ़िस** टिड
tightknit	ˈtaɪt.ˈnit	**टाइट नीट**
tight-lipped	ˈtaɪt.ˈlɪpt	**टाइट लिप्ट**
tightly	ˈtaɪt.li	**टाइट** ली
tightness	ˈtaɪt.nəs	**टाइट** नəस
tightrope	ˈtaɪt.rəʊp	**टाइट** रəउप
tights	taɪts	टाइट्स
tightwad	ˈtaɪt.wɒd	**टाइट** व़ɒड

tigon	ˈtaɪ.gən	**टाइ** गəन
tigress	ˈtaɪ.gres	**टाइ** ग्रेस
tikka (IO)	ˈtɪk.ə	**टिक** ə
tilde	tɪld	टिल्ड
tile	taɪl	टाइल
till	tɪl	टिल
tiller	ˈtɪl.ə	**टिल** ə
tilt	tɪlt	टिल्ट
tilt-yard	ˈtɪlt.jɑːd	**टिल्ट** ग़ाːड
timber	ˈtɪm.bə	**टिम** बə
timberland	ˈtɪm.bə.lænd	**टिम** बə लæन्ड
timbre	ˈtæm.bəʳ	**टæम** बəर
time	taɪm	टाइम
time bomb	ˈtaɪm.ˈbɒm	**टाइम बɒम**
time capsule	ˈtaɪm.ˈkæp.sjuːl	**टाइम कæप** स्यूːल
time card	ˈtaɪm.ˈkɑːd	**टाइम काːड**
time clock	ˈtaɪm.ˈklɒk	**टाइम क्लɒक**
time limit	ˈtaɪm.ˈlɪm.ɪt	**टाइम लिम** इट
time zone	ˈtaɪm.zəʊn	**टाइम** ज़əउन
time-consuming	ˈtaɪm.kən.ˈsjuː.mɪŋ	**टाइम** कəन **स्यूː** मिङ
time-honoured	ˈtaɪm.ˈɒn.əd	**टाइम ɒन** əड
timekeeper	ˈtaɪm.ˈkiː.pə	**टाइम कीː** पə
timelapse	ˈtaɪm.ˈlæps	**टाइम लæप्स**
timeless	ˈtaɪm.ləs	**टाइम** लəस
timeline	ˈtaɪm.laɪn	**टाइम** लाइन
timelock	ˈtaɪm.lɒk	**टाइम** लɒक
timely	ˈtaɪm.li	**टाइम** ली
time-out	ˈtaɪm.ˈaʊt	**टाइम आउट**
time-piece	ˈtaɪm.piːs	**टाइम** पीːस
timer	ˈtaɪm.ə	**टाइम** ə
times	ˈtaɪmz	**टाइम्ज़**
timesaver	ˈtaɪm.ˈseɪ.və	**टाइम सेइ** वə
timescale	ˈtaɪm.skeɪl	**टाइम** स्केइल
time-server	ˈtaɪm.ˈsɜː.və	**टाइम सɜː** वə
timeshare	ˈtaɪm.ʃeə	**टाइम** शेə
timesheet	ˈtaɪm.ʃiːt	**टाइम** शीːट
time-switch	ˈtaɪm.swɪtʃ	**टाइम** स्विच
timetable	ˈtaɪm.ˈteɪ.bᵊl	**टाइम टेइ** बᵊल
timeworn	ˈtaɪm.ˈwɔːn	**टाइम वॉːन**
timid	ˈtɪm.ɪd	**टिम** इड
timidity	tɪm.ˈɪd.ə.ti	टिम **इड** ə टी
timidly	ˈtɪm.ɪd.li	**टिम** इड ली

timing	ˈtaɪm.ɪŋ	**टाइम** इङ
tin	tɪn	टिन
Tin Pan Alley	ˈtɪn.ˈpæn.ˈæl.i	**टिन पæन æल** ई
tincture	ˈtɪŋk.tʃə	**टिङ्क** चə
tinder	ˈtɪn.də	**टिन** डə
tinderbox	ˈtɪn.də.bɒks	**टिन** डə बɒक्स
tinfoil	ˈtɪn.fɔɪl	**टिन** फ़ोइल
ting	tɪŋ	टिङ
tinge	tɪndʒ	टिन्ज
tinged	tɪndʒd	टिन्ज्ड
tingle	ˈtɪŋ.gᵊl	**टिङ** गᵊल
tingling	ˈtɪŋ.gᵊl.ɪŋ	**टिङ** गᵊल इङ
tinker	ˈtɪŋ.kə	**टिङ** कə
tinkle	ˈtɪŋ.kᵊl	**टिङ** कᵊल
tinnitus	ˈtɪn.ɪ.təs	**टिन** इ टəस
tinny	ˈtɪn.i	**टिन** ई
tinplate	ˈtɪn.pleɪt	**टिन** प्लेइट
tin-pot	ˈtɪn.pɒt	**टिन** पɒट
tinsel	ˈtɪn.sᵊl	**टिन** सᵊल
tint	tɪnt	टिन्ट
tiny	ˈtaɪ.ni	**टाइ** नी
tip	tɪp	टिप
tipi	ˈtɪp.i	**टिप** ई
tip-off	ˈtɪp.ɒf	**टिप** ɒफ़
tipsy	ˈtɪp.si	**टिप** सी
tiptoe	ˈtɪp.təʊ	**टिप** टəउ
tiptop	ˈtɪp.ˈtɒp	**टिप टɒप**
tirade	taɪ.ˈreɪd	टाइ **रेइड**
tire	ˈtaɪ.ə	**टाइ** ə
tired	ˈtaɪ.əd	**टाइ** əड
tiredness	ˈtaɪ.əd.nəs	**टाइ** əड नəस
tireless	ˈtaɪ.ə.ləs	**टाइ** ə लəस
tiresome	ˈtaɪ.ə.səm	**टाइ** ə सəम
tiring	ˈtaɪ.ə.rɪŋ	**टाइ** ə रिङ
tiro	ˈtaɪ.ə.rəʊ	**टाइ** ə रəउ
tis	tɪs	टिस
tissue	ˈtɪʃ.uː	**टिश** ऊː
tissue paper	ˈtɪʃ.uː.ˈpeɪ.pə	**टिश** ऊː **पेइ** पə
tit	tɪt	टिट
titan	ˈtaɪ.tən	**टाइ** टəन
titanic	taɪ.ˈtæn.ɪk	टाइ **टæन** इक
titanium	tɪ.ˈteɪ.ni.əm	टि **टेइ** नी əम
titch	tɪtʃ	टिच

titillate	ˈtɪt.ɪ.leɪt	टिट इ लेइट
titillation	ˈtɪt.ɪ.ˈleɪ.ʃᵊn	टिट इ लेइ श॰न
title	ˈtaɪ.tᵊl	टाइ ट॰ल
title deed	ˈtaɪ.tᵊl.ˈdiːd	टाइ ट॰ल डी:ड
title role	ˈtaɪ.tᵊl.rəʊl	टाइ ट॰ल रəउल
titleholder	ˈtaɪ.tᵊl.ˈhəʊl.də	टाइ ट॰ल हəउल डə
titration	taɪ.ˈtreɪ.ʃᵊn	टाइ ट्रेइ श॰न
titter	ˈtɪt.ə	टिट ə
titular	ˈtɪt.jʊ.lə	टिट यु लə
tizzy	ˈtɪz.i	टिज़ ई
T-junction	ˈtiː.ˈdʒʌŋk.ʃᵊn	टी: जʌङ्क श॰न
TLC	ˈtiː.el.ˈsiː	टी: एल सी:
TNT	ˈtiː.ˈen.ˈtiː	टी: एन टी:
to (strong)	tuː	टू:
to (weak)	tə	टə
to and fro	ˈtu.ən.ˈfrəʊ	टू əन फ़्रəउ
toad	təʊd	टəउड
toadstool	ˈtəʊd.stuːl	टəउड स्टू:ल
toast	təʊst	टəउस्ट
toast rack	ˈtəʊst.ˈræk	टəउस्ट रæक
toaster	ˈtəʊ.stə	टəउ स्टə
toastmaster	ˈtəʊst.ˈmɑː.stə	टəउस्ट मा: स्टə
toasty	ˈtəʊ.sti	टəउ स्टी
tobacco	tə.ˈbæk.əʊ	टə बæक əउ
tobacconist	tə.ˈbæk.ən.ɪst	टə बæक əन इस्ट
to-be	tə.ˈbiː	टə बी:
toboggan	tə.ˈbɒg.ən	टə बɒग əन
today	tə.ˈdeɪ	टə डेइ
toddle	ˈtɒd.ᵊl	टɒड ॰ल
toddler	ˈtɒd.lə	टɒड लə
toddy (IO)	ˈtɒd.i	टɒड ई
to-do	tə.ˈduː	टə डू:
toe	təʊ	टəउ
toe-curling	ˈtəʊ.ˈkɜː.lɪŋ	टəउ कɜ: लिङ
TOEFL	ˈtəʊ.fᵊl	टəउ फ़॰ल
toehold	ˈtəʊ.həʊld	टəउ हəउल्ड
toenail	ˈtəʊ.neɪl	टəउ नेइल
toffee	ˈtɒf.i	टɒफ़ ई
tofu	ˈtəʊ.fuː	टəउ फ़ू:
together	tə.ˈgeð.ə	टə गेद ə
togetherness	tə.ˈgeð.ə.nəs	टə गेद ə नəस
toggle	ˈtɒg.ᵊl	टɒग ॰ल

toil	tɔɪl	टोइल
toilet	ˈtɔɪ.lət	टोइ लəट
toilet paper	ˈtɔɪ.lət.ˈpeɪ.pə	टोइ लəट पेइ पə
toilet roll	ˈtɔɪ.lət.ˈrəʊl	टोइ लəट रəउल
toilet training	ˈtɔɪ.lət.ˈtreɪ.nɪŋ	टोइ लəट ट्रेइ निङ
toiletry	ˈtɔɪ.lə.tri	टोइ लə ट्री
toilsome	ˈtɔɪl.səm	टोइल सəम
toilworn	ˈtɔɪl.wɔːn	टोइल वो:न
to-ing and fro-ing	ˈtuː.ən.ˈfrəʊ.ɪŋ	टू: əन फ़्रəउ इङ
token	ˈtəʊ.kən	टəउ कəन
tokenism	ˈtəʊ.kən.ɪ.zᵊm	टəउ कəन इ ज़॰म
told	təʊld	टəउल्ड
tolerable	ˈtɒl.ᵊr.ə.bᵊl	टɒल ॰र ə ब॰ल
tolerance	ˈtɒl.ᵊr.ᵊns	टɒल ॰र ॰न्स
tolerant	ˈtɒl.ᵊr.ᵊnt	टɒल ॰र ॰न्ट
tolerate	ˈtɒl.ᵊr.eɪt	टɒल ॰र एइट
toll	təʊl	टəउल
tollbooth	ˈtəʊl.buːθ	टəउल बू:थ
toll-free	ˈtəʊl.ˈfriː	टəउल फ़्री:
tollgate	ˈtəʊl.geɪt	टəउल गेइट
Tom and Jerry	ˈtɒm.ən.ˈdʒer.i	टɒम əन जेर ई
Tom Dick and Harry	ˈtɒm.ˈdɪk.ənd.ˈhær.i	टɒम डिक əन्ड हæर ई
tomahawk	ˈtɒm.ə.hɔːk	टɒम ə हो:क
tomato	tə.ˈmɑː.təʊ	टə मा: टəउ
tomb	tuːm	टू:म
tombola	tɒm.ˈbəʊ.lə	टɒम बəउ लə
tomboy	ˈtɒm.bɔɪ	टɒम बोइ
tombstone	ˈtuːm.stəʊn	टू:म स्टəउन
tomcat	ˈtɒm.kæt	टɒम कæट
tome	təʊm	टəउम
tomfoolery	tɒm.ˈfuː.lᵊr.i	टɒम फ़ू: ल॰र ई
tomorrow	tə.ˈmɒr.əʊ	टə मɒर əउ
ton	tʌn	टʌन
tonal	ˈtəʊ.nᵊl	टəउ न॰ल
tonality	təʊ.ˈnæl.ə.ti	टəउ नæल ə टी
tone	təʊn	टəउन
tone-deaf	ˈtəʊn.ˈdef	टəउन डेफ़
toneless	ˈtəʊn.ləs	टəउन लəस
toner	ˈtəʊ.nə	टəउ नə
tongs	tɒŋz	टɒङ्ज़
tongue	tʌŋ	टʌङ

tongue twister	ˈtʌŋ.ˈtwɪs.tə	**टʌङ ट्विस** टə
tongue-in-cheek	ˈtʌŋ.ɪn.ˈtʃiːk	**टʌङ** इन **चीːक**
tongue-lashing	ˈtʌŋ.ˈlæʃ.ɪŋ	**टʌङ लæश** इङ
tongue-tied	ˈtʌŋ.taɪd	**टʌङ** टाइड
tonic	ˈtɒn.ɪk	**टɒन** इक
tonic water	ˈtɒn.ɪk.ˈwɔː.tə	**टɒन** इक **वोː** टə
tonight	tə.ˈnaɪt	टə **नाइट**
tonnage	ˈtʌn.ɪdʒ	**टʌन** इज
tons	tʌnz	टʌन्ज़
tonsillitis	ˈtɒn.sɪ.ˈlaɪ.təs	**टɒन** सि **लाइ** टəस
tonsils	ˈtɒn.səlz	**टɒन** सəल्ज़
too	tuː	टूː
took	tʊk	टुक
tool	tuːl	टूːल
toolbar	ˈtuːl.baː	**टूːल** बाː
toolbox	ˈtuːl.bɒks	**टूːल** बɒक्स
toolmaker	ˈtuːl.ˈmeɪ.kə	**टूːल मेइ** कə
toot	tuːt	टूːट
tooth	tuːθ	टूːथ
toothache	ˈtuːθ.eɪk	**टूːथ** एइक
toothbrush	ˈtuːθ.brʌʃ	**टूːथ** ब्रʌश
toothless	ˈtuːθ.ləs	**टूːथ** लəस
toothpaste	ˈtuːθ.peɪst	**टूːथ** पेइस्ट
toothpick	ˈtuːθ.pɪk	**टूːथ** पिक
top	tɒp	टɒप
top dog	ˈtɒp.ˈdɒg	**टɒप डɒग**
top gear	ˈtɒp.ˈgɪəʳ	**टɒप गिəर**
top hat	ˈtɒp.ˈhæt	**टɒप हæट**
topaz	ˈtəʊ.pæz	**टəउ** पæज़
top-class	ˈtɒp.ˈklaːs	**टɒप क्लाːस**
topcoat	ˈtɒp.ˈkəʊt	**टɒप कəउट**
top-down	ˈtɒp.ˈdaʊn	**टɒप डाउन**
top-dress	ˈtɒp.dres	**टɒप** ड्रेस
topee (IO)	ˈtəʊ.ˈpɪ	**टəउ पि**
top-flight	ˈtɒp.ˈflaɪt	**टɒप फ़्लाइट**
top-heavy	ˈtɒp.ˈhev.i	**टɒप हेव** ई
topic	ˈtɒp.ɪk	**टɒप** इक
topical	ˈtɒp.ɪ.kəl	**टɒप** इ क॰ल
topknot	ˈtɒp.nɒt	**टɒप** नɒट
topless	ˈtɒp.ləs	**टɒप** लəस
top-level	ˈtɒp.lev.əl	**टɒप** लेव ॰ल
topmast	ˈtɒp.maːst	**टɒप** माːस्ट
topmost	ˈtɒp.məʊst	**टɒप** मəउस्ट
top-notch	ˈtɒp.ˈnɒtʃ	**टɒप नɒच**
topographer	tə.ˈpɒg.rə.fə	टə **पɒग** रə फ़ə
topography	tə.ˈpɒg.rə.fi	टə **पɒग** रə फ़ी
topological	ˈtɒp.ə.ˈlɒdʒ.ɪ.kəl	**टɒप** ə **लɒज** इ क॰ल
topology	tɒp.ˈɒl.ə.dʒi	टɒप **ɒल** ə जी
topper	ˈtɒp.ə	**टɒप** ə
topping	ˈtɒp.ɪŋ	**टɒप** इङ
topple	ˈtɒp.əl	**टɒप** ॰ल
top-ranking	tɒp.ˈræŋ.kɪŋ	टɒप **रæङ** किङ
top-sail	ˈtɒp.seɪl	**टɒप** सेइल
top-secret	ˈtɒp.siː.krət	**टɒप** सीː क्रəट
topside	ˈtɒp.ˈsaɪd	**टɒप साइड**
topsoil	ˈtɒp.sɔɪl	**टɒप** सोइल
topspin	ˈtɒp.spɪn	**टɒप** स्पिन
topsy-turvy	ˈtɒp.sɪ.ˈtɜː.vi	**टɒप** सि **टɜː** वी
torch	tɔːtʃ	टोːच
torchlight	ˈtɔːtʃ.laɪt	**टोːच** लाइट
tore	ˈtɔː	**टोː**
torment	tɔː.ˈment	टोː **मेन्ट**
tormentor	tɔː.ˈmen.tə	टोː **मेन** टə
torn	tɔːn	टोːन
tornado	tɔː.ˈneɪ.dəʊ	टोː **नेइ** डəउ
torpedo	tɔː.ˈpiː.dəʊ	टोː **पीː** डəउ
torque	tɔːk	टोːक
torrent	ˈtɒr.ənt	**टɒर** ॰न्ट
torrential	tə.ˈren.ʃəl	टə **रेन** श॰ल
torrid	ˈtɒr.ɪd	**टɒर** इड
torso	ˈtɔː.səʊ	**टोː** सəउ
tort	tɔːt	टोːट
tortelloni	ˈtɔː.təl.ˈəʊ.ni	**टोː** ट॰ल **əउ** नी
tortilla	tɔː.ˈtiː.ə	टोː **टीː** ə
tortoise	ˈtɔː.təs	**टोː** टəस
tortuous	ˈtɔː.tʃu.əs	**टोː** चू əस
torture	ˈtɔː.tʃə	**टोː** चə
torturer	ˈtɔː.tʃər.ə	**टोː** च॰र ə
toss	tɒs	टɒस
toss-up	ˈtɒs.ʌp	**टɒस** ʌप
tostada	tɒs.ˈtaː.də	टɒस **टाː** डə
tot	tɒt	टɒट
total	ˈtəʊ.təl	**टəउ** ट॰ल
totalitarian	ˈtəʊ.tæl.ɪ.ˈteə.ri.ən	**टəउ** टæल इ **टेə** रीən

totalitarianism	ˈtəʊ.tæl.ɪ.ˈteə.ri.ən.ɪ.zᵊm	**टəउ** टæल इ **टेə** रीəन इ ज़ᵊम
totality	təʊ.ˈtæl.ə.ti	टəउ **टæल** ə टी
totally	ˈtəʊ.təl.i	**टəउ** टəल ई
tote	təʊt	टəउट
totem pole	ˈtəʊ.təm.ˈpəʊl	**टəउ** टəम **पəउल**
totter	ˈtɒt.ə	**टɒट** ə
touch	tʌtʃ	टʌच
touchable	ˈtʌtʃ.ə.bᵊl	**टʌच** ə बᵊल
touch-and-go	ˈtʌtʃ.ən.ˈgəʊ	**टʌच** əन **गəउ**
touchdown	ˈtʌtʃ.daʊn	**टʌच** डाउन
touché	ˈtuː.ʃeɪ	**टूː** शेइ
touched	tʌtʃt	टʌच्ट
touching	ˈtʌtʃ.ɪŋ	**टʌच** इङ
touchscreen	ˈtʌtʃ.skriːn	**टʌच** स्क्रीːन
touchstone	ˈtʌtʃ.stəʊn	**टʌच** स्टəउन
touch-tone	ˈtʌtʃ.təʊn	**टʌच** टəउन
touch-type	ˈtʌtʃ.taɪp	**टʌच** टाइप
touchwood	ˈtʌtʃ.wʊd	**टʌच** वुड
touchy	ˈtʌtʃ.i	**टʌच** ई
tough	tʌf	टʌफ़
toughen	ˈtʌf.ᵊn	**टʌफ़** ᵊन
toughness	ˈtʌf.nəs	**टʌफ़** नəस
toupee	ˈtuː.peɪ	**टूː** पेइ
tour	tʊə	टुə
tourism	ˈtʊə.rɪ.zᵊm	**टुə** रि ज़ᵊम
tourist	ˈtʊə.rɪst	**टुə** रिस्ट
tournament	ˈtɔː.nə.mᵊnt	**टोː** नə मᵊन्ट
tourniquet	ˈtɔː.nɪ.keɪ	**टोː** नि केइ
tousled	ˈtʌs.ᵊld	**टʌस** ᵊल्ड
tout	taʊt	टाउट
tow	təʊ	टəउ
tow rope	ˈtəʊ.ˈrəʊp	**टəउ** **रəउप**
tow truck	ˈtəʊ.trʌk	**टəउ** ट्रʌक
toward	tə.ˈwɔːd	टə **वोːड**
towel	ˈtaʊ.əl	**टाउ** əल
tower	ˈtaʊ.ə	**टाउ** ə
towering	ˈtaʊ.ə.rɪŋ	**टाउ** ə रिङ
town	taʊn	टाउन
town hall	ˈtaʊn.ˈhɔːl	**टाउन** **होːल**
town planning	ˈtaʊn.ˈplæn.ɪŋ	**टाउन** **प्लæन** इङ
townhouse	ˈtaʊn.ˈhaʊs	**टाउन** **हाउस**
townscape	ˈtaʊn.skeɪp	**टाउन** स्केइप
townsfolk	ˈtaʊnz.fəʊk	**टाउन्ज़** फ़əउक
township	ˈtaʊn.ʃɪp	**टाउन** शिप
townsman	ˈtaʊnz.mən	**टाउन्ज़** मəन
townspeople	ˈtaʊnz.ˈpiː.pᵊl	**टाउन्ज़** **पीː** पᵊल
townswoman	ˈtaʊnz.ˈwʊm.ən	**टाउन्ज़** **वुम** əन
towny	ˈtaʊ.ni	**टाउ** नी
towpath	ˈtəʊ.pɑːθ	**टəउ** पाːथ
toxic	ˈtɒk.sɪk	**टɒक** सिक
toxic waste	ˈtɒk.sɪk.ˈweɪst	**टɒक** सिक **वेइस्ट**
toxicity	tɒk.ˈsɪs.ə.ti	टɒक **सिस** ə टी
toxicology	ˈtɒk.sɪ.ˈkɒl.ə.dʒi	**टɒक** सि **कɒल** ə जी
toxin	ˈtɒk.sɪn	**टɒक** सिन
toy	tɔɪ	टोइ
toyboy	ˈtɔɪ.bɔɪ	**टोइ** बोइ
toyshop	ˈtɔɪ.ʃɒp	**टोइ** शɒप
trace	treɪs	ट्रेइस
tracer	ˈtreɪ.sə	**ट्रेइ** सə
trachea	trə.ˈkiː.ə	ट्रə **कीː** ə
tracheotomy	ˈtræk.i.ˈɒt.ə.mi	**ट्रæक** ई **ɒट** ə मी
tracing	ˈtreɪ.sɪŋ	**ट्रेइ** सिङ
track	træk	ट्रæक
track record	ˈtræk.rek.ˈɔːd	**ट्रæक** रेक **ओːड**
trackball	ˈtræk.bɔːl	**ट्रæक** बोːल
tracksuit	ˈtræk.suːt	**ट्रæक** सूːट
tract	trækt	ट्रæक्ट
traction	ˈtræk.ʃᵊn	**ट्रæक** शᵊन
tractor	ˈtræk.tə	**ट्रæक** टə
trade	treɪd	ट्रेइड
trade fair	ˈtreɪd.ˈfeəʳ	**ट्रेइड** **फ़ेəर**
trade gap	ˈtreɪd.ˈgæp	**ट्रेइड** **गæप**
trade mark	ˈtreɪd.ˈmɑːk	**ट्रेइड** **माːक**
trade name	ˈtreɪd.ˈneɪm	**ट्रेइड** **नेइम**
trade school	ˈtreɪd.ˈskuːl	**ट्रेइड** **स्कूːल**
trade secret	ˈtreɪd.ˈsiː.krət	**ट्रेइड** **सीː** क्रəट
trade union	ˈtreɪd.ˈjuː.ni.ən	**ट्रेइड** **यूː** नी əन
trade-in	ˈtreɪd.ɪn	**ट्रेइड** इन
trade-off	ˈtreɪd.ˈɒf	**ट्रेइड** **ɒफ़**
trader	ˈtreɪd.ə	**ट्रेइड** ə
tradesfolk	ˈtreɪdz.fəʊk	**ट्रेइड्ज़** फ़əउक
tradesman	ˈtreɪdz.mən	**ट्रेइड्ज़** मəन

tradespeople	ˈtreɪdz.ˈpiː.pᵊl	**ट्रेइड्ज़ पी:** प॰ल
tradition	trə.ˈdɪʃ.ᵊn	ट्रə **डिश** ॰न
traditional	trə.ˈdɪʃ.ᵊn.ᵊl	ट्रə **डिश** ॰न ॰ल
traditionalist	trə.ˈdɪʃ.ᵊn.ᵊl.ɪst	ट्रə **डिश** ॰न ॰ल इस्ट
traditionally	trə.ˈdɪʃ.ᵊn.ᵊl.i	ट्रə **डिश** ॰न ॰ल ई
traffic	ˈtræf.ɪk	**ट्रæफ़** इक
traffic jam	ˈtræf.ɪk.ˈdʒæm	**ट्रæफ़** इक **जæम**
traffic light	ˈtræf.ɪk.ˈlaɪt	**ट्रæफ़** इक **लाइट**
tragedy	ˈtrædʒ.ə.di	**ट्रæज** ə डी
tragic	ˈtrædʒ.ɪk	**ट्रæज** इक
tragically	ˈtrædʒ.ɪ.kᵊl.i	**ट्रæज** इ क॰ल ई
tragicomedy	ˈtrædʒ.ɪ.ˈkɒm.ə.di	**ट्रæज** इ **कɒम** ə डी
trail	treɪl	ट्रेइल
trailblazer	ˈtreɪl.ˈbleɪ.zə	**ट्रेइल ब्लेइ** ज़ə
trailer	ˈtreɪ.lə	**ट्रेइ** लə
trailer park	ˈtreɪ.lə.pɑːk	**ट्रेइ** लə पा:क
train	treɪn	ट्रेइन
trainbearer	ˈtreɪn.ˈbeə.rə	**ट्रेइन बेə** रə
trained	treɪnd	ट्रेइन्ड
trainee	treɪ.ˈniː	ट्रेइ **नी:**
trainer	ˈtreɪ.nə	**ट्रेइ** नə
training	ˈtreɪn.ɪŋ	**ट्रेइन** इङ
trait	treɪt	ट्रेइट
traitor	ˈtreɪ.tə	**ट्रेइ** टə
trajectory	trə.ˈdʒek.tᵊr.i	ट्रə **जेक** ट॰र ई
tram	træm	ट्रæम
tramp	træmp	ट्रæम्प
trample	ˈtræm.pᵊl	**ट्रæम** प॰ल
trampoline	ˈtræm.pᵊl.iːn	**ट्रæम** प॰ल ई:न
tramway	ˈtræm.weɪ	**ट्रæम** वेइ
trance	trɑːns	ट्रा:न्स
tranquil	ˈtræŋ.kwɪl	**ट्रæङ** क्विल
tranquilise	træŋ.ˈkwɪ.laɪz	ट्रæङ **क्वि** लाइज़
tranquiliser	træŋ.ˈkwɪ.laɪ.zə	ट्रæङ **क्वि** लाइ ज़ə
tranquillity	træŋ.ˈkwɪl.ə.ti	ट्रæङ **क्विल** ə टी
transact	træn.ˈzækt	ट्रæन **ज़æक्ट**
transaction	træn.ˈzæk.ʃᵊn	ट्रæन **ज़æक** श॰न
transatlantic	ˈtræn.zət.ˈlæn.tɪk	**ट्रæन** ज़əट **लæन** टिक
transcend	træn.ˈsend	ट्रæन **सेन्ड**
transcendence	træn.ˈsen.dᵊns	ट्रæन **सेन** ड॰न्स
transcendental	ˈtræn.sen.ˈden.tᵊl	**ट्रæन** सेन **डेन** ट॰ल
transcontinental	ˈtræn.skɒn.tɪ.ˈnen.tᵊl	**ट्रæन** स्कɒन टि **नेन** ट॰ल
transcribe	træn.ˈskraɪb	ट्रæन **स्क्राइब**
transcript	ˈtræn.skrɪpt	**ट्रæन** स्क्रिप्ट
transcription	træn.ˈskrɪp.ʃᵊn	ट्रæन **स्क्रिप** श॰न
transducer	trænz.ˈdjuː.sə	ट्रæन्ज़ **ड्यू:** सə
transfer	ˈtræns.fɜː	**ट्रæन्स** फ़ɜ:
transferability	træns.ˈfɜː.rə.ˈbɪl.ə.ti	ट्रæन्स **फ़ɜ:** रə **बिल** ə टी
transferable	træns.ˈfɜː.rə.bᵊl	ट्रæन्स **फ़ɜ:** रə ब॰ल
transferee	ˈtræns.fəː.ˈriː	**ट्रæन्स** फ़ə: **री:**
transference	træns.ˈfɜː.rᵊns	ट्रæन्स **फ़ɜ:** र॰न्स
transfiguration	ˈtræns.fig.ᵊr.ˈeɪ.ʃᵊn	**ट्रæन्स** फ़ीग ॰र **एइ** श॰न
transfix	træns.ˈfɪks	ट्रæन्स **फ़िक्स**
transform	ˈtræns.fɔːm	**ट्रæन्स** फ़ो:म
transformation	ˈtræns.fɔː.ˈmeɪ.ʃᵊn	**ट्रæन्स** फ़ो: **मेइ** श॰न
transformational	ˈtræns.fɔː.ˈmeɪ.ʃᵊn.ᵊl	**ट्रæन्स** फ़ो: **मेइ** श॰न ॰ल
transformer	træns.ˈfɔː.mə	ट्रæन्स **फ़ो:** मə
transfusable	træns.ˈfjuː.zə.bᵊl	ट्रæन्स **फ़्यू:** ज़ə ब॰ल
transfuse	træns.ˈfjuːz	ट्रæन्स **फ़्यू:ज़**
transfusion	træns.ˈfjuː.ʒᵊn	ट्रæन्स **फ़्यू:** ज़॰न
transgender	trænz.ˈgen.də	ट्रæन्ज़ **गेन** डə
transgress	trænz.ˈgres	ट्रæन्ज़ **ग्रेस**
transgression	trænz.ˈgreʃ.ᵊn	ट्रæन्ज़ **ग्रेश** ॰न
transience	ˈtræn.zi.ᵊns	**ट्रæन** ज़ी ॰न्स
transient	ˈtræn.zi.ᵊnt	**ट्रæन** ज़ी ॰न्ट
transistor	træn.ˈzɪs.tə	ट्रæन **ज़िस** टə
transit	ˈtræn.zɪt	**ट्रæन** ज़िट
transition	træn.ˈzɪʃ.ᵊn	ट्रæन **ज़िश** ॰न
transitional	træn.ˈzɪʃ.ᵊn.ᵊl	ट्रæन **ज़िश** ॰न ॰ल
transitive	ˈtræn.sə.tɪv	**ट्रæन** सə टिव
transitory	ˈtræn.zɪ.tᵊr.i	**ट्रæन** ज़ि ट॰र ई
translate	træns.ˈleɪt	ट्रæन्स **लेइट**
translation	træns.ˈleɪ.ʃᵊn	ट्रæन्स **लेइ** श॰न
translative	træns.ˈleɪ.tɪv	ट्रæन्स **लेइ** टिव
translator	træns.ˈleɪ.tə	ट्रæन्स **लेइ** टə
transliteration	ˈtræns.lɪ.tᵊr.ˈeɪ.ʃᵊn	**ट्रæन्स** लि ट॰र **एइ** श॰न
translocation	ˈtræns.ləʊ.ˈkeɪ.ʃᵊn	**ट्रæन्स** लəउ **केइ** श॰न
translucence	træns.ˈluː.sᵊns	ट्रæन्स **लू:** स॰न्स

translucent	træns.ˈluː.sᵊnt	ट्रæन्स लूː सᵊन्ट
transmission	træns.ˈmɪʃ.ᵊn	ट्रæन्स मिश ᵊन
transmit	trænz.ˈmɪt	ट्रæन्ज़ मिट
transmittal	trænz.ˈmɪt.ᵊl	ट्रæन्ज़ मिट ᵊल
transmittance	trænz.ˈmɪt.ᵊns	ट्रæन्ज़ मिट ᵊन्स
transmitter	trænz.ˈmɪt.ə	ट्रæन्ज़ मिट ə
transmutation	ˈtræns.mjuː.ˈteɪ.ʃᵊn	ट्रæन्स म्यूː टेइ शᵊन
transmute	træns.ˈmjuːt	ट्रæन्स म्यूːट
transnational	ˈtræns.ˈnæʃ.ᵊn.ᵊl	ट्रæन्स नæश ᵊन ᵊल
transoceanic	ˈtræns.ˈəʊ.ʃɪ.ˈæn.ɪk	ट्रæन्स əउ शि æन इक
transpacific	ˈtræns.pə.ˈsɪf.ɪk	ट्रæन्स पə सिफ़ इक
transparency	træn.ˈspær.ən.si	ट्रæन स्पæर əन सी
transparent	træn.ˈspær.ᵊnt	ट्रæन स्पæर ᵊन्ट
transparently	træn.ˈspær.ᵊnt.li	ट्रæन स्पæर ᵊन्ट ली
transpiration	ˈtræn.spɪ.ˈreɪ.ʃᵊn	ट्रæन स्पि रेइ शᵊन
transpire	træns.ˈpaɪ.ə	ट्रæन्स पाइ ə
transplant	ˈtræns.plɑːnt	ट्रæन्स प्लाːन्ट
transplantation	ˈtræns.plɑːn.ˈteɪ.ʃᵊn	ट्रæन्स प्लाːन टेइ शᵊन
transponder	træn.ˈspɒn.də	ट्रæन स्पɒन डə
transport (n)	ˈtræn.spɔːt	ट्रæन स्पोːट
transport (v)	træn.ˈspɔːt	ट्रæन स्पोːट
transportation	ˈtræn.spɔː.ˈteɪ.ʃᵊn	ट्रæन स्पोː टेइ शᵊन
transpose	træn.ˈspəʊz	ट्रæन स्पəउज़
transposition	ˈtræn.spə.ˈzɪʃ.ᵊn	ट्रæन स्पə ज़िश ᵊन
transsexual	træn.ˈsek.ʃu.əl	ट्रæन सेक शू əल
transsexuality	træn.ˈsek.ʃu.æl.ə.ti	ट्रæन सेक शू æल ə टी
trans-siberian	træn.ˈsaɪ.ˈbɪə.ri.ən	ट्रæन साइ बिə री əन
transversal	trænz.ˈvɜː.sᵊl	ट्रæन्ज़ वɜː सᵊल
transverse	ˈtrænz.vɜːs	ट्रæन्ज़ वɜːस
transvestite	trænz.ˈves.taɪt	ट्रæन्ज़ वेस टाइट
trap	træp	ट्रæप
trap door	ˈtræp.ˈdɔː	ट्रæप डोː
trapeze	trə.ˈpiːz	ट्रə पीːज़
trapezium	trə.ˈpiː.zi.əm	ट्रə पीː ज़ी əम
trapezoid	ˈtræp.ɪ.zɔɪd	ट्रæप इ ज़ोइड
trapper	ˈtræp.ə	ट्रæप ə
trappings	ˈtræp.ɪŋz	ट्रæप इङ्ज़

trapshooting	ˈtræp.ʃuː.tɪŋ	ट्रæप शूː टिङ
trash	træʃ	ट्रæश
trashcan	ˈtræʃ.kæn	ट्रæश कæन
trashman	ˈtræʃ.mən	ट्रæश मəन
trashy	ˈtræʃ.i	ट्रæश ई
trauma	ˈtrɔː.mə	ट्रोː मə
traumatic	trɔː.ˈmæt.ɪk	ट्रोː मæट इक
traumatise	trɔː.ˈmə.taɪz	ट्रोː मə टाइज़
travail	ˈtræv.eɪl	ट्रæव एइल
travel	ˈtræv.ᵊl	ट्रæव ᵊल
travel agency	ˈtræv.ᵊl.ˈeɪ.dʒᵊn.si	ट्रæव ᵊल एइ जᵊन सी
travel agent	ˈtræv.ᵊl.ˈeɪ.dʒᵊnt	ट्रæव ᵊल एइ जᵊन्ट
travel card	ˈtræv.ᵊl.kɑːd	ट्रæव ᵊल काːड
travel sickness	ˈtræv.ᵊlz	ट्रæव ᵊल्ज़
travelator	ˈtræv.ᵊl.ˈeɪ.tə	ट्रæव ᵊल एइ टə
traveller	ˈtræv.ᵊl.ə	ट्रæव ᵊल ə
traveller's check	ˈtræv.ᵊl.əz.tʃek	ट्रæव ᵊल əज़ चेक
travelogue	ˈtræv.ᵊl.ɒg	ट्रæव ᵊल ɒग
travels	ˈtræv.ᵊlz	ट्रæव ᵊल्ज़
traverse	ˈtrə.vɜːs	ट्रə वɜːस
travesty	ˈtræv.ə.sti	ट्रæव ə स्टी
trawl	trɔːl	ट्रोːल
trawler	ˈtrɔː.lə	ट्रोː लə
tray	treɪ	ट्रेइ
treacherous	ˈtretʃ.ᵊr.əs	ट्रेच ᵊर əस
treachery	ˈtretʃ.ᵊr.i	ट्रेच ᵊर ई
tread	tred	ट्रेड
treadmill	ˈtred.mɪl	ट्रेड मिल
treason	ˈtriː.zᵊn	ट्रीː ज़ᵊन
treasonous	ˈtriː.zᵊn.əs	ट्रीː ज़ᵊन əस
treasure	ˈtreʒ.ə	ट्रेज़ ə
treasure-house	ˈtreʒ.ə.haʊs	ट्रेज़ ə हाउस
treasurer	ˈtreʒ.ᵊr.əʳ	ट्रेज़ ᵊर əर
treasure-trove	ˈtreʒ.ᵊr.trəʊv	ट्रेज़ ᵊर ट्रəउव
treasury	ˈtreʒ.ᵊr.i	ट्रेज़ ᵊर ई
treat	triːt	ट्रीːट
treatable	ˈtriː.tə.bᵊl	ट्रीː टə बᵊल
treatise	ˈtriː.tɪs	ट्रीː टिस
treatment	ˈtriːt.mᵊnt	ट्रीːट मᵊन्ट
treaty	ˈtriː.ti	ट्रीː टी
treble	ˈtreb.ᵊl	ट्रेब ᵊल

tree	triː	ट्रीː
tree surgeon	ˈtriː.ˈsɜː.dʒən	ट्रीː सɜː जəन
treecreeper	ˈtriː.ˈkriː.pə	ट्रीː क्रीː पə
treeless	ˈtriː.ləs	ट्रीː लəस
tree-lined	ˈtriː.laɪnd	ट्रीː लाइन्ड
treetop	ˈtriː.tɒp	ट्रीː टɒप
trek	trek	ट्रेक
trellis	ˈtrel.ɪs	ट्रेल इस
tremble	ˈtrem.bᵊl	ट्रेम ब्ᵊल
tremendous	trɪ.ˈmen.dəs	ट्रि मेन डəस
tremendously	trɪ.ˈmen.dəs.li	ट्रि मेन डəस ली
tremor	ˈtrem.ə	ट्रेम ə
tremulous	ˈtrem.jə.ləs	ट्रेम ग़ə लəस
trench	trentʃ	ट्रेन्च
trench coat	ˈtrentʃ.ˈkəʊt	ट्रेन्च कəउट
trench foot	ˈtrentʃ.ˈfʊt	ट्रेन्च फ़ुट
trenchant	ˈtren.tʃᵊnt	ट्रेन चᵊन्ट
trenchman	ˈtrentʃ.mən	ट्रेन्च मəन
trend	trend	ट्रेन्ड
trendsetter	ˈtrend.ˈset.ə	ट्रेन्ड सेट ə
trendspotter	ˈtrend.ˈspɒt.ə	ट्रेन्ड स्पɒट ə
trendy	ˈtren.di	ट्रेन डी
trepidation	ˈtrep.ɪ.ˈdeɪ.ʃᵊn	ट्रेप इ डेइ शᵊन
trespass	ˈtres.pəs	ट्रेस पəस
trespasser	ˈtres.pəs.ə	ट्रेस पəस ə
trestle	ˈtres.ᵊl	ट्रेस ᵊल
tri-	traɪ	ट्राइ
triad	ˈtraɪ.æd	ट्राइ æड
triage	ˈtriː.ɑːʒ	ट्रीː आːज़
trial	ˈtraɪ.əl	ट्राइ əल
trial run	ˈtraɪ.əl.rʌn	ट्राइ əल रʌन
triangle	ˈtraɪ.æŋ.gᵊl	ट्राइ æङ गᵊल
triangular	traɪ.ˈæŋ.gjə.lə	ट्राइ æङ ग्गə लə
triathelete	traɪ.ˈæθ.liːt	ट्राइ æथ लीːट
triathlon	traɪ.ˈæθ.lɒn	ट्राइ æथ लɒन
tribal	ˈtraɪ.bᵊl	ट्राइ बᵊल
tribalism	ˈtraɪ.bᵊl.ɪ.zᵊm	ट्राइ बᵊल इ ज़ᵊम
tribe	traɪb	ट्राइब
tribesman	ˈtraɪbz.mən	ट्राइब्ज़ मəन
tribespeople	ˈtraɪbz.ˈpiː.pᵊl	ट्राइब्ज़ पीː पᵊल
tribulation	ˈtrɪb.jə.ˈleɪ.ʃᵊn	ट्रिब ग़ə लेइ शᵊन
tribunal	traɪ.ˈbjuː.nᵊl	ट्राइ ब्गूː नᵊल
tribune	ˈtrɪb.juːn	ट्रिब गूːन
tributary	ˈtrɪb.jə.tᵊr.i	ट्रिब ग़ə टᵊर ई
tribute	ˈtrɪb.juːt	ट्रिब गूːट
triceps	ˈtraɪ.ˈseps	ट्राइ सेप्स
trick	trɪk	ट्रिक
trick or treat	ˈtrɪk.ɔː.ˈtriːt	ट्रिक ओः ट्रीःट
trickery	ˈtrɪk.ᵊr.i	ट्रिक ᵊर ई
trickle	ˈtrɪk.ᵊl	ट्रिक ᵊल
trickle-down	ˈtrɪk.ᵊl.daʊn	ट्रिक ᵊल डाउन
trickster	ˈtrɪk.stə	ट्रिक स्टə
tricky	ˈtrɪk.i	ट्रिक ई
tricolour	ˈtraɪ.ˈkʌl.ə	ट्राइ कʌल ə
tricycle	ˈtraɪ.sɪ.kᵊl	ट्राइ सि कᵊल
trident	ˈtraɪ.dᵊnt	ट्राइ डᵊन्ट
tried	traɪd	ट्राइड
trier	ˈtraɪ.ə	ट्राइ ə
tries	traɪz	ट्राइज़
trifle	ˈtraɪ.fᵊl	ट्राइ फ़ᵊल
trifling	ˈtraɪ.flɪŋ	ट्राइ फ़्लिङ
trigger	ˈtrɪg.ə	ट्रिग ə
trigger-happy	ˈtrɪg.ə.ˈhæp.i	ट्रिग ə हæप ई
trigonometric	ˈtrɪg.ə.ˈnə.met.rɪk	ट्रिग ə नə मेट रिक
trigonometry	ˈtrɪg.ə.ˈnɒm.ə.tri	ट्रिग ə नɒम ə ट्री
trike	traɪk	ट्राइक
trilingual	ˈtraɪ.ˈlɪŋ.gwᵊl	ट्राइ लिङ ग्वᵊल
trill	trɪl	ट्रिल
trillion	ˈtrɪl.i.ən	ट्रिल ई əन
trilogy	ˈtrɪl.ə.dʒi	ट्रिल ə जी
trim	trɪm	ट्रिम
trimester	traɪ.ˈmes.tə	ट्राइ मेस टə
trimmings	ˈtrɪm.ɪŋz	ट्रिम इङ्ज़
trinity	ˈtrɪn.ɪ.ti	ट्रिन इ टी
trinket	ˈtrɪŋ.kət	ट्रिङ कəट
trio	ˈtriː.əʊ	ट्रीः əउ
triode	ˈtraɪ.əʊd	ट्राइ əउड
trip	trɪp	ट्रिप
tripartite	ˈtraɪ.ˈpɑː.taɪt	ट्राइ पाः टाइट
tripe	traɪp	ट्राइप
triphthong	ˈtrɪf.θɒŋ	ट्रिफ़ थɒङ
triplane	ˈtraɪ.ˈpleɪn	ट्राइ प्लेइन
triple	ˈtrɪp.ᵊl	ट्रिप ᵊल
triplet	ˈtrɪp.lət	ट्रिप लəट
triplex	ˈtrɪp.leks	ट्रिप लेक्स
triplicate (adj)	ˈtrɪp.lɪ.kət	ट्रिप लि कəट

triplicate (v)	ˈtrɪp.lɪ.keɪt	**ट्रिप** लि केइट
tripod	ˈtraɪ.pɒd	**ट्राइ** पɒड
trisection	ˈtraɪ.ˈsek.ʃᵊn	**ट्राइ सेक** श॰न
trisyllable	ˈtraɪ.ˈsɪl.ə.bᵊl	**ट्राइ सिल** ə ब॰ल
trite	traɪt	ट्राइट
triumph	ˈtraɪ.əmf	**ट्राइ** əम्फ़
triumphant	traɪ.ˈʌm.fᵊnt	ट्राइ **ʌम** फ़॰न्ट
triumphantly	traɪ.ˈʌm.fᵊnt.li	ट्राइ **ʌम** फ़॰न्ट ली
trivia	ˈtrɪv.i.ə	**ट्रिव** ई ə
trivial	ˈtrɪv.i.əl	**ट्रिव** ई əल
trivialise	ˈtrɪv.i.ᵊl.aɪz	**ट्रिव** ई ॰ल आइज़
trizonal	ˈtraɪ.ˈzəʊ.nᵊl	**ट्राइ ज़əउ** न॰ल
trod	trɒd	ट्रɒड
trodden	ˈtrɒd.ᵊn	**ट्रɒड** ॰न
troika	ˈtrɔɪ.kə	**ट्रोइ** कə
Trojan	ˈtrəʊ.dʒᵊn	**ट्रəउ** ज॰न
troll	trəʊl	ट्रəउल
trolley	ˈtrɒl.i	**ट्रɒल** ई
trolleybus	ˈtrɒl.i.bʌs	**ट्रɒल** ई बʌस
trombone	trɒm.ˈbəʊn	ट्रɒम **बəउन**
tromp	trɒmp	ट्रɒम्प
troop	tru:p	ट्रू:प
trooper	ˈtru:.pə	**ट्रू:** पə
troops	tru:ps	ट्रू:प्स
trophy	ˈtrəʊ.fi	**ट्रəउ** फ़ी
tropic	ˈtrɒp.ɪk	**ट्रɒप** इक
tropical	ˈtrɒp.ɪ.kᵊl	**ट्रɒप** इ क॰ल
tropics	ˈtrɒp.ɪks	**ट्रɒप** इक्स
trot	trɒt	ट्रɒट
Trotsky	ˈtrɒt.ˈski	**ट्रɒट स्की**
trotter	ˈtrɒt.ə	**ट्रɒट** ə
troubadour	ˈtru:.bə.dɔ:	**ट्रू:** बə डो:
trouble	ˈtrʌb.ᵊl	**ट्रʌब** ॰ल
troubled	ˈtrʌb.ᵊld	**ट्रʌब** ॰ल्ड
troublefree	ˈtrʌb.ᵊl.ˈfri:	**ट्रʌब** ॰ल **फ़्री:**
troublemaker	ˈtrʌb.ᵊl.ˈmeɪ.kə	**ट्रʌब** ॰ल **मेइ** कə
troubleshooter	ˈtrʌb.ᵊl.ˈʃu:.tə	**ट्रʌब** ॰ल **शू:** टə
troubleshooting	ˈtrʌb.ᵊl.ˈʃu:.tɪŋ	**ट्रʌब** ॰ल **शू:** टिङ
troublesome	ˈtrʌb.ᵊl.səm	**ट्रʌब** ॰ल सəम
trough	trɒf	ट्रɒफ़
trounce	traʊns	ट्राउन्स
troupe	tru:p	ट्रू:प
trouper	ˈtru:.pə	**ट्रू:** पə
trousers	ˈtraʊ.zəz	**ट्राउ** ज़əज़
trout	traʊt	ट्राउट
trove	trəʊv	ट्रəउव
truancy	ˈtru:.ən.si	**ट्रू:** əन सी
truant	ˈtru:.ᵊnt	**ट्रू:** ॰न्ट
truce	tru:s	ट्रू:स
truck	trʌk	ट्रʌक
truck stop	ˈtrʌk.ˈstɒp	**ट्रʌक स्टɒप**
trucker	ˈtrʌk.ə	**ट्रʌक** ə
trucking	ˈtrʌk.ɪŋ	**ट्रʌक** इङ
truckload	ˈtrʌk.ˈləʊd	**ट्रʌक लəउड**
truculent	ˈtrʌk.jə.lᵊnt	**ट्रʌक** ग़ə ल॰न्ट
trudge	trʌdʒ	ट्रʌज
true	tru:	ट्रू:
true-blue	ˈtru:.ˈblu:	**ट्रू: ब्लू:**
trueborn	ˈtru:.ˈbɔ:n	**ट्रू: बो:न**
truehearted	ˈtru:.ˈhɑ:.tɪd	**ट्रू: हा:** टिड
true-life	ˈtru:.ˈlaɪf	**ट्रू: लाइफ़**
truelove	ˈtru:.lʌv	**ट्रू:** लʌव
truffle	ˈtrʌf.ᵊl	**ट्रʌफ़** ॰ल
truism	ˈtru:.ɪ.zᵊm	**ट्रू:** इ ज़॰म
truly	ˈtru:.li	**ट्रू:** ली
trump	trʌmp	ट्रʌम्प
trumped-up	ˈtrʌmpt.ʌp	**ट्रʌम्प्ट** ʌप
trumpet	ˈtrʌm.pɪt	**ट्रʌम** पिट
trumpeter	ˈtrʌm.pɪ.tə	**ट्रʌम** पि टə
truncate	trʌŋ.ˈkeɪt	ट्रʌङ **केइट**
truncated	trʌŋ.ˈkeɪ.tɪd	ट्रʌङ **केइ** टिड
truncation	trʌŋ.ˈkeɪ.ʃᵊn	ट्रʌङ **केइ** श॰न
trundle	ˈtrʌn.dᵊl	**ट्रʌन** ड॰ल
trunk	trʌŋk	ट्रʌङ्क
trunk call	ˈtrʌŋk.ˈkɔ:l	**ट्रʌङ्क को:ल**
trunk road	ˈtrʌŋk.ˈrəʊd	**ट्रʌङ्क रəउड**
trunks	trʌŋks	ट्रʌङ्क्स
truss	trʌs	ट्रʌस
trust	trʌst	ट्रʌस्ट
trust fund	ˈtrʌst.ˈfʌnd	**ट्रʌस्ट फ़ʌन्ड**
trustee	trʌs.ˈti:	ट्रʌस **टी:**
trustful	ˈtrʌst.fᵊl	**ट्रʌस्ट** फ़॰ल
trusting	ˈtrʌst.ɪŋ	**ट्रʌस्ट** इङ
trustworthy	ˈtrʌst.ˈwɜ:.ði	**ट्रʌस्ट व़ɜ:** दी

English	IPA	Hindi
truth	truːθ	ट्रूथ
truthful	ˈtruːθ.fᵊl	ट्रूथ फ़ᵊल
truthfully	ˈtruːθ.fᵊl.i	ट्रूथ फ़ᵊल ई
try	traɪ	ट्राइ
trying	ˈtraɪ.ɪŋ	ट्राइ इङ
try-on	ˈtraɪ.ɒn	ट्राइ ɒन
tryout	ˈtraɪ.aʊt	ट्राइ आउट
tsar	zɑː	ज़ाː
tsarina	zɑːˈriː.nə	ज़ाː रीː नə
tsetse fly	ˈtet.si.ˈflaɪ	टेट सी फ़्लाइ
T-shirt	ˈtiː.ʃɜːt	टीː शɜːट
tsp.(abb)	ˈtiːˈspuːn	टीː स्पून
T-square	ˈtiːskweə	टीː स्क्वेə
tsunami	tsuːˈnɑː.mi	ट्सूː नाː मी
tub	tʌb	टʌब
tuba	ˈtjuː.bə	ट्यूː बə
tubby	ˈtʌb.i	टʌब ई
tube	tjuːb	ट्यूːब
tubeless	ˈtjuːb.ləs	ट्यूːब लəस
tuberculosis	tjuːˈbɜːkjʊˈləʊ.sɪs	ट्यूː बɜːː क्यु लəʊ सिस
tuberculous	tjuːˈbɜːkjʊ.ləs	ट्यूː बɜːः क्यु लəस
tube-well	ˈtjuːb.wel	ट्यूːब वेल
tubful	ˈtʌb.fʊl	टʌब फ़ुल
tubing	ˈtjuː.bɪŋ	ट्यूː बिङ
tubular	ˈtjuː.bjə.lə	ट्यूː ब्यə लə
tuck	tʌk	टʌक
tucked	tʌkt	टʌक्ट
tucker	ˈtʌk.ə	टʌक ə
tuck-shop	ˈtʌk.ʃɒp	टʌक शɒप
Tues.(abb)	ˈtjuːz.deɪ	ट्यूːज़ डेइ
Tuesday	ˈtjuːz.deɪ	ट्यूːज़ डेइ
tuffet	ˈtʌf.ɪt	टʌफ़ इट
tuft	tʌft	टʌफ्ट
tufted	ˈtʌf.tɪd	टʌफ़ टिड
tug	tʌg	टʌग
tugboat	ˈtʌg.bəʊt	टʌग बəʊट
tugoflove	ˈtʌg.əv.ˈlʌv	टʌग əव लʌव
tugofwar	ˈtʌg.əv.ˈwɔː	टʌग əव वɔː
tuition	tjuːˈɪʃ.ᵊn	ट्यूː इश ᵊन
tulip	ˈtjuː.lɪp	ट्यूː लिप
tumble	ˈtʌm.bᵊl	टʌम बᵊल
tumbler	ˈtʌm.blə	टʌम ब्लə
tummy	ˈtʌm.i	टʌम ई
tumour	ˈtjuː.mə	ट्यूː मə
tumourous	ˈtjuː.mər.əs	ट्यूː मəर əस
tumult	ˈtjuːmʌlt	ट्यूः मʌल्ट
tumultuous	tjuːˈmʌl.tʃʊ.əs	ट्यूः मʌल चु əस
tuna	ˈtjuː.nə	ट्यूः नə
tundra	ˈtʌn.drə	टʌन ड्रə
tune	tjuːn	ट्यूːन
tuneful	ˈtjuːn.fᵊl	ट्यूːन फ़ᵊल
tuneless	ˈtjuːn.ləs	ट्यूːन लəस
tuner	ˈtjuː.nə	ट्यूः नə
tunesmith	ˈtjuːn.smɪθ	ट्यूːन स्मिथ
tune-up	ˈtjuːn.ʌp	ट्यूːन ʌप
tungsten	ˈtʌŋ.stən	टʌङ स्टəन
tunic	ˈtjuː.nɪk	ट्यूः निक
tuning fork	ˈtjuː.nɪŋ.ˈfɔːk	ट्यूः निङ फ़ɔːक
tunnel	ˈtʌn.ᵊl	टʌन ᵊल
tuppeny	ˈtʌp.ən.i	टʌप əन ई
turban	ˈtɜː.bən	टɜः बəन
turbid	ˈtɜː.bɪd	टɜः बिड
turbine	ˈtɜː.baɪn	टɜः बाइन
turbo	ˈtɜː.bəʊ	टɜः बəʊ
turbocharge	ˈtɜː.bəʊ.ˈtʃɑːdʒ	टɜः बəʊ चाːज
turbofan	ˈtɜː.bəʊ.ˈfæn	टɜः बəʊ फ़ऐन
turbo-jet	ˈtɜː.bəʊ.ˈdʒet	टɜः बəʊ जेट
turbo-prop	ˈtɜː.bəʊ.ˈprɒp	टɜः बəʊ प्रɒप
turbulence	ˈtɜː.bjʊ.lᵊns	टɜः ब्यु लᵊन्स
turbulent	ˈtɜː.bjʊ.lᵊnt	टɜः ब्यु लᵊन्ट
turd	tɜːd	टɜःड
turf	tɜːf	टɜःफ़
turgid	ˈtɜː.dʒɪd	टɜः जिड
Turing	ˈtʊə.rɪŋ	टुə रिङ
turkey	ˈtɜː.ki	टɜः की
turmeric	ˈtɜː.mᵊr.ɪk	टɜः मᵊर इक
turmoil	ˈtɜː.mɔɪl	टɜः मोइल
turn	tɜːn	टɜःन
turnabout	ˈtɜːn.ə.baʊt	टɜःन ə बाउट
turnaround	ˈtɜːn.ə.raʊnd	टɜःन ə राउन्ड
turncoat	ˈtɜːn.kəʊt	टɜःन कəʊट
turner	ˈtɜː.nə	टɜः नə
turning point	ˈtɜː.nɪŋ.pɔɪnt	टɜः निङ पोइन्ट
turnip	ˈtɜː.nɪp	टɜः निप
turn-off	ˈtɜːn.ɒf	टɜःन ɒफ़

turn-on	ˈtɜːn.ɒn	**टɜːन** ɒन
turnout	ˈtɜːn.aʊt	**टɜːन** आउट
turnover	ˈtɜːn.ˈəʊ.və	**टɜːन əउ** वə
turnpike	ˈtɜːn.paɪk	**टɜːन** पाइक
turnstile	ˈtɜːn.staɪl	**टɜːन** स्टाइल
turnstone	ˈtɜːn.stəʊn	**टɜːन** स्टəउन
turntable	ˈtɜːn.teɪ.bᵊl	**टɜːन** टेइ बᵊल
turn-up	ˈtɜːn.ʌp	**टɜːन** ʌप
turpentine	ˈtɜː.pən.taɪn	**टɜː** पəन टाइन
turps	tɜːps	टɜːप्स
turquoise	ˈtɜː.kwɔɪz	**टɜː** क्वोइज़
turret	ˈtʌr.ɪt	**टʌर** इट
turtle	ˈtɜː.tᵊl	**टɜː** टᵊल
turtledove	ˈtɜː.tᵊl.dʌv	**टɜː** टᵊल डʌव
turtleneck	ˈtɜː.tᵊl.nek	**टɜː** टᵊल नेक
tush	tʊʃ	टुश
tusk	tʌsk	टʌस्क
tussle	ˈtʌs.ᵊl	**टʌस** ᵊल
tut	tʌt	टʌट
Tutankhamen	ˈtuː.tən.ˈkaː.mən	**टू**ː टəन **का**ː मəन
tutelage	ˈtuː.tᵊl.ɪdʒ	**टू**ː टᵊल इज
tutor	ˈtjuː.tə	**ट्यू**ː टə
tutorial	tjuː.ˈtɔː.ri.əl	ट्यूː **टो**ː री əल
tutoring	ˈtjuː.tᵊr.ɪŋ	**ट्यू**ː टᵊर इङ
tutti-frutti	ˈtuː.tɪ.ˈfruː.ti	**टू**ː टि **फ़्रू**ː टी
tut-tut	ˈtʌt.ˈtʌt	**टʌट टʌट**
tux	ˈtʌks	**टʌक्स**
tuxedo	tʌk.ˈsiː.dəʊ	टʌक **सी**ː डəउ
TV	ˈtiː.ˈviː	**टी**ː **वी**ː
twain	tweɪn	ट्वेइन
twang	twæŋ	ट्वæङ
twas	twɒz	ट्वɒज़
tweak	twiːk	ट्वीːक
tweed	twiːd	ट्वीːड
tween	twiːn	ट्वीːन
tweet	twiːt	ट्वीːट
tweezers	ˈtwiː.zəz	**ट्वी**ː ज़əज़
twelve	twelv	ट्वेल्व
twelvish	ˈtwel.vɪʃ	**ट्वेल** विश
twentieth	ˈtwen.ti.əθ	**ट्वेन** टी əथ
twenty	ˈtwen.ti	**ट्वेन** टी
twenty-first	ˈtwen.ti.ˈfɜːst	**ट्वेन** टी **फ़ɜːस्ट**

twentyfold	ˈtwen.ti.fəʊld	**ट्वेन** टी फ़əउल्ड
twenty-one	ˈtwen.ti.ˈwʌn	**ट्वेन** टी **वʌन**
twere	tweə	ट्वेə
twerp	twɜːp	ट्वɜːप
twice	twaɪs	ट्वाइस
twice-told	ˈtwaɪs.ˈtəʊld	**ट्वाइस टəउल्ड**
twiddle	ˈtwɪd.ᵊl	**ट्विड** ᵊल
twig	twɪg	ट्विग
twiggy	ˈtwɪg.i	**ट्विग** ई
twilight	ˈtwaɪ.laɪt	**ट्वाइ** लाइट
twill	twɪl	ट्विल
twin	twɪn	ट्विन
twin bed	ˈtwɪn.ˈbed	**ट्विन बेड**
twine	twaɪn	ट्वाइन
twinge	twɪndʒ	ट्विन्ज
twinkle	ˈtwɪŋ.kᵊl	**ट्विङ** कᵊल
twinset	ˈtwɪn.set	**ट्विन** सेट
twin-size	ˈtwɪn.saɪz	**ट्विन** साइज़
twirl	twɜːl	ट्वɜːल
twist	twɪst	ट्विस्ट
twisted	ˈtwɪst.ɪd	**ट्विस्ट** इड
twister	ˈtwɪst.ə	**ट्विस्ट** ə
twist-tie	ˈtwɪst.taɪ	**ट्विस्ट** टाइ
twit	twɪt	ट्विट
twitch	twɪtʃ	ट्विच
twitchy	ˈtwɪtʃ.i	**ट्विच** ई
twitter	ˈtwɪt.ə	**ट्विट** ə
twixt	twɪkst	ट्विक्स्ट
two	tuː	टूː
two-bit	ˈtuː.bɪt	**टू**ː बिट
two-by-four	ˈtuː.baɪ.ˈfɔː	**टू**ː बाइ **फ़ो**ː
two-dimensional	ˈtuː.daɪ.ˈmen.ʃᵊn.ᵊl	**टू**ː डाइ **मेन** शᵊन ᵊल
two-edged sword	ˈtuː.ˈedʒd.ˈsɔːd	**टू**ː **एज्ड सोːड**
two-faced	ˈtuː.ˈfeɪst	**टू**ː **फ़ेइस्ट**
twofold	ˈtuː.fəʊld	**टू**ː फ़əउल्ड
two-handed	ˈtuː.ˈhæn.dɪd	**टू**ː **हæन** डिड
two-hander	ˈtuː.ˈhæn.də	**टू**ː **हæन** डə
twoish	ˈtuː.ɪʃ	**टू**ː इश
two-legged	ˈtuː.ˈlegd	**टू**ː **लेग्ड**
twopence	ˈtʌp.əns	**टʌप** əन्स
twopenny	ˈtʌp.ən.i	**टʌप** əन ई

twopenny-halfpenny	ˈtʌp.nɪ.ˈheɪp.ni	**टʌप** नि **हेइप** नी
twopennyworth	ˈtuː.ˈpen.i.wɜːθ	**टू: पेन** ई वɜːथ
two-piece	ˈtuː.piːs	**टू:** पी:स
two-ply	ˈtuː.plaɪ	**टू:** प्लाइ
two-seater	ˈtuː.ˈsiː.tə	**टू: सी:** टə
twosome	ˈtuː.səm	**टू:** सəम
two-star	ˈtuː.ˈstɑːʳ	**टू: स्टा:**र
two-step	ˈtuː.step	**टू:** स्टेप
two-stroke	ˈtuː.strəʊk	**टू:** स्ट्रəउक
two-time	ˈtuː.taɪm	**टू:** टाइम
two-tone	ˈtuː.təʊn	**टू:** टəउन
two-way mirror	ˈtuː.weɪ.ˈmɪr.əʳ	**टू:** वेइ **मिर** əर
tycoon	taɪ.ˈkuːn	टाइ **कू:न**
tying	ˈtaɪ.ɪŋ	**टाइ** इङ
tyke	taɪk	टाइक
type	taɪp	टाइप
typecast	ˈtaɪp.kɑːst	**टाइप** का:स्ट
typeface	ˈtaɪp.feɪs	**टाइप** फ़ेइस
typescript	ˈtaɪp.skrɪpt	**टाइप** स्क्रिप्ट
typeset	ˈtaɪp.set	**टाइप** सेट
typesetter	ˈtaɪp.ˈset.ə	**टाइप सेट** ə
typewrite	ˈtaɪp.raɪt	**टाइप** राइट
typewriter	ˈtaɪp.ˈraɪ.tə	**टाइप राइ** टə
typewritten	ˈtaɪp.rɪt.ᵊn	**टाइप** रिट ॅन
typhoid	ˈtaɪ.fɔɪd	**टाइ** फ़ोइड
typhoon (IO)	taɪ.ˈfuːn	टाइ **फ़ू:न**
typical	ˈtɪp.ɪ.kᵊl	**टिप** इ कॅल
typically	ˈtɪp.ɪ.kᵊl.i	**टिप** इ कॅल ई
typify	ˈtɪp.ɪ.faɪ	**टिप** इ फ़ाइ
typing	ˈtaɪp.ɪŋ	**टाइप** इङ
typist	ˈtaɪ.pɪst	**टाइ** पिस्ट
typo	ˈtaɪ.pəʊ	**टाइ** पəउ
typographic	ˈtaɪ.pə.ˈgræf.ɪk	**टाइ** पə **ग्रæफ़** इक
typography	taɪ.ˈpɒg.rə.fi	टाइ **पɒग** रə फ़ी
tyrannical	tɪ.ˈræn.ɪ.kᵊl	टि **रæन** इ कॅल
tyrannise	tɪ.ˈræn.aɪz	टि **रæन** आइज़
tyrannosaur	tɪ.ˈræn.ə.sɔː	टि **रæन** ə सो:
tyrannosaurus	tɪ.ˈræn.ə.ˈsɔː.rəs	टि **रæन** ə **सो:** रəस
tyrannous	ˈtɪr.ᵊn.əs	**टिर** ॅन əस
tyranny	ˈtɪr.ə.ni	**टिर** ə नी
tyrant	ˈtaɪ.ə.rᵊnt	**टाइ** ə रॅन्ट
tyre	ˈtaɪ.ə	**टाइ** ə
tyro	ˈtaɪ.ə.rəʊ	**टाइ** ə रəउ
tzar	zɑːʳ	ज़ा:र
tzarina	zɑː.ˈriː.nə	ज़ा: **री:** नə

u	ju	ग़ू
U	ju	ग़ू
uber	ˈuː.bəʳ	ऊ: बəर
ubiquitous	juː.ˈbɪk.wɪ.təs	ग़ू: बिक व़ि टəस
ubiquity	juː.ˈbɪk.wə.ti	ग़ू: बिक व़ə टी
U-boat	ˈjuː.bəʊt	ग़ू: बəउट
udder	ˈʌd.əʳ	ʌड əर
UDI	ˈjuː.di.ˈaɪ	ग़ू: डी आइ
UFO	ˈjuː.ˈef.ˈəʊ	ग़ू: एफ़ əउ
ugh	ʊx	उ
uglify	ˈʌg.lɪ.faɪ	ʌग लि फ़ाइ
ugliness	ˈʌg.lɪ.nəs	ʌग लि नəस
ugly	ˈʌg.li	ʌग ली
UHF	ˈjuː.ˈeɪtʃ.ˈef	ग़ू: एइच एफ़
UHT	ˈjuː.ˈeɪtʃ.ˈtiː	ग़ू: एइच टी:
UK	ˈjuː.ˈkeɪ	ग़ू: केइ
Ukulele	ˈjuː.kə.ˈleɪ.li	ग़ू: कə लेइ ली
ulcer	ˈʌl.səʳ	ʌल सəर
ulterior	ʌl.ˈtɪə.ri.əʳ	ʌल टिə री əर
ultima	ˈʌl.tɪ.mə	ʌल टि मə
ultimate	ˈʌl.tɪ.mət	ʌल टि मəट
ultimately	ˈʌl.tɪ.mət.li	ʌल टि मəट ली
ultimatum	ˈʌl.tɪ.ˈmeɪ.təm	ʌल टि मेइ टəम
ultimo	ˈʌl.tɪ.məʊ	ʌल टि मəउ
ultra	ˈʌl.trə	ʌल ट्रə
ultra-highfrequency	ˈʌl.trə.haɪ.ˈfriː.kwən.si	ʌल ट्रə हाइ फ़्री: क्व़əन सी
ultramodern	ˈʌl.trə.ˈmɒd.ᵊn	ʌल ट्रə मɒड ᵊन
ultrasonic	ˈʌl.trə.ˈsɒn.ɪk	ʌल ट्रə सɒन इक
ultrasound	ˈʌl.trə.saʊnd	ʌल ट्रə साउन्ड
ultraviolet	ˈʌl.trə.ˈvaɪ.ə.lət	ʌल ट्रə वाइ ə लəट
ululation	ˈjuː.ljə.ˈleɪ.ʃᵊn	ग़ू: ल्ग़ə लेइ शᵊन
um	əm	əम
umbilical.cord	ʌm.ˈbɪl.ɪ.kᵊl.ˈkɔːd	ʌम बिल इ कᵊल को:ड

umbrella	ʌm.ˈbrel.ə	ʌम ब्रेल ə
umpire	ˈʌm.paɪ.ə	ʌम पाइ ə
umpteen	ʌmp.ˈtiːn	ʌम्प टी:न
umpteenth	ʌmp.ˈtiːnθ	ʌम्प टी:न्थ
UN	ˈjuː.ˈen	ग़ू: एन
un-	ʌn	ʌन
unabashed	ˈʌn.ə.ˈbæʃt	ʌन ə बæश्ट
unabated	ˈʌn.ə.ˈbeɪ.tɪd	ʌन ə बेइ टिड
unable	ʌn.ˈeɪ.bᵊl	ʌन एइ बᵊल
unabridged	ˈʌn.ə.ˈbrɪdʒd	ʌन ə ब्रिज्ड
unaccented	ˈʌn.æk.ˈsen.tɪd	ʌन æक सेन टिड
unacceptability	ˈʌn.ək.ˈsep.tə.ˈbᵊl.ə.ti	ʌन əक सेप टə बᵊल ə टी
unacceptable	ˈʌn.ək.ˈsep.tə.bᵊl	ʌन əक सेप टə बᵊल
unaccompanied	ˈʌn.ə.ˈkʌm.pə.nɪd	ʌन ə कʌम पə निड
unaccountable	ˈʌn.ə.ˈkaʊn.tə.bᵊl	ʌन ə काउन टə बᵊल
unaccountablilty	ˈʌn.ə.ˈkaʊn.tə.bᵊl.ə.ti	ʌन ə काउन टə बᵊल ə टी
unaccounted	ˈʌn.ə.ˈkaʊn.tɪd	ʌन ə काउन टिड
unaccustomed	ˈʌn.ə.ˈkʌs.təmd	ʌन ə कʌस टəम्ड
unacknowledged	ˈʌn.ək.ˈnɒl.ɪdʒd	ʌन əक नɒल इज्ड
unacquainted	ˈʌn.ə.ˈkweɪn.tɪd	ʌन ə क्व़ेइन टिड
unadaptable	ˈʌn.ə.ˈdæp.tə.bᵊl	ʌन ə डæप टə बᵊल
unaddressed	ˈʌn.ə.ˈdrest	ʌन ə ड्रेस्ट
unadopted	ˈʌn.ə.ˈdɒp.tɪd	ʌन ə डɒप टिड
unadorned	ˈʌn.ə.ˈdɔːnd	ʌन ə डो:न्ड
unadulterated	ˈʌn.ə.ˈdʌl.tᵊr.eɪ.tɪd	ʌन ə डʌल टᵊर एइ टिड
unadvisable	ˈʌn.əd.ˈvaɪ.zə.bᵊl	ʌन əड वाइ ज़ə बᵊल
unadvised	ˈʌn.əd.ˈvaɪzd	ʌन əड वाइज़्ड
unadvisedly	ˈʌn.əd.ˈvaɪ.zɪd.li	ʌन əड वाइ ज़िड ली
unaffected	ˈʌn.ə.ˈfek.tɪd	ʌन ə फ़ेक टिड

unafraid	ˈʌn.ə.ˈfreɪd	**ʌन** ə **फ़्रेइड**
unaided	ʌn.ˈeɪ.dɪd	ʌन **एइ** डिड
unalienable	ʌn.ˈeɪ.li.ə.nə.bᵊl	ʌन **एइ** ली ə नə बᵊल
unaligned	ˈʌn.ə.ˈlaɪnd	**ʌन** ə **लाइन्ड**
unalterable	ʌn.ˈɔːl.tᵊr.ə.bᵊl	ʌन **ओːल** टᵊर ə बᵊल
unambiguous	ˈʌn.æm.ˈbɪg.jʊ.əs	**ʌन** æम **बिग** गु əस
unambivalent	ˈʌn.æm.ˈbɪv.ᵊl.ᵊnt	**ʌन** æम **बिव** ᵊल ᵊन्ट
un-American	ˈʌn.ə.ˈmer.ɪ.kən	**ʌन** ə **मेर** इ कəन
unanimity	ˈjuː.nə.ˈnɪm.ə.ti	**ग़ूː** नə **निम** ə टी
unanimous	juː.ˈnæn.ɪ.məs	ग़ूː **नæन** इ मəस
unanimously	juː.ˈnæn.ɪ.məs.li	ग़ूː **नæन** इ मəस ली
unannounced	ˈʌn.ə.ˈnaʊnst	**ʌन** ə **नाउन्स्ट**
unanswerable	ˈʌn.ˈɑːn.sᵊr.ə.bᵊl	**ʌन** **आːन** सᵊर ə बᵊल
unanswered	ˈʌn.ˈɑːn.səd	**ʌन** **आːन** सəड
unappealing	ˈʌn.ə.ˈpiː.lɪŋ	**ʌन** ə **पीː** लिङ
unappetising	ˈʌn.ˈæp.ɪ.taɪ.zɪŋ	**ʌन** **æप** इ टाइ ज़िङ
unappreciated	ˈʌn.ə.ˈpriː.ʃi.eɪ.tɪd	**ʌन** ə **प्रीː** शी एइ टिड
unappreciative	ˈʌn.ə.ˈpriː.ʃi.ə.tɪv	**ʌन** ə **प्रीː** शी ə टिव
unapproachable	ˈʌn.ə.ˈprəʊ.tʃə.bᵊl	**ʌन** ə **प्रəउ** चə बᵊल
unapproved	ˈʌn.ə.ˈpruːvd	**ʌन** ə **प्रूːव्ड**
unarguable	ʌn.ˈɑː.gjʊ.ə.bᵊl	ʌन **आː** ग्गु ə बᵊल
unarguably	ʌn.ˈɑː.gjʊə.bli	ʌन **आː** ग्गुə ब्ली
unarmed	ʌn.ˈɑːmd	ʌन **आːम्ड**
unary	ˈjuː.nᵊr.i	**ग़ूː** नᵊर ई
unashamed	ˈʌn.ə.ˈʃeɪmd	**ʌन** ə **शेइम्ड**
unashamedly	ˈʌn.ə.ˈʃeɪmd.li	**ʌन** ə **शेइम्ड** ली
unasigned	ˈʌn.ə.ˈsaɪnd	**ʌन** ə **साइन्ड**
unasked	ˈʌn.ˈɑːskt	**ʌन** **आːस्क्ट**
unaspirated	ˈʌn.ˈæs.pᵊr.eɪ.tɪd	**ʌन** **æस** पᵊर एइ टिड
unassailable	ˈʌn.ə.ˈseɪ.lə.bᵊl	**ʌन** ə **सेइ** लə बᵊल

unassertive	ˈʌn.ə.ˈsɜː.tɪv	**ʌन** ə **सɜː** टिव
unassisted	ˈʌn.ə.ˈsɪs.tɪd	**ʌन** ə **सिस** टिड
unassuming	ˈʌn.ə.ˈsjuː.mɪŋ	**ʌन** ə **स्ग़ूː** मिङ
unattached	ˈʌn.ə.ˈtætʃt	**ʌन** ə **टæच्ट**
unattainable	ˈʌn.ə.ˈteɪ.nə.bᵊl	**ʌन** ə **टेइ** नə बᵊल
unattended	ˈʌn.ə.ˈten.dɪd	**ʌन** ə **टेन** डिड
unattested	ˈʌn.ə.ˈtes.tɪd	**ʌन** ə **टेस** टिड
unattractive	ˈʌn.ə.ˈtræk.tɪv	**ʌन** ə **ट्रæक** टिव
unauthenticated	ˈʌn.ɔː.ˈθen.tɪ.keɪ.tɪd	**ʌन** ओː **थेन** टि केइ टिड
unauthorised	ʌn.ɔː.ˈθə.raɪzd	ʌन ओː **थə** राइज़्ड
unavailable	ˈʌn.ə.ˈveɪ.lə.bᵊl	**ʌन** ə **वेइ** लə बᵊल
unavailing	ˈʌn.ə.ˈvendʒd	**ʌन** ə **वेन्ज्ड**
unavenged	ˈʌn.ə.ˈveɪ.lɪŋ	**ʌन** ə **वेइ** लिङ
unavoidable	ˈʌn.ə.ˈvɔɪ.də.bᵊl	**ʌन** ə **वोइ** डə बᵊल
unavoidably	ˈʌn.ə.ˈvɔɪ.də.bli	**ʌन** ə **वोइ** डə ब्ली
unaware	ˈʌn.ə.ˈweə	**ʌन** ə **व़ेə**
unawares	ˈʌn.ə.ˈweəz	**ʌन** ə **व़ेəज़**
unbalanced	ʌn.ˈbæl.ᵊnst	ʌन **बæल** ᵊन्स्ट
unbearable	ʌn.ˈbeə.rə.bᵊl	ʌन **बेə** रə बᵊल
unbearably	ʌn.ˈbeə.rə.bli	ʌन **बेə** रə ब्ली
unbeatable	ʌn.ˈbiː.tə.bᵊl	ʌन **बीː** टə बᵊल
unbeaten	ˈʌn.ˈbiː.tᵊn	**ʌन** **बीː** टᵊन
unbecoming	ˈʌn.bɪ.ˈkʌm.ɪŋ	**ʌन** बि **कʌम** इङ
unbeknown	ˈʌn.bɪ.ˈnəʊn	**ʌन** बि **नəउन**
unbelievable	ˈʌn.bɪ.ˈliː.və.bᵊl	**ʌन** बि **लीː** वə बᵊल
unbelievably	ˈʌn.bɪ.ˈliː.və.bli	**ʌन** बि **लीː** वə ब्ली
unbend	ʌn.ˈbend	ʌन **बेन्ड**
unbiased	ˈʌn.ˈbaɪ.əst	**ʌन** **बाइ** əस्ट
unbind	ˈʌn.ˈbaɪnd	**ʌन** **बाइन्ड**
unbleached	ˈʌn.ˈbliːtʃt	**ʌन** **ब्लीːच्ट**
unblemished	ˈʌn.ˈblem.ɪʃt	**ʌन** **ब्लेम** इश्ट
unblinking	ˈʌn.ˈblɪŋ.kɪŋ	**ʌन** **ब्लिङ** किङ
unblock	ˈʌn.ˈblɒk	**ʌन** **ब्लɒक**
unblushing	ˈʌn.ˈblʌʃ.ɪŋ	**ʌन** **ब्लʌश** इङ

unbolt	ʌn.ˈbəʊlt	ʌन **बəउल्ट**
unborn	ˈʌn.ˈbɔːn	**ʌन बोːन**
unbound	ˈʌn.ˈbaʊnd	**ʌन बाउन्ड**
unbounded	ʌn.ˈbaʊn.dɪd	ʌन **बाउन** डिड
unbowed	ˈʌn.ˈbaʊd	**ʌन बाउड**
unbreakable	ʌn.ˈbreɪ.kə.bᵊl	ʌन **ब्रेइ** कə बᵊल
unbridled	ˈʌn.ˈbraɪ.dᵊld	**ʌन ब्राइ** डᵊल्ड
unbroken	ˈʌn.ˈbrəʊ.kən	**ʌन ब्रəउ** कəन
unbuckle	ʌn.ˈbʌk.ᵊl	ʌन **बʌक** ᵊल
unbuilt	ʌn.ˈbɪlt	ʌन **बिल्ट**
unburden	ʌn.ˈbɜː.dᵊn	ʌन **बɜː** डᵊन
unburied	ʌn.ˈber.ɪd	ʌन **बेर** इड
unbusiness-like	ʌn.ˈbɪz.nɪs.laɪk	ʌन **बिज़** निस लाइक
unbutton	ʌn.ˈbʌt.ᵊn	ʌन **बʌट** ᵊन
uncalculated	ʌn.ˈkæl.kju.leɪ.tɪd	ʌन **कæल** क्यू लेइ टिड
uncalled-for	ʌn.ˈkɔːld.fɔː	ʌन **कोːल्ड** फ़ोː
uncannily	ʌn.ˈkæn.ᵊl.i	ʌन **कæन** ᵊल ई
uncanny	ʌn.ˈkæn.i	ʌन **कæन** ई
uncanonical	ˈʌn.kə.ˈnɒn.ɪ.kᵊl	**ʌन** कə **नɒन** इ कᵊल
uncap	ʌn.ˈkæp	ʌन **कæप**
uncared	ʌn.ˈkeəd	ʌन **केəड**
uncaring	ʌn.ˈkeə.rɪŋ	ʌन **केə** रिङ
uncatalogued	ʌn.ˈkæt.əl.ɒgd	ʌन **कæट** əल ɒग्ड
unceasing	ʌn.ˈsiː.zɪŋ	ʌन **सीː** ज़िङ
uncensored	ʌn.ˈsen.səd	ʌन **सेन** सəड
unceremoniously	ʌn.ˈser.ɪ.ˈməʊ.ni.əs.li	ʌन **सेर** इ **मəउ** नी əस ली
uncertain	ʌn.ˈsɜː.tᵊn	ʌन **सɜː** टᵊन
uncertainly	ʌn.ˈsɜː.tᵊn.li	ʌन **सɜː** टᵊन ली
uncertainty	ʌn.ˈsɜː.tᵊn.ti	ʌन **सɜː** टᵊन टी
unchallenged	ʌn.ˈtʃæl.əndʒd	ʌन **चæल** əन्ज्ड
unchanged	ʌn.ˈtʃeɪndʒd	ʌन **चेइन्ज्ड**
uncharacteristic	ˈʌn.kær.ək.tᵊr.ˈɪs.tɪk	**ʌन** कæर əक टᵊर

		इस टिक
uncharacteristically	ʌn.kær.ək.tᵊr.ˈɪs.tɪk.ə.li	ʌन कæर əक टᵊर **इस** टिक ə ली
uncharged	ʌn.ˈtʃɑːdʒd	ʌन **चाːज्ड**
uncharitable	ʌn.ˈtʃær.ɪ.tə.bᵊl	ʌन **चæर** इ टə बᵊल
uncharted	ʌn.ˈtʃɑː.tɪd	ʌन **चाː** टिड
unchartered	ʌn.ˈtʃɑː.təd	ʌन **चाː** टəड
unchaste	ʌn.ˈtʃeɪst	ʌन **चेइस्ट**
unchastened	ʌn.ˈtʃeɪs.ᵊnd	ʌन **चेइस** ᵊन्ड
unchecked	ʌn.ˈtʃekt	ʌन **चेक्ट**
unchivalrous	ʌn.ˈʃɪv.ᵊl.rəs	ʌन **शिव** ᵊल रəस
unchristian	ʌn.ˈkrɪs.tʃən	ʌन **क्रिस** चəन
uncircumcised	ʌn.ˈsɜː.kəm.saɪzd	ʌन **सɜː** कəम साइज़्ड
uncivil	ʌn.ˈsɪv.ᵊl	ʌन **सिव** ᵊल
uncivilised	ʌn.ˈsɪv.ᵊl.aɪzd	ʌन **सिव** ᵊल आइज़्ड
unclad	ʌn.ˈklæd	ʌन **क्लæड**
unclaimed	ʌn.ˈkleɪmd	ʌन **क्लेइम्ड**
unclamp	ʌn.ˈklæmp	ʌन **क्लæम्प**
unclasp	ʌn.ˈklɑːsp	ʌन **क्लाːस्प**
unclassified	ʌn.ˈklæs.ɪ.faɪd	ʌन **क्लæस** इ फ़ाइड
uncle	ˈʌŋ.kᵊl	**ʌङ** कᵊल
Uncle.Sam	ˈʌŋ.kᵊl.ˈsæm	**ʌङ** कᵊल **सæम**
unclean	ʌn.ˈkliːn	ʌन **क्लीːन**
unclear	ʌn.ˈklɪə	ʌन **क्लिə**
unclench	ʌn.ˈklentʃ	ʌन **क्लेन्च**
unclog	ʌŋ.ˈklɒg	ʌङ **क्लɒग**
unclose	ʌn.ˈkləʊz	ʌन **क्लəउज़**
unclothed	ʌn.ˈkləʊðd	ʌन **क्लəउद्ड**
unclouded	ʌn.ˈklaʊ.dɪd	ʌन **क्लाउ** डिड
uncluttered	ʌn.ˈklʌt.əd	ʌन **क्लʌट** əड
uncoil	ʌn.ˈkɔɪl	ʌन **कोइल**
uncomfortable	ʌn.ˈkʌmf.tə.bᵊl	ʌन **कʌम्फ़** टə बᵊल
uncomfortably	ʌn.ˈkʌm.fə.tə.bli	ʌन **कʌम** फ़ə टə ब्ली

uncommitted	ʌn.kə.ˈmɪt.ɪd	ʌन कə **मिट** इड
uncommon	ʌn.ˈkɒm.ən	ʌन **कɒम** əन
uncommonly	ʌn.ˈkɒm.ən.li	ʌन **कɒम** əन ली
uncommunicative	ʌn.kə.ˈmjuː.nɪ.kə.tɪv	ʌन कə **म्यू:** नि कə टिव
uncompetitive	ʌn.kəm.ˈpet.ə.tɪv	ʌन कəम **पेट** ə टिव
uncomplaining	ʌn.kəm.ˈpleɪ.nɪŋ	ʌन कəम **प्लेइ** निङ
uncompleted	ʌn.kəm.ˈpliː.tɪd	ʌन कəम **प्ली:** टिड
uncomplicated	ʌn.ˈkɒm.plɪ.keɪ.tɪd	ʌन **कɒम** प्लि केइ टिड
uncomplimentary	ʌn.kɒm.plɪ.ˈmen.tᵊr.i	ʌन कɒम प्लि **मेन** टᵊर ई
uncomprehending	ʌn.kɒm.prɪ.ˈhen.dɪŋ	ʌन कɒम प्रि **हेन** डिङ
uncompromising	ʌn.ˈkɒm.prə.maɪ.zɪŋ	ʌन **कɒम** प्रə माइ ज़िङ
unconcealed	ʌn.kən.ˈsiːld	ʌन कəन **सी:ल्ड**
unconcerned	ʌn.kən.ˈsɜːnd	ʌन कəन **सɜ:न्ड**
unconditional	ʌn.kən.ˈdɪʃ.ᵊn.ᵊl	ʌन कəन **डिश** ᵊन ᵊल
unconditionally	ʌn.kən.ˈdɪʃ.ᵊn.ᵊl.i	ʌन कəन **डिश** ᵊन ᵊल ई
unconfined	ʌn.kən.ˈfaɪnd	ʌन कəन **फ़ाइन्ड**
unconfirmed	ʌn.kən.ˈfɜːmd	ʌन कəन **फ़ɜ:म्ड**
uncongenial	ʌn.kən.ˈdʒiː.ni.ᵊl	ʌन कəन **जी:** नी ᵊल
unconnected	ʌn.kə.ˈnek.tɪd	ʌन कə **नेक** टिड
unconquerable	ʌn.ˈkɒŋ.kᵊr.ə.bᵊl	ʌन **कɒङ** कᵊर ə बᵊल
unconquered	ʌn.ˈkɒŋ.kəd	ʌन **कɒङ** कəड
unconscionable	ʌn.ˈkɒn.ʃᵊn.ə.bᵊl	ʌन **कɒन** शᵊन ə बᵊल
unconscious	ʌn.ˈkɒn.ʃəs	ʌन **कɒन** शəस
unconsciously	ʌn.ˈkɒn.ʃəs.li	ʌन **कɒन** शəस ली
unconsciousness	ʌn.ˈkɒn.ʃəs.nəs	ʌन **कɒन** शəस नəस
unconsidered	ʌn.kən.si.dəd	ʌन कəन सी डəड
unconstitutional	ʌn.kɒn.stɪ.ˈtjuː.ʃᵊn.ᵊl	ʌन कɒन स्टि **ट्यू:** शᵊन ᵊल
unconstrained	ʌn.kən.ˈstreɪnd	ʌन कəन **स्ट्रेइन्ड**
uncontestable	ʌn.kən.ˈtes.tə.bᵊl	ʌन कəन **टेस** टə बᵊल
uncontested	ʌn.kən.ˈtes.tɪd	ʌन कəन **टेस** टिड
uncontradicted	ʌn.kɒn.trə.ˈdɪk.tɪd	ʌन कɒन ट्रə **डिक** टिड
uncontrollable	ʌn.kən.ˈtrəʊ.lə.bᵊl	ʌन कəन **ट्रəउ** लə बᵊल
uncontrollably	ʌn.kən.ˈtrəʊ.lə.bli	ʌन कəन **ट्रəउ** लə ब्ली
uncontrolled	ʌn.kən.ˈtrəʊld	ʌन कəन **ट्रəउल्ड**
unconventional	ʌn.kən.ˈven.ʃᵊn.ᵊl	ʌन कəन **वेन** शᵊन ᵊल
unconverted	ʌn.kən.ˈvɜː.tɪd	ʌन कəन **वɜ:** टिड
unconvertible	ʌn.kən.ˈvɜː.tə.bᵊl	ʌन कəन **वɜ:** टə बᵊल
unconvinced	ʌn.kən.ˈvɪnst	ʌन कəन **विन्स्ट**
unconvincing	ʌn.kən.ˈvɪn.sɪŋ	ʌन कəन **विन** सिङ
uncooked	ʌn.ˈkʊkt	ʌन **कुक्ट**
uncool	ʌn.ˈkuːl	ʌन **कू:ल**
uncooperative	ʌn.kəʊ.ˈɒp.ᵊr.ə.tɪv	ʌन कəउ **ɒप** ᵊर ə टिव
uncoordinated	ʌn.kəʊ.ˈɔː.dɪ.neɪ.tɪd	ʌन कəउ **ओ:** डि नेइ टिड
uncork	ʌn.ˈkɔːk	ʌन **को:क**
uncorrected	ʌn.kᵊr.ˈek.tɪd	ʌन कᵊर **एक** टिड
uncorroborated	ʌn.kᵊr.ˈɒb.ᵊr.eɪ.tɪd	ʌन कᵊर **ɒब** ᵊर एइ टिड
uncorrupt	ʌn.kᵊr.ˈʌpt	ʌन कᵊर **ʌप्ट**
uncorrupted	ʌn.kᵊr.ˈʌp.tɪd	ʌन कᵊर **ʌप** टिड
uncountable	ʌn.ˈkaʊn.tə.bᵊl	ʌन **काउन** टə बᵊल
uncouple	ʌn.ˈkʌp.ᵊl	ʌन **कʌप** ᵊल
uncouth	ʌn.ˈkuːθ	ʌन **कू:थ**
uncover	ʌn.ˈkʌv.ə	ʌन **कʌव** ə
uncritical	ʌn.ˈkrɪt.ɪ.kᵊl	ʌन **क्रिट** इ कᵊल
uncrossed	ʌn.ˈkrɒst	ʌन **क्रɒस्ट**
uncrowned	ʌn.ˈkraʊnd	ʌन **क्राउन्ड**
uncrushable	ʌn.ˈkrʌʃ.ə.bᵊl	ʌन **क्रʌश** ə बᵊल
uncultivated	ʌn.ˈkʌl.tɪ.veɪ.tɪd	ʌन **कʌल** टि वेइ टिड

uncultured	ʌn.ˈkʌl.tʃəd	ʌन कʌल चəड
uncurbed	ʌn.ˈkɜːbd	ʌन कɜːब्ड
uncurl	ʌn.ˈkɜːl	ʌन कɜːल
uncut	ʌn.ˈkʌt	ʌन कʌट
undamaged	ʌn.ˈdæm.ɪdʒd	ʌन डæम इज्ड
undamped	ʌn.ˈdæmpt	ʌन डæम्प्ट
undated	ʌn.ˈdeɪ.tɪd	ʌन डेइ टिड
undaunted	ʌn.ˈdɔːn.tɪd	ʌन डोːन टिड
undebated	ʌn.dɪ.ˈbeɪ.tɪd	ʌन डि बेइ टिड
undeceived	ʌn.dɪ.ˈsiːvd	ʌन डि सीːव्ड
undecided	ʌn.dɪ.ˈsaɪ.dɪd	ʌन डि साइ डिड
undecipherable	ʌn.dɪ.ˈsaɪ.fᵊr.ə.bᵊl	ʌन डि साइ फ़ᵊर ə बᵊल
undecisive	ʌn.dɪ.ˈsaɪ.sɪv	ʌन डि साइ सिव
undeclared	ʌn.dɪ.ˈkleəd	ʌन डि क्लेəड
undefeated	ʌn.dɪ.ˈfiː.tɪd	ʌन डि फ़ीː टिड
undefended	ʌn.dɪ.ˈfen.dɪd	ʌन डि फ़ेन डिड
undefinable	ʌn.dɪ.ˈfaɪ.nə.bᵊl	ʌन डि फ़ाइ नə बᵊल
undefined	ʌn.dɪ.ˈfaɪnd	ʌन डि फ़ाइन्ड
undelete	ʌn.dɪ.ˈliːt	ʌन डि लीːट
undelivered	ʌn.dɪ.ˈlɪv.əd	ʌन डि लिव əड
undemanding	ʌn.dɪ.ˈmɑːn.dɪŋ	ʌन डि माːन डिङ
undemocratic	ʌn.dem.ə.ˈkræt.ɪk	ʌन डेम ə क्रæट इक
undemonstrative	ʌn.dɪ.ˈmɒn.strə.tɪv	ʌन डि मɒन स्ट्रə टिव
undeniable	ʌn.dɪ.ˈnaɪ.ə.bᵊl	ʌन डि नाइ ə बᵊल
undeniably	ʌn.dɪ.ˈnaɪ.ə.bli	ʌन डि नाइ ə ब्ली
under	ʌn.də	ʌन डə
underachieve	ʌn.dᵊr.ə.ˈtʃiːv	ʌन डᵊर ə चीːव
underact	ʌn.dᵊr.ˈækt	ʌन डᵊर æक्ट
under-age	ʌn.dᵊr.ˈeɪdʒ	ʌन डᵊर एइज
underarm	ʌn.dᵊr.ɑːm	ʌन डᵊर आːम
underbelly	ʌn.də.ˈbel.i	ʌन डə बेल ई
underbid	ʌn.də.ˈbɪd	ʌन डə बिड

underbred	ʌn.də.ˈbred	ʌन डə ब्रेड
underbrush	ʌn.də.ˈbrʌʃ	ʌन डə ब्रʌश
underbudgeted	ʌn.də.ˈbʌdʒ.ɪ.tɪd	ʌन डə बʌज इ टिड
undercapitalise	ʌn.də.ˈkæp.ɪ.tᵊl.aɪz	ʌन डə कæप इ टᵊल आइज़
undercarriage	ʌn.də.ˈkær.ɪdʒ	ʌन डə कær इज
undercharge (n)	ʌn.də.tʃɑːdʒ	ʌन डə चाːज
undercharge (v)	ʌn.də.ˈtʃɑːdʒ	ʌन डə चाːज
underclass	ˈʌn.də.klɑːs	ʌन डə क्लाːस
underclothes	ˈʌn.də.kləʊðz	ʌन डə क्लəउद़्ज़
underclothing	ˈʌn.də.ˈkləʊ.ðɪŋ	ʌन डə क्लəउ दिङ
undercoat	ˈʌn.də.kəʊt	ʌन डə कəउट
undercook	ˈʌn.də.ˈkʊk	ʌन डə कुक
undercover	ˈʌn.də.ˈkʌv.ə	ʌन डə कʌव ə
undercurrent	ˈʌn.də.ˈkʌr.ᵊnt	ʌन डə कʌर ᵊन्ट
undercut (n)	ˈʌn.də.kʌt	ʌन डə कʌट
undercut (v)	ˈʌn.dəˈkʌt	ʌन डə कʌट
underdeveloped	ˈʌn.də.dɪ.ˈvel.əpt	ʌन डə डि वेल əप्ट
underdo	ˈʌn.də.ˈduː	ʌन डə डूː
underdog	ˈʌn.də.dɒg	ʌन डə डɒग
underdone	ˈʌn.də.ˈdʌn	ʌन डə डʌन
underdressed	ˈʌn.də.ˈdrest	ʌन डə ड्रेस्ट
undereducated	ˈʌn.dᵊr.ˈedʒ.ʊ.keɪ.tɪd	ʌन डᵊर एज उ केइ टिड
underemployed	ˈʌn.dᵊr.ɪm ˈplɔɪd	ʌन डᵊर इम प्लोइड
underestimate (n)	ˈʌn.dᵊr.ˈes.tɪ.mət	ʌन डᵊर एस टि मəट
underestimate (v)	ˈʌn.dᵊr.ˈes.tɪ.meɪt	ʌन डᵊर एस टि मेइट
under-expose	ˈʌn. dᵊr.ɪk.ˈspəʊz	ʌन डᵊर इक स्पəउज़
underexposure	ˈʌn. dᵊr.ɪk.ˈspəʊ.ʒə	ʌन डᵊर इक स्पəउ ज़ə
under-eye	ˈʌn.dᵊr.aɪ	ʌन डᵊर आइ
underfeed	ˈʌn.də.ˈfiːd	ʌन डə फ़ीːड
underfelt	ˈʌn.də.felt	ʌन डə फ़ेल्ट
underfinanced	ˈʌn.də.faɪ.ˈnænst	ʌन डə फ़ाइ नæन्स्ट

underfloor	ˈʌn.də.ˈflɔː	**ʌन** डə **फ़्लो**ː
underfoot	ˈʌn.də.ˈfʊt	**ʌन** डə **फ़ुट**
underfund	ˈʌn.dəˈ.fʌnd	**ʌन** डə फ़ʌन्ड
undergarment	ˈʌn.də.ˈɡɑː.məntˈ	**ʌन** डə **गा**ː मəन्ट
undergo	ˈʌn.də.ˈɡəʊ	**ʌन** डə **गəउ**
undergrad	ˈʌn.də.ˈɡræd	**ʌन** डə **ग्रæड**
undergraduate	ˈʌn.də.ˈɡrædʒ.u.ət	**ʌन** डə **ग्रæज** ऊ əट
underground	ˈʌn.də.ɡraʊnd	**ʌन** डə ग्राउन्ड
undergrowth	ˈʌn.də.ɡrəʊθ	**ʌन** डə ग्रəउथ
underhand	ˈʌn.də.hænd	**ʌन** डə हæन्ड
underhanded	ˈʌn.də.ˈhæn.dɪd	**ʌन** डə **हæन** डिड
underinsured	ˈʌn.dər.ɪn.ˈʃɔːd	**ʌन** डəर इन **शो**ː**ड**
underlay.(n)	ˈʌn.də.leɪ	**ʌन** डə लेइ
underlay.(v)	ʌn.də.ˈleɪ	ʌन डə **लेइ**
underlet	ˈʌn.də.ˈlet	**ʌन** डə **लेट**
underlie	ˈʌn.də.ˈlaɪ	**ʌन** डə **लाइ**
underline.(n)	ˈʌn.də.laɪn	**ʌन** डə लाइन
underline.(v)	ʌn.də.ˈlaɪn	ʌन डə **लाइन**
underling	ˈʌn.dəl.ɪŋ	**ʌन** डəल इङ
underlip	ˈʌn.dəl.ɪp	**ʌन** डəल इप
underlying	ˈʌn.də.ˈlaɪ.ɪŋ	**ʌन** डə **लाइ** इङ
undermanned	ˈʌn.də.ˈmænd	**ʌन** डə **मæन्ड**
undermentioned	ˈʌn.də.ˈmen.ʃənd	**ʌन** डə **मेन** शəन्ड
undermine	ˈʌn.də.ˈmaɪn	**ʌन** डə **माइन**
underneath	ˈʌn.də.ˈniːθ	**ʌन** डə **नी**ː**थ**
undernourished	ˈʌn.də.ˈnʌr.ɪʃt	**ʌन** डə **नʌर** इश्ट
underpaid	ˈʌn.də.ˈpeɪd	**ʌन** डə **पेइड**
underpants	ˈʌn.də.pænts	**ʌन** डə पæन्ट्स
underpass	ˈʌn.də.pɑːs	**ʌन** डə पाːस
underpay	ˈʌn.də.ˈpeɪ	**ʌन** डə **पेइ**
underperform	ən.də.pə.ˈfɔːm	**əन** डə पə **फ़ो**ː**म**
underpin	ˈʌn.də.ˈpɪn	**ʌन** डə **पिन**
underplay	ˈʌn.də.ˈpleɪ	**ʌन** डə **प्लेइ**
underpopulated	ˈʌn.də.ˈpɒp.jə.leɪ.tɪd	**ʌन** डə **पɒप** ग़ə लेइ टिड
underpriced	ˈʌn.də.ˈpraɪst	**ʌन** डə **प्राइस्ट**
underprivileged	ˈʌn.də.ˈprɪv.əl.ɪdʒd	**ʌन** डə **प्रिव** əल इज्ड
underproduce	ˈʌn.də.prə.ˈdjuːs	**ʌन** डə प्रə **ड्यूːस**
underquote	ˈʌn.də.ˈkwəʊt	**ʌन** डə **क्वəउट**
underrate	ˈʌn.də.ˈreɪt	**ʌन** डə **रेइट**
underrepresentation	ˈʌn.də.ˈrep.rɪ.zen.ˈteɪ.ʃən	**ʌन** डə **रेप** रि ज़ेन **टेइ** शəन
underrepresented	ˈʌn.dəˈrep.rɪ.ˈzen.tɪd	**ʌन** डə **रेप** रि **ज़ेन** टिड
underresourced	ˈʌn.dəˈri.sɔːst	**ʌन** डə **री** सोːस्ट
underscore	ˈʌn.də.ˈskɔː	**ʌन** डə **स्को**ː
undersea	ˈʌn.də.siː	**ʌन** डə सीː
underseal	ˈʌn.də.siːl	**ʌन** डə सीːल
undersecretary	ˈʌn.də.ˈsek.rə.tər.i	**ʌन** डə **सेक** रə टəर ई
undersell	ˈʌn.də.ˈsel	**ʌन** डə **सेल**
underserved	ˈʌn.də.ˈsɜːvd	**ʌन** डə **सɜː**व्ड
undersexed	ˈʌn.də.ˈsekst	**ʌन** डə **सेक्स्ट**
undershaft	ˈʌn.də.ˈʃaːft	**ʌन** डə **शाːफ़्ट**
undershirt	ˈʌn.də.ˈʃɜːt	**ʌन** डə **शɜːट**
undershoot	ˈʌn.də.ˈʃuːt	**ʌन** डə **शूːट**
undershorts	ˈʌn.də.ˈʃɔːts	**ʌन** डə **शो**ː**ट्स**
underside	ˈʌn.də.saɪd	**ʌन** डə साइड
undersigned	ˈʌn.də.ˈsaɪnd	**ʌन** डə **साइन्ड**
undersized	ˈʌn.də.ˈsaɪzd	**ʌन** डə **साइज़्ड**
underskirt	ˈʌn.də.skɜːt	**ʌन** डə स्कɜːट
undersold	ˈʌn.də.ˈsəʊld	**ʌन** डə **सəउल्ड**
underspend	ˈʌn.də.ˈspend	**ʌन** डə **स्पेन्ड**
understaffed	ˈʌn.də.ˈstɑːft	**ʌन** डə **स्टाːफ़्ट**
understand	ˈʌn.də.ˈstænd	**ʌन** डə **स्टæन्ड**
understandable	ˈʌn.də.ˈstæn.də.bəl	**ʌन** डə **स्टæन** डə बəल
understandably	ˈʌn.də.ˈstæn.də.bli	**ʌन** डə **स्टæन** डə ब्ली
understanding	ˈʌn.də.ˈstæn.dɪŋ	**ʌन** डə **स्टæन** डिङ

understate	ˈʌn.də.ˈsteɪt	ʌ**न** डə **स्टेइट**
understated	ˈʌn.də.ˈsteɪ.tɪd	ʌ**न** डə **स्टेइ** टिड
understatement	ˈʌn.də.steɪt.mᵊnt	ʌ**न** डə स्टेइट मᵊन्ट
understocked	ˈʌn.də.ˈstɒkt	ʌ**न** डə **स्टɒक्ट**
understood	ˈʌn.də.ˈstʊd	ʌ**न** डə **स्टुड**
understudy	ˈʌn.də.ˈstʌd.i	ʌ**न** डə **स्टʌड** ई
undersubscribe	ˈʌn.də.sʌb.ˈskraɪb	ʌ**न** डə सʌब **स्क्राइब**
undertake	ˈʌn.də.ˈteɪk	ʌ**न** डə **टेइक**
undertaken	ˈʌn.də.ˈteɪ.kᵊn	ʌ**न** डə **टेइ** कᵊन
undertaker	ˈʌn.də.ˈteɪ.kə	ʌ**न** डə **टेइ** कə
undertaking	ˈʌn.də.ˈteɪ.kɪŋ	ʌ**न** डə **टेइ** किङ
under-the-counter	ˈʌn.də.ðə.ˈkaʊn.tə	ʌ**न** डə दə **काउन** टə
undertone	ˈʌn.də.təʊn	ʌ**न** डə टəउन
undertook	ˈʌn.də.ˈtʊk	ʌ**न** डə **टुक**
undertow	ˈʌn.də.təʊ	ʌ**न** डə टəउ
underused	ˈʌn.dᵊr.ˈjuːzd	ʌ**न** डᵊर **ग़ूːज़्ड**
underutilise	ˈʌn.dᵊr.ˈjuː.tɪ.laɪz	ʌ**न** डᵊर **ग़ूː** टि लाइज़
undervalue	ˈʌn.də.ˈvæl.juː	ʌ**न** डə **वæल** ग़ूː
underwater	ˈʌn.dᵊr.ˈwɔː.tə	ʌ**न** डᵊर **व़ोː** टə
underway	ˈən.dᵊr.ˈweɪ	**əन** डᵊर **व़ेइ**
underwear	ˈʌn.dᵊr.weə	ʌ**न** डᵊर व़ेə
underweight	ˈʌn.dᵊr.ˈweɪt	ʌ**न** डᵊर **व़ेइट**
underwent	ˈʌn.dᵊr.ˈwent	ʌ**न** डᵊर **व़ेन्ट**
underwhelm	ˈʌn.dᵊr.ˈwelm	ʌ**न** डᵊर **व़ेल्म**
underwing	ˈʌn.dᵊr.ˈwɪŋ	ʌ**न** डᵊर **व़िङ**
underwired	ˈʌn.dᵊr.ˈwaɪ.əd	ʌ**न** डᵊर **व़ाइ** əड
underworld	ˈʌn.dᵊr.wɜːld	ʌ**न** डᵊर व़ɜːल्ड
underwrite	ˈʌn.də.ˈraɪt	ʌ**न** डə **राइट**
underwriter	ˈʌn.də.ˈraɪ.tə	ʌ**न** डə **राइ** टə
underwritten	ˈʌn.də.ˈrɪt.ᵊn	ʌ**न** डə **रिट** ᵊन
underwrote	ˈʌn.də.ˈrəʊt	ʌ**न** डə **रəउट**
undescribable	ˈʌn.dɪ.ˈskraɪ.bə.bᵊl	ʌ**न** डि **स्क्राइ** बə बᵊल
undeserved	ˈʌn.dɪ.ˈzɜːvd	ʌ**न** डि **ज़ɜːव्ड**
undeserving	ˈʌn.dɪ.ˈzɜː.vɪŋ	ʌ**न** डि **ज़ɜː** विङ
undesirable	ˈʌn.dɪ.ˈzaɪ.ə.rə.bᵊl	ʌ**न** डि **ज़ाइ** ə रə बᵊल
undetectable	ˈʌn.dɪ.ˈtek.tə.bᵊl	ʌ**न** डि **टेक** टə बᵊल
undetected	ˈʌn.dɪ.ˈtek.tɪd	ʌ**न** डि **टेक** टिड
undeterminable	ˈʌn.dɪ.ˈtɜː.mɪ.nə.bᵊl	ʌ**न** डि **टɜː** मि नə बᵊल
undeterminate	ˈʌn.dɪ.ˈtɜː.mɪ.nət	ʌ**न** डि **टɜː** मि नəट
undetermined	ˈʌn.dɪ.ˈtɜː.mɪnd	ʌ**न** डि **टɜː** मिन्ड
undeterred	ˈʌn.dɪ.ˈtɜːd	ʌ**न** डि **टɜːड**
undeveloped	ˈʌn.dɪ.ˈvel.əpt	ʌ**न** डि **वेल** əप्ट
undid	ʌn.ˈdɪd	ʌन **डिड**
undies	ˈʌn.dɪz	ʌ**न** डिज़
undigested	ˈʌn.daɪ.ˈdʒes.tɪd	ʌ**न** डाइ **जेस** टिड
undignified	ˈʌn.ˈdɪg.nɪ.faɪd	ʌ**न** **डिग** नि फ़ाइड
undiluted	ˈʌn.daɪ.ˈljuː.tɪd	ʌ**न** डाइ **ल्ग़ूː** टिड
undiminished	ˈʌn.dɪ.ˈmɪn.ɪʃt	ʌ**न** डि **मिन** इश्ट
undimmed	ʌn.ˈdɪmd	ʌन **डिम्ड**
undiplomatic	ˈʌn.dɪ.plə.ˈmæt.ɪk	ʌ**न** डि प्लə **मæट** इक
undiscerning	ˈʌn.dɪ.sɜ.ˈnɪŋ	ʌ**न** डि सɜ **निङ**
undischarged	ˈʌn.dɪs.ˈtʃɑːdʒd	ʌ**न** डिस **चाːज्ड**
undisciplined	ʌn.ˈdɪs.ɪ.plɪnd	ʌन **डिस** इ प्लिन्ड
undisclosed	ˈʌn.dɪs.ˈkləʊzd	ʌ**न** डिस **क्लəउज़्ड**
undiscouraged	ˈʌn.dɪ.ˈskʌr.ɪdʒd	ʌ**न** डि **स्कʌर** इज्ड
undiscovered	ˈʌn.dɪˈskʌv.əd	ʌ**न** डि **स्कʌव** əड
undiscussed	ˈʌn.dɪ.ˈskʌst	ʌ**न** डि **स्कʌस्ट**
undisguised	ˈʌn.dɪs.ˈgaɪzd	ʌ**न** डिस **गाइज़्ड**
undismayed	ˈʌn.dɪ.ˈsmeɪd	ʌ**न** डि **स्मेइड**
undisputed	ˈʌn.dɪ.ˈspjuː.tɪd	ʌ**न** डि **स्प्ग़ूː** टिड
undissolved	ˈʌn.dɪ.ˈzɒlvd	ʌ**न** डि **ज़ɒल्व्ड**
undistinguishable	ˈʌn.dɪ.ˈstɪŋ.gwɪ.ʃə.bᵊl	ʌ**न** डि **स्टिङ** ग्व़ि शə बᵊल
undistinguished	ˈʌn.dɪ.ˈstɪŋ.gwɪʃt	ʌ**न** डि **स्टिङ** ग्व़िश्ट
undistracted	ˈʌn.dɪ.ˈstræk.tɪd	ʌ**न** डि **स्ट्रæक** टिड
undisturbed	ˈʌn.dɪ.ˈstɜːbd	ʌ**न** डि **स्टɜːब्ड**

undivided	ˈʌn.dɪ.ˈvaɪ.dɪd	ʌन डि **वाइ** डिड
undo	ˈʌn.ˈduː	**ʌन डूः**
undock	ˈʌn.ˈdɒk	**ʌन डɒक**
undocumented	ʌn.ˈdɒk.jʊ.men.tɪd	ʌन **डɒक** गु मेन टिड
undoing	ˈʌn.ˈduː.ɪŋ	**ʌन डूः** इङ
undomesticated	ˈʌn.də.ˈmes.tɪ.keɪ.tɪd	**ʌन** डə **मेस** टि केइ टिड
undone	ˈʌn.ˈdʌn	**ʌन डʌन**
undoubtedly	ˈʌn.ˈdaʊ.tɪd.li	**ʌन डाउ** टिड ली
undreamed.of	ˈʌn.ˈdriːmd.ɒv	**ʌन ड्रीःम्ड** ɒव
undreamt	ˈʌn.ˈdremt	**ʌन ड्रेम्ट**
undress	ˈʌn.ˈdres	**ʌन ड्रेस**
undrinkable	ˈʌn.ˈdrɪŋ.kə.bᵊl	**ʌन ड्रिङ** कə बᵊल
undue	ˈʌn.ˈdjuː	**ʌन ड्गूः**
undulate	ˈʌn.djʊ.leɪt	**ʌन** ड्गु लेइट
undulation	ˈʌn.djʊ.ˈleɪ.ʃᵊn	**ʌन** ड्गु **लेइ** शᵊन
undulatory	ˈʌn.djʊ.ˈleɪ.tᵊr.i	**ʌन** ड्गु **लेइ** टᵊर ई
unduly	ˈʌn.ˈdjuː.li	**ʌन ड्गूः** ली
undying	ˈʌn.ˈdaɪ.ɪŋ	**ʌन डाइ** इङ
unearned	ˈʌn.ˈɜːnd	**ʌन** ɜː**न्ड**
unearth	ˈʌn.ˈɜːθ	**ʌन** ɜː**थ**
unearthly	ˈʌn.ˈɜːθ.li	**ʌन** ɜː**थ** ली
unease	ˈʌn.ˈiːz	**ʌन ईःज़**
uneasiness	ˈʌn.ˈiːz.i.nəs	**ʌन ईःज़** ई नəस
uneasy	ˈʌn.ˈiː.zi	**ʌन ईः** ज़ी
uneaten	ˈʌn.ˈiː.tᵊn	**ʌन ईः** टᵊन
uneconomic	ˈʌn.iː.kə.ˈnɒm.ɪk	**ʌन** ईः कə **नɒम** इक
unedifying	ˈʌn.ˈed.ɪ.faɪ.ɪŋ	**ʌन एड** इ फ़ाइ इङ
unedited	ˈʌn.ˈed.ɪ.tɪd	**ʌन एड** इ टिड
uneducated	ˈʌn.ˈedʒ.ʊ.keɪ.tɪd	**ʌन एज** उ केइ टिड
unelected	ˈʌn.ɪ.ˈlek.tɪd	**ʌन** इ **लेक** टिड
unembarrassed	ˈʌn.ɪm.ˈbær.əst	**ʌन** इम **बæर** əस्ट
unemotional	ˈʌn.ɪ.ˈməʊ.ʃᵊn.ᵊl	**ʌन** इ **मəउ** शᵊन ᵊल
unemployable	ˈʌn.ɪm.ˈplɔɪ.ə.bᵊl	**ʌन** इम **प्लोइ** ə बᵊल

unemployed	ˈʌn.ɪm.ˈplɔɪd	**ʌन** इम **प्लोइड**
unemployment	ˈʌn.ɪm.ˈplɔɪ.mᵊnt	**ʌन** इम **प्लोइ** मᵊन्ट
unencumbered	ˈʌn.ɪn.ˈkʌm.bəd	**ʌन** इन **कʌम** बəड
unending	ˈʌn.ˈen.dɪŋ	**ʌन एन** डिङ
unendowed	ˈʌn.ɪn.ˈdaʊd	**ʌन** इन **डाउड**
unendurable	ˈʌn.ɪn.ˈdjʊ.ə.rə.bᵊl	**ʌन** इन **ड्गु** ə रə बᵊल
unenforceable	ˈʌn. ɪn.ˈfɔː.sə.bᵊl	**ʌन** इन **फ़ोः** सə बᵊल
unengaged	ˈʌn.ˈɪŋ.geɪdʒd	**ʌन इङ** गेइज्ड
un-English	ˈʌn.ˈɪŋ.glɪʃ	**ʌन इङ** ग्लिश
unenlightened	ˈʌn.en.ˈlaɪ.tᵊnd	**ʌन** एन **लाइ** टᵊन्ड
unenterprising	ˈʌn.ˈen.tə.praɪ.zɪŋ	**ʌन एन** टə प्राइ ज़िङ
unenthusiastic	ˈʌn.ɪn.ˈθjuː.zɪ.ˈæs.tɪk	**ʌन** इन **थ्गूः** ज़ि **æस** टिक
unenviable	ˈʌn.ˈen.vi.ə.bᵊl	**ʌन एन** वी ə बᵊल
unequal	ˈʌn.ˈiː.kwəl	**ʌन ईः** क्वəल
unequitable	ˈʌn.ˈek.wɪ.tə.bᵊl	**ʌन एक** वि टə बᵊल
unequivocal	ˈʌn.ɪ.ˈkwɪv.ə.kᵊl	**ʌन** इ **क्विव** ə कᵊल
unerring	ˈʌn.ˈɜː.rɪŋ	**ʌन** ɜː रिङ
unescapable	ˈʌn.ɪ.ˈskeɪ.pə.bᵊl	**ʌन** इ **स्केइ** पə बᵊल
UNESCO	juː.ˈnes.kəʊ	गूः **नेस** कəउ
unessential	ˈʌn. ɪ.ˈsen.ʃᵊl	**ʌन** इ **सेन** शᵊल
unethical	ʌn.ˈeθ.ɪ.kᵊl	ʌन **एथ** इ कᵊल
uneven	ʌn.ˈiː.vᵊn	ʌन **ईः** वᵊन
unevenly	ʌn.ˈiː.vᵊn.li	ʌन **ईः** वᵊन ली
uneventful	ˈʌn.ɪ.ˈvent.fᵊl	**ʌन** इ **वेन्ट** फ़ᵊल
unexampled	ˈʌn.ɪg.ˈzɑːm.pᵊld	**ʌन** इग **ज़ाःम** पᵊल्ड
unexceptional	ˈʌn.ɪk.ˈsep.ʃᵊn.ᵊl	**ʌन** इक **सेप** शᵊन ᵊल
unexhausted	ˈʌn.ɪg.ˈzɔː.stɪd	**ʌन** इग **ज़ोः** स्टिड
unexpected	ˈʌn.ek.ˈspek.tɪd	**ʌन** एक **स्पेक** टिड
unexpectedly	ˈʌn.ek.ˈspek.tɪd.li	**ʌन** एक **स्पेक** टिड ली
unexpired	ˈʌn.ɪk.ˈspaɪ.əd	**ʌन** इक **स्पाइ** əड
unexplained	ˈʌn.ek.ˈspleɪnd	**ʌन** एक **स्प्लेइन्ड**
unexploded	ˈʌn.ek.ˈspləʊ.dɪd	**ʌन** एक **स्प्लəउ** डिड

unexplored	ˈʌn.ɪk.ˈsplɔːd	**ʌन** इक **स्प्लोःड**
unexposed	ˈʌn.ɪk.ˈspəʊzd	**ʌन** इक **स्पəउज़्ड**
unexpressible	ˈʌn.ek.ˈspres.ə.bᵊl	**ʌन** एक **स्प्रेस** ə बᵊल
unexpressive	ˈʌn.ek.ˈspres.ɪv	**ʌन** एक **स्प्रेस** इव
unexpurgated	ˈʌn.ˈek.spə.geɪ.tɪd	**ʌन** **एक** स्पə गेइ टिड
unfading	ˈʌn.ˈfeɪ.dɪŋ	**ʌन** **फ़ेइ** डिङ
unfailing	ˈʌn.ˈfeɪ.lɪŋ	**ʌन** **फ़ेइ** लिङ
unfair	ˈʌn.ˈfeə	**ʌन** **फ़ेə**
unfairly	ˈʌn.ˈfeə.li	**ʌन** **फ़ेə** ली
unfairness	ˈʌn.ˈfeə.nəs	**ʌन** **फ़ेə** नəस
unfaithful	ˈʌn.ˈfeɪθ.fᵊl	**ʌन** **फ़ेइथ** फ़ᵊल
unfaltering	ˈʌn.ˈfɔːl.tᵊr.ɪŋ	**ʌन** **फ़ोːल** टᵊर इङ
unfamiliar	ˈʌn.fə.ˈmɪl.jə	**ʌन** फ़ə **मिल** य़ə
unfamiliarity	ˈʌn.fə.ˈmɪl.i.ˈær.ə.ti	**ʌन** फ़ə **मिल** ई **æर** ə टी
unfashionable	ˈʌn.ˈfæʃ.ᵊn.ə.bᵊl	**ʌन** **फ़æश** ᵊन ə बᵊल
unfasten	ˈʌn.ˈfɑː.sᵊn	**ʌन** **फ़ाː** सᵊन
unfathomable	ˈʌn.ˈfæð.ə.mə.bᵊl	**ʌन** **फ़æद** ə मə बᵊल
unfathomed	ˈʌn.ˈfæð.əmd	**ʌन** **फ़æद** əम्ड
unfavourable	ˈʌn.ˈfeɪ.vᵊr.ə.bᵊl	**ʌन** **फ़ेइ** वᵊर ə बᵊल
unfavourite	ˈʌn.ˈfeɪ.vᵊr.ɪt	**ʌन** **फ़ेइ** वᵊर इट
unfazed	ˈʌn.ˈfeɪzd	**ʌन** **फ़ेइज़्ड**
unfed	ˈʌn.ˈfed	**ʌन** **फ़ेड**
unfeeling	ˈʌn.ˈfiː.lɪŋ	**ʌन** **फ़ीː** लिङ
unfeigned	ˈʌn.ˈfeɪnd	**ʌन** **फ़ेइन्ड**
unfelt	ˈʌn.felt	**ʌन** फ़ेल्ट
unfermented	ˈʌn.fɜː.ˈmen.tɪd	**ʌन** फ़ɜː **मेन** टिड
unfertilised	ˈʌn.fɜː.ˈtᵊl.aɪzd	**ʌन** फ़ɜː **टᵊल** आइज़्ड
unfetter	ˈʌn.ˈfet.ə	**ʌन** **फ़ेट** ə
unfilled	ˈʌn.ˈfɪld	**ʌन** **फ़िल्ड**
unfinished	ˈʌn.ˈfɪn.ɪʃt	**ʌन** **फ़िन** इश्ट
unfit.(adj)	ˈʌn.ˈfɪt	**ʌन** **फ़िट**
unfit.(v)	ʌn.ˈfɪt	ʌन **फ़िट**
unfix	ˈʌn.fix	**ʌन** फ़ी
unflagging	ˈʌn.ˈflæg.ɪŋ	**ʌन** **फ़्लæग** इङ
unflappable	ˈʌn.ˈflæp.ə.bᵊl	**ʌन** **फ़्लæप** ə बᵊल
unflattering	ˈʌn.ˈflæt.ə.rɪŋˈ	**ʌन** **फ़्लæट** ə रिङ
unfledged	ˈʌn.ˈfledʒd	**ʌन** **फ़्लेज्ड**
unflinching	ˈʌn.ˈflɪn.tʃɪŋ	**ʌन** **फ़्लिन** चिङ
unfocused	ˈʌn.ˈfəʊ.kəst	**ʌन** **फ़əउ** कəस्ट
unfold	ˈʌn.ˈfəʊld	**ʌन** **फ़əउल्ड**
unforeseeable	ˈʌn.fɔː.ˈsiː.ə.bᵊl	**ʌन** फ़ोː **सीː** ə बᵊल
unforeseen	ˈʌn.fɔː.ˈsiːn	**ʌन** फ़ोː **सीःन**
unforgettable	ˈʌn.fə.ˈget.ə.bᵊl	**ʌन** फ़ə **गेट** ə बᵊल
unforgivable	ˈʌn.fə.ˈgɪv.ə.bᵊl	**ʌन** फ़ə **गिव** ə बᵊल
unforgiven	ˈʌn.fɒr.ˈgɪv.ᵊn	**ʌन** फ़ɒर **गिव** ᵊन
unforgiving	ˈʌn.fə.ˈgɪv.ɪŋ	**ʌन** फ़ə **गिव** इङ
unforgotten	ˈʌn.fə.ˈgɒt.ᵊn	**ʌन** फ़ə **गɒट** ᵊन
unformatted	ˈʌn.ˈfɔː.mæt.ɪd	**ʌन** **फ़ोː** मæट इड
unformed	ˈʌn.ˈfɔːmd	**ʌन** **फ़ोःम्ड**
unforthcoming	ˈʌn.fɔːθ.ˈkʌm.ɪŋ	**ʌन** फ़ोःथ **कʌम** इङ
unfortified	ˈʌn.fɔː.tɪ.faɪd	**ʌन** फ़ोː टि फ़ाइड
unfortunate	ʌn.ˈfɔː.tʃᵊn.ət	ʌन **फ़ोː** चᵊन əट
unfortunately	ʌn.ˈfɔː.tʃᵊn.ət.li	ʌन **फ़ोː** चᵊन əट ली
unfounded	ˈʌn.ˈfaʊn.dɪd	**ʌन** **फ़ाउन** डिड
unframed	ˈʌn.ˈfreɪmd	**ʌन** **फ़्रेइम्ड**
unfreeze	ˈʌn.ˈfriːz	**ʌन** **फ़्रीːज़**
unfrequented	ˈʌn.frɪ.ˈkwen.tɪd	**ʌन** फ़्रि **क्वेन** टिड
unfriend	ˈʌn.ˈfrend	**ʌन** **फ़्रेन्ड**
unfriendly	ˈʌn.ˈfrend.li	**ʌन** **फ़्रेन्ड** ली
unfrock	ˈʌn.ˈfrɒk	**ʌन** **फ़्रɒक**
unfruitful	ˈʌn.ˈfruːt.fᵊl	**ʌन** **फ़्रूːट** फ़ᵊल
unfulfilled	ˈʌn.fʊl.ˈfɪld	**ʌन** फ़ुल **फ़िल्ड**
unfunny	ˈʌn.ˈfʌn.i	**ʌन** **फ़ʌन** ई
unfurl	ˈʌn.ˈfɜːl	**ʌन** **फ़ɜːल**
unfurnished	ˈʌn.ˈfɜː.nɪʃt	**ʌन** **फ़ɜː** निश्ट

ungainly	ˈʌn.ˈgeɪn.li	**ʌन गेइन** ली
ungallant	ˈʌn.ˈgæl.ənt	**ʌन गæल** ənट
ungenerous	ˈʌn.ˈdʒen.ᵊr.əs	**ʌन जेन** ᵊर əस
ungentlemanly	ˈʌn.ˈdʒent.ᵊl.mən.li	**ʌन जेन्ट** ᵊल मəन ली
ungettable	ˈʌn.ˈget.ə.bᵊl	**ʌन गेट** ə बᵊल
unglazed	ˈʌn.ˈgleɪzd	**ʌन ग्लेइज़्ड**
unglove	ˈʌn.ˈglʌv	**ʌन ग्लʌव**
unglue	ˈʌn.ˈgluː	**ʌन ग्लू**ː
ungodly	ˈʌn.ˈgɒd.li	**ʌन गɒड** ली
ungotten	ˈʌn.ˈgɒt.ᵊn	**ʌन गɒट** ᵊन
ungovernable	ˈʌn.ˈgʌv.ᵊn.ə.bᵊl	**ʌन गʌव** ᵊन ə बᵊल
ungoverned	ˈʌn.ˈgʌv.ənd	**ʌन गʌव** əन्ड
ungraceful	ˈʌn.ˈgreɪs.fᵊl	**ʌन ग्रेइस** फ़ᵊल
ungracious	ˈʌn.ˈgreɪ.ʃəs	**ʌन ग्रेइ** शəस
ungrammatical	ˈʌn.grə.ˈmæt.ɪ.kᵊl	**ʌन** ग्रə **मæट** इ कᵊल
ungrateful	ˈʌn.ˈgreɪt.fᵊl	**ʌन ग्रेइट** फ़ᵊल
ungratefully	ˈʌn.ˈgreɪt.fᵊl.i	**ʌन ग्रेइट** फ़ᵊल ई
ungrounded	ˈʌn.ˈgraʊn.dɪd	**ʌन ग्राउन** डिड
ungrudging	ˈʌn.ˈgrʌdʒ.ɪŋ	**ʌन ग्रʌज** इङ
unguarded	ˈʌn.ˈgɑː.dɪd	**ʌन गा**ː डिड
unguided	ˈʌn.ˈgaɪ.dɪd	**ʌन गाइ** डिड
unhampered	ˈʌn.ˈhæm.pəd	**ʌन हæम** पəड
unhand	ˈʌn.ˈhænd	**ʌन हæन्ड**
unhappily	ˈʌn.ˈhæp.ɪ.li	**ʌन हæप** इ ली
unhappiness	ˈʌn.ˈhæp.ɪ.nəs	**ʌन हæप** इ नəस
unhappy	ˈʌn.ˈhæp.i	**ʌन हæप** ई
unharmed	ˈʌn.ˈhɑːmd	**ʌन हा**ː**म्ड**
unharness	ˈʌn.ˈhɑː.nəs	**ʌन हा**ː नəस
unhatched	ˈʌn.ˈhætʃt	**ʌन हæच्ट**
unhealthy	ˈʌn.ˈhel.θi	**ʌन हेल** थी
unheard-of	ˈʌn.ˈhɜːd.ɒv	**ʌन हɜːड** ɒव
unheeded	ˈʌn.ˈhiː.dɪd	**ʌन ही**ː डिड
unhelpful	ˈʌn.ˈhelp.fᵊl	**ʌन हेल्प** फ़ᵊल
unheralded	ˈʌn.ˈher.ᵊl.dɪd	**ʌन हेर** ᵊल डिड
unhesitating	ˈʌn.ˈhez.ɪ.teɪ.tɪŋ	**ʌन हेज़** इ टेइ टिङ
unhinge	ˈʌn.ˈhɪndʒ	**ʌन हिन्ज**
unhip	ˈʌn.ˈhɪp	**ʌन हिप**
unhistoric	ˈʌn.ˈhɪ.stɒr.ɪk	**ʌन हि** स्टɒर इक
unhitch	ˈʌn.ˈhɪtʃ	**ʌन हिच**
unholy	ˈʌn.ˈhəʊ.li	**ʌन हəउ** ली
unhook	ˈʌn.ˈhʊk	**ʌन हुक**
unhoped-for	ˈʌn.ˈhəʊpt.fɔː	**ʌन हəउप्ट** फ़ोː
unhorse	ˈʌn.ˈhɔːs	**ʌन हो**ː**स**
unhung	ˈʌn.ˈhʌŋ	**ʌन हʌङ**
unhurried	ˈʌn.ˈhʌr.ɪd	**ʌन हʌर** इड
unhurt	ˈʌn.ˈhɜːt	**ʌन हɜːट**
unhygienic	ˈʌn.haɪ.ˈdʒiː.nɪk	**ʌन** हाइ **जी**ː निक
uni	ˈjuː.ni	**यू**ː नी
UNICEF	ˈjuː.nɪ.sef	**यू**ː नि सेफ़
unicellular	ˈjuː.nɪ.ˈsel.jə.lə	**यू**ː नि **सेल** यə लə
unicode	ˈjuː.ni.kəʊd	**यू**ː नी कəउड
unicorn	ˈjuː.nɪ.kɔːn	**यू**ː नि कोːन
unicycle	ˈjuː.nɪ.saɪ.kᵊl	**यू**ː नि साइ कᵊल
unidentified	ˈʌn.aɪ.ˈden.tɪ.faɪd	**ʌन** आइ **डेन** टि फ़ाइड
unidimensional	ˈjuː.nɪ.daɪ.ˈmen.ʃᵊn.ᵊl	**यू**ː नि डाइ **मेन** शᵊन ᵊल
unidiomatic	ˈʌn.ɪd.i.əʊ.ˈmæt.ɪk	**ʌन** इड ई əउ **मæट** इक
unification	ˈjuː.nɪ.fɪ.ˈkeɪ.ʃᵊn	**यू**ː नि फ़ि **केइ** शᵊन
uniform	ˈjuː.nɪ.fɔːm	**यू**ː नि फ़ोːम
uniformed	ˈjuː.nɪ.fɔːmd	**यू**ː नि फ़ोːम्ड
uniformity	ˈjuː.nɪ.ˈfɔː.mə.ti	**यू**ː नि **फ़ो**ː मə टी
uniformly	ˈjuː.nɪ.fɔːm.li	**यू**ː नि फ़ोːम ली
unify	ˈjuː.nɪ.faɪ	**यू**ː नि फ़ाइ
unilateral	ˈjuː.nɪ.ˈlæt.ᵊr.ᵊl	**यू**ː नि **लæट** ᵊर ᵊल
unimaginable	ˈʌn.ɪ.ˈmædʒ.ɪ.nə.bᵊl	**ʌन** इ **मæज** इ नə बᵊल
unimaginative	ˈʌn.ɪ.ˈmædʒ.ɪ.nə.tɪv	**ʌन** इ **मæज** इ नə टिव

unimagined	ˈʌn.ɪ.ˈmædʒ.ɪnd	ʌन इ मæज इन्ड
unimpaired	ˈʌn.ɪm.ˈpeəd	ʌन इम पेəड
unimpassioned	ˈʌn.ɪm.ˈpæʃ.ᵊnd	ʌन इम पæश ᵊन्ड
unimpeachable	ˈʌn.ɪm.ˈpiː.tʃə.bᵊl	ʌन इम पीː चə बᵊल
unimpeded	ˈʌn.ɪm.ˈpiː.dɪd	ʌन इम पीː डिड
unimportant	ˈʌn.ɪm.ˈpɔː.tᵊnt	ʌन इम पोː टᵊन्ट
unimpressed	ˈʌn.ɪm.ˈprest	ʌन इम प्रेस्ट
unimpressive	ˈʌn.ɪm.ˈpres.ɪv	ʌन इम प्रेस इव
unimproved	ˈʌn.ɪm.ˈpruːvd	ʌन इम प्रूːव्ड
unincorporated	ˈʌn.ɪn.ˈkɔː.pᵊr.ˈeɪ.tɪd	ʌन इन कोː पᵊर एइ टिड
uninfected	ˈʌn.ɪn.ˈfek.tɪd	ʌन इन फ़ेक टिड
uninflated	ˈʌn.ɪn.ˈfleɪ.tɪd	ʌन इन फ़्लेइ टिड
uninfluenced	ˈʌn.ɪn.flʊ.ᵊnst	ʌन इन फ़्लु ᵊन्स्ट
uninformative	ˈʌn.ɪn.ˈfɔː.mə.tɪv	ʌन इन फ़ोː मə टिव
uninformed	ˈʌn.ɪn.ˈfɔːmd	ʌन इन फ़ोːम्ड
uninhabitable	ˈʌn.ɪn.ˈhæb.ɪ.tə.bᵊl	ʌन इन हæब इ टə बᵊल
uninhabited	ˈʌn.ɪn.ˈhæb.ɪ.tɪd	ʌन इन हæब इ टिड
uninhibited	ˈʌn.ɪn.ˈhɪb.ɪ.tɪd	ʌन इन हिब इ टिड
uninitiated	ˈʌn.ɪ.ˈnɪʃ.i.eɪ.tɪd	ʌन इ निश ई एइ टिड
uninjured	ˈʌn.ˈɪn.dʒəd	ʌन इन जəड
uninspired	ˈʌn.ɪn.ˈspaɪ.əd	ʌन इन स्पाइ əड
uninspiring	ˈʌn.ɪn.ˈspaɪ.ə.rɪŋ	ʌन इन स्पाइ ə रिङ
uninstall	ˈʌn.ɪn.ˈstɔːl	ʌन इन स्टोːल
uninsured	ˈʌn.ɪn.ˈʃʊəd	ʌन इन शुəड
unintelligent	ˈʌn.ɪn.ˈtel.ɪ.dʒᵊnt	ʌन इन टेल इ जᵊन्ट
unintelligible	ˈʌn.ɪn.ˈtel.ɪ.dʒə.bᵊl	ʌन इन टेल इ जə बᵊल
unintended	ˈʌn.ɪn.ˈten.dɪd	ʌन इन टेन डिड
unintentional	ˈʌn.ɪn.ˈten.ʃᵊn.ᵊl	ʌन इन टेन शᵊन ᵊल
uninterested	ˈʌn.ˈɪn.trəs.tɪd	ʌन इन ट्रəस टिड
uninterrupted	ˈʌn.ɪn.tᵊr.ˈʌp.tɪd	ʌन इन टᵊर ʌप टिड
uninvited	ˈʌn.ɪn.ˈvaɪ.tɪd	ʌन इन वाइ टिड
union	ˈjuː.ni.ən	ग़ूː नी əन
unionize	ˈjuː.njə.ˈnaɪz	ग़ूː न्ग़ə नाइज़
unique	ˈjuː.ˈniːk	ग़ूː नीːक
uniquely	ˈjuː.ˈniːk.li	ग़ूː नीːक ली
unisex	ˈjuː.nɪ.seks	ग़ूː नि सेक्स
unison	ˈjuː.nɪ.sᵊn	ग़ूː नि सᵊन
unit	ˈjuː.nɪt	ग़ूː निट
unitary	ˈjuː.nɪ.tᵊr.i	ग़ूː नि टᵊर ई
unite	ˈju.ˈnaɪt	ग़ू नाइट
united	ˈju.ˈnaɪ.tɪd	ग़ू नाइ टिड
United.Kingdom	ju.ˈnaɪ.tɪd.ˈkɪŋ.dəm	ग़ू नाइ टिड किङ डəम
United.Nations	ju.ˈnaɪ.tɪd.ˈneɪ.ʃᵊnz	ग़ू नाइ टिड नेइ शᵊन्ज़
United.States	ju.ˈnaɪ.tɪd.steɪts	ग़ू नाइ टिड स्टेइट्स
unity	ˈjuː.nɪ.ti	ग़ूː नि टी
univalent	ˈjuː.nɪ.veɪ.lᵊnt	ग़ूː नि वेइ लᵊन्ट
univalve	ˈjuː.nɪ.vælv	ग़ूː नि वæल्व
universal	ˈjuː.nɪ.ˈvɜː.sᵊl	ग़ूː नि वɜː सᵊल
universalism	ˈjuː.nɪ.ˈvɜː.sᵊl.ɪ.zəm	ग़ूː नि वɜː सᵊल इ ज़əम
universally	ˈjuː.nɪ.ˈvɜː.səl.i	ग़ूː नि वɜː सəल ई
universe	ˈjuː.nɪ.vɜːs	ग़ूː नि वɜːस
university	ˈjuː.nɪ.ˈvɜː.sɪ.ti	ग़ूː नि वɜː सि टी
unjust	ˈʌn.ˈdʒʌst	ʌन जʌस्ट
unjustifiable	ˈʌn.dʒʌs.tɪ.ˈfaɪ.ə.bᵊl	ʌन जʌस टि फ़ाइ ə बᵊल
unjustified	ˈʌn.ˈdʒʌs.tɪ.faɪd	ʌन जʌस टि फ़ाइड
unkempt	ˈʌn.ˈkempt	ʌन केम्प्ट
unkind	ˈʌn.ˈkaɪnd	ʌन काइन्ड
unkindly	ˈʌn.ˈkaɪnd.li	ʌन काइन्ड ली
unkindness	ˈʌn.ˈkaɪnd.nəs	ʌन काइन्ड नəस
unknit	ˈʌn.ˈnit	ʌन नीट
unknot	ˈʌn.ˈnɒt	ʌन नɒट
unknowingly	ˈʌn.ˈnəʊ.ɪŋ.li	ʌन नəउ इङ ली
unknown	ʌn.ˈnəʊn	ʌन नəउन
unlace	ʌn.ˈleɪs	ʌन लेइस

unladylike	ʌn.ˈleɪ.di.laɪk	ʌन लेड डी लाइक
unlamented	ˈʌn.lə.ˈmen.tɪd	ʌन लə मेन टिड
unlash	ˈʌn.ˈlæʃ	ʌन लæश
unlatch	ˈʌn.ˈlætʃ	ʌन लæच
unlawful	ˈʌn.ˈlɔː.fᵊl	ʌन लो: फ़ᵊल
unleaded	ʌn.ˈled.ɪd	ʌन लेड इड
unlearn	ʌn.ˈlɜːn	ʌन लɜːन
unleash	ʌn.ˈliːʃ	ʌन ली:श
unless	ʌn.ˈles	ʌन लेस
unlettered	ˈʌn.ˈlet.əd	ʌन लेट əड
unliberated	ˈʌn.ˈlɪb.ᵊr.eɪ.tɪd	ʌन लिब ᵊर एड टिड
unlicensed	ˈʌn.ˈlaɪ.sᵊnst	ʌन लाइ सᵊन्स्ट
unlike	ʌn.ˈlaɪk	ʌन लाइक
unlikely	ʌn.ˈlaɪk.li	ʌन लाइक ली
unlimited	ˈʌn.ˈlɪm.ɪ.tɪd	ʌन लिम इ टिड
unlisted	ˈʌn.ˈlɪs.tɪd	ʌन लिस टिड
unlit	ʌn.ˈlɪt	ʌन लिट
unload	ʌn.ˈləʊd	ʌन लəउड
unlock	ˈʌn.ˈlɒk	ʌन लɒक
unlooked-for	ʌn.ˈlʊkt.ˈfɔː	ʌन लुक्ट फ़ो:
unloose	ˈʌn.ˈluːs	ʌन लू:स
unloosen	ˈʌn.ˈluː.sᵊn	ʌन लू: सᵊन
unloved	ˈʌn.ˈlʌvd	ʌन लʌव्ड
unloving	ˈʌn.ˈlʌv.ɪŋ	ʌन लʌव इङ
unlucky	ˈʌn.ˈlʌk.i	ʌन लʌक ई
unmade	ˈʌn.ˈmeɪd	ʌन मेइड
unmake	ˈʌn.ˈmeɪk	ʌन मेइक
unman	ˈʌn.ˈmæn	ʌन मæन
unmanageable	ˈʌn.ˈmæn.ɪ.dʒə.bᵊl	ʌन मæन इ जə बᵊल
unmanly	ˈʌn.ˈmæn.li	ʌन मæन ली
unmannered	ˈʌn.ˈmæn.əd	ʌन मæन əड
unmannerly	ˈʌn.ˈmæn.ə.li	ʌन मæन ə ली
unmarked	ˈʌn.ˈmɑːkt	ʌन मा:क्ट

unmarriageable	ˈʌn.ˈmær.ɪ.dʒə.bᵊl	ʌन मæर इ जə बᵊल
unmarried	ˈʌn.ˈmær.ɪd	ʌन मæर इड
unmask	ˈʌn.ˈmɑːsk	ʌन मा:स्क
unmatched	ˈʌn.ˈmætʃt	ʌन मæच्ट
unmeasurable	ˈʌn.ˈmeʒ.ᵊr.ə.bᵊl	ʌन मेज़ ᵊर ə बᵊल
unmeasured	ˈʌn.ˈmeʒ.əd	ʌन मेज़ əड
unmentionable	ˈʌn.ˈmen.ʃᵊn.ə.bᵊl	ʌन मेन शᵊन ə बᵊल
unmentioned	ˈʌn.ˈmen.ʃᵊnd	ʌन मेन शᵊन्ड
unmerciful	ˈʌn.ˈmɜː.sɪ.fᵊl	ʌन मɜː सि फ़ᵊल
unmerited	ˈʌn.ˈmer.ɪ.tɪd	ʌन मेर इ टिड
unmet	ˈʌn.ˈmet	ʌन मेट
unmethodical	ˈʌn.mə.ˈθɒd.ɪ.kᵊl	ʌन मə थɒड इ कᵊल
unmetred	ˈʌn.ˈmiː.təd	ʌन मी: टəड
unmindful	ˈʌn.ˈmaɪnd.fᵊl	ʌन माइन्ड फ़ᵊल
unmissable	ˈʌn.ˈmɪs.ə.bᵊl	ʌन मिस ə बᵊल
unmistakable	ˈʌn.mɪ.ˈsteɪ.kə.bᵊl	ʌन मि स्टेइ कə बᵊल
unmistakably	ˈʌn.mɪ.ˈsteɪ.kə.bli	ʌन मि स्टेइ कə ब्ली
unmitigated	ˈʌn.ˈmɪt.ɪ.geɪ.tɪd	ʌन मिट इ गेइ टिड
unmixed	ˈʌn.ˈmɪkst	ʌन मिक्स्ट
unmodifiable	ˈʌn.ˈmɒd.ɪ.faɪ.ə.bᵊl	ʌन मɒड इ फ़ाइ ə बᵊल
unmodified	ˈʌn.ˈmɒd.ɪ.faɪd	ʌन मɒड इ फ़ाइड
unmolested	ˈʌn.mə.ˈles.tɪd	ʌन मə लेस टिड
unmounted	ˈʌn.ˈmaʊn.tɪd	ʌन माउन टिड
unmourned	ˈʌn.ˈmɔːnd	ʌन मो:न्ड
unmoved	ˈʌn.ˈmuːvd	ʌन मू:व्ड
unmuffle	ˈʌn.ˈmʌf.ᵊl	ʌन मʌफ़ ᵊल
unmusical	ˈʌn.ˈmjuː.zɪ.kᵊl	ʌन म्यू: ज़ि कᵊल
unmuzzle	ˈʌn.ˈmʌz.ᵊl	ʌन मʌज़ ᵊल
unnamed	ˈʌn.ˈneɪmd	ʌन नेइम्ड
unnatural	ˈʌn.ˈnætʃ.ᵊr.ᵊl	ʌन नæच ᵊर ᵊल
unnaturally	ˈʌn.ˈnætʃ.ᵊr.ᵊl.i	ʌन नæच ᵊर ᵊल ई

unnavigable	ˈʌn.ˈnæv.ɪ.geɪ.bəl	**ʌन नæव** इ गेइ ब॰ल
unnecessarily	ˈʌn.ˈnes.ə.sər.əl.i	**ʌन नेस** ə स॰र ॰ल ई
unnecessary	ˈʌn.ˈnes.ə.sər.i	**ʌन नेस** ə स॰र ई
unneeded	ˈʌn.ˈniː.dɪd	**ʌन नी**: डिड
unneighbourly	ˈʌn.ˈneɪ.bəl.i	**ʌन नेइ** ब॰ल ई
unnerve	ˈʌn.ˈnɜːv	**ʌन न3:व**
unnerving	ˈʌn.ˈnɜː.vɪŋ	**ʌन न3**: विङ
unnoticed	ˈʌn.ˈnəʊ.tɪst	**ʌन नəउ** टिस्ट
unnumbered	ˈʌn.ˈnʌm.bəd	**ʌन नʌम** बəड
UNO	ˈjuː.ˈen.ˈəʊ	**यू**: **एन əउ**
unobjectionable	ˈʌn.əb.ˈdʒek.ʃən.ə.bəl	**ʌन** əब **जेक** श॰न ə ब॰ल
unobliging	ˈʌn.ə.ˈblaɪ.dʒɪŋ	**ʌन** ə **ब्लाइ** जिङ
unobliterated	ˈʌn.ə.ˈblɪt.ər.eɪ.tɪd	**ʌन** ə **ब्लिट** ॰र एइ टिड
unobservant	ˈʌn.əb.ˈzɜː.vənt	**ʌन** əब **ज़3**: व॰न्ट
unobserved	ˈʌn.əb.ˈzɜːvd	**ʌन** əब **ज़3:व्ड**
unobstructed	ˈʌn.əb.ˈstrʌk.tɪd	**ʌन** əब **स्ट्रʌक** टिड
unobtainable	ˈʌn.əb.ˈteɪ.nə.bəl	**ʌन** əब **टेइ** नə ब॰ल
unobtrusive	ˈʌn.əb.ˈtruː.sɪv	**ʌन** əब **ट्रू**: सिव
unoccupied	ˈʌn.ˈɒk.jʊ.paɪd	**ʌन ɒक** यु पाइड
unoffensive	ˈʌn.ə.ˈfen.sɪv	**ʌन** ə **फ़ेन** सिव
unofficial	ˈʌn.ə.ˈfɪʃ.əl	**ʌन** ə **फ़िश** ॰ल
unofficially	ˈʌn.ə.ˈfɪʃ.əl.i	**ʌन** ə **फ़िश** ॰ल ई
unopened	ˈʌn.ˈəʊ.pənd	**ʌन əउ** पəन्ड
unopposed	ˈʌn.ə.ˈpəʊzd	**ʌन** ə **पəउज़्ड**
unordained	ˈʌn.ˈɔː.deɪnd	**ʌन ओ**: डेइन्ड
unordered	ˈʌn.ˈɔː.dəd	**ʌन ओ**: डəड
unorganised	ˈʌn.ˈɔː.gən.aɪzd	**ʌन ओ**: ग॰न आइज़्ड
unorthodox	ˈʌn.ˈɔː.θə.dɒks	**ʌन ओ**: थə डɒक्स
unostentatious	ˈʌn.ˈɒs.ten.ˈteɪ.ʃəs	**ʌन ɒस** टेन **टेइ** शəस
unowned	ˈʌn.ˈəʊnd	**ʌन əउन्ड**
unpack	ˈʌn.ˈpæk	**ʌन पæक**

unpaid	ˈʌn.ˈpeɪd	**ʌन पेइड**
unpaired	ˈʌn.ˈpeəd	**ʌन पेəड**
unpalatable	ˈʌn.ˈpæl.ə.tə.bəl	**ʌन पæल** ə टə ब॰ल
unparalleled	ˈʌn.ˈpær.ə.leld	**ʌन पæर** ə लेल्ड
unpardonable	ˈʌn.ˈpɑː.dən.ə.bəl	**ʌन पा**: ड॰न ə ब॰ल
unparliamentary	ˈʌn.ˈpɑː.lə.ˈmen.tər.i	**ʌन पा**: लə **मेन** ट॰र ई
unpasteurised	ˈʌn.ˈpæs.tʃər.aɪzd	**ʌन पæस** च॰र आइज़्ड
unpatriotic	ˈʌn.ˈpæt.rɪ.ˈɒt.ɪk	**ʌन पæट** रि **ɒट** इक
unpaved	ˈʌn.ˈpeɪvd	**ʌन पेइव्ड**
unpeeled	ˈʌn.ˈpiːld	**ʌन पी:ल्ड**
unpeg	ˈʌn.ˈpeg	**ʌन पेग**
unperceivable	ˈʌn.pə.ˈsiː.və.bəl	**ʌन** पə **सी**: वə ब॰ल
unperforated	ˈʌn.pɜː.ˈfər.eɪ.tɪd	**ʌन** प3: **फ़॰र** एइ टिड
unpersuadable	ˈʌn.pə.ˈsweɪ.də.bəl	**ʌन** पə **स्वेइ** डə ब॰ल
unpersuaded	ˈʌn.pə.ˈsweɪ.dɪd	**ʌन** पə **स्वेइ** डिड
unperturbed	ˈʌn.pə.ˈtɜːbd	**ʌन** पə **ट3:ब्ड**
unphilosophical	ˈʌn.fɪl.ə.ˈsɒf.ɪ.kəl	**ʌन** फ़िल ə **सɒफ़** इ क॰ल
unpick	ˈʌn.ˈpɪk	**ʌन पिक**
unpiloted	ˈʌn.ˈpaɪ.lə.tɪd	**ʌन पाइ** लə टिड
unplaced	ˈʌn.ˈpleɪst	**ʌन प्लेइस्ट**
unplanned	ˈʌn.ˈplænd	**ʌन प्लæन्ड**
unplayable	ˈʌn.ˈpleɪ.ə.bəl	**ʌन प्लेइ** ə ब॰ल
unpleasant	ˈʌn.ˈplez.ənt	**ʌन प्लेज़** ॰न्ट
unpleasantness	ˈʌn.ˈplez.ənt.nəs	**ʌन प्लेज़** ॰न्ट नəस
unpleasing	ˈʌn.ˈpliː.zɪŋ	**ʌन प्ली**: ज़िङ
unplug	ˈʌn.ˈplʌg	**ʌन प्लʌग**
unplugged	ˈʌn.ˈplʌgd	**ʌन प्लʌग्ड**
unplumbed	ˈʌn.ˈplʌmd	**ʌन प्लʌम्ड**
unpoetic	ˈʌn.ˈpəʊ.et.ɪk	**ʌन पəउ** एट इक
unpoetical	ˈʌn.ˈpəʊ.et.ɪ.kəl	**ʌन पəउ** एट इ क॰ल
unpolished	ˈʌn.ˈpɒl.ɪʃt	**ʌन पɒल** इश्ट

unpolluted	ˈʌn.pə.ˈluː.tɪd	**ʌन** पə **लूː** टिड
unpopular	ˈʌn.ˈpɒp.jə.lə	**ʌन पɒप** ग्əə लə
unpopularity	ˈʌn.pɒp.jə.ˈlær.ə.ti	**ʌन** पɒप ग्əə **लæर** ə टी
unpractical	ˈʌn.ˈpræk.tɪ.kəl	**ʌन प्रæक** टि कॱल
unpractised	ˈʌn.ˈpræk.tɪst	**ʌन प्रæक** टिस्ट
unprecedented	ˈʌn.ˈpre.sɪ.dən.tɪd	**ʌन प्रे** सि डəन टिड
unpredictable	ˈʌn.prɪ.ˈdɪk.tə.bəl	**ʌन** प्रि **डिक** टə बॱल
unprejudiced	ˈʌn.ˈpredʒ.ə.dɪst	**ʌन प्रेज** ə डिस्ट
unpremeditated	ˈʌn.priː.ˈmed.ɪ.teɪ.tɪd	**ʌन** प्रीː **मेड** इ टेइ टिड
unprepared	ˈʌn.prɪ.ˈpeəd	**ʌन** प्रि **पेəड**
unpresentable	ˈʌn.prɪ.ˈzen.tə. bəl	**ʌन** प्रि **ज़ेन** टə बॱल
unpretending	ˈʌn.prɪ.ˈten.dɪŋ	**ʌन** प्रि **टेन** डिङ
unpretentious	ˈʌn.prɪ.ˈten.ʃəs	**ʌन** प्रि **टेन** शॱस
unpriced	ˈʌn.ˈpraɪst	**ʌन प्राइस्ट**
unprincipled	ˈʌn.ˈprɪn.sə.pəld	**ʌन प्रिन** सə पॱल्ड
unprintable	ˈʌn.ˈprɪn.tə.bəl	**ʌन प्रिन** टə बॱल
unprinted	ˈʌn.ˈprɪn.tɪd	**ʌन प्रिन** टिड
unproclaimed	ˈʌn.ˈprɪn.tə	**ʌन प्रिन** टə
unproductive	ˈʌn.prə.ˈdʌk.tɪv	**ʌन** प्रə **डʌक** टिव
unprofessional	ˈʌn.prə.ˈfeʃ.ən.əl	**ʌन** प्रə **फ़ेश** ॱन ॱल
unprofitable	ˈʌn.ˈprɒf.ɪ.tə.bəl	**ʌन प्रɒफ़** इ टə बॱल
unprohibited	ˈʌn.prə.ˈhɪb.ɪ.tɪd	**ʌन** प्रə **हिब** इ टिड
unpromising	ˈʌn.ˈprɒm.ɪ.sɪŋ	**ʌन प्रɒम** इ सिङ
unprompted	ˈʌn.ˈprɒmp.tɪd	**ʌन प्रɒम्प** टिड
unpronounceable	ˈʌn.prə.ˈnaʊn.sə.bəl	**ʌन** प्रə **नाउन** सə बॱल
unpropitious	ˈʌn.prə.ˈpɪt.əs	**ʌन** प्रə **पिट** əस
unprotected	ˈʌn.prə.ˈtek.tɪd	**ʌन** प्रə **टेक** टिड
unproved	ˈʌn.ˈpruːvd	**ʌन प्रूːव्ड**
unproven	ˈʌn.ˈpruː.vən	**ʌन प्रूː** वॱन
unprovided	ˈʌn.prə.ˈvaɪ.dɪd	**ʌन** प्रə **वाइ** डिड
unprovoked	ˈʌn.prə.ˈvəʊkt	**ʌन** प्रə **वəउक्ट**
unpublished	ˈʌn.ˈpʌb.lɪʃt	**ʌन पʌब** लिश्ट

unpunctual	ˈʌn.ˈpʌŋk.tʃu.əl	**ʌन पʌङ्क** चू ॱल
unpunished	ˈʌn.ˈpʌn.ɪʃt	**ʌन पʌन** इश्ट
unputdownable	ˈʌn.pʊt.ˈdaʊn.ə.bəl	**ʌन** पुट **डाउन** ə बॱल
unqualified	ˈʌn.ˈkwɒl.ɪ.faɪd	**ʌन क्वɒल** इ फ़ाइड
unquenchable	ˈʌn.ˈkwen.tʃə.bəl	**ʌन क्वेन** चə बॱल
unquestionable	ˈʌn.ˈkwes.tʃə.nə.bəl	**ʌन क्वेस** चə नə बॱल
unquestionably	ˈʌn.ˈkwes.tʃə.nə.bli	**ʌन क्वेस** चə नə ब्ली
unquestioned	ˈʌn.ˈkwes.tʃənd	**ʌन क्वेस** चəन्ड
unquiet	ˈʌn.ˈkwaɪ.ət	**ʌन क्वाइ** əट
unquote	ˈʌn.ˈkwəʊt	**ʌन क्वəउट**
unravel	ˈʌn.ˈræv.əl	**ʌन रæव** əल
unread	ˈʌn.ˈred	**ʌन रेड**
unreadable	ˈʌn.ˈriː.də.bəl	**ʌन रीː** डə बॱल
unready	ʌn.ˈred.i	ʌन **रेड** ई
unreal	ʌn.ˈrɪəl	ʌन **रिəल**
unrealistic	ˈʌn.rɪə.ˈlɪs.tɪk	**ʌन** रिə **लिस** टिक
unreason	ˈʌn.ˈriː.zən	**ʌन रीː** ज़ॱन
unreasonable	ˈʌn.ˈriː.zən.ə.bəl	**ʌन रीː** ज़ॱन ə बॱल
unreasonably	ˈʌn.ˈriː.zən.ə.bli	**ʌन रीː** ज़ॱन ə ब्ली
unreasoning	ˈʌn.ˈriː.zən.ɪŋ	**ʌन रीː** ज़ॱन इङ
unreceived	ˈʌn.rɪ.siːvd	**ʌन** रि सीːव्ड
unreciprocated	ˈʌn.rɪ.ˈsɪp.rə.keɪ.tɪd	**ʌन** रि **सिप** रə केइ टिड
unreclaimed	ˈʌn.rɪ.ˈkleɪmd	**ʌन** रि **क्लेइम्ड**
unrecognisable	ʌn.ˈrek.əg.ˈnaɪ.zə.bəl	ʌन **रेक** əग **नाइ** ज़ə बॱल
unreconcilable	ʌn.ˈrek.ən.ˈsaɪ.lə.bəl	ʌन **रेक** ॱन **साइ** लə बॱल
unrecorded	ˈʌn.rɪ.ˈkɔː.dɪd	**ʌन** रि **कोː** डिड
unrecounted	ˈʌn.rɪ.ˈkaʊn.tɪd	**ʌन** रि **काउन** टिड
unredeemable	ˈʌn.rɪ.ˈdiː.mə.bəl	**ʌन** रि **डीː** मə बॱल
unrefined	ˈʌn.rɪ.ˈfaɪnd	**ʌन** रि **फ़ाइन्ड**
unreformed	ˈʌn.rɪ.ˈfɔːmd	**ʌन** रि **फ़ोːम्ड**
unrefuted	ˈʌn.ri.ˈfjuː.tɪd	**ʌन** री **फ़्यूː** टिड

unregistered	ˈʌn.ˈredʒ.ɪ.stəd	**ʌन रेज** इ स्टəड
unregulated	ˈʌn.ˈreg.jə.leɪ.tɪd	**ʌन रेग** ग्əयə लेइ टिड
unrehearsed	ˈʌn.rɪ.ˈhɜːst	**ʌन** रि **हɜːस्ट**
unrelated	ˈʌn.rɪ.ˈleɪ.tɪd	**ʌन** रि **लेइ** टिड
unrelaxed	ˈʌn.rɪ.ˈlækst	**ʌन** रि **लæक्स्ट**
unrelenting	ˈʌn.rɪ.ˈlen.tɪŋ	**ʌन** रि **लेन** टिङ
unreliable	ˈʌn.rɪ.ˈlaɪ.ə.bᵊl	**ʌन** रि **लाइ** ə बᵊल
unremarkable	ˈʌn.rɪ.ˈmɑː.kə.bᵊl	**ʌन** रि **माː** कə बᵊल
unremembered	ˈʌn.rɪ.ˈmem.bəd	**ʌन** रि **मेम** बəड
unremovable	ˈʌn.rɪ.ˈmuː.və.bᵊl	**ʌन** रि **मूː** वə बᵊल
unremunerative	ˈʌn.rɪ.ˈmjuː.nər.ə.tɪv	**ʌन** रि **म्यूː** नəर ə टिव
unrepaired	ˈʌn.rɪ.ˈpeəd	**ʌन** रि **पेəड**
unrepeatable	ˈʌn.rɪ.ˈpiː.tə.bᵊl	**ʌन** रि **पीː** टə बᵊल
unrepentant	ˈʌn.rɪ.ˈpen.tᵊnt	**ʌन** रि **पेन** टᵊन्ट
unreplaceable	ˈʌn.rɪ.ˈpleɪ.sə.bᵊl	**ʌन** रि **प्लेइ** सə बᵊल
unreported	ˈʌn.rɪ.ˈpɔː.tɪd	**ʌन** रि **पोː** टिड
unrepresented	ˈʌn.ˈrep.rɪ.ˈzen.tɪd	**ʌन रेप** रि **ज़ेन** टिड
unrequested	ˈʌn.rɪ.ˈkwes.tɪd	**ʌन** रि **क्वेस** टिड
unreserved	ˈʌn.rɪ.ˈzɜːvd	**ʌन** रि **ज़ɜːव्ड**
unresisting	ˈʌn.rɪ.ˈzɪs.tɪŋ	**ʌन** रि **ज़िस** टिङ
unresolved	ˈʌn.rɪ.ˈzɒlvd	**ʌन** रि **ज़ɒल्व्ड**
unresponsive	ˈʌn.rɪ.ˈspɒn.sɪv	**ʌन** रि **स्पɒन** सिव
unrest	ʌn.ˈrest	ʌन **रेस्ट**
unrestful	ʌn.ˈrest.fᵊl	ʌन **रेस्ट** फ़ᵊल
unrestored	ˈʌn.rɪ.ˈstɔːd	**ʌन** रि **स्टोːड**
unrestrained	ˈʌn.rɪ.ˈstreɪnd	**ʌन** रि **स्ट्रेइन्ड**
unrestricted	ˈʌn.rɪ.ˈstrɪk.tɪd	**ʌन** रि **स्ट्रिक** टिड
unrevealed	ˈʌn.rɪ.ˈviːld	**ʌन** रि **वीːल्ड**
unrevoked	ˈʌn.rɪ.ˈvəʊkt	**ʌन** रि **वəउक्ट**
unrewarded	ˈʌn.rɪ.ˈwɔː.dɪd	**ʌन** रि **वोː** डिड
unrip	ˈʌn.ˈrɪp	**ʌन रिप**
unripe	ʌn.ˈraɪp	ʌन **राइप**
unrivalled	ˈʌn.ˈraɪ.vəld	**ʌन राइ** वəल्ड

unrobe	ˈʌn.ˈrəʊb	**ʌन रəउब**
unroll	ʌn.ˈrəʊl	ʌन **रəउल**
unromantic	ˈʌn.rə.ˈmæn.tɪk	**ʌन** रə **मæन** टिक
unrounded	ˈʌn.ˈraʊn.dəd	**ʌन राउन** डəड
unruffled	ʌn.ˈrʌf.ᵊld	ʌन **रʌफ़** ᵊल्ड
unruly	ʌn.ˈruː.li	ʌन **रूː** ली
unsaddle	ʌn.ˈsæd.ᵊl	ʌन **सæड** ᵊल
unsafe	ʌn.ˈseɪf	ʌन **सेइफ़**
unsaid	ʌn.ˈsed	ʌन **सेड**
unsailable	ˈʌn.ˈseɪ.lə.bᵊl	**ʌन सेइ** लə बᵊल
unsalted	ʌn.ˈsɔː.l.tɪd	ʌन **सोːल** टिड
unsanctified	ˈʌn.ˈsæŋk.tɪ.faɪd	**ʌन सæङ्क** टि फ़ाइड
unsanitary	ʌn.ˈsæn.ɪ.tᵊr.i	ʌन **सæन** इ टᵊर ई
unsatisfactory	ʌn.ˈsæt.ɪs.ˈfæk.tᵊr.i	ʌन **सæट** इस **फ़æक** टᵊर ई
unsatisfied	ˈʌn.ˈsæt.ɪs.faɪd	**ʌन सæट** इस फ़ाइड
unsaturated	ˈʌn.ˈsætʃ.ᵊr.eɪ.tɪd	**ʌन सæच** ᵊर एइ टिड
unsavoury	ʌn.ˈseɪ.vᵊr.i	ʌन **सेइ** वᵊर ई
unsay	ˈʌn.ˈseɪ	**ʌन सेइ**
unscathed	ʌn.ˈskeɪðd	ʌन **स्केइद्ड**
unscented	ʌn.ˈsen.tɪd	ʌन **सेन** टिड
unscheduled	ʌn.ˈʃed.juːld	ʌन **शेड** यूːल्ड
unscholarly	ˈʌn.ˈskɒl.ə.li	**ʌन स्कɒल** ə ली
unschooled	ʌn.ˈskuːld	ʌन **स्कूːल्ड**
unscientific	ˈʌn.saɪ.ən.ˈtɪf.ɪk	**ʌन** साइ əन **टिफ़** इक
unscramble	ʌn.ˈskræm.bᵊl	ʌन **स्क्रæम** बᵊल
unscrew	ʌn.ˈskruː	ʌन **स्क्रूː**
unscripted	ʌn.ˈskrɪp.tɪd	ʌन **स्क्रिप** टिड
unscrupulous	ʌn.ˈskruː.pjʊ.ləs	ʌन **स्क्रूː** प्यु लəस
unseal	ʌn.ˈsiːl	ʌन **सीːल**
unseasonal	ʌn.ˈsiː.zᵊn.ᵊl	ʌन **सीː** ज़ᵊन ᵊल
unseasoned	ʌn.ˈsiː.zᵊnd	ʌन **सीː** ज़ᵊन्ड

unseat	ʌn.ˈsiːt	ʌन **सी:ट**
unseaworthy	ˈʌn.siː.ˈwɜː.ði	**ʌन सी: व़ɜ:** दी
unsectarian	ˈʌn.sek.ˈteə.riː.ən	**ʌन** सेक **टेə** री: əन
unsecured	ˈʌn.sɪ.ˈkjʊəd	**ʌन** सि **क्युəड**
unseeded	ʌn.ˈsiː.dɪd	ʌन **सी:** डिड
unseemly	ʌn.ˈsiːm.li	ʌन **सी:म** ली
unseen	ʌn.ˈsiːn	ʌन **सी:न**
unselfconscious	ˈʌn.self.ˈkɒn.ʃəs	**ʌन** सेल्फ़ **कɒन** शəस
unselfish	ʌn.ˈsel.fɪʃ	ʌन **सेल** फ़िश
unsensational	ˈʌn.sen.ˈseɪ.ʃᵊn.ᵊl	**ʌन** सेन **सेइ** श॰न ॰ल
unsensitive	ˈʌn.ˈsen.sɪ.tɪv	**ʌन सेन** सि टिव
unsentimental	ˈʌn.ˈsen.tɪ.ˈmen.tᵊl	**ʌन सेन** टि **मेन** ट॰ल
unserviceable	ˈʌn.ˈsɜː.vɪ.sə.bᵊl	**ʌन सɜ:** वि सə ब॰ल
unsettle	ʌn.ˈset.ᵊl	ʌन **सेट** ॰ल
unsettled	ʌn.ˈset.ᵊld	ʌन **सेट** ॰ल्ड
unsevered	ˈʌn.ˈsev.əd	**ʌन सेव** əड
unsex	ˈʌn.ˈseks	**ʌन सेक्स**
unshackle	ˈʌn.ˈʃæk.ᵊl	**ʌन शæक** ॰ल
unshakable	ˈʌn.ˈʃeɪ.kə.bᵊl	**ʌन शेइ** कə ब॰ल
unshaken	ˈʌn.ˈʃeɪ.kᵊn	**ʌन शेइ** क॰न
unshapely	ˈʌn.ˈʃeɪp.lɪ	**ʌन शेइप** लि
unshaven	ʌn.ˈʃeɪ.vᵊn	ʌन **शेइ** व॰न
unsheathe	ˈʌn.ˈʃiːð	**ʌन शी:द**
unship	ˈʌn.ˈʃɪp	**ʌन शिप**
unshockable	ˈʌn.ˈʃɒk.ə.bᵊl	**ʌन शɒक** ə ब॰ल
unshod	ˈʌn.ˈʃɒd	**ʌन शɒड**
unshrinkable	ˈʌn.ˈʃrɪn.kə.bᵊl	**ʌन श्रिन** कə ब॰ल
unsighted	ˈʌn.ˈsaɪ.tɪd	**ʌन साइ** टिड
unsightly	ʌn.ˈsaɪt.li	ʌन **साइट** ली
unsigned	ʌn.ˈsaɪnd	ʌन **साइन्ड**
unskilful	ˈʌn.ˈskɪl.fᵊl	**ʌन स्किल** फ़॰ल
unskilled	ʌn.ˈskɪld	ʌन **स्किल्ड**
unsliced	ʌn.ˈslaɪsd	ʌन **स्लाइस्ड**
unsmiling	ˈʌn.ˈsmaɪ.lɪŋ	**ʌन स्माइ** लिङ

unsocial	ʌn.ˈsəʊ.ʃᵊl	ʌन **सəउ** श॰ल
unsold	ʌn.ˈsəʊld	ʌन **सəउल्ड**
unsolder	ˈʌn.ˈsəʊl.də	**ʌन सəउल** डə
unsolicited	ˈʌn.sə.ˈlɪs.ɪ.tɪd	**ʌन** सə **लिस** इ टिड
unsolved	ˈʌn.ˈsɒlvd	**ʌन सɒल्व्ड**
unsophisticated	ˈʌn.sə.ˈfɪs.tɪ.keɪ.tɪd	**ʌन** सə **फ़िस** टि केइ टिड
unsorted	ˈʌn.ˈsɔː.tɪd	**ʌन सो:** टिड
unsought	ˈʌn.ˈsɔːt	**ʌन** सो:ट
unsound	ʌn.ˈsaʊnd	ʌन **साउन्ड**
unsparing	ˈʌn.ˈspeə.rɪŋ	**ʌन स्पेə** रिङ
unspeakable	ˈʌn.ˈspiː.kə.bᵊl	**ʌन स्पी:** कə ब॰ल
unspecified	ʌn.ˈspes.ɪ.faɪd	ʌन **स्पेस** इ फ़ाइड
unspent	ʌn.ˈspent	ʌन **स्पेन्ट**
unspoiled	ʌn.ˈspɔɪld	ʌन **स्पोइल्ड**
unspoilt	ʌn.ˈspɔɪlt	ʌन **स्पोइल्ट**
unspoken	ʌn.ˈspəʊ.kᵊn	ʌन **स्पəउ** क॰न
unsporting	ʌn.ˈspɔː.tɪŋ	ʌन **स्पो:** टिङ
unsportsmanlike	ʌn.ˈspɔːts.mən.laɪk	ʌन **स्पो:ट्स** मəन लाइक
unspotted	ˈʌn.ˈspɒt.ɪd	**ʌन स्पɒट** इड
unstable	ʌn.ˈsteɪ.bᵊl	ʌन **स्टेइ** ब॰ल
unstack	ʌn.ˈstæk	ʌन **स्टæक**
unstamped	ˈʌn.ˈstæmpt	**ʌन स्टæम्प्ट**
unstarched	ˈʌn.ˈstɑːtʃt	**ʌन स्टा:च्ट**
unstated	ʌn.ˈsteɪ.tɪd	ʌन **स्टेइ** टिड
unstatesmanlike	ˈʌn.ˈsteɪts.mən.laɪk	**ʌन स्टेइट्स** मəन लाइक
unsteady	ʌn.ˈsted.i	ʌन **स्टेड** ई
unstick	ʌn.ˈstɪk	ʌन **स्टिक**
unstinted	ˈʌn.ˈstɪn.tɪd	**ʌन स्टिन** टिड
unstitch	ʌn.ˈstɪtʃ	ʌन **स्टिच**
unstop	ˈʌn.ˈstɒp	**ʌन स्टɒप**
unstoppable	ʌn.ˈstɒp.ə.bᵊl	ʌन **स्टɒप** ə ब॰ल
unstrap	ʌn.ˈstræp	ʌन **स्ट्रæप**
unstreamed	ˈʌn.ˈstriːmd	**ʌन स्ट्री:म्ड**

unstressed	ʌn.ˈstrest	ʌन स्ट्रेस्ट
unstructured	ˈʌn.ˈstrʌk.tʃəd	ʌन स्ट्रʌक चəड
unstrung	ʌn.ˈstrʌŋ	ʌन स्ट्रʌङ
unstuck	ʌn.ˈstʌk	ʌन स्टʌक
unstudied	ˈʌn.ˈstʌd.ɪd	ʌन स्टʌड इड
unsubmissive	ˈʌn.səb.ˈmɪs.ɪv	ʌन सəब मिस इव
unsubscribe	ˈʌn.səb.ˈskraɪb	ʌन सəब स्क्राइब
unsubstantial	ˈʌn.səb.ˈstæn.ʃəl	ʌन सəब स्टæन शəल
unsubstantiated	ˈʌn.səb.ˈstæn.ʃɪ.eɪ.tɪd	ʌन सəब स्टæन शि एइ टिड
unsubtle	ˈʌn.ˈsʌt.ᵊl	ʌन सʌट ᵊल
unsuccessful	ˈʌn.sək.ˈses.fᵊl	ʌन सəक सेस फ़ᵊल
unsuccessfully	ˈʌn.sək.ˈses.fᵊl.i	ʌन सəक सेस फ़ᵊल ई
unsuitability	ˈʌn.suː.tə.ˈbɪl.ə.ti	ʌन सू: टə बिल ə टी
unsuitable	ʌn.ˈsuː.tə.bᵊl	ʌन सू: टə बᵊल
unsuited	ʌn.ˈsuː.tɪd	ʌन सू: टिड
unsullied	ˈʌn.ˈsʌl.ɪd	ʌन सʌल इड
unsung	ʌn.ˈsʌŋ	ʌन सʌङ
unsupervised	ʌn.ˈsuː.pə.vaɪzd	ʌन सू: पə वाइज़्ड
unsupportable	ˈʌn.sə.ˈpɔː.tə.bᵊl	ʌन सə पो: टə बᵊल
unsupported	ˈʌn.sə.ˈpɔː.tɪd	ʌन सə पो: टिड
unsure	ʌn.ˈʃɔː	ʌन शो:
unsurpassed	ˈʌn.sə.ˈpɑːst	ʌन सə पा:स्ट
unsurprising	ˈʌn.sə.ˈpraɪ.zɪŋ	ʌन सə प्राइ ज़िङ
unsuspected	ˈʌn.sə.ˈspek.tɪd	ʌन सə स्पेक टिड
unsuspecting	ˈʌn.sə.ˈspek.tɪŋ	ʌन सə स्पेक टिङ
unsuspicious	ˈʌn.sə.ˈspɪʃ.əs	ʌन सə स्पिश əस
unsustainable	ˈʌn.sə.ˈsteɪ.nə.bᵊl	ʌन सə स्टेइ नə बᵊल
unswayed	ˈʌn.ˈsweɪd	ʌन स्वेइड
unsweetened	ʌn.ˈswiː.tᵊnd	ʌन स्वी: टᵊन्ड
unswerving	ˈʌn.ˈswɜː.vɪŋ	ʌन स्वɜ: विङ
unsympathetic	ˈʌn.sɪm.pə.ˈθet.ɪk	ʌन सिम पə थेट इक
unsystematic	ˈʌn.sɪ.stə.ˈmæt.ɪk	ʌन सि स्टə मæट इक
untainted	ˈʌn.ˈteɪn.tɪd	ʌन टेइन टिड
untameable	ˈʌn.ˈteɪ.mə.bᵊl	ʌन टेइ मə बᵊल
untamed	ʌn.ˈteɪmd	ʌन टेइम्ड
untangle	ʌn.ˈtæŋ.gᵊl	ʌन टæङ गᵊल
untapped	ʌn.ˈtæpt	ʌन टæप्ट
untarnished	ʌn.ˈtɑː.nɪʃt	ʌन टा: निश्ट
untaught	ʌn.ˈtɔːt	ʌन टो:ट
untaxed	ʌn.ˈtækst	ʌन टæक्स्ट
unteachable	ˈʌn.ˈtiː.tʃə.bᵊl	ʌन टी: चə बᵊल
untenable	ʌn.ˈten.ə.bᵊl	ʌन टेन ə बᵊल
untenanted	ˈʌn.ˈten.ən.tɪd	ʌन टेन əन टिड
unthankful	ʌn.ˈθæŋk.fᵊl	ʌन थæङ्क फ़ᵊल
unthinkable	ʌn.ˈθɪŋk.ə.bᵊl	ʌन थिङ्क ə बᵊल
unthinking	ˈʌn.ˈθɪŋ.kɪŋ	ʌन थिङ किङ
unthought-of	ʌn.ˈθɔː.t.ɒv	ʌन थो:ट ɒव
untidy	ʌn.ˈtaɪ.di	ʌन टाइ डी
untie	ʌn.ˈtaɪ	ʌन टाइ
until	ʌn.ˈtɪl	ʌन टिल
untimely	ʌn.ˈtaɪm.li	ʌन टाइम ली
untiring	ʌn.ˈtaɪ.ə.rɪŋ	ʌन टाइ ə रिङ
untitled	ʌn.ˈtaɪ.tᵊld	ʌन टाइ टᵊल्ड
unto	ˈʌn.tuː	ʌन टू:
untold	ʌn.ˈtəʊld	ʌन टəउल्ड
untouchable	ʌn.ˈtʌtʃ.ə.bᵊl	ʌन टʌच ə बᵊल
untouched	ʌn.ˈtʌtʃt	ʌन टʌच्ट
untoward	ʌn.tə.ˈwɔːd	ʌन टə वो:ड
untraceable	ʌn.ˈtreɪ.sə.bᵊl	ʌन ट्रेइ सə बᵊल
untrained	ʌn.ˈtreɪnd	ʌन ट्रेइन्ड
untransferable	ˈʌn.træns.ˈfɜː.rə.bᵊl	ʌन ट्रæन्स फ़ɜ: रə बᵊल
untranslatable	ˈʌn.træns.ˈleɪ.tə.bᵊl	ʌन ट्रæन्स लेइ टə बᵊल
untreated	ʌn.ˈtriː.tɪd	ʌन ट्री: टिड

untried	ʌn.ˈtraɪd	ʌन ट्राइड
untrimmed	ʌn.ˈtrɪmd	ʌन ट्रिम्ड
untrodden	ˈʌn.ˈtrɒd.ᵊn	ʌन ट्रɒड ᵊन
untroubled	ˈʌn.ˈtrʌb.ᵊld	ʌन ट्रʌब ᵊल्ड
untrue	ʌn.ˈtruː	ʌन ट्रूː
untrustworthy	ʌn.ˈtrʌst.wɜː.ði	ʌन ट्रʌस्ट व़ɜː दी
untruth	ʌn.ˈtruːθ	ʌन ट्रूːथ
untruthful	ʌn.ˈtruːθ.fᵊl	ʌन ट्रूःथ फ़ᵊल
untuck	ʌn.ˈtʌk	ʌन टʌक
unturned	ʌn.ˈtɜːnd	ʌन टɜːन्ड
untutored	ʌn.ˈtjuː.təd	ʌन ट्यूः टəड
untwist	ʌn.ˈtwɪst	ʌन ट्विस्ट
untypical	ˈʌn.ˈtɪp.ɪ.kᵊl	ʌन टिप इ कᵊल
unused	ʌn.ˈjuːzd	ʌन यूःज़्ड
unusual	ʌn.ˈjuː.ʒᵊl	ʌन यूः ज़ᵊल
unusually	ʌn.ˈjuː.ʒᵊl.i	ʌन यूः ज़ᵊल ई
unutterable	ʌn.ˈʌt.ᵊr.ə.bᵊl	ʌन ʌट ᵊर ə बᵊल
unvaried	ˈʌn.ˈveə.rɪd	ʌन वेə रिड
unvarnished	ʌn.ˈvɑː.nɪʃt	ʌन वाː निश्ट
unvarying	ˈʌn.ˈveə.ri.ɪŋ	ʌन वेə री इङ
unveil	ʌn.ˈveɪl	ʌन वेइल
unventilated	ˈʌn.ˈven.tɪ.leɪ.tɪd	ʌन वेन टि लेइ टिड
unversed	ʌn.ˈvɜːst	ʌन वɜːस्ट
unvoiced	ʌn.ˈvɔɪst	ʌन वोइस्ट
unwaged	ʌn.ˈweɪdʒd	ʌन व़ेइज्ड
unwanted	ʌn.ˈwɒn.tɪd	ʌन व़ɒन टिड
unwarlike	ˈʌn.ˈwɔː.laɪk	ʌन व़ोː लाइक
unwarned	ˈʌn.ˈwɔːnd	ʌन व़ोːन्ड
unwarrantable	ˈʌn.ˈwɒr.ᵊn.tə.bᵊl	ʌन व़ɒर ᵊन टə बᵊल
unwarranted	ʌn.ˈwɒr.ᵊn.tɪd	ʌन व़ɒर ᵊन टिड
unwary	ʌn.ˈweə.ri	ʌन व़ेə री
unwashed	ʌn.ˈwɒʃt	ʌन व़ɒश्ट
unwavering	ˈʌn.ˈweɪ.vᵊr.ɪŋ	ʌन व़ेइ वᵊर इङ
unwearable	ˈʌn.ˈweə.rə.bəl	ʌन व़ेə रə बəल
unwearied	ˈʌn.ˈwɪ.ᵊr.ɪd	ʌन व़ि ᵊर इड

unwearying	ˈʌn.ˈweə.rɪŋ	ʌन व़ेə रिङ
unwed	ʌn.ˈwed	ʌन व़ेड
unwelcome	ʌn.ˈwel.kəm	ʌन व़ेल कəम
unwell	ʌn.ˈwel	ʌन व़ेल
unwholesome	ʌn.ˈhəʊl.səm	ʌन हəउल सəम
unwieldy	ʌn.ˈwiː.l.di	ʌन व़ीःल डी
unwilling	ʌn.ˈwɪl.ɪŋ	ʌन व़िल इङ
unwind	ʌn.ˈwaɪnd	ʌन व़ाइन्ड
unwise	ʌn.ˈwaɪz	ʌन व़ाइज़
unwish	ʌn.ˈwɪʃ	ʌन व़िश
unwished-for	ˈʌn.ˈwɪʃt.fɔː	ʌन व़िश्ट फ़ोː
unwitting	ʌn.ˈwɪt.ɪŋ	ʌन व़िट इङ
unwittingly	ʌn.ˈwɪt.ɪŋ.li	ʌन व़िट इङ ली
unwomanly	ʌn.ˈwʊm.ən.li	ʌन वुम əन ली
unwonted	ʌn.ˈwɒn.tɪd	ʌन व़ɒन टिड
unworkable	ʌn.ˈwɜː.kə.bᵊl	ʌन व़ɜː कə बᵊल
unworkmanlike	ˈʌn.ˈwɜːk.mən.laɪk	ʌन व़ɜːक मəन लाइक
unworldly	ˈʌn.ˈwɜːld.li	ʌन व़ɜːल्ड ली
unworn	ʌn.ˈwɔːn	ʌन व़ोːन
unworried	ˈʌn.ˈwʌr.ɪd	ʌन व़ʌर इड
unworthy	ʌn.ˈwɜː.ði	ʌन व़ɜː दी
unwound	ˈʌn.ˈwaʊnd	ʌन व़ाउन्ड
unwounded	ˈʌn.ˈwuː.n.dɪd	ʌन वूःन डिड
unwrap	ʌn.ˈræp	ʌन रæप
unwritten	ʌn.ˈrɪt.ᵊn	ʌन रिट ᵊन
unwrought	ˈʌn.ˈrɔːt	ʌन रोːट
unyielding	ʌn.ˈjiː.l.dɪŋ	ʌन यीःल डिङ
unyoke	ʌn.ˈjəʊk	ʌन यəउक
unzip	ˈʌn.ˈzɪp	ʌन ज़िप
up	ʌp	ʌप
up-and-coming	ˈʌp.ən.ˈkʌm.ɪŋ	ʌप əन कʌम इङ
up-and-down	ˈʌp.ən.ˈdaʊn	ʌप əन डाउन
up-and-up	ˈʌp.ən.ˈʌp	ʌप əन ʌप
Upanishad (IO)	ʊ.ˈpʌn.ɪ.ʃəd	उ पʌन इ शəड

upbeat.(adj)	ʌp.ˈbiːt	ʌप बी:ट
upbeat.(n)	ˈʌp.biːt	ʌप बी:ट
upbraid	ʌp.ˈbreɪd	ʌप ब्रेइड
upbringing	ˈʌp.ˈbrɪŋ.ɪŋ	ʌप ब्रिङ इङ
upcast	ˈʌp.kɑːst	ʌप का:स्ट
upchuck	ʌp.ˈtʃʌk	ʌप चʌक
upcoming	ˈʌp.kʌm.ɪŋ	ʌप कʌम इङ
up-country (adv)	ʌp.ˈkʌn.tri	ʌप कʌन ट्री
up-country (n,adj)	ˈʌp.ˈkʌn.tri	ʌप कʌन ट्री
update (n)	ˈʌp.deɪt	ʌप डेइट
update (v)	ʌp.ˈdeɪt	ʌप डेइट
upend	ˈʌp.ˈend	ʌप एन्ड
upfront	ʌp.ˈfrʌnt	ʌप फ़्रʌन्ट
upgrade (n)	ˈʌp.greɪd	ʌप ग्रेइड
upgrade (n)	ʌp.ˈgreɪd	ʌप ग्रेइड
upheaval	ʌp.ˈhiː.vəl	ʌप ही: वəल
upheld	ʌp.ˈheld	ʌप हेल्ड
uphill	ˈʌp.ˈhɪl	ʌप हिल
uphold	ʌp.ˈhəʊld	ʌप हəउल्ड
upholster	ʌp.ˈhəʊl.stə	ʌप हəउल स्टə
upholstered	ʌp.ˈhəʊl.stəd	ʌप हəउल स्टəड
upholstery	ʌp.ˈhəʊl.stᵊr.i	ʌप हəउल स्टᵊर ई
upkeep	ˈʌp.kiːp	ʌप की:प
uplift (n)	ˈʌp.lɪft	ʌप लिफ़्ट
uplift.(v)	ʌp.ˈlɪft	ʌप लिफ़्ट
uplifting	ˈʌp.ˈlɪf.tɪŋ	ʌप लिफ़ टिङ
upload (n)	ʌp.ˈləʊd	ʌप लəउड
upload (v)	ˈʌp.ləʊd	ʌप लəउड
up-market	ˈʌp.ˈmɑː.kɪt	ʌप मा: किट
upmost	ˈʌp.məʊst	ʌप मəउस्ट
upon	ə.ˈpɒn	ə पɒन
upper	ˈʌp.ə	ʌप ə
upper case	ˈʌp.ə.ˈkeɪs	ʌप ə केइस
upper class	ˈʌp.ə.klɑːs	ʌप ə क्ला:स

upper hand	ˈʌp.ə.hænd	ʌप ə हæन्ड
uppercoat	ˈʌp.ə.kəʊt	ʌप ə कəउट
uppercut	ˈʌp.ə.kʌt	ʌप ə कʌट
uppermost	ˈʌp.ə.məʊst	ʌप ə मəउस्ट
uppish	ˈʌp.ɪʃ	ʌप इश
uppity	ˈʌp.ɪ.ti	ʌप इ टी
upright	ˈʌp.raɪt	ʌप राइट
uprising	ˈʌp.ˈraɪ.zɪŋ	ʌप राइ ज़िङ
upriver	ˈʌp.ˈrɪv.ə	ʌप रिव ə
uproar	ˈʌp.rɔː	ʌप रो:
uproarious	ʌp.ˈrɔː.ri.əs	ʌप रो: री əस
uproot	ʌp.ˈruːt	ʌप रू:ट
upsadaisy	ˈʌps.ə.ˈdeɪ.zi	ʌप्स ə डेइ ज़ी
upscale	ˈʌp.skeɪl	ʌप स्केइल
upset (adj)	ʌp.ˈset	ʌप सेट
upset (n)	ˈʌp.set	ʌप सेट
upshot	ˈʌp.ʃɒt	ʌप शɒट
upside	ˈʌp.saɪd	ʌप साइड
upside-down	ˈʌp.saɪd.ˈdaʊn	ʌप साइड डाउन
upsilon	ʊp.ˈsaɪ.lən	उप साइ लəन
upsize	ˈʌp.ˈsaɪz	ʌप साइज़
upskilling	ˈʌp.ˈskɪl.ɪŋ	ʌप स्किल इङ
upstage (adj,adv)	ˈʌp.ˈsteɪdʒ	ʌप स्टेइज
upstage (v)	ʌp.ˈsteɪdʒ	ʌप स्टेइज
upstairs	ˈʌp.ˈsteəz	ʌप स्टेəज़
upstart	ˈʌp.stɑːt	ʌप स्टा:ट
upstate	ˈʌp.steɪt	ʌप स्टेइट
upstream	ˈʌp.ˈstriːm	ʌप स्ट्री:म
upstretched	ˈʌp.ˈstretʃt	ʌप स्ट्रेच्ट
upstroke	ˈʌp.strəʊk	ʌप स्ट्रəउक
upsurge	ˈʌp.sɜːdʒ	ʌप सɜ:ज
upswept	ˈʌp.swept	ʌप स्वेप्ट
upswing (n)	ˈʌp.swɪŋ	ʌप स्विङ
upswing (v)	ʌp.ˈswɪŋ	ʌप स्विङ

uptake	ˈʌp.teɪk	ʌप टेइक
up-tempo	ˈʌp.ˈtem.pəʊ	ʌप टेम पəउ
upthrust	ˈʌp.θrʌst	ʌप थ्रʌस्ट
uptight	ˈʌp.ˈtaɪt	ʌप टाइट
uptime	ˈʌp.ˈtaɪm	ʌप टाइम
up-to-date	ˈʌp.tə.ˈdeɪt	ʌप टə डेइट
up-to-the-minute	ˈʌp.tə.ðə.ˈmɪn.ɪt	ʌप टə दə मिन इट
uptown	ˈʌp.ˈtaʊn	ʌप टाउन
uptrend	ˈʌp.trend	ʌप ट्रेन्ड
upturn (n)	ˈʌp.tɜːn	ʌप टɜːन
upturn (v)	ʌp.ˈtɜːn	ʌप टɜːन
upturned	ˈʌp.tɜːnd	ʌप टɜːन्ड
upward	ˈʌp.wəd	ʌप व़əड
upwards	ˈʌp.wədz	ʌप व़əड्ज़
upwind	ˈʌp.ˈwɪnd	ʌप विन्ड
uranium	jʊə.ˈreɪ.ni.əm	युə रेइ नी əम
Uranus	jʊ.ˈreɪ.nəs	यु रेइ नəस
urban	ˈɜː.bᵊn	ɜː बᵊन
urban sprawl	ˈɜː.bən.ˈsprɔːl	ɜː बəन स्प्रोːल
urbane	ɜː.ˈbeɪn	ɜː बेइन
urbanisation	ˈɜː.bᵊn.aɪ.ˈzeɪ.ʃᵊn	ɜː बᵊन आइ ज़ेइ शᵊन
urbanise	ˈɜː.bᵊn.aɪz	ɜː बᵊन आइज़
urbanity	ɜː.ˈbæn.ə.ti	ɜː बæन ə टी
urchin	ˈɜː.tʃɪn	ɜː चिन
Urdu	ˈʊə.du	उə डू
urea	jʊə.ˈriː.ə	युə रीː ə
ureter	jʊə.ˈriː.tə	युə रीː टə
urethra	jʊə.ˈriː.θrə	युə रीː थ्रə
urethritis	ˈjʊə.rə.ˈθraɪ.tɪs	युə रə थ्राइ टिस
urge	ɜːdʒ	ɜːज
urged	ɜːdʒd	ɜːज्ड
urgency	ˈɜː.dʒᵊn.si	ɜː जᵊन सी
urgent	ˈɜː.dʒᵊnt	ɜː जᵊन्ट
urgently	ˈɜː.dʒᵊnt.li	ɜː जᵊन्ट ली
uric	ˈjʊə.rɪk	युə रिक

uric acid	ˈjʊə.rɪk.ˈæs.ɪd	युə रिक æस इड
urinal	jʊə.ˈrɪ.nəl	युə रि नəल
urinary	ˈjʊə.rɪ.nᵊr.ri	युə रि नᵊर री
urinate	ˈjʊə.rɪ.neɪt	युə रि नेइट
urination	ˈjʊə.rɪ.ˈneɪ.ʃᵊn	युə रि नेइ शᵊन
urine	ˈjʊə.rɪn	युə रिन
URL	ˈjuː.aːr.ˈel	यूː आːर एल
urn	ɜːn	ɜːन
urologist	jʊə.ˈrɒl.ə.dʒɪst	युə रɒल ə जिस्ट
urology	jʊə.ˈrɒl.ə.dʒi	युə रɒल ə जी
urticaria	ˈɜː.tɪ.ˈkeə.ri.ə	ɜː टि केə री ə
us	ʌs	ʌस
USA	ˈjuː.ˈes.ˈeɪ	यूː एस एइ
usability	ˈjuː.zə.bɪl.ə.ti	यूː ज़ə बिल ə टी
usable	ˈjuː.zə.bᵊl	यूː ज़ə बᵊल
usage	ˈjuː.sɪdʒ	यूː सिज
use	juːs	यूːस
used (adj)	juːzd	यूːज़्ड
used (v)	juːzd	यूːज़्ड
useful	ˈjuːs.fᵊl	यूːस फ़ᵊल
usefully	ˈjuːs.fᵊl.i	यूːस फ़ᵊल ई
usefulness	ˈjuːs.fᵊl.nəs	यूːस फ़ᵊल नəस
useless	ˈjuːs.ləs	यूːस लəस
uselessly	ˈjuːs.ləs.li	यूːस लəस ली
uselessness	ˈjuːs.ləs.nəs	यूːस लəस नəस
user	ˈjuː.zə	यूː ज़ə
user-defined	ˈjuː.zə.dɪ.ˈfaɪnd	यूː ज़ə डि फ़ाइन्ड
user-friendly	ˈjuː.zə.ˈfrend.li	यूː ज़ə फ़्रेन्ड ली
username	ˈjuː.zə.ˈneɪm	यूː ज़ə नेइम
uses	ˈjuː.sɪz	यूː सिज़
usher	ˈʌʃ.ə	ʌश ə
usual	ˈjuː.ʒᵊl	यूː ज़ᵊल
usually	ˈjuː.ʒu.ə.li	यूː ज़ू ə ली
usurp	juː.ˈzɜːp	यूː ज़ɜːप
utensil	juː.ˈten.sɪl	यूː टेन सिल

uterus	ˈjuː.tə.rəs	**गू**ː टə रəस
utilisable	ˈjuː.tᵊl.ˈaɪ.zə.bᵊl	**गू**ː टᵊल **आइ** ज़ə बᵊल
utilisation	ˈjuː.ˈtɪ.laɪ.ˈzeɪ.ʃᵊn	**गू**ː **टि** लाइ **ज़ेइ** शᵊन
utilise	ˈjuː.tɪ.laɪz	**गू**ː टि लाइज़
utilitarian	ˈjuː.tɪ.lɪ.ˈteə.ri.ən	**गू**ː टि लि **टेə** री əन
utility	juː.ˈtɪl.ə.ti	गूː **टिल** ə टी
utility room	juː.ˈtɪl.ə.ti.ˈruːm	गूː **टिल** ə टी **रूːम**
utmost	ˈʌt.məʊst	**ʌट** मəउस्ट
utopia	juː.ˈtəʊ.pi.ə	गूː **टəउ** पी ə
utopian	juː.ˈtəʊ.pi.ən	गूː **टəउ** पी əन
utspokenness	ˈaʊt.ˈspəʊ.kən.nəs	**आउट स्पəउ** कəन नəस
utter	ˈʌt.ə	**ʌट** ə
utterance	ˈʌt.ᵊr.ᵊns	**ʌट** ᵊर ᵊन्स
utterly	ˈʌt.ᵊl.i	**ʌट** ᵊल ई
uttermost	ˈʌt.ə.məʊst	**ʌट** ə मəउस्ट
U-turn	ˈjuː.tɜːn	**गू**ː टɜːन
UV	ˈjuː.vi	**गू**ː वी
uvula	ˈjuː.vjə.lə	**गू**ː व्गə लə
uvular	ˈjuː.vjə.lə	**गू**ː व्गə लə
uxorial	ʌk.ˈsɔː.ri.əl	ʌक **सो**ː री əल
uxorious	ʌk.ˈsɔː.ri.əs	ʌक **सो**ː री əस

v	viː	वी:
V	viː	वी:
vacancy	ˈveɪ.kᵊn.si	**वेइ** कᵊन सी
vacant	ˈveɪ.kᵊnt	**वेइ** कᵊन्ट
vacantly	ˈveɪ.kᵊnt.li	**वेइ** कᵊन्ट ली
vacate	və.ˈkeɪt	वə **केइट**
vacation	və.ˈkeɪ.ʃᵊn	वə **केइ** शᵊन
vaccinate	ˈvæk.sɪ.neɪt	**वæक** सि नेइट
vaccination	ˈvæk.sɪ.ˈneɪ.ʃᵊn	**वæक** सि **नेइ** शᵊन
vaccine	ˈvæk.siːn	**वæक** सी:न
vacillate	ˈvæs.ɪ.leɪt	**वæस** इ लेइट
vacillation	ˈvæs.ɪ.ˈleɪ.ʃᵊn	**वæस** इ **लेइ** शᵊन
vacuum	ˈvæk.juːm	**वæक** ग़ू:म
vacuum cleaner	ˈvæk.juːm.ˈkliː.nə	**वæक** ग़ू:म **क्ली**: नə
vacuum-packed	ˈvæk.juːm.ˈpækt	**वæक** ग़ू:म **पæक्ट**
vagabond	ˈvæg.ə.bɒnd	**वæग** ə बɒन्ड
vagaries	ˈveɪ.gᵊr.iz	**वेइ** गᵊर ईज़
vagina	və.ˈdʒaɪ.nə	वə **जाइ** नə
vaginal	və.ˈdʒaɪ.nᵊl	वə **जाइ** नᵊल
vagrant	ˈveɪ.grᵊnt	**वेइ** ग्रᵊन्ट
vague	veɪg	वेइग
vaguely	ˈveɪg.li	**वेइग** ली
vagueness	ˈveɪg.nəs	**वेइग** नəस
vain	veɪn	वेइन
vainglorious	ˈveɪn.ˈglɔː.ri.əs	**वेइन** **ग्लो**: री əस
vainly	ˈveɪn.li	**वेइन** ली
vale	veɪl	वेइल
valedictorian	ˈvæl.ə.dɪk.ˈtɔː.ri.ən	**वæल** ə डिक **टो**: री əन
valency	ˈveɪ.lən.si	**वेइ** लəन सी
valentine	ˈvæl.ən.taɪn	**वæल** əन टाइन
valet	ˈvæl.eɪ	**वæल** एइ
valiant	ˈvæl.i.ənt	**वæल** ई əन्ट
valiantly	ˈvæl.i.ənt.li	**वæल** ई əन्ट ली
valid	ˈvæl.ɪd	**वæल** इड
validate	ˈvæl.ɪ.deɪt	**वæल** इ डेइट
validation	ˈvæl.ɪ.ˈdeɪ.ʃᵊn	**वæल** इ **डेइ** शᵊन
validity	və.ˈlɪd.ə.ti	वə **लिड** ə टी
valley	ˈvæl.i	**वæल** ई
valour	ˈvæl.ə	**वæल** ə
valuable	ˈvæl.jə.bᵊl	**वæल** ग़ə बᵊल

valuate	ˈvæl.jʊ.eɪt	**वæल** ग़ु एइट
valuation	ˈvæl.jʊ.ˈeɪ.ʃᵊn	**वæल** ग़ु **एइ** शᵊन
value	ˈvæl.juː	**वæल** ग़ू:
value-added	ˈvæl.juː.ˈæd.ɪd	**वæल** ग़ू: **æड** इड
valued	ˈvæl.juːd	**वæल** ग़ू:ड
valueless	ˈvæl.juː.ləs	**वæल** ग़ू: लəस
values	ˈvæl.juz	**वæल** ग़ूज़
valve	vælv	वæल्व
vamoose	və.ˈmuːs	वə **मू:स**
vamp	væmp	वæम्प
vampire	ˈvæm.paɪ.ə	**वæम** पाइ ə
van	væn	वæन
vandal	ˈvæn.dᵊl	**वæन** डᵊल
vandalise	ˈvæn.dᵊl.aɪz	**वæन** डᵊल आइज़
vandalism	ˈvæn.dᵊl.ɪ.zᵊm	**वæन** डᵊल इ ज़ᵊम
vanguard	ˈvæn.gɑːd	**वæन** गा:ड
vanilla	və.ˈnɪl.ə	वə **निल** ə
vanish	ˈvæn.ɪʃ	**वæन** इश
vanishing	ˈvæn.ɪ.ʃɪŋ	**वæन** इ शिङ
vanity	ˈvæn.ə.ti	**वæन** ə टी
vanquish	ˈvæŋ.kwɪʃ	**वæङ** क्विश
vantage	ˈvɑːn.tɪdʒ	**वा:न** टिज
vaporisation	ˈveɪ.pᵊr.aɪ.ˈzeɪ.ʃᵊn	**वेइ** पᵊर आइ **ज़ेइ** शᵊन
vaporise	ˈveɪ.pᵊr.aɪz	**वेइ** पᵊर आइज़
vaporous	ˈveɪ.pᵊr.əs	**वेइ** पᵊर əस
vapour	ˈveɪ.pə	**वेइ** पə
variability	ˈveə.ri.ə.ˈbɪl.ə.ti	**वेə** री ə **बिल** ə टी
variable	ˈveə.ri.ə.bᵊl	**वेə** री ə बᵊल
variance	ˈveə.ri.əns	**वेə** री əन्स
variant	ˈveə.ri.ənt	**वेə** री əन्ट
variate	ˈveə.ri.ət	**वेə** री əट
variation	ˈveə.ri.ˈeɪ.ʃᵊn	**वेə** री **एइ** शᵊन
varicose	ˈvær.ɪ.kəʊs	**वæर** इ कəउस
varied	ˈveə.rɪd	**वेə** रिड
variety	və.ˈraɪ.ə.ti	वə **राइ** ə टी
various	ˈveə.ri.əs	**वेə** री əस
variously	ˈveə.ri.əs.li	**वेə** री əस ली
varnish	ˈvɑː.nɪʃ	**वा**: निश
varsity	ˈvɑː.sə.ti	**वा**: सə टी
vary	ˈveə.ri	**वेə** री

vas deferens	ˈvæs.def.ə.renz	**वæस** डेफ़ ə रेन्ज़
vascular	ˈvæs.kjə.lə	**वæस** क्गə लə
vase	vɑːz	वाःज़
vasectomy	və.ˈsek.tə.mi	वə **सेक** टə मी
vaseline	ˈvæs.ə.liːn	**वæस** ə लीःन
vast	vɑːst	वाःस्ट
vastly	ˈvɑːst.li	**वाःस्ट** ली
vat	væt	वæट
vault	vɒlt	वɒल्ट
VCR	ˈviː.siːˈɑːʳ	**वीः** सीः **आः**र
veal	viːl	वीःल
vector	ˈvek.tə	**वेक** टə
veer	vɪə	विə
vegan	ˈviː.gən	**वीः** गəन
vegeburger	ˈvedʒ.ɪ.ˈbɜː.gə	**वेज** इ **ब3ः** गə
vegetable	ˈvedʒ.tə.bəl	**वेज** टə बəल
vegetarian	ˈvedʒ.ɪ.ˈteə.ri.ən	**वेज** इ **टेə** री əन
vegetation	ˈvedʒ.ɪ.ˈteɪ.ʃᵊn	**वेज** इ **टेइ** श॰न
veggie	ˈvedʒ.i	**वेज** ई
vehement	ˈviː.ə.mənt	**वीः** ə मəन्ट
vehemently	ˈviː.ə.mənt.li	**वीः** ə मəन्ट ली
vehicle	ˈviː.ɪ.kᵊl	**वीः** इ क॰ल
vehicular	vi.ˈɪk.jə.lə	वी **इक** ग़ə लə
veil	veɪl	वेइल
veiled	veɪld	वेइल्ड
vein	veɪn	वेइन
velcro	ˈvel.krəʊ	**वेल** क्रəउ
velocity	və.ˈlɒs.ə.ti	वə **लɒस** ə टी
velodrome	ˈvel.ə.drəʊm	**वेल** ə ड्रəउम
velour	və.ˈlʊə	वə **लुə**
velvet	ˈvel.vɪt	**वेल** विट
velvety	ˈvel.vɪ.ti	**वेल** वि टी
vendetta	ven.ˈdet.ə	वेन **डेट** ə
vending	ˈven.dɪŋ	**वेन** डिङ
vendor	ˈven.də	**वेन** डə
veneer	və.ˈnɪə	वə **निə**
venerable	ˈven.ᵊr.ə.bᵊl	**वेन** ॰र ə ब॰ल
venerate	ˈven.ᵊr.eɪt	**वेन** ॰र एइट
venereal disease	və.ˈnɪə.ri.əl.dɪ.ˈziːz	वə **निə** री əल डि **ज़ीःज़**
venetian blind	və.ˈniː.ʃᵊn.ˈblaɪnd	वə **नीः** श॰न **ब्लाइन्ड**

vengeance	ˈven.dʒᵊns	**वेन** ज॰न्स
vengeful	ˈvendʒ.fᵊl	**वेन्ज** फ़॰ल
venison	ˈven.ɪ.sᵊn	**वेन** इ स॰न
Venn Diagram	ˈven.ˈdaɪ.ə.græm	**वेन** **डाइ** ə ग्रæम
venom	ˈven.əm	**वेन** əम
venomous	ˈven.ə.məs	**वेन** ə मəस
vent	vent	वेन्ट
ventilate	ˈven.tɪ.leɪt	**वेन** टि लेइट
ventilation	ˈven.tɪ.ˈleɪ.ʃᵊn	**वेन** टि **लेइ** श॰न
ventilator	ˈven.tɪ.leɪ.tə	**वेन** टि लेइ टə
ventricle	ˈven.trɪ.kᵊl	**वेन** ट्रि क॰ल
ventriloquise	ven.ˈtrɪl.ə.kwaɪz	वेन **ट्रिल** ə क्वाइज़
ventriloquism	ven.ˈtrɪl.ə.kwɪ.zᵊm	वेन **ट्रिल** ə क्वि ज़॰म
ventriloquist	ven.ˈtrɪl.ə.kwɪst	वेन **ट्रिल** ə क्विस्ट
ventriloquy	ven.ˈtrɪl.ə.kwɪ	वेन **ट्रिल** ə क्वि
venture	ˈven.tʃə	**वेन** चə
venturesome	ˈven.tʃə.səm	**वेन** चə सəम
venturous	ˈven.tʃᵊr.əs	**वेन** च॰र əस
venue	ˈven.juː	**वेन** ग़ूः
Venus	ˈviː.nəs	**वीः** नəस
veracious	və.ˈreɪ.ʃəs	वə **रेइ** शəस
veranda (IO)	və.ˈræn.də	वə **रæन** डə
verb	vɜːb	व3ःब
verbal	ˈvɜː.bᵊl	**व3ः** ब॰ल
verbalisation	ˈvɜː.bᵊl.aɪ.ˈzeɪ.ʃᵊn	**व3ः** ब॰ल आइ **ज़ेइ** श॰न
verbalise	ˈvɜː.bᵊl.aɪz	**व3ः** ब॰ल आइज़
verbalism	ˈvɜː.bᵊl.ɪzm	**व3ः** ब॰ल इज़्म
verbally	ˈvɜː.bᵊl.i	**व3ः** ब॰ल ई
verbatim	vɜːˈbeɪ.tɪm	व3ः **बेइ** टिम
verbose	vɜː.ˈbəʊs	व3ः **बəउस**
verbosity	vɜː.ˈbɒs.ə.ti	व3ः **बɒस** ə टी
verdict	ˈvɜː.dɪkt	**व3ः** डिक्ट
verge	vɜːdʒ	व3ःज
verification	ˈver.ɪ.fɪˈkeɪ.ʃᵊn	**वेर** इ फ़ि **केइ** श॰न
verify	ˈver.ɪ.faɪ	**वेर** इ फ़ाइ
veritable	ˈver.ɪ.tə.bᵊl	**वेर** इ टə ब॰ल
vermicelli	ˈvɜː.mɪ.ˈtʃel.i	**व3ः** मि **चेल** ई
vermin	ˈvɜː.mɪn	**व3ः** मिन
vernacular	və.ˈnæk.jə.lə	वə **नæक** ग़ə लə
versatile	ˈvɜː.sə.taɪl	**व3ः** सə टाइल

versatility	ˈvɜː.səˈtɪl.ə.ti	वɜː सə टिल ə टी
verse	vɜːs	वɜːस
versification	ˈvɜː.sɪf.ɪˈkeɪ.ʃᵊn	वɜː सिफ़ इ केइ श॰न
versify	ˈvɜː.sɪ.faɪ	वɜː सि फ़ाइ
version	ˈvɜː.ʃᵊn	वɜː श॰न
versus	ˈvɜː.səs	वɜː सəस
vertebra	ˈvɜː.tɪ.brə	वɜː टि ब्रə
vertebral	ˈvɜː.tɪ.brᵊl	वɜː टि ब्र॰ल
vertebrate	ˈvɜː.tɪ.brət	वɜː टि ब्रəट
vertex	ˈvɜː.teks	वɜː टेक्स
vertical	ˈvɜː.tɪ.kᵊl	वɜː टि क॰ल
vertically	ˈvɜː.tɪ.kᵊl.i	वɜː टि क॰ल ई
vertigo	ˈvɜː.tɪ.gəʊ	वɜː टि गəउ
verve	vɜːv	वɜːव
very	ˈver.i	वेर ई
vessel	ˈves.ᵊl	वेस ॰ल
vest	vest	वेस्ट
vestibule	ˈves.tɪ.bjuːl	वेस टि ब्यूːल
vestige	ˈves.tɪdʒ	वेस टिज
vet	vet	वेट
veteran	ˈvet.ᵊr.ᵊn	वेट ॰र ॰न
veterinarian	ˈvet.ᵊr.ɪˈneə.ri.ən	वेट ॰र इ नेə री əन
veterinary	ˈvet.ᵊr.ɪ.nᵊr.i	वेट ॰र इ न॰र ई
veto	ˈviː.təʊ	वीː टəउ
vex	veks	वेक्स
vexation	vekˈseɪ.ʃᵊn	वेक सेइ श॰न
vexatious	vekˈseɪ.ʃəs	वेक सेइ शəस
VHF	ˈviː.eɪtʃˈef	वीː एइच एफ़
via	ˈvaɪ.ə	वाइ ə
viability	ˈvaɪ.əˈbɪl.ə.ti	वाइ ə बिल ə टी
viable	ˈvaɪ.ə.bᵊl	वाइ ə ब॰ल
viaduct	ˈvaɪ.ə.dʌkt	वाइ ə डʌक्ट
vial	vaɪl	वाइल
vibe	vaɪb	वाइब
vibrancy	ˈvaɪ.brᵊn.si	वाइ ब्र॰न सी
vibrant	ˈvaɪ.brᵊnt	वाइ ब्र॰न्ट
vibrate	vaɪˈbreɪt	वाइ ब्रेइट
vibration	vaɪˈbreɪ.ʃᵊn	वाइ ब्रेइ श॰न
vicar	ˈvɪk.ə	विक ə
vicarage	ˈvɪk.ᵊr.ɪdʒ	विक ॰र इज
vicarious	vɪˈkeə.ri.əs	वि केə री əस
vice	vaɪs	वाइस

vice versa	ˈvaɪs.ˈvɜː.sə	वाइस वɜː सə
vice-admiral	ˈvaɪs.ˈæd.mᵊr.ᵊl	वाइस æड म॰र ॰ल
vice-chairman	ˈvaɪs.ˈtʃeə.mən	वाइस चेə मəन
vice-chancellor	ˈvaɪs.ˈtʃɑːn.sᵊl.ə	वाइस चाːन स॰ल ə
vice-consul	ˈvaɪs.ˈkɒn.sᵊl	वाइस कɒन स॰ल
vice-like	ˈvaɪs.laɪk	वाइस लाइक
vice-president	ˈvaɪs.ˈprez.ɪ.dᵊnt	वाइस प्रेज़ इ ड॰न्ट
vice-principal	ˈvaɪs.ˈprɪn.sə.pᵊl	वाइस प्रिन सə प॰ल
vice-regent	ˈvaɪs.ˈriː.dʒᵊnt	वाइस रीː ज॰न्ट
viceroy	ˈvaɪs.rɔɪ	वाइस रोइ
vicinity	vɪˈsɪn.ə.ti	वि सिन ə टी
vicious	ˈvɪʃ.əs	विश əस
vicious circle	ˈvɪʃ.əs.ˈsɜː.kᵊl	विश əस सɜː क॰ल
viciously	ˈvɪʃ.əs.li	विश əस ली
vicissitude	vaɪˈsɪs.ɪ.tjuːd	वाइ सिस इ ट्यूːड
victim	ˈvɪk.tɪm	विक टिम
victimisation	ˈvɪk.tɪ.maɪˈzeɪ.ʃᵊn	विक टि माइ ज़ेइ श॰न
victimise	ˈvɪk.tɪ.maɪz	विक टि माइज़
victor	ˈvɪk.tə	विक टə
victorious	vɪkˈtɔː.ri.əs	विक टोː री əस
victory	ˈvɪk.tᵊr.i	विक ट॰र ई
victual	ˈvɪt.ᵊl	विट ॰ल
video	ˈvɪd.i.əʊ	विड ई əउ
video game	ˈvɪd.i.əʊ ˈgeɪm	विड ई əउ गेइम
videocassette	ˈvɪd.i.əʊ.kəˈset	विड ई əउ कə सेट
videoconferencing	ˈvɪd.i.əʊˈkɒn.fᵊr.ᵊn.sɪŋ	विड ई əउ कɒन फ़॰र ॰न सिङ
videodisc	ˈvɪd.i.əʊ.dɪsk	विड ई əउ डिस्क
video-link	ˈvɪd.i.əʊ.lɪŋk	विड ई əउ लिङ्क
videorecorder	ˈvɪd.i.əʊ.ri.ˈkɔː.də	विड ई əउ री कोː डə
videotape	ˈvɪd.i.əʊˈteɪp	विड ई əउ टेइप
videotext	ˈvɪd.i.əʊˈtekst	विड ई əउ टेक्स्ट
vie	vaɪ	वाइ
view	vjuː	व्यूː
viewfinder	ˈvjuːˈfaɪn.də	व्यूː फ़ाइन डə
viewing	ˈvjuː.ɪŋ	व्यूː इङ
viewpoint	ˈvjuː.pɔɪnt	व्यूː पोइन्ट
vigil	ˈvɪdʒ.ᵊl	विज ॰ल
vigilance	ˈvɪdʒ.ᵊl.əns	विज ॰ल əन्स
vigilant	ˈvɪdʒ.ᵊl.ənt	विज ॰ल əन्ट
vigilante	ˈvɪdʒ.ɪˈlæn.ti	विज इ लæन टी

vignette	viː.ˈnjet	वी: **न्येट**
vigorous	ˈvɪg.ᵊr.əs	**विग** ᵊर əस
vigorously	ˈvɪg.ᵊr.əs.li	**विग** ᵊर əस ली
vigour	ˈvɪg.əʳ	**विग** əर
viking	ˈvaɪ.kɪŋ	**वाइ** किङ
vile	vaɪl	वाइल
vilification	ˈvɪl.ɪ.fɪ.ˈkeɪ.ʃᵊn	**विल** इ फ़ि **केइ** शᵊन
vilify	ˈvɪl.ɪ.faɪ	**विल** इ फ़ाइ
villa	ˈvɪl.ə	**विल** ə
village	ˈvɪl.ɪdʒ	**विल** इज
villager	ˈvɪl.ɪ.dʒəʳ	**विल** इ जəर
villain	ˈvɪl.ən	**विल** əन
villainy	ˈvɪl.ə.ni	**विल** ə नी
vinaigrette	ˈvɪn.ɪ.ˈgret	**विन** इ **ग्रेट**
vindaloo (IO)	ˈvɪn.dᵊl.ˈuː	**विन** डᵊल **ऊ**:
vindicate	ˈvɪn.dɪ.keɪt	**विन** डि केइट
vindication	ˈvɪn.dɪ.ˈkeɪ.ʃᵊn	**विन** डि **केइ** शᵊन
vindictive	vɪn.ˈdɪk.tɪv	विन **डिक** टिव
vine	vaɪn	वाइन
vinegar	ˈvɪn.ɪ.gəʳ	**विन** इ गəर
vineyard	ˈvɪn.jaːd	**विन** ग़ा:ड
vintage	ˈvɪn.tɪdʒ	**विन** टिज
vinyl	ˈvaɪ.nᵊl	**वाइ** नᵊल
viola (flower)	vaɪ.ˈəʊ.lə	वाइ **əउ** लə
viola (music)	vi.ˈəʊ.lə	वी **əउ** लə
violate	ˈvaɪ.ə.leɪt	**वाइ** ə लेइट
violation	ˈvaɪ.ə.ˈleɪ.ʃᵊn	**वाइ** ə **लेइ** शᵊन
violence	ˈvaɪ.ə.lᵊns	**वाइ** ə लᵊन्स
violent	ˈvaɪ.ə.lᵊnt	**वाइ** ə लᵊन्ट
violently	ˈvaɪ.ə.lᵊnt.li	**वाइ** ə लᵊन्ट ली
violet	ˈvaɪ.ə.lət	**वाइ** ə लəट
violin	ˈvaɪ.ə.ˈlɪn	**वाइ** ə **लिन**
violinist	ˈvaɪ.ə.ˈlɪn.ɪst	**वाइ** ə **लिन** इस्ट
violist	vɪ.ˈəʊ.lɪst	वि **əउ** लिस्ट
VIP	ˈviː.ˈaɪ.ˈpiː	**वी**: **आइ** **पी**:
viper	ˈvaɪ.pəʳ	**वाइ** पəर
viral	ˈvaɪ.ə.rᵊl	**वाइ** ə रᵊल
virgin	ˈvɜː.dʒɪn	**वɜ**: जिन
virginity	və.ˈdʒɪn.ə.ti	वə **जिन** ə टी
virile	ˈvɪr.aɪl	**विर** आइल
virility	vɪ.ˈrɪl.ə.ti	वि **रिल** ə टी
virtual	ˈvɜː.tʃu.əl	**वɜ**: चू əल

virtue	ˈvɜː.tʃuː	**वɜ**: चू:
virtuosity	ˈvɜː.tʃʊ.ˈɒs.ə.ti	**वɜ**: चु **ɒस** ə टी
virtuoso	ˈvɜː.tʃʊ.ˈəʊ.səʊ	**वɜ**: चु **əउ** सəउ
virtuous	ˈvɜː.tʃu.əs	**वɜ**: चू əस
virulent	ˈvɪr.ə.lənt	**विर** ə लəन्ट
virus	ˈvaɪ.ə.rəs	**वाइ** ə रəस
visa	ˈviː.zə	**वी**: ज़ə
visage	ˈvɪz.ɪdʒ	**विज़** इज
vis-à-vis	ˈviː.zə.ˈviː	**वी**:ज़ ə **वी**:
viscosity	vɪ.ˈskɒs.ə.ti	वि **स्कɒस** ə टी
viscount	ˈvaɪ.kaʊnt	**वाइ** काउन्ट
viscous	ˈvɪs.kəs	**विस** कəस
vise	vaɪs	वाइस
visibility	ˈvɪz.ə.ˈbɪl.ə.ti	**विज़** ə **बिल** ə टी
visible	ˈvɪz.ə.bᵊl	**विज़** ə बᵊल
visibly	ˈvɪz.ə.bli	**विज़** ə ब्ली
vision	ˈvɪʒ.ᵊn	**विज़** ᵊन
visionary	ˈvɪʒ.ᵊn.ᵊr.i	**विज़** ᵊन ᵊर ई
visit	ˈvɪz.ɪt	**विज़** इट
visitation	ˈvɪz.ɪ.ˈteɪ.ʃᵊn	**विज़** इ **टेइ** शᵊन
visitor	ˈvɪz.ɪ.təʳ	**विज़** इ टəर
visor	ˈvaɪ.zəʳ	**वाइ** ज़əर
vista	ˈvɪs.tə	**विस** टə
visual	ˈvɪʒ.u.əl	**विज़** ऊ əल
visual aid	ˈvɪʒ.u.əl.eɪd	**विज़** ऊ əल एइड
visualisation	ˈvɪʒ.u.ᵊl.aɪ.ˈzeɪ.ʃᵊn	**विज़** ऊ ᵊल आइ **ज़ेइ** शᵊन
visualise	ˈvɪʒ.u.ᵊl.aɪz	**विज़** ऊ ᵊल आइज़
visually	ˈvɪʒ.u.ə.li	**विज़** ऊ ə ली
vitae	ˈviː.taɪ	**वी**: टाइ
vital	ˈvaɪ.tᵊl	**वाइ** टᵊल
vitality	vaɪ.ˈtæl.ə.ti	वाइ **टæल** ə टी
vitally	ˈvaɪ.tᵊl.i	**वाइ** टᵊल ई
vitamin	ˈvɪt.ə.mɪn	**विट** ə मिन
vitreous	ˈvɪt.ri.əs	**विट** री əस
vitriol	ˈvɪt.ri.əl	**विट** री əल
vitriolic	ˈvɪt.rɪ.ˈɒl.ɪk	**विट** रि **ɒल** इक
viva	ˈvaɪ.və	**वाइ** वə
viva voce	ˈvaɪ.və.vəʊ.si	**वाइ** वə वəउ सी
vivacious	vɪ.ˈveɪ.ʃəs	वि **वेइ** शəस
vivaciously	vɪ.ˈveɪ.ʃəs.li	वि **वेइ** शəस ली
vivacity	vɪ.ˈvæs.ə.ti	वि **वæस** ə टी

vivid	ˈvɪv.ɪd	**विव** इड
vividly	ˈvɪv.ɪd.li	**विव** इड ली
vivisection	ˈvɪv.ɪ.ˈsek.ʃᵊn	**विव** इ **सेक** श्न
vixen	ˈvɪk.sᵊn	**विक** स्न
viz	vɪz	विज़
v-neck	ˈvi:.nek	**वी**: नेक
vocab	ˈvəʊ.kæb	**वəउ** कæब
vocabulary	və.ˈkæb.jə.lᵊr.i	वə **कæब** ग़ə ल्र ई
vocal	ˈvəʊ.kᵊl	**वəउ** क्ल
vocal chord	ˈvəʊ.kᵊl.ˈkɔ:d	**वəउ** क्ल **को:ड**
vocalise	ˈvəʊ.kᵊl.aɪz	**वəउ** क्ल आइज़
vocalist	ˈvəʊ.kᵊl.ɪst	**वəउ** क्ल इस्ट
vocation	vəʊ.ˈkeɪ.ʃᵊn	वəउ **केइ** श्न
vocational	vəʊ.ˈkeɪ.ʃᵊn.ᵊl	वəउ **केइ** श्न ्ल
voce	ˈvəʊ.tʃeɪ	**वəउ** चेइ
vociferous	və.ˈsɪf.ᵊr.əs	वə **सिफ़** ्र əस
vociferously	vəʊ.ˈsɪf.ᵊr.əs.li	वəउ **सिफ़** ्र əस ली
vodka	ˈvɒd.kə	**वɒड** कə
vogue	vəʊg	वəउग
voice	vɔɪs	वोइस
voice mail	ˈvɔɪs.meɪl	**वोइस** मेइल
voice-over	ˈvɔɪs.əʊ.vəʳ	**वोइस** əउ वəर
void	vɔɪd	वोइड
voile	vɔɪl	वोइल
volatile	ˈvɒl.ə.taɪl	**वɒल** ə टाइल
volatility	ˈvɒl.ə.ˈtɪl.ə.ti	**वɒल** ə **टिल** ə टी
volcanic	vɒl.ˈkæn.ɪk	वɒल **कæन** इक
volcano	vɒl.ˈkeɪ.nəʊ	वɒल **केइ** नəउ
volition	və.ˈlɪʃ.ᵊn	वə **लिश** ्न
volley	ˈvɒl.i	**वɒल** ई
volleyball	ˈvɒl.i.bɔ:l	**वɒल** ई बो:ल
volt	vɒlt	वɒल्ट
voltage	ˈvɒl.tɪdʒ	**वɒल** टिज
voltameter	vɒl.ˈtæm.ɪ.tə	वɒल **टæम** इ टə
voltmeter	ˈvəʊlt.mi:.tə	**वəउल्ट** मी: टə
volubility	ˈvɒl.jə.ˈbɪl.ə.ti	**वɒल** ग़ə **बिल** ə टी
voluble	ˈvɒl.jə.bᵊl	**वɒल** ग़ə ब्ल
volume	ˈvɒl.ju:m	**वɒल** ग़ू:म
volumetric	ˈvɒl.jə.ˈmet.rɪk	**वɒल** ग़ə **मेट** रिक
voluminous	və.ˈlu:.mɪ.nəs	वə **लू**: मि नəस
voluntarily	ˈvɒl.ən.teə.rᵊl.i	**वɒल** əन टेə र्ल ई

voluntary	ˈvɒl.ən.tᵊr.i	**वɒल** əन ट्र ई
volunteer	ˈvɒl.ən.ˈtɪə	**वɒल** əन **टिə**
voluptuous	və.ˈlʌp.tʃʊ.əs	वə **लʌप** चु əस
vomit	ˈvɒm.ɪt	**वɒम** इट
voodoo	ˈvu:.du:	**वू**: डू:
voracious	və.ˈreɪ.ʃəs	वə **रेइ** शəस
voracity	və.ˈræs.ə.ti	वə **रæस** ə टी
vortex	ˈvɔ:.teks	**वो**: टेक्स
vote	vəʊt	वəउट
voter	ˈvəʊ.tə	**वəउ** टə
voting booth	ˈvəʊ.tɪŋ.ˈbu:ð	**वəउ** टिङ **बू:द**
vouch	vaʊtʃ	वाउच
voucher	ˈvaʊ.tʃə	**वाउ** चə
vow	vaʊ	वाउ
vowel	ˈvaʊ.əl	**वाउ** əल
vox	vɒks	वɒक्स
vox populi	ˈvɒks.ˈpɒp.ʊ.li:	**वɒक्स पɒप** उ ली:
voyage	ˈvɔɪ.ɪdʒ	**वोइ** इज
voyager	ˈvɔɪ.ɪ.dʒəʳ	**वोइ** इ जəर
voyeur	vwɑ:.ˈjɜ:	व्वा: **ग़ɜ**:
voyeurism	vwɑ:.ˈjɜ:.rɪ.zᵊm	व्वा: **ग़ɜ**: रि ज़्म
VP	ˈvi:.ˈpi:	**वी**: **पी**:
vs (abb)	ˈvɜ:.səs	**वɜ**: सəस
vulgar	ˈvʌl.gə	**वʌल** गə
vulgarise	ˈvʌl.gᵊr.aɪz	**वʌल** ग्र आइज़
vulgarity	vʌl.ˈgær.ə.ti	वʌल **गæर** ə टी
vulnerability	ˈvʌl.nᵊr.ə.ˈbɪl.ə.ti	**वʌल** न्र ə **बिल** ə टी
vulnerable	ˈvʌl.nᵊr.ə.bᵊl	**वʌल** न्र ə ब्ल
vulture	ˈvʌl.tʃə	**वʌल** चə
vulva	ˈvʌl.və	**वʌल** वə
vye	vaɪ	वाइ
vying	ˈvaɪ.ɪŋ	**वाइ** इङ

W

w	ˈdʌb.ᵊl.juː	डʌब ᵊल यूः
W	ˈdʌb.ᵊl.juː	डʌब ᵊल यूः
wacky	ˈwæk.i	व़æक ई
wad	wɒd	व़ɒड
waddle	ˈwɒd.ᵊl	व़ɒड ᵊल
wade	weɪd	व़ेइड
wader	ˈweɪ.də	व़ेइ डə
wafer	ˈweɪ.fə	व़ेइ फ़ə
wafer-thin	ˈweɪ.fə.θɪn	व़ेइ फ़ə थिन
waffle	ˈwɒf.ᵊl	व़ɒफ़ ᵊल
waft	wɒft	व़ɒफ़्ट
wag	wæg	व़æग
wage	weɪdʒ	व़ेइज
wage-earner	ˈweɪdʒ.ɜː.nə	व़ेइज ɜː नə
wager	ˈweɪ.dʒə	व़ेइ जə
wages	ˈweɪ.dʒɪs	व़ेइ जिस
wageworker	ˈweɪdʒ.ˈwɜː.kə	व़ेइज व़ɜː कə
wagon	ˈwæg.ən	व़æग əन
wagon train	ˈwæg.ᵊn.treɪn	व़æग ᵊन ट्रेइन
wagoner	ˈwæg.ᵊn.ə	व़æग ᵊन ə
wagonette	ˈwæg.ə.ˈnet	व़æग ə नेट
wagtail	ˈwæg.teɪl	व़æग टेइल
waif	weɪf	व़ेइफ़
wail	weɪl	व़ेइल
waist	weɪst	व़ेइस्ट
waistband	ˈweɪst.bænd	व़ेइस्ट बæन्ड
waistcoat	ˈweɪs.kəʊt	व़ेइस कəउट
waistline	ˈweɪst.laɪn	व़ेइस्ट लाइन
wait	weɪt	व़ेइट
waiter	ˈweɪ.tə	व़ेइ टə
waiting list	ˈweɪ.tɪŋ.lɪst	व़ेइ टिङ लिस्ट
waiting room	ˈweɪ.tɪŋ.ruːm	व़ेइ टिङ रूःम
wait-listed	ˈweɪt.ˈlɪs.tɪd	व़ेइट लिस टिड
waitress	ˈweɪ.trəs	व़ेइ ट्रəस
waive	weɪv	व़ेइव
waiver	ˈweɪ.və	व़ेइ वə
wake	weɪk	व़ेइक
wakeful	ˈweɪk.fᵊl	व़ेइक फ़ᵊल
waken	ˈweɪ.kᵊn	व़ेइ कᵊन
wakey wakey	ˈweɪ.kɪ.ˈweɪ.kɪ	व़ेइ कि व़ेइ कि
walk	wɔːk	व़ोːक
walkabout	ˈwɔː.kə.baʊt	व़ोː कə बाउट
walkaway	ˈwɔː.kə.weɪ	व़ोː कə व़ेइ
walker	ˈwɔː.kə	व़ोː कə
walkie-talkie	ˈwɔː.ki.ˈtɔː.ki	व़ोː की टोː की
walk-in	ˈwɔː.k.ɪn	व़ोːक इन
walking stick	ˈwɔː.kɪŋ.stɪk	व़ोː किङ स्टिक
walkman	ˈwɔː.k.mən	व़ोःक मəन
walk-on	ˈwɔː.k.ɒn	व़ोःक ɒन
walkout	ˈwɔː.k.aʊt	व़ोःक आउट
walkover	ˈwɔː.k.ˈəʊ.və	व़ोःक əउ वə
walk-up	ˈwɔː.k.ʌp	व़ोःक ʌप
walkway	ˈwɔː.kweɪ	व़ोː क्व़ेइ
wall	wɔːl	व़ोःल
Wall Street	ˈwɔːl.ˈstriːt	व़ोःल स्ट्रीःट
walla (IO)	ˈwɒl.ə	व़ɒल ə
wallboard	ˈwɔːl.bɔːd	व़ोःल बोःड
wallchart	ˈwɔːl.tʃɑːt	व़ोःल चाːट
wallet	ˈwɒl.ɪt	व़ɒल इट
wallflower	ˈwɔːl.ˈflaʊ.ə	व़ोःल फ़्लाउ ə
wallop	ˈwɒl.əp	व़ɒल əप
wallow	ˈwɒl.əʊ	व़ɒल əउ
wallpaper	ˈwɔːl.ˈpeɪ.pə	व़ोःल पेइ पə
wall-to-wall	ˈwɔːl.tə.ˈwɔːl	व़ोःल टə व़ोःल
wally	ˈwɒl.i	व़ɒल ई
walnut	ˈwɔːl.nʌt	व़ोःल नʌट
walrus	ˈwɔːl.rəs	व़ोःल रəस
waltz	wɒls	व़ɒल्स
wan	wɒn	व़ɒन
wand	wɒnd	व़ɒन्ड
wander	ˈwɒn.də	व़ɒन डə
wanderer	ˈwɒn.dᵊr.ə	व़ɒन डᵊर ə
wanderlust	ˈwɒn.də.lʌst	व़ɒन डə लʌस्ट
wane	weɪn	व़ेइन
wank	wæŋk	व़æङ्क
wanna	ˈwɒn.ə	व़ɒन ə
wannabe	ˈwɒn.ə.bi	व़ɒन ə बी
want	wɒnt	व़ɒन्ट
want ad	ˈwɒnt.ˈæd	व़ɒन्ट æड
wanted	ˈwɒn.tɪd	व़ɒन टिड
wanting	ˈwɒn.tɪŋ	व़ɒन टिङ
wanton	ˈwɒn.tən	व़ɒन टəन

WAP	wæp	व़æप
war	wɔːʳ	व़ोːर
war crime	ˈwɔː.ˈkraɪm	**व़ो**ː **क्राइम**
war criminal	ˈwɔː.ˈkrɪm.ɪ.nᵊl	**व़ो**ː **क्रिम** इ नᵊल
war cry	ˈwɔː.ˈkraɪ	**व़ो**ː **क्राइ**
war dance	ˈwɔː.ˈdɑːns	**व़ो**ː **डाːन्स**
war drums	ˈwɔː.ˈdrʌmz	**व़ो**ː **ड्रʌम्ज़**
war game	ˈwɔː.ˈɡeɪm	**व़ो**ː **गेइम**
war memorial	ˈwɔː.mə.ˈmɔː.ri.əl	**व़ो**ː मə **मो**ː री əल
war widow	ˈwɔː ˈwɪd.əʊ	**व़ो**ː **विड** əउ
warble	ˈwɔː.bᵊl	**व़ो**ː बᵊल
ward	wɔːd	व़ोːड
ward off	ˈwɔːd.ɒf	**व़ोːड** ɒफ़
warden	ˈwɔː.dᵊn	**व़ो**ː डᵊन
wardrobe	ˈwɔː.drəʊb	**व़ो**ː ड्रəउब
ware	weə	व़ेə
warehouse (n)	ˈweə.haʊs	**व़ेə** हाउस
warehouse (v)	ˈweə.haʊz	**व़ेə** हाउज़
warehousing	ˈweə.haʊ.zɪŋ	**व़ेə** हाउ ज़िङ
wares	weəz	व़ेəज़
warfare	ˈwɔː.feə	**व़ो**ː फ़ेə
warhead	ˈwɔː.hed	**व़ो**ː हेड
warhorse	ˈwɔː.hɔːs	**व़ो**ː होːस
warily	ˈweə.rᵊl.i	**व़ेə** रᵊल ई
warlike	ˈwɔː.laɪk	**व़ो**ː लाइक
warlock	ˈwɔː.lɒk	**व़ो**ː लɒक
warlord	ˈwɔː.lɔːd	**व़ो**ː लोːड
warm	wɔːm	व़ोːम
warm-blooded	ˈwɔːm.ˈblʌd.ɪd	**व़ोːम ब्लʌड** इड
warmed-over	ˈwɔːmd.ˈəʊ.və	**व़ोːम्ड əउ** वə
warmer	ˈwɔːm.ə	**व़ोːम** ə
warm-hearted	ˈwɔːm.ˈhɑː.tɪd	**व़ोːम हा**ː टिड
warmly	ˈwɔːm.li	**व़ोːम** ली
warmonger	ˈwɔː.ˈmʌŋ.ɡə	**व़ो**ː **मʌङ** गə
warmongering	ˈwɔː.ˈmʌŋ.ɡᵊr.ɪŋ	**व़ो**ː **मʌङ** गᵊर इङ
warmth	wɔːmθ	व़ोːम्थ
warm-up	ˈwɔːm.ˈʌp	**व़ोːम ʌप**
warn	wɔːn	व़ोːन
warning	ˈwɔː.nɪŋ	**व़ो**ː निङ
warp	wɔːp	व़ोːप
warpath	ˈwɔː.pɑːθ	**व़ो**ː पाːथ
warped	wɔːpt	व़ोːप्ट
warrant	ˈwɒr.ᵊnt	**व़ɒर** ᵊन्ट

warrantee	ˈwɒr.ᵊn.tiː	**व़ɒर** ᵊन टीː
warrantor	ˈwɒr.ᵊn.tɔː	**व़ɒर** ᵊन टोː
warranty	ˈwɒr.ᵊn.ti	**व़ɒर** ᵊन टी
warren	ˈwɒr.ᵊn	**व़ɒर** ᵊन
warring	ˈwɔː.rɪŋ	**व़ो**ː रिङ
warrior	ˈwɒr.i.ə	**व़ɒर** ई ə
warship	ˈwɔː.ʃɪp	**व़ो**ː शिप
wart	wɔːt	व़ोːट
warthog	ˈwɔːt.hɒɡ	**व़ोːट** हɒग
wartime	ˈwɔː.taɪm	**व़ो**ː टाइम
war-torn	ˈwɔː.tɔːn	**व़ो**ː टोːन
war-weary	ˈwɔː.ˈwɪ.ə.ri	**व़ो**ː **वि** ə री
war-worn	ˈwɔː.wɔːn	**व़ो**ː व़ोːन
wary	ˈweə.ri	**व़ेə** री
was	wɒz	व़ɒज़
wasabi	wə.ˈsɑː.bi	व़ə **सा**ː बी
wash	wɒʃ	व़ɒश
washable	ˈwɒʃ.ə.bᵊl	**व़ɒश** ə बᵊल
washbasin	ˈwɒʃ.ˈbeɪ.sᵊn	**व़ɒश बेइ** सᵊन
washboard	ˈwɒʃ.bɔːd	**व़ɒश** बोːड
washbowl	ˈwɒʃ.bəʊl	**व़ɒश** बəउल
washcloth	ˈwɒʃ.klɒθ	**व़ɒश** क्लɒथ
washday	ˈwɒʃ.deɪ	**व़ɒश** डेइ
washed-out	ˈwɒʃt.ˈaʊt	**व़ɒश्ट आउट**
washed-up	ˈwɒʃt.ˈʌp	**व़ɒश्ट ʌप**
washer	ˈwɒʃ.ə	**व़ɒश** ə
washer-dryer	ˈwɒʃ.ə.ˈdrai.ə	**व़ɒश** ə **ड्राई** ə
washer-up	ˈwɒʃ.ər.ˈʌp	**व़ɒश** əर **ʌप**
washerwoman	ˈwɒʃ.ər.ˈwʊm.ən	**व़ɒश** əर **वुम** əन
washhouse	ˈwɒʃ.haʊs	**व़ɒश** हाउस
washing	ˈwɒʃ.ɪŋ	**व़ɒश** इङ
washing machine	ˈwɒʃ.ɪŋ.mə.ˈʃiːn	**व़ɒश** इङ मə **शीːन**
washing powder	ˈwɒʃ.ɪŋ.ˈpaʊ.də	**व़ɒश** इङ **पाउ** डə
washing-up	ˈwɒʃ.ɪŋ.ˈʌp	**व़ɒश** इङ **ʌप**
washout	ˈwɒʃ.aʊt	**व़ɒश** आउट
washrag	ˈwɒʃ.ræɡ	**व़ɒश** रæग
washroom	ˈwɒʃ.ruːm	**व़ɒश** रूːम
wash-tub	ˈwɒʃ.tʌb	**व़ɒश** टʌब
wasnˈt	ˈwɒz.ᵊnt	**व़ɒज़** ᵊन्ट
wasp	wɒsp	व़ɒस्प
waspish	ˈwɒs.pɪʃ	**व़ɒस** पिश
waste	weɪst	व़ेइस्ट
waste disposal	ˈweɪs.dɪ.ˈspəʊ.zᵊl	**व़ेइस** डि **स्पəउ** ज़ᵊल

waste product	ˈweɪst.ˈprɒd.ʌkt	**वेइस्ट प्रɒड** ʌक्ट
wastebasket	ˈweɪst.ˈbɑːs.kɪt	**वेइस्ट बाːस** किट
wasted	ˈweɪs.tɪd	**वेइस** टिड
wasteful	ˈweɪst.fᵊl	**वेइस्ट** फ़ᵊल
wasteland	ˈweɪst.lænd	**वेइस्ट** लæन्ड
Wastepaper	ˈweɪst.ˈpeɪ.pə	**वेइस्ट पेइ** पə
wastepaper basket	ˈweɪst.peɪ.pə.ˈbɑː.skɪt	**वेइस्ट** पेइ पə **बाː** स्किट
wastepaper bin	ˈweɪst.peɪ.pə.ˈbɪn	**वेइस्ट** पेइ पə **बिन**
wastepipe	ˈweɪst.paɪp	**वेइस्ट** पाइप
watch	wɒtʃ	वɒच
watchable	ˈwɒtʃ.ə.bᵊl	**वɒच** ə बᵊल
watchamacallit	ˈwɒtʃ.ə.mə.ˈkɔːl.ɪt	**वɒच** ə मə **कोːल** इट
watch-case	ˈwɒtʃ.keɪs	**वɒच** केइस
watchdog	ˈwɒtʃ.dɒg	**वɒच** डɒग
watchful	ˈwɒtʃ.fᵊl	**वɒच** फ़ᵊल
watchmaker	ˈwɒtʃ.ˈmeɪ.kə	**वɒच मेइ** कə
watchman	ˈwɒtʃ.mən	**वɒच** मəन
watchstrap	ˈwɒtʃ.stræp	**वɒच** स्ट्रæप
watchtower	ˈwɒtʃ.ˈtaʊ.ə	**वɒच टाउ** ə
watchword	ˈwɒtʃ.wɜːd	**वɒच** वɜːड
water	ˈwɔː.tə	**वोː** टə
water bed	ˈwɔː.tə.ˈbed	**वोː** टə **बेड**
water bottle	ˈwɔː.tə.ˈbɒt.əl	**वोː** टə **बɒट** əल
water buffalo	ˈwɔː.tə.ˈbʌf.ə.ləʊ	**वोː** टə **बʌफ़** ə लəउ
water chestnut	ˈwɔː.tə.ˈtʃes.nʌt	**वोː** टə **चेस** नʌट
water fountain	ˈwɔː.tə.ˈfaʊn.tɪn	**वोː** टə **फ़ाउन** टिन
water hole	ˈwɔː.tə.həʊl	**वोː** टə हəउल
water meadow	ˈwɔː.tə.ˈmed.əʊ	**वोː** टə **मेड** əउ
water polo	ˈwɔː.tə.ˈpəʊ.ləʊ	**वोː** टə **पəउ** लəउ
water tower	ˈwɔː.tə.ˈtaʊ.ə	**वोː** टə **टाउ** ə
waterborne	ˈwɔː.tə.ˈbɔːn	**वोː** टə **बोːन**
waterbuck	ˈwɔː.tə.bʌk	**वोː** टə बʌक
water-chute	ˈwɔː.tə.ʃuːt	**वोː** टə शूːट
watercolour	ˈwɔː.tə.ˈkʌl.ə	**वोː** टə **कʌल** ə
water-cooled	ˈwɔː.tə.ˈkuːld	**वोː** टə **कूːल्ड**
watercooler	ˈwɔː.tə.ˈkuːl.ə	**वोː** टə **कूːल** ə
watercourse	ˈwɔː.tə.kɔːs	**वोː** टə कोːस
watercress	ˈwɔː.tə.kres	**वोː** टə क्रेस
water-divining	ˈwɔː.tə.ˈdɪ.vaɪ.nɪŋ	**वोː** टə **डि** वाइ निङ

watered down	ˈwɔː.təd.ˈdaʊn	**वोː** टəड **डाउन**
waterfall	ˈwɔː.tə.fɔːl	**वोː** टə फ़ोːल
waterfinder	ˈwɔː.tə.ˈfaɪn.də	**वोː** टə **फ़ाइन** डə
waterfowl	ˈwɔː.tə.faʊl	**वोː** टə फ़ाउल
waterfront	ˈwɔː.tə.frʌnt	**वोː** टə फ़्रʌन्ट
watering can	ˈwɔː.tə.rɪŋ.kæn	**वोː** टə रिङ कæन
watering hole	ˈwɔː.tə.rɪŋ.həʊl	**वोː** टə रिङ हəउल
watering-place	ˈwɔː.tᵊr.ɪŋ.pleɪs	**वोː** टᵊर इङ प्लेइस
waterless	ˈwɔː.tə.ləs	**वोː** टə लəस
water-level	ˈwɔː.tə.ˈlev.ᵊl	**वोː** टə **लेव** ᵊल
water-lily	ˈwɔː.tə.ˈlɪl.i	**वोː** टə **लिल** ई
water-line	ˈwɔː.tə.laɪn	**वोː** टə लाइन
waterlog	ˈwɔː.tə.lɒg	**वोː** टə लɒग
waterlogged	ˈwɔː.tə.lɒgd	**वोː** टə लɒग्ड
watermark	ˈwɔː.tə.mɑːk	**वोː** टə माːक
watermelon	ˈwɔː.tə.ˈmel.ən	**वोː** टə **मेल** əन
watermill	ˈwɔː.tə.mɪl	**वोː** टə मिल
waternymph	ˈwɔː.tə.nɪmf	**वोː** टə निम्फ़
waterproof	ˈwɔː.tə.pruːf	**वोː** टə प्रूːफ़
water-resistant	ˈwɔː.tə.rɪ.ˈzɪs.tᵊnt	**वोː** टə रि **ज़िस** टᵊन्ट
watershed	ˈwɔː.tə.ʃed	**वोː** टə शेड
waterside	ˈwɔː.tə.saɪd	**वोː** टə साइड
water-ski	ˈwɔː.tə.ski	**वोː** टə स्की
watersport	ˈwɔː.tə.spɔːt	**वोː** टə स्पोːट
waterspout	ˈwɔː.tə.spaʊt	**वोː** टə स्पाउट
watertight	ˈwɔː.tə.taɪt	**वोː** टə टाइट
waterway	ˈwɔː.tə.weɪ	**वोː** टə वेइ
waterwheel	ˈwɔː.tə.wiːl	**वोː** टə वीːल
waterwings	ˈwɔː.tə.wɪŋz	**वोː** टə विङ्ज़
waterworks	ˈwɔː.tə.wɜːks	**वोː** टə वɜːक्स
watery	ˈwɔː.tᵊr.i	**वोː** टᵊर ई
watt	wɒt	वɒट
wattage	ˈwɒt.ɪdʒ	**वɒट** इज
wave	weɪv	वेइव
waveband	ˈweɪv.bænd	**वेइव** बæन्ड
waveform	ˈweɪv.fɔːm	**वेइव** फ़ोːम
wavelength	ˈweɪv.leŋθ	**वेइव** लेङ्थ
wavelet	ˈweɪv.lət	**वेइव** लəट
waver	ˈweɪ.vəʳ	**वेइ** वəर
wavy	ˈweɪ.vi	**वेइ** वी
wax	wæks	वæक्स

English Pronunciation Dictionary 381

wax paper	ˈwæks.ˈpeɪ.pə	व़æक्स पेइ पə
waxhead	ˈwæks.hed	व़æक्स हेड
waxwing	ˈwæks.wɪŋ	व़æक्स विङ
waxy	ˈwæk.si	व़æक सी
way	weɪ	व़ेइ
waybill	ˈweɪ.bɪl	व़ेइ बिल
wayfarer	ˈweɪ.ˈfeə.rə	व़ेइ फ़ेə रə
waylay	ˈweɪ.ˈleɪ	व़ेइ लेइ
way-out	ˈweɪ.ˈaʊt	व़ेइ आउट
ways	weɪz	व़ेइज़
wayside	ˈweɪ.saɪd	व़ेइ साइड
wayward	ˈweɪ.wəd	व़ेइ व़əड
we	wiː	व़ीː
weak	wiːk	व़ीːक
weaken	ˈwiː.kᵊn	व़ीː क॰न
weak-kneed	ˈwiːk.ˈniːd	व़ीːक नीːड
weakling	ˈwiː.klɪŋ	व़ीː क्लिङ
weakly	ˈwiːk.li	व़ीːक ली
weak-minded	ˈwiːk.ˈmaɪn.dɪd	व़ीːक माइन डिड
weakness	ˈwiːk.nəs	व़ीːक नəस
wealth	welθ	व़ेल्थ
wealthy	ˈwel.θi	व़ेल थी
wean (n)	wiːn	व़ीːन
wean (v)	wiːn	व़ीːन
weapon	ˈwep.ən	व़ेप əन
weapon-grade	ˈweɪp.ən.greɪd	व़ेइप əन ग्रेइड
weaponry	ˈwep.ən.ri	व़ेप əन री
wear	weə	व़ेə
wearable	ˈweə.rə.bᵊl	व़ेə रə ब॰ल
wearily	ˈwɪə.rᵊl.i	व़िə र॰ल ई
weariness	ˈwɪə.ri.nəs	व़िə री नəस
wearisome	ˈwɪə.rɪ.sᵊm	व़िə रि स॰म
weary	ˈwɪə.ri	व़िə री
weasel	ˈwiː.zᵊl	व़ीː ज़॰ल
weather	ˈweð.əʳ	व़ेद əर
weather balloon	ˈweð.ə.bə.ˈluːn	व़ेद ə बə लूːन
weather forecast	ˈweð.ə.ˈfɔː.kɑːst	व़ेद ə फ़ोː काːस्ट
weather forecaster	ˈweð.ə.ˈfɔː.kɑː.stə	व़ेद ə फ़ोː काː स्टə
weather vane	ˈweð.ə.veɪn	व़ेद ə वेइन
weather-beaten	ˈweð.ə.ˈbiː.tᵊn	व़ेद ə बीː ट॰न
weatherboard	ˈweð.ə.bɔːd	व़ेद ə बोːड
weather-bound	ˈweð.ə.baʊnd	व़ेद ə बाउन्ड

weathercock	ˈweð.ə.kɒk	व़ेद ə कɒक
weathered	ˈweð.əd	व़ेद əड
weather-eye	ˈweð.ə.aɪ	व़ेद ə आइ
weather-glass	ˈweð.ə.glɑːs	व़ेद ə ग्लाːस
weatherman	ˈweð.ə.mæn	व़ेद ə मæन
weatherproof	ˈweð.ə.pruːf	व़ेद ə प्रूːफ़
weather-wise	ˈweð.ə.waɪz	व़ेद ə व़ाइज़
weather-worn	ˈweð.ə.wɔːn	व़ेद ə व़ोːन
weave	wiːv	व़ीːव
weaver	ˈwiː.və	व़ीː वə
web	web	व़ेब
web-based	ˈweb.beɪst	व़ेब बेइस्ट
webbed	webd	व़ेब्ड
webbing	ˈweb.ɪŋ	व़ेब इङ
webcam	ˈweb.kæm	व़ेब कæम
webcast	ˈweb.kɑːst	व़ेब काːस्ट
web-footed	ˈweb.ˈfʊt.ɪd	व़ेब फ़ुट इड
webinar	ˈweb.ɪ.nɑːʳ	व़ेब इ नाːर
weblog	ˈweb.lɒg	व़ेब लɒग
webmaster	ˈweb.ˈmaː.stə	व़ेब माː स्टə
webpage	ˈweb.ˈpeɪdʒ	व़ेब पेइज
website	ˈweb.saɪt	व़ेब साइट
wed	wed	व़ेड
weˈd	wiːd	व़ीːड
Wed. (abb)	ˈwenz.deɪ	व़ेन्ज़ डेइ
wedding	ˈwed.ɪŋ	व़ेड इङ
wedding band	ˈwed.ɪŋ.ˈbænd	व़ेड इङ बæन्ड
wedding ring	ˈwed.ɪŋ.ˈrɪŋ	व़ेड इङ रिङ
wedge	wedʒ	व़ेज
wedge-shaped	ˈwedʒ.ʃeɪpt	व़ेज शेइप्ट
wedlock	ˈwed.lɒk	व़ेड लɒक
Wednesday	ˈwenz.deɪ	व़ेन्ज़ डेइ
weˈdˈve	ˈwiːd.ᵊv	व़ीːड ॰व
wee	wiː	व़ीː
weed	wiːd	व़ीːड
weedkiller	ˈwiːd.ˈkɪl.əʳ	व़ीːड किल əर
weedy	ˈwiː.di	व़ीː डी
week	wiːk	व़ीːक
weekday	ˈwiːk.deɪ	व़ीːक डेइ
weekend	ˈwiːk.ˈend	व़ीːक एन्ड
weekender	ˈwiːk.ˈend.əʳ	व़ीːक एन्ड əर
weekly	ˈwiː.kli	व़ीː क्ली
weeknight	ˈwiːk.naɪt	व़ीːक नाइट

ween	ˈwiː.n	**वी**: न
weep	wiːp	वीःप
weeper	ˈwiːp.əʳ	**वीःप** ərर
wee-wee	ˈwiː.ˈwiː	**वी**: **वी**:
weigh	weɪ	वेइ
weighbridge	ˈweɪ.brɪdʒ	**वेइ** ब्रिज
weight	weɪt	वेइट
weightless	ˈweɪt.ləs	**वेइट** लəस
weightlessness	ˈweɪt.ləs.nəs	**वेइट** लəस नəस
weightlifter	ˈweɪt.ˈlɪf.təʳ	**वेइट लिफ़** टəर
weightlifting	ˈweɪt.ˈlɪf.tɪŋ	**वेइट लिफ़** टिङ
weight-watching	ˈweɪt.ˈwɒtʃ.ɪŋ	**वेइट वɒच** इङ
weighty	ˈweɪ.ti	**वेइ** टी
weird	wɪəd	विəड
weirdo	ˈwɪə.dəʊ	**विə** डəउ
welcome	ˈwel.kəm	**वेल** कəम
weld	weld	वेल्ड
welder	ˈwel.dəʳ	**वेल** डəर
welfare	ˈwel.feəʳ	**वेल** फ़ेəर
well	wel	वेल
we'll	wiːl	वीःल
well-advised	ˈwel.əd.ˈvaɪzd	**वेल** əड **वाइज़्ड**
well-appointed	ˈwel.ə.ˈpɔɪn.tɪd	**वेल** ə **पोइन** टिड
well-balanced	ˈwel.ˈbæl.ᵊnst	**वेल बæल** ᵊन्स्ट
well-behaved	ˈwel.bɪ.ˈheɪvd	**वेल** बि **हेइव्ड**
well-being	ˈwel.ˈbiː.ɪŋ	**वेल बी**: इङ
well-born	ˈwel.bɔːn	**वेल** बोःन
well-bred	ˈwel.bred	**वेल** ब्रेड
well-built	ˈwel.ˈbɪlt	**वेल बिल्ट**
well-chosen	ˈwel.ˈtʃəʊ.zᵊn	**वेल चəउ** ज़ᵊन
well-conducted	ˈwel.kən.ˈdʌk.tɪd	**वेल** कəन **डʌक** टिड
well-connected	ˈwel.kə.ˈnek.tɪd	**वेल** कə **नेक** टिड
well-cooked	ˈwel.ˈkʊkt	**वेल कुक्ट**
well-defined	ˈwel.dɪ.ˈfaɪnd	**वेल** डि **फ़ाइन्ड**
well-disposed	ˈwel.dɪ.ˈspəʊzd	**वेल** डि **स्पəउज़्ड**
well-done	ˈwel.ˈdʌn	**वेल डʌन**
well-dressed	ˈwel.ˈdrest	**वेल ड्रेस्ट**
well-earned	ˈwel.ˈɜːnd	**वेल ɜːन्ड**
well-fed	ˈwel.ˈfed	**वेल फ़ेड**
well-formed	ˈwel.ˈfɔːmd	**वेल फ़ोःम्ड**
well-found	ˈwel.ˈfaʊnd	**वेल फ़ाउन्ड**
well-groomed	ˈwel.ˈgruːmd	**वेल ग्रूःम्ड**

well-grounded	ˈwel.ˈgraʊn.dɪd	**वेल ग्राउन** डिड
well-heeled	ˈwel.ˈhiːld	**वेल हीःल्ड**
well-informed	ˈwel.ɪn.ˈfɔːmd	**वेल** इन **फ़ोःम्ड**
well-intentioned	ˈwel.ɪn.ˈten.ʃᵊnd	**वेल** इन **टेन** शᵊन्ड
well-judged	ˈwel.ˈdʒʌdʒd	**वेल जʌज्ड**
well-known	ˈwel.ˈnəʊn	**वेल नəउन**
well-made	ˈwel.ˈmeɪd	**वेल मेइड**
well-meaning	ˈwel.ˈmiː.nɪŋ	**वेल मी**: निङ
well-meant	ˈwel.ˈment	**वेल मेन्ट**
well-nigh	ˈwel.ˈnaɪ	**वेल नाइ**
well-off	ˈwel.ˈɒf	**वेल ɒफ़**
well-proportioned	ˈwel.prə.ˈpɔː.ʃᵊnd	**वेल** प्रə **पो**: शᵊन्ड
well-read	ˈwel.ˈred	**वेल रेड**
well-rounded	ˈwel.ˈraʊn.dɪd	**वेल राउन** डिड
well-spoken	ˈwel.ˈspəʊ.kən	**वेल स्पəउ** कəन
wellspring	ˈwel.sprɪŋ	**वेल** स्प्रिङ
well-thought-of	ˈwel.ˈθɔː.t.əv	**वेल थोःट** əव
well-timed	wel.ˈtaɪmd	वेल **टाइम्ड**
well-to-do	ˈwel.tə.ˈduː	**वेल** टə **डू**:
well-versed	ˈwel.ˈvɜːst	**वेल वɜːस्ट**
well-wisher	ˈwel.ˈwɪʃ.ə	**वेल विश** ə
well-worn	ˈwel.ˈwɔːn	**वेल वोःन**
welt	welt	वेल्ट
welter	ˈwel.təʳ	**वेल** टəर
welterweight	ˈwel.tə.weɪt	**वेल** टə वेइट
went	went	वेन्ट
wept	wept	वेप्ट
were	wɜːʳ	वɜːर
we're	wɪ.ə	वि ə
weren't	wɜːnt	वɜːन्ट
werewolf	ˈwɪə.wʊlf	**विə** वुल्फ़
west	west	वेस्ट
West Bengal	ˈwest.ˈben.gɔːl	**वेस्ट बेन** गोःल
westbound	ˈwest.baʊnd	**वेस्ट** बाउन्ड
westerly	ˈwes.tᵊl.i	**वेस** टᵊल ई
western	ˈwes.tən	**वेस** टəन
westerner	ˈwes.tə.nəʳ	**वेस** टə नəर
westernise	ˈwes.tən.aɪz	**वेस** टəन आइज़
westward	ˈwest.wəd	**वेस्ट** वəड
wet	wet	वेट
wet blanket	ˈwet.ˈblæŋ.kɪt	**वेट ब्लæङ** किट

wet suit	ˈwet.suːt	**वे़ट** सू़ट
wetback	ˈwet.bæk	**वे़ट** बæक
wether	ˈweð.ə	**वे़द** ə
wetland	ˈwet.lənd	**वे़ट** लəन्ड
wet-look	ˈwet.lʊk	**वे़ट** लुक
wetnurse	ˈwet.ˈnɜːs	**वे़ट नɜ:स**
we've	wiːv	व़ी:व
whack	wæk	व़æक
whacko	ˈwæk.əʊ	**व़æक** əउ
whale	weɪl	वे़इल
whalebone	ˈweɪl.bəʊn	**वे़इल** बəउन
whale-oil	ˈweɪl.ɔɪl	**वे़इल** ओइल
whaler	ˈweɪ.lə	**वे़इ** लə
whaling	ˈweɪ.lɪŋ	**वे़इ** लिङ
wham	wæm	व़æम
wharf	wɔːf	व़ो:फ़
wharves	wɔːvz	व़ो:व्ज़
what	wɒt	व़ɒट
whatchamacallit	ˈwɒtʃ.ə.mə.ˈkɔːl.ɪt	**व़ɒच** ə मə **को:ल** इट
what-d'you-call-it	ˈwɒt.dʒə.ˈkɔːl.ɪt	**व़ɒट** जə **को:ल** इट
whatever	wɒt.ˈev.ə	व़ɒट **एव** ə
whatnot	ˈwɒt.nɒt	**व़ɒट** नɒट
what's	wɒts	व़ɒट्स
what's-her-name	ˈwɒt.sə.neɪm	**व़ɒट** सə नेइम
what's-his-name	ˈwɒt.sɪz.neɪm	**व़ɒट** सिज़ नेइम
whatsoever	ˈwɒt.səʊ.ˈev.ə	**व़ɒट** सəउ **एव** ə
wheat	wiːt	व़ी:ट
wheel	wiːl	व़ी:ल
wheelbarrow	ˈwiːl.ˈbær.əʊ	**व़ी:ल बæर** əउ
wheelchair	ˈwiːl.tʃeə	**व़ी:ल** चेə
wheeler-dealer	ˈwiː.lə.ˈdiː.lə	**व़ी:** लə **डी:** लə
wheels	wiːlz	व़ी:ल्ज़
wheeze	wiːz	व़ी:ज़
when	wen	वे़न
whence	wens	वे़न्स
whenever	wen.ˈev.ə	वे़न **एव** ə
whensoever	ˈwen.səʊ.ˈev.ə	**वे़न** सəउ **एव** ə
where	weə	वे़ə
whereabouts	ˈweə.rə.baʊts	**वे़ə** रə बाउट्स
whereas	weər.ˈæz	वे़əर **æज़**
whereby	ˈweə.ˈbaɪ	**वे़ə बाइ**
wherefore	ˈweə.fɔʳ	**वे़ə** फ़ोर

wherein	ˈweə.ˈrɪn	**वे़ə रिन**
whereof	ˈweə.ˈrɒv	**वे़ə रɒव**
whereon	ˈweə.ˈrɒn	**वे़ə रɒन**
wheresoe'er	ˈweə.səʊ.ˈeə	**वे़ə** सəउ **एə**
wheresoever	ˈweə.səʊ.ˈev.ə	**वे़ə** सəउ **एव** ə
whereto	ˈweə.ˈtuː	**वे़ə टू:**
whereunder	ˈweə.ˈrʌn.də	**वे़ə रʌन** डə
whereunto	ˈweə.ˈrʌn.tuː	**वे़ə रʌन** टू:
whereupon	ˈweə.rə.ˈpɒn	**वे़ə** रə **पɒन**
wherever	weə.ˈrev.ə	वे़ə **रेव** ə
wherewith	ˈweə.ˈwɪθ	**वे़ə वि़थ**
wherewithal	ˈweə.wɪ.ðɔːl	**वे़ə** वि़ दो:ल
whet	wet	वे़ट
whether	ˈweð.ə	**वे़द** ə
whetstone	ˈwet.stəʊn	**वे़ट** स्टəउन
whey	weɪ	वे़इ
which	wɪtʃ	वि़च
whichever	wɪ.ˈtʃev.ə	वि़ **चेव** ə
whiff	wɪf	वि़फ़
while	waɪl	वा़इल
whilst	waɪlst	वा़इल्स्ट
whim	wɪm	वि़म
whimper	ˈwɪm.pə	**वि़म** पə
whimsical	ˈwɪm.zɪ.k^{ə}l	**वि़म** ज़ि क॰ल
whimsically	ˈwɪm.zɪ.k^{ə}l.i	**वि़म** ज़ि क॰ल ई
whine	waɪn	वा़इन
whiner	ˈwaɪ.nə	**वा़इ** नə
whinny	ˈwɪn.i	**वि़न** ई
whip	wɪp	वि़प
whiplash	ˈwɪp.læʃ	**वि़प** लæश
whipping	ˈwɪp.ɪŋ	**वि़प** इङ
whipping-boy	ˈwɪp.ɪŋ.bɔɪ	**वि़प** इङ बोइ
whir	wɜːʳ	व़ɜ:र
whirl	wɜːl	व़ɜ:ल
whirlpool	ˈwɜːl.puːl	**व़ɜ:ल** पू़ल
whirlwind	ˈwɜːl.wɪnd	**व़ɜ:ल** वि़न्ड
whisk	wɪsk	वि़स्क
whisker	ˈwɪs.kə	**वि़स** कə
whiskers	ˈwɪs.kəz	**वि़स** कəज़
whiskey	ˈwɪs.ki	**वि़स** की
whisper	ˈwɪs.pə	**वि़स** पə
whistle	ˈwɪs.^{ə}l	**वि़स** ॰ल
whistle-blower	ˈwɪs.^{ə}l.ˈbləʊ.ə	**वि़स** ॰ल **ब्लəउ** ə

whistler	ˈwɪs.lə	व़िस लə
whistle-stop	ˈwɪs.ᵊl.stɒp	व़िस ᵊल स्टɒप
white	waɪt	व़ाइट
White House	ˈwaɪt.ˈhaʊs	व़ाइट हाउस
white lie	ˈwaɪt.ˈlaɪ	व़ाइट लाइ
white trash	ˈwaɪt.ˈtræʃ	व़ाइट ट्रæश
white water	ˈwaɪt.ˈwɔː.tə	व़ाइट व़ो: टə
white wine	ˈwaɪt.ˈwaɪn	व़ाइट व़ाइन
whitebait	ˈwaɪt.beɪt	व़ाइट बेइट
whitebeard	ˈwaɪt.bɪ.əd	व़ाइट बि əड
whiteboard	ˈwaɪt.bɔːd	व़ाइट बो:ड
white-bread	ˈwaɪt.bred	व़ाइट ब्रेड
whitecap	ˈwaɪt.kæp	व़ाइट कæप
white-collar	ˈwaɪt.ˈkɒl.ə	व़ाइट कɒल ə
whitehead	ˈwaɪt.ˈhed	व़ाइट हेड
white-hot	ˈwaɪt.ˈhɒt	व़ाइट हɒट
white-livered	ˈwaɪt.ˈlɪv.əd	व़ाइट लिव əड
whiten	ˈwaɪ.tᵊn	व़ाइ टᵊन
whitener	ˈwaɪ.tᵊn.ə	व़ाइ टᵊन ə
whiteout	ˈwaɪt.aʊt	व़ाइट आउट
whitethroat	ˈwaɪt.θrəʊt	व़ाइट थ्रəउट
whitewash	ˈwaɪt.wɒʃ	व़ाइट व़ɒश
whither	ˈwɪð.ə	व़िद ə
whiting	ˈwaɪ.tɪŋ	व़ाइ टिङ
whitsunday	ˈwɪt.ˈsʌn.deɪ	व़िट सʌन डेइ
whittle	ˈwɪt.ᵊl	व़िट ᵊल
whity	ˈwaɪt.ɪ	व़ाइट इ
whiz	wɪz	व़िज़
whiz-bang	ˈwɪz.bæŋ	व़िज़ बæङ
who	huː	हू:
WHO	ˈdʌb.ᵊl.juː.ˈeɪtʃ.ˈəʊ	डʌब ᵊल यू: एइच əउ
whoa	wəʊ	व़əउ
who'd	huːd	हू:ड
whodunit	hu.ˈdʌn.ət	हू डʌन əट
whoever	huː.ˈev.ə	हू: एव ə
whole	həʊl	हəउल
wholefood	ˈhəʊl.fuːd	हəउल फ़ू:ड
wholegrain	ˈhəʊl.greɪn	हəउल ग्रेइन
wholehearted	ˈhəʊl.ˈhɑː.tɪd	हəउल हा: टिड
wholeheartedly	ˈhəʊl.ˈhɑː.tɪd.li	हəउल हा: टिड ली
wholemeal	ˈhəʊl.miːl	हəउल मी:ल

wholesale	ˈhəʊl.seɪl	हəउल सेइल
wholesome	ˈhəʊl.sᵊm	हəउल सᵊम
whole-wheat	ˈhəʊl.wiːt	हəउल व़ी:ट
who'll	huːl	हू:ल
wholly	ˈhəʊl.li	हəउल ली
whom	huːm	हू:म
whoop	wuːp	वू:प
whoopee	ˈwʊp.i	वुप ई
whooping cough	ˈhuː.pɪŋ.ˈkɒf	हू: पिङ कɒफ़
whoops	wʊps	वुप्स
whoosh	wʊʃ	वुश
whop	wɒp	व़ɒप
whopper	ˈwɒp.ə	व़ɒप ə
whore	hɔːʳ	हो:र
who're	hɔːʳ	हो:र
whorehouse	ˈhɔː.haʊs	हो: हाउस
who's	huːz	हू:ज़
whose	huːz	हू:ज़
whosoever	ˈhuː.səʊ.ˈev.ə	हू: सəउ एव ə
who've	ˈhuːəv	हू:əव
why	waɪ	व़ाइ
why'll	waɪl	व़ाइल
why're	waɪ.ə	व़ाइ ə
why's	waɪz	व़ाइज़
why've	waɪv	व़ाइव
wick	wɪk	व़िक
wicked	ˈwɪk.ɪd	व़िक इड
wickedly	ˈwɪk.ɪd.li	व़िक इड ली
wickedness	ˈwɪk.ɪd.nəs	व़िक इड नəस
wicker	ˈwɪk.ə	व़िक ə
wickerwork	ˈwɪk.ə.wɜːk	व़िक ə व़ɜ:क
wicket	ˈwɪk.ɪt	व़िक इट
wicket-keeper	ˈwɪk.ɪt.ˈkiː.pə	व़िक इट की: पə
wide	waɪd	व़ाइड
wide-angle	ˈwaɪd.æŋ.gᵊl	व़ाइड æङ गᵊल
wide-awake	ˈwaɪd.ə.ˈweɪk	व़ाइड ə व़ेइक
wide-eyed	ˈwaɪd.ˈaɪd	व़ाइड आइड
widely	ˈwaɪd.li	व़ाइड ली
widen	ˈwaɪ.dᵊn	व़ाइ डᵊन
wide-ranging	ˈwaɪd.ˈreɪn.dʒɪŋ	व़ाइड रेइन जिङ
widescreen	ˈwaɪd.skriːn	व़ाइड स्क्री:न
widespread	ˈwaɪd.spred	व़ाइड स्प्रेड

widget	ˈwɪdʒ.ɪt	**व़िज** इट
widow	ˈwɪd.əʊ	**व़िड** əउ
widowed	ˈwɪd.əʊd	**व़िड** əउड
widower	ˈwɪd.əʊ.ə	**व़िड** əउ ə
widowhood	ˈwɪd.əʊ.hʊd	**व़िड** əउ हुड
width	wɪdθ	व़िड्थ
wield	wiːld	व़ीːल्ड
wife	waɪf	व़ाइफ़
wifelike	ˈwaɪf.laɪk	**व़ाइफ़** लाइक
wifely	ˈwaɪf.li	**व़ाइफ़** ली
wi-fi	ˈwaɪ.faɪ	**व़ाइ** फ़ाइ
wig	wɪg	व़िग
wiggle	ˈwɪg.ᵊl	**व़िग** ᵊल
wiggly	ˈwɪg.ᵊl.i	**व़िग** ᵊल ई
wigwam	ˈwɪg.wæm	**व़िग** व़æम
wiki	ˈwɪ.ki	**व़ि** की
wild	waɪld	व़ाइल्ड
wildcat	ˈwaɪld.kæt	**व़ाइल्ड** कæट
wildebeest	ˈwɪl.də.biːst	**व़िल** डə बीːस्ट
wilderness	ˈwɪl.də.nəs	**व़िल** डə नəस
wildfire	ˈwaɪld.faɪ.ə	**व़ाइल्ड** फ़ाइ ə
wildflower	ˈwaɪld.ˈflaʊ.ə	**व़ाइल्ड फ़्लाउ** ə
wildfowl	ˈwaɪld.faʊl	**व़ाइल्ड** फ़ाउल
wild-goose-chase	ˈwaɪld.ˈguːs.ˈtʃeɪs	**व़ाइल्ड गूːस चेइस**
wildlife	ˈwaɪld.laɪf	**व़ाइल्ड** लाइफ़
wildly	ˈwaɪld.li	**व़ाइल्ड** ली
wilful	ˈwɪl.fᵊl	**व़िल** फ़ᵊल
wilfully	ˈwɪl.fᵊl.i	**व़िल** फ़ᵊल ई
will	wɪl	व़िल
willful	ˈwɪl.fᵊl	**व़िल** फ़ᵊल
willing	ˈwɪl.ɪŋ	**व़िल** इङ
willingly	ˈwɪl.ɪŋ.li	**व़िल** इङ ली
willingness	ˈwɪl.ɪŋ.nəs	**व़िल** इङ नəस
will-oˈ-the-wisp	ˈwɪl.ə.ðə.ˈwɪsp	**व़िल** ə दə **व़िस्प**
willow	ˈwɪl.əʊ	**व़िल** əउ
willowy	ˈwɪl.əʊ.i	**व़िल** əउ ई
willpower	ˈwɪl.paʊ.ə	**व़िल** पाउ ə
will've	ˈwɪl.əv	**व़िल** əव
willy-nilly	ˈwɪl.ɪ.ˈnɪl.i	**व़िल** इ **निल** ई
wilt	wɪlt	व़िल्ट
wily	ˈwaɪ.li	**व़ाइ** ली
wimp	wɪmp	व़िम्प
wimpish	ˈwɪm.pi	**व़िम** पी

win	wɪn	व़िन
wince	wɪns	व़िन्स
winch	wɪntʃ	व़िन्च
wind	wɪnd	व़िन्ड
wind energy	ˈwɪnd.ˈen.ə.dʒi	**व़िन्ड एन** ə जी
wind instrument	ˈwɪnd.ɪn.strə.mᵊnt	**व़िन्ड** इन स्ट्रə मᵊन्ट
wind turbine	ˈwɪnd.ˈtɜː.baɪn	**व़िन्ड टɜː** बाइन
windbag	ˈwɪnd.bæg	**व़िन्ड** बæग
windblown	ˈwɪnd.bləʊn	**व़िन्ड** ब्लəउन
windbreaker	ˈwɪnd.ˈbreɪ.kə	**व़िन्ड ब्रेइ** कə
windburn	ˈwɪnd.bɜːn	**व़िन्ड** बɜːन
windcheater	ˈwɪnd.ˈtʃiː.tə	**व़िन्ड चीː** टə
wind-chest	ˈwɪnd.tʃest	**व़िन्ड** चेस्ट
wind-chill factor	ˈwɪnd.tʃɪl.ˈfæk.tə	**व़िन्ड** चिल **फ़æक** टə
winded	ˈwɪn.dɪd	**व़िन** डिड
windfall	ˈwɪnd.fɔːl	**व़िन्ड** फ़ोːल
winding (adj)	ˈwaɪn.dɪŋ	**व़ाइन** डिङ
winding (n)	ˈwaɪn.dɪŋ	**व़ाइन** डिङ
winding-up	ˈwaɪn.dɪŋ.ʌp	**व़ाइन** डिङ ʌप
windmill	ˈwɪnd.mɪl	**व़िन्ड** मिल
window	ˈwɪn.dəʊ	**व़िन** डəउ
window dressing	ˈwɪn.dəʊ.ˈdres.ɪŋ	**व़िन** डəउ **ड्रेस** इङ
windowpane	ˈwɪn.dəʊ.peɪn	**व़िन** डəउ पेइन
window-shopping	ˈwɪn.dəʊ.ˈʃɒp.ɪŋ	**व़िन** डəउ **शɒप** इङ
windowsill	ˈwɪn.dəʊ.sɪl	**व़िन** डəउ सिल
windpipe	ˈwɪnd.paɪp	**व़िन्ड** पाइप
windproof	ˈwɪnd.pruːf	**व़िन्ड** प्रूːफ़
windscreen	ˈwɪnd.skriːn	**व़िन्ड** स्क्रीːन
windshield	ˈwɪnd.ʃiːld	**व़िन्ड** शीːल्ड
windshield wiper	ˈwɪnd.ʃiːld.ˈwaɪ.pə	**व़िन्ड** शीːल्ड **व़ाइ** पə
windsock	ˈwɪnd.sɒk	**व़िन्ड** सɒक
windstorm	ˈwɪnd.ˈstɔːm	**व़िन्ड स्टोːम**
windsurf	ˈwɪnd.ˈsɜːf	**व़िन्ड सɜːफ़**
windsurfing	ˈwɪnd.ˈsɜː.fɪŋ	**व़िन्ड सɜː** फ़िङ
windswept	ˈwɪnd.swept	**व़िन्ड** स्वेप्ट
wind-up	ˈwaɪnd.ʌp	**व़ाइन्ड** ʌप
windward	ˈwɪnd.wəd	**व़िन्ड** व़əड
windy	ˈwɪn.di	**व़िन** डी
wine	waɪn	व़ाइन
wineglass	ˈwaɪn.glɑːs	**व़ाइन** ग्लाːस
winemaker	ˈwaɪn.ˈmeɪ.kə	**व़ाइन मेइ** कə

winery	ˈwaɪ.nᵊr.i	**व़ाइ** नᵊर ई
wing	wɪŋ	व़िङ
wing-commander	ˈwɪŋ.kə.ˈmɑːn.də	**व़िङ** कə **मा:न** डə
winged	wɪŋd	व़िङ्ड
wings	wɪŋz	व़िङ्ज़
wingspan	ˈwɪŋ.spæn	**व़िङ** स्पæन
wingtip	ˈwɪŋ.tɪp	**व़िङ** टिप
wink	wɪŋk	व़िङ्क
winnable	ˈwɪn.ə.bᵊl	**व़िन** ə बᵊल
winner	ˈwɪn.ə	**व़िन** ə
Winnie-the-Pooh	ˈwɪn.i.ðə.ˈpuː	**व़िन** ई दə **पू:**
winning	ˈwɪn.ɪŋ	**व़िन** इङ
winning post	ˈwɪn.ɪŋ.pəʊst	**व़िन** इङ पəउस्ट
winnings	ˈwɪn.ɪŋz	**व़िन** इङ्ज़
wino	ˈwaɪ.nəʊ	**व़ाइ** नəउ
winsome	ˈwɪn.səm	**व़िन** सəम
winter	ˈwɪn.tə	**व़िन** टə
wintertime	ˈwɪn.tə.taɪm	**व़िन** टə टाइम
wintry	ˈwɪn.tri	**व़िन** ट्री
wipe	waɪp	व़ाइप
wipe-out	ˈwaɪp.ˈaʊt	**व़ाइप आउट**
wiper	ˈwaɪp.ə	**व़ाइप** ə
wire	ˈwaɪ.ə	**व़ाइ** ə
wire-cutter	ˈwaɪ.ə.ˈkʌt.ə	**व़ाइ** ə **कʌट** ə
wired	ˈwaɪ.əd	**व़ाइ** əड
wiredraw	ˈwaɪ.ə.ˈdrɔː	**व़ाइ** ə **ड्रो:**
wireless	ˈwaɪ.ə.ləs	**व़ाइ** ə लəस
wiretap	ˈwaɪ.ə.tæp	**व़ाइ** ə टæप
wireworm	ˈwaɪ.ə.wɜːm	**व़ाइ** ə व़ɜ:म
wiring	ˈwaɪ.ə.rɪŋ	**व़ाइ** ə रिङ
wiry	ˈwaɪ.ə.ri	**व़ाइ** ə री
wisdom	ˈwɪz.dəm	**व़िज़** डəम
wisdom tooth	ˈwɪz.dəm.ˈtuːθ	**व़िज़** डəम **टू:थ**
wise	waɪz	व़ाइज़
wise guy	ˈwaɪz.ˈgaɪ	**व़ाइज़ गाइ**
wisecrack	ˈwaɪz.kræk	**व़ाइज़** क्रæक
wisely	ˈwaɪz.li	**व़ाइज़** ली
wish	wɪʃ	व़िश
wishbone	ˈwɪʃ.bəʊn	**व़िश** बəउन
wishes	ˈwɪʃ·əz	**व़िश•əज़**
wishful	ˈwɪʃ.fᵊl	**व़िश** फ़ᵊल
wishful thinking	ˈwɪʃ.fᵊl.ˈθɪŋk.ɪŋ	**व़िश** फ़ᵊल **थिङ्क** इङ

wishing well	ˈwɪʃ.ɪŋ wel	**व़िश** इङ व़ेल
wishy-washy	ˈwɪʃ.i.ˈwɒʃ.i	**व़िश** ई **व़ɒश** ई
wisp	wɪsp	व़िस्प
wispy	ˈwɪs.pi	**व़िस** पी
wist	ˈwɪst	**व़िस्ट**
wistful	ˈwɪst.fᵊl	**व़िस्ट** फ़ᵊल
wistfully	ˈwɪst.fᵊl.i	**व़िस्ट** फ़ᵊल ई
wit	wɪt	व़िट
witch	wɪtʃ	व़िच
witch doctor	ˈwɪtʃ.ˈdɒk.tə	**व़िच डɒक** टə
witchcraft	ˈwɪtʃ.krɑːft	**व़िच** क्रा:फ़्ट
witchery	ˈwɪtʃ.ᵊr.i	**व़िच** ᵊर ई
witch-hunt	ˈwɪtʃ.ˈhʌnt	**व़िच हʌन्ट**
with	wɪð	व़िद
withal	wɪ.ˈðɔːl	व़ि **दो:ल**
withdraw	wɪð.ˈdrɔː	व़िद **ड्रो:**
withdrawal	wɪð.ˈdrɔː.ᵊl	व़िद **ड्रो:** ᵊल
withdrawn	wɪð.ˈdrɔːn	व़िद **ड्रो:न**
withdrew	wɪð.ˈdruː	व़िद **ड्रू:**
wither	ˈwɪð.ə	**व़िद** ə
withheld	wɪ.ˈθeld	व़ि **थेल्ड**
withhold	wɪθ.ˈhəʊld	व़िथ **हəउल्ड**
withholding	wɪθ.ˈhəʊl.dɪŋ	व़िथ **हəउल** डिङ
within	wɪ.ˈðɪn	व़ि **दिन**
with-it	wɪð.ˈɪt	व़िद **इट**
without	wɪ.ˈðaʊt	व़ि **दाउट**
withstand	wɪð.ˈstænd	व़िद **स्टæन्ड**
withstood	wɪð.ˈstʊd	व़िद **स्टुड**
withy	ˈwɪð.i	**व़िद** ई
witless	ˈwɪt.ləs	**व़िट** लəस
witness	ˈwɪt.nəs	**व़िट** नəस
witness stand	ˈwɪt.nəs.stænd	**व़िट** नəस स्टæन्ड
wits	wɪts	व़िट्स
witticism	ˈwɪt.ɪ.sɪ.zᵊm	**व़िट** इ सि ज़ᵊम
witty	ˈwɪt.i	**व़िट** ई
wives	waɪvz	व़ाइव्ज़
wizard	ˈwɪz.əd	**व़िज़** əड
wizen	ˈwɪz.ᵊn	**व़िज़** ᵊन
wk (abb)	wiːk	व़ी:क
wobble	ˈwɒb.ᵊl	**व़ɒब** ᵊल
wobbly	ˈwɒb.ᵊl.i	**व़ɒब** ᵊल ई
woe	wəʊ	व़əउ

woebegone	ˈwəʊ.bɪ.gɒn	**व़əउ** बि गɒन
woeful	ˈwəʊ.fᵊl	**व़əउ** फ़ᵊल
woes	wəʊz	व़əउज़
wog	wɒg	व़ɒग
wok	wɒk	व़ɒक
woke	wəʊk	व़əउक
woken	ˈwəʊ.kᵊn	**व़əउ** कᵊन
wolf	wʊlf	वुल्फ़
wolf-cub	ˈwʊlf.kʌb	**वुल्फ़** कʌब
wolfhound	ˈwʊlf.haʊnd	**वुल्फ़** हाउन्ड
wolfish	ˈwʊl.fɪʃ	**वुल** फ़िश
wolf-whistle	ˈwʊlf.ˈwɪs.ᵊl	**वुल्फ़ विस** ᵊल
wolves	wʊlvz	वुल्व्ज़
woman	ˈwʊm.ən	**वुम** əन
woman-hater	ˈwʊm.ən.ˈheɪ.tə	**वुम** əन **हेइ** टə
womanhood	ˈwʊm.ən.hʊd	**वुम** əन हुड
womanise	ˈwʊm.ə.naɪz	**वुम** ə नाइज़
womaniser	ˈwʊm.naɪ.zəʳ	**वुम** नाइ ज़əर
womanist	ˈwʊm.ən.ɪst	**वुम** əन इस्ट
womankind	ˈwʊm.ən.ˈkaɪnd	**वुम** əन **काइन्ड**
womanlike	ˈwʊm.ən.laɪk	**वुम** əन लाइक
womanly	ˈwʊm.ən.li	**वुम** əन ली
womb	wuːm	वूːम
wombat	ˈwɒm.bæt	**व़ɒम** बæट
women	ˈwɪm.ɪn	**व़िम** इन
womenfolk	ˈwɪm.ɪn.fəʊk	**व़िम** इन फ़əउक
women's room	ˈwɪm.ɪnz.ˈruːm	**व़िम** इन्ज़ **रूːम**
womenswear	ˈwɪm.ɪnz.weə	**व़िम** इन्ज़ वेə
won	wʌn	व़ʌन
wonder	ˈwʌn.də	**व़ʌन** डə
wonderful	ˈwʌn.də.fᵊl	**व़ʌन** डə फ़ᵊल
wonderfully	ˈwʌn.də.fᵊl.i	**व़ʌन** डə फ़ᵊल ई
wonderland	ˈwʌn.dᵊl.ænd	**व़ʌन** डᵊल æन्ड
wondrous	ˈwʌn.drəs	**व़ʌन** ड्रəस
wont	wəʊnt	व़əउन्ट
won't	wəʊnt	व़əउन्ट
won't've	ˈwəʊnt.ᵊv	**व़əउन्ट** ᵊव
woo	wuː	वूː
wood	wʊd	वुड
wood-carver	ˈwʊd.ˈkɑː.və	**वुड काː** वə
woodchuck	ˈwʊd.tʃʌk	**वुड** चʌक
woodcock	ˈwʊd.kɒk	**वुड** कɒक
woodcut	ˈwʊd.kʌt	**वुड** कʌट

woodcutter	ˈwʊd.kʌt.əʳ	**वुड** कʌट əर
wooded	ˈwʊd.ɪd	**वुड** इड
wooden	ˈwʊd.ᵊn	**वुड** ᵊन
wooden-headed	ˈwʊdᵊn.ˈhed.ɪd	**वुडᵊन हेड** इड
woodland	ˈwʊd.lənd	**वुड** लəन्ड
wood-nymph	ˈwʊd.ˈnɪmf	**वुड निम्फ़**
woodpecker	ˈwʊd.ˈpek.ə	**वुड पेक** ə
wood-pigeon	ˈwʊd.ˈpɪdʒ.ən	**वुड पिज** əन
woods	wʊdz	वुड्ज़
woodshed	ˈwʊd.ʃed	**वुड** शेड
woodsman	ˈwʊdz.mən	**वुड्ज़** मəन
woodwind	ˈwʊd.wɪnd	**वुड** विन्ड
woodwork	ˈwʊd.wɜːk	**वुड** व़ɜːक
woodworm	ˈwʊd.wɜːm	**वुड** व़ɜːम
woody	ˈwʊd.i	**वुड** ई
woof	wʊf	वुफ़
wool	wʊl	वुल
woollen	ˈwʊl.ən	**वुल** əन
woollens	ˈwʊl.ənz	**वुल** əन्ज़
woolly	ˈwʊl.i	**वुल** ई
woolly-headed	ˈwʊl.i.ˈhed.ɪd	**वुल** ई **हेड** इड
woolpack	ˈwʊl.pæk	**वुल** पæक
woolsack	ˈwʊl.sæk	**वुल** सæक
woozy	ˈwuː.zi	**वूː** ज़ी
word	ˈwɜːd	**व़ɜːड**
word processing	ˈwɜːd.ˈprəʊ.ˈses.ɪŋ	**व़ɜːड प्रəउ सेस** इङ
word processor	ˈwɜːd.ˈprəʊ.ses.ə	**व़ɜːड प्रəउ** सेस ə
wordbook	ˈwɜːd.bʊk	**व़ɜːड** बुक
word-formation	ˈwɜːd.fɔː.ˈmeɪ.ʃᵊn	**व़ɜːड** फ़ोː **मेइ** शᵊन
word-for-word	ˈwɜːd.fə.ˈwɜːd	**व़ɜːड** फ़ə **व़ɜːड**
wordless	ˈwɜːd.ləs	**व़ɜːड** लəस
word-of-mouth	ˈwɜːd.əv.ˈmauθ	**व़ɜːड** əव **माऊथ**
wordplay	ˈwɜːd.pleɪ	**व़ɜːड** प्लेइ
wordsmith	ˈwɜːd.smɪθ	**व़ɜːड** स्मिथ
wordy	ˈwɜː.di	**व़ɜː** डी
wore	wɔː	व़ोː
work	wɜːk	व़ɜːक
workable	ˈwɜː.kə.bᵊl	**व़ɜː** कə बᵊल
workaday	ˈwɜː.kə.deɪ	**व़ɜː** कə डेइ
workaholic	ˈwɜː.kə.ˈhɒl.ɪk	**व़ɜː** कə **हɒल** इक
workaholism	ˈwɜː.kə.hɒl.ɪ.zᵊm	**व़ɜː** कə हɒल इ ज़ᵊम

workbag	ˈwɜːk.bæg	व़ɜːक बæग
workbench	ˈwɜːk.bentʃ	व़ɜːक बेन्च
workbook	ˈwɜːk.bʊk	व़ɜːक बुक
workbox	ˈwɜːk.bɒks	व़ɜːक बɒक्स
workday	ˈwɜːk.deɪ	व़ɜːक डेइ
worked up	ˈwɜːkt.ˈʌp	व़ɜːक्ट ʌप
worker	ˈwɜː.kə	व़ɜː कə
workers' compensation	ˈwɜː.kəz.ˈkɒm.pen.ˈseɪ.ʃᵊn	व़ɜː कəज़ कɒम पेन सेइ शᵊन
workfare	ˈwɜːk.feə	व़ɜːक फ़ेə
workforce	ˈwɜːk.fɔːs	व़ɜːक फ़ोːस
workhorse	ˈwɜːk.hɔːs	व़ɜːक होːस
workhouse	ˈwɜːk.haʊs	व़ɜːक हाउस
working	ˈwɜː.kɪŋ	व़ɜː किङ
working class	ˈwɜː.kɪŋ.ˈklɑːs	व़ɜː किङ क्लाːस
workload	ˈwɜːk.ləʊd	व़ɜːक लəउड
workman	ˈwɜːk.mən	व़ɜːक मəन
workmanlike	ˈwɜːk.mən.laɪk	व़ɜःक मəन लाइक
workmanship	ˈwɜːk.mən.ʃɪp	व़ɜːक मəन शिप
workmate	ˈwɜːk.meɪt	व़ɜːक मेइट
workout	ˈwɜːk.aʊt	व़ɜːक आउट
workplace	ˈwɜːk.pleɪs	व़ɜːक प्लेइस
workroom	ˈwɜːk.ruːm	व़ɜːक रूːम
works	wɜːks	व़ɜːक्स
worksheet	ˈwɜːk.ʃiːt	व़ɜːक शीːट
workshop	ˈwɜːk.ʃɒp	व़ɜःक शɒप
work-shy	ˈwɜːk.ʃaɪ	व़ɜःक शाइ
workstation	ˈwɜːk.ˈsteɪ.ʃᵊn	व़ɜःक स्टेइ शᵊन
work-study	ˈwɜːk.ˈstʌd.i	व़ɜःक स्टʌड ई
worktable	ˈwɜːk.ˈteɪ.bᵊl	व़ɜःक टेइ बᵊल
worktop	ˈwɜːk.tɒp	व़ɜःक टɒप
work-to-rule	ˈwɜːk.tə.ˈruːl	व़ɜःक टə रूःल
world	wɜːld	व़ɜःल्ड
World Heritage	ˈwɜːld.ˈher.ɪ.tɪdʒ	व़ɜःल्ड हेर इ टिज
world power	ˈwɜːld.paʊ.ə	व़ɜःल्ड पाउ ə
world sentiment	ˈwɜːld.ˈsen.tɪ.mənt	व़ɜःल्ड सेन टि मəन्ट
World Series	ˈwɜːld.ˈsɪə.riːz	व़ɜःल्ड सिə रीःज़
world war	ˈwɜːld.ˈwɔːʳ	व़ɜःल्ड व़ोःर
World Wide Web	ˈwɜːld.waɪd.ˈweb	व़ɜःल्ड व़ाइड व़ेब
world-class	ˈwɜːld.ˈklɑːs	व़ɜःल्ड क्लाःस
world-famous	ˈwɜːld.ˈfeɪ.məs	व़ɜःल्ड फ़ेइ मəस

worldly	ˈwɜːld.li	व़ɜːल्ड ली
worldview	ˈwɜːld.ˈvjuː	व़ɜːल्ड व्यूː
world-weary	ˈwɜːld.ˈwɪə.ri	व़ɜːल्ड व़िə री
worldwide	ˈwɜːld.ˈwaɪd	व़ɜːल्ड व़ाइड
world-wise	ˈwɜːld.ˈwaɪs	व़ɜːल्ड व़ाइस
worm	wɜːm	व़ɜːम
worm-eaten	ˈwɜːm.ˈiː.tᵊn	व़ɜːम ईː टᵊन
wormhole	ˈwɜːm.həʊl	व़ɜːम हəउल
wormwood	ˈwɜːm.wʊd	व़ɜːम वुड
worn	wɔːn	व़ोːन
worn-out	ˈwɔːn.ˈaʊt	व़ोːन आउट
worried	ˈwʌr.id	व़ʌर ईड
worrisome	ˈwʌr.i.səm	व़ʌर ई सəम
worry	ˈwʌr.i	व़ʌर ई
worrying	ˈwʌr.i.ɪŋ	व़ʌर ई इङ
worse	wɜːs	व़ɜːस
worsen	ˈwɜː.sᵊn	व़ɜː सᵊन
worse-off	ˈwɜːs.ˈɒf	व़ɜːस ɒफ़
worship	ˈwɜː.ʃɪp	व़ɜː शिप
worshipper	ˈwɜː.ʃɪp.ə	व़ɜː शिप ə
worst-case scenario	ˈwɜː st.keɪs.sɪ.ˈnɑː.ri.ə ʊ	व़ɜː स्ट केइस सि नाː री əउ
worsted	ˈwʊs.tɪd	वुस टिड
wort	wɜːt	व़ɜːट
worth	wɜːθ	व़ɜःथ
worthless	ˈwɜːθ.ləs	व़ɜःथ लəस
worthwhile	ˈwɜːθ.waɪl	व़ɜःथ व़ाइल
worthy	ˈwɜː.ði	व़ɜः दी
wotcha	ˈwɒtʃ.ə	व़ɒच ə
would	wʊd	वुड
would-be	ˈwʊd.bi	वुड बी
wouldn't	ˈwʊd.ᵊnt	वुड ᵊन्ट
wouldn't've	ˈwʊd.ᵊnt.ᵊv	वुड ᵊन्ट ᵊव
wouldst	wʊdst	वुड्स्ट
would've	ˈwʊd.əv	वुड əव
wound (n)	wuːnd	वूːन्ड
wound (v)	wuːnd	वूःन्ड
wound up	ˈwuːnd.ˈʌp	वूःन्ड ʌप
wounded	ˈwuːn.dɪd	वूःन डिड
wove	wəʊv	व़əउव
woven	ˈwəʊ.vᵊn	व़əउ वᵊन
wow	waʊ	व़ाउ

English Pronunciation Dictionary 389

wowser	ˈwaʊ.zə	**वाउ** ज़ə
wrangle	ˈræŋ.gᵊl	**रæङ** ग्ल
wrangler	ˈræŋ.glə	**रæङ** ग्लə
wrap	ræp	रæप
wrapper	ˈræp.ə	**रæप** ə
wrapping	ˈræp.ɪŋ	**रæप** इङ
wrapping paper	ˈræp.ɪŋ.ˈpeɪ.pə	**रæप** इङ **पेइ** पə
wrapround	ˈræp.ə.raʊnd	**रæप** ə राउन्ड
wrath	rɒθ	रɒथ
wreak	riːk	रीःक
wreath	riːθ	रीःथ
wreck	rek	रेक
wreckage	ˈrek.ɪdʒ	**रेक** इज
wren	ren	रेन
wrench	rentʃ	रेन्च
wrest	rest	रेस्ट
wrestle	ˈres.ᵊl	**रेस** ल
wrestler	ˈres.lə	**रेस** लə
wrestling	ˈres.lɪŋ	**रेस** लिङ
wretch	retʃ	रेच
wretched	ˈretʃ.ɪd	**रेच** इड
wriggle	ˈrɪg.ᵊl	**रिग** ल
wring	rɪŋ	रिङ
wrinkle	ˈrɪŋ.kᵊl	**रिङ** क्ल
wrinkled face	ˈrɪŋ.kᵊld.feɪs	**रिङ** क्ल्ड फ़ेइस
wrist	rɪst	रिस्ट
wristband	ˈrɪst.bænd	**रिस्ट** बæन्ड
wristlet	ˈrɪst.lɪt	**रिस्ट** लिट
wristwatch	ˈrɪst.wɒtʃ	**रिस्ट** वɒच
writ	rɪt	रिट
write	raɪt	राइट
write-in	ˈraɪt.ɪn	**राइट** इन
write-off	ˈraɪ.tɒf	**राइ** टɒफ़
writer	ˈraɪ.tə	**राइ** टə
writer's cramp	ˈraɪ.təz.ˈkræmp	**राइ** टəज़ **क्रæम्प**
write-up	ˈraɪ.tʌp	**राइ** टʌप
writhe	raɪð	राइद
writing-case	ˈraɪ.tɪŋ.ˈkeɪs	**राइ** टिङ **केइस**
writing-paper	ˈraɪ.tɪŋ.ˈpeɪ.pə	**राइ** टिङ **पेइ** पə
written-off	ˈrɪt.ᵊn.ˈɒf	**रिट** न **ɒफ़**
wrong	rɒŋ	रɒङ
wrong-doer	ˈrɒŋ.ˈduː.ə	**रɒङ** **डूः** ə
wrong-doing	ˈrɒŋ.ˈduː.ɪŋ	**रɒङ** **डूः** इङ
wrong-foot	ˈrɒŋ.ˈfʊt	**रɒङ** **फ़ुट**
wrongful	ˈrɒŋ.fᵊl	**रɒङ** फ़्ल
wrongfully	ˈrɒŋ.fᵊl.i	**रɒङ** फ़्ल ई
wrongly	ˈrɒŋ.li	**रɒङ** ली
wrote	rəʊt	रəउट
wrought	rɔːt	रोःट
wrought-iron	ˈrɔːt.ˈaɪ.ən	**रोःट** **आइ** əन
wrung	rʌŋ	रʌङ
wry	raɪ	राइ
wryly	ˈraɪ.li	**राइ** ली
wt (abb)	weɪt	वेइट
WWW	ˈdʌb.ᵊl.juː. ˈdʌb.ᵊl.juː. ˈdʌb.ᵊl.juː	**डʌब** ल यूः **डʌब** ल यूः **डʌब** ल यूः

X

x	eks	एक्स
X	eks	एक्स
X-acto knife	ɪg.ˈzæk.təʊ.ˈnaɪf	इग **ज़æक** टəउ **नाइफ़**
X-axis	ˈeks.ˈæk.sɪs	**एक्स æक** सिस
X-bar	ˈeks.ˈbɑːʳ	**एक्स बा**:र
Xbox	ˈeks.ˈbɒks	**एक्स बɒक्स**
X-certificate	ˈeks.sə.ˈtɪf.ɪ.kət	**एक्स** सə **टिफ़** इ कəट
X-chromosome	ˈeks.ˈkrəʊ.mə.səʊm	**एक्स क्रəउ** मə सəउम
x-coordinate	ˈeks.kəʊ.ˈɔː.dɪ.neɪt	**एक्स** कəउ **ओ**: डि नेइट
xe	zi	ज़ी
xenon	ˈzen.ɒn	**ज़ेन** ɒन
xenophobia	ˈze.nə.ˈfəʊ.bi.ə	**ज़े** नə **फ़əउ** बी ə
xenophobic	ˈze.nə.ˈfəʊ.bɪk	**ज़े** नə **फ़əउ** बिक
xerography	zɪə.ˈrɒg.rə.fi	ज़िə **रɒग** रə फ़ी
xerox	ˈzɪə.rɒks	**ज़िə** रɒक्स
xi	saɪ	साइ
xl (abb)	ˈeks.ˈel	**एक्स एल**
Xmas	ˈkrɪs.məs	**क्रिस** मəस
XML	ˈeks.ˈem.ˈel	**एक्स एम एल**
x-rated	ˈeks.ˈreɪ.tid	**एक्स रेइ** टीड
x-ray	ˈeks.reɪ	**एक्स** रेइ
xylograph	ˈzaɪ.ˈlɒg.rə.fi	**ज़ाइ लɒग** रə फ़ी
xylophone	ˈzaɪ.lə.fəʊn	**ज़ाइ** लə फ़əउन
xylophonist	ˈzaɪ.ˈlɒf.ən.ɪst	**ज़ाइ लɒफ़** əन इस्ट

Y

y	waɪ	व़ाइ
Y	waɪ	व़ाइ
yacht	jɒt	ग़ɒट
yachtsman	ˈjɒts.mən	ग़ɒट्स मəन
yack	jæk	ग़æक
yackety-yak	ˈjæk.ət.i.ˈjæk	ग़æक əट ई ग़æक
yah	jɑː	ग़ा:
yak	jæk	ग़æक
y'all	jɔːl	ग़ो:ल
yam	jæm	ग़æम
yank	jæŋk	ग़æङ्क
yankee	ˈjæŋ.ki	ग़æङ की
yap	jæp	ग़æप
yard	jɑːd	ग़ा:ड
yard sale	ˈjɑːd.ˈseɪl	ग़ा:ड सेइल
yardstick	ˈjɑːd.stɪk	ग़ा:ड स्टिक
yarn	jɑːn	ग़ा:न
yawn	jɔːn	ग़ो:न
yeah	jeə	ग़ेə
year	jɪə	ग़िə
yearbook	ˈjɪə.bʊk	ग़िə बुक
yearling	ˈjɪə.lɪŋ	ग़िə लिङ
yearlong	ˈjɪə.lɒŋ	ग़िə लɒङ
yearly	ˈjɪə.li	ग़िə ली
yearn	jɜːn	ग़ɜ:न
yeast	jiːst	ग़ी:स्ट
yell	jel	ग़ेल
yellow	ˈjel.əʊ	ग़ेल əउ
yellow fever	ˈjel.əʊ.ˈfiː.və	ग़ेल əउ फ़ी: वə
yellow pages	ˈjel.əʊ.ˈpeɪ.dʒɪz	ग़ेल əउ पेइ जिज़
yellowish	ˈjel.əʊ.ɪʃ	ग़ेल əउ इश
yelp	jelp	ग़ेल्प
yen	jen	ग़ेन
yeoman	ˈjəʊ.mən	ग़əउ मəन
yep	jep	ग़ेप
yes	jes	ग़ेस
yes-man	ˈjes.mæn	ग़ेस मæन
yesterday	ˈjes.tə.deɪ	ग़ेस टə डेइ
yet	jet	ग़ेट
yeti	ˈjet.i	ग़ेट ई
yiddish	ˈjɪd.ɪʃ	ग़िड इश

yield	jiːld	ग़ी:ल्ड
yippee	jɪ.ˈpiː	ग़ि पी:
YMCA	ˈwaɪ.ˈem.ˈsiː.ˈeɪ	व़ाइ एम सी: एइ
yo	jəʊ	ग़əउ
yodel	ˈjəʊ.dᵊl	ग़əउ ड॰ल
yoga (IO)	ˈjəʊ.gə	ग़əउ गə
yoghurt	ˈjɒg.ət	ग़ɒग əट
yogi bear	ˈjəʊ.gi.beə	ग़əउ गी बेə
yogurt	ˈjɒg.ət	ग़ɒग əट
yoke	jəʊk	ग़əउक
yokel	ˈjəʊ.kᵊl	ग़əउ क॰ल
yolk	jəʊk	ग़əउक
Yom Kippur	ˈjɒm.ˈkɪ.pʊə	ग़ɒम कि पुə
yonder	ˈjɒn.də	ग़ɒन डə
you	juː	ग़ू:
you know	ˈjuː.nəʊ	ग़ू: नəउ
you know something	ˈjuː.nəʊ.ˈsʌm.θɪŋ	ग़ू: नəउ सʌम थिङ
you -know-who	ˈjuː.nəʊ.ˈhuː	ग़ू: नəउ हू:
You Tube	ˈjuː.tʃuːb	ग़ू: चू:ब
you-all	juː.ˈɔːl	ग़ू: ओ:ल
you'd	juːd	ग़ू:ड
you'd've	ˈjuːd.əv	ग़ू:ड əव
you-know-what	ˈjuː.nəʊ.ˈwɒt	ग़ू: नəउ व़ɒट
you'll	juːl	ग़ू:ल
youngster	ˈjʌŋ.stə	ग़ʌङ स्टə
your	jɔː	ग़ो:
you're	jɔː	ग़ो:
yours	jɔːz	ग़ो:ज़
yourself	jɔː.ˈself	ग़ो: सेल्फ़
youth	juːθ	ग़ू:थ
youth hostel	ˈjuːθ.ˈhɒs.tᵊl	ग़ू:थ हɒस ट॰ल
youthful	ˈjuːθ.fᵊl	ग़ू:थ फ़॰ल
you've	juːv	ग़ू:व
yo-yo	ˈjəʊ.jəʊ	ग़əउ ग़əउ
yuck	jʌk	ग़ʌक
yucky	ˈjʌk.i	ग़ʌक ई
yuk	jʌk	ग़ʌक
yuky	ˈjʌk.i	ग़ʌक ई
yuletide	ˈjuːl.taɪd	ग़ू:ल टाइड
yum	jʌm	ग़ʌम
yummy	ˈjʌm.i	ग़ʌम ई

yuppie	ˈjʌp.i	**ग़ʌप ई**
YWCA	ˈwaɪ.ˈdʌb.ᵊl.juː.ˈsiː.ˈeɪ	**व़ाइ डʌब** ᵊल ग़ूː **सीː एइ**

Z

English	IPA	Hindi
z	zed	ज़ेड
Z	zed	ज़ेड
zany	ˈzeɪ.ni	ज़ेड नी
zap	zæp	ज़ैप
ze	zi	ज़ी
zeal	ziːl	ज़ीːल
zealous	ˈzel.əs	ज़ेल अस
zealously	ˈzel.əs.li	ज़ेल अस ली
zebra	ˈzeb.rə	ज़ेब रअ
zebra crossing	ˈzeb.rə.ˈkrɒs.ɪŋ	ज़ेब रअ क्रɒस इड
zebu	ˈziː.buː	ज़ीː बूː
zed	zed	ज़ेड
zen	zen	ज़ेन
zenith	ˈzen.ɪθ	ज़ेन इथ
zeppelin	ˈzep.əl.ɪn	ज़ेप ॰ल इन
zero	ˈzɪə.rəʊ	ज़िअ रअउ
zest	zest	ज़ेस्ट
zesty	ˈzes.ti	ज़ेस टी
zigzag	ˈzɪɡ.zæɡ	ज़िग ज़ैग
zilch	zɪltʃ	ज़िल्च
zillion	ˈzɪl.jən	ज़िल अन
zinc	zɪŋk	ज़िड्क
zing	zɪŋ	ज़िड
zinnia	ˈzɪn.i.ə	ज़िन ई अ
zip	zɪp	ज़िप
zip code	zɪp.ˈkəʊd	ज़िप कअउड
zip fastener	zɪp.ˈfɑː.sᵊn.ə	ज़िप फाːस ॰न अ
zipper	ˈzɪp.ə	ज़िप अ
zippy	ˈzɪp.i	ज़िप ई
zircon	ˈzɜː.kɒn	ज़3ː कɒन
zirconium	zɜːˈkəʊ.ni.əm	ज़3ː कअउ नी अम
zit	zɪt	ज़िट
zodiac	ˈzəʊ.di.æk	ज़अउ डी ऍक
zombie	ˈzɒm.bi	ज़ɒम बी
zonal	ˈzəʊ.nᵊl	ज़अउ न॰ल
zone	zəʊn	ज़अउन
zoo	zuː	ज़ूː
zookeeper	ˈzuː.ˌkiː.pə	ज़ूː कीː पअ
zoological garden	zuː.ə.ˈlɒdʒ.ɪ.kᵊl	ज़ूː अ लɒज इ क॰ल
zoologist	zuːˈɒl.ə.dʒɪst	ज़ूː ɒल अ जिस्ट
zoology	zuːˈɒl.ə.dʒi	ज़ूː ɒल अ जी
zoom	zuːm	ज़ूːम
zoom lens	ˈzuːm.lenz	ज़ूːम लेन्ज़
Zoroastrian	ˌzɒr.əʊˈæs.tri.ən.ɪ.zəm	ज़ɒर अउ ऍस ट्री अ नि ज़अम
zucchini	zʊˈkiː.ni	ज़ु कीː नी
Zulu	ˈzuː.luː	ज़ूː लूː
zzz	zː	ज़ː

*** END ***

****

www.ingramcontent.com/pod-product-compliance
Lightning Source LLC
Chambersburg PA
CBHW050457110426
42742CB00018B/3280
9781947403093